今注本二十四史

陳書

唐　姚思廉　撰

李天石　張欣　主持校注

一

紀〔一〕

中國社會科學出版社

圖書在版編目（CIP）數據

陳書／（唐）姚思廉撰；李天石，張欣主持校注 .—北京：中國社會科學出版社，2020.11

（今注本二十四史）

ISBN 978-7-5203-7534-4

Ⅰ.①陳…　Ⅱ.①姚…　②李…　③張…　Ⅲ.①中國歷史—陳國—紀傳體②《陳書》—注釋　Ⅳ.①K239.140.42

中國版本圖書館 CIP 數據核字（2020）第 235705 號

出　版　人　趙劍英

項目統籌　王　茵

責任編輯　韓國茹　郝玉明

特約編輯　王思桐　石　珹　李凱凱　張　欣

責任校對　王沛姬　高文川　彭　麗

封面設計　蔡易達

責任印製　王　超

出　　版	中國社會科學出版社		
社　　址	北京鼓樓西大街甲 158 號	郵　　編	100720
網　　址	http://www.csspw.cn		
發 行 部	010-84083685	門 市 部	010-84029450
經　　銷	新華書店及其他書店	印刷裝訂	三河弘翰印務有限公司
版　　次	2020 年 11 月第 1 版	印　　次	2020 年 11 月第 1 次印刷
開　　本	1/16	成品尺寸	228mm×152mm
印　　張	77	字　　數	936 千字
定　　價	300.00 元(全 4 冊)		

《今注本二十四史》工作委員會

主　　　任　許嘉璐

副　主　任　高占祥　王　石　段先念　于友先

委　　　員　金堅範　董亞平　孫　曉　胡梅林

　　　　　　張玉文　趙劍英

秘　書　長　張玉文(兼)

《今注本二十四史》編纂委員會

《今注本二十四史》編輯部

《今注本二十四史·陳書》項目組

主 持 人　李天石　張　欣

成　　員　李天石　張　欣　趙　凱　靳　寶　劉艷强

　　　　　王思桐　石　珹　高文川

《今注本二十四史》 出版説明

　　二十四史，是中國古代二十四部史書的統稱，包括《史記》《漢書》《後漢書》《三國志》《晋書》《宋書》《南齊書》《梁書》《陳書》《南史》《魏書》《北齊書》《周書》《北史》《隋書》《舊唐書》《新唐書》《舊五代史》《新五代史》《宋史》《遼史》《金史》《元史》和《明史》。其成書時間自公元前二世紀下半葉至十八世紀中葉，前後相距約兩千年，總卷帙（不含複卷）達 3213 卷，共 4000 餘萬字。它們采用本紀、列傳、表、志等形式，構成了一個完整地記述清朝以前中國古代社會的著作體系。二十四史上起傳説時代的黄帝，下迄明朝滅亡，包容了我國古代的政治、軍事、經濟、思想、文化、天文、地理、民風、民俗等廣闊的社會内容，形成了一套展現中華民族起源和發展的最重要的核心典籍，被後人稱爲“正史”。世界上没有任何一個國家有如此内容涵蓋宏富、時間接續綿延、體例基本統一的歷史記載。

　　共同的歷史文化是一個民族賴以整體維繫的基本條件之一。而對歷史著作的不斷整合和續修，顯然有利於促進國家的統一、民族的團結、社會的進步。從《史記》到《明史》，不同地位、不同民族的史家和政治家，以同一體例連續不斷地編纂我們祖國發展演進的歷史，本質上反映了我國人民尋求構建多民族國家共同歷史的強烈願望。歷史上隨時把正史歸爲“三史”“十三史”“十七史”“廿一史”“廿二史”“廿四史”，不僅反映了人們對正史的認同，更重要的是反映了對共同歷史文化的認同，即民族的認同。而對正史進行大規模的整理，在另一個層面上，更有利於妥善保存民族文化遺產，豐富民族文化內涵，陶鑄民族文化精神，從而强化民族的尊嚴與自信心，提升國家的榮譽和國人對國家的歸屬感。

　　對二十四史進行整理，在此次之前規模較大的有三次。第一次是清朝乾隆年間，其成果是殿本；第二次是二十世紀三十年代張元濟先生組織的整理，其成果是百衲本；第三次即毛澤東同志倡議，由中華書局出面進行的整理，其成果是中華書局標點本。這一次是由張政烺先生等史學家倡議，由中華文化促進會主持編纂的今注，其成果是《今注本二十四史》。應當充分地注意到，這四次整理的發動，都有與其所處時代社會歷史息息相關的背景。乾隆朝的武英殿大量刊刻文化典籍，尤其是對二十四史的選本、校勘都經“欽定”，絕不是僅僅要製造盛世氣象；張元濟先生奔走於國難深重的二十世紀初的中國，“當中華文化存亡絕續之交”，有更深刻的原動力；毛澤東同志指示標點正史，倡議於中華人民共和國成立、百廢待舉之初；而我們如今正在進行的今注，則發軔於改革開放、萬象更新之時。這絶不是歷史的偶然。可以説，每每針對二十四史的重大舉措，都是應社會對具有主體性的統一的歷史文化需求而展開的。

當今世界，文化的融合過程逐漸加快，在共生的基礎上融合，在融合中保持共生，互補互融直至趨一。因此，各種文化都面臨着選擇。面臨選擇，充分展示本民族的歷史文化是學者們義不容辭的職責。而作爲歷史文化直接守護者的歷史學者，有責任爲世界提供對本民族歷史文化文本的正確詮釋，有責任努力爲民衆争取對民族歷史文化解讀的話語權。

《今注本二十四史》1994 年 8 月由中華人民共和國文化部批准立項，2005 年被中華人民共和國新聞出版總署列入"十一五"期間（2006—2010）"國家重點圖書出版規劃"。自 1994 年起，迄今已經進行了二十餘年。

《今注本二十四史》總編纂張政烺先生爲本書做了奠基性的工作。在他學術生命的最後時期，不僅親自審訂了最初的《今注本二十四史編纂總則》，還逐一遴選了各史主編。

《今注本二十四史》編纂委員會主要由各史主編與相關同仁組成。張政烺先生逝世後，根據多位主編的建議，我們陸續邀請了何兹全、林甘泉、伍傑、陳高華、陳祖武、卜憲群、趙劍英七位編委成立領導小組，全面指導編纂出版工作。他們爲本項目的編纂出版，付出了大量心血與智慧，没有他們的支持，本項目難以玉成。

本項目動員了全國三十餘所科研機構和高等學府的中

國古史專家共襄其事。全書設總編纂一人，執行總編纂二人，各史設主編一人或二人；某些特殊的"志（書）"如律曆、天文、五行（靈徵）等歸類單列，各設主編一人。各史主編自選作者，全書作者總計約三百人。多年來，他們薄利求義、任勞任怨、兢兢翼翼，惟敬業畢功是務，繼承和發揚了我國史學家捨身務實的優良傳統，爲本書的完成做出了不可磨滅的貢獻！

本項目啓動之初，老一輩的歷史學家王玉哲、王毓銓、陳可畏、張博泉、萬繩楠、楊志玖、楊翼驤、漆俠、薄樹人、韓國磐等先生不僅從道義上給予全力支援，而且主動承擔各史（志）主編。何茲全、林甘泉先生更是不厭其煩，爲編纂工作提出具體建議，爲項目立項奔走呼籲。執行總編纂賴長揚先生鞠躬盡瘁，承擔了大量繁雜的組織工作。現在，雖然以上先生已經辭世，但他們學術生涯的最後抉擇所表現出的對民族、對國家的崇高責任感，永遠值得我們銘記和學習！

本項目自動議始就得到了中華文化促進會及社會各界的回應與傾力支持。中華文化促進會主席王石先生、副主席段先念先生及前任領導人蕭秧先生在本項目立項、推動、經費籌措等方面辛勤奔走，起到了關鍵作用。

香港企業家黃㠭通、劉國平先生在項目前期曾給予慷慨資助。

國家出版基金與中國社會科學院也給予本項目一定的出版資助。

四川省出版集團及巴蜀書社曾在編纂和出版方面起了重要的推動作用，已出版今注本《三國志》《梁書》。

《今注本二十四史》編纂出版工作，自 1994 年立項以來，一波三折、幾經沉浮。2017 年深圳華僑城集團予以鼎力襄助，全面解決了編纂出版經費拮据的問題，編纂出版工作方步入正軌。在此，編委會全體成員向深圳華僑城集團謹表達深深敬意和感謝！

鑒古知今，學史明智。中國社會科學出版社歷來重視歷史學及中國古代典籍的整理與出版工作，爲本項目組織專門團隊，秉持專業、嚴謹、高效的原則，爲項目整體的最終出版提供了重要保障。中國社會科學出版社將與各相關單位通力協作，努力將《今注本二十四史》打造成一部具有思想穿透力與廣泛影響力的精品力作，從而爲講好中國歷史、推動中國歷史研究做出貢獻。

謹以本書紀念爲弘揚中華文化而做出貢獻的歷史學家們！
謹以本書感謝爲傳承中華文化而支援和幫助我們的人們！

《今注本二十四史》編纂委員會

中國社會科學出版社

2020 年 6 月

凡　例

　　《今注本二十四史》在編纂過程中一共產生了四個總體規範性質的文件。這就是:《今注本二十四史編纂總則》(1995 年, 2005 年 4 月修改, 2017 年 8 月修訂)、《關於〈編纂總則〉的修改和補充意見》(2006 年 3 月)、《關於編纂工作若干問題的決定》(2007 年 1 月)、《關於〈今注本二十四史編纂總則〉幾點重要的補充説明》(2017 年 10月)。它們確定了全書編纂的目的、特點及其具體操作規則。綜其要概述如下。

　　本書的基本特點是史家注史。工作主要集中在三個方面:版本的改誤糾謬;史實的正義疏通;史料的補充增益。由各史主編撰寫《前言》,扼要介紹該史所涉及的時代背景、作者生平、寫作過程、著作特點、史料價值、在史學史上的地位和研究概況。

　　本書的學術目標有兩個。一個是通過校勘,得到一套善本；一個是通過今注，得到一套最佳的注釋本。即完成由史家校勘並加以注釋的二十四史的新校勘新注釋本。它從史家的角度出發，集數百年以來學界的研究成果，采取有圖有文的注釋形式，力圖以新的角度、新的内容、新的形式，爲二十四史創造出一整套代表當代學術水準的、權威的現代善本。

一　校勘

1. 底本：原則上以商務印書館百衲本爲底本；因百衲本並非善本的另行確定底本。

2. 校勘：充分吸收包括中華書局標點本在内的前人的校勘成果，全面參校，以形成一個全新的校勘本。

各史采用的底本和參校本，在各史序言中寫出全稱和簡稱。整套書統一規定的簡稱有六個：武英殿本簡稱“殿本”；國子監本，相應簡稱“南監本”“北監本”；毛氏汲古閣本簡稱“汲古閣本”；同治五書局本簡稱“局本”；商務印書館百衲本簡稱“百衲本”。

校勘成果反映在原文中，即依據有充分把握的校勘結果，將底本中的衍、脱、誤、倒之處全部改正；刊正底本的理由，全部在相應注釋中加以説明。對無十分把握之處，不改原文，祇出校勘記質疑。

采用中華書局標點本爲工作本的史書，不録入原校勘記。直接吸收其校勘成果者則加以説明，對其提出商榷者在相應注釋中加以辨證。

二　注釋

1. 對有古注並已與原書集合行世的前四史，原則上保留古注，視同原文並加注。

2. 注釋程度：以幫助具有大專文化水準以上的讀者讀懂爲限；以給研究者提供簡要索引爲限。注文力求做到：準確、質樸、簡練、嚴謹、規範。

3. 出注（除一些專志外）以卷（篇）爲單位。即對應當加注者，在每卷（篇）第一次出現時加注。此後即使該卷（篇）中再出現，如意義完全等同者，不再加注；而在別卷（篇）再出現時，仍另行加注。有多卷的同類志書出注時視爲同卷，即同類志書對應當加注者在首次出現時加注，其後再現如意義完全等同，亦不再加注。

4. 注釋範圍：冷僻的字音、字義、詞義，成語典故；不易理解的名物制度、地名、人名、別號、謚號、廟號；有爭議或原作記述有歧誤的史實等。

（1）字音、字義、詞義的注釋祇限於生僻字、異體字、避諱字、破讀和易生歧義及晦澀難懂的語辭。對多音字，在文中必讀某音的，以漢語拼音出注。避諱字的注文應說明避諱原因，原文原則上不改，出注。字音標注采用漢語拼音。

（2）對原文中的古體、通假、異體字的處理：古體、通假字不作改動，對其中罕見或疑難者，在注中說明其今體或正體字。全書原文和古注保留異體字，今注除人名、地名、書名和職官（署）名之外，原則上不使用異體字。

（3）成語典故，出注祇限於冷僻的成語典故，注文僅簡單説明成語典故來源、内容和意義。常見的詞語一般不出注，包括常見的古漢語虚詞與實詞，但某些不注會産生歧義者除外。

（4）人名、別號、謚號等，凡係本部書中没有專傳（或紀）的人物一般出注説明係何時、何地之人，姓、氏、名、字一般不出注，有特殊來源者，可出注。常見的歷史人物名號與某些不注無礙於全文理解者不必出注；對暫不可考者則説明未詳。

（5）地名注釋：一般僅注明今地；如須説明沿革方可解讀者，則簡述其沿革。本史有《地理志》者，地名出注從簡；若古今地名相同，所治地區大致相同者，則不出注。

（6）官名、官署名及職官制度和爵位制度名稱出注，遵循以下三個原則：常見者（如丞相、太尉、太守、縣令等），若其意義與通常理解無顯著變化，一般不出注；不常見者（如太阿、決曹、次等司等），應説明品秩、職掌範圍，需叙述沿革等方能理解原文意義者，則説明沿革變化、上下級關係、置廢時間；若本史有相應專志者，此類出注即從簡略；無相應專志者，可稍詳盡。

（7）原文與史實不符處，前後文不符處，則予以辯明。考證力求言之有據，簡明扼要。

（8）紀、傳注文以疏通原文爲目的，一般不采取補注、匯注形式。力求不枝不蔓，緊扣原文。各志（書）注文可采取補注、匯注形式，以求内容豐富、全面。

（9）對有争議的問題，客觀公允地羅列諸説，反映歧見；同時指出帶傾向性的意見。盡量不作價值評論性質的分析。

（10）今注出注各有重點："紀"（"世家""載記"）着重歷史事件；"傳"着重人物事迹及人際關係；"志"着重制度内容及沿革；"表"着重疏理時序。除《史記》外，注文内容貫徹詳本朝略前代的原則。

（11）注釋以段爲單位，統一順次編碼。出注（校）標碼與注文標碼一致，均采用［1］［2］［3］……標示。

校注側重學術性，努力吸收前人的研究成果，尤其是現代學者的研究成果，充分準確地反映當代二十四史學術研究現狀；爲相關專業的學者提供足資利用的準確原文和内容索引，亦爲一般文史讀者搭建起提高水準的階梯。

《今注本二十四史》編纂委員會
2017 年 10 月

目　録

卷二九　列傳第二十三

卷三五　列傳第二十九

前　言

李天石

　　《陳書》是唐貞觀十年（636）編成的一部紀傳體斷代史著作，主要記載了自陳武帝陳霸先即位至陳後主陳叔寶亡國前後三十三年間的史實。全書三十六卷，包括本紀六卷、列傳三十卷。作者舊題爲唐代姚思廉。

一　梁、陳、隋、唐更替時期的姚氏家族

　　雖然《陳書》題爲姚思廉撰，實則是姚思廉在其父姚察所撰部分舊稿基礎上完成的。而姚察、姚思廉父子的史學素養，又是在梁、陳、隋、唐時代變遷及姚氏家族文化背景的影響下形成的。

　　姚察，字伯審，吳興武康（今浙江德清縣）人，《陳

書》卷二七有傳。其"九世祖信，吳太常卿，有名江左"。①五世祖姚郢，任劉宋員外散騎常侍、五城侯。祖父姚菩提，曾任梁高平令，因多年患病而留心醫藥。梁武帝常召其入宮，"討論方術，言多會意，由是頗禮之"。②

姚察父姚僧垣，字法衛，《周書》卷四七有傳。二十四歲傳家業，亦因醫術名聞於梁世。武帝曾召其入宮，"面加討試，僧垣酬對無滯，梁武帝甚奇之"。後出任梁太醫正。武陵王之子患病，"方術莫效"，僧垣奉命分析症候，增減用藥，深爲武帝嘆服。

侯景圍建業，姚僧垣"棄妻子赴難"。梁元帝平定侯景之亂，召僧垣赴荆州，任其爲晋安王蕭方智府諮議參軍。梁元帝"嘗有心腹疾"，獨采姚僧垣醫方，藥到病除。"賜錢十萬，實百萬也"。北周軍攻陷江陵，姚僧垣與次子姚最入北周。先後治愈燕公于謹、金州刺史伊婁穆、大將軍襄樂公賀蘭隆、大將軍樂平公竇集、大將軍永世公叱伏列椿及周武帝、周宣帝等人頑症疾患，聲名大起。其"醫術高妙，爲當世所推，前後效驗，不可勝記。聲譽既勝，遠聞邊服。至于諸蕃外域，咸請托之"，曾著有《集驗方》十二卷。北周武帝建德三年（574）授驃騎大將軍、開府儀同三司，恩禮彌隆。隋文帝開皇三年（583），以八十五歲高齡卒。

顯然，姚氏雖自稱"東皋賤族"，實乃世代官宦之家，

---

① 《陳書》卷二七《姚察傳》。以下姚察事迹多見本傳，不另注明。
② 《周書》卷四七《姚僧垣傳》。以下姚僧垣事迹多見本傳，不另注明。

特別是從姚菩提開始，姚家數代以醫術聞名，與皇室關係密切。① 至姚僧垣一代，人稱吳興“大族”，“朝廷舊臣”，不僅“醫術高妙，爲當世所推”，而且僧垣“少好文史”，“商略今古”，“爲學者所稱”。大約從此時期開始，姚氏家族與史學發生較密切關係。

姚察爲僧垣長子，幼“事親以孝聞。六歲，誦書萬餘言”。稍大，讀書作文，“勤苦屬精，以夜繼日。年十二，便能屬文”。十三歲時，“梁簡文帝時在東宮，盛修文義，即引於宣猷堂聽講論難，爲儒者所稱”。簡文帝嗣位後，對姚察“尤加禮接”。值梁室喪亂，姚察於金陵隨二親還鄉里。“時東土兵荒，人飢相食，告糴無處，察家口既多，並采野蔬自給。察每崎嶇艱阻，求請供養之資，糧粒恒得相繼。又常以己分減推諸弟妹，乃至故舊乏絶者皆相分卹，自甘唯藜藿而已。在亂離之閒，篤學不廢”。

梁元帝於荊州即位後，父姚僧垣“隨朝士例往赴西臺”，元帝授姚察任原鄉令。“時邑境蕭條，流亡不反，察輕其賦役，勸以耕種，於是户口殷盛，民至今稱焉”。

入陳以後，姚察的人品學識，得到陳叔寶的賞識，出任戎昭將軍，知撰梁史事。梁末姚察父親淪没於長安，陳至德元年（583）其死訊由北來使者傳至江左，姚察“柴瘠過甚”，“齋菲累年，不宜一飯”，陳後主因之多次遣使慰問並發手敕稱：“朝廷惜卿，卿宜自惜。”

---

① 趙翼以《南史》與《陳書》之《姚察傳》對照，認爲姚思廉“恥以方伎輕其家世”，對其家族從醫事多有避諱。參見趙翼著，王樹民校證《廿二史劄記校證》卷九，中華書局 1984 年版，第 198 頁。

此後，陳後主對姚察屢加重用，姚察職位一再升遷。陳後主曾親筆草詔任姚察爲吏部尚書，稱其"非唯學藝優博，亦是操行清修，典選難才"。① 姚察請辭。後主曰："選衆之舉，僉議所歸……且我與卿雖君臣禮隔，情分殊常，藻鏡人倫，良所期寄。"由此可見姚察當時所受信重，而這爲他將來修撰史書創造了良好條件。

隋文帝開皇九年（589）滅陳，姚察入隋，詔授秘書丞，"別敕成梁、陳二代史"。又敕於朱華閣長參。隋文帝知姚察食菜素，別日乃獨召其入內殿，賜與果菜，並指姚察對朝臣説："聞姚察學行當今無比，我平陳唯得此一人。"隋煬帝大業二年（606），姚察卒，年七十四。

姚思廉，字簡之。姚察之子。《舊唐書》卷二七、《新唐書》卷一○二有傳。陳時任揚州主簿。陳亡以後，他入隋任漢王府參軍。隋末，姚思廉任代王楊侑侍讀。當李淵起兵，唐軍入宮之際，代王下屬僚佐驚恐四散。而祇有姚思廉仍侍奉於代王楊侑左右。面對衝進宮中的唐兵，思廉厲聲喝道："唐公舉義，本匡王室。卿等不宜無禮於王。"② 衆兵士聞言退下。李淵來到後，姚思廉纔扶代王至順陽閣，哭拜而去。此事給高祖李淵留下深刻印象。不久任命姚思廉擔任了秦王文學。後來唐太宗征徐圓朗，姚思廉時在洛陽，太宗從容對人言及隋亡時姚思廉侍護代王之事，慨然嘆曰："思廉不懼兵刃，以明大節，求諸古人，亦何以

---

① 姚思廉所撰《陳書·姚察傳》對姚氏家族歷史或有溢美之處，但此類皇帝詔書，尚不至於杜撰。

② 《舊唐書》卷七三《姚思廉傳》。以下姚思廉事迹多見本傳，不另注明。

加也！”賜物三百段，並爲之書曰：“想節義之風，故有斯贈。”後任其爲文學館學士、太子洗馬。貞觀初，遷著作郎、弘文館學士。並圖其形像於《十八學士圖》，令文學褚亮爲之贊曰：“志苦精勤，紀言實録。臨危殉義，餘風勵俗。”

貞觀十一年（637）姚思廉病故，享年八十一歲。唐太宗爲之痛惜，廢朝一日。賜太常卿，諡號康。賜葬昭陵。姚思廉爲人謙虛，作爲元老大臣，威望很高，深受禮遇。史稱“思廉以藩邸之舊，深被禮遇，政有得失，常遣密奏之，思廉亦直言無隱”。

從姚氏家族史可以看出，吳興姚氏雖稱素士之家，但早期由醫術著名，後歷代爲官，經梁、陳、隋、唐諸朝更迭，與皇室及當時權貴關係密切，熟悉史事，且姚察父子“志苦精勤”“博極群典”，具有相當的學術素養，這就爲纂修梁、陳二史創造了良好的條件。

二　姚察、姚思廉與《陳書》

姚察、姚思廉父子二代能够相繼修成梁、陳二史，除了時代的際遇、家世的背景而外，還與他們個人長年刻苦學習、潜心學術、博極群典、具有很高的史學素養及得到有識之人的舉薦分不開。

從文獻記載可知，姚察九世祖姚信即以學問知名於江左，曾注《周易》，著《士緯新書》十卷。[①] 反映其具有

① 參見《隋書·經籍志三》。

相當的學術素養。姚信之後，姚家數代皆精通醫術。特別是到姚菩提一代，醫術名聞天下，且與皇室及官貴關係密切。至姚察父親姚僧垣一代，不僅是皇室重用、衆官貴崇拜的名醫，而且"少好文史"，"商略今古"，"爲學者所稱"。

姚僧垣極爲重視子孫教育。在梁代，他受皇帝、太子"禮遇優厚，每得供賜，皆回給（姚）察兄弟，爲游學之資，察並用聚蓄圖書，由是聞見日博"。這樣的家庭背景及游學與蓄買圖書的便利，爲姚察提供了優越的成長環境與治學條件，對於其學識的積累、史學素質的提高、最終成爲一代史才，產生了重要影響。

此外，姚察史才的展露，還得益於許多名士達人的賞識與知遇，特別是受到歷朝君主的激賞與信重。正如史書所載，姚察"及仕陳代，諸名流遂許與聲價，兼時主恩遇，宦途遂至通顯"。

中書侍郎領著作杜之偉，與姚察"深相眷遇"，是他首先推薦姚察出任佐著作、知撰史。永定初年，姚察補爲嘉德殿學士。

另一位獨具慧眼的官員是當時擔任吏部尚書、領著作的徐陵。"徐陵名高一代，每見（姚）察製述，尤所推重"。徐陵給皇上的奏章上表，多請姚察起草。他嘗對其子徐儉説："姚學士德學無前，汝可師之也。"徐陵深知姚察有很好的史學素養，自認學識與姚察相比"不逮也"。因而引薦姚察擔任"史佐"。太建初，姚察補宣明殿學士。

尚書令江總同樣也"與察尤篤厚善，每有製作，必先以簡察，然後施用"。史載江總爲詹事時，"嘗製登宮城五百字詩，當時副君及徐陵以下諸名賢並同此作。徐公後謂江曰：'我所和弟五十韻，寄弟集內。'及江編次文章，無復察所和本，述徐此意，謂察曰：'高才碩學，庶光拙文，今須公所和五百字，用偶徐侯章也。'察謙遜未付，江曰：'若不得公此製，僕詩亦須棄本，復乖徐公所寄，豈得見令兩失。'察不獲已，乃寫本付之"。由此可見江總及時人對姚察學問文章的推重。

陳後主更是極重姚察之才，稱姚察"達學洽聞，手筆典裁，求之於古，猶難輩匹，在於今世，足爲師範"。姚察每寫有文章，後主便下敕索本，稱"我于姚察文章，非唯翫味無已，故是一宗匠"。後主"所製文筆，卷軸甚多，乃別寫一本付察，有疑悉令刊定"。

姚察曾出使北周，"江左耆舊先在關右者，咸相傾慕"。可證此時姚察的學問已享譽大江南北。也正是因此，隋文帝纔會在開皇九年（589）隋滅陳後對朝臣們説："我平陳唯得此一人。"

從史學的素養來看，姚察早年的勤奮學習打下了良好的文史基礎。他十二歲便能寫得一手好文章，十三歲便受梁簡文帝推薦，爲諸臣在宣猷堂聽講論難，"爲儒者所稱"。後來雖常年出仕任職，但"終日恬靜，唯以書記爲樂，於墳籍無所不睹。每有製述，多用新奇，人所未見，咸重富博。且專志著書，白首不倦，手自抄撰，無時輟輟。尤好研覈古今，諟正文字，精采流贍，雖老不衰"。他不僅精諳儒、史，且治學領域寬廣："至於九流、《七略》之書，名山石室之記，汲郡、孔堂之書，玉箱金板之文，莫不窮研旨奧，遍探坎井，故道冠人師，搢紳以爲準的。既歷職貴顯，國典朝章，古今疑議，後主皆取先臣斷決焉。”

姚察對歷朝文獻典籍及當時典章制度之熟悉，在當時幾乎無人能出其右。這可從陳朝廷關於郊廟奏祀禮儀的爭論中略見一斑。姚察曾任陳尚書祠部侍郎，當時一些大臣爲討好陳高宗欲鋪張郊廟奏祀禮儀的願望，稱梁武帝在郊廟奏祀禮中去除宮懸之樂、八佾之舞是不正確的，主張陳朝復用宮懸、八佾的禮節。而姚察不懼希旨的風險，“博引經籍，獨違群議，據梁樂爲是”。朝廷上下，“當時驚駭，莫不慚服”。

史稱姚察任陳朝秘書監、領著作時，其“在秘書省大加删正，又奏撰中書表集”。還稱“察既博極墳素，尤善人物，至於姓氏所起，枝葉所分，官職姻娶，興衰高下，舉而論之，無所遺失。且澄鑒之職，時人久以梓匠相許，及遷選部，雅允朝望”。可見姚察的學識與爲人，爲衆人所嘆服。

入隋後，文帝、煬帝兩代皇帝，也極爲欽佩姚察的學養。仁壽二年（602）隋文帝曾下詔稱姚察“彊學待問，博極群典，修身立德，白首不渝”。

關於姚察的修史經歷，據《陳書·姚察傳》所載，姚察在梁朝時即任“佐著作”一職，“佐著作”即著作佐郎，係秘書省屬官，職責爲撰修國史，集注起居。可證姚察早在梁代，即已參加修史。此時所修史書，應是梁史。

入陳後，徐陵領著作，引姚察爲"史佐"，即著作佐郎。此時所修是何史書，史傳未作明確交待。至陳後主時，姚察任"戎昭將軍""知撰梁史事"，此時所任史職，明顯是修撰梁史。

入隋以後，姚察以"學兼儒史，見重於二代"，[1]"詔授秘書丞，别敕成梁、陳二代史"。[2]很明確，此時姚察不僅修撰梁史，而且也奉敕開始修陳史。

姚察的史官職任及其顯貴地位、社會聲望，使他能够接觸到梁、陳二朝的國家檔案、文獻史料，這也爲他修梁史及陳史創造了良好條件。姚察的史學功力與專長，最早應是從對《漢書》的研究中顯現出來的。姚察之子姚思廉在少年時所受父親史學教育，即是從《漢書》開始。姚察出使北周時，"沛國劉臻竊於公館訪《漢書》疑事十餘條，（姚察）並爲剖析，皆有經據。臻謂所親曰'名下定無虛士'"。此事出自姚察自己所撰《西聘道里記》一書，當是可靠的。可見，姚察對《漢書》的深入研習，當時已是名聞遐邇。據《陳書》本傳記載，姚察"所著《漢書訓纂》三十卷，《説林》十卷，《西聘》《玉璽》《建康三鍾》等記各一卷，悉窮該博，并文集二十卷，並行於世"。另據《隋書·經籍志》載，姚察還著有《漢書集解》一卷、《定漢書疑》二卷。由此可見其對《漢書》用功之深。

至於梁、陳二史，據《隋書·經籍志二》載，姚察完成的有《梁書帝紀》七卷。另外，序論及紀傳未畢者，

---

① 《舊唐書》卷七三《姚思廉傳》。
② 《陳書》卷二七《姚察傳》。

"臨亡之時，仍以體例誠約子思廉，博訪撰續"，"所撰梁、陳史雖未畢功，隋文帝開皇之時，遣内史舍人虞世基索本，且進上，今在内殿"。此事爲姚思廉在唐初修《陳書》時所言，此今"内殿"，顯然不是指陳朝、隋朝之内殿，當是指唐朝即"今"之内殿。

此外，姚察還"兼諳識内典"，有相當的佛學修養。"所撰寺塔及衆僧文章，特爲綺密"。他十四歲曾入鍾山明慶寺拜禪師受菩薩戒，臨亡時尚口誦佛經。其學習並熟悉佛家經典應是可以肯定的。

姚察入隋前主要修梁史，即使當時修陳史，恐亦非奉朝旨行事，有私人修撰的性質。[1] 入隋後方正式奉詔修梁、陳二史。唐劉知幾《史通》稱，陳史初有顧野王、傅縡各爲撰史學士，陳宣帝太建初中書郎陸瓊續撰諸篇，"姚察就加删改，粗有條貫"，[2] "是察之修史，實兼採三家"。[3]《隋書·經籍志二》載陸瓊《陳書》四十二卷，《舊唐書·經籍志上》載隋顧野王《陳書》三卷、傅縡《陳書》三卷。《四庫全書總目》認爲"殆即察所據之本"，並指出姚思廉《陳書》"書中惟二卷、三卷題陳史部尚書姚察，他卷則俱稱史臣。蓋察先纂《梁書》，此書（《陳書》）僅成二卷，其餘皆思廉所補撰"。[4]

---

① 參見金毓黻《中國史學史》，商務印書館 2010 年版，第 96 頁。
② 劉知幾撰，浦起龍釋：《史通通釋》卷一二，上海古籍出版社 1978 年版，第 356 頁。
③ 《四庫全書總目》卷四五《史部·正史類一》，中華書局 1965 年版，第 406 頁。
④ 《四庫全書總目》卷四五《史部·正史類一》，第 406 頁。

顯然，姚思廉是在繼承父業的基礎上，繼續完成梁、陳二部史書修撰的。其最初的史學基本功訓練，即來自父親早年的史學教育。史載"思廉少受漢史於其父，能盡傳家業。勤學寡欲，未嘗言及家人產業。……初，察在陳嘗修梁、陳二史，未就，臨終令思廉續成其志"。隋煬帝時，"思廉上表陳父遺言，有詔許其續成梁、陳史。……貞觀初，遷著作郎，弘文館學士。……又受詔與秘書監魏徵同撰梁、陳二史"。

姚思廉在陳朝時曾任揚州主薄。入隋初年，姚思廉擔任的職位是漢王府參軍事。丁父憂服除後，補河間郡司法書佐。三個職位皆與史職無關。後來他上書皇帝，陳述自己父親令其續修梁、陳二史的遺言，"有詔聽續"。隋煬帝並令其與起居舍人崔祖濬同修《區域圖志》。此後，思廉擔任了代王楊侑的侍讀。

李淵受禪後，姚思廉任秦王文學、太子洗馬。"武德五年，高祖以自魏以來二百餘歲，世統數更，史事放逸，乃詔撰次。而思廉遂受詔爲《陳書》。久之，猶不就"①。既然思廉是奉旨修撰，便應有史職，惟史書未載。

---

① 參見《曾鞏陳書目錄序》。《唐會要》卷六三《史館上·修前代史》條載："武德四年十一月，起居舍人令狐德棻從容言于高祖曰：'近代以來，多無正史。梁、陳及齊猶有文籍。至于周、隋，多有遺闕。當今耳目猶接，尚有可接憑，如更十數年後，恐事迹湮没，無可紀録。'至五年十二月二十六日，詔：'司典序言，史官紀事，考論得失，究盡變通。所以裁成義類，懲惡勸善。自有魏至乎陳、隋……秦王府文學姚思廉可修陳史。'綿歷數載，竟不就而罷。"（上海古籍出版社2006年版，第1287頁）

太宗李世民即位後，姚思廉開始擔任著作郎、弘文館學士，正式擔任史職。貞觀三年（629），姚思廉“受詔與秘書監魏徵同撰梁、陳二史”，“魏徵雖裁其總論，其編次筆削，皆思廉之功也”。

《舊唐書》本傳稱：“思廉又采謝炅等諸家梁史，續成父書，并推究陳事，刪益傅縡、顧野王所修舊史，撰成《梁書》五十卷、《陳書》三十卷。”顯然，姚思廉是在刪改以往前人舊稿的基礎上進行二史修撰的。“采謝炅等諸家梁史，續成父書”，表明姚思廉續成了父親的未成稿梁史。“推究陳事，刪益傅縡、顧野王所修舊史”，則説明姚思廉所撰陳史，是在刪益傅縡、顧野王所修陳史的基礎上完成的，這裏未提其父所撰陳史，至少説明其父所撰陳史篇幅較少。據《隋書·經籍志》著録，姚察著有《梁書帝紀》七卷。而《陳書》中，署爲“陳吏部尚書姚察曰”的，祇有兩卷本紀的後論。這説明姚察在陳史撰述方面遺留給姚思廉的舊稿比梁史要少得多。當然，我們也不能因此而忽略姚察對其子姚思廉修撰《陳書》的影響。

姚思廉撰《陳書》，主要是參考了顧野王、傅縡等人有關陳史的撰述。另外，《隋書·經籍志》還記載了不少陳朝文獻，姚思廉修《陳書》時應當也作了參考，如陳吏部尚書陸瓊撰《陳書》四十二卷、陳中書郎趙齊旦撰《陳王業曆》一卷；未寫明撰者的陳朝文獻有《陳永定起居注》八卷、《陳天嘉起居注》二十三卷、《陳天康、光大起居注》十卷、《陳太建起居注》五十六卷、《陳至德起居注》四卷、《開業平陳記》二十卷、《陳百官簿狀》二卷、

《陳將軍簿》一卷、《陳尚書雜儀注》五百五十卷；還有《陳吉禮》一百七十一卷、《陳賓禮》六十五卷、《陳軍禮》六卷；《陳嘉禮》一百二卷、《陳鹵簿圖》一卷、《陳令》三十卷、《陳科》三十卷、《陳新制》六十卷等。

當然，這些文獻在政權交替之際一定會有損失亡佚，不少書在《隋書·經籍志》中尚存，而在《舊唐書·經籍志》的著録中已經不見了。但是《舊唐書·經籍志》也著録了一些《隋書·經籍志》未曾著録的陳朝文獻，如顧野王撰《陳書》三卷、傅縡撰《陳書》三卷、《梁陳大行皇帝崩儀注》八卷、《陳尚書曹儀注》二十卷、《陳諸帝后崩儀注》八卷、《陳雜吉儀志》三十卷、《陳皇太子妃薨儀注》五卷、《陳雜儀注凶》十三卷、《陳皇太后崩儀注》四卷、《陳雜儀注》六卷。另外如范泉等撰《陳令》三十卷、范泉志《陳科》三十卷，在《隋書·經籍志》也有著録，但作者未著明，估計應是同樣的書。關於目録學的有《陳天嘉四部書目》四卷。

姚思廉生活的年代跨越陳、隋、唐三朝，既然繼承父志續修二史，其對陳朝的文獻應當是會十分留意的。姚思廉修撰《陳書》時，以其身份地位及任職史官情況看，是完全有條件看到這些圖書的，對以上陳朝文獻當有所參考。當然，由於以上書籍不少内容是關於典志的，而《陳書》無志，故參考的内容應當有限。

三 《陳書》的評價與特點

《陳書》的修撰，若從姚氏父子私撰開始算起，歷時陳、隋、唐三朝，前後經歷數十年，於貞觀十年（636）正月奏上，最終完成。

對《陳書》的評價，歷代史家褒貶不一。贊之者如清代學者趙翼《陔餘叢考》、邵晉涵《南江書録》、紀昀《四庫全書總目》，稱《陳書》"編次得宜""首尾完善""體例秩然"，①今人張志哲稱《陳書》"勝於同時其他各史"。②貶之者如宋人趙與時《賓退録》則認爲此書不可與《南史》相比，"李延壽南、北史成，惟《隋書》別行，餘七史幾廢。大抵紀載無法，詳略失中，故宜行而不遠……其餘可笑者甚多，未暇盡著"。③這裏試做具體分析。

陳朝政權衹存在了三十三年，這是中國歷史上的一個短命王朝。其在政治、經濟、思想、文化方面並無特別重大的建樹。《陳書》的篇幅與規模，在二十四史中是最小的。《梁書》雖然同是姚氏父子修撰，但從總體來看，《陳書》在内容上和文字上次於《梁書》。"這一方面反映了姚氏父子在史學功力上的差距，另一方面也多少反映出陳朝

---

① 參見趙翼《陔餘叢考》卷七《陳書編次得宜》，中華書局 1963 年版，第 134 頁；邵晉涵《南江書録》，清光緒聚學軒叢書；《四庫全書總目》卷四五《史部正史類一》，第 406 頁。
② 張志哲：《中國史籍概論》第二編第五章，江蘇古籍出版社 1988 年版。
③ 趙與時著，齊治平校點：《賓退録》卷九，上海古籍出版社 1983 年版，第 115 頁。

時期各方面狀況的江河日下"。① 北宋曾鞏等曾批評陳朝的
統治，"非有先王經紀禮義風化之美，制治之法，可章示
後世……有所因造，以爲號令、威刑、職官、州郡之制，
雖其事已淺，然亦各施於一時，皆學者不可不考也。而當
時之士，自争奪詐僞，苟得偷合之徒，尚不得不列以爲世
戒"。②較爲公允地解釋了《陳書》存在上述問題的原因，
並指明《陳書》的獨特價值。

　　客觀來講，《陳書》畢竟是最全面反映陳朝歷史的一
部正史著作。它有以下幾個特點：

　　第一，《陳書》是現存保留陳朝三十三年歷史記載的
最爲全面的重要史料。由於陳朝存在時間不長，文獻資料
有限，留傳到後代的史料更少。許多在《隋書·經籍志》
中尚有著録的陳朝文獻，經過隋末、唐末戰争，在《舊唐
書·經籍志》《新唐書·藝文志》以及宋人編著的目録中，
已經大量減少了。陳、隋時期出現的幾部《陳書》，大都
缺損或亡佚了。如陳吏部尚書陸瓊修撰的《陳書》四十二
卷，已經完全不見了。我們現在對陳朝歷史的瞭解與研
究，不能不依靠姚氏父子所修《陳書》提供的史料。姚氏
父子，官居朝廷顯位，熟悉陳朝典制，終生參與朝廷史
撰，有閱讀陳朝各種起居注、實録的有利條件。這是《陳
書》保留了不少原始文獻的原因。

　　應當特別指出的是，自唐以後，人們研究陳朝歷史依

----

① 瞿林東：《姚氏父子與〈梁書〉〈陳書〉》，瞿林東等《二十五史隨
　話》，人民教育出版社 1988 年版，第 41 頁。
② 參見《曾鞏陳書目録序》。

靠的基本史料，主要來自《陳書》與《南史》。而自《南史》成書以後，《陳書》在社會上流傳漸少，世人罕見《陳書》，而多讀《南史》。這也與唐人科舉考試的科目有關："其史書，《史記》爲一史，《漢書》爲一史，《後漢書》並劉昭所注《志》爲一史，《三國志》爲一史，《晋書》爲一史，李延壽《南史》爲一史，《北史》爲一史。習《南史》者，兼通《宋》《齊》志。習《北史》者，通《後魏》《隋書》志。自宋以後史書煩碎冗長，請但問政理成敗所因，及其人物損益關於當代者，其餘一切不問。"① 加之當時尚未普及印刷術，書卷皆由手工抄寫，由此産生的結果是《陳書》在社會上流傳益少，一般人很難讀到《陳書》，自然也無法利用其中的史料。

《南史》雖然流行，② 但却無法代替《陳書》在史學上的價值。對比《南史》與《陳書》對陳朝歷史的記載可以發現，李延壽在改編《陳書》過程中，删削了《陳書》的大量史料。例如《陳書》本紀部分，約五萬字，而《南史》陳本紀部分，删削爲三萬餘字。删除比例高達五分之二。其删削的内容許多是册文、詔令、奏議、各類文章等。如梁敬帝太平二年（557）九月辛丑詔，《南史》删《陳書》七百餘字。九月辛未梁帝禪位於陳之詔文，删除四百餘字。同日發表的璽書，九百餘字，《南史》全删。

---

① 《通典》卷一七《選舉典五·雜議論中》，中華書局 1988 年版，第 423 頁。
② 從所謂 "（劉）宋以後史書煩碎冗長" 角度來看，李延壽將南北朝諸多史書編成《南史》《北史》二部通史，無疑爲一般世人閱讀瞭解南北朝繁雜歷史提供了很大方便。

永定元年（557）冬十月乙亥高祖即皇帝位於南郊，柴燎告天文，删六十餘字。同日臨太極前殿所發詔文四百餘字全删。己卯分遣大使宣勞四方，下璽書敕州郡，五百餘字，《南史》全删。十一月丙申詔文二百餘字，《南史》全删。二年春正月乙未詔二百餘字，全删。三月甲午詔文二百餘字，全删。三年夏閏四月庚寅，詔文近二百字，全删。三年六月甲午，儀同侯安都敗衆愛等於左里，以衆師凱歸而發詔文，三十餘字全删。《高祖本紀》後陳吏部尚書姚察的史評全删。

傳記部分亦删削甚多。如《陳書·徐陵傳》，原文七千二百餘字，《南史·徐陵傳》删削了約五千字；《陳書·侯瑱傳》，原文一千八百餘字，《南史·侯瑱傳》删削了約八百字；《陳書·歐陽頠傳》，原文一千五百餘字，《南史·歐陽頠傳》删削了約四百八十字；《陳書·吳明徹傳》，原文二千七百餘字，《南史·吳明徹傳》删削了八百多字；《陳書·周弘正傳》，原文三千三百餘字；《南史·周弘正傳》删削了約一千四百字；《陳書·姚察傳》，原文三千二百餘字，《南史·姚察傳》删削了約一千九百字；《陳書·侯安都傳》原文三千七百餘字，《南史·侯安都傳》删削了約五百二十字；《陳書·周鐵虎傳》原文九百六十餘字，《南史·周鐵虎傳》删削了約六百字；《陳書·程靈洗傳》原文二千一百字，《南史·程靈洗傳》删削了約一千字。《南史》此類大篇幅删除《陳書》部分，不勝枚舉。

《陳書》傳記部分中的册文、詔令、奏議、文章等，

《南史》也大量删削。如《傅縡傳》删掉了《明道論》，《沈炯傳》删掉了《請終養疏》，《江總傳》删掉了《修心賦》，《侯安都傳》删削了陳文帝《賜死侯安都詔》，這些文章有些雖是繁言冗文，但其中也包含有許多重要的原始資料，對於我們今天研究這一時期的歷史來講，不憚其多，唯恐其少。由此我們也可以看到清人趙翼關於"《南史》於《陳書》無甚增删"的説法並不正確。①

　　《南史》删掉的《陳書》內容，不少是重要的史料。如對於陳朝官員的官爵封號與封戶數量，《南史》大量删削，若不是《陳書》尚存，我們對許多陳朝的官制與封戶制度將無以全面瞭解。再如《陳書·侯瑱傳》，記載了天嘉元年（560）二月陳朝都督江晋吳齊四州諸軍事、江州刺史侯瑱與北齊支持的王琳軍隊的一場大戰，情節具體而生動。《南史·侯瑱傳》則多加删削，使人難知道戰爭詳細情況，故後來司馬光修《資治通鑑》時，多依《陳書·侯瑱傳》詳加叙述。再如《陳書·吳明徹傳》，《南史》删削處多關重要史實，如删去吳明徹曾在紹泰初年，隨周文育討杜龕、張彪等的經歷；删去"周遣大將軍賀若敦率馬步萬餘人奄至武陵，明徹眾寡不敵，引軍巴陵，仍破周別軍於雙林"的史實；敗王琳一處，删去"生禽王琳、王貴顯、扶風王可朱渾孝裕、尚書盧潜、左丞李騊駼，送京師。景和惶懼遁走，盡收其馳馬輜重。琳之獲也，其舊部曲多在軍中，琳素得士卒心，見者皆歔欷不能仰視，明徹慮其有變，遣左右追殺琳，傳其首"一段史實。儘管《南

━━━━━━━━

① 參見趙翼著，王樹民校證《廿二史劄記校證》，第229—230頁。

史·王琳傳》對此有所叙述，遠不如此段史料詳實具體。陳文帝所頒此役表彰詔書，《南史》也一律删除。其中"壽春者古之都會，襟帶淮、汝，控引河、洛，得之者安，是稱要害"等語，實關此役之重要意義。另外陳文帝"就壽陽册（吴）明徹，於城南設壇，士卒二十萬，陳旗鼓戈甲"的宏大場面，也被删除。

徐陵作爲陳朝名臣，《陳書·徐陵傳》撰有七千多字長傳；而《南史·徐陵傳》删削去約五千餘字，其中許多内容不當删除。如徐陵出使北齊不得歸南，致信陳朝僕射楊尊彦，其文中多叙南北方社會當時狀况，如講侯景之亂，江南士人"俛首頓膝，歸奉寇讎，珮弭腰鞬，爲其皂隸"，即使"臺署郎官，俱餒墻壁"，宗室公主亦不免"風行雨散，東播西流，京邑丘墟，姦蓬蕭瑟，偃師遷望，咸爲草萊"，這完全是現實社會的寫照。天康元年（566），徐陵任吏部尚書，他講到當時朝堂典制的頹壞，稱"自古吏部尚書者，品藻人倫，簡其才能，尋其門胄，逐其大小，量其官爵。梁元帝承侯景之凶荒，王太尉接荆州之禍敗，爾時喪亂，無復典章，故使官方，窮此紛雜"。這是反映官場失序的史料，《南史·徐陵傳》全部删除。

此外，對比《南史》與《陳書》可以發現，即使《南史》保存下來的陳朝史料，大多也簡單沿襲《陳書》原文，甚至未作文字上的改動。

自陳滅亡之後，陳朝文獻傳世很少，顧野王、傅縡、陸瓊等人關於陳朝的史著及部分陳朝起居注、儀注等文獻，大多在唐宋後亡佚，其他文獻也是如此。例如，陳朝的集部類文獻，據《隋書·經籍志》著録，隋時總數尚有二百五十一卷，① 到唐代時，總數餘一百九十八卷，② 但至宋代，則僅僅餘《陰鏗集》等十餘卷。③ 及至清朝，《四庫全書總目》著録的陳朝人文集，僅有《徐孝穆集箋注》六卷，而且四庫館臣明確指出，《徐孝穆集》一書"久佚不傳"，此本乃後人從"諸書内採掇而成"，已非原貌。所謂採綴"諸書"，其實主要就是采自《陳書》及唐宋的《藝文類聚》《文苑英華》。可以説，目前已没有以原始面貌流傳在世的陳朝人文集了。

---

① 《隋書》卷三五《經籍志四》著録陳朝人文集計有：《陳後主集》三十九卷、《陳後主沈后集》十卷、《杜之偉集》十二卷、《周弘讓集》九卷、《周弘讓後集》十二卷、《沈炯前集》七卷、《沈炯後集》十三卷、《釋標集》二卷、《釋洪偃集》八卷、《釋瑗集》六卷、《釋靈裕集》四卷、《周弘正集》二十卷、《陰鏗集》一卷、《顧野王集》十九卷、《策上人集》五卷、《徐陵集》三十卷、《張式集》十四卷、《張正見集》十四卷、《陸琰集》二卷、《陸玠集》十卷、《陸瑜集》十一卷、《蔡景歷集》五卷、《釋曇集》六卷、《褚玠集》十卷、《司馬君卿集》二卷、《張仲簡集》一卷。

② 《舊唐書》卷四七《經籍志下》著録陳朝人文集計有：《陳後主集》五十卷、《沈炯前集》六卷、《沈炯後集》十三卷、《周弘正集》二十卷、《徐陵集》三十卷、《張正見集》四卷、《陸珍集》五卷、《陸瑜集》十卷、《沈不害集》十卷、《張式集》十三卷、《褚介集》十卷、《顧越集》二卷、《顧覽集》五卷、《姚察集》二十卷。《新唐書》卷六〇《藝文志四》著録的陳朝人文集與《隋書·經籍志》略同，唯少《周弘讓集》十八卷。

③ 宋人晁公武《郡齋讀書志》卷一七、宋元人馬端臨《文獻通考》卷一九二《經籍考十九》，兩書著録陳朝人文集皆僅有《陰鏗傳》一卷。元人編《宋史》卷二〇八《藝文志七》著録陳朝人文集有五種：《陳後主集》一卷、《江總集》七卷、《沈炯集》七卷、《徐陵詩》一卷、《張正見集》一卷。

　　由上可見，若非《陳書》保留至今，不知有多少陳朝的重要史實將湮滅於歷史的長河之中，陳朝的歷史研究將無法進行。由此益見《陳書》在陳朝歷史研究上獨一無二的重要史料價值。

　　第二，《陳書》開創了中古史書文風的變革。中國的史學著作，自古便形成了很好的文風，特別是《史記》《漢書》，行文樸實純美，樹立了史撰行文的典範，開創了良好的風氣。但至六朝時期，由於社會上駢體文風的盛行，也深深影響到了史學著作的文風。如沈約《宋書》、蕭子顯《南齊書》所作史論，多用駢體文。這種文體過於強調四六對偶與用典，不利於史實客觀的表述與傳達，影響了史學的功能。而姚察、姚思廉父子一反正當盛行的六朝駢體文風，所修撰的梁、陳二史論贊，皆使用散文文體寫作，對唐代古文運動的興起不無影響。[①]

　　作爲史學家，姚察及姚思廉父子都有深厚的古文文學素養，在史文撰著方面，力戒追求辭藻的華麗與浮泛。文字表達上，繼承了司馬遷及班固的文風與筆法，力求簡潔樸素，這在南朝諸史皆通行駢體文風的大潮流下，是難能可貴的。而《陳書》中由魏徵執筆的總論，用的還是四六駢體文，可見駢體文風在當時影響之大。從史學內容的表達來說，散文文體也顯然要比駢文文體更能表達歷史的事

---

① 參見瞿林東《姚氏父子與〈梁書〉〈陳書〉》，瞿林東等《二十五史隨話》，第 43 頁。日本學者內藤湖南《中國史學史》甚至認爲姚察父子“成了史學甚至整個文學中復興古文的鼻祖”（馬彪譯，上海古籍出版社 2008 年版，第 138 頁）。

實與史學家的思想，更能爲大衆所接受。從這一角度來看，梁、陳二書的完成，是中國史學的古文復興，是中國史學著作撰寫文風的一個重要轉折。有學者特別稱贊道："姚氏父子之撰述陳書，則特以古文行之。如《孔奂傳》記其掌選叙之梗正；《蕭摩訶傳》寫其有關、張之勇，莫不簡净明暢，一洗六朝蕪冗之習。書末編列彙傳，不因佛老之説盛行即爲立釋老傳，反之，但採孔門四科，始乎德行，終乎文學之旨，而立孝行、儒林、文學三傳。雅有砥柱中流，欲崇吾道以拒佛老之意，此與採用散體以撰史之風，實開中唐韓愈古文運動之先河。似此史識過人，用力甚勤之作，實值得後人之看重與研究。"[1]

第三，《陳書》所記載的歷史内容，許多是有史鑒意義的。陳朝雖然是個短命王朝，但其所以興，其所以亡，仍然是符合歷史變遷的内在規律的。梁朝末年，陳霸先乘勢而起，"智以綏物，武以寧亂，英謀獨運，人皆莫及"。執政以後，又"恒崇寬政，愛育爲本"，對自己"儉素自率，常膳不過數品，私饗曲宴，皆瓦器蚌盤"，而後宫"充闈房者，衣不重綵，飾無金翠"，"及乎踐祚，彌厲恭儉"，[2] 故能在亂世中嶄露頭角，建立政權。

世祖陳蒨執政時期，因爲其"起自艱難，知百姓疾苦。國家資用，務從儉約，常所調斂，事不獲已者，必咨嗟改色，若在諸身"，其執政"兢兢業業，其若馭朽"，加之"崇尚儒術，愛悦文藝"，生活上"恭儉以御身，勤勞

---

① 林礽乾：《陳書異文考證》"序"，文史哲出版社1979年版，第2頁。
② 《陳書》卷二《高祖紀下》。

以濟物",① 因而陳朝尚能穩定發展。

陳宣帝陳頊"大度幹略","器度弘厚,亦有人君之量"。在其統治的十三年,初期尚能"萬機平理"。一度收復梁朝所失淮南之地,"戰勝攻取,獻捷相繼",陳朝進入較盛時期。然而宣帝"享國十餘年,志大意逸",② 陳朝政事轉衰。

而到後主陳叔寶執政時期,朝政大壞。叔寶"生深宮之中,長婦人之手","不知稼穡艱難"。執政後"扇淫侈之風","寄情於文酒,昵近群小,皆委以衡軸","權要所在,莫匪侵漁之吏"。結果導致"政刑日紊,尸素盈朝,躭荒爲長夜之飲,嬖寵同艷妻之孽,危亡弗恤,上下相蒙,衆叛親離"的局面。③ 最終至於滅亡。

唐朝的魏徵、宋朝的曾鞏、清朝的趙翼等史家,都認爲《陳書》在記述陳朝"其始之所以興""其終之所以亡"方面,提供了生動的材料,對於瞭解陳朝末年的政治腐敗,有重要的歷史價值與史鑒意義。

第四,《陳書》體例較爲完整與統一。《陳書》在總體內容上雖不如《梁書》,但它在編次上卻有超過《梁書》的地方,篇章體例顯得更加嚴謹、合理。④ 四庫館臣曾稱:"書中惟二卷、三卷題陳吏部尚書姚察,他卷則俱稱史臣。

① 《陳書》卷三《世祖紀》。
② 《陳書》卷五《宣帝紀》。
③ 《陳書》卷六《後主紀》。
④ 參見瞿林東《姚氏父子與〈梁書〉〈陳書〉》,瞿林東等《二十五史隨話》,第 42 頁。

蓋察先纂《梁書》，此書僅成二卷，其餘皆思廉所補撰。今讀其列傳，體例秩然，出於一手。不似《梁書》之參差，亦以此也。"[1]

《陳書》中記録的一些原始文獻，對於學術研究也有重要價值。如《陳書》卷三四《文學·何之元傳》，載有何之元所撰《梁典》一書的序文。由於《梁典》已不存，今人可以從這篇序文中瞭解這部書的體裁、體例和内容，是一篇在史學上很有價值的文章。如序文中引用史學家臧榮緒的話説："史無裁斷，猶起居注耳。"即是史學史上的寶貴的思想遺産之一。[2]

以上這些方面，都是值得肯定的。當然，《陳書》的缺點也是客觀存在的。

首先，此書由當朝在位的寵臣撰寫，對當朝皇室權貴多所溢美，事實多所顧忌避諱。姚氏家族歷代皆受朝廷信重，特別是姚察歷梁、陳、隋諸朝，名重一時，在撰寫陳朝歷史時，即便是私下撰史，也會出現美化、神化當權者的意向。例如高祖陳霸先本紀中，每每爲陳霸先粉飾避諱，稱其有"日角龍顏，垂手過膝"之異相，宣揚其曾"開口吞日"等神奇怪誕之説。對於陳霸先早年曾經做油庫吏、傳教等卑微的出身經歷，卻多加掩飾。相較之下，《南史》卷九《陳武帝紀》對陳霸先出身的記載則較爲客

---

① 《四庫全書總目》卷四五《史部·正史類一》，第 406 頁。
② 參見瞿林東《姚氏父子與〈梁書〉〈陳書〉》，瞿林東等《二十五史隨話》，第 42 頁。

觀。① 更典型的事例是《劉師知傳》，《陳書》在此傳中對劉師知幫助陳武帝殺死梁敬帝一事，隻字不提，明顯是爲顯者諱，違背了史學求真的原則。這些，在《南史》中大多得到矯正。②

其次，在史實記載方面，儘管陳朝衹有三十三年的歷史，史料有限，但以姚氏父子所處的職位與身份來看，本可以采納更多的陳朝史料，來進一步充實《陳書》。這從同時代人陳吏部尚書陸瓊曾撰寫《陳書》四十二卷、顧野王傳説他有“《國史紀傳》二百卷，未就而卒”即可見今《陳書》内容之簡略。當然，撰史往往有相當多不爲一般人理解甚至不可言説的困難，姚氏父子二代歷數十年努力方成此書，已大爲不易，我們不能因此而苛求古人。

四　《陳書》的流傳與研究

《陳書》自貞觀十年（636）寫定成書並呈進以來，就成了深藏秘府之稿本，“流布人間者甚少”。③ 特別是李延壽、李百藥所撰《南史》成書後，科舉考試中有《南史》《北史》二史，但無《梁書》《陳書》。因此在社會上，以讀《南史》爲尚，這對《陳書》的流布產生重要影響。

---

① 參見周一良《魏晋南北朝史札記·〈陳書〉札記》，中華書局1985年版，第291—292頁。
② 參見瞿林東《姚氏父子與〈梁書〉〈陳書〉》，瞿林東等《二十五史隨話》，第44頁。
③ 林礽乾：《陳書異文考證》“序”，第2頁。

後來，則由于數遭兵火戰亂的厄劫，幾經播遷流徙，《陳書》又有亡闕。“加以歲月侵尋，復多蟫蝕蟲蠹之損”。① 因此到北宋仁宗嘉祐六年（1061），當宋朝政府發禁中所藏，詔三館祕閣校理時，曾鞏已稱：“觀（姚）察等之爲此書，歷三世，傳父子，更數十歲而後乃成，蓋其難如此。然及其既成，與宋、魏、梁、齊等書，世亦傳之者少，故學者於其行事之迹，亦罕得而詳也。而其書亦以罕傳，則自秘府所藏，往往脱誤。列傳名氏多闕謬。”②

及至宋英宗治平二年（1065）鋟版之後，又因鈔利屢改，迭經變竄，是以其書流傳至今者，紕謬百出，殊失舊帙本真。如卷四《廢帝紀》“光大二年，章昭達進號征南大將軍”下，汲古閣本與武英殿本並脱“中撫大將軍，新除征西大將軍”十二字。卷二二《錢道戢傳》“以功拜直閣”下，明毛晋汲古閣本脱“將軍，除員外散騎常侍、假節、東徐州刺史，封永安縣侯、邑五百户”等五十二字。卷三〇《顧野王傳》“野王又好丹青”下，汲古本、殿本並脱“善圖寫”三字。卷三三《儒林傳序》“梁武帝開五館，建國學，總以五經教授之”下，武英殿本脱“唯國學乃經”五字。“其餘一字、二字之訛奪，則星布全書，不勝枚舉。倘不嚴加校理，則貽誤後學匪淺。勝清校讎之學，遠逸前代，馬、班、范、陳諸史，皆有名家爲之校理，然於《陳書》，迄無廣蒐衆本，博核群書，以校其異

---

① 林礽乾：《陳書異文考證》“序”，第 3 頁。
② 《曾鞏陳書目録序》。

同，考其禮制，而釐定其牴牾者"。① 南宋晁公武在《郡齋讀書志》一書中也認爲，"其書世亦罕傳，多脱誤"。②

儘管《陳書》自成書以後，深藏密府，流傳不廣，但歷朝歷代還是有一些學者對此書進行過研究，取得一些成果。

首先應提及的是唐人李延壽所撰《南史》一書，對《陳書》的補充與訂證。李延壽，其生平附見於新、舊《唐書·令狐德棻傳》附《李延壽傳》。延壽父李大師認爲南北朝諸國史既多重複又相互詆毀，有必要重寫南北通史。但事業未竟而身亡。李延壽"思欲追終先志"，前後歷十六載，在《陳書》成書二十年後，完成《南史》《北史》二書，合一百八十卷。《南史》始於劉宋，終於陳亡，共八十卷。主要依據宋、齊、梁、陳四書，參以他史，删補移易。

總體看，《南史》《北史》删除了原南北正史篇幅約二分之一。其中《陳書》部分，如前所述，李延壽《南史》對《陳書》亦有較大篇幅的删削。但同時應當看到，李延壽在編撰《南史》的過程中，對《陳書》一書是花費了相當大功夫的，在陳朝史實上，亦有許多方面的增補與訂證。李延壽與姚氏父子基本爲同時代人，其《南史》一書較《陳書》晚出約二十年。其所增補的陳朝的内容，許多是《陳書》所未録的，對補益陳朝史實，是有相當價值

---

① 林礽乾：《陳書異文考證》"序"，第 3 頁。
② 晁公武撰，孫猛校注：《郡齋讀書志校證》卷五，上海古籍出版社 1990 年版，第 186 頁。

的。這裏略舉數例。

如陳霸先祖先，據《陳書》卷一《高祖紀上》載，高祖乃“漢太丘長陳寔之後也”。《南史》卷九《陳武帝紀》則在此句前加了“自云”二字，意味顯然不同。又陳霸先的早年經歷，《陳書》稱其“少俶儻有大志，不治生産。既長，讀兵書，多武藝，明達果斷，爲當時所推服”。而《南史》此處則補充爲：“初仕鄉爲里司，後至建鄴爲油庫吏。”顯然，姚氏爲陳霸先曾任“里司”與“油庫吏”的出身而避諱，李延壽則據史直書，當有所根據。

《陳書》卷二八《始興王伯茂傳》載：“（光大）二年十一月，皇太后令黜廢帝爲臨海王，其日又下令曰：‘伯茂輕薄，爰自弱齡，辜負嚴訓……別遣就第。不意如此，言增泫歎。’時六門之外有別館，以爲諸王冠婚之所，名爲婚第，至是命伯茂出居之，於路遇盜，殞于車中，時年十八。”據此，始興王之死，乃出於偶然。而真實情況則是：始興王之死乃宣帝派人加害，《南史》此處則直書爲“宣帝遣盜殞之於車中”。《陳書》所謂“於路遇盜”，意在爲宣帝避諱。

隋朝滅陳之役，是一個重大的歷史事件，對於此役的經過及陳朝失敗的原因，自然記載得愈詳細愈好。對於陳朝主將蕭摩訶初無戰意，不肯拼死抵抗隋軍的原因，《南史》卷六七《蕭摩訶傳》有如下記載：“後主通於（蕭）摩訶之妻，故摩訶雖領勁兵八千，初無戰意，唯魯廣達、田端以其徒力戰。賀若弼及所部行軍七總管楊牙、韓洪、員明、黃昕、張默言、達奚隆、張辯等甲士凡八千人，各勒陣以待之。弼躬當魯廣達，麾下戰死者二百七十三人，弼縱煙以自隱，窘而復振。陳兵得人頭，皆走獻後主，求賞金銀。弼更趣孔範，範兵暫交便敗走。陳軍盡潰，死者五千人。諸門衛皆走，黃昕馳燒北掖門而入。員明禽摩訶以送弼，弼以刀臨頸，詞色不撓，乃釋而禮之。"《陳書》卷三一《蕭摩訶傳》對陳後主通蕭摩訶之妻事，以及此役的許多細節均未提及，① 這當是爲陳後主避諱。而《南史》對這一史實則作了重要補充。司馬光編撰《資治通鑑》時即采用了這段史料。②

《南史》卷六七《任忠傳》對《陳書》卷三一《任忠傳》亦有重要補充。《南史》詳細記載了建康城破之際，任忠與陳後主關於軍事處置的爭議及對策與結果："及隋兵濟江、（任）忠自吳興入赴，屯軍朱雀門。後主召蕭摩訶以下於內殿定議，忠曰：'兵法客貴速戰，主貴持重。今國家足食足兵，宜固守臺城，緣淮立柵。北軍雖來，勿與交戰，分兵斷江路，無令彼信得通。給臣精兵一萬，金翅

① 《陳書·蕭摩訶傳》載："及隋軍大至，將出戰，後主謂摩訶曰：'公可爲我一決。'摩訶曰：'從來行陣，爲國爲身，今日之事，兼爲妻子。'後主多出金帛，頒賞諸軍，令中領軍魯廣達陳兵白土崗，居衆軍之南偏，鎮東大將軍任忠次之，護軍將軍樊毅、都官尚書孔範次之，摩訶軍最居北，衆軍南北亙二十里，首尾進退，各不相知。賀若弼初謂未戰，將輕騎，登山觀望形勢，及見衆軍，因馳下置陣。廣達首率所部進薄，弼軍屢却，俄而復振，更分軍趣北突諸將，孔範出戰，兵交而走，諸將支離，陣猶未合，騎卒潰散，駐之弗止，摩訶無所用力焉，爲隋軍所執。"兩相比較，《南史》補充的史實更爲具體詳細。
② 參見《資治通鑑》卷一七七《隋紀一》"文帝開皇九年正月辛未"條，中華書局1956年版，第5508頁。

三百艘，下江徑掩六合。彼大軍必言其度江將士已被獲，自然挫氣。淮南土人，與臣舊相知悉，今聞臣往，必皆景從。臣復揚聲欲往徐州，斷彼歸路，則諸軍不擊而自去。待春水長，上江周羅睺等衆軍，必沿流赴援，此良計矣。’”對於任忠的建議，後主不從。却急命蕭摩訶出戰，“忠叩頭苦請勿戰，後主從孔範言，乃戰，於是據白土岡陣。及軍敗，忠馳入臺，見後主，言敗狀，曰：‘官好住，無所用力。’後主與之金兩縢曰：‘爲我南岸收募人，猶可一戰。’”任忠受命後却出城降隋軍。對於這段重要的歷史情節，《陳書·任忠傳》所記簡略。而《南史》則對此作了重要補充。此外，《南史·任忠傳》還記載有一段《陳書》未載的史料：“隋文帝後以散騎常侍袁元友能直言於後主，嘉之，擢拜主爵侍郎，謂群臣曰：‘平陳之初，我悔不殺任蠻奴。受人榮禄，兼當重寄，不能横屍，云“無所用力”，與弘演納肝，何其遠也。’”這反映隋文帝對於不忠本朝的貳臣也是十分厭惡的。此類補充訂正《陳書》之處尚多，不再一一舉證。①

宋人司馬光撰寫《資治通鑑》，對《陳書》及陳朝史料亦有不少補益訂證。

《資治通鑑》一書，“陳紀”部分十卷，其中陳朝基本史實是依據《陳書》而來。同時在采納其書的同時，又多所考證，訂正了許多錯誤。例如，據《陳書》卷三六《始興王叔陵傳》載，陳宣帝第二子始興王陳叔陵，自“江陵陷，高宗遷關右，叔陵留于穰城。高宗之還也，以後主及

---

① 以上參見高敏《南北史考索》，天津古籍出版社 2010 年版。

叔陵爲質”。《資治通鑑》卷一六八《陳紀二》“文帝天嘉三年”條載：正月“丁未，周以安成王頊爲柱國大將軍，遣杜杲送之南歸”。又“二月，丙子，安成王頊至建康，詔以爲中書監、中衛將軍”。又“頊妃柳氏及子叔寶猶在穰城，上復遣毛喜如周請之，周人皆歸之”。據此，知高宗與後主及叔陵雖均是天嘉三年（562）返陳，但非同時返回。可見《資治通鑑》所記更爲詳細、更加具體。再如，《陳書》卷三六《始興王叔陵傳》記載：“高宗崩于宣福殿，翌日旦，後主哀頓俯伏，叔陵以剉藥刀斫後主中項。”《資治通鑑》卷一七五《陳紀九》“宣帝太建十四年”條則具體補充了重要細節：“上不豫，太子與始興王叔陵、長沙王叔堅並入侍疾。叔陵陰有異志，命典藥吏曰：‘切藥刀甚鈍，可礪之！’”可見，始興王陳叔陵動手砍擊後主陳叔寶之前，曾預先做了準備。這一補充當有所據。《資治通鑑》類似訂證補充《陳書》史實處甚多。此外，胡三省注，也往往會糾正《陳書》之誤，或補充重要的史實。

清人重考據，對《陳書》也多有訂證補充。如史學家錢大昕撰《廿二史考異》一書，卷二七一萬餘字，按本紀、列傳順序排列，皆是對《陳書》相關史實的考證。此舉數條，《陳書》卷二《高祖紀下》載：“十一月景申，詔曰：‘東都齊國，義乃親賢，西漢城陽，事兼功烈。散騎常侍、使持節、都督會稽等十郡諸軍事。’”其中的“都督會稽等十郡諸軍事”，錢大昕《廿二史考異》指出：“考陳文帝於梁末建節，稱‘都督十郡’，其後徐度、沈恪、沈欽鎮會稽，則云‘九郡’。九郡之名，見於《徐度》《沈恪傳》……十郡則史未詳其名。"① 對十郡之名表示了懷疑。《陳書》卷四《廢帝紀》有："（光大二年正月）罷吳州，以鄱陽郡還屬江州。"錢大昕《廿二史考異》考證按曰："陳時有兩吳州，廢帝所廢之吳州治鄱陽，後主所置之吳洲治吳郡。"② 區別了兩個不同的吳州。

對於文字錯誤，亦給予訂正。如《陳書》卷二一《謝嘏傳》稱：嘏"陳郡夏陽人也"。錢大昕《廿二史考異》認爲："夏陽"當作"陽夏"。③ 對於《陳書》的編排不當，錢大昕也有批評。如《陳書》卷一八《劉仲威傳》稱：劉仲威"隨莊入齊，終於鄴中"。《廿二史考異》按曰："仲威仕於蕭莊，莊敗，隨入北齊，義不臣陳，當附《梁史·劉之遴傳》，不應入《陳書》。"④ 總體來看，錢大昕《廿二史考異》對《陳書》考異，以地理方面的問題爲重點。

趙翼《廿二史劄記》的正史《陳書》部分，也專門討論了與《陳書》、陳史相關的史實。⑤ 近代人羅振玉撰有

---

① 錢大昕著，方詩銘、周殿傑校點：《廿二史考異》卷二七《陳書》，上海古籍出版社 2004 年版，第 457—458 頁。
② 錢大昕著，方詩銘、周殿傑校點：《廿二史考異》卷二七《陳書》，第 458 頁。
③ 錢大昕著，方詩銘、周殿傑校點：《廿二史考異》卷二七《陳書》，第 467 頁。
④ 錢大昕著，方詩銘、周殿傑校點：《廿二史考異》卷二七《陳書》，第 466 頁。
⑤ 參見趙翼著，王樹民校證《廿二史劄記校證》，第 198、223—262 頁。

《陳書校議》一書，對《陳書》多有訂正。① 清人萬斯同撰有《陳諸王世表》一卷、《陳將相大臣年表》一卷，臧勵龢撰有《補陳疆域志》稿本四卷，可資參考。②

20世紀以來，對《陳書》的校勘整理，首先應提及的是張元濟對《陳書》的貢獻。海鹽張元濟感嘆於正史之版本不精，訛誤之叢集，發願重校二十四史。經過多年努力，集宋元明善本之大成，輯印爲《百衲本二十四史》，並撰有《百衲本二十四史校勘記》。"凡各本異文，雖一字之差，一筆之微，均網羅無遺"。③ 其中《陳書校勘記》原稿，分甲乙丙三册。"先生校史，不獨定異文是非，且援據衆本擇善而從，融死校活校於一爐"。④ "其搜羅宋元舊本之廣，校勘之精，影印之工，裝幀之善，無不歎爲觀止。"⑤

《陳書校勘記》共出校勘記一千一百二十二條。對《陳書》存在的訛誤進行校勘訂證。所用底本爲宋刻眉山七史本，係以原北平圖書館藏二十一卷本，配以日本静嘉堂文庫藏陸心源皕宋樓藏本十五卷，全書無一明修版。這裏舉張元濟校勘兩例：其一，卷一四，列傳第八，第十頁

---

① 參見羅振玉《五史校議·陳書校議》，《羅振玉學術論著集》第八集下，上海古籍出版社2013年版，第477—492頁。
② 參見《二十五史補編》，開明書店1937年版，第4433—4475頁。
③ 顧廷龍"序"，張元濟《百衲本二十四史校勘記》，商務印書館2001年版。
④ 顧廷龍"序"，張元濟《百衲本二十四史校勘記》。
⑤ 王紹曾：《百衲本二十四史校勘記整理緣起》，張元濟《百衲本二十四史校勘記》。

第八行，宋本"宋州刺史婦仁縣公"，殿本作"宋州刺史歸仁縣公"。張元濟校勘備注曰"宋誤，按歸仁，隋屬梁州"。其二，卷二〇，列傳第十四，第三頁第二行，宋本爲"（到仲舉）縱其凶謀"，殿本作"縱其兇惡"。張元濟校勘備注曰"殿誤，上文云姦謀顯露"。張元濟《陳書》校勘記之完成，於《陳書》之整理校勘，功莫大焉！

1972 年，由張維華點校的中華書局點校本《陳書》出版。中華書局吸收張元濟的校勘記，以百衲本爲底本，利用明南監本、北監本、汲古閣本，清武英殿本、金陵書局本互校，並參考《南史》《册府元龜》《資治通鑑》《資治通鑑考異》《廿二史考異》等書，完成了中華書局點校本《陳書》二册。此書廣泛吸取前人的校勘成果，參考了各種史書、文集，是目前爲止最爲通行且品質上乘的《陳書》點校本。

臺灣學者林礽乾對《陳書》的校勘整理也做出了重要貢獻。作者先後撰著了《陳書本紀校注》《陳書異文考證》二書。前書據作者序言稱完成於 1970 年，2008 年以《古典文獻研究輯刊》第六編第二十七册的形式出版。該書主要以武英殿刊本爲底本，參校宋浙本、三朝本、南監本、北監本、汲古本，對《陳書》本紀部分進行了細緻的校勘，並對其中的典章制度、人物事迹、年代地理等進行了詳盡的注釋。後書《陳書異文考證》，由文史哲出版社於1979 年出版。作者對《陳書》三十六卷中的異文進行比勘考訂，涉及書中的年代日月之誤、官名地名人名之誤、俗僞文字通假避諱衍倒之誤等，共校出異文六百七十七條，每條皆加按語，一一辨析。此兩書考訂注釋，校對異文，補充史實，訂正訛誤，爲讀者提供了不少方便。不足之處是其中所引文獻資料，常用節略改寫法，與學術界通行的引用原始文獻法不同。兩書與中華書局點校本《陳書》一樣，許多成果爲本書所采納吸收。

除了以上《陳書》整理校勘的成果以外，學人在相關的學術著作及學術論文中，對《陳書》、陳史的相關問題也有不同的貢獻。如當代史學家周一良撰有《魏晉南北朝史札記》一書，其中有“《陳書》札記”一節，内容專論《陳書》、陳史。如“陳霸先早年經歷”“陳霸先加九錫文”“敵人首級之保存”“臨川爲臨海之誤”“徐陵有口辯”“部曲私兵”等，詳細考證了與《陳書》相關的史事。①

在閱讀《陳書》時，我們還需要注意幾點：

一是要注意魏徵爲《陳書》所撰寫的總論。唐太宗詔修五代史時，房玄齡和魏徵爲總監修，諸史之總論都出於魏徵之手。《陳書》總論在卷六《後主紀》之末，另在卷七《皇后傳》之末，他對陳後主、張貴妃等人腐朽生活作了史實上的補充和議論。一般地說，魏徵的見識要高於姚氏父子，這在很大的程度上是因爲魏徵是用政治家的眼光來評論歷史。不過在文體上，魏徵史論仍然沿襲了六朝以來的四六對仗的駢體文。

二是注意《陳書》中存在較多的避諱。《陳書》作者姚察、姚思廉父子，身歷梁、陳、隋、唐數朝，曾在政治

---

① 參見周一良《魏晉南北朝史札記》，第291—304頁。

風雲多變的時代裏周旋數十年，他們作爲帝王與朝廷寵信的大臣與史臣，在中國古代皇帝高度集權的體制下，既要保持"秉筆直書"的史家品德，又要在朝廷中得以立足，得到帝王及權貴們的支持，是有相當大的困難的。他們經歷政權的更替越多，這種體會就愈深。因此他們不得不在撰寫《陳書》等相關史書與史實時，有所避諱與顧忌。姚氏父子的《陳書》初稿，形成於陳朝當代，避諱尤多。而到李延壽撰寫《南史》的唐代時，已是後代追述前代，不需太多避諱。故在《南史》卷六五《衡陽獻王昌傳》中，直書其被文帝殺害；在《南史》卷六五《始興王伯茂傳》中，直書其爲宣帝殺害；在《南史》卷六八《劉師知傳》中，直書其殺害梁敬帝之事。清人趙翼即曾專門指出"《陳書》多避諱"之事。① 這是我們在讀《陳書》時應特別注意的。

三是在讀《陳書》時，注意與《南史》《南齊書》《梁書》《資治通鑑》等相互對照。如前所述，李延壽所撰《南史》，是在《宋書》《南齊書》《梁書》《陳書》的基礎上改寫而成的，使這四部史書所叙述的歷史連貫起來。雖然其中有的史料被删減，但也有新的史料增加，特別是李延壽著意矯正南朝四史中的許多曲筆避諱之處，《陳書》中爲統治者避諱的地方，在《南史》中大多得到矯正。至於《資治通鑑》，這也是研讀《陳書》與研究陳朝史所必讀的。司馬光是嚴謹的史學家，他，也包括胡三省注中關於陳史的部分，都應在閱讀《陳書》時對讀。

---

① 參見趙翼著，王樹民校證《廿二史劄記校證》，第 197—198 頁。

四是在深入閱讀《陳書》時，還應參讀《隋書》的志，即《隋書》中所謂的《五代史志》。這是因爲《隋書》的志，包含了梁、陳、齊、周、隋五個朝代典章制度的沿革流變，《陳書》本身没有表、志，因此讀《五代史志》，對於瞭解陳朝包括另外幾個朝代的歷史，特別是典章制度來説，是不可缺少的。[①]

五　今注本《陳書》校勘注釋的重點及分工

本書在充分吸收前人研究成果的基礎上，對《陳書》進行較全面的校注，充分體現史家注史的特點，具體的整理情況包括以下兩個方面：

一是標點校勘。即對《陳書》的正文進行標點，並以各種底本進行校勘。今注本《陳書》以百衲本爲底本，必要時參校汲古閣本、南監本、北監本、武英殿本、金陵書局本等版本，同時參校《宋書》《南齊書》《梁書》《隋書》《南史》和《通志》，參考《資治通鑑》《册府元龜》《太平御覽》《通典》等，並利用錢大昕《廿二史考異》、王鳴盛《十七史商榷》、張元濟《南史校勘記》、高敏《南北史考索》、馬宗霍《南史校證》等書及學者發表的相關學術論著。彙集諸家校勘研究成果，結合出土墓誌、考古材料，準確而充分地反映研究現狀，編纂出一部校勘精良，並富有學術特色的繁體横排注釋本。

---

① 參見瞿林東《姚氏父子與〈梁書〉〈陳書〉》，瞿林東等《二十五史隨話》，第 44 頁。

　　二是今注本《陳書》校注原則，圍繞"學術性""規範性"及"普及性"三點展開。以"學術性"爲主要編寫原則，以"規範性"爲編纂基礎，兼顧"普及性"。所謂"學術性"，就是要求注釋準確與補充資料豐富，特別是準確反映前人研究成果和充分吸收新史料，體現"史家注史"的重要特色。所謂"規範性"，就是要嚴謹地執行語言規範、學術規範與格式規範。所謂"普及性"，就是要求注釋的簡練、明晰、靈活與方便讀者閲讀、檢索使用。其餘詳見本書《例言》。

　　參加今注本《陳書》校注的主要人員與分工簡介如下：

　　李天石，山東濟南人。歷史學博士。南京師範大學教授，博士生導師。現爲首都師範大學特聘教授。主要從事中國中古史教學與研究。擔任全書主編。撰寫《前言》，校注卷一至卷三，負責全書統稿。

　　張欣，歷史學博士，中國社會科學院古代史研究所副編審。主要從事漢魏史及中國古代政治制度史研究。擔任全書副主編。校注卷一七至卷二一，編寫《例言》及《主要參考文獻》等，參與全書統稿。

　　趙凱，歷史學博士，中國社會科學院古代史研究所副研究員，校注卷四、卷五、卷七至卷一〇。

　　靳寶，歷史學博士，中國社會科學院歷史理論研究所副研究員，校注卷一一至卷一六。

　　石瑊，哲學博士，中國社會科學院古代史研究所博士後，校注卷六、卷三〇至卷三三。

高文川，文學碩士，校注卷二二至卷二六。

王思桐，歷史學碩士，校注卷二七至卷二九。

劉艷强，歷史學碩士，校注卷三四至卷三六。

最後需要説明的是，儘管我們爲做好《陳書》的校注工作盡了很大努力，但由於水準有限，不妥之處在所難免，敬請讀者給予指正，以便再版時加以訂正。

例　言

　　一、今注本《陳書》以商務印書館百衲本《陳書》爲底本，全面參校中華書局點校本，同時努力在吸收其他相關校勘成果，充分利用考古和新發現的史料，以及學術研究的最新成果，以期編纂一部具有一定學術性的横排繁體字新注本，從而爲相關的學者提供足資利用的準確史書文本和研究内容索引，亦爲一般文史讀者搭建起提高水準的階梯。

　　二、本書在中華點校本校勘工作的基礎上，充分利用考據學家、校勘學家的成果，吸收以林礽乾《陳書異文考證》《陳書本紀校注》等爲代表的前人校勘成果，並補充、增補新的校勘内容，爭取做到有據可循，對例證不足之文，則提出質疑，不改原文，以形成一個全新的校勘本。

　　三、官名。對職官的注釋，一般注明官稱、職掌、品級，除有特別需要外，不注官職的演變情況。歷代職官多有名同而職掌不同、名異而職掌相同的情況，今注中難以一一説明。我們在參考各種職官辭典的基礎上，對職官注釋力求精準，但仍有部分有待今後深入考證。主要參考張政烺主編《中國古代職官大辭典》和吕宗力主編《中國歷代官制大辭典》。

四、地名。本書對書中所見地名均進行注釋，一般僅注明今地。如需説明沿革方可解讀者，則簡述其沿革。今地名及行政區劃，以《中華人民共和國行政區劃簡册》（中國地圖出版社 2017 年版）爲準。

五、人名。本書對書中所涉及人名與内容主旨緊密相關者進行注釋。一般注明其主要事迹，某書某卷有紀、傳。

六、爲求簡潔，本書對一些常用文獻作簡稱處理。如《資治通鑑》簡稱《通鑑》，《册府元龜》簡稱《册府》等。對於古籍，一般僅標注卷數，不加頁碼。1972 年中華書局點校本《陳書》，簡稱"中華本"，其校勘記簡稱爲"中華本校勘記"，不注頁碼。

七、凡難以理解的名物制度、典故、有争議或原文記述有歧誤的史實，本書均出注。

八、本書字詞音義的注釋一般僅限於生僻字、避諱字、破讀和易生歧義及較難理解的語詞，常見的字、詞一般不出注。某些不注則易產生歧義者，也酌情出注。

九、對有争議的問題，本書力争以客觀公正的態度簡介諸説，反映歧見，在此基礎上説明注者的傾向性意見，但儘量不作主觀評論。

主要參考文獻

一　古籍

漢・司馬遷：《史記》，中華書局 1959 年版。

漢・班固：《漢書》，中華書局 1962 年版。

南朝宋・范曄：《後漢書》，中華書局 1965 年版。

晋・陳壽撰，南朝宋・裴松之注：《三國志》，中華書局 1982 年版。

唐・房玄齡等：《晋書》，中華書局 1974 年版。

梁・沈約：《宋書》，中華書局 1974 年版。

梁・蕭子顯：《南齊書》，中華書局 1972 年版。

唐・姚思廉：《梁書》，中華書局 1973 年版。

北齊・魏收：《魏書》，中華書局 1974 年版。

唐・李百藥：《北齊書》，中華書局 1972 年版。

唐・令狐德棻等：《周書》，中華書局 1971 年版。

唐・李延壽：《南史》，中華書局 1975 年版。

唐・李延壽：《北史》，中華書局 1974 年版。

唐・魏徵等：《隋書》，中華書局 1973 年版。

後晉・劉昫等：《舊唐書》，中華書局 1975 年版。

宋・歐陽修、宋祁：《新唐書》，中華書局 1975 年版。

宋・司馬光編著，元・胡三省音注：《資治通鑑》，中華書局
　　1956 年版。

清・阮元校刻：《十三經注疏》，中華書局 1980 年版。

漢・許慎撰，清・段玉裁注：《説文解字注》，上海古籍出版社
　　1981 年版。

漢・應劭撰，王利器校注：《風俗通義校注》，中華書局 1981
　　年版。

漢・劉向集録：《戰國策》，上海古籍出版社 1985 年版。

漢・董仲舒著，清・蘇輿撰：《春秋繁露義證》，中華書局 1992
　　年版。

漢・桓譚撰，朱謙之校輯：《新輯本桓譚新論》，中華書局 2009
　　年版。

漢・揚雄撰，晋・郭璞注：《方言》，中華書局 2016 年版。

三國魏・王肅著，陳士珂輯：《孔子家語疏證》，上海書店 1987
　　年版。

三國魏・王弼注，樓宇烈校釋：《老子道德經注校釋》，中華書
　　局 2008 年版。

晋・陶淵明著，逯欽立校注：《陶淵明集》，中華書局 1979 年版。

晋・葛洪著，楊明照校箋：《抱朴子外篇校箋》，中華書局 1991
　　年版。

晋・郭璞：《山海經圖贊》，《叢書集成初編》本。

晋・葛洪撰，周天游校注：《西京雜記》，三秦出版社 2006 年版。

北魏・酈道元著，陳橋驛校證：《水經注校證》，中華書局 2007

年版。

南朝宋・劉義慶著，徐震堮校箋：《世說新語校箋》，中華書局 1984 年版。

南朝齊・謝朓著，曹融南校注集說：《謝宣城集校注》，上海古 籍出版社 1991 年版。

南朝梁・劉孝標注，余嘉錫箋疏，周祖謨等整理：《世說新語箋 疏》，中華書局 1983 年版。

南朝梁・江淹撰，明・胡之驥注，李長路、趙威點校：《江文通 集彙注》，中華書局 1984 年版。

南朝梁・任昉：《述異記》，中華書局 1985 年版。

南朝梁・蕭統編，唐・李善注：《文選》，上海古籍出版社 1986 年版。

南朝梁・蕭統編，唐・李善等注：《六臣注文選》，中華書局 1987 年版。

南朝梁・蕭繹撰，許逸民校箋：《金樓子校箋》，中華書局 2011 年版。

南朝梁・蕭綱撰，肖占鵬、董志廣校注：《梁簡文帝集校注》， 南開大學出版社 2015 年版。

北齊・顏之推撰，王利器集解：《顏氏家訓集解》，中華書局 1993 年版。

南朝陳・徐陵編，清・吳兆宜注：《玉臺新詠》，上海書店 1988 年影印世界書局本。

南朝陳・徐陵撰，許逸民校箋：《徐陵集校箋》，中華書局 2008 年版。

唐・歐陽詢撰，汪紹楹校：《藝文類聚》，上海古籍出版社 1982 年版。

唐・李吉甫撰，賀次君點校：《元和郡縣圖志》，中華書局 1983

年版。

唐·許嵩撰，張忱石點校：《建康實錄》，中華書局 1986 年版。

唐·杜佑撰，王文錦等點校：《通典》，中華書局 1988 年版。

唐·李泰等著，清·孫星衍輯：《括地志》，中華書局 1991 年版。

唐·李林甫等撰，陳仲夫點校：《唐六典》，中華書局 1992 年版。

唐·林寶撰，岑仲勉校記：《元和姓纂》，中華書局 1994 年版。

唐·虞世南編：《北堂書鈔》，學苑出版社 1998 年版。

唐·徐堅等著：《初學記》，中華書局 2004 年版。

宋·王欽若等編：《册府元龜》，中華書局 1960 年版。

宋·李昉等撰：《太平御覽》，中華書局 1960 年版。

宋·李昉等編：《太平廣記》，中華書局 1961 年版。

宋·王存撰，王文楚、魏嵩山點校：《元豐九域志》，中華書局 1984 年版。

宋·陳振孫撰，徐小蠻、顧美華點校：《直齋書錄解題》，上海古籍出版社 1987 年版。

宋·王應麟纂：《玉海》，江蘇古籍出版社、上海書店 1987 年版。

宋·鄭樵編撰：《通志》，中華書局 1987 年版。

宋·晁公武撰，孫猛校證：《郡齋讀書志校證》，上海古籍出版社 1990 年版。

宋·張敦頤撰，張忱石點校：《六朝事迹類編》，上海古籍出版社 1995 年版。

宋·樂史撰，王文楚等點校：《太平寰宇記》，中華書局 2007 年版。

宋·王應麟撰，樂保群、田松青校點：《困學紀聞》，上海古籍出版社 2015 年版。

元·馬端臨撰，上海師範大學古籍研究所、華東師範大學古籍研究所點校：《文獻通考》，中華書局 2011 年版。

明·張溥輯：《漢魏六朝百三家集》，清光緒五年（1879）信述堂刻本。

清·張熷：《讀史舉正》，商務印書館 1937 年版。

清·趙翼：《陔餘叢考》，商務印書館 1957 年版。

清·俞正燮：《癸巳類稿》，商務印書館 1957 年版。

清·嚴可均校輯：《全上古三代秦漢三國六朝文》，中華書局 1958 年版。

清·張玉書編：《康熙字典》，中華書局 1958 年版。

清·郭慶藩撰，王孝魚點校：《莊子集釋》，中華書局 1961 年版。

清·永瑢等：《四庫全書總目》，中華書局 1965 年版。

清·趙翼著，王樹民校證：《廿二史劄記校證》，中華書局 1984 年版。

清·顧炎武著，清·黃汝成集釋：《日知錄集釋》，上海古籍出版社 1985 年版。

清·王鳴盛：《十七史商榷》，中華書局 1985 年版。

清·姚際恒：《古今偽書考》，中華書局 1985 年版。

清·王先謙撰，沈嘯寰、王星賢點校：《荀子集解》，中華書局 1988 年版。

清·牛運震著，李念孔等點校：《讀史糾謬》，齊魯書社 1989 年版。

清·孫星衍等輯，周天游點校：《漢官六種》，中華書局 1990 年版。

清·洪頤煊：《諸史考異》，中華書局 1991 年版。

清·王念孫：《讀書雜志》，江蘇古籍出版社 2000 年版。

清·錢大昕著，方詩銘、周殿傑校點：《廿二史考異》，上海古籍出版社 2004 年版。

清·顧祖禹撰，賀次君、施和金點校：《讀史方輿紀要》，中華書局 2005 年版。

清·黃本驥編：《歷代職官表》，上海古籍出版社 2005 年版。

清·郝懿行：《晋宋書故》，齊魯書社 2010 年版。

清·錢大昕著，楊勇軍整理：《十駕齋養新録》，上海書店 2011
　　年版。

清·顧炎武撰，嚴文儒、戴揚本校點：《日知録》，上海古籍出
　　版社 2012 年版。

清·姚振宗撰，劉克東等整理：《隋書經籍志考證》，《二十五史
　　藝文經籍志考補萃編》第 15 卷，清華大學出版社 2014
　　年版。

二十五史刊行委員會編：《二十五史補編》，開明書店 1937 年版。

楊伯峻：《列子集釋》，中華書局 1979 年版。

高亨注：《詩經今注》，上海古籍出版社 1980 年版。

袁珂校注：《山海經校注》，上海古籍出版社 1980 年版。

逯欽立輯校：《先秦漢魏晋南北朝詩》，中華書局 1983 年版。

趙萬里編：《漢魏南北朝墓誌集釋》，《石刻史料新編》第三輯，
　　新文豐出版公司 1986 年版。

楊伯峻：《春秋左傳注》，中華書局 1990 年版。

趙超：《漢魏南北朝墓誌彙編》，天津古籍出版社 1992 年版。

何清谷校注：《三輔黃圖校注》，三秦出版社 1995 年版。

何寧：《淮南子集釋》，中華書局 1998 年版。

王利器：《文子疏義》，中華書局 2000 年版。

徐元誥撰，王樹民、沈長雲點校：《國語集解》，中華書局 2002
　　年版。

黎翔鳳撰，梁運華整理：《管子校注》，中華書局 2004 年版。

［日］安居香山、中村璋八輯：《緯書集成》，河北人民出版社
　　1994 年版。

羅新、葉煒：《新出魏晋南北朝墓誌疏證》，中華書局 2005 年版。

黄懷信等撰：《逸周書彙校集注》，上海古籍出版社 2007 年版。

許富宏：《鬼谷子集校集注》，中華書局 2008 年版。

許維遹撰，梁運華整理：《吕氏春秋集釋》，中華書局 2009 年版。

毛遠明編著：《漢魏六朝碑刻校注》，綫裝書局 2009 年版。

范祥雍訂補：《古本竹書紀年輯校訂補》，上海古籍出版社 2011 年版。

傅亞庶：《孔叢子校釋》，中華書局 2011 年版。

二　工具書

朱方、劉鈞仁：《中國地名大辭典》，北平研究院出版部 1930 年版。

臧勵龢等編：《中國古今地名大辭典》，商務印書館香港分館 1931 年版。

譚其驤主編：《中國歷史地圖集》，中國地圖出版社 1982 年版。

丁福保編：《佛學大辭典》，文物出版社 1984 年版。

張忱石編：《南朝五史人名索引》，中華書局 1985 年版。

湖北大學語言研究室編：《漢語成語大詞典》，河南人民出版社 1985 年版。

復旦大學歷史地理研究所編：《中國歷史地名辭典》，江西教育出版社 1986 年版。

《漢語大詞典》，漢語大詞典出版社 1990 年版。

張政烺主編：《中國古代職官大辭典》，河南人民出版社 1990 年版。

陳永正主編：《中國方術大辭典》，中山大學出版社 1991 年版。

吕宗力主編：《中國歷代官制大辭典》，北京出版社 1994 年版。

魏嵩山主編：《中國歷史地名大辭典》，廣東教育出版社 1995

年版。

劉保全：《佛經解説辭典》，河南大學出版社 1997 年版。

錢玄、錢興奇：《三禮辭典》，江蘇古籍出版社 1998 年版。

袁英光主編：《南朝五史辭典》，山東教育出版社 2005 年版。

三 研究著作

林礽乾：《陳書異文考證》，文史哲出版社 1979 年版。

唐長孺：《魏晉南北朝史論拾遺》，中華書局 1983 年版。

韓國磐：《魏晉南北朝史綱》，人民出版社 1983 年版。

周一良：《魏晉南北朝史札記》，中華書局 1985 年版。

朱紹侯：《魏晉南北朝土地制度與階級關係》，中州古籍出版社 1988 年版。

田餘慶：《東晉門閥政治》，北京大學出版社 1989 年版。

鄭欣：《魏晉南北朝史探索》，山東大學出版社 1989 年版。

祝總斌：《兩漢魏晉南北朝宰相制度研究》，中國社會科學出版社 1990 年版。

胡阿祥：《東晉南朝僑州郡縣設置及其地理分布》，上海人民出版社 1990 年版。

周一良：《魏晉南北朝史論集續編》，北京大學出版社 1991 年版。

閻步克：《察舉制度變遷史稿》，遼寧大學出版社 1991 年版。

劉俊文主編，夏日新等譯：《日本學者研究中國史論著選譯》第四卷《六朝隋唐》，中華書局 1992 年版。

趙益譯注：《陳書選譯》，巴蜀書社 1994 年版。

劉俊文主編：《日本中青年學者論中國史·六朝隋唐卷》，上海古籍出版社 1995 年版。

周一良：《魏晉南北朝史論集》，北京大學出版社 1997 年版。

湯用彤：《漢魏兩晉南北朝佛教史》，北京大學出版社 1997

年版。

高敏：《魏晉南北朝兵制研究》，大象出版社 1998 年版。

高敏主編：《中國經濟通史·魏晉南北朝經濟卷》，經濟日報出
版社 1998 年版。

唐長孺：《魏晉南北朝史論叢》（外一種），河北教育出版社
2000 年版。

熊德基：《六朝史考實》，中華書局 2000 年版。

張元濟：《百衲本二十四史校勘記：南齊書校勘記、梁書校勘
記、陳書校勘記》，商務印書館 2001 年版。

何兹全：《中國古代社會》，北京師範大學出版社 2001 年版。

錢鍾書：《管錐編》，生活·讀書·新知三聯書店 2001 年版。

盧海鳴：《六朝都城》，南京出版社 2002 年版。

毛漢光：《中國中古政治史論》，上海書店 2002 年版。

毛漢光：《中國中古社會史論》，上海書店 2002 年版。

閻步克：《品位與職位——秦漢魏晉南北朝官階制度研究》，中
華書局 2002 年版。

高敏：《南北史掇瑣》，中州古籍出版社 2003 年版。

許福謙：《南北朝八書二史疑年錄》，北京出版社、文津出版社
2003 年版。

王仲犖：《魏晉南北朝史》，上海人民出版社 2003 年版。

曹道衡：《蘭陵蕭氏與南朝文學》，中華書局 2004 年版。

張旭華：《九品中正制略論稿》，中州古籍出版社 2004 年版。

張金龍：《魏晉南北朝禁衛武官制度研究》，中華書局 2004 年版。

賀雲翱：《六朝瓦當與六朝都城》，南京出版社 2004 年版。

李天石：《中國中古良賤身份制度研究》，南京師範大學出版社
2004 年版。

胡阿祥：《六朝疆域與政區研究》，學苑出版社 2005 年版。

王伊同：《五朝門第》，中華書局 2006 年版。

嚴耕望：《中國地方行政制度史——魏晋南北朝地方行政制度》，上海古籍出版社 2007 年版。

蒙思明：《魏晋南北朝的社會》，上海人民出版社 2007 年版。

［日］川勝義雄著，徐谷梵、李濟滄譯：《六朝貴族制社會研究》，上海古籍出版社 2007 年版。

林礽乾：《陳書本紀校注》，花木蘭文化出版社 2008 年版。

馬宗霍：《南史校證》，湖南教育出版社 2008 年版。

［日］宫崎市定著，韓昇、劉建英譯：《九品官人法研究——科舉前史》，中華書局 2008 年版。

高敏：《南北史考索》，天津古籍出版社 2010 年版。

侯外廬等：《中國思想通史》第三卷，人民出版社 2011 年版。

白鋼主編，黄惠賢著：《中國政治制度通史》第四卷《魏晋南北朝》（修訂版），社會科學文獻出版社 2011 年版。

羅振玉：《五史校議》，《羅振玉學術論著集》第八集下，上海古籍出版社 2013 年版。

真大成：《中古史書校證》，中華書局 2013 年版。

胡阿祥等：《中國行政區劃通史·三國兩晋南朝卷》，復旦大學出版社 2014 年版。

楊恩玉：《蕭梁政治制度考論稿》，中華書局 2014 年版。

張金龍：《治亂興亡：軍權與南朝政權演進》，商務印書館 2016 年版。

［日］尾崎康著，喬秀岩、王鏗編譯：《正史宋元版之研究》，中華書局 2018 年版。

四　論文

冉昭德：《補陳書藝文志序》，《西北大學學報》1944 年第 1 期。

韓振華：《公元六、七世紀中印關係史料考釋三則——婆利國考、赤土國考、丹丹國考》，《廈門大學學報》1954 年第 1 期。

吳聖林：《溢城故址的考證與調查》，《南方文物》1993 年第 4 期。

趙俊：《〈梁書〉〈陳書〉的編纂得失》，《中國社會科學院研究生院學報》1994 年第 3 期。

許福謙：《〈陳書〉紀傳疑年録》，《首都師範大學學報》1997 年第 1 期。

牛繼清：《〈陳書〉時日校補》，《中國史研究》1997 年第 2 期。

陳表義：《姚思廉及其〈梁書〉〈陳書〉淺論》，《暨南學報》1997 年第 2 期。

吳志潔：《從〈陳書〉看姚察父子的史學旨趣》，《淮北煤師院學報》1998 年第 1 期。

朱隽：《補〈陳書·藝文志〉》，《文教資料》1999 年第 3 期。

羅新本：《〈魏書〉〈陳書〉勘誤二則》，《西南民族學院學報》2000 年第 4 期。

張金龍：《南朝直閣將軍制度考》，《中國史研究》2002 年第 2 期。

李少雍：《姚氏父子的文筆與史筆：讀〈梁書〉〈陳書〉札記》，《文學遺産》2002 年第 6 期。

蔣伯良：《〈梁書〉〈陳書〉舛誤辨》，《寧波大學學報》2003 年第 3 期。

汪廷奎：《廿四史〈陳書〉勘正一例》，《廣東社會科學》2003 年第 6 期。

牛潤珍：《徐陵引姚察爲史佐不在永定初——讀〈陳書·姚察傳〉札記》，《史學史研究》2007 年第 2 期。

邵春駒：《〈陳書〉校讀札記》，《萍鄉高等專科學校學報》2009
　　年第 2 期。

黄小蕓：《西安碑林藏明嘉靖善本〈陳書〉簡述》，《碑林集刊》
　　（十七），三秦出版社 2011 年版。

田恩銘：《中古史傳文本中的文學宗主形象——以〈陳書·徐陵
　　傳〉爲中心》，《銅仁學院學報》2016 年第 5 期。

秦樺林：《據古寫本補〈陳書·韓子高傳〉脱文一則》，《中國
　　史研究》2018 年第 4 期。

潘超：《日本宫内廳書陵部藏〈陳書〉寫本校讀》，《古籍整理
　　研究學刊》2019 年第 1 期。

李浩博：《陳朝政區地理札記二則》，《華中師範大學研究生學
　　報》2020 年第 2 期。

陳書　卷一

本紀第一

高祖上

　　高祖武皇帝，諱霸先，字興國，小字法生，吳興長城下若里人，[1]漢太丘長陳寔之後也。[2]世居潁川。[3]寔玄孫準，晉太尉。準生匡，匡生達，永嘉南遷，[4]爲丞相掾，[5]歷太子洗馬，[6]出爲長城令，悦其山水，遂家焉。嘗謂所親曰：“此地山川秀麗，當有王者興，二百年後，我子孫必鍾斯運。”[7]達生康，復爲丞相掾，咸和中土斷，[8]故爲長城人。康生盱眙太守英，[9]英生尚書郎公弼，[10]公弼生步兵校尉鼎，[11]鼎生散騎侍郎高，[12]高生懷安令詠，[13]詠生安成太守猛，[14]猛生太常卿道巨，[15]道巨生皇考文讚。[16]

　　[1]吳興：郡名。三國吳寶鼎元年（266）分吳、丹陽二郡立。治所在今浙江湖州市吳興區。　長城：縣名。晉武帝太康三年（282）分烏程縣立。《太平寰宇記》卷九四《江南東道六》引《吳

興記》云："吴王闔廬使弟夫槩居此，築城狹而長，故曰長城縣，因此名之。"治所在今浙江長興縣東。 下若：村名。"若"當爲"箬"。《太平寰宇記》卷九四引顧野王《輿地志》云："夾溪悉生箭箬，南岸曰上箬，北岸曰下箬，二箬皆村名。"

[2]太丘：縣名。東漢明帝改敬丘縣置，屬沛國。治所在今河南永城市北太丘鄉。 長：縣長。 陳寔：字仲弓，東漢潁川許（今河南許昌市）人。有志好學，坐立誦讀。桓帝時任太丘長，修德清静，百姓以安。中平四年（187），卒於家。《後漢書》卷六二有傳。

[3]潁川：郡名。秦始置。以境内有潁水得名。治所在今河南禹州市。

[4]永嘉南遷：永嘉，晉懷帝司馬熾年號（307—313）。永嘉年間，氏族人石勒破洛陽，"中州士女避亂江左者十六七"，史稱"永嘉南渡"。

[5]丞相掾（yuàn）：丞相屬官。掾，佐助之意。

[6]太子洗馬：官名。東宮屬官。又作太子先馬。漢時爲太子太傅、少傅屬官。梁、陳有典經局，置太子洗馬八人，掌文翰，皆取甲族有才名者任之，尤爲清選。晉第七品。

[7]鍾：當，適逢。《文選》卷三八劉越石《勸進表》："方今鍾百王之季，當陽九之會。"

[8]咸和：東晉成帝司馬衍年號（326—334）。 土斷：東晉南朝時期，爲解決僑置問題而推行的整理户籍及調整地方行政區劃的辦法。其主旨是劃定州、郡、縣領域，僑置居民按實際居住地編定户籍，即以"土著"爲斷。其旨意、方法因時而有差異。西晉武帝太康五年（284），汝南王司馬亮、司空衛瓘上疏建議，此爲土斷之始。晉廷東遷後，北方僑人、南方流民去來紛雜。政府爲明考課、定税收，先後於成帝咸和中、咸康七年（341）、哀帝興寧二年（364）和安帝義熙九年（413）多次實行土斷。一時"財阜國豐"，"豪强肅然"。南朝亦曾多次土斷，但因執行中巧僞甚多，故成效

甚微。

[9]盱（xū）眙（yí）：郡名。東晉義熙七年（411）置。屬南兗州。治所在今江蘇盱眙縣東北。

[10]尚書郎：官名。即尚書省的郎官。晉自過江後，有十五曹郎。第六品。

[11]步兵校尉：官名。漢武帝時設立的八校尉之一。東漢時爲五校尉之一，掌宿衛兵。官顯職閑，而寺府寬敞，以皇族肺腑居之。魏晉五校尉與東漢同。晉第四品。

[12]散騎侍郎：官名。魏晉散騎常侍、侍郎與侍中、黄門侍郎共同申理尚書奏事。晉第五品。

[13]懷安：縣名。東漢建安十三年（208）孫權分宛陵縣置，屬丹陽郡，西晉屬宣城郡。治所在今安徽寧國市。

[14]安成：郡名。孫皓寶鼎二年（267），分豫章、廬陵、長沙三郡置。治所在今江西安福縣。

[15]太常卿：官名。九卿之一，掌陵廟、群祀、禮樂、儀制。晉第三品。

[16]皇考：考妣，父母死後的稱謂。皇考，皇帝去世的父親。

　　高祖以梁天監二年癸未歲生。[1]少俶儻有大志，[2]不治生産。既長，讀兵書，多武藝，[3]明達果斷，爲當時所推服。身長七尺五寸，日角龍顔，[4]垂手過膝。[5]嘗游義興，[6]館於許氏，夜夢天開數丈，有四人朱衣捧日而至，令高祖開口納焉，及覺，腹中猶熱，高祖心獨負之。

[1]天監：南朝梁武帝蕭衍年號（502—519）。

[2]俶（tì）儻（tǎng）：卓異不凡。《史記》卷八三《魯仲連鄒陽列傳》："好奇偉俶儻之畫策。"《漢書》卷六二《司馬遷傳》：

“古者富貴而名摩滅，不可勝記，唯俶儻非常之人稱焉。”《太平御覽》卷一三三作“倜儻”。倜儻，卓越豪邁。與俶儻意相近。

[3]讀兵書，多武藝：陳寅恪認爲：陳霸先家族“與東晉皇室同時南渡之北人也，劉陳二族，出自寒微，以武功特起……南朝之政治史概括言之，乃北人中善戰之武裝寒族爲君主領袖，而北人中不善戰之文化高門，爲公卿輔佐。互相利用，以成江左數百年北人統治之世局也”（陳寅恪：《金明館叢稿初編》，上海古籍出版社1980年版，第95頁）。《南史》卷九《陳武帝紀》載：“初仕鄉爲里司，後至建鄴爲油庫吏，徙爲新喻侯蕭映傳教。”陳霸先早年出身寒微，姚思廉《陳書》隱陳霸先此段經歷，蓋姚氏爲其諱也。

[4]日角龍顏：帝王的異相。《後漢書》卷一上《光武帝紀上》：“身長七尺三寸，美須眉，大口，隆準，日角。”李賢注：“隆，高也。許負云：‘鼻頭爲準。’鄭玄《尚書中候》注云：‘日角謂庭中骨起，狀如日。’”王先謙《後漢書集解》引惠棟曰：“朱建平《相書》云：‘額有龍犀入髮，左角日、右角月，王天下也。’”

[5]垂手過膝：指非平常人的異相。如《三國志》卷三二《蜀書·先主傳》：“身長七尺五寸，垂手下膝。”《晉書》卷一〇三《劉曜載記》：“身長九尺三寸，垂手過膝。”

[6]義興：郡名。治所在今江蘇宜興市。

　　大同初，[1]新喻侯蕭暎爲吳興太守，[2]甚重高祖，嘗目高祖謂僚佐曰：“此人方將遠大。”及暎爲廣州刺史，高祖爲中直兵參軍。[3]隨府之鎮。暎令高祖招集士馬，衆至千人，仍命高祖監宋隆郡。[4]所部安、化二縣元不賓，[5]高祖討平之。尋監西江督護、高要郡守。[6]先是，武林侯蕭諮爲交州刺史，[7]以哀刻失衆心，土人李賁連結數州豪傑同時反，臺遣高州刺史孫冏、新州刺史盧子雄將兵擊之，[8]囧等不時進，皆於廣州伏誅。子雄弟子略與囧子姪及其主帥杜天合、杜僧明共舉兵，執南江督護沈顗，[9]進寇廣州，晝夜苦攻，州中震恐。高祖率精兵三千，卷甲兼行以救之，頻戰屢捷，天合中流矢死，賊眾大潰，僧明遂降。梁武帝深歎異焉，授直閤將軍，封新安子，邑三百户，仍遣畫工圖高祖容貌而觀之。

[1]大同：南朝梁武帝蕭衍年號（535—546）。

[2]新喻侯蕭暎爲吳興太守：中華本校勘記云：“‘新喻’，《杜僧明傳》作‘新渝’，他處亦喻渝互見。按‘新喻’之‘喻’本作‘渝’，因渝水爲名，唐天寶後相承作‘喻’，詳見《唐書·地理志》及《元和郡縣志》。‘蕭暎’《杜僧明傳》作‘蕭映’，他處亦暎映互見，今以暎映同字，不改歸一律。”

[3]中直兵參軍：官名。刺史督府的僚佐，位次府司馬，同爲佐府主統領兵政之官。梁七班。陳第六品。

[4]宋隆：郡名。治所在今廣東高要市東南。

[5]元不賓：元，通“原”。不賓，不服從。

[6]監西江督護：南朝地方官吏的任命，以資歷淺而試守某較高職務，稱監某。 高要：郡名。治所在今廣東肇慶市。

[7]交州：州名。東漢初設，治所在今越南北寧省仙游縣東。

[8]臺：臺城的省稱。臺城爲朝廷所在，此“臺”即意爲朝廷。 新州：州名。梁設。治所在今廣東新興縣。

[9]南江：水名。即今廣東西江。《南齊書·州郡志上》：“（廣州）西南二江，川源深遠，別置都護，專征討之。”

其年冬，蕭暎卒。明年，高祖送喪還都，至大庾嶺，[1]會有詔高祖爲交州司馬，領武平太守，[2]與刺史楊嘌南討。高祖益招勇敢，器械精利。嘌喜曰："能剋賊者，必陳司武也。"[3]委以經略。高祖與衆軍發自番禺。[4]是時蕭勃爲定州刺史，[5]於西江相會，勃知軍士憚遠役，陰購誘之，因詭説嘌。嘌集諸將問計，高祖對曰："交阯叛换，[6]罪由宗室，遂使僭亂數州，彌歷年稔。定州復欲昧利目前，不顧大計。節下奉辭伐罪，故當生死以之，豈可畏憚宗室，輕於國憲？今若奪人沮衆，何必交州討賊，問罪之師，即回有所指矣。"於是勒兵鼓行而進。十一年六月，軍至交州，賁衆數萬於蘇歷江口立城栅以拒官軍。[7]嘌推高祖爲前鋒，所向摧陷，賁走典徹湖，[8]於屈獠界立砦，[9]大造船艦，充塞湖中，衆軍憚之，頓湖口不敢進。高祖謂諸將曰："我師已老，將士疲勞，歷歲相持，恐非良計。且孤軍無援，入人心腹，若一戰不捷，豈望生全。今藉其屢奔，人情未固，夷獠烏合，易爲摧殄，正當共出百死，决力取之，無故停留，時事去矣。"諸將皆默然，莫有應者。是夜江水暴起七丈，注湖中，奔流迅激。高祖勒所部兵，乘流先進，衆軍鼓譟俱前，賊衆大潰，賁竄入屈獠洞中，屈獠斬賁，傳首京師。是歲太清元年也。[10]賁兄天寶遁入九真，與劫帥李紹隆收餘兵二萬，殺德州刺史陳文戒，進圍愛州，[11]高祖仍率衆討平之。除振遠將軍、西江督護、高要太守、督七郡諸軍事。[12]

[1]大庾嶺：山名。在今廣東南雄市北，江西大庾縣南。

[2]武平：郡名。治所在今越南北境。

[3]司武：指司馬一職。《宋書·百官志上》："大司馬一人，掌

武事。司，主也，馬，武也。"

[4]番禺：縣名。治所在今廣東廣州市。

[5]定州：州名。治所在今廣西桂平市西南。

[6]交阯：三朝本、南監本、北監本、汲古本作"交趾"。按，"交阯"與"交趾"相通。 叛換：中華本校勘記云："'叛換'各本作'叛渙'。按叛換、叛渙皆疊韻聯緜字，音同而義亦相近，本書換渙互用之處數見，後如此不悉出校記。"説是，今從。

[7]蘇歷江：水名。亦名來蘇江。在今越南河内市東北。

[8]典徹湖：中華本校勘記云："按'徹'當作'澈'。策陳霸先九錫文有'新昌、典澈，備履艱難'語，舊校云'"典澈"或本作"曲澈"，前有"典澈湖"，亦同'。是舊校所見本亦作'澈'也。"

[9]屈獠：對南方少數民族的稱謂。

[10]是歲太清元年也：太清，南朝梁武帝蕭衍年號（547—549）。此時間有誤，按《梁書》卷三《武帝紀下》，李賁兵潰在中大同元年（546）正月，其被殺則在太清二年三月。

[11]愛州：州名。治所在今越南清化省清化市北馬江南岸。

[12]振遠將軍：官名。梁置諸將軍之號爲二十四班，班多者爲貴。振遠將軍爲十三班。陳擬五品。 督七郡諸軍事：郡太守加戎號、加督之制，始於西晉末年。郡守若加督或加都督，品級隨之上升。

二年冬，侯景寇京師，[1]高祖將率兵赴援，廣州刺史元景仲陰有異志，將圖高祖。高祖知其計，與成州刺史王懷明、行臺選郎殷外臣等密議戒嚴。[2]三年七月，集義兵於南海，馳檄以討景仲。景仲窮蹙，縊于閤下，高祖迎蕭勃鎮廣州。是時臨賀内史歐陽頠監衡州，[3]蘭裕、蘭京禮扇誘始興等十郡，[4]共舉兵攻頠，頠請援於勃。勃令高祖率衆救之，悉擒裕等，仍監始興郡。

[1]侯景：字萬景。本爲東魏叛將，爲梁武帝收留。後在壽陽起兵叛亂，攻下梁都城建康，屠戮江南，史稱侯景之亂，《梁書》卷五六、《南史》卷八〇有傳。

[2]成州：州名。梁普通四年（523）析廣州置，治梁信縣，在今廣東封開縣東南賀江口。　行臺：官署名。魏晉爲專征討，始於地方設置尚書省的派出機構，總攬一方軍政。　選郎：官名。主銓選的郎官。

[3]衡州：州名。梁天監六年（507）置。治含洭縣，在今廣東英德市西北浛洸鎮，陳朝後改爲西衡州。

[4]始興：郡名。治曲江縣，在今廣東韶關市南武水西岸。

十一月，高祖遣杜僧明、胡穎將二千人頓于嶺上，并厚結始興豪傑同謀義舉，侯安都、張偲等率千餘人來附。蕭勃聞之，遣鍾休悦説高祖曰：“侯景驍雄，天下無敵，前者援軍十萬，士馬精彊，然而莫敢當鋒，遂令羯賊得志，[1]君以區區之衆，將何所之？如聞嶺北王侯又皆鼎沸，河東、桂陽相次屠戮，邵陵、開建親尋干戈，李遷仕託身當陽，[2]便奪馬仗，以君疏外，詎可暗投？未若且住始興，遥張聲勢，保此太山，自求多福。”高祖泣謂休悦曰：“僕本庸虚，[3]蒙國成造。往聞侯景渡江，即欲赴援，遭值元、蘭，梗我中道。今京都覆没，主上蒙塵，君辱臣死，誰敢愛命！君侯體則皇枝，任重方岳，不能摧鋒萬里，雪此冤痛，見遣一軍，猶賢乎已，乃降後旨，使人慨然。僕行計決矣，憑爲披述。”

乃遣使閒道往江陵，[4]稟承軍期節度。時蔡路養起兵據南康，[5]勃遣腹心譚世遠爲曲江令，[6]與路養相結，同遏義軍。

[1]羯：五胡之一，匈奴別種。

[2]李遷仕託身當陽：託，各本作“許”。殿本《考證》云“許”一本作“託”。中華本采百衲本張元濟校勘記，稱“託”字義長。説是。

[3]庸虛：無才無能之意，自謙之詞。庸，意爲身無所能。虛，意爲胸無所有。

[4]江陵：縣名。治所在今湖北荆州市荆州區。西晋爲荆州治。梁朝蕭繹曾以此爲都。

[5]南康：郡名。治雩都縣，在今江西于都縣東北。東晋移治贛縣，在今江西贛州市西南。

[6]曲江：縣名。爲始興郡治。治所在今廣東韶關市南武水西岸。

大寶元年正月，[1]高祖發自始興，次大庾嶺。路養出軍頓南野，[2]依山水立四城以拒高祖。高祖與戰，大破之，路養脱身竄走，高祖進頓南康。湘東王承制授高祖員外散騎常侍、持節、明威將軍、交州刺史，[3]改封南野縣伯。

[1]大寶：南朝梁簡文帝蕭綱年號（550—551）。

[2]南野：縣名。治所在今江西贛州市南康區西南。

[3]員外散騎常侍：官名。魏末始設。與侍中通官。梁十班。陳第四品，秩二千石。　明威將軍：官名。梁十三班。陳擬五品，

比秩千石。另梁、陳十明將軍中亦有此號。陳擬六品，比秩千石。

六月，高祖修崎頭古城，[1]徙居焉。高州刺史李遷仕據大皋，[2]遣主帥杜平虜率千人入灨石、魚梁，[3]高祖命周文育將兵擊走之，遷仕奔寧都。[4]承制授高祖通直散騎常侍、使持節、信威將軍、豫州刺史，[5]領豫章内史，改封長城縣侯。尋授散騎常侍、使持節、都督六郡諸軍事、軍師將軍、南江州刺史，[6]餘如故。時寧都人劉藹等資遷仕舟艦兵仗，[7]將襲南康，高祖遣杜僧明等率二萬人據白口，[8]築城以禦之，遷仕亦立城以相對。二年三月，僧明等攻拔其城，生擒遷仕送南康，高祖斬之。承制命高祖進兵定江州，仍授江州刺史，餘如故。

[1]崎頭古城：地名。在江西大余縣東章江曲流處。

[2]大皋：城名。在今江西吉安市南。

[3]灨（gàn）石：地名。贛水自今江西贛州市北至吉安市，江中有十八灘，稱爲灨石。　魚梁：地名。在今江西興國縣西。

[4]寧都：縣名。西晉太康元年（280）以陽都縣改名設置。在今江西寧都縣南。

[5]通直散騎常侍：官名。晉武帝使二人與散騎常侍通直，因此稱通直散騎常侍。梁十一班。陳第四品，秩二千石。　信威將軍：官名。梁十六班。陳擬四品，比秩中二千石。

[6]軍師將軍：官名。梁十九班。陳擬四品，比秩中二千石。　南江州：州名。南朝陳初設，治新吳縣，在今江西奉新縣西，後廢。

[7]劉藹：中華本校勘記云："'劉藹'《杜僧明傳》《周文育傳》並作'劉孝尚'，豈一人而異名歟？"存疑。

[8]白口：城名。故址在今江西泰和縣南。

　　六月，高祖發自南康。南康灘石舊有二十四灘，灘多巨石，[1]行旅者以爲難。高祖之發也，水暴起數丈，三百里閒巨石皆没。進軍頓西昌，[2]有龍見于水濱，高五丈許，五采鮮耀，軍民觀者數萬人。是時承制遣征東將軍王僧辯督衆軍討侯景。八月，僧辯軍次溢城，[3]高祖率杜僧明等衆軍及南川豪帥合三萬人將會焉。[4]時西軍乏食，高祖先貯軍糧五十萬石，至是分三十萬以資之。仍頓巴丘。[5]會侯景廢簡文帝，立豫章嗣王棟，高祖遣兼長史沈衮奉表于江陵勸進。十一月，承制授高祖使持節、都督會稽東陽新安臨海永嘉五郡諸軍事、平東將軍、東揚州刺史，領會稽太守、豫章內史，餘竝如故。

　　[1]舊有二十四灘，灘多巨石：《通鑑》卷一六四《梁紀二十》“簡文帝大寶二年”條胡三省注曰：“《章貢圖經》：東江發源於汀州界之新樂山，經雩都而會于章水。西江導源於南安大庾縣之聶都山，與貢水合，會于贛水。二水合而爲贛，在州治後，北流一百八十里至萬安縣界。由萬安而上，爲灘十有八，怪石如精鐵，突兀廉厲，錯峙波面。自贛水而上，信豐、寧都俱有石磧，險阻視十八灘，故俚俗以爲上下三百里贛石。”

　　[2]西昌：縣名。治所在今江西泰和縣西。

　　[3]溢城：古城名。在今江西九江市西。中華本校勘記云：“‘溢’《南史·陳武帝紀》作‘盆’。按‘溢城’或省作‘盆城’，史文二字互用，後如此不悉出校記。”今從中華本，下文如此不出校記。

[4]南川：地名。贛江亦稱南江。自南康至豫章，其地都稱爲南川。

[5]巴丘：地名。亦作巴邱。故城在今江西峽江縣北。

三年正月，高祖率甲士三萬人、彊弩五千張、舟艦二千乘，發自豫章。二月，次桑落洲，[1]遣中記室參軍江元禮以事表江陵，[2]承制加高祖鼓吹一部。是時僧辯已發湓城，會高祖于白茅灣，[3]乃登岸結壇，刑牲盟約。進軍次蕪湖，侯景城主張黑棄城走。三月，高祖與諸軍進剋姑熟，[4]仍次蔡洲。[5]侯景登石頭城觀望形勢，意甚不悦，謂左右曰：“此軍上有紫氣，不易可當。”[6]乃以舮艒貯石沈塞淮口，[7]緣淮作城，自石頭迄青溪十餘里中，樓雉相接。諸將未有所決，僧辯遣杜崱問計於高祖，高祖曰：“前柳仲禮數十萬兵隔水而坐，韋粲之在青溪，竟不渡岸，賊乃登高望之，表裏俱盡，肆其凶虐，覆我王師。今圍石頭，須渡北岸。諸將若不能當鋒，請先往立柵。”高祖即於石頭城西橫隴築柵，衆軍次連八城，直出東北。賊恐西州路斷，亦於東北果林作五城以遏大路。景率衆萬餘人、鐵騎八百餘匹，結陣而進。

[1]桑落洲：地名。今江西九江市東北長江中。《讀史方輿紀要》卷八五《江西三》云：“昔江水泛漲，有一桑流至此，因名。”《晋書》卷一〇《安帝紀》：東晋義熙六年“衛將軍劉毅及盧循戰于桑落洲，王師敗績”，即此。

[2]中記室參軍：官名。王公府、軍府之佐吏名。陳第六品至

第九品。

　　[3]白茅灣：地名。在今江西九江市東北。東近桑落洲。

　　[4]高祖與諸軍進剋姑熟：中華本校勘記云："'姑熟'北監本、汲古閣本、殿本並作'姑孰'。按孰熟字同，史文二字亦多互見，後如此不悉出校記。"說是，今從中華本，下文如此不出校記。

　　[5]蔡洲：又名蔡家涇、蔡家沙。故址在今江蘇南京市西南。《太平寰宇記》卷九〇《江南東道二》江寧縣："蔡洲，在縣西十二里，周回五十五里。《丹陽記》云：'吳時客館在蔡洲上，以舍遠使。'"

　　[6]"意甚不悦"至"不易可當"：《南史》卷九《陳武帝紀》爲："望官軍之盛，不悦，曰：'一把子人，何足可打。'密謂左右曰：'此軍上有紫氣，不易可當。'"可參閲。

　　[7]敊：底本作"敊"，《南史·陳武帝紀》作"敊"。林礽乾《陳書本紀校注》以爲"敊"當是"敊"之訛字（花木蘭文化出版社2008年版，第21頁）。今據改。

　　高祖曰："軍志有之，善用兵者，如常山之蛇，首尾相應。今我師既衆，賊徒甚寡，應分賊兵勢，以弱制彊，何故聚其鋒鋭，令必死於我？"乃命諸將分處置兵。賊直衝王僧志，僧志小縮，高祖遣徐度領弩手二千橫截其後，[1]賊乃却。高祖與王琳、杜龕等以鐵騎悉力乘之，賊退據其柵。景儀同盧輝略開石頭北門來降。[2]盪主戴冕、曹宣等攻拔果林一城，[3]衆軍又剋其四城。賊復還，殊死戰，又盡奪所得城柵。高祖大怒，親率攻之，士卒騰柵而入，賊復散走。景與百餘騎棄槊執刀，左右衝陣，陣不動，景衆大潰，逐北至西明門。景至闕下，不敢入臺，遣腹心取其二子而遁。高祖率衆出廣陵應接，會景將郭元建奔齊，[4]高祖納其部曲三千人而還。[5]僧辯啓高祖鎮京口。[6]

[1]徐度：字孝節，安陸（今湖北安陸市）人。本書卷一二、《南史》卷六七有傳。

[2]盧輝略：《梁書》卷五六《侯景傳》作"盧暉略"。

[3]盪主：別帥，副將。清顧炎武《日知錄》："古人以左右衝殺爲盪陣，其銳卒謂之跳盪，別帥謂之盪主。"

[4]高祖率衆出廣陵應接，會景將郭元建奔齊：中華本校勘記云："《太平御覽》卷一三三引作'高祖率衆出廣陵應接景將郭元建，會元建奔齊'，《册府元龜》卷一八六同，文義較明，此有脱文。"

[5]部曲：私人部伍的稱謂。《三國志》卷二八《魏書·鄧艾傳》："吳名宗大族，皆有部曲。"

[6]啓：啓奏，稟告。

五月，齊遣辛術圍嚴超達於秦郡，[1]高祖命徐度領兵助其固守。齊衆七萬，填塹，起土山，穿地道，攻之甚急。高祖乃自率萬人解其圍，縱兵四面擊齊軍，弓弩亂發，齊平秦王中流矢死，斬首數百級，齊人收兵而退。高祖振旅南歸，遣記室參軍劉本仁獻捷于江陵。[2]

[1]秦郡：郡名。東晉安帝時改堂邑郡置，屬南兗州。治秦縣，在今江蘇南京市六合區西北。南齊永明元年（483）罷。梁復置，北周改六合郡。

[2]記室參軍：官名。王公府、軍府之佐吏名。掌書記文翰，凡有表章雜記之類文書，則創其草，常以他官兼領。南朝梁、陳復

於其上設置中記事參軍。

　　七月，廣陵僑民朱盛、張象潛結兵襲齊刺史溫仲邕，[1]遣使來告，高祖率衆濟江以應之。會齊人來聘，[2]求割廣陵之地，王僧辯許焉，仍報高祖，高祖於是引軍還南徐州，江北人隨軍而南者萬餘口。承制授高祖使持節、散騎常侍、都督南徐州諸軍事、征北大將軍、開府儀同三司、南徐州刺史，[3]餘竝如故。及王僧辯率衆征陸納於湘州，[4]承制命高祖代鎮揚州。十一月，湘東王即位于江陵，改大寶三年爲承聖元年。湘州平，[5]高祖旋鎮京口。三年三月，進高祖位司空，[6]餘如故。

[1]僑民：指東晋南北朝時流亡江南的北方人，亦指寄居外鄉的人。

[2]聘：古代國與國之間遣使訪問。

[3]征北大將軍：官名。梁設將軍之號爲二十四班，班多者爲貴，征北將軍爲二十三班。陳擬二品。加大，則進一階。　開府儀同三司：開府，即開建府署。儀同三同，即同於司徒、司馬、司空的儀制。

[4]湘州：州名。南朝梁治，治大活關城，在今湖北大悟縣東北。

[5]湘州平：中華本校勘記云：“殿本《考證》云‘《梁書》湘州平係承聖二年事’。今按《南史·陳武帝紀》繫此事於承聖二年，《通鑑》同，《元龜》一八六同。《御覽》一三三引‘湘州平’上有‘明年’二字，疑此有脱文。”

[6]三年三月，進高祖位司空：中華本校勘記云：“《梁書·元帝紀》作‘四月癸酉’，《通鑑》同。”

　　十一月，西魏攻陷江陵，[1]高祖與王僧辯等進啓江州，[2]請晉安王以太宰承制，[3]又遣長史謝哲奉牋勸進。十二月，晉安王至自尋陽，[4]入居朝堂，給高祖班劍二十人。[5]四年五月，齊送貞陽侯深明還主社稷，[6]王僧辯納之，即位，改元曰天成，[7]以晉安王爲皇太子。初，齊之請納貞陽也，高祖以爲不可，遣使詣僧辯苦爭之，往返數四，僧辯竟不從。高祖居常憤歎，密謂所親曰：「武皇雖磐石之宗，[8]遠布四海，至於剋雪讎恥，寧濟艱難，唯孝元而已，功業茂盛，前代未聞。我與王公俱受重寄，語未絶音，聲猶在耳，豈期一旦便有異圖。嗣主高祖之孫，元皇之子，海内屬目，天下宅心，竟有何辜，坐致廢黜，遠求夷狄，假立非次，觀其此情，亦可知矣。」乃密具袍數千領，及錦綵金銀，以爲賞賜之具。

[1]西魏攻陷江陵：《梁書》卷五《元帝紀》：「（承聖三年十一月辛亥）城陷于西魏。……辛未，西魏害世祖……選百姓男女數萬口，分爲奴婢，驅入長安，小弱者皆殺之。」

[2]王僧辯：字君才，太原祁（今山西祁縣）人。右衛將軍王神念之子。僧辯以勇略著稱。梁大寶二年（551）擊敗侯景。次年與陳霸先平定侯景之亂。承聖四年（555），迎北齊支持的貞陽侯爲帝，遭陳霸先反對。王僧辯兵敗被殺。《梁書》四五有傳，《南史》卷六三有附傳。

[3]晉安王：即梁敬帝蕭方智。字慧相，小字法真，梁元帝第九子。承聖元年（552），封晉安王，後被陳霸先擁立爲帝。永定二年（558）爲陳霸先所殺。《梁書》卷六、《南史》卷八有紀。　太宰：官名。與太傅、太保皆爲上公，職責爲論道經邦，燮理陰陽。

[4]尋陽：郡名。西晉永興元年（304）分廬江、武昌二郡置。

治所在今江西九江市。

[5]給高祖班劍二十人：漢制，朝服帶劍，晉代則代之以木。假作劍形，書之以文，稱爲班劍。後世以班劍爲儀杖，由隨從武士若干人佩之，天子賜功臣，或二十人，或四十人，視官階功勳而加。

[6]齊送貞陽侯深明還主社稷：中華本校勘記云：“‘深明’即是‘淵明’。此避唐高祖諱改。後同。”

[7]天成：南朝梁貞陽侯蕭淵明年號（555）。

[8]磐石之宗：形容世系如磐石之重，堅不可移。《史記》卷一〇《孝文本紀》：“高帝封王子弟，地犬牙相制，此所謂磐石之宗也。”

　　九月壬寅，高祖召徐度、侯安都、周文育等謀之，仍部列將士，分賞金帛，水陸俱進。是夜發南徐州討王僧辯。[1]甲辰，高祖步軍至石頭前，[2]遣勇士自城北踰入。時僧辯方視事，外白有兵。俄而兵自內出，僧辯遽走，與其第三子頠相遇，俱出閤，左右尚數十人，苦戰。高祖大兵尋至，僧辯衆寡不敵，走登城南門樓，高祖因風縱火，僧辯窮迫，乃就擒。是夜縊僧辯及頠。景午，[3]貞陽侯遜位，百僚奉晉安王上表勸進。十月己酉，[4]晉安王即位，改承聖四年爲紹泰元年。[5]壬子，詔授高祖侍中、大都督中外諸軍事、車騎將軍、揚南徐二州刺史，[6]持節、司空、班劍、鼓吹竝如故。仍詔高祖甲仗百人，[7]出入殿省。

[1]南徐州：州名。僑寄於京口，在今江蘇鎮江市。
[2]石頭：即石頭城，在今江蘇南京市。

[3]景午：即丙午。《陳書》成於唐代，姚思廉避唐高祖李淵父李昞諱，“丙”字皆改爲“景”，後同此不出校記。

[4]十月己酉：三朝本、南監本、北監本、汲古本同爲“十月己酉”。羅振玉《陳書校議》：“《梁書·敬帝紀》作‘九月丙午即位，十月己巳改元’。”

[5]承聖：南朝梁元帝蕭繹年號（552—555）。　紹泰：南朝梁敬帝蕭方智年號（555—556）。

[6]侍中：官名。《宋史·百官志上》：“本秦丞相史也，使五人往來殿内東厢奏事，故謂之侍中。”梁十二班。陳第三品。　大都督中外諸軍事：官名。《晋書·職官志》：“魏文帝黄初三年，始置都督諸州軍事，或領刺史。又上大將軍曹真都督中外諸軍事、假黄鉞，則總統内外諸軍矣。……江左以來，都督中外尤重，唯王導等權重者乃居之。”　車騎將軍：官名。梁設將軍之號爲二十四班，班多者爲貴，車騎將軍爲二十四班。陳擬一品，比秩中二千石。

[7]甲仗：甲士執兵衛者稱爲甲仗。《晋書》卷七四《桓沖傳》：“詔沖及謝安並加侍中，以甲仗五十人入殿。”

　　震州刺史杜龕據吴興，[1]與義興太守韋載同舉兵反。高祖命周文育率衆攻載于義興，龕遣其從弟北叟將兵拒戰，北叟敗歸義興。辛未，高祖表自東討，留高州刺史侯安都、石州刺史杜稜宿衛臺省。[2]甲戌，軍至義興。景子，拔其水柵。秦州刺史徐嗣徽據其城以入齊，[3]又要南豫州刺史任約共舉兵應龕、載，[4]齊人資其兵食。嗣徽等以京師空虚，率精兵五千奄至闕下，侯安都領驍勇五百人出戰，嗣徽等退據石頭。丁丑，載及北叟來降，高祖撫而釋之。以嗣徽寇逼，卷甲還都，命周文育進討杜龕。

〔1〕杜龕（kān）：京兆杜陵（今陝西西安市）人。吳興太守，王僧辯之女婿。聞王僧辯被殺，舉兵反。後爲陳霸先所殺。《梁書》卷四六、《南史》卷六四有附傳。

〔2〕石州：州名。治所在今廣西藤縣東北。　臺省：即臺城。

〔3〕秦州：州名。治所在江蘇南京市六合區西北。

〔4〕南豫州：州名。梁武帝太清元年（547）七月，以壽春爲南豫州，平定侯景之亂後，徙南豫州至姑熟，在今安徽當塗縣。

十一月己卯，齊遣兵五千濟渡據姑熟。〔1〕高祖命合州刺史徐度於冶城寺立柵，〔2〕南抵淮渚。齊又遣安州刺史翟子崇、楚州刺史劉仕榮、淮州刺史柳達摩領兵萬人，〔3〕於胡墅渡米粟三萬石馬千匹，〔4〕入于石頭。癸未，高祖遣侯安都領水軍夜襲胡墅，燒齊船千餘艘，周鐵武率舟師斷齊運輸，〔5〕擒其北徐州刺史張領州，〔6〕獲運舫米數千石。仍遣韋載於大航築城，〔7〕使杜稜據守。齊人又於倉門水南立二柵以拒官軍。甲辰，嗣徽等攻冶城柵，高祖領鐵騎精甲，出自西明門襲擊之，〔8〕賊衆大潰。嗣徽留柳達摩等守城，自率親屬腹心，往南州採石，〔9〕以迎齊援。

〔1〕姑熟：古城名。一作姑孰，又名南州。因城南臨姑熟溪得名。今安徽當塗縣。

〔2〕合州：州名。梁武帝太清元年（547）七月，改合肥爲合州。治所在今安徽合肥市。　冶城寺：寺名。當位於冶山，今江蘇南京市朝天宮一帶。

〔3〕安州：州名。梁置。治所在今安徽定遠縣。　劉仕榮：《南史》卷九《陳武帝紀》作“劉士榮”。

[4]胡墅：地名。今江蘇南京市長江北。

[5]周鐵武：即周鐵虎，避唐高祖祖父名諱改。

[6]北徐州：州名。寄治今安徽鳳陽縣東北。

[7]大航：即朱雀航。六朝時秦淮河有二十四航，朱雀航最大，故稱“大航”，位於臺城南。

[8]西明門：梁都城西面二門，中爲西明門。

[9]採石：地名。在今安徽馬鞍山市。爲南北方戰爭渡江要地。

十二月癸丑，高祖遣侯安都領舟師，襲嗣徽家口于秦州，俘獲數百人。官軍連艦塞淮口，斷賊水路。先是太白自十一月景戌不見，[1]乙卯出于東方。景辰，高祖盡命衆軍分部甲卒，對冶城立航渡兵，攻其水南二栅。柳達摩等渡淮置陣，高祖督兵疾戰，縱火燒栅，煙塵張天，賊潰，爭舟相排擠，溺死者以千數。時百姓夾淮觀戰，呼聲震天地。軍士乘勝，無不一當百，盡收其船艦，賊軍慴氣。[2]是日嗣徽、約等領齊兵水步萬餘人，還據石頭，高祖遣兵往江寧，據要險以斷賊路。賊水步不敢進，頓江寧浦口，[3]高祖遣侯安都領水軍襲破之，嗣徽等乘單舸脱走，盡收其軍資器械。己未，官軍四面攻城，[4]自辰迄酉，得其東北小城，及夜兵不解。庚申，達摩遣使侯子欽、劉仕榮等詣高祖請和，高祖許之，乃於城門外刑牲盟約，其將士部曲一無所問，恣其南北。辛酉，高祖出石頭南門，陳兵數萬，送齊人歸北者。壬戌，齊和州長史烏丸遠自南州奔還歷陽。[5]江寧令陳嗣、黄門侍郎曹朗據姑熟反，高祖命侯安都、徐度等討平之，斬首數千級，聚爲京觀。[6]石頭、採石、南州悉平，收獲馬仗船米不可勝計。

是月杜龕以城降。二年正月癸未，誅杜龕于吳興，龕從弟北叟、司馬沈孝敦並賜死。

[1]太白：星名。金星之別稱。《爾雅·釋天》注："太白，星也。晨見東方爲啓明，昏見西方爲太白。"

[2]懾（shè）氣：因畏懼而屏住氣息。懾，恐懼。

[3]浦口：地名。在今江蘇南京市北。

[4]官軍四面攻城：《南史》卷九《陳武帝紀》載攻城情況較詳："拔石頭南岸柵，移度北岸起柵，以絶其汲路。又堙塞東門故城中諸井。齊所據城中無水，水一合貿米一升，一升米貿絹一匹，或炒米食之。"可補本書所缺。

[5]歷陽：郡名。治所在今安徽和縣。

[6]京觀：爲炫耀武功，聚集敵屍，封土而成的高冢。《左傳》宣公十二年："君盍築武軍，而收晉尸，以爲京觀。"杜預注："積尸封土其上，謂之京觀。"

二月庚申，高祖遣侯安都、周鐵武率舸艦備江州，仍頓梁山起柵。[1]甲子，敕司空有軍旅之事，可騎馬出入城內。戊辰，前寧遠石城公外兵參軍王位於石頭沙際獲玉璽四紐，[2]高祖表以送臺。三月戊戌，齊遣水軍儀同蕭軌、厙狄伏連、堯難宗、東方老、侍中裴英起、東廣州刺史獨孤辟惡、洛州刺史李希光，[3]幷任約、徐嗣徽等，率衆十萬出柵口，[4]向梁山，帳內盪主黃叢逆擊，敗之，燒其前軍船艦，齊頓軍保蕪湖。高祖遣定州刺史沈泰、吳郡太守裴忌就侯安都，共據梁山以禦之。

　　[1]梁山：地名。位於今安徽當塗縣及和縣。分東西二山，西梁山在和縣八十里，東梁山在當塗縣東南三十里。

　　[2]外兵參軍：官名。同中直兵參軍、中兵參軍，俱爲持節公府屬僚，職司兵事，受命征討。班在中直兵、中參軍之下。

　　[3]洛州刺史李希光：中華本引張森楷校勘記云：“《北齊書·高乾傳》附弟季式傳，謂李希光於齊天保中爲揚州刺史，與蕭軌等渡江戰没，與此異。”

　　[4]栅口：地名。亦稱栅江口。即濡須水入江口。位於今安徽無爲縣東入江處。

　　自去冬至是，甘露頻降于鍾山、梅崗、南澗及京口、江寧縣境，[1]或至三數升，大如弈棋子，高祖表以獻臺。

　　[1]鍾山：地名。在今江蘇南京市鍾山。　梅崗：地名。又稱梅陵、梅嶺崗，在今江蘇南京市南。《景定建康志》卷一七《梅嶺崗》條引《舊經》：“東豫章太守梅頤家于崗下，因名之。”

　　四月丁巳，高祖詣梁山軍巡撫。五月甲申，齊兵發自蕪湖，景申，至秣陵故治。[1]高祖遣周文育屯方山，[2]徐度頓馬牧，[3]杜稜頓大航南。己亥，高祖率宗室王侯及朝臣將帥，於大司馬門外白獸闕下刑牲告天，[4]以齊人背約，發言慷慨，涕泗交流，同盟皆莫能仰視，士卒觀者益奮。辛丑，齊軍於秣陵故縣跨淮立橋栅，引渡兵馬。其夜至方山。侯安都、周文育、徐度等各引還京師。癸卯，齊兵自方山進及兒塘，[5]游騎至臺。周文育、侯安都頓白土崗，[6]旗鼓相望，都邑震駭。高祖潛撤精卒三千配沈泰，渡江襲齊行臺趙彦深於瓜步，[7]獲舟艦百餘艘，陳粟萬斛。爾日天子總羽林禁兵，[8]頓于長樂寺。[9]

[1]秣陵：地名。《太平寰宇記》卷九〇《江南東道二》江寧縣："故秣陵縣城，在縣南五十五里，秣陵橋東北。"

[2]方山：山名。《太平寰宇記》卷九〇上元縣："方山，在縣東南五十里。周回二十里，高一百一十六丈。其山四面等方孤絶。……山謙之《丹陽記》：'秦始皇鑿金陵，此山是其斷者，山形整聳，故名方山。'"

[3]馬牧：地名。在今江蘇南京市江寧區東南，蓋舊時閑牧地。

[4]大司馬門：臺城有門六個，其南面爲大司馬門。　白獸闕：即白虎闕，因避唐高祖祖父李虎名諱改。

[5]兒塘：也稱倪塘。建康在六朝時西至石頭城，東至倪塘，南至石子岡，北至蔣山，相距各四十里。故倪塘在建康城東。

[6]白土崗：地名。在今江蘇南京市鍾山南麓。白土崗周十里，高十丈。《六朝事迹編類》卷六"白土崗"引《圖經》云："北連蔣山，其土色白，因名之。"

[7]渡江襲齊行臺趙彦深於瓜步：深，底本作"琛"，中華本校勘記據《南史》卷九《陳武帝紀》改"琛"爲"深"。《北齊書》有《趙彦深傳》，避齊廟諱，故以字行。今從中華本改。瓜步，在今江蘇南京市六合區。也稱瓜埠。東臨長江。

[8]爾日天子總羽林禁兵：爾日，各本作"即日"，字異而義同。

[9]長樂寺：位於臺城南。

六月甲辰，齊兵潜至鍾山龍尾。[1]丁未，進至莫府山。[2]高祖遣錢明領水軍出江乘，[3]要擊齊人糧運，盡獲其船米，齊軍於是大餒，殺馬驢而食之。庚戌，齊軍踰鍾山，高祖衆軍分頓樂游苑東及覆舟山北，[4]斷其衝要。壬子，齊軍至玄武湖西北莫府山南，將據北郊壇。[5]衆軍自覆舟東移，頓郊壇北，與齊人相對。其夜大雨震電，暴風拔木，平地水丈餘，齊軍晝夜坐立泥中，懸鬲以爨，而臺中及潮溝北水退路燥，官軍每得番易。甲寅，少霽，高祖命衆軍秣馬蓐食，[6]遲明攻之。乙卯旦，自率帳内麾下出莫府山南，吳明徹、沈泰等衆軍首尾齊舉，縱兵大戰，侯安都自白下引兵橫出其後，齊師大潰，斬獲數千人，相蹂藉而死者不可勝計，生執徐嗣徽及其弟嗣宗，斬之以徇。追奔至于臨沂。其江乘、攝山、鍾山等諸軍相次克捷，[7]虜蕭軌、東方老、王敬寶、李希光、裴英起等將帥凡四十六人。其軍士得竄至江者，縛荻筏以濟，中江而溺，流屍至京口，翳水彌岸。[8]丁巳，衆軍出南州，燒賊舟艦。己未，斬劉歸義、徐嗣彦、傅野豬于建康市。[9]是日解嚴。庚申，蕭軌、東方老、王敬寶、李希光、裴英起皆伏誅。高祖表解南徐州以授侯安都。

[1]鍾山龍尾：《通鑑》卷一六六《梁紀二十二》“敬帝太平元年”條胡三省注：“自山趾築道陂陀以登山，曰龍尾。”

[2]莫府山：亦稱幕府山。位於江蘇南京市北。晉元帝過江，王導開府於此，故名。

[3]江乘：縣名。治所在今江蘇句容市北。

[4]樂游苑：晉時在江寧府覆舟山之南，稱苑樂園，宋元嘉中，辟爲北苑。後造樓臺館閣，改名爲樂游苑。　覆舟山：在今江蘇南

京市太平門内，北臨玄武湖，東接鍾山，以山形似覆舟得名。

[5]北郊壇：祭壇。在覆舟山南。晉成帝咸康八年（342）立。

[6]甲寅，少霽，高祖命衆軍秣馬蓐食：《南史》卷九《陳武帝紀》此處所載爲：“甲寅，少霽，是時食盡，調市人饋軍，皆是麥屑爲飯，以荷葉裏而分給……會文帝遣送米三千石，鴨千頭，帝即炊米煮鴨，誓申一戰。士及防身，計糧數臠，人人裹飯，混以鴨肉。”此史實爲本書所無。

[7]攝山：傅山多草，可以攝生，因得名。即今江蘇南京市東北棲霞山。

[8]流屍至京口，翳水彌岸：《南史·陳武帝紀》所載爲：“流屍至京口者彌岸。惟任約、王僧愔獲免。先是童謠云：‘虜萬夫，入五湖，城南酒家使虜奴。’自晉、宋以後，經綿在魏境江、淮以北，南人皆謂爲虜，于時以賞俘貿酒者，一人裁得一醉。”此史實可補本書所缺。翳，即蔽。彌，即滿。

[9]徐嗣彦：《梁書》卷六《敬帝紀》、《南史·陳武帝紀》作“徐嗣産”。

七月景子，詔授高祖中書監、司徒、揚州刺史，[1]進爵爲公，[2]增邑並前五千戶，侍中、使持節、都督中外諸軍事、將軍、尚書令、班劍、鼓吹、甲仗並如故，并給油幢皁輪車。[3]是月侯瑱以江州入附。遣侯安都鎮上流，定南中諸郡。[4]八月癸卯，太府卿何敳、新州刺史華志各上玉璽一，高祖表以送臺，詔歸之高祖。是日詔高祖食安吉、武康二縣，[5]合五千戶。九月壬寅，改年曰太平元年。進高祖位丞相、録尚書事、鎮衛大將軍，[6]改刺史爲牧，進封義興郡公，侍中、司徒、都督、班劍、鼓吹、甲仗、皁輪車並如故。丁未，中散大夫王彭旣稱今月五日平旦於御路見龍迹，自太社至象闕，亘三四里。庚申，詔追贈高祖考侍中、光禄大夫，加金章紫綬，封義興郡公，諡曰恭。

[1]中書監：官名。梁中書省置監、令各一人，掌出納帝命。十五班。陳第二品，秩中二千石。　司徒：官名。晋司徒與丞相通職。齊司徒之府掌領天下州郡名數，户口簿籍。梁罷丞相置司徒。梁十八班。陳第一品，秩萬石。

[2]進爵爲公：爵位分爲公、侯、伯、子、男五等。高祖原爵位爲長城縣侯，現進爵爲長城縣公。

[3]油幢皁輪車：以油布所制油幢爲車帳幕，輪飾則爲黑色，是爲皁輪車。諸王三公，有勳德者加之。

[4]南中諸郡：江西贛江流經之地，即南康、廬陵、臨川、豫章諸郡。

[5]安吉：縣名。治所在今浙江安吉縣西南。　武康：縣名。治所在今浙江德清縣。

[6]鎮衛大將軍：官名。梁置一百二十五號將軍，以班多者爲貴。鎮衛大將軍爲二十四班。陳擬一品。

十月甲戌，敕丞相自今入問訊，可施別榻以近宸坐。[1]二年正月壬寅，天子朝萬國於太極東堂，[2]加高祖班劍十人，并前三十人，餘如故。丁未，詔贈高祖兄道談散騎常侍、使持節、平北將軍、南兗州刺史、長城縣公，[3]諡曰昭烈；弟休先侍中、使持節、驃騎將軍、南徐州刺史、武康縣侯，[4]諡曰忠壯，食邑各二千户。[5]甲寅，遣兼侍中謁者僕射陸繕策拜長城縣夫人章氏爲義興國夫人。丁卯，詔贈高祖祖侍中、太常卿，諡曰孝。追封高祖祖母許氏吳郡嘉興縣君，[6]謚曰敬；妣張氏義興國太夫人，謚曰宣。

[1]扆（yǐ）坐：指皇帝的座位。扆，古代的一種屏風。《論衡·書虛》云：“戶牖之間曰扆，南面之坐位也。”

[2]太極東堂：蘇峻之亂平定後重建臺城内建康宮，正殿爲太極殿，又分爲東西堂及東西兩上閤。

[3]詔贈高祖兄道談散騎常侍：中華本校勘記云：“‘道談’，北監本、汲本、殿本作‘道譚’，原本下卷亦作‘道譚’。今以談譚字同，不改歸一律。”今從。

[4]“弟休先侍中”至“武康縣侯”：中華本校勘記云：“按《南康愍王曇朗傳》，云梁敬帝即位，追封休先爲武康縣公，陳霸先受禪，又追封休先爲南康郡王。休先與其兄道譚兩次同時追封，不應一爲公，一爲侯，‘武康縣侯’當從《曇朗傳》作‘武康縣公’。”説是。

[5]食邑各二千户：中華本校勘記云：“按《南康愍王曇朗傳》，休先追封爲武康縣公時，邑一千户，其後追封爲南康郡王，始食二千户。此‘二千户’當作‘一千户’。”説是。

[6]嘉興：縣名。治所在今浙江嘉興市。據《宋書·州郡志一》云：“此地本名長水，秦改曰由拳。吳孫權黃龍四年，由拳縣生嘉禾，改曰禾興。孫皓父名和，又改名曰嘉興。”

二月庚午，蕭勃舉兵，自廣州渡嶺，頓南康，遣其將歐陽頠、傅泰及其子孜爲前軍，[1]至于豫章，分屯要險，南江州刺史余孝頃起兵應勃，高祖命周文育、侯安都率衆討平之。八月甲午，進高祖位太傅，[2]加黃鉞，劍履上殿，入朝不趨，贊拜不名，[3]并給羽葆鼓吹一部，其侍中、都督、録尚書、鎮衛大將軍、揚州牧、義興郡公、班劍、甲仗、油幢皁輪車竝如故。景申，加高祖前後部羽葆鼓吹。是時，湘州刺史王琳擁兵不應命，高祖遣周文育、侯安都率衆討之。

[1]遣其將歐陽頠、傅泰及其子孜爲前軍：中華本校勘記云：“按《梁書·敬帝紀》，孜乃蕭勃從子。此云‘及其子孜’，疑脱一‘從’字。”説是。

[2]太傅：官名。太宰與太傅、太保爲上公。論道經邦，燮理陰陽。梁十八班。陳第一品，秩萬石。

[3]劍履上殿，入朝不趨，贊拜不名：即參謁皇帝時可以穿履帶劍上殿，不必趨步快走，贊禮的人不直呼其姓名，祇稱官職。皆爲天子給予權貴的特殊待遇。

九月辛丑，詔曰：

肇昔元胎剖判，太素氤氳，[1]崇建人皇，必憑洪宰。故賢哲之後，牧伯征于四方，神武之君，大監治乎萬國。又有一匡九合，[2]渠門之賜以隆，[3]戮帶圍溫，[4]行宮之寵斯茂，時危所以貞固，運泰所以光熙，斯乃千載同風，百王不刊之道也。

[1]氤（yīn）氳（yūn）：形容煙或雲氣濃郁，雲煙氤氳。

[2]一匡九合：統一。《史記》卷六二《管晏列傳》：“管仲既用，任政於齊，齊桓公以霸，九合諸侯，一匡天下。”

[3]渠門之賜以隆：《國語·齊語》：“葵丘之會，天子使宰孔致胙於桓公……遂下拜，升受命。賞服大輅，龍旗九旒，渠門赤旂。諸侯稱順焉。”

[4]戮帶圍溫：據《史記》卷四《周本紀》云：周襄王十六年（前636），王子帶與翟人攻襄王，襄王出逃，子帶居溫。襄王告急於晋，晋文公發兵圍溫，殺子帶。

　　太傅義興公，[1]允文允武，迺聖迺神，固天生德，[2]康濟黔首。昔在休期，早隆朝寄，遠踰滄海，大極交、越。[3]皇運不造，書契未聞，中國其亡，兵凶總至，哀哀嚘類，[4]譬彼窮牢，[5]悠悠上天，莫云斯極。否終則泰，元輔應期，救此將崩，援兹已溺，乘舟履蕢，架險浮深，經略中途，畢殲群醜。洎乎石頭、姑熟，流髓履腸，[6]一朝指撝，[7]六合清晏。是用光昭下武，[8]翼亮中都，[9]雪三后之勃讎，[10]夷三靈之巨慝。[11]堯台禹佐，未始能階，殷相周師，固非云擬。重之以屯剝餘象，荆楚大崩，[12]天地無心，乘輿委御，五胡荐食，[13]競謀諸夏，八方基跱，莫有匡救，彊臣放命，[14]黜我冲人，[15]顧影於荼蓼之魂，[16]甘心於甯卿之辱。[17]却桉下髻，求哀之路莫從，竊鈇逃責，[18]容身之地無所。公神兵奄至，不日清澄，惟是屝蒙，再膺天録。[19]斯又巍巍蕩蕩，無德而稱焉。

　　[1]太傅義興公：據《梁書》卷六《敬帝紀》，太平元年（556），進新徐司徒陳霸先爲丞相，封義興郡公。二年秋八月甲午，加丞相陳霸先黃鉞，領太傅。
　　[2]固天生德：《論語·子罕》："太宰問於子貢曰：'夫子聖者與？何其多能也。'子貢曰：'固天縱之將聖，又多能也。'"

[3]大極交、越：中華本校勘記云："'極'，北監本、汲本、殿本作'拯'。按極訓至，'大極'與上'遠踰'相對成文，作'極'是。"説是。

[4]噍（jiào）類：孑遺。《漢書》卷一上《高帝紀上》："項羽爲人慓悍禍賊，嘗攻襄城，襄城無噍類，所過無不殘滅。"

[5]窮牢：漢末時董卓縱放士兵掠洛中貴戚，剽虜物資，謂之"搜牢"，亦稱"窮勞"。

[6]流髓履腸：《吕氏春秋・期賢》："號呼則動地，塵氣充天，流矢如雨，扶傷輿死，履腸涉血。"

[7]指撝：即指揮。

[8]光昭下武：光昭，光明照耀。下武，後繼意。《詩・大雅・下武》："下武維周，世有哲王。"

[9]翼亮：輔佐。　中都：都城内。

[10]三后：指梁之武、簡文、元三帝。

[11]三靈：天神，地神，人鬼。　巨慝：大惡之人。

[12]荊楚大崩：指承聖三年（554）十一月西魏攻陷江陵，梁元帝遇害事。

[13]荐食：一再侵食。荐，數也。

[14]放命：放棄不用先王之命。放，放棄。

[15]黜我冲人：指王僧辯廢敬帝之事。冲人，天子自己的謙稱。

[16]荼孺之魂：春秋齊景公少子名荼，景公死，荼立，即晏孺子。後爲田乞殺害。

[17]甯卿：春秋衛大夫甯悼之子。後爲公孫免餘所殺。

[18]竊鈇逃責：林衩乾《陳書本紀校注》云："'竊鈇'，宋浙本、汲古本同。三朝本、南監本、北監本作'竊鐵'。《册府》卷一八六作'竊伏'。……師古曰：'鈇鉞，王者以爲威，用斬戮也。'王先謙《補注》：'此言王者大柄，爲人所竊。'"（第45頁）

[19]天録：此處指天賜的福録。

　　加以仗兹忠義，屠彼祅逆，震部夷氛，稽山罷祲，番禺、蠡澤，北鄙西郊，殲厥凶徒，罄無遺種。斯則兆民之命，修短所縣，[1]率土之基，興亡是賴。於是刑禮兼訓，沿革有章，中外成平，遐邇寧一，用能使陽光合魄，曜象呈暉，[2]棲閣游庭，抱仁含信，宏勳該於厚地，大道格于玄天。羲、農、炎、昊以來，卷領垂衣之世，[3]聖人濟物，未有如斯者也。

　　[1]修短：此處指人的壽命。語出《漢書》卷八五《谷永傳》："加以功德有厚薄，期質有修短，時世有中季，天道有盛衰。"

　　[2]曜（yào）象：指日、月、五星（金、木、水、火、土）七曜。曜，照耀，日出有曜。象，形象。

　　[3]卷領垂衣：古者被髮卷領以王天下。喻遠古黃帝、堯、舜的無為之治。

　　夫備物典策，桓、文是膺，[1]助理陰陽，蕭、曹不讓，[2]未有功高於寓縣，而賞薄於伊、周，凡厥人祇，固懷延佇。寔由公謙撝自牧，降損為懷，嘉數遲回，永言增歎。豈可申兹雅尚，久廢朝獻，宜戒司勳，[3]敬升鴻典。且重華大聖，[4]嬀滿惟賢，[5]盛德之祀無忘，公侯之門必復。是以殷嘉亶甫，繼后稷之官，[6]堯命羲和，纂重黎之位。況其本枝攸建，宜誓山河者乎？其進公位相國，總百揆，封十郡為陳公，備九錫之禮，[7]加璽紱、遠游冠、綠綟綬，[8]位在諸侯王上，其鎮衛大將軍、揚州牧如故。

[1]備物典策，桓、文是膺：《史記》卷三二《齊太公世家》載："（桓公）三十五年夏，會諸侯於葵丘，周襄王使宰孔賜桓公文武胙、彤弓矢、大路。"膺，接受，承受。

[2]助理陰陽，蕭、曹不讓：古人認爲，宰相當佐天子，理陰陽。如漢朝曹參繼蕭何爲相，舉事無所變更，天下清静，百姓歌之。

[3]司勳：官名。掌賞功之事。

[4]重華：《史記》卷一《五帝本紀》："虞舜者，名曰重華。"

[5]嬀滿：陳胡公，名滿，西周陳國開國君主。

[6]后稷：傳説中教民耕種的人。名棄。相傳是周族的始祖。

[7]備九錫之禮：九錫即一車馬，二衣服，三樂則，四朱户，五納陛，六虎賁，七弓矢，八鈇鉞，九秬鬯。

[8]遠游冠：蔡邕《獨斷》："天子冠通天冠，諸侯冠遠游冠。"綠緓（liè）綬：《廣雅·釋器》："緑緓，綵也。"

策曰：

　　大哉乾元，資日月以貞觀，[1]至哉坤元，[2]憑山川以載物。故惟天爲大，[3]陟配者欽明，[4]惟王建國，翼輔者齊聖。是以文、武之佐，磻磎蕴其玉璜，[5]堯、舜之臣，榮河鏤其金版。[6]況乎體得一之鴻姿，[7]寧陽九之危厄，[8]拯横流於碣石，撲燎火於崑岑，驅馭於韋、彭，跨躐於齊、晋，神功行而靡用，聖道運而無名者乎？今將授公典策，其敬聽朕命：

[1]貞觀：語出《易・繫辭下》：“天地之道，貞觀者也。”

[2]坤元：語出《易・乾卦》：“至哉坤元，萬物資生，乃順承天。”喻大地產生萬物之德。

[3]惟天爲大：《論語・泰伯》：“大哉！堯之爲君也，巍巍乎！唯天爲大，唯堯則之。”

[4]陟配：指天子升祖考以配天。陟，升也。

[5]磻磎蘊其玉璜：指姜太公呂尚磻磎垂釣得玉璜的典故。

[6]榮河鏤其金版：榮河，在山西萬榮縣西，黃河東岸。傳說神在此贈禹八卦之圖，列於金版之上。

[7]得一：得到自然之道的作用。語出《老子》三十九章：“天得一以清，地得一以寧……侯王得一以爲天下正。”

[8]陽九之危厄：指灾難之運或厄運。古人稱王道之敗壞，由於陽九之厄。

　　日者昊天不弔，鍾亂于我國家，網漏吞舟，[1]彊胡內釁，[2]茫茫宇宙，慄慄黎元，[3]方足圓顱，萬不遺一，太清否亢，[4]橋山之痛已深，[5]大寶屯如，[6]平陽之禍相繼。[7]上宰膺運，康救兆民，鞠旅於滇池之南，揚旌於桂嶺之北，懸三光於已墜，[8]謐四海於群飛，[9]屠獩貊於中原，[10]斬鯨鯢於濛汜。[11]蕩寧上國，光啓中興。此則公之大造於皇家者也。

[1]網漏吞舟：指法禁寬疏，語出《史記》卷一二二《酷吏列傳》：“漢興，破觚而爲圜，斲雕而爲朴，網漏於吞舟之魚。”

[2]釁（xì）：不飲酒而怒曰釁。

[3]慄（dié）慄：恐懼。

[4]太清否亢：天地不交爲否。亢，極。否亢，指命運惡劣至極。

[5]橋山之痛：黄帝冢名橋陵。此處指太清三年（549）梁武帝臺城憂憤而崩的事。

[6]屯如：屯，指屯難。此處指大寶二年（551）侯景廢簡文帝並使人將其殺害的事情。

[7]平陽之禍：指永嘉五年（311）匈奴掠晋懷帝殺於平陽，建興四年（316）匈奴陷長安，復送愍帝於平陽，愍帝後亦被殺害之事。平陽，在今山西臨汾市西南。

[8]三光：指日、月、星。

[9]群飛：指大亂。

[10]猰（yà）㺄（yǔ）：比喻殘賊之人。

[11]斮（zhuó）：斬。　鯨鯢：大魚名。　濛汜：日入之處。

既而天未悔禍，夷醜荐臻，[1]南夏崩騰，西京蕩覆，群胡孔熾，藉亂乘間，推納藩枝，盜假神器，冢司昏橈，旁引寇讎，既見貶於桐宮，[2]方謀危於漢閣，[3]皇運已殆，何殊贅斿，[4]中國搖然，非徒如綫。公赫然投袂，匡救本朝，復莒齊都，平戎王室。朕所以還膺寶歷，重履宸居，[5]挹建武之風猷，[6]歌宣王之雅頌。此又公之再造於皇家者也。

[1]荐臻：指接連來到，一再遇到。荐，屢次。臻，到。

[2]桐宮：伊尹放太甲之處。此處指承聖四年（555）王僧辯黜皇帝爲太子事。

[3]謀危於漢閣：此以漢代莽何羅謀逆事，指王僧辯之叛。

[4]何殊贅斿：此處形容皇室之危。斿，冠上垂珠。

[5]宸居：指帝位。

[6]挹：推重。　建武：漢光武帝劉秀年號（25—56）。　風猷：指品格、風教。

公應務之初，登庸惟始，三川五嶺，莫不窺臨，銀洞珠宮，所在寧謐。孫、盧肇釁，越貊爲灾，番部阽危，勢將淪殄。公赤旗所指，祅壘洞開，白羽纔撝，凶徒粉潰。非其神武，久喪南藩。此又公之功也。

大同之末，[1]邊政不修，李賁狂迷，竊我交、愛，敢稱大號，驕恣甚於尉他，[2]據有連州，雄豪熾於梁碩。公英蕚雄箅，電掃風行，馳御樓船，直跨滄海，新昌、典澈，備履艱難，蘇歷、嘉寧，盡爲京觀。三山獠洞，八角蠻陬，逖矣！水寓之鄉，悠哉！火山之國，馬援之所不屆，[3]陶璜之所未聞，莫不懼我王靈，爭朝邊候，歸睬天府，獻狀鴻臚。[4]此又公之功也。

[1]大同：南朝梁武帝蕭衍年號（535—546）。

[2]尉他：即南越王趙佗，漢代割據南粵者。

[3]馬援：字文淵，東漢扶風（今陝西興平市東南）人。曾二定交趾，破隗囂，平羌叛，封伏波將軍、新息侯。

[4]獻狀：呈現功狀。　鴻臚：官名。主諸侯及歸義蠻夷等對外事務。

自寇虜陵江，宮闈幽辱。公枕戈嘗膽，[1]提劍拊心，氣湧青霄，神飛紫闥。而番禺連率，本自諸夷，言得其朋，是懷同惡。公仗此忠誠，乘機勦定，執沛令而釁鼓，[2]平新野而據鞍。[3]此又公之功也。

[1]枕戈嘗膽：指越王勾踐卧薪嘗膽的典故。
[2]執沛令而釁鼓：以血塗鼓稱爲釁鼓。此指漢高祖劉邦起兵事。
[3]平新野而據鞍：漢光武帝起兵時，初騎牛，殺新野尉繾得馬。

世道初艱，方隅多難，勳門桀黠，[1]作亂衡巇，兵切池隍，[2]衆兼夷獠。公以國盜邊警，知無不爲，卹是同盟，誅其醜類，莫不魚驚鳥散，面縛頭懸。南土黔黎，重保蘇息。此又公之功也。

[1]桀（jié）黠（xiá）：凶暴狡詐。
[2]池隍：城池。有水叫池，無水叫隍。

長驅嶺嶠，夢想京畿，緣道酋豪，遞爲榛梗，路養渠率，全據大都，蓄聚逋逃，方謀阻亂，百樓不戰，[1]雲梯之所未窺，萬弩齊張，高軻之所非敵。公龍驤虎步，[2]嘯吒風雲，山靡堅城，野無彊陣，清祅氛於灨石，滅沴氣於雩都。[3]此又公之功也。

[1]百樓不戰：百樓，百重樓櫓。兵法，百樓不攻。
[2]龍驤虎步：按唐人避諱，“虎”字應改爲“武”字，此當

爲後人回改。

　　[3]雩（yú）都：地名。屬南康郡，因雩水爲名。在今江西于
都縣。

　　　遷仕凶慝，屯據大皋，乞活類馬騰之軍，[1]流
民多杜弢之衆，[2]推鋒轉鬭，自北徂南，頻歲稽誅，
寔惟劫虜。公坐揮三略，遙制六奇，義勇同心，貔
貅騁力，雷奔電擊，谷靜山空，列郡無犬吠之驚，
叢祠罷狐鳴之盜。此又公之功也。

　　[1]乞活類馬騰之軍：三國時馬騰子馬超率領部曲與曹操戰，
敗，密書請降劉備。

　　[2]杜弢：晋蜀郡成都（今四川成都市）人。率流民起兵，自
稱梁、益兩州牧。

　　　王師討虜，次届淪波，兵乏兼儲，士有飢色。
公回麾蠡澤，[1]積穀巴丘，億庾之詠斯豐，壺漿之
迎是衆，軍民轉漕，曾無砥柱之難，[2]艫舳相望，
如運敖倉之府，[3]犀渠貝胄，顧蔑雷霆，高艦層樓，
仰捫霄漢，故使三軍勇銳，百戰無前，承此兵糧，
遂殄凶逆。此又公之功也。

　　[1]蠡澤：蠡澤湖。位於今江蘇蘇州市吳江區震澤鎮南蠡澤村。
傳說范蠡與西施曾居住此地。

　　[2]砥柱之難：砥柱，在山西平陸縣黃河水中。行船至此易翻。

　　[3]敖倉之府：古代黃河岸邊轉輸天下糧食的糧倉。

若夫英圖邁俗，義旅如雲，溢壘猜攜，用淹戎略。公志唯同獎，師克在和，鵠塞非虞，鴻門是會，若晉侯之誓白水，如蕭王之推赤心，屈禮交盟，人祇感咽，故能使舟師竝路，遠邇朋心。此又公之功也。

姑熟襟要，崤函阻憑，[1]寇虜據其關梁，大盜負其扃鐍。公一校裁撝，三雄竝奮，左賢、右角，沙潰土崩，木甲殪於中原，[2]氈裘赴於江水，他他藉藉，[3]萬計千群，鄂阪之隘斯開，夷庚之道無塞。此又公之功也。

[1]崤函：崤山與函谷關。自古爲交通要道與險要關隘。
[2]木甲殪於中原：一發而死曰殪。甲，即鎧。
[3]他他藉藉：形容數量多。

義軍大衆，俱集帝京，逆豎凶徒，猶屯皇邑。若夫表裏山河，金湯嶮固，疏龍首以抗殿，[1]揃華嶽以爲城，雜虜憑焉，彊兵自若。公回茲地軸，抗此天羅，曾不崇朝，[2]俾無遺噍，[3]軍容甚穆，國政方修，物重睹於衣冠，民還瞻於禮樂，楚人滿道，爭睹於葉公，漢老銜悲，俱歡於司隷。此又公之功也。

[1]龍首：山名。一名龍首原。在今陝西西安市舊城北。蕭何於其上作未央宮。
[2]曾不崇朝：行不崇朝，喻近。崇，終。

[3]遺噍（jiào）：殘存的人。

　　內難初靜，諸侯出關，外郡傳烽，鮮卑犯塞，[1]莫非且渠、當户，[2]中貴名王，冀馬迿於淮南，胡笳動於徐北。公舟師步甲，亘野横江，殲厥群豖，遂殫封豨，[3]莫不絓木而止，[4]戎車靡遺，遇灊而旋，[5]歸驂盡殪。此又公之功也。

[1]鮮卑犯塞：指北齊南侵。《北齊書》卷一《神武帝紀上》：“神武既累世北邊，故習其俗，遂同鮮卑。”此以鮮卑爲北齊代稱。
[2]且渠、當户：匈奴官名。
[3]遂殫封豨：豨，古通“豕”，即豬。《淮南子·修務》：“吴爲封豨修蛇，蠶食上國。”
[4]絓（guà）木而止：《左傳》成公二年：“齊侯伐我北鄙……臧宣叔亦如晉乞師。皆主郤獻子。晉侯許之七百乘……郤克將中軍，士燮將上軍，欒書將下軍，韓厥爲司馬，以救魯、衛……齊侯使請戰……邴夏御齊侯，逢丑父爲右。晉解張御郤克，鄭丘緩爲右……齊師敗績，逐之，三周華不注……逢丑父與公易位，將及華泉，驂絓於木而止。”驂，左右兩旁之馬。絓，礙也。兩驂爲樹木所阻而止。
[5]遇灊而旋：《左傳》僖公十五年：“（秦、晉）戰于韓原，晉戎馬還濘而止。”

　　公克黜禍難，劬勞皇室，[1]而孫甯之黨，翻啓狄心，[2]伊、洛之間，咸爲虜戍，雖金陵佳氣，[3]石墨天嚴，[4]朝闇戎塵，夜喧胡鼓。公三籌既畫，八陣斯張，裁舉靈鉦，[5]亦抽金僕，咸俘醜類，悉反高壏，異李廣之皆誅，[6]同龐元之盡赦。此又公之功也。

[1]劬（qú）勞：辛勤，勞苦。《詩·小雅·鴻雁之什》："之子于征，劬勞于野。"

[2]孫甯之黨，翻啓狄心：《左傳》襄公二十年："衛甯惠子疾，召悼子曰：'吾得罪於君，悔而無及也。名藏在諸侯之策，曰：孫林父、甯殖出其君。'"狄心，謂戎狄入侵之心。

[3]金陵佳氣：《太平寰宇記》卷九〇《江南東道二》昇州："《金陵圖經》云：'昔楚威王見此有王氣，因埋金以鎮之，故曰金陵。秦併天下，望氣者言江東有天子氣，乃鑿地脈，斷連岡，因改金陵爲秣陵。'"

[4]石壘：自江北而來，山皆無石，至此石頭山始有石，故名。

[5]裁舉靈鈝：鈝，底本作"鉢"中華本校勘記云："據北監本、汲本、殿本及《南史》、《元龜》一八六改。按'靈鉢'南監本作'靈旗'。"説是，今從改。

[6]異李廣之皆誅：《史記》卷一〇九《李將軍列傳》："吾嘗爲隴西守，羌嘗反，吾誘而降，降者八百餘人，吾詐而同日殺之。至今大恨獨此耳。"

任約叛換，梟聲不悛，[1]戎羯貪婪，[2]狼心無改，穹廬氈幕，抵北闕而爲營，烏孫天馬，指東都而成陣。公左甄右落，[3]箕張翼舒，掃是攙槍，[4]驅其獫狁，[5]長狄之種，埋於國門，[6]椎髻之酋，烹於軍市，投秦坑而盡沸，噎灘水而不流。此又公之功也。

[1]梟（xiāo）：一種惡鳥。　悛：改。

[2]戎羯：古族名。泛指古代西北少數民族。

[3]左甄右落：甄、落，軍陣名。

[4]攙搶：亦作欃槍。《爾雅·釋天》：“彗星爲欃槍。”

[5]驅其獫（xiǎn）狁（yǔn）：獫狁，亦作玁狁。《詩·小雅·六月》：“薄伐玁狁，至于大原。”

[6]長狄之種，埋於國門：《左傳》文公十一年：“敗狄于鹹，獲長狄僑如……埋其首於子駒之門。”

　　一相居中，自折彝鼎，[1]五湖小守，妄懷同惡。公夙駕兼道，衣製杖戈，玉斧將揮，金鉦且戒，袄酉震慴，遽請灰釘，[2]蓺櫬以表其含弘，[3]焚書以安其反側。[4]此又公之功也。

[1]彝鼎：泛指古代用的彝、尊等禮器。

[2]灰釘：棺木中之石灰與釘棺木之鐵釘。請灰釘，喻爲請死。

[3]蓺櫬以表其含弘：古者輿櫬乞降，以表歸罪就戮之意。空棺謂之櫬，有屍謂之柩。蓺，燃燒。受降者禮而遇之，焚其櫬以表示捨罪。《左傳》僖公六年：“許男面縛，銜璧，大夫衰絰，士輿櫬。楚子問諸逢伯……焚其櫬，禮而命之，使復其所，楚子從之。”

[4]焚書以安其反側：《後漢書》卷一上《光武帝紀上》：“五月甲辰，拔其城，誅王郎。收文書，得吏人與郎交關謗毁者數千章。光武不省，會諸將軍燒之，曰：‘令反側子自安。’”

　　賊龕凶橫，陵虐具區，[1]阻兵安忍，[2]憑灾怙亂，[3]自古蟲言鳥迹，渾沌洪荒，凡或虔劉，未此殘酷。公雖宗居汝潁，[4]世寓東南，育聖誕賢之鄉，含章挺生之地，眷言桑梓，公私憤切，卓爾英猷，[5]丞規奉籌，戮此大憝，[6]如烹小鮮。[7]此又公之功也。

[1]陵虐具區：《周禮·夏官·職方氏》：“東南曰揚州，其山鎮曰會稽，其澤藪曰具區。”《爾雅·釋地》：“吳越之間有具區。”郭璞注：“今吳縣南太湖，即震澤是也。”

[2]阻兵安忍：謂仗持兵威，安於爲殘忍之事。

[3]憑災怙亂：《左傳》僖公十五年：“史佚有言曰：‘無始禍，無怙亂。’”杜預注：“恃人亂爲己利。”

[4]汝潁：古指汝水、潁水流域。約相當於今河南禹州市、許昌市一帶。

[5]卓爾英猷：猷，底本作“狀”，中華本校勘記云：“‘英狀’《元龜》一八六作‘英猷’，疑做‘英猷’是。”林礽乾《陳書本紀校注》云：“按作‘英猷’義較勝。《晋書·宣帝紀》：‘雄略内斷，英猷外決。’‘英猷’，謂良謀也。此處《册府》卷一八六作‘英猷’，‘猷’字與下句‘承規奉籌’之‘規’‘籌’，正相互爲義。作‘英猷’，義亦正與《文苑英華》卷四四七之‘英謨’同。各本作‘卓爾英狀’，疑英狀之‘狀’原本作‘猷’。《册府》卷一八六作‘猷’，即是北宋真宗修《册府元龜》時，當時所見古本《陳書》有作‘英猷’者。及至南宋紹興間浙杭重刊是書時，當時校書者所據本或有漫漶，因睹‘猷’與‘狀’形近，始將‘猷’字訛作‘狀’。後之南監本、汲古本及殿本悉從宋浙本所從出，故亦沿其訛作‘英狀’，此當據《册府》卷一八六回改作‘英猷’爲是。”（第63頁）説是，從中華本及林注改。

[6]戮此大憝：戮，殺。大憝，爲衆所怨之大惡人。《尚書·康誥》：“元惡大憝，矧惟不孝不友。”

[7]如烹小鮮：小鮮，小魚也。《老子》第六十章：“治大國，

若烹小鮮。"

　　亂離永久，群盜孔多，浙左凶渠，[1]連兵構逆，
豈止千兵、五校、白雀、黃龍而已哉！公以中軍無
率，選是親賢，奸寇途窮，濯然冰泮，刑溏又作唐
之所，文命動其大威，雷門之闐，[2]句踐行其嚴戮，
英規聖迹，異代同風。此又公之功也。

[1]凶渠：凶徒的首領；元凶。
[2]雷門：《漢書》卷七六《王尊傳》："毋持布鼓過雷門。"師
古注："雷門，會稽城門也。有大鼓，越擊此鼓，聲聞洛陽。"

　　同姓有扈，頑凶不賓，憑藉宗盟，[1]圖危社稷，
觀兵匯澤，勢震京師，驅率南蠻，已爲東帝。[2]公
論兵於廟堂之上，決勝於樽俎之閒，寇、賈、樊、
滕，浮江下瀨，一朝揃撲，[3]無待旬師，[4]萬里澄
清，非勞新息。[5]此又公之功也。

[1]宗盟：天子與諸侯的盟會。亦指同宗同姓。
[2]已爲東帝：吳楚七國之亂，漢武帝拜故吳相袁盎爲太常使
赴吳，諭吳王受詔停止叛亂，《史記》卷一〇六《吳王濞列傳》
云："吳王聞袁盎來，亦知其欲説己，笑而應曰：'我已爲東帝，尚
何誰拜？'"
[3]一朝揃（jiǎn）撲：林礽乾《陳書本紀校注》云："揃，宋
浙本、三朝本、南監本、北監本、汲古本同。《南史·陳武帝紀》、
《册府》卷一八六、《文苑英華》卷四四七竝作'翦'。按揃撲之
'揃'本字當作'剪'。其從手作揃。"（第65頁）

[4]甸師：官名。周朝天官所屬有甸師掌耕種籍田，提供王室食用與祭祀的農産品。

[5]非勞新息：漢伏波將軍馬援平定交阯女子徵側、徵貳二人反叛，封新息侯。新息，古地名。在今河南息縣西南。

　　豫章祅寇，[1]依憑山澤，繕甲完聚，各歷歲時，結從連橫，爰泪交、廣。吕嘉既獲，[2]吴濞已縱，[3]命我還師，征其不恪，連營盡拔，偽黨斯擒，曜聖武於匡山，回神旌於蠡派。此又公之功也。

[1]豫章：郡名。治所在今江西南昌市。

[2]吕嘉：漢代南越王丞相。元鼎六年（前111）殺南越王與漢對抗，被漢武帝派軍隊平定。

[3]吴濞已縱：縱，底本作“搋”，中華本校勘記云：“據《南史·陳武帝紀》改。按《史記·吴王濞傳》‘使人鏦殺吴王’，爲此語所本。鏦，撞也。縱亦訓撞，然當從《史記》作‘鏦’。”説是，今從改。

　　自八紘九野，[1]瓜剖豆分，[2]竊帝偷王，連州比縣。公武靈已暢，文德又宣，折簡馳書，[3]風猷斯遠，至於蒼蒼浴日，杳杳無雷，[4]北洎丈夫之鄉，南踰女子之國，[5]莫不屈膝膜拜，求吏款關。此又公之功也。

[1]八紘：大地的極限。猶言八極。　九野：九州地域。

[2]瓜剖豆分：比喻國土被分割。《文選》卷一一鮑明遠《蕪城賦》：“出入三代，五百餘載，竟瓜剖而豆分。”

[3]折簡：古人以簡作書。折簡者，折半之簡，言其禮輕，隨便。《晉書》卷一《宣帝紀》："（王淩）面縛水次，曰：'淩若有罪，公當折簡召淩，何苦自來耶？'帝曰：'以君非折簡之客故耳。'"

[4]杳杳無雷：無雷，漢代西域國名，在蔥嶺之脊。此以喻日入之處。

[5]北泊丈夫之鄉，南踰女子之國：《山海經》卷七《海外西經》"丈夫國，在維鳥北。其爲人衣冠、帶劍"，"女子國，在巫咸北"。

　　京師禍亂，[1]㽺積寒暄，雙闕低昂，九門寥豁。[2]寧秦宫之可顧？[3]豈魯殿之猶存？[4]五都簪弁，百僚卿士，胡服縵纓，[5]咸爲戎俗，高冠厚履，希復華風，宋微子《麥秀》之歌，周大夫《黍離》之歎，方之於斯，未足爲悲矣。公求衣昧旦，[6]昃食高舂，[7]興構宫闈，具瞻遐邇，郊庠宗稷之典，六符十等之章，還聞太始之風流，重睹永平之遺事。此又公之功也。

[1]京師禍亂：指梁元帝承聖元年（552）三月，侯景之亂平定後，王僧辯入據臺城，縱部下剽掠居民，大肆燒殺搶掠之事。《通鑑》卷一六四《梁紀二十》"元帝承聖元年"條載是時"男女裸露，自石頭至於東城，號泣滿道。是夜，軍士遺火，焚太極殿及東、西堂，寶器、羽儀、輦輅無遺"。

[2]九門：古制天子所居有九門，即路門、應門、雉門、庫門、皋門、城門、近效門、遠郊門、關門。亦泛指皇宮。

[3]秦宫之可顧：《史記》卷五五《留侯世家》："沛公入秦宫，

宮室帷幄狗馬重寶婦女以千數，意欲留居之。"

〔4〕魯殿之猶存：《文選》卷一一王文考（延奉）《魯靈光殿賦並序》："靈光歸然獨存。"

〔5〕胡服縵纓：《史記》卷一一○《匈奴列傳》："趙武靈王亦變俗胡服，習騎射。"

〔6〕求衣昧旦：謂天未明，即求衣待旦上朝。

〔7〕昃（zè）：日過午也。　高舂：傍晚時刻。

　　公有濟天下之勳，重之以明德，凝神體道，合德符天，用百姓以爲心，隨萬機而成務，恥一物非唐、虞之民，歸含靈於仁壽之域，[1]上德不德，無爲以爲，夏長春生，顯仁藏用，忠信爲寶，風雨弗愆，仁惠爲基，牛羊勿踐，[2]功成治定，樂奏《咸》《雲》，安上治民，禮兼文質，物色丘園，衣裾里巷，朝多君子，野無遺賢，菽粟同水火之饒，工商富猗頓之旅。[3]是以天無蘊寶，地有呈祥，瀼露卿雲，朝團曉映，山車澤馬，服馭登閑，既景焕於圖書，方葳蕤於史諜。[4]高勳踰於象緯，[5]積德冠於嵩、華，固無德而稱者矣。

〔1〕歸含靈於仁壽之域：《論語・雍也》："知者樂水，仁者樂山。知者動，仁者静。知者樂，仁者壽。"《漢書・禮樂志》："驅一世之民，濟之仁壽之域。"

〔2〕仁惠爲基，牛羊勿踐：《詩・大雅・行葦》："敦彼行葦，牛羊勿踐履。"

〔3〕猗（yī）頓：春秋戰國時期商人，經營鹽業成爲巨富。

〔4〕既景焕於圖書，方葳蕤（ruí）於史諜：林礽乾《陳書本紀

校注》云："諜，宋浙本、三朝本、南監本、北監本、汲古本同。《南史·陳武帝紀》、《册府》卷一八六、《文苑英華》卷四四七竝作'牒'。按《説文·言部》：'諜，軍中反間也。'又《片部》：'牒，札也。'《玉篇》：'牒，譜也。'諜訓間諜，牒訓譜也，二字之義迴别。'方葳蕤於史諜'之'諜'本字自以作訓爲譜也之'牒'爲是。各本作間諜之'諜'，非是，當據《南史·陳武帝紀》、《册府》一八八六、《文苑英華》四四七改。"（第69—70頁）可參考。

[5]象緯：謂日月五星。

　　朕又聞之，前王宰世，茂賞尊賢，式樹藩長，總征群伯，[1]《二南》崇絶，[2]四履遐曠，泱泱表海，祚土維齊，[3]巖巖泰山，俾侯于魯；抑又勤王反鄭，[4]夾輔遷周，召伯之命斯隆，河陽之禮咸備；況復經營宇宙，寧唯斷鼇足之功，[5]弘濟蒼生，非直鑿龍門之嶮；而疇庸報德，寂爾無聞，朕所以垂拱當寧，載懷慙悸者也。

[1]式樹藩長，總征群伯：藩，三朝本、南監本、北監本、汲本作"蕃"。林礽乾《陳書本紀校注》云："按蕃之本義爲艸茂也，藩之本義爲屏也（見《説文·艸部》）。……南監本、汲古本、殿本作艸茂之'蕃'非是，當據宋浙本、《南史·陳武帝紀》改。"（第70頁）説是。

[2]《二南》：《詩經》之《周南》與《召南》。

[3]祚土：帝王的版圖。祚，皇位。

[4]勤王：爲王事盡力。

[5]斷鼇足之功：《淮南子·覽冥》："女媧鍊五色石以補蒼天，

斷鼇足以立四極。"

今授公相國，以南豫州之陳留、南丹陽、宣城，[1]揚州之吳興、東陽、新安、新寧，[2]南徐州之義興，江州之鄱陽、臨川十郡，[3]封公爲陳公。錫兹青土，苴以白茅，爰定爾邦，用建冢社。昔旦、奭分陝，俱爲保師，晋、鄭諸侯，咸作卿士，兼其内外，禮實攸宜。今命使持節兼太尉王通授相國印綬、陳公璽紱。使持節兼司空王瑒授陳公茅土，金獸符第一至第五左，竹使符第一至第十左。[4]相國秩踰三鉉，[5]任總百司，位絶朝班，禮由事革。其以相國總百揆，除錄尚書之號，上所假節侍中貂蟬、中書監印章、中外都督太傅印綬、義興公印策，其鎮衛大將軍、揚州牧如故。

[1]陳留：郡名。治所在今安徽廣德縣。　南丹陽：郡名。梁末置，治采石鎮。陳天嘉五年（564）廢。故治在今安徽馬鞍山市西南。　宣城：郡名。晋太康二年（281）分丹陽郡立。治所在今安徽宣城市。

[2]新寧：郡名。漢屬丹陽郡，晋改新安郡，梁承聖中析置新寧郡。故治在今安徽休寧縣。

[3]鄱陽：郡名。漢獻帝建安十五年（210），孫權分豫章立。治所在今江西鄱陽縣。

[4]竹使符第一至第十左：底本無"左"字，中華本校勘記云："據《南史·陳武帝紀》補。按符制，虎符、竹使符均剖分左右。"説是，今從補。

[5]三鉉：指三公。

又加公九錫，其敬聽後命：以公禮爲楨榦，[1]律等銜策，四維皆舉，八柄有章，是用錫公大輅、戎輅各一，玄牡二駟。以公賤寶崇穀，疏爵待農，室富京坻，民知榮辱，是用錫公袞冕之服，[2]赤舄副焉。[3]以公調理陰陽，[4]爕諧風雅，三靈允降，萬國同和，是用錫公軒縣之樂，[5]六佾之舞。[6]以公宣導王猷，弘闡風教，光景所照，鞮象必通，是用錫公朱戶以居。[7]以公抑揚清濁，褒德進賢，髦士盈朝，幽人虛谷，是用錫公納陛以登。[8]以公巋然廊廟，爲世鎔範，折衝四表，臨御八荒，是用錫公武賁之士三百人。以公執茲明罰，期在刑措，象恭無赦，干紀必誅，[9]是用錫公斧、鉞各一。以公英猷遠量，跨厲嵩溟，包一車書，括囊寰宇，是用錫公彤弓一、彤矢百、旅弓十、旅矢千。以公天經地義，貫徹幽明，春露秋霜，允恭粢盛，是用錫公秬鬯一卣，[10]圭瓚副焉。陳國置丞相已下，一遵舊式。往欽哉！其恭循朕命，克相皇天，弘建邦家，允興洪業，以光我高祖之休命。

[1]楨（zhēng）榦（gàn）：板築牆壁時，牆兩旁障土之木。《尚書·費誓》：“峙乃楨榦。”蔡沈傳：“題曰楨，牆端之木也。旁曰榦，牆兩邊障土者也。”引伸爲支柱之稱。

[2]袞冕：袞服與冕冠。

[3]赤舄（xì）：君主所穿的盛履。

[4]調理陰陽：據《尚書·周官》載，周立太師、太傅、太保三公，“茲惟三公，論道經邦，爕理陰陽”。

[5]軒縣之樂：古代諸侯陳列鐘磬樂器的制度。據《周禮・春官・小胥》載："正樂縣之位，王宮縣，諸侯軒縣。"鄭司農曰："宮縣，四面縣。軒縣，去其一面。"

[6]六佾之舞：六佾，六行六列之舞樂，諸侯之舞。《公羊傳》隱公五年："天子八佾，諸公六。"

[7]朱户：《文選》潘元茂《册魏公九錫文》："錫公朱户以居。"李善注："朱户，赤户也。"

[8]納陛：古代賜給有特殊功勳者的"九賜"之一。陛，爲宮殿升階的陛級。納之於屋檐下，不使露而升。故名。

[9]干紀：犯國之紀。

[10]秬鬯（chàng）一卣（yǒu）：秬鬯，香酒。卣，中樽。

十月戊辰，進高祖爵爲王，以揚州之會稽、臨海、永嘉、建安，南徐州之晋陵、信義，[1]江州之尋陽、豫章、安成、廬陵，[2]并前爲二十郡，益封陳國。其相國、揚州牧、鎮衛大將軍竝如故。又命陳王冕十有二旒，[3]建天子旌旗，出警入蹕，[4]乘金根車，駕六馬，備五時副車，[5]置旄頭雲罕，[6]樂舞八佾，設鍾簴宮縣。王妃、王子、王女爵命之號，陳臺百官，一依舊典。

[1]晋陵：郡名。三國吴時分吴郡無錫以西爲毗陵典農校尉，晋武帝太康二年（281）省校尉，立以爲毗陵郡。永嘉五年（311），改爲晋陵。治所在今江蘇常州市。　信義：郡名。梁置。治所在今江蘇崑山市西。

[2]廬陵：郡名。漢獻帝興平二年（195），孫策分豫章立。故治石陽縣，在今江西吉水縣東北。

[3]王冕十有二旒：旒，冕前後所垂玉。天子有十二旒，上公

有九斿。

[4]出警入蹕：天子出，皇帝輦左右侍帷幄者，並警戒以備非常，是謂“出警”。從外而入，有妨乘輿行馳者，並令退避止行，是謂“入蹕”。警，警戒。蹕，止行。

[5]備五時副車：有青立車、青安車、赤立車、赤安車、黃立車、黃安車、白立車、白安車、黑立車、黑安車，合十乘，名爲五時車。

[6]斿頭雲罕（hàn）：旌旗名。《後漢書》卷七四下《袁紹傳》“九斿斿頭羽騎”，又《輿服志上》：“前驅有九斿雲罕。”

辛未，梁帝禪位于陳，詔曰：

五運更始，[1]三正迭代，司牧黎庶，是屬聖賢，用能經緯乾坤，彌綸區宇，大庇黔首，闡揚鴻烈。革晦以明，積代同軌，百王踵武，咸由此則。梁德湮微，禍亂荐發，太清云始，見困長蛇，承聖之季，又罹封豕。爰至天成，[2]重竊神器，三光匰沈，七廟乏祀，含生已泯，鼎命斯墜，[3]我武、元之祚，有如綴斿，靜惟屯剝，[4]夕惕載懷。

[1]五運更始：在古代，人們認爲甲巳歲爲土運，乙庚歲爲金運，丙辛歲爲水運，丁壬歲爲木運，戊癸歲爲火運。五運之氣，遞相沿襲，一年三百六十五日，周而復始。

[2]天成：南朝梁貞陽侯蕭淵明年號（555）。

[3]鼎命：謂國祚。

[4]屯剝：皆卦名。此以喻艱難危險也。

相國陳王，有命自天，降神惟嶽，天地合德，晷曜齊明，[1]拯社稷之横流，提億兆之塗炭，東誅逆叛，北殲獯醜，威加四海，仁漸萬國，復張崩樂，重興絕禮，儒館聿修，戎亭虛候，大功在舜，盛績惟禹，巍巍蕩蕩，無得而稱。來獻白環，[2]豈直皇虞之世，入貢素雉，[3]非止隆周之日。固以效珍川陸，表瑞煙雲，甘露醴泉，旦夕凝湧，嘉禾朱草，[4]孳植郊甸。道昭於悠代，勳格於皇穹，明明上天，光華日月，革故著於玄象，[5]代德彰於圖讖，[6]獄訟有歸，謳歌爰適，天之歷數，寔有攸在。朕雖庸藐，闇於古昔，永稽崇替，爲日已久，敢忘列代之遺典，人祇之至願乎。今便遜位別宮，敬禪于陳，一依唐、虞、宋、齊故事。

[1]晷（guǐ）曜（yào）：謂日影。　齊明：無偏無頗以顯明。

[2]來獻白環：《文選》卷四三丘希範（遲）《與陳伯之書》："白環西獻，楛矢東來。"李善注引《世本》曰："舜時，西王母獻白環及佩。"

[3]入貢素雉：素雉，白色的雉。古代越裳等民族貢獻的禮品。

[4]嘉禾朱草：嘉禾興，朱草生，古人認爲這是祥和社會纔會出現的佳瑞，爲和諧之極的象徵。

[5]玄象：天象。日、月、星、辰，在天成象。

[6]圖讖：宣傳符命占驗的書。圖，《河圖》也。讖，符命之書。

策曰：

咨爾陳王：惟昔上古，厥初生民，驪連、栗陸之前，容成、大庭之代，[1]迪結繩寫鳥，杳冥慌忽，[2]故靡得而詳焉。自羲、農、軒、昊之君，陶唐、有虞之主，或垂衣而御四海，或無爲而子萬姓，居之如馭朽索，去之如脫敝屣。[3]裁遇許由，便能捨帝，暫逢善卷，即以讓王。[4]故知玄扈琁璣，非關尊貴，金根玉輅，[5]示表君臨。及南觀河渚，東沈刻璧，精華既竭，耄勤已倦，則抗首而笑，唯賢是與，謸然作歌，簡能斯授，遺風餘烈，昭晰圖書。漢、魏因循，是爲故實。宋、齊授受，又弘斯義。我高祖應期撫運，握樞御宇，三后重光，[6]祖宗齊聖。[7]及時屬陽九，封豕荐食，西都失馭，夷狄交侵，乃焄天成，輕弄龜鼎，[8]慄慄黔首，若崩厥角，微微皇極，[9]將甚綴旒。

[1]驪連、栗陸之前，容成、大庭之代：傳說自三皇以來有天下者之號。自人皇以後，有五龍氏、燧人氏、大庭氏、柏皇氏、中央氏、卷須氏、栗陸氏、驪連氏等。

[2]杳冥：也作“杳溟”，高遠不可見的地方。

[3]屣：草履。

[4]“裁遇許由”至“即以讓王”：堯以天下讓許由，許由不受。舜以天下讓善卷，善卷不受，去而入深山。

[5]金根玉輅（lù）：天子乘御之車。《後漢書·輿服志上》：“天子玉路，以玉爲飾。……秦并天下，閱三代之禮，或曰殷瑞山車，金根之色。”劉昭注：“《釋名》曰：‘天子所乘曰輅。’……始皇作金根之車。……《乘輿馬賦》注曰：‘金根，以金爲飾。’”

[6]三后重光：三后，謂父、祖、曾祖三世也。重光，謂其德如日月之重疊生光也。《文選》班固《典引》：“宣二祖之重光，襲

四宗之緝熙。"

[7]祖宗齊聖：《詩·小雅·小宛》："人之齊聖，飲酒溫克。"

[8]龜鼎：國之守器，以喻帝位。

[9]皇極：王氣之極也。

　　惟王乃聖乃神，欽明文思，二儀竝運，四時合序，天錫智勇，人挺雄傑，珠庭日角，[1]龍行武步，[2]爰初投袂，日迺勤王，電掃番禺，雲撤彭蠡，揃其元惡，定我京畿。及王賀帝弘，[3]貿茲冠屨，既行伊、霍，用保沖人。震澤、稽陰，竝懷叛逆，獯羯醜虜，三亂皇都，裁命偏師，二邦自殄，薄伐獫狁，六戎盡殪。嶺南叛渙，湘、郢結連，賊帥既擒，凶渠傳首，[4]用能百揆時序，四門允穆，[5]無思不服，無遠不屆，上達穹昊，下漏深泉，[6]蛟魚竝見，謳歌攸屬。

[1]珠庭：謂人之天庭如珠之圓滿豐潤。

[2]龍行武步：喻人儀態之威武不凡。《宋書》卷一《武帝紀上》："劉裕龍行虎步，視瞻不凡。"

[3]王賀帝弘：王賀，指漢昌邑王劉賀。《漢書》卷八《宣帝紀》載："昭帝崩，毋嗣。大將軍霍光請皇后徵昌邑王。六月丙寅，王受皇帝璽綬。……光奏王賀淫亂，請廢。"帝弘，指漢後少帝劉弘，原名劉義，被高后呂雉選爲皇位繼承者，後被大臣廢誅之，另立劉恒爲漢文帝。

[4]凶渠傳首：渠，原訛"集"，各本不訛。今從中華本改正。

[5]百揆時序，四門允穆：指冢宰能使百官有序不亂。自四門而入，諸侯群臣皆能誠敬肅穆。

[6]深泉：即"深淵"，此避唐諱改。

　　況乎長彗横天，已徵布新之兆，[1]璧日斯既，[2]寔表更姓之符。是以始創義師，紫雲曜彩，[3]肇惟尊主，黃龍負舟。[4]楛矢素翬，[5]梯山以至，[6]白環玉玦，[7]慕德而臻。若夫安國字萌，[8]本因萬物之志，時乘御宇，[9]良會樂推之心。七百無常期，皇王非一族，昔木德既季，而傳祚于我有梁，[10]天之歷數，允集明哲。式遵前典，廣詢群議，王公卿尹，莫不攸屬，敬從人祇之願，授帝位于爾躬。四海困窮，天祿永終，[11]王其允執厥中，軌儀前式，以副溥天之望！禋祀上帝，[12]時膺大禮，永固洪業，豈不盛歟！

　　[1]長彗横天，已徵布新之兆：典出《左傳》昭公十七年云："申須曰：'彗，所以除舊布新也。'"
　　[2]璧日：形容日圓如玉璧。
　　[3]始創義師，紫雲曜彩：大寶三年（552）三月，侯景登石頭城觀望高祖陳霸先軍隊，謂左右曰："此軍上有紫氣，不易可當。"參見本卷前文。
　　[4]黃龍負舟：《淮南子·精神》所載典故："禹南省方，濟于江，黃龍負舟，舟中之人五色無主。禹乃熙笑而稱曰：'我受命于天，竭力而勞萬民，勞，憂也。生寄也，死歸也，何足以滑和？'視龍猶蜷蜓。顏色不變，龍乃弭耳掉尾而逃。"本卷前文有云：大寶二年（551）六月，"（高祖）進軍頓西昌，有龍見于水濱，高五丈許，五采鮮耀，軍民觀者數萬人"。
　　[5]楛（hù）矢：用木做竿的箭。武王克商，肅慎貢楛矢。

素翬（huī）：白雉。

　　[6]梯山以至：謂行逢險阻之山，則施梯而登，喻經歷險遠之道而至。

　　[7]白環玉玦：據《竹書紀年》載，西王母來朝，獻白環玉玦。

　　[8]安：愛也。　萌：民也。

　　[9]時乘御宇：宇，底本作"辯"，中華本校勘記云："據南監本改。按殿本亦從南監本改。"説是，今從改。

　　[10]木德既季，而傳祚于我有梁：林礽乾《陳書本紀校注》云："古代帝王易姓受命，每推王德之運，以爲當某德則旺。如宋以水德王，齊以木德，梁以火德。《梁書・武帝紀》：'齊帝禪位于梁王曰：昔水行告厭，我太祖既受命代終；在日天禄云謝，亦以木德而傳于梁。'"（第82頁）

　　[11]四海困窮，天禄永終：天子玉食四方，其禄得自天，故稱天禄。四海之人困窮，則君禄永絶。

　　[12]禋（yīn）祀上帝：祭天時升煙的一種儀式。《周禮・春官・大宗伯》："以禋祀祀昊天上帝。"

　　又璽書曰：

　　　君子者自昭明德，達人者先天弗違，故能進退咸亨，[1]動静元吉。朕雖蒙寡，庶乎景行。何則？三才剖判，九有區分，情性相乖，亂離云起，是以建彼司牧，推乎聖賢，授受者任其時來，皇王者本非一族，人謀是與，屈己從萬物之心，天意斯歸，鞠躬奉百靈之命。謳歌所往，則攘袂以膺之，[2]菁華已竭，乃褰裳而去之。昔在唐、虞，鑒于天道，舉其黎獻，[3]授彼明哲，雖復質文殊軌，沿革不同，歷代因循，斯風靡替。我大梁所以考庸太室，[4]接禮貳宮，月正元日，受終文祖。[5]但運不常夷，道無恒泰，山岳傾偃，河海沸騰，電目雷聲之禽，鈎爪鋸牙之獸，咀齧含生，不知紀極。二后英聖，相仍在天，六夷貪狡，爭侵中國，縣王都帝，人懷干紀，一民尺土，皆非梁地。朕以不造，[6]幼罹閔凶，仰憑衡佐，亟移年序。周成、漢惠，邈矣無階，惟是童蒙，必貽顛蹶。若使時無聖哲，世靡艱難，猶當高蹈於滄洲，自求於泰伯者矣。

[1]咸亨：意爲凡物皆嘉美而可流通會聚。
[2]攘袂：揎袖捋臂，奮起之狀。
[3]黎獻：指黎民之賢者。
[4]太室：太廟的中室。也作“大室”“世室”。
[5]文祖：堯之太祖。
[6]不造：猶言不幸。

惟王應期誕秀，開籙握圖，[1]性道故其難聞，嘉庸已其被物，乾行同其燾覆，日御比其貞明，登承聖於復禹之功，樹鞠子於興周之業，[2]滅陸渾於伊、洛，[3]殲驪戎於鎬京，[4]大小二震之驍徒，東南兩越之勃寇，遽行天討，無遺神策。於是祖述堯舜，[5]憲章文武，[6]大樂與天地同和，大禮與天地同節，鼓之以雷霆，潤之以風雨，仁霑葭葦，信及豚魚，[7]殷牖斯空，夏臺虛設，民惟大畜，[8]野有同人。升平頌平，無偏無黨，固以雲飛紫蓋，水躍黃龍，東伐西征，晻映川陸，榮光曖曖，已冒郊廛，甘露瀼瀼，覂流庭苑。車轍馬迹，誰不率從？蟠水流沙，[9]誰不懷德？祥圖遠至，非唯赤伏之符，[10]靈命昭然，何止黃星之氣。[11]海口河目，[12]賢聖之表既彰，握旄執鉞，君人之狀斯偉。且自攝提無紀，孟陬殄滅，枉矢宵飛，天弧曉映，[13]久矣夷羊之在牧，時哉蛟龍之出泉。革運之兆咸徵，惟新之符竝集，朕所以欽若勛、華，屢回星琯。

[1]開錄握圖：錄、圖，天神所與之策命，並天子將興之符應。

[2]鞠子：即稚子。

[3]陸渾：古地名。春秋時陸渾戎居此，因名其所居之地曰陸渾。漢置陸渾縣，治所在今河南嵩縣北。

[4]驪戎：古戎人的一支。　鎬京：周武王所營之都，在今陝西西安市長安區西南。

[5]祖述：謂宗其道而傳述之。

[6]憲章：取法。

[7]信及豚魚：古人認爲魚是蟲之隱者，豚是獸之微賤者，雖微隱之物，信皆及之。

[8]民惟大畜：《易·大畜》：“大畜，剛健篤實，輝光日新其德。”

[9]蟠水流沙：形容極遠處。東海山上有大桃樹，蟠屈三千里。流沙則在今甘肅張掖市。

[10]赤伏之符：漢代流行的一種讖語。泛指帝王的符命。

[11]黃星之氣：天象預言。《三國志》卷一《魏書·武帝紀》：“桓帝時有黃星見于楚、宋之分。遼東殷馗善天文，言後五十歲當有真人起于梁、沛之間，其鋒不可當。”

[12]海口河目：形容孔子有異相，河目海口。

[13]枉矢宵飛，天弧曉映：天象預言。古人認爲，枉矢類似大流星，其東又有弧九星，在狼東南，天之弓，以伐叛懷遠，又主備盜賊之知姦邪者。

　　昔者木運斯盡，予高祖受焉。今歷去炎精，[1]神歸樞紐，敬以火德，傳于爾陳。遠鑒前王，近謀群辟，明靈有悦，率土同心。今遣使持節兼太保、侍中、尚書左僕射、平樂亭侯王通，[2]兼太尉司徒左長史王瑒奉皇帝璽綬[3]受終之禮，一依唐、虞故事。王其時陟元后，寧育兆民，光闡洪猷，以承昊天之休命！

[1]歷去炎精：梁以火德王，云“歷去炎精者”，謂梁之歷運已終。

[2]太保：官名。與太宰、太傅皆爲上公。論道經邦，燮理陰陽。　王通：字公達，琅琊臨沂（今山東臨沂市）人。本書卷一七、《南史》卷二三有傳。

[3]司徒左長史：官名。梁十二班。陳第四品，秩千石。

　　是日梁帝遜于別宮。高祖謙讓再三，群臣固請，乃許。

“典澈”或本作“曲澈”，前有“典澈湖”亦同，皆疑。[1]

[1]此句爲宋人曾鞏等校語。

陳書　卷二

本紀第二

高祖下

　　永定元年冬十月乙亥，高祖即皇帝位于南郊，柴燎告天曰：[1]“皇帝臣霸先，[2]敢用玄牡昭告于皇皇后帝：[3]梁氏以圮剥荐臻，[4]歷運有極，欽若天應，以命于霸先。夫肇有烝民，[5]乃樹司牧，選賢與能，未常厥姓。放勛、重華之世，咸無意於受終，當塗、典午之君，[6]雖有心於揖讓，皆以英才處萬乘，高勳御四海，故能大庇黔首，光宅區縣。有梁末運，仍葉遘屯，[7]獯醜憑陵，久移神器，承聖在外，[8]非能祀夏，[9]天未悔禍，復罹寇逆，嫡嗣廢黜，宗枝僭詐，[10]天地蕩覆，紀綱泯絶。

[1]柴燎：燒柴祭天。
[2]皇帝臣霸先：中華本校勘記云：“‘霸先’二字原作‘諱’，蓋仍姚察舊文，姚察爲梁、陳之史官，例避陳諱也。北監本、汲本、殿本並已改‘諱’爲‘霸先’，今從之。後同。”說是，今從

改。下同。

[3]玄牡：古代祭祀天地時所用的黑色公牛。

[4]荐臻：指接連來到，一再遇到。荐，屢次。臻，到。

[5]肇有烝（zhēng）民：肇，開始。烝，衆。烝民，人民。

[6]典午：司馬一職的隱語。典，掌管。午，十二屬相中指的是馬。

[7]仍葉：猶言累世。　邅屯：謂邅遇艱難。

[8]承聖在外：謂梁元帝即位於江陵。

[9]非能祀夏：謂不能常主社稷。

[10]嫡嗣廢黜，宗枝僭詐：指梁武帝姪貞陽侯蕭淵明自北齊還主社稷，黜梁敬帝爲皇太子之事。

“霸先爰初投袂，大拯橫流，重舉義兵，實覯多難，廢王立帝，寔有厥功，安國定社，用盡其力。是謂小康，方期大道。既而煙雲表色，日月呈瑞，緯聚東井，[1]龍見譙邦，除舊布新，既彰玄象，邅虞事夏，且協謳訟，[2]九域八荒，同布衷款，百神群祀，皆有誠願。梁帝高謝萬邦，授以大寶，霸先自惟菲薄，讓德不嗣，至于再三，辭弗獲許。僉以百姓須主，萬機難曠，皇靈眷命，非可謙拒。畏天之威，用膺嘉祚，永言夙志，能無慚德。敬簡元辰，升壇受禪，告類上帝用答民心，[3]永保于我有陳。惟明靈是饗！”

[1]緯聚東井：謂五大行星同聚於東井之宿，其下當有聖人以仁義取天下。天象預言。緯聚謂金、木、水、火、土五大行星齊聚。東井，十八宿之一，有星八。

[2]且協謳訟：中華本校勘記云：“‘謳訟’北監本、汲本、殿

本作‘謳歌’。張元濟校勘記云：‘謳訟乃謳歌、訟獄雙用之意，
“訟”字不誤。’”説是。

[3]告類：遇到特殊事件如皇帝登位或立太子等而舉行的祭天
之禮。

先是氛霧，晝夜晦冥，至于是日，景氣清晏，識者
知有天道焉。禮畢，輿駕還宮，臨太極前殿。

詔曰：“五德更運，帝王所以御天，三正相因，夏、
殷所以宰世，雖色分辭翰，[1]時異文質，揖讓征伐，迄
用參差，而育德振民，義歸一揆。[2]

[1]辭翰：《册府》卷二〇八作“駢翰”，林礽乾《陳書本紀校
注》以爲作“辭翰”乃“駢翰”之誤（花木蘭文化出版社 2008 年
版，第 92 頁）。

[2]一揆：同一道理，一個樣。

“朕以寡昧，[1]時屬艱危，國步屢屯，[2]天維三
絕，[3]肆勤先后，拯厥横流，藉將帥之功，兼猛士之力，
一匡天下，再造黔黎。[4]梁氏以天禄永終，曆數攸在，
遵與能之典，[5]集大命于朕躬。顧惟菲德，辭不獲亮，
式從天睠，俯協民心，受終文祖，升禋上帝，繼迹百
王，君臨萬宇，若涉川水，罔知攸濟。寶業初建，皇祚
惟新，思俾惠澤，覆被億兆。可大赦天下，改梁太平二
年爲永定元年。賜民爵二級，文武二等。鰥寡孤獨不能
自存者人穀五斛。逋租宿債，皆勿復收。其有犯鄉里清
議贓汙淫盜者，皆洗除先注，與之更始。長徒敕繫，特

皆原之。亡官失爵，禁錮奪勞，一依舊典。”

[1]寡昧：謂知識淺陋，不明事理。

[2]國步屢屯：指國運屢遇艱險。

[3]天維三絕：林礽乾《陳書本紀校注》云：“《文選》張衡《西京賦》：‘爾乃振，衍地絡。’注：‘薛曰：維，綱。絡，網也。’此云天維三絕者，一謂梁室遭侯景之亂，臺城陷没，武帝、簡文帝相繼崩殂；二謂梁元帝即位江陵，而承聖三年，西魏攻陷江陵，元帝遇害也；三謂梁敬帝即位，承聖四年五月，齊送貞陽侯還主社稷，敬帝遭廢黜也。”（第92頁）

[4]黔黎：指黎民百姓。黔，黑色。

[5]與能之典：指行大道，天下爲公，選賢與能。

又詔曰：“禮陳杞、宋，[1]詩詠二客，弗臣之重，歷代斯敦。梁氏欽若人祇，憲章在昔，濟河沈璧，[2]高謝萬邦，茅賦所加，宜遵舊典。其以江陰郡奉梁主爲江陰王，[3]行梁正朔，車旗服色，一依前準，宮館資待，務盡優隆。”又詔梁皇太后爲江陰國太妃，皇后爲江陰國妃。又詔百司依位攝職。

[1]禮陳杞、宋：林礽乾《陳書本紀校注》云：“《史記·陳杞世家》：‘周武王克殷紂，乃復求舜後，得嬀滿，封之於陳，以奉舜祀。’又‘周武王克殷紂，求禹之後，得東樓公，封之於杞，以奉夏后氏祀’。《宋微子世家》：‘周公既承成王命誅武庚，乃命微子開代殷後，奉其先祀，國於宋。’”（第93頁）

[2]濟河沈璧：指以沉璧於河的方式起誓。

[3]江陰：郡名。南朝梁末置。治所在今江蘇江陰市。

　　景子，輿駕幸鍾山，[1]祠蔣帝廟。[2]戊寅，輿駕幸華林園，[3]親覽詞訟，臨赦囚徒。己卯，分遣大使宣勞四方，下璽書敕州郡曰：“夫四王革代，商、周所以應天，五勝相推，軒、羲所以當運。梁德不造，喪亂積年，東夏崩騰，西都蕩覆。蕭勃干紀，非唯趙倫，[4]侯景滔天，踰於劉載。[5]貞陽反篡，賊約連兵，江左累屬於鮮卑，金陵久非於梁國。有自氛氳混沌之世，龍圖鳳紀之前，[6]東漢興平之初，西朝永嘉之亂，[7]天下分崩，未有若於梁朝者也。朕以虛薄，屬當興運，自昔登庸，首清諸越，[8]徐門浪泊，靡不征行，浮海乘山，所在戡定。冒想風塵，騁馳師旅，六延梁祀，十翦彊寇，豈曰人謀，皆由天啓。梁氏以天祿斯改，期運永終，欽若唐、虞，推其鼎玉，[9]朕東西退讓，拜手陳辭，避舜子於箕山之陽，[10]求支伯於滄洲之野，而公卿敦逼，率土翹惶，天命難稽，遂享嘉祚。今月乙亥，升禮太壇，[11]言念遷桐，[12]但有慚德。自梁氏將末，頻月亢陽，火運斯終，秋霖奄降。翌日成禮，圓丘宿設，[13]埃雲晚霽，星象夜張。朝景重輪，泫三危之膏露，晨光合璧，[14]帶五色之卿雲。顧惟寡薄，彌慚休祉，昧旦丕顯，方思至治。卿等擁旄方岳，相任股肱，剖符名守，[15]方寄恤隱。王曆惟新，念有欣慶，想深求民瘼，[16]務在廉平，愛惠以撫孤貧，威刑以禦彊猾。若有萑蒲之盜，[17]或犯戎商，山谷之酋，擅彊幽險，皆從肆赦，咸使知聞。如或迷途，俾在無貸。今遣使人具宣往旨，念思善政，副此虛懷。”

[1]鍾山：山名。即今江蘇南京市鐘山。

[2]蔣帝廟：《初學記》卷八引《丹陽記》云："蔣子文爲秣陵尉，自言己將死，當爲神，後爲賊所殺……孫權發使封子文而爲都中侯。立廟鍾山。"

[3]華林園：在今江蘇南京市故臺城内。吴時宫苑，晋曰華林園。自晋以後，臨華林園聽訟，爲六朝故事。

[4]趙倫：晋八王之亂中之趙王倫。據《晋書》卷五九載，倫爲司馬懿第九子，永嘉元年（307），倫舉兵誅賈后，翌年廢惠帝自立。後爲齊王冏、河間王顒、成都王穎所殺。

[5]劉載：即劉聰，劉淵第四子。據《晋書》卷一○二，晋永嘉四年（310），殺兄自立。五年，攻陷洛陽，執懷帝。建興四年（316），降愍帝於長安，西晋滅亡。

[6]龍圖：亦稱河圖。傳説有龍馬自黄河中負出。

[7]永嘉之亂：指西晋後期匈奴軍攻破西晋都城洛陽，俘虜晋懷帝，最終使西晋滅亡的歷史事件。因該事件主要發生於晋懷帝永嘉年間，故稱"永嘉之亂"。

[8]首清諸越：指梁大同中，討平廣州盧子略、杜天合之亂及平定交州刺史李賁的叛亂。

[9]鼎玉：謂傳國之寶鼎及玉璽。

[10]避舜子於箕山之陽：指舜帝崩後，大禹辭避舜帝之子商均於陽城，而天下諸侯皆去商均而朝禹，禹於是遂即天子位這一歷史事件。

[11]太壇：古時祭天的圓型高壇。

[12]言念遷桐：桐，底本作"垌"，中華本校勘記云："據各本及《元龜》二一三改。按此用伊尹放太甲於桐故事，垌與桐形近而訛。"説是，今從改。

[13]圜丘：冬至之日，天子祭天之壇也。

[14]合璧：天象之一。指太初上元甲子夜半朔旦冬至時分，七曜皆會聚斗、牽牛分度，夜盡如合璧連珠。

[15]剖符名守：中華本校勘記云：“‘守’各本作‘宇’，《元
龜》二一三作‘守’。按作‘宇’字訛。守指郡太守，剖符名守猶
言剖符名郡也。”説是。

[16]民瘼（mò）：指人民的疾苦。

[17]萑（huán）蒲：春秋時鄭地澤名。在今河南中牟縣東北。
萑，底本作“蓷”，中華本據各本改，今從改。下同。

庚辰，詔出佛牙於杜姥宅，[1]集四部設無遮大會，[2]
高祖親出闕前禮拜。初，齊故僧統法獻於烏纏國得
之，[3]常在定林上寺，梁天監末，爲攝山慶雲寺沙門慧
興保藏，[4]慧興將終，以屬弟慧志，承聖末，慧志密送
于高祖，至是乃出。辛巳，追尊皇考曰景皇帝，廟號太
祖；皇妣董太夫人曰安皇后。追謚前夫人錢氏號爲昭皇
后，世子克爲孝懷太子。立夫人章氏爲皇后。癸未，尊
景帝陵曰瑞陵，昭皇后陵曰嘉陵，依梁初園陵故事。立
刪定郎，[5]治定律令。

[1]杜姥宅：西晉杜皇后母裴氏，渡江後建宅第於建康南掖門
外，世人謂之杜姥宅。

[2]四部：佛家語。亦曰四部衆。謂比丘、比丘尼、優婆塞、
優婆夷。

[3]烏纏國：亦作烏萇國。西域古國之一。在賒彌南，民事佛，
多寺塔，極華麗。

[4]攝山：山名。傳山多草，可以攝生，因得名。即今江蘇南
京市東北棲霞山。

[5]刪定郎：官名。吏部之屬官，掌改定律令。齊、梁、陳因
之。陳第四品，秩六百石。

戊子，遷景皇帝神主祔于太廟。[1]辛卯，以中權將軍、開府儀同三司、丹陽尹王沖爲左光禄大夫。[2]癸巳，追贈皇兄梁故散騎常侍、平北將軍、兖州刺史長城縣公道談驃騎大將軍、太尉，[3]封始興郡王；弟梁故侍中、驃騎將軍、南徐州刺史武康縣侯休先車騎大將軍、司徒，封南康郡王。是月，西討都督周文育、侯安都於郢州敗績，[4]囚于王琳。

[1]祔于太廟：祔，北監本、汲古本作“祔”。林劢乾《陳書本紀校注》云：“按《集韻》：‘祔，盛服。’《説文·示部》：‘祔，後死者合食於先祖，从示付聲。’祔于太廟之‘祔’，本字當作从示付聲之‘祔’爲是。汲古本、殿本从衣作訓爲盛服之‘祔’，乃‘祔’字之形誤，當據宋浙本及南監本改。”（第97頁）説是。

[2]中權將軍、開府儀同三司：陳置諸將軍之號爲九品，中權將軍擬第二品，比秩中二千石。加開府儀同三司，則秩萬石。　丹陽尹：官名。丹陽爲帝都所在，其郡守曰尹，掌治京師。　左光禄大夫：官名。晋置左右光禄大夫，假金章紫綬。梁左右光禄並無員，以養老疾。陳因之，第二品，秩中二千石。

[3]“追贈皇兄梁故散騎常侍”至“長城縣公道談”：談，底本作“譚”。林劢乾《陳書本紀校注》云：“兖州刺史、長城縣公道譚，宋浙本、北監本、汲古本同。按本書卷一《高祖紀上》云：‘梁敬帝太平二年正月丁未，詔贈高祖兄道談平北將軍、南兖州刺史。’卷二十八《始興王伯茂傳》亦云：‘追贈高祖兄道談使持節、都督南兖州諸事、南兖州刺史。’兩言詔贈高祖兄‘南兖州刺史’而非‘兖州刺史’，明此‘兖州刺史’上，各本脱一‘南’字，當據《高祖紀上》及《始興王伯茂傳》補。又按‘長城公道譚’之‘譚’，《高祖紀上》及《始興王伯茂傳》俱作‘談’。《莊子·則陽》：‘夫子何不譚（稱説）我於王？’唐陸德明《釋文》：‘譚，本

亦作談。’爲歸一律，‘長城縣公道譚’之‘譚’，依《高祖紀上》及《始興王伯茂傳》統一作‘談’。”（第97頁）説是，今改“譚”爲“談”。

[4]郢州：州名。治所在今湖北武漢市武昌區。

十一月景申，詔曰：“東都齊國，義乃親賢，西漢城陽，事兼功烈。散騎常侍、使持節、都督會稽等十郡諸軍事、宣毅將軍、會稽太守長城縣侯蒨，[1]學尚清優，神寓凝正，文參禮樂，武定妖氛，心力謀猷，爲家治國，擁旄作守，期月有成，辟彼關河，[2]功踰蕭、寇，[3]萑蒲之盜，自反耕農，篁竹之豪，用稟聲朔。朕以虛寡，屬當興運，提彼三尺，賓于四門，王業艱難，賴乎此子，宜隆上爵，稱是元功。可封臨川郡王，邑二千户。兄子梁中書侍郎頊襲封始興王，[4]弟子梁中書侍郎曇朗襲封南康王，禮秩一同正王。”已亥，甘露降于鍾山松林，彌滿巖谷。庚子，開善寺沙門採之以獻，[5]敕頒賜群臣。景辰，以鎮西將軍、南豫州刺史徐度爲鎮右將軍、領軍將軍。[6]庚申，京師大火。十二月庚辰，皇后謁太廟。

[1]都督會稽等十郡諸軍事：錢大昕《廿二史考異》卷二七云：“考陳文帝於梁末建節，稱都督十郡。其後徐度、沈恪、沈欽鎮會稽，則云九郡。九郡之名，見於《徐度》《沈恪傳》。較此《紀》多信安一郡，十郡則史未詳其名。”洪頤煊《諸史考異》卷八云：“案《徐度》《沈恪傳》並云都督會稽、東陽、臨海、永嘉、新安、新寧、信安、晉安、建安九郡諸軍事。此云十郡，天嘉六年三月乙未，詔：‘侯景以來，遭亂移在建安、晉安、義安郡者，並

許還本土。'三郡毗連，疑即并此而十也。"　宣毅將軍：官名。梁十七班。陳擬四品，比秩中二千石。

[2]辟彼關河：辟，底本作"壁"，中華本校勘記云："'辟'原訛'壁'，各本不訛。今改正。"今從改。

[3]功踰蕭、寇：蕭指漢相蕭何，寇指東漢寇恂。

[4]中書侍郎：官名。中書令屬官。三國吳黃初初，中書既置監令，又置通事郎，後改曰中書侍郎。齊、梁皆四人，以功高者一人主省内事。梁九班。陳第四品，秩千石。

[5]開善寺：在今江蘇南京市東，紫金山西南。本名道林寺，梁曰開善寺。明因建孝陵乃移於東麓，賜名靈谷寺。

[6]鎮西將軍：官名。陳擬二品，比秩中二千石。　鎮右將軍：官名。梁武帝置八鎮將軍，東西南北止施在外，左右前後止施在内。陳擬第二品，比秩中二千石。　領軍將軍：官名。梁領軍將軍管天下兵要，謂之禁司，與左右僕射爲一流。陳第三品，秩中二千石。

二年春正月乙未，詔曰："夫設官分職，因事重輕，羽儀車馬，隨時隆替，晋之五校，鳴笳啓途，漢之九卿，[1]傳呼竝迥，虞官夏禮，豈曰同科，殷朴周文，固無恒格。朕膺兹寶歷，代是天工，留念官方，庶允時衷。梁天監中，左右驍騎領朱衣直閣，[2]竝給儀從，北徐州刺史昌義之首爲此職。[3]亂離歲久，朝典不存，後生年少，希聞舊則。今去左右驍騎，宜通文武，文官則用腹心，武官則用功臣，所給儀從，同太子二衛率。[4]此外衆官，尚書詳爲條制。"

[1]九卿：秦漢設立的中央職官。有奉常、郎中令、衛尉、太

僕、廷尉、典客、宗正、治粟内史、少府等。

[2]左右驍騎：官名。陳第四品，秩二千石。　朱衣直閤：官名。陳第四品，秩千石。

[3]北徐州刺昌義之首爲此職：昌，底本作"唱"，"之"字下底本有"初"字。中華本校勘記云："'昌'字據北監本、殿本改。'初'字據錢大昕説删。按錢大昕《廿二史考異》云：'昌義之梁時爲北徐州刺史，嘗任左右驍騎者。校書者不知昌義之爲人姓名，妄於昌旁加口，又加一"初"字。淺陋可笑。'"今從删改。

[4]太子二衛率：官名。即太子左衛率與太子右衛率。掌東宫門衛。陳第四品，秩二千石。

　　車騎將軍、開府儀同三司侯瑱進位司空，[1]中權將軍、開府儀同三司、新除左光禄大夫王沖爲太子少傅。[2]左衛將軍徐世譜爲護軍將軍，[3]南兗州刺史吴明徹進號安南將軍，[4]衡州刺史歐陽頠進號鎮南將軍。[5]辛丑，輿駕親祠南郊。詔曰："朕受命君臨，初移星琯，孟陬嘉月，備禮泰壇，[6]景候昭華，人祇允慶，思令億兆，咸與惟新。且往代祅氛，于今猶梗，軍機未息，徵賦咸繁，事不獲已，久知下弊，言念黔黎，無忘寢食。夫罪無輕重，已發覺未發覺，在今昧爽以前，[7]皆赦除之。西寇自王琳以下，竝許返迷，一無所問。近所募義軍，本擬西寇，竝宜解遣，留家附業。晚訂軍資未送者竝停，[8]元年軍糧逋餘者原其半。州郡縣軍戍竝不得輒遣使民間，務存優養。若有侵擾，嚴爲法制。"

[1]侯瑱：字伯玉，巴西充國（今四川閬中市）人。本書卷九、《南史》卷六六有傳。　司空：官名。掌管土地、水利及工程。

秦漢爲三公之一，晋爲八公之一，自晋後多爲虚銜。陳第一品，秩萬石。

［2］王沖：字長深，琅琊臨沂（今山東臨沂市）人。本書卷一七有傳，《南史》卷二一有附傳。　太子少傅：官名。東宫屬官。以輔導太子爲職，梁置太子少傅一人，位視左僕射。陳第二品，秩中二千石。

［3］左衛將軍：官名。掌宿衛營兵。陳第三品，秩二千石。護軍將軍：官名。陳護軍將軍掌外軍。第三品，秩中二千石。

［4］安南將軍：官名。戎號擬官。陳擬三品，比秩中二千石。

［5］鎮南將軍：官名。戎號擬官。陳擬二品，比秩中二千石。

［6］泰壇：南郊祭天處。積柴於壇上，取玉及牲置柴上燔之，使氣達於天。

［7］昧爽：一般指初曉尚暗之時。昧，闇。爽，明。

［8］晚訂軍資：晚，北監本、汲本、《册府》卷二〇八並作"輓"。林礽乾《陳書本紀校注》以作"晚"是（第101頁）。

乙巳，興駕親祠北郊。甲辰，振遠將軍、梁州刺史張立表稱去乙亥歲八月，[1]丹徒、蘭陵二縣界遺山側，[2]一旦因濤水湧生，沙漲，周旋千餘頃，竝膏腴，堪墾植。戊午，興駕親祠明堂。[3]

［1］梁州刺史張立表稱去乙亥歲八月：中華本校勘記云："'去'各本作'云'。張元濟校勘記謂作'去'是，乙亥歲爲梁敬帝紹泰元年，此爲前事，故言去。"説是。

［2］丹徒：縣名。治所在今江蘇鎮江市丹徒區。　蘭陵：縣名。晋太康二年（281）分丹徒、曲阿二邑立武進縣，梁武帝改爲蘭陵縣。治所在今江蘇常州市西北。

［3］明堂：王者布政之堂。上圓下方。王者月居其房，告朔朝

曆，頒宣其令。

二月壬申，南豫州刺史沈泰奔于齊。[1]辛卯，詔車騎將軍、司空侯瑱總督水步衆軍以遏齊寇。

[1]南豫州刺史沈泰奔于齊：中華本校勘記云：“‘南豫州’，《北齊書·文宣紀》作‘江州’。按《通鑑》從《陳書》。”

三月甲午，詔曰：“罰不及嗣，自古通典，罪疑惟輕，[1]布在方策。[2]沈泰反覆無行，邅邅所知，昔有微功，仍荷朝寄，剖符名郡，推轂累藩，漢口班師，還居方岳，良田有逾於四百，食客不止於三千，富貴顯榮，政當如此。鬼害其盈，天奪之魄，無故倡狂，自投獯醜。雖復知人則哲，惟帝其難，光武有蔽於龐萌，[3]魏武不知於于禁，[4]但令朝廷無我負人。其部曲妻兒各令復業，所在及軍人若有恐脅侵掠者，皆以劫論。若有男女口爲人所藏，竝許詣臺申訴。若樂隨臨川王及節將立效者，悉皆聽許。”乙卯，高祖幸後堂聽訟，還於橋上觀山水，賦詩示羣臣。是月，王琳立梁永嘉王蕭莊于郢州。[5]

[1]罪疑惟輕：《尚書·大禹謨》：“罪疑惟輕，功疑惟重，與其殺不辜，寧失不經。”
[2]方策：亦稱方册。指典籍。方，指版。策，指簡。
[3]龐萌：山陽（今山東金鄉縣）人。最初隸屬綠林軍旗下的下江軍。劉玄爲更始帝，龐萌任冀州牧。後降劉秀。萌爲人謙遜和

順。深受劉秀信重。稱其可以託六尺之孤，寄百里之命。後龐萌反叛劉秀，被殺。《後漢書》卷一二有傳。

[4]于禁：字文則，泰山鉅平（今山東泰安市）人。建安二年（197）春，魏武帝曹操征張繡，衆軍潰亂。祇有于禁整隊鳴鼓而還。録禁前後功，封益壽亭侯。建安二十四年（219），關羽攻樊，于禁兵敗投降，龐惪則不屈而死。曹操歎稱：“吾知禁三十年，何意臨危處難，反不及龐惪邪！”《三國志》卷一七有傳。

[5]王琳：字子珩，會稽山陰（今浙江紹興市）人。出身兵家。平定侯景之亂，與杜龕功居第一。陳朝建立，王琳拒絶臣服。太平二年（557）在北齊支持下，擁立梁元帝之孫永嘉王蕭莊爲帝，被陳將侯瑱擊敗，逃至北齊。被封驃騎大將軍、揚州刺史，鎮守壽陽。後爲陳將吴明徹軍擊敗。《北齊書》卷三二、《南史》卷六四有傳。

　　夏四月甲子，輿駕親祠太廟。乙丑，江陰王薨，[1]詔遣太宰弔祭，司空監護喪事，凶禮所須，隨由備辦。以梁武林侯蕭諮息季卿嗣爲江陰王。丙寅，輿駕幸石頭，[2]餞司空侯瑱。戊辰，重雲殿東鴟尾有紫煙屬天。[3]五月乙未，京師地震。癸丑，齊廣陵南城主張顯和、長史張僧那各率其所部入附。辛酉，輿駕幸大莊嚴寺捨身。[4]壬戌，群臣表請還宫。

[1]江陰王薨：江陰王之死，實爲陳霸先加害，此處乃姚氏爲陳霸先諱。趙翼《陔餘叢考》卷七《陳書書法》云：“《陳書》避諱處太多……武帝始受禪。即以江陰郡奉梁主爲江陰王，車旗正朔，一如故事。宮館資給，務極優隆。永定二年，江陰王薨，詔遣太宰弔祭。絶不見篡弑之迹，此固循宋、齊、梁書之舊例也，然其

事終不可没。則應錯見於列傳中。按《南史·沈恪傳》：武帝欲令恪勒兵衛敬帝出宫，恪叩頭曰：‘身經事蕭家來，不忍見此事。’武帝乃使王僧志代之。又《劉師知傳》：武帝令師知往害敬帝，帝覺之，繞牀走曰：‘我本不須作天子，何意見殺？’師知執帝衣，行事者加刃焉。此敬帝被害情事也。乃《陳書》於《恪傳》尚載其叩頭數語，而《師知傳》全不書此事，則紀與傳俱没之矣。”

[2]石頭：即石頭城，在今江蘇南京市。

[3]重雲殿：陳宫殿之一。在華林園。華林園，在故臺城内，建康宫北隅。爲吴時官苑。梁武帝時，於華林園内起重閣，上曰重雲殿，下曰光嚴殿。

[4]大莊嚴寺：建康城寺院之一。東晋永和四年（348）建立。在今江蘇南京市西南。

六月己巳，詔司空侯瑱、領軍將軍徐度率舟師爲前軍，以討王琳。

秋七月戊戌，輿駕幸石頭，親送瑱等。己亥，江州刺史周迪擒王琳將李孝欽、樊猛、余孝頃于工塘。甲辰，遣吏部尚書謝哲諭王琳。[1]甲寅，嘉禾一穗六岐生五城。初，侯景之平也，火焚太極殿，[2]承聖中議欲營之，獨闕一柱，至是有樟木大十八圍，長四丈五尺，流泊陶家後渚，[3]監軍鄒子度以聞。詔中書令沈衆兼起部尚書，[4]少府卿蔡儔兼將作大匠，[5]起太極殿。

[1]吏部尚書：官名。主選事。本書卷二六《徐陵傳》云：“自古吏部尚書者，品藻人倫，簡其才能，尋其門胄，逐其大小，量其官爵。”陳第三品，秩中二千石。

[2]太極殿：宫殿名。東晋咸和二年（327），蘇峻之亂，盡焚

臺城宮室。峻平，乃復營治。七年，新宮城，正殿曰太極殿。

[3]陶家後渚：在江寧府西南，秦淮別渚，西對蔡洲。六朝時，每餞北使於此。相傳陶弘景隱居之宅在此，故名。

[4]起部尚書：官名。晉、宋以來，有起部尚書而不常置。每營造宗廟宮室則權置之，事畢則省，以其事分屬都官、左民二尚書。陳第四品，秩中二千石。

[5]少府卿：官名。秦置，爲九卿之一。掌山海地澤之税，以奉養天子，爲天子之私府。梁天監七年（508），詔置十二卿，少府爲之一。位視尚書左右丞。陳第三品，秩中二千石。　將作大匠：官名。秦有將作少府，掌治宮室。漢景帝中元六年（前144），更名將作大匠，掌修作宗廟、路寢、宮室、陵園、土木之工。江左至宋、齊，皆有事則置，無事則省。梁天監七年，改曰大匠卿，陳或曰將作大匠，或曰大匠卿。第三品，秩中二千石。

八月景寅，以廣梁郡爲陳留郡。[1]辛未，詔臨川王蒨西討，[2]以舟師五萬發自京師，輿駕幸冶城寺親送焉。前開府儀同三司、南豫州刺史周文育，前鎮北將軍、南徐州刺史、新除開府儀同三司侯安都等於王琳所逃歸，[3]自劾廷尉，即日引見，竝宥之。戊寅，詔復文育等本官。壬午，追封皇子立爲豫章王，謚曰獻；權爲長沙王，謚曰思；長女爲永世公主，謚曰懿。謝哲反命，王琳請還鎮湘州，[4]詔追衆軍緩其伐。癸未，西討衆軍至自大雷。[5]丁亥，以信威將軍、江州刺史周迪爲開府儀同三司，進號平南將軍。[6]改南徐州所領南蘭陵郡復爲東海郡。[7]

[1]陳留：郡名。治所在今安徽廣德縣。

[2]詔臨川王蒨西討：蒨，底本作"諱"，中華本校勘記云："'蒨'字原作'諱'，姚察原文如此，今依北監本、汲本、殿本改。後如此不悉出校記。"説是，今從改。

[3]鎮北將軍：官名。陳擬二品，比秩中二千石。

[4]王琳請還鎮湘州：林祁乾《陳書本紀校注》云："湘川，宋浙本、三朝本、南監本、北監本、汲古本同。按王琳原爲湘州刺史，此云'還鎮湘川'，'湘川'當是'湘州'之誤。《通鑑》卷一六七《陳紀一》正作'湘州'不誤，當據正。"（第106頁）林校説是。

[5]大雷：郡名。治所在今安徽望江縣。

[6]平南將軍：官名。陳擬三品，比秩中二千石。

[7]南蘭陵：郡名。治所在今江蘇鎮江市。 東海：郡名。晋元帝初，割吳郡海虞縣之北境僑置。穆帝永和年間郡移至京口，在今江蘇鎮江市。梁天監中改爲南蘭陵郡。

冬十月庚午，遣鎮南將軍、開府儀同三司周文育都督衆軍出豫章，[1]討余孝勱。乙亥，輿駕幸莊嚴寺，發《金光明經》題。[2]丁酉，以仁威將軍、高州刺史黃法氍爲開府儀同三司，[3]進號鎮南將軍。甲寅，太極殿成，匠各給復。

[1]周文育：字景德，義興陽羨（今江蘇宜興市）人。平侯景之亂有功，除游擊將軍，封東遷縣侯。官至鎮南將軍。屢立戰功，爲陳霸先主要將領之一。後爲豫章内史熊曇郎所害。本書卷八、《南史》卷六六有傳。

[2]《金光明經》：佛經名。凡四卷。北涼高僧曇無讖所譯。

[3]仁威將軍：官名。陳擬四品，比秩中二千石。

十二月庚申，侍中、安東將軍臨川王蒨率百僚朝前殿，拜上牛酒。甲子，輿駕幸大莊嚴寺，設無㝵大會，[1]捨乘輿法物。[2]群臣備法駕奉迎，即日輿駕還宮。景寅，高祖於太極殿東堂宴群臣，設金石之樂，以路寢告成也。[3]壬申，割吳郡鹽官、海鹽、前京三縣置海寧郡，[4]屬揚州。以安成所部廣興六洞置安樂郡。景戌，以寧遠將軍、北江州刺史熊曇朗爲開府儀同三司，[5]進號平西將軍。[6]丁亥，詔曰："梁時舊仕，亂離播越，始還朝廷，多未銓序。又起兵已來，軍勳甚衆。選曹即條文武簿及節將應九流者，量其所擬。"於是隨材擢用者五十餘人。

[1]設無㝵大會：林礽乾《陳書本紀校注》云："無㝵，宋浙本、三朝本、南監本、北監本、汲古本、《御覽》卷一三三引同。《南史・陳武帝紀》作'無碍'，《冊府》卷一九四作'無遮'。按作'無㝵'或'無碍'，其義與作'無遮'同，俱爲印度梵語'般闍于瑟'之義譯。原義爲寬容無阻，聖賢道俗貴賤上下，一律參預，平等行法之謂。'般闍于瑟'，宋浙本譯作'無㝵大會'，《南史・陳武帝紀》作'無碍大會'，《正字通》云：'碍，礙之俗字。'《集韻》：'㝵同礙。'是作'無㝵'，與作'無碍'同也。《説文・石部》：'礙，止也。'《辵部》：'遮，遏也。''遏'猶'止'也，是《冊府》卷一九四作'無遮'之義，又與宋浙本之作'無㝵'者同。"
[2]法物：天子大駕（乘輿）儀仗用物。如郊廟樂器、葆車、輿輦、鹵簿（儀仗旌旗）等。
[3]路寢：天子的正居。天子諸侯皆有三寢，一曰高寢，二曰路寢，三曰小寢。

[4]前京：縣名。南朝梁置。治所在今上海市金山區南杭州灣大、小金山島一帶。隋廢。故址於南宋已淪入海中。

[5]寧遠將軍：官名。陳擬五品，比秩千石。　熊曇朗：豫章南昌（今江西南昌市）人。世爲郡著姓。侯景之亂時據豐城爲柵。梁元帝時爲巴山太守。紹泰二年（556），以南川豪帥，除游騎將軍。又以抗王琳軍授平西將軍。後因出軍失利，殺都督周文育，以應王琳。後爲陳霸先軍所敗，曇朗爲村民所殺。本書卷三五、《南史》卷八〇有傳。

[6]平西將軍：官名。陳擬三品，比秩中二千石。

三年春正月己丑，青龍見于東方。丁酉，以鎮南將軍、廣州刺史歐陽頠即本號開府儀同三司。[1]是夜大雪，及旦，太極殿前有龍迹見。甲午，廣州刺史歐陽頠表稱白龍見于州江南岸，[2]長數十丈，大可八九圍，歷州城西道入天井崗，[3]仙人見于羅浮山寺小石樓，[4]長三丈所，通身潔白，衣服楚麗。辛丑，詔曰：“南康、始興王諸妹，已有封爵，依禮止是藩主。此二王者，有殊恒情，宜隆禮數。諸主儀秩及尚主，可竝同皇女。”戊申，詔臨川王舊省揚、徐二州辭訟。二月辛酉，以平西將軍、桂州刺史淳于量爲開府儀同三司，進號鎮西大將軍。[5]壬午，司空侯瑱督衆軍自江入合州，焚齊舟艦。三月景申，侯瑱至自合肥，衆軍獻捷。

[1]開府儀同三司：官名。開府，指可以以自己的名義自置幕府與幕僚部屬。得授儀同三司加號者，可以得到與三公一樣之待遇。是朝廷對有功大臣功勞的重賜。

[2]歐陽頠：字靖世，長沙臨湘（今湖南長沙市）人。爲郡豪

族，有聲南土。起家信武府中兵參軍。後與陳霸先深自結托，遂成心腹。本書卷九、《南史》卷六六有傳。

[3]天井崗：在廣州佛山市南海區北。

[4]羅浮山：山名。《隋書・地理志下》載，南海郡增城縣東"有羅浮山"。跨博羅縣界，是浮山與羅山的並體，故曰羅浮。

[5]鎮西大將軍：官名。陳擬二品，比秩中二千石。

夏閏四月庚寅，詔曰："開廩賑絕，育民之大惠，巡方恤患，前王之令典。朕當斯季俗，膺此樂推，君德未孚，民瘼猶甚，重茲多壘，彌疚納隍。[1]良由四聰弗達，[2]千里勿應。[3]博施之仁，何其或爽？殘弊之軌，致此未康。吳州、縉州去歲蝗旱，郢田雖呪，鄭渠終涸，[4]室靡盈積之望，家有填壑之嗟。百姓不足，兆民何賴？近已遣中書舍人江德藻銜命東陽，與令長二千石問民疾苦，仍以入臺倉見米分恤。雖德非既飽，庶微慰阻飢。"甲午，詔依前代置西省學士，[5]兼以伎術者預焉。丁酉，遣鎮北將軍徐度率衆城南皖口。是時久不雨，景午，輿駕幸鍾山祠蔣帝廟，是日降雨，迄于月晦。[6]

[1]納隍：納，采納，收入。隍，無水的城壕。《文選》卷一漢張衡《東京賦》曰："人或不得其所，若已納之於隍。"後以其表述救民於水火的迫切心情。

[2]良由四聰弗達：達，底本作"遠"，中華本校勘記云："'達'原訛'遠'，各本不訛，今改正。"今從改。

[3]千里勿應：勿，底本作"功"，中華本校勘記云："'勿'原訛'功'，各本不訛，今改正。"今從改。

　　[4]郢田雖呪（zhòu），鄭渠終涸：中華本校勘記云：“‘呪’，北監本、汲本、殿本作‘疏’。按呪同祝。張元濟校勘記謂此用《史記・淳于髡傳》穰田之文，應作‘呪’。”林礽乾《陳書本紀校注》云：“疏，北監本、汲古本同。宋浙本、三朝本、南監本竝作‘呪’，《册府》卷一九五作‘祝’。按作‘呪’是。作‘祝’與‘呪’同。《集韻》：‘祝，或从口。’‘呪’者，謂禱祝祈雨也。如《後漢書・諒輔傳》‘時夏大旱，太守自出祈禱山川，連日無所降。輔乃自暴庭中，慷慨呪曰……’者即是。此處上文云：‘吳州、縉州，去歲蝗旱。’因旱，故亦禱祝祈雨也。然雖經禱祝祈雨，天仍乾旱，故下文云：‘鄭渠終涸。’明此‘郢田雖疏’之‘疏’本當作‘呪’或作‘祝’。北監本、汲古本、殿本作‘疏’，爲‘祝’字之形訛，宋浙本、南監本作‘呪’與《册府》卷一九五作‘祝’者，竝不誤，當據改。”（第111頁）

　　[5]西省學士：南朝梁、陳中書省學士。

　　[6]月晦：謂月盡。指農曆每月的最後一日。

　　五月丙辰朔，日有食之，有司奏：舊儀，御前殿，服朱紗袍、通天冠。[1]詔曰：“此乃前代承用，意有未同。合朔仰助太陽，宜備衮冕之服。自今已去，永可爲准。”景寅，扶南國遣使獻方物。[2]乙酉，北江州刺史熊曇朗殺都督周文育于軍，舉兵反。王琳遣其將常衆愛、曹慶率兵援余孝勱。

　　[1]通天冠：天子冠通天冠，諸侯冠遠游冠。《後漢書・輿服志下》謂通天冠，“乘輿所常服”。

　　[2]扶南國：國名。即古之泰國。在日南郡之南，海西大灣中，出金、銀、銅、錫、沈木香、象牙、孔雀、五色鸚鵡等。

　　六月戊子，儀同侯安都敗衆愛等於左里，[1]獲琳從弟襲、主帥羊暕等三十餘人，衆愛遁走，庚寅，廬山民斬之，[2]傳首京師。甲午，衆師凱歸。詔曰：“曇朗噬逆，罪不容誅，分命衆軍，仍事掩討，方加梟磔，[3]以明刑憲。”徵臨川王蒨往皖口置城柵，以錢道戢守焉。丁酉，高祖不豫，[4]遣兼太宰、尚書左僕射王通以疾告太廟，[5]兼太宰、中書令謝哲告大社、南北郊。辛丑，高祖疾小瘳。[6]故司空周文育之柩至自建昌。[7]壬寅，高祖素服哭于東堂，[8]哀甚。癸卯，高祖臨訊獄訟。是夜，熒惑在天尊。[9]高祖疾又甚。[10]景午，崩于璿璣殿，時年五十七。遺詔追臨川王蒨入纂。甲寅，大行皇帝遷殯于太極殿西階。秋八月甲午，群臣上謚曰武皇帝，廟號高祖。景申，葬萬安陵。[11]

　　[1]左里：城名。又作左蠡，東晉盧循所築，在江西都昌縣西北左里鎮。

　　[2]廬山：山名。在今江西九江市南。傳曰周武王時，匡俗兄弟七人，皆好道術，結廬於此山。仙去，空廬尚存，故曰廬山。

　　[3]梟（xiāo）磔（zhé）：謂如梟鳥裂牲般之施以極刑。

　　[4]不豫：天子病重稱不豫，意爲不復豫政。

　　[5]遣兼太宰、尚書左僕射王通以疾告太廟：林初乾《陳書本紀校注》云：“左僕射，宋浙本、三朝本、南監本、北監本、汲古本同。《南史·陳武帝紀》作‘右僕射’。按卷十七《王通傳》，通自高祖受禪終高祖之世，俱爲尚書左僕射，則此《南史》作‘尚書右僕射’者，‘右’字當是‘左’字之訛。各本竝作‘左僕射’，不誤。”（第113頁）

　　[6]疾小瘳：指疾病稍好。瘳，疾癒。

［7］建昌：縣名。東漢永元十六年（104），分海昏立建昌縣，治所在今江西南昌市北。以其户口昌盛，因以爲名，屬豫章郡。元嘉二年（425），移治海昏縣，在今江西永修縣西北。

［8］東堂：殿名。在建康宫正殿旁。

［9］熒惑：火星之别名。五星之一，火之精。傳説主天子之命。

［10］高祖疾又甚：中華本校勘記云："按北監本、汲本、殿本無'又'字。"林衫乾《陳書本紀校注》云："疾甚，北監本、汲古本、《南史·陳武帝紀》同。宋浙本、三朝本、南監本、《御覽》卷一三三引立作'疾又甚'。按上文云：'丁酉，高祖不豫，遣兼太宰、尚書左僕射王通以疾告太廟。'病至以疾告太廟，則其危可知，此高祖第一次疾甚也。辛丑，疾小瘳。至是夜，高祖疾復又轉重。明此'高祖疾甚'一句，當從宋浙本、南監本及《御覽》卷一三三引作'高祖疾又甚'爲是。汲古本、殿本'疾'下脱一'又'字，當據宋浙本及南監本補。"（第114頁）

［11］萬安陵：陳武帝陳霸先陵。在方山西北，今江蘇南京市江寧區上坊社區。

　　高祖智以綏物，武以寧亂，英謀獨運，人皆莫及，故能征伐四克，静難夷凶。至升大麓之日，[1]居阿衡之任，[2]恒崇寬政，愛育爲本。有須發調軍儲，皆出於事不可息。加以儉素自率，常膳不過數品，私饗曲宴，[3]皆瓦器蚌盤，肴核庶羞，裁令充足而已，不爲虚費。初平侯景，及立紹泰，子女玉帛，皆班將士。其充闈房者，衣不重綵，飾無金翠，哥鐘女樂，不列於前。及乎踐祚，[4]彌厲恭儉。故隆功茂德，光有天下焉。

　　［1］大麓：大，指爲大司馬宰衡。麓，録也。覽總大麓，即作

爲三公，領録天子之事，經營天物，大録萬機之政。

　　[2]居阿衡之任：指宰相具有“實維阿衡”的職責。後借爲宰相之稱。

　　[3]私饗曲宴：指於公事之餘，留臣下賜宴，謂之曲宴。

　　[4]踐祚：亦稱“踐阼”，指天子新即位。升宗廟東階以主祭。

　　陳吏部尚書姚察曰：高祖英略大度，應變無方，蓋漢高、魏武之亞矣。及西都盪覆，誠貫天人。王僧辯闕伊尹之才，空結桐宮之憤，[1]貞陽假秦兵之送，不思穆嬴之泣。高祖乃蹈玄機而撫末運，乘勢隙而拯横流，王迹所基，始自於此，何至戡黎升陑之捷而已焉。故於慎徽時序之世，變聲改物之辰，兆庶歸以謳歌，炎靈去如釋負，方之前代，何其美乎！

　　[1]桐宫：商代桐地的宫室，傳爲湯之葬地。故地在今河北臨漳縣。伊尹曾放太甲於此。借指被貶的帝王或幽禁帝王的地方。

陳書　卷三

本紀第三

世祖

　　世祖文皇帝諱蒨，[1]字子華，始興昭烈王長子也。[2]少沈敏有識量，美容儀，留意經史，舉動方雅，[3]造次必遵禮法。高祖甚愛之，常稱"此兒吾宗之英秀也"。梁太清初，夢兩日鬬，一大一小，大者光滅墜地，色正黃，其大如斗，世祖因三分取一而懷之。侯景之亂，鄉人多依山湖寇抄，世祖獨保家無所犯。時亂日甚，乃避地臨安。[4]及高祖舉義兵，侯景遣使收世祖及衡陽獻王，[5]世祖乃密袖小刀，冀因入見而害景，至便屬吏，故其事不行。高祖大軍圍石頭，[6]景欲加害者數矣，會景敗，世祖乃得出赴高祖營。

　　[1]世祖：南朝陳文帝陳蒨廟號。
　　[2]始興昭烈王：陳道談。陳蒨之父，陳霸先之兄。曾任梁東宮直閤將軍，侯景之亂時，領弩手二千人支援朝廷，在城中中流矢

身亡。事見本書卷二八《始興王伯茂傳》。又本書卷一《高祖本紀上》載："（敬帝太平二年正月）丁未，詔贈高祖兄道談散騎常侍、使持節、平北將軍、南兖州刺史、長城縣公，謚曰昭烈。"卷二《高祖本紀下》載："（永定元年冬十月）癸巳，追贈皇兄梁故散騎常侍、平北將軍、兖州刺史長城縣公道談驃騎大將軍、太尉，封始興郡王。"

[3]方雅：大方文雅。《晋書》卷三一《胡貴嬪傳》："帝每有顧問，不飾言辭，率爾而答，進退方雅。"

[4]臨安：縣名。西晋太康元年（280）由臨水縣改立。治所在今浙江臨安市北。

[5]衡陽獻王：陳昌。字敬業，高祖第六子。文帝天嘉元年（560）二月，封衡陽郡王。三月，薨，謚曰獻。本書卷一四、《南史》卷六五有傳。

[6]石頭：即石頭城，在今江蘇南京市西清涼山一帶。

起家爲吳興太守。時宣城劫帥紀機、郝仲等各聚衆千餘人，侵暴郡境，世祖討平之。承聖二年，[1]授信武將軍，[2]監南徐州。[3]

[1]承聖：南朝梁元帝蕭繹年號（552—555）。

[2]信武將軍：官名。陳擬四品，比秩中二千石。

[3]南徐州：州名。南朝宋永初二年（421）改徐州設，治京口，在今江蘇鎮江市。

三年，高祖北征廣陵，[1]使世祖爲前軍，每戰克捷。高祖之將討王僧辯也，先召世祖與謀。時僧辯女婿杜龕據吳興，[2]兵衆甚盛，高祖密令世祖還長城，立柵以備龕。世祖收兵纔數百人，戰備又少，龕遣其將杜泰領精兵五千，乘虛奄至，將士相視失色，而世祖言笑自若，部分益明，於是衆心乃定。泰知柵內人少，日夜苦攻，世祖激厲將士，身當矢石，相持數旬，泰乃退走。及高祖遣周文育率兵討龕，世祖與并軍往吳興。時龕兵尚衆，斷據衝要，水步連陣相結，世祖命將軍劉澄、蔣元舉率衆攻龕，龕軍大敗，窘急，因請降。

[1]高祖：南朝陳武帝陳霸先廟號。　廣陵：縣名。治所在今江蘇揚州市西北。

[2]吳興：郡名。三國吳寶鼎元年（266）分吳、丹陽二郡立。治所在今浙江湖州市吳興區。

東揚州刺史張彪起兵圍臨海太守王懷振，懷振遣使求救，世祖與周文育輕兵往會稽以掩彪。後彪將沈泰開門納世祖，世祖盡收其部曲家累，彪至，又破走，若邪村民斬彪，[1]傳其首。以功授持節、都督會稽等十郡諸軍事、宣毅將軍、會稽太守。[2]山越深險，皆不賓附，世祖分命討擊，悉平之，威惠大振。

[1]若邪：亦作“若耶”。在今浙江紹興市南，其地有若耶山。

[2]以功授持節、都督會稽等十郡諸軍事：林礽乾《陳書本紀校注》云：“持節，宋浙本、三朝本、南監本、北監本、汲古本同。按持節，卷二《高祖紀下》永定元年十一月丙申詔文作‘使持節’。考魏、晉世，刺史任重者為‘使持節、都督’輕者為‘持節、都督’（《南齊書·百官志》）。南朝之制，使持節得殺二千石以下，持節殺無官位人。若軍事，得與使持節同（見《宋書·百官

志上》）。此處就‘持節’下云‘都督會稽等十郡諸軍事’審之，爲此都督者是屬守宰之任重者，則此‘都督……諸軍事’上之‘持節’，疑當從卷二《高祖紀下》作‘使持節’爲是。”（花木蘭文化出版社 2008 年版，第 118 頁）説是。

高祖受禪，立爲臨川郡王，邑二千户，拜侍中、安東將軍。及周文育、侯安都敗於沌口，[1]高祖詔世祖入衛，軍儲戎備，皆以委焉。尋命率兵城南皖。[2]

[1]沌（zhuàn）口：古鎮名。在湖北武漢市蔡甸區沌口鎮。上接沔陽諸水，下通長江，爲古軍事要地。

[2]南皖：地名。亦稱南皖口。皖水注入長江處。在今安徽懷寧縣東。

永定三年六月丙午，高祖崩，遺詔徵世祖入纂。[1]甲寅，至自南皖，入居中書省。[2]皇后令曰：“昊天不弔，上玄降禍。[3]大行皇帝奄捐萬國，率土哀號，普天如喪，窮酷煩冤，無所迨及。諸孤藐爾，反國無期，須立長主，以寧寓縣。侍中、安東將軍、臨川王蒨，體自景皇，屬惟猶子，[4]建殊功於牧野，[5]敷盛業於畎黎，[6]納麓時叙之辰，負扆乘機之日，[7]竝佐時雍，[8]是同草創，祧祐所繫，[9]遐邇宅心，宜奉大宗，[10]嗣膺寶録，使七廟有奉，兆民寧晏。未亡人假延餘息，嬰此百罹，尋繹纏綿，興言感絶。”世祖固讓，至于再三，群公卿士固請，其日即皇帝位於太極前殿。詔曰：“上天降禍，奄集邦家，大行皇帝背離萬國，率土崩心，若喪考妣。[11]龍圖寶曆，[12]眇屬朕躬，運鍾擾攘，事切機務，南面須主，西讓禮輕，今便式膺景命，光宅四海。可大赦天下，罪無輕重，悉皆蕩滌。逋租宿債，吏民愆負，可勿復收。文武内外，量加爵叙。孝悌力田爲父後者，賜爵一級。庶祗畏在心，公卿畢力，勝殘去殺，[13]無待百年。興言號哽，深增慟絶。”又詔州郡悉停奔赴。

[1]入纂：入朝繼承皇位。

[2]中書省：皇帝直屬中樞官署。漢朝始設。曹魏時稱中書監。晋以後稱中書省，秉承皇帝意旨，掌管機要，發布詔書，爲中央最高决策機關。

[3]昊天不弔，上玄降禍：昊天，指蒼天。上玄，亦指天。《漢書》卷八七《楊雄傳》載《甘泉賦》：“惟漢十世，將郊上玄。”

[4]猶子：即《禮記·檀弓上》曰：“兄弟之子，猶子也。”

[5]牧野：地名。在今河南淇縣南，周武王伐紂，大敗紂師於此地。

[6]戡：武力討平，勝之。 黎：國名。黎爲不道，周文王受命舉兵伐而勝之。

[7]負扆（yǐ）：天子接見諸侯，背窗南面而立以示君位。後喻南面稱帝或攝政。負，背也。扆，指户牖之間。

[8]時雍：言天下衆民皆變化從上，是以風俗大和。時，是。雍，和。

[9]祧（tiāo）祏（shí）：遠祖廟爲祧。祏，宗廟主。

[10]大宗：禮有大宗小宗。王者，天下之大宗。

[11]考妣：父母死後的稱謂。

[12]龍圖：即河圖，以龍馬所負，故亦曰龍圖。

[13]勝殘去殺：使凶暴的人化而爲善。因而可以免於死刑。

秋七月景辰，尊皇后爲皇太后。己未，以鎮南將軍、開府儀同三司、廣州刺史歐陽頠進號征南將軍，[1]平南將軍、開府儀同三司周迪進號鎮南將軍，[2]平南將軍、開府儀同三司、高州刺史黃法氍進號安南將軍。[3]庚申，以鎮南大將軍、開府儀同三司、桂州刺史淳于量進號征南大將軍。辛酉，以侍中、車騎將軍、司空侯瑱爲太尉，鎮西將軍、開府儀同三司、南豫州刺史侯安都爲司空，[4]侍中、中權將軍、開府儀同三司王沖爲特進、左光祿大夫，鎮北將軍、南徐州刺史徐度爲侍中、中撫軍將軍、開府儀同三司。[5]壬戌，以侍中、護軍將軍徐世譜爲特進、安右將軍；[6]侍中、忠武將軍杜稜爲領軍將軍。[7]乙丑，重雲殿災。

[1]鎮南將軍：官名。八鎮將軍之一。陳擬二品，比秩中二千石。　征南將軍：官名。四征將軍之一。陳擬二品，比秩中二千石。

[2]平南將軍：官名。四平將軍之一。陳擬三品，比秩中二千石。

[3]安南將軍：官名。八安將軍之一。陳擬三品，比秩中二千石。

[4]鎮西將軍：官名。八鎮將軍之一。陳擬二品，比秩中二千石。

[5]特進：《通典》卷三四：“漢制，諸侯功德優盛，朝廷所敬異者，賜位特進，位在三公下。”陳第二品，秩中二千石。　鎮北將軍：官名。八鎮將軍之一。陳擬二品，比秩中二千石。　中撫將軍、開府儀同三司：陳制，四中將軍與八鎮將軍，同擬二品，比秩中二千石。唯四中班位在八鎮之上，故此云以“鎮北將軍進號中撫

軍將軍”。又加開府儀同三司，則位第一品，秩萬石。

[6]安右將軍：官名。八安將軍之一。陳擬三品，比秩中二千石。

[7]忠武將軍：官名。陳擬四品，比秩中二千石。

八月癸巳，以平北將軍、南徐州刺史留異爲安南將軍、縉州刺史，平南將軍、北江州刺史魯悉達進號安左將軍。[1]庚戌，封皇子伯茂爲始興王，奉昭烈王後。徙封始興嗣王頊爲安成王。

[1]北江州：州名。陳置北江州於赭圻城，治所在今安徽繁昌縣西北。　安左將軍：官名。陳擬三品，比秩中二千石。

九月辛酉，立皇子伯宗爲皇太子，[1]王公以下賜帛各有差。乙亥，立妃沈氏爲皇后。

[1]九月辛酉，立皇子伯宗爲皇太子：中華本校勘記云：“按‘九月辛酉’，《廢帝紀》作‘八月庚戌’。”

冬十一月乙卯，王琳寇大雷，[1]詔遣太尉侯瑱、司空侯安都、儀同徐度率眾以禦之。

[1]大雷：郡名。治所在今安徽望江縣。

天嘉元年春正月癸丑，詔曰：“朕以寡昧，[1]嗣纂洪業，哀悼在疚，[2]治道弗昭，仰惟前德，幽顯遐暢，恭

己不言，庶幾無改。雖宏圖懋軌，日月方弘，而清廟廓
然，聖靈浸遠，感尋永往，瞻言罔極。今四象運周，[3]
三元告獻，[4]華夷胥洎，玉帛駿奔，思覃遺澤，播之億
兆。其大赦天下。改永定四年爲天嘉元年。鰥寡孤獨不
能自存者，賜穀人五斛。孝悌力田殊行異等，[5]加爵一
級。”甲寅，分遣使者宣勞四方。辛酉，輿駕親祠南郊，
詔曰：“朕式饗上玄，虔奉牲玉，高禋禮畢，誠敬兼弘。
且陰霾浹辰，[6]褰霽在日，[7]雲物韶朗，風景清和，慶動
人祇，忭流庶俗，思俾黎元，同此多祐。可賜民爵一
級。”辛未，輿駕親祠北郊。日有冠。[8]

[1]寡昧：喻知識淺陋，不明事理。

[2]惸（qióng）：意爲孤獨。

[3]四象：謂金、木、水、火。又指春、夏、秋、冬。

[4]三元：即年之元，月之元，時之元。

[5]孝悌力田：亦作“孝弟力田”。漢代選舉官吏的科目之一。
後來亦指有特別孝行及努力耕作的人。

[6]陰霾（mái）浹（jiā）辰：霾，風而雨土爲霾。浹，周匝。
自子至亥，十二日爲浹辰。

[7]褰（qiān）：開。　霽：雨後天晴。

[8]日有冠：天象之一。日有冠，主吉。

　　二月辛卯，老人星見。[1]乙未，高州刺史紀機自軍
叛還宣城，據郡以應王琳，涇令賀當遷討平之。[2]景申，
太尉侯瑱敗王琳于梁山，敗齊兵于博望，[3]生摛齊將劉
伯球，盡收其資儲船艦，俘馘以萬計，[4]王琳及其主蕭

莊奔于齊。[5]

[1]老人星：南極星之別名。

[2]涇：縣名。治所在今安徽涇縣。

[3]博望：此處指博望山。亦稱東梁山，在安徽當塗縣西南。與長江對岸和縣西梁山相對。

[4]俘馘（guó）：《左傳》僖公二十二年：“楚子使師縉示之俘馘。”杜預注：“俘，所得囚。馘，所截耳。”

[5]王琳：字子珩，會稽山陰（今浙江紹興市）人。出身兵家。平定侯景之亂，與杜龕功居第一。陳朝建立，王琳拒絕臣服。太平二年（557）在北齊支持下，擁立梁元帝之孫永嘉王蕭莊爲帝，被陳將侯瑱擊敗，逃至北齊。被封驃騎大將軍、揚州刺史，鎮守壽陽。後爲陳朝吳明徹軍擊敗。《北齊書》卷三二、《南史》卷六四有傳。

戊戌，詔曰：“夫五運遞來，三靈眷命，[1]皇王因之改創，殷、周所以樂推。朕統曆承基，丕隆鼎運，期理攸屬，數祚斯在，豈僥倖所至，寧卜祝可求。故知神器之重，必在符命。是以逐鹿貽譏，[2]斷蛇定業，亂臣賊子，異世同尤。王琳識暗挈瓶，[3]智慚衛足，[4]干紀亂常，自貽顛沛，而縉紳君子，多被縶維，雖涇渭合流，[5]蘭鮑同肆，[6]求之厥理，或有脅從。今九罭既設，[7]八紘斯掩，[8]天網恢恢，[9]吞舟是漏。[10]至如伏波游說，[11]永作漢蕃，延壽脫歸，終爲魏守，器改秦、虞，材通晉、楚，行藏用捨，亦豈有恒，宜加寬仁，以彰雷作。其衣冠士族，預在凶黨，悉皆原宥；將帥戰兵，亦同肆眚，[12]竝隨才銓引，庶收力用。”又詔師旅以來，將士死王事者，竝加贈謚。己亥，詔曰："日者凶渠肆虐，衆軍進討，舟艦輸積，權倩民丁，師出經時，役勞日久。今氛祲廓清，宜有甄被。可蠲復丁身。[13]夫妻三年，於役不幸者，復其妻子。庚子，分遣使者賫璽書宣勞四方。乙巳，遣太尉侯瑱鎮湓城。[14]庚戌，以高祖第六子昌爲驃騎將軍、湘州牧，立爲衡陽王。

[1]三靈：天、地、人。也指日、月、星。

[2]逐鹿：秦末蒯通曾勸說韓信："秦失其鹿，天下共逐之，於是高材疾足者先得。"後以鹿比喻帝位。

[3]挈瓶：比喻小智無見識。瓶，亦作"缾"。

[4]衞足：蜀葵別名。葵傾葉向陽爲蔽其根。後喻人不能履險害己。

[5]涇渭合流：涇、渭，二河水名。涇清渭濁，合流則清者亦濁。

[6]蘭鮑同肆：鮑，鹽漬魚，氣腥臭。蘭，草名，氣芳香。肆，店。蘭鮑同肆則會互受其味。此形容善惡不可同處。

[7]九罭（yù）：魚網。

[8]八紘：八方之綱維。

[9]天網恢恢：意爲天的禁網至爲廣大，雖若甚疏，而爲惡者，莫能逃出。《老子》七十三章："天網恢恢，疏而不失。"

[10]吞舟是漏：指法禁寬疏，《史記》卷一二二《酷吏列傳》："網漏於吞舟之魚。"

[11]伏波：指東漢伏波將軍馬援。

[12]亦同肆眚（shěng）：肆，底本作"拜"，中華本校勘記云："'肆'原訛'拜'，各本不訛。今改正。"今從改。

[13]蠲（juān）復：免除租稅。　丁身：從役的壯丁。

[14]湓城：古城名。在今江西九江市西。

　　三月景辰，詔曰："自喪亂以來，十有餘載，編户凋亡，萬不遺一，中原甿庶，蓋云無幾。頃者寇難仍接，箅斂繁多，且興師已來，千金日費，府藏虛竭，杼軸歲空。[1]近所置軍資，本充戎備，今元惡克殄，八表已康，兵戈静戢，息肩方在，思俾餘黎，陶此寬賦，今歲軍糧通減三分之一。尚書申下四方，稱朕哀矜之意。守宰明加勸課，務急農桑，庶鼓腹含哺，[2]復在兹日。"蕭莊所署郢州刺史孫瑒舉州内附。丁巳，江州刺史周迪平南中，[3]斬賊率熊曇朗，傳首京師。先是，齊軍守魯山城，[4]戊午，齊軍弃城走，詔南豫州刺史程靈洗守之。甲子，分荆州之天門、義陽、南平，[5]郢州之武陵四郡，[6]置武州。其刺史督沅州，領武陵太守，治武陵郡。其都尉所部六縣爲沅州。別置通寧郡，以刺史領太守，治都尉城，省舊都尉。以安南將軍、南兖州刺史、新除右衛將軍吳明徹爲安西將軍、武州刺史，[7]僞郢州刺史孫瑒爲安南將軍、湘州刺史。景子，衡陽王昌薨。[8]丁丑，詔曰："蕭莊僞署文武官屬還朝者，量加錄序。"

[1]杼軸：織機上管經緯的部件，泛指織機。
[2]鼓腹含哺：口含食而手拍腹，喻民喜樂度日。
[3]南中：指江西南江（贛江）流經之地，即南康、安成、廬陵、臨川、豫章等地。
[4]魯山城：一名魯城。三國時即爲戍守要地，築城於此。在今湖北武漢市漢陽區。

[5]荆州：州名。治所在今湖北公安縣。　天門：郡名。吴孫休永安六年（263），分武陵郡立。陳朝設石門郡。治所在今湖南石門縣。　義陽：郡名。治所在今湖南安鄉縣。　南平：郡名。治所在今湖北公安縣西。

[6]武陵：郡名。治所在今湖南常德市。

[7]安西將軍：官名。八安將軍之一。陳擬三品，比秩中二千石。

[8]衡陽王昌薨：趙翼《陔餘叢考》卷七《陳書書法》：“衡陽王昌之死也，實文帝使侯安都殺之。故《南史》本紀書衡陽王昌沉於江夏，而《昌傳》亦書中流而殞之，使以溺告。《安都傳》則更明書，安都往迎而溺之於江，此所謂紀實也。乃《陳書》本紀，則但書衡陽王薨，《昌傳》亦云中流船壞，以溺薨，《安都傳》亦云安都請自迎昌，濟漢而薨，皆隱約其詞，而不明書其被害。”

夏四月丁亥，立皇子伯信爲衡陽王，奉獻王後。乙未，以安南將軍荀朗爲安北將軍、合州刺史。[1]

[1]安北將軍：官名。八安將軍之一。陳擬三品，比秩中二千石。

五月乙卯，改桂陽之汝城縣爲盧陽郡。[1]分衡州之始興、安遠二郡，[2]置東衡州。[3]

[1]桂陽：郡名。治所在今湖南郴州市。　汝城：縣名。治所在今湖南汝城縣南。

[2]安遠：郡名。治所在今廣東始興縣北。

[3]置東衡州：錢大昕《廿二史考異》卷二七云：“考《歐陽頠傳》稱梁元帝承制，以始興郡爲東衡州，則東衡州實置於梁末，

不知何年省入衡州，至是復置耳。"林礽乾《陳書本紀校注》云：
"按卷八《侯安都傳》：'合三郡爲東衡州，以安都從弟曉爲刺
史。'"（第128頁）

　　六月辛巳，改謚皇祖妣景安皇后曰景文皇后。壬
辰，詔曰："梁孝元遭離多難，靈櫬播越，朕昔經北面，
有異常倫，遣使迎接，以次近路。江寧既是舊塋，[1]宜
即安卜，車旗禮章，悉用梁典，依魏葬漢獻帝故事。"
甲午，追策故始興昭烈王妃曰孝妃。丁酉，以開府儀同
三司徐度爲侍中、中軍將軍。[2]辛丑，國哀周忌，上臨
于太極前殿，百僚陪哭。赦京師殊死已下。是月，葬梁
元帝於江寧。

　　[1]江寧既是舊塋：中華本校勘記云："'是'北監本、殿本作
'有'。"
　　[2]中軍將軍：官名。陳擬二品，比秩中二千石。

　　秋七月甲寅，詔曰："朕以眇身，[1]屬當大寶，[2]負
荷至重，憂責實深，而庶績未康，胥怨猶結，佇咨賢
良，發於夢想，每有一言入聽，片善可求，何嘗不襃獎
抽揚，緘書紳帶。而傅巖虛往，[3]穹谷尚淹，蒲幣空陳，
旌弓不至。豈當有乖則哲，使草澤遺才？將時運澆流，
今不逮古？側食長懷，寢興增歎。新安太守陸山才有
啓，薦梁前征西從事中郎蕭策，[4]梁前尚書中兵郎王暹，
竝世胄清華，羽儀著族，或文史足用，或孝德可稱，竝
宜登之朝序，擢以不次。王公已下，其各進舉賢良，申

薦淪屈，庶衆才必萃，大厦可成，使《棫樸》載哥，[5]
由庚在詠。”

[1]眇身：言微末之身，帝王自謙之詞。

[2]大寶：指帝位。

[3]傅巖虚往：傳説殷商時帝武丁夜夢聖人，得之於傅巖中
（今山西平陸縣東），舉以爲相，殷國大治。

[4]從事中郎：官名。漢末爲州屬吏。後諸王府、軍府多沿襲
設置。爲親近散職。

[5]《棫（yù）樸》：《詩·大雅》之篇名。歌詠周文王能用
賢才。棫，古書上説的一種植物。

乙卯，詔曰：“自頃喪亂，編户播遷，言念餘黎，
良可哀惕。其亡鄉失土，逐食流移者，今年内隨其適
樂，來歲不問僑舊，悉令著籍，同土斷之例。”[1]景辰，
立皇子伯山爲鄱陽王。

[1]土斷：東晉南朝時期，爲解決僑置問題而推行的整理户籍
及調整地方行政區劃的辦法。其主旨是劃定州、郡、縣領域，僑置
居民按實際居住地編定户籍，即以“土著”爲斷。其旨意、方法因
時而有差異。西晉武帝太康五年（284），汝南王司馬亮、司空衛瓘
上疏建議，此爲土斷之始。晉廷東遷後，北方僑人、南方流民去來
紛雜。政府爲明考課、定税收，先後於成帝咸和中、咸康七年
（341）、哀帝興寧二年（364）和安帝義熙九年（413）多次實行土
斷。一時“財阜國豐”，“豪强肅然”。南朝亦曾多次土斷，但因執
行中巧僞甚多，故成效甚微。

　　八月庚辰，老人星見。壬午，詔曰："菽粟之貴，重於珠玉。自頃寇戎，游手者衆，民失分地之業，士有佩犢之譏。[1]朕哀矜黔庶，念康弊俗，思俾阻饑，方存富教。麥之爲用，要切斯甚，今九秋在節，萬實可收，其班宣遠近，竝令播種。守宰親臨勸課，務使及時。其有尤貧，量給種子。"癸未，世祖臨景陽殿聽訟。戊子，詔曰："汙罇土鼓，[2]誠則難追，畫卵彫薪，或可易革。梁氏末運，奢麗已甚，芻豢厭於胥史，哥鍾列於管庫，土木被朱丹之采，車馬飾金玉之珍，逐欲澆流，遷訛遂遠。朕自諸生，頗爲内足，而家敦朴素，室靡浮華，觀覽時俗，常所扼腕。[3]今妄假時乘，[4]臨馭區極，屬當澆季，思聞治道，菲食卑宮，[5]自安儉陋，俾兹薄俗，獲反淳風。維雕鏤淫飾，非兵器及國容所須，金銀珠玉，衣服雜玩，悉皆禁斷。"甲午，周將賀若敦率馬步一萬，奄至武陵，武州刺史吳明徹不能拒，引軍還巴陵。[6]丁酉，上幸正陽堂閲武。

　　[1]佩犢：指解所佩刀劍以易牛犢，操田畜之事。
　　[2]汙罇土鼓：古人認爲禮之初始於飲食，雖汙罇土鼓，也可以致敬於鬼神。汙尊，鑿地爲尊。土鼓，築土爲鼓。
　　[3]扼腕：手握其腕，以示激憤或惋惜。
　　[4]假：借。　時乘：比喻君王之得大位。
　　[5]菲食卑宮：指人君自奉儉約而勤於民事。
　　[6]巴陵：郡名。治所在今湖南岳陽市。

　　九月癸丑，彗星見。乙卯，周將獨孤盛領水軍將趣巴、湘，與賀若敦水陸俱進，太尉侯瑱[1]自尋陽往禦之。[2]辛酉，遣儀同徐度率衆會瑱于巴丘。景子，太白晝見。丁丑，詔侯瑱衆軍進討巴、湘。

[1]侯瑱：字伯玉，巴西充國（今四川閬中市）人。世爲西蜀酋豪。侯景之亂，入援京師。後投陳霸先，屢立戰功。本書卷九、《南史》卷六六有傳。

[2]尋陽：郡名。治所在今江西九江市。

十月癸巳，侯瑱襲破獨孤盛於楊葉洲，[1]盡獲其船艦，盛收兵登岸，築城以保之。丁酉，詔司空侯安都率衆會侯瑱南討。

[1]楊葉洲：地名。在今湖北鄂州市東。

十二月乙未，詔曰：“古者春夏二氣，不決重罪。蓋以陽和布澤，天秩是弘，寬網省睿刑，[1]義符含育，前王所以則天象地，立法垂訓者也。朕屬當澆季，思求民瘼，哀矜惻隱，念甚納隍，[2]常欲式遵舊軌，用長風化。自今孟春訖于夏首，罪人大辟事已款者，[3]宜且申停。”己亥，周巴陵城主尉遲憲降，遣巴州刺史侯安鼎守之。[4]庚子，獨孤盛將餘衆自楊葉洲潛遁。

[1]寬網省睿（shèn）刑：中華本校勘記云：“‘睿’，各本作‘省’。按睿古慎字。作‘省’者疑後人臆改。”説是。睿，謹慎。

[2]納隍：《文選》卷一漢張衡《東京賦》曰：“人或不得其

所，若己納之於隍。"後以其表述救民於水火的迫切心情。納，采納，收入。隍，無水的城壕。

[3]大辟：死刑。　款：指罪人自輸情實服罪。

[4]巴州：州名。梁置巴州於巴陵郡。治所在今湖南岳陽市。

　　二年春正月庚戌，大赦天下。以雲麾將軍、陵太守杜稜爲侍中、領軍將軍。[1]辛亥，以始興王伯茂爲宣惠將軍、揚州刺史。[2]乙卯，合州刺史裴景徽奔于齊。[3]辛未，周湘州城主殷亮降，湘州平。

[1]雲麾將軍：官名。陳擬四品，比秩中二千石。

[2]宣惠將軍：官名。陳擬四品，比秩中二千石。

[3]合州刺史裴景徽：中華本校勘記云："'裴景徽'，《北齊書》、《南史·王琳傳》並作'裴景暉'。"林劭乾《陳書本紀校注》云："裴景徽，宋浙本、三朝本、南監本、汲古本、《通鑑》卷一六八《陳紀二》同。按《北齊書》、《南史·王琳傳》竝作'裴景暉'。按《北齊書·王琳傳》云：'琳尋與莊同降鄴都。孝昭帝遣琳出合肥，鳩集義故，更圖進取。琳乃繕艦，分遣招募，淮南偍楚，皆願戮力。陳合州刺史裴景暉，琳兄珉之婿也，請以私屬導引齊師。孝昭委琳與行臺左丞盧潛率兵應赴，沉吟不決，景暉懼事泄，挺身歸齊。'"（第133頁）存疑。

　　二月景戌，以太尉侯瑱爲車騎將軍、湘州刺史。庚寅，曲赦湘州諸郡。

　　三月乙卯，太尉、車騎將軍、湘州刺史侯瑱薨。[1]丁丑，[2]以鎮東將軍、會稽太守徐度爲鎮南將軍、湘州刺史。

[1]湘州：州名。治所在今湖南長沙市。

[2]丁丑：中華本校勘記云："按是年三月丁未朔，無丁丑。缺疑。"

夏四月，分荆州之南平、宜都、羅、河東四郡，置南荆州，[1]鎮河東郡。以安西將軍、武州刺史吳明徹爲南荆州刺史。庚寅，以安左將軍魯悉達爲安南將軍、吳州刺史。辛卯，老人星見。

[1]宜都：郡名。治所在今湖北枝江市。

秋七月景午，周將賀若敦自拔遁歸，人畜死者十七八。武陵、天門、南平、義陽、河東、宜都郡悉平。

九月甲寅，詔曰："姬業方闡，望載渭濱，漢曆既融，道通圮上。若乃摛精辰宿，降靈惟岳，風雲有感，夢寐是求，斯固舟楫鹽梅，[1]遞相表裏，長世建國，罔或不然。至於銘德太常，從祀清廟，以貽厥後來，垂諸不朽者也。前皇經濟區宇，裁成品物，靈覘式甄，[2]光膺寶命，雖薈蔚滮發，幽顯協從，亦文武賢能，翼宣王業。故大司馬、驃騎大將軍瑱，故司空文育，故平北將軍、開府儀同三司僧明，故中護軍穎，故領軍將軍擬，或締構艱難，經綸夷險；或摧鋒冒刃，殉義遺生；或宣哲協規，綢繆帷幄；[3]或披荆汗馬，[4]終始勤劬；莫不罄誠悉力，屯泰以之。[5]朕以寡昧，嗣膺丕緒，[6]永言勳烈，思弘典訓，便可式遵故實，載揚盛軌，可並配食高祖廟庭，[7]俾兹大猷，[8]永傳宗祐。"[9]景辰，以侍中、中權將軍、特進、左光禄大夫、開府儀同三司王沖爲丹陽尹；丹陽尹沈君理爲左民尚書，[10]領步兵校尉。

[1]舟楫鹽梅：意爲舟與楫配合，鹽和梅調合。比喻賢臣的輔佐。

[2]靈貺（kuàng）：神靈賜福。

[3]綢繆帷幄：意爲精心運籌軍計。綢繆，緊密纏繞，深奧。帷幄，軍中帳幕。

[4]披荆汗馬：荆棘比喻紛亂，汗馬比喻戰時馬疾馳而汗出。形容戰功卓著。

[5]屯泰：皆卦名。屯，以喻艱險。泰，以喻安夷。

[6]丕緒：指國家大業。

[7]配食高祖廟庭：《通典》卷五〇：“凡有功者，銘書於王之太常，祭於大烝……使功臣配食於烝祭，所以尊崇其德，明其勳，以勸嗣臣也。”

[8]大猷（yóu）：治國的大道。

[9]宗祏（shí）：宗廟中藏神主的石室，借指宗廟宗嗣。

[10]左民尚書：官名。職責爲掌領工役，梁、陳兼掌户籍。第三品，秩中二千石。

冬十月乙巳，[1]霍州西山蠻率部落内屬。[2]

[1]冬十月乙巳：中華本校勘記云：“‘乙巳’，《南史·陳世祖紀》作‘十月癸丑’。按是年十月癸酉朔，無乙巳，亦無癸丑，缺疑。”林礽乾《陳書本紀校注》云：“十月乙巳，宋浙本、三朝本、南監本、北監本、汲古本同。《南史·陳世祖紀》作‘十月癸丑’。按是年十月癸酉朔，癸酉後三十二日爲‘乙巳’，後四十日爲‘癸丑’。非‘十月乙巳’。非‘十月癸丑’可知。則此各本《陳書》

作'十月乙巳',《南史》作'十月癸丑'者,竝有誤。"(第136頁)中華本、林校本俱存疑。

[2]霍州:州名。梁置霍州於廬江郡霍山縣,治所在今安徽霍山縣。

十一月乙卯,高驪國遣使獻方物。[1]甲子,以武昌、國川爲竟陵郡,[2]以安流民。

[1]高驪國:古國名。亦稱句麗、句驪、高句麗。在遼東之東。
[2]竟陵:郡名。西晉元康九年(299)分江夏郡立。治石城縣,在今湖北鍾祥市。

十二月辛巳,以安東將軍、吳郡太守孫瑒爲中護軍。甲申,立始興國廟於京師,用王者之禮。太子中庶子虞荔、御史中丞孔奐以國用不足,[1]奏立煮海鹽賦及榷酤之科,[2]詔竝施行。先是,縉州刺史留異應于王琳等反,景戌,詔司空侯安都率衆討之。

[1]太子中庶子:官名。東宮屬官。陳第四品,秩二千石。御史中丞:官名。御史臺長官。掌督司百僚。陳第三品,秩二千石。
[2]榷酤:漢以後歷代官府實行的酒的專賣制度。

三年春正月庚戌,設帷宮於南郊,幣告胡公以配天。[1]辛亥,輿駕親祠南郊。詔曰:"朕負荷寶圖,亟回星琯,[2]兢兢業業,庶幾治定,而德化不孚,俗弊滋甚,永言念之,無忘日夜。陽和布氣,昭事上玄,躬奉牲玉，誠兼饗敬，思與黎元被斯寬惠。可普賜民爵一級。其孝悌力田，別加一等。”辛酉，輿駕親祠北郊。

[1]幣告胡公以配天：祭天而以先祖配之，謂之配天。

[2]星琯（guǎn）：亦稱“星管”。星，二十八宿；琯，十二律管。古人以十二律與十二月相配，星、管皆十二月一周轉。因稱一周年爲星管。

閏二月己酉，以百濟王餘明爲撫東大將軍，[1]高句驪王高湯爲寧東將軍。[2]江州刺史周迪舉兵應留異，襲溢城，攻豫章郡，竝不剋。辛亥，以南荆州刺史吳明徹爲安右將軍。甲子，改鑄五銖錢。

[1]百濟：古國名。在朝鮮半島西南部。國姓爲扶餘氏。信仰自南朝傳入的佛教。據有遼西、晋平二郡，自置百濟郡。

[2]寧東將軍：官名。梁普通元年（520），梁武帝詔封高麗王爲寧東將軍。陳文帝繼之，亦封其王爲寧東將軍。

三月景子，安成王頊至自周，詔授侍中、中書監、中衛將軍，[1]置佐史。丁丑，以安右將軍吳明徹爲安南將軍、江州刺史，[2]督衆軍南討。甲申，大赦天下。庚寅，司空侯安都破留異於桃支嶺，[3]異脫身奔晋安，[4]東陽郡平。

[1]侍中：官名。門下省長官，職責爲盡規獻納，糾正違缺。陳第三品，秩中二千石。　中書監：官名。掌贊詔令，典作文書。陳第二品，秩中二千石。

　　[2]江州：州名。初設治豫章縣，在今江西南昌市。其後移治柴桑縣，在今江西九江市。

　　[3]桃支嶺：地名。其地在今浙江縉雲縣西南。中華本校勘記云：“‘桃支嶺’《侯安都傳》作‘桃枝嶺’。”《讀史方輿紀要》卷九四《浙江六》縉雲縣云：“（馮公嶺）縣西南三十里。一名木合嶺。崎嶇盤屈，長五十里。有桃花隘，爲絶險處，郡北之鎖鑰也。志云：桃花隘嵯峨險仄，勢接雲霄，周圍壘石三四里，容百千人，山麓去郡城不過二十里。亦曰桃花嶺，即古桃枝嶺。”

　　[4]晉安：郡名。晉太康三年（282），分建安郡置。治所在今福建福州市。

　　夏四月癸卯，曲赦東陽郡。乙巳，齊遣使來聘。

　　六月景辰，以侍中、中衛將軍安成王頊爲驃騎將軍、揚州刺史。以會稽、東陽、臨海、永嘉、新安、新寧、晉安、建安八郡置東揚州。以揚州刺史始興王伯茂爲鎮東將軍、東揚州刺史，[1]征北將軍、司空、南徐州刺史侯安都爲侍中、征北大將軍。[2]

　　[1]鎮東將軍：官名。八鎮將軍之一。陳擬二品，比秩中二千石。

　　[2]征北大將軍：官名。征北將軍，四征將軍之一。陳擬二品，比秩中二千石。加大，則進一階。

　　秋七月己丑，皇太子納妃王氏。在位文武賜帛各有差，孝悌力田爲父後者賜爵二級。

　　九月戊辰朔，日有食之。以侍中、都官尚書、到仲舉爲尚書右僕射、丹陽尹。[1]丁亥，周迪請降，詔安成王瑒督衆軍以招納之。

[1]都官尚書：官名。主軍事、刑獄，領都官、水部、庫部、功論四曹。陳第三品，秩中二千石。　尚書右僕射：官名。與尚書令同爲尚書省長官，左右僕射各一人。掌出納王命，敷奏萬機，令總統之，類同宰相。尚書令闕，則左右僕射爲主。陳第二品，秩中二千石。

　　是歲，周所立梁王蕭詧死，[1]子巋代立。[2]

[1]蕭詧（chá）：昭明太子蕭統第三子。中大通三年（531），封爲岳陽郡王。太清二年（548），任雍州刺史。及湘東王殺其兄湘州刺史河東王蕭譽，蕭詧遣使者於大統五年（539）稱藩於西魏。後蕭詧以兵助宇文泰所派于謹攻江陵。及江陵平，宇文泰立詧爲梁主，蕭詧稱帝，年號大定。《周書》卷四八、《北史》卷九三有傳。
[2]巋：蕭巋。蕭詧第三子。繼位後，屢爲陳軍所敗，漸失江南諸郡地。《周書》卷四八、《北史》卷九三有附傳。

　　四年春正月景子，干陁利國遣使獻方物。[1]甲申，周迪弃城走，閩州刺史陳寶應納之，[2]臨川郡平。壬辰，以平西將軍、郢州刺史章昭達爲護軍將軍，仁武將軍、新州刺史華皎進號平南將軍，鎮南將軍、開府儀同三司、高州刺史黃法𣰰爲鎮北大將軍、南徐州刺史，安西將軍、領臨川太守周敷爲南豫州刺史，[3]中護軍孫瑒爲鎮右將軍。罷高州隸入江州。[4]

　　[1]干（gàn）陁（tuó）利國：古國名。風俗與扶南林邑略

同。出斑布、檳榔。梁武帝世，數次遣使奉表通貢。故地在今印度尼西亞蘇門答臘島或馬來半島。

[2]閩州：州名。治所在今福建福州市。

[3]南豫州：州名。治所在今安徽當塗縣。

[4]高州：州名。治所在今江西崇仁縣西南。

二月戊戌，征南將軍、開府儀同三司、廣州刺史歐陽頠進號征南大將軍。庚戌，以侍中、司空、征北大將軍侯安都爲征南大將軍、江州刺史。庚申，以平南將軍華皎爲湘州刺史。[1]

[1]以平南將軍華皎爲湘州刺史：湘州，底本作“南湘州”，中華本校勘記云：“錢大昕《廿二史考異》云：‘本傳但云湘州刺史，“南”字疑衍。’”林劭乾《陳書本紀校注》云：“按梁、陳二代未曾置南湘州。南湘州一名，本書亦僅此一見，卷四《廢帝紀》及卷二十本傳俱云皎爲‘平南將軍、湘州刺史’。明此作‘南湘州刺史’者，‘湘州’上衍一‘南’字，當據《廢帝紀》及本傳刪。”（第140頁）説是，今從刪。

三月辛未，以鎮南將軍、開府儀同三司徐度爲侍中、中軍大將軍。辛巳，詔贈討周迪將士死王事者。

夏四月辛丑，設無导大會於太極前殿。乙卯，以侍中、中書監、中衛將軍、驃騎將軍、揚州刺史安成王頊爲開府儀同三司。

五月丁卯，安前將軍、右光禄大夫徐世譜卒。

六月癸巳，太白晝見。[1]司空侯安都賜死。

[1]太白：即金星。一名啓明星。傳説太白星主殺伐，多以比喻兵戎。

七月丁丑，以鎮北大將軍、開府儀同三司、南徐州刺史黃法𣰰爲鎮南大將軍、江州刺史。

九月壬戌，開府儀同三司、廣州刺史歐陽頠薨。癸亥，曲赦京師。[1]辛未，周迪復寇臨川，詔護軍章昭達率衆討之。

[1]曲赦：因特殊情況而赦免。

十一月辛酉，章昭達大破周迪，悉擒其黨與，迪脱身潛竄。

十二月景申，大赦天下。詔護軍將軍章昭達進軍建安，以討陳寶應。信威將軍、益州刺史余孝頃督會稽、東陽、臨海、永嘉諸軍自東道會之。[1]癸丑，以前安南將軍、江州刺史吳明徹爲鎮前將軍。[2]

[1]益州刺史余孝頃：此時益州已入北周，陳對余孝頃益州刺史的任命衹是遥領。
[2]安南將軍：官名。陳擬三品，比秩中二千石。　鎮前將軍：官名。陳擬二品，比秩中二千石。

五年春正月庚辰，以吏部尚書、領右軍將軍袁樞爲丹陽尹。辛巳，輿駕親祠北郊。乙酉，江州湓城火，燒死者二百餘人。

三月丁丑，以征南大將軍、開府儀同三司、桂州刺史淳于量爲中撫軍大將軍。壬午，詔以故護軍將軍周鐵虎配食高祖廟庭。

夏四月庚子，周遣使來聘。

五月庚午，罷南丹陽郡。[1]是月，周、齊並遣使來聘。

[1]南丹陽郡：郡名。治所在今安徽當塗縣北。

六月丁未，夜，有白氣兩道，出于北斗東南，屬地。

秋七月丁丑，詔曰：“朕以寡昧，屬當負重，星籥亟改，冕旒弗曠，[1]不能仰協璿衡，[2]用調玉燭，[3]傍慰蒼生，以安黔首。兵無寧歲，民乏有年，移風之道未弘，習俗之患猶在，致令氓多觸網，吏繁筆削，[4]獄犴滋章，[5]雖由物犯，囹圄淹滯，[6]亦或有冤。念俾納隍，載勞負扆，加以膚湊不適，攝衛有虧，比獲微痊，思覃寬惠，可曲赦京師。”

[1]冕：禮帽。　旒：禮帽前後的玉串。
[2]璿（xuán）衡：亦作“璇衡”。觀測氣象的儀器，借指朝政大權。
[3]玉燭：四季氣候調和。比喻人君德美如玉，可致四時和氣之祥。
[4]筆削：筆指記載，削指以刀刮竹簡。筆削指請人修改文章。
[5]獄犴（àn）：獄舍。
[6]囹（líng）圄（yǔ）：監獄。

九月，城西城。

冬十一月丁亥，以左衛將軍程靈洗爲中護軍。己丑，章昭達破陳寶應于建安，擒寶應、留異，送京師，晉安郡平。甲辰，以護軍將軍章昭達爲鎮前將軍、開府儀同三司。

十二月甲子，曲赦建安、晉安二郡。討陳寶應將士死王事者，竝給棺槽，[1]送還本鄉，并復其家。瘡痍未瘳者，給其醫藥。癸未，齊遣使來聘。

[1]棺槽（huì）：製作粗陋的小棺。

六年春正月甲午，皇太子加元服，[1]王公以下賜帛各有差，孝悌力田爲父後者賜爵一級，鰥寡孤獨不能自存者穀人五斛。庚戌，以領軍將軍杜稜爲翊左將軍、丹陽尹，[2]丹陽尹袁樞爲吏部尚書，衛尉卿沈欽爲中領軍。[3]三月乙未，詔侯景以來遭亂移在建安、晉安、義安郡者，[4]竝許還本土，其被略爲奴婢者，釋爲良民。

[1]元服：謂冠也。元，首。
[2]翊左將軍：官名。陳擬三品，比秩中二千石。
[3]衛尉卿：官名。梁天監七年（508）詔置十二卿，衛尉卿即其一，位視侍中，掌宮門屯兵。陳第三品，秩中二千石。 中領軍：官名。陳第三品，秩中二千石。
[4]義安：郡名。東晉義熙九年（413）析東官郡置。治所在今廣東潮州市東北。

　　夏四月甲寅，以侍中、中書監、中衛將軍、驃騎將軍、開府儀同三司、揚州刺史安成王頊爲司空。辛酉，有彗星見。[1]周遣使來聘。

　　[1]辛酉，有彗星見：中華本校勘記云：“‘辛酉’上《南史·陳世祖紀》有‘六月’二字，此脱。按《隋書·天文志》，陳天嘉六年六月辛酉，有彗長可丈餘。”

　　秋七月癸未，大風至自西南，廣百餘步，激壞靈臺候樓。甲申，儀賢堂無故自壞。[1]景戌，臨川太守駱文牙斬周迪，[2]傳首京師，梟於朱雀航。[3]丁酉，太白晝見。

　　[1]儀賢堂：殿堂名。在建康城宮城北華林園内。初名聽訟堂。後改名儀賢堂。
　　[2]臨川太守駱文牙斬周迪：中華本校勘記云：“錢大昕《廿二史考異》云：‘本傳及《陳寶應傳》但稱“駱牙”。’”
　　[3]朱雀航：古浮橋名。亦作朱雀橋。爲東晉南朝都城建康淮水浮橋之一，故址在今江蘇南京市區南鎮淮橋附近秦淮河上。

　　八月丁丑，詔曰：“梁室多故，禍亂相尋，兵甲紛紜，十年不解，不逞之徒虐流生氣，無賴之屬暴及徂魂。[1]江左肇基，[2]王者攸宅，金行水位之主，木運火德之君，時更四代，歲逾二百。若其經綸王業，[3]縉紳民望，忠臣孝子，何世無才，而零落山丘，變移陵谷，或皆剪伐，莫不侵殘。玉杯得於民間，漆簡傳於世載，無復五株之樹，罕見千年之表。自大祚光啓，[4]恭惟揖讓，爰暨朕躬，聿修祖武，雖復旂旗服色，猶行杞、宋之邦，[5]每車駕巡游，眇瞻河、雒之路，故喬山之祀，[6]蘋藻弗虧，[7]驪山之墳，[8]松柏恒守。唯戚藩舊壟，士子故塋，掩殣未周，樵牧猶衆。或親屬流隸，負土無期，子孫冥滅，手植何寄。漢高留連於無忌，宋祖惆悵於子房，丘墓生哀，性靈共惻者也。[9]朕所以興言永日，思慰幽泉。維前代王侯，自古忠烈，墳冢被發絕無後者，可檢行修治，墓中樹木，勿得樵採，庶幽顯咸暢，稱朕意焉。"己卯，立皇子伯固爲新安郡王，伯恭爲晉安王，伯仁爲廬陵王，伯義爲江夏王。[10]

[1]徂（cú）魂：亡魂。徂，往，死。

[2]肇基：始創基業。肇，始。基，基礎。

[3]若其經綸王業：王，底本作"三"，中華本校勘記云："據南監本及《元龜》一九一改。"林祁乾《陳書本紀校注》云："三業，宋浙本、三朝本、北監本、汲古本同。南監本、《册府》卷一九一並作'王業'。按作'王業'是，各本訛作'三業'，當據南監本及《册府》卷一九一改。"（第146頁）二說是，今從改。

[4]大祚：喻指皇位皇業。祚，福，神運。

[5]猶行杞、宋之邦：邦，底本作"計"，中華本校勘記云："據南監本及《元龜》一九一改。"今從改。

[6]喬山：亦作橋山，在陝西中部縣西北，上有黃帝冢。

[7]蘋藻：可供食用之水草，古用以薦於鬼神。

[8]驪山：在今陝西西安市臨潼區東南，秦始皇嘗作閣道至山，死即葬此。

[9]性靈共惻者也：惻，底本作"測"，中華本校勘記云：

“‘惻’原訛‘測’，各本不訛，今改正。”説是，今從改。

　[10]江夏：郡名。西漢始置於安陸（今湖北雲夢縣）。南朝劉宋時治夏口，在今湖北武漢市武昌區。

　　九月癸未，罷豫章郡。[1]是月，新作大航。[2]

　[1]九月癸未，罷豫章郡：錢大昕《廿二史考異》卷二七云：“此事疑有誤。宣帝子有豫章王叔英，可證豫章郡未嘗罷也。”存疑。
　[2]大航：即朱雀航，在建康城南。

　　冬十月辛亥，齊遣使來聘。
　　十二月乙卯，立皇子伯禮爲武陵王。丁巳，以鎮前將軍、開府儀同三司章昭達爲鎮南將軍、江州刺史，鎮南大將軍、江州刺史黄法氍爲中衛大將軍，[1]中護軍程靈洗爲宣毅將軍、郢州刺史，軍師將軍、郢州刺史沈恪爲中護軍，鎮東將軍、吴興太守吴明徹爲中領軍。戊午，以東中郎將、吴郡太守鄱陽王伯山爲平北將軍、南徐州刺史。[2]癸亥，詔曰：“朕自居民牧之重，託在王公之上，顧其寡昧，鬱于治道。加以屢虧聽覽，事多壅積，冤滯靡申，幽枉弗鑒。念兹罪隸，[3]有甚納隍。而惠澤未流，愆陽累月，[4]今歲序云暮，元正向肇，[5]欲使幽圄之内，同被時和，可曲赦京師。”

　[1]鎮南將軍：官名。八鎮將軍之一。陳擬二品，比秩中二千石。　中衛大將軍：官名。中衛將軍，陳擬二品，比秩中二千石。

加大，則同進一階。

[2]東中郎將：官名。陳擬四品，比秩中二千石。

[3]罪隸：林礽乾《陳書本紀校注》云：“罪戾，三朝本、南監本、北監本、汲古同。宋浙本、《册府》卷二〇八竝作‘罪隸’。按作‘罪隸’是。《左傳·莊公二十二年》：‘免於罪戾，弛於負擔，君之惠也。’‘罪戾’謂罪也。《周禮·秋官·司厲》：‘其奴，男子入於罪隸，女子入於舂槀。’鄭司農云：‘謂坐爲盜賊而爲奴者，輸於罪隸、舂人、槀人之官。’是‘罪戾’與‘罪隸’之義有別。此處下文云：‘今歲序云暮，元正向肇，欲使幽圄之内，同被時和，可曲赦京師。’所謂‘曲赦京師’，指曲赦京師幽圄内之罪奴而言，則此‘念兹罪戾’之‘戾’，自以作爲奴之入於罪隸者之‘隸’爲是。各本竝訛作‘戾’，當據宋浙本及《册府》卷二〇八改。”（第148頁）中華本作“隸”，但未出校勘記説明原因。林説是，從之。

[4]愆（qiān）陽：陽氣過盛。多指天旱或酷熱。古人用陰陽之説解釋天氣變化。

[5]元正：元月一日也。

天康元年春二月景子，詔曰：“朕以寡德，纂承洪緒，日昃劬勞，[1]思弘景業，而政道多昧，黎庶未康，兼疹患淹時，亢陽累月，[2]百姓何咎，[3]寔由朕躬，念兹在兹，痛如疾首。可大赦天下，改天嘉七年爲天康元年。”[4]

[1]日昃（zè）劬（qú）勞：意爲終日辛勤勞苦。日昃，太陽偏西。劬，勞苦，苦累。

[2]亢陽：極盛的陽氣。

[3]咎：指過失罪過。

[4]天嘉：南朝陳文帝陳蒨年號（560—566）。　天康：南朝

陳文帝陳蒨年號（566）。

三月己卯，以驃騎將軍、開府儀同三司、揚州刺史、司空安成王頊爲尚書令。[1]

[1]尚書令：官名。尚書省的長官。魏晋以來，任總機衡，總領紀綱，職類宰相。陳第一品，秩中二千石。

夏四月乙卯，皇孫至澤生，在位文武賜絹帛各有差，爲父後者賜爵一級。癸酉，世祖疾甚。是日，崩于有覺殿。遺詔曰：“朕疾苦彌留，[1]遂至不救，修短有命，夫復何言。但王業艱難，頻歲軍旅，生民多弊，無忘愧惕。今方隅乃定，俗教未弘，便及大漸，以爲遺恨。社稷任重，太子可即君臨，王侯將相，善相輔翊，内外協和，勿違朕意！山陵務存儉速。大斂竟，[2]群臣三日一臨，公除之制，[3]率依舊典。”

[1]彌留：病久不愈。後喻病重瀕死爲彌留。
[2]大斂：喪禮之一。人死後三日，在堂前東階將已裝裹的屍體放入棺材。
[3]公除：指帝王身負國事之重，因公權宜禮制，而除喪服。

六月甲子，群臣上謚曰文皇帝，廟號世祖。景寅，葬永寧陵。[1]

[1]永寧陵：陵名。《元和郡縣圖志》卷二五上元縣載：“文帝

蒨永寧陵，在縣東北四十里蔣山東北。”位於今江蘇南京市棲霞街
道甘家巷。

　　世祖起自艱難，知百姓疾苦。國家資用，務從儉
約。常所調斂，事不獲已者，必咨嗟改色，若在諸身。
主者奏決，妙識真偽，下不容姦，人知自勵矣。一夜內
刺闈取外事分判者，[1]前後相續。每雞人伺漏，[2]傳更籤
於殿中，[3]乃敕送者必投籤於階石之上，令鏗然有聲，
云“吾雖眠，亦令驚覺也”。始終梗概，若此者多焉。

　　[1]刺闈：古代夜有急報，投刺於宮門以告警。闈，宮中小門。
　　[2]雞人：官名。報曉的官員。大祭祀時，負責在夜漏將盡，
雞鳴之時，警起百官。
　　[3]更籤（qiān）：古代夜間計時之具，又曰漏籤，更籌。

　　陳吏部尚書姚察曰：世稱繼體守文，[1]宗枝承統，[2]
得失之間，蓋亦詳矣。大氐以奉而勿墜爲賢能，橈而易
之爲不肖；其有光揚前軌，克荷曾構，固以少焉。世祖
自初發迹，功庸顯著，寧亂靜寇，首佐大業。及國禍奄
臻，入承寶祚，兢兢業業，其若馭朽。[3]加以崇尚儒術，
愛悅文義，見善如弗及，用人如由己，恭儉以御身，勤
勞以濟物，自昔允文允武之君，[4]東征西怨之後，賓實
之迹，可爲聯類。至於杖聰明，用鑒識，斯則永平之
政，前史其論諸。

　　[1]守文：指遵守成法而不用武功。

　　[2]宗枝承統：意爲陳文帝以武帝侄子而承繼帝業。宗枝，同宗的支屬。統，帝統。

　　[3]馭（yù）朽：典出《尚書・五子之歌》，稱君臨百姓，似以朽壞的繩索駕馭六馬，必須兢兢業業，謹慎小心。

　　[4]允文允武：典出《詩・魯頌・泮水》"允文允武，昭假烈祖"。指能文能武。

　　天嘉三年，高句驪王高湯，或本作"高陽"。[1]

　　[1]此句爲宋人曾鞏等校語。

陳書　卷四

本紀第四

廢帝

　　廢帝諱伯宗，字奉業，小字藥王，世祖嫡長子也。[1]梁承聖三年五月庚寅生。[2]永定二年二月戊辰，[3]拜臨川王世子，[4]三年，世祖嗣位，八月庚戌，[5]立爲皇太子。自梁室亂離，東宮焚燼，太子居于永福省。[6]

　　[1]世祖：南朝陳文帝陳蒨廟號。陳蒨，本書卷三、《南史》卷九有紀。

　　[2]承聖：南朝梁元帝蕭繹年號（552—555）。

　　[3]永定：南朝陳武帝陳霸先年號（557—559）。

　　[4]臨川王：永定元年（557）十一月，陳武帝封陳蒨爲臨川郡王，食邑二千户。臨川，治所在今江西撫州市臨川區西。

　　[5]八月庚戌：本書卷三《世祖紀》作“九月辛酉”。

　　[6]永福省：宮省名稱。在禁中，與東宮有别。又稱西省。

　　天康元年四月癸酉，[1]世祖崩，其日，太子即皇帝位于太極前殿，[2]詔曰："上天降禍，大行皇帝奄弃萬國，攀號靡及，五内崩殞。朕以寡德，嗣膺寶命，煢煢在疚，[3]懼甚綴旒，[4]方賴宰輔匡其不逮。可大赦天下。"又詔内外文武，各復其職，遠方悉停奔赴。

[1]天康：南朝陳文帝陳蒨年號（566）。

[2]太極前殿：太極殿的主體建築之一。太極殿是古代皇宫正殿，由太極前殿、太極東堂、太極西堂等建築組成。南朝天子駕崩，嗣君往往在太極前殿即位。

[3]煢煢（qióng）：憂愁狀。煢，同"茕"。

[4]綴旒：表章、表率，意謂皇帝爲一國表則。

五月己卯，[1]尊皇太后曰太皇太后，[2]皇后曰皇太后。[3]庚寅，以驃騎將軍、司空、揚州刺史、新除尚書令安成王頊爲驃騎大將軍，[4]進位司徒、録尚書、都督中外諸軍事。[5]丁酉，中軍大將軍、開府儀同三司徐度進位司空；[6]鎮南將軍、開府儀同三司、江州刺史章昭達爲侍中，[7]進號征南將軍；[8]鎮東將軍、東揚州刺史始興王伯茂進號征東將軍、開府儀同三司；[9]平北將軍、南徐州刺史鄱陽王伯山進號鎮北將軍；[10]吏部尚書袁樞爲尚書左僕射；[11]雲麾將軍、吴興太守沈欽爲尚書右僕射；[12]新除中領軍吴明徹爲領軍將軍；[13]新除中護軍沈恪爲護軍將軍；[14]平南將軍、湘州刺史華皎進號安南將軍；[15]散騎常侍、御史中丞徐陵爲吏部尚書。[16]

[1]五月己卯：己，底本作"乙"，《南史》卷九《陳廢帝紀》

作“己”。中華本校勘記云：“據《南史》改。按是月丁丑朔，無乙卯。”今從改。

　　[2]皇太后：此指陳武帝皇后章要兒。

　　[3]皇后：此指陳文帝皇后沈妙容。

　　[4]驃騎將軍：官名。魏、晋居諸名號將軍之首，爲軍府名號，加授大臣、重要州郡長官，無具體職掌。梁二十四班。陳擬一品，比秩中二千石。　司空：官名。與太尉、司徒並爲三公。魏晋南北朝爲名譽宰相，多爲大臣加官，無實際職掌。梁十八班。陳第一品，秩萬石。　揚州：州名。治所在今江蘇南京市。　尚書令：官名。尚書省長官。尚書省，南朝時爲綜理全國政務的外朝最高行政機構，長官爲尚書令及左、右僕射。尚書令爲宰相之任。位尊權重，不親庶務，故尚書省日常政務通常由僕射主持。梁十六班，陳第一品，秩中二千石。　安成王頊：頊，底本作“諱”，中華本卷九《吳明徹傳》校勘記云：“‘頊’原作‘諱’，以姚察曾仕陳，故避陳諱，今依殿本改。”今從改。安成王頊，即陳宣帝陳頊，時爲安成郡王。安成，郡名。治所在今江西安福縣。　驃騎大將軍：官名。驃騎將軍加“大”者，位進一階。多用之加賜元老重臣，以示尊崇。陳擬一品。

　　[5]司徒：官名。晋司徒與丞相通職。齊司徒之府掌領天下州郡名數，户口簿籍。梁罷丞相置司徒。梁十八班。陳第一品，秩萬石。　録尚書：官名。“録尚書事”的省稱。總領尚書省事務，多以公卿重臣擔任，位在三公之上。梁、陳以其威權過重，不常置。

　　[6]中軍大將軍：官名。較中軍將軍進一階。中軍將軍，南朝梁、陳時與中衛、中撫、中權將軍合稱四中將軍，專授予在京師任職的官員，地位顯要。梁二十三班。陳擬二品，比秩中二千石。開府儀同三司：官名。三國魏始置，爲大臣加號，意謂與三司即太尉、司徒、司空禮制、待遇相同，許開設府署，自辟僚屬。兩晋南北朝因之。梁制，諸將軍開府儀同三司、左右光禄開府儀同三司，十七班。陳制，開府儀同三司第一品，秩萬石。　徐度：字孝節，

安陸郡安陸縣（今湖北安陸市）人。本書卷一二、《南史》卷六七有傳。

[7]鎮南將軍：官名。南朝梁、陳時爲八鎮將軍之一。梁武帝天監七年（508）定爲武職二十四班中的二十二班，普通六年（525）改爲武職三十四班中的三十二班。陳沿置，擬二品，比秩中二千石。　江州：州名。治溢口城，在今江西九江市。　章昭達：字伯通，吳興武康（今浙江德清縣）人。本書卷一一、《南史》卷六六有傳。　侍中：官名。南朝陳時爲門下省長官，侍奉皇帝生活起居，侍從左右，有顧問應對、諫諍糾察之職能，同時兼掌出納、璽封詔奏，有封駁權，參預機密政務，上親皇帝，下接百官，官顯職重。多選美姿容、有文才、與皇帝親近者任之。並爲親王之起家官。陳第三品，秩中二千石。

[8]征南將軍：官名。多持節都督，出鎮方面。梁武帝天監七年定爲武職二十四班中的二十三班，普通六年改爲武職三十四班中的三十三班。陳擬二品，比秩中二千石。

[9]鎮東將軍：官名。南朝梁、陳時爲八鎮將軍之一。梁武帝天監七年定爲武職二十四班中的二十二班，普通六年改爲武職三十四班中的三十二班。陳擬二品，比秩中二千石。　東揚州：州名。治所在今浙江紹興市。　始興王伯茂：陳伯茂。字鬱之，陳文帝第二子。本書卷二八、《南史》卷六五有傳。始興，郡名。治所在今廣東韶關市南武水西岸。　征東將軍：官名。征東、征南、征西、征北四征將軍之一。多授統兵出鎮在外、都督數州諸軍事者。南朝梁武帝天監七年定爲武職二十四班中的二十三班，普通六年改爲武職三十四班中的三十三班。陳擬二品，比秩中二千石。

[10]平北將軍：官名。與平東、平南、平西將軍合稱四平將軍，多持節都督或監某一地區的軍事，亦可作爲刺史兼理軍務的加官。梁武帝天監七年定爲武職二十四班中的二十班。陳擬三品，比秩中二千石。　南徐州：僑置州名。寄於京口，在今江蘇鎮江市。　鄱陽王伯山：陳伯山。字靜之，陳文帝第二子。本書卷二八、

《南史》卷六五有傳。鄱陽，郡名。治所在今江西鄱陽縣。　鎮北
將軍：官名。南朝梁、陳時爲八鎮將軍之一。梁武帝天監七年定爲
武職二十四班中的二十二班，普通六年改爲武職三十四班中的三十
二班。陳擬二品，比秩中二千石。

[11]吏部尚書：官名。尚書省吏部曹長官，位居列曹尚書之
上，掌官吏銓選考課，職任隆重。梁十四班。陳第三品，秩中二千
石。　袁樞：字踐言，陳郡陽夏（今河南太康縣）人。本書卷一
七、《南史》卷二六有附傳。　尚書左僕射：官名。尚書省次官。
輔佐尚書令執行政務，參議大政，諫諍得失。南朝尚書令位尊權
重，不親庶務，梁、陳時尚書令常缺，故尚書省日常政務往往由僕
射主持，僕射實爲尚書省主官。位在右僕射上。梁十五班。陳第二
品，秩中二千石。

[12]雲麾將軍：官名。梁武帝天監七年置，與武臣、爪牙、龍
騎將軍取代舊置前、後、左、右將軍，爲武職二十四班中的十八
班。陳沿置，擬四品，比秩中二千石。　吳興：郡名。治烏程縣，
今浙江湖州市吳興區。　沈欽：吳興武康（今浙江德清縣）人。陳
文帝皇后沈妙容之兄。早年從文帝征討，以功至貞威將軍、安州刺
史。文帝即位，襲爵建城侯。本書卷七、《南史》卷一二有附傳。

尚書右僕射：官名。尚書省次官。輔佐尚書令執行政務，參議大
政，諫諍得失。南朝尚書令位尊權重，不親庶務，梁、陳時尚書令
常缺，故尚書省日常政務往往由僕射主持，僕射實爲尚書省主官。
位在左僕射下。梁十五班。陳第二品，秩中二千石。

[13]中領軍：官名。掌京師禁衛軍。資輕於領軍將軍，而職掌
同。梁武帝天監七年定爲武職二十四班中的十四班。陳第三品，秩
中二千石。　吳明徹：字通昭，秦郡（今江蘇南京市六合區西北）
人。本書卷九、《南史》卷六六有傳。　領軍將軍：官名。掌禁衛
軍及京都諸軍。梁十五班。陳第三品，秩中二千石。

[14]中護軍：官名。職掌都護京師以外的地方軍隊。梁十四
班。陳第三品，秩中二千石。　沈恪：恪，底本作“略”，中華本

校勘記云："‘恪’原訛‘略’，各本不訛，今改正。按恪本傳，恪於天嘉六年爲中護軍，尋遷護軍將軍。"今從改。沈恪，字子恭，吳興武康（今浙江德清縣）人。本書卷一二、《南史》卷六七有傳。　護軍將軍：官名。掌督護京師以外諸軍，權任頗重。梁十五班。陳第三品，秩中二千石。

[15]平南將軍：官名。與平東、平西、平北將軍合稱四平將軍，多持節都督或監某一地區的軍事，有時亦作爲刺史等地方官員兼理軍務的加官。梁武帝天監七年定爲武職二十四班中的二十班。陳擬三品，比秩中二千石。　湘州：州名。治所在今湖南長沙市。

華皎：晋陵暨陽（今江蘇江陰市東南）人。本書卷二〇、《南史》卷六八有傳。　安南將軍：官名。南朝梁、陳時爲八安將軍之一。梁武帝天監七年定爲武職二十四班中的二十一班。陳擬三品，比秩中二千石。

[16]散騎常侍：官名。集書省長官。職掌侍從皇帝左右，應對顧問，獻納得失。梁十二班。陳第三品，秩中二千石。　御史中丞：官名。御史臺長官，掌督察百官，糾彈不法。梁武帝天監七年定爲十一班。陳第三品，秩中二千石。　徐陵：字孝穆，東海郯（今山東郯城縣北）人。南朝梁、陳時文學名家，善詩賦駢文，作品綺艷輕靡，與庾信並爲當時宮廷文學的代表，時號"徐庾體"。南朝陳時歷任顯官要職。本書卷二六有傳，《南史》卷六二有附傳。

　　六月辛亥，翊右將軍、右光禄大夫王通進號安右將軍。[1]

[1]翊右將軍：官名。與翊左、翊前、翊後將軍合稱四翊將軍。梁武帝天監七年（508）定爲二十班。陳擬三品，比秩中二千石。

右光禄大夫：官名。爲在朝顯職的加官，以示優待，或授予年老有病者爲致仕之官，亦常用作卒後贈官。無職掌。梁武帝天監七年定爲十六班，位在金紫光禄大夫之上。陳第二品，秩中二千石。
王通：字公達，琅邪臨沂（今山東臨沂市）人。本書卷一七有傳，
《南史》卷二三有附傳。 安右將軍：官名。南朝梁、陳時爲八安
將軍之一。梁武帝天監七年定爲二十一班。陳擬三品，比秩中二千
石。今按，南朝陳安右將軍與翊右將軍同爲擬三品，但位在翊右
之上。

秋七月丁酉，[1]立妃王氏爲皇后。[2]

[1]秋七月丁酉：秋七月，底本有墨丁，不清。中華本校勘記
云：“‘秋七月’三字，原本墨丁，今依《南史·陳廢帝紀》及
《通鑑》補。按各本作‘秋八月’，訛。是年八月乙巳朔，無丁
酉。”今從改。
[2]妃王氏爲皇后：金紫光禄大夫王固之女。本書卷七、《南
史》卷一二有傳。

冬十月庚申，輿駕奉祠太廟。
十一月乙亥，周遣使來弔。[1]

[1]周：此指北周。

十二月甲子，高麗國遣使獻方物。[1]

[1]高麗國：古國名。在今朝鮮半島北部及中國東北南部地區。
其時遷都至今朝鮮平壤，與新羅、百濟成鼎立之勢。

光大元年春正月癸酉，[1]尚書左僕射袁樞卒。乙亥，

詔曰：“昔昊天成命，降集寶圖，二后重光，九區咸義。[2]閔余沖薄，[3]王道未昭，荷兹神器，如涉靈海，庶親賢立建，牧伯惟良，天下雍熙，緬同刑措。[4]今三元改曆，萬國充庭，清廟無追，具僚斯在，言瞻寧位，觸感崩心。思播遺恩，[5]俾覃黎獻。[6]可大赦天下。改天康二年爲光大元年。孝悌力田，賜爵一級。”[7]己卯，以領軍將軍吴明徹爲丹陽尹。[8]辛卯，輿駕親祠南郊。[9]

[1]光大：南朝陳廢帝陳伯宗年號（567—568）。

[2]二后重光，九區咸義：光九，底本有墨丁，不清。中華本校勘記云：“‘光九’二字原本墨丁，今據各本補。”今從補。二后，指周文王、周武王。后，君主。九區，九州。

[3]沖薄：年幼且德薄。

[4]緬同刑措：緬，思。刑措，意謂百姓不輕易犯法，刑罰雖置而無所用。《史記》卷四《周本紀》：“成康之際，天下安寧，刑錯四十年不用。”

[5]播：底本有墨丁，不清。中華本據各本補，今從補。

[6]黎獻：庶民中之賢者。《尚書·益稷》：“万邦黎獻，共惟帝臣。”

[7]孝悌力田：並鄉官名。皆爲西漢始置，南朝沿置。孝悌，指孝順父母、友愛兄弟的人，爲基層社會道德楷模。力田，指長於農事、致力務本的人，爲基層社會生産楷模。

[8]丹陽尹：官名。京師所在丹陽郡行政長官。宋第三品。梁不詳。陳第五品，秩中二千石。丹陽郡，治所在今江蘇南京市。

[9]南郊：古代在京城南面郊外築圜丘祭天，故“南郊”常用以代指帝王祭天典禮。

二月辛亥，宣毅將軍、南豫州刺史余孝頃謀反伏
誅。[1]癸丑，以征東將軍、開府儀同三司、東揚州刺史
始興王伯茂爲中衛大將軍，[2]開府儀同三司黃法氍爲鎮
北將軍、南徐州刺史，[3]鎮北將軍、南徐州刺史鄱陽王
伯山爲鎮東將軍、東揚州刺史。

[1]宣毅將軍：官名。南朝梁置。梁武帝天監七年（508）定
爲武職二十四班中的十七班，與鎮兵、翊師、宣惠將軍代舊四中郎
將；大通三年（529）改爲武職三十四班中的二十七班，與四中郎
將並置。陳沿置，擬四品，比秩中二千石。　南豫州刺史余孝頃：
據本書卷一《高祖紀上》及《梁書》卷六《敬帝紀》，余孝頃時爲
南江州刺史。南豫州，州名。治姑孰縣，在今安徽當塗縣。梁武帝
太清元年（547）七月，以壽春爲南豫州，平定侯景之亂後，徙南
豫州至姑孰。

[2]“以征東將軍”至“中衛大將軍”：中華本校勘記云：
“‘征東將軍’《世祖紀》天嘉三年作‘鎮東將軍’，本傳同。‘中衛
大將軍’本傳作‘中衛將軍’。”中衛大將軍，官名。中衛將軍加
“大”者進位一階。中衛將軍，與中軍、中權、中撫將軍並稱四中
將軍，地位顯要。陳擬二品，比秩中二千石。

[3]黃法氍：字仲昭，巴山新建（今江西樂安縣北）人。本書
卷一一、《南史》卷六六有傳。

三月甲午，以尚書右僕射沈欽爲侍中、尚書左
僕射。[1]

[1]以尚書右僕射沈欽爲侍中、尚書左僕射：中華本校勘記云：
“《南史·陳廢帝紀》但云爲侍中、尚書僕射，無‘左’字。又

《宣帝紀》太建元年，尚書僕射沈欽爲尚書左僕射，度支尚書王勱爲尚書右僕射。按尚書分置左右僕射，始於魏建安中，其後省置無恒，置二則爲左右僕射，或不兩置，但曰尚書僕射。蓋其時不兩置，故沈欽自尚書右僕射遷尚書僕射，至宣帝太建元年，又置兩僕射，故沈欽自尚書僕射遷尚書左僕射，而以王勱爲尚書右僕射也。明此衍一'左'字。"

　　夏四月乙卯，太白晝見。

　　五月癸巳，以領軍將軍、丹陽尹吳明徹爲安南將軍、湘州刺史。乙未，以鎮右將軍杜稜爲領軍將軍。[1]安南將軍、湘州刺史華皎謀反，[2]景申，[3]以中撫大將軍淳于量爲使持節、征南大將軍，[4]總率舟師以討之。

　　[1]鎮右將軍：官名。與鎮東、鎮南、鎮西、鎮北、鎮左、鎮前、鎮後將軍合稱八鎮將軍。陳擬二品，比秩中二千石。　杜稜：字雄盛，吳郡錢塘（今浙江杭州市）人。本書卷一二、《南史》卷六七有傳。

　　[2]謀：底本作"誅"。今從中華本改。

　　[3]景申：即丙申。唐人避高祖李淵父李昞名諱，改"丙"爲"景"。

　　[4]中撫大將軍：官名。南朝梁、陳置。亦稱中撫軍大將軍，專授予在京師任職的官員。班品較中撫將軍進一階。中撫將軍，陳擬二品，比秩中二千石。　淳于量：字思明，濟北（今山東肥城市東南）人，世居京師。本書卷一一、《南史》卷六六有傳。　使持節：官名。漢代使臣奉皇帝之命出行，持節仗以爲憑證並示威重，謂之持節。魏晉以後，凡重要軍事長官出征或出鎮時，加使持節頭銜，可誅殺二千石以下官員。　征南大將軍：官名。較征南將軍進一階。在武職中地位很高，居四征將軍之上。征南將軍多持節都

督，出鎮方面。梁武帝天監七年（508）定爲武職二十四班中的二十三班，普通六年（525）改爲武職三十四班中的三十三班。陳擬二品，比秩中二千石。

六月壬寅，以中軍大將軍、司空徐度進號車騎將軍，[1]總督京邑衆軍，步道襲湘州。

[1]車騎將軍：官名。魏晋南北朝時位次驃騎將軍，在諸名號大將軍上。梁武帝天監七年（508）定爲武職二十四班中的二十四班。大通三年（529）後改爲武職三十四班中的三十四班。陳擬一品，比秩中二千石。

閏月癸巳，以雲麾將軍新安王伯固爲丹陽尹。
秋七月戊申，立皇子至澤爲皇太子，[1]賜天下爲父後者爵一級，王公卿士已下賚帛各有差。九月乙巳，詔曰：“逆賊華皎，極惡窮凶，遂樹立蕭巋，[2]謀危社稷。弃親即讎，人神憤惋，王師電邁，水陸爭前，梟剪之期，匪朝伊暮。其家口在北里尚方，[3]宜從誅戮，用明國憲。”景辰，百濟國遣使獻方物。[4]是月，周將長胡公拓跋定率步騎二萬入郢州，[5]與華皎水陸俱進，都督淳于量、吳明徹等與戰，大破之。皎單舸奔江陵，[6]擒拓跋定，俘獲萬餘人，馬四千餘匹，送京師。

[1]至澤：據本書卷三《世祖紀》，陳至澤生於天康元年（566）四月乙卯，至光大元年（567）秋七月，僅一歲餘。
[2]蕭巋：字仁遠，後梁宣帝蕭詧之子。公元562年稱帝，即後梁明帝。《周書》卷四八、《北史》卷九三有附傳。

[3]北里尚方：北里，指監獄等刑罰機構。《南齊書》卷四七《謝朓列傳》記載，謝朓得罪蕭遥光，被交付廷尉治罪，遥光等隨後聯名上奏："無君之心既著，共棄之誅宜及。臣等參議，宜下北里，肅正刑書。""北里"與廷尉事相關，當指監獄。尚方，官署名。製造帝王所用器物之所，犯罪官吏及家屬往往被罰到此做苦工。

[4]百濟國：古國名。故地在今朝鮮半島西南部。

[5]郢州：州名。治所在今湖北武漢市武昌區。

[6]江陵：縣名。治所在今湖北荆州市荆州區。

　　冬十月辛巳，赦湘、巴二州爲皎所誑誤者。[1]甲申，輿駕親祠太廟。

[1]湘、巴二州：州，底本作"郡"，《南史》卷九《陳廢帝紀》作"湘、巴二州"，中華本據改，今從改。巴州，治巴陵縣，在今湖南岳陽市。

　　十一月己未，以護軍將軍沈恪爲平西將軍、荆州刺史。[1]甲子，侍中、中權將軍、開府儀同三司、特進、左光禄大夫王沖薨。[2]

[1]平西將軍：官名。與平東、平南、平北將軍合稱四平將軍，多持節都督或監某一地區的軍事，有時亦作爲刺史等地方官員兼理軍務的加官。梁武帝天監七年（508）定爲武職二十四班中的二十班。陳擬三品，比秩中二千石。　荆州：州名。治所在今湖北公安縣。

[2]中權將軍：官名。南朝梁、陳時與中軍、中撫、中衛將軍

合稱四中將軍，專授予在京師任職的官員，地位顯要。梁二十三班。陳擬二品，比秩中二千石。　　特進：初爲對大臣的優待名義。西漢末始置。三國兩晉南北朝時成爲正式加官名號，用以安置閑退大臣。梁十五班。陳第二品，秩中二千石。　　左光禄大夫：官名。爲在朝顯職的加官，以示優待，或授予年老有病者爲致仕之官，亦常用作卒後贈官。無職掌。梁武帝天監七年定爲十六班，位在金紫光禄大夫之上。陳第二品，秩中二千石。　　王沖：字長深，琅邪臨沂（今山東臨沂市）人。本書卷一七有傳，《南史》卷二一有附傳。

　十二月庚寅，以兼從事中郎孔英哲爲奉聖亭侯，[1]奉孔子祀。

　[1]以兼從事中郎孔英哲爲奉聖亭侯：《南史》卷九《陳廢帝紀》作“以儀同三司兼從事中郎孔英哲爲奉聖亭侯”。從事中郎，王公府屬官，職參謀議。梁皇弟、皇子公府從事中郎九班，嗣王、庶姓公府從事中郎八班。陳皇弟、皇子公府從事中郎第五品，嗣王府、庶姓公府從事中郎第六品，秩六百石。孔英哲，孔子後人。奉聖亭侯，封爵名。陳爵制，亭侯與鄉侯屬列侯，在王與五等爵之下。亭侯在鄉侯下，爲十二級中的第十二級，第八品。

　二年春正月己亥，侍中、都督中外諸軍事、驃騎大將軍、司徒、録尚書、揚州刺史安成王頊進位太傅，[1]領司徒，[2]加殊禮，劍履上殿；[3]侍中、征南將軍、開府儀同三司、江州刺史章昭達進號征南大將軍；中撫大將軍、新除征南大將軍淳于量爲侍中、中軍大將軍、開府儀同三司；安南將軍、湘州刺史吳明徹即本號開府儀同三司，進號鎮南將軍；[4]雲麾將軍、郢州刺史程靈洗進號安西將軍。[5]庚子，詔討華皎軍人死王事者並給棺櫬，[6]送還本鄉，仍復其家。[7]甲子，罷吳州，[8]以鄱陽郡還屬江州。侍中、司空、車騎將軍徐度薨。夏四月辛巳，太白晝見。丁亥，割東揚州晋安郡爲豐州。[9]

[1]太傅：官名。三公之一。南朝時用作贈官，無職掌，多用以安置元老勳舊大臣。陳第一品，秩萬石。

[2]領：官制術語。於本官之外以高官攝卑職。

[3]劍履上殿：參謁皇帝時可以穿履帶劍上殿。係天子給予權貴重臣的特殊禮遇。

[4]進號鎮南將軍：中華本校勘記云："按《宣帝紀》太建元年又有'新除安南將軍、開府儀同三司、湘州刺史吳明徹進號鎮南將軍'之文，本傳亦云'太建元年授鎮南將軍'，疑此衍'進號鎮南將軍'六字。"

[5]程靈洗：字玄滌，新安海寧（今安徽休寧縣東）人。本書卷一〇、《南史》卷六七有傳。　安西將軍：官名。南朝梁、陳時爲八安（安東、安南、安西、安北、安前、安後、安左、安右）將軍之一。梁武帝天監七年（508）定爲武職二十四班中的二十一班。陳擬三品，比秩中二千石。

[6]棺櫬：製作粗陋的小棺材。

[7]復：免除徭役或賦稅。

[8]吳州：州名。治鄱陽縣，在今江西鄱陽縣。錢大昕《廿二史考異》卷二七云："按陳時有兩吳州，廢帝所廢之吳州治鄱陽，後主所置之吳州治吳郡。"

[9]晋安：郡名。治所在今福建福州市。　豐州：州名。治所在今福建福州市。

五月景辰，太傅安成王頊獻玉璽一。

六月丁卯，[1]彗星見。

[1]丁卯：《南史》卷九《陳廢帝紀》作"丁亥"。

秋七月景午，輿駕親祠太廟。戊申，新羅國遣使獻方物。[1]壬戌，立皇弟伯智爲永陽王，[2]伯謀爲桂陽王。[3]

[1]新羅國：古國名。故地在今韓國境内。《梁書》卷五四《諸夷傳》："辰韓始有六國，稍分爲十二，新羅則其一也。其國在百濟東南五千餘里。其地東濱大海，南北與句驪、百濟接。魏時曰新盧，宋時曰新羅，或曰斯羅。其國小，不能自通使聘。普通二年，王姓募名秦，始使使隨百濟奉獻方物。"

[2]伯智：陳伯智。字策之，世祖第十二子。本書卷二八、《南史》卷六五有傳。　永陽：郡名。治所在今湖南道縣西北。

[3]伯謀：陳伯謀。字深之，世祖第十三子。本書卷二八、《南史》卷六五有傳。　桂陽：郡名。治所在今湖南郴州市。

九月甲辰，林邑國遣使獻方物。[1]景午，狼牙脩國遣使獻方物。[2]以侍中、征南大將軍、開府儀同三司、江州刺史章昭達爲中撫大將軍。戊午，太白晝見。

[1]林邑國：古國名。都城在今越南廣南省維川縣南茶橋。《梁書》卷五四《諸夷傳》："林邑國者，本漢日南郡象林縣，古越裳之界也……出瑇瑁、貝齒、吉貝、沈木香。"

[2]狼牙脩國：古國名。在今泰國南部馬來半島西側。《梁

書·諸夷傳》：“狼牙脩國，在南海中……土氣物産，與扶南略同。”

冬十月庚午，輿駕親祠太廟。

十一月景午，以前平西將軍、荆州刺史沈恪爲護軍將軍。壬子，以鎮北將軍、開府儀同三司、南徐州刺史黄法𣋿爲鎮西將軍、郢州刺史，[1]新除中軍大將軍、開府儀同三司淳于量爲鎮北將軍、南徐州刺史。甲寅，慈訓太后集群臣於朝堂，[2]令曰：

[1]鎮西將軍：官名。南朝梁、陳時爲八鎮將軍之一。梁武帝天監七年（508）定爲武職二十四班中的二十二班，普通六年（525）改爲武職三十四班中的三十二班。陳沿置，擬二品，比秩中二千石。

[2]慈訓太后：即陳武帝皇后章要兒。世祖即位，尊爲皇太后，宮爲慈訓，故稱慈訓太后。本書卷七、《南史》卷一二有傳。

中軍儀同、鎮北儀同、鎮右將軍、護軍將軍、八座卿士：[1]昔梁運季末，[2]海内沸騰，天下蒼生，殆無遺噍。[3]高祖武皇帝撥亂反正，[4]膺圖御籙，[5]重懸三象，[6]還補二儀；[7]世祖文皇帝克嗣洪基，光宣寶業，惠養中國，綏寧外荒；並戰戰兢兢，劬勞締構，庶幾鼎運，方隆殷、夏。

[1]中軍儀同：此指章昭達，時任侍中、中撫大將軍、開府儀同三司、江州刺史。　鎮北儀同：此指淳于量，時任鎮北將軍、開府儀同三司、南徐州刺史。　鎮右將軍：此指杜稜，時任鎮右將軍、領軍將軍。　護軍將軍：此指沈恪，時任護軍將軍。此四人是

當時地位僅次於侍中、都督中外諸軍事、驃騎大將軍、太傅、領司徒、録尚書、揚州刺史安成王陳頊的大臣。　八座卿士：此指尚書省八位主官，即尚書令、左右二僕射及五曹尚書（吏部、祠部、度支、左民、五兵）。

[2]昔梁運季末：運，底本作“道”，中華本校勘記云：“‘運’原訛‘道’，各本不訛，今改正。”今從改。

[3]遺噍（jiào）：殘存的人。

[4]高祖武皇帝：陳武帝陳霸先。

[5]膺圖御籙：圖、籙，皆爲天子將興的符應。《文選》沈約《齊故安陸昭王碑文》：“商武姬文，所以膺圖受籙。”

[6]三象：指日、月、星。

[7]二儀：指天、地。《易·繫辭上》：“日月運行，一暑一寒。”

伯宗昔在儲宮，本無令問，及居崇極，遂騁凶淫。居處諒闇，[1]固不哀感，嬪嬙弗隔，就館相仍，豈但衣車所納，是譏宗正，[2]衰絰生子，得誚右師。[3]七百之祚何憑，[4]三千之罪爲大。[5]且費引金帛，令充椒閫，[6]內府中藏，軍備國儲，未盈朞稔，[7]皆已空竭。太傅親承顧託，鎮守宮闈，遺誥綢繆，義深垣屏，[8]而欑塗未御，[9]翌日無淹，仍遣劉師知、殷不佞等顯言排斥。[10]韓子高小豎輕佻，[11]推心委仗，陰謀禍亂，決起蕭墻。元相雖持，但除君側。又以余孝頃密邇京師，便相徵召，殊慝之咎，凶徒自擒，宗社之靈，祅氛是滅。於是密詔華皎，稱兵上流，國祚憂惶，幾移醜類。乃至要招遠近，[12]叶力巴、湘，[13]支黨縱橫，寇擾黔、歙。[14]又別敕歐陽紇等攻逼衡州，[15]嶺表紛紜，[16]

殊淹弦望。[17]豈止罪浮於昌邑，[18]非唯聲醜於太和。[19]但賊豎皆亡，祅徒已散，日望懲改，猶加掩抑，而悖禮忘德，情性不悛，樂禍思亂，昏慝無已。張安國蕞爾凶狡，[20]竊爲小盜，仍遣使人蔣裕鈎出上京，[21]即置行臺，[22]分選凶黨。賊皎妻呂，[23]舂徒爲戮，[24]納自奚官，[25]藏諸永巷，[26]使其結引親舊，規圖戕禍。盪主侯法喜等，[27]太傅麾下，恒游府朝，啗以深利，謀興肘腋。適又盪主孫泰等潛相連結，大有交通，兵力殊彊，指期挻亂。皇家有慶，歷數遐長，天誘其衷，同然開發。此諸文迹，今以相示，是而可忍，誰則不容？祖宗基業，將懼傾覆，豈可復肅恭禋祀，臨御兆民？式稽故實，宜在流放，今可特降爲臨海郡王，[28]送還藩邸。

[1]諒闇：喪葬禮制術語。帝王崩，郡臣諸侯皆居喪三年，嗣王不親政，謂之諒闇。

[2]衣車所納，是譏宗正：漢昭帝駕崩，大司馬大將軍霍光等議立昌邑王劉賀爲帝。朝廷派宗正劉德、大鴻臚史樂成、光禄大夫丙吉等官員徵劉賀入朝爲大行皇帝典喪，劉賀前往長安途中，派侍從掠一女子納於衣車中，居喪行樂，殊爲失禮。事詳《漢書》卷六三《武五子傳》、卷六八《霍光傳》。

[3]衰絰生子，得誚右師：典出《左傳》定公九年。“九年，春，宋公使樂大心盟于晉，且逆樂祁之尸。辭，僞有疾。乃使向巢如晉盟，且逆子梁之尸。子明謂桐門右師出，曰：‘吾猶衰絰，而子擊鐘，何也？’右師曰：‘喪不在此故也。’既而告人曰：‘己衰絰而生子，余何故舍鐘？’子明聞之，怒，言於公曰：‘右師將不利戴

氏，不肯適晉，將作亂也。不然，無疾。'乃逐桐門右師"。

[4]七百之祚：指周王朝國祚七百年。

[5]三千之罪：指周王朝刑罰甚備。《尚書·呂刑》："墨罰之屬千，劓罰之屬千，剕罰之屬五百，宮罰之屬三百，大辟之罰其屬二百，五刑之屬三千。"

[6]椒闈：后妃所居之處。椒，椒房。

[7]朞稔：一年。

[8]垣屏：藩垣、屏翰，指諸侯。

[9]欑塗：古代喪葬禮儀，停殯時以木圍棺，以泥塗之。

[10]劉師知：沛國相縣（今安徽濉溪縣西北）人。本書卷一六、《南史》卷六八有傳。　殷不佞：少時以至孝聞，素以名節自任。時任東宮通事舍人。曾馳詣相府，假傳聖旨，命陳頊回東府經理州務。後被陳頊究治，免官。本書卷三二、《南史》卷七四有附傳。

[11]韓子高：會稽山陰（今浙江紹興市）人。出身貧寒，受文帝寵愛，官至右衛將軍。本書卷二○、《南史》卷六八有傳。

[12]要：同"邀"。

[13]叶力：同心協力。

[14]黟：縣名。治所在今安徽黟縣東。　歙：縣名。治所在今安徽歙縣。

[15]歐陽紇：字奉聖。長沙臨湘（今湖南長沙市）人。歐陽頠之子。南朝陳將領。後反叛，兵敗被殺。本書卷九、《南史》卷六六有附傳。　衡州：州名。梁天監六年（507）置。治所在今廣東英德市西北浛洸鎮。陳朝後改爲西衡州。

[16]嶺表：地區名。一作嶺外、嶺南。泛指五嶺以南地區，相當於今廣東、廣西兩省及越南北部一帶。

[17]殊淹弦望：拖延數月。淹，久。弦望，月相術語。從地表觀察，月亮離日90°時的月相爲弦，因月相呈半月如弓狀，故稱弦月。月亮與日黃經相差180°時，月相呈滿月，爲望。

[18]罪浮於昌邑：昌邑，指漢武帝之孫昌邑王劉賀。漢昭帝崩，被霍光等群臣迎立爲帝，即位二十七日，因多行淫亂不軌之事而被廢黜。

[19]聲醜於太和：典出《晋書》卷八《海西公紀》。太和，晋廢帝（海西公）司馬奕年號（366—371）。廢帝有痿疾，二美人田氏、孟氏生三男，傳言與參侍内寢的嬖人相龍、計好、朱靈寶等有關。權臣桓温欲行廢黜之事，宣示崇德太后之令曰：“有此三孽，莫知誰子。人倫道喪，醜聲遐布。既不可以奉守社稷，敬承宗廟，且昏孽並大，便欲建樹儲藩。”

[20]張安國：建安（今福建建甌市）人。據郡反，後爲陳頊所殺。

[21]蔣裕：宦官。建安（今福建建甌市）人。受沈太后之命聯絡張安國、韓子高等起兵，後爲陳頊所殺。　上京：指京城建康。

[22]行臺：官署名。代行尚書臺職權的地方行政機構。

[23]皎：華皎。

[24]舂徒：漢代對犯罪女子處以爲官府舂米的四歲刑，故“舂徒”代指女性囚犯。

[25]納自奚官：官，底本作“宫”，中華本校勘記云：“‘宫’當作‘官’，各本並訛，今改。”今從改。

[26]永巷：皇宫内幽閉女犯之處。

[27]盪主：別帥，副將。清顧炎武《日知録》：“古人以左右衝殺爲盪陣，其鋭卒謂之跳盪，別帥謂之盪主。”

[28]臨海：郡名。治章安縣，在今浙江台州市淑江區。

　　太傅安成王固天生德，齊聖廣深，二后鍾心，三靈佇眷。[1]自前朝不念，[2]任總邦家，威惠相宣，刑禮兼設，指揮嘯咤，湘、郢廓清，闢地開疆，[3]

荆、益風靡，若太戊之承殷歷，[4]中都之奉漢家，[5]校以功名，曾何髣髴。[6]且地彰靈璽，[7]天表長彗，[8]布新除舊，[9]禎祥咸顯。文皇知子之鑒，事甚帝堯，[10]傳弟之懷，又符太伯。[11]今可還申曩志，崇立賢君，方固宗祧，載貞辰象。中外宜依舊典，奉迎輿駕。

[1]三靈：天神，地神，人鬼。

[2]念（shū）：同"紓"。寬緩。

[3]疆：底本作"彊"，今從中華本改。

[4]太戊之承殷歷：太戊，殷中宗。《史記》卷三《殷本紀》："帝雍己崩，弟太戊立，是爲帝太戊。帝太戊立伊陟爲相。……殷復興，諸侯歸之，故稱中宗。"太戊爲雍己之弟，陳頊亦爲世祖陳蒨之弟，借此言兄終弟及的合理性，爲廢除廢帝張本。

[5]中都之奉漢家：中都，《册府》卷一八八作"中宗"。中宗是漢宣帝劉詢的廟號。昭帝崩，輔政大臣大司馬大將軍霍光等迎立武帝孫昌邑王劉賀爲帝，復又廢劉賀，立漢武帝曾孫劉詢爲帝，此即宣帝。所謂"中宗之奉漢家"，即指此而言。各本"中宗"皆爲"中都"之訛（參見林初乾《陳書本紀校注》，花木蘭文化出版社2008年版，第161頁）。今按，中都，當指漢文帝劉恒。劉恒入繼大統前爲代王，曾將都城自晉陽徙於中都（今山西平遥市西南），故以中都代指代王劉恒。漢惠帝駕崩之後，吕太后以惠帝子爲帝。吕太后崩，周勃、陳平等發動政變，盡殺諸吕及惠帝諸子，徵迎代王劉恒爲帝。劉恒乃惠帝劉盈之弟，稱帝之後以德治天下，廟號太宗。借此亦言兄終弟及的合理性，與"太戊之承殷歷"正相契合。

[6]髣髴：仿佛。

[7]地彰靈璽：前文言"五月景辰，太傅安成王頊獻玉璽一"，即指此。

[8]天表長彗：前文言“六月丁卯，彗星見”，即指此。

[9]布新除舊：古代星占家以爲，彗星出現是除舊布新的徵兆。《左傳》昭公十七年：“冬，有星孛於大辰，西及漢。申須曰：‘彗所以除舊布新也。’”

[10]知子之鑒，事甚帝堯：典出《史記》卷一《五帝本紀》：“堯知子丹朱不肖，不足授天下，於是乃權授舜。授舜，則天下得其利而丹朱病；授丹朱，則天下病而丹朱得其利。堯曰‘終不以天下之病而利一人’，而卒授舜以天下。”此言陳文帝早知其子伯宗不肖，故臨終以陳頊輔伯宗，有意以天下傳授。

[11]傳弟之懷，又符太伯：太伯，春秋吳國始祖吳太伯。《史記》卷三一《吳太伯世家》：“吳太伯，太伯弟仲雍，皆周太王之子，而王季歷之兄也。季歷賢，而有聖子昌，太王欲立季歷以及昌，於是太伯、仲雍二人乃犇荆蠻，文身斷發，示不可用，以避季歷。季歷果立，是爲王季，而昌爲文王。”

　　未亡人不幸屬此殷憂，不有崇替，容危社稷，何以拜祠高寢，[1]歸祔武園？[2]攬筆潸然，兼懷悲慶。

[1]高寢：高祖寢廟。
[2]歸祔武園：祔，合葬。武園，陳武帝陵園。

　　是日，出居別第。太建二年四月薨，[1]時年十九。

[1]太建：南朝陳宣帝陳頊年號（569—582）。

　　帝仁弱，無人君之器，世祖每慮不堪繼業，既居家

嫡，廢立事重，是以依違積載。及疾將大漸，[1]召高宗
謂曰：[2]“吾欲遵太伯之事。”高宗初未達旨，後寤，乃
拜伏涕泣，固辭。其後宣太后依詔廢帝焉。

[1]大漸：病危。
[2]高宗：南朝陳宣帝陳頊廟號。陳頊，本書卷五、《南史》
卷一〇有紀。

　　史臣曰：臨海雖繼體之重，仁厚儒弱，[1]混一是非，
不驚得喪，蓋帝摯、漢惠之流也。[2]世祖知神器之重，
諒難負荷，深鑒堯旨，弗傳寶祚焉。

[1]仁厚儒弱：中華本校勘記云：“‘儒’各本作‘懦’。按儒
有懦弱義，各本作‘懦’，疑後人臆改。”
[2]帝摯：帝嚳之子。《史記》卷一《五帝本紀》：“帝嚳崩，
而摯代立。帝摯立，不善，而弟放勳立，是爲帝堯。”張守節《正
義》云：“《帝王紀》云：‘帝摯之母於四人中班最在下，而摯於兄
弟最長，得登帝位。封異母弟放勳爲唐侯。摯在位九年，政微弱，
而唐侯德盛，諸侯歸之。摯服其義，乃率群臣造唐而致禪。’”
漢惠：漢惠帝劉盈，漢高祖之子。爲人仁厚柔弱，政事皆出呂太
后。《史記》卷九《呂太后本紀》：“孝惠爲人仁弱，……日飲爲淫
樂，不聽政，故有病也。”《漢書》卷二有紀。

陳書　卷五

本紀第五

宣帝

　　高宗孝宣皇帝諱頊，字紹世，小字師利，始興昭烈
王第二子也。[1]梁中大通二年七月辛酉生，[2]有赤光滿堂
室。少寬大，多智略。及長，美容儀，身長八尺三
寸，[3]手垂過膝。有勇力，善騎射。高祖平侯景，[4]鎮京
口，[5]梁元帝徵高祖子姪入侍，[6]高祖遣高宗赴江陵，[7]
累官爲直閤將軍、中書侍郎。[8]時有馬軍主李總與高宗
有舊，[9]每同游處，高宗嘗夜被酒，張燈而寐，總適出，
尋返，乃見高宗身是大龍，總便驚駭，走避佗室。及江
陵陷，高宗遷于關右。[10]永定元年，[11]遙襲封始興郡
王，[12]邑二千户。三年，世祖嗣位，[13]改封安成王。[14]
天嘉三年，[15]自周還，授侍中、中書監、中衛將軍，[16]
置佐史。尋授使持節、都督揚南徐東揚南豫北江五州諸
軍事、揚州刺史，[17]進號驃騎將軍，[18]餘如故。四年，
加開府儀同三司。[19]六年，遷司空。[20]天康元年，[21]授

尚書令，[22]餘並如故。廢帝即位，[23]拜司徒，[24]進號驃騎大將軍，[25]録尚書，[26]都督中外諸軍事，給班劍三十人。[27]光大二年正月，[28]進位太傅，[29]領司徒，[30]加殊禮，劍履上殿，[31]增邑并前三千户，餘並如故。十一月甲寅，慈訓太后令廢帝爲臨海王，[32]以高宗入纂。

[1]始興昭烈王：陳道談。南朝陳武帝之兄，陳文帝之父。事見本書卷一《高祖紀上》、卷二八《始興王伯茂傳》。

[2]梁中大通二年七月辛酉生：底本無"中"字，中華本校勘記云："據《南史·陳宣帝紀》補。按宣帝死於太建十四年正月甲寅，年五十三，以此上推，適爲梁中大通二年。"說是，今從改。

[3]身長八尺三寸：南朝梁、陳時一尺約合今 24.5 釐米，八尺三寸約合 203.35 釐米。

[4]高祖：南朝陳武帝陳霸先廟號。陳霸先，字興國，小字法生。本書卷一、卷二，《南史》卷九有紀。 侯景：字萬景，北魏朔方郡（今内蒙古杭錦旗北）人，一説雁門郡（今山西代縣）人。《梁書》卷五六、《南史》卷八〇有傳。

[5]京口：縣名。治所在今江蘇鎮江市。

[6]梁元帝：蕭繹。小字七符，梁武帝第七子，廟號世祖。《梁書》卷五、《南史》卷八有紀。

[7]江陵：縣名。治今湖北荆州市荆州區。梁元帝蕭繹曾以此爲都。

[8]直閣將軍：官名。南朝置。領禁衛兵，掌宫廷正殿、便殿閣及諸門上下之安全保衛，地位顯要，有時領兵出征（參張金龍《南朝直閣將軍制度考》，《中國史研究》2002 年第 2 期）。 中書侍郎：官名。爲諸王起家官。梁九班。陳第四品，秩千石。

[9]時有馬軍主李總與高宗有舊：中華本校勘記云："殿本《考證》云《南史》無'馬'字。"軍主，官名。南北朝置，爲軍的

主將。

　　[10]關右：函谷關或潼關以西地區。時爲西魏京畿所在。

　　[11]永定：南朝陳武帝陳霸先年號（557—559）。

　　[12]始興：郡名。治所在今廣東韶關市南武水西岸。

　　[13]世祖：南朝陳文帝陳蒨廟號。陳蒨，本書卷三、《南史》
卷九有紀。

　　[14]安成：郡名。治所在今江西安福縣。

　　[15]天嘉：南朝陳文帝陳蒨年號（560—566）。

　　[16]侍中：官名。南朝梁、陳時爲門下省長官，侍奉皇帝生活
起居，侍從左右，有顧問應對、諫諍糾察之職能，同時兼掌出納、
璽封詔奏，有封駁權，參預機密政務，上親皇帝，下接百官，官顯
職重。多選美姿容、有文才、與皇帝親近者任之。並爲親王之起家
官。梁十二班。陳第三品，秩中二千石。　　中書監：官名。中書省
長官之一。掌撰詔命，記會時事，典作文書。與中書令多不並置。
梁十五班。陳第二品，秩中二千石。　　中衛將軍：官名。與中軍、
中權、中撫將軍並稱四中將軍，地位顯要。陳擬二品，比秩中二
千石。

　　[17]使持節：漢代使臣奉皇帝之命出行，持節仗以爲憑證並示
威重，謂之持節。魏晉以後，凡重要軍事長官出征或出鎮時，加使
持節頭銜，可誅殺二千石以下官員。　　揚州：州名。治建康縣，在
今江蘇南京市。　　南徐：州名。僑寄京口，在今江蘇鎮江市。　　東
揚：州名。治所在今浙江紹興市。　　南豫：州名。梁武帝太清元年
（547）七月，以壽春爲南豫州，平定侯景之亂後，徙南豫州至姑
熟，即今安徽當塗縣。　　北江：州名。治所在今安徽繁昌縣西北。

　　[18]驃騎將軍：官名。軍府名號，加授大臣、重要州郡長官，
無具體職掌。梁二十四班。陳擬一品，比秩中二千石。

　　[19]開府儀同三司：官名。三國魏始置，爲大臣加號，意謂與
三司即太尉、司徒、司空禮制、待遇相同，許開設府署，自辟僚
屬。兩晉南北朝因之。梁制，諸將軍開府儀同三司、左右光禄開府

儀同三司，爲十七班。陳制，開府儀同三司爲第一品，秩萬石。

[20]司空：官名。與太尉、司徒並爲三公。魏晋南北朝時期作爲名譽宰相，多爲大臣加官，無實際執掌。陳第一品，秩萬石。

[21]天康：南朝陳文帝陳蒨年號（566）。

[22]尚書令：官名。尚書省長官，陳時政令機要在中書、門下，尚書令但聽命受事而已。陳第一品，秩中二千石。

[23]廢帝：即陳伯宗。陳文帝嫡長子。本書卷四、《南史》卷九有紀。

[24]司徒：官名。晋司徒與丞相通職。齊司徒之府掌領天下州郡名數，户口簿籍。梁罷丞相置司徒。梁十八班。陳第一品，秩萬石。

[25]驃騎大將軍：官名。重號將軍。位僅次於大將軍。多用之加賜元老重臣，以示尊崇。陳擬一品。

[26]録尚書：官名。即録尚書事。多以公卿權重者居之，總領尚書省事務。梁、陳因其威權過重，常缺不授。

[27]班劍：以虎皮花紋爲飾的木劍，用於儀式場合。因班劍爲虎賁所持，故又用爲侍衛的代稱。南朝時爲皇帝對有功重臣的恩賜。

[28]光大：南朝陳廢帝陳伯宗年號（567—568）。

[29]太傅：官名。三公之一。南朝時用作贈官，無職掌，多用以安置元老勳舊大臣。陳第一品，秩萬石。中華本校勘記云：“《高祖紀》作‘太尉’。”

[30]領：於本官之外以高官攝卑職。

[31]劍履上殿：參謁皇帝時可以穿履帶劍上殿。係天子給予權貴重臣的特殊禮遇。

[32]慈訓太后：即陳武帝皇后章要兒。世祖即位，尊爲皇太后，宮爲慈訓，故稱慈訓太后。本書卷七、《南史》卷一二有傳。

臨海：郡名。治章安縣，在今浙江台州市淑江區。

　　太建元年春正月甲午，[1]即皇帝位于太極前殿，[2]詔曰：“夫聖人受命，王者中興，並由懿德，方作元后。[3]高祖武皇帝揖拜堯圖，[4]經綸禹迹。[5]配天之業，光辰象而利貞，格地之功，侔川岳而長遠。世祖文皇帝體上聖之姿，當下武之運，[6]築宮示儉，所務唯德，定鼎初基，厥謀斯在。朕以寡薄，才非聖賢，夙荷前規，方傳景祚。雖復親承訓誨，志守藩維，詠季子之高風，[7]思城陽之遠託，[8]自元儲紹國，正位君臨，無道非幾，佇聞刑措。豈圖王室不造，頻謀亂階，天步艱難，將傾寶曆，仰惟嘉命，爰集朕躬。我心貞確，堅誓蒼昊，[9]而群辟啓請，相諠渭橋，[10]文母尊嚴，懸心長樂，[11]對揚璽紱，非止殷湯之三辭，[12]履涉春冬，何但代王之五讓。[13]今便肅奉天策，欽承介圭，若據滄溟，踰增兢業，思所以雲行雨施，品物咸亨，當與黔黎，普同斯慶。可改光大三年爲太建元年。大赦天下。在位文武賜位一階，孝悌力田及爲父後者賜爵一級，[14]異等殊才，竝加策序。鰥寡孤獨不能自存者，人賜穀五斛。”復太皇太后尊號曰皇太后。[15]立妃柳氏爲皇后，[16]世子叔寶爲皇太子，[17]皇子南中郎將、江州刺史康樂侯叔陵爲始興王，[18]奉昭烈王祀。乙未，輿駕謁太廟。丁酉，分命大使巡行四方，觀省風俗。征南大將軍、開府儀同三司、新除中撫大將軍章昭達進號車騎大將軍，[19]新除中軍大將軍、開府儀同三司、南徐州刺史淳于量爲征北大將軍，[20]鎮北將軍、開府儀同三司、南徐州刺史、新除鎮西將軍、郢州刺史黃法氍進號征西大將軍，[21]新除安南將軍、開府儀同三司、湘州刺史吳明徹進號鎮南將軍，[22]鎮東將軍、揚州刺史、鄱陽王伯山進號中衛將軍，[23]尚書僕射沈欽爲尚書左僕射，[24]度支尚書王勱爲尚書右僕射，[25]護軍將軍沈恪爲鎮南將軍、廣州刺史。[26]辛丑，輿駕親祠南郊。壬寅，以皇子建安侯叔英爲宣惠將軍、東揚州刺史，[27]改封豫章王。[28]豐城侯叔堅改封長沙王。[29]癸卯，以明威將軍周弘正爲特進。[30]戊午，輿駕親祠太廟。

[1]太建：南朝陳宣帝陳頊年號（569—582）。

[2]太極前殿：太極殿的主體建築之一。太極殿是古代皇宮正殿，由太極前殿、太極東堂、太極西堂等建築組成。南朝天子駕崩，嗣君往往在太極前殿即位。

[3]元后：偉大的君主。元，大。后，君主。

[4]堯圖：傳說爲堯受命之符璽。《春秋譚》："堯坐中舟。與太尉舜臨觀，鳳皇負圖，授堯圖，以赤玉爲匣，長三尺，廣八寸，厚三寸，黃金檢，白玉繩封兩端，其章曰'天赤帝符璽'五字。"

[5]禹迹：大禹治水走過之處。意謂九州。

[6]下武之運：《詩·大雅·下武》："下武維周，世有哲王。"毛亨傳："武，繼也。"鄭玄箋："下猶後也。哲知也。後人能繼先祖者。"《詩序》曰："《下武》，繼文也。武王有聖德，復受天命，能昭先人之功焉。"下武，喻指繼承前人功德。

[7]季子之高風：季子，即延陵季子，春秋時期吳王壽夢第四子，本名季札，因受封於延陵，故人稱延陵季子。爲人賢明而謙遜，堅辭不受王位，爲後人稱頌。事詳《史記》卷三一《吳太伯世家》。

[8]城陽之遠託：城陽，當指西漢城陽王劉章。先爲朱虛侯，

在鏟除諸吕的政變中立有大功，被封爲城陽王。事詳《漢書》卷三八《高五王傳》。

[9]堅誓蒼昊：堅，底本作“空”，中華本據各本改，今從改。

[10]群辟啓請，相誼渭橋：意謂群臣勸進。典出《史記》卷一〇《孝文本紀》：吕太后八年九月，太后駕崩，太尉周勃等誅滅諸吕，迎立代王劉恒。“代王馳至渭橋，群臣拜謁稱臣”。

[11]文母尊嚴，懸心長樂：文母，此指慈訓太后。長樂，長樂宮，漢代爲太后所居宮室。

[12]殷湯之三辭：殷湯，商王成湯。事見《史記》卷三《殷本紀》。今按，文獻未見成湯辭讓之事，待考。

[13]代王之五讓：典出《史記》卷一〇《孝文本紀》：吕太后八年九月，太后駕崩，太尉周勃等誅滅諸吕，迎立代王劉恒。群臣在代國邸勸進，代王以禮固辭，“西鄉讓者三，南鄉讓者再”，而後接受天子璽符，即天子位。

[14]孝悌力田：並鄉官名。皆爲西漢始置，南朝沿置。孝悌，指孝順父母、友愛兄弟的人，爲基層社會道德楷模。力田，指長於農事、致力務本的人，爲基層社會生産楷模。

[15]復太皇太后尊號曰皇太后：陳武帝皇后章要兒於廢帝爲祖母輩，稱太皇太后；於高宗爲母輩，稱皇太后。

[16]柳氏：陳高宗柳皇后柳敬言。本書卷七、《南史》卷一二有傳。

[17]叔寶：後主陳叔寶。本書卷六、《南史》卷九有紀。

[18]南中郎將：官名。東、西、南、北四中郎將之一。或統兵出征，或鎮守某一地區爲方面大員，南朝多以宗室充任。梁天監七年（508）罷，普通六年（525）又爲所置百號將軍之一，與一百二十五號將軍中十七班同班。陳擬四品，比秩中二千石。 江州：州名。治溢口城，在今江西九江市。 康樂侯：封爵名。康樂，縣名。治所在今江西萬載縣東。 叔陵：陳叔陵。字子嵩，陳宣帝第二子。宣帝時封始興郡王。本書卷三六、《南史》卷六五有傳。

[19]征南大將軍：官名。班品較征南將軍進一階。在武職中地位很高，居四征將軍之上。征南將軍多持節都督，出鎮方面。梁武帝天監七年定爲武職二十四班中的二十三班，普通六年改爲武職三十四班中的三十三班。陳擬二品，比秩中二千石。　中撫大將軍：官名。南朝梁、陳置。亦稱中撫軍大將軍。專授予在京師任職的官員。班品較中撫將軍進一階。中撫將軍，梁二十三班，陳擬二品，比秩中二千石。　章昭達：字伯通，吳興武康（今浙江德清縣）人。本書卷一一、《南史》卷六六有傳。　車騎大將軍：官名。多加權臣元老，以示尊崇。梁二十四班，陳擬一品，比秩中二千石。

[20]中軍大將軍：官名。南朝梁、陳較中軍將軍進一階。中軍將軍，爲將軍名號。南朝梁、陳時與中衛、中撫、中權將軍合稱四中將軍，專授予在京師任職的官員，地位顯要。梁二十三班。陳擬二品，比秩中二千石。　淳于量：字思明，其先濟北（今山東肥城市東南）人，世居建康（今江蘇南京市）。南朝梁官吏，梁亡入陳。本書卷一一、《南史》卷六六有傳。　征北大將軍：官名。品秩較征北將軍進一階。征北將軍，梁二十三班，陳擬二品，比秩中二千石。

[21]鎮北將軍：官名。南朝梁、陳時爲八鎮將軍之一。梁武帝天監七年定爲武職二十四班中的二十二班，普通六年改爲武職三十四班中的三十二班。陳沿置，擬二品，比秩中二千石。　鎮西將軍：官名。南朝梁、陳時爲八鎮將軍之一。梁武帝天監七年定爲武職二十四班中的二十二班，普通六年改爲武職三十四班中的三十二班。陳沿置，擬二品，比秩中二千石。　郢州：州名。治夏口城，在今湖北武漢市武昌區。　黃法𣰕：字仲昭，巴山新建（今江西樂安縣北）人。本書卷一一、《南史》卷六六有傳。　征西大將軍：官名。爲將軍名號。較征西將軍進一階。征西將軍，梁二十三班，陳擬二品，比秩中二千石。

[22]安南將軍：官名。南朝梁、陳時八安將軍之一。梁武帝天監七年定爲武職二十四班中的二十一班，爲重號將軍；大通三年

（529）定爲武職三十四班中的三十一班。陳擬三品，比秩中二千石。　湘州：州名。治所在今湖南長沙市。　吳明徹：字通昭，秦郡（今江蘇南京市六合區西北）人。本書卷九、《南史》卷六六有傳。　鎮南將軍：官名。南朝梁、陳時爲八鎮將軍之一。梁武帝天監七年定爲武職二十四班中的二十二班，普通六年改爲武職三十四班中的三十二班。陳沿置，擬二品，比秩中二千石。

[23]鎮東將軍：官名。南朝梁、陳時爲八鎮將軍之一。梁武帝天監七年定爲武職二十四班中的二十二班，普通六年改爲武職三十四班中的三十二班。陳擬二品，比秩中二千石。　鄱陽王：陳文帝天嘉元年（560）封其三子陳伯山爲鄱陽王。鄱陽，郡名。治所在今江西鄱陽縣。　伯山：陳伯山。字靜之，陳文帝第三子。本書卷二八、《南史》卷六五有傳。

[24]尚書僕射：官名。尚書令副佐，並與尚書分領諸曹。不常置，若左右僕射並缺，則置以總左右事。陳第二品，秩中二千石。　沈欽：吳興武康（今浙江德清縣）人。陳文帝皇后沈妙容之兄。早年從文帝征討，以功至貞威將軍、安州刺史。文帝即位，襲爵建城侯。本書卷七、《南史》卷一二有附傳。　尚書左僕射：官名。尚書省次官。位右僕射上。輔佐尚書令執行政務，參議大政，諫諍得失。南朝尚書令位尊權重，不親庶務，尚書省日常政務由僕射主持。梁、陳時尚書令常缺，僕射實爲尚書省主官。梁十五班。陳第二品，秩中二千石。

[25]度支尚書：官名。尚書省列曹尚書之一，掌管全國貢稅租賦的統計、調撥、支出等事。梁十三班。陳第三品，秩中二千石。　王勱（mài）：字公濟。本書卷一七、《南史》卷二三有附傳。尚書右僕射：官名。尚書省次官，位在左僕射下，與左僕射聯署主持尚書省工作。輔佐尚書令執行政務，參議大政，諫諍得失。南朝尚書令位尊權重，不親庶務，尚書省日常政務由僕射主持。梁、陳時尚書令常缺，僕射實爲尚書省主官。梁十五班。陳第二品，秩中二千石。

[26]護軍將軍：官名。掌督護京師以外諸軍，權任頗重。梁十五班。陳第三品，秩中二千石。　沈恪：字子恭，吳興武康（今浙江德清縣）人。南朝梁、陳官吏。與陳高祖同郡，二人關係非常密切。本書卷一二、《南史》卷六七有傳。　鎮南將軍：中華本校勘記云：“按沈恪於太建二年六月始由安南將軍、廣州刺史進號鎮南將軍，此‘鎮南將軍’疑當作‘安南將軍’。”　廣州：州名。治番禺縣，在今廣東廣州市。

[27]建安侯叔英：陳叔英。字子烈，陳宣帝第三子。本書卷二八、《南史》卷六五有傳。建安，縣名。治所在今福建建甌市。宣惠將軍：官名。南朝梁置。梁武帝天監七年定爲武職二十四班中的十七班，與鎮兵、翊師、宣毅將軍代舊四中郎將；大通三年改爲武職三十四班中的二十七班，與四中郎將並置。陳沿置，擬四品，比秩中二千石。

[28]豫章：郡名。治所在今江西南昌市。

[29]豐城侯：封爵名。豐城縣侯之省稱，陳第三品。豐城，縣名。治所在今江西豐城市南。　叔堅：陳叔堅。字子成，陳宣帝第四子。本書卷二八、《南史》卷六五有傳。　長沙：郡名。治所在今湖南長沙市。

[30]明威將軍：官名。梁時與寧遠、振遠等將軍代舊寧朔將軍。梁武帝天監七年定爲第十三班，大通三年移入輕車將軍班中。陳擬五品，比秩千石。另梁、陳十明將軍中亦有此號。陳擬六品，比秩千石。　周弘正：字思行，汝南安成（今河南汝南縣東南）人。陳時任尚書右僕射、祭酒。著《周易講疏》《論語疏》等，並行於世。本書卷二四有傳，《南史》卷三四有附傳。　特進：初爲對大臣的優待名義。西漢末始置。三國兩晋南北朝時成爲正式加官名號，用以安置閑退大臣。梁十五班。陳第二品，秩中二千石。

二月庚午，皇后謁太廟。辛未，皇太子謁太廟。乙亥，輿駕親耕藉田。[1]

[1]藉田：古代君主於孟春之月至田間象徵性地耕種，以示勸
農。《漢書》卷四《文帝紀》前二年詔：“夫農，天下之本也。其開
藉田，朕親率耕，以給宗廟粢盛。”顏師古注引韋昭曰：“藉，借
也。借民力以治之，以奉宗廟，且以勸率天下，使務農也。”《隋
書·禮儀志二》：“梁初藉田，依宋、齊，以正月用事，不齋不祭。
天監十二年，武帝以爲：‘啓蟄而耕，則在二月節內。《書》云：
“以殷仲春。”藉田理在建卯。’於是改用二月。”

夏五月甲午，齊遣使來聘。[1]丁巳，以吏部尚書、
領大著作徐陵爲尚書右僕射，[2]太子詹事、駙馬都尉沈
君理爲吏部尚書。[3]

[1]齊：此指北齊。
[2]吏部尚書：官名。尚書省吏部曹長官，位居列曹尚書之上，
掌官吏銓選考課。梁十四班。陳第三品，秩中二千石。　領：官制
術語。於本官之外以高官攝卑職。　大著作：官名。即著作郎。秘
書省屬官，掌國史，集注起居。陳第六品，秩六百石。　徐陵：字
孝穆，東海郯（今山東郯城縣北）人。南朝梁、陳時文學名家，善
詩賦駢文，作品綺艷輕靡，與庾信並爲當時宮廷文學的代表，時號
“徐庾體”。南朝陳時歷任顯官要職。本書卷二六有傳，《南史》卷
六二有附傳。
[3]太子詹事：官名。東宮屬官，總理東宮事務，或參議大政，
職位顯重。梁十四班。陳第三品，秩中二千石。　駙馬都尉：官
名。東晉南朝隸集書省，無定員，無實職，尚公主者亦多加此號。
至梁、陳專加尚公主者。陳第七品，秩六百石。　沈君理：字仲
倫，吳興（今浙江湖州市吳興區）人。本書卷二三、《南史》卷六

八有傳。

秋七月辛卯，皇太子納妃沈氏，[1]王公已下賜帛各有差。丁酉，以平東將軍、吳郡太守晉安王伯恭爲中護軍，[2]進號安南將軍。[3]

[1]沈氏：即陳後主皇后沈婺華。本書卷七、《南史》卷一二有傳。

[2]平東將軍：官名。平東、平南、平西、平北四平將軍之一。多授予持節都督或監某一地區的軍事，或作爲刺史監理軍務的加官。陳擬三品，比秩中二千石。　吳郡：郡名。治吳縣，在今江蘇蘇州市。　晉安王伯恭伯恭：陳伯恭。字肅之，陳文帝第六子。本書卷二八、《南史》卷六五有傳。晉安，郡名。治侯官縣，在今福建福州市。　中護軍：官名。職掌都護京師以外的地方軍隊。陳第三品，秩中二千石。

[3]安南將軍：當爲"安前將軍"。南朝通例，安南將軍爲地方刺史軍號，內職無得之者。陳代得此軍號者：吳明徹（刺南兗州、江州時），黃法𣰰（刺高州時），留異（刺南徐州時），孫瑒（刺郢州時），魯悉達（刺吳州時），華皎（刺湘州時），沈恪（刺廣州時），晉安王伯恭（刺南豫州、湘州時），建安王叔卿（刺湘州時），魯廣達（刺豫州時），永嘉王彥（刺江州時）等。故陳伯恭爲中護軍時不當號安南將軍。考卷二八《晉安王伯恭傳》記同一事："太建元年，入爲安前將軍、中護軍。遷中領軍。"據此，當以"安前將軍"爲是。又陳代爲安前將軍者：右光祿大夫徐世譜，中領軍新安王伯固，中領軍廬陵王伯仁，侍中衡陽王伯信等，皆爲內職。復考本卷下文："（太建六年正月壬戌朔）以翊前將軍新安王伯固爲中領軍，進號安前將軍；安前將軍、中領軍晉安王伯恭爲安南將軍、南豫州刺史。"稱其爲安前將軍，又可證此前"安南"當爲

"安前"之誤（參見邵春駒《〈陳書〉校讀札記》，《萍鄉高等專科學校學報》2009 年第 2 期）。

九月甲辰，以新除中護軍晉安王伯恭爲中領軍。[1]

［1］中領軍：官名。掌京師禁衛軍，權任隆重。資輕於領軍將軍，而職掌同。陳第三品，秩中二千石。

冬十月，新除左衛將軍歐陽紇據廣州舉兵反。[1]辛未，遣車騎將軍、開府儀同三司章昭達率衆討之。[2]壬午，輿駕親祠太廟。

［1］左衛將軍：官名。禁衛軍統帥之一。與右衛將軍合稱二衛將軍，掌宮廷宿衛營兵，多由近臣擔任。陳第三品，秩二千石。歐陽紇：字奉聖，長沙臨湘（今湖南長沙市）人。歐陽頠之子。南朝陳將領。後反叛，兵敗被殺。本書卷九、《南史》卷六六有附傳。
［2］車騎將軍：官名。魏晉南北朝時位次驃騎將軍，在諸名號大將軍上。梁武帝天監七年（508）定爲武職二十四班中的二十四班。大通三年（529）後改爲武職三十四班中的三十四班。陳擬一品，比秩中二千石。按，上文言章昭達進號車騎大將軍。

二年春正月乙酉，以征西大將軍、開府儀同三司、郢州刺史黃法𣈙爲中權大將軍。[1]景午，[2]輿駕親祠太廟。

［1］中權大將軍：官名。中權將軍加"大"者，位進一階。中權將軍與中衛、中軍、中撫合稱四中將軍。地位顯要，祗授予在京

師任職的官員。陳擬二品，比秩中二千石。

[2]景午：即丙午。唐人避高祖李淵父李昞名諱，改“丙”爲“景”。

二月癸未，儀同章昭達擒歐陽紇送都，[1]斬于建康市，[2]廣州平。

[1]儀同：官名。“開府儀同三司”的省稱。

[2]建康市：京師建康的集市，亦爲要犯行刑之所。

三月景申，皇太后崩。[1]景午，曲赦廣、衡二州。[2]丁未，大赦天下。又詔自討周迪、華皎已來，[3]兵交之所有死亡者，竝令收斂，并給棺槥，送還本鄉；瘡痍未瘳者，各給醫藥。

[1]三月景申，皇太后崩：《建康實録》卷二〇云：“太建二年春正月丙申，皇太后崩於紫極殿。”

[2]曲赦：因特殊情況而赦免。　衡：州名。梁天監六年（507）置。治所在今廣東英德市西北浛洸鎮。陳朝後改爲西衡州。

[3]周迪：臨川南城（今江西南城縣東南）人。以勇猛敢戰著稱。仕梁爲高州刺史、臨川内史、使持節、散騎常侍、信威將軍、衡州刺史、江州刺史，封臨汝縣侯。入陳，以功加平南將軍、開府儀同三司，進號安南將軍。後以官賞不至，謀反被殺。本書卷三五、《南史》卷八〇有傳。

夏四月乙卯，臨海王伯宗薨。戊寅，皇太后祔葬萬安陵。[1]

[1]祔葬：合葬。　萬安陵：陳武帝陵墓。在今江蘇南京市江寧區上坊鎮石馬衝。

閏月戊申，輿駕謁太廟。己酉，太白晝見。五月乙卯，儀同黃法㲷獻瑞璧一。壬午，齊遣使來弔。

六月戊子，新羅國遣使獻方物。[1]辛卯，大雨雹。乙巳，分遣大使巡行州郡，省理冤屈。戊申，車騎將軍、開府儀同三司章昭達進號車騎大將軍，安南將軍、廣州刺史沈恪進號鎮南將軍。

[1]新羅國：古國名。故地在今韓國境内。《梁書》卷五四《諸夷傳》：“辰韓始有六國，稍分爲十二，新羅則其一也。其國在百濟東南五千餘里。其地東濱大海，南北與句驪、百濟接。魏時曰新盧，宋時曰新羅，或曰斯羅。其國小，不能自通使聘。普通二年，王姓募名秦，始使使隨百濟奉獻方物。”

秋八月甲申，詔曰：“懷遠以德，抑惟恒典，去戎即華，民之本志。頃年江介繈負相隨，[1]崎嶇歸化，亭候不絕，宜加卹養，答其誠心。維是荒境自拔，有在都邑及諸州鎮，不問遠近，竝蠲課役。若克平舊土，反我侵地，皆許還鄉，一無拘限。州郡縣長明加甄別，良田廢村，隨便安處。若輒有課訂，即以擾民論。”又詔曰：“民惟邦本，著在典謨，治國愛民，抑又通訓。朕聽朝晏罷，日仄劬勞，方流惠澤，覃被億兆。有梁之季，政刑廢缺，條綱弛紊，僭盗荐興，役賦征徭，尤爲煩刻。大陳御寓，[2]拯兹餘弊，滅扈戡黎，[3]弗遑創改，年代彌流，將及成俗，如弗解張，物無與厝，夕惕疚懷，有同首疾。思從卑菲，[4]約己濟民，雖府帑末充，君孰與足，便可删革，去其甚泰，[5]冀永爲定准，令簡而易從。自今維作田，值水旱失收，即列在所，言上折除。軍士年登六十，悉許放還。巧手於役死亡及與老疾，[6]不勞訂補。其籍有巧隱，并王公百司輒受民爲程蔭，解還本屬，開恩聽首。在職治事之身，須遞相檢示，有失不推，當局任罪。令長代換，具條解舍户數，付度後人。户有增進，即加擢賞；若致减散，依事准結。有能墾起荒田，不問頃畝少多，依舊蠲税。"戊子，太白晝見。

[1]江介：江邊。《文選》左思《魏都賦》："與江界之湫湄。"李善注："薛君《韓詩章句》曰：'介，界也。'"

[2]寓：同"宇"。

[3]滅扈畎黎：扈，有扈氏，古國名，在今陝西户縣北。《史記》卷二《夏本紀》記載，禹崩，傳位於其子啓，"有扈氏不服，啓伐之，大戰於甘。……遂滅有扈氏。天下咸朝"。黎，古國名。在今山西長治市西北。《尚書·商書》有"西伯戡黎"篇，蔡沈《傳》："西伯，文王也，名昌，姓姬氏。戡，勝也。黎，國名，在上黨壺關之地。按《史記》，文王脱羑里之囚，獻洛西之地，紂賜弓矢鈇鉞，使得專征伐爲西伯。文王既受命，黎爲不道，於是舉兵伐而勝之。"

[4]卑菲：《論語·泰伯》："子曰：'禹，吾無間然矣。菲飲食而致孝乎鬼神，惡衣服而致美乎黻冕，卑宫室而盡力乎溝洫。禹，吾無間然矣。'"後世以"卑菲"喻指生活儉樸。

[5]去其甚泰：中華本校勘記云："'甚泰'各本作'泰甚'。"

[6]巧手：具有一定技術的工匠。

九月乙丑，以散騎常侍、鎮東將軍、吳興太守杜稜
爲特進、護軍將軍。[1]

[1]散騎常侍：官名。集書省長官。職掌侍從皇帝左右，應對
顧問，獻納得失。陳第三品，秩中二千石。　吳興：郡名。治烏程
縣，在今浙江湖州市吳興區。　杜稜：字雄盛，吳郡錢塘（今浙江
杭州市）人。本書卷一二、《南史》卷六七有傳。

冬十月乙酉，輿駕親祠太廟。
十一月辛酉，高麗國遣使獻方物。[1]

[1]高麗國：古國名。在今朝鮮半島北部及中國東北的南部地
區。其時遷都至今朝鮮平壤，與新羅、百濟成鼎立之勢。

十二月癸巳夜，西北有雷聲。

三年春正月癸丑，以尚書右僕射、領大著作徐陵爲
尚書僕射。辛酉，輿駕親祠南郊。辛未，親祠北郊。
二月辛巳，輿駕親祠明堂。[1]丁酉，親耕藉田。三
月丁丑，大赦天下。自天康元年訖太建元年，逋餘軍
糧、禄秩、夏調未入者，悉原之。又詔犯逆子弟支屬逃
亡異境者，悉聽歸首；見繫繫者，量可散釋；其有居
宅，竝追還。

[1]明堂：古代帝王舉行朝會、祭祀、慶賞、教學等重大禮儀

活動的地方。

夏四月壬辰，齊遣使來聘。

五月戊申，太白晝見。辛亥，遼東、新羅、丹丹、天竺、盤盤等國並遣使獻方物。[1]

[1]遼東：漢晉郡名。《南史》卷七九《百濟傳》"晉世句麗既略有遼東"，則此處遼東代指高麗。《南史》卷一〇《陳宣帝紀》：太建三年（571）五月辛亥"高麗、新羅、丹丹、天竺、盤盤等國並遣使朝貢"，當以高麗爲是。林礽乾《陳書異文考證》亦云："按《南史·陳宣帝紀》作'高麗'是。《梁書·諸夷傳》云：'晉世，句麗（即高麗）略有遼東，百濟據有遼西。'是'遼東'者，乃高麗國所據有之土也。本書凡外國遣使來獻方物者，史官皆書其國名，無以其所據之地以代稱其國者，則此'遼東、新羅、丹丹等國'之'遼東'，自以從《南史》作'高麗'爲是。"（文史哲出版社1979年版，第59頁）　丹丹：古國名。在今印度東南海岸的泰米爾（參見韓振華《公元六、七世紀中印關係史料考釋三則——婆利國考、赤土國考、丹丹國考》，《廈門大學學報》1954年第3期）。一説在今馬來半島西岸海中。《梁書》卷五四《諸夷傳》記載，梁武帝中大通二年（530），丹丹國王遣使奉表，進獻"牙像及塔各二軀，并獻火齊珠、古貝、雜香藥等"。大同元年（535），"復遣使獻金、銀、瑠璃、雜寶、香藥等物"。　天竺：古國名。即今印度。《梁書》卷五四《諸夷傳》："身毒即天竺，蓋傳譯音字不同，其實一也。"　盤盤：古國名。在今馬來西亞的加里曼丹北部沙撈越或沙巴和汶萊境內，或説在今泰國南部索叻他尼灣一帶。

六月丁亥，江陰王蕭季卿以罪免。[1]甲辰，封東中郎將長沙王府諮議參軍蕭彝爲江陰王。[2]

[1]江陰王蕭季卿：蕭季卿。梁武林侯蕭諮之子。陳朝建立，奉梁敬帝蕭方智爲江陰王，陳武帝永定二年（558），蕭方智去世，以蕭季卿嗣爲江陰王，後因擅買梁陵中樹，坐免。江陰，郡名。治所在今江蘇江陰市。

[2]東中郎將：官名。東、西、南、北四中郎將之一。或統兵出征，或鎮守某一地區爲方面大員，南朝多以宗室充任。梁天監七年（508）罷，普通六年（525）又爲所置百號將軍之一，與一百二十五號將軍中十七班同班。陳擬四品，比秩中二千石。　長沙王府諮議參軍：諮議參軍，又稱諮議參軍事。府屬僚佐之一。掌諮詢謀議軍事，其位在諸參軍之上。皇弟皇子府諮議參軍，陳第五品。其時長沙王爲陳宣帝第四子陳叔堅。

秋八月辛丑，皇太子親釋奠于太學，二傅、祭酒以下賚帛各有差。[1]

[1]二傅：太子太傅、太子少傅，皆爲東宮官屬，世稱“二傅”。梁制，太子太傅位視尚書令，太子少傅位視尚書左僕射。陳改梁制，二傅位視左右光禄大夫，並爲第二品，秩中二千石。漢魏故事，太子於二傅執弟子禮。　祭酒以下賚帛各有差：底本“賚”字前有“可”字，中華本校勘記云：“據《元龜》二六〇删。按此非詔文，不當有‘可’字。”今從删。祭酒，官名。即國子祭酒。太常卿屬官。領國子學、太學。陳第三品，秩中二千石。

九月癸酉，太白晝見。
冬十月甲申，輿駕親祠太廟。乙酉，周遣使來聘。己亥，丹丹國遣使獻方物。
十二月壬辰，車騎大將軍、司空章昭達薨。

四年春正月景午，以雲麾將軍、江州刺史始興王叔陵爲湘州刺史，進號平南將軍；[1]東中郎將、吳郡太守長沙王叔堅爲宣毅將軍、江州刺史；[2]尚書僕射、領大著作徐陵爲尚書左僕射；中書監王勱爲尚書右僕射。庚申，以丹陽尹衡陽王伯信爲信威將軍、中護軍。[3]庚午，輿駕親祠太廟。二月乙酉，立皇子叔卿爲建安王，[4]授東中郎將、東揚州刺史。

[1]平南將軍：官名。東漢末江東孫吳置。三國魏時，與平東、平西、平北將軍合稱四平將軍，多持節都督或監某一地區的軍事，有時亦作爲刺史等地方官員兼理軍務的加官。兩晉沿置。梁武帝天監七年（508）定爲武職二十四班中的二十班。陳擬三品，比秩中二千石。

[2]宣毅將軍：官名。南朝梁置。梁武帝天監七年定爲武職二十四班中的十七班，與鎮兵、翊師、宣惠將軍代舊四中郎將；大通三年（529）改爲武職三十四班中的二十七班，與四中郎將並置。陳沿置，擬四品，比秩中二千石。

[3]衡陽王伯信：陳伯信。字孚之，陳文帝陳蒨第七子。本書卷二八有傳，《南史》卷六五有附傳。衡陽，郡名。治所在今湖南株洲市西南。　信威將軍：官名。梁置諸武將軍二十四班，班多者爲貴，信威將軍爲十六班。陳擬四品，比秩中二千石。

[4]叔卿：陳叔卿。字子弼，陳宣帝第五子。本書卷二八、《南史》卷六五有傳。　建安：郡名。治所在今福建建甌市。

三月壬子，以散騎常侍孫瑒爲安西將軍、荊州刺史。[1]乙丑，扶南、林邑國並遣使來獻方物。[2]夏四月戊子，以中權大將軍、開府儀同三司黃法氍爲征南大將軍、南豫州刺史。

[1]孫瑒：字德璉，吳郡吳（今江蘇蘇州市）人。曾隨王僧辯
討侯景，以功封富陽縣侯。王琳立蕭莊爲帝，授其爲太府卿、郢州
刺史。兵敗後降陳，官至五兵尚書。本書卷二五、《南史》卷六七
有傳。 安西將軍：官名。南朝梁、陳時爲八安（安東、安南、安
西、安北、安前、安後、安左、安右）將軍之一。梁武帝天監七年
（508）定爲武職二十四班中的二十一班。陳擬三品，比秩中二
千石。

[2]扶南：古國名。相當於今柬埔寨及越南南部西貢一帶。
《梁書》卷五四《諸夷傳》："扶南國，在日南郡之南，海西大灣中，
去日南可七千里……出金、銀、銅、錫、沈木香、象牙、孔翠、五
色鸚鵡。" 林邑國：古國名。都城在今越南廣南省維川縣南茶橋
《梁書·諸夷傳》："本漢日南郡象林縣，古越裳之界也……出瑇瑁、
貝齒、吉貝、沈木香。"

五月癸卯，尚書右僕射王勱卒。

六月辛巳，侍中、鎮右將軍、右光禄大夫杜稜卒。

秋八月辛未，周遣使來聘。丁丑，景雲見。[1]戊寅，
詔曰："國之大事，受脈興戎。[2]師出以律，稟策於廟，
所以乂安九有，[3]克成七德。[4]自頃掃滌群穢，廓清諸
夏，乃貔貅之戮力，亦帷幄之運籌。雖左衽已殲，[5]干
戈載戢，[6]呼韓來謁，[7]亭鄣無警；但不教民戰，是謂棄
之，仁必有勇，無忘武備。磻溪之傳韜決，[8]穀城之授
神符，[9]文叔懸制戎規，[10]孟德頗言兵略。[11]朕既慙暗
合，良皆披覽。兼昔經督戒，備嘗行陣，齊以七步，[12]
蕭之三鼓，[13]得自胸襟，指掌可述。今立條制，凡十三

科，宜即班宣，以爲永准。”乙未，詔停督湘、江二州
逋租，無錫等十五縣流民，[14]竝蠲其縣賦。

[1]景雲：祥雲。

[2]受脈：古代出兵祭社，祭畢以社肉頒賜衆人，謂之受脈，引申爲受命統軍。脈，社肉。

[3]九有：九州。《詩·商頌·玄鳥》“奄有九有”，毛亨傳：“九有，九州也。”

[4]七德：《左傳》宣公十二年：“夫武，禁暴、戢兵、保大、定功、安民、和衆、豐財者也。”

[5]左衽已戢：左衽爲夷狄之俗，故以“左衽”代指華夏族之外的少數民族。《論語·憲問》：“微管仲，吾其披髮左衽矣。”左衽已戢，謂平定了夷狄。

[6]干戈載戢：兵器收入武庫。意謂和平無戰事。《詩·周頌·時邁》：“載戢干戈，載櫜弓矢。”毛亨傳：“戢，聚櫜韜也。”鄭玄箋：“載之言則也。王巡守而天下咸服，兵不復用。此又著震疊之效也。”

[7]呼韓來謁：呼韓，即呼韓邪單于，南匈奴首領，甘露三年（前51）率衆至甘泉宮（今陝西淳化縣西北）朝謁漢宣帝，元帝時又娶漢女王嬙爲妻，長期與漢保持友好關係，邊塞安寧。

[8]磻溪之傳韜決：磻溪，水名。相傳太公姜尚在此垂釣，與文王相遇，傳授治國之道，遂被禮聘。《水經注·渭水》：“渭水之右，磻溪水注之，水出南山茲谷，乘高激流，注于溪中，溪中有泉，謂之茲泉。泉水潭積，自成淵渚，即《呂氏春秋》所謂太公釣茲泉也。”

[9]穀城之授神符：穀城，地名。《史記》卷五五《留侯世家》記載：老父以《太公兵法》一書授張良，囑云：“讀此則爲王者師矣。後十年興。十三年孺子見我濟北，穀城山下黃石即我也。”

　　[10]文叔：東漢開國皇帝光武帝劉秀，字文叔。《後漢書》卷一有紀。

　　[11]孟德：曹操，字孟德。《三國志》卷一有紀。

　　[12]齊以七步：《尚書·牧誓》：“今予發惟恭行天之罰。今日之事，不愆于六步七步，乃止齊焉。夫子勖哉！”蔡沈《傳》：“愆，過。勖，勉也。步，進趨也。齊，齊整也。今日之戰，不過六步七步，乃止而齊。此告之以坐作進退之法，所以戒其輕進也。”

　　[13]肅之三鼓：《周禮·夏官·大司馬》：“中冬，教大閱：……群吏聽誓于陳前，……中軍以鼙令鼓，鼓人皆三鼓，司馬振鐸，群吏作旗，車徒皆作；鼓行，鳴鐲，車徒皆行，及表乃止；三鼓，摝鐸，群吏弊旗，車徒皆坐。”

　　[14]無錫：縣名。治所在今江蘇無錫市。

　　九月庚子朔，[1]日有蝕之。辛亥，大赦天下。又詔曰：“舉善從諫，在上之明規；進賢謁言，爲臣之令範。朕以寡德，嗣守寶圖，雖世襲隆平，治非寧一。辨方分職，[2]旰食早衣，傍闕争臣，下無貢士。何其闕爾，鮮能抗直。豈余獨運，匪薦讜言。置鼓公車，[3]罕論得失，施石象魏，[4]莫陳可否。朱雲摧檻，[5]良所不逢；禽息觸楹，[6]又爲難值。至如衣褐以見，[7]檐簦以游，[8]或耆艾絕倫，或妙年異等，干時而不偶，左右莫之譽，黑貂改弊，黃金且殫，[9]終其滯淹，[10]可爲太息。又貴爲百辟，賤有十品，工拙竝騖，勸沮莫分，街謡徒擁，廷議斯闕。寔朕之弗明，而時無獻替。永言至治，何迺爽歟？外可通示文武，凡厥在位，風化乖殊，朝政紕蠹，正色直辭，有犯無隱。兼各舉所知，隨才明試。其莅政廉穢，在職能否，分別矢言，俟兹黜陟。”景寅，以故太尉徐度、儀同杜稜、儀同程靈洗配食高祖廟庭，[11]故車騎將軍章昭達配食世祖廟庭。[12]

[1]九月庚子朔："九月"前底本有"秋"字，中華本校勘記云："按上已書'秋八月'，此不當更著'秋'字，今删。"今從删。按，《南史》卷一〇《陳宣帝紀》"九月"上無"秋"字。

[2]辨方分職：《周禮·天官》："惟王建國，辨方正位，體國經野，設官分職，以爲民極。"

[3]置鼓公車：《漢官儀》："（公車）掌殿司馬門，夜徼宮中，天下上事及闕下，皆總領之。"《後漢書》卷五四《楊震傳》："臣聞堯舜之世，諫鼓謗木，立之於朝。"

[4]象魏：宮廷外的闕門，懸法之處。

[5]朱雲摧檻：典出《漢書》卷六七《朱雲傳》，云："至成帝時，丞相故安昌侯張禹以帝師位特進，甚尊重。雲上書求見，公卿在前。雲曰：'今朝廷大臣上不能匡主，下亡以益民，皆尸位素餐……臣願賜尚方斬馬劍，斷佞臣一人以屬其餘。'上問：'誰也？'對曰'安昌侯張禹'。上大怒，曰：'小臣居下訕上，廷辱師傅，罪死不赦！'御史將雲下，雲攀殿檻，檻折。雲呼曰：'臣得下從龍逢、比干游於地下，足矣！未知聖朝何如耳？'御史遂將雲去……上意解，然後得已。及後當治檻，上曰：'勿易！因而輯之，以旌直臣。'"朱雲，字游，西漢魯國人，正直敢言。

[6]禽息觸楹：典出《後漢書》卷四三《朱暉傳》附孫《穆傳》李賢注引《韓詩外傳》云："禽息，秦大夫。薦百里奚不見納。繆公出，當車以頭擊闑，腦乃精出，曰：'臣生無補於國，不如死也。'繆公感寤而用百里奚，秦以大化。"

[7]衣褐以見：典出《史記》卷九九《劉敬叔孫通列傳》："劉敬者，齊人也。漢五年，戍隴西，過洛陽，高帝在焉。婁敬脱輓輅，衣其羊裘，見齊人虞將軍曰：'臣願見上言便事。'虞將軍欲與

之鮮衣，婁敬曰：‘臣衣帛，衣帛見；衣褐，衣褐見：終不敢易衣。’於是虞將軍入言上。上召入見，賜食。”

[8]檐簦（dēng）以游：典出《史記》卷七六《平原君虞卿列傳》：“虞卿者，游說之士也。躡蹻檐簦說趙孝成王。一見，賜黃金百鎰，白璧一雙；再見，爲趙上卿，故號爲虞卿。”《集解》徐廣曰：“蹻，草履也。簦，長柄笠，音登。笠有柄者謂之簦。”

[9]黑貂改弊，黃金且殫：典出《戰國策·秦策》：“說秦王書十上而說不行，黑貂之裘弊，黃金百斤盡，資用乏絕，去秦而歸。”中華本校勘記云：“‘改’《元龜》二一三作‘故’。”

[10]終其滯淹：中華本校勘記云：“‘其’各本作‘身’。按《元龜》二一三作‘其’。”

[11]太尉：官名。位三公之首，爲名譽宰相，多爲大臣加官，無實際職掌。陳第一品，秩萬石。　徐度：字孝節，安陸（今湖北安陸市）人。本書卷一二、《南史》卷六七有傳。　程靈洗：字玄滌，新安海寧（今安徽休寧縣東）人。本書卷一○、《南史》卷六七有傳。

[12]故車騎將軍章昭達配食世祖廟庭：中華本校勘記云：“按章昭達於太建三年十二月壬辰以車騎大將軍卒於位，‘將軍’上應有一‘大’字。”

冬十月乙酉，輿駕親祠太廟。戊戌，以鎮南將軍、廣州刺史沈恪爲領軍將軍。[1]

[1]領軍將軍：官名。掌禁衛軍及京都諸軍，禁軍的最高統帥。梁十五班。陳第三品，秩中二千石。

十一月己亥夜地震。[1]

［1］十一月：底本無“一”字，中華本據《南史》卷一〇《陳宣帝紀》改爲“十一月”。甚是，今從改。

閏月辛未，詔曰：“姑熟饒曠，［1］荆河斯擬，［2］博望關畿，［3］天限嚴峻，龍山南指，［4］牛渚北臨，［5］對熊繹之餘城，［6］邇全琮之故壘，［7］良疇美柘，畦畎相望，連宇高甍，阡陌如繡。自梁末兵灾，凋殘略盡，比雖務優寬，猶未克復，咫尺封畿，宜須殷阜。且衆將部下，多寄上下，軍民雜俗，極爲蠹秏。自今有罷任之徒，許分留部下；其已在江外，亦令迎還，悉住南州津裏安置。［8］有無交貨，不責市估；萊荒墾闢，亦停租税。臺遣鎮監一人，［9］共刺史、津主分明檢押，［10］給地賦田，各立頓舍。”

［1］姑熟：即姑孰。縣名。治所在今安徽當塗縣。

［2］荆河：在今河南汝南縣東北。顧祖禹《讀史方輿紀要》卷五〇《河南五》汝陽縣“瀙水”條：荆河“源出天中山，匯懸瓠池水，經城北大堤外東流六十里南入瀙水”。

［3］博望關畿：博望，山名。一名東梁山。在今安徽當塗縣西南長江邊。與和縣南長江西岸梁山隔江對峙，形勢險要。關畿，京畿。

［4］龍山：在今安徽當塗縣東南青山河畔。

［5］牛渚：即牛渚磯，又名采石磯。在今安徽馬鞍山市西南。

［6］熊繹之餘城：熊繹，周成王時封於楚蠻之地，居丹陽城（今湖北秭歸縣）。此爲楚封國之始。餘城，猶遺址。

［7］全琮：字子璜，三國吴吴郡錢唐（今浙江杭州市）人。拜奮威校尉，討山越，招募精兵萬餘人，出屯牛渚。《三國志》卷六

〇有傳。

[8]南州：此指南豫州。因位於京師建康之南，故稱“南州”。
津裏：山名。在今江蘇無錫市西南太湖中。

[9]臺：“臺城”的省稱。臺城即都城建康之宮城，爲朝廷所
在，故此處以“臺”代指朝廷。　鎮監：官名。南朝梁、陳時置。
梁武帝天監七年（508）定爲流外三品蘊位。爲朝廷派駐諸州鎮、
監察政務的官員。

[10]津主：官名。《隋書·食貨志》記載：南朝京師建康“西
有石頭津，東有方山津，各置津主一人，賊曹一人，直水五人，以
檢察禁物及亡叛者。其荻炭魚薪之類過津者，並十分稅一以入官。
其東路無禁貨，故方山津檢察甚簡”。

　　十二月壬寅，甘露降樂游苑。[1]甲辰，輿駕幸樂游
苑，採甘露，宴群臣。丁卯，詔曰：“梁氏之季，兵火
荐臻，承華焚蕩，[2]頓無遺構。寶命惟新，迄將二紀，
頻事戎旅，未遑修繕。今工役差閑，椽楹有擬，來歲開
肇，創築東宮，可權置起部尚書、將作大匠，[3]用主
監作。”

[1]樂游苑：南朝皇家園林。在今江蘇南京市玄武湖側。晋時
在江寧府覆舟山之南，稱芍樂園，宋元嘉中辟爲北苑。後造樓臺館
閣，改名爲樂游苑。

[2]承華：太子宮門名，代指東宮。

[3]起部尚書：官名。掌營造宗廟宮室。不常置，常以他官兼
領，事畢即省，以其事分屬都官、左民二尚書。　將作大匠：官
名。掌土木工程。不常置，常以他官兼領，事畢即省。

　　五年春正月癸酉，以征北大將軍、開府儀同三司、南徐州刺史淳于量爲中權大將軍；宣惠將軍、豫章王叔英爲南徐州刺史，進號平北將軍；[1]吏部尚書、駙馬都尉沈君理爲尚書右僕射，領吏部。辛巳，輿駕親祠南郊。甲午，輿駕親祠太廟。二月辛丑，輿駕親祠明堂。乙卯，夜有白氣如虹，自北方貫北斗紫宮。

　　[1]平北將軍：官名。與平東、平南、平西將軍合稱四平將軍，多持節都督或監某一地區的軍事，亦可作爲刺史兼理軍務的加官。梁武帝天監七年（508）定爲武職二十四班中的二十班。陳擬三品，比秩中二千石。

　　三月壬午，分命衆軍北伐，以鎮前將軍、開府儀同三司吳明徹都督征討諸軍事。[1]景戌，西衡州獻馬生角。[2]己丑，皇孫胤生，[3]內外文武賜帛各有差，爲父後者爵一級。北討大都督吳明徹統衆十萬，發自白下。[4]

　　[1]鎮前將軍：官名。南朝梁、陳時爲八鎮將軍之一。梁武帝天監七年（508）定爲武職二十四班中的二十二班，普通六年（525）改爲武職三十四班中的三十二班。陳擬二品，比秩中二千石。

　　[2]西衡州：州名。治所在今廣東英德市西北淯洸鎮。

　　[3]胤：陳胤。字承業，後主陳叔寶之子。初封永康公，後主即位，立爲太子，後被廢爲吳興王。本書卷二八、《南史》卷六五有傳。

　　[4]白下：即白下城。在今江蘇南京市北金川門外，幕府山南麓。爲京師建康北邊屏障。

　　夏四月癸卯，前巴州刺史魯廣達克齊大峴城。[1] 辛亥，吳明徹克秦州水柵。[2] 庚申，齊遣兵十萬援歷陽，[3]儀同黃法氍破之。辛酉，齊軍救秦州，吳明徹又破之。癸亥，詔北伐衆軍所殺齊兵，並令埋掩。甲子，南譙太守徐槾克石梁城。[4]

　　[1]巴州：州名。治所在今湖南岳陽市。　魯廣達：字遍覽，扶風郿（今陝西眉縣）人。本書卷三一有傳，《南史》卷六七有附傳。　大峴城：城名。在今安徽含山縣東北。
　　[2]秦州：州名。治所在江蘇南京市六合區西北。
　　[3]歷陽：郡名。治所在今安徽和縣。
　　[4]南譙：郡名。治所在今安徽巢湖市。　石梁城：在今安徽天長市西北。

　　五月己巳，瓦梁城降。[1] 癸酉，陽平郡城降。[2] 甲戌，徐槾克廬江郡城。[3] 景子，黃法氍克歷陽城。己卯，北高唐郡城降。[4] 辛巳，詔征南大將軍、開府儀同三司、南豫州刺史黃法氍徙鎮歷陽，齊改縣爲郡者並復之。乙酉，南齊昌太守黃詠克齊昌外城。[5] 景戌，廬陵內史任忠軍次東關，[6] 克其東西二城，進克蘄城。[7] 戊子，又克譙郡城，[8] 秦州城降。癸巳，瓜步、胡墅二城降。[9]

　　[1]瓦梁城：城名。在今江蘇南京市六合區西。
　　[2]陽平郡城：今地不詳。
　　[3]廬江郡城：在今安徽廬江縣。
　　[4]北高唐郡城：在今安徽宿松縣。錢大昕《廿二史考異》卷二七云：“《隋志》，同安郡宿松縣，梁置高唐郡（今本‘唐’誤作

‘塘’）。又江都郡清流縣有廢樂鉅、高塘二縣，初不見北高唐郡之文。”

[5]南齊昌：郡名。治所在今湖北蘄春縣。

[6]廬陵内史：内史，官名。王國行政長官，掌王國民政，職同太守。陳第六品。廬陵，郡名。治所在今江西吉水縣東北。　任忠：字奉誠，小名蠻奴，汝陰（今安徽阜陽市）人。南朝梁、陳官吏。本書卷三一、《南史》卷六七有傳。　東關：即東關壘，在今安徽含山縣。

[7]蘄城：郡名。治所在今安徽宿州市南。

[8]譙郡城：在今安徽蒙城縣。

[9]瓜步：城名。在今江蘇南京市六合區境内。　胡墅：城名。在今江蘇南京市長江北。

　　六月庚子，郢州刺史李綜克灄口城。[1]乙巳，任忠克合州外城。[2]庚戌，淮陽、沭陽郡竝棄城走。[3]癸丑，景雲見。豫章内史程文季克涇州城。[4]乙卯，宣毅司馬湛陁克新蔡城。[5]癸亥，周遣使來聘。[6]黄法𣰒克合州城。吳明徹師次仁州，[7]甲子，克其州城。是月，治明堂。

[1]灄口城：在今湖北武漢市黄陂區南。

[2]合州：州名。治所在今安徽合肥市

[3]淮陽：郡名。治所在今河南淮陽縣。　沭陽：郡縣。治所在今江蘇沭陽縣。

[4]豫章内史程文季克涇州城：《通鑑》卷一七一《陳紀五》“宣帝太建五年”條胡三省注云：“按齊涇州治石梁，是年四月，徐檬已克石梁城。”程文季，字少卿。程靈洗之子。本書卷一〇、《南史》卷六七有附傳。涇州城，在今安徽天長市西北石梁鎮。

　　[5]宣毅司馬：官名。宣毅將軍府屬官。　　新蔡城：城名。在今河南商城縣。

　　[6]癸亥，周遣使來聘：亥，底本作“卯”，中華本校勘記云：“按上有乙卯，下不當有癸卯。周遣使來聘與黃法𣰰克合州城同在一日，《通鑑》書‘癸亥，黃法𣰰克合州’，是知‘癸卯’爲‘癸亥’之訛，今從改。”今從改。

　　[7]仁州：州名。南朝梁置，治所在今安徽固鎮縣東南。一說在今安徽泗縣西南。

　　秋七月乙丑，鎮前將軍、開府儀同三司吳明徹進號征北大將軍。戊辰，齊遣衆二萬援齊昌，西陽太守周炅破之。[1]己巳，吳明徹軍次峽口，[2]克其北岸城，南岸守者棄城走。周炅克巴州城。淮北絳城及穀陽士民竝誅其渠帥，[3]以城降。景戌，吳明徹克壽陽外城。[4]

　　[1]西陽：郡名。治所在今湖北黃岡市東。　　周炅：字文昭，汝南安城（今河南平輿縣南）人。初爲梁通直散騎侍郎，平侯景之亂有功而遷江州刺史，封西陵縣侯。後降陳，歷定州、安州刺史，封武昌郡公。本書卷一三、《南史》卷六七有傳。

　　[2]峽口：即西陵峽口。在今湖北宜昌市夷陵區西。

　　[3]絳城：地名。在今安徽五河縣。　　穀陽：地名。在今安徽固鎮縣。

　　[4]壽陽：縣名。治所在今安徽壽縣。

　　八月乙未，山陽城降。[1]壬寅，盱眙城降。[2]戊申，罷南齊昌郡。壬子，戎昭將軍徐敬辯克海安城，[3]青州東海城降。[4]戊午，平固侯陳敬泰等克晉州城。[5]九月甲子，陽平城降。[6]壬申，高唐太守沈善度克馬頭城。[7]甲戌，齊安城降。[8]景子，左衛將軍樊毅克廣陵楚子城。[9]癸未，尚書右僕射、領吏部、駙馬都尉沈君理卒。丁亥，前鄱陽内史魯天念克黄城小城，[10]齊軍退保大城。戊子，割南兗州之盱眙郡屬譙州。[11]壬辰晦，夜明。黄城大城降。

[1]山陽城：城名。在今江蘇淮安市。

[2]盱眙：城名。在今江蘇盱眙縣。

[3]戎昭將軍：官名。南朝梁置。陳擬八品，比秩六百石。海安城：城名。在今江蘇漣水縣。

[4]青州：州名。治所在今江蘇連雲港市東。 東海城：城名。在今江蘇漣水縣北。

[5]平固：縣名。治所在今江西興國縣南。 晉州城：城名。在今安徽潛山縣。

[6]九月甲子，陽平城降：錢大昕《廿二史考異》卷二七云："是年四月已書陽平郡城降，此又云陽平城降，是有兩陽平矣。考《隋志》，江都郡安宜縣，梁置陽平郡，又《魏志》楚州所領有陽平郡，領陽平、濮陽二縣，或前所書者安宜之陽平，後所書者鍾離之陽平乎？（東魏楚州治鍾離城）。"

[7]沈善度：《通鑑》卷一七一《陳紀五》"宣帝太建五年"條作"沈善慶"。 馬頭城：城名。在今安徽壽縣西北。

[8]齊安城：城名。在今湖北麻城市西南。

[9]左衛將軍：官名。禁衛軍統帥之一。與右衛將軍合稱二衛將軍，掌宮廷宿衛營兵，多由近臣擔任。梁十二班。陳第三品，秩二千石。 樊毅：字智烈，南陽湖陽（今河南唐河縣南）人。本書卷三一、《南史》卷六七有傳。 廣陵：郡名。此廣陵郡爲東魏興和中分東豫州置，治宋安縣，在今河南息縣。 楚子城：城名。在

今湖北隨州市東。

[10]黃城：城名。在今湖北武漢市黃陂區北。《元和郡縣圖志》卷二七黃陂縣：“三國時劉表爲荆州刺史，以此地當江、漢之口，懼吳侵軼，建安中使黃祖於此築城鎮遏，因名黃城鎮。”北齊於此置南司州。南朝陳攻克黃城，改置司州。

[11]南兗州：州名。治所在今江蘇揚州市西北蜀岡。

冬十月甲午，郭默城降。[1]戊戌，以中書令王瑒爲吏部尚書。[2]己亥，以特進、領國子祭酒周弘正爲尚書右僕射。[3]乙巳，吳明徹克壽陽城，斬王琳，[4]傳首京師，梟于朱雀航。[5]丁未，齊兵萬人至潁口，[6]樊毅擊走之。辛亥，齊遣兵援蒼陵，[7]又破之。景辰，詔曰：“梁末得懸瓠，[8]以壽陽爲南豫州，今者克復，可還爲豫州。以黃城爲司州，[9]治下爲安昌郡，漮漰爲漢陽郡，[10]三城依梁爲義陽郡，[11]竝屬司州。”以征北大將軍、開府儀同三司吳明徹爲豫州刺史，進號車騎大將軍；征南大將軍、開府儀同三司、南豫州刺史黃法氍爲征西大將軍、合州刺史。戊午，湛陁克齊昌城。

[1]郭默城：城名。在今湖北浠水縣東。

[2]中書令：官名。中書省長官。南朝中書省掌納奏、擬詔、出令，然權歸中書舍人，監、令多用作重臣加官。陳第三品，秩中二千石。　王瑒：字子璵。本書卷二三有傳，《南史》卷二一有附傳。

[3]國子祭酒：官名。太常卿屬官。掌教授生徒儒學，主管國子學，參議禮制。陳第三品，秩中二千石。

[4]王琳：字子珩，會稽山陰（今浙江紹興市）人。《北齊書》

卷三二、《南史》卷六四有傳。

[5]朱雀航：古浮橋名。亦作朱雀橋。爲東晋南朝都城建康淮水浮橋之一，故址在今江蘇南京市區南鎮淮橋附近秦淮河上。

[6]潁口：潁水入淮水之處。在今安徽潁上縣東南。

[7]蒼陵：城名。在今安徽壽縣西南淮河南岸。

[8]懸瓠：城名。在今河南汝南縣。南北朝時爲軍事要地。

[9]司州：州名。即北齊之南司州。治所在今湖北武漢市黃陂區北。

[10]漊澠：《隋書·地理志下》黃陂縣下云："又後齊置漊州，陳廢之。"漊澠當即北齊之漊州。北齊置漊州，當在今湖北孝感市、武漢市黃陂區一帶，唯史料太少，不足以確定此州具體方位，所領郡縣亦無考（參見施和金《北齊地理志》卷五《淮南地區·漊州》，中華書局2008年版，第659頁）。

[11]義陽：郡名。治所在今湖北武漢市黃陂區北。

十一月甲戌，淮陰城降。[1]庚辰，威虜將軍劉桃根克朐山城。[2]辛巳，樊毅克濟陰城。[3]己丑，魯廣達等克北徐州。[4]

[1]淮陰城：城名。在今江蘇淮安市淮陰區。

[2]威虜將軍：官名。梁武帝天監七年（508）定爲武職二十四班中的第三班，陳擬八品，比秩六百石。　劉桃根：中華本校勘記云："'劉桃根'《通鑑》作'劉桃枝'。胡三省注云：'此劉桃枝自是陳將，非齊之劉桃枝。'按本書前後皆作'劉桃根'，疑《通鑑》訛。"　朐山城：城名。在今江蘇連雲港市西南。

[3]濟陰城：城名。在今安徽明光市東北女山湖鎮。

[4]北徐州：州名。治所在今安徽鳳陽縣東北。

十二月壬辰朔，詔曰："古者反噬叛逆，盡族誅夷，所以藏其首級，誡之後世。比者所戮止在一身，子胤或存，梟懸自足，不容久歸武庫，[1]長比月支。[2]惻隱之懷，有仁不忍。維熊曇朗、留異、陳寶應、周迪、鄧緒等及今者王琳首，[3]竝還親屬，以弘廣宥。"乙未，譙城降。乙巳，立皇子叔明爲宜都王，[4]叔獻爲河東王。[5]壬午，任忠克霍州城。[6]

[1]久歸武庫：武庫，國家存藏兵器之所。兩漢之際，亂軍殺死篡漢者王莽，"漆其頭首，藏于武庫。庶爲鑑戒，昭示將來"。至晉惠帝元康五年（295），武庫發生火災，王莽頭骨遭焚毀（事詳《晉書》卷三六《張華傳》、《宋書》卷七四《臧質傳》）。將反逆者的首級塗漆，藏於武庫，以示懲戒，這一做法爲南朝所沿用。宋之臧質、梁之侯景，死後均遭漆首並藏於武庫。

[2]長比月支：月氏，西北古族名。本居敦煌、祁連之間，後爲匈奴冒頓單于所破。老上單于殺月氏王，以其頭爲飲器。詳《漢書》卷九六《西域傳》。

[3]熊曇朗：豫章南昌（今江西南昌市）人。本書卷三五、《南史》卷八〇有傳。 留異：東陽長山（今浙江金華市）人。東陽當地土豪。陳文帝天嘉二年（561）詔侯安都討伐留異，他敗逃陳寶應處，後被送京師斬殺。本書卷三五、《南史》卷八〇有傳。

陳寶應：晉安候官（今福建閩侯縣）人。因聯合留異、周迪拒陳，被章昭達、余孝頃討滅，斬於建康。本書卷三五、《南史》卷八〇有傳。

[4]叔明：陳叔明。字子昭，陳宣帝第六子。本書卷二八、《南史》卷六五有傳。 宜都：郡名。治所在今湖北枝江市。

[5]叔獻：陳叔獻。字子恭，陳宣帝第九子。本書卷二八、《南史》卷六五有傳。 河東：郡名。僑寄今湖北松滋市西北。

[6]霍州城：城名。在今安徽霍山縣。

六年春正月壬戌朔，詔曰：“王者以四海爲家，萬姓爲子，一物乖方，夕惕猶厲，六合未混，旰食彌憂。朕嗣纂鴻基，思弘經略，上符景宿，[1]下叶人謀，命將興師，大拯淪溺。灰琯未周，[2]凱捷相繼，拓地數千，連城將百。蠢彼餘黎，毒兹異境，江淮年少，猶有剽掠，鄉閭無賴，摘出陰私，將帥軍人，罔顧刑典，今使苛法蠲除，仁聲載路。且肇元告慶，邊服來荒，始覿皇風，宜覃曲澤，可赦江右淮北南司、定、霍、光、建、朔、合、豫、北徐、仁、北兖、青、冀、南譙、南兖十五州，[3]郢州之齊安、西陽，江州之齊昌、新蔡、高唐，南豫州之歷陽、臨江郡士民，[4]罪無輕重，悉皆原宥。將帥職司，軍人犯法，自依常科。”以翊前將軍新安王伯固爲中領軍，[5]進號安前將軍；[6]安前將軍、中領軍晉安王伯恭爲安南將軍、南豫州刺史。壬午，輿駕親祠太廟。甲申，廣陵金城降。[7]周遣使來聘。高麗國遣使獻方物。

[1]景宿：天上列星。

[2]灰琯：即“灰管”。古代候驗節氣變化的器具。

[3]南司：州名。治所在今湖北安陸市。　定：州名。治所在今湖北麻城市東北。　霍：州名。治所在今安徽霍山縣。　光：州名。治所在今河南光山縣。　建：州名。治所在今河南商城縣東。　朔：州名。治所在今河南潢川縣東。　合：州名。治所在今安徽合肥市。　豫：州名。治所在今安徽壽縣。　仁：州名。治所在今

安徽固鎮縣東南。一説在今安徽泗縣西南。　　北兗：州名。治所在今江蘇淮安市淮陰區西南甘羅城。　　青：州名。治所在今江蘇連雲港市贛榆區西。　　冀：州名。治所在今江蘇連雲港市東。　　南譙：州名。僑寄於今安徽全椒縣西北。

[4]南豫州之歷陽、臨江郡士民：中華本校勘記云：“按汲本‘土’字下有小注，云一作‘士’。《元龜》二〇八亦作‘士’。”

[5]翊前將軍：官名。四翊將軍之一。陳擬三品，比秩中二千石。　　新安：郡名。治所在今浙江淳安縣西北。　　伯固：陳伯固，字牢之，陳文帝第五子。本書卷三六、《南史》卷六五有傳。

[6]安前將軍：官名。與安左、安右、安後、安東、安南、安西、安北將軍合稱八安將軍。陳擬三品，比秩中二千石。

[7]金城：内城。

　　二月壬辰朔，日有蝕之。辛亥，輿駕親耕藉田。景辰，以中權大將軍、開府儀同三司淳于量爲征西大將軍、郢州刺史。

　　三月癸亥，詔曰：“去歲南川頗言失稔，[1]所督田租于今未即。豫章等六郡太建五年田租，可申半至秋。豫章又逋太建四年檢首田税，亦申至秋。南康一郡，[2]嶺下應接，民間尤弊，太建四年田租未入者，可特原除。庶修墾無廢，歲取方實。”

[1]南川：地名。贛江亦稱南江。自南康至豫章，其地都稱爲南川。

[2]南康：郡名。治所在今江西贛州市西南。

　　夏四月庚子，彗星見。辛丑，詔曰：“戢情懷善，有國之令圖。拯弊救危，聖範之通訓。近命師薄伐，義在濟民，青、齊舊隸，[1] 膠、光部落，[2] 久患凶戎，爭歸有道，棄彼農桑，忘其衣食。而大軍未接，中途止憩，胸山、黃郭，[3] 車營布滿，扶老攜幼，蓬流草跋，既喪其本業，咸事游手，饑饉疾疫，不免流離。可遣大使精加慰撫，仍出陽平倉穀，拯其懸罄，并充糧種。勸課士女，隨近耕種。石鼈等屯，[4] 適意修墾。”

[1]齊：州名。治所在今山東濟南市歷下區。
[2]膠：州名。治所在今山東諸城市。
[3]黃郭：黃郭戍。在今在今江蘇連雲港市贛榆區西北。
[4]石鼈：城名。在今江蘇寶應縣西。

　　六月壬辰，尚書右僕射、領國子祭酒周弘正卒。乙巳，以中衛將軍、揚州刺史鄱陽王伯山爲征北將軍、南徐州刺史，中護軍衡陽王伯信爲宣毅將軍、揚州刺史。
　　冬十一月乙亥，詔北討行軍之所，竝給復十年。
　　十二月癸巳，平南將軍、湘州刺史始興王叔陵進號鎮南將軍。戊戌，以吏部尚書王瑒爲尚書右僕射，度支尚書孔奐爲吏部尚書。[1]景午，安右將軍、左光祿大夫王通加特進。[2]

[1]孔奐：字休文，會稽山陰（今浙江紹興市）人。本書卷二一有傳，《南史》卷二七有附傳。
[2]安右將軍：官名。南朝梁、陳時八安（安東、安南、安西、安北，安前、安後、安左、安右）將軍之一。祇授予在京都任職的

官員。梁二十一班。陳擬三品，比秩中二千石。　　左光禄大夫：官
名。爲在朝顯職的加官，以示優待，或授予年老有病者爲致仕之
官，亦常用作卒後贈官。無職掌。梁十六班。陳第二品，秩中二千
石。　　王通：字公達，琅邪臨沂（今山東臨沂市）人。本書卷一七
有傳，《南史》卷二三有附傳。

七年春正月辛未，輿駕親祠南郊。乙亥，左衛將軍
樊毅克潼州城。[1]辛巳，輿駕親祠北郊。

[1]潼州城：城名。在今安徽靈璧縣東北潼郡村。

二月戊申，樊毅克下邳、高栅等六城。[1]

[1]下邳：城名。在今江蘇睢寧縣古邳鎮東北。　　高栅：城名。
在今江蘇宿遷市西南。《魏書·地形志中》："栅淵，武定八年分宿
豫置。"《讀史方輿紀要》卷二二《南直四》："栅淵城，在（宿遷）
縣西南。魏收《志》下邳郡有栅淵縣……陳太建六年，樊毅克齊下
邳高栅等六城。高栅蓋即栅淵也。"

三月辛未，詔豫、二兖、譙、徐、合、霍、南司、
定九州及南豫、江、郢所部在江北諸郡置雲旗義士，[1]
往大軍及諸鎮備防。戊寅，以新除征西大將軍、合州刺
史、開府儀同三司黃法𣰰爲豫州刺史。改梁東徐州爲安
州，[2]武州爲沅州。[3]移譙州鎮於新昌郡，[4]以秦郡屬之。
盱眙、神農二郡還隸南兖州。[5]

[1]二兖：南兖州與北兖州。　　江北諸郡：錢大昕《廿二史考

異》：“南豫州之歷陽、臨江，江州之齊昌、新蔡、高唐，郢州之齊
安、西陽，所謂江北諸郡也。”

　　[2]安州：州名。治宿預縣，在今江蘇宿遷市東南舊黃河東北
岸古城。

　　[3]沅州：州名。治武陵郡，在今湖南沅陵縣南。

　　[4]新昌：郡名。治所在今安徽滁州市。

　　[5]神農：郡名。治高郵縣，在今江蘇高郵市。

　　夏四月景戌，有星孛于大角。[1]庚寅，監豫州陳桃
根於所部得青牛，[2]獻之，詔遣還民。甲午，輿駕親祠
太廟。乙未，陳桃根又表上織成羅又錦被各二百首，[3]
詔於雲龍門外焚之。[4]壬子，郢州獻瑞鍾六。

　　[1]大角：星宿名。　《晋書·天文志上》：“大角者，天王
座也。”

　　[2]監豫州：朝廷派駐諸豫州監察政務的官員。

　　[3]陳桃根又表上織成羅又錦被各二百首：中華本校勘記云：
“‘織成羅’下之‘又’字北監本、殿本作‘文’，‘錦被’下有
‘裘’字，無‘百首’二字。南監本、汲本有‘百首’二字，餘同
北監本。《南史·陳宣帝紀》‘又’作‘紋’。《通鑑》作‘文’。
按張元濟校勘記云：‘此文不誤。意謂織成羅與錦被兩物各二百端。
端或作峃，“首”爲“峃”字之誤。’”

　　[4]雲龍門：建康宮城正殿東門。

　　五月乙卯，割譙州之秦郡還隸南兖州。分北譙縣置
北譙郡，[1]領陽平所屬北譙、西譙二縣。[2]合州之南梁
郡，[3]隸入譙州。

[1]北譙：縣名。治所在今安徽定遠縣西北。

[2]西譙：縣名。治所在今安徽全椒縣西。

[3]南梁：郡名。治所在今安徽鳳陽縣西南。

　　六月景戌，爲北討將士死王事者克日舉哀。壬辰，以尚書右僕射王瑒爲尚書僕射。己酉，改作雲龍、神獸門。[1]

[1]神獸門：即“神虎門”，唐人避李虎諱，改“虎”爲“獸”。

　　秋八月壬寅，移西陽郡治保城。[1]癸卯，周遣使來聘。

[1]保城：縣名。治所在今河南汝南縣南。

　　閏九月壬辰，都督吳明徹大破齊軍於呂梁。[1]是月，甘露頻降樂游苑。丁未，輿駕幸樂游苑，採甘露，宴群臣，詔於苑龍舟山立甘露亭。

[1]呂梁：地名。在今江蘇徐州市銅山區東南。

　　冬十月戊午，以征北將軍、南徐州刺史鄱陽王伯山爲征南將軍、江州刺史；安前將軍、中領軍新安王伯固爲南徐州刺史，進號鎮北將軍；信威將軍、江州刺史長沙王叔堅爲雲麾將軍、中領軍。[1]己巳，立皇子叔齊爲新蔡王，[2]叔文爲晋熙王。[3]

[1]信威將軍、江州刺史長沙王叔堅爲雲麾將軍、中領軍：中華本校勘記云："按太建四年，以東中郎將、吳郡太守、長沙王叔堅爲宣毅將軍、江州刺史，本傳同，其後不載進改軍號事，此作'信威將軍'，疑有誤。又本年十二月丙辰，以新除雲麾將軍、郢州刺史長沙王叔堅爲平越中郎將、廣州刺史，本傳亦云於太建七年進號雲麾將軍、郢州刺史。此'中領軍'疑有訛。"

[2]叔齊：陳叔齊。字子肅，陳宣帝第十一子。本書卷二八、《南史》卷六五有傳。

[3]叔文：陳叔文。字子才，陳宣帝第十二子。本書卷二八、《南史》卷六五有傳。　晋熙：郡名。治所在今安徽潜山縣。

十一月庚戌，以征西大將軍、開府儀同三司、郢州刺史淳于量爲中軍大將軍。

十二月景辰，以新除雲麾將軍、郢州刺史長沙王叔堅爲平越中郎將、廣州刺史，[1]東中郎將、東揚州刺史建安王叔卿爲雲麾將軍、郢州刺史，宣惠將軍宜都王叔明爲東揚州刺史。壬戌，以尚書僕射王瑒爲尚書左僕射，太子詹事、揚州大中正陸繕爲尚書右僕射，[2]國子祭酒徐陵爲領軍將軍。甲子，南康郡獻瑞鍾。[3]

[1]平越中郎將：官名。主管南越事務。治所設在廣州，多兼任廣州刺史。陳擬六品，比秩千石。

[2]揚州大中正：揚州，治所在今江蘇南京市。大中正，官名。掌一州人物之品第，以爲吏部銓選之根據，並有委任州主簿及從事之權。　陸繕：字士繻，吳郡吳縣（今江蘇蘇州市）人。本書卷二

三有傳，《南史》卷四八有附傳。

［3］南康郡獻瑞鍾：《南史》卷一〇《陳宣帝紀》作“南康郡獻瑞鍾一”，林礽乾《陳書異文考證》云：“按《南史·陳宣帝紀》及《册府》二〇二‘瑞鍾’下有‘一’字極是。‘一’者，載明其所獻之數也，此與上文‘四月壬子，郢州獻瑞鍾六’，‘瑞鍾’下載有‘六’字之例合。瑞鍾之‘鍾’，《册府》二〇二作‘鐘’，用本字也。《南史·陳宣帝紀》作訓爲酒器也之‘鍾’，則爲‘鐘’之叚借。其餘各本瑞鐘之‘鐘’，叚‘鐘’爲之，‘鍾’下又漏書所獻之數，皆當據《册府》二〇二補正。”（第65頁）

八年春正月庚辰，西南有紫雲見。

二月壬申，車騎大將軍、開府儀同三司吳明徹進位司空。丁丑，詔江東道太建五年以前租稅夏調逋在民間者，皆原之。

夏四月甲寅，詔曰：“元戎凱旋，群師振旅，旌功策賞，宜有饗宴。今月十七日，可幸樂游苑，設絲竹之樂，大會文武。”己未，輿駕親祠太廟。

五月庚寅，[1]尚書左僕射王瑒卒。

［1］五月庚寅：底本無“五月”二字，中華本據《南史》卷一〇《陳宣帝紀》補，今從補。

六月癸丑，以雲麾將軍、廣州刺史長沙王叔堅爲合州刺史，進號平北將軍。甲寅，以尚書右僕射陸繕爲尚書左僕射，新除晋陵太守王克爲尚書右僕射。[1]

［1］晋陵：郡名。治毗陵縣，在今江蘇常州市。　王克：琅邪

臨沂（今山東臨沂市）人。初仕梁，官至尚書僕射。後降於侯景，位至太宰、侍中、録尚書事。入陳，位至尚書右僕射。《南史》卷二三有附傳。

秋八月丁卯，以車騎大將軍、司空吳明徹爲南兖州刺史。

九月戊戌，以皇子叔彪爲淮南王。[1]

[1]叔彪：陳叔彪。字子華，陳宣帝第十三子。本書卷二八、《南史》卷六五有傳。　淮南：郡名。治所在今安徽當塗縣。

冬十一月乙酉，以平南將軍、湘州刺史長沙王叔堅爲平西將軍、郢州刺史。[1]丁酉，分江州晋熙、高唐、新蔡三郡爲晋州。辛丑，以冠軍將軍廬陵王伯仁爲中領軍。[2]

[1]“以平南將軍”至“郢州刺史”：中華本校勘記云：“按叔堅於是年六月爲合州刺史，進號平北將軍。本傳亦言其爲平西將軍、郢州刺史前曾爲平北將軍、合州刺史。此‘平南將軍’‘湘州刺史’當爲‘平北將軍’‘合州刺史’之誤。其時爲湘州刺史者，始興王叔陵也。”
[2]冠軍將軍：官名。陳擬四品，比秩中二千石。　廬陵：郡名。治所在今江西吉水縣東北。　伯仁：陳伯仁。字壽之，陳文帝第八子。本書卷二八、《南史》卷六五有傳。

十二月丁卯，以新除太子詹事徐陵爲右光禄大夫。

九年春正月辛卯，輿駕親祠北郊。壬寅，以湘州刺史、新除中衛將軍始興王叔陵爲揚州刺史；雲麾將軍建安王叔卿爲湘州刺史，進號平南將軍。

二月壬子，[1]輿駕親耕藉田。

[1]二月壬子：子，底本作“午”，中華本校勘記云：“據《南史·陳宣帝紀》改。按是年二月甲辰朔，無壬午。”今從改。

夏五月景子，詔曰：“朕昧旦求衣，日旰方食，思弘億兆，用臻俾乂。而牧守莅民，廉平未洽，年常租賦，多致逋餘，即此務農，宜弘寬省。可起太建已來訖八年流移叛户所帶租調，七年八年叛義丁、五年訖八年叛軍丁、六年七年逋租田米粟夏調綿絹絲布麥等，[1]五年訖七年逋貲絹，皆悉原之。”

[1]六年七年逋租田米粟夏調綿絹絲布麥等：中華本校勘記云：“‘麥’《元龜》四八九作‘帛’。按作‘帛’是。”

秋七月乙亥，以輕車將軍、丹陽尹江夏王伯義爲合州刺史。[1]己卯，百濟國遣使獻方物。[2]庚辰，大雨，震萬安陵華表。[3]己丑，震慧日寺刹及瓦官寺重門，[4]一女子於門下震死。

[1]輕車將軍：官名。南朝梁武帝天監七年（508）定爲武職二十四班中的十四班。陳擬五品，比秩千石。　江夏：郡名。治所在今湖北武漢市武昌區。　伯義：陳伯義。字堅之，世祖第九子。

本書卷二八、《南史》卷六五有傳。

[2]百濟國：古國名。故地在今朝鮮半島西南部。《隋書》卷八一、《北史》卷九四有傳。

[3]震：雷擊。

[4]瓦官寺：寺名。在今江蘇南京市西南秦淮河花露崗上。《建康實録》卷八：晋哀帝興寧二年（364）"詔移陶官於淮水北，遂以南岸窰處之地施僧慧力，造瓦官寺"。

冬十月戊午，司空吳明徹破周將梁士彦衆數萬于呂梁。[1]

[1]梁士彦：字相如，安定烏氏（今寧夏涇川縣東北）人。《周書》卷三一、《北史》卷七三有傳。

十二月戊申，東宮成，皇太子移于新宮。

十年春正月己巳朔，以中領軍廬陵王伯仁爲平北將軍、南徐州刺史，翊左將軍、右光禄大夫、領太子詹事徐陵爲領軍將軍。[1]

[1]翊左將軍：官名。南朝梁武帝天監七年（508）定爲武職二十四班中的二十班，與四平將軍同班。普通六年（525）改爲武職三十四班中的三十班。陳沿置，擬三品，比秩中二千石。中華本校勘記云："按本傳，陵於太建八年加翊右將軍，其後無改，與此異。"

二月甲子，北討衆軍敗績於呂梁，司空吳明徹及將卒已下，並爲周軍所獲。

三月辛未，震武庫。景子，分命衆軍以備周：中軍大將軍、開府儀同三司淳于量爲大都督，總水陸諸軍事；明威將軍孫瑒都督荆、郢水陸諸軍事，進號鎮西將軍；左衛將軍樊毅爲大都督，督朱沛、清口上至荆山緣淮衆軍，[1]進號平北將軍；武毅將軍任忠都督壽陽、新蔡、霍州等衆軍，[2]進號寧遠將軍。[3]乙酉，大赦天下。丁酉，以中軍大將軍、開府儀同三司、護軍將軍淳于量爲南兗州刺史，進號車騎將軍。

[1]朱沛：郡名。治所在今江蘇泗洪縣。　清口：又名泗口、淮口、清河口，是古泗水入淮之處。在今江蘇淮安市清江浦區西南。　荆山：在今安徽懷遠縣西南淮河北岸。

[2]武毅將軍：官名。南朝梁置諸將軍之號凡二十四班，班多者爲貴，武毅將軍爲六班。陳時與武猛、武略、武勝、武力、武健、武烈、武威、武銳、武勇將軍並稱十武將軍。擬六品，比秩千石。

[3]寧遠將軍：官名。南朝梁以寧遠、明威、振遠、電耀、威耀將軍代舊寧朔將軍。梁武帝天監七年（508）定爲武職二十四班中的十三班，大通三年（529）改爲武職三十四班中的二十三班。陳擬五品，比秩千石。

夏四月庚戌，詔曰：“懋賞之言，明於訓誥，[1]挾纊之美，著在撫巡。[2]近歲薄伐，廓清淮、泗，摧鋒致果，文武畢力，櫛風沐雨，[3]寒暑亟離，念功在茲，無忘終食。宜班榮賞，用酬厥勞。應在軍者可竝賜爵二級，并加賚卹，付選即便量處。”又詔曰：“惟堯葛衣鹿裘，[4]

則天爲大，[5]伯禹弊衣菲食，夫子曰'無間然'。[6]故儉德之恭，約失者鮮。朕君臨宇宙，十變年籥，旰日勿休，乙夜忘寢，[7]跂予思治，若濟巨川，念兹在兹，懍同馭朽。非貪四海之富，非念黃屋之尊，導仁壽以寅群生，寧勞役以奉諸己。但承梁季，亂離斯瘼，宮室禾黍，[8]有名亡處，雖輪奐未覩，頗事經營，去泰去甚，猶爲勞費。加以戎車屢出，千金日損，府帑未充，民疲征賦。百姓不足，君孰與足？興言静念，夕惕懷抱，垂訓立法，良所多慙。斲雕爲朴，庶幾可慕，雉頭之服既焚，[9]弋綈之衣方襲，[10]損撤之制，前自朕躬，草偃風行，冀以變俗。應御府堂署所營造禮樂儀服軍器之外，其餘悉皆停息；掖庭常供、王侯妃主諸有俸卹，竝各量減。"丁巳，以新除鎮右將軍新安王伯固爲護軍將軍。戊午，樊毅遣軍度淮，北對清口築城。庚申，大雨雹。壬戌，清口城不守。

[1]懋賞之言，明於訓誥：《尚書·商書》："德懋懋官，功懋懋賞。"孔穎達《正義》曰："於德能勉力行之者，王則勸勉之以官。於功能勉力爲之者，王則勸勉之以賞。"

[2]挾纊之美，著在撫巡：《左傳》宣公十二年："冬，楚子伐蕭。宋華椒以蔡人救蕭，蕭人囚熊相宜僚及公子丙。王曰：'勿殺，吾退。'蕭人殺之。王怒，遂圍蕭，蕭潰。申公巫臣曰：'師人多寒。王巡三軍，拊而勉之，三軍之士皆如挾纊。'"杜預注："纊，綿也。"

[3]櫛風沐雨：《莊子·天下》："墨子稱道曰：'昔者禹之湮洪水，決江河而通四夷九州也，名山三百，支川三千，小者无數。禹親自操橐耜而九雜天下之川，腓无胈，脛无毛，沐甚雨，櫛疾風，

置萬國。禹，大聖也，而形勞天下也如此。'"

〔4〕葛衣鹿裘：《史記》卷八七《李斯列傳》："吾有私議而有
所聞於韓子也，曰：'堯之有天下也，堂高三尺，采椽不斲，茅茨不
翦，雖逆旅之宿不勤於此矣。冬日鹿裘，夏日葛衣，粢糲之食，藜
藿之羹，飯土匭，啜土鉶，雖監門之養不觳於此矣。'"

〔5〕則天爲大：《論語·泰伯》："大哉堯之爲君也！巍巍乎！唯
天爲大，唯堯則之。"

〔6〕伯禹弊衣菲食，夫子曰"無間然"：此爲孔子對夏禹節儉
美德的贊頌之詞。語出《論語·泰伯》："子曰：'禹，吾無間然矣。
菲飲食而致孝乎鬼神，惡衣服而致美乎黻冕，卑宮室而盡力乎溝
洫。禹，吾無間然矣。'"無間然，意謂沒有可以填補的空間，言
其臻於完美。

〔7〕乙夜：約當夜十時左右。《漢舊儀》："晝漏盡，夜漏起，省
中用火，中黃門持五夜，甲夜、乙夜、丙夜、丁夜、戊夜，相傳授
守火，帥内户外，數五止。宮中衛宮，城門擊刁斗，傳五夜，百官
各徹，直符行，衛士周廬擊木柝，嚾呼備火。"

〔8〕宮室禾黍：《詩·王風·黍離》序："《黍離》，閔宗周也。
周大夫行役至于宗周，過故宗廟宮室，盡爲禾黍。閔周室之顛覆，
彷徨不忍去，而作是詩也。"

〔9〕雉頭之服：典出《晋書》卷三《武帝紀》："太醫司馬程據
獻雉頭裘，帝以奇技異服典禮所禁，焚之於殿前。"

〔10〕弋綈之衣：《漢書》卷四《文帝紀》："孝文皇帝即位二十
三年，宮室苑囿車騎服御無所增益。……身衣弋綈，所幸慎夫人衣
不曳地，帷帳無文繡，以示敦朴，爲天下先。"師古曰："弋，黑色
也。綈，厚繒。"

五月甲申，太白晝見。

六月丁卯，大雨，震大皇寺刹、莊嚴寺露盤、重陽

閣東樓、千秋門内槐樹、鴻臚府門。[1]

[1]鴻臚府：官署名。長官爲鴻臚卿，掌朝會時贊導禮儀。

秋七月戊戌，新羅國遣使獻方物。乙巳，以散騎常侍、兼吏部尚書袁憲爲吏部尚書。[1]八月乙丑朔，改秦郡爲義州。[2]戊寅，隕霜，殺稻菽。

[1]袁憲：字德章，陳郡陽夏（今河南太康縣）人。陳時官至吏部尚書、尚書右僕射。本書卷二四有傳，《南史》卷二六有附傳。
[2]義州：州名。梁普通四年（523）分霍州置。治苞信縣，在今河南商城縣西南。

九月壬寅，以平北將軍樊毅爲中領軍。乙巳，立方明壇于婁湖。[1]戊申，以中衛將軍、揚州刺史始興王叔陵兼王官伯臨盟。[2]甲寅，輿駕幸婁湖臨誓。乙卯，分遣大使以盟誓班下四方，上下相警戒也。壬戌，以宣惠將軍江夏王伯義爲東揚州刺史。

[1]婁湖：古湖名。在今江蘇南京市江寧區。三國吳婁侯張昭主持開浚，故名婁湖。周圍十里，溉田數十頃。
[2]王官伯：王官之長。《通鑑》卷一七三《陳紀七》“宣帝太建十年”條胡三省注：“王官伯者，古者天子盟諸侯，使天子之老涖之。如春秋踐土之盟，王子虎盟諸侯于王庭，是之謂王官伯。”

冬十月戊寅，罷義州及琅邪、彭城二郡。[1]立建興，[2]領建安、同夏、烏山、江乘、臨沂、湖熟等六縣，[3]屬揚州。戊子，以尚書左僕射陸繕爲尚書僕射。

[1]琅邪：郡名。治所在今江蘇連雲港市西南海州鎮。　彭城：郡名。治所在今江蘇徐州市。

[2]建興：郡名。治所在今江蘇南京市江寧區。

[3]建安：縣名。治所在今福建建甌市。　同夏：縣名。治所在今江蘇南京市東。宋孝武大明八年（464）梁武帝生於秣陵縣同夏里三橋宅，及即位，分同夏里爲同夏縣。　烏山：縣名。治所在今江蘇南京市溧水區西北。　江乘：縣名。治所在今江蘇句容市北。　臨沂：縣名。治所在今江蘇南京市東北棲霞山西。　湖熟：縣名。治所在今江蘇南京市江寧區東南湖熟鎮。

十一月辛丑，以鎮西將軍孫瑒爲郢州刺史。

十二月乙亥，合州廬江蠻田伯興出寇樅陽，[1]刺史魯廣達討平之。

[1]樅陽：郡縣。治所在今安徽桐城縣東南。

十一年春正月丁酉，龍見于南兗州永寧樓側池中。

二月癸亥，輿駕親耕藉田。

三月丁未，詔淮北義人率户口歸國者，建其本屬舊名，置立郡縣，即隸近州，賦給田宅，唤訂一無所預。

夏五月乙巳，[1]詔曰：“昔軒轅命于風后、力牧，[2]放勳咨爾稷、契、朱武，[3]冕旒垂拱，化致隆平。爰逮漢列五曹，[4]周分六職，[5]設官理務，各有攸司，亦幾期刑措，卜世彌永，並賴群才，用康庶績。朕日昃劬勞，思弘治要，而機事尚擁，政道未凝，夕惕于懷，罔知攸濟。方欲仗茲舟檝，委成股肱，徵名責實，取寧多士。[6]自今應尚書曹、府、寺、内省監、司文案，悉付局參議分判。其軍國興造、徵發、選序、三獄等事，前須詳斷，然後啓聞。凡諸辯決，務令清義，約法守制，較若畫一，不得前後舛互，自相矛楯，[7]致有枉滯。紆意舞文，糾聽所知，靡有攸赦。”甲寅，詔曰：“舊律以枉法受財，爲坐雖重，直法容賄，其制甚輕，豈不長彼貪殘，生其舞弄？事涉貨財，寧不尤切。今可改不枉法受財者，科同正盜。”

[1]夏五月乙巳：底本無“夏”字，中華本校勘記云：“按上書‘三月丁未’，依例此應書‘夏五月’，明脱一‘夏’字，各本並脱，今補。”今從補。

[2]軒轅命于風后、力牧：《史記》卷一《五帝本紀》：“黄帝者，少典之子，姓公孫，名曰軒轅。……舉風后、力牧、常先、大鴻以治民。”相傳風后爲黄帝三公，力牧爲黄帝之相。

[3]放勳咨爾稷、契、朱武：放勳，即帝堯。《尚書・舜典》：“帝曰：‘棄，黎民阻飢，汝后稷，播時百穀。’帝曰：‘契，百姓不親，五品不遜，汝作司徒，敬敷五教，在寬。’……帝曰：‘疇若予上下草木鳥獸？’僉曰：‘益哉。’帝曰：‘俞！咨益。汝作朕虞。’益拜稽首，讓于朱、虎、熊、羆。帝曰：‘俞！往哉，汝諧。’”朱武，即朱虎，唐避李虎諱改。

[4]漢列五曹：《晋書・職官志》載：“列曹尚書，案尚書本漢承秦置，及武帝游宴後庭，始用宦者主中書，以司馬遷爲之，中間遂罷其官，以爲中書之職。至成帝建始四年，罷中書宦者，又置尚

書五人，一人爲僕射，而四人分爲四曹……後成帝又置三公曹，主斷獄，是爲五曹。"

[5]周分六職：《尚書·周官》："六卿分職，各率其屬，以倡九牧，阜成兆民。"

[6]取寧多士：《詩·大雅·文王》："濟濟多士，文王以寧。"

[7]矛楯：即矛盾。

六月庚辰，以鎮前將軍豫章王叔英爲鎮南將軍、江州刺史。景戌，以征南將軍、江州刺史鄱陽王伯山爲中權將軍、護軍將軍。[1]

[1]中權將軍：官名。南朝梁、陳時與中衛、中撫、中衛將軍合稱四中將軍，專授予在京師任職的官員，地位顯要。梁二十三班。陳擬二品，比秩中二千石。

秋七月辛卯，初用大貨六銖錢。[1]

[1]大貨六銖錢：陳宣帝時發行的一種貨幣。《隋書·食貨志》："陳初，承梁喪亂之後，鐵錢不行。始梁末又有兩柱錢及鵝眼錢，于時人雜用，其價同，但兩柱重而鵝眼輕。私家多鎔錢，又間以錫鐵，兼以粟帛爲貨。至文帝天嘉五年，改鑄五銖。初出，一當鵝眼之十。宣帝太建十一年，又鑄大貨六銖，以一當五銖之十，與五銖並行。後還當一，人皆不便。乃相與訛言曰：'六銖錢有不利縣官之象。'未幾而帝崩，遂廢六銖而行五銖。"

八月甲子，青州義主朱顯宗等率所領七百戶入附。[1]丁卯，輿駕幸大壯觀閱武。[2]戊寅，輿駕還宮。

　　[1]義主：歸義者首領。

　　[2]大壯觀：在今江蘇南京市北。《六朝事迹編類》卷六：
"《圖經》云：在城北一十八里，周回五里，高二十丈，東連蔣山，
西有水，下注平陸，南臨玄武湖，北臨蠡湖。《舊經》謂陳宣帝起
大壯觀於此山，因以爲名。"

　　冬十月甲戌，以安前將軍、祠部尚書晉安王伯恭爲
軍師將軍，[1]尚書僕射陸繕爲尚書左僕射。

　　[1]祠部尚書：官名。尚書省祠部曹長官，領祠部、儀曹二曹
郎，掌宗廟禮儀。梁十三班，陳第三品，秩中二千石。　軍師將
軍：官名。梁十九班。陳擬四品，比秩中二千石。

　　十一月辛卯，詔曰："畫冠弗犯，[1]革此澆風，桎戮
是蹈，[2]化於薄俗。朕肅膺寶命，迄將一紀，[3]思經邦濟
治，憂國愛民，日仄劬勞，夜分輟寢，而還淳反朴，其
道靡階，雍熙盛美，莫云能致。遂乃鞫訊之牒，盈於聽
覽，春鈇之人，[4]煩於牢犴。[5]周成刑措，[6]漢文斷獄，[7]
杼軸空勞，[8]邈焉既遠。加以蕞爾醜徒，軼我彭、汴、
淮、汝氓庶，企踵王略，治兵誓旅，義存拯救。飛芻挽
粟，征賦頗煩，[9]暑雨祁寒，寧忘咨怨。[10]兼宿度乖舛，
次舍違方，若曰之誠，責歸元首，愧心斯積，馭朽非
懼。即建子令月，微陽初動，應此嘉辰，宜播寬澤，可
大赦天下。"甲午，周遣柱國梁士彥率衆至肥口。[11]戊
戌，周軍進圍壽陽。辛丑，以車騎將軍、開府儀同三
司、南兗州刺史淳于量爲上流水軍都督；中領軍樊毅都

督北討諸軍事，加安北將軍；[12]散騎常侍、左衛將軍任忠都督北討前軍事，加平北將軍；前豐州刺史皋文奏率步騎三千趣陽平郡。[13]癸卯，任忠率步騎七千趣秦郡。景午，新除仁威將軍、右衛將軍魯廣達率衆入淮。[14]是日，樊毅領水軍二萬自東關入焦湖，[15]武毅將軍蕭摩訶率步騎趣歷陽。[16]戊申，豫州陷。辛亥，霍州又陷。癸丑，以新除中衛大將軍、揚州刺史始興王叔陵爲大都督，總督水步衆軍。

[1]畫冠弗犯：《漢書・刑法志》：“蓋聞有虞氏之時，畫衣冠異章服以爲戮，而民弗犯，何治之至也！”

[2]孥戮是蹈：《尚書・甘誓》：“不用命，戮于社。予則孥戮汝。”蔡沈傳：“言若不用命，不但戮及汝身，將併汝妻子而戮之。”

[3]一紀：十二年。

[4]春鈇之人：罪犯。

[5]牢犴：監獄。

[6]周成刑措：《史記》卷四《周本紀》：“成康之際，天下安寧，刑錯四十餘年不用。”刑措，意謂百姓不輕易犯法，刑罰雖置而無所用。

[7]漢文斷獄：《漢書》卷四《文帝紀》：“專務以德化民，是以海内殷富，興於禮義，斷獄數百，幾致刑措。”

[8]杼軸空勞：《詩・小雅・大東》：“小東大東，杼柚其空。糾糾葛屨，可以履霜。”

[9]飛芻挽粟，征賦頗煩：《漢書》卷六四上《主父偃傳》：“又使天下飛芻輓粟，起於黃、腄、琅邪負海之郡，轉輸北河，率三十鍾而致一石。”師古曰：“運載芻稾，令其疾至，故曰飛芻也。輓謂引車船也。”

[10]暑雨祁寒，寧忘咨怨：典出《尚書·君牙》："夏暑雨，小民惟曰怨咨。冬祁寒，小民亦惟曰怨咨。厥惟艱哉。思其艱以圖其易，民乃寧。"

[11]柱國：官名。柱國大將軍之省稱，北周將軍名號，第一品上。　肥口：古肥水注入淮水之處。在今安徽壽縣北。

[12]安北將軍：官名。南朝梁、陳時爲八安（安東、安南、安西、安北，安前、安後、安左、安右）將軍之一。梁武帝天監七年（508）定爲武職二十四班中的二十一班。陳擬三品，比秩中二千石。

[13]豐州：州名。治所在今福建福州市。

[14]仁威將軍：官名。南朝梁置，與智威、勇威、信威、嚴威將軍代舊征虜將軍。梁武帝天監七年定爲十六班。陳沿置，與智威、仁威、勇威、信威等合稱五威將軍。擬四品，比秩中二千石。

右衛將軍：官名。禁衛軍統帥之一。與左衛將軍合稱二衛將軍，掌宮廷宿衛營兵，多由近臣擔任。梁十二班。陳第三品，秩二千石。

[15]焦湖：即今安徽巢湖。

[16]蕭摩訶：字元胤，蘭陵（今江蘇常州市西北）人。南朝陳大將，輔佐陳後主登基有功，加爲侍中、驃騎大將軍、綏建郡公。後降隋。本書卷三一、《南史》卷六七有傳。

十二月乙丑，南北兖、晋三州，及盱眙、山陽、陽平、馬頭、秦、歷陽、沛、北譙、南梁等九郡，[1]並自拔還京師。譙、北徐州又陷。自是淮南之地盡没于周矣。己巳，詔曰："昔堯、舜在上，茅屋土階，湯、禹爲君，藜杖韋帶。至如甲帳珠絡，華榱璧璫，未能雍熙，徒聞侈欲。朕企仰前聖，思求訟平，正道多違，澆風靡义。至今貴里豪家，金鋪玉舄，貧居陋巷，毚食牛衣，稱物平施，何其遼遠。燧烽未息，役賦兼勞，文吏姦貪，妄動科格。重以旗亭關市，稅斂繁多，不廣都内之錢，非供水衡之費，逼遏商賈，營謀私蓄。靖懷衆弊，宜事改張。弗弘王道，安拯民蠹？今可宣勒主衣、尚方諸堂署等，自非軍國資須，不得繕造衆物。後宫僚列，若有游長，掖庭启奏，即皆量遣。大予秘戲，非會禮經，樂府倡優，不合雅正，竝可刪改。市估津稅，軍令國章，更須詳定，唯務平允。別觀離宫，郊閒野外，非恒饗宴，勿復修治。并勒内外文武車馬宅舍，皆循儉約，勿尚奢華。違我嚴規，抑有刑憲。所由具爲條格，標榜宣示，令喻朕心焉。"癸酉，遣平北將軍沈恪、電威將軍裴子烈鎮南徐州，[2] 開遠將軍徐道奴鎮柵口，[3] 前信州刺史楊寶安鎮白下。[4] 戊寅，以中領軍樊毅爲鎮西將軍、都督荆郢巴武四州水陸諸軍事。

[1]郡：底本作"州"，中華本校勘記云："錢大昕《廿二史考異》云'州'當作'郡'。按上所舉皆郡名，今據改。"今從改。

[2]電威將軍：官名。南朝梁始置，武帝天監七年（508）定爲武職二十四班中的十一班。大通三年（529）後改爲武職三十四班中的十二班。陳沿置，擬七品，比秩六百石。　裴子烈：字大士，河東聞喜（今山西聞喜縣）人。本書卷九、《南史》卷六六有附傳。

[3]開遠將軍：官名。梁置，爲加官、散官性質的將軍。梁位武職二十四班中的八班。陳擬七品，比秩六百石。　柵口：地名。在今安徽蕪湖市東北裕溪口。

[4]信州：州名。治所在今重慶市奉節縣東。

　　十二年春正月戊戌，以散騎常侍、左衛將軍任忠爲平南將軍、南豫州刺史，督緣江軍防事。三月壬辰，以平北將軍廬陵王伯仁爲翊左將軍、中領軍。

　　夏四月癸亥，尚書左僕射陸繕卒。乙丑，以宣毅將軍河東王叔獻爲南徐州刺史。己卯，大雩。壬午，雨。

　　五月癸巳，以軍師將軍、尚書右僕射晉安王伯恭爲尚書僕射。

　　六月壬戌，大風壞皋門中闥。

　　秋八月己未，周使持節、上柱國、鄖州總管滎陽郡公司馬消難以鄖、隨、溫、應、土、順、沔、濊、岳等九州，[1]魯山、甑山、沌陽、應城、平靖、武陽、上明、溳水等八鎮内附。[2]詔以消難爲使持節、侍中、大都督、總督安隨等九州八鎮諸軍事、車騎將軍、司空，[3]封隨郡公，[4]給鼓吹、女樂各一部。[5]庚申，詔鎮西將軍樊毅進督沔、漢諸軍事。遣平南將軍、南豫州刺史任忠率衆趣歷陽；通直散騎常侍、超武將軍陳慧紀爲前軍都督，[6]趣南兗州。戊辰，以新除司空司馬消難爲大都督水陸諸軍事。庚午，通直散騎常侍淳于陵克臨江郡。癸酉，智武將軍魯廣達克郭默城。[7]甲戌，大雨霖。景子，淳于陵克祐州城。

　　[1]使持節：漢代使臣奉皇帝之命出行，持節仗以爲憑證並示威重，謂之持節。魏晉以後，凡重要軍事長官出征或出鎮時，加使持節頭銜，可誅殺二千石以下官員。　上柱國：官名。北周最高勳官，周武帝建德四年（575）置。正九命。　鄖州總管：官名。北周明帝武成元年（559），改“都督諸州軍事”爲總管，轄一州或

數州，加使持節，總理軍區軍政民政。鄖州，治安陸縣，在今湖北安陸市。　滎陽：郡名。治所在今河南滎陽市。　司馬消難：字道融。河內溫（今河南溫縣）人。北齊司馬子如之子。北周明帝二年（558）背齊入周，後率部奔南朝陳，陳亡被俘至長安。因與楊忠結爲兄弟，不久被赦免。卒於家。《周書》卷二一有傳，《北史》卷五四有附傳。　隨：州名。治所在今湖北隨州市。　溫：州名。治所在今湖北京山縣。　應：州名。治所在今湖北應城市。　土：州名。治所在今湖北隨州市東北。　順：州名。治所在今湖北隨州市北。　沔：州名。治所在今湖北漢川市東南。　澴：底本作「儇」，錢大昕《廿二史考異》以爲「儇」當作「澴」。今據改。澴州，治所在今湖北安陸市東北吉陽城。　岳：州名。治所在今湖北孝感市。

[2]魯山：城名。在今湖北武漢市漢陽區。　甑山：城名。在今湖北漢川市東南甑山下。　沌陽：城名。在今湖北武漢市漢陽區。　應城：城名。在今湖北應城市。　平靖：城名。在今湖北廣水市西北。　武陽：城名。在今湖北廣水市東北。　上明：城名。在今湖北隨州市東北。　溳水：底本作「涓水」，中華本校勘記云：「按魯山等八鎮並在今湖北省境。《隋書·地理志》：‘安貴，西魏置溳水郡，開皇初郡廢。’安貴故治在今湖北隨縣西北。溳水鎮當即其地。」今從改。

[3]安：州名。治所在今江蘇宿遷市東南舊黃河東北岸古城。

[4]郡公：爵名。開國郡公的省稱。食邑爲郡，故常冠以所封郡名。晋始置，一品。南朝沿置。在梁位視三公，班次之。在陳爲九等爵之第二等，第二品，秩視中二千石。

[5]鼓吹：本指演奏鼓吹樂的樂隊，用於軍中。後漸變爲皇帝賜予臣下的一種禮遇。魏晋其賜甚輕，南北朝復重，多賜權臣及有功者。　女樂：由職業歌舞妓組成的表演團隊，唯帝王及達到一定品秩的高級官員方可擁有。女樂一部通常由數人組成。

[6]通直散騎常侍：官名。西晋時使員外散騎常侍二人與散騎

常侍通員當值，故名。東晋增至四員，屬散騎省。參平尚書奏事，並掌侍從諷諫，位頗重。南朝屬集書省，多以衰老之士擔任，地位漸低。常爲加官。梁十一班。陳第四品，秩二千石。　超武將軍：官名。南朝梁武帝普通六年（525）刊正將軍名號時置，爲武職三十四班中的九班。陳擬八品，比秩六百石。　陳慧紀：陳高祖陳霸先之從孫。本書卷一五、《南史》卷六五有傳。

[7]智武將軍：官名。南朝梁置，與仁武、勇武、信武、嚴武等合稱五德將軍，在武職中地位較高，並可爲文職清官兼領。武帝天監七年（508）定爲武職二十四班中的十五班。陳沿置，與智武、仁武、勇武、嚴武等合稱五武將軍。擬四品，比秩中二千石。

　九月癸未，周臨江太守劉顯光率衆内附。是夜，天東南有聲，如風水相擊，三夜乃止。景戌，改安陸郡爲南司州。[1]丁亥，周將王延貴率衆援歷陽，任忠擊破之，生擒延貴等。己酉，周廣陵義主曹藥率衆入附。[2]

[1]安陸：郡名。治所在今湖北安陸市。
[2]周廣陵義主曹藥率衆入附：中華本校勘記云：“殿本《考證》云《南史》‘主’上有‘軍’字。”

　冬十月癸丑，大雨雹震。
　十一月己丑，詔曰：“朕君臨四海，日旰劬勞，思弘至治，未臻斯道。而兵車驟出，軍費尤煩，芻漕控引，不能徵賦。夏中亢旱傷農，畿内爲甚，民失所資，[1]歲取無託。此則政刑未理，陰陽舛度，黎元阻饑，君孰與足？靖言興念，余責在躬，宜布惠澤，溥沾氓庶。其丹陽、吳興、晋陵、建興、義興、東海、信義、陳留、江陵等十郡，[2]并諸署即年田税、禄秩，[3]竝各原半，其丁租半申至來歲秋登。"

[1]民失所資：失，底本作"天"，中華本據各本改，甚是，今從改。

[2]"丹陽"至"江陵等十郡"：錢大昕《廿二史考異》云："今數之，止九郡。"義興，治所在今江蘇宜興市。東海，治所在今江蘇鎮江市。信義，治所在今江蘇常熟市西北。陳留，治所在今安徽廣德縣。

[3]并諸署即年田税、禄秩：諸，底本作"謝"，中華本據《册府》卷四八九改，今從改。

十二月庚辰，宣毅將軍、南徐州刺史河東王叔獻薨。

十三年春正月壬午，以車騎將軍、開府儀同三司淳于量爲左光禄大夫；中權將軍、護軍將軍鄱陽王伯山即本號開府儀同三司；鎮右將軍、國子祭酒新安王伯固爲揚州刺史；軍師將軍、尚書僕射晋安王伯恭爲尚書左僕射；安右將軍、丹陽尹徐陵爲中書監，[1]領太子詹事；吏部尚書袁憲爲尚書右僕射。庚寅，以輕車將軍、衛尉卿宜都王叔明爲南徐州刺史。[2]

[1]安右將軍、丹陽尹徐陵爲中書監，領太子詹事：底本無"安"字，中華本校勘記云："按陵本傳，陵於太建十年，重爲領軍將軍，尋遷安右將軍、丹陽尹。此脱'安'字，今補。"今從補。

[2]衛尉卿：官名。位列十二卿，掌宫門宿衛屯兵，巡行宫外，

糾察不法，管理武庫，領武庫、公車司馬令。陳第三品，秩中二千石。

二月甲寅，詔賜司馬消難所部周大將軍田廣等封爵各有差。乙亥，輿駕親耕藉田。

夏四月乙巳，分衡州始興郡爲東衡州，[1]衡州爲西衡州。

[1]東衡州：州名。治曲江縣，在今廣東韶關市南武水西岸。

五月景辰，以前鎮西將軍樊毅爲中護軍。六月辛卯，以新除中護軍樊毅爲護軍將軍。秋九月癸亥，夜，大風至自西北，發屋拔樹，大雷震電。

冬十月癸未，以散騎常侍、丹陽尹毛喜爲吏部尚書，[1]護軍將軍樊毅爲鎮西將軍、荆州刺史。改鄱陽郡爲吳州。[2]壬寅，丹丹國遣使獻方物。

[1]毛喜：字伯武，滎陽陽武（今河南原陽縣東南）人。本書卷二九、《南史》卷六八有傳。
[2]吳州：州名。治所在今江蘇蘇州市。

十二月辛巳，彗星見。己亥，以翊右將軍、衛尉卿沈恪爲護軍將軍。[1]

[1]翊右將軍：官名。爲優禮大臣的虛號。南朝梁置，二十班。與翊左、翊前、翊後將軍合稱四翊將軍。陳擬三品，比秩中二

千石。

十四年春正月己酉，高宗弗豫。甲寅，崩于宣福殿，
時年五十三。遺詔曰：“朕爰自遘疾，曾未浹旬，醫藥不
瘳，便屬大漸，[1]終始定分，夫復奚言。但君臨寰宇，十
有四載，誠則雖休勿休，日慎一日，知宗廟之負重，識
王業之艱難。而邊鄙多虞，生民未乂，方欲蕩清四海，
包吞八荒，有志莫從，遺恨幽壤。皇太子叔寶繼體正嫡，
年業韶茂，纂統洪基，社稷有主。群公卿士，文武内外，
俱罄心力，同竭股肱，送往事居，盡忠誠之節，當官奉
職，引翼亮之功。務在叶和，無違朕意。凡厥終制，事
從省約。金銀之飾，不須入壙，明器之具，皆令用瓦。
唯使儉而合禮，勿得奢而乖度。以日易月，既有通規，
公除之制，悉依舊准。在位百司，三日一臨，四方州鎮，
五等諸侯，各守所職，並停奔赴。”二月辛卯，上謚孝宣
皇帝，廟號高宗。癸巳，葬顯寧陵。[2]

[1]大漸：病危。
[2]顯寧陵：南朝陳宣帝陳頊陵墓。在今江蘇南京市西南牛頭
山西北。

高宗在田之日，[1]有大度幹略，及乎登庸，[2]寔允天
人之望。梁室喪亂，淮南地並入齊，高宗太建初，志復
舊境，乃運神略，授律出師，至於戰勝攻取，獻捷相
繼，遂獲反侵地，[3]功實懋焉。及周滅齊，乘勝略地，
還達江際矣。

[1]在田之日：《易·乾卦》九二："見龍在田。"在田，喻帝
王初起。

[2]登庸：登上帝位。

[3]反：同"返"。

　　史臣曰：高宗器度弘厚，亦有人君之量焉。世祖知
冢嗣仁弱，弗可傳於寶位，高宗地居姬旦，[1]世祖情存
太伯，[2]及乎弗悆，大事咸委焉。至於纂業，萬機平理，
命將出師，克淮南之地，開拓土宇，靜謐封疆。享國十
餘年，志大意逸，呂梁覆軍，[3]大喪師徒矣。江左削弱，
抑此之由。嗚呼！蓋德不逮文，[4]智不及武，[5]雖得失自
我，無禦敵之略焉。

[1]姬旦：周公。

[2]太伯：吳太伯。

[3]呂梁覆軍：軍，底本作"車"，中華本據各本改，今從改。

[4]德不逮文：文，指周文王。

[5]智不及武：武，指周武王。

陳書　卷六

本紀第六

後主

　　後主諱叔寶，字元秀，小字黃奴，高宗嫡長子
也。[1]梁承聖二年十一月戊寅生于江陵。[2]明年，江陵
陷，高宗遷關右，[3]留後主于穰城。[4]天嘉三年，[5]歸京
師，[6]立爲安成王世子。[7]天康元年，[8]授寧遠將軍，[9]置
佐史。[10]光大二年，[11]爲太子中庶子，[12]尋遷侍中，[13]
餘如故。太建元年正月甲午，[14]立爲皇太子。

　　[1]高宗：陳宣帝陳頊廟號高宗。陳頊，本書卷五、《南史》
卷一〇有紀。
　　[2]承聖：南朝梁元帝蕭繹年號（552—555）。　江陵：縣名。
治所在今湖北荆州市荆州區。
　　[3]關右：地區名。主要指故函谷關（今河南靈寶市東北）或
潼關（今陝西潼關縣北）以西地區。
　　[4]穰城：縣名。治所在今河南鄧州市。
　　[5]天嘉：南朝陳文帝陳蒨年號（560—566）。

［6］京師：此指陳都城建康，在今江蘇南京市。

［7］安成王：指陳宣帝陳頊，其即位前曾封安成郡王。安成，郡名。治所在今江西安福縣。　世子：帝王和諸侯的嫡長子。

［8］天康：南朝陳文帝陳蒨年號（566）。

［9］寧遠將軍：官名。五遠將軍之一。屬加官或散官。陳擬五品，比秩千石。

［10］佐史：吏職名。公府、古代地方官員的僚屬，公府、州、縣均設一定員數，供驅使，並掌管文書簿籍等事。

［11］光大：南朝陳廢帝陳伯宗年號（567—568）。

［12］太子中庶子：官名。東宮門下坊的長官，掌侍從太子左右，規諫諷議，獻納得失等。陳第四品，秩二千石。

［13］侍中：官名。門下省官員，掌機要，儼如宰輔。陳第三品，秩中二千石。

［14］太建：南朝陳宣帝陳頊年號（569—582）。

　　十四年正月甲寅，高宗崩。乙卯，始興王叔陵作逆，[1]伏誅。丁巳，太子即皇帝位于太極前殿。詔曰："上天降禍，大行皇帝奄弃萬國，[2]攀號擗踊，[3]無所迨及。朕以哀煢，嗣膺寶歷，[4]若涉巨川，罔知攸濟，方賴群公，用匡寡薄。思播遺德，覆被億兆，[5]凡厥遐邇，咸與惟新。[6]可大赦天下。在位文武及孝悌力田爲父後者，[7]並賜爵一級。孤老鰥寡不能自存者，賜穀人五斛、帛二匹。"癸亥，以侍中、翊前將軍、丹陽尹長沙王叔堅爲驃騎將軍、開府儀同三司、揚州刺史，[8]右衛將軍蕭摩訶爲車騎將軍、南徐州刺史，[9]鎮西將軍、荊州刺史樊毅進號征西將軍，[10]平南將軍、豫州刺史任忠進號鎮南將軍，[11]護軍將軍沈恪爲特進、金紫光禄大夫，[12]

平西將軍魯廣達進號安西將軍，[13]仁武將軍、豐州刺史章大寶爲中護軍。[14]乙丑，尊皇后爲皇太后，宮曰弘範。景寅，以冠軍將軍晉熙王叔文爲宣惠將軍、丹陽尹。[15]丁卯，立弟叔重爲始興王，[16]奉昭烈王祀。[17]己巳，立妃沈氏爲皇后。[18]辛未，立皇弟叔儼爲尋陽王，[19]皇弟叔慎爲岳陽王，[20]皇弟叔達爲義陽王，[21]皇弟叔熊爲巴山王，[22]皇弟叔虞爲武昌王。[23]壬申，侍中、中權將軍、開府儀同三司鄱陽王伯山進號中權大將軍，[24]軍師將軍、尚書左僕射晉安王伯恭進號翊前將軍、侍中，[25]翊右將軍、中領軍廬陵王伯仁進號安前將軍，[26]鎮南將軍、江州刺史豫章王叔英進號征南將軍，[27]平南將軍、湘州刺史建安王叔卿進號安南將軍。[28]以侍中、中書監、安右將軍徐陵爲左光禄大夫，[29]領太子少傅。[30]甲戌，[31]設無㝵大會於太極前殿。[32]

[1]始興王叔陵：陳叔陵。陳宣帝陳頊第二子，封爵始興王。陳宣帝駕崩時，趁亂行刺陳後主，逃出後聚兵謀反，兵敗被殺。本書卷三六、《南史》卷六五有傳。始興，郡名。治所在今廣東韶關市南武水西岸。

[2]大行皇帝：指剛死尚未定謚號的皇帝。　奄棄：忽然捨棄，指死亡。

[3]擗（pǐ）踊：捶胸頓足，形容極度哀傷。擗，捶胸。踊，以腳頓地。

[4]嗣膺：繼承前人而擔任某職位。　寶歷：國祚，指皇位。

[5]覃被：普遍施及。　億兆：指庶民百姓。

[6]咸與惟新：典出《尚書·胤征》"天吏逸德，烈于猛火，

殲厥渠魁，脅從罔治，舊染汙俗，咸與惟新”，僞孔傳云：“言其餘人，久染汙俗，本無惡心，皆與更新。”後帝王詔書中常用“咸與惟新”表示准予受惡習影響或犯罪的人改過自新。

[7]孝悌力田：並鄉官名。皆爲西漢始置。南朝沿置。孝悌，指孝順父母、友愛兄弟的人，爲基層社會道德楷模。力田，指長於農事、致力務本的人，爲基層社會生產楷模。　爲父後者：指在宗族中繼承自己父親地位的人。一般爲嫡子或長子。

[8]翊前將軍：官名。四翊將軍之一。陳擬三品，比秩中二千石。　丹陽尹：官名。京師所在丹陽郡行政長官。陳第五品，秩中二千石。丹陽，郡名。治所在今江蘇南京市。　長沙王叔堅：陳叔堅。字子成，陳宣帝陳頊第四子。本書卷二八、《南史》卷六五有傳。長沙，郡名。治所在今湖南長沙市。　驃騎將軍：官名。魏、晉居諸名號將軍之首，僅作爲軍府名號，加授大臣、重要州郡長官，無具體職掌。陳擬一品，比秩中二千石。　開府儀同三司：官名。爲大臣加號，意謂與三司即太尉、司徒、司空禮制、待遇相同，許開設府署，自辟僚屬。陳第一品，秩萬石。　揚州：州名。治所在今江蘇南京市。

[9]右衛將軍蕭摩訶爲車騎將軍、南徐州刺史：中華本校勘記云：“按《蕭摩訶傳》，後主嗣位，摩訶以功授散騎常侍、車騎大將軍，此無‘大’字。又授南徐州刺史在爲車騎大將軍之後，亦非同時也。”林礽乾《陳書異文考證》以爲“據下文‘禎明元年秋八月丁未，以車騎將軍蕭摩訶爲驃騎將軍’一語觀之，前後兩言蕭摩訶爲‘車騎將軍’，而非‘車騎大將軍’，《通鑑》一七六《陳紀九》亦與此同。疑摩訶本傳之‘車騎大將軍’，當從此紀及《通鑑·陳紀》作‘車騎將軍’爲是”（文史哲出版社1979年版，第74頁）。存疑。右衛將軍，官名。是禁衛軍的主要統帥之一，職權較大，多由皇帝親信擔任。南朝後期，其職亦可統兵出征。陳第三品，秩二千石。蕭摩訶，字元胤，蘭陵（今江蘇常州市西北）人。南朝陳大將，輔佐陳後主登基有功，加爲侍中、綏建郡公。後降隋。本書卷

三一、《南史》卷六七有傳。車騎將軍，官名。南北朝時位次驃騎將軍，在諸名號大將軍之上，多作爲軍府名號，以加授大臣、重要州郡長官，無具體職掌。陳擬一品，比秩中二千石。南徐州，州名。治所在今江蘇鎮江市。

[10]鎮西將軍：官名。鎮東、鎮南、鎮西、鎮北四鎮將軍之一。多授予持節都督。陳擬二品，比秩中二千石。　荆州：州名。治所在今湖北公安縣。　樊毅：字智烈，南陽湖陽（今河南唐河縣南）人。本書卷三一、《南史》卷六七有傳。　征西將軍：官名。征東、征南、征西、征北四征將軍之一。陳擬二品，比秩中二千石。

[11]平南將軍、豫州刺史任忠進號鎮南將軍：中華本校勘記云："按《宣帝紀》，太建十二年以散騎常侍、左衛將軍任忠爲平南將軍、南豫州刺史，本傳同。後主嗣位，即以此進號鎮南將軍。此'豫州'上脱一'南'字。"平南將軍，官名。平東、平南、平西、平北四平將軍之一。多授予持節都督或監某一地區的軍事，或作爲刺史監理軍務的加官。陳擬三品，比秩中二千石。南豫州，州名。治所在今安徽當塗縣。任忠，字奉誠，小名蠻奴，汝陰（今安徽阜陽市）人。本書卷三一、《南史》卷六七有傳。鎮南將軍，官名。鎮東、鎮南、鎮西、鎮北四鎮將軍之一。多授予持節都督。陳擬二品，比秩中二千石。

[12]護軍將軍：官名。職掌都護京師以外諸軍，權任頗重。陳第三品，秩中二千石。　沈恪：字子恭，吳興武康（今浙江德清縣）人。陳時任吳興、會稽太守，後遷廣州刺史，官至金紫光禄大夫。本書卷一二、《南史》卷六七有傳。　特進：原爲對大臣的一種優待，後成爲正式加官名號，以安置閑退大臣。陳第二品，秩中二千石。　金紫光禄大夫：官名。指光禄大夫加金印紫綬者。多爲加官。陳第三品，秩中二千石。

[13]平西將軍：官名。平東、平南、平西、平北四平將軍之一。多授予持節都督或監某一地區的軍事，或作爲刺史監理軍務的

加官。陳擬三品，比秩中二千石。　　魯廣達：字遍覽，扶風郿（今陝西眉縣）人。本書卷三一有傳，《南史》卷六七有附傳。　　安西將軍：官名。南朝梁、陳時爲八安（安東、安南、安西、安北，安前、安後、安左、安右）將軍之一。陳擬三品，比秩中二千石。

[14]仁武將軍：官名。與智武、勇武、信武、嚴武將軍並稱五武將軍。陳擬四品，比秩中二千石。　　豐州：州名。治所在今福建福州市。　　章大寶：章昭達子，吳興武康（今浙江德清縣）人。爲豐州刺史時起兵反，兵敗被殺。本書卷一一、《南史》卷六六有附傳。　　中護軍：官名。職掌都護京師以外的地方軍隊。陳第三品，秩中二千石。

[15]冠軍將軍：官名。陳擬四品，比秩中二千石。　　晉熙王叔文：陳叔文。字子才，陳宣帝第十二子。本書卷二八、《南史》卷六五有傳。晉熙，郡名。治所在今安徽潛山縣。　　宣惠將軍：官名。南朝梁置，爲加官、散官性質的將軍。陳擬四品，比秩中二千石。

[16]立弟叔重爲始興王：中華本校勘記云：“‘叔重’《南史·陳後主紀》作‘叔敦’，然《宣帝諸子傳》又作‘叔重’。”林尗乾《陳書異文考證》云：“叔重字子厚，爲高宗第十四子。《南史·陳宗室諸王傳》《陳書·宣帝諸子傳》及本卷下文‘至德元年二月丁丑’下所見之始興王叔重，無一作叔敦者，明此《南史·陳後主紀》作‘叔敦’者，當是‘叔重’之誤。”（第75頁）林説是。叔重，陳叔重。字子厚，陳宣帝第十四子。本書卷二八、《南史》卷六五有傳。

[17]昭烈王：陳道談。陳武帝之兄，陳文帝之父。事見本書卷一《高祖紀上》、卷二八《始興王伯茂傳》。

[18]沈氏：陳後主皇后沈婺華，儀同三司望蔡貞憲侯沈君理之女。本書卷七、《南史》卷一二有傳。

[19]叔儼：陳叔儼。字子思，陳宣帝第十五子，封爵爲尋陽王。本書卷二八、《南史》卷六五有傳。　　尋陽：郡名。治所在今

江西九江市。

[20]皇弟叔慎爲岳陽王：王，底本作墨丁。中華本據各本補，今從補。叔慎，陳叔慎。字子敬，陳宣帝第十六子。本書卷二八、《南史》卷六五有傳。岳陽，郡名，治所在今湖南汨羅市東。

[21]叔達：陳叔達。字子聰，陳宣帝第十七子。本書卷二八、《南史》卷六五有傳。　義陽：郡名。治所在今湖北武漢市黃陂區北。

[22]皇弟叔熊爲巴山王：叔熊，《南史》卷一〇《陳後主紀》同，本書卷二八《巴山王叔雄》傳作“叔雄”。林礽乾《陳書異文考證》云：“茲就高宗二十九子取名叔寶、叔英、叔堅、叔文等觀之，無一以動物之名爲名者，則此巴山王叔熊之‘熊’，當從本傳作‘雄’爲是。又古人取名，多與其字相應。自更就宣帝諸子傳所載‘叔明，字子昭。叔達，字子聰。叔宣，字子通。叔儉，字子約。叔雄，字子猛’等考之，‘明’之與‘昭’，‘達’之與‘聰’，‘宣’之與‘通’，‘儉’之與‘約’，名與字，無不取義相應。‘叔雄’字‘子猛’，‘猛’與‘雄’義正相應，此亦足證字‘子猛’之‘叔雄’，作‘叔雄’，當屬無誤。”（第75—76頁）按，林說有理。然諸本此處無異文，故不改字。叔雄，陳叔雄。字子猛，陳宣帝第十八子。本書卷二八、《南史》卷六五有傳。巴山，郡名。治所在今江西崇仁縣西南。

[23]叔虞：陳叔虞。字子安，陳宣帝第十九子。本書卷二八、《南史》卷六五有傳。　武昌：郡名。治所在今湖北鄂州市。

[24]中權將軍：官名。梁置，與中衛、中軍、中撫將軍合稱四中將軍。地位顯要，祇授予在京師任職的官員。陳擬二品，比秩中二千石。　鄱陽王伯山：陳伯山。字静之，陳文帝第三子。本書卷二八、《南史》卷六五有傳。鄱陽，郡名。治所在今江西鄱陽縣。

中權大將軍：官名。中權將軍加“大”者，位進一階。

[25]軍師將軍：官名。陳擬四品，比秩中二千石。　尚書左僕射：官名。尚書省次官。位右僕射上。輔佐尚書令執行政務，參議

大政，諫諍得失。南朝尚書令位尊權重，不親庶務，尚書省日常政務由僕射主持。梁、陳時尚書令常缺，僕射實爲尚書省主官。陳第二品，秩中二千石。　晋安王伯恭：陳伯恭。字肅之，陳文帝第六子。本書卷二八、《南史》卷六五有傳。晋安，郡名。治所在今福建福州市。

[26]翊右將軍、中領軍廬陵王伯仁進號安前將軍：中華本校勘記云：“按‘翊右將軍’當依《宣帝紀》太建十二年及《世祖九王傳》作‘翊左將軍’。”翊右將軍，官名。與翊左、翊前、翊後將軍合稱四翊將軍。陳擬三品，比秩中二千石。中領軍，官名。職掌京師的禁軍與駐軍。陳第三品，秩中二千石。廬陵王伯仁，陳伯仁。字壽之，陳文帝第八子。本書卷二八、《南史》卷六五有傳。廬陵，郡名。治所在今江西吉水縣東北。安前將軍，官名。與安左、安右、安後、安東、安南、安西、安北將軍合稱八安將軍。陳擬三品，比秩中二千石。

[27]江州：州名。治所在今江西九江市。　豫章王叔英：陳叔英。字子烈，陳宣帝第三子。本書卷二八、《南史》卷六五有傳。豫章，郡名。治所在今江西南昌市。　征南將軍：官名。四征將軍之一。陳擬二品，比秩中二千石。

[28]湘州：州名。治所在今湖南長沙市。　建安王叔卿：陳叔卿。字子弼，陳宣帝第五子。本書卷二八、《南史》卷六五有傳。建安，郡名。治所在今福建建甌市。　安南將軍：官名。與安左、安右、安前、安後、安東、安西、安北將軍合稱八安將軍。陳擬三品，比秩中二千石。

[29]中書監：官名。中書省長官之一。掌撰詔命，記會時事，典作文書。與中書令多不並置。陳第二品，秩中二千石。　安右將軍：官名。雜號將軍。八安將軍之一。祇授予在京都任職的官員。陳擬三品，比秩中二千石。　徐陵：字孝穆，東海郯（今山東郯城縣北）人。南朝梁、陳時文學名家，善詩賦駢文，作品綺艷輕靡，與庾信並爲當時宮廷文學的代表，時號“徐庾體”。南朝陳時歷任

顯官要職。本書卷二六有傳，《南史》卷六二有附傳。　左光禄大夫：官名。爲在朝顯職的加官，以示優待，或授予年老有病者爲致仕之官，亦常用作卒後贈官。無職掌。南朝時仍屬光禄勳。陳第二品，秩中二千石。

［30］太子少傅：官名。與太子太傅並稱太子二傅。掌輔佐太子。陳第二品，秩中二千石。

［31］戌，底本作“戌”，顯爲“戌”之譌，今徑改之。本卷下文同年八月“景戌”、至德二年四月“庚戌”例同此，不再出校。

［32］無导大會：即無礙大會，又名無遮大會。是佛教所舉行的以布施爲主的法會，通常每五年一次。無遮，即沒有遮攔的意思，意謂不分貴賤、智愚、善惡地將一切加以平等看待、寬容對待。导，同“礙”。

三月辛亥，詔曰：“躬推爲勸，[1]義顯前經，力農見賞，事昭往誥。斯乃國儲是資，民命攸屬，豐儉隆替，靡不由之。夫入賦自古，輸藳惟舊，沃饒貴于十金，磽确至於三易，[2]腴埆既異，[3]盈縮不同。詐僞日興，簿書歲改。稻田使者，著自西京，[4]不實峻刑，聞諸東漢。老農懼於祗應，[5]俗吏因以侮文。輟末成群，[6]游手爲伍，永言妨蠹，[7]良可太息。今陽和在節，膏澤潤下，宜展春耨，[8]以望秋垇。[9]其有新闢塍畎，[10]進墾蒿萊，[11]廣袤勿得度量，征租悉皆停免。私業久廢，咸許占作，公田荒縱，亦隨肆勤。儻良守教耕，淳民載酒，有兹督課，議以賞擢。外可爲格班下，稱朕意焉。”癸亥，詔曰：“夫體國經野，長世字氓，雖因革儻殊，弛張或異，至於旁求俊乂，[12]爰逮側微，用適和羹，是隆大厦，上智中主，咸由此術。朕以寡薄，嗣膺景祚，雖哀疚在躬，情慮惛舛，而宗社任重，黎庶務殷，無由自安拱默，敢忘康濟，思所以登顯髦彥，[13]式備周行。但空勞宵夢，屢勤史卜，五就莫來，八能不至。[14]是用申旦凝慮，[15]景夜損懷。[16]豈以食玉炊桂，無因自達？將懷寶迷邦，咸思獨善？應內外衆官九品已上，可各薦一人，以會彙征之旨。且取備實難，舉長或易，小大之用，明言所施，勿得南箕北斗，[17]名而非實。其有負能仗氣，擯壓當時，著《賓戲》以自憐，[18]草《客嘲》以慰志，[19]人生一世，逢遇誠難，亦宜去此幽谷，翔兹天路，趨銅駝以觀國，[20]望金馬而來庭，[21]便當隨彼方圓，飭之矩矱。"[22]又詔曰："昔睿后宰民，哲王御寓，雖德稱汪濊，[23]明能普燭，猶復紆己乞言，降情訪道，高咨岳牧，下聽輿臺，故能政若神明，事無悔吝。[24]朕纂承丕緒，思隆大業，常懼九重已邃，四聰未廣，欲聽昌言，不疲痿足，若逢廷折，[25]無憚批鱗。[26]而口柔之辭，儻聞於在位，腹誹之意，或隱於具僚，非所以弘理至公，緝熙帝載者也。[27]內外卿士文武衆司，若有智周政術，心練治體，救民俗之疾苦，辯禁網之疏密者，各進忠讜，無所隱諱。朕將虛己聽受，擇善而行，庶深鑒物情，匡我王度。"己巳，以侍中、尚書左僕射、新除翊前將軍晉安王伯恭爲安南將軍、湘州刺史，新除翊左將軍、永陽王伯智爲尚書僕射，[28]中護軍章大寶爲豐州刺史。

[1]躬推爲勸：真大成《中古史書校證》云："'推'，《册府》卷一九八作'耕'。按，此詔旨在勸勵肆勤田畝，展力耕作，'推'

字無義，當爲‘耕’字之訛。‘躬耕’與‘力農’互文。”（中華書局 2013 年版，第 165 頁）按，“推”字不誤。躬推謂籍田推耕之禮。《禮記・月令》：“天子三推，三公五推，卿、諸侯九推。”

　　[2]磽（qiāo）确：土地堅硬貧瘠。

　　[3]堉（jí）：貧瘠。

　　[4]著：底本作“箸”。按，刻本文字從草與從竹常有混用的情況。今徑改之，本卷以下不再出校。　　西京：指長安，在今陝西西安市西北。

　　[5]祗（zhī）應：恭敬的應對、伺候。

　　[6]輟耒：耒，底本作“來”，今據中華本改正。代指不耕作的人。耒，一種前端爲二分叉形的翻土農具。

　　[7]永言：長言。在此是一直的意思。

　　[8]耨（nòu）：一種前端類似“V”字形的鋤草農具。

　　[9]秋坻：秋天田裏的收成。

　　[10]塍（chéng）畎：田地。塍，田埂。畎，田中溝壑。

　　[11]蒿萊：野草。

　　[12]俊乂（yì）：德才出衆的人。乂，賢人。

　　[13]髦彦：有俊才的人。

　　[14]八能不至：八，底本作“五”。中華本校勘記云：“據錢大昕説改。按漢制，皇帝常於日冬夏至御前殿，合八能之士，陳八音。見《後漢書・禮儀志》。”説是，今從改。八能，善調陰陽、律曆、音樂的人。《後漢書・禮儀志中》：“日冬至、夏至，陰陽晷景長短之極，微氣之所生也。故使八能之士八人，或吹黃鍾之律閒竽；或撞黃鍾之鍾；或度晷景，權水輕重，水一升，冬重十三兩；或擊黃鍾之磬；或鼓黃鍾之瑟，軫閒九尺，二十五絃，宮處于中，左右爲商、徵、角、羽；或擊黃鍾之鼓。”

　　[15]是用申旦凝慮：申，底本作“甲”。中華本校勘記云：“據殿本《考證》改。按‘獨申旦而不寐兮’，見《楚辭》。”説是，今從改。申旦，通曉，自夜達旦。

[16]景夜損懷：中華本校勘記云：“‘景’北監本、殿本作‘丙’。按思廉避唐諱，‘丙’字皆改爲‘景’，作“丙”者乃後人回改也。”説是。丙，下文皆作“景”，不再出校。丙夜，指三更時分，即夜晚十一點至翌日凌晨一點。

[17]南箕北斗：星宿名。南箕，即箕宿，二十八星宿之一。形似簸箕。以其在夏秋之際出現在南天的位置，故稱。北斗，即北斗七星，形似酒杓。二者皆是形似而無實際功用，後以此比喻徒有虛名而無實用的人或事。

[18]《賓戲》：即《答賓戲》，是東漢班固創作的一篇辭賦。文章通過設置主客問答的形式，抒發了自己功業無成的苦悶和感慨。

[19]《客嘲》：即《解嘲》，是東漢揚雄創作的一篇辭賦。文章同樣通過設置主客問答的形式，圍繞他人對自己的嘲諷進行了解釋，抒發了自身的憤慨之情與磊落之氣。

[20]趨銅馳以觀國：東漢國都洛陽城中曾有銅鑄的駱駝兩隻，它們佇立之處，逐漸成爲最繁華的街道。所以説趨銅駝以觀國都。馳，同“駝”。

[21]望金馬而來庭：金馬是漢宮門名，位於未央宮內。漢代應朝廷徵召者需在此待詔進宮。所以説望金馬門而來漢庭。

[22]矩矱（yuē）：規矩法度。

[23]汪濊：深廣。

[24]悔吝：悔恨。吝，悔恨，遺憾。

[25]廷折：在朝廷上衝撞君王。

[26]批鱗：當面直言忤逆君王的意志。批，削刮。

[27]緝熙：光輝明亮的意思，一般用來形容君王。《詩·大雅·文王》：“穆穆文王，於緝熙敬止。”

[28]永陽王伯智：陳伯智，字策之，陳文帝第十二子。本書卷二八、《南史》卷六五有傳。永陽，郡名。治所在今湖南道縣西北。

尚書僕射：官名。原爲尚書省次官，因梁、陳尚書令常缺，僕射實爲尚書省主官。主持尚書省日常政務。陳第二品，秩中二千石。

夏四月景申，立皇子永康公胤爲皇太子，[1]賜天下爲父後者爵一級，王公已下賚帛各有差。[2]庚子，詔曰："朕臨御區宇，撫育黔黎，[3]方欲康濟澆薄，[4]蠲省繁費，[5]奢僭乖衷，實宜防斷。應鏤金銀薄及庶物化生土木人綵花之屬，及布帛幅尺短狹輕疏者，竝傷財廢業，尤成蠹患。又僧尼道士，挾邪左道，不依經律，民間淫祀祅書諸珍怪事，[6]詳爲條制，竝皆禁絶。"癸卯，詔曰："中歲克定淮、泗，[7]爰涉青、徐，[8]彼土酋豪，竝輸罄誠款，分遣親戚，以爲質任。今舊土淪陷，復成異域，南北阻遠，未得會同，念其分乖，殊有愛戀。夷狄吾民，斯事一也，何獨譏禁，使彼離析？外可即檢任子館及東館并帶保任在外者，竝賜衣糧，頒之酒食，遂其鄉路，所之阻遠，便發遣船仗衛送，必令安達。若已預仕宦及別有事義不欲去者，亦隨其意。"

[1]永康公胤：陳胤。字承業，陳後主長子。曾封爵爲永康縣公。後主即位立爲皇太子，後又廢爲吳興王。本書卷二八、《南史》卷六五有傳。永康，縣名。治所在今浙江永康市。

[2]賚帛：賞賜以縑帛。

[3]黔黎：百姓。

[4]康濟：安撫救助。　澆薄：社會風氣浮薄。

[5]蠲省：廢黜省去。

[6]祅：同"妖"。

[7]淮、泗：淮水與泗水。

[8]青：州名。治所在今山東青州市。

六月癸酉朔，以明威將軍、通直散騎常侍孫瑒爲中護軍。[1]

[1]明威將軍：官名。梁十三班。陳擬五品，比秩千石。另梁、陳十明將軍中亦有此號。陳擬六品，比秩千石。　通直散騎常侍：官名。集書省屬官，南朝時多以衰老之士擔任，多爲加官。陳第四品，秩二千石。　孫瑒：字德璉，吳郡（今江蘇蘇州市）人。曾隨王僧辯討侯景，以功封富陽縣侯。王琳立蕭莊爲帝，授其爲太府卿、郢州刺史。兵敗後降陳，官至五兵尚書。本書卷二五、《南史》卷六七有傳。

秋七月辛未，大赦天下。是月，江水色赤如血，自京師至于荆州。

八月癸未夜，天有聲如風水相擊。乙酉夜亦如之。景戌，以使持節、都督緣江諸軍事、安西將軍魯廣達爲安左將軍。[1]

[1]使持節：魏、晉以後，凡重要軍事長官出征或出鎮時，加使持節，可誅殺二千石以下官員。皇帝派遣大臣出巡或祭吊等事時，也使持節，以表示權力和尊崇。　安左將軍：官名。南朝梁、陳八安將軍之一，祇授予在京都任職的官員。陳擬三品，比秩中二千石。

九月景午，設無㝵大會於太極殿，捨身及乘輿御服，[1]大赦天下。辛亥夜，天東北有聲如蟲飛，漸移西北。乙卯，太白晝見。[2]景寅，以驃騎將軍、開府儀同三司、揚州刺史長沙王叔堅爲司空，[3]征南將軍、江州刺史豫章王叔英即本號開府儀同三司。

[1]捨身：佛教徒爲宣揚佛法，或爲消灾免禍，自動去寺院作苦行，謂之"捨身"。南朝時此風最盛。

[2]太白晝見：據《隋書·天文志下》載，此天象是"爲臣强，爲政革"的徵兆。太白，星名，即金星。又名啓明、長庚。

[3]司空：官名。三公之一。魏晋南北朝時期作爲名譽宰相，多爲大臣加官，無實際執掌。陳第一品，秩萬石。

至德元年春正月壬寅，[1]詔曰："朕以寡薄，嗣守鴻基，哀悼切慮，[2]疹恙纏織，[3]訓俗少方，臨下靡箏，懼甚踐冰，慄同馭朽。而四氣易流，[4]三光遄至，[5]纓紱列陛，[6]玉帛充庭，具物匪新，節序疑舊，緬思前德，永慕昔辰，對軒闈而哽心，顧宸筵而慓氣。[7]思所以仰遵遺構，俯勵薄躬，陶鑄九流，休息百姓，用弘寬簡，取叶陽和。可大赦天下，改太建十五年爲至德元年。"以征南將軍、江州刺史、新除開府儀同三司豫章王叔英爲中衛大將軍，[8]驃騎將軍、開府儀同三司、揚州刺史長沙王叔堅爲江州刺史，征東將軍、開府儀同三司、東揚州刺史司馬消難進號車騎將軍，[9]宣惠將軍、丹陽尹晋熙王叔文爲揚州刺史，鎮南將軍、南豫州刺史任忠爲領軍將軍，[10]安左將軍魯廣達爲平南將軍、南豫州刺史，祠部尚書江總爲吏部尚書。[11]癸卯，立皇子深爲始安王。[12]

[1]至德：南朝陳後主陳叔寶年號（583—586）。

［2］哀惸（qióng）：哀傷而孤獨。惸，同"煢"。

［3］疹恙纏織：指身體受到皮膚病的侵蝕。疹，皮膚上因感染發炎而引起的小顆粒，多爲紅色。

［4］四氣：指春、夏、秋、冬四時所對應的温、熱、冷、寒之氣。

［5］三光：指日、月、星的光芒。

［6］纓紱（fú）：冠帶與印綬，借指官位和官員。

［7］扆（yǐ）筵（yán）：皇帝的寶座。　慓（piào）氣：指由傷心而引起的急促的喘氣。

［8］中衛大將軍：官名。中衛將軍加"大"者進位一階。中衛將軍，地位顯要，專授在京師任職的官員。陳擬二品，比秩中二千石。

［9］征東將軍：官名。與征西、征南、征北將軍合稱四征將軍。多出鎮地方，地位顯要。陳擬二品，比秩中二千石。　東揚州：州名。治所在今浙江紹興市。　司馬消難：字道融，河内温（今河南温縣）人。北齊司馬子如之子。北周明帝二年（558）背齊入周，後率部奔南朝陳，陳亡被俘至長安。因與楊忠結爲兄弟，不久被赦免。《周書》卷二一有傳，《北史》卷五四有附傳。　車騎將軍：官名。南北朝時位次驃騎將軍，在諸名號大將軍之上，多作爲軍府名號，以加授大臣、重要州郡長官，無具體職掌。陳擬一品，比秩中二千石。

［10］領軍將軍：官名。禁軍的最高統帥。陳第三品，秩中二千石。

［11］祠部尚書：官名。尚書省祠部曹長官，領祠部、儀曹二曹郎，掌宗廟禮儀。陳第三品，秩中二千石。　江總：字總持，濟陽考城（今河南民權縣東北）人。本書卷二七有傳，《南史》卷三六有附傳。　吏部尚書：官名。尚書省吏部曹長官，位居列曹尚書之上，掌官吏銓選考課。陳第三品，秩中二千石。

［12］深：陳深。字承源，後主第四子。禎明二年（588），皇

太子胤廢，立深爲皇太子，陳亡後入隋。本書卷二八、《南史》卷
六五有傳。　始安：郡名。治所在今廣西桂林市。

二月丁丑，以始興王叔重爲揚州刺史。

夏四月戊辰，交州刺史李幼榮獻馴象。[1]己丑，以
前輕車將軍、揚州刺史晉熙王叔文爲江州刺史。[2]

[1]交州：州名。治所在今越南北寧省仙游縣東。
[2]輕車將軍：官名。陳擬五品，比秩千石。

秋八月丁卯，以驃騎將軍、開府儀同三司長沙王叔
堅爲司空。

九月丁巳，天東南有聲如蟲飛。

冬十月丁酉，立皇弟叔平爲湘東王，[1]叔敖爲臨賀
王，[2]叔宣爲陽山王，[3]叔穆爲西陽王。[4]戊戌，侍中、
安右將軍、左光禄大夫、太子少傅徐陵卒。癸丑，立皇
弟叔儉爲南安王，[5]叔澄爲南郡王，[6]叔興爲沅陵王，[7]
叔韶爲岳山王，[8]叔純爲新興王。[9]

[1]叔平：陳叔平。字子康，陳宣帝第二十子。本書卷二八、
《南史》卷六五有傳。　湘東：郡名。治所在今湖南衡陽市。
[2]叔敖：陳叔敖。字子仁，陳宣帝第二十一子。本書卷二八、
《南史》卷六五有傳。　臨賀：郡名。治所在今廣西賀州市東南。
[3]叔宣：陳叔宣。字子通，陳宣帝第二十二子。本書卷二八、
《南史》卷六五有傳。　陽山：郡名。治所在今廣東英德市西北洤
洸鎮。
[4]叔穆：陳叔穆。字子和，陳宣帝第二十三子。本書卷二八、

《南史》卷六五有傳。　西陽：郡名。治所在今湖北黃岡市東。

[5]叔儉：陳叔儉。字子約，陳宣帝第二十四子。本書卷二八、《南史》卷六五有傳。　南安：郡名。治所在今福建南安市東豐州鎮。

[6]叔澄：陳叔澄。字子泉，陳宣帝第二十五子。本書卷二八、《南史》卷六五有傳。　南郡：郡名。治所在今湖北荆州市荆州區。

[7]叔興：陳叔興。字子推，陳宣帝第二十六子。本書卷二八、《南史》卷六五有傳。　沅陵：郡名。治所在今湖南沅陵縣西南。

[8]叔韶：陳叔韶。字子欽，陳宣帝第二十七子。本書卷二八、《南史》卷六五有傳。　岳山：郡名。治所在今湖北孝感市北。

[9]叔純：陳叔純。字子共，陳宣帝第二十八子。本書卷二八、《南史》卷六五有傳。　新興：郡名。治所在今湖北江陵縣。

　　十二月景辰，頭和國遣使獻方物。[1]司空長沙王叔堅有罪免。戊午夜，天開自西北至東南，其内有青黃色，隆隆若雷聲。

　　[1]頭和國：國名。餘不詳。　方物：各地物産、土産。

　　二年春正月丁卯，分遣大使巡省風俗。平南將軍、豫州刺史魯廣達進號安南將軍。[1]癸巳，大赦天下。

　　[1]平南將軍、豫州刺史魯廣達進號安南將軍：中華本校勘記云："按魯廣達於上年爲南豫州刺史，此'豫州'上脱一'南'字。"

　　夏五月戊子，以尚書僕射永陽王伯智爲平東將軍、東揚州刺史，[1]輕車將軍、江州刺史晋熙王叔文爲信威將軍、湘州刺史，[2]仁威將軍、揚州刺史始興王叔重爲江州刺史，[3]信武將軍、南琅邪彭城二郡太守南平王嶷爲揚州刺史，[4]吏部尚書江總爲尚書僕射。

[1]平東將軍：官名。平東、平南、平西、平北四平將軍之一。多授予持節都督或監某一地區的軍事，或作爲刺史監理軍務的加官。陳擬三品，比秩中二千石。

[2]信威將軍：官名。與智威、仁威、勇威、嚴威並稱五威將軍。陳擬四品，比秩中二千石。

[3]仁威將軍：官名。與智威、勇威、信威、嚴威並稱五威將軍。陳擬四品，比秩中二千石。

[4]信武將軍：官名。與仁武、勇武、智武、嚴武將軍並稱五武將軍。陳擬四品，比秩中二千石。　南琅邪：郡名。治所在今江蘇南京市北金川門外、幕府山南麓。　彭城：郡名。此處應爲南彭城。屬南徐州。治所在今江蘇鎮江市、丹陽市、常州市一帶。　南平王嶷：陳嶷。字承嶽，陳後主第二子。本書卷二八、《南史》卷六五有傳。南平，郡名。治所在今湖北公安縣西。

秋七月戊辰，以長沙王叔堅爲侍中、鎮左將軍。[1]壬午，太子加元服，[2]在位文武賜帛各有差，孝悌力田爲父後者各賜一級，鰥寡癃老不能自存者人穀五斛。[3]

[1]鎮左將軍：官名。與鎮東、鎮南、鎮西、鎮北、鎮右、鎮前、鎮後將軍合稱八鎮將軍。陳擬二品，比秩中二千石。

[2]加元服：古稱行冠禮爲“加元服”。元服，即冠的別稱。按，古代男子到二十歲時（天子、諸侯可提前至十二歲），須舉行

加冠之禮，以表示其成人，此禮叫做"冠"或"冠禮"。

　　[3]癃（lóng）：衰老病弱之人。

　　九月癸未，太白晝見。

　　冬十月己酉，詔曰："耕鑿自足，乃曰淳風，貢賦之興，其來尚矣。蓋由庚極務，不獲已而行焉。但法令滋章，姦盜多有，俗尚澆詐，政鮮惟良。朕日旰夜分，矜一物之失所，泣辜罪己，愧三千之未措。望訂初下，使彊蔭兼出，如聞貧富均起，單弱重弊，斯豈振窮扇暍之意歟？[1]是乃下吏箕斂之苟也。[2]故云'百姓不足，君孰與足'。[3]自太建十四年望訂租調逋未入者，[4]並悉原除。在事百僚，辯斷庶務，必去取平允，無得便公害民，爲己聲績，妨紊政道。"

　　[1]扇暍（yē）：典出《淮南子·人間》："武王蔭暍人於樾下，左擁而右扇之。而天下懷其德。"本意是説爲中暑的人扇風，後用以頌揚德政。暍，發熱中暑。

　　[2]箕斂：用簸箕斂拾物品，形容苛斂民財。

　　[3]百姓不足，君孰與足：典出《論語·顏淵》："哀公問於有若曰：'年饑，用不足，如之何？'有若對曰：'盍徹乎？'曰：'二，吾猶不足，如之何其徹也？'對曰：'百姓足，君孰與不足？百姓不足，君孰與足？'"意思是君主應以民生爲本。

　　[4]租調：田租和户調。

　　十一月景寅，大赦天下。壬申，盤盤國遣使獻方物。[1]戊寅，百濟國遣使獻方物。[2]

[1]盤盤國：古國名。位於今泰國南萬倫灣沿岸一帶。自南朝宋元嘉中至唐貞觀年間，一直與中國保持長期友好關係。《梁書》卷五四有傳。

[2]百濟國：古國名。故地在今朝鮮半島西南部。《隋書》卷八一、《北史》卷九四有傳。

三年春正月戊午朔，日有蝕之。庚午，以鎮左將軍長沙王叔堅即本號開府儀同三司，征西將軍、荊州刺史樊毅爲護軍將軍，守吏部尚書、領著作陸瓊爲吏部尚書，[1]金紫光禄大夫袁敬加特進。[2]

[1]守：猶攝。暫時署理職務。多指官階低而署理較高的官職。
著作：官名。即著作郎。秘書省屬官，掌國史，集注起居。陳第六品，秩六百石。　陸瓊：字伯玉，吳郡（今江蘇蘇州市）人。太建中，累遷太子中庶子，領大著作，撰國史。遷吏部尚書。本書卷三〇有傳，《南史》卷四八有附傳。

[2]袁敬：字子恭，陳郡陽夏（今河南太康縣）人。本書卷一七有傳，《南史》卷二六有附傳。

三月辛酉，前豐州刺史章大寶舉兵反。

夏四月庚戌，豐州義軍主陳景詳斬大寶，傳首京師。

秋八月戊子夜，老人星見。[1]己酉，以左民尚書謝伷爲吏部尚書。[2]

[1]老人星：星名。亦省稱“老人”。南部天空一顆光度較亮的二等星。古人認爲它象徵長壽，故又名“壽星”。《史記·天官

書》云："老人見，治安；不見，兵起。"

[2]左民尚書謝伷爲吏部尚書：伷，底本作"伸"。中華本據南監本改。今從改。左民尚書，官名。尚書左民曹長官，掌户籍與工官之事。陳第三品，秩中二千石。

九月甲戌，特進、金紫光禄大夫袁敬卒。

冬十月己丑，丹丹國遣使獻方物。[1]

[1]丹丹國：古國名。在今馬來西亞吉蘭丹州内的馬來半島中部一帶。崇信佛教。《梁書》卷五四、《南史》卷七八有傳。

十一月己未，詔曰："宣尼誕膺上哲，[1]體資至聖，祖述憲章之典，並天地而合德，樂正雅頌之奥，與日月而偕明，垂後昆之訓範，開生民之耳目。[2]梁季湮微，靈寢忘處，鞠爲茂草，三十餘年，敬仰如在，永惟愾息。今《雅》道雍熙，《由庚》得所，斷琴故履，零落不追，閲笥開書，[3]無因循復。外可詳之禮典，改築舊廟，蕙房桂棟，[4]咸使惟新，芳藻潔潦，以時饗奠。"辛巳，輿駕幸長干寺，[5]大赦天下。

[1]宣尼：指孔子。西漢平帝時，追謚孔子爲襃成宣尼公，故有此稱。

[2]生民：人民。

[3]笥（sì）：書箱。

[4]蕙：底本作"慈"，今據中華本改正。

[5]長干寺：佛寺名。在今江蘇南京市。始建於東晋，梁武帝時曾大規模擴建，隋唐時逐漸衰落。

十二月丙戌，太白晝見。辛卯，皇太子出太學，[1]
講《孝經》，[2]戊戌，講畢。辛丑，釋奠于先師，[3]禮
畢，設金石之樂，會宴王公卿士。癸卯，高麗國遣使獻
方物。[4]

[1]太學：古代設於京城以傳授儒家經典的最高學府。
[2]《孝經》：孔門後學所作的一部儒家經典，主要講述孝道
以及移孝作忠的倫理觀念。
[3]釋奠：在學校置酒食以祭祀先聖先師的儀式。
[4]高麗國：古國名。在今朝鮮半島。《周書》卷四九、《隋
書》卷八一、《北史》卷九四有傳。

是歲，蕭巋死，[1]子琮代立。[2]

[1]蕭巋：南朝後梁明帝。字仁遠，後梁宣帝蕭詧之子。《隋
書》卷七九有傳，《周書》卷四八、《北史》卷九三有附傳。
[2]琮：蕭琮。字溫文，南朝後梁國主，宣帝蕭詧之子。《周
書》卷四八、《隋書》卷七九、《北史》卷九三有附傳。

四年春正月甲寅，詔曰：“堯施諫鼓，禹拜昌言，
求之異等，久著前徽，[1]舉以淹滯，復聞昔典，斯乃治
道之深規，帝王之切務。朕以寡昧，丕承鴻緒，未明虛
己，日旰興懷，萬機多緒，四聰弗達，[2]思聞謇謇，採
其謀計。王公已下，各薦所知，旁詢管庫，爰及輿皂，
一介有能，片言可用，朕親加聽覽，佇於啓沃。”[3]中權
大將軍、開府儀同三司鄱陽王伯山進號鎮衛將軍，[4]中

衛大將軍、開府儀同三司豫章王叔英進號驃騎大將軍，[5]鎮左將軍、開府儀同三司長沙王叔堅進號中軍大將軍，[6]安南將軍晋安王伯恭進號鎮右將軍，[7]翊右將軍宜都王叔明進號安右將軍。[8]

[1]久著前徽：徽，底本作“無”。中華本校勘記云：“‘無’各本並作‘徽’。張元濟校勘記云‘無’即古‘橅’字。”林礽乾《陳書異文考證》云：“前徽，南監本、汲古本、今本《陳後主集》同。宋浙本、三朝本作‘前無’，今本《江令君集》、《初學記》二十引作‘前册’。按今本《江令君集》及《初學記》二十引作‘前册’是。‘久著前册’，與下句之‘復聞昔典’，正相對爲義。宋浙本、南監本作‘前無’，義不可通。‘無’字當是‘册’字之形訛。汲古本、今本《陳後主集》作‘前徽’，不知何據？或睹‘久著前無’不可解，遂臆改‘前無’爲‘前徽’。後之殿本從南監本出，亦沿其訛作‘前徽’，實與原意相去遠甚，此當據《江令君集》及《初學記》改。”（第77—78頁）按，林謂“前無”義不可通，是。徽，美好光明。前徽，意指前人之令德美行，南朝文章多有用例。《文選》卷四〇載蕭梁沈約《彈奏王源》“欒郤之家，前徽未遠”，卷五八載劉宋顔延之《宋文皇帝元皇后哀策文》“欽若皇姑，允迪前徽”等等皆是。“徽”字是，當從南監本、汲古本等改。

[2]四聰弗達：達，底本作“遠”。中華本據各本改。今從改。四聰，能遠聞四方的聽覺。

[3]啓沃：以善言勸誡君王。《尚書·説命上》：“啓乃心，沃朕心。”孔穎達疏：“當開汝心所有，以灌沃我心，欲令以彼所見，教己未知故也。”

[4]鎮衛將軍：官名。梁、陳時爲位號最高的將軍。陳擬一品，比秩中二千石。

[5]中衛大將軍、開府儀同三司豫章王叔英進號驃騎大將軍：

中華本校勘記云："按豫章王叔英於禎明元年始以驃騎將軍進爲驃騎大將軍，似此衍'大'字。然本傳亦云至德四年進號驃騎大將軍，疑莫能明也。"存疑。

[6]中軍大將軍：官名。四中將軍之一。中軍將軍加"大"者進位一階。

[7]鎮右將軍：官名。南朝八鎮將軍之一。陳擬二品，比秩中二千石。

[8]宜都王叔明：陳叔明。字子昭，陳宣帝第六子。本書卷二八、《南史》卷六五有傳。宜都，郡名。治所在今湖北枝江市。

二月景戌，以鎮右將軍晉安王伯恭爲特進。景申，立皇弟叔謨爲巴東王，[1]叔顯爲臨江王，[2]叔坦爲新會王，[3]叔隆爲新寧王。[4]

[1]叔謨：陳叔謨。字子軌，陳宣帝第二十九子。本書卷二八、《南史》卷六五有傳。　巴東：郡名。治所在今重慶市奉節縣。

[2]叔顯：陳叔顯。字子明，陳宣帝第三十子。本書卷二八、《南史》卷六五有傳。　臨江：郡名。治所在今重慶市忠縣。

[3]叔坦：陳叔坦。字子開，陳宣帝第三十一子。本書卷二八、《南史》卷六五有傳。　新會：郡名。治所在今廣東江門市新會區北。

[4]叔隆：陳叔隆。字子遠，陳宣帝第三十二子。本書卷二八、《南史》卷六五有傳。　新寧：郡名。治所在今廣東新興縣。

夏五月丁巳，立皇子莊爲會稽王。[1]

[1]莊：陳莊。字承肅，陳後主第八子，本書卷二八、《南史》卷六五有傳。　會稽：郡名。治所在今浙江紹興市。

秋九月甲午，輿駕幸玄武湖，[1]肆艫艦閱武，[2]宴群臣賦詩。戊戌，以鎮衛將軍、開府儀同三司鄱陽王伯山爲東揚州刺史，智武將軍岳陽王叔慎爲丹陽尹。[3]丁未，百濟國遣使獻方物。

[1]玄武湖：湖名。在今江蘇南京市北鍾山與長江之間。

[2]肆艫艦閱武：中華本校勘記云：“‘肆’南監本作‘肆’。汲本作‘肆’，傍注作‘肆’。殿本亦作‘肆’，《考證》云‘肆’各本訛‘肆’，今從《南史》。按張元濟校勘記云，肆，陳也，不誤。”閱武，講習武事。

[3]智武將軍：官名。與仁武、勇武、信武、嚴武將軍並稱五武將軍。陳擬四品，比秩中二千石。

冬十月癸亥，尚書僕射江總爲尚書令，[1]吏部尚書謝伷爲尚書僕射。

[1]尚書令：官名。尚書省長官。南朝陳時政令機要在中書、門下，尚書令但聽命受事而已。第一品，秩中二千石。

十一月己卯，詔曰：“惟刑止暴，惟德成物，三才是資，[1]百王不改。而世無抵角，[2]時鮮犯鱗，渭橋驚馬，[3]弗聞廷爭，桃林逸牛，[4]未見其旨。雖剽悍輕侮，理從鉗鈇，[5]惷愚杜默，宜肆矜弘，政乏良哉，明慚則哲，求諸刑措，安可得乎？是用屬寱寐以軫懷，[6]負黼扆而於邑。[7]復茲合璧輪缺，連珠緯舛，黄鍾獻吕，和氣始萌，玄英告中，[8]履長在御，因時宥過，抑乃斯得。

可大赦天下。"

[1]三才：謂天、地、人。此處偏指人才。

[2]抵角：本意是牛、羊以角相頂，在此比喻直言進諫的人。

[3]渭橋驚馬：漢文帝時有百姓在渭橋邊驚犯了乘輿馬匹，文帝令張釋之治罪。釋之秉公執法，頂住了文帝要求嚴懲犯罪者的壓力。事見《史記》卷一〇二《張釋之馮唐列傳》。

[4]桃林逸牛：武王伐紂之後，偃武修文，歸馬於華山之陽，放牛於桃林之野，示天下不復乘用。事見《尚書·武成》。

[5]鉗（qián）釱（dì）：古代的兩種刑具，一般爲鐵質。鉗，頸枷。釱，脚鐐。

[6]軫懷：沉痛地思念。

[7]黼（fǔ）扆：帝王御座後面的屏風。黼，一種黑白相間的花紋，取象斧形。扆，屏風。　於邑：鬱悒，憂傷哀愁。

[8]玄英：純黑色，代指冬天。

禎明元年春正月景子，[1]以安前將軍衡陽王伯信進號鎮前將軍，[2]安東將軍、吳興太守廬陵王伯仁爲特進，[3]智武將軍、丹陽尹岳陽王叔慎爲湘州刺史，仁武將軍義陽王叔達爲丹陽尹。[4]戊寅，詔曰："柏皇、大庭，[5]鼓淳和於曩日，姬王、嬴后，[6]被澆風於末載，刑書已鑄，善化匪融，禮義既乖，姦宄斯作。[7]何其淳朴不反，浮華競扇者歟？朕居中御物，納隍在眷，[8]頻恢天網，屢絕三邊，[9]元元黔庶，終罷五辟。[10]蓋乃康哉寡薄，抑焉法令滋章。是用當寧弗怡，矜此向隅之意。今三元具序，[11]萬國朝辰，靈芝獻於始陽，膏露凝於聿歲，從春施令，仰乾布德，思與九有，惟新七政。可大赦天下，改至德五年爲禎明元年。”乙未，地震。癸卯，以鎮前將軍衡陽王伯信爲鎮南將軍、西衡州刺史。[12]

[1]禎明：南朝陳後主陳叔寶年號（587—589）。

[2]衡陽王伯信：陳伯信。字孚之，陳文帝陳蒨第七子。本書卷二七有傳，《南史》卷六五有附傳。衡陽，郡名。治所在今湖南株洲市西南。　鎮前將軍：官名。南朝八鎮將軍之一。陳擬二品，比秩中二千石。

[3]安東將軍、吳興太守廬陵王伯仁爲特進：中華本校勘記云："按紀、傳皆不言伯仁曾爲安東將軍、吳興太守。又本傳云禎明元年加侍中，不言特進。疑此有誤。"林礽乾《陳書異文考證》云："按宣帝太建十四年正月壬申，廬陵王伯仁爲翊右將軍、中領軍進號'安前將軍'。至後主禎明二年五月壬午，仍爲'安前將軍'，則此禎明元年正月丙子，云廬陵王伯仁爲'安東將軍'者，'安東'當是'安前'之誤。又按下文言'禎明二年五月壬午，以安前將軍廬陵王伯仁爲特進'。此亦云'伯仁爲特進'，前後重出'伯仁爲特進'，此中必有一誤。考卷二八伯仁本傳，但言伯仁於禎明元年加侍中，不言爲特進，是知禎明二年五月時，伯仁爲特進，而此'禎明元年正月'，伯仁則是加'侍中'，而非'特進'也。"（第79—80頁）按，林說有據，可供考史。然諸本此處無異文，故不改字。安東將軍，官名。八安將軍之一。陳擬三品，比秩中二千石。吳興，郡名。治所在今浙江湖州市吳興區。

[4]義陽王叔達：陳叔達。字子聰，陳宣帝第十七子。本書卷二八、《南史》卷六五有傳。義陽，郡名。治所在今湖北武漢市黃陂區北。

[5]柏皇、大庭：二者均爲上古帝名。柏皇，亦作"柏黃"。

[6]姬王、嬴后：分指周王朝和秦王朝的諸君主。

[7]姦宄：違法作亂的人或事。

［8］納隍在晄：形容眷顧着處於水深火熱中的人民。納隍，藏
身於無水的護城河。

［9］三邊：泛指王朝的邊疆地區。

［10］五辟：指墨、劓、剕、宫、大辟的五種刑罰。

［11］三元：農曆初一。該日同時爲年、月、日之始，故稱。

［12］西衡州：州名。治所在今廣東英德市西北浛洸鎮。

二月丁未，以特進、鎮右將軍晋安王伯恭進號中衛
將軍，[1]中書令建安王叔卿爲中書監。[2]丁卯，詔至德元
年望訂租調逋未入者，竝原之。

［1］中衛將軍：官名。與中軍、中權、中撫將軍並稱四中將軍，
地位顯要。陳擬二品，比秩中二千石。

［2］中書令：官名。掌撰詔命，記會時事，典作文書。陳第三
品，秩中二千石。

秋八月癸卯，老人星見。丁未，以車騎將軍蕭摩訶
爲驃騎將軍。[1]

［1］以車騎將軍蕭摩訶爲驃騎將軍：中華本校勘記云："按‘車
騎將軍’當作‘車騎大將軍’，見校記一。‘驃騎將軍’本傳作
‘驃騎大將軍’，此亦無‘大’字。"按，"校記一"，見本卷"右衛
將軍蕭摩訶爲車騎將軍、南徐州刺史"條引中華本校勘記。又林礽
乾謂本傳"驃騎大將軍"當據《後主紀》"驃騎將軍"爲正。本書
卷三一《蕭摩訶傳》"（蕭摩訶）尋改授侍中、驃騎大將軍"，林礽
乾《陳書異文考證》云："按各本作‘驃騎大將軍’有誤。據卷六
《後主紀》，禎明元年八月丁未，蕭摩訶由車騎將軍進爲驃騎將軍。

九月乙亥，豫章王叔英由驃騎將軍進號驃騎大將軍。同年十月丁亥，叔英以驃騎大將軍兼司徒，自是終陳之亡，豫章王叔英皆爲驃騎大將軍。是時豫章王叔英既爲驃騎大將軍，則蕭摩訶不得同時爲驃騎大將軍可知。且驃騎大將軍爲宰執之加銜，陳多以皇弟皇子爲司徒者乃加焉，如廢帝即位，安成王頊拜司徒，進號驃騎大將軍、錄尚書、都督中外諸軍事（見卷五《宣帝紀》）及後主禎明元年十一月丁亥，驃騎大將軍豫章王叔英兼司徒即是。蕭摩訶特陳之虎將耳，雖頻戰建功，得授爲驃騎將軍，然位非司徒，未得爲驃騎大將軍。明此各本作‘驃騎大將軍’者有誤，當從《後主紀》作‘驃騎將軍’爲是。”（第 239 頁）

九月乙亥，以驃騎將軍、開府儀同三司豫章王叔英爲驃騎大將軍。庚寅，蕭琮所署尚書令、太傅安平王蕭巖，[1]中軍將軍、荊州刺史義興王蕭瓛，[2]遣其都官尚書沈君公，[3]詣荊州刺史陳紀請降。[4]辛卯，巖等率文武男女十萬餘口濟江。甲午，大赦天下。

[1]蕭琮所署尚書令、太傅安平王蕭巖：中華本校勘記云：“按《陳慧紀傳》‘尚書令’作‘尚書左僕射’。”太傅，官名。三公之一。南朝時用作贈官，無職掌，多用以安置元老勳舊大臣。陳第一品，秩萬石。蕭巖，字義遠。南朝後梁宗室，宣帝蕭詧第五子。後梁亡，奔陳；陳亡，率軍抗隋，兵敗被殺。《周書》卷四八有附傳。

[2]中軍將軍、荊州刺史義興王蕭瓛：中華本校勘記云：“按《陳慧紀傳》‘義興王’作‘晉熙王’，《南史·陳慧紀傳》同。”中軍將軍，官名。與中權、中衛、中撫將軍合稱四中將軍。祗授予在京師任職者，地位頗重。陳擬二品，比秩中二千石。義興王蕭瓛，字欽文，南朝後梁宗室，明帝蕭巋第三子。後梁亡，奔陳；陳亡，率軍抗隋，兵敗被殺。《周書》卷四八、《隋書》卷七九有

附傳。

　　[3]都官尚書：官名。尚書省都官曹長官。陳第三品，秩中二
千石。　　沈君公：吳興（今浙江湖州市吳興區）人。沈君理弟。
《周書》卷四八有附傳。

　　[4]詣荆州刺史陳紀請降：中華本校勘記云：“按‘陳紀’即
‘陳慧紀’，本書‘陳慧紀’‘陳紀’錯出，不具校。”陳慧紀，陳
高祖陳霸先之從孫。本書卷一五、《南史》卷六五有傳。

　　冬十一月乙亥，割揚州吳郡置吳州，[1]割錢塘縣爲
郡，[2]屬焉。景子，以蕭巖爲平東將軍、開府儀同三司、
東揚州刺史，蕭瓛爲安東將軍、吳州刺史。丁亥，以驃
騎大將軍、開府儀同三司豫章王叔英兼司徒。[3]

　　[1]吳郡：郡名。治所在今江蘇蘇州市。
　　[2]錢塘：縣名。治所在今浙江杭州市。
　　[3]司徒：官名。三公之一。魏晉南北朝多爲大臣加官。陳第
一品，秩萬石。

　　十二月景辰，以前鎮衛將軍、開府儀同三司、東揚
州刺史鄱陽王伯山爲鎮衛大將軍、開府儀同三司，[1]前
中衛將軍晉安王伯恭爲中衛將軍、右光禄大夫。[2]

　　[1]“以前鎮衛將軍”至“開府儀同三司”：中華本校勘記云：
“按本傳云伯仁於禎明元年，丁所生母憂去職，明年，始起爲鎮衛
大將軍開府儀同三司。”鎮衛大將軍，官名。鎮衛將軍，梁、陳時
爲位號最高的將軍，加“大”者進位一階。
　　[2]右光禄大夫：官名。多爲在朝顯職的加官，以示優崇。陳

第二品，秩中二千石。

二年春正月辛巳，立皇子恮爲東陽王，[1]恬爲錢塘王。[2]是月，遣散騎常侍周羅睺帥兵屯峽口。[3]

[1]皇子恮：陳恮。字承厚，陳後主第九子。本書卷二八、《南史》卷六五有傳。　東陽：郡名。治所在今浙江金華市。

[2]恬：陳恬。字承恢，後主第十一子。本書卷二八、《南史》卷六五有傳。

[3]散騎常侍：官名。集書省屬官，南朝時多以衰老之士擔任，多爲加官。陳第三品，秩中二千石。　周羅睺：字公布，九江潯陽（今江西九江市）人。陳朝名將。《隋書》卷六五、《北史》卷七六有傳。　峽口：西陵峽口。在今湖北宜昌市西。

夏四月戊申，有群鼠無數，自蔡洲岸入石頭渡淮，[1]至于青塘兩岸，[2]數日死，隨流出江。戊午，以左民尚書蔡徵爲吏部尚書。[3]是月，郢州南浦水黑如墨。[4]

[1]自蔡洲岸入石頭渡淮：蔡，底本原闕。中華本據北監本、汲本、殿本及《南史》卷一〇《陳後主紀》補，今從補。蔡洲岸，原爲建康西南長江中的沙洲，今已併入陸地。

[2]青塘：地名。處於通往石頭城的要道。石頭城，又名石首城，簡稱石城。在今江蘇南京市西清涼山。

[3]蔡徵：字希祥。陳時官至中書令、權知中領軍，後降隋。本書卷二九有傳，《南史》卷六八有附傳。

[4]郢州：州名。治所在今湖北武漢市武昌區。　南浦水：古水名。又稱新開港，在今湖北武漢市南。

　　五月壬午，以安前將軍廬陵王伯仁爲特進。甲午，東冶鑄鐵，有物赤色如數斗，[1]自天墜鎔所，有聲隆隆如雷，鐵飛出墻外燒民家。

　　[1]有物赤色如數斗：中華本校勘記云：“《南史·陳後主紀》作‘有物赤色大如數升’。按斗升二字隷書形近，書傳多訛，有訛斗爲升者，有訛升爲斗者。疑此脱‘大’字，斗與升則未知孰是。”存疑。

　　六月戊戌，扶南國遣使獻方物。[1]庚子，廢皇太子胤爲吴興王，立軍師將軍、揚州刺史始安王深爲皇太子。辛丑，平南將軍、江州刺史南平王嶷進號鎮南將軍；忠武將軍、南徐州刺史永嘉王彦進號安北將軍；[2]會稽王莊爲翊前將軍、揚州刺史；宣惠將軍、尚書令江總進號中權將軍；雲麾將軍、太子詹事袁憲爲尚書僕射；[3]尚書僕射謝伷爲特進；寧遠將軍、新除吏部尚書蔡徵進號安右將軍。甲辰，以安右將軍魯廣達爲中領軍。[4]丁巳，大風至自西北激濤水入石頭城，淮渚暴溢，漂没舟乘。

　　[1]扶南國：古國名。故地中心在今柬埔寨境内，公元1世紀建國，7世紀中葉爲真臘所滅。《梁書》卷五四有傳。
　　[2]忠武將軍：官名。是諸名號將軍中地位較高者，僅次於重號將軍。陳擬四品，比秩中二千石。　　永嘉王彦：陳彦。字承懿，陳後主第三子。本書卷二八、《南史》卷六五有傳。永嘉，郡名。治所在今浙江温州市。　　安北將軍：官名。與安左、安右、安前、安後、安東、安西、安南將軍合稱八安將軍。陳擬三品，比秩中二

千石。

　[3]雲麾將軍：官名。陳擬四品，比秩中二千石。　太子詹事：官名。掌東宮一切事務。陳第三品，秩中二千石。　袁憲：字德章，陳郡陽夏（今河南太康縣）人。本書卷二四有傳，《南史》卷二六有附傳。

　[4]以安右將軍魯廣達爲中領軍：中華本校勘記云：“按本傳，廣達於後主即位後入爲安左將軍，至德二年又徵拜爲安左將軍，其後爲中領軍。此‘安右將軍’當依本傳作‘安左將軍’。”

　　冬十月己亥，立皇子蕃爲吴郡王。[1]辛丑，以度支尚書、領大著作姚察爲吏部尚書。[2]己酉，輿駕幸莫府山，[3]大校獵。

　[1]皇子蕃：陳蕃。字承廣，陳後主第十子。本書卷二八、《南史》卷六五有傳。

　[2]大著作：官名。即著作郎。秘書省屬官，掌國史，集注起居。陳第六品，秩六百石。　姚察：字伯審，吴興武康（今浙江德清縣）人。陳時，累遷吏部尚書，領著作。入隋，詔授秘書監，別敕成梁、陳二史。所著《漢書訓纂》及《説林》文集等並行於世。梁、陳二史雖未竟，生前以體例誡約子思廉，最終得以完成。本書卷二七、《南史》卷六九有傳。

　[3]莫府山：地名。即幕府山，在今江蘇南京市北。《通鑑》卷一二五《宋紀七》“文帝元嘉二十七年”條：“上又登莫府山。”胡三省注云：“幕府山在今建康府城西二十五里，晋元帝初渡江，丞相王導建幕府於其上。”

　　十一月丁卯，詔曰：“夫議獄緩刑，皇王之所垂範，勝殘去殺，仁人之所用心。自畫冠既息，刻吏斯起，法令滋章，手足無措。朕君臨區宇，[1]屬當澆末，[2]輕重之典，[3]在政未康，小大之情，興言多愧。眷兹狴犴，有軫哀矜，可克日於大政殿訊獄。"壬申，以鎮南將軍、江州刺史南平王嶷爲征西將軍、郢州刺史，安北將軍、南徐州刺史永嘉王彦爲安南將軍、江州刺史，軍師將軍南海王虔爲安北將軍、南徐州刺史。[4]景子，立皇弟叔榮爲新昌王，[5]叔匡爲太原王。[6]是月，隋遣晉王廣衆軍來伐，[7]自巴、蜀、沔、漢下流至廣陵，[8]數十道俱入，緣江鎮戍，相繼奏聞。時新除湘州刺史施文慶、中書舍人沈客卿掌機密用事，[9]並抑而不言，故無備禦。

[1]區宇：天下、境域。

[2]澆末：風俗澆薄的時期，因爲衰亡無日，所以稱"末"。

[3]輕重之典：指刑罰。

[4]南海王虔：陳虔。字承恪，陳後主第五子。本書卷二八、《南史》卷六五有傳。南海，郡名。治所在今廣東廣州市。　安北將軍：本書卷二八本傳作"平北將軍"。

[5]皇弟叔榮：陳叔榮。字子徹，陳宣帝第三十三子。本書卷二八、《南史》卷六五有傳。　新昌：郡名。治所在今安徽滁州市。

[6]叔匡：陳叔匡。字子佐，陳宣帝第三十四子。本書卷二八、《南史》卷六五有傳。　太原：郡名。治所在今江西彭澤縣東北。

[7]晉王廣：隋煬帝楊廣。《隋書》卷三、卷四，《北史》卷一一有紀。

[8]廣陵：郡名。治所在今江蘇揚州市西北。

[9]施文慶：吳興烏程（今浙江湖州市吳興區）人。《南史》卷七七有傳。　中書舍人：官名。原名中書通事舍人，梁、陳去"通事"二字，而徑稱"中書舍人"。職掌收納、轉呈章奏事宜。

陳第八品。　沈客卿：吳興武康（今浙江德清縣）人。《南史》卷
七七有傳，本書卷三一有附傳。

　　三年春正月乙丑朔，霧氣四塞。是日，隋總管賀若
弼自北道廣陵濟京口，[1]總管韓擒虎趨橫江，[2]濟採
石，[3]自南道將會弼軍。景寅，採石戍主徐子建馳啓告
變。丁卯，召公卿入議軍旅。戊辰，內外戒嚴，以驃騎
將軍蕭摩訶、護軍將軍樊毅、中領軍魯廣達並爲都
督，[4]遣南豫州刺史樊猛帥舟師出白下，[5]散騎常侍皋文
奏將兵鎮南豫州。庚午，賀若弼攻陷南徐州。辛未，韓
擒虎又陷南豫州，文奏敗還。至是隋軍南北道竝進。後
主遣驃騎大將軍、司徒豫章王叔英屯朝室，[6]蕭摩訶屯
樂游苑，樊毅屯耆闍寺，[7]魯廣達屯白土岡，[8]忠武將軍
孔範屯寶田寺。[9]己卯，鎮東大將軍任忠自吳興入赴，
仍屯朱雀門。[10]辛巳，賀若弼進據鍾山，[11]頓白土岡之
東南。[12]甲申，後主遣衆軍與弼合戰，衆軍敗績。弼乘
勝至樂游苑，魯廣達猶督散兵力戰，不能拒。弼進攻宮
城，燒北掖門。是時韓擒虎率衆自新林至于石子岡，[13]
任忠出降於擒虎，仍引擒虎經朱雀航趣宮城，自南掖門
而入。於是城內文武百司皆遁出，唯尚書僕射袁憲在殿
內。尚書令江總、吏部尚書姚察、度支尚書袁權、前度
支尚書王瑗、侍中王寬居省中。後主聞兵至，從宮人十
餘出後堂景陽殿，將自投于井，袁憲侍側，苦諫不從，
後閤舍人夏侯公韻又以身蔽井，[14]後主與爭久之，方得
入焉。及夜，爲隋軍所執。景戌，晉王廣入據京城。

本紀第六

[1]總管：官名。北周明帝時由“都督諸州軍事”改名而來，管理轄區軍政民生，爲當地的最高軍事行政長官。至隋因之。期品秩分爲三等：上總管爲從二品，中總管爲正三品，下總管爲從三品。 賀若弼：字輔伯，河南洛陽（今河南洛陽市東北）人，賀若敦子。《隋書》卷五二有傳，《北史》卷六八有附傳。 京口：地名。在今江蘇鎮江市。

[2]總管韓擒虎趨橫江：中華本校勘記云：“按思廉避唐諱，‘虎’字皆改爲‘武’。此作‘虎’，乃後人回改也。後同。”韓擒虎，字子通，河南東垣（今河南新安縣）人。《隋書》卷五二有傳，《北史》卷六八有附傳。橫江，古渡名。在今安徽和縣東南。

[3]採石：地名。在今安徽馬鞍山市西南。

[4]以驃騎將軍蕭摩訶：中華本校勘記云：“按本傳亦作‘驃騎大將軍’，此脫‘大’字，參校記一七。”按，“校記一七”，見本卷“以車騎將軍蕭摩訶爲驃騎將軍”條引中華本校勘記。

[5]樊猛：字智武，南陽湖陽（今河南唐河縣南）人。本書卷三一有附傳。 白下：古城名。即白石壘，故址在今江蘇南京市金川門外。

[6]後主遣驃騎大將軍、司徒豫章王叔英屯朝室：中華本校勘記云：“‘室’當作‘堂’，各本並訛，今依《豫章王叔英傳》及《通鑑》改。”按，“朝室”亦通，不必改。

[7]耆闍寺：佛寺名。故址在今江蘇南京市内鷄鳴山西。

[8]白土岡：地名。在今江蘇南京市東。

[9]孔範：字法言，會稽山陰（今浙江紹興市）人。後主時拜都官尚書，與江總等並爲後主狎客，深受寵信。後降隋，被隋文帝流之遠裔。《南史》卷七七有傳。 寶田寺：佛寺名。故址在今江蘇南京市。

[10]朱雀門：又名大航門。在今江蘇南京市中華門内的秦淮河北岸。

[11]鍾山：古金陵山，又稱紫金山，在今江蘇南京市。

[12]頓：駐屯。

[13]新林：古水道。又名新林浦、新林港。在今江蘇南京市西南。　石子岡：即石子岡。又稱聚寶山。在今江蘇南京市南，聚寶門外。

[14]後閤舍人：官名。南齊置於後宮，由宦官擔任。

三月己巳，後主與王公百司發自建鄴，[1]入于長安。[2]隋仁壽四年十一月壬子，[3]薨於洛陽，時年五十二。追贈大將軍，[4]封長城縣公，[5]諡曰煬，葬河南洛陽之芒山。[6]

[1]建鄴：地名。在今江蘇南京市。

[2]長安：縣名。治所在今陝西西安市北。

[3]仁壽：隋文帝楊堅年號（601—604）。

[4]大將軍：官名。隋文帝因改北周十一等勳官之制形成十一等散實官，用以酬勤勞，無實際職掌。大將軍爲第四等，可開府置僚佐。正三品。

[5]長城縣公：爵名。隋九等爵的第五等。從一品。

[6]河南：郡名。治所在今河南洛陽市東北。　洛陽：縣名。治所在今河南洛陽市東北。　芒山：山名。又稱北邙山。在今河南洛陽市北。

史臣侍中鄭國公魏徵曰：[1]

[1]魏徵：字玄成，魏州曲城（今山東萊州市）人。唐太宗即位後，爲諫議大夫，封鉅鹿縣男。以秘書監參預朝政，後進左光禄大夫、鄭國公。貞觀初，受詔總加撰定周、隋、梁、陳、齊史，隋

史序論皆其所作。又作《類禮》二十篇。《舊唐書》卷七一、《新唐書》卷九七有傳。

　　高祖拔起壠畝，[1]有雄桀之姿。始佐下藩，奮英奇之略，弭節南海，[2]職思静亂。援旗北邁，義在勤王，掃侯景於既成，[3]拯梁室於已墜。天網絶而復續，國步屯而更康，百神有主，不失舊物。魏王之延漢鼎祚，[4]宋武之反晋乘輿，[5]戀績鴻勳，無以尚也。于時内難未弭，外鄰勍敵，王琳作梗於上流，[6]周、齊摇蕩於江、漢，[7]畏首畏尾，若存若亡，此之不圖，遽移天歷，雖皇靈有眷，何其速也？然志度弘遠，懷抱豁如，或取士於仇讎，或擢才於亡命，掩其受金之過，宥其吠堯之罪，[8]委以心腹爪牙，咸能得其死力，故乃決機百勝，成此三分，方諸鼎峙之雄，足以無慙權、備矣。

[1]高祖：南朝陳武帝陳霸先廟號。陳霸先，字興國，小字法生。謚武，廟號高祖。本書卷一、卷二，《南史》卷九有紀。

[2]弭節南海：陳霸先早年，曾在今廣州地區帶兵。廣州在漢代屬南海郡。

[3]侯景：字萬景。曾任北魏官吏，北魏末年叛至南朝梁，後又起兵反梁。困死梁武帝，又廢簡文帝，自立爲帝。後爲梁元帝部將王僧辯、陳霸先擊敗，北逃途中爲部將所殺。《梁書》卷五六、《南史》卷八〇有傳。

[4]魏王：指曹操。《三國志》卷一有紀。

[5]宋武：指宋武帝劉裕。《宋書》卷一至卷三，《南史》卷一有紀。

[6]王琳：會稽山陰（今浙江紹興市）人。南北朝時梁、北齊

大將。《北齊書》卷三二、《南史》卷六四有傳。

　　[7]周、齊：指北朝的北周、北齊政權。

　　[8]吠堯：典出《戰國策·齊策六》：“跖之狗吠堯，非貴跖而賤堯也，狗固吠非其主也。”比喻壞人攻擊好人。

　　世祖天姿叡哲，[1]清明在躬，早預經綸，知民疾苦，思擇令典，庶幾至治。[2]德刑竝用，戡濟艱虞，群凶授首，彊鄰震懾。雖忠厚之化未能及遠，恭儉之風足以垂訓，若不尚明察，則守文之良主也。

　　[1]世祖：陳文帝陳蒨廟號世祖。陳蒨，字子華，陳武帝兄子。本書卷三、《南史》卷九有紀。

　　[2]庶幾：差不多。

　　臨川年長於成王，[1]過微於太甲。[2]宣帝有周公之親，[3]無伊尹之志，[4]明辟不復，桐宮遂往，[5]欲加之罪，其無辭乎！

　　[1]臨川年長於成王：周一良《魏晉南北朝史札記》：“宣帝頊爲文帝蒨之弟，廢帝伯宗之叔，故以成王周公爲喻。然伯宗永定二年拜臨川王世子，三年文帝嗣位後，立爲皇太子，未爲臨川王。似不應以臨川二字代替臨川王世子。伯宗讓位時，降爲臨海郡王。魏徵此論正針對讓位事而言，臨川當是臨海之誤。”（中華書局1985年版，第295頁）臨川，郡名。治所在今江西撫州市臨川區西。成王，周成王，武王的兒子。周朝的第二任天子。年幼時即繼承王位，由其叔父周公旦攝政。親政後，他實現了營建雒邑，東伐淮夷，廣封諸侯等系列功業，使得疆域鞏固，政局安定。

[2]太甲：商湯之孫。立爲商王後三年，因爲暴虐而被伊尹流放於桐宫。後因改過自新，重新成爲商王。

[3]宣帝：陳頊。本書卷五、《南史》卷一〇有紀。　周公：周公旦，輔佐周成王。

[4]伊尹：商初名臣，輔助商湯滅夏。

[5]桐宫：商代在桐地所建的宫室。伊尹曾流放太甲於此，後亦指被貶帝王或幽禁帝王的地方。

高宗爰自在田，雅量宏廓，登庸御極，民歸其厚。惠以使下，[1]寬以容衆。智勇争奮，師出有名，揚斾分麾，風行電掃，辟土千里，奄有淮、泗，戰勝攻取之勢，近古未之有也。[2]既而君侈民勞，將驕卒墮，帑藏空竭，折衂師徒，於是秦人方疆，[3]遂窺兵於江上矣。李克以爲吳之先亡，[4]由乎數戰數勝，數戰則民疲，[5]數勝則主驕，以驕主御疲民，未有不亡者也。信哉言乎！高宗始以寬大得人，終以驕侈致敗，文、武之業，[6]墜于兹矣。

[1]惠以使下：下，底本作墨丁，中華本據各本補，今從補。

[2]近古未之有也：“近古”二字，底本作墨丁，中華本據各本補，今從補。

[3]秦人：指北周政權。以其所在區域以前屬於秦國，故稱。疆：同“彊”。

[4]李克：戰國初期魏國人，子夏弟子。曾任中山相，有治績。

[5]由乎數戰數勝，數戰則民疲：數戰數勝數戰，底本作“數戰數戰”。中華本據南監本、汲本、殿本補“數勝”，今從補。

[6]文、武之業：中華本校勘記云：“按張森楷校勘記云：‘應

作“武文”，武指高祖武皇帝，文指世祖文皇帝，武在先，文在後也。’”

後主生深宮之中，長婦人之手，既屬邦國殄瘁，[1]不知稼穡艱難。[2]初懼阽危，[3]屢有哀矜之詔，後稍安集，復扇淫侈之風。賓禮諸公，唯寄情於文酒，昵近群小，皆委之以衡軸。謀謨所及，遂無骨鯁之臣，權要所在，莫匪侵漁之吏。政刑日紊，尸素盈朝，耽荒爲長夜之飲，嬖寵同豔妻之孽，危亡弗恤，上下相蒙，衆叛親離，臨機不寤，自投於井，冀以苟生，視其以此求全，抑亦民斯下矣。

[1]殄瘁：窮困。
[2]稼穡艱難：本指農事艱難。在此泛指世事艱難。
[3]阽（diàn）危：危險。

遐觀列辟，纂武嗣興，其始也皆欲齊明日月，合德天地，高視五帝，[1]俯協三王，[2]然而靡不有初，克終蓋寡，[3]其故何哉？竝以中庸之才，懷可移之性，口存於仁義，心怵於嗜慾。仁義利物而道遠，嗜欲遂性而便身。便身不可久違，道遠難以固志。佞諂之倫，承顏候色，因其所好，以悅導之，若下坂以走丸，譬順流而決壅。非夫感靈辰象，降生明德，孰能遺其所樂，而以百姓爲心哉？此所以成、康、文、景千載而罕遇，[4]癸、辛、幽、厲靡代而不有，[5]毒被宗社，身嬰戮辱，爲天下笑，可不痛乎！古人有言，亡國之主，多有才藝，考

之梁、陳及隋，信非虛論。然則不崇教義之本，偏尚淫
麗之文，徒長澆僞之風，無救亂亡之禍矣。

[1]五帝：上古時期的五位帝王。有多種説法，通常指黄帝、
顓頊、帝嚳、堯、舜。

[2]三王：夏、商、周三代的創始君主，即夏禹、商湯，以及
西周的文王、武王。

[3]靡不有初，克終蓋寡：典出《詩·大雅·蕩》“靡不有初，
鮮克有終”。這是告誡人們辦事要盡力做到有始有終。

[4]成、康、文、景：西周的成王、康王，以及西漢的文帝、
景帝。他們都是歷史上有名的賢君。

[5]癸、辛、幽、厲：夏桀、商紂，以及周代的幽王、厲王。
他們都是歷史上有名的亡國之君。癸，夏桀名。辛，商紂名。

史臣曰：後主昔在儲宮，早標令德，及南面繼業，
寔允天人之望矣。至於禮樂刑政，咸遵故典，加以深弘
六藝，[1]廣辟四門，[2]是以待詔之徒，爭趨金馬，稽古之
秀，雲集石渠。[3]且梯山航海，朝貢者往往歲至矣。自
魏正始、晋中朝以來，[4]貴臣雖有識治者，皆以文學相
處，罕關庶務，朝章大典，方參議焉，文案簿領，咸委
小吏，浸以成俗，迄至于陳。後主因循，未遑改革，故
施文慶、沈客卿之徒，專掌軍國要務，姦黠左道，以哀
刻爲功，自取身榮，不存國計，是以朝經墮廢，禍生鄰
國。斯亦運鍾百六，鼎玉遷變，非唯人事不昌，蓋天意
然也。

[1]六藝：指儒家的六種經典，即《詩》《書》《禮》《樂》

《易》《春秋》。

[2]四門：北魏正始四年（507）在京師四門創立四門小學，負責皇室子弟的教育。此處指學校。

[3]石渠：漢代收藏皇家書籍檔案的地方。

[4]正始：三國魏齊王曹芳年號（240—249）。　晋中朝：東晋因偏安一隅，故稱建都中原的西晋爲“中朝”。

今注本二十四史

陳書

唐 姚思廉 撰

李天石 張欣 主持校注

二 傳〔一〕

中國社會科學出版社

陳書　卷七

列傳第一

皇后

高祖章皇后　　世祖沈皇后 兄欽　廢帝王皇后
高宗柳皇后 弟盼 從弟莊　後主沈皇后 叔君公 張貴妃

　　周禮，王者立后，六宮，三夫人，九嬪，二十七世婦，八十一御妻，以聽天下之内治。然受命繼體之主，非獨外相佐也，蓋亦有内德助焉。漢魏已來，六宮之職，因襲增置，代不同矣。高祖承微接亂，[1]光膺天歷，[2]以朴素自處，故後宮員位多闕。世祖天嘉初，[3]詔立後宮員數，始置貴妃、貴嬪、貴姬三人，以擬古之三夫人。又置淑媛、淑儀、淑容、昭華、昭容、昭儀、脩華、脩儀、脩容九人，[4]以擬古之九嬪。又置婕妤、容華、充華、承徽、烈榮五人，謂之五職，亞於九嬪。又置美人、才人、良人三職，其職無員數，號爲散位。世祖性恭儉，而嬪嬙多闕，高宗、後主内職無所改作。[5]
今之所綴，[6]略備此篇。

[1]高祖：南朝陳武帝陳霸先廟號。陳霸先，本書卷一、卷二，
《南史》卷九有紀。

[2]天歷：天命。代指帝位。

[3]世祖：南朝陳文帝陳蒨廟號。陳蒨，本書卷三、《南史》
卷九有紀。　天嘉：南朝陳文帝陳蒨年號（560—566）。

[4]昭容、昭儀：南朝陳皇帝九嬪名號。中華本校勘記云：“北
監本、汲本、殿本‘昭儀’在‘昭容’上。按《南史·后妃傳
序》，梁武帝所制九嬪之序，‘昭儀’在‘昭容’上，陳制多襲梁，
當以作‘昭儀、昭容’爲是。”可從。

[5]高宗：南朝陳宣帝陳頊廟號。陳頊，本書卷五、《南史》
卷一〇有紀。　後主：南朝陳末代皇帝陳叔寶。陳叔寶，本書卷
六、《南史》卷一〇有紀。

[6]今之所綴：今，底本作“令”，諸本作“今”，中華本據
改。今從改。

高祖宣皇后章氏，諱要兒，吳興烏程人也。[1]本姓
鈕，父景明爲章氏所養，因改焉。景明，梁代官至散騎
侍郎。[2]后母蘇嘗遇道士，以小龜遺己，光采五色，曰：
“三年有徵。”及期，后生而紫光照室，因失龜所在。少
聰慧，美容儀，手爪長五寸，色並紅白，每有辇功之
服，則一爪先折。高祖先娶同郡錢仲方女，早卒，後乃
聘后。后善書計，能誦《詩》及《楚辭》。

[1]吳興：郡名。治烏程縣，在今浙江湖州市吳興區。

　　[2]散騎侍郎：官名。屬集書省。掌文學侍從、諫諍糾劾、收
納章奏。梁八班。

　　高祖自廣州南征交阯，[1]命后與衡陽王昌隨世祖由
海道歸于長城。[2]侯景之亂，[3]高祖下至豫章，[4]后爲景
所囚。景平，而高祖爲長城縣公，[5]后拜夫人。及高祖
踐祚，永定元年立爲皇后，[6]追贈后父景明特進、金紫
光禄大夫，[7]加金章紫綬，拜后母蘇安吉縣君。[8]二年，
安吉君卒，與后父合葬吴興。明年，追封后父爲廣德縣
侯，[9]邑五百户，謚曰温。

　　[1]廣州：州名。治番禺縣，在今廣東廣州市。　交阯：郡名。
治龍編縣，在今越南北寧省仙游縣東。
　　[2]衡陽王昌：即陳昌。字敬業，陳武帝第六子。本書卷一四、
《南史》卷六五有傳。衡陽，郡名。治湘西縣，在今湖南株洲市西
南。　長城：縣名。治所在今浙江長興縣東。
　　[3]侯景：字萬景，北魏朔方（今内蒙古杭錦旗北）人，一説
雁門（今山西代縣）人。《梁書》卷五六、《南史》卷八〇有傳。
　　[4]豫章：郡名。治南昌縣，在今江西南昌市。
　　[5]縣公：封爵名。開國縣公的省稱。食邑爲縣，故常冠以所
封縣名。晋始置，位在開國郡公之下。南朝沿置。在梁位視三公，
班次之。在陳爲九等爵之第二等，第二品，秩視中二千石。
　　[6]永定：南朝陳武帝陳霸先年號（557—559）。　元年：底
本作“九年”，今據《南史》卷一二《陳武宣章皇后傳》改。林礽
乾《陳書異文考證》云：“永定三年六月，陳武帝已崩，不容死後
復有‘永定九年’。據卷二《高祖紀下》云：‘永定元年十月辛巳，
立夫人章氏爲皇后。’明此‘永定九年’，乃‘永定元年’之誤。

《南史》與《御覽》一四三引作‘元年’不誤，當據改。”（文史哲出版社 1979 年版，第 85 頁）

[7]特進：加官名號。多用以安置閑退大臣或追贈勳戚。梁十五班。陳第二品，秩中二千石，位從三公。　金紫光禄大夫：官名。晋初有光禄大夫，授銀章青綬。如加賜金章紫綬，則爲金紫光禄大夫。諸所賜給皆與特進同。其以爲加官者，唯假章綬、禄賜班位，不別給車服吏卒。梁十四班。陳第三品，秩中二千石。

[8]安吉：縣名。治所在今浙江安吉縣西南。　縣君：命婦封號。受封者多爲后妃之母或縣公之夫人，亦有高官母、妻受封之例。

[9]廣德：縣名。治所在今安徽廣德縣西南。　縣侯：封爵名。開國縣侯的省稱。食邑爲縣，故常冠以所封縣名。晋始置，位在開國公下。南朝沿置。在梁位視孤卿、重號將軍、光禄大夫，班次之。在陳爲九等爵第三等，第三品。

　　高祖崩，[1]后與中書舍人蔡景歷定計，[2]秘不發喪，召世祖入纂，事在蔡景歷及侯安都《傳》。世祖即位，尊后爲皇太后，宮曰慈訓。廢帝即位，[3]尊后爲太皇太后。光大二年，[4]后下令黜廢帝爲臨海王，[5]命高宗嗣位。太建元年，[6]尊后爲皇太后。二年三月景申，崩于紫極殿，[7]時年六十五。遺令喪事所須，並從儉約，諸有饋奠，不得用牲牢。其年四月，群臣上謚曰宣太后，祔葬萬安陵。[8]

　　[1]高祖崩：時在永定三年（559）六月。

　　[2]中書舍人：官名。本名中書通事舍人，梁、陳去“通事”二字，徑稱“中書舍人”，間或簡稱“舍人”。職掌收納、轉呈章

奏等事。南朝陳第八品。　蔡景歷：字茂世，濟陽考城（今河南民權縣東北）人。本書卷一六、《南史》卷六八有傳。

[3]廢帝：南朝陳文帝嫡長子陳伯宗。本書卷四、《南史》卷九有紀。

[4]光大：南朝陳廢帝陳伯宗年號（567—568）。

[5]臨海：郡名。治章安縣，在今浙江台州市淑江區。

[6]太建：南朝陳宣帝陳頊年號（569—582）。

[7]紫極殿：宮殿名。南朝宋孝武帝時修造，以華麗著稱。

[8]萬安陵：陳武帝陵墓。在今江蘇南京市江寧區上坊鎮石馬衝。

　　后親屬無在朝者，唯族兄鈕洽官至中散大夫。[1]

[1]中散大夫：官名。本掌顧問應對，南朝時漸成安置老邁養病官員的閑職。陳第四品，秩千石。

　　世祖沈皇后諱妙容，吳興武康人也。[1]父法深，梁安前中錄事參軍。[2]后年十餘歲，以梁大同中歸于世祖。[3]高祖之討侯景，世祖時在吳興，景遣使收世祖及后。景平，乃獲免。高祖踐祚，永定元年，后爲臨川王妃。[4]世祖即位，爲皇后。追贈后父法深光祿大夫，[5]加金章紫綬，封建城縣侯，[6]邑五百户，諡曰恭。追贈后母高綏安縣君，[7]諡曰定。廢帝即位，尊后爲皇太后，宮曰安德。

[1]武康：縣名。治所在今浙江德清縣。

[2]安前中錄事參軍：中錄事參軍，官名。南朝梁、陳時置爲

皇弟皇子府、嗣王蕃王府、庶姓公府、庶姓持節府僚屬。掌總録衆署文書，舉彈善惡。陳自第六品至第九品，隨府主地位而定。安前，當爲“安前將軍”的省稱。《梁書》所見擔任過安前將軍者凡三位：豫章郡王蕭綜、鄱陽郡王蕭恢、邵陵王蕭綸，時間分别是梁天監十五年（516）、天監十七年（518）、大同七年（541）至中大同元年（546）之間。沈法深所任安前中録事參軍，不知歸於哪個王府。

[3]大同：南朝梁武帝蕭衍年號（535—546）。

[4]臨川王：永定元年（557）十一月，陳武帝封陳蒨爲臨川郡王，食邑二千户。臨川，郡名。治臨川縣，在今江西撫州市臨川區西。

[5]光禄大夫：官名。屬光禄勳。多作爲加官，或致仕、卒後的封贈官。無實際職掌。陳第三品，秩中二千石。

[6]建城：城，底本作“成”，中華本校勘記云：“據《南史》改。按建城縣，漢侯邑。《太平寰宇記》引雷次宗《豫章記》云：‘漢高帝置。以其創建城邑，故曰建城。’今《漢志》《表》作‘建成’，《後漢志》以下皆作‘建城’。後文后兄欽襲爵建城侯，亦作‘建城’。”今從改。建城，縣名。屬豫章郡，治所在今江西高安縣。

[7]綏安：縣名。治所在今福建雲霄縣西。

時高宗與僕射到仲舉、舍人劉師知等並受遺輔政，[1]師知與仲舉恒居禁中參決衆事，而高宗爲揚州刺史，[2]與左右三百人入居尚書省。[3]師知見高宗權重，陰忌之，乃矯敕謂高宗曰：“今四方無事，王可還東府，[4]經理州務。”高宗將出，而諮議毛喜止之曰：[5]“今若出外，便受制於人，譬如曹爽，[6]願作富家翁不可得也。”高宗乃稱疾，召師知，留之與語，使毛喜先入言之於后。后曰："今伯宗年幼，政事並委二郎，[7]此非我意。"喜又言於廢帝，帝曰："此自師知等所爲，非朕意也。"喜出以報高宗，高宗因囚師知，自入見后及帝，極陳師知之短，仍自草敕請畫，以師知付廷尉治罪。[8]其夜，於獄中賜死。自是政無大小，盡歸高宗。后憂悶計無所出，乃密賂宦者蔣裕，令誘建安人張安國，[9]使據郡反，冀因此以圖高宗。安國事覺，並爲高宗所誅。時后左右近侍頗知其事，后恐連逮黨與，並殺之。高宗即位，以后爲文皇后。陳亡入隋，大業初，[10]自長安歸于江南，頃之，卒。

[1]僕射：官名。尚書省副官，負責主持尚書省的日常事務。陳第二品，秩中二千石。　到仲舉：字德言，彭城武原（今江蘇邳州市西北）人。本書卷二〇有傳，《南史》卷二五有附傳。　舍人：此處爲"中書舍人"的省稱。　劉師知：沛國相縣（今安徽濉溪縣西北）人。本書卷一六、《南史》卷六八有傳。

[2]揚州：州名。治建康縣，在今江蘇南京市。

[3]尚書省：官署名。南朝時爲綜理全國政務的外朝最高行政機構。長官爲尚書令及左、右僕射。尚書令爲宰相之任，位尊權重，不親庶務，尚書省日常政務常由僕射主持，諸曹奏事由左、右僕射審議聯署。左僕射又領殿中、主客二郎曹，右僕射與祠部尚書通職，不並置，置則領祠部、儀曹二郎曹。梁、陳常缺尚書令，僕射實爲尚書省主官，列位宰相。

[4]東府：東晉、南朝都建康時丞相兼領揚州刺史的治所，在今江蘇南京市通濟門附近。

[5]諮議：官名。"諮議參軍"的省稱。王公軍府屬官，掌諮詢謀議軍事，位在諸參軍之上。陳自第五品至第七品，皆依府主地

位而定。　毛喜：字伯武，滎陽陽武（今河南原陽縣東南）人。本書卷二九、《南史》卷六八有傳。

[6]曹爽：字昭伯，三國時期魏國宗室。魏明帝時官至大將軍、都督中外諸軍事、録尚書事，與權臣司馬懿共同受遺詔輔政少主曹芳。嘉平元年（249），隨少主朝高平陵，司馬懿趁機發動政變，身死族滅。《三國志》卷九有附傳。

[7]二郎：當指尚書僕射到仲舉、中書舍人劉師知。

[8]廷尉：官名。南朝梁、陳稱“廷尉卿”。職掌國家刑獄事。陳第三品，秩中二千石。

[9]建安：郡縣名。治所在今福建建甌市。

[10]大業：隋煬帝楊廣年號（605—618）。

　　后兄欽，隨世祖征伐，以功至貞威將軍、安州刺史。[1]世祖即位，襲爵建城侯，加通直散騎常侍、持節、會稽等九郡諸軍事、明威將軍、會稽太守，[3]入爲侍中、左衛將軍、衛尉卿。[4]光大中，爲尚書右僕射，尋遷左僕射。欽素無技能，奉己而已。高宗即位，出爲雲麾將軍、義興太守，[5]秩中二千石。太建元年卒，時年六十七，贈侍中、特進、翊左將軍，[6]諡曰成。

[1]貞威將軍：官名。雜號將軍。陳擬七品，比秩六百石。安州：州名。據本書卷五《宣帝紀》，太建七年（575）三月“改梁東徐州爲安州”，此安州即梁之東徐州，治宿預縣，在今江蘇宿遷市東南舊黃河東北岸古城。世祖即位前後之安州，當即陳承梁之安州，治定遠縣，在今安徽定遠縣東南。

[3]通直散騎常侍：官名。集書省屬官。南朝時多以衰老之士擔任，多爲加官。陳第四品，秩二千石。　持節：漢代使臣奉皇帝

之命出行，持節杖以爲憑證並示威重，謂之持節。魏晋以後演繹爲假節、持節、使持節三個權力大小不同的官名，多授予都督諸州軍事及刺史總軍戎者。持節得專殺無官位之人，在軍事行動中有誅殺二千石以下官吏的權力。按林礽乾《陳書異文考證》言“持節”下，當有“督”或“都督”爲是，“陳之制，凡言某爲持節或使持節某某諸軍事者，‘持節’與‘使持節’下，必有‘督’或‘都督’二字”（第86頁）。　會稽：郡名。治山陰縣，在今浙江紹興市。　明威將軍：官名。梁置諸將軍之號凡二十四班，班多者爲貴，明威將軍爲十三班。陳擬五品，比秩千石。另梁、陳十明將軍中亦有此號。陳擬六品，比秩千石。

[4]侍中：官名。南朝陳時爲門下省長官，侍奉皇帝生活起居，侍從左右，有顧問應對、諫諍糾察之職能，同時兼掌出納、璽封詔奏，有封駁權，參預機密政務，上親皇帝，下接百官，官顯職重。多選美姿容、有文才、與皇帝親近者任之。並爲親王之起家官。第三品，秩中二千石。　左衛將軍：官名。禁衛軍統帥之一。與右衛將軍合稱二衛將軍，掌宮廷宿衛營兵，多由近臣擔任。陳第三品，秩二千石。　衛尉卿：官名。位列十二卿，掌宮門宿衛屯兵，巡行宮外，糾察不法，管理武庫，領武庫、公車司馬令。陳第三品，秩中二千石。據本書卷三《世祖紀》，天嘉六年（565）封“衛尉卿沈欽爲中領軍”。

[5]雲麾將軍：官名。梁武帝天監七年（508）置，與武臣、爪牙、龍騎將軍取代舊置前、後、左、右將軍，爲武職二十四班中的十八班。陳沿置，擬四品，比秩中二千石。　義興：郡名。治陽羨縣，在今江蘇宜興市。

[6]翊左將軍：官名。武帝天監七年（508）定爲武職二十四班中的二十班，與四平將軍同班。普通六年（525）改爲武職三十四班中的三十班。陳沿置，擬三品，比秩中二千石。

子觀嗣，[1]頗有學識，官至御史中丞。[2]

[1]觀：沈觀。《北史》卷一一《隋文帝紀》記載，隋開皇九年（589）四月“以陳都官尚書孔範、散騎常侍王瑳、王儀、御史中丞沈觀等邪佞於其主，以致亡滅，皆投之邊裔”。知沈觀入隋之後被流放邊遠之地。

[2]御史中丞：官名。御史臺長官。掌監察百官，奏劾不法。南朝第一流高門多不居此職。陳第三品，秩二千石。

廢帝王皇后，金紫光禄大夫固之女也。[1]天嘉元年，爲皇太子妃。廢帝即位，立爲皇后。廢帝爲臨海王，后爲臨海王妃。至德中薨。[2]

[1]固：王固。字子堅，琅邪臨沂（今山東臨沂市）人。本書卷二一有傳，《南史》卷二三有附傳。

[2]至德：南朝陳後主陳叔寶年號（583—586）。

后生臨海嗣王至澤。至澤以光大元年爲皇太子。太建元年，襲封臨海嗣王。尋爲宣惠將軍，[1]置佐史。陳亡，入長安。

[1]宣惠將軍：官名。雜號將軍。梁始置，爲加官、散官性質的將軍。陳沿置，擬四品，比秩中二千石。

高宗柳皇后諱敬言，河東解人也。[1]曾祖世隆，[2]齊侍中、司空、尚書令、貞陽忠武公。[3]祖惲，[4]有重名於梁代，官至秘書監，[5]贈侍中、中護軍。[6]父偃，[7]尚梁

武帝女長城公主，[8]拜駙馬都尉。[9]大寶中，[10]爲鄱陽太
守，[11]卒官。后時年九歲，[12]幹理家事，有若成人。侯
景之亂，后與弟盼往江陵依梁元帝，[13]元帝以長城公主
之故，待遇甚厚。及高宗赴江陵，元帝以后配焉。承聖
二年，[14]后生後主於江陵。明年，江陵陷，高宗遷于關
右，[15]后與後主俱留穰城。[16]天嘉二年，[17]與後主還朝，
后爲安成王妃。高宗即位，立爲皇后。

[1]河東：郡名。治所在今山西夏縣西北。　解：縣名。治所
在今山西臨猗縣西南。今按，此河東郡解縣乃柳皇后祖籍地望所
在，並非僑置郡縣。

[2]世隆：柳世隆。字彥緒。南朝齊重臣。《南齊書》卷二四
有傳，《南史》卷三八有附傳。

[3]司空：官名。與太尉、司徒並爲三公。掌水土事，郊祀掌
掃除，陳樂器，大喪掌將校復土。魏晉南北朝爲名譽宰相，多爲大
臣加官。齊時位居一品。　貞陽忠武公：封爵名。貞陽，縣名。南
朝齊屬湘州始興郡，治所在今廣東英德市東南瀧江北。忠武，柳世
隆謚號。

[4]惲：柳惲。字文暢。《梁書》卷二一有傳，《南史》卷三八
有附傳。

[5]秘書監：官名。秘書省長官。掌國之典籍圖書。陳第四品，
秩中二千石。

[6]中護軍：官名。職掌都護京師以外地方軍隊。陳第三品，
秩中二千石。

[7]偃：柳偃。字彥游。《梁書》卷二一、《南史》卷三八有
附傳。

[8]梁武帝：南朝梁皇帝蕭衍。字叔達，南朝梁開國皇帝。
《梁書》卷一至卷三，《南史》卷六、卷七有紀。　長城公主：公

主食邑所在長城縣（今浙江長興縣東），故號。

[9]駙馬都尉：官名。東晉南朝隸集書省，無定員，無實職，尚公主者亦多加此號。至梁、陳專加尚公主者。陳第七品，秩六百石。

[10]大寶：南朝梁簡文帝蕭綱年號（550—551）。

[11]鄱陽：郡名。治鄱陽縣，在今江西鄱陽縣。

[12]后時年九歲：《南史》卷一二《宣柳皇后傳》記作“后九歲，幹理家事，有若成人”，“時”或爲衍字（詳蔣伯良《〈梁書〉〈陳書〉舛誤辨》，《寧波大學學報》2003年第9期）。

[13]江陵：縣名。荆州刺史治所，在今湖北荆州市荆州區。梁元帝：南朝梁皇帝蕭繹。小字七符，梁武帝第七子，廟號世祖。《梁書》卷五、《南史》卷八有紀。

[14]承聖：南朝梁元帝蕭繹年號（552—555）。

[15]關右：函谷關或潼關以西地區。時爲西魏京畿所在。

[16]穰城：縣名。治所在今河南鄧州市。時爲西魏荆州刺史治所。

[17]天嘉二年：本書卷三《世祖紀》、卷五《宣帝紀》、卷六《後主紀》、卷二九《毛喜傳》、卷三六《始興王叔陵傳》皆記宣帝與後主還朝事在天嘉三年。《通鑑》卷一六八《陳紀二》“文帝天嘉三年”條記其經過甚詳：“（天嘉三年正月）丁未，周以安成王頊爲柱國大將軍，遣杜杲送之南歸。……二月丙子，安成王頊至建康，詔以爲中書監、中衛將軍。……頊妃柳氏及子叔寶猶在穰城，上復遣毛喜如周請之，周人皆歸之。”據此可知，“二年”當爲“三年”之誤。詳見蔣伯良《〈梁書〉〈陳書〉舛誤辨》；邵春駒《〈陳書〉校讀札記》，《萍鄉高等專科學校學報》2009年第2期。

后美姿容，身長七尺二寸，[1]手垂過膝。初，高宗居鄉里，先娶吳興錢氏女，及即位，拜爲貴妃，甚有寵。后傾心下之，每尚方供奉之物，其上者皆推於貴妃，而己御其次焉。高宗崩，始興王叔陵爲亂，[2]後主賴后與樂安君吳氏救而獲免，[3]事在《叔陵傳》。後主即位，尊后爲皇太后，宮曰弘範。當是之時，新失淮南之地，隋師臨江，又國遭大喪，後主病瘡，不能聽政，其誅叔陵、供大行喪事、邊境防守及百司衆務，雖假以後主之命，實皆決之於后。後主瘡愈，乃歸政焉。陳亡，入長安。大業十一年，薨於東都，[4]年八十三，葬洛陽之邙山。[5]后性謙謹，未嘗以宗族爲請，雖衣食亦無所分遺。

[1]七尺二寸：南朝梁、陳時一尺約合今 24.5 釐米，七尺二寸約合今 176.4 釐米。

[2]始興王叔陵：陳叔陵。字子嵩，陳宣帝第二子。宣帝時封始興郡王。本書卷三六、《南史》卷六五有傳。

[3]樂安君吳氏：後主乳母。

[4]大業十一年，薨於東都：十一年，《南史》卷一二《宣柳皇后傳》作“十二年”。東都，洛陽。

[5]邙山：當指北邙山，在今河南洛陽市北。東漢及北魏時，王公貴戚多葬於此。

弟盼，太建中尚世祖女富陽公主，[1]拜駙馬都尉。後主即位，以帝舅加散騎常侍。[2]盼性愚戇，使酒，常因醉乘馬入殿門，[3]爲有司所劾，坐免官，卒於家。贈侍中、中護軍。

[1]富陽公主：富陽，縣名。治所在今浙江杭州市富陽區。時爲公主食邑所在。

[2]散騎常侍：官名。集書省長官。職掌侍從皇帝左右，應對顧問，獻納得失。陳第三品，秩中二千石。

[3]常因醉乘馬入殿門：《册府》卷三〇六作“嘗因醉乘馬入殿門”。常，同“嘗”。

后從祖弟莊，[1]清警有鑒識。太建末，爲太子洗馬，[2]掌東宮管記。後主即位，稍遷至散騎常侍、衛尉卿。禎明元年，[3]轉右衛將軍，[4]兼中書舍人，領雍州大中正。[5]自盼卒後，太后宗屬唯莊爲近，兼素有名望，猶是深被恩遇，[6]尋遷度支尚書。[7]陳亡，入隋，爲岐州司馬。[8]

[1]莊：柳莊。字思敬。《隋書》卷六六有傳，《北史》卷七〇有附傳。

[2]太子洗（xiǎn）馬：官名。太子詹事屬官，掌太子圖書經籍，太子出行則前導威儀。陳第六品，秩六百石。洗亦作“先”。先馬，意即前驅。

[3]禎明：南朝陳後主陳叔寶年號（587—589）。

[4]右衛將軍：官名。禁衛軍統帥之一。與左衛將軍合稱二衛將軍，掌宮廷宿衛營兵，多由近臣擔任。陳第三品，秩二千石。

[5]雍州大中正：州大中正，掌一州人物之品第，以爲吏部銓選之根據，並有委任州主簿及從事之權。雍州，州名。治所在今湖北襄陽市。

[6]猶是深被恩遇：猶，通“由”。中華本校勘記云：“‘猶’各本作‘由’。”

[7]度支尚書：官名。尚書省度支曹長官，掌管全國貢税租賦

264

的統計、調撥等事務。陳第三品，秩中二千石。

[8]岐州司馬：官名。岐州，州名。治雍縣，在今陝西鳳翔縣。州司馬爲州刺史屬官，多以貶官充任。

後主沈皇后諱婺華，儀同三司望蔡貞憲侯君理女也。[1]母即高祖女會稽穆公主。[2]主早亡，時后尚幼，而毀瘠過甚。[3]及服畢，每至歲時朔望，恒獨坐涕泣，哀動左右，內外咸敬異焉。太建三年納爲皇太子妃。[4]後主即位，立爲皇后。

[1]儀同三司：官名。三國魏始置，爲大臣加號，意謂與太尉、司徒、司空“三司”的儀制待遇相同。原爲皇帝恩賜三司以下官員的一種特殊榮寵，後因授予範圍不斷擴大，逐漸成爲散官號。　望蔡貞憲侯：望蔡，縣名。治所在今江西上高縣。貞憲，謚號。　君理：沈君理。字仲倫，吳興（今浙江湖州市吳興區）人。本書卷二三、《南史》卷六八有傳。

[2]會稽穆公主：會稽，郡名。時爲公主食邑所在。穆，謚號。

[3]毀瘠：居喪過哀而極度瘦弱。

[4]太建三年納爲皇太子妃：中華本校勘記云：“按‘太建三年’當依《宣帝紀》作‘太建元年’。《沈君理傳》云太建二年高宗以君理女爲皇太子妃，亦訛。”

后性端靜，寡嗜慾，聰敏彊記，涉獵經史，工書翰。[1]初，後主在東宮，而后父君理卒，后居憂，處於別殿，哀毀逾禮。後主遇后既薄，而張貴妃寵傾後宮，後宮之政並歸之。后澹然未嘗有所忌怨，而居處儉約，衣服無錦繡之飾，左右近侍纔百許人，唯尋閱圖史、誦佛經爲事。陳亡，與後主俱入長安。及後主薨，后自爲哀辭，文甚酸切。隋煬帝每所巡幸，[2]恒令從駕。及煬帝爲宇文化及所害，[3]后自廣陵過江還鄉里，不知所終。[4]

[1]書翰：文字書寫。

[2]隋煬帝：楊廣，隋文帝楊堅次子。《隋書》卷三、卷四，《北史》卷一一有紀。

[3]宇文化及：代郡武川（今内蒙古武川縣西）人。隋煬帝寵臣宇文述之子。《隋書》卷八五有傳，《北史》卷七九有附傳。

[4]后自廣陵過江還鄉里，不知所終：《南史》卷一二《後主沈皇后傳》云："及煬帝被殺，后自廣陵過江，於毗陵天静寺爲尼，名觀音。貞觀初卒。"

后無子，養孫姬子胤爲己子。后宗族多有顯官，事在《君理傳》。

后叔君公，[1]自梁元帝敗後，常在江陵。禎明中，與蕭瓛、蕭巖率衆叛隋歸朝，[2]後主擢爲太子詹事。[3]君公博學有才辯，善談論，後主深器之。陳亡，隋文帝以其叛己，[4]命斬于建康。[5]

[1]君公：沈君公。《南史》卷六八亦有附傳。

[2]蕭瓛：字欽文，後梁主蕭詧之孫，蕭巋之子。任後梁爲荆州刺史。公元587年，後梁歸隋，與叔父蕭巖叛隋歸陳，被拜爲侍中、吳州刺史，兵敗身死。《周書》卷四八、《隋書》卷七九有附傳。　蕭巖：字義遠，後梁主蕭詧第五子。仕後梁爲荆州刺史、尚書令、太尉、太傅。後與蕭瓛等叛隋歸陳，任東揚州刺史，抵禦隋

軍，兵敗身死。《周書》卷四八有附傳。

 [3]太子詹事：官名。總管東宮事務。陳第三品，秩中二千石。

 [4]隋文帝：楊堅，隋朝開國皇帝。《隋書》卷一、卷二，《北史》卷一一有紀。

 [5]建康：故陳都城。在今江蘇南京市。

  後主張貴妃名麗華，兵家女也。[1]家貧，父兄以織席爲事。後主爲太子，以選入宮。是時龔貴嬪爲良娣，[2]貴妃年十歲，爲之給使，後主見而説焉，因得幸，遂有娠，生太子深。後主即位，拜爲貴妃。性聰惠，甚被寵遇。後主每引貴妃與賓客游宴，貴妃薦諸宮女預焉，後宮等咸德之，競言貴妃之善，由是愛傾後宮。又好厭魅之術，[3]假鬼道以惑後主，[4]置淫祀於宮中，聚諸妖巫使之鼓舞，因參訪外事，人閒有一言一事，妃必先知之以白，後主由是益重妃，内外宗族，多被引用。及隋軍陷臺城，[5]妃與後主俱入于井，隋軍出之，晉王廣命斬貴妃，[6]牓於青溪中橋。[7]

  [1]兵家女：兵家，又稱“兵户”“營户”“士家”。魏晋行兵户之制，兵户承擔兵役任務，全家列入軍籍，以區別於民籍。士兵之子稱兵家子，女稱兵家女。兵家地位低下，介於奴婢與良民之間。兵家女應“當色婚配”，即祇能嫁給士兵。《晋書》卷四九《阮籍傳》：“兵家女有才色，未嫁而死。籍不識其父兄，徑往哭之，盡哀而還。”

  [2]龔貴嬪：據本書卷二八《後主諸子傳》，龔貴嬪生南海王陳虔、錢塘王陳恬。

  [3]厭魅之術：祈禱鬼神以詛咒或迷惑他人的迷信手法。

　　[4]鬼道：鬼神邪説。

　　[5]臺城：指禁城。南朝時稱朝廷禁省爲臺，稱禁城爲臺城。舊址在今江蘇南京城北。

　　[6]晉王廣：即楊廣。

　　[7]牓：同“榜”，張榜告示。　　青溪：三國時吳國在都城建業（今江蘇南京市）城東開鑿東渠，稱爲青溪。

　　史臣侍中鄭國公魏徵考覽記書，[1]參詳故老，云後主初即位，以始興王叔陵之亂，被傷卧于承香閣下，[2]時諸姬竝不得進，唯張貴妃侍焉。而柳太后猶居柏梁殿，即皇后之正殿也。後主沈皇后素無寵，不得侍疾，别居求賢殿。至德二年，乃於光照殿前起臨春、結綺、望仙三閣。[3]閣高數丈，竝數十間，其窗牖、壁帶、懸楣、欄檻之類，[4]竝以沈檀香木爲之，[5]又飾以金玉，間以珠翠，外施珠簾，内有寶牀、寶帳，其服玩之屬，瑰奇珍麗，近古所未有。每微風暫至，香聞數里，朝日初照，光暎後庭。其下積石爲山，引水爲池，植以奇樹，雜以花藥。後主自居臨春閣，張貴妃居結綺閣，龔、孔二貴嬪居望仙閣，竝複道交相往來。[6]又有王、李二美人，張、薛二淑媛，袁昭儀、何婕妤、江脩容等七人，竝有寵，遞代以游其上。以宫人有文學者袁大捨等爲女學士，後主每引賓客對貴妃等游宴，則使諸貴人及女學士與狎客共賦新詩，[7]互相贈答，採其尤豔麗者以爲曲詞，被以新聲，選宫女有容色者以千百數，令習而哥之，[8]分部迭進，持以相樂。其曲有《玉樹後庭花》《臨春樂》等，[9]大指所歸，皆美張貴妃、孔貴嬪之容色也。其略曰："璧月夜夜滿，瓊樹朝朝新。"而張貴妃髮長七尺，鬢黑如漆，[10]其光可鑒。特聰惠，有神采，進止閑暇，容色端麗。每瞻視盼睞，光采溢目，照暎左右。常於閣上靚粧，臨于軒檻，宮中遙望，飄若神仙。才辯彊記，善候人主顏色。是時，後主怠於政事，百司啓奏，竝因宦者蔡脱兒、李善度進請，[11]後主置張貴妃於膝上共決之。李、蔡所不能記者，貴妃竝爲條疏，無所遺脱。由是益加寵異，冠絕後庭。而後宫之家，不遵法度，有挂於理者，[12]但求哀於貴妃，貴妃則令李、蔡先啓其事，而後從容爲言之。大臣有不從者，亦因而譖之，所言無不聽。於是張、孔之勢，薰灼四方，大臣執政，亦從風而靡。閹宦便佞之徒，内外交結，轉相引進，賄賂公行，賞罰無常，綱紀瞀亂矣。[13]

[1]史臣侍中鄭國公魏徵：魏徵，字玄成，鉅鹿曲城（今河北鉅鹿縣）人，初唐名臣，以敢於直諫著稱。《舊唐書》卷七一《魏徵傳》記載，魏徵於唐太宗貞觀二年（628）遷秘書監，"以喪亂之後，典章紛雜，奏引學者校定四部書。數年之間，秘府圖籍，粲然畢備"。貞觀七年任侍中。當時，朝廷令狐德棻、岑文本撰《周史》，孔穎達、許敬宗撰《隋史》，姚思廉撰《梁》《陳史》，李百藥撰《齊史》。魏徵奉詔監修，"總加撰定，多所損益，務存簡正。《隋史》序論，皆徵所作，《梁》《陳》《齊》各爲總論，時稱良史"。五史修成，加左光禄大夫，進封鄭國公。

[2]承香閣：《建康實録》卷二〇亦作"承香閣"；本書卷二四《袁憲傳》又有"嘗陪醮承香閣"。然《南史》卷一二《張貴妃傳》作"承香殿"，《通鑑》同，《隋書·經籍志二》又有"《陳承香殿五經史記目録》二卷"，頗疑"閣"爲"殿"字之誤，抑或承香閣

時又稱作承香殿。

[3]光照殿：《南史·張貴妃傳》作"光昭殿"，《通鑑》同。

[4]壁帶：壁中橫木。 懸楣：橫木。《通鑑》卷一七六《陳紀十》"長城公至德二年"條胡三省注："施於前後兩楹之間，下不裝構，今人謂之掛楣。"

[5]沈檀：皆爲香木。沈，沈香木。檀，檀木。

[6]複道：樓閣之間的連接天橋，上下二層。

[7]狎客：關係親近、時常宴飲游聚的輕薄之人。本書卷二七《江總傳》載：江總"好學，能屬文，於五言七言尤善；然傷於浮豔，故爲後主所愛幸。多有側篇，好事者相傳諷翫，于今不絕。後主之世，總當權宰，不持政務，但日與後主游宴後庭，共陳暄、孔範、王瑳等十餘人，當時謂之狎客"。

[8]令習而哥之：哥，殿本作"謌"。《南史·張貴妃傳》作"歌"。

[9]《玉樹後庭花》《臨春樂》：皆爲曲名。《隋書·音樂志上》："及後主嗣位，耽荒於酒，視朝之外，多在宴筵。尤重聲樂，遣宮女習北方簫鼓，謂之《代北》，酒酣則奏之。又於清樂中造《黃鸝留》及《玉樹後庭花》《金釵兩臂垂》等曲，與幸臣等製其歌詞，綺豔相高，極於輕薄。男女唱和，其音甚哀。"後世視之爲亡國之音。

[10]鬒（zhěn）：須髮既黑且密。

[11]蔡脫兒：《南史·張貴妃傳》作"蔡臨兒"。

[12]挂於理：觸碰到刑獄法禁。

[13]瞀（mào）亂：紊亂。

史臣曰：[1]《詩》表《關雎》之德，[2]《易》著《乾》《坤》之基，[3]然夫婦之際，人道之大倫也。若夫作儷天則，燮贊王化，[4]則宣太后有其懿焉。

［1］史臣：此指本書作者姚思廉。

［2］《關雎》：《詩經》首篇。本爲描寫男女戀愛的作品，因其"樂而不淫"，後世被解讀爲夫婦倫理的標準，常用來喻指后妃美德。

［3］《乾》《坤》：《周易》六十四卦中最基本的兩卦。分別象徵天、地，喻指夫、婦。

［4］燮贊：協調襄助。

陳書　卷八

列傳第二

杜僧明　周文育 子寶安 孫瑳　侯安都 從弟曉

　　杜僧明字弘照，廣陵臨澤人也。[1]形貌眇小，而膽氣過人，有勇力，善騎射。梁大同中，[2]盧安興爲廣州南江督護，[3]僧明與兄天合及周文育竝爲安興所啓，請與俱行。頻征俚獠有功，[4]爲新州助防。[5]天合亦有材幹，預在征伐。安興死，僧明復副其子子雄。及交州土豪李賁反，[6]逐刺史蕭諮，[7]諮奔廣州，臺遣子雄與高州刺史孫冏討賁。[8]時春草已生，瘴癘方起，子雄請待秋討之，廣州刺史新渝侯蕭暎不聽。[9]蕭諮又促之，子雄等不得已，遂行。至合浦，[10]死者十六七，衆竝憚役潰散，禁之不可，乃引其餘兵退還。蕭諮啓子雄及冏與賊交通，逗留不進，梁武帝敕於廣州賜死。[11]子雄弟子略、子烈竝雄豪任俠，家屬在南江。[12]天合謀於衆曰："盧公累代待遇我等亦甚厚矣，今見枉而死，不能爲報，非丈夫也。我弟僧明萬人之敵，若圍州城，召百姓，誰敢不從？城破，斬二侯祭孫、盧，[13]然後待臺使至，束手詣廷尉，[14]死猶勝生。縱其不捷，亦無恨矣。"眾咸慷慨曰："是願也，唯足下命之。"乃與周文育等率眾結盟，奉子雄弟子略爲主，以攻刺史蕭映。子略頓城南，[15]天合頓城北，僧明、文育分據東西，吏人竝應之，一日之中，眾至數萬。高祖時在高要，[16]聞事起，率眾來討，大破之，殺天合，生擒僧明及文育等。高祖竝釋之，引爲主帥。

[1]廣陵：郡名。治所在今江蘇揚州市西北。　臨澤：縣名。治所在今江蘇高郵市臨澤鎮。

[2]大同：南朝梁武帝蕭衍年號（535—546）。

[3]廣州：州名。治番禺縣，在今廣東廣州市。　南江督護：官名。南朝時在廣州別置南江都護、西江都護，主管一方軍事。《南齊書·州郡志上》："（廣州）西南二江，川源深遠，別置督護，專征討討之。"

[4]俚：南方少數民族名。又稱俚子。今黎族的前身。南朝時分布於湘、廣諸州。　獠：古時對西南少數民族之蔑稱。

[5]新州助防：官名。職在協助主官防守。新州，州名。治新興縣，在今廣東新興縣。

[6]交州：州名。治龍編縣，在今越南北寧省仙游縣東。　土豪：《南史》卷六六《杜僧明傳》作"豪士"。　李賁：交州豪族。梁大同七年（541）起兵，逐走交州刺史蕭諮。大同十年春正月，在交阯郡（今越南北寧省仙游縣東）稱帝，年號天德。中大同元年（546）春，交州刺史楊嘌故克交阯嘉寧縣城（今越南永富省白鶴縣南鳳州），李賁逃入屈獠洞（在嘉寧縣），兩年後被斬，傳首梁都建康。

[7]蕭諮：南朝梁人。字世恭，鄱陽王蕭恢之子。封武林侯，曾任衛尉卿、交州刺史等職。梁大寶元年（550）爲侯景所殺。《南史》卷五二有附傳。

[8]臺：臺城的省稱。臺城即都城建康之宮城，爲朝廷所在，故此處以“臺”代指朝廷。　高州：州名。治高涼縣，在今廣東陽江市西。

[9]新渝侯：封爵名。新渝，縣名。治所在今江西新餘市南。蕭暎：南朝梁人。字文明，始興王蕭憺之子。歷任淮南太守、太子洗馬、吳興太守、北徐州刺史、廣州刺史等職，封新渝縣侯。《南史》卷五二有附傳。

[10]合浦：郡名。治合浦縣，在今廣西合浦縣東北舊州。

[11]梁武帝：即蕭衍。字叔達，南朝梁開國皇帝。《梁書》卷一至卷三，《南史》卷六、卷七有紀。

[12]南江：今廣東羅定江，古稱南江。

[13]二侯：此指武林侯蕭諮、新渝侯蕭暎。

[14]廷尉：官名。南朝梁、陳稱“廷尉卿”。職掌國家刑獄事。陳第三品，秩中二千石。

[15]頓：同“屯”，駐屯。

[16]高祖：此指陳霸先。時仕梁爲西江督護、高要郡守。　高要：郡名。治高要縣，在今廣東肇慶市。

　　高祖征交阯及討元景仲，[1]僧明、文育竝有功。侯景之亂，[2]俱隨高祖入援京師。高祖於始興破蘭裕，[3]僧明爲前鋒，擒裕斬之。又與蔡路養戰於南野，[4]僧明馬被傷，高祖馳往救之，以所乘馬授僧明，僧明乘馬與數十人復進，衆皆披靡，因而乘之，大敗路養。高州刺史李遷仕又據大皋，[5]入灨石，[6]以逼高祖。高祖遣周文育爲前軍，與僧明擊走之。遷仕與寧都人劉孝尚併力將襲南康，[7]高祖又令僧明與文育等拒之，相持連戰百餘日，卒擒遷仕，送于高祖軍。及高祖下南康，[8]留僧明頓西昌，[9]督安成、廬陵二郡軍事。[10]元帝承制授假節、清野將軍、新州刺史，[11]臨江縣子，[12]邑三百户。

[1]交阯：郡名。治龍編縣，在今越南北寧省仙游縣東。　元景仲：本北魏宗室支屬，梁普通中隨父兄歸降。封枝江縣公，歷任右衛將軍、廣州刺史等職。《梁書》卷三九有傳。

[2]侯景：字萬景，北魏朔方郡（今内蒙古杭錦旗北）人，一説雁門郡（今山西代縣）人。《梁書》卷五六、《南史》卷八〇有傳。

[3]始興：郡名。治曲江縣，在今廣東韶關市南武水西岸。蘭裕：南朝梁高州刺史。太清三年（549）以始興等十郡叛，攻監衡州事歐陽頠，後爲陳霸先所擒。

[4]蔡路養：南康（今江西贛州市西南）人。乘侯景之亂，據南康與義軍對抗，爲陳霸先所敗。　南野：縣名。治所在今江西贛州市南康區西南。

[5]李遷仕：梁高州刺史。大寶元年（550）起兵叛梁，被陳霸先擒殺。　大皋：城名。《太平寰宇記》卷一〇九《江南西道七》太和縣：“大皋城，在縣西北八十三里，臨贛水。”故城在今江西吉安市南。

[6]灘石：贛江中的險灘，中有巨石，以難渡著稱。《讀史方輿紀要》卷八三《江西一》云贛江自贛城（今贛江市）北至吉安府萬安縣段，有十八灘，謂之贛石。

[7]寧都：縣名。治所在今江西寧都縣南。

[8]南康：郡名。治贛縣，在今江西贛州市西南。又有南康縣，屬南康郡，治所在今江西贛州市南康區。

[9]西昌：縣名。治所在今江西泰和縣西。

[10]安成：郡名。治平都縣，在今江西安福縣。　廬陵：郡名。治石陽縣，在今江西吉水縣東北。

[11]元帝：南朝梁元帝蕭繹。小字七符，梁武帝第七子，廟號世祖。《梁書》卷五、《南史》卷八有紀。　假節：漢代使臣奉皇帝之命出行，持節杖以爲憑證並示威重，謂之持節。魏晋以後演繹爲假節、持節、使持節三個權力大小不同的官名，多授予都督諸州軍事及刺史總軍戎者。假節，在軍事行動中可斬殺違反軍令者。清野將軍：官名。雜號將軍。陳擬七品，比秩六百石。

[12]臨江縣子：封爵名。臨江，縣名。治所在今江蘇如皋市南。縣子，即開國縣子，又稱“開國子”，西晋始置，食邑爲縣，位在開國縣伯之下、開國縣男之上。南朝沿置。在梁位視二千石，班次之。在陳爲九等爵第五等，第五品，秩視二千石。

　　侯景遣于慶等寇南江，[1]高祖頓豫章，[2]命僧明爲前驅，[3]所向克捷。高祖表僧明爲長史，[4]仍隨東討。軍至蔡洲，[5]僧明率麾下燒賊水門大艦。及景平，以功除員外散騎常侍、明威將軍、南兗州刺史，[6]進爵爲侯，增邑并前五百户，仍領晋陵太守。[7]承聖二年，[8]從高祖北圍廣陵，加使持節，[9]遷通直散騎常侍、平北將軍，[10]餘如故。荆州陷，[11]高祖使僧明率吳明徹等隨侯瑱西援，[12]於江州病卒，[13]時年四十六。贈散騎常侍，[14]謚曰威。世祖即位，[15]追贈開府儀同三司。[16]天嘉二年，[17]配享高祖廟庭。子晋嗣。

[1]于慶：侯景部將，官至開府儀同三司、太子太師。
[2]豫章：郡名。治南昌縣，在今江西南昌市。
[3]命僧明爲前驅：命，底本作“會”，中華本校勘記云：“據

《南史·杜僧明傳》及《元龜》三四五改。"説是，今從改。

[4]長史：官名。秦始置。漢魏以來，三公、將軍、郡守等官署皆置，往往爲本署事務長官，品秩依府主身份不同而有變化。據本書卷一《高祖紀上》，其時陳霸先的身份是"使持節、都督會稽東陽新安臨海永嘉五郡諸軍事、平東將軍、東揚州刺史，領會稽太守、豫章内史"，此處長史或屬"庶姓持節府長史"，秩六百石。

[5]軍至蔡洲：蔡洲，底本、《南史》卷六六《杜僧明傳》作"蔡州"。中華本據改。按，蔡洲本爲長江中沙洲，在今江蘇南京市西南，今已併入長江南岸。《晋書》卷七五《温嶠傳》記王敦"在石頭，欲禁私伐蔡洲荻"，其地盛産蘆荻，可證確爲沙洲。《晋書》中原本爲"蔡州"者，中華本皆改爲"蔡洲"。如卷二七《五行志上》"盧循至蔡州"，中華本校勘記云："'洲'原誤作'州'，今據《盧循傳》改。"又如卷八四《殷仲堪傳》"乃迴師屯于蔡洲"，中華本校勘記云："各本作'蔡州'，《通志》一二九下及《通鑑》一一〇作'蔡洲'，今據改。"本書卷一《高祖紀》記其事爲"高祖與諸軍進剋姑熟，仍次蔡洲"。故此處應以"蔡洲"爲是，今據改。

[6]員外散騎常侍：官名。初爲正員之外添差之散騎常侍，無員數，後爲定員官。屬散騎省（東省、集書省）。初多授公族、宗室，雖是閑職，仍爲顯官，南朝宋以後常用以安置閑退官員、衰老之士，地位漸低。至梁武帝天監六年（507）復重其選，以其職依正員，品視黄門郎，但終不爲人所重。梁十班。陳第四品，秩二千石。　明威將軍：官名。梁置諸將軍之號凡二十四班，班多者爲貴，明威將軍爲十三班。陳擬五品，比秩千石。另梁、陳十明將軍中亦有此號。陳擬六品，比秩千石。　南兗州：州名。寄治廣陵縣，在今江蘇揚州市西北蜀岡。

[7]晋陵：郡名。治晋陵縣，在今江蘇常州市。

[8]承聖：南朝梁元帝蕭繹年號（552—555）。

[9]使持節：漢代使臣奉皇帝之命出行，持節仗以爲憑證並示威重，謂之持節。魏晋以後，凡重要軍事長官出征或出鎮時，加使

持節頭銜，可誅殺二千石以下官員。

[10]通直散騎常侍：官名。西晉時使員外散騎常侍二人與散騎常侍通員當值，故名。東晉增至四員，屬散騎省。參平尚書奏事，並掌侍從諷諫，位頗重。南朝屬集書省，多以衰老之士擔任，地位漸低。常爲加官。梁十一班。陳第四品，秩二千石。　平北將軍：官名。重號將軍。與平東、平南、平西將軍合稱四平將軍，多持節都督或監某一地區的軍事，亦可作爲刺史兼理軍務的加官。梁武帝天監七年（508）定爲武職二十四班中的二十班。陳擬三品，比秩中二千石。

[11]荆州：州名。治所在今湖北荆州市荆州區。

[12]吳明徹：字通昭，秦郡（今江蘇南京市六合區西北）人。本書卷九、《南史》卷六六有傳。　侯瑱：字伯玉，巴西充國（今四川閬中市）人。本書卷九、《南史》卷六六有傳。

[13]江州：州名。治溢口城，在今江西九江市。

[14]散騎常侍：官名。集書省長官。職掌侍從皇帝左右，應對顧問，獻納得失。陳第三品，秩中二千石。

[15]世祖：南朝陳文帝陳蒨廟號。陳蒨，本書卷三、《南史》卷九有紀。

[16]開府儀同三司：官名。三國魏始置，爲大臣加號，意謂與三司即太尉、司徒、司空禮制、待遇相同，許開設府署，自辟僚屬。兩晉南北朝因之。梁制，諸將軍開府儀同三司、左右光祿開府儀同三司，爲十七班。陳制，開府儀同三司第一品，秩萬石。

[17]天嘉：南朝陳文帝陳蒨年號（560—566）。

周文育字景德，義興陽羨人也。[1]少孤貧，本居新安壽昌縣，[2]姓項氏，名猛奴。年十一，能反覆游水中數里，跳高五六尺，與群兒聚戲，衆莫能及。義興人周薈爲壽昌浦口戍主，[3]見而奇之，因召與語。文育對曰：

“母老家貧，兄姊並長大，困於賦役。”薈哀之，乃隨文育至家，就其母請文育養爲己子，母遂與之。及薈秩滿，與文育還都，見於太子詹事周捨，[4]請製名字，捨因爲立名文育，字景德。命兄子弘讓教之書計。[5]弘讓善隸書，寫蔡邕《勸學》及古詩以遺文育，[6]文育不之省也，謂弘讓曰：“誰能學此，取富貴但有大槊耳。”[7]弘讓壯之，教之騎射，文育大悅。

[1]義興：郡名。治陽羨縣，在今江蘇宜興市。

[2]新安：郡名。治所在今浙江淳安縣西北。　壽昌：縣名。治所在今浙江建德市西南。

[3]戍主：戍爲地方軍事行政機構，南北朝時始置，多設於邊境軍事要地。戍的長官爲戍主，掌地方守衛捍禦之事，同時干預地方民政事務。

[4]太子詹事：官名。總管東宮内外事務，職權甚重。陳第三品，秩中二千石。　周捨：字昇逸，汝南安成（今河南汝南縣東南）人。《梁書》卷二五有傳，《南史》卷三四有附傳。

[5]弘讓：周弘讓。周捨之侄。仕梁爲國子祭酒，入陳官至光禄大夫。以博學多通著名。《南史》卷三四有附傳。

[6]蔡邕：字伯喈，陳留圉縣（今河南杞縣）人。漢末名臣，兼通經史，善辭賦文翰，工書法，以博學著稱。後人輯其作品爲《蔡中郎集》。其《勸學》一篇，今已亡佚。《後漢書》卷六〇下有傳。

[7]大槊：長矛一類的兵器。

司州刺史陳慶之與薈同郡，[1]素相善，啓薈爲前軍軍主。[2]慶之使薈將五百人往新蔡懸瓠慰勞白水蠻，[3]蠻謀執薈以入魏，[4]事覺，薈與文育拒之。時賊徒甚盛，一日之中戰數十合，文育前鋒陷陣，勇冠軍中。薈於陣戰死，文育馳取其尸，賊不敢逼。及夕，各引去。文育身被九創，創愈，辭請還葬，慶之壯其節，厚加賵遺而遣之。葬訖，會盧安興爲南江督護，啟文育同行。累征俚獠，所在有功，除南海令。[5]安興死後，文育與杜僧明攻廣州，爲高祖所敗，高祖赦之。語在《僧明傳》。

[1]司州：州名。寄治平陽縣，在今河南信陽市北。　陳慶之：字子雲，義興國山（今江蘇宜興市西）人。《梁書》卷三二、《南史》卷六一有傳。

[2]前軍軍主：官名。統帥前軍的主將。

[3]新蔡：郡名。治所在今河南商城縣南。　懸瓠：城名。在今河南汝南縣。南北朝時爲軍事要地。

[4]魏：此指西魏政權。

[5]南海：梁有南海郡（今廣東廣州市），未見有南海縣。隋開皇十年（590）析番禺縣置南海縣，南海始爲縣名。

後監州王勱以文育爲長流，[1]深被委任。勱被代，文育欲與勱俱下，至大庾嶺，[2]詣卜者，卜者曰：“君北下不過作令長，南入則爲公侯。”文育曰：“足錢便可，誰望公侯。”卜人又曰：“君須臾當暴得銀至二千兩，若不見信，以此爲驗。”其夕，宿逆旅，[3]有賈人求與文育博，文育勝之，得銀二千兩。旦日辭勱，勱問其故，文育以告，勱乃遣之。高祖在高要，聞其還也，大喜，遣人迎之，厚加賞賜，分麾下配焉。

[1]監州王勱：州無刺史，以他官代行刺史職權，監理該州事務，稱監州。王勱，字公濟。本書卷一七、《南史》卷二三有附傳。其時河東王爲廣州刺史，稱疾還朝，王勱以河東王長史、南海太守身份行廣州府事。　　長流：底本作“長流令”。錢大昕《廿二史考異》云：“廣州無‘長流縣’，《南史·文育傳》無‘令’字，蓋衍文也。都督府有長流參軍，不言參軍者省文，後人妄加‘令’字。”中華本據《南史》删“令”字，今從删。長流，官名。“長流參軍”的省稱，爲公府、將軍府長流賊曹長官。

[2]大庾嶺：在今江西大庾、廣東南雄二縣之間。爲“五嶺”之一。

[3]逆旅：旅店。

　　高祖之討侯景，文育與杜僧明爲前軍，克蘭裕，援歐陽頠，[1]皆有功。高祖破蔡路養於南野，文育爲路養所圍，四面數重，矢石雨下，所乘馬死，文育右手搏戰，左手解鞍，潰圍而出，因與杜僧明等相得，并力復進，遂大敗之。高祖乃表文育爲府司馬。[2]

[1]歐陽頠（wěi）：字靖世，長沙臨湘（今湖南長沙市）人。本書卷九、《南史》卷六六有傳。

[2]府司馬：官名。此指軍府司馬，爲軍府屬官。其時陳霸先官銜爲員外散騎常侍、持節、明威將軍、交州刺史。

　　李遷仕之據大皋，遣其將杜平虜入灨石魚梁作城。[1]高祖命文育擊之，平虜弃城走，文育據其城。遷仕聞平虜敗，留老弱於大皋，悉選精兵自將，以攻文育，其鋒甚銳，軍人憚之。文育與戰，遷仕稍却，相持未解，會高祖遣杜僧明來援，別破遷仕水軍，遷仕衆潰，不敢過大皋，直走新淦。[2]梁元帝授文育假節、雄信將軍、義州刺史。[3]遷仕又與劉孝尚謀拒義軍，高祖遣文育與侯安都、杜僧明、徐度、杜稜築城於白口拒之。[4]文育頻出與戰，遂擒遷仕。

[1]魚梁：城名。在今江西萬安縣南。

[2]新淦：縣名。治所在今江西樟樹市。

[3]雄信將軍：官名。南朝梁始置。武帝天監七年（508）定爲武職二十四班中的九班。　義州：州名。梁普通四年（523）分霍州置。治苞信縣，在今河南商城縣西南。

[4]徐度：字孝節，安陸（今湖北安陸市）人。本書卷一二、《南史》卷六七有傳。　杜稜：字雄盛，吳郡錢塘（今浙江杭州市）人。本書卷一二、《南史》卷六七有傳。　白口：城名。在今江西泰和縣南贛江畔。

高祖發自南康，遣文育將兵五千，開通江路。侯景將王伯醜據豫章，文育擊走之，遂據其城。累前後功，除游騎將軍、員外散騎常侍，[1]封東遷縣侯，[2]邑五百户。

[1]游騎將軍：官名。禁衛六軍之一。《隋書·百官志上》：“領軍，護軍，左、右衛，驍騎，游騎等六將軍，是爲六軍。”南朝梁天監六年（507）改游擊將軍置，十班。陳第四品，秩千石。

[2]東遷縣侯：東遷，縣名。治所在今浙江湖州市東。縣侯，開國縣侯的省稱。食邑爲縣，故常冠以所封縣名。晋始置，位在開國公下。南朝沿置。在梁位視孤卿、重號將軍、光禄大夫，班次

之。在陳爲九等爵第三等，第三品。

　　高祖軍至白茅灣,[1]命文育與杜僧明常爲軍鋒，平南陵、鵲頭諸城。[2]及至姑熟,[3]與景將侯子鑒戰,[4]破之。景平，授通直散騎常侍，改封南移縣侯,[5]邑一千户，拜信義太守。[6]累遷南丹陽蘭陵晉陵太守、智武將軍、散騎常侍。[7]

　　[1]白茅灣：地名。在今江西九江市東北。《梁書》卷四五《王僧辯傳》作"白茅洲"。

　　[2]南陵、鵲頭諸城：《梁書‧王僧辯傳》有"襲南陵、鵲頭等戍"。南陵戍，在今安徽池州市貴池區西南。鵲頭戍，在今安徽銅陵市北鵲頭山。

　　[3]姑熟：即姑孰。縣名。治所在今安徽當塗縣。

　　[4]侯子鑒：侯景部將。曾任中軍都督、南兗州刺史。

　　[5]南移：縣名。治所在今越南永富、北太兩省境。

　　[6]信義：郡名。治南沙縣，在今江蘇常熟市西北。

　　[7]南丹陽：郡名。治所在今安徽馬鞍山市西南。南朝梁末置，陳天嘉五年（564）廢。　蘭陵：郡名。南朝僑置。治蘭陵縣，在今江蘇常州市西北。　智武將軍：官名。南朝梁置，與仁武、勇武、信武、嚴武等合稱五德將軍，在武職中地位較高，並可爲文職清官兼領。武帝天監七年（508）定爲武職二十四班中的十五班。陳沿置，與智武、仁武、勇武、嚴武等合稱五武將軍。擬四品，比秩中二千石。

　　高祖誅王僧辯,[1]命文育督衆軍會世祖於吳興,[2]圍杜龕,[3]克之。又濟江襲會稽太守張彪,[4]得其郡城。及世祖爲彪所襲，文育時頓城北香巖寺，世祖夜往趨之，因共立柵。頃之，彪又來攻，文育悉力苦戰，彪不能克，遂破平彪。

[1]王僧辯：字君才，太原祁（今山西祁縣）人。初爲北魏將領，後隨父南渡，仕梁官至太尉。《梁書》卷四五有傳，《南史》卷六三有附傳。

[2]吳興：郡名。治烏程縣，在今浙江湖州市吳興區。

[3]杜龕：京兆杜陵（今陝西西安市）人。仕梁爲定州刺史、鎮東將軍、震州刺史，起兵對抗陳霸先，兵敗歸降，被賜死。《梁書》卷四六、《南史》卷六四有附傳。

[4]會稽太守張彪：梁普通五年（524）分揚州、江州置東揚州，會稽郡爲東揚州主體。其時張彪身份爲東揚州刺史而非會稽太守（詳邵春駒《〈陳書〉校讀札記》，《萍鄉高等專科學校學報》2009年第2期）。會稽，郡名。治所在今浙江紹興市。張彪，《南史》卷六四有傳。

高祖以侯瑱擁據江州，[1]命文育討之，仍除都督南豫州諸軍事、武威將軍、南豫州刺史。[2]率兵襲溢城，[3]未克。徐嗣徽引齊寇渡江據蕪湖，[4]詔徵文育還京。嗣徽等列艦於青墩，[5]至于七磯，[6]以斷文育歸路。及夕，文育鼓噪而發，嗣徽等不能制。至旦，反攻嗣徽，嗣徽驍將鮑砰獨以小艦殿軍，文育乘單舴艋與戰，[7]跳入艦，斬砰，仍牽其艦而還。賊衆大駭，因留船蕪湖，自丹陽步上。時高祖拒嗣徽於白城，[8]適與文育大會。將戰，風急，高祖曰：“兵不逆風。”[9]文育曰：“事急矣，當決之，何用古法。”抽槊上馬，馳而進，[10]衆軍從之，風亦尋轉，殺傷數百人。嗣徽等移營莫府山，[11]文育徙頓對之。頻戰功最，加平西將軍，[12]進爵壽昌縣公，[13]并給鼓吹一部。[14]

　　[1]高祖以侯瑱擁據江州：江州，底本作"温州"，《南史》卷六六《周文育傳》及《册府》卷三四五、卷三九五均作"江州"。錢大昕《廿二史考異》云"温州"蓋"江州"之訛，中華本據改，今從改。侯瑱，字伯玉，巴西充國（今四川閬中市）人。本書卷九、《南史》卷六六有傳。

　　[2]仍除都督南豫州諸軍事、武威將軍："諸軍"下底本有"之"字，中華本校勘記以爲"之"字衍，據各本删，今從删。另"事武"二字底本有墨丁，不清，中華本據各本補，今從補。武威將軍，官名。武帝天監七年（508）定爲武職二十四班中的十二班。普通六年（525）列爲十武將軍之一，改爲武職三十四班中的二十一班。陳擬六品，比秩千石。今按，武威將軍，《册府》卷三四五、卷三九五上並作"嚴威將軍"。　南豫州：州名。治姑孰縣，在今安徽當塗縣。

　　[3]湓（pén）城：又名湓口城。在今江西九江市。時爲江州治所。

　　[4]徐嗣徽：南朝梁將領。高平（今山東金鄉縣）人。侯景之亂，西奔荆州投梁元帝，任羅州刺史、太子右衛率、監南荆州等職。《南史》卷六三有附傳。　齊寇：此指北齊軍隊。　蕪湖：縣名。治所在今安徽蕪湖市。

　　[5]青墩：在今安徽蕪湖市南。

　　[6]七磯：在今安徽蕪湖市西北沿江弋磯山北。

　　[7]舴艋：小船。

　　[8]白城：即白下城。在今江蘇南京市北金川門外，幕府山南麓。爲京師建康北邊屏障。

[9]兵不逆風：《南史·周文育傳》作“矢不逆風”。

[10]馳而進：馳，底本有墨丁，不清，中華本校勘記云：“‘馳’字原本墨丁，據《元龜》三四五、三九五上補。按‘馳’字各本並脱。”今從補。

[11]嗣徽等移營莫府山：山，底本有墨丁，不清，中華本校勘記云：“‘山’字原本墨丁，據各本補。”今從補。莫府山，即今江蘇南京市幕府山。《通鑑》卷一六六《梁紀二十二》“敬帝太平元年”條下作“幕”，胡三省注：“幕府山在今建康城西二十五里，晉琅邪王初渡江，丞相王導建幕府其上，因名。”宋人張敦頤《六朝事迹編類》卷六《山岡門》“幕府山”條：“《寰宇記》云：在城西北二十里，周回三十里，高七十丈，東北臨直瀆浦，西接寶林山，南接蟹浦。”

[12]平西將軍：官名。重號將軍。與平東、平南、平北合稱四平將軍。多持節都督或監某一地區的軍事，亦可作爲刺史兼理軍務的加官。梁武帝天監七年定爲武職二十四班中的二十班。陳擬三品，比秩中二千石。

[13]縣公：封爵名。開國縣公的省稱。食邑爲縣，故常冠以所封縣名。晉始置，位在開國郡公之下。南朝沿置。在梁位視三公，班次之。在陳爲九等爵之第二等，第二品，秩視中二千石。

[14]鼓吹：本指演奏鼓吹樂的樂隊，用於軍中。後漸變爲皇帝賜予臣下的一種禮遇。魏晉其賜甚輕，南北朝復重，多賜權臣及有功者。

廣州刺史蕭勃舉兵踰嶺，[1]詔文育督衆軍討之。時新吳洞主余孝頃舉兵應勃，[2]遣其弟孝勱守郡城，自出豫章，據於石頭。[3]勃使其子孜將兵與孝頃相會，又遣其別將歐陽頠頓軍苦竹灘，[4]傅泰據墌口城，[5]以拒官軍。官軍船少，孝頃有舴艋三百艘、艦百餘乘在上牢，[6]文育遣軍主焦僧度、羊柬潛軍襲之，[7]悉取而歸，仍於豫章立柵。時官軍食盡，竝欲退還。文育不許，乃使人間行遺周迪書，[8]約爲兄弟，并陳利害。迪得書甚喜，許饋糧餉。於是文育分遣老小乘故船舫，沿流俱下，燒豫章郡所立柵，僞退。孝頃望之，大喜，因不設備。文育由間道兼行，信宿達芊韶。[9]芊韶上流則歐陽頠、蕭勃，下流則傅泰、余孝頃，文育據其中間，築城饗士，賊徒大駭。歐陽頠乃退入泥溪，[10]作城自守。文育遣嚴威將軍周鐵武，[11]與長史陸山才襲頠，[12]擒之。於是盛陳兵甲，與頠乘舟而譙，以巡傅泰城下，因而攻泰，克之。蕭勃在南康聞之，衆皆股慄，莫能自固。其將譚世遠斬勃欲降，爲人所害。世遠軍主夏侯明徹持勃首以降。蕭孜、余孝頃猶據石頭，高祖遣侯安都助文育攻之，孜降文育，孝頃退走新吳。廣州平，文育還頓豫章，以功授鎮南將軍、開府儀同三司、都督江廣衡交等州諸軍事、江州刺史。[13]

　　[1]蕭勃：南朝梁人。仕梁任定州刺史、廣州刺史、司徒、太尉、鎮南將軍、太保等職，封曲江縣侯。陳禪代梁，舉兵抗拒，兵敗被殺。

　　[2]時新吳洞主余孝頃舉兵應勃：舉，底本作“奉”，中華本據各本改，今從改。新吳，縣名。治所在今江西奉新縣西。洞主，中古時期對南方少數民族首領的一種稱謂。

　　[3]石頭：此指石頭渚。在今江西南昌市西北贛江西岸。

　　[4]苦竹灘：在今江西豐城市西南贛江東岸富竹洲。

　　[5]墟口城：在今江西南昌市西南。中華本校勘記云：“‘墟口

城'《通鑑》陳武帝永定元年作‘蹠口城'。顧祖禹《讀史方輿紀要》八四《江西二》南昌府新建縣有蹠口城，注云‘蹠'亦作‘塘'。《南史》本傳作‘塘'，《元龜》三六三同，字書無‘塘'字，乃與塘形近而訛。"

[6]在：底本有墨丁，不清，中華本據各本補，今從補。　上牢：水名。即今江西奉新縣東北之南河。顧祖禹《讀史方輿紀要》卷八四《江西二》奉新縣："上牢，蓋上繚之訛也。"

[7]焦僧度：本爲侯瑱部將，後降陳霸先。據本書卷三五《周迪傳》，仕陳爲雲麾將軍、合州刺史，封南固縣侯。

[8]周迪：臨川南城（今江西南城縣東南）人。以勇猛敢戰著稱。仕梁爲高州刺史、臨川内史、使持節、散騎常侍、信威將軍、衡州刺史、江州刺史，封臨汝縣侯。入陳，以功加平南將軍、開府儀同三司，進號安南將軍。後以官賞不至，謀反被殺。本書卷三五、《南史》卷八〇有傳。

[9]信宿：二日二夜。　芊韶：城名。在今江西南昌市南贛江東岸。

[10]泥溪：城名。在今江西新干縣西南。

[11]嚴威將軍：官名。梁置，與智威、仁威、勇威、信威將軍代舊征虜將軍。梁武帝天監七年（508）定爲十六班。陳沿置，與智威、仁威、勇威、信威等合稱五威將軍。擬四品，比秩中二千石。　周鐵武：即周鐵虎。初爲梁河東王蕭譽部將。後歸梁元帝，平侯景之亂有功，任潼州刺史，封沌陽縣子。後率部歸陳霸先，屢建戰功，累遷至太子左衛率。永定元年（557），征討王琳，兵敗被殺。《南史》卷六七有傳。中華本校勘記："‘周鐵武'殿本作‘周鐵虎'。按思廉避唐諱，‘虎'字皆改爲‘武'，作‘虎'者乃後人回改。"

[12]陸山才：字孔章，吳郡吳縣（今江蘇蘇州市）人。本書卷一八、《南史》卷六八有傳。

[13]鎮南將軍：官名。南朝梁、陳時爲八鎮將軍之一。梁武帝

天監七年定爲武職二十四班中的二十二班，普通六年（525）改爲武職三十四班中的三十二班。陳沿置，擬二品，比秩中二千石。

　　王琳擁據上流。[1]詔命侯安都爲西道都督，文育爲南道都督，同會武昌。[2]與王琳戰於沌口，[3]爲琳所執，後得逃歸。語在《安都傳》。尋授使持節、散騎常侍、鎮南將軍、開府儀同三司，壽昌縣公，給鼓吹一部。

　　[1]王琳：字子珩，會稽山陰（今浙江紹興市）人。《北齊書》卷三二、《南史》卷六四有傳。
　　[2]武昌：郡名。治武昌縣，在今湖北鄂州市。
　　[3]沌口：古沌水入長江口。在今湖北武漢市蔡甸區東南沌口鎮。

　　及周迪破余孝頃，孝頃子公颺、弟孝勱猶據舊柵，扇動南土，高祖復遣文育及周迪、黃法氍等討之。[1]豫章內史熊曇朗亦率軍來會，[2]衆且萬人。文育遣吳明徹爲水軍，配周迪運糧，自率衆軍入象牙江，[3]城於金口。[4]公颺領五百人僞降，謀執文育。事覺，文育囚之，送于京師，以其部曲分隸衆軍。乃捨舟爲步軍，進據三陂。[5]王琳遣將曹慶帥兵二千人以救孝勱。[6]慶分遣主帥常衆愛與文育相拒，自帥所領徑攻周迪、吳明徹軍。迪等敗績，文育退據金口。熊曇朗因其失利，謀害文育，以應衆愛。文育監軍孫白象頗知其事，[7]勸令先之。文育曰：“不可。我舊兵少，客軍多，若取曇朗，人人驚懼，亡立至矣。不如推心以撫之。”初，周迪之敗也，

弃船走，莫知所在，及得迪書，文育喜，賫示曇朗，曇
朗害之於座，時年五十一。高祖聞之，即日舉哀，贈侍
中、司空，[8]謚曰忠愍。

[1]黄法𣰰（qú）：字仲昭，巴山新建（今江西樂安縣北）人。
本書卷一一、《南史》卷六六有傳。

[2]豫章内史：王國行政長官。掌王國民政，職同太守。時豫
章郡爲梁武帝之子蕭綜封國，故設内史。　熊曇朗：豫章南昌（今
江西南昌市）人。本書卷三五、《南史》卷八〇有傳。

[3]象牙江：即象牙潭。今江西南昌市新建區章江西曲處。清
人王謨《江西考古録》：“其洲灣繞，狀類象牙。”

[4]金口：即金溪口。在今江西南昌市新建區西南。

[5]三陂：疑在今江西撫州市臨川區北境。清人王謨《江西考
古録》：“其地當在瑞河口内，屬瑞州高安縣。”一説爲南昌市新建
區海昏之墟落（詳徐忠民《西山文化通覽》，江西人民出版社 2017
年版，第 176 頁）。

[6]曹慶：本爲王琳部將，梁主蕭莊封爲左衛將軍、吳州刺史。
王琳敗，降陳，官至長沙太守。後隨華皎起兵叛亂，兵敗被殺。

[7]監軍：官名。軍中監察諸將帥的官員。

[8]侍中：官名。南朝梁、陳時爲門下省長官，侍奉皇帝生活
起居，侍從左右，有顧問應對、諫諍糾察之職能，同時兼掌出納、
璽封詔奏，有封駁權，參預機密政務，上親皇帝，下接百官，官顯
職重。多選美姿容、有文才、與皇帝親近者任之。並爲親王之起家
官。梁十二班。陳第三品，秩中二千石。　司空：官名。三公之
一。魏晉南北朝時期作爲名譽宰相，多爲大臣加官，無實際執掌。
陳第一品，秩萬石。

初，文育之據三陂，有流星墜地，其聲如雷，地陷

方一丈，中有碎炭數斗。又軍市中忽聞小兒啼，[1]一市竝驚，聽之在土下，軍人掘得棺長三尺，文育惡之。俄而迪敗，文育見殺。天嘉二年，有詔配享高祖廟庭。子寶安嗣。文育本族兄景曜，因文育官至新安太守

[1]軍市：在軍事駐扎地或屯戍地臨時設立的市場，主要功能是軍需品買賣，以及爲士兵之間或兵民之間商品交易提供便利（詳劉釗《論中國古代的“軍市”》，《書馨集——出土文獻與古文字論稿》，上海古籍出版社2013年版，第369頁）。

寶安字安民。年十餘歲，便習騎射，以貴公子驕蹇游逸，好狗馬，樂馳騁，靡衣媮食。[1]文育之爲晉陵，以征討不遑之郡，令寶安監知郡事，尤聚惡少年，高祖患之。及文育西征敗績，繫於王琳，[2]寶安便折節讀書，與士君子游，綏御文育士卒，甚有威惠。除員外散騎侍郎。[3]文育歸，復除貞威將軍、吳興太守。[4]文育爲熊曇朗所害，徵寶安還。起爲猛烈將軍，[5]領其舊兵，仍令南討。

[1]媮（tōu）食：苟且而食。媮，同“偷”。
[2]繫（zhí）：拘囚、監禁。
[3]員外散騎侍郎：官名。集書省屬官。多以公族、功臣子充任，爲閑散之職。梁三班。陳第七品，秩四百石。
[4]貞威將軍：官名。雜號將軍。陳擬七品，比秩六百石。
[5]猛烈將軍：官名。南朝梁始置，武帝天監七年（508）定爲武職二十四班中的十班。普通六年（525）改制，與猛毅、猛威、猛鋭、猛震、猛進、猛智、猛武、猛勝、猛駿等將軍合稱十猛將

軍，定爲武職三十四班中的二十班。陳沿置，擬七品，比秩千石。

　　世祖即位，深器重之，寄以心膂，[1]精卒利兵多配焉。及平王琳，頗有功。周迪之破熊曇朗，寶安南入，窮其餘燼。天嘉二年，重除雄信將軍、吳興太守，襲封壽昌縣公。三年，征留異，[2]爲侯安都前軍。異平，除給事黃門侍郎、衛尉卿。[3]四年，授持節、都督南徐州諸軍事、貞毅將軍、南徐州刺史。[4]徵爲左衛將軍，[5]加信武將軍。[6]尋以本官領衛尉卿，又進號仁威將軍。天康元年卒，[7]時年二十九。贈侍中、左衛將軍，諡曰成。

　　[1]心膂：心腹脊梁。喻指親信得力之人。

　　[2]留異：東陽長山（今浙江金華市）人。本書卷三五、《南史》卷八〇有傳。

　　[3]給事黃門侍郎：官名。門下省的次官，協助長官侍中掌侍從贊相，獻納諫正，糾駁制敕。陳第四品，秩二千石。　衛尉卿：官名。位列十二卿，掌宮門宿衛屯兵，巡行宮外，糾察不法，管理武庫，領武庫、公車司馬令。陳第三品，秩中二千石。

　　[4]南徐州：僑置州名。寄於京口，在今江蘇鎮江市。　貞毅將軍：官名。南朝梁始置，武帝天監七年（508）定爲武職二十四班中的十四班，與輕車、鎮朔等將軍代舊輔國將軍。大通三年（529）後改爲武職三十四班中的二十四班。陳沿置，擬五品，比秩千石。

　　[5]左衛將軍：官名。禁衛軍六軍之一。與右衛將軍合稱二衛將軍，掌宮廷宿衛營兵，多由近臣擔任。陳第三品，秩二千石。

　　[6]信武將軍：官名。南朝梁置，爲五德將軍之一，在武職中地位較高，並可爲文職清官兼領。武帝天監七年定爲十五班。陳沿

置，與智武、仁武、勇武、嚴武等合稱五武將軍。擬四品，比秩中二千石。

[7]天康：南朝陳文帝陳蒨年號（566）。

　　子翾嗣。[1]寶安卒後，翾亦爲偏將，征歐陽紇，平定淮南，竝有功，封江安縣伯，[2]邑四百户。歷晉陵、定遠二郡太守。[3]太建九年卒，[4]時年二十四，贈電威將軍。[5]

[1]翾：音 lüè。

[2]江安縣伯：江安，縣名。治所在今湖北公安縣西北。縣伯，爵名。即開國縣伯，又稱"開國伯"，西晉始置，食邑爲縣，位在開國縣侯之下。南朝沿置。在梁位視九卿，班次之。在陳爲九等爵第四等，第四品，秩視中二千石。

[3]定遠：郡名。治定遠縣，在今安徽定遠縣東南。

[4]太建：南朝陳宣帝陳頊年號（569—582）。

[5]電威將軍：官名。南朝梁始置，武帝天監七年（508）定爲武職二十四班中的十一班。大通三年（529）後改爲武職三十四班中的十二班。陳沿置，擬七品，比秩六百石。

　　侯安都字成師，始興曲江人也。[1]世爲郡著姓。父文捍，[2]少仕州郡，以忠謹稱，安都貴後，官至光禄大夫、始興内史，[3]秩中二千石。

[1]曲江：縣名。治所在今廣東韶關市南武水西岸。

[2]父文捍：《南史》卷六六《侯安都傳》作"父捍"。

[3]光禄大夫：官名。屬光禄勳。多作爲加官，或致仕、卒後

的封贈官。無實際職掌。梁十三班。陳第三品，秩中二千石。

安都工隸書，能鼓琴，涉獵書傳，爲五言詩，亦頗清靡，兼善騎射，爲邑里雄豪。梁始興內史蕭子範辟爲主簿。[1]侯景之亂，招集兵甲，至三千人。高祖入援京邑，安都引兵從高祖，攻蔡路養，破李遷仕，克平侯景，並力戰有功。元帝授猛烈將軍、通直散騎常侍，富川縣子，[2]邑三百戶。隨高祖鎮京口，[3]除蘭陵太守。高祖謀襲王僧辯，諸將莫有知者，唯與安都定計，仍使安都率水軍自京口趨石頭，[4]高祖自率馬步從江乘羅落會之。[5]安都至石頭北，棄舟登岸，僧辯弗之覺也。石頭城北接崗阜，雉堞不甚危峻，[6]安都被甲帶長刀，軍人捧之投於女垣內，[7]衆隨而入，進逼僧辯臥室。高祖大軍亦至，與僧辯戰于聽事前，[8]安都自內閣出，腹背擊之，遂擒僧辯。

[1]蕭子範：南朝齊宗室。字景則。齊時授太子洗馬，封祁陽縣侯。入梁爲後軍記室參軍、太子洗馬、司徒主簿、建安太守、南平王從事中郎、臨賀王長史、始興王長史等職，簡文帝時召爲光祿大夫。仕陳爲金紫光祿大夫。長於文翰書記。《隋書·經籍志四》記有"梁始興內史《蕭子範集》十三卷"。《梁書》卷三五有傳，《南史》卷四二有附傳。　主簿：官名。南北朝時地方州郡、統兵開府大臣幕府皆置，掌文書簿籍，參與機要，爲掾吏之首。其官職隨所署長官地位高下而異。梁制，皇弟、皇子府主簿爲五班。嗣王、庶姓公府主簿爲四班。

[2]富川：縣名。治所在今廣西鍾山縣。

[3]京口：縣名。治所在今江蘇鎮江市。

[4]石頭：石頭城。在今江蘇南京市西清涼山。負山面江，形勢險固，爲六朝軍事交通要地。宋人張敦頤《六朝事迹編類》卷二："吳孫權沿淮立柵，又於江岸必争之地築城，名曰石頭。"

[5]江乘：縣名。治所在今江蘇句容市北。　羅落：橋名。在今江蘇南京市東北長江南岸。

[6]雉堞：築於城墻頂部的垛口，便於城守防禦。此處泛指城墻。

[7]女垣：即女墻。城墻上附建的矮墻，上有箭孔與瞭望孔。墻體較城墻卑薄，猶女子卑小於丈夫，故得名。

[8]聽事：官府辦公之所。

　　紹泰元年，[1]以功授使持節、散騎常侍、都督南徐州諸軍事、仁威將軍、南徐州刺史。高祖東討杜龕，安都留臺居守。徐嗣徽、任約等引齊寇入據石頭，[2]游騎至于闕下。安都閉門偃旗幟，示之以弱，令城中曰："登陴看賊者斬。"[3]及夕，賊收軍還石頭，安都夜令士卒密營禦敵之具。將旦，賊騎又至，安都率甲士三百人，開東西掖門與戰，大敗之，賊乃退還石頭，不敢復逼臺城。及高祖至，以安都爲水軍，於中流斷賊糧運。又襲秦郡，[4]破嗣徽柵，收其家口并馬驢輜重。得嗣徽所彈琵琶及所養鷹，遣信餉之曰："昨至弟住處得此，今以相還。"嗣徽等見之大懼，尋而請和，高祖聽其還北。及嗣徽等濟江，齊之餘軍猶據採石，[5]守備甚嚴，又遣安都攻之，多所俘獲。

[1]紹泰：南朝梁敬帝蕭方智年號（555—556）。
[2]任約：侯景部將。後降梁，任晉安王司馬、征南將軍、南

豫州刺史、征南大將軍。後起兵反擊陳霸先，兵敗，歸順北齊。

　　[3]陴：墙城上的矮墙，即女墙。

　　[4]秦郡：僑置郡名。僑寄六合縣，今江蘇南京市六合區西北。

　　[5]採石：采石磯，又名牛渚磯。在今安徽馬鞍山市西南。

　　明年春，詔安都率兵鎮梁山，[1]以備齊。徐嗣徽等復入丹陽，[2]至湖熟，[3]高祖追安都還，率馬步拒之於高橋。[4]又戰於耕壇南，[5]安都率十二騎，突其陣，破之，生擒齊儀同乞伏無勞。[6]又刺齊將東方老墮馬，[7]會賊騎至，救老獲免。賊北渡蔣山，[8]安都又與齊將王敬寶戰於龍尾，[9]使從弟曉、軍主張纂前犯其陣。曉被槍墜馬，張纂死之。安都馳往救曉，斬其騎士十一人，[10]因取纂尸而還，齊軍不敢逼。高祖與齊軍戰於莫府山，命安都領步騎千餘人，自白下橫擊其後，[11]齊軍大敗。[12]安都又率所部追至攝山，[13]俘獲首虜，不可勝計。以功進爵爲侯，增邑五百户，給鼓吹一部。又進號平南將軍，[14]改封西江縣公。

　　[1]梁山：山名。即今安徽和縣南長江西岸西梁山。與東岸當塗縣博望山（東梁山）隔江對峙，合稱天門山，歷來爲江防要地。

　　[2]嗣：底本有墨丁，不清，中華本據各本補，今從補。　丹陽：郡名。治建康縣，在今江蘇南京市。

　　[3]湖熟：縣名。治所在今江蘇南京市江寧區東南湖熟鎮。

　　[4]高橋：地名。在今江蘇南京市東。錢大昕《廿二史考異》云：“今江寧府通濟門外二十里有高橋門，即古高橋也。”

　　[5]耕壇：禮制建築。在今江蘇南京市古臺城東南。《宋書·禮志一》：“元嘉二十年，太祖將親耕……司空、大農、京尹、令、

尉，度宮之辰地八里之外，整制千畝，開阡陌。立先農壇於中阡西陌南，御耕壇於中阡東陌北。將耕，宿設青幕于耕壇之上。"

[6]儀同：官名。"開府儀同三司"的省稱。　乞伏無勞：北齊將領。《南史》卷六六、《建康實錄》卷一九俱作"乞伏無芳"。

[7]東方老：北齊將領。安德鬲（今山東德州市陵城區）人。封陽平縣伯，位南兗州刺史。後與蕭軌等渡江攻建業，兵敗身死。《北史》卷三一有附傳。

[8]蔣山：即鍾山。在今江蘇南京市玄武區紫金山。

[9]王敬寶：北齊將領。太原（今山西太原市）人。位東廣州刺史。文宣帝天保七年（556）與蕭軌等攻建業，兵敗身死。《北史》卷五三有附傳。　龍尾：今江蘇南京市玄武區富貴山，屬紫金山支脈。

[10]十一人：《南史》卷六六《侯安都傳》作"十二人"。

[11]白下：即白下城。在今江蘇南京市北金川門外，幕府山南麓。爲京師建康北邊屏障。

[12]齊軍大敗：大，底本作"人"，諸本作"大"。底本誤，中華本據改。今從改。

[13]攝山：即棲霞山。在今江蘇南京市東北。

[14]平南將軍：官名。東漢末江東孫吳置。三國魏時，與平東、平西、平北將軍合稱四平將軍，多持節都督或監某一地區的軍事，有時亦作爲刺史等地方官員兼理軍務的加官。梁武帝天監七年（508）定爲武職二十四班中的二十班。陳擬三品，比秩中二千石。

仍都督水軍出豫章，助豫州刺史周文育討蕭勃。[1]安都未至，文育已斬勃，并擒其將歐陽頠、傅泰等。唯余孝頃與勃子孜猶據豫章之石頭，作兩城，孝頃與孜各據其一，又多設船艦，夾水而陣。安都至，乃銜枚夜燒其艦。文育率水軍，安都領步騎，登岸結陣。孝頃俄斷

後路，安都乃令軍士多伐松木，竪栅，列營漸進，頻戰
屢克，孜乃降。孝頃奔歸新吳，請入子爲質，許之。師
還，以功進號鎮北將軍，[2]加開府儀同三司。

[1]豫州刺史周文育：其時周文育爲南豫州刺史，此處“豫州
刺史”前佚一“南”字（詳邵春駒《〈陳書〉校讀札記》，《萍鄉
高等專科學校學報》2009 年第 2 期）。

[2]鎮北將軍：官名。南朝梁、陳時爲八鎮將軍之一。梁武帝
天監七年（508）定爲武職二十四班中的二十二班，普通六年
（525）改爲武職三十四班中的三十二班。陳沿置，擬二品，比秩中
二千石。

仍率衆會於武昌，與周文育西討王琳。將發，王公
已下餞於新林，[1]安都躍馬渡橋，人馬俱墮水中，又坐
胡内墜於櫓井，[2]時以爲不祥。至武昌，琳將樊猛弃城
走。[3]文育亦自豫章至。時兩將俱行，不相統攝，因部
下交争，稍不平。軍至郢州，[4]琳將潘純陁於城中遥射
官軍，安都怒，進軍圍之，未能克。而王琳至于弇
口，[5]安都乃釋郢州，悉衆往沌口以禦之，遇風不得進。
琳據東岸，官軍據西岸，相持數日，乃合戰，安都等敗
績。安都與周文育、徐敬成並爲琳所囚。[6]琳總以一長
鎖繫之，置于胡下，令所親宦者王子晋掌視之。琳下至
湓城白水浦，[7]安都等甘言許厚賂子晋。子晋乃僞以小
船依胡而釣，夜載安都、文育、敬成上岸，入深草中，
步投官軍。還都自劾，詔並赦之，復其官爵。

[1]新林：即新林浦。在今江蘇南京市西南西善橋鎮。其地瀕臨大江，爲六朝軍事、交通要地。

[2]艕：大船。寬容平整，至可馳馬。

[3]樊猛：字智武，南陽湖陽（今河南唐河縣）人。王琳部將。梁元帝時任湘州司馬、司州刺史。入陳歷任廬陵內史、長沙內史、荊州刺史、左衛將軍等職，封富川縣侯。陳亡入隋。本書卷三一有附傳。

[4]郢州：州名。治所在今湖北武漢市武昌區。

[5]弇（yǎn）口：弇水入長江處。在今湖北武漢市武昌區。

[6]徐敬成：安陸（今湖北安陸市）人。徐度之子。起家著作郎，後任太子舍人、南豫州刺史、安州刺史。本書卷一二、《南史》卷六七有附傳。

[7]白水浦：在今江西九江市西。

尋爲丹陽尹，[1]出爲都督南豫州諸軍事、鎮西將軍、南豫州刺史。[2]令繼周文育攻余孝勱及王琳將曹慶、常衆愛等。安都自宮亭湖出松門，[3]躡衆愛後。文育爲熊曇朗所害，安都回取大艦，值琳將周炅、周協南歸，[4]與戰，破之，生擒炅、協。孝勱弟孝猷率部下四千家欲就王琳，遇炅、協敗，乃詣安都降。安都又進軍於禽奇洲，[5]破曹慶、常衆愛等，焚其船艦。衆愛奔于廬山，[6]爲村人所殺，餘衆悉平。

[1]丹陽尹：官名。京師所在丹陽郡行政長官。宋第三品。梁品秩不詳。陳第五品，秩中二千石。丹陽郡，治所在今江蘇南京市。

[2]鎮西將軍：官名。南朝梁、陳時爲八鎮將軍之一。梁武帝

天監七年（508）定爲武職二十四班中的二十二班，普通六年（525）改爲武職三十四班中的三十二班。陳沿置，擬二品，比秩中二千石。

［3］宮亭湖：即古彭蠡湖。　　松門：在今江西永修縣，修水入鄱陽湖口之南岸。

［4］周炅：字文昭，汝南安城（今河南平輿縣南）人。初爲梁通直散騎侍郎，平侯景之亂有功而遷江州刺史，封西陵縣侯。後降陳，歷定州、安州刺史，封武昌郡公。本書卷一三、《南史》卷六七有傳。

［5］禽奇洲：地點不詳。本書卷二《高祖紀下》記其事爲“儀同侯安都敗衆愛等於左里，獲琳從弟襲、主帥羊睒等三十餘人，衆愛遁走”。按，左里城在今江西都昌縣西北，當與禽奇洲相距不遠。

［6］廬山：在今江西九江市南。

　　還軍至南皖，[1]而高祖崩，安都隨世祖還朝，仍與群臣定議，翼奉世祖。時世祖謙讓弗敢當，太后又以衡陽王故，[2]未肯下令，群臣猶豫不能決。安都曰：“今四方未定，何暇及遠？臨川王有功天下，[3]須共立之。今日之事，後應者斬。”便按劍上殿，白太后出璽，又手解世祖髮，推就喪次。世祖即位，遷司空，仍爲都督南徐州諸軍事、征北將軍、南徐州刺史，[4]給扶。[5]

　　［1］南皖：即皖口。皖水入長江口，在今安徽懷寧縣東。

　　［2］衡陽王：衡陽獻王陳昌，陳武帝第六子。時與陳宣帝俱被北周拘留，未及回南。本書卷一四、《南史》卷六五有傳。

　　［3］臨川王：即陳文帝陳蒨。本書卷三、《南史》卷九有紀。

　　［4］征北將軍：官名。多持節都督，出鎮方面。梁武帝天監七

年（508）定爲武職二十四班中的二十三班，普通六年（525）改爲武職三十四班中的三十三班。南朝陳擬二品，比秩中二千石。

[5]給扶：給予扶持之人。古時君主賜給大臣的一種禮遇。

王琳下至栅口，[1]大軍出頓蕪湖。時侯瑱爲大都督，而指麾經略，多出安都。天嘉元年，增邑千户。及王琳敗走入齊，安都進軍溢城，討琳餘黨，所向皆下。

[1]栅口：古栅水入長江之口。在今安徽無爲縣東南。

仍別奉中旨，迎衡陽獻王昌。初，昌之將入也，致書於世祖，辭甚不遜。世祖不懌，乃召安都，從容而言曰：“太子將至，須別求一蕃，[1]吾其老焉。”安都對曰：“自古豈有被代天子？臣愚不敢奉詔。”因請自迎昌。昌濟漢而薨。[2]以功進爵清遠郡公，[3]邑四千户。自是威名甚重，群臣無出其右。

[1]蕃：藩國，封國。

[2]昌濟漢而薨：漢，漢水。“濟漢而薨”是避諱之語，衡陽王實乃侯安都加害致死。詳趙翼《廿二史劄記》卷九“《陳書》多避諱”條。

[3]清遠郡公：清遠，郡名。南朝梁武帝置，治清遠縣，在今廣東清遠市。陳初移治今廣東翁源縣西北。郡公，爵名。開國郡公的省稱。食邑爲郡，故常冠以所封郡名。在梁位視三公，班次之。在陳爲九等爵之第二等，第二品，秩視中二千石。

安都父文捍，爲始興内史，卒於官。世祖徵安都還京師，爲發喪。尋起復本官，贈其父散騎常侍、金紫光禄大夫，[1]拜其母爲清遠國太夫人，仍迎還都。母固求停鄉里，上乃下詔，改桂陽之汝城縣爲盧陽郡，[2]分衡州之始興、安遠二郡，[3]合三郡爲東衡州，[4]以安都從弟曉爲刺史。安都第三子秘年九歲，上以爲始興内史，並令在鄉侍養。其年，改封安都桂陽郡公。

[1]金紫光禄大夫：官名。晉初有光禄大夫，授銀章青綬。如加賜金章紫綬，則爲金紫光禄大夫，諸所賜給皆與特進同。其以爲加官者，唯假章綬、禄賜班位，不別給車服吏卒。梁十四班。陳第三品，秩中二千石。

[2]桂陽：郡名。治所在今湖南彬州市。　汝城：縣名。治所在今湖南汝城縣南。　盧陽郡：治所在今湖南汝城縣南。盧，底本作“廬”，中華本據本書卷三《世祖紀》及《隋書·地理志》改“廬”爲“盧”。今從改。

[3]安遠：郡名。治所不詳。約在今廣東南雄市東北〔參胡阿祥、孔祥軍、徐成《中國行政區劃通史·三國兩晉南朝卷》（下），復旦大學出版社2017年版，第1351頁〕。

[4]東衡州：州名。治曲江縣，在今廣東韶關市南武水西岸。天嘉元年（560）始置，轄始興、安遠、盧陽三郡。

王琳敗後，周兵入據巴、湘，[1]安都奉詔西討。及留異擁據東陽，[2]又奉詔東討。異本謂臺軍由錢塘江而上，安都乃步由會稽之諸暨，[3]出于永康。[4]異大恐，奔桃枝嶺，[5]處嶺谷間，於巖口豎栅，以拒王師。安都作連城攻異，[6]躬自接戰，爲流矢所中，血流至踝，安都乘轝麾軍，容止不變。因其山壟之勢，迮而爲堰。[7]天嘉三年夏，潦水漲滿，安都引船入堰，起樓艦與異城等，放拍碎其樓雉。異與第二子忠臣脱身奔晉安，[8]安都虜其妻子，盡收其人馬甲仗，振旅而歸。以功加侍中、征北大將軍，[9]增邑并前五千户，仍還本鎮。其年，吏民詣闕表請立碑，[10]頌美安都功績，詔許之。

[1]巴、湘：巴，巴州。治巴陵縣，在今湖南岳陽市。湘，湘州。治臨湘縣，在今湖南長沙市。

[2]東陽：郡名。治長山縣，在今浙江金華市。

[3]諸暨：縣名。治所在今浙江諸暨市。

[4]永康：縣名。治所在今浙江永康市。

[5]桃枝嶺：在今浙江縉雲縣西。

[6]安都作連城攻異：攻，底本作"收"，中華本據孫人龍《考證》及《册府》卷二一六改。今從改。

[7]迮（zé）而：倉促，臨時。

[8]晉安：郡名。治所在今福建福州市。

[9]征北大將軍：官名。品秩較征北將軍進一階。征北將軍，陳擬二品，比秩中二千石。

[10]吏民詣闕表請立碑：吏，底本作"使"，中華本據北監本、汲本、殿本及《南史》卷六六、《册府》卷八〇三改。今從改。

自王琳平後，安都勳庸轉大，又自以功安社稷，漸用驕矜，數招聚文武之士，或射馭馳騁，或命以詩賦，第其高下，以差次賞賜之。文士則褚玠、馬樞、陰鏗、張正見、徐伯陽、劉删、祖孫登，[1]武士則蕭摩訶、裴子烈等，[2]並爲之賓客，齋内動至千人。部下將帥，多

不遵法度，檢問收攝，則奔歸安都。世祖性嚴察，深銜
之。安都弗之改，日益驕橫。每有表啓，封訖，有事未
盡，乃開封自書之，云又啓某事。及侍讌酒酣，或箕踞
傾倚。嘗陪樂游禊飲，乃白帝曰："何如作臨川王時？"
帝不應。安都再三言之，帝曰："此雖天命，抑亦明公
之力。"宴訖，又啓便借供帳水飾，[3]將載妻妾於御堂歡
會。世祖雖許其請，甚不懌。明日，安都坐於御坐，賓
客居群臣位，稱觴上壽。初，重雲殿灾，[4]安都率將士
帶甲入殿，帝甚惡之，自是陰爲之備。又周迪之反，朝
望當使安都討之，帝乃使吳明徹討迪，又頻遣臺使案問
安都部下，檢括亡叛，安都内不自安。三年冬，遣其別
駕周弘實自託於舍人蔡景歷，[5]并問省中事。景歷録其
狀具奏之，希旨稱安都謀反。[6]世祖慮其不受制，明年
春，乃除安都爲都督江吳二州諸軍事、征南大將軍、江
州刺史。[7]自京口還都，部伍入于石頭，世祖引安都醼
於嘉德殿，又集其部下將帥會于尚書朝堂，於坐收安
都，因于嘉德西省，又收其將帥，盡奪馬仗而釋之。[8]
因出舍人蔡景歷表以示於朝。乃詔曰：

[1]褚玠：玠，底本作"介"，中華本據《南史》卷六六改，
今從改。褚玠，字溫理，河南陽翟（今河南禹州市）人。本書卷三
四有傳，《南史》卷二八有附傳。　馬樞：字要理，扶風郿縣（今
陝西眉縣）人。本書卷一九、《南史》卷七六有傳。　陰鏗：字子
堅，武威（今甘肅武威市）人。本書卷三四有附傳。　張正見：字
見賾，清河東武城縣（今河北清河縣北）人。本書卷三四、《南
史》卷七二有傳。　徐伯陽：字隱忍，東海（今山東郯城縣北）。

本書卷三四、《南史》卷七二有傳。

[2]蕭摩訶：字元胤，蘭陵（今江蘇常州市西北）人。南朝陳大將，輔佐陳後主登基有功，加爲侍中、驃騎大將軍、綏建郡公。後降隋。本書卷三一、《南史》卷六七有傳。　裴子烈：字大士，河東聞喜（今山西聞喜縣）人。本書卷九、《南史》卷六六有附傳。

[3]供帳：供設帷帳。　水飾：船上用水力機械操控的各色木偶。

[4]重雲殿災：據本書卷三《世祖紀》，重雲殿災發生在永定三年（559）七月乙丑。重雲殿，梁武帝時期建造重閣，上名重雲殿，下名興光殿。

[5]別駕：官名。“別駕從事史”的省稱。刺史屬官。因從刺史行部，別乘傳車，故謂之別駕。秩輕職重，位居州吏之右，與治中從事史同爲州上綱，事無不統。　舍人：官名。“中書舍人”的省稱。職掌收納、轉呈章奏等事。陳第八品。　蔡景歷：字茂世，濟陽考城（今河南民權縣東北）人。本書卷一六、《南史》卷六八有傳。

[6]希旨：揣摩迎合皇帝旨意。

[7]江吳：江州、吳州。江州，治溢口城，在今江西九江市。吳州，治吳縣，在今江蘇蘇州市。　征南大將軍：官名。較征南將軍進一階。在武職中地位很高，居四征將軍之上。征南將軍多持節都督，出鎮方面。梁武帝天監七年（508）定爲武職二十四班中的二十三班，普通六年（525）改爲武職三十四班中的三十三班。南朝陳擬二品，比秩中二千石。

[8]馬仗：車馬器仗。

　　昔漢厚功臣，韓、彭肇亂，[1]晋倚蕃牧，敦、約稱兵。[2]託六尺於龐萌，[3]野心竊發；寄股肱於霍禹,[4]凶謀潛構。追惟往代,挺逆一揆,[5]永言自古,患難同規。侯安都素乏遙圖,本慚令德,幸屬興運,預奉經綸,拔迹行間,假之毛羽,推於偏帥,委以馳逐。位極三槐,[6]任居四嶽,[7]名器隆赫,禮數莫儔。而志唯矜己,氣在陵上,招聚逋逃,窮極輕狡,無賴無行,不畏不恭。受脤專征,剽掠一逞,推轂所鎮,哀斂無厭。寄以徐蕃,接鄰齊境,貿遷禁貨,鬻賣居民,椎埋發掘,[8]毒流泉壤,睚眦僵尸,罔顧彝憲。朕以爰初締構,頗著功績,飛驂代邸,[9]預定嘉謀,所以淹抑有司,每懷遵養,杜絕百辟,日望自新。款襟期於話言,推丹赤於造次,策馬甲第,羽林息警,置酒高堂,陛戟無衛。何嘗内隱片嫌,去柏人而勿宿,[10]外協猜防,入成皋而不留?[11]而勃戾不悛,驕暴滋甚,招誘文武,密懷異圖。去年十二月十一日,獲中書舍人蔡景歷啓,稱侯安都去月十日遣別駕周弘實來景歷私省宿,訪問禁中,具陳反計。朕猶加隱忍,待之如初。爰自北門,遷授南服,受命經停,姦謀益露。今者欲因初鎮,將行不軌。此而可忍,孰不可容?賴社稷之靈,近侍誠愨,醜情彰暴,逆節顯聞。外可詳案舊典,速正刑書,止在同謀,餘無所問。

[1]韓、彭肇亂:韓指韓信,彭指彭越,並爲西漢開國將帥,幫助劉邦擊敗項羽,因軍功封爲楚王、梁王,後皆以謀叛罪名被處死。二人傳見《漢書》卷三四。

　　[2]敦、約稱兵：敦指王敦，字處仲，東晉琅邪臨沂（今山東臨沂市）人。初與從兄王導同心輔佐晉元帝司馬睿，因功官至大將軍、荆州牧。因不滿朝廷抑權舉措，於永昌元年（322）舉兵造反，攻入京師建康，自封丞相，控制朝政。後病死衆散，被剖棺戮屍。《晋書》卷九八有傳。約指祖約，字士少，東晉范陽遒（今河北淶水縣）人。率部衆對抗王敦之亂有功，受封五等侯，進號鎮西將軍。自以功高不賞，遂懷怨望，與蘇峻以討庾亮爲名發動叛亂。後投奔後趙石勒，以不忠被殺。《晋書》卷一〇〇有傳。

　　[3]龐萌：東漢初山陽郡（今山東金鄉縣）人。爲人遜順，甚得光武帝劉秀信任。光武帝常常稱説：“可以託六尺之孤，寄百里之命者，龐萌是也。”龐萌後來懷疑朝廷不信任自己，遂起兵造反，兵敗身死。《後漢書》卷一二有傳。

　　[4]霍禹：西漢河東平陽（今山西臨汾市西南）人。權臣霍光之子。霍光執政日久，黨羽滿朝，子弟放縱。霍光死後，霍禹襲博陸侯爵，遷大司馬，霍氏勢力日見削黜，遂陰謀反叛，終被腰斬。事見《漢書》卷六八《霍光傳》。

　　[5]挻（shān）逆一揆：招致逆亂的道理是一樣的。

　　[6]三槐：喻指三公。《周禮·秋官·朝士》：“面三槐，三公位焉，州長衆庶在其後。”相傳周代朝堂外有三株槐樹，三公朝見天子時，面三槐而立。

　　[7]四嶽：《周禮》中分管地方十二牧的中央官員。

　　[8]椎埋發掘：椎，底本作“推”，中華本據北監本、殿本改。甚是，今從改。

　　[9]飛轡代邸：此言侯安都有擁立之功。典出《史記》卷一〇《孝文本紀》。西漢初，吕太后死，周勃、陳平等將相大臣發動政變，誅滅吕氏勢力，請代王劉恒赴長安繼位。代王君臣擔心有詐，猶豫不決，中尉宋昌分析利害，力勸西行。代王遂命宋昌參乘，張武等六人乘傳詣長安，先宿長安代國邸，終繼大統，是爲漢文帝。文帝感念宋昌的識見和功勞，登基當天晚上拜宋昌爲衛將軍，鎮撫

南北軍。

　　[10]去柏人而勿宿：典出《史記》卷八九《張耳陳餘列傳》。
西漢初，高祖劉邦對趙王張敖無禮，貫高等趙國重臣頗爲怨恨。漢
八年（前199），劉邦北征班師，途經趙地，貫高等預先在柏人縣
（今河北隆堯縣西）館驛墻壁夾層中埋伏了刺客。劉邦欲宿，忽然
心動，便問：“縣名爲何？”答曰：“柏人。”劉邦曰：“柏人者，迫
於人也！”遂不宿而去。

　　[11]入成皋而不留：典出《史記》卷九二《淮陰侯列傳》：
“（漢八年）六月，漢王出成皋，東渡河，獨與滕公俱，從張耳軍
脩武。至，宿傳舍。晨自稱漢使，馳入趙壁。張耳、韓信未起，即
其臥內上奪其印符，以麾召諸將，易置之。信、耳起，乃知漢王
來，大驚。漢王奪兩人軍，即令張耳備守趙地，拜韓信爲相國，收
趙兵未發者擊齊。”漢王劉邦不信任大將韓信，故從成皋渡河，詐
稱漢王使者，馳入韓信軍營，奪得將印兵符。此爲反喻，言世祖對
侯安都沒有劉邦對韓信那樣的猜忌防備之心。

　　明日，於西省賜死，時年四十四。尋有詔，宥其妻
子家口，葬以士禮，喪事所須，務加資給。

　　初，高祖在京城，嘗與諸將醮，杜僧明、周文育、
侯安都爲壽，各稱功伐。高祖曰：“卿等悉良將也，而
竝有所短。杜公志大而識闇，狎於下而驕於尊，矜其功
不收其拙。周侯交不擇人，而推心過差，居危履險，猜
防不設。侯郎傲誕而無慊，輕佻而肆志。竝非全身之
道。”卒皆如其言。

　　安都長子敦，年十二，爲員外散騎侍郎。天嘉二
年，墮馬卒，追謚桂陽國愍世子。太建三年，高宗追封
安都爲陳集縣侯，邑五百戶，子宣爲嗣。

安都從弟曉，累從安都征討有功，官至員外散騎常侍、明威將軍、東衡州刺史，懷化縣侯，邑五百户。天嘉三年卒，年四十一。

史臣曰：杜僧明、周文育竝樹功業，成於興運，頗、牧、韓、彭，[1]足可連類矣。侯安都情異向時，權踰曩日，因之以侵暴，加之以縱誕，苟曰非夫逆亂，奚用免於亡滅！昔漢高醢之爲賜，[2]宋武拉於坐右，[3]良有以而然也。

[1]頗、牧、韓、彭：頗即廉頗，牧即李牧，皆爲戰國後期趙國大將。事迹見《史記》卷八一《廉頗藺相如列傳》。韓即韓信，彭即彭越。見前注。

[2]漢高醢之爲賜：典出《史記》卷九一《黥布列傳》：“漢誅梁王彭越，醢之，盛其醢徧賜諸侯。”

[3]宋武拉於坐右：典出《宋書》卷二《武帝紀中》。東晉末，諸葛長民隨劉裕起兵，討伐逆臣桓玄，以功授輔國將軍、宣城内史，甚得劉裕信任。劉裕西征劉毅，以長民監太尉留府事。長民貪淫驕横，多行不義，恐被劉裕誅除，遂起謀叛之意。劉裕安排親信壯士丁旿埋伏在東府帷幔之後，長民登門拜訪，交談甚歡之際，丁旿從幔後轉出，將長民拉下坐床，毆死於床側。

陳書　卷九

列傳第三

侯瑱　歐陽頠　子紇　　吳明徹　子惠覺　兄子超　裴子烈

　　侯瑱字伯玉，巴西充國人也。[1]父弘遠，世爲西蜀
酋豪。蜀賊張文萼據白崖山，有衆萬人，梁益州刺史鄱
陽王蕭範命弘遠討之。[2]弘遠戰死，瑱固請復讎，每戰
必先鋒陷陣，遂斬文萼，由是知名。因事範，範委以將
帥之任，山谷夷獠不賓附者，[3]竝遣瑱征之。累功授輕
車府中兵參軍、晉康太守。[4]範爲雍州刺史，[5]瑱除超武
將軍、馮翊太守。[6]範遷鎮合肥，[7]瑱又隨之。

　　[1]巴西：郡名。治涪縣，在今四川綿陽市東。　充國：縣名。
治所在今四川閬中市。
　　[2]益州：州名。治成都縣，在今四川成都市。　鄱陽王蕭範：
蕭範，字世儀，梁武帝弟鄱陽王蕭恢之子，嗣父爵爲鄱陽王。《梁
書》卷二二、《南史》卷五二有附傳。鄱陽，郡名。治所在今江西
鄱陽縣。
　　[3]夷獠：古時對西南少數民族之蔑稱。

[4]輕車：輕車將軍。南朝梁時與征遠、鎮朔、武旅、貞毅將軍代舊輔國將軍，十四班。陳擬五品，比秩千石。　中兵參軍：官名。兩晉南北朝諸公、軍府僚屬。職掌本府中兵曹事務，兼備參謀諮詢。其品位隨府主地位高低不等。　晉康：郡名。治端溪縣，在今廣東德慶縣。

[5]雍州：僑置州名。寄治於今湖北襄陽市。

[6]超武將軍：官名。南朝梁置。梁大通三年（529）所刊定二百四十二號將軍之一，與鐵騎、樓船、宣猛、樹功、克狄、平虜、稜威、昭威、威戎將軍同班，班品不詳。　馮翊：僑置郡名。寄治於今湖北宜城市東南。

[7]合肥：縣名。治所在今安徽合肥市西。梁太清元年（547）置合州，州治在合肥縣。

　　侯景圍臺城，[1]範乃遣瑱輔其世子嗣，[2]入援京邑。京城陷，瑱與嗣退還合肥，仍隨範徙鎮溢城。[3]俄而範及嗣皆卒，瑱領其眾，依于豫章太守莊鐵。[4]鐵疑之，瑱懼不自安，詐引鐵謀事，因而刃之，據有豫章之地。

[1]侯景：字萬景，北魏朔方（今内蒙古杭錦旗北）人，一說雁門郡（今山西代縣）人。《梁書》卷五六、《南史》卷八〇有傳。　臺城：指禁城，在都城建康。南朝時稱朝廷禁省爲臺，禁城爲臺城。舊址在今江蘇南京城北。

[2]嗣：蕭嗣。字長胤，侯景之亂，堅守晉熙以拒，中箭而死。《梁書》卷二二、《南史》卷五二有附傳。

[3]溢城：地名。在今江西九江市西。

[4]依于豫章太守莊鐵：豫章，郡名。治南昌縣，在今江西南昌市。莊鐵，曾任歷陽太守，投降侯景。後又歸梁，任豫章内史，復以郡反，敗又乞降，反覆無常。其時豫章屬王國，政務長官當稱

内史而非太守。檢史籍，梁代無豫章太守之稱，皆稱豫章内史。故此"太守"當爲"内史"之誤（詳邵春駒《〈陳書〉校讀劄記》，《萍鄉高等專科學校學報》2009年第2期）。

侯景將于慶南略地至豫章，[1]城邑皆下，瑱窮蹙，乃降於慶。慶送瑱於景，景以瑱與己同姓，託爲宗族，待之甚厚，留其妻子及弟爲質。遣瑱隨慶平定蠡南諸郡。[2]及景敗於巴陵，[3]景將宋子仙、任約等竝爲西軍所獲，[4]瑱乃誅景黨與，以應義軍，[5]景亦盡誅其弟及妻子。梁元帝授瑱武臣將軍、南兗州刺史，[6]郫縣侯，[7]邑一千户。仍隨都督王僧辯討景，[8]恒爲前鋒，每戰却敵。既復臺城，景奔吳郡，[9]僧辯使瑱率兵追之，與景戰於吳松江，[10]大敗景，盡獲其軍實。進兵錢塘，[11]景將謝答仁、吕子榮等皆降。[12]以功除南豫州刺史，[13]鎮于姑熟。

[1]于慶：侯景部將。官至開府儀同三司、太子太師。

[2]蠡南：蠡即彭蠡，古湖澤名，在今江西鄱陽湖北部。蠡南即彭蠡澤以南。

[3]巴陵：郡名。治巴陵縣，在今湖南岳陽市。

[4]宋子仙：侯景部將。征戰屢有克獲，被封爲司徒、太保、後爲王僧辯所敗，被俘後送江陵斬首。　任約：侯景部將。兵敗降梁，任晉安王司馬、征南將軍、南豫州刺史、征南大將軍。後起兵反擊陳霸先，兵敗後歸順北齊。

[5]以應義軍：義，底本作"我"，中華本據北監本、汲本、殿本及《册府》卷七六一改，今從改。

[6]梁元帝：南朝梁皇帝蕭繹。小字七符，梁武帝第七子，廟

號世祖。《梁書》卷五、《南史》卷八有紀。　武臣將軍：官名。南朝梁置，與爪牙、龍騎、雲麾將軍代舊前後左右四將軍。梁爲二十四班的十八班。陳沿置，擬四品，比秩中二千石。　南兖州：僑置州名。寄治今江蘇揚州市西北蜀岡。

[7]郫縣侯：縣侯，封爵名。開國縣侯的省稱。食邑爲縣，故常冠以所封縣名。晉始置，位在開國公下。南朝沿置。在梁位視孤卿、重號將軍、光禄大夫，班次之。在陳爲九等爵第三等，第三品。郫，縣名。治所在今四川成都市郫都區。

[8]都督：官名。地方軍政長官，亦稱都督諸州軍事。領駐在州刺史，兼理民政，無固定品級，多帶將軍名號，分使持節、持節、假節三種，職權各有不同。　王僧辯：字君才，太原祁（今山西祁縣）人。初爲北魏將領，後隨父南渡，仕梁官至太尉。《梁書》卷四五有傳，《南史》卷六三有附傳。

[9]吳郡：郡名。治吳縣，在今江蘇蘇州市。

[10]吳松江：即吳淞江。自太湖東北流，與黃浦江匯合後注入東海。

[11]錢塘：郡名。治所在今浙江杭州市。

[12]謝答仁：本侯景部將，兵敗被俘，被梁元帝蕭繹起用爲步兵校尉。後隨元帝爲梁王蕭詧所殺。

[13]南豫州：州名。治姑孰縣，在今安徽當塗縣。梁武帝太清元年（547）七月，以壽春爲南豫州，平定侯景之亂後，徙南豫州至姑孰。

　　承聖二年，[1]齊遣郭元建出自濡須，[2]僧辯遣蒨領甲士三千，築壘於東關以扞之，[3]大敗元建。除使持節、鎮北將軍，[4]給鼓吹一部，[5]增邑二千户。西魏來寇荆州，[6]王僧辯以蒨爲前軍赴援，未至而荆州陷。蒨之九江，[7]因衛晉安王還都。[8]承制以蒨爲侍中、使持節、都督江晋吴齊四州諸軍事、江州刺史，[9]改封康樂縣公，[10]邑五千户，進號車騎將軍。[11]司徒陸法和據郢州，[12]引齊兵來寇，乃使瑱都督衆軍西討，未至，法和率其部北度入齊。[13]齊遣慕容悕德鎮于夏首，[14]瑱控引西還，水陸攻之，悕德食盡，請和，瑱還鎮豫章。僧辯使其弟僧愔率兵與瑱共討蕭勃，[15]及高祖誅僧辯，[16]僧愔陰欲圖瑱而奪其軍，瑱知之，盡收僧愔徒黨，僧愔奔齊。

[1]承聖：南朝梁元帝蕭繹年號（552—555）。

[2]郭元建：本梁將，侯景寇亂，郭元建降侯景。侯景敗，又降北齊。事見《梁書》卷五六《侯景傳》。　濡須：亦稱濡須口，爲古濡須水入長江之口。故址在今安徽無爲縣東南。

[3]東關：即東關壘。在今安徽含山縣。

[4]除使持節、鎮北將軍：《梁書》卷五《元帝紀》記其事爲："（承聖）三年春正月甲午，加南豫州刺史侯瑱征北將軍、開府儀同三司。"使持節，漢代使臣奉皇帝之命出行，持節仗以爲憑證並示威重，謂之持節。魏晋以後，凡重要軍事長官出征或出鎮時，加使持節頭銜，可誅殺二千石以下官員。　鎮北將軍：官名。南朝梁、陳時爲八鎮將軍之一。梁武帝天監七年（508）定爲武職二十四班中的二十二班，普通六年（525）改爲武職三十四班中的三十二班。陳沿置，擬二品，比秩中二千石。

[5]鼓吹：本指演奏鼓吹樂的樂隊，用於軍中。後漸變爲皇帝賜予臣下的一種禮遇。魏晋其賜甚輕，南北朝復重，多賜權臣及有功者。

[6]荆州：州名。治所在今湖北荆州市荆州區。

[7]九江：地名。在今江西九江市西南。

[8]晋安王：梁簡文帝蕭綱初封爵號。蕭綱，字世纘，小字六通，梁武帝第三子。本書卷四、《南史》卷八有紀。晋安，郡名。治所在今福建福州市。

[9]侍中：官名。南朝梁、陳時爲門下省長官，侍奉皇帝生活起居，侍從左右，有顧問應對、諫諍糾察之職能，同時兼掌出納、璽封詔奏，有封駁權，參預機密政務，上親皇帝，下接百官，官顯職重。多選美姿容、有文才、與皇帝親近者任之。並爲親王之起家官。梁十二班。陳第三品，秩中二千石。　江晋吳齊：並州名。江州，治溢口城，在今江西九江市。晋州，梁大寶元年（550）改豫州置，治所在今安徽潛山縣。吳州，治吳縣，在今江蘇蘇州市。齊州，治歷城縣，在今山東濟南市。

[10]康樂縣公：封爵名。縣公，開國縣公的省稱。食邑爲縣，故常冠以所封縣名。晋始置，位在開國郡公之下。南朝沿置。在梁位視三公，班次之。在陳爲九等爵之第二等，第二品，秩視中二千石。康樂，縣名。治所在今江西萬載縣東。

[11]車騎將軍：官名。魏晋南北朝時位次驃騎將軍，在諸名號大將軍上。梁武帝天監七年定爲武職二十四班中的二十四班。大通三年（529）後改爲武職三十四班中的三十四班。陳擬一品，比秩中二千石。

[12]司徒：官名。晋司徒與丞相通職。齊司徒之府掌領天下州郡名數，户口簿籍。梁罷丞相置司徒。梁十八班。陳第一品，秩萬石。　陸法和：本爲禮佛隱居之人，後率弟子投官從戎，抗擊侯景，因功拜爲都督、郢州刺史，封縣公，加司徒。後降北齊。《北齊書》卷三二、《北史》卷八九有傳。　郢州：州名。治夏口城，在今湖北武漢市武昌區。

[13]度：同“渡”。

[14]夏首：城名。在今湖北武漢市黄鵠山。亦稱“夏口”，今漢水入江處。

[15]僧愔：王僧愔。王僧辯之弟。仕梁位至譙州刺史。陳霸先

殺僧辯，僧愔投靠北齊，聯合齊軍攻陳，兵敗後投奔北齊。《南史》卷六三有附傳。　蕭勃：南朝梁武帝蕭衍之姪。仕梁任定州刺史、廣州刺史、司徒、太尉、鎮南將軍、太保等職，封曲江縣侯。陳代梁，舉兵抗拒，兵敗被殺。《南史》卷五一有附傳。

[16]高祖：南朝陳武帝陳霸先廟號。陳霸先，南朝陳開國皇帝。本書卷一、卷二，《南史》卷九有紀。

紹泰二年，[1]以本號加開府儀同三司，[2]餘並如故。是時，瑱據中流，兵甚彊盛，又以本事王僧辯，雖外示臣節，未有入朝意。初，余孝頃爲豫章太守，及瑱鎮豫章，乃於新吳縣別立城柵，[3]與瑱相拒。瑱留軍人妻子於豫章，令從弟齋知後事，[4]悉衆以攻孝頃，自夏及冬，弗能克，乃長圍守之，盡收其禾稼。齋與其部下俟方兒不協，[5]方兒怒，率所部攻齋，虜掠瑱軍府妓妾金玉，歸于高祖。瑱既失根本，兵衆皆潰，輕歸豫章，豫章人拒之，乃趨湓城，投其將焦僧度。[6]僧度勸瑱投齊，瑱以高祖有大量，必能容己，乃詣闕請罪，高祖復其爵位。

[1]紹泰：南朝梁敬帝蕭方智年號（555—556）。

[2]開府儀同三司：官名。三國魏始置，爲大臣加號，意謂與三司即太尉、司徒、司空禮制、待遇相同，許開設府署，自辟僚屬。兩晉南北朝因之。梁制，諸將軍開府儀同三司、左右光禄開府儀同三司，十七班。陳制，開府儀同三司第一品，秩萬石。

[3]新吳：縣名。治所在今江西奉新縣西。

[4]齋（yūn）：林礽乾《陳書異文考證》云：“按唐人避諱，有將前人之名兩字合書一字之例，如唐初長孫無忌等撰《隋書》，

將張大淵改作‘張斎’（見《隋書》卷六十四），即是其例。《陳書》修於唐時，此處各本避唐高祖李淵諱，將‘大淵’合書一字作‘斎’，當是沿唐初姚思廉原文之舊。《册府》四五〇作‘大淵’，則是後人雕版時所回改。”（文史哲出版社 1979 年版，第103—104 頁）　知後事：管理後方事務。

[5]侯方兒：中華本校勘記云：“‘侯’北監本、汲本、殿本及《南史》、《元龜》二〇九、四五〇並作‘侯’。”按，本書卷三五《熊曇朗傳》、《周書》卷一九《豆盧寧傳》亦皆作“侯方兒”，當以“侯”爲是。

[6]焦僧度：本爲侯瑱部將，後降陳霸先。據本書卷三五《周迪傳》，仕陳爲雲麾將軍、合州刺史，封南固縣侯。

　　永定元年，[1]授侍中、車騎將軍。二年，進位司空。[2]王琳至於沌口，[3]周文育、侯安都竝没，[4]乃以瑱爲都督西討諸軍事。瑱至于梁山，[5]世祖即位，[6]進授太尉，[7]增邑千户。王琳至于栅口，[8]又以瑱爲都督，侯安都等竝隸焉。瑱與琳相持百餘日，未決。

[1]永定：南朝陳武帝陳霸先年號（557—559）。

[2]司空：官名。三公之一。魏晉南北朝時期作爲名譽宰相，多爲大臣加官，無實際執掌。陳第一品，秩萬石。

[3]王琳：字子珩，會稽山陰（今浙江紹興市）人。《北齊書》卷三二、《南史》卷六四有傳。　沌口：古沌水入長江口。在今湖北武漢市蔡甸區東南沌口鎮。

[4]周文育：字景德，義興陽羨（今江蘇宜興市）人。本書卷八、《南史》卷六六有傳。　侯安都：字成師，始興曲江（今廣東韶關市南武水西岸）人。本書卷八、《南史》卷六六有傳。

[5]梁山：山名。即今安徽和縣南長江西岸西梁山。與東岸當

塗縣博望山（東梁山）隔江對峙，合稱天門山，歷來爲江防要地。

[6]世祖：南朝陳文帝陳蒨廟號。陳蒨，本書卷三、《南史》卷九有紀。

[7]太尉：官名。位三公之首，爲名譽宰相，多爲大臣加官，無實際職掌。陳第一品，秩萬石。

[8]栅口：地名。在今安徽蕪湖市東北裕溪口。

天嘉元年二月，[1]東關春水稍長，舟艦得通，琳引合肥濊湖之衆，[2]舳艫相次而下，其勢甚盛。瑱率軍進獸檻洲，[3]琳亦出船列于江西，隔洲而泊。明日合戰，琳軍少却，退保西岸。及夕，東北風大起，吹其舟艦，舟艦立壞，没于沙中，溺死者數十百人。浪大不得還浦，夜中又有流星墜于賊營。及旦風静，琳入浦治船，以荻船塞於浦口，又以鹿角繞岸，[4]不敢復出。是時，西魏遣大將軍史寧躡其上流，[5]瑱聞之，知琳不能持久，收軍却據湖浦，以待其敝。及史寧至，圍郢州，琳恐衆潰，乃率船艦來下，去蕪湖十里而泊，[6]擊柝聞於軍中。明日，齊人遣兵數萬助琳，琳引衆向梁山，欲越官軍以屯險要。齊儀同劉伯球率兵萬餘人助琳水戰，[7]行臺慕容忄恃德子子會領鐵騎二千，[8]在蕪湖西岸博望山南，[9]爲其聲勢。瑱令軍中晨炊蓐食，[10]分搋盪頓蕪湖洲尾以待之。[11]將戰，有微風至自東南，衆軍施拍縱火。[12]定州刺史章昭達乘平虜大艦，[13]中江而進，發拍中于賊艦，其餘冒突、青龍各相當值。[14]又以牛皮冒蒙衝小船，[15]以觸賊艦，并鎔鐵灑之。琳軍大敗，其步兵在西岸者自相蹂踐，馬騎立淖于蘆荻中，弃馬脱走以免者十二三。

盡獲其舟艦器械，并禽齊將劉伯球、慕容子會，自餘俘馘以萬計。琳與其黨潘純陁等乘單舸艋冒陣走至溢城，[16]猶欲收合離散，衆無附者，乃與妻妾左右十餘人入齊。[17]

[1]天嘉：南朝陳文帝陳蒨年號（560—566）。

[2]瀨湖：即今巢湖。

[3]獸檻洲：即"虎檻洲"。唐人避高祖李淵祖父李虎名諱，改"虎"爲"獸"。虎檻洲，在今安徽繁昌縣東北長江中。

[4]鹿角：阻擋敵人接近的障礙物。多爲木質，外形似分叉鹿角，前端削成鋭尖，故名。

[5]西魏遣大將軍史寧躡其上流：此事發生在陳天嘉二年（561）。此前四年（557），西魏恭帝已禪位於北周閔帝，天嘉二年時當北周武帝宇文邕保定元年。故此處"西魏"實爲北周。史寧：字永和。西魏、北周大臣。據《周書》卷二八本傳，史寧時任北周荆襄淅郢等五十二州及江陵鎮防諸軍事、荆州刺史。《周書》卷二八、《北史》卷六一有傳。

[6]蕪湖：縣名。治所在今安徽蕪湖市。

[7]儀同：官名。即"開府儀同三司"省稱。

[8]行臺：官署名。三國魏始置。臺即尚書臺（又稱尚書省），爲總理全國政務的最高行政機構。皇帝或控制皇權的權臣出征，尚書臺部分主要官員隨侍，臨時履行尚書臺職權，稱"行臺"。北魏後期因地方戰事頻仍，在各地設立行臺以主管當地軍務，漸涉民政，遂成爲常設性地方行政機構。北齊時行臺正式兼理民政，成爲地方最高行政機構。此處代指行臺長官。

[9]博望山：山名。一名東梁山。在今安徽當塗縣西南長江邊。與和縣南長江西岸梁山隔江對峙，稱爲天險。

[10]晨炊蓐食：早晨不生火做飯，以陳食爲餐。

[11]分搥盪頓蕪湖洲尾以待之：中華本校勘記云："《南史》無'分搥盪'三字。按'分搥盪'三字疑衍。或衍'搥盪'二字，本卷後附舊校云或本作'分頓'，是曾鞏等所見本有作'分頓蕪湖洲尾'者。"頓，同"屯"，駐屯。

[12]拍：即拍竿，一種用以投擲石塊或火種的拋射兵器。南北朝時普遍配置於大型戰船上。

[13]定州：州名。治所在今湖北麻城市東北。　章昭達：字伯通，吳興武康（今浙江德清縣）人。本書卷一一、《南史》卷六六有傳。　平虜大艦：一種大型戰船。

[14]冒突：或稱"突冒"，一種衝擊型戰船。《後漢書》卷一七《岑彭傳》："於是裝直進樓船、冒突露橈數千艘。"李賢注曰："露橈謂露橈在外，人在船中。冒突，取其觸冒而唐突也。"　青龍：亦爲中型戰船。

[15]牛皮冒蒙衝小船：蒙衝，又作"艨艟"。《釋名·釋船》："外狹而長曰蒙衝，以衝突敵船也。"蒙衝小船是水戰中常用的衝鋒船，航速較快。往往蒙以牛皮，增加防護能力。

[16]舴艋：一種小船。

[17]乃與妻妾左右十餘人入齊：乃，底本作"及"，中華本校勘記云："'乃'各本訛'及'。殿本《考證》云：'上文謂王琳走至溢城，衆無附者，故遂入齊，此"及"字係"乃"字之訛也。'按《南史》正作'乃'，今據改。"今從改。

其年，詔以瑱爲都督湘、巴、郢、江、吳等五州諸軍事，[1]鎮溢城。周將賀若敦、獨孤盛等寇巴、湘，[2]又以瑱爲西討都督，與盛戰於西江口，[3]大敗盛軍，虜其人馬器械，不可勝數。以功授使持節、都督湘桂郢巴武沅六州諸軍事、湘州刺史，[4]改封零陵郡公，[5]邑七千戶，餘如故。二年，以疾表求還朝。三月，於道薨，時年五十二。贈侍中、驃騎大將軍、大司馬,[6]加羽葆、鼓吹、班劍二十人,[7]給東園秘器,[8]謚曰壯肅。其年九月,配享高祖廟庭。子净藏嗣。

[1]湘:州名。治所在今湖南長沙市。

[2]賀若敦:西魏、北周將領。河南洛陽(今河南洛陽市東北)人。隋名將賀若弼之父。《周書》卷二八、《北史》卷六八有傳。 獨孤盛:西魏、北周將領。入隋爲車騎將軍、右屯衛將軍,死於宇文化及江都之變。《隋書》卷七一有傳,《北史》卷七三有附傳。

[3]西江口:在今湖南岳陽市北。

[4]桂:州名。治所在今廣西桂林市。 武:州名。治所在今湖南常德市。 沅:州名。治所在今湖南沅陵縣南。

[5]零陵郡公:封爵名。零陵,郡名。治所在今湖南永州市。郡公,爲開國郡公省稱。食邑爲郡,故爵前常冠以所封郡名。南朝梁開國郡公位視三公,班次之。陳置爲九等爵第二等,第二品,秩視中二千石。

[6]驃騎大將軍:官名。重號將軍。位僅次於大將軍。多用之加賜元老重臣,以示尊崇。陳第一品。 大司馬:官名。南朝不常授,多用作贈官。梁十八班。陳第一品,秩萬石。

[7]羽葆:以鳥羽飾於蓋頂的高級儀仗。南北朝時多賜予諸王、有功大臣。 班劍:以虎皮花紋爲飾的木劍,用於儀式場合。因班劍爲虎賁所持,故又用爲侍衛的代稱。南朝時爲皇帝對有功重臣的恩賜。

[8]東園秘器:御制喪葬之器。漢代有官署稱"東園",專掌皇家陵寢及王公貴族陵墓内器物的製作與供應,所製葬具即稱"東園秘器",時或賞賜寵臣或重臣。魏晉南北朝沿用此制。

净藏尚世祖第二女富陽公主,[1]以公主除員外散騎侍郎。[2]太建三年卒,[3]贈司徒主簿。[4]净藏無子,弟就襲封。

[1]富陽公主：富陽，縣名。治所在今浙江杭州市富陽區。時爲公主食邑所在。

[2]員外散騎侍郎：官名。集書省屬官。多以公族、功臣子充任，爲閑散之職。梁三班。陳第七品，秩四百石。

[3]太建：南朝陳宣帝陳頊年號（569—582）。

[4]司徒主簿：官名。司徒府屬官。西晋初，三公及位從公者加兵，始得置主簿。東晋時諸公皆置主簿，與祭酒、舍人主閣内事。南朝宋、齊、梁、陳沿之。其品位秩級隨府官長地位高下而異。梁時司徒主簿爲六班。陳第七品。

歐陽頠字靖世，長沙臨湘人也,[1]爲郡豪族。祖景達，梁代爲本州治中。[2]父僧寶，屯騎校尉。[3]頠少質直有思理，以言行篤信著聞於嶺表。[4]父喪，毀瘠甚至。[5]家産累積，悉讓諸兄。州郡頻辟不應，乃廬於麓山寺傍,[6]專精習業，博通經史。年三十，其兄逼令從宦，起家信武府中兵參軍,[7]遷平西邵陵王中兵參軍事。[8]

[1]長沙：郡名。治所在今湖南長沙市。　臨湘：縣名。治所在今湖南長沙市。

[2]州治中：官名。州府屬官。掌州府衆曹文書事。梁制，州置治中從事一人。治中爲“治中從事（史）”的省稱。梁揚州治中從事史九班，其他州分五等，高者七班，低者一班。陳揚州治中從事史第六品，其他州高者第六品，低者第九品。

［3］屯騎校尉：官名。禁衛軍將領。與步騎、越騎、長水、射聲校尉並稱五營校尉。梁七班。陳第六品，秩千石。

［4］嶺表：又作嶺外、嶺南，泛指五嶺以南地區，相當於今廣東、廣西兩省及越南北部一帶。

［5］毀瘠：居喪過哀而極度瘦弱。

［6］麓山寺：亦名嶽麓寺。在今湖南長沙市西嶽麓山。西晋泰始四年（268）建。

［7］信武府中兵參軍：官名。信武將軍府屬官。兩晋南北朝將軍府置中兵參軍（亦稱中兵參軍事），職掌本府中兵曹事務，兼備參謀諮詢。其品位隨府主地位高低不等。信武將軍，官名。南朝梁置，爲五德將軍之一，在武職中地位較高，並可爲文職清官兼領。武帝天監七年（508）定爲武職二十四班中的十五班。陳沿置，與智武、仁武、勇武、嚴武等合稱五武將軍。擬四品，比秩中二千石。

［8］平西邵陵王中兵參軍事：官名。平西將軍邵陵王府屬官。中兵參軍事，亦作中兵參軍。諸公、軍府僚屬之一，掌管本府中兵曹事務，兼任參謀之責。其品秩隨府主地位的高低而不同。平西，即平西將軍。多持節都督或監某一地區的軍事，有時亦作爲刺史等地方官員兼理軍務的加官。南朝梁武帝天監七年定爲武職二十四班中的二十班。陳擬三品，比秩中二千石。邵陵，即邵陵王蕭綸，字世調，梁武帝第六子。《梁書》卷二九、《南史》卷五三有傳。邵陵，郡名。治所在今湖南邵陽市。

梁左衛將軍蘭欽之少也，[1]與頠相善，故頠常隨欽征討。欽爲衡州，[2]仍除清遠太守。[3]欽南征夷獠，擒陳文徹，[4]所獲不可勝計。獻大銅鼓，[5]累代所無，頠預其功。還爲直閤將軍，[6]仍除天門太守，[7]伐蠻左有功。[8]刺史廬陵王蕭續深嘉之，[9]引爲賓客。欽征交州，[10]復啓頠同行。欽度嶺，以疾終，頠除臨賀内史，[11]啓乞送欽喪還都，然後之任。時湘衡之界五十餘洞不賓，[12]敕令衡州刺史韋粲討之，[13]粲委頠爲都督，悉皆平殄。粲啓梁武，[14]稱頠誠幹，降詔褒賞，仍加超武將軍，征討廣、衡二州山賊。[15]

[1]左衛將軍：官名。禁衛軍統帥之一。與右衛將軍合稱二衛將軍，掌宮廷宿衛營兵，多由近臣擔任。梁十二班。陳第三品，秩二千石。　蘭欽：字休明。中山魏昌（今河北定州市）人。《梁書》卷三二、《南史》卷六一有傳。

[2]衡州：州名。梁天監六年（507）置。治所在今廣東英德市西北浛洸鎮。陳朝後改爲西衡州。

[3]清遠：郡名。南朝梁武帝置，治清遠縣，在今廣東清遠市。

[4]陳文徹：廣州西江地區俚人首領。仕梁爲南陵太守。

[5]銅鼓：西南少數民族特有的樂器。兼作軍鼓，作戰時指揮隊伍進退。是其首領君長權力和身份的標志，使用者地位越高，銅鼓就越大。

[6]直閤將軍：官名。南朝置。領禁衛兵，掌宮廷正殿、便殿閤及諸門上下之安全保衛，地位顯要，有時領兵出征（參張金龍《南朝直閤將軍制度考》，《中國史研究》2002年第2期）。

[7]天門：郡名。治所在今湖南石門縣。

[8]蠻左：即蠻夷。隋唐時用語。

[9]刺史廬陵王蕭續：蕭續，字世訢，梁武帝第五子。天監八年（509）封廬陵郡王。時任都督荆郢司雍南北秦梁巴華九州諸軍事、荆州刺史。《梁書》卷二九、《南史》卷五三有傳。廬陵，郡名。治所在今江西吉水縣東北。

[10]交州：州名。治龍編縣，在今越南北寧省仙游縣東。

[11]臨賀内史：内史，王國行政長官，掌王國民政，職同太

守。宋第五品，梁不詳。臨賀，郡名。治所在今廣西賀州市東南。時臨賀郡爲梁武帝養子蕭正德封國，故設内史。

[12]洞：洞主。中古時期對南方少數民族首領的一種稱謂。

[13]韋粲：字長蒨，京兆杜陵（今陝西西安市長安區）人。《梁書》卷四三有傳，《南史》卷五八有附傳。

[14]梁武：梁武帝蕭衍。字叔達，南蘭陵中都里（今江蘇常州市西北）人。曾仕宋、齊。《梁書》卷一至卷三，《南史》卷六、卷七有紀。

[15]廣：州名。治番禺縣，在今廣東廣州市。

　　侯景構逆，粲自解還都征景，以頠監衡州。京城陷後，嶺南互相吞併，蘭欽弟前高州刺史裕攻始興内史蕭紹基，[1]奪其郡。裕以兄欽與頠有舊，遣招之，頠不從，乃謂使云：“高州昆季隆顯，莫非國恩，今應赴難援都，豈可自爲跋扈。”及高祖入援京邑，將至始興，頠乃深自結託。裕遣兵攻頠，高祖援之，裕敗，高祖以王懷明爲衡州刺史，遷頠爲始興内史。高祖之討蔡路養、李遷仕也，[2]頠率兵度嶺，以助高祖。及路養等平，頠有功，梁元帝承制以始興郡爲東衡州，[3]以頠爲持節、通直散騎常侍、都督東衡州諸軍事、雲麾將軍、東衡州刺史，[4]新豐縣伯，[5]邑四百户。

[1]高州：州名。治所在今廣東陽江市西。　裕：蘭裕。蘭欽之弟。太清三年（549）以始興等十郡叛，攻監衡州事歐陽頠，後爲陳霸先所擒。　始興内史蕭紹基：始興，郡名。治所在今廣東韶關市南武水西岸。時武帝第十一子蕭憺封始興郡王，故設内史。蕭紹基，《南史》卷六六《歐陽頠傳》作“蕭昭基”。

　　[2]蔡路養：梁南康郡（今江西贛州市西南）人。乘侯景之
亂，據南康與義軍對抗，爲陳霸先所敗。　　李遷仕：梁高州刺史。
大寶元年（550）起兵叛梁，被陳霸先擒殺。

　　[3]東衡州：州名。治所在今廣東韶關市南武水西岸。

　　[4]雲麾將軍：官名。梁武帝天監七年（508）置，與武臣、
爪牙、龍騎將軍取代舊置前、後、左、右將軍，爲武職二十四班中
的十八班。陳沿置，擬四品，比秩中二千石。

　　[5]新豐縣伯：封爵名。新豐，縣名。治所在今廣東新豐縣東
北。縣伯，開國縣伯省稱。食邑爲縣，故爵前常冠以所封縣名。南
朝梁開國縣伯，位視九卿，班次之。陳爲九等爵之第四等，第四
品，秩視中二千石。

　　侯景平，元帝遍問朝宰：“今天下始定，極須良才，
卿各舉所知。”群臣未有對者。帝曰：“吾已得一人。”
侍中王褒進曰：[1]“未審爲誰？”帝云：“歐陽頠公正有
匡濟之才，恐蕭廣州不肯致之。”[2]乃授武州刺史，尋授
郢州刺史，欲令出嶺，蕭勃留之，不獲拜命。尋授使持
節、散騎常侍、都督衡州諸軍事、忠武將軍、衡州刺
史，[3]進封始興縣侯。

　　[1]王褒：字子淵，琅邪臨沂（今山東臨沂市）人。《周書》
卷四一、《北史》卷八三有傳。

　　[2]恐蕭廣州不肯致之：致，底本缺，中華本校勘記云：“‘致’
字原缺，據各本補。”今從補。蕭廣州，此指蕭勃，時任廣州刺史。

　　[3]忠武將軍：官名。南朝梁武帝天監七年（508）置，爲武
職二十四班中的十九班。陳沿置，擬四品，比秩中二千石。

　　時蕭勃在廣州，兵彊位重，元帝深患之，遣王琳代爲刺史。琳已至小桂嶺，[1]勃遣其將孫瑒監州，[2]盡率部下至始興，避琳兵鋒。頠別據一城，不往謁勃，閉門高壘，亦不拒戰。勃怒，遣兵襲頠，盡收其貲財馬仗。尋赦之，還復其所，復與結盟。荊州陷，頠委質於勃。及勃度嶺出南康，[3]以頠爲前軍都督，頓豫章之苦竹灘。[4]周文育擊破之，擒送于高祖，高祖釋之，深加接待。蕭勃死後，嶺南擾亂，頠有聲南土，且與高祖有舊，乃授頠使持節、通直散騎常侍、都督衡州諸軍事、安南將軍、衡州刺史，[5]始興縣侯。未至嶺南，頠子紇已克定始興。及頠至嶺南，皆懾伏，仍進廣州，盡有越地。改授都督廣交越成定明新高合羅愛建德宜黄利安石雙十九州諸軍事、鎮南將軍、平越中郎將、廣州刺史，[6]持節、常侍、侯並如故。王琳據有中流，頠自海道及東嶺奉使不絕。永定三年，進授散騎常侍，[7]增都督衡州諸軍事，即本號開府儀同三司。世祖嗣位，進號征南將軍，[8]改封陽山郡公，[9]邑一千五百户，又給鼓吹一部。

　　[1]小桂嶺：在今廣東韶關市曲江區西北。

　　[2]孫瑒：字德璉，吳郡吳縣（今江蘇蘇州市）人。本書卷二五、《南史》卷六七有傳。

　　[3]南康：郡名。治贛縣，在今江西贛州市西南。

　　[4]苦竹灘：在今江西豐城市西南贛江東岸富竹洲。

　　[5]安南將軍：官名。南朝梁、陳時爲八安（安東、安南、安西、安北、安前、安後、安左、安右）將軍之一。梁武帝天監七年（508）定爲武職二十四班中的二十一班。陳擬三品，比秩中二

千石。

[6]廣交越成定明新高合羅愛建德宜黄利安石雙：皆州名。越州，治合浦縣，在今廣西合浦縣東北舊州。成州，治梁信縣，在今廣東封開縣東南賀江口。定州，此指南定州。治布山縣，在今廣西桂平市西南。明州，治交谷縣，在今越南河静省河静市南。新州，治新興縣，在今廣東新興縣。合州，此指南合州。梁武帝太清元年（547）七月改合肥爲合州，治合肥縣，在今安徽合肥市；改合州爲南合州，治徐聞縣，在今廣東雷州市。羅州，治石龍縣，在今廣東化州市。愛州，治移風縣，在今越南清化省清化市北馬江南岸。建州，治安遂縣，在今廣東鬱南縣連灘鎮。德州，治九德縣，在今越南義安省榮市。宜州，嶺南諸州之一，治所不詳。黄州，治安平縣，在今廣西防城港市西南。利州，治金寧縣，在今越南河静省河静市西北。安州，治宋壽縣，在今廣西欽州市東北欽江西北岸。石州，治夫寧縣，在今廣西藤縣東北。雙州，治龍鄉縣，在今廣東羅定市南。　鎮南將軍：官名。南朝梁、陳時爲八鎮將軍之一。梁武帝天監七年定爲武職二十四班中的二十二班，普通六年（525）改爲武職三十四班中的三十二班。陳沿置，擬二品，比秩中二千石。

平越中郎將：官名。主管南越事務。治所設在廣州，多兼任廣州刺史。南朝陳擬六品，比秩千石。

[7]散騎常侍：官名。集書省長官。職掌侍從皇帝左右，應對顧問，獻納得失。陳第三品，秩中二千石。

[8]征南將軍：官名。多持節都督，出鎮方面。梁武帝天監七年定爲武職二十四班中的二十三班，普通六年改爲武職三十四班中的三十三班。陳擬二品，比秩中二千石。

[9]陽山：郡名。治所在今廣東英德市西北浛洸鎮。

初，交州刺史袁曇緩密以金五百兩寄頵，令以百兩還合浦太守龔蔿，[1]四百兩付兒智矩，餘人弗之知也。

頎尋爲蕭勃所破，貲財立盡，唯所寄金獨在。曇緩亦尋卒，至是頎立依信還之，時人莫不嘆伏。其重然諾如此。

[1]合浦：郡名。治所在今廣西合浦縣東北舊州。　龔蔿（wěi）：《南史》卷六六《歐陽頎傳》作“龔蔿”。

時頎弟盛爲交州刺史，次弟邃爲衡州刺史，合門顯貴，名振南土。又多致銅鼓、生口，獻奉珍異，前後委積，頗有助於軍國焉。頎以天嘉四年薨，時年六十六。贈侍中、車騎大將軍、司空、廣州刺史，[1]謚曰穆。子紇嗣。

[1]車騎大將軍：官名。多加權臣元老，以示尊崇。陳擬一品，比秩中二千石。

紇字奉聖，頗有幹略。天嘉中，除黃門侍郎、員外散騎常侍。[1]累遷安遠將軍、衡州刺史。[2]襲封陽山郡公，都督交廣等十九州諸軍事、廣州刺史。在州十餘年，威惠著於百越，進號輕車將軍。[3]

[1]黃門侍郎：官名。即給事黃門侍郎。門下省次官。協助長官侍中掌侍從贊相，獻納諫正，糾駁制敕。陳第四品，秩二千石。
員外散騎常侍：官名。初爲正員之外添差之散騎常侍，無員數，後爲定員官。屬散騎省（東省、集書省）。初多授公族、宗室，雖是閑職，仍爲顯官，南朝宋以後常用以安置閑退官員、衰老之士，

地位漸低。至梁武帝天監六年（507）復重其選，以其職依正員，品視黄門郎，但終不爲人所重。梁十班。陳第四品，秩二千石。

[2]安遠將軍：官名。東漢末始置。多用以封降將或邊遠地區地方長官。南朝梁武帝天監七年（508）專授於外藩，定爲十九班。大通三年（529）後曾以此代替貞武將軍，與寧遠將軍同班。陳沿置，擬五品。

[3]輕車將軍：官名。梁十四班。陳擬五品，比秩千石。　貞毅將軍：官名。南朝梁始置，武帝天監七年定爲武職二十四班中的十四班，與鎮朔、武族、貞毅等將軍代舊輔國將軍。大通三年後改爲武職三十四班中的二十四班。陳沿置，擬五品，比秩千石。

　　光大中，[1]上流蕃鎮竝多懷貳，高宗以紇久在南服，[2]頗疑之。太建元年，下詔徵紇爲左衛將軍。紇懼，未欲就徵，其部下多勸之反，遂舉兵攻衡州刺史錢道戢。[3]道戢告變，[4]乃遣儀同章昭達討紇，屢戰兵敗，執送京師，伏誅，時年三十三。家口籍没。子詢以年幼免。

[1]光大：南朝陳廢帝陳伯宗年號（567—568）。

[2]高宗：南朝陳宣帝陳頊廟號。陳頊，本書卷五、《南史》卷一〇有紀。

[3]錢道戢：字子韜，吳興長城（今浙江長興縣東）人。本書卷二二、《南史》卷六七有傳。

[4]告變：向朝廷報告變亂之事。

　　吳明徹字通昭，[1]秦郡人也。[2]祖景安，齊南譙太守。[3]父樹，梁右軍將軍。[4]明徹幼孤，性至孝，年十四，感墳塋未備，家貧無以取給，乃勤力耕種。時天下亢旱，苗稼燋枯，明徹哀憤，每之田中，號泣，仰天自訴。居數日，有自田還者，云苗已更生，明徹疑之，謂爲紿己，及往田所，竟如其言。秋而大穫，足充葬用。時有伊氏者，善占墓，謂其兄曰："君葬之日，必有乘白馬逐鹿者來經墳所，此是最小孝子大貴之徵。"至時果有此應，明徹即樹之最小子也。

[1]吴明徹字通昭：中華本校勘記云："'通昭'《南史》作'通炤'。按本卷後附舊校云或本作'通炤'，是曾鞏等所見本亦有作'炤'者。"

[2]秦郡：郡名。東晉安帝時改堂邑郡置，屬南兗州。治秦縣，在今江蘇南京市六合區西北。南齊永明元年（483）罷。梁復置，北周改六合郡。

[3]南譙：郡名。治所在今安徽巢湖市

[4]右軍將軍：官名。與前軍、後軍、左軍將軍合稱四軍將軍。掌宫禁宿衛。梁九班。陳第五品，秩千石。

起家梁東宮直後。[1]及侯景寇京師，天下大亂，明徹有粟麥三千餘斛，而隣里饑餒，乃白諸兄曰："當今草竊，人不圖久，奈何有此而不與鄉家共之？"於是計口平分，同其豐儉，群盜聞而避焉，賴以存者甚衆。

[1]東宮直後：官名。隸屬於太子左、右衛率，爲東宮侍從武官。多爲起家官。

及高祖鎮京口，[1]深相要結。明徹乃詣高祖，高祖爲之降階，執手即席，與論當世之務。明徹亦微涉書史經傳，就汝南周弘正學天文、孤虛、遁甲，[2]略通其妙，頗以英雄自許，高祖深奇之。承聖三年，授戎昭將軍、安州刺史。[3]紹泰初，隨周文育討杜龕、張彪等，[4]東道平，授使持節、散騎常侍、安東將軍、南兗州刺史，[5]封安吳縣侯。[6]高祖受禪，拜安南將軍，仍與侯安都、周文育將兵討王琳。及衆軍敗没，明徹自拔還京。世祖即位，詔以本官加右衛將軍。[7]王琳敗，授都督武沅二州諸軍事、安西將軍、武州刺史，[8]餘並如故。周遣大將軍賀若敦率馬步萬餘人奄至武陵，[9]明徹衆寡不敵，引軍巴陵，仍破周別軍於雙林。

[1]京口：縣名。治所在今江蘇鎮江市。

[2]汝南：郡名。治所在今河南汝南縣。　周弘正：字思行，汝南安成（今河南汝南縣東南）人。陳時任尚書右僕射、祭酒。著《周易講疏》《論語疏》等，並行於世。本書卷二四有傳，《南史》卷三四有附傳。

[3]戎昭將軍：官名。南朝梁置。陳擬八品，比秩六百石。

[4]杜龕：京兆杜陵（今陝西西安市）人。仕梁爲定州刺史、鎮東將軍、震州刺史，起兵對抗陳霸先，兵敗歸降，被賜死。《梁書》卷四六、《南史》卷六四有附傳。　張彪：初爲山賊，後舉義討侯景，因功爲東揚州刺史。《南史》卷六四有傳。

[5]安東將軍：官名。南朝梁、陳時爲八安（安東、安南、安西、安北，安前、安後、安左、安右）將軍之一。梁武帝天監七年（508）定爲武職二十四班中的二十一班。陳擬三品，比秩中二千石。

[6]安吳：縣名。治所在今安徽涇縣西南。

　　[7]右衛將軍：官名。禁衛軍統帥之一。與左衛將軍合稱二衛將軍，掌宮廷宿衛營兵，多由近臣擔任。陳第三品，秩二千石。

　　[8]安西將軍：官名。南朝梁、陳時爲八安（安東、安南、安西、安北、安前、安後、安左、安右）將軍之一。梁武帝天監七年定爲武職二十四班中的二十一班。陳擬三品，比秩中二千石。

　　[9]武陵：郡名。治臨沅縣，在今湖南常德市。

　　天嘉三年，授安西將軍。[1]及周迪反臨川，[2]詔以明徹爲安南將軍、江州刺史，領豫章太守，總督衆軍以討迪。明徹雅性剛直，統内不甚和，世祖聞之，遣安成王頊慰曉明徹，[3]令以本號還朝。尋授鎮前將軍。[4]五年，遷鎮東將軍、吳興太守。[5]及引辭之郡，世祖謂明徹曰：“吳興雖郡，帝鄉之重，故以相授。君其勉之！”及世祖弗豫，徵拜中領軍。[6]

　　[1]天嘉三年，授安西將軍：據本書卷三《世祖紀》：“（天嘉三年三月）丁丑，以安右將軍吳明徹爲安南將軍、江州刺史，督衆軍南討。”考《世祖紀》上文：“（天嘉元年三月甲子）以安南將軍、南兗州刺史、新除右衛將軍吳明徹爲安西將軍、武州刺史……（二年四月）以安西將軍、武州刺史吳明徹爲南荆州刺史。……（三年閏二月）辛亥，以南荆州刺史吳明徹爲安右將軍。”軍號變化叙次分明。則三年所授確爲安右將軍，即此“安西”當爲“安右”之誤（詳邵春駒《〈陳書〉校讀劄記》，《萍鄉高等專科學校學報》2009 年第 2 期）。

　　[2]周迪：臨川南城（今江西南城縣東南）人。以勇猛敢戰著稱。仕梁爲高州刺史、臨川内史、使持節、散騎常侍、信威將軍、衡州刺史、江州刺史，封臨汝縣侯。入陳，以功加平南將軍、開府

儀同三司，進號安南將軍。後以官賞不至，謀反被殺。本書卷三
五、《南史》卷八〇有傳。　臨川：郡名。治臨川縣，在今江西撫
州市臨川區西。

[3]安成王頊：即陳宣帝陳頊。時爲安成郡王。安成，郡名。
治所在今江西安福縣東南。頊，底本作“諱”，中華本校勘記云：
“‘頊’原作‘諱’，以姚察曾仕陳，故避陳諱，今依殿本改。”今
從改。

[4]鎮前將軍：官名。南朝梁、陳時爲八鎮將軍之一。梁武帝
天監七年（508）定爲武職二十四班中的二十二班，普通六年
（525）改爲武職三十四班中的三十二班。陳擬二品，比秩中二
千石。

[5]鎮東將軍：官名。南朝梁、陳時爲八鎮將軍之一。梁武帝
天監七年定爲武職二十四班中的二十二班，普通六年改爲武職三十
四班中的三十二班。陳擬二品，比秩中二千石。　吳興：郡名。治
烏程縣，在今浙江湖州市吳興區。

[6]中領軍：官名。掌京師禁衛軍，權任隆重。資輕於領軍將
軍，而職掌同。陳第三品，秩中二千石。

　　廢帝即位，[1]授領軍將軍。[2]尋遷丹陽尹，[3]仍詔明
徹以甲仗四十人出入殿省。到仲舉之矯令出高宗也，[4]
毛喜知其謀，[5]高宗疑懼，遣喜與明徹籌焉。明徹謂喜
曰：“嗣君諒闇，[6]萬機多闕，外隣彊敵，内有大喪。殿
下親實周、邵，[7]德冠伊、霍，[8]社稷至重，願留中深
計，慎勿致疑。”

[1]廢帝：陳文帝嫡長子陳伯宗。本書卷四、《南史》卷九
有紀。

[2]領軍將軍：官名。掌禁衛軍及京都諸軍。梁十五班。陳第

三品，秩中二千石。

　　[3]丹陽尹：官名。南朝京師所在丹陽郡行政長官。宋第三品。梁不詳。陳第五品，秩中二千石。丹陽郡，治所在今江蘇南京市。

　　[4]到仲舉：字德言，彭城武原（今江蘇邳州市西北）人。本書卷二〇有傳，《南史》卷二五有附傳。

　　[5]毛喜：字伯武，滎陽陽武（今河南原陽縣東南）人。本書卷二九、《南史》卷六八有傳。

　　[6]諒闇：喪葬禮制術語。帝王崩，郡臣諸侯皆居喪三年，嗣王不親政，謂之諒闇。

　　[7]親實周、邵：周即周公姬旦，邵即召公姬奭，皆爲周武王弟。武王死，成王年幼，二人受命輔政，穩定了西周政局。親實周、邵，意謂從血緣關係來說，高宗陳頊是廢帝陳伯宗的叔父，就像周公、召公是成王的叔父那樣，有資格居中輔政。

　　[8]伊、霍：伊即伊尹，商代名臣。輔佐成湯滅夏立商，綜理國事。商王太甲即位，荒亂暴虐，不理國政，被伊尹放逐。三年之後，太甲悔改，伊尹遂接歸復位。霍即霍光，字子孟，河東平陽（今山西臨汾市西南）人，西漢中期名臣。受漢武帝遺詔，以大司馬大將軍輔佐年幼的漢昭帝，翦除桑弘羊、上官桀等政敵，獨攬朝政大權，穩定了時局。昭帝死，徵召昌邑王劉賀即位，又因劉賀昏亂，果斷廢黜，另立漢宣帝劉病已。前後執政二十餘年，爲“昭宣中興”局面的形成做出了重要貢獻。

　　及湘州刺史華皎陰有異志，[1]詔授明徹使持節、散騎常侍、都督湘桂武三州諸軍事、安南將軍、湘州刺史，給鼓吹一部，仍與征南大將軍淳于量等率兵討皎。[2]皎平，授開府儀同三司，進爵爲公。太建元年，授鎮南將軍。四年，徵爲侍中、鎮前將軍，餘並如故。

[1]華皎：晋陵暨陽（今江蘇江陰市東南）人。本書卷二〇、《南史》卷六八有傳。

[2]征南大將軍：官名。南朝梁、陳較征南將軍進一階。在武職中地位很高，居四征將軍之上。征南將軍，南朝時爲將軍名號。多授統兵出鎮在外、都督數州諸軍事者。　淳于量：字思明。濟北（今山東平陰縣西南）人，世居建康。本書卷一一、《南史》卷六六有傳。

　　會朝議北伐，公卿互有異同，明徹決策請行。五年，詔加侍中、都督征討諸軍事，仍賜女樂一部。[1]明徹總統衆軍十餘萬，發自京師，緣江城鎮，相續降款。軍至秦郡，克其水栅。齊遣大將尉破胡將兵爲援，[2]明徹破走之，斬獲不可勝計，秦郡乃降。高宗以秦郡明徹舊邑，詔具太牢，令拜祠上冢，文武羽儀甚盛，[3]鄉里以爲榮。

[1]女樂一部：女樂，由職業歌舞妓組成的表演團隊，唯帝王及達到一定品秩的高級官員方可擁有。女樂一部通常由數人組成。

[2]尉破胡：南北朝時期北齊將領。曾任開府儀同三司。《北齊書》卷三三《王琳傳》，“會陳將吳明徹來寇，帝敕領軍將軍尉破胡等出援秦州”，知尉破胡時任領軍將軍。

[3]文武羽儀：皆爲儀仗陳設。文武，指鼓、鐃兩種樂器。羽儀，指用羽毛裝飾的旌旗等物。

　　進克仁州，[1]授征北大將軍，[2]進爵南平郡公，[3]增邑并前二千五百户。次平峽石岸二城，[4]進逼壽陽，[5]齊遣王琳將兵拒守。琳至，與刺史王貴顯保其外郭。[6]明徹以琳初入，衆心未附，乘夜攻之，中宵而潰，齊兵退據相國城及金城。[7]明徹令軍中益修治攻具，[8]又迮肥水以灌城。[9]城中苦濕，多腹疾，手足皆腫，死者十六七。

[1]仁州：州名。南朝梁置，治赤坎戍，在今安徽固鎮縣東南；一說在今安徽泗縣西南。

[2]征北大將軍：官名。較征北將軍進一階。征北將軍，陳擬二品，比秩中二千石。

[3]南平：郡名。治所在今湖北公安縣西。

[4]平峽石岸：淮河流經今安徽鳳台縣、壽縣之間之山峽，稱峽石。六朝時於兩岸山上各築一城，爲淮南屏障。

[5]壽陽：縣名。治所在今安徽壽縣。

[6]王貴顯：諸史或記作“王顯貴”。本爲侯景部將，任中軍大都督。後降東魏。《北史》卷三〇《盧玄傳》附《盧潛傳》其當時官職爲北齊行臺僕射。

[7]相國城：南朝宋武帝劉裕伐長安後歸來所建。在壽陽（今安徽壽縣）城中。　金城：壽陽城之中城（亦即牙城）。時稱中城爲金城。

[8]明徹令軍中益修治攻具：治，底本缺，中華本校勘記云：“‘治’字原缺，據各本補。”今從補。

[9]迮（zé）：倉促，臨時。　肥水：河名。在今安徽中部。

會齊遣大將軍皮景和率兵數十萬來援，[1]去壽春三十里，[2]頓軍不進。諸將咸曰：“堅城未拔，大援在近，不審明公計將安出？”明徹曰：“兵貴在速，而彼結營不進，自挫其鋒，吾知其不敢戰明矣。”於是躬擐甲胄，四面疾攻，城中震恐，一鼓而克，生禽王琳、王貴顯、扶風王可朱渾孝裕、尚書盧潜、左丞李騊駼，[3]送京師。
景和惶懼遁走，盡收其馳馬輜重。

[1]皮景和：北齊將領。琅邪下邳（今江蘇睢寧縣古邳鎮東
北）人。《北齊書》卷四一、《北史》卷五三有傳。

[2]壽春：即壽陽（今安徽壽縣）。

[3]扶風王可朱渾孝裕：中華本校勘記云："'可朱渾孝裕'
《通鑑》陳宣帝太建五年作'可朱渾道裕'。按齊被俘諸將姓名，
《北齊書》及《南史》均多缺略。《元龜》三六八亦作'孝裕'，
《通鑑》作'道裕'，未知何據。" 盧潜：北齊官員。范陽涿縣
（今河北涿州市）人。時任北齊揚州道行臺尚書。《北齊書》卷四
二有傳，《北史》卷三〇有附傳。 左丞李騊駼：李騊駼，趙郡高
邑（今河北高邑縣）人。北齊散騎常侍李義深之子。壽春之戰被
俘，北周末從陳逃回北方，入隋任永安太守、絳州長史。據《北齊
書》卷二二《李義深傳》，壽春之戰時，李騊駼爲壽陽道行臺左
丞。左丞，即尚書左丞。尚書省佐官，位次尚書，與右丞共掌尚書
都省庶務，職權甚重。北齊從四品上。凡三師以下百官皆得彈劾，
監察本省諸官，監督吏部、考工、主爵、殿中、儀曹、三公、祠
部、主客、左右中兵、左右外兵、都官、二千石、度支、左右戶諸
郎曹政務。行臺左丞，"行臺尚書左丞"的省稱，在行臺內職掌同
尚書左丞。

琳之獲也，其舊部曲多在軍中，琳素得士卒心，見
者皆歔欷不能仰視。明徹慮其有變，遣左右追殺琳，傳
其首。詔曰："壽春者古之都會，[1]襟帶淮、汝，[2]控引
河、洛，[3]得之者安，是稱要害。侍中、使持節、都督
征討諸軍事、征北大將軍、開府儀同三司南平郡開國公

明徹，雄圖克舉，宏略蓋世。在昔屯夷，[4]締構皇業，乃掩衡岳，[5]用清氛沴，[6]實吞雲夢，[7]即叙上游。今兹蕩定，恢我王略，風行電掃，貔武爭馳，[8]月陣雲梯，金湯奪險，威陵殊俗，惠漸邊氓。惟功與能，元戎是屬，崇麾廣賦，茂典恒宜，可都督豫合建光朔北徐六州諸軍事、車騎大將軍、豫州刺史，[9]增封并前三千五百户，餘如故。”詔遣謁者蕭淳風，[10]就壽陽册明徹，於城南設壇，士卒二十萬，陳旗鼓戈甲，明徹登壇拜受，成禮而退，將卒莫不踴躍焉。

[1]壽春者古之都會：《史記》卷一二九《貨殖列傳》：“郢之後徙壽春，亦一都會也。”

[2]淮、汝：淮即淮水。汝即汝水，淮水支流。

[3]河、洛：河即黄河。洛即洛水，今河南洛河，黄河支流。河洛代指以洛陽爲中心的中原腹地。

[4]屯夷：意謂艱難。

[5]衡岳：南岳衡山。

[6]氛沴：本指毒氣。喻指寇亂。

[7]雲夢：即雲夢澤，在江漢平原。

[8]貔武爭馳：中華本校勘記云：“‘武’北監本、殿本作‘虎’。按此避唐諱改。”

[9]豫合建光朔北徐：皆州名。合州，治合肥縣，在今安徽合肥市。建州，治高平城，在今河南商城縣東。光州，治光城，在今河南光山縣。朔州，治齊阪城，所在今河南潢川縣東。北徐州，治燕縣，在今安徽鳳陽縣東北。　車騎大將軍：官名。多加權臣元老，以示尊崇。陳擬一品，比秩中二千石。

[10]謁者：官名。謁者臺屬官。掌導引賓客，奉命宣慰等。陳

第七品，秩千石。　蕭淳風：《南史》卷六六《吳明徹傳》作“蕭淳”。

初，秦郡屬南兗州，後隸譙州。至是，詔以譙之秦、盱眙、神農三郡還屬南兗州，[1]以明徹故也。六年，自壽陽入朝，輿駕幸其第，賜鍾磬一部，米一萬斛，絹布二千匹。

[1]譙州：州名。陳有南譙州，亦稱譙州，治所先在盱眙縣（今江蘇盱眙縣東北），後移於頓丘縣（今安徽滁州市）。　盱眙：郡名。治盱眙縣，在今江蘇盱眙縣東北。　神農：郡名。治高郵縣，在今江蘇高郵市。

七年，進攻彭城。[1]軍至呂梁，[2]齊遣援兵前後至者數萬，明徹又大破之。八年，進位司空，餘如故。又詔曰：“昔者軍事建旌，交鋒作鼓，頃日訛替，多乖舊章，至於行陣，不相甄別。今可給司空、大都督鈇鉞龍麾，其次將各有差。”尋授都督南北兗南北青譙五州諸軍事、南兗州刺史。[3]

[1]彭城：郡名。治所在今江蘇徐州市。
[2]呂梁：地名。在今江蘇徐州市銅山區東南。
[3]南兗：州名。僑寄今江蘇揚州市西北蜀岡。　北兗：州名。僑寄今江蘇淮安市淮陰區西南甘羅城。　南青：州名。僑寄今江蘇連雲港市贛榆區西。　北青：州名。僑寄今江蘇連雲港市贛榆區西。

會周氏滅齊,[1]高宗將事徐、兗。九年,詔明徹進軍北伐,令其世子戎昭將軍、員外散騎侍郎惠覺攝行州事。[2]明徹軍至呂梁,周徐州總管梁士彥率衆拒戰,[3]明徹頻破之,因退兵守城,不復敢出。明徹仍迮清水以灌其城,[4]環列舟艦於城下,攻之甚急。周遣上大將軍王軌將兵救之。[5]軌輕行,自清水入淮口,[6]橫流豎木,以鐵鎖貫車輪,遏斷船路。諸將聞之,甚惶恐,議欲破堰拔軍,以舫載馬。馬主裴子烈議曰:[7]"若決堰下船,船必傾倒,豈可得乎?不如前遣馬出,於事爲允。"適會明徹苦背疾甚篤,知事不濟,遂從之,乃遣蕭摩訶帥馬軍數千前還。[8]明徹仍自決其堰,乘水勢以退軍,冀其獲濟。及至清口,水勢漸微,舟艦竝不得渡,衆軍皆潰。明徹窮蹙,乃就執。尋以憂憤遘疾,卒於長安,時年六十七。[9]

[1]周氏滅齊:公元 557 年正月,北周軍隊攻入北齊都城鄴,北齊滅亡。

[2]戎昭將軍:官名。南朝梁置。陳擬八品,比秩六百石。

[3]總管:官名。北周明帝武成元年(559)改"都督諸州軍事"爲總管,轄一州或數州,加使持節,總理軍區軍政民政。 梁士彥:字相如,安定烏氏(今寧夏涇川縣東北)人。《周書》卷三一、《北史》卷七三有傳。

[4]清水:一作"清泗",泗水別名。古泗水源出今山東泗水縣東蒙山南麓,四源並發,故名泗水。東南流入淮水。

[5]上大將軍:官名。北周武帝建德四年(575)置,位大將軍上。正九命。 王軌:太原祁(今山西祁縣)人。《周書》卷四〇、《北史》卷六二有傳。

[6]淮口：古泗水入淮之處，又名泗口、清河口。在今江蘇淮安市清江浦區西南。

[7]馬主裴子烈議曰：中華本校勘記云：“‘馬主’《南史》作‘馬明戍’。按《通鑑》陳宣帝太建十年作‘馬主’，《考異》云《南史》作‘馬明主’，今從《陳書》。”

[8]蕭摩訶：字元胤，蘭陵（今江蘇常州市西北）人。南朝陳大將，輔佐陳後主登基有功，加爲侍中、驃騎大將軍、綏建郡公。後降隋。本書卷三一、《南史》卷六七有傳。

[9]卒於長安，時年六十七：林礽乾《陳書異文考證》云：“按庾信《周大將軍懷德公吳明徹墓誌銘》謂明徹卒於周靜帝大象二年七月二十八日，年七十七。”（第109頁）

至德元年，[1]詔曰：“李陵矢竭，不免請降，[2]于禁水漲，猶且生獲，[3]固知用兵上術，世罕其人。故侍中、司空南平郡公明徹，爰初躑足，迄屆元戎，[4]百戰百勝之奇，決機決死之勇，斯亦侔於古焉。及拓定淮、肥，[5]長驅彭、汴，[6]覆勍寇如舉毛，[7]掃鋭師同沃雪，風威憺於異俗，功效著於同文。[8]方欲息駕陰山，[9]解鞍瀚海，[10]既而師出已老，[11]數亦終奇，[12]不就結纓之功，[13]無辭入褚之屈，[14]望封崤之爲易，[15]冀平翟之非難，[16]雖志在屈伸，而奄中霜露，埋恨絶域，其可嗟傷。斯事已往，累逢肆赦，[17]凡厥罪戾，皆蒙洒濯，獨此孤魂，未霑寬惠，遂使爵土湮没，饗醊無主。[18]弃瑕錄用，宜在兹辰，可追封邵陵縣開國侯，[19]食邑一千户，以其息惠覺爲嗣。”

[1]至德：南朝陳後主陳叔寶年號（583—586）。

[2]李陵矢竭，不免請降：李陵，字少卿，西漢名將李廣之孫。漢武帝時任騎都尉。天漢二年（前99），率步兵五千人出塞，與匈奴作戰，遭遇匈奴主力，箭矢用盡，苦戰不敵，投降匈奴。

[3]于禁水漲，猶且生獲：于禁，字文則，漢末三國時期曹魏將領。建安二十四年（219）率軍與關羽作戰，漢水大漲，所部七軍皆被淹沒，遂降關羽。

[4]迄屆元戎：迄，底本作"乞"，中華本據北監本、殿本改，今從改。

[5]淮、肥：淮即淮水，肥即肥水。

[6]彭、汴：彭，古方國名。在今江蘇徐州市。汴，古汴水。魏晉時渠道自今河南滎陽市向東經開封市，復東行至江蘇徐州市轉入泗水。

[7]勍（qíng）寇：強大的敵人。

[8]同文：文字相同。喻指華夏之地，與"異俗"對應。

[9]陰山：在今內蒙古中部河套以北，東延至河北西北部。

[10]瀚海：泛指北方沙漠之地。《史記》卷一一〇《匈奴列傳》："驃騎封於狼居胥山，禪姑衍，臨翰海而還。"

[11]師出已老：長期在外用兵，將士疲弊。《漢書》卷九四下《匈奴列傳》："兵先至者聚居暴露，師老械弊，勢不可用。"

[12]數亦終奇：典出《史記》卷一〇九《李將軍列傳》。李廣爲西漢名將，但在漢軍大規模出擊匈奴的戰役中，負多勝少。公元前119年，漢武帝籌備漠北大戰，以衛青、霍去病爲主將。李廣上書請求參戰，天子考慮到他年老，沒有同意；後來雖然勉強同意了，又私下裏告誡衛青，"李廣老，數奇"，意思是說，說李廣年紀大了，運氣又不好。李廣最終因延誤軍機而自殺。後世以此喻指時運不濟。

[13]結纓之功：許由，字子路，是孔子的學生，擔任衛國大夫孔悝的邑宰。孔悝作亂，趕走衛出公而迎立舊太子蕢爲莊公，子路不從，欲攻殺孔悝，反遭武士攻擊，冠上之纓（帽帶）被斬斷。子

路説："君子死而冠不免。"遂結纓而死。事見《左傳》哀公十五年，《史記》卷三七《衛康叔世家》、卷六七《仲尼弟子列傳》。後世以"結纓而死"喻慷慨赴義。

[14]入褚（zhǔ）之屈：春秋時，晉國將軍荀罃爲楚國所俘，不得歸國。一位鄭國商人謀劃把他藏在大口袋裏偷運出楚國。事見《左傳》成公三年。此喻敗軍之將忍詬受屈。褚，儲物的囊袋。

[15]封崤：崤，崤山，在今河南洛寧縣北，爲秦嶺東段支脈。崤山與黃河之間有函谷關，是溝通河洛通與關中地區的交通要地，故"崤函"並稱爲詞。《後漢書》卷一三《隗囂傳》記載，東漢初建，隗囂據西北天水一帶，在歸漢與割據自立之間猶豫不定。其將王元勸隗囂自立，説："案秦舊迹，表裏河山。元請以一丸泥爲大王東封函谷關，此萬世一時也。"後世以"封函""封崤"或"封函崤"喻建功之易。

[16]平翟：翟，通"狄"，泛稱北方游牧民族。

[17]肆赦：大赦。

[18]饗（xiǎng）酹（zhuì）：祭祀。酹，祭祀時把酒灑在地上。

[19]邵陵：縣名。治所在今湖南邵陽市。

　　惠覺歷黃門侍郎，以平章大寶功，[1]授豐州刺史。[2]

　　明徹兄子超，字逸世。少倜儻，以幹畧知名。隨明徹征伐，有戰功，官至忠毅將軍、散騎常侍、桂州刺史，封汝南縣侯，[3]邑一千户。卒，贈廣州刺史，謚曰節。

[1]章大寶：南朝陳名臣章昭達之子。後主時擔任豐州刺史，貪縱無度，至德三年（585）三月襲殺朝廷派來取代自己的太僕李暈，舉兵造反，兵敗被殺。

[2]豐州：州名。治所在今福建福州市。

[3]忠毅將軍：官名。梁十忠將軍之一。陳沿置，擬六品，比秩千石。

　　裴子烈字大士，河東聞喜人，[1]梁員外散騎常侍猗之子。子烈少孤，有志氣。遇梁末喪亂，因習武藝，以驍勇聞。頻從明徹征討，所向必先登陷陣。官至電威將軍、北譙太守、岳陽内史，[2]海安縣伯，[3]邑三百户。[4]至德四年卒。

[1]河東：郡名。治所在今山西夏縣西北。　聞喜：縣名。治所在今山西聞喜縣。

[2]電威將軍：官名。南朝梁始置，武帝天監七年（508）定爲武職二十四班中的十一班。大通三年（529）後改爲武職三十四班中的十二班。陳沿置，擬七品，比秩六百石。　北譙：郡名。治所在今安徽蒙城縣。　岳陽：郡名，治所在今湖南汨羅市東。

[3]海安：縣名。治所在今江蘇連雲港市。

[4]邑三百户：中華本校勘記云：“各本作‘五百户’。”

　　史臣曰：高祖撥亂創基，光啓天曆，[1]侯瑱、歐陽頠竝歸身有道，位貴鼎司，[2]美矣。吴明徹居將帥之任，初有軍功，及吕梁敗績，爲失筹也。斯以勇非韓、白，[3]識異孫、吴，[4]遂使蹙境喪師，金陵虛弱，[5]禎明淪覆，[6]蓋由其漸焉。

[1]天曆：天之曆數。猶指天命、帝位。

[2]鼎司：代指三公等高官。古代視鼎爲國之重器，鼎有三足，

正與三公對應，故以鼎代稱三公。《後漢書》卷七四上《袁紹傳》：“（司空曹操）父嵩……竊盜鼎司，傾覆重器。”《後漢書》卷八二上《謝夷吾傳》：“宜當拔擢，使登鼎司。”

[3]韓、白：韓指韓信，漢初名將，創造了擊魏破代、下燕取齊等經典戰例，輔佐漢高祖劉邦擊敗項羽，建立西漢政權。《史記》卷九二、《漢書》卷三四有傳。白指白起，戰國末秦國名將，曾在伊闕之戰中大破魏韓聯軍，在伐楚之戰國攻陷楚都郢城，在長平之戰中消滅趙國主力，爲秦國掃平東方、統一天下立下大功。《史記》卷七三有傳。

[4]孫、吳：孫指孫武及孫臏。孫武，春秋後期軍事家，善計謀，曾輔佐吳王闔閭攻入楚都郢城，重創楚國，爲吳國稱霸立下大功。著有《孫子兵法》。其後裔孫臏亦長兵法，戰國時曾爲齊威王軍師，屢敗魏國。著有《孫臏兵法》。吳指吳起，戰國初軍事家、政治家，曾輔佐魏文侯在陰晉之戰中大敗秦軍，又曾在楚國屬行改革。著有《吳起》四十八篇，今僅有《吳子兵法》六篇傳世。孫武、吳起傳並見《史記》卷六五。《抱朴子内篇·辨問》有“孫吳韓白，用兵之聖也”，“勇非韓、白，識異孫、吳”，或典出於此。

[5]金陵：陳朝都城建康的代稱。戰國時楚威王滅越國，在今江蘇南京市清凉山一帶置金陵邑。三國時吳國於此築城。後世遂以金陵代指南京。

[6]禎明：南朝陳後主陳叔寶年號（587—589）。禎明三年正月，隋軍攻陷建康，陳亡。

《侯瑱傳》“分搥盪頓蕪湖洲尾”，或本作“分頓”，疑。
“吳明徹字通昭”，或本作“通炤”，疑。[1]

[1]以上二句爲宋人曾鞏等校語。

陳書　卷一〇

列傳第四

周鐵虎 馬明　程靈洗 子文季

　　周鐵虎，不知何許人也，梁世南渡。語音傖重，膂力過人，便馬矟，事梁河東王蕭譽，[1]以勇敢聞，譽板爲府中兵參軍。[2]譽爲廣州刺史，[3]以鐵虎爲興寧令。[4]譽遷湘州，[5]又爲臨蒸令。[6]侯景之亂，[7]元帝於荆州遣世子方等代譽，[8]且以兵臨之。譽拒戰，大捷，方等死，鐵虎功最，譽委遇甚重。及王僧辯討譽，[9]於陣獲鐵虎，僧辯命烹之，鐵虎呼曰：“侯景未滅，奈何殺壯士！”僧辯奇其言，乃宥之，還其麾下。

　　[1]河東王蕭譽：蕭譽，字重孫，梁昭明太子第二子。中大通三年（531）封河東郡王。《梁書》卷五五有傳，《南史》卷五三有附傳。河東，郡名。僑寄今湖北松滋市西北。
　　[2]板：官制術語。六朝時，地方長官可臨時授官。因其書授官之詞於板，故稱“板授”，亦稱“板”。板官不給印綬，但可食

禄。 中兵參軍：官名。兩晉南北朝諸公、軍府僚屬。職掌本府中兵曹事務，兼備參謀諮詢。其品位隨府主地位高低不等。

［3］廣州：州名。治番禺縣，在今廣東廣州市。

［4］興寧：縣名。治所在今廣東興寧市西北。

［5］湘州：州名。治所在今湖南長沙市。

［6］臨蒸：縣名。治所在今湖南衡陽市。

［7］侯景：字萬景，北魏朔方郡（今內蒙古杭錦旗北）人，一說雁門郡（今山西代縣）人。《梁書》卷五六、《南史》卷八〇有傳。

［8］元帝：南朝梁元帝蕭繹。小字七符，梁武帝第七子，廟號世祖。《梁書》卷五、《南史》卷八有紀。 荊州：州名。治所在今湖北荊州市荊州區。 方等：蕭方等。字實相，梁元帝長子。《梁書》卷四四、《南史》卷五四有傳。

［9］王僧辯：字君才，太原祁（今山西祁縣）人。初爲北魏將領，後隨父南渡，仕梁官至太尉。《梁書》卷四五有傳，《南史》卷六三有附傳。

及侯景西上，鐵虎從僧辯克任約，[1]獲宋子仙，[2]每戰皆有功。元帝承制授仁威將軍、潼州刺史，[3]封沌陽縣子，[4]邑三百户。又從僧辯克定京邑，[5]降謝答仁，[6]平陸納於湘州。[7]承聖二年，[8]以前後戰功，進爵爲侯，增邑并前五百户。仍爲散騎常侍，[9]領信義太守，[10]將軍如故。高祖誅僧辯，[11]鐵虎率所部降，因復其本職。

［1］任約：侯景部將。後降梁，任晉安王司馬、征南將軍、南豫州刺史、征南大將軍。後起兵反擊陳霸先，兵敗，歸順北齊。

［2］宋子仙：侯景部將。征戰屢有克獲，被封爲司徒、太保。後爲王僧辯所敗，被俘後送江陵斬首。

[3]仁威將軍：官名。南朝梁置，與智威、勇威、信威、嚴威將軍代舊征虜將軍。梁武帝天監七年（508）定爲十六班。陳沿置，與智威、仁威、勇威、信威等合稱五威將軍。擬四品，比秩中二千石。　潼州：州名。治取慮城，在今安徽靈璧縣東北潼郡村。

[4]沌陽縣子：封爵名。沌陽，縣名。治所在今湖北武漢市漢陽區東臨障山下。縣子，開國縣子省稱。食邑爲縣。南朝梁開國諸子位視二千石，班次之。陳爲九等爵之第五等，第五品，秩視二千石。

[5]京邑：指梁都城建康，在今江蘇南京市。

[6]謝答仁：本侯景部將，兵敗被俘，被梁元帝蕭繹起用爲步兵校尉。後隨元帝爲梁王蕭詧所殺。

[7]陸納：南朝梁湘州刺史王琳長史。梁元帝囚王琳，陸納據湘州反。事見《南史》卷六四《王琳傳》。

[8]承聖：南朝梁元帝蕭繹年號（552—555）。

[9]散騎常侍：官名。集書省長官。職掌侍從皇帝左右，應對顧問，獻納得失。梁十二班。陳第三品，秩中二千石。

[10]信義：郡名。治南沙縣，在今江蘇常熟市西北。

[11]高祖：南朝陳武帝陳霸先廟號。陳霸先，南朝陳開國皇帝。本書卷一、卷二，《南史》卷九有紀。

　　徐嗣徽引齊寇渡江，[1]鐵虎於板橋浦破其水軍，[2]盡獲甲仗船舸。又攻歷陽，[3]襲齊寇步營，竝皆克捷。嗣徽平，紹泰二年，[4]遷散騎常侍、嚴威將軍、太子左衛率。[5]

[1]徐嗣徽：南朝梁將領。高平（今山東金鄉縣）人。侯景之亂，西奔荆州投梁元帝，任羅州刺史、太子右衛率、監南荆州等職。《南史》卷六三有附傳。　齊寇：此指北齊軍隊。

[2]板橋浦：地名。在今江蘇南京市西南板橋鎮附近。《太平寰宇記》卷九〇《江南東道二》江寧縣云："板橋浦，在縣南四十七里，五尺。源出觀山，三十七里注大江。"

[3]歷陽：郡名。治所在今安徽和縣。

[4]紹泰：南朝梁敬帝蕭方智年號（555—556）。

[5]嚴威將軍：官名。梁置，與智威、仁威、勇威、信威將軍代舊征虜將軍。梁武帝天監七年（508）定爲十六班。陳沿置，與智威、仁威、勇威、信威等合稱五威將軍。擬四品，比秩中二千石。　太子左衛率：官名。宿衛東宮，亦任征伐，地位頗重。梁十一班。陳第四品，比秩二千石。

尋隨周文育於南江拒蕭勃，[1]恒爲前軍。文育又命鐵虎偏軍，於苦竹灘襲勃前軍歐陽頠。[2]又隨文育西征王琳，[3]於沌口敗績，[4]鐵虎與文育、侯安都並爲琳所擒。[5]琳引見諸將，與之語，唯鐵虎辭氣不屈，故琳盡宥文育之徒，獨鐵虎見害，時年四十九。

[1]周文育：字景德，義興陽羨（今江蘇宜興市）人。本書卷八、《南史》卷六六有傳。　南江：贛江亦稱南江。另南江亦爲今廣東西江。《南齊書·州郡志上》："（廣州）西南二江，川源深遠，別置都護，專征討之。"《讀史方輿紀要》卷一〇〇《廣東一》："西江實兼南江之名。"　蕭勃：南朝梁武帝蕭衍之姪，封曲江鄉侯，太寶初年任廣州刺史。《南史》卷五一有附傳。

[2]苦竹灘：在今江西豐城縣西南贛江東岸富竹洲。　歐陽頠（wěi）：字靖世，長沙臨湘（今湖南長沙市）人。本書卷九、《南史》卷六六有傳。

[3]王琳：字子珩，會稽山陰（今浙江紹興市）人。《北齊書》卷三二、《南史》卷六四有傳。

　　[4]沌口：古沌水入長江口。在今湖北武漢市蔡甸區東南沌口鎮。

　　[5]侯安都：字成師，始興曲江（今廣東韶關市南武水西岸）人。本書卷八、《南史》卷六六有傳。

　　高祖聞之，下詔曰：“天地之寶，所貴曰生，形魄之徒，所重唯命。至如捐生立節，效命酬恩，追遠懷昔，信宜加等。散騎常侍、嚴威將軍、太子左衛率、潼州刺史、領信義太守、沌陽縣開國侯鐵虎，[1]器局沈厚，風力勇壯，北討南征，竭忠盡力。推鋒江夏，[2]致陷凶徒，神氣彌雄，肆言無撓。豈直溫序見害，方其理鬚，[3]龐德臨危，猶能瞋目。[4]忠貞如此，惻愴兼深，可贈侍中、護軍將軍、青冀二州刺史，[5]加封一千户，并給鼓吹一部，[6]侯如故。”

　　[1]開國侯：爵名。即開國縣侯，食邑爲縣，故常冠以所封縣名。晋始置，位在開國公下。南朝沿置。在梁位視孤卿、重號將軍、光禄大夫，班次之。在陳爲九等爵第三等，第三品。

　　[2]江夏：郡名。治所在今湖北武漢市武昌區。

　　[3]溫序見害，方其理鬚：典出《後漢書》卷八一《獨行列傳》。溫序，字次房，太原祁（今山西祁縣）人。東漢初任護羌校尉，行部至襄武縣，爲隗囂別將苟宇所拘劫，不肯降服。苟宇爲其節義所感，賜劍令自殺。溫序把鬚鬚銜在口中，對身邊人説：“既爲賊所迫殺，無令鬚汙土。”遂伏劍而死。

　　[4]龐德臨危，猶能瞋目：典出《三國志》卷一八《魏書·龐悳傳》。龐悳，即龐德。字令明，漢魏之際南安狟道（今甘肅隴西縣東南）人。歷事馬騰、馬超、張魯，後歸順曹操，拜爲立義將

軍。與曹仁屯守樊城，被蜀將關羽俘獲，怒罵不降，終被殺害。

[5]侍中：官名。南朝梁、陳時爲門下省長官，侍奉皇帝生活起居，侍從左右，有顧問應對、諫諍糾察之職能，同時兼掌出納、璽封詔奏，有封駁權，參預機密政務，上親皇帝，下接百官，官顯職重。多選美姿容、有文才、與皇帝親近者任之。並爲親王之起家官。梁十二班。陳第三品，秩中二千石。　護軍將軍：官名。掌督護京師以外諸軍，權任頗重。梁十五班。陳第三品，秩中二千石。青冀：二州名。僑寄鬱洲，今江蘇連雲港市雲臺山一帶。

[6]鼓吹：本爲軍樂，皇帝出行亦奏，漢魏以下亦用以賞賜有功之臣。

天嘉五年，[1]世祖又詔曰：[2]“漢室功臣，形寫宮觀，[3]魏朝猛將，名配宗祧，[4]功烈所以長存，世代因之不朽。故侍中、護軍將軍、青冀二州刺史沌陽縣開國侯鐵虎，誠節梗亮，力用雄敢，王業初基，行閒累及，垂翅賊壘，正色寇庭，古之遺烈，有識同壯。隕身不屈，雖隆榮等，營魂易遠，言追嘉惜。宜仰陪壖寢，[5]恭頒饗奠，可配食高祖廟庭。”子瑜嗣。

[1]天嘉：南朝陳文帝陳蒨年號（560—566）。

[2]世祖：南朝陳文帝陳蒨廟號。陳蒨，字子華，陳武帝兄子。本書卷三、《南史》卷九有紀。

[3]漢室功臣，形寫宮觀：西漢宣帝時，“思股肱之美”，爲霍光、張安世、蘇武等十一名本朝功名最大的將相大臣在麒麟閣上畫像，像旁配以姓名官爵，以示表彰。東漢明帝時，追感隨光武帝劉秀創業的前世功臣，把鄧禹、吳漢、耿弇等功勳最著的二十八位名將及王常、李通、竇融、卓茂等四位名臣共三十二人，在南宮雲臺

畫像。

[4]魏朝猛將，名配宗祧：典出《三國志》卷四《魏書·三少帝紀》。魏齊王芳正始四年（243）七月，下詔在太祖曹操廟庭祭祀已故大司馬曹真、曹休、征南大將軍夏侯尚、太常桓階、司空陳群、太傅鍾繇、車騎將軍張郃、左將軍徐晃、前將軍張遼、右將軍樂進、太尉華歆、司徒王朗、驃騎將軍曹洪、征西將軍夏侯淵、後將軍朱靈、文聘、執金吾臧霸、破虜將軍李典、立義將軍龐德、武猛校尉典韋等曹魏開國名將。

[5]壖（ruán）寢：陵園。

時有盱眙馬明，[1]字世朗，梁世事鄱陽嗣王蕭範。[2]侯景之亂，據廬江之東界，[3]拒賊臨城柵。[4]元帝授散騎常侍、平北將軍、北兗州刺史，[5]領廬江太守。荊州陷沒，歸于高祖。紹泰中，復官位，封西華縣侯，[6]邑二千户。亦隨文育西征王琳於沌口，軍敗，明力戰死之，贈使持節、征西將軍、郢州刺史。[7]

[1]盱眙：郡名。治盱眙縣，在今江蘇盱眙縣東北。

[2]鄱陽嗣王蕭範：蕭範，字世儀，梁武帝弟鄱陽王蕭恢之子，嗣父爵爲鄱陽王。本書卷二二、《南史》卷五二有附傳。嗣王，爵名。南朝梁始置。嗣位爲郡王者稱嗣王。陳沿置，第二品。鄱陽，郡名。治所在今江西鄱陽縣。

[3]廬江：郡名。治所在今安徽舒城縣。

[4]臨城：縣名。治所在今安徽青陽縣南。

[5]平北將軍：官名。重號將軍。與平東、平南、平西將軍合稱四平將軍，多持節都督或監某一地區的軍事，亦可作爲刺史兼理軍務的加官。梁武帝天監七年（508）定爲武職二十四班中的二十班。陳擬三品，比秩中二千石。　北兗州：州名。寄治今江蘇淮安

市淮陰區西南甘羅城。

[6]西華：縣名。治所在今河南西華縣南。

[7]使持節：漢代使臣奉皇帝之命出行，持節仗以爲憑證並示威重，謂之持節。魏晋以後，凡重要軍事長官出征或出鎮時，加使持節頭銜，可誅殺二千石以下官員。　征西將軍：官名。征東、征南、征西、征北四征將軍之一。多授統兵出鎮在外、都督數州諸軍事者。南朝梁武帝天監七年定爲武職二十四班中的二十三班，普通六年（525）改爲武職三十四班中的三十三班。陳擬二品，比秩中二千石。　郢州：州名。治所在今湖北武漢市武昌區。

　　程靈洗字玄滌，新安海寧人也。[1]少以勇力聞，步行日二百餘里，便騎善游。梁末，海寧、黟、歙等縣及鄱陽、宣城郡界多盜賊，[2]近縣苦之。靈洗素爲鄉里所畏伏，前後守長恒使召募少年，逐捕劫盜。

[1]新安：郡名。治所在今浙江淳安縣西北。　海寧：縣名。治所在今安徽休寧縣東萬安。

[2]黟：縣名。治所在今安徽黟縣東。　歙：縣名。治所在今安徽歙縣。　宣城：郡名。治所在今安徽宣城市宣州區。

　　侯景之亂，靈洗聚徒據黟、歙以拒景。景軍據有新安，新安太守湘西鄉侯蕭隱奔依靈洗，[1]靈洗奉以主盟。梁元帝於荆州承制，又遣使閒道奉表。劉神茂自東陽建義拒賊，[2]靈洗攻下新安，與神茂相應。元帝授持節、通直散騎常侍、都督新安郡諸軍事、雲麾將軍、譙州刺史資，[3]領新安太守，封巴丘縣侯，[4]邑五百户。

[1]湘西：縣名。治所在今湖南株洲市南。

[2]劉神茂：南朝梁人。本爲梁馬頭（今安徽壽縣西北）戍主，爲侯景所執，因而歸順，官至司空、東道行臺。後據東陽郡叛景歸梁，爲侯景部將謝答仁所攻，復降，爲侯景所殺。　東陽：郡名。治所在今浙江金華市。

[3]持節：漢代使臣奉皇帝之命出行，持節杖以爲憑證並示威重，謂之持節。魏晉以後演繹爲假節、持節、使持節三個權力大小不同的官名，多授予都督諸州軍事及刺史總軍戎者。持節得專殺無官位之人，在軍事行動中有誅殺二千石以下官吏的權力。　通直散騎常侍：官名。西晉時使員外散騎常侍二人與散騎常侍通員當值，故名。東晉增至四員，屬散騎省。參平尚書奏事，並掌侍從諷諫，位頗重。南朝屬集書省，多以衰老之士擔任，地位漸低。常爲加官。梁十一班。陳第四品，秩二千石。　雲麾將軍：官名。梁武帝天監七年（508）置，與武臣、爪牙、龍騎將軍取代舊置前、後、左、右將軍，爲武職二十四班中的十八班。陳沿置，擬四品，比秩中二千石。　譙州刺史資：資，官制用語，即官吏的任職資歷。刺史資即任職刺史的資歷。南朝梁、陳之間，常見以刺史資領郡守、縣令者。錢大昕《廿二史考異》卷三七：“梁末增置之州多，而刺史資亦經，又遥授，非實土，故有以刺史資而領郡者。程秋洗以譙州刺史資領新安太守，徐世譜以衡州刺史資領河東太守，是也。法勶以刺史資領縣令，又異數矣。”譙州，州名。治所在今安徽滁州市。

[4]巴丘：亦作巴邱。縣名。治所在今江西峽江縣西南。

　　神茂爲景所破，景偏帥吕子榮進攻新安，靈洗退保黟、歙。及景敗，子榮退走，靈洗復據新安，進軍建德，[1]擒賊帥趙桑乾，以功授持節、散騎常侍、都督青冀二州諸軍事、青州刺史，增邑并前一千户，將軍、太守如故。仍令靈洗率所部下揚州，[2]助王僧辯鎮防。遷吳興太守，[3]未行，僧辯命靈洗從侯瑱西援荊州。[4]荊州陷，還都。

[1]建德：縣名。治所在今浙江建德市。
[2]揚州：州名。治建康縣，在今江蘇南京市。
[3]吳興：郡名。治烏程縣，在今浙江湖州市吳興區。
[4]侯瑱：字伯玉，巴西充國（今四川閬中市）人。本書卷九、《南史》卷六六有傳。

高祖誅僧辯，靈洗率所領來援，其徒力戰於石頭西門，[1]軍不利。遣使招諭，久之乃降，高祖深義之。紹泰元年，授使持節、信武將軍、蘭陵太守，[2]常侍如故，助防京口。[3]及平徐嗣徽，靈洗有功，除南丹陽太守，[4]封遂安縣侯，[5]增邑并前一千五百户，仍鎮採石。[6]

[1]其徒力戰於石頭西門：石頭，即石頭城，在今江蘇南京市西清涼山。負山面江，形勢險固，爲六朝軍事交通要地。宋人張敦頤《六朝事迹編類》卷二：“吳孫權沿淮立柵，又於江岸必争之地築城，名曰石頭。”中華本校勘記云：“殿本《考證》云‘徒’《南史》作‘夜’。今按：疑作‘夜’是。”
[2]信武將軍：官名。南朝梁置，爲五德將軍之一，在武職中地位較高，並可爲文職清官兼領。武帝天監七年（508）定爲十五班。陳沿置，與智武、仁武、勇武、嚴武等合稱五武將軍。擬四品，比秩中二千石。　蘭陵：郡名。南朝僑置。治蘭陵縣，在今江蘇常州市西北。
[3]京口：縣名。治所在今江蘇鎮江市。

[4]南丹陽：郡名。治所在今安徽馬鞍山市西南。南朝梁末置，陳天嘉五年（564）廢。

[5]遂安：縣名。治所在今浙江淳安縣西南獅城鎮西。

[6]採石：地名。在今安徽馬鞍山市西南。

隨周文育西討王琳，於沌口敗績，爲琳所拘。明年，與侯安都等逃歸。兼丹陽尹，[1]出爲高唐、太原二郡太守，[2]仍鎮南陵。[3]遷太子左衛率。高祖崩，王琳前軍東下，靈洗於南陵破之，虜其兵士，并獲青龍十餘乘。[4]以功授持節、都督南豫州緣江諸軍事、信武將軍、南豫州刺史。[5]侯瑱等敗王琳于柵口，[6]靈洗乘勝逐北，據有魯山。[7]徵爲左衛將軍，[8]餘如故。

[1]丹陽尹：官名。京師所在丹陽郡行政長官。宋第三品。梁不詳。陳第五品，秩中二千石。丹陽郡，治所在今江蘇南京市。

[2]高唐：僑置郡名。梁置。治所在今安徽宿松縣。　太原：僑置郡名。梁置。治所在今江西彭澤縣東北。

[3]南陵：郡名。治所在今安徽池州市西南。

[4]青龍：艦船名稱。庾信《哀江南賦》："排青龍之戰艦，鬬飛燕之船樓。"

[5]南豫州：州名。治姑孰縣，在今安徽當塗縣。

[6]柵口：地名。在今安徽蕪湖市東北裕溪口。

[7]魯山：城名。在今湖北武漢市漢陽東北隅。

[8]徵爲左衛將軍：左衛將軍，底本作"衛士將軍"，中華本校勘記云："'左衛將軍'各本並訛'衛士將軍'，今據《南史》改。"今從改。左衛將軍，官名。禁衛軍六軍之一。與右衛將軍合稱二衛將軍，掌宮廷宿衛營兵，多由近臣擔任。陳第三品，秩二

千石。

天嘉四年，周迪重寇臨川。[1]以靈洗爲都督，自鄱陽別道擊之，迪又走山谷間。五年，遷中護軍，[2]常侍如故。出爲使持節、都督郢巴武三州諸軍事、宣毅將軍、郢州刺史。[3]廢帝即位，[4]進號雲麾將軍。

[1]周迪：臨川南城（今江西南城縣東南）人。以勇猛敢戰著稱。仕梁爲高州刺史、臨川内史、使持節、散騎常侍、信威將軍、衡州刺史、江州刺史，封臨汝縣侯。入陳，以功加平南將軍、開府儀同三司，進號安南將軍。後以官賞不至，謀反被殺。本書卷三五、《南史》卷八〇有傳。　臨川：郡名。治臨川縣，在今江西撫州市臨川區西。

[2]中護軍：官名。職掌都護京師以外的地方軍隊。陳第三品，秩中二千石。

[3]巴：州名。治巴陵縣，在今湖南岳陽市。　武：州名。治武陵郡，在今湖南常德市。　宣毅將軍：官名。南朝梁置。梁武帝天監七年（508）定爲武職二十四班中的十七班，與鎮兵、翊師、宣惠將軍代舊四中郎將；大通三年（529）改爲武職三十四班中的二十七班，與四中郎將並置。陳沿置，擬四品，比秩中二千石。

[4]廢帝：南朝陳廢帝陳伯宗。陳文帝嫡長子。本書卷四、《南史》卷九有紀。

華皎之反也，[1]遣使招誘靈洗，靈洗斬皎使，以狀聞。朝廷深嘉其忠，增其守備，給鼓吹一部，因推心待之，使其子文季領水軍助防。是時周遣其將長胡公拓跋定率步騎二萬助皎攻圍靈洗，靈洗嬰城固守。及皎退，乃出軍躡定，定不獲濟江，以其衆降。因進攻周沔州，[2]克之，擒其刺史裴寬。[3]以功進號安西將軍，[4]改封重安縣公，[5]增邑并前二千户。

[1]華皎：晋陵暨陽（今江蘇江陰市東南）人。本書卷二〇、《南史》卷六八有傳。

[2]沔州：州名。西魏廢帝三年（554）改江州置，治所在今湖北漢川市東南。北周建德二年（573）廢。

[3]擒其刺史裴寬：裴寬，字長寬，河東聞喜（今山西聞喜縣）人。《周書》卷三四、《北史》卷三八有傳。按，靈洗克沔州擒裴寬之事，《周書》裴寬本傳記述甚詳："自華皎附後，乃圖寇掠。沔州既接敵境，事資守備，於是復以寬爲沔州刺史。而州城埤狹，器械又少，寬知其難守，深以爲憂。又恐秋水暴長，陳人得乘其便。即白襄州總管，請戍兵，并請移城於羊蹄山，權以避水。總管府許增兵守禦，不許遷移城。寬乃量度年常水至之處，竪大木於岸，以備船行。襄州所遣兵未至，陳將程靈洗已率衆至於城下。遂分布戰艦，四面攻之。水勢猶小，靈洗未得近城。寬每簡募驍兵，令夜掩擊，頻挫其銳。相持旬日，靈洗無如之何。俄而雨水暴長，所竪木上，皆通船過。靈洗乃以大艦臨逼，拍干打樓，應即摧碎，弓弩大石，晝夜攻之。苦戰三十餘日，死傷過半。女垣崩盡，陳人遂得上城。短兵相拒，猶經二日。外無繼援，力屈。城陷之後，水便退縮。陳人乃執寬至揚州，尋被送嶺外。"

[4]安西將軍：官名。南朝梁、陳時爲八安（安東、安南、安西、安北，安前、安後、安左、安右）將軍之一。梁武帝天監七年（508）定爲武職二十四班中的二十一班。陳擬三品，比秩中二千石。

[5]重安縣公：封爵名。縣公，開國縣公的省稱。食邑爲縣，故常冠以所封縣名。晋始置，位在開國郡公之下。南朝沿置。在梁

位視三公，班次之。在陳爲九等爵之第二等，第二品，秩視中二千石。重安，縣名。治所在今湖南衡陽市。

　　靈洗性嚴急，御下甚苛刻，士卒有小罪，必以軍法誅之，造次之閒，便加捶撻。而號令分明，與士卒同甘苦，衆亦以此依附。性好播植，躬勤耕稼，至於水陸所宜，刈穫早晚，雖老農不能及也。伎妾無游手，竝督之紡績。至於散用貲財，亦弗儉吝。光大二年，[1]卒於州，時年五十五。贈鎮西將軍、開府儀同三司，[2]謚曰忠壯。太建四年，[3]詔配享高祖廟庭。子文季嗣。

　　[1]光大：南朝陳廢帝陳伯宗年號（567—568）。

　　[2]鎮西將軍：官名。南朝梁、陳時爲八鎮將軍之一。梁武帝天監七年（508）定爲武職二十四班中的二十二班，普通六年（525）改爲武職三十四班中的三十二班。陳沿置，擬二品，比秩中二千石。　開府儀同三司：官名。三國魏始置，爲大臣加號，意謂與三司即太尉、司徒、司空禮制、待遇相同，許開設府署，自辟僚屬。兩晉南北朝因之。梁制，諸將軍開府儀同三司、左右光禄開府儀同三司，爲十七班。陳制，開府儀同三司第一品，秩萬石。

　　[3]太建：南朝陳宣帝陳頊年號（569—582）。

　　文季字少卿。幼習騎射，多幹略，果決有父風。弱冠從靈洗征討，必前登陷陣。靈洗與周文育、侯安都等敗於沌口，爲王琳所執，高祖召陷賊諸將子弟厚遇之，文季最有禮容，深爲高祖所賞。永定中，[1]累遷通直散騎侍郎、句容令。[2]

[1]永定：南朝陳武帝陳霸先年號（557—559）。

[2]句容：縣名。治所在今江蘇句容市。

世祖嗣位，除宣惠始興王府限内中直兵参軍。[1]是時王爲揚州刺史，鎮冶城，[2]府中軍事，悉以委之。

[1]宣惠始興王：即陳伯茂。字鬱之，陳文帝第二子。永定三年（559）封爲始興王，奉昭烈王祀。本書卷二八、《南史》卷六五有傳。宣惠，即宣惠將軍。南朝梁置。梁武帝天監七年（508）定爲武職二十四班中的十七班，與鎮兵、翊師、宣毅將軍代舊四中郎將，大通三年（529）改爲武職三十四班中的二十七班，與四中郎將並置。陳沿置，擬四品，比秩中二千石。始興，郡名。治所在今廣東韶關市南武水西岸。　限内：官制用語。南朝梁、陳指定員之内的官吏。　中直兵参軍：官名。刺使督府的僚佐，位次府司馬，同爲佐府主統領兵政之官。

[2]冶城：又稱冶亭。在今江蘇南京市朝天宫一帶。

天嘉二年，除貞毅將軍、新安太守，[1]仍隨侯安都東討留異。[2]異黨向文政據有新安，文季率精甲三百，輕往攻之。文政遣其兄子瓚來拒，文季與戰，大破瓚軍，文政乃降。

[1]貞毅將軍：官名。南朝梁始置，武帝天監七年（508）定爲武職二十四班中的十四班，與輕車、鎮朔等將軍代舊輔國將軍。大通三年（529）後改爲武職三十四班中的二十四班。陳沿置，擬五品，比秩千石。

[2]留異：東陽長山（今浙江金華市）人。本書卷三五、《南

史》卷八〇有傳。

　　三年，始興王伯茂出鎮東州，[1]復以文季爲鎮東府中兵參軍，帶剡令。[2]

　　[1]東州：指東揚州。治所在今浙江紹興市。
　　[2]帶：帶其官號、俸禄而不理其事。　剡：縣名。治所在今浙江嵊州市。

　　四年，陳寶應與留異連結，[1]又遣兵隨周迪更出臨川。世祖遣信義太守余孝頃自海道襲晋安，[2]文季爲之前軍，所向克捷。陳寶應平，文季戰功居多，還，轉府諮議參軍，[3]領中直兵。[4]出爲臨海太守。[5]尋乘金翅助父鎮郢城。[6]華皎平，靈洗及文季並有扞禦之功。及靈洗卒，文季盡領其衆，起爲超武將軍，[7]仍助防郢州。文季性至孝，雖軍旅奪禮，[8]而毀瘠甚至。[9]

　　[1]陳寶應：晋安候官（今福建閩侯縣）人。因聯合留異、周迪拒陳，被章昭達、余孝頃等討滅，斬於建康。本書卷三五、《南史》卷八〇有傳。
　　[2]晋安：郡名。治所在今福建福州市。
　　[3]諮議參軍：官名。王公軍府屬官，掌諮詢謀議軍事，位在諸參軍之上。陳自第五品至第七品，皆依府主地位而定。
　　[4]中直兵：官名。即中直兵參軍。刺使督府的僚佐，位次府司馬，同爲佐府主統領兵政之官。
　　[5]臨海：郡名。治章安縣，在今浙江台州市淑江區。
　　[6]金翅：一種大型戰船。本書卷二〇《華皎傳》：“文帝以湘

州出杉木舟，使（華）皎營造大艦金翅等二百餘艘。"

[7]超武將軍：官名。南朝梁武帝普通六年（525）刊正將軍名號時置，爲武職三十四班中的九班。陳擬八品，比秩六百石。

[8]奪禮：亦稱"奪情"。守喪服未滿而強令終止。

[9]毀瘠：居喪過哀而極度瘦弱。

　　太建二年，爲豫章内史，[1]將軍如故。服闋，[2]襲封重安縣公。隨都督章昭達率軍往荆州征蕭巋。[3]巋與周軍多造舟艦，置于青泥水中。[4]時水長漂疾，昭達乃遣文季共錢道戢輕舟襲之，[5]盡焚其舟艦。昭達因蕭巋等兵稍怠，又遣文季夜入其外城，殺傷甚衆。既而周兵大出，巴陵内史雷道勤拒戰死之，[6]文季僅以身免。以功加通直散騎常侍、安遠將軍，[7]增邑五百户。

[1]豫章内史：内史，王國行政長官，掌王國民政，職同太守。宋第五品，梁不詳。時豫章郡爲陳宣帝第三子陳叔英封國，故設内史。

[2]服闋：守喪期滿除服。

[3]章昭達：字伯通，吳興武康（今浙江德清縣）人。本書卷一一、《南史》卷六六有傳。　蕭巋：字仁遠，後梁宣帝蕭詧之子。公元562年稱帝，即後梁明帝。《隋書》卷七九有傳，《周書》卷四八、《北史》卷九三有附傳。

[4]青泥水：一作清泥河。即今湖北襄陽市襄州區西北的清河，東流入漢水。

[5]錢道戢：字子韜，吳興長城（今浙江長興縣東）人。本書卷二二、《南史》卷六七有傳。

[6]巴陵：郡名。治巴陵縣，在今湖南岳陽市。時巴陵郡爲蕭

沆王國，故設内史。

[7]安遠將軍：官名。東漢末始置。多用以封降將或邊遠地區地方長官。南朝梁武帝天監七年（508）專授於外藩，定爲十九班。大通三年（529）後曾以此代替貞武將軍，與寧遠將軍同班。陳沿置，擬五品。

五年，都督吳明徹北討秦郡。[1]秦郡前江浦通涂水，[2]齊人竝下大柱爲杙，[3]栅水中。乃前遣文季領驍勇拔開其栅，明徹率大軍自後而至，攻秦郡，克之。又別遣文季圍涇州，[4]屠其城，進攻盱眙，拔之。仍隨明徹圍壽陽。[5]

[1]吳明徹：字通昭，秦郡（今江蘇南京市六合區西北）人。本書卷九、《南史》卷六六有傳。　秦郡：僑置郡名。僑寄六合縣，在今江蘇南京市六合區西北。

[2]秦郡前江浦通涂水：涂，底本作“塗”，中華本據《南史》及《通鑑》改，今從改。涂水即滁水，今江蘇、安徽交界處的滁河。

[3]杙（yì）：木椿。

[4]涇州：州名。治沛縣，在今安徽天長市西北石梁鎮。

[5]壽陽：縣名。治所在今安徽壽縣。

文季臨事謹急，御下嚴整，前後所克城壘，率皆迮水爲堰，[1]土木之功，動踰數萬。每置陣役人，文季必先諸將，夜則早起，迄暮不休，軍中莫不服其勤幹。每戰恒爲前鋒，齊軍深憚之，謂爲程獸。[2]以功除散騎常侍、明威將軍，[3]增邑五百户。又帶新安内史，進號武毅將軍。[4]

[1]迮（zé）：倉促，臨時。

[2]謂爲程獸：中華本校勘記云："'獸'北監本、殿本作'虎'，此避唐諱。按《南史》改'虎'爲'彪'，亦避唐諱。"

[3]明威將軍：官名。梁置諸將軍之號凡二十四班，班多者爲貴，明威將軍爲十三班。陳擬五品，比秩千石。另梁、陳十明將軍中亦有此號。陳擬六品，比秩千石。

[4]武毅將軍：官名。梁置諸將軍之號凡二十四班，班多者爲貴，武毅將軍爲六班。陳時與武猛、武略、武勝、武力、武健、武烈、武威、武銳、武勇將軍並稱十武將軍。擬六品，比秩千石。

八年，爲持節、都督譙州諸軍事、安遠將軍、譙州刺史。其年，又督北徐仁州諸軍事、北徐州刺史，[1]餘竝如故。九年，又隨明徹北討，於呂梁作堰。[2]事見《明徹傳》。十年春，敗績，爲周所因，仍授開府儀同三司。十一年，自周逃歸，至渦陽，[3]爲邊吏所執，還送長安，死于獄中。

[1]北徐州：州名。治燕縣，在今安徽鳳陽縣東北。　仁州：州名。治赤坎戍，在今安徽固鎮縣東南；一說在今安徽泗縣西南。

[2]呂梁：古城名。在今江蘇徐州市銅山區東南。

[3]渦（guō）陽：縣名。治所在今安徽蒙城縣。

後主是時既與周絶，[1]不之知也。至德元年，[2]後主始知之，追贈散騎常侍。尋又詔曰："故散騎常侍、前重安縣開國公文季，纂承門緒，克荷家聲。早歲出軍，雖非元帥，啓行爲最，致果有聞，而覆喪車徒，[3]允從黜削。但靈洗之立功扞禦，久而見思，文季之埋魂異域，有足可憫。言念勞舊，傷兹廢絶，宜存廟食，無使餒而。可降封重安縣侯，邑一千户，以子饗襲封。"[4]

[1]後主：南朝陳末代皇帝陳叔寶。本書卷六、《南史》卷一〇有紀。

[2]至德：南朝陳後主陳叔寶年號（583—586）。

[3]車徒：人馬。

[4]以子饗襲封：中華本校勘記云："殿本《考證》云'饗'《南史》作'響'。"

史臣曰：程靈洗父子竝御下嚴苛，治兵整肅，然與衆同其勞苦，匪私財利，士多依焉，故臨戎克辦矣。

陳書　卷一一

列傳第五

黃法氍　淳于量　章昭達 子大寶

　　黃法氍字仲昭,[1]巴山新建人也。[2]少勁捷有膽力,步行日三百里,[3]距躍三丈。[4]頗便書疏,閑明簿領,[5]出入郡中,爲鄉閭所憚。侯景之亂,[6]於鄉里合徒衆。太守賀詡下江州,[7]法氍監知郡事。高祖將踰嶺入援建業,[8]李遷仕作梗中途,高祖命周文育屯于西昌,[9]法氍遣兵助文育。時法氍出頓新淦縣,[10]景遣行臺于慶至豫章,[11]慶分兵來襲新淦,法氍拒戰,敗之。高祖亦遣文育進軍討慶,文育疑慶兵彊,未敢進,法氍率衆會之,因進克筺屯,[12]俘獲甚衆。

　　[1]氍:音 qú。
　　[2]巴山:郡名。治所在今江西崇仁縣西南。　新建:縣名。治所在今江西樂安縣北。
　　[3]三百里:《南史》卷六六《黃法氍傳》作“二百里”。

[4]距躍三丈:《南史·黄法𣰰傳》"距躍"上有一"能"字。

[5]閑明:熟悉。 簿領:指官府記事的簿册或文書。

[6]侯景之亂:梁武帝太清二年（548），侯景於壽陽發動叛亂，次年三月攻克建康臺城。他擅行廢立，禍亂蕭梁達四年之久，蕭衍、蕭正德、蕭綱三位皇帝均死於其手。

[7]下江州:《通鑑》卷一六三《梁紀十九》"簡文帝大寶元年"條，胡三省注曰:"自巴山順流赴江州爲下。"

[8]高祖:南朝陳武帝陳霸先廟號。陳霸先，本書卷一、卷二，《南史》卷九有紀。 建業:南朝梁都城，在今江蘇南京市。

[9]周文育:字景德，義興陽羨（今江蘇宜興市）人。侯景之亂，隨入援救都。後又跟從陳霸先討伐王僧辯餘黨，以功遷江州刺史。永定三年（559），南討王琳，兵敗，爲叛將所殺。本書卷八、《南史》卷六六有傳。 西昌:縣名。治所在今江西泰和縣西。

[10]新淦（gàn）:縣名。治所在今江西樟樹市。

[11]行臺:臺省在外者稱行臺，代表中央政府的暫設機構。豫章:郡名。治所在今江西南昌市。

[12]笙屯:地名。疑在今江西南昌市與樟樹市之間。

梁元帝承制授超猛將軍、交州刺史資，[1]領新淦縣令，封巴山縣子，[2]邑三百户。承聖三年，[3]除明威將軍、游騎將軍，[4]進爵爲侯，邑五百户。貞陽侯僭位，[5]除左驍騎將軍。[6]敬帝即位，[7]改封新建縣侯，[8]邑如前。

[1]梁元帝:南朝梁皇帝蕭繹。字世誠，小字七符，梁武帝蕭衍第七子。《梁書》卷五、《南史》卷八有紀。 交州:州名。治所在今越南北寧省仙游縣東。

[2]巴山縣子:封爵名。巴山，縣名。治所在今江西崇仁縣西南。縣子，爲開國縣子省稱。食邑爲縣。南朝梁開國諸子位視二千

石，班次之。陳爲九等爵之第五等，第五品，秩視二千石。

[3]承聖：南朝梁元帝蕭繹年號（552—555）。

[4]明威將軍：官名。南朝梁武帝天監七年（508）定爲十三班，大通三年（529）移入輕車將軍班中。陳擬五品，比秩千石。另梁、陳十明將軍中亦有此號。陳擬六品，比秩千石。　游騎將軍：官名。南朝梁武帝天監六年（507）改游擊將軍置，低左右游擊將軍一階，十班。陳第四品，秩千石。

[5]貞陽侯：蕭淵明。字靖通，梁宗室，封貞陽侯。因北伐失敗而被東魏所俘。及西魏攻破江陵，北齊送蕭淵明至建康，立爲帝。公元555年四月，改承聖四年爲天成元年，九月被陳霸先廢黜，降爲建安王。北齊時追諡爲閔皇帝。《南史》卷五一有附傳，事亦見《梁書》卷六《敬帝紀》。

[6]左驍騎將軍：官名。南朝梁武帝天監六年置，掌管宿衛事務，領朱衣直閣，並給儀從。多由侍中、散騎常侍等文職清官所兼領。十一班。陳第四品，秩二千石。

[7]敬帝：南朝梁皇帝蕭方智。字慧相，小字法真，梁元帝蕭繹第九子。公元555年九月被陳霸先擁立爲帝，公元557年十月，禪位於陳霸先。陳武帝即位，奉其爲江陰王，後薨於外邸，追諡爲敬皇帝。《梁書》卷六、《南史》卷八有紀。

[8]新建縣侯：封爵名。新建，縣名。治所在今江西樂安縣北。縣侯，爲開國縣侯之省稱。食邑爲縣。南朝梁位視孤卿、重號將軍、光禄大夫，班次之。陳置爲九等爵第三等，第三品。

太平元年，[1]割江州四郡置高州，[2]以法氍爲使持節、散騎常侍、都督高州諸軍事、信武將軍、高州刺史，[3]鎮于巴山。蕭勃遣歐陽頠攻法氍，[4]法氍與戰，破之。

［1］太平：南朝梁敬帝蕭方智年號（556—557）。

［2］割江州四郡置高州：太平元年（556）十一月，分江州巴山、臨川、安成、豫寧四郡置高州。巴山，郡名。治所在今江西崇仁縣西南。臨川，郡名。治所在今江西南城縣東南。安成，郡名。治所在今江西安福縣。豫寧，郡名。治所在今江西武寧縣西。高州，州名。治所在今江西崇仁縣西南。

［3］使持節：官名。凡重要軍事長官出征或者出鎮時，加使持節，可誅殺二千石以下官員。皇帝派遣大臣出巡或祭吊等事務時，亦使持節，以示權力與尊崇。次一等的稱持節，再次一等的稱假節。　散騎常侍：官名。南朝屬集書省，職掌侍從左右，主掌圖書文翰、文章、撰述、諫諍拾遺，收納轉呈文書奏事。梁十二班。陳第三品，秩中二千石。　信武將軍：官名。南朝梁置，五德將軍之一，在武職中地位較高，並可爲文職清官兼領。武帝天監七年（508）定爲十五班。陳沿置，與智武、仁武、勇武、嚴武等合稱五武將軍，擬四品，比秩中二千石。

［4］蕭勃：南朝梁末仕至定州刺史，封曲江縣侯。廣州刺史元景仲舉兵回應侯景，爲西江督護陳霸先所殺，蕭勃遂占據廣州。敬帝時，累進位太尉、太保。陳禪代梁，舉兵不從，兵敗被殺。《南史》卷五一有附傳。　歐陽頠：字靖世，長沙臨湘（今湖南長沙市）人。本書卷九、《南史》卷六六有傳。

永定二年，[1]王琳遣李孝欽、樊猛、余孝頃攻周迪，[2]且謀取法氍，法氍率兵援迪，擒孝頃等三將。進號宣毅將軍，[3]增邑并前一千戶，給鼓吹一部。[4]又以拒王琳功，授平南將軍、開府儀同三司。[5]熊曇朗於金口反，[6]害周文育，法氍共周迪討平之，語在《曇朗傳》。

［1］永定：南朝陳武帝陳霸先年號（557—559）。

　　[2]王琳：字子珩，會稽山陰（今浙江紹興市）人。本兵家子，因其妹得寵，遂爲將帥。後投靠北齊。陳將吳明徹圍困壽陽，北齊諸將坐視不救，王琳苦守三月，城破被擒，並遭吳明徹殺害。《北齊書》卷三二、《南史》卷六四有傳。　樊猛：字智武，南陽湖陽（今河南唐河縣南）人。南朝梁、陳官吏、將領。本書卷三一、《南史》卷六七有附傳。　周迪：臨川南城（今江西南城縣東南）人。本書卷三五、《南史》卷八〇有傳。

　　[3]宣毅將軍：官名。南朝梁置。武帝天監七年（508）定爲武職二十四班中的十七班，普通六年（525）改爲武職三十四班中的二十七班。陳擬四品，比秩中二千石。

　　[4]鼓吹：本指演奏鼓吹樂的樂隊，用於軍中。後遂爲皇帝賜予臣下的一種禮遇。

　　[5]平南將軍：官名。多持節都督或監某一地區的軍事，有時亦作爲刺史等地方官員兼理軍務的加官。梁武帝天監七年定爲武職二十四班中的二十班。陳擬三品，比秩中二千石。　開府儀同三司：官名。爲大臣加號，意謂與三司即太尉、司徒、司空禮制、待遇相同，許開設府署，自辟僚屬。

　　[6]熊曇朗：豫章南昌（今江西南昌市）人。本書卷三五、《南史》卷八〇有傳。　金口：地名。在今江西金溪縣西北。

　　世祖嗣位，[1]進號安南將軍。[2]天嘉二年，周迪反，[3]法氍率兵會都督吳明徹，[4]討迪於工塘。[5]迪平，法氍功居多，徵爲使持節、散騎常侍、都督南徐州諸軍事、鎮北大將軍、南徐州刺史，[6]儀同、鼓吹並如故。未拜，尋又改授都督江吳二州諸軍事、鎮南大將軍、江州刺史。[7]六年，徵爲中衛大將軍。[8]

　　[1]世祖：南朝陳文帝陳蒨廟號。陳蒨，字子華，陳武帝兄子。

本書卷三、《南史》卷九有紀。

[2]安南將軍：官名。八安將軍之一。梁武帝天監七年（508）定爲武職二十四班中的二十一班，大通三年（529）改爲武職三十四班中的三十一班。陳擬三品，比秩中二千石。

[3]天嘉：南朝陳文帝陳蒨年號（560—566）。

[4]吴明徹：字通昭，秦郡（今江蘇南京市六合區西北）人。南朝梁、陳官吏、將領。太建九年（577），受命北伐，爲北周所俘，後卒於長安。本書卷九、《南史》卷六六有傳。

[5]工塘：城名。在今江西撫州市臨川區東南。

[6]南徐州：州名。僑寄京口，在今江蘇鎮江市。　鎮北大將軍：官名。較鎮北將軍進一階。鎮北將軍，爲八鎮將軍之一。梁武帝天監七年定爲武職二十四班中的二十二班，普通六年（525）定爲武職三十四班中的三十二班。陳擬二品，比秩中二千石。

[7]吴：州名。治所在今江西鄱陽縣。　鎮南大將軍：官名。較鎮南將軍進一階。鎮南將軍，八鎮將軍之一。梁武帝天監七年定爲武職二十四班中的二十二班，普通六年定爲武職三十四班中的三十二班。陳擬二品，比秩中二千石。

[8]中衛大將軍：官名。較中衛將軍進一階。中衛將軍，地位顯要，專授在京師任職的官員。初定爲武職二十四班中的二十三班，與四征將軍同班，大通三年改制後，爲武職三十四班中的三十三班。陳擬二品，比秩中二千石。

廢帝即位，[1]進爵爲公，給扶。[2]光大元年，[3]出爲使持節、都督南徐州諸軍事、鎮北將軍、南徐州刺史。二年，徙爲都督郢巴武三州諸軍事、鎮西將軍、郢州刺史，[4]持節如故。

[1]廢帝：南朝陳皇帝陳伯宗。字奉業，陳文帝嫡長子。光大

二年（568）被廢爲臨海郡王。本書卷四、《南史》卷九有紀。

　　[2]給扶：給予扶侍之人。古時君主賜給大臣的一種禮遇。

　　[3]光大：南朝陳廢帝陳伯宗年號（567—568）。

　　[4]郢：州名。治所在今湖北武漢市武昌區。　巴：州名。治所在今湖南岳陽市。　武：州名。治所在今湖南常德市。　鎮西將軍：官名。八鎮將軍之一。梁武帝天監七年（508）定爲武職二十四班中的第二十二班，普通六年（525）定爲武職三十四班中的第三十二班。陳擬二品，比秩中二千石。

　　太建元年，[1]進號征西大將軍。[2]二年，徵爲侍中、中權大將軍。[3]四年，出爲使持節、散騎常侍、都督南豫州諸軍事、征南大將軍、南豫州刺史。[4]五年，大舉北伐，都督吳明徹出秦郡，[5]以法甮爲都督，出歷陽。[6]齊遣其歷陽王步騎五萬來援，[7]於小峴築城。[8]法甮遣左衛將軍樊毅分兵於大峴禦之，[9]大破齊軍，盡獲人馬器械。於是乃爲拍車及步艦，[10]豎拍以逼歷陽。歷陽人窘蹙乞降，法甮緩之，則又堅守。法甮怒，親率士卒攻城，施拍加其樓堞。[11]時又大雨，城崩，克之，盡誅戍卒。進兵合肥，[12]望旗降款。法甮不令軍士侵掠，躬自撫勞，而與之盟，竝放還北。以功加侍中，改封義陽郡公，[13]邑二千戶。其年，遷都督合霍二州諸軍事、征西大將軍、合州刺史，[14]增邑五百戶。七年，徙都督豫建光朔合北徐六州諸軍事、豫州刺史，[15]鎮壽陽，[16]侍中、散騎常侍、持節、將軍、儀同、鼓吹、扶竝如故。八年十月，薨，時年五十九。贈侍中、中權大將軍、司空，[17]謚曰威。子玩嗣。

[1]太建：南朝陳宣帝陳頊年號（569—582）。

[2]征西大將軍：官名。較征西將軍進一階。征西將軍，陳擬二品，比秩中二千石。

[3]侍中：官名。親王之起家官。陳第三品，秩中二千石。中權大將軍：官名。較中權將軍進一階。中權將軍，專授予在京都任職的官員，與中軍、中衛、中撫將軍合稱四中將軍，地位顯要。陳擬二品，比秩中二千石。

[4]南豫州：州名。治所在今安徽當塗縣。　征南大將軍：官名。在武職中地位較高，居四征將軍之上。

[5]秦郡：郡名。治所在今江蘇南京市六合區西北。

[6]歷陽：郡名。治所在今安徽和縣。

[7]齊遣其歷陽王步騎五萬來援：本書卷五《宣帝紀》云“齊遣兵十萬援歷陽”，未知孰是。歷陽王，高景安。事見本書卷一三《周炅傳》。

[8]小峴：地名。在今安徽含山縣北。

[9]左衛將軍：官名。禁衛軍主要統帥之一。陳第三品，秩二千石。　樊毅：字智烈，南陽湖陽（今河南唐河縣南）人。本書卷三一、《南史》卷六七有傳。　大峴：地名。在今安徽含山縣東北。

[10]拍車：古時設有拍竿的戰車。可投石或拋擲火種攻擊敵方。

[11]樓堞：城樓與城堞。泛指城墻。

[12]合肥：縣名。治所在今安徽合肥市西。

[13]義陽郡公：封爵名。義陽，郡名。寄治今湖北武漢市黃陂區北。郡公，爲開國郡公省稱。食邑爲郡。陳爲九等爵第二等，第二品，秩視中二千石。

[14]合：州名。治所在今安徽合肥市。　霍：州名。治所在今安徽霍山縣。

[15]豫：州名。寄治今安徽壽縣。　建：州名。治所在今河南商城縣東。　光：州名。治所在今河南光山縣。　朔：州名。治所

在今河南潢川縣東。　北徐：州名。寄治今安徽鳳陽縣東北。

[16]壽陽：縣名。治所在今安徽壽縣。

[17]司空：官名。與司徒、太尉並爲三公。多爲大臣加官。陳第一品，秩萬石。

淳于量字思明。其先濟北人也，[1]世居京師。父文成，仕梁爲將帥，官至光烈將軍、梁州刺史。[2]

[1]濟北：郡名。治所在今山東肥城市。

[2]光烈將軍：官名。十光將軍之一。梁十四班。陳擬六品，比秩千石。　梁州：州名。治所在今四川德陽市境。

量少善自居處，偉姿容，有幹略，便弓馬。梁元帝爲荆州刺史，[1]文成分量人馬，令往事焉。起家湘東王國常侍，[2]兼西中郎府中兵參軍。[3]累遷府佐、常兼中兵、直兵者十餘載，[4]兵甲士卒，盛於府中。

[1]荆州：州名。治所在今湖北荆州市荆州區。

[2]湘東王：梁元帝蕭繹。天監十三年（514），蕭繹被封爲湘東郡王。普通七年（526），爲西中郎將、荆州刺史。　常侍：官名。王國加官稱號之一。侍從王之左右，備顧問應對。南朝梁二班至一班。陳第九品，秩四百石。

[3]西中郎府：梁元帝蕭繹王國府，因蕭繹曾爲西中郎將故名。中兵參軍：官名。亦作中兵參軍事。諸公、軍府僚屬之一，掌管本府中兵曹事務，兼任參謀咨詢之責。其品秩隨府主地位的高低而不同。

[4]中兵：即中兵參軍。　直兵：即中直兵參軍。掌親兵衛隊。

南朝梁皇弟皇子府，嗣王蕃王府，庶姓公府，庶姓持節府置，位自七班至三班。陳同梁制，自第六品至第八品。

　　荆、雍之界，[1]蠻左數反，[2]山帥文道期積爲邊患，中兵王僧辯征之，[3]頻戰不利，遣量助之。量至，與僧辯并力，大破道期，斬其酋長，俘虜萬計。以功封廣晉縣男，[4]邑三百户，授涪陵太守。[5]歷爲新興、武寧二郡太守。[6]

　　[1]雍：州名。寄治今湖北襄陽市。
　　[2]蠻左：即蠻夷。
　　[3]王僧辯：字君才，太原祁（今山西祁縣）人。初爲北魏將領，梁初隨父南渡，任湘東王蕭繹府中司馬。後與陳霸先收復建康。蕭繹即位後，爲太尉。梁元帝被殺，僧辯又立北齊扶持的蕭淵明爲帝。終爲陳霸先所害。《梁書》卷四五有傳，《南史》卷六三有附傳。
　　[4]廣晉縣男：封爵名。廣晉，縣名。治所在今江西鄱陽縣北石門街鎮。縣男，爲開國縣男省稱。食邑爲縣。南朝梁開國諸男，位視比二千石，班次之。陳置爲九等爵第六等，第六品，秩視二千石。
　　[5]涪陵：郡名。治所在今重慶市涪陵區東南。
　　[6]新興：郡名。治所在今四川南充市。　武寧：郡名。治所在今湖北荆門市西北。

　　侯景之亂，梁元帝凡遣五軍入援京邑，量預其一。臺城陷，[1]量還荆州。元帝承制以量爲假節、通直散騎常侍、都督巴州諸軍事、信威將軍、巴州刺史。[2]侯景西上攻巴州，元帝使都督王僧辯入據巴陵。[3]量與僧辯并力拒景，大敗景軍，擒其將任約。進攻郢州，獲宋子仙。仍隨僧辯克平侯景。承聖元年，以功授左衛將軍，封謝沐縣侯，[4]邑五百户。尋出爲持節、都督桂定東西寧等四州諸軍事、信威將軍、安遠護軍、桂州刺史。[5]

[1]臺城：京師建康宫城。因爲臺省所在，故稱。

[2]通直散騎常侍：官名。南朝屬集書省，多以衰老之士擔任，地位漸低。梁武帝曾欲提高其地位，以比御史中丞，但終不被人所重，常爲加官。梁十一班。陳第四品，秩二千石。　信威將軍：官名。南朝梁置，爲五德將軍之一。武帝天監七年（508）定爲十六班，普通六年（525）改爲武職二十六班。陳沿置，改爲五威將軍之一。擬四品，比秩中二千石。

[3]巴陵：縣名。治所在今湖南岳陽市。

[4]謝沐：縣名。治所在今湖南江永縣西南。

[5]桂：州名。治所在今廣西桂林市。　定：州名。治所在今湖北麻城市東北。　東寧：州名。治所在今廣西融水苗族自治縣。

安遠護軍：官名。置於武陵郡，多由武陵内史領之。立府，梁時隨府主號輕重而不爲定。陳擬八品，比秩六百石。

荆州陷，量保據桂州。王琳擁割湘、郢，[1]累遣召量，量外雖與琳往來，而别遣使從閒道歸於高祖。高祖受禪，授持節、散騎常侍、平西大將軍，[2]給鼓吹一部，都督、刺史竝如故。尋進號鎮南將軍。仍授都督、鎮西大將軍、開府儀同三司。[3]世祖嗣位，進號征南大將軍。

[1]湘：州名。治所在今湖南長沙市。

[2]平西大將軍：官名。較平西將軍進一階。平西將軍，陳擬三品，比秩中二千石。按，本書卷二《高祖紀》作“平西將軍”。

[3]鎮西大將軍：官名。較鎮西將軍進一階。

　　王琳平後，頻請入朝。天嘉五年，徵爲中撫大將軍，[1]常侍、儀同、鼓吹並如故。量所部將帥，多戀本土，[2]並欲逃入山谷，不願入朝。世祖使湘州刺史華皎征衡州界黃洞，[3]且以兵迎量。天康元年，[4]至都，以在道淹留，爲有司所奏，免儀同，餘並如故。光大元年，給鼓吹一部。華皎構逆，以量爲使持節、征南大將軍、西討大都督，[5]總率大艦，自郢州樊浦拒之。皎平，并降周將長胡公拓跋定等。[6]以功授侍中、中軍大將軍、開府儀同三司，[7]進封醴陵縣公，[8]增邑一千户。未拜，出爲使持節、都督南徐州諸軍事、鎮北將軍、南徐州刺史，侍中、儀同、鼓吹並如故。

　　[1]中撫大將軍：官名。南朝梁、陳置。亦稱中撫軍大將軍。專授予在京師任職的官員。班品較中撫將軍進一階。中撫將軍，陳擬二品，比秩中二千石。中華本校勘記云：“‘中撫大將軍’《世祖紀》作‘中撫軍大將軍’，《南史》亦作‘中撫軍大將軍’。按‘中撫’各書或作‘中撫軍’。”

　　[2]多戀本土：土，底本作“生”，中華本校勘記云：“‘土’原訛‘生’，各本不訛，今改正。”今從改。

　　[3]華皎：晋陵暨陽（今江蘇江陰市東南）人。南朝梁、陳官吏，後起兵反叛，被擊敗，奔赴江陵途中死亡。本書卷二〇、《南史》卷六八有傳。　衡州：州名。治所在今廣東英德市西北浛洸鎮。　黃洞：山名。在今廣東惠州市西。

　　[4]天康：南朝陳文帝陳蒨年號（566）。

　　[5]西討大都督：官名。高級軍事長官。品秩不詳。

　　[6]長胡公：《南史》卷六六《淳于量傳》作“長湖公”。按，《隋書·地理志下》荆州襄陽郡常平縣條載，長湖郡，西魏置。故治在今湖北襄陽市西南。　拓跋定：《南史·淳于量傳》作“元定”。《通鑑》卷一四〇《齊紀六》“明帝建武三年”條云：“魏主下詔，以爲：‘北人謂土爲拓，后爲跋。魏之先出於黄帝，以土德王，故爲拓跋氏。夫土者，黄中之色，萬物之元也；宜改姓元氏。諸功臣舊族，自代來者，姓或重複，皆改之。’”

　　[7]中軍大將軍：官名。較中軍將軍進一階。中軍將軍，專授予在京師任職的官員，地位顯要。陳擬二品，比秩中二千石。

　　[8]醴陵縣公：封爵名。醴陵，縣名。治所在今湖南醴陵市。縣公，爲開國縣公省稱。食邑爲縣。南朝梁位視三公，班次之。陳置爲九等爵之第二等，第二品，秩視中二千石。

　　太建元年，進號征北大將軍，[1]給扶。三年，坐就江陰王蕭季卿買梁陵中樹，[2]季卿坐免，量免侍中。尋復加侍中。五年，徵爲中護大將軍，[3]侍中、儀同、鼓吹、扶竝如故。

　　[1]征北大將軍：官名。較征北將軍進一階。征北將軍，陳擬二品，比秩中二千石。

　　[2]江陰王蕭季卿：梁敬帝曾被封爲江陰王，敬帝去世後，以梁武林侯蕭諮子季卿嗣爲江陰王。江陰，郡名。治所在今江蘇江陰市。

　　[3]中護大將軍：本書卷五《宣帝紀》太建五年、六年並作“中權大將軍”，本書卷二六《徐陵傳》則作“中權將軍”。

　　吳明徹之西伐也，[1]量贊成其事，遣第六子岑率所領從軍。淮南克定，量改封始安郡公，[2]增邑一千五百戶。六年，出爲使持節、都督郢巴南司定四州諸軍事、征西大將軍、郢州刺史，[3]侍中、儀同、鼓吹、扶迸如故。七年，徵爲中軍大將軍、護軍將軍。[4]九年，以公事免侍中。尋復加侍中。十年，吳明徹陷没，加量使持節、都督水陸諸軍事，仍授散騎常侍、都督南北兗譙三州諸軍事、車騎將軍、南兗州刺史，[5]餘迸如故。十三年，加左光禄大夫，[6]增邑五百户，餘迸如故。十四年四月薨，時年七十二。贈司空。

　　[1]西伐：林礽乾《陳書異文考證》云：“按卷二十六《徐陵傳》云：‘朝議北伐，……詔明徹爲大都督。’卷五《宣帝紀》亦謂：‘太建五年三月壬午，分命衆軍北伐，以鎮前將軍、開赴儀同三司吳明徹都督征討將軍事。’兩言吳明徹‘北伐’，而非‘西伐’。此處各本迸誤作‘西伐’，當據《徐陵傳》及《宣帝紀》改。”（文史哲出版社 1979 年版，第 118—119 頁）

　　[2]始安：郡名。治所在今廣西桂林市。

　　[3]南司：州名。治所在今湖北安陸市。

　　[4]護軍將軍：官名。掌督護京師以外諸軍，權任頗重。陳第三品，秩中二千石。

　　[5]車騎將軍：官名。多作爲軍府名號，以加授大臣、重要州郡長官，無具體職掌。陳擬一品，比秩中二千石。　南北兗：南兗州與北兗州。南兗州，僑寄今江蘇揚州市西北蜀岡。北兗州，僑寄今江蘇淮安市淮陰區西南甘羅城。　譙：州名。治所在今安徽蒙城縣。

　　[6]左光禄大夫：官名。爲在朝顯職的加官，以示優待，或授

予年老有病者爲致仕之官，亦常用作卒後贈官。無職掌。陳第二品，秩中二千石。

　　章昭達字伯通，吳興武康人也。[1]祖道蓋，齊廣平太守。[2]父法尚，梁揚州議曹從事。[3]

　　[1]吳興：郡名。治所在今浙江湖州市吳興區。　武康：縣名。治所在今浙江德清縣。

　　[2]廣平：郡名。治所在今湖北丹江口市東南。

　　[3]揚州：州名。治所在今江蘇南京市。　議曹從事：官名。即議曹從事史。南朝以來，州府皆置。員數多寡各隨州，無定制。其地位隨州大小，有一班、流外七、六、五、四班之不同。陳大州議曹從事位九品。

　　昭達性倜儻，輕財尚氣。少時，嘗遇相者，謂昭達曰：「卿容貌甚善，須小虧損，則當富貴。」梁大同中，[1]昭達爲東宮直後。[2]因醉墜馬，鬢角小傷。昭達喜之。相者曰「未也」。及侯景之亂，昭達率募鄉人援臺城，爲流矢所中，眇其一目。相者見之，曰：「卿相善矣，不久當貴。」

　　[1]大同：南朝梁武帝蕭衍年號（535—546）。

　　[2]東宮直後：官名。南朝梁置，隸太子左、右衛率，爲東宮侍從武官。多爲起家官。

　　京城陷，昭達還鄉里，與世祖游，因結君臣之分。侯景平，世祖爲吳興太守，昭達杖策來謁世祖。[1]世祖見之大喜，因委以將帥，恩寵優渥，超於儕等。[2]及高祖討王僧辯，令世祖還長城招聚兵衆，[3]以備杜龕，[4]頻使昭達往京口，[5]稟承計畫。僧辯誅後，龕遣其將杜泰來攻長城，世祖拒之，命昭達總知城内兵事。及杜泰退走，因從世祖東進，軍吳興，以討杜龕。龕平，又從世祖東討張彪於會稽，[6]克之。累功除明威將軍、定州刺史。

[1]杖策：策馬而行。

[2]儕等：同輩。

[3]長城：縣名。治所在今浙江長興縣東。

[4]杜龕：京兆杜陵（今陝西西安市東南）人。南朝梁將領。後爲陳霸先所殺。《梁書》卷四六、《南史》卷六四有附傳。

[5]京口：地名。在今江蘇鎮江市。

[6]張彪：襄陽（今湖北襄陽市）人。少時爲盜。後爲梁東揚州刺史。終爲陳文帝所圍殺。《南史》卷六四有傳。　會稽：郡名。治所在今浙江紹興市。

是時留異擁據東陽，[1]私署守宰。[2]高祖患之，乃使昭達爲長山縣令，[3]居其心腹。永定二年，除武康令。世祖嗣位，除員外散騎常侍。[4]天嘉元年，追論長城之功，封欣樂縣侯，[5]邑一千户。

[1]留異：東陽長山（今浙江金華市）人。東陽當地土豪。陳文帝天嘉二年（561）詔侯安都討伐留異，兵敗逃至陳寶應處，後被送京師斬殺。本書卷三五、《南史》卷八〇有傳。　東陽：郡名。治所在今浙江金華市。

[2]守宰：又稱郡守。泛指地方官。

[3]長山：縣名。治所在今浙江金華市。

[4]員外散騎常侍：官名。南朝宋以後常用以安置閑退官員、衰老之士，地位漸低。至梁武帝天監六年（507）復重其選，以其職依正員，品視黃門郎，但終不爲人所重。梁十班。陳第四品，秩二千石。

[5]欣樂：縣名。治所在今廣東惠州市惠陽區東北。

　　尋隨侯安都等拒王琳于栅口，[1]戰于蕪湖，[2]昭達乘平虜大艦，中流而進，先鋒發拍中于賊艦。王琳平，昭達册勳第一。二年，除使持節、散騎常侍、都督郢巴武沅四州諸軍事、智武將軍、郢州刺史，[3]增邑并前千五百户。尋進號平西將軍。

[1]侯安都：字成師，始興曲江（今廣東韶關市南武水西岸）人。本書卷八、《南史》卷六六有傳。　栅口：底本作“沌口”。中華本校勘記云：“據《侯安都傳》《侯瑱傳》及《通鑑》改。按《通鑑》胡注云‘栅口在濡須口之東，水導巢湖，今謂之栅江口’。若沌口，則爲前王琳大敗陳師，侯安都等被俘處，當沌水入江之口，遠在栅口之西矣。”林劼乾《陳書異文考證》亦曰：“‘沌口’在湖北漢陽縣西南三十里，當沌水入江之口，爲高祖永定元年十月，周文育、侯安都爲王琳所敗之處。‘栅口’則在今安徽和縣西南一百五十里，當濡須水江之口，水導巢湖。世祖天嘉元年二月，王琳引合肥巢湖之衆，舳艫相次而下，章昭達隨侯安都、侯瑱拒王琳之所，當是此栅口，而非湖北之沌口。”（第119頁）今從改。栅口，地名。在今安徽蕪湖市東北裕溪口。

[2]蕪湖：縣名。治所在今安徽蕪湖市。

[3]沅：州名。治所在今湖南沅陵縣南。　智武將軍：官名。

南朝梁置，爲五德將軍之一，十五班。陳置爲五武將軍之一，擬四品，比秩中二千石。

　　周迪據臨川反，詔令昭達便道征之。及迪敗走，徵爲護軍將軍，[1]給鼓吹一部，改封邵武縣侯，[2]增邑并前二千户，常侍如故。四年，陳寶應納周迪，[3]復共寇臨川，又以昭達爲都督討迪。至東興嶺，[4]而迪又退走。昭達仍踰嶺，頓于建安，[5]以討陳寶應。寶應據建安、晋安二郡之界，[6]水陸爲栅，以拒官軍。昭達與戰不利，因據其上流，命軍士伐木帶枝葉爲筏，施拍於其上，綴以大索，相次列營，夾于兩岸。寶應數挑戰，昭達按甲不動。俄而暴雨，江水大長，昭達放筏衝突寶應水栅，水栅盡破。又出兵攻其步軍。方大合戰，會世祖遣余孝頃出自海道。適至，因并力乘之，寶應大潰，遂克定閩中，盡擒留異、寶應等。以功授鎮前將軍、開府儀同三司。[7]

　　[1]徵爲護軍將軍：羅振玉《五史校議·陳書校議》云：“《世祖紀》‘護軍將軍’授予四年正月，此叙在四年前，誤。”（《羅振玉學術論著集》第八集，上海古籍出版社 2013 年版，第 483 頁）

　　[2]邵武：縣名。治所在今福建邵武市。

　　[3]陳寶應：晋安候宮（今福建閩侯縣）人。因聯合留異、周迪扼陳，被章昭達、余孝頃等討滅，斬於建康。本書卷三五、《南史》卷八〇有傳。

　　[4]東興嶺：山名。在今江西黎川縣東與福建光澤縣之間。

　　[5]建安：郡名。治所在今福建建甌市。

　　[6]晋安：郡名。治所在今福建福州市。

[7]鎮前將軍：官名。南朝梁置，爲八鎮將軍之一。陳擬二品，比秩中二千石。

初，世祖嘗夢昭達升於台鉉，[1] 及旦，以夢告之。至是侍讌，[2] 世祖顧昭達曰："卿憶夢不？何以償夢？"昭達對曰："當効犬馬之用，以盡臣節，自餘無以奉償。"尋又出爲使持節、都督江郢吳三州諸軍事、鎮南將軍、江州刺史，常侍、儀同、鼓吹如故。

[1]台鉉：猶台鼎。鉉，鼎耳，以代鼎。鼎三足，有三公之象，故以喻宰輔重臣。

[2]侍讌：讌，同"宴"。侍宴，宴享時陪從或侍候於旁。《南史》卷六六《章昭達傳》、《太平御覽》卷二四三引"侍宴"下並有"酒酣"二字，文意更順。

廢帝即位，遷侍中、征南將軍，改封邵陵郡公。[1]華皎之反也，其移書文檄，竝假以昭達爲辭，又頻遣使招之。昭達盡執其使，送于京師。皎平，進號征南大將軍，增邑并前二千五百户。秩滿，徵爲中撫大將軍，侍中、儀同、鼓吹如故。高宗即位，[2] 進號車騎大將軍，[3] 以還朝遲留，爲有司所劾，降號車騎將軍。

[1]邵陵：郡名。治所在今湖南邵陽市。

[2]高宗：南朝陳宣帝陳頊廟號。陳頊，本書卷五、《南史》卷一〇有紀。

[3]車騎大將軍：官名。多加權臣元老，以示尊崇。陳擬一品，比秩中二千石。

歐陽紇據有嶺南反，[1]詔昭達都督衆軍討之。昭達倍道兼行，達于始興。[2]紇聞昭達奄至，惶擾不知所爲，[3]乃出頓洭口，[4]多聚沙石，盛以竹籠，置于水栅之外，用遏舟艦。昭達居其上流，裝艫造拍，以臨賊栅。又令軍人銜刀，潛行水中，以斫竹籠，籠笐皆解。因縱大艦隨流突之，賊衆大敗，因而擒紇，送于京師，廣州平。[5]以功進車騎大將軍，遷司空，餘竝如故。

[1]歐陽紇：字奉聖，長沙臨湘（今湖南長沙市）人，歐陽頠之子。南朝陳將領。後反叛，兵敗被殺。本書卷九、《南史》卷六六有附傳。

[2]始興：郡名。治所在今廣東韶關市南武水西岸。

[3]惶擾：恐懼慌亂。

[4]洭口：地名。在今廣東英德市西南。

[5]廣州：州名。治所在今廣東廣州市。

太建二年，率師征蕭巋于江陵。[1]時蕭巋與周軍大蓄舟艦於青泥中，[2]昭達分遣偏將錢道戢、程文季等，[3]乘輕舟襲之，焚其舟艦。周兵又於峽下南岸築壘，[4]名曰安蜀城，[5]於江上橫引大索，編葦爲橋，以度軍糧。昭達乃命軍士爲長戟，施於樓船之上，仰割其索，索斷糧絕，因縱兵以攻其城，降之。

[1]蕭巋：南朝後梁明帝。字仁遠，後梁宣帝蕭詧之子。《周書》卷四八、《北史》卷九三有附傳。　江陵：南朝後梁之都，在今湖北荊州市荊州區。

[2]青泥：一作清泥河。在今湖北襄陽市西北之清河，東流入

漢水。

[3]偏將：副將。　錢道戢：字子韜，吳興長城（今浙江長興縣東）人。本書卷二二、《南史》卷六七有傳。　程文季：字少卿，新安海寧（今安徽休寧縣東）人。本書卷一〇、《南史》卷六七有附傳。

[4]峽下：《南史》卷六六《章昭達傳》作“峽口”，《通鑑》卷一七〇《陳紀四》“陳宣帝太建二年”條同，胡三省注云：“峽口，西陵峽口也。”相較，“峽口”更明確。

[5]安蜀城：城名。在今湖北宜昌市西陵峽口南岸。

　　三年，遘疾，[1]薨，時年五十四。贈大將軍，[2]增邑五百户，給班劍二十人。[3]

[1]遘（gòu）：相遇、遇到。

[2]大將軍：官名。南朝不常授，或以爲贈官。梁十八班。陳第一品，秩萬石。

[3]班劍：本指飾有花紋之劍。後指皇帝對功臣之恩賜。

　　昭達性嚴刻，每奉命出征，必晝夜倍道；然有所克捷，必推功將帥，厨膳飲食，竝同於羣下，將士亦以此附之。每飲會，必盛設女伎雜樂，備盡羌胡之聲，音律姿容，竝一時之妙，雖臨對寇敵，旗鼓相望，弗之廢也。四年，配享世祖廟庭。

　　子大寶，襲封邵陵郡公，累官至散騎常侍、護軍。出爲豐州刺史，[1]在州貪縱，百姓怨酷，後主以太僕卿李暈代之。[2]至德三年四月，[3]暈將到州，大寶乃襲殺暈，舉兵反，遣其將楊通寇建安。建安内史吳慧覺據郡城拒之，[4]通累攻不克。官軍稍近，人情離異，大寶計窮，乃與通俱逃。臺軍主陳景詳率兵追躡大寶。[5]大寶既入山，山路阻險，不復能行，通背負之，稍進。尋爲追兵所及，生擒送都，於路死，傳首梟于朱雀航，[6]夷三族。

[1]豐州：州名。治所在今福建福州市。

[2]後主：南朝陳皇帝陳叔寶。本書卷六、《南史》卷一〇有紀。　太僕卿：官名。爲太僕的尊稱。南朝梁正式定爲官稱，位列十二卿。管理畜牧事務。十班。陳沿置，第三品，秩中二千石。

[3]至德：南朝陳後主陳叔寶年號（583—586）。

[4]内史：官名。掌管民政。

[5]臺軍主：指臺城軍主。軍主，官名。南北朝置，爲軍的主將。

[6]朱雀航：古浮橋名。亦作朱雀橋。爲東晉南朝都城建康淮水浮橋之一，故址在今江蘇南京市區南鎮淮橋附近秦淮河上。

史臣曰：黄法𣰰、淳于量值梁末喪亂，劉、項未分，[1]其有辯明暗見是非者蓋鮮，二公達向背之理，位至鼎司，[2]亦其智也。昭達與世祖鄉壤惟舊，[3]義等鄧、蕭，[4]世祖纂曆，委任隆重，至於戰勝攻取，累平寇難，斯亦良臣良將，一代之吴、耿矣。[5]

[1]劉、項未分：指秦漢之際劉邦與項羽爭霸之時。詳見《史記》卷七《項羽本紀》、卷八《高祖本紀》。

[2]鼎司：指重臣之職位。

[3]鄉壤：指鄉土，家鄉。

〔4〕義等鄧、蕭：鄧，指東漢大將、名臣鄧禹。《後漢書》卷一六有傳。蕭，指西漢名臣蕭何。《史記》卷五三有世家，《漢書》卷三九有傳。

〔5〕吳：指東漢名將吳漢。《後漢書》卷一八有傳。　耿：指東漢名將耿弇。《後漢書》卷一九有傳。

陳書 卷一二

列傳第六

胡穎 弟鑠　徐度 子敬成　杜稜　沈恪

　　胡穎字方秀，吳興東遷人也。[1]其先寓居吳興，土斷爲民。[2]穎偉姿容，性寬厚。梁世仕至武陵國侍郎，[3]東宮直前。[4]出番禺，[5]征討俚洞，[6]廣州西江督護高祖在廣州，[7]穎仍自結高祖，高祖與其同郡，接遇甚隆。及南征交趾，[8]穎從行役，[9]餘諸將帥皆出其下。及平李賁，[10]高祖旋師，穎隸在西江，出兵多以穎留守。

　　[1]吳興：郡名。治所在今浙江湖州市吳興區。　東遷：縣名。治所在今浙江湖州市東。

　　[2]土斷爲民：東晉、南朝廢除僑置郡縣，使僑寓戶口編入所在郡縣的一種辦法。西晉時由於戰亂，中原地區豪族多遷居江南，仍稱原來郡籍，形成僑郡縣。至東晉哀帝時，桓温推行土斷法，裁併僑置郡縣，整頓戶籍，史稱"庚戌土斷"。後南朝各代又多次推行土斷，作爲加强王朝統治，與豪門爭奪勞動力，擴大賦役和兵源的一種手段。

　　[3]武陵國侍郎：梁天監十三年（514），梁武帝第八子蕭紀被封爲武陵郡王。蕭紀，《梁書》卷五五、《南史》卷五三有傳。武陵，郡名。治所在今湖南常德市。侍郎，官名。通傳教令。梁一班至流外二班不等。

　　[4]東宮直前：官名，南朝東宮職官有直前、直後，掌侍衛。

　　[5]番禺：縣名。治所在今廣東廣州市。

　　[6]俚洞：指古代黎族聚居的山區。

　　[7]廣州西江督護：廣州，州名。治所在今廣東廣州市。西江，江名。珠江幹流之一。在今廣東西部。此處指西江流域地區。督護，官名。州郡及軍府的僚屬，掌軍務，亦常被派統軍外出征戍。品階不詳。　高祖：南朝陳武帝陳霸先廟號。陳霸先，本書卷一、卷二，《南史》卷九有紀。

　　[8]交趾：郡名。治所在今越南北寧省仙游縣東。

　　[9]行役：泛指行旅、出行。

　　[10]李賁：交州土民。後率衆反抗交州刺史蕭諮的暴政。梁元帝大同十年（544）自稱帝，獨霸一方。後被斬首。事見《梁書》卷三《武帝紀下》。

　　侯景之亂，[1]高祖克元景仲，[2]仍渡嶺援臺，[3]平蔡路養、李遷仕，穎皆有功。歷平固、遂興二縣令。[4]高祖進軍頓西昌，[5]以穎爲巴丘縣令，[6]鎮大皋，[7]督糧運。下至豫章，[8]以穎監豫章郡。高祖率衆與王僧辯會於白茅灣，[9]同討侯景，以穎知留府事。

　　[1]侯景：字萬景。原爲東魏大將，後叛至南朝梁，在梁發動叛亂，史稱“侯景之亂”。《梁書》卷五六、《南史》卷八〇有傳。

　　[2]元景仲：北魏宗室。後隨父入梁。侯景叛亂，邀其一同起兵。後被陳霸先擊敗，自縊而死。《梁書》卷三九有附傳。

　　[3]臺：即臺城，指禁城。南朝時稱朝廷禁省爲臺，稱禁城爲臺城。此處指南朝梁都城建康。舊址在今江蘇南京城北。

　　[4]平固：縣名。治所在今江西興國縣南。　遂興：縣名。治所在今江西萬安縣西。

　　[5]西昌：縣名。治所在今江西泰和縣西。

　　[6]巴丘：縣名。治所在今江西峽江縣西南。

　　[7]大皋：地名。又作大皋口。在今江西吉安市南贛江畔。

　　[8]豫章：郡名。治所在今江西南昌市。

　　[9]王僧辯：字君才，太原祁（今山西祁縣）人。初爲北魏將領，梁初隨父南渡，任湘東王蕭繹府中司馬等職。與陳霸先收復建康。蕭繹即位後，爲太尉。梁元帝被殺，僧辯又立北齊扶持的蕭淵明爲帝。後被陳霸先所害。《梁書》卷四五有傳，《南史》卷六三有附傳。　白茅灣：地名。在今江西九江市東北。

　　梁承聖初，[1]元帝授穎假節、鐵騎將軍、羅州刺史，[2]封漢陽縣侯，[3]邑五百户。尋除豫章内史，[4]隨高祖鎮京口。[5]齊遣郭元建出關，[6]都督侯瑱率師禦之。[7]高祖選府内驍勇三千人配穎，令隨瑱，於東關大破之。[8]三年，高祖圍廣陵，[9]齊人東方光據宿預請降，[10]以穎爲五原太守，[11]隨杜僧明援光，[12]不克，退還，除曲阿令。[13]尋領馬軍，從高祖襲王僧辯。又隨周文育於吳興討杜龕。[14]紹泰元年，[15]除假節、都督南豫州諸軍事、輕車將軍、南豫州刺史。[16]太平元年，[17]除持節、散騎常侍、仁威將軍。[18]尋兼丹陽尹。[19]

　　[1]承聖：南朝梁元帝蕭繹年號（552—555）。

　　[2]元帝：南朝梁皇帝蕭繹。字世誠，小字七符，梁武帝蕭衍

第七子。公元 552—555 年在位。《梁書》卷五、《南史》卷八有紀。

假節：官名。漢朝官吏奉命外出時，由皇帝授予節杖，來提高其權威。魏晉之後，凡重要軍事長官出征或者出鎮時，加使持節，可誅殺二千石以下官員。皇帝派遣大臣出巡或祭弔等事務時，亦使持節，以示權力與尊崇。次一等的稱持節，再次一等的稱假節。　鐵騎將軍：官名。南朝梁置。武帝天監七年（508）定爲武職二十四班中的六班，普通六年（525）改爲武職三十四班中的九班。陳擬九品，比秩六百石。　羅州：州名。治所在今廣東化州市。

[3] 漢陽縣侯：封爵名。漢陽，縣名。治所在今貴州威寧彝族回族苗族自治縣東。縣侯，爲開國縣侯之省稱。食邑爲縣，爵前常冠以所封縣名。南朝梁開國縣侯，位視孤卿、重號將軍、光禄大夫，班次之。陳置爲九等爵第三等，第三品。

[4] 内史：官名。掌管民政。

[5] 京口：地名。在今江蘇鎮江市。

[6] 郭元建：本梁將，侯景寇亂，郭元建降侯景。侯景敗，又降北齊。事見《梁書》卷五六《侯景傳》。　出關：本書卷九《侯瑱傳》載曰："承聖二年，齊遣郭元建出自濡須。"濡須，亦稱濡須口，爲古濡須水入長江之口。故址在今安徽無爲縣東南。此"關"即指濡須口。

[7] 都督：地方軍政長官。　侯瑱：字伯玉，巴西充國（今四川閬中市）人。南朝梁、陳將領。本書卷九、《南史》卷六六有傳。

[8] 東關：在今安徽巢湖市東南。　大破之：此下底本原有"元建"二字，中華本校勘記云："據北監本、汲本、殿本及《南史》刪。按南監本亦有'元建'二字，或刪'之'字，作'於東關大破元建'，亦通。"今從刪。

[9] 廣陵：郡名。治所在今江蘇揚州市西北。

[10] 東方光：中華本校勘記云："'東方光'《通鑑》梁元帝承聖二年、三年凡兩見，皆作'東方白額'，《北齊書·段韶傳》同，疑白額爲光之別名。"　宿預：縣名。治所在今江蘇宿遷市東南舊

黄河東北岸古城。

[11]五原：郡名。西魏改大興郡置，治所在今陝西定邊縣。

[12]杜僧明：字弘照，廣陵臨澤（今江蘇高郵市）人。南朝梁、陳將領。本書卷八、《南史》卷六六有傳。

[13]曲阿：縣名。治所在今江蘇丹陽市。

[14]周文育：字景德，義興陽羨（今江蘇宜興市）人。侯景之亂，隨入援救都。後又跟從陳霸先討伐王僧辯餘黨，以功遷江州刺史。永定三年（559），南討王琳，兵敗，爲叛將所殺。本書卷八、《南史》卷六六有傳。　杜龕：京兆杜陵（今陝西西安市東南）人。南朝梁將領。後爲陳霸先所殺。《梁書》卷四六、《南史》卷六四有附傳。

[15]紹泰：南朝梁敬帝蕭方智年號（555—556）。

[16]南豫州：州名。治所在今安徽當塗縣。　輕車將軍：官名。南朝梁武帝天監七年定爲武職二十四班中的十四班。陳擬五品，比秩千石。

[17]太平：南朝梁敬帝蕭方智年號（556—557）。

[18]散騎常侍：官名。南朝屬集書省，職掌侍從左右，主掌圖書文翰、文章、撰述、諫静拾遺，收納轉呈文書奏事。梁十二班。陳第三品，秩中二千石。　仁威將軍：官名。南朝梁置，爲五德將軍之一，十六班。陳改爲五威將軍之一，擬四品，比秩中二千石。

[19]丹陽尹：官名。東晉元帝太興元年（318）改丹陽内史置。爲京城所在郡府長官。掌京城行政諸務，地位頗重。亦稱京尹。南朝沿置。陳第五品，秩中二千石。

　　高祖受禪，兼左衛將軍，[1]餘如故。永定三年，[2]隨侯安都征王琳，[3]於宮亭破賊帥常衆愛等。[4]世祖嗣位，[5]除侍中、都督吳州諸軍事、宣惠將軍、吳州刺史。[6]不行，尋爲義興太守，[7]將軍如故。天嘉元年，[8]

除散騎常侍、吳興太守。其年六月卒，時年五十四。贈
侍中、中護軍，[9]諡曰壯。二年，配享高祖廟庭。子六
同嗣。

[1]左衛將軍：官名。負責宮禁宿衛。爲禁衛軍主要統帥之一，
權任很重，多由皇室親信之人擔任。梁武帝天監七年（508）定爲
二十四班的十二班。陳第三品，秩二千石。

[2]永定：南朝陳武帝陳霸先年號（557—559）。

[3]侯安都：字成師，始興曲江（今廣東韶關市南武水西岸）
人。本書卷八、《南史》卷六六有傳。　王琳：字子珩，會稽山陰
（今浙江紹興市）人。《北齊書》卷三二、《南史》卷六四有傳。

[4]宮亭：湖名。專指今江西星子縣東南鄱陽湖的一部分，因
湖旁有一座宮亭廟而得名。

[5]世祖：南朝陳文帝陳蒨廟號。陳蒨，本書卷三、《南史》
卷九有紀。

[6]侍中：官名。南朝亦用作親王起家官。梁十二班。陳第三
品，秩中二千石。　吳州：州名。治所在今江蘇蘇州市。　宣惠將
軍：官名。南朝梁置，十七班。陳擬四品，比秩中二千石。

[7]義興：郡名。治所在今江蘇宜興市。

[8]天嘉：南朝陳文帝陳蒨年號（560—566）。

[9]中護軍：官名。掌軍中參謀、協調諸部。梁十四班。陳第
三品，秩中二千石。

　　穎弟鑠，亦隨穎將軍。穎卒，鑠統其眾。歷東海、
豫章二郡守，[1]遷員外散騎常侍。[2]隨章昭達南平歐陽
紇，[3]爲廣州東江督護。[4]還預北伐，除雄信將軍、歷陽
太守。[5]太建六年卒，[6]贈桂州刺史。[7]

　[1]東海：郡名。治所在今江蘇鎮江市。

　[2]員外散騎常侍：官名。南朝宋以後常用以安置閑退官員、衰老之士，地位漸低。至梁武帝天監六年（507）復重其選，以其職依正員，品視黄門郎，但終不爲人所重。梁十班。陳第四品，秩二千石。

　[3]章昭達：達，底本作“連”，中華本校勘記云：“按‘達’原訛‘連’，各本不訛，今改正。”今從改。章昭達，字伯通，吳興武康（今浙江德清縣）人。本書卷一一、《南史》卷六六有傳。

　歐陽紇：字奉聖。長沙臨湘（今湖南長沙市）人，歐陽頠之子。南朝陳將領。後反叛，兵敗被殺。本書卷九、《南史》卷六六有附傳。

　[4]東江：與前西江相對。

　[5]雄信將軍：官名。南朝梁置。武帝天監七年（508）定爲武職二十四班中的九班，普通六年（525）列爲十雄將軍之一，武職三十四班中的十七班。陳擬六品，比秩千石。　歷陽：郡名。治所在今安徽和縣。

　[6]太建：南朝陳宣帝陳頊年號（569—582）。

　[7]桂州：州名。治所在今廣西桂林市。

　　徐度字孝節，安陸人也。[1]世居京師。少倜儻，不拘小節。及長，姿貌瑰偉，嗜酒好博，恒使僮僕屠酤爲事。梁始興内史蕭介之郡，[2]度從之，將領士卒，征諸山洞，以驍勇聞。高祖征交趾，厚禮招之，度乃委質。

　[1]安陸：郡名。治所在今湖北安陸市。

　[2]始興：郡名。治所在今廣東韶關市南武水西岸。　蕭介：字茂鏡。南朝齊、梁官吏。《梁書》卷四一有傳，《南史》卷一八有附傳。

　　侯景之亂，高祖克定廣州，平蔡路養，破李遷仕，計畫多出於度。兼統兵甲，每戰有功。歸至白茅灣，梁元帝授寧朔將軍、合州刺史。[1]侯景平後，追録前後戰功，加通直散騎常侍，[2]封廣德縣侯，[3]邑五百户。遷散騎常侍。

　　[1]寧朔將軍：官名。三國魏置。西晉時此職多駐幽州，爲幽州地區軍政長官，兼管烏丸事務。南朝梁武帝天監七年（508）置寧遠將軍代此。但梁元帝時，仍以徐度任此職。　合州：州名。治所在今安徽合肥市。

　　[2]通直散騎常侍：官名。南朝屬集書省，多以衰老之士擔任，地位漸低。梁武帝曾欲提高其地位，以比御史中丞，但終不被人所重，常爲加官。梁十一班。陳第四品，秩二千石。

　　[3]廣德：縣名。治所在今安徽廣德縣西南。

　　高祖鎮朱方，[1]除信武將軍、蘭陵太守。[2]高祖遣衡陽獻王往荆州，[3]度率所領從焉。江陵陷，[4]間行東歸。高祖平王僧辯，度與侯安都爲水軍。紹泰元年，高祖東討杜龕，奉敬帝幸京口，[5]以度領宿衛，并知留府事。

　　[1]朱方：地名。在今江蘇鎮江市。

　　[2]信武將軍：官名。南朝梁置，爲五德將軍之一，十五班。陳沿置，與智武、仁武、勇武、嚴武等合稱五武將軍，擬四品，比秩中二千石。　蘭陵：郡名。治所在今江蘇常州市西北。

　　[3]衡陽獻王：即陳昌，陳霸先第六子。本書卷一四、《南史》卷六五有傳。　往荆州：往，底本作“平”，《南史》卷六七《徐度傳》作“往”。中華本校勘記云：“據《南史》改，時衡陽獻王

爲質子至江陵，作‘平’誤。”本書卷五《宣帝紀》云：“高祖平
侯景，鎮京口，梁元帝徵高祖子姪入侍。高祖遣高宗赴江陵。”卷
一四《衡陽獻王昌傳》亦曰：“衡陽獻王昌字敬業，高祖第六子
也，……尋與高宗俱往荆州。”林礽乾《陳書異文考證》據此認
爲，“平荆州”確爲“往荆州”之誤，各本“往”訛作“平”（文
史哲出版社 1979 年版，第 121 頁）。今從改。　荆州：州名。治所
在今湖北荆州市荆州區。

[4]江陵：南朝後梁之都，在今湖北荆州市荆州區。

[5]敬帝：南朝梁皇帝蕭方智。字慧相，小字法真，梁元帝蕭
繹第九子。公元 555 年九月被陳霸先擁立爲帝，公元 557 年十月，
禪位於陳霸先。陳武帝即位，奉其爲江陰王，後薨於外邸，時年十
六，追諡爲敬皇帝。《梁書》卷六、《南史》卷八有紀。

　　徐嗣徽、任約等來寇，[1]高祖與敬帝還都。時賊已
據石頭城，市廛居民，[2]竝在南路，去臺遙遠，恐爲賊
所乘，乃使度將兵鎮于冶城寺，築壘以斷之。賊悉衆來
攻，不能克。高祖尋亦救之，大敗約等。明年，嗣徽等
又引齊寇濟江，度隨衆軍破之於北郊壇。[3]以功除信威
將軍、郢州刺史，[4]兼領吳興太守。尋遷鎮右將軍、領
軍將軍、徐州緣江諸軍事、鎮北將軍、南徐州刺史，[5]
給鼓吹一部。[6]

[1]徐嗣徽：高平（今山東金鄉縣）人。侯景之亂，歸梁元
帝，授予羅州刺史、秦州刺史等。陳霸先殺王僧辯後，徐嗣徽挾北
齊軍攻打陳霸先，兵敗被殺。《南史》卷六三有附傳。

[2]市廛（chán）：集市。

[3]北郊壇：東晉咸康八年（342）立，故址在今江蘇南京市

東九華山南。

[4]信威將軍：官名。南朝梁置，爲五德將軍之一，十六班。陳爲五威將軍之一，擬四品，比秩中二千石。　郢州：州名。治所在今湖北武漢市武昌區。

[5]鎮右將軍：官名。南朝梁置。爲八鎮將軍之一，僅授予在京師任職之官員。二十二班。陳擬二品，比秩中二千石。　領軍將軍：官名。掌禁衛軍及京都諸軍。梁十五班。陳第三品，秩中二千石。　徐州：中華本校勘記云："張森楷校勘記云：'"徐"上疑有"南"字，下稱"南徐州刺史"，則此不得徒稱"徐"也。'"　鎮北將軍：官名。南朝梁、陳時列爲八鎮將軍之一。梁二十二班。陳擬二品，比秩中二千石。　南徐州：州名。僑治京口，在今江蘇鎮江市。

[6]鼓吹：本指演奏鼓吹樂的樂隊，用於軍中。後遂爲皇帝賜予臣下的一種禮遇。魏晉其賜甚輕，南北朝復重，唯賜大臣及有功者。

周文育、侯安都等西討王琳，敗績，爲琳所拘，乃以度爲前軍都督，[1]鎮于南陵。[2]世祖嗣位，遷侍中、中撫軍將軍、開府儀同三司，[3]進爵爲公。未拜，出爲使持節、散騎常侍、鎮東將軍、吳郡太守。[4]天嘉元年，增邑千戶。以平王琳功，改封湘東郡公，[5]邑四千戶。秩滿，爲侍中、中軍將軍。[6]出爲使持節、都督會稽東陽臨海永嘉新安新寧信安晉安建安九郡諸軍事、鎮東將軍、會稽太守。[7]未行而太尉侯瑱薨于湘州，[8]乃以度代瑱爲都督湘沅武巴郢桂六州諸軍事、鎮南將軍、湘州刺史。[9]秩滿，爲侍中、中軍大將軍，[10]儀同、鼓吹並如故。

[1]前軍都督：官名。爲前軍統帥。

[2]南陵：郡名。治所在今安徽池州市西南。

[3]中撫軍將軍：官名。亦作中撫將軍。梁時與中軍、中衛、中權將軍合稱四中將軍，地位顯要。二十三班。陳擬二品，比秩中二千石。　開府儀同三司：官名。爲大臣加號，意謂與三司即太尉、司徒、司空禮制、待遇相同，許開設府署，自辟僚屬。

[4]鎮東將軍：官名。南朝梁、陳時爲八鎮將軍之一。梁二十二班。陳擬二品，比秩中二千石。　吳郡：郡名。治所在今江蘇蘇州市。

[5]湘東郡公：封爵名。湘東，郡名。治所在今湖南衡陽市。郡公，爲開國郡公省稱。食邑爲郡，故爵前常冠以所封郡名。南朝梁開國公，位視三公，班次之。陳置爲九等爵第二等，第二品，秩視中二千石。

[6]中軍將軍：官名。南朝梁、陳時與中衛、中撫、中權將軍合稱四中將軍，專授予在京師任職的官員，地位顯要。梁二十三班。陳擬二品，比秩中二千石。

[7]會稽：郡名。治所在今浙江紹興市。　東陽：郡名。治所在今浙江金華市。　臨海：郡名。治所在今浙江台州市椒江區。永嘉：郡名。治所在今浙江溫州市。　新安：郡名。治所在今浙江淳安縣西北。　新寧：郡名。治所在今安徽休寧縣。　信安：郡名。治所在今浙江衢州市。　晉安：郡名。治所在今福建福州市。建安：郡名。治所在今福建建甌市。

[8]湘州：州名。治所在今湖南長沙市。

[9]沅：州名。治所在今湖南沅陵縣南。　武：州名。治所在今湖南常德市。　巴：州名。治所在今湖南岳陽市。　鎮南將軍：官名。南朝梁、陳時爲八鎮將軍之一。梁二十二班。陳擬二品，比秩中二千石。

[10]中軍大將軍：官名。南朝梁、陳較中軍將軍進一階。中軍將軍，官名。南朝梁、陳時與中衛、中撫、中權將軍合稱四中將

軍，專授予在京師任職的官員，地位顯要。梁二十三班。陳擬二品，比秩中二千石。

世祖崩，度預顧命，[1]以甲仗五十人入殿省。[2]廢帝即位，[3]進位司空。[4]華皎據湘州反，[5]引周兵下至沌口，[6]與王師相持，乃加度使持節、車騎將軍，[7]總督步軍，自安成郡由嶺路出于湘東，[8]以襲湘州，盡獲其所留軍人家口以歸。光大二年薨，[9]時年六十。贈太尉，給班劍二十人，[10]謚曰忠肅。太建四年，[11]配享高祖廟庭。子敬成嗣。

[1]顧命：臨終之命。

[2]殿省：宮廷與臺省。

[3]廢帝：南朝陳皇帝陳伯宗。字奉業，陳文帝嫡長子，光大二年（568）被廢爲臨海郡王。本書卷四、《南史》卷九有紀。

[4]司空：官名。與司徒、太尉並爲三公。魏晋南北朝爲名譽宰相，多爲大臣加官。

[5]華皎：晋陵暨陽（今江蘇江陰市東南）人。南朝梁、陳官吏，後起兵反叛，被擊敗，奔赴江陵途中死亡。本書卷二〇、《南史》卷六八有傳。

[6]沌口：地名。在今湖北武漢市漢陽區西南。

[7]車騎將軍：官名。爲軍府名號，以加授大臣、重要州郡長官，無具體職掌。梁二十四班。陳擬一品，比秩中二千石。

[8]安成：郡名。治所在今江西安福縣。

[9]光大：南朝陳廢帝陳伯宗年號（567—568）。

[10]班劍：本指飾有花紋之劍。漢制，朝服帶劍。晋朝代之以木，謂之班劍。因其爲虎賁所持，故晋以後成爲隨從侍衛之代稱。

且爲皇帝對功臣之恩賜，可隨身進入宮殿。亦作爲喪禮時的儀仗。南朝梁僅賜予少數權臣。

　　[11]太建：南朝陳宣帝陳頊年號（569—582）。

　　敬成幼聰慧，好讀書，少機警，善占對，[1]結交文義之士，以識鑒知名。起家著作郎。[2]永定元年，領度所部士卒，隨周文育、侯安都征王琳，於沌口敗績，爲琳所縶。二年，隨文育、安都得歸，除太子舍人，[3]遷洗馬。[4]敬成父度爲吳郡太守，[5]以敬成監郡。天嘉二年，遷太子中舍人，[6]拜湘東郡公世子。四年，度自湘州還朝，士馬精鋭，敬成盡領其衆。隨章昭達征陳寶應，[7]晉安平，除貞威將軍、豫章太守。[8]光大元年，華皎謀反，以敬成爲假節、都督巴州諸軍事、雲旗將軍、巴州刺史。[9]尋詔爲水軍，隨吳明徹征華皎，[10]皎平還州。二年，[11]以父憂去職。[12]尋起爲持節、都督南豫州諸軍事、壯武將軍、南豫州刺史。[13]四年，襲爵湘東郡公，授太子右衛率。[14]

　　[1]占對：應答，作答。
　　[2]著作郎：著，底本作“箸”。按，刻本文字從草與從竹常有混用的情況，今徑改之，本卷以下不再出校。《南史》卷六七《徐度傳》附子《敬成傳》作“著作佐郎”。林礽乾《陳書異文考證》云：“按梁陳之制，秘書省置著作郎一人，佐郎八人，掌國史，集注起居。著作郎謂之大著作，非州刺史子起家之官，陳代多以位望隆重，才藝兼美者領之。……此作‘起家著作郎’者，當有誤。考《隋書·百官志上》所述陳官制，陳親王起家爲侍中，三公子起家爲員外散騎常侍，令僕子起家秘書郎，次令僕子起家著作佐郎。

徐敬成起家爲官時，其父度官南徐州刺史。陳南徐州刺史官品爲第三，次於一品之尚書及二品之左右僕射。敬成爲度之子，是敬成爲次令僕子也，則其起家當爲‘著作佐郎’，而非‘著作郎’。《南史》本傳作‘起家著作佐郎’，不誤，各本‘著作’下脱一‘佐’字，當據《南史》補。”（第123頁）存疑。

[3]太子舍人：官名。掌文章書記。梁三班。陳第七品，秩二百石。

[4]洗（xiǎn）馬：官名。即太子洗馬。太子屬官。掌太子圖籍、經書，太子出行則前導威儀。梁六班。陳第六品，秩六百石。洗亦作“先”。先馬，意即前驅。

[5]敬成父：中華本校勘記云：“據北監本、殿本删。”林礽乾《陳書異文考證》云：“按各本‘度’上有‘敬成父’三字，蓋當時史官記此時，特意點醒以敬成監郡者，與敬成之關係，乃敬成之父也。《南史》‘度’上有一‘父’字，即是猶存此意。殿本‘度’上删去‘敬成父’三字，恐非是。”（第124頁）存疑，今不删。

[6]太子中舍人：官名。東宮屬官。選舍人中才學俱佳者爲之，與太子中庶子共掌東宮文翰，侍從規諫太子，綜典奏事文書等，位在太子中庶子下、洗馬上。梁八班。陳第五品，秩六百石。

[7]陳寶應：晉安候官（今福建閩侯縣）人。因聯合留異、周迪拒陳，被章昭達、余孝頃等討滅，斬於建康。本書卷三五、《南史》卷八〇有傳。

[8]貞威將軍：官名。南朝梁置，八班。陳擬七品，比秩六百石。

[9]雲旗將軍：官名。南朝梁置。陳沿置，擬七品，比秩六百石。

[10]吳明徹：字通昭，秦郡（今江蘇南京市六合區西北）人。南朝梁、陳官吏、將領。太建九年（577），受命北伐，爲北周所俘，後卒於長安。本書卷九、《南史》卷六六有傳。

[11]二年：底本“二年”上有“太建”二字，中華本校勘記

云："按《徐度傳》，度卒於光大二年，《廢帝紀》同，今據刪'太建'二字。"今從刪。

[12]父憂：指父喪。

[13]壯武將軍：官名。南朝齊置。梁十二班。陳擬六品，比秩千石。

[14]太子右衛率：官名。宿衛東宮，亦任征伐，地位頗重。梁十一班。陳第四品，秩二千石。

五年，除貞威將軍、吳興太守。其年隨都督吳明徹北討，出秦郡，[1]別遣敬成爲都督，乘金翅自歐陽引埭上沂江由廣陵。[2]齊人皆城守，弗敢出。自繁梁湖下淮，[3]圍淮陰城。[4]仍監北兗州。[5]淮、泗義兵相率響應，[6]一二日間，衆至數萬，遂克淮陰、山陽、鹽城三郡，[7]并連口、朐山二戍。[8]仍進攻鬱州，[9]克之。以功加通直散騎常侍、雲旗將軍，增邑五百户。又進號壯武將軍，鎮朐山。坐於軍中輒科訂，[10]并誅新附，[11]免官。尋復爲持節、都督安元潼三州諸軍事、安州刺史，[12]將軍如故，鎮宿預。七年卒，時年三十六。贈散騎常侍，謚曰思。子敞嗣。

[1]秦郡：郡名。治所在今江蘇南京市六合區西北。

[2]金翅：古代戰船名。　歐陽引埭：地名。具體不詳。

[3]繁梁湖：即樊梁湖。在今江蘇高郵市西北。

[4]淮陰城：城名。在今江蘇淮安市淮陰區。

[5]北兗州：州名。僑寄今江蘇淮安市淮陰區西南甘羅城。

[6]泗：即今泗水。

[7]淮陰：郡名。治所在今江蘇淮安市淮陰區西南。　山陽：

郡名。治所在今江蘇淮安市。　鹽城：郡名。治所在今江蘇鹽城市。

[8]連口：在今江蘇漣水縣。　胊山：在今江蘇連雲港市西南。

[9]欝州：地名。在今江蘇連雲港市。

[10]輒科訂：隨意向百姓徵收賦稅。

[11]新附：指新近歸附的人。

[12]安：州名。治所在今江蘇宿遷市東南舊黃河東北岸古城。
元：州名。治所不詳。　潼：州名。治所在今安徽靈璧縣東北潼郡村。

杜稜字雄盛，吳郡錢塘人也。[1]世爲縣大姓。稜頗涉書傳，少落泊，不爲當世所知。遂游嶺南，事梁廣州刺史新渝侯蕭暎。[2]暎卒，從高祖，恒典書記。侯景之亂，命稜將領，平蔡路養、李遷仕皆有功。軍至豫章，梁元帝承制授稜仁威將軍、石州刺史，[3]上陌縣侯，[4]邑八百户。

[1]錢塘：縣名。治所在今浙江杭州市。

[2]新渝：縣名。治所在今江西新餘市南。　蕭暎：字文明。南朝梁宗室、官吏。《南史》卷五二有附傳。

[3]石州：州名。治所在今廣西藤縣東北。

[4]上陌：縣名。治所在今河南南陽市。

侯景平，高祖鎮朱方，稜監義興、琅邪二郡。[1]高祖誅王僧辯，[2]引稜與侯安都等共議，稜難之。高祖懼其泄己，乃以手巾絞稜，稜悶絕于地，因閉於別室。軍發，召與同行。及僧辯平後，高祖東征杜龕等，留稜與安都居守。徐嗣徽、任約引齊寇濟江，攻臺城，安都與稜隨方抗拒，稜晝夜巡警，綏撫士卒，未常解帶。賊平，以功除通直散騎常侍、右衛將軍、丹陽尹。[3]永定元年，加侍中、忠武將軍。[4]尋遷中領軍，[5]侍中，將軍如故。

[1]琅邪：郡名。治所在今江蘇連雲港市西南海州鎮。

[2]高祖誅王僧辯：《南史》卷六七《杜稜傳》"誅王僧辯"上有一"謀"字。中華本校勘記云："殿本《考證》云'誅'字上《南史》有'謀'字。今按：有'謀'字是。"所言甚是。是時高祖並未誅王僧辯，下句云"引稜與侯安都共議"，所謂"共議"，即是謀欲誅之。

[3]右衛將軍：官名。禁衛軍主要統帥之一。南朝後期，此職亦統兵出征。梁十二班。陳第三品，秩二千石。

[4]忠武將軍：官名。南朝梁武帝天監七年（508）置，爲諸名號將軍中地位較高者，十九班。陳擬四品，比秩中二千石。

[5]中領軍：官名。南朝掌京師駐軍及禁軍，而由中護軍掌外軍。梁十四班。陳第三品，秩中二千石。

三年，高祖崩，世祖在南皖。[1]時內無嫡嗣，外有彊敵，侯瑱、侯安都、徐度等竝在軍中，朝廷宿將，唯稜在都，獨典禁兵，乃與蔡景歷等秘不發喪，[2]奉迎世祖，事見《景歷傳》。世祖即位，遷領軍將軍。天嘉元年，以預建立之功，改封永城縣侯，[3]增邑五百戶。出爲雲麾將軍，[4]晉陵太守，[5]加秩中二千石。二年，徵爲侍中、領軍將軍。尋遷翊左將軍、丹陽尹。[6]

［1］南皖：城名。在今安徽安慶市西。

［2］蔡景歷：字茂世，濟陽考城（今河南民權縣東北）人。本書卷一六、《南史》卷六八有傳。

［3］永城：縣名。治所在今江西黎川縣北。

［4］雲麾將軍：官名。南朝梁武帝天監七年（508）置，與武臣、爪牙、龍騎將軍取代舊置前、後、左、右將軍，十八班。陳擬四品，比秩中二千石。

［5］晉陵：郡名。治所在今江蘇常州市。

［6］翊左將軍：官名。南朝梁置，二十班。陳擬三品，比秩中二千石。

廢帝即位，遷鎮右將軍、特進，[1] 侍中、尹如故。光大元年，解尹，量置佐史，[2] 給扶，[3] 重授領軍將軍。

［1］特進：初爲對大臣的優待名義。西漢末始置。三國兩晋南北朝時成爲正式加官名號，用以安置閑退大臣。梁十五班。陳第二品，秩中二千石。

［2］佐史：輔助官員統稱。

［3］給扶：給予扶侍之人。古時君主賜給大臣的一種禮遇。

太建元年，出爲散騎常侍、鎮東將軍、吳興太守，秩中二千石。二年，徵爲侍中、鎮右將軍。尋加特進、護軍將軍。[1] 三年，以公事免侍中、護軍。四年，復爲侍中、右光禄大夫，[2] 并給鼓吹一部，將軍、佐史、扶竝如故。

［1］護軍將軍：官名。掌督護京師以外諸軍。梁十五班。陳第

三品，秩中二千石。

[2]右光禄大夫：官名。作爲在朝顯職官員的加官，以示優崇，或授予年老有病的致仕之官，亦常用於卒後贈官。無具體職掌。南朝梁十六班，位在金紫光禄大夫之上，加開府儀同三司者，升爲十七班。陳第二品，秩中二千石。

稜歷事三帝，竝見恩寵。末年不預征役，優游京師，賞賜優洽。頃之卒于官，時年七十。贈開府儀同三司，喪事所須，竝令資給，諡曰成。其年配享高祖廟庭。子安世嗣。

沈恪字子恭，吳興武康人也。[1]深沈有幹局。梁新渝侯蕭映爲郡將，[2]召爲主簿。[3]映遷北徐州，[4]恪隨映之鎮。映遷廣州，以恪兼府中兵參軍，[5]常領兵討伐俚洞。盧子略之反也，[6]恪拒戰有功，除中兵參軍。高祖與恪同郡，情好甚暱，蕭映卒後，高祖南討李賁，仍遣妻子附恪還鄉。尋補東宮直後，[7]以嶺南勳除員外散騎侍郎，[8]仍令招集宗從子弟。

[1]武康：縣名。治所在今浙江德清縣。

[2]蕭映：前文作“蕭暎”、爲同一人。林礽乾《陳書異文考證》云：“‘暎’爲‘映’之俗字。”（第125頁）

[3]主簿：官名。典領文書簿籍，經辦事務。品秩隨府主地位高低而不同。

[4]北徐州：州名。治所在今安徽鳳陽縣東北。

[5]中兵參軍：官名。諸公、軍府僚屬之一，亦作中兵參軍事。掌管本府中兵曹事務，兼任參謀咨詢之責。南朝齊、梁、陳則分置

中兵、中直兵參軍。其品秩隨府主地位的高低而不同。

[6]盧子略：廣州（今廣東廣州市）人。事見本傳，其餘不詳。

[7]東宮直後：官名。南朝梁置，隸太子左、右衛率，爲東宮侍從武官。多爲起家官。

[8]員外散騎侍郎：官名。南朝屬散騎省（東省、集書省），初多以公族、功臣子充任，爲閑散之職，常用以安置閑退官員、衰老人士。梁三班。陳第七品，秩四百石。

　　侯景圍臺城，恪率所領入臺，隨例加右軍將軍。[1]賊起東西二土山以逼城，城內亦作土山以應之，恪爲東土山主，晝夜拒戰。以功封東興縣侯，[2]邑五百户。遷員外散騎常侍。京城陷，恪間行歸鄉里。高祖之討侯景，遣使報恪，乃於東起兵相應。[3]賊平，恪謁高祖於京口，即日授都軍副。尋爲府司馬。[4]

　　[1]右軍將軍：官名。掌宮禁宿衛。梁九班。陳第五品，秩千石。

　　[2]東興：縣名。治所在今江西黎川縣東北。

　　[3]乃於東起兵：《册府》卷七六五作“乃於東江起兵”。林礽乾《陳書異文考證》云：“‘東江’，在今江蘇吳縣東南，爲太湖支流，經浙江嘉興府境海鹽縣乍浦入海。是時沈恪歸吳興，其地正近東江。及聞高祖討景，故亦於東江起兵相應也。各本‘乃於東’下脱一‘江’字，文義欠明，當據《册府》七六五補。”（第126頁）

　　[4]府司馬：底本作“君司馬”，《册府》卷七六五作“府司馬”。中華本校勘記云：“據《元龜》七六五改。按‘君’各本作‘郡’，明此‘君’字爲‘郡’字之訛。然沈恪已爲員外散騎常侍，封縣侯，無更爲郡司馬之理。蓋其時陳霸先都督南徐州諸軍事、征

北大將軍、開府儀同三司、南徐州刺史，恪爲其府之司馬也。《元龜》作‘府司馬’是。”今從改。

    及高祖謀討王僧辯，恪預其謀。時僧辯女婿杜龕鎮吳興，高祖乃使世祖還長城，立柵備龕，又使恪還武康，招集兵衆。及僧辯誅，龕果遣副將杜泰率衆襲世祖於長城。恪時已率兵士出縣誅龕黨與，高祖尋遣周文育來援長城，文育至，泰乃遁走。世祖仍與文育進軍出郡，恪軍亦至，屯于郡南。及龕平，世祖襲東揚州刺史張彪，[1]以恪監吳興郡。太平元年，除宣猛將軍、交州刺史，[2]其年遷永嘉太守。不拜，復令監吳興郡。自吳興入朝。高祖受禪，使中書舍人劉師知引恪，[3]令勒兵入辭，[4]因衛敬帝如別宮。恪乃排闥入見高祖，[5]叩頭謝曰：“恪身經事蕭家來，今日不忍見許事，[6]分受死耳，決不奉命。”高祖嘉其意，乃不復逼，更以盪主王僧志代之。[7]

    [1]東揚州：州名。治所在今浙江紹興市。
    [2]宣猛將軍：官名。南朝梁置，六班。陳擬八品，比秩六百石。 交州：州名。治所在今越南北寧省仙游縣東。
    [3]中書舍人：官名。南朝諸帝皆非出身高門，遂引用没有聲望、社會地位的寒士、細人等親信爲之，入直禁中，於收納、轉呈文書章奏之本職外，漸奪中書侍郎草擬詔令之任。梁四班。陳第八品。 劉師知：沛國相縣（今安徽濉溪縣西北）人。南朝陳官吏。本書卷一六、《南史》卷六八有傳。
    [4]令勒兵入辭：中華本校勘記云：“按北監本、汲本、殿本無‘辭’字，《南史》同。”

[5]排闥：推門，撞開門。

[6]不忍見許事：《南史》卷六七《沈恪傳》、《册府》卷三七二、《通鑑》卷一六七《陳紀一》並作"不忍見此"。

[7]盡主：别帥，副將。

高祖踐祚，除吴興太守。永定二年，徙監會稽郡。會余孝頃謀應王琳，出兵臨川攻周迪，[1]以恪爲壯武將軍，率兵踰嶺以救迪。余孝頃聞恪至，退走。三年，遷使持節、通直散騎常侍、智武將軍、吴州刺史，[2]便道之鄱陽。[3]尋有詔追還，行會稽郡事。其年，除散騎常侍、忠武將軍、會稽太守。

[1]臨川：郡名。治所在今江西撫州市臨川區西。　　周迪：臨川南城（今江西南城縣東南）人。南朝梁、陳將領。後據臨川抗命，朝廷討之，遂奔入晋安，依附陳寶應。陳寶應敗亡，周迪逃竄到山林中，終被臨川太守斬殺。本書卷三五、《南史》卷八〇有傳。

[2]智武將軍：官名。南朝梁置，爲五德將軍之一，十五班。陳置爲五武將軍之一，擬四品，比秩中二千石。

[3]鄱陽：郡名。治所在今江西鄱陽縣。

世祖嗣位，進督會稽、東陽、新安、臨海、永嘉、建安、晋安、新寧、信安九郡諸軍事，將軍、太守如故。天嘉元年，增邑五百户。二年，徵爲左衛將軍。俄出爲都督郢武巴定四州諸軍事、軍師將軍、郢州刺史。[1]六年，徵爲中護軍。尋遷護軍將軍。光大二年，遷使持節、都督荆武祐三州諸軍事、平西將軍、荆州刺史。[2]未之鎮，改爲護軍將軍。[3]

[1]定：州名。治所在今湖北麻城市東北。　軍師將軍：官名。梁十九班。陳擬四品，比秩中二千石。

[2]平西將軍：官名。多持節都督或監某一地區的軍事，有時亦作爲刺史等地方官員兼理軍務的加官。南朝梁二十班。陳擬三品，比秩中二千石。

[3]改爲護軍將軍：中華本校勘記云："按《廢帝紀》，沈恪遷平西將軍、荊州刺史在光大元年十一月，改爲護軍將軍在光大二年十一月。"

　　高宗即位，[1]加散騎常侍、都督廣衡東衡交越成定新合羅愛德宜黄利安石雙等十八州諸軍事、鎮南將軍、平越中郎將、廣州刺史。[2]恪未至嶺，前刺史歐陽紇舉兵拒險，恪不得進，朝廷遣司空章昭達督衆軍討紇，紇平，乃得入州。州罹兵荒，所在殘毀，恪綏懷安緝，被以恩惠，嶺表賴之。

[1]高宗：南朝陳宣帝陳頊廟號。陳頊，本書卷五、《南史》卷一〇有紀。

[2]衡：州名。治所在今廣東英德市西北浛洸鎮。　東衡：州名。治所在今廣東韶關市南武水西岸。　越：州名。治所在今廣西浦北縣南。　成：州名。治所在今廣東封開縣東南賀江口。　新：州名。治所在今廣東新興縣。　愛：州名。治所在今越南清化省清化市北馬江南岸。　德：州名。治所在今越南義安省榮市。　宜：州名。治所不詳。　黄：州名。治所在今廣西防城港市西南。　利：州名。治所在今越南河静省河静市西北。　雙：州名。治所在今廣東羅定縣南。

太建四年，徵爲領軍將軍。及代還，以途遠不時至，爲有司所奏免。十一年，起爲散騎常侍、衛尉卿，[1]其年授平北將軍、假節，[2]監南兗州。[3]十二年，改授散騎常侍、翊右將軍，[4]監南徐州。又遣電威將軍裴子烈領馬五百匹，[5]助恪緣江防戍。明年，入爲衛尉卿，常侍、將軍如故。尋加侍中，遷護軍將軍。後主即位，[6]以疾改授散騎常侍、特進、金紫光禄大夫。[7]其年卒，時年七十四。贈翊左將軍，詔給東園秘器，[8]仍出舉哀，喪事所須，並令資給，謚曰元。[9]子法興嗣。

[1]衛尉卿：官名。南朝梁正式定爲官稱，位列十二卿。掌宮門宿衛屯兵，巡行宮外，糾察不法，管理武器庫藏，領武庫、公車司馬令。十二班。陳沿置，第三品，秩中二千石。

[2]平北將軍：官名。多持節都督或監某一地區的軍事，有時亦作爲刺史等地方官員兼理軍務的加官。南朝梁二十班。陳擬三品，比秩中二千石。

[3]南兗州：州名。僑寄今江蘇揚州市西北蜀岡。

[4]翊右將軍：官名。南朝梁置，二十班。陳擬三品，比秩中二千石。

[5]電威將軍：官名。南朝梁置，十一班。陳擬七品，比秩六百石。　裴子烈：字大士。河東聞喜（今山西聞喜縣）人。本書卷九、《南史》卷六六有附傳。

[6]後主：南朝陳皇帝陳叔寶。本書卷六、《南史》卷一〇有紀。

[7]金紫光禄大夫：官名。晋初有光禄大夫，授銀章青綬。如加賜金章紫綬，則爲金紫光禄大夫，禄賜、班位、冠幘、車服、佩玉、置吏卒羽林及卒，諸所賜給皆與特進同。其以爲加官者，唯假

章綬、禄賜班位，不別給車服吏卒。梁十四班。陳第三品，秩中二千石。

[8]東園秘器：皇室、顯宦所用的棺材。

[9]元：《南史》卷六七《沈恪傳》作"光"。

史臣曰：胡穎、徐度、杜稜、沈恪竝附驥驤而騰躍，依日月之光輝，始覩王佐之才，方悟公輔之量，生則肉食，終以配饗。盛矣哉！

.

陳書　卷一三

列傳第七

徐世譜 從弟世休　魯悉達　周敷　荀朗 子法尚　周炅

　　徐世譜字興宗，[1]巴東魚復人也。[2]世居荆州，[3]爲主帥，征伐蠻蜒。[4]至世譜，尤敢勇，有膂力，善水戰。梁元帝之爲荆州刺史，[5]世譜將領鄉人事焉。

[1]徐世譜：《南史》卷六七亦有傳，與本傳記述略有差異。

[2]巴東：郡名。治所在今重慶市奉節縣。　魚復：縣名。治所在今重慶市奉節縣東。

[3]荆州：州名。治所在今湖北荆州市荆州區。

[4]蠻蜒：古代南方蠻族的一隻，現代土家族的先民。活動於今湘西與川、鄂、黔的接壤地區（參見劉美嵩《試論夔越與土家族先民蠻蜒的關係》，《民族論壇》1985年第1期）。

[5]梁元帝：南朝梁皇帝蕭繹。字世誠，小字七符，梁武帝蕭衍第七子。《梁書》卷五、《南史》卷八有紀。

　　侯景之亂，[1]因預征討，累遷至員外散騎常侍。[2]尋領水軍，從司徒陸法和討景，[3]與景戰於赤亭湖。[4]時景軍甚盛，世譜乃別造樓船、拍艦、火舫、水車以益軍勢。[5]將戰，又乘大艦居前，大敗景軍，生擒景將任約，景退走。因隨王僧辯攻郢州，[6]世譜復乘大艦臨其倉門，賊將宋子仙據城降。以功除使持節、信武將軍、信州刺史，[7]封魚復縣侯，[8]邑五百戶。仍隨僧辯東下，恒爲軍鋒。又破景將侯子鑒於湖熟。[9]侯景平後，以功除通直散騎常侍、衡州刺史資，[10]領河東太守，[11]增邑并前一千户。

[1]侯景：字萬景。原爲東魏大將，後叛至南朝梁，在梁發動叛亂，史稱"侯景之亂"。《梁書》卷五六、《南史》卷八〇有傳。

[2]員外散騎常侍：官名。南朝宋以後常用以安置閑退官員、衰老之士，地位漸低。至梁武帝天監六年（507）復重其選，但終不爲人所重。梁十班。陳第四品，秩二千石。

[3]司徒：官名。與司空、太尉並爲三公。多爲大臣加官。梁十八班。陳第一品，秩萬石。　陸法和：梁武帝末年，他率弟子配合梁軍攻打侯景，屢立戰功。梁元帝時任都督、郢州刺史、司徒等職。後降北齊。入鄴後，營造佛寺，自號"荆山居士"。卒於鄴城。《北齊書》卷三二、《北史》卷八九有傳。

[4]赤亭湖：杜佑《通典》卷一八三《州郡十三》巴陵郡云："今郡西華容界有赤亭城是也。城近赤亭湖，因以爲名。"在今湖南華容縣南。

[5]拍艦：古時一種攻擊型的戰艦，設有拍竿，可以遥擊敵艦。

[6]王僧辯：字君才，太原祁（今山西祁縣）人。初爲北魏將領，梁初隨父南渡，任湘東王蕭繹府中司馬等職。與陳霸先收復建康。蕭繹即位後，爲太尉。梁元帝被殺，僧辯又立北齊扶持的蕭淵

明爲帝。後被陳霸先所害。《梁書》卷四五有傳，《南史》卷六三有附傳。　郢州：州名。治所在今湖北武漢市武昌區。

[7]使持節：官名。漢朝官吏奉命外出時，由皇帝授予節杖，來提高其權威。魏晉之後，凡重要軍事長官出征或者出鎮時，加使持節，可誅殺二千石以下官員。皇帝派遣大臣出巡或祭弔等事務時，亦使持節，以示權力與尊崇。次一等的稱持節，再次一等的稱假節。　信武將軍：官名。南朝梁置，爲五德將軍之一，十五班。陳沿置，與智武、仁武、勇武、嚴武等合稱五武將軍，擬四品，比秩中二千石。　信州：州名。治所在今重慶市奉節縣東。

[8]縣侯：封爵名。爲開國縣侯之省稱。食邑爲縣，爵前常冠以所封縣名。南朝梁開國縣侯，位視孤卿、重號將軍、光禄大夫，班次之。陳置爲九等爵第三等，第三品。

[9]湖熟：中華本校勘記云：“按‘湖熟’當作‘姑孰’。梁元帝承聖元年，王僧辯等破侯景將侯子鑒於姑孰，見《梁書·侯景傳》及《通鑑》。”本書卷八《周文育傳》亦云：“及至姑熟，與景將侯子鑒戰，破之。”姑孰，城名。在今安徽當塗縣，爲江津要塞。而湖熟，在今江蘇南京市江寧區東南。故作“姑孰”爲是。

[10]通直散騎常侍：官名。南朝屬集書省，多以衰老之士擔任，地位漸低。梁武帝曾欲提高其地位，以比御史中丞，但終不被人所重，常爲加官。梁十一班。陳第四品，秩二千石。　衡州：州名。治所在今廣東英德市西北浛洸鎮。

[11]領河東太守：領，底本作“鎮”，《南史》卷六七《徐世譜傳》作“領河東太守”。中華本校勘記云：“據《南史》改。按錢大昕《廿二史考異》云：‘“鎮”當作“領”。梁、陳之間，往往有以刺史資領郡守、縣令者。’”今從改。河東，郡名。僑寄今湖北松滋市西北。

西魏來寇荆州，世譜鎮馬頭岸，[1]據有龍洲，[2]元帝授侍中、使持節、都督江南諸軍事、鎮南將軍、護軍將軍，[3]給鼓吹一部。[4]江陵陷没，[5]世譜東下依侯瑱。[6]

[1]馬頭：地名。在今湖北公安縣北。

[2]龍洲：底本作“龍州”，《南史》卷六七《徐世譜傳》作“龍洲”。中華本校勘記云：“據《南史》改。按《讀史方輿紀要》七八，荆州府江陵縣有龍洲，在府西南十六里江中。”今從改。龍洲，又稱龍陂。在今湖北荆州市荆州區北紀南城西南。

[3]侍中：官名。南朝梁、陳時爲門下省長官。職掌奏事、侍奉皇帝左右、應對顧問等，是中樞要職。梁十二班。陳第三品，秩中二千石。　鎮南將軍：官名。南朝梁、陳時爲八鎮將軍之一。梁武帝天監七年（508）定爲武職二十四班中的二十二班，普通六年（525）改爲武職三十四班中的三十二班。陳沿置，擬二品，比秩中二千石。　護軍將軍：官名。掌守衛京城的宫外禁衛軍，權任頗重。梁十五班。陳第三品，秩中二千石。

[4]鼓吹：本指演奏鼓吹樂的樂隊，用於軍中。後遂爲皇帝賜予臣下的一種禮遇。魏晉其賜甚輕，南北朝復重，唯賜大臣及有功者。

[5]江陵：南朝梁都城，在今湖北荆州市荆州區。

[6]侯瑱：字伯玉，巴西充國（今四川閬中市）人。南朝梁、陳將領。本書卷九、《南史》卷六六有傳。

紹泰元年，[1]徵爲侍中、左衛將軍。[2]高祖之拒王琳，[3]其水戰之具，悉委世譜。世譜性機巧，諳解舊法，所造器械，並隨機損益，妙思出人。

[1]紹泰：南朝梁敬帝蕭方智年號（555—556）。

[2]左衛將軍：官名。負責宫禁宿衛。爲禁衛軍主要統帥之一，

權任很重，多由皇室親信之人擔任。梁十二班。陳第三品，秩二千石。

[3]高祖：南朝陳武帝陳霸先廟號。陳霸先，本書卷一、卷二，《南史》卷九有紀。　王琳：字子珩，會稽山陰（今浙江紹興市）人。《北齊書》卷三二、《南史》卷六四有傳。

　　永定二年，[1]遷護軍將軍。世祖嗣位，[2]加特進，[3]進號安右將軍。[4]天嘉元年，[5]增邑五百户。二年，出爲使持節、散騎常侍、都督宣城郡諸軍事、安西將軍、宣城太守，[6]秩中二千石。還爲安前將軍、右光禄大夫。[7]尋以疾失明，謝病不朝。四年卒，時年五十五。贈本官，謚曰桓侯。

[1]永定：南朝陳武帝陳霸先年號（557—559）。

[2]世祖：南朝陳文帝陳蒨廟號。陳蒨，本書卷三、《南史》卷九有紀。

[3]特進：初爲對大臣的優待名義。西漢末始置。三國兩晋南北朝時成爲正式加官名號，用以安置閑退大臣。梁十五班。陳第二品，秩中二千石。

[4]安右將軍：官名。南朝梁、陳時八安（安東、安南、安西、安北，安前、安後、安左、安右）將軍之一。梁二十一班。陳擬三品，比秩中二千石。

[5]天嘉：南朝陳文帝陳蒨年號（560—566）。

[6]散騎常侍：官名。南朝屬集書省，職掌侍從左右，主掌圖書文翰、文章、撰述、諫諍拾遺，收納轉呈文書奏事。不爲人重。梁十二班。陳第三品，秩中二千石。　宣城：郡名。治所在今安徽宣城市宣州區。　安西將軍：官名。南朝梁、陳時八安將軍之一。梁二十一班。陳擬三品，比秩中二千石。

[7]安前將軍：官名。南朝梁、陳時八安將軍之一。梁二十一班。陳擬三品，比秩中二千石。　右光禄大夫：官名。作爲在朝顯職官員的加官，以示優崇，或授予年老有病的致仕之官，亦常用於卒後贈官。無具體職掌。梁十六班。陳第二品，秩中二千石。

世譜從弟世休，隨世譜自梁征討，亦有戰功。官至員外散騎常侍、安遠將軍，[1]枳縣侯，[2]邑八百户。光大二年，[3]隸都督淳于量征華皎。[4]卒，贈通直散騎常侍，謚曰壯。

[1]安遠將軍：官名。東漢末始置。多用以封降將或邊遠地區地方長官。南朝梁武帝天監七年（508）專授於外藩，定爲十九班。大通三年（529）後曾以此代替貞武將軍，與寧遠將軍同班。陳沿置，擬五品。

[2]枳：縣名。治所在今重慶市渝北區東。

[3]光大：南朝陳廢帝陳伯宗年號（567—568）。

[4]都督：官名。地方軍政長官。　淳于量：字思明。其先濟北（今山東肥城市東南）人，世居建康（今江蘇南京市）。南朝梁官吏，梁亡入陳。本書卷一一、《南史》卷六六有傳。　華皎：晉陵暨陽（今江蘇江陰市東南）人。南朝梁、陳官吏，後起兵反叛，被擊敗，奔赴江陵途中死亡。本書卷二〇，《南史》卷六八有傳。

魯悉達字志通，扶風郿人也。[1]祖斐，齊通直散騎常侍、安遠將軍、衡州刺史，陽塘侯。父益之，梁雲麾將軍、新蔡義陽二郡太守。[2]

[1]扶風：郡名。治所在今陝西興平市東南。　郿：縣名。治

所在今陝西眉縣。這裏指祖籍。

[2]雲麾將軍：官名。南朝梁武帝天監七年（508）置，與武臣、爪牙、龍騎將軍取代舊置前、後、左、右將軍，爲武職二十四班中的十八班。陳擬四品，比秩中二千石。　新蔡：郡名。寄治今河南商城縣南。　義陽：郡名。寄治今湖北武漢市黃陂區北。

　　悉達幼以孝聞，起家爲梁南平嗣王中兵參軍。[1]侯景之亂，悉達糾合鄉人，保新蔡，力田蓄穀。時兵荒饑饉，京都及上川餓死者十八九，[2]有得存者，皆攜老幼以歸焉。悉達分給糧廩，其所濟活者甚衆，仍於新蔡置頓以居之。招集晉熙等五郡，[3]盡有其地。使其弟廣達領兵隨王僧辯討侯景。景平，梁元帝授持節、仁威將軍、散騎常侍、北江州刺史。[4]

　　[1]南平嗣王：蕭恪。字敬則。梁宗室。《南史》卷五二有附傳。　中兵參軍：官名。魏晉南北朝時期諸公、軍府僚屬之一，亦作中兵參軍事。掌管本府中兵曹事務，兼任參謀咨詢之責。南朝齊、梁、陳則分置中兵、中直兵參軍。其品秩隨府主地位的高低而不同。

　　[2]上川：郡名。治所在今河南桐柏縣東固縣鎮。

　　[3]晉熙：郡名。治所在今安徽潛山縣。

　　[4]仁威將軍：官名。南朝梁置，爲五德將軍之一，十六班。陳改爲五威將軍之一，擬四品，比秩中二千石。　北江州：州名。治所在今湖北武漢市黃陂區北。

　　敬帝即位，[1]王琳據有上流，留異、余孝頃、周迪等所在鋒起，[2]悉達撫綏五郡，甚得民和，士卒皆樂爲之用。琳授悉達鎮北將軍，[3]高祖亦遣趙知禮授征西將軍、江州刺史，[4]各送鼓吹女樂，悉達兩受之，遷延顧望，皆不就。高祖遣安西將軍沈泰潛師襲之，不能克。齊遣行臺慕容紹宗以衆三萬來攻鬱口諸鎮，[5]兵甲甚盛，悉達與戰，敗齊軍，紹宗僅以身免。

[1]敬帝：南朝梁皇帝蕭方智。字慧相，小字法真，梁元帝蕭繹第九子。公元555年九月被陳霸先擁立爲帝，公元557年十月，禪位於陳霸先。陳武帝即位，奉其爲江陰王，後薨於外邸，時年十六，追諡爲敬皇帝。《梁書》卷六、《南史》卷八有紀。

[2]留異：東陽長山（今浙江金華市）人。東陽當地土豪。陳文帝天嘉二年（561）詔侯安都討伐留異，他敗逃陳寶應處，後被送京師斬殺。本書卷三五、《南史》卷八〇有傳。　周迪：臨川南城（今江西南城縣東南）人。南朝梁、陳將領。後據臨川抗命，朝廷討之，遂奔入晋安，依附陳寶應。陳寶應敗亡，周迪逃竄到山林中，終被臨川太守斬殺。本書卷三五、《南史》卷八〇有傳。　鋒起：中華本校勘記云：“‘鋒起’各本作‘蜂起’，《南史》、《元龜》四一二同。按鋒起言一時並起，勢銳不可當也。古書‘鋒起’‘蜂起’往往互出，如《後漢書·光武紀》‘寇盜鋒起’，注‘“鋒”字或作“蜂”’，即其例也。”

[3]鎮北將軍：官名。南朝梁、陳時列爲八鎮將軍之一。梁武帝天監七年（508）定爲武職二十四班中的二十二班，普通六年（525）改制後，爲武職三十四班中的三十二班。陳擬二品，比秩中二千石。

[4]趙知禮：字齊旦，天水隴西（今甘肅隴西縣）人。南朝梁、陳官吏。本書卷一六、《南史》卷六八有傳。　征西將軍：官名。多授統兵出鎮在外、都督數州諸軍事者。南朝梁武帝天監七年定爲武職二十四班中的二十三班，普通六年改爲武職三十四班中的

三十三班。陳擬二品，比秩中二千石。　　江州：州名。治所在今江
西南昌市。

[5]慕容紹宗：中華本校勘記云："錢大昕《廿二史考異》云：
'按慕容紹宗之死在齊未受禪以前，安得此時尚存。此史家傳聞之
誤，《南史》亦仍舊聞，而未據《北史》以正之。'"林礽乾《陳
書異文考證》云："疑此慕容超宗乃'慕容儼'之誤。考《北齊
書》卷二十《慕容儼傳》，慕容儼仕齊爲揚州行臺，嘗敗陳新蔡太
守魯悉達於大蛇洞。據本書此處所言，慕容儼復來攻鬱口諸鎮，則
是爲魯悉達所敗，僅以身免也。"（文史哲出版社1979年版，第131
頁）行臺，臺省在外者稱行臺，代表中央政府的暫設機構。

王琳欲圖東下，以悉達制其中流，恐爲己患，頻遣
使招誘，悉達終不從。琳不得下，乃連結於齊，共爲表
裏，齊遣清河王高岳助之。[1]相持歲餘，會裨將梅天養
等懼罪，[2]乃引齊軍入城。悉達勒麾下數千人，濟江而
歸高祖。高祖見之，甚喜，曰："來何遲也？"悉達對
曰："臣鎮撫上流，願爲蕃屏，陛下授臣以官，恩至厚
矣，沈泰襲臣，威亦深矣，然臣所以自歸於陛下者，誠
以陛下豁達大度，同符漢祖故也。"[3]高祖嘆曰："卿言
得之矣。"授平南將軍、散騎常侍、北江州刺史，[4]封彭
澤縣侯。[5]世祖即位，進號安左將軍。[6]

[1]清河王高岳：北齊宗室高岳，封清河王。《北齊書》卷一
三、《北史》卷五一有傳。清河，郡名。治所在今河北清河縣西北。
按，上段與本段中脫誤較多，且記述順序也有錯誤。魯悉達事迹的
先後順序應是：（1）魯悉達曾戰敗過慕容紹宗；（2）侯景之亂時，
魯悉達曾保有晉熙五郡之地；（3）敬帝即位後，陳霸先授其爲征西

將軍，王琳授其爲鎮北將軍；（4）因魯悉達"兩不就"，故王琳祇好借助北齊高岳來排除魯悉達的阻擋；（5）紹泰二年（556）三月，陳霸先利用調集軍隊抵禦北齊來犯之機，命沈泰偷襲魯悉達，但未成功；（6）後來，魯悉達部將梅天養勾引齊兵入城，魯悉達收拾餘部歸附陳霸先（參見蔣伯良《〈梁書〉〈陳書〉舛誤辨》，《寧波大學學報》2003 年第 3 期）。

[2]裨將：副將。

[3]漢祖：漢高祖劉邦。《史記》卷八、《漢書》卷一有紀。

[4]平南將軍：官名。多持節都督或監某一地區的軍事，有時亦作爲刺史等地方官員兼理軍務的加官。南朝梁二十班。陳擬三品，比秩中二千石。

[5]彭澤：縣名。治所在今江西湖口縣。

[6]安左將軍：官名。南朝梁、陳時八安將軍之一。梁武帝天監七年（508）定爲武職二十四班中的二十一班，爲重號將軍；大通三年（529）定爲武職三十四班中的三十一班。陳擬三品，比秩中二千石。

悉達雖仗氣任俠，不以富貴驕人，雅好詞賦，招禮才賢，與之賞會。遷安南將軍、吳州刺史。[1]遭母憂，哀毀過禮，因遘疾，卒，時年三十八。贈安左將軍、江州刺史，謚曰孝侯。子覽嗣。弟廣達，別有傳。[2]

[1]安南將軍：官名。南朝梁、陳時八安將軍之一。梁武帝天監七年（508）定爲武職二十四班中的二十一班，爲重號將軍；大通三年（529）定爲武職三十四班中的三十一班。陳擬三品，比秩中二千石。　吳州：州名。治所在今江蘇蘇州市。

[2]廣達：魯廣達。本書卷三一有傳，《南史》卷六七有附傳。

周敷字仲遠，臨川人也。[1]爲郡豪族。敷形貌眇小，如不勝衣，[2]而膽力勁果，超出時輩。性豪俠，輕財重士，鄉黨少年任氣者咸歸之。

[1]臨川：郡名。治所在今江西撫州市臨川區西。

[2]如不勝衣：謂身體不能承受衣服的重量，常以形容人身體瘦弱。語自《荀子·非相》：“葉公子高，微小短瘠，行若將不勝其衣然。”

侯景之亂，鄉人周續合徒衆以討賊爲名，梁內史始興藩王蕭毅以郡讓續，[1]續所部內有欲侵掠於毅，敷擁護之，親率其黨捍衛，送至豫章。[2]時觀寧侯蕭永、長樂侯蕭基、豐城侯蕭泰避難流寓，[3]聞敷信義，皆往依之。敷愍其危懼，屈體崇敬，厚加給卹，送之西上。

[1]梁內史始興藩王蕭毅以郡讓續：中華本校勘記云：“錢大昕《廿二史考異》云：‘按《梁書》及《南史》，始興王憺薨，世子亮嗣，無名“毅”者。’張森楷校勘記亦云：‘始興王憺嗣子亮于時尚存，不云名毅，未知毅爲憺何人也。’錢、張以‘始興王’聯讀，誤。王毅見《通鑑》一六三，爲始興人。此‘藩’‘蕭’兩字當後人擅加耳。”內史，官名。掌管民政。始興，郡名。治所在今廣東韶關市西武水西岸。

[2]豫章：郡名。治所在今江西南昌市。

[3]觀寧侯蕭永：梁武帝弟鄱陽王蕭恢之子，封觀寧侯。事見《南史》卷五二《鄱陽忠烈王恢傳》。　豐城侯蕭泰：字世怡。梁武帝弟鄱陽王蕭恢之子。《南史》卷五二有附傳。

　　俄而續部下將帥爭權，復反，殺續以降周迪。迪素無簿閥，[1]恐失眾心，倚敷族望，深求交結。敷未能自固，事迪甚恭，迪大憑仗之，漸有兵眾。迪據臨川之工塘，[2]敷鎮臨川故郡。侯景平，梁元帝授敷使持節、通直散騎常侍、信武將軍、寧州刺史，[3]封西豐縣侯，[4]邑一千戶。

　　[1]簿閥：先代官籍門閥。
　　[2]工塘：城名。在今江西撫州市臨川區東南。
　　[3]寧州：州名。治所在今雲南曲靖市西。
　　[4]西豐：縣名。治所在今江西撫州市臨川區南。

　　高祖受禪，王琳據有上流，余孝頃與琳黨李孝欽等共圍周迪，[1]敷大致人馬以助於迪。迪擒孝頃等，敷功居多。

　　[1]李孝欽：底本作“李希欽”，《南史》卷六七《周敷傳》、《冊府》卷三五二則作“李孝欽”。中華本校勘記云：“據《南史》改。按《黃法𣰋傳》《周迪傳》及《北齊書·王琳傳》並作‘李孝欽’。”今從改。

　　熊曇朗之殺周文育，[1]據豫章，將兵萬餘人襲敷，徑至城下，敷與戰，大敗之，追奔五十餘里，曇朗單馬獲免，盡收其軍實。曇朗走巴山郡，[2]收合餘黨，敷因與周迪、黃法𣰋等進兵圍曇朗，[3]屠之。

[1]熊曇朗：豫章南昌（今江西南昌市）人。本書卷三五、《南史》卷八〇有傳。　周文育：字景德，義興陽羨（今江蘇宜興市）人。本書卷八、《南史》卷六六有傳。

[2]巴山：郡名。治所在今江西崇仁縣西南。

[3]黃法氍（qú）：字仲昭，巴山新建（今江西樂安縣北）人。本書卷一一、《南史》卷六六有傳。

　　王琳平，授散騎常侍、平西將軍、豫章太守。[1]是時南江酋帥竝顧戀巢窟，[2]私署令長，不受召，朝廷未遑致討，但羈縻之，[3]唯敷獨先入朝。天嘉二年，詣闕，進號安西將軍，給鼓吹一部，賜以女樂一部，[4]令還鎮豫章。

　　[1]平西將軍：官名。多持節都督或監某一地區的軍事，有時亦作爲刺史等地方官員兼理軍務的加官。南朝梁二十班。陳擬三品，比秩中二千石。

[2]南江：即今江西贛江。　巢窟：指敵人或盜賊盤踞之地。

[3]羈縻：籠絡，懷柔。中國古代歷史上中原王朝對周邊部族的一種治理政策。

[4]賜以女樂一部：底本“女樂”下缺字。中華本校勘記云：“‘樂’各本並作‘妓’。‘一部’二字原缺，據各本補。”今從補。

　　周迪以敷素出己下，超致顯貴，深不平，乃舉兵反，遣弟方興以兵襲敷。敷與戰，大破方興。仍率衆從都督吳明徹攻迪，[1]破之，擒其弟方興并諸渠帥。詔以敷爲安西將軍、臨川太守，餘並如故。尋徵爲使持節、都督南豫北江二州諸軍事、鎮南將軍、南豫州刺史，[2]

增邑五百户，常侍、鼓吹如故。

[1]吴明徹：字通昭，秦郡（今江蘇南京市六合區西北）人。南朝梁、陳官吏、將領。太建九年（577），受命北伐，爲北周所俘，後卒於長安。本書卷九、《南史》卷六六有傳。

[2]南豫：州名。治所在今安徽當塗縣。

五年，迪又收合餘衆，還襲東興。[1]世祖遣都督章昭達征迪，敷又從軍。至定川縣，[2]與迪相對。迪紿敷曰：“吾昔與弟戮力同心，宗從匪他，豈規相害。今願伏罪還朝，因弟披露心腑，先乞挺身共立盟誓。”敷許之，方登壇，爲迪所害，時年三十五。詔曰：“使持節、散騎常侍、都督南豫州緣江諸軍事、鎮南將軍、南豫州刺史西豐縣開國侯敷，受任迴征，淹時違律，虛衿姦詭，遂貽喪仆。[3]但夙箸勤誠，亟勞戎旅，猶深惻愴，愍悼于懷。可存其茅賦，[4]量所賵卹，[5]還葬京邑。”謚曰脱。子智安嗣。

[1]東興：縣名。治所在今江西黎川縣東北。

[2]定川：縣名。治所在今江西撫州市臨川區北。

[3]遂貽喪仆：仆，底本作“什”，中華本校勘記云：“‘仆’原作‘什’，版刻之訛，今據《元龜》四五二、五九五改正。按北監本、汲本、殿本‘仆’作‘身’，疑後人妄改。”今從改。貽，遺留，留下。喪仆，亡身。

[4]茅賦：指封土及其賦斂。

[5]賵卹：撫卹助喪。亦指撫卹助喪的財物。

敷兄象，共敷據本鄉，亦授臨川太守。

荀朗字深明，潁川潁陰人也。[1]祖延祖，梁潁川太守，[2]父伯道，衛尉卿。[3]

[1]潁川：郡名。治所在今河南許昌市。　潁陰：縣名。治所在今河南許昌市東。這裏指荀朗祖籍。

[2]潁川：郡名。南朝梁時僑寄今安徽阜陽市東南。

[3]衛尉卿：官名。東漢魏晉常作爲衛尉的尊稱。南朝梁正式定爲官稱，位列十二卿。掌宮門宿衛屯兵，巡行宮外，糾察不法，管理武器庫藏，領武庫、公車司馬令。十二班。陳沿置，第三品，秩中二千石。

朗少慷慨，有將帥大略，起家梁廬陵王行參軍。[1]侯景之亂，朗招率徒旅，據巢湖閒，[2]無所屬。臺城陷後，簡文帝密詔授朗雲麾將軍、豫州刺史，[3]令與外藩討景。景使儀同宋子仙、任約等頻往征之，朗據山立砦自守，[4]子仙不能克。時京師大饑，百姓皆於江外就食，朗更招致部曲，[5]解衣推食，以相賑贍，衆至數萬人。侯景敗於巴陵，[6]朗出自濡須截景，[7]破其後軍。王僧辯東討，朗遣其將范寶勝及弟曉領兵二千助之。侯景平後，又別破齊將郭元建於踟躕山。[8]梁承聖二年，[9]率部曲萬餘家濟江，入宣城郡界立頓。梁元帝授朗持節、通直散騎常侍、安南將軍、都督南兗州諸軍事、南兗州刺史。[10]未行而荆州陷。

［1］廬陵王：蕭續。字世訢，梁武帝蕭衍第五子。天監八年(509)，封廬陵郡王。《梁書》卷二九、《南史》卷五三有傳。　行參軍：官名。王公府屬官，參掌府曹事。皇子府行參軍，梁三班。

［2］巢湖：即今安徽巢湖。

［3］簡文帝：南朝梁太宗蕭綱。字世纘，小字六通，梁武帝蕭衍第三子。《梁書》卷四、《南史》卷八有紀。　豫州：州名。寄治今安徽壽縣。

［4］砦：通“寨”。

［5］部曲：本爲軍隊編制之稱。東漢末，演變爲私人武裝之稱。魏晋南北朝時，世族、豪族普遍擁有部曲，平時耕田從役，戰時隨主人作戰。父死子繼，地位低下。南北朝後期，地位稍有上升，有一些經主人放免爲平民。

［6］巴陵：縣名。治所在今湖南岳陽市。

［7］濡須：地名。在今安徽無爲縣東南。

［8］郭元建：本梁將，侯景寇亂，郭元建降侯景。侯景敗，又降北齊。事見《梁書》卷五六《侯景傳》。　踟蹰山：古山名。又稱坻箕山。在今安徽含山縣西南古東關附近。

［9］承聖：南朝梁元帝蕭繹年號（552—555)。

［10］南兗州：州名。僑寄今江蘇揚州市西北蜀岡。

高祖入輔，齊遣蕭軌、東方老等來寇，據石頭城。[1]朗自宣城來赴，因與侯安都等大破齊軍。[2]永定元年，賜爵興寧縣侯，[3]邑二千户，以朗兄昂爲左衛將軍，弟暑爲太子右衛率。[4]尋遣朗隨世祖拒王琳於南皖。[5]

［1］“齊遣蕭軌”至“據石頭城”：蕭軌、東方老應爲徐嗣慧、柳達摩，這裏將齊軍的兩次來犯弄混了（參蔣伯良《〈梁書〉〈陳書〉舛誤辨》，《寧波大學學報》2003年第3期）。

〔2〕侯安都：字成師，始興曲江（今廣東韶關市南武水西岸）人。本書卷八、《南史》卷六六有傳。

〔3〕興寧：縣名。治所在今廣東興寧市西北。

〔4〕太子右衛率：官名。宿衛東宮，地位頗重。梁十一班。陳第四品，秩二千石。

〔5〕南皖：城名。在今安徽安慶市西。

　　高祖崩，宣太后與舍人蔡景歷秘不發喪，[1]朗弟曉在都微知之，乃謀率其家兵襲臺。[2]事覺，景歷殺曉，仍繫其兄弟。世祖即位，竝釋之。因厚撫慰朗，令與侯安都等共拒王琳。琳平，遷使持節、安北將軍、散騎常侍、都督霍晉合三州諸軍事、合州刺史。[3]天嘉六年卒，時年四十八。贈南豫州刺史，諡曰壯。子法尚嗣。

　　〔1〕宣太后：南朝陳宣皇后章要兒。本書卷七、《南史》卷一二有傳。　蔡景歷：字茂世，濟陽考城（今河南民權縣東北）人。本書卷一六、《南史》卷六八有傳。

　　〔2〕臺：即臺城，指禁城。南朝時稱朝廷禁省爲臺，稱禁城爲臺城。舊址在今江蘇南京城北。

　　〔3〕安北將軍：官名。南朝梁、陳時八安將軍之一。梁二十一班。陳擬三品，比秩中二千石。　霍：州名。治所在今安徽霍山縣。　晉：州名。治所在今安徽潛山縣。　合：州名。治所在今安徽合肥市。

　　法尚少俶儻，有文武幹略，起家江寧令，[1]襲爵興寧縣侯。太建五年，[2]隨吳明徹北伐。尋授通直散騎侍郎，除涇令，[3]歷梁、安城太守。[4]禎明中，[5]爲都督郢巴武三州諸軍事、郢州刺史。[6]及隋軍濟江，法尚降于漢東道元帥秦王。[7]入隋，歷邵、觀、綿、豐四州刺史，[8]巴東、燉煌二郡太守。[9]

[1]江寧：縣名。治所在今江蘇南京市江寧區江寧鎮。

[2]太建：南朝陳宣帝陳頊年號（569—582）。

[3]涇：縣名。治所在今安徽涇縣。

[4]梁：郡名。治所在今安徽壽縣。　安城：郡名。治所在今江西安福縣。

[5]禎明：南朝陳後主陳叔寶年號（587—589）。

[6]巴：州名。治所在今湖南岳陽市。　武：州名。治所在今湖南常德市。

[7]漢東道元帥秦王：楊俊。字阿衹，隋文帝第三子。開皇元年（581）立爲秦王。六年，遷山南道行臺尚書令。伐陳之役，以爲山南道行軍元帥，並未見漢東道元帥稱號。《隋書》卷四五、《北史》卷七一有傳。

[8]邵：州名。治所在今山西垣曲縣東南。　觀：州名。治所在今河北東光縣。　綿：州名。治所在今四川綿陽市東涪江東岸。　豐：州名。治所在今福建福州市。

[9]巴東：郡名。治所在今重慶市奉節縣。　燉煌：郡名。治所在今甘肅敦煌市西。

周炅字文昭，汝南安成人也。[1]祖彊，齊太子舍人、梁州刺史。[2]父靈起，梁通直散騎常侍、廬桂二州刺史，[3]保城縣侯。[4]

[1]汝南：郡名。治所在今河南汝南縣。　安成：縣名。治所

在今河南汝南縣東。

[2]太子舍人：官名。掌文章書記。南朝齊品秩不詳。梁三班。
陳第七品，秩二百石。　梁州：州名。治所在今陝西漢中市。

[3]廬：州名。治所在今湖南瀘溪縣。　桂：州名。治所在今
廣西桂林市。

[4]保城：縣名。治所在今河南汝南縣南。

　　炅少豪俠任氣，有將帥才。梁大同中爲通直散騎侍
郎、朱衣直閤。[1]太清元年，[2]出爲弋陽太守。[3]侯景之
亂，元帝承制改授西陽太守，[4]封西陵縣伯。[5]景遣兄子
思穆據守齊安，[6]炅率驍勇襲破思穆，擒斬之。以功授
持節、高州刺史。[7]是時炅據武昌、西陽二郡，[8]招聚卒
徒，甲兵甚盛。景將任約來據樊山，[9]炅與寧州長史徐
文盛擊約，[10]斬其部將叱羅子通、趙迦婁等。[11]因乘勝
追之，頻克，約衆殆盡。承聖元年，遷使持節、都督江
定二州諸軍事、戎昭將軍、江州刺史，[12]進爵爲侯，邑
五百户。

[1]大同：南朝梁武帝蕭衍年號（535—546）。　朱衣直閤：
官名。朱衣直閤將軍之省稱。梁天監六年（507）置，由擔任過刺
史等地方行政長官的人充任，領禁衛兵，掌宮廷侍衛，是皇帝身邊
親信。十班。

[2]太清：南朝梁武帝蕭衍年號（547—549）。

[3]弋陽：郡名。治所在今河南潢川縣西。

[4]西陽：郡名。治所在今湖北黃岡市東。

[5]西陵縣伯：封爵名。西陵，縣名。治所在今湖北黃石市。
縣伯，即開國縣伯省稱。食邑爲縣，故爵前常冠以所封縣名。南朝

梁開國諸伯，位視九卿，班次之。陳爲九等爵之第四等，第四品，秩視中二千石。

[6]齊安：郡名。治所在今湖北麻城市西南。

[7]高州：州名。治所在今廣東陽江市西。

[8]武昌：郡名。治所在今湖北鄂州市。

[9]樊山：山名。在今湖北鄂州市西。

[10]長史：官名。王公軍府、州郡屬官，掌本府官吏，梁十班至六班。　徐文盛：字道茂，彭城（今江蘇徐州市）人。初爲魏將，後歸梁。因貪賄而下獄死。《梁書》卷四六、《南史》卷六四有傳。按，《梁書》卷四六《徐文盛傳》云，文盛於大同末，爲持節、督寧州刺史。卷四《簡文帝紀》亦云，大寶元年十一月，“湘東王繹遣前寧州刺史徐文盛督衆軍拒約”。故“長史”乃“刺史”之誤。

[11]吒羅子通：事見本傳，餘不詳。

[12]江：州名。治所在今江西南昌市。　定：州名。治所在今湖北麻城市東北。　戎昭將軍：官名。按《隋書・百官志》及《通鑑》卷一四七《梁紀三》“武帝天監七年”條、卷一五三《梁紀九》“武帝中大通元年”條下所述梁將軍名號皆無“戎昭”之名。陳代有，擬八品，比秩六百石。

高祖踐祚，王琳擁據上流，炅以州從之。及王琳遣其將曹慶等攻周迪，仍使炅將兵掎角而進，爲侯安都所敗，擒炅送都。世祖釋炅，授戎威將軍、定州刺史，帶西陽、武昌二郡太守。

天嘉二年，留異據東陽反，[1]世祖召炅還都，欲令討異。未至而異平，炅還本鎮。天康元年，預平華皎之功，授員外散騎常侍。[2]太建元年，遷持節、龍驤將軍、通直散騎常侍。[3]

[1]東陽：郡名。治所在今浙江金華市。

[2]天康：南朝陳文帝陳蒨年號（566）。按，“天康元年”應爲“光大元年”之誤（參蔣伯良《〈梁書〉〈陳書〉舛誤辨》）。

[3]龍驤將軍：官名。南朝時爲加官。陳擬七品，比秩六百石。

　　五年，進授使持節、西道都督安蘄江衡司定六州諸軍事、安州刺史，[1]改封龍源縣侯，增邑并前一千户。其年隨都督吳明徹北討，所向克捷，一月之中，獲十二城。齊遣尚書左丞陸騫以衆二萬出自巴、蘄，[2]與炅相遇。炅留羸弱輜重，設疑兵以當之，身率精銳，由間道邀其後，大敗騫軍，虜獲器械馬驢，不可勝數。進攻巴州，克之。於是江北諸城及縠陽士民，[3]並誅渠帥以城降。[4]進號和戎將軍、散騎常侍，[5]增邑并前一千五百户。仍敕追炅入朝。

[1]安：州名。治所在今湖北安陸市。　蘄：州名。治所在今湖北蘄春縣西北羅州城。　司：州名。治所在今湖北安陸市。　安州刺史：羅振玉《五史校議·陳書校議》云：“《宣帝紀》：‘五年七月，齊遣衆援齊（安）[昌]，西陽太守周炅破之。己巳，克巴州城。’案：《紀》書‘安州刺史’在克巴州後，故五年七月仍書‘西陽太守’。《傳》書‘拜安州’在克巴州前，似誤。”（《羅振玉學術論著集》第八集，上海古籍出版社2013年版，第484頁）

[2]尚書左丞：官名。爲尚書省佐官，位次尚書，與右丞共掌尚書省庶務，職權甚重。北齊從四品上。　巴：州名。治所在今湖北黃岡市東。

［3］穀陽：地名。在今安徽固鎮縣。

［4］渠帥：首領。舊時對武裝反抗者或部落酋長的一種蔑稱。

［5］和戎將軍：官名。南朝梁武帝大通三年（529）置，專施用於境外，地位較高。陳擬七品，比秩六百石。

　　初，蕭詧定州刺史田龍升以城降，[1]詔以爲振遠將軍、定州刺史，[2]封赤亭王。[3]及炅入朝，龍升以江北六州七鎮叛入于齊，齊遣歷陽王高景安帥師應之。於是令炅爲江北道大都督，總統衆軍，以討龍升。龍升使弋陽太守田龍琰率衆二萬陣於亭川，[4]高景安於水陵、陰山爲其聲援，[5]龍升引軍別營山谷。炅乃分兵各當其軍，身率驍勇先擊龍升，龍升大敗，龍琰望塵而奔，並追斬之，高景安遁走，盡復江北之地。以功增邑并前二千户，進號平北將軍，[6]定州刺史，持節、都督如故，仍賜女妓一部。太建八年卒官，時年六十四。贈司州刺史，封武昌郡公，諡曰壯。子法僧嗣，官至宣城太守。

［1］蕭詧：南朝後梁宣帝。字理孫，梁昭明太子蕭統之子。《北史》卷九三、《周書》卷四八有傳。

［2］振遠將軍：官名。南朝梁置，武帝天監七年（508）定爲武職二十四班中的十三班，普通六年（525）改爲武職三十四班中的二十三班。陳沿置，列爲五遠將軍之一，擬五品。

［3］赤亭：地名。在今湖北麻城市西南。

［4］亭川：即今湖北東北部長江支流舉水。

［5］陰山：在今湖北麻城市東北。

［6］平北將軍：官名。多持節都督或監某一地區的軍事，有時亦作爲刺史等地方官員兼理軍務的加官。南朝梁二十班。陳擬三

品，比秩中二千石。

史臣曰：彼數子者，或驅馳前代，或擁據故鄉，竝識運知歸，因機景附，位升列牧，爵致通侯，美矣。昔張耳、陳餘自同於至戚，[1]周敷、周迪亦誓等暱親，[2]尋鋒刃而誅殘，斯甚夫胡越矣。釁隙因於勢利，何其鄙歟？

[1]昔張耳、陳餘自同於至戚：張耳、陳餘，爲秦漢之際將領。初，二人爲刎頸之交。後張耳與陳餘有隙，陳餘率兵襲擊張耳，張耳敗走歸劉邦。後隨韓信破趙，斬殺陳餘，立爲趙王。詳見《史記》卷八九《張耳陳餘列傳》。

[2]暱親：近親。

陳書　卷一四

列傳第八

衡陽獻王昌　　南康愍王曇朗 子方泰 方慶 王勇 鄭萬頃

　　衡陽獻王昌字敬業,[1]高祖第六子也。[2]梁太清末,[3]高祖南征李賁,[4]命昌與宣后隨沈恪還吳興。[5]及高祖東討侯景,[6]昌與宣后、世祖竝爲景所囚。[7]景平,拜長城國世子、吳興太守,[8]時年十六。

　　[1]衡陽獻王:封爵名。衡陽,郡名。治所在今湖南株洲市西南。獻爲其謚號。

　　[2]高祖:南朝陳武帝陳霸先廟號。陳霸先,字興國,吳興長城(今浙江長興縣東)人。本書卷一、卷二,《南史》卷九有紀。

　　[3]太清:南朝梁武帝蕭衍年號(547—549)。

　　[4]李賁:交州土民。後率衆反抗交州刺史蕭諮的暴政。梁元帝大同十年(544)自稱帝,獨霸一方。後被斬首。事見《梁書》卷三《武帝紀下》。

　　[5]宣后:南朝陳高祖宣皇后章要兒。本書卷七、《南史》卷一二有傳。　沈恪:字子恭,吳興武康(今浙江德清縣)人。南朝

梁、陳官吏。與陳高祖同郡，二人關係非常密切。本書卷一二，《南史》卷六七有傳。　吳興：郡名。治所在今浙江湖州市吳興區。

[6]侯景：字萬景。原爲東魏大將，後叛至南朝梁，在梁發動叛亂，史稱“侯景之亂”。《梁書》卷五六、《南史》卷八〇有傳。

[7]世祖：南朝陳文帝陳蒨廟號。陳蒨，本書卷三、《南史》卷九有紀。

[8]長城國世子：長城，縣名。治所在今浙江長興縣東。陳高祖曾被封爲長城縣侯、長城縣公。世子，指帝王和諸侯的嫡長子。

　　昌容貌偉麗，神情秀朗，雅性聰辯，明習政事。高祖遣陳郡謝哲、濟陽蔡景歷輔昌爲郡，[1]又遣吳郡杜之偉授昌以經書。[2]昌讀書一覽便誦，明於義理，剖析如流。尋與高宗俱往荊州，[3]梁元帝除員外散騎常侍。[4]荊州陷，又與高宗俱遷關右，[5]西魏以高祖故，甚禮之。

[1]陳郡：郡名。治所在今河南淮陽縣。　謝哲：字穎豫，陳郡陽夏（今河南太康縣）人。南朝梁、陳官吏。本書卷二一有傳，《南史》卷二〇有附傳。　濟陽：郡名。治所在今河南蘭考縣東北。　蔡景歷：字茂世，濟陽考城（今河南民權縣東北）人。南朝梁、陳官吏。本書卷一六、《南史》卷六八有傳。　爲郡：協助治理轄郡。

[2]吳郡：郡名。治所在今江蘇蘇州市。　杜之偉：字子大，吳郡錢塘（今浙江杭州市）人。南朝梁、陳官吏。本書卷三四、《南史》卷七二有傳。

[3]高宗：南朝陳宣帝陳頊廟號。陳頊，本書卷五、《南史》卷一〇有紀。　荊州：州名。治所在今湖北荊州市荊州區。

[4]梁元帝：南朝梁皇帝蕭繹。字世誠，小字七符，梁武帝蕭衍第七子。《梁書》卷五、《南史》卷八有紀。　員外散騎常侍：

官名。南朝宋以後常用以安置閑退官員、衰老之士，地位漸低。至梁武帝天監六年（507）復重其選，以其職依正員，品視黃門郎，但終不爲人所重。梁十班。陳第四品，秩二千石。

[5]關右：地區名。古人以西爲右，亦稱關西。泛指函谷關或潼關以西地區。此處代指西魏。西魏都長安。《南史》卷一〇《陳宣帝紀》云：“魏平江陵，遷于長安。”

　　高祖即位，頻遣使請高宗及昌，周人許之而未遣。及高祖崩，乃遣之。是時王琳梗於中流，[1]昌未得還，居于安陸。[2]王琳平後，天嘉元年二月，[3]昌發自安陸，由魯山濟江，[4]而巴陵王蕭沇等率百僚上表曰：[5]

[1]王琳：字子珩，會稽山陰（今浙江紹興市）人。江陵陷落後，他盤踞於湘、郢諸州，依附北齊，擁立梁元帝之孫蕭莊，對陳政權構成巨大威脅。陳文帝天嘉元年（560）王琳在蕪湖之役中被侯瑱擊敗，逃奔北齊。《北齊書》卷三二、《南史》卷六四有傳。

[2]安陸：郡名。治所在今湖北安陸市。

[3]天嘉：南朝陳文帝陳蒨年號（560—566）。

[4]魯山：古山名。在今湖北武漢市東北。

[5]巴陵王：封爵名。巴陵，郡名。治所在今湖南岳陽市。

　　臣聞宗子維城，隆周之懋軌；[1]封建藩屏，有漢之弘規。[2]是以卜世斯永，寔資邢、衛；[3]鼎命靈長，實賴河、楚。[4]

[1]宗子維城，隆周之懋軌：指西周分封制度。意謂分封諸子爲王連城以衛國，是周代的美好規範。

[2]封建藩屏，有漢之弘規：指西漢封邦建國。意謂封邦建國，是漢代的恢弘之制。

[3]是以卜世斯永，寔資邢、衛：指周代得以世代相傳長久不衰，得益於邢、衛諸國。中華本校勘記云："'寔'北監本、汲本、殿本作'式'。"

[4]鼎命靈長，實賴河、楚：指漢代得以國運長久，實賴河、楚等地。

伏惟陛下神猷光大，聖德欽明，道高日月，德侔造化。往者王業惟始，天步方艱，參奉權謨，匡合義烈，威略外舉，神武內定，故以再康禹迹，大庇生民者矣。及聖武升遐，[1]王師遠次，皇嗣敻隔，繼業靡歸，宗祧危殆，[2]綴旒非喻。[3]既而傳車言反，[4]公卿定策，纂我洪基，光昭景運，民心有奉，園寢克寧，后來其蘇，復在茲日，物情天意，皎然可求。王琳逆命，逋誅歲久，今者連結犬羊，[5]乘流縱疊，[6]舟旗野陣，綿江蔽陸，[7]兵疲民弊，杼軸用空，[8]中外騷然，蕃籬罔固。乃旰食當朝，[9]憑流授律，[10]蒼兕既馳，長蛇自翦，[11]廓清四表，澄滌八紘，[12]雄圖遐舉，仁聲遠暢，德化所覃，風行草偃，故以功深於微禹，道大於惟堯，豈直社稷用寧，斯乃黔黎是賴。

[1]聖武升遐：指陳高祖去世。
[2]宗祧：指宗廟。借指國家。
[3]綴旒非喻：指國事垂危，前途未卜。綴旒，君主爲臣下挾持，喻指大權旁落。

[4]傳車言反：指平亂返都。

[5]連結犬羊：指勾結外敵（北齊）。

[6]乘流縱轡：順流直下，肆無忌憚。

[7]舟旗野陣，綿江蔽陸：戰船兵衆，水陸並進。

[8]杼軸用空：國庫空虛。

[9]旰食當朝：操勞國事。旰食，泛指勤於政事。

[10]憑流授律：根據品位授予官職。

[11]蒼兕既馳，長虵自翦：喻指百官各司其職，凶惡之徒自取滅亡。蒼兕，本爲水獸名，後指掌管舟楫的官，借指水軍。長虵，本指古代傳説中的一種蛇名，借指貪殘凶暴者。

[12]八紘：泛指天下。

　　第六皇弟昌，近以妙年出質，[1]提契寇手，偏隔關徼，旋踵末由。陛下天倫之愛既深，克讓之懷常切。伏以大德無私，至公有在，豈得徇匹夫之恒情，忘王業之大計。憲章故實，式遵典禮，欽若姬、漢，[2]建樹賢戚。湘中地維形勝，控帶川阜，扞城之寄，[3]匪親勿居，宜啓服衡疑，兼崇徽飾。臣等參議，以昌爲使持節、散騎常侍、都督湘州諸軍事、驃騎將軍、湘州牧，[4]封衡陽郡王，[5]邑五千户，加給皂輪三望車，[6]後部鼓吹一部，[7]班劍二十人。[8]啓可奉行。

[1]出質：指入北齊爲人質。

[2]姬、漢：指周王朝與漢王朝。

[3]扞：同“捍”，保衛、抵禦。

[4]使持節：官名。漢代官員奉皇帝之命出行，以持節作爲一

種憑證並宣示威嚴。魏晉以後，持節演變爲加官銜。持節有使持節、持節和假節三種情況。使持節可以誅殺二千石以下官員。　散騎常侍：官名。南朝屬集書省，職掌侍從左右，主掌圖書文翰、文章、撰述、諫諍拾遺，收納轉呈文書奏事。梁十二班。陳第三品，秩中二千石。　湘州：州名。治所在今湖南長沙市。　驃騎將軍：官名。軍府名號，加授大臣、重要州郡長官，無具體職掌。梁二十四班。陳擬一品，比秩中二千石。

[5]衡陽郡王：封爵名。郡王，爵名。西晉以來，封王以郡爲國。南朝梁始有郡王之稱，所封諸王子均稱郡王。始封郡王爲正王，被封者唯皇帝之弟或子。嗣位爲郡王者，則稱嗣王。陳沿置，第一品，秩萬石。

[6]三望車：王公大臣所乘之車，有窗可望，分四望、三望、夾望等。

[7]鼓吹：本指演奏鼓吹樂的樂隊，用於軍中。後遂爲皇帝賜予臣下的一種禮遇。魏晉其賜甚輕，南北朝復重，唯賜大臣及有功者。

[8]班劍：本指飾有花紋之劍。漢制，朝服帶劍。晉朝代之以木，謂之班劍。因其爲虎賁所持，故晉以後成爲隨從侍衛之代稱。且爲皇帝對功臣之恩賜，可隨身進入宮殿。亦作爲喪禮時的儀仗。南朝梁僅賜予極少數權臣。

詔曰“可”。三月入境，詔令主書舍人緣道迎接。[1]景子，[2]濟江，於中流船壞，以溺薨。[3]

[1]主書舍人：官名。或爲中書舍人之誤。職掌收納、轉呈章奏事宜。

[2]景子：應爲“丙子”，避唐高祖李淵之父李昞諱改。

[3]以溺薨：趙翼《廿二史劄記》卷九云：“乃衡陽王昌，本武

帝子，陷於周未回，武帝崩，從子文帝即位，而昌始歸，文帝使侯安都往迎，而溺之于江（見《南史》）。本紀既但書衡陽王昌薨，而《昌傳》亦但書濟江，中流船壞，以溺薨，即《侯安都傳》亦但云昌濟漢而薨（《南史·昌傳》則謂，濟江於中流隕之，使以溺告），初不見有被害之迹也。"王鳴盛《十七史商榷》卷六四亦云："雖情事宛然，然唐人書陳事，何必作此蘊藉之筆，似有所不敢直書者乎？皆不如《南史》竟書殺之為得實。"羅振玉《五史校議·陳書校議》亦云："昌之溺，侯安都為之。見《安都傳》（注：此即《南史·侯安都傳》）。"（第484頁）

　　四月庚寅，喪柩至京師，上親出臨哭。乃下詔曰："夫寵章所以嘉德，禮數所以崇親，乃歷代之通規，固前王之令典。新除使持節、散騎常侍、都督湘州諸軍事、驃騎將軍、湘州牧衡陽王昌，明哲在躬，珪璋早秀，[1]孝敬內湛，聰睿外宣。梁季艱虞，[2]宗社顛墜，西京淪覆，[3]陷身關、隴。及鼎業初基，外蕃逆命，聘問斯阻，音介莫通，睠彼機橋，將隣烏白。今者群公勠力，多難廓清，輕傳入郢，無勞假道。周朝敦其繼好，驂駕歸來，欣此朝聞，庶歡昏定。報施徒語，曾莫輔仁，人之云亡，珍悴斯在，奄焉薨殞，倍增傷悼。津門之慟空在，[4]恒岫之切不追，靜言念之，心焉如割。宜隆戀典，以協徽猷。可贈侍中、假黃鉞、都督中外諸軍事、太宰、揚州牧。[5]給東園溫明秘器，[6]九旒鑾輅，[7]黃屋左纛，[8]武賁班劍百人，[9]輼輬車，[10]前後部羽葆鼓吹。[11]葬送之儀，一依漢東平憲王、齊豫章文獻王故事。[12]仍遣大司空持節迎護喪事，[13]大鴻臚副其羽衛，[14]殯送所須，隨由備辦。"謚曰獻。無子，世祖以第七皇子伯信爲嗣。[15]

[1]珪璋早秀：指少年出衆有美德。

[2]梁季艱虞：指梁末侯景之亂。艱虞，艱難憂患。

[3]西京：指江陵。

[4]津門之慟：永平元年（58），光武帝之子東海恭王劉彊去世，漢明帝非常悲慟，"從太后出幸津門亭發哀"。李賢注曰："津門，洛陽南面西頭門也，一名津陽門。每門皆有亭。"詳見《後漢書》卷四二《光武十王傳》。

[5]侍中：官名。南朝梁、陳時爲門下省長官。職掌奏事，侍奉皇帝左右，應對顧問等，是中樞要職。梁十二班。陳第三品，秩中二千石。　假黃鉞：加官勳號。所加者多爲大司馬、大都督、都督中外諸軍事等最高軍事長官。　都督中外諸軍事：官名。爲全國最高軍事統帥。　太宰：官名。南朝爲贈官，多用以安置元老勳舊大臣，名義尊榮，無職掌。梁十八班。陳第一品，秩萬石。　揚州：州名。治所在今江蘇南京市。

[6]東園：即東園局，官署名。掌宮廷喪葬器用。　溫明秘器：最高級別的葬棺（參見韓國河《溫明、秘器與便房考》，《文史哲》2003年第4期）。

[7]九旒：古時官冠冕上的九串垂珠。　鑾輅：天子的車駕。

[8]黃屋：古代皇帝車上用黃繒做裏子的車蓋。　左纛：古代皇帝車上用犛牛尾做的裝飾物，設在車衡的左邊。舊指帝王的車輛。

[9]武賁：本名虎賁，避唐高祖李淵之父李虎諱改。西周始置。南北朝時除擔任侍衛外，亦奉命出征，或賜予大臣充作儀仗，作爲對大臣的特殊禮遇。中華本校勘記云："'武賁'即'虎賁'，避唐諱改。北監本、汲本、殿本並已改爲'虎賁'。"

［10］輼輬車：古代的卧車，亦用作喪車。

［11］羽葆：官員的儀仗。南北朝時，諸王及重要大臣有功則賜，大臣喪，亦賜，以示尊崇。

［12］漢東平憲王：東漢光武帝劉秀之子劉蒼。劉蒼去世後，享有高規格葬禮待遇。《後漢書》卷四二有傳。　齊豫章文獻王：蕭嶷，高帝蕭道成之子。《北齊書》卷二二、《南史》卷四二有傳。

［13］大司空：官名。三公之一。與大司馬、大司徒同爲宰相，共同管理政務。

［14］大鴻臚：官名。魏晉南北朝時，接待賓客、管理少數民族事務之職移歸尚書省主客曹，本官漸成專司朝會禮儀之官。

［15］伯信：衡陽王陳伯信。陳文帝第七子。本書卷二八有傳，《南史》卷六五有附傳。

南康愍王曇朗，[1]高祖母弟忠壯王休先之子也。休先少倜儻有大志，梁簡文之在東宮，[2]深被知遇。太清中既納侯景，有事北方，乃使休先召募得千餘人，授文德主帥，頃之卒。高祖之有天下也，每稱休先曰：“此弟若存，河、洛不足定也。”[3]梁敬帝即位，[4]追贈侍中、使持節、驃騎將軍、南徐州刺史，[5]封武康縣公，[6]邑一千户。高祖受禪，追贈侍中、車騎大將軍、司徒，[7]封南康郡王，邑二千户，謚曰忠壯。

［1］南康愍王：封爵名。南康，郡名，治所在今江西贛州市西南。愍爲其謚號。

［2］梁簡文：蕭綱。字世纘，小字六通，梁武帝第三子。《梁書》卷四、《南史》卷八有紀。

［3］河、洛：河即黄河。洛即洛水，今河南洛河，黄河支流。

河洛代指以洛陽爲中心的中原腹地。

[4]梁敬帝：南朝梁皇帝蕭方智。字慧相，小字法真，梁元帝第九子。公元555年九月被陳霸先擁立爲帝，公元557年十月，禪位於陳霸先。陳武帝即位，奉其爲江陰王，後薨於外邸，時年十六，追諡爲敬皇帝。《梁書》卷六、《南史》卷八有紀。

[5]南徐州：州名。治所在今江蘇鎮江市。

[6]武康縣公。封爵名。武康，縣名。治所在今浙江德清縣。縣公，爲開國縣公省稱。食邑爲縣，故常冠以所封縣名。南朝梁位視三公，班次之。陳置爲九等爵之第二等，第二品，秩視中二千石。

[7]車騎大將軍：官名。多加元老重臣，以示尊崇。梁武帝天監七年（508）定爲武職二十四班中的最高班二十四班，大通三年（529）定爲武職三十四班中的最高班三十四班。陳擬一品。　司徒：官名。與司空、太尉並爲三公。魏晉南北朝爲名譽宰相，多爲大臣加官，位居一品（梁十八班）。無實際職掌。陳第一品，秩萬石。

　　曇朗少孤，尤爲高祖所愛，寵踰諸子。有膽力，善綏御。[1]侯景平後，起家爲著作佐郎。[2]高祖北濟江，圍廣陵，[3]宿預人東方光據鄉建義，[4]乃遣曇朗與杜僧明自淮入泗應赴之。[5]齊援大至，曇朗與僧明築壘抗禦。尋奉命班師，以宿預義軍三萬家濟江。高祖誅王僧辯，[6]留曇朗鎮京口，[7]知留府事。[8]紹泰元年，[9]除中書侍郎，[10]監南徐州。

[1]綏御：安撫人心。

[2]著作佐郎：著，底本作“箸”。按，刻本文字從草與從竹

常有混用的情況，今徑改之，本卷以下不再出校。著作佐郎，官名。世族高門子弟的起家之官。梁二班。陳第七品，秩四百石。

[3]廣陵：郡名。治所在今江蘇揚州市西北。

[4]宿預：郡名。治所在今江蘇宿遷市東南舊黃河東北岸古城。

[5]杜僧明：字弘照，廣陵臨澤（今江蘇高郵市）人。南朝梁、陳將領。本書卷八、《南史》卷六六有傳。

[6]王僧辯：字君才，太原祁（今山西祁縣）人。初爲北魏將領，梁初隨父南渡，任湘東王蕭繹府中司馬等職。後與陳霸先收復建康。蕭繹即位後，爲太尉。梁元帝被殺，僧辯又立北齊扶持的蕭淵明爲帝。終爲陳霸先所害。《梁書》卷四五有傳，《南史》卷六三有附傳。

[7]京口：在今江蘇鎮江市。

[8]知留府事：主管府內事務。

[9]紹泰：南朝梁敬帝蕭方智年號（555—556）。

[10]中書侍郎：官名。爲諸王起家官。梁九班。陳第四品，秩千石。

二年，徐嗣徽、任約引齊寇攻逼京邑，[1]尋而請和，求高祖子姪爲質。時四方州郡竝多未賓，京都虛弱，糧運不繼，在朝文武咸願與齊和親，高祖難之，而重違眾議，乃言於朝曰：“孤謬輔王室，而使蠻夷猾夏，[2]不能戡殄，[3]何所逃責。今在位諸賢，且欲息肩偃武，與齊和好，以靜邊疆，若違眾議，必謂孤惜子姪，今決遣曇朗，弃之寇庭。且齊人無信，窺窬不已，[4]謂我浸弱，必當背盟。齊寇若來，諸君須爲孤力鬪也。”高祖慮曇朗憚行，或奔竄東道，乃自率步騎往京口迎之，以曇朗還京師，仍使爲質於齊。

　　[1]徐嗣徽：高平（今山東金鄉縣）人。南朝梁將領。《南史》
卷六三有附傳。

　　[2]猾夏：侵擾華夏。

　　[3]戡殄：平定殲滅。

　　[4]窺窬：指非分的希望或企圖。

　　齊果背約，復遣蕭軌等隨嗣徽渡江。高祖與戰，大
破之，虜蕭軌、東方老等。齊人請割地并入馬牛以贖
之，高祖不許。及軌等誅，齊人亦害曇朗于晋陽，[1]時
年二十八。[2]是時既與齊絕，弗之知也。高祖踐祚，猶
以曇朗襲封南康郡王，奉忠壯王祀，禮秩一同皇子。天
嘉二年，齊人結好，方始知之。世祖詔曰："夫追遠慎
終，抑聞前誥。南康王曇朗，明哲戀親，蕃維是屬，入
質北齊，用紓時難。皇運兆興，未獲旋反，永言跂
予，[3]日夜不忘。齊使始至，凶問奄及，追懷痛悼，兼
倍常情，宜隆寵數，以光恒序。可贈侍中、安東將軍、
開府儀同三司、南徐州刺史，[4]謚曰愍。"乃遣兼郎中令
隨聘使江德藻、劉師知迎曇朗喪柩，[5]以三年春至都。

　　[1]晉陽：縣名。治所在今山西太原市西南。

　　[2]年：底本原無，中華本據北監本、汲本、殿本補，今從補。

　　[3]跂：通"企"。

　　[4]安東將軍：官名。南朝梁、陳八安將軍之一。梁二十一班。
陳擬三品，比秩中二千石。　　開府儀同三司：官名。爲大臣加號，
意謂與三司即太尉、司徒、司空禮制、待遇相同，許開設府署，自
辟僚屬。

　　[5]兼郎中令：《南史》卷六五《南康愍王曇朗傳》作"兼中

郎令”。本書卷三四《江德藻傳》作“兼散騎常侍，與中書朗劉師知使齊”。未知孰是。郎中令，官名。王國三卿之一，地位頗重，公侯等國亦或置，其品秩隨國主地位高低不等。　江德藻：濟陽考城（今河南民權縣東北）人。南朝梁、陳官吏。本書卷三四有傳，《南史》卷六〇有附傳。　劉師知：沛國相縣（今安徽濉溪縣西北）人。南朝陳官吏。本書卷一六、《南史》卷六八有傳。

初，曇朗未質於齊，生子方泰、方慶。及將適齊，以二妾自隨，在北又生兩子：方華、方曠，亦同得還。

方泰少麤獷，[1]與諸惡少年群聚，游逸無度，世祖以南康王故，特寬貰之。天嘉元年，詔曰：“南康王曇朗，出隔齊庭，反身莫測，國廟方修，奠饗須主，可以長男方泰爲南康世子，嗣南康王。”後聞曇朗薨，於是襲爵南康嗣王。尋爲仁威將軍、丹陽尹，[2]置佐史。[3]太建四年，[4]遷使持節、都督廣衡交越成定明新合羅德宜黃利安建石崖十九州諸軍事、平越中郎將、廣州刺史。[5]爲政殘暴，爲有司所奏，免官。尋起爲仁威將軍，置佐史。六年，授持節、都督豫章郡諸軍事、豫章內史。[6]在郡不修民事，秩滿之際，屢放部曲爲劫，[7]又縱火延燒邑居，因行暴掠，驅録富人，[8]徵求財賄。代至，又淹留不還。至都，詔以爲宗正卿，[9]將軍、佐史如故。未拜，爲御史中丞宗元饒所劾，[10]免官，以王還第。

[1]麤獷：粗野、粗魯。

[2]仁威將軍：官名。陳五威將軍之一。擬四品，比秩中二千石。　丹陽尹：官名。京師所在丹陽郡長官，掌民政。丹陽，治所

在今江蘇南京市。

[3]佐史：吏職名。此指古代地方官員的僚屬，州、縣均設一定員數，供驅使，並掌管文書簿籍等事。

[4]太建：南朝陳宣帝陳頊年號（569—582）。

[5]"都督"至"十九州諸軍事"：中華本校勘記云："按數之祇十八州，疑脱一州，或'九'當作'八'。"廣，州名。治所在今廣東廣州市。衡，州名。治所在今廣東英德市西北浛洸鎮。交，州名。治所在今越南北寧省仙游縣東。越，州名。治所在今廣西合浦縣東北舊州。成，州名。治所在今廣東封開縣東南賀江口。定，州名。此爲南定州，治所在今廣西桂平市西南。明，州名。治所在今越南河靜省河靜市南。新，州名。治所在今廣東新興縣。合，州名。此爲南合州，治所約在今廣東雷州市。羅，州名。治所在今廣東化州市。德，州名。治所在今越南義安省榮市。宜，州名。治所不詳。黃，州名。治所在今廣西防城港市西南。利，州名。治所在今越南河靜省河靜市西北。安，州名。治所在今廣西欽州市東北欽江西北岸。建，州名。治所在今廣東鬱南縣連灘鎮。石，州名。治所在今廣西藤縣東北。崖，州名。治所在今海南儋州市西北。　平越中郎將：官名。主管南越事務。陳擬六品，比秩千石。

[6]豫章：郡名。治所在今江西南昌市。　內史：官名。掌管民政。

[7]部曲：本爲軍隊編制之稱。東漢末，演變爲私人武裝之稱。魏晉南北朝時，世族、豪族普遍擁有部曲，平時耕田從役，戰時隨主人作戰。父死子繼，地位低下。南北朝後期，地位稍有上升，有一些經主人放免爲平民。

[8]驅録：驅逼查抄。

[9]宗正卿：官名。南朝梁、陳爲正式官稱，位列十二卿，掌皇族外戚屬籍，由宗室充任。梁十三班。陳第三品，秩中二千石。

[10]御史中丞：官名。御史臺長官。掌監察百官，奏劾不法。陳第三品，秩二千石。　宗元饒：南郡江陵（今湖北荆州市荆州

區）人。本書卷二九、《南史》卷六八有傳。

十一年，起爲寧遠將軍，[1]直殿省。[2]尋加散騎常侍，量置佐史。其年八月，高宗幸大壯觀，[3]因大閱武，命都督任忠領步騎十萬，[4]陳於玄武湖，[5]都督陳景領樓艦五百，出于瓜步江，[6]高宗登玄武門觀，[7]宴群臣以觀之。因幸樂游苑，[8]設絲竹會。[9]仍重幸大壯觀，集衆軍振旅而還。是時方泰當從，啓稱所生母疾，不行，因與亡命楊鍾期等二十人，微服往民閒，淫人妻，爲州所錄。[10]又率人仗抗拒，傷禁司，[11]爲有司所奏。上大怒，下方泰獄。方泰初但承行淫，不承拒格禁司，上曰不承則上測，方泰乃投列承引。於是兼御史中丞徐君敷奏曰：[12]“臣聞王者之心，匪漏網而私物，至治之本，無屈法而申慈。謹案南康王陳方泰宗屬雖遠，幸託葭莩，[13]刺舉莫成，共治罕績。聖上弘以悔往，許其錄用，宮闈寄切，宿衛是尸。豈有金門旦啓，玉輿曉躍，百司馳騖，千隊騰驤，憚此翼從之勞，妄興晨昏之請？飜以危冠淇上，袨服桑中，[14]臣子之釁，[15]莫斯爲大，宜從霜簡，[16]允實秋官。[17]臣等參議，請依見事，解方泰所居官，下宗正削爵土。謹以白簡奏聞。”上可其奏。尋復本官爵。禎明初，[18]遷侍中，將軍如故。

[1]寧遠將軍：官名。雜號將軍。梁武帝天監七年（508）定爲武職二十四班中的十三班，普通六年（525）改爲武職三十四班中的二十三班。陳擬五品，比秩千石。

[2]直殿省：直，同“值”，指當班、輪值。殿省指皇宮諸官

署，如尚書、中書等。

［3］大壯觀：在今江蘇南京市北。

［4］任忠：字奉誠，小名蠻奴，汝陰（今安徽阜陽市）人。南朝梁、陳官吏。本書卷三一、《南史》卷六七有傳。

［5］玄武湖：在今江蘇南京市北鍾山與長江之間，規模較今大。

［6］瓜步江：地名。在今江蘇南京市六合區東南。

［7］玄武門觀：中華本校勘記云：“‘觀’汲本、殿本作‘親’，屬下讀。張元濟校勘記云：‘作“觀”是。觀者，玄武門上之觀也。’按北監本作‘觀’，百衲本《南史》亦作‘觀’。”林礽乾《陳書異文考證》亦云：“茲就‘玄武門’上用一‘登’字審之，此‘親’字，當從宋本《陳書》及元本《南史》作‘觀’字爲是。”（第139頁）

［8］樂游苑：皇家園林。在今江蘇南京市玄武湖側。

［9］絲竹會：有絲竹彈奏以助興的聚會。

［10］“微服往民間”至“爲州所録”：《南史》卷六五《陳方泰傳》作“微行往人間，淫淳于岑妻，爲州長流所録”。

［11］禁司：指主管防禁事務的部門或官員。

［12］徐君敷：《南史·陳方泰傳》作“徐君整”。

［13］葭莩：比喻親戚關係疏遠淡薄。

［14］飜（fān）以危冠淇上，袨服桑中：飜，同“翻”。《詩·鄘風·桑中》：“云誰之思？美孟姜矣。期我乎桑中，要我乎上宮，送我乎淇之上矣。”朱熹集傳：“桑中、上宮、淇上，又沫鄉之中小地名也……衛俗淫亂，世族在位，相竊妻妾。故此人自言將采唐於沫，而與其所思之人相期會迎送如此也。”

［15］譽（qiān）：同“愆”。

［16］霜簡：古代御史彈劾大臣的奏章。

［17］秋官：底本作“冬官”，中華本據《册府》卷五一九改爲“秋官”。林礽乾《陳書異文考證》云：“按《册府》五一九作‘秋官’是。秋官司寇，掌刑獄，即後世之刑部。‘宜從霜簡，允實秋

官＇，謂應從御史彈劾之奏章，將罪犯下刑部定罪也。各本作＇允實冬官＇，冬官司空，掌工程，與刑獄之事無關，明此作＇冬官＇者非是。當據《册府》五一九改。”（第140頁）

[18]禎明：南朝陳後主陳叔寶年號（587—589）。

三年，隋師濟江，方泰與忠武將軍南豫州刺史樊猛、左衛將軍蔣元遜領水軍於白下，[1]往來斷遏江路。隋遣行軍元帥、長史高潁領船艦泝流當之，[2]猛及元遜竝降，方泰所部將士離散，乃弃船走。及臺城陷，[3]與後主俱入關。[4]隋大業中爲掖令。[5]

[1]忠武將軍：官名。諸名號將軍中地位較高者，僅次於重號將軍。梁十九班。陳擬四品，比秩中二千石。　南豫州：州名。治所在今安徽當塗縣。　樊猛：字智武，南陽湖陽（今河南唐河縣南）人。本書卷三一、《南史》卷六七有附傳。　左衛將軍：官名。負責宮禁宿衛。爲禁衛軍主要統帥之一，權任很重，多由皇室親信之人擔任。梁十二班。陳第三品，秩二千石。　白下：古城名。即白石壘，故址在今江蘇南京市金川門外。

[2]行軍元帥：官名。北周臨時設置的最高統兵官，統一道或數道行軍總管，兵停則罷，多以親王或重臣爲之。隋朝、唐朝前期用兵，亦多沿置。　長史：官名。幕僚之長，掌顧問參謀。　高潁：字昭玄，一名敏，渤海蓨（今河北景縣）人。《隋書》卷四一、《北史》卷七二有傳。

[3]臺城：京師建康宮城。因爲臺省所在，故稱。

[4]後主：南朝陳皇帝陳叔寶。本書卷六、《南史》卷一〇有紀。

[5]大業：隋煬帝楊廣年號（605—618）。　掖：縣名。治所在今山東萊州市。

　　方慶少清警，涉獵書傳。及長，有幹略。天嘉中，封臨汝縣侯。[1]尋爲給事中、太子洗馬，[2]權兼宗正卿，直殿省。太建九年，出爲輕車將軍、假節、都督定州諸軍事、定州刺史。[3]秩滿，又爲散騎常侍，兼宗正卿。至德二年，[4]進號智武將軍、武州刺史。[5]初，廣州刺史馬靖久居嶺表，[6]大得人心，士馬彊盛，朝廷疑之。至是以方慶爲仁威將軍、廣州刺史，以兵襲靖。靖誅，進號宣毅將軍。[7]方慶性清謹，甚得民和。四年，進號雲麾將軍。[8]

　　[1]臨汝縣侯：封爵名。臨汝，縣名。治所在今江西撫州市臨川區西。縣侯，爲開國縣侯之省稱。食邑爲縣，爵前常冠以所封縣名。南朝梁開國縣侯，位視孤卿、重號將軍、光禄大夫，班次之。陳置爲九等爵第三等，第三品。

　　[2]給事中：官名。南朝隸集書省，侍從皇帝左右，獻納得失，諫諍糾彈，亦管圖書文翰等事務。梁四班。陳第七品，秩六百石。

　　太子洗（xiǎn）馬：官名。太子屬官。掌太子圖籍、經書，太子出行則前導威儀。梁六班。陳第六品，秩六百石。洗亦作“先”。先馬，意即前驅。

　　[3]輕車將軍：官名。雜號將軍。梁十四班。陳擬五品，比秩千石。

　　[4]至德：南朝陳後主陳叔寶年號（583—586）。

　　[5]智武將軍：官名。陳五德將軍之一，擬四品，比秩中二千石。　武州：州名。治所在今湖南常德市。

　　[6]嶺表：地區名。一作嶺外、嶺南。泛指五嶺以南地區，相當於今廣東、廣西兩省及越南北部一帶。

　　[7]宣毅將軍：官名。南朝梁置，武帝天監七年（508）定爲

武職二十四班中的十七班，普通六年（525）改爲武職三十四班中的二十七班。南朝陳沿置，擬四品，比秩中二千石。

[8]雲麾將軍：官名。陳擬四品，比秩中二千石。

禎明三年，隋師濟江，東衡州刺史王勇遣高州刺史戴智烈將五百騎迎方慶，[1]欲令承制總督征討諸軍事。是時隋行軍總管韋洸帥兵度嶺，[2]宣隋文帝敕云：[3]"若嶺南平定，留勇與豐州刺史鄭萬頃且依舊職。"[4]方慶聞之，恐勇賣己，乃不從，率兵以拒智烈。智烈與戰，敗之，斬方慶於廣州，虜其妻子。

[1]東衡州刺史：底本作"衡州刺史"，《南史》卷六七《陳方慶傳》作"東衡州刺史"。中華本校勘記云："據《南史》補。按下文云'朝廷以勇爲超武將軍、東衡州刺史'，明此脫一'東'字。"今從補。東衡州，州名。治所在今廣東韶關市南武水西岸。高州：州名。治所在今廣東陽江市西。

[2]行軍總管：官名。北周置。戰時臨時任命大臣爲之，統兵出征，事訖即罷。在重大軍事行動中，隸屬於行軍元帥。自隋始，行軍總管漸漸過渡爲地方軍政長官，或掌一道軍政，或領數道，時有大總管、總管之分。

[3]隋文帝：楊堅。小名那羅延，弘農華陰（今陝西華陰市東南）人。《隋書》卷一、卷二，《北史》卷一一有紀。

[4]豐州：州名。治所在今福建福州市。

王勇，太建中爲晉陵太守，[1]在職有能名。方慶之襲馬靖也，朝廷以勇爲超武將軍、東衡州刺史，[2]領始興内史，[3]以爲方慶聲勢。靖誅，以功封龍陽縣子。[4]及隋軍臨江，詔授勇使持節、光勝將軍、總督衡廣交桂武等二十四州諸軍事、平越中郎將，[5]仍入援。會京城陷，勇因移檄管内，徵兵據守，使其同産弟鄧暠將兵五千，頓于嶺上。又遣使迎方慶，欲假以爲名，而自執兵要。及方慶敗績，虜其妻子，收其貲産，分賞將帥。又令其將王仲宣、曾孝武迎西衡州刺史衡陽王伯信，[6]伯信懼，奔于清遠郡，[7]孝武追殺之。是時韋洸兵已上嶺，豐州刺史鄭萬頃據州不受勇召，而高梁女子浩氏舉兵以應隋軍，[8]攻陷傍郡，勇計無所出，乃以其衆降。行至荆州，道病卒，隋贈大將軍、宋州刺史，[9]歸仁縣公。[10]

[1]晉陵：郡名。治所在今江蘇常州市。

[2]超武將軍：官名。南朝梁武帝普通六年（525）刊正將軍名號時置，爲武職三十四班中的九班。陳擬八品，比秩六百石。

[3]始興：郡名。治所在今廣東韶關市南武水西岸。

[4]龍陽縣子：封爵名。龍陽，縣名。治所在今湖南漢壽縣。縣子，爲開國縣子省稱。食邑爲縣。南朝梁開國諸子位視二千石，班次之。陳爲九等爵之第五等，第五品，秩視二千石。

[5]光勝將軍：官名。十光將軍之一。陳擬六品，比秩千石。桂：州名。治所在今廣西桂林市。

[6]西衡州：州名。治所在今廣東英德市西北浛洸鎮。

[7]清遠：郡名。治所在今廣東清遠市。

[8]高梁女子浩氏：中華本校勘記云：“《隋書・韋洸傳》作‘高梁女子洗氏’，《通鑑》隋文帝開皇九年作‘高涼郡太夫人洗氏’，‘浩’與‘洗’形近而訛，今據改。”林矴乾《陳書異文考證》云：“按‘高梁’，《通鑑・隋紀》作‘高涼’。高涼在今廣東陽江縣西，高梁則在今山西臨汾縣北。《北史・列女・譙國夫人洗

氏傳》稱'洗氏世爲南越首領'。既爲南越首領，則洗氏當爲南越
高凉人而非山西高梁人可知，各本'高凉'訛作'高梁'，當據
《通鑑·隋紀》改。"（第 141 頁）可從。

[9]宋州：州名。治所在今河南商丘市南。

[10]歸仁縣公：封爵名。歸仁，縣名。治所在今四川平昌縣。
縣公，爲開國縣公省稱。食邑爲縣，故常冠以所封縣名。南朝梁位
視三公，班次之。陳置爲九等爵之第二等，第二品，秩視中二
千石。

鄭萬頃，滎陽人，[1]梁司州刺史紹叔之族子也。[2]父
旻，梁末入魏。萬頃通達有材幹，周武帝時爲司城大
夫，[3]出爲温州刺史。[4]至德中，與司馬消難來奔。[5]尋
拜散騎常侍、昭武將軍、豐州刺史。在州甚有惠政，吏
民表請立碑，詔許焉。

[1]滎陽：郡名。治所在今河南滎陽市。

[2]司州：州名。治所在今湖北安陸市。

[3]周武帝：北周皇帝宇文邕。《周書》卷五、卷六，《北史》
卷一〇有紀。　司城大夫：官名。北周置，亦稱司城中大夫。爲聘
陳使主。正五命。

[4]温州：州名。治所在今湖北京山縣。

[5]司馬消難：字道融，河内温（今河南温縣）人。北齊司馬
子如之子。北周明帝二年（558）背齊入周，後率部奔南朝陳，陳
亡被俘至長安。因與楊忠結爲兄弟，不久被赦免。卒於家。《周書》
卷二一有傳，《北史》卷五四有附傳。

初，萬頃之在周，深被隋文帝知遇，及隋文踐祚，

常思還北。及王勇之殺方慶，萬頃乃率州兵拒勇，遣使由間道降于隋軍。拜上儀同，[1]尋卒。

[1]上儀同：勳官名。授予有軍勳的功臣及其子弟，無具體職掌。隋從四品。

史臣曰：獻、愍二王，聯華霄漢，或壤子之暱，或猶子之寵，而機橋爲阻，驂駕無由，有隔於休辰，終之以早世。悲夫！

陳書　卷一五

列傳第九

宗室

陳擬　陳詳　陳慧紀

　　陳擬字公正，高祖踈屬也。[1]少孤貧，性質直彊記。高祖南征交趾，[2]擬從焉。又進討侯景，[3]至豫章，[4]以擬爲羅州刺史，[5]與胡穎共知後事，[6]并應接軍糧。高祖作鎮朱方，[7]擬除步兵校尉、曲阿令。[8]紹泰元年，[9]授貞威將軍、義興太守。[10]二年，入知衛尉事，[11]除員外散騎常侍、明威將軍、雍州刺史資，[12]監南徐州。[13]

　　[1]高祖：南朝陳武帝陳霸先廟號。陳霸先，本書卷一、卷二、《南史》卷九有紀。

　　[2]交趾：郡名。治所在今越南北寧省仙游縣東。

　　[3]侯景：字萬景。原爲東魏大將，後叛至南朝梁，在梁發動

叛亂，史稱“侯景之亂”。《梁書》卷五六、《南史》卷八〇有傳。

　　[4]豫章：郡名。治所在今江西南昌市。

　　[5]羅州：州名。治所在今廣東化州市。

　　[6]胡穎：字方秀，吳興東遷（今浙江湖州市東）人。梁承聖初，爲羅州刺史、豫章内史等職。本書卷一二、《南史》卷六七有傳。

　　[7]朱方：地名。在今江蘇鎮江市。

　　[8]步兵校尉：官名。爲皇帝的侍衛武官。梁七班。陳第六品，秩千石。　　曲阿：縣名。治所在今江蘇丹陽市。

　　[9]紹泰：南朝梁敬帝蕭方智年號（555—556）。

　　[10]貞威將軍：官名。雜號將軍。南朝梁置，武帝天監七年（508）定爲武職二十四班中的八班，大通三年（529）後班階稍降，爲武職三十四班中的十班。陳擬七品，比秩六百石。　　義興：郡名。治所在今江蘇宜興市。

　　[11]衛尉：官名。掌宮禁及京城防衛。

　　[12]員外散騎常侍：官名。南朝宋以後常用以安置閑退官員、衰老之士，地位漸低。至梁武帝天監六年（507）復重其選，以其職依正員，品視黃門郎，但終不爲人所重。梁十班。陳第四品，秩二千石。　　明威將軍：官名。梁十三班。陳擬五品，比秩千石。另梁、陳十明將軍中亦有此號。陳擬六品，比秩千石。　　雍州：州名。僑寄今湖北襄陽市。

　　[13]南徐州：州名。治所在今江蘇鎮江市。

　　高祖踐祚，詔曰：“維城宗子，實固有周。盤石懿親，用隆大漢。故會盟則異姓爲後，啓土則非劉勿王。所以糾合枝幹，廣樹蕃屏，前王懋典，列代恒規。從子持節、員外散騎常侍、明威將軍、雍州刺史、監南徐州擬，[1]持節、通直散騎侍郎、貞威將軍、北徐州刺史褒,[2]從子晃、炅,從孫假節、員外散騎常侍、明威將軍詝,假節、信威將軍、北徐州刺史吉陽縣開國侯諠,[3]假節、通直散騎侍郎、信武將軍祐,[4]假節、散騎侍郎、雄信將軍、青州刺史、廣梁太守詳,[5]貞威將軍、通直散騎侍郎慧紀,從孫敬雅、敬泰,竝枝戚密近,劬勞王室,宜列河山,以光利建。擬可永脩縣開國侯,[6]褒鍾陵縣開國侯,[7]晃建城縣開國侯,[8]炅上饒縣開國侯,[9]詝虔化縣開國侯,[10]諠仍前封,祐豫章縣開國侯,[11]詳遂興縣開國侯,[12]慧紀宜黃縣開國侯,[13]敬雅寧都縣開國侯,[14]敬泰平固縣開國侯,[15]各邑五百戶。”擬尋除輕車將軍,[16]兼南徐州刺史,常侍如故。其年,授通直散騎常侍、中領軍。[17]三年,復以本官監南徐州。世祖嗣位,[18]除丹陽尹,[19]常侍如故。坐事,又以白衣知郡,[20]尋復本職。天嘉元年卒,[21]時年五十八。贈領軍將軍,[22]凶事所須,竝官資給。謚曰定。二年,配享高祖廟廷。子黨嗣。

[1]持節：官名。漢朝官吏奉命外出時，由皇帝授予節杖，來提高其權威。魏晉之後，凡重要軍事長官出征或者出鎮時，加使持節，可誅殺二千石以下官員。皇帝派遣大臣出巡或祭吊等事務時，亦使持節，以示權力與尊崇。次一等的稱持節，再次一等的稱假節。

[2]通直散騎侍郎：官名。南朝屬集書省，宋以後地位漸低，常授衰老之士，多爲加官。梁六班。陳第六品，秩千石。　北徐州：州名。治所在今安徽鳳陽縣東北。

[3]信威將軍：官名。南朝梁置，爲五德將軍之一。武帝天監

七年（508）定爲十六班，普通六年（525）改爲武職二十六班。陳沿置，改爲五威將軍之一，擬四品，比秩中二千石。 吉陽縣開國侯：封爵名。吉陽，縣名。治所在今江西永豐縣東南。縣開國侯，爵名。食邑爲縣，爵前常冠以所封縣名。南朝梁開國縣侯，位視孤卿、重號將軍、光禄大夫，班次之。陳置爲九等爵第三等，第三品。

［4］信武將軍：《南史》卷六五《陳宗室諸王傳》作"信威將軍"。林礽乾《陳書異文考證》云："按《南史》總括宋齊梁陳四史於一書，其删節各史，去繁存精，簡净固多可觀，然删削太過，往往亦有不當而致誤者。如此處《陳書》原載有陳武帝封從子擬等詔一段文字，《南史》則删去其詔文之首尾，另將詔文上半段所列陳擬等人之官名戎號，悉加省裁，然後併入下半段'某封某某縣侯'上，以達成其濃縮數節長文爲一節短文之功。惟此處明言祐爲'信武將軍'者，《南史》則因省併前後文時，誤將上半段'吉陽縣開國侯'上之'信威將軍'，移置於下文'祐封豫寧縣侯'上，遂將原本作'信武將軍祐'者，變而爲'信威將軍祐'。此顯係《陳書》不誤，《南史》則因割裁搭配不當而有誤也。"（文史哲出版社1979年版，第142頁）信武將軍，官名。南朝梁置，爲五德將軍之一，在武職中地位較高，並可爲文職清官兼領。武帝天監七年定爲十五班。陳沿置，與智武、仁武、勇武、嚴武等合稱五武將軍，擬四品，比秩中二千石。

［5］散騎侍郎：官名。南朝屬集書省，掌文學侍從，收納章奏，勸諫糾劾。 雄信將軍：官名。南朝梁置。武帝天監七年定爲武職二十四班中的九班，普通六年列爲十雄將軍之一，武職三十四班中的十七班。陳沿置，擬六品，比秩千石。 青州：州名。南朝梁太清二年（548）置，治所在今四川眉山縣。 廣梁：郡名。治所在今安徽廣德縣。

［6］永脩：縣名。治所在今江西永修縣西北。

［7］鍾陵：縣名。治所在今江西進賢縣西北。

[8]建城：縣名。治所在今江西高安縣。

[9]上饒：縣名。治所在今江西上饒市西北。

[10]虔化：縣名。治所在今江西寧都縣西。

[11]豫章：《南史》卷六五《陳宗室諸王傳》作“豫寧”。林初乾《陳書異文考證》云：“按陳有兩豫章，一是豫章郡，故治即今江西南昌縣治。陳宣帝太建元年，封皇子叔英爲豫章郡王者，即此。另一豫章爲豫章縣，故治在今江西武寧縣西，去南昌府三百二十里。陳武帝踐阼，封從子祐爲豫章縣開國侯者，即此。‘豫章縣’，舊時又名‘豫寧縣’。《宋書·州郡志》曰：‘豫寧縣，漢獻帝建安中立。吳曰要安，晋武帝太康元年更名豫寧。’南齊時，則改‘豫寧’爲‘豫章’（見《南齊書·州郡志上》）。因‘豫寧’與‘豫章’係同地而異名，故知此處各本《陳書》作‘豫章縣開國侯’者，實與《南史》作‘豫寧縣開國侯’者同。”（第143頁）豫章，縣名。治所在今江西南昌市。

[12]遂興：縣名。治所在今江西萬安縣西。

[13]宜黃：縣名。治所在今江西宜黃縣東。

[14]寧都：縣名。治所在今江西寧都縣南。

[15]平固：縣名。治所在今江西興國縣南。

[16]輕車將軍：官名。雜號將軍。梁十四班。陳擬五品，比秩千石。

[17]中領軍：官名。掌京師禁衛軍。梁十四班。陳第三品，秩中二千石。

[18]世祖：南朝陳文帝陳蒨廟號。陳蒨，本書卷三、《南史》卷九有紀。

[19]丹陽尹：東晋與南朝宋、齊、梁、陳均建都於建康，設丹陽尹以治之。陳第五品，秩中二千石。

[20]白衣：初指無官職的士人。兩晋南北朝時，官員因失誤削除官職，或以白衣守、領原職，遂成爲一種對官員的處罰方式。

[21]天嘉：南朝陳文帝陳蒨年號（560—566）。

[22]領軍將軍：官名。禁軍的最高統帥。梁十五班。陳第三品，秩中二千石。

　　陳詳字文幾，少出家爲桑門。[1]善書記，談論清雅。高祖討侯景，召詳，令反初服，配以兵馬，從定京邑。高祖東征杜龕，[2]詳別下安吉、原鄉、故鄣三縣。[3]龕平，以功授散騎侍郎、假節、雄信將軍、青州刺史資，割故鄣、廣德置廣梁郡，[4]以詳爲太守。高祖踐祚，改廣梁爲陳留，又以爲陳留太守。永定二年，[5]封遂興縣侯，食邑五百戶。其年除明威將軍、通直散騎常侍。三年，隨侯安都破王琳將常眾愛於宮亭湖。[6]世祖嗣位，除宣城太守，[7]將軍如故。王琳下據栅口，[8]詳隨吳明徹襲溢城，[9]取琳家口，不克，因入南湖，自鄱陽步道而歸。琳平，詳與明徹並無功。天嘉元年，隨例增邑并前一千五百戶。仍除通直散騎常侍，兼右衛將軍。[10]三年，出爲假節、都督吳州諸軍事、仁威將軍、吳州刺史。[11]

　　[1]桑門：僧侶。“沙門”的異譯。《南史》卷六五《陳詳傳》作“沙門”。按，“桑門”與“沙門”同。《魏書·釋老志》云：“剃落鬚髮，釋累辭家，結師資，遵度律，相與和居，治心修净，行乞以自給，謂之沙門。或曰桑門，亦聲相近，總謂之僧，皆胡言也。”
　　[2]杜龕：京兆杜陵（今陝西西安市）人。南朝梁將領。後爲陳霸先所殺。《梁書》卷四六、《南史》卷六四有附傳。
　　[3]安吉：縣名。治所在今浙江安吉縣西南。　原鄉：縣名。治所在今浙江長興縣南。　故鄣：縣名。治所在今浙江安吉縣北安

城鎮古城。

[4]廣德：縣名。治所在今安徽廣德縣西南。

[5]永定：南朝陳武帝陳霸先年號（557—559）。

[6]侯安都：字成師，始興曲江（今廣東韶關市南武水西岸）人。本書卷八、《南史》卷六六有傳。　王琳：字子珩，會稽山陰（今浙江紹興市）人。《北齊書》卷三二、《南史》卷六四有傳。宮亭湖：湖名。專指今江西星子縣東南鄱陽湖的一部分，因湖旁有一座宮亭廟而得名。

[7]宣城：郡名。治所在今安徽宣城市。

[8]柵口：地名。在今安徽蕪湖市東北裕溪口。

[9]吳明徹：字通昭，秦郡（今江蘇南京市六合區西北）人。南朝梁、陳官吏、將領。太建九年（577），受命北伐，爲北周所俘，後卒於長安。本書卷九、《南史》卷六六有傳。　溢城：即溢口城。在今江西九江市區，以地當溢水入長江口得名。

[10]右衛將軍：官名。禁衛軍六軍之一。與左衛將軍合稱二衛將軍，掌宮廷宿衛營兵。陳第三品，秩二千石。

[11]吳州：州名。治所在今江蘇蘇州市。　仁威將軍：官名。陳五威將軍之一。擬四品，比秩中二千石。

　周迪據臨川舉兵，[1]詳自州從他道襲迪於濡城別營，[2]獲其妻子。迪敗走，詳還復本鎮。五年，周迪復出臨川，乃以詳爲都督，率水步討迪。[3]軍至南城，[4]與賊相遇，戰敗，死之，時年四十二。以所統失律，無贈謚。子正理嗣。

[1]周迪：臨川南城（今江西南城縣東南）人。南朝梁、陳將領。後據臨川抗命，朝廷討之，遂奔入晉安，依附陳寶應。陳寶應敗亡，周迪逃竄到山林中，終被臨川太守斬殺。本書卷三五、《南

史》卷八〇有傳。　臨川：郡名。治所在今江西撫州市臨川區西。

[2]濡城：城名。當在今江西撫州市附近。

[3]水步：指水兵與步兵。

[4]南城：縣名。治所在今江西南城縣東南。

陳慧紀字元方，高祖之從孫也。涉獵書史，負才任氣。高祖平侯景，慧紀從焉。尋配以兵馬。景平，從征杜龕。除貞威將軍、通直散騎常侍。高祖踐祚，封宜黄縣侯，邑五百户，除黄門侍郎。[1]世祖即位，出爲安吉縣令。遷明威將軍軍副。司空章昭達征安蜀城，[2]慧紀爲水軍都督，於荆州燒青泥船艫。[3]光大元年，[4]以功除持節、通直散騎常侍、宣遠將軍、豐州刺史，[5]增邑并前一千户。太建十年，[6]吴明徹北討敗績，以慧紀爲持節、智武將軍、緣江都督、兖州刺史，[7]增邑并前二千户，餘如故。周軍乘勝據有淮南，江外騷擾，慧紀收集士卒，自海道還都。尋除使持節、散騎常侍、宣毅將軍、都督郢巴二州諸軍事、郢州刺史，[8]增邑并前二千五百户。至德二年，[9]遷使持節、散騎常侍、雲麾將軍、都督荆信二州諸軍事、荆州刺史，[10]賜女伎一部，增邑并前三千户。禎明元年，[11]蕭琮尚書左僕射安平王蕭巖、晉熙王蕭瓛等，[12]率其部衆男女二萬餘口，詣慧紀請降，慧紀以兵迎之。其年，以應接之功，加侍中、金紫光禄大夫、開府儀同三司、征西將軍，[13]增邑并前六千户，餘如故。

[1]黄門侍郎：官名。爲侍中省或門下省次官，位頗重要。

[2]司空：官名。與司徒、太尉並爲三公。多爲大臣加官。無實際職掌。陳第一品，秩萬石。　章昭達：字伯通，吳興武康（今浙江德清縣）人。南朝梁、陳官吏。本書卷一一、《南史》卷六六有傳。　安蜀城：城名。在今湖北宜昌市西陵峽口南岸。

[3]荆州：州名。治所在今湖北荆州市荆州區。　青泥：一作清泥河。在今湖北襄陽市西北之清河，東流入漢水。

[4]光大：南朝陳廢帝陳伯宗年號（567—568）。

[5]宣遠將軍：官名。五遠將軍之一。屬加官或散官。陳擬五品，比秩千石。　豐州：州名。治所在今福建福州市。

[6]太建：南朝陳宣帝陳頊年號（569—582）。

[7]智武將軍：官名。與仁武、勇武、信武、嚴武將軍合稱五武將軍。陳擬四品，秩中二千石。　兗州：州名。治所在今江蘇淮安市淮陰區西南。

[8]宣毅將軍：官名。南朝梁置，武帝天監七年（508）定爲武職二十四班中的十七班，普通六年（525）改爲武職三十四班中的二十七班。南朝陳沿置，擬四品，比秩中二千石。　郢：州名。治所在今湖北武漢市武昌區。　巴：州名。治所在今湖南岳陽市。

[9]至德：南朝陳後主陳叔寶年號（583—586）。

[10]雲麾將軍：官名。南朝梁武帝天監七年置，與武臣、爪牙、龍騎將軍取代舊置前、後、左、右將軍，爲武職二十四班中的十八班。陳擬四品，比秩中二千石。　信：州名。治所在今重慶市奉節縣東。

[11]禎明：南朝陳後主陳叔寶年號（587—589）。

[12]“蕭琮”至“蕭瓛等”：中華本校勘記云：“據北監本、汲本、殿本補。按‘尚書左僕射’《後主紀》作‘尚書令’。‘晉熙王’《後主紀》作‘義興王’。”今從補。蕭琮，字温文，南朝後梁國主，宣帝蕭詧之子。《周書》卷四八、《隋書》卷七九、《北史》卷九三有附傳。尚書左僕射，官名。梁、陳常缺尚書令，僕射實爲尚書省主官，列位宰相。左僕射居右僕射之上。梁十五班。陳第二

品，秩中二千石。蕭巖，字義遠，南朝後梁宗室，宣帝蕭詧第五子。後梁亡，奔陳；陳亡，率軍抗隋，兵敗被殺。《周書》卷四八有附傳。蕭瓛，字欽文，南朝後梁宗室，明帝蕭巋第三子。後梁亡，奔陳；陳亡，率軍抗隋，兵敗被殺。《周書》卷四八有附傳。

　　[13]侍中：官名。南朝陳亦用作親王之起家官。第三品，秩中二千石。　金紫光禄大夫：官名。晋初有光禄大夫，授銀章青綬。如加賜金章紫綬，則爲金紫光禄大夫，諸所賜給皆與特進同。其以爲加官者，唯假章綬、禄賜班位，不別給車服吏卒。梁十四班。陳第三品，秩中二千石。　開府儀同三司：官名。大臣加號，意謂與三司即太尉、司徒、司空禮制、待遇相同，許開設府署，自辟僚屬。　征西將軍：官名。東、南、西、北四征將軍之一。陳擬二品，比秩中二千石。

　　及隋師濟江，元帥清河公楊素下自巴硤，[1]慧紀遣其將吕忠肅、陸倫等拒之，[2]戰敗，素進據馬頭。[3]是時，隋將韓擒虎及賀若弼等已濟江據蔣山，[4]慧紀聞之，留其長史陳文盛等居守，身率將士三萬人，樓船千餘乘，沿江而下，欲趣臺城。[5]至漢口，爲秦王軍所拒，[6]不得進，因與湘州刺史晋熙王叔文、巴州刺史畢寶等請降。[7]入隋，依例授儀同三司。頃之卒。子正平，頗有文學。

　　[1]楊素：字處道，弘農華陰（今陝西華陰市東南）人。北周官吏。後跟隨隋文帝滅陳，封越國公。參與廢太子楊勇。隋煬帝即位，封其爲太子太師、楚國公。《隋書》卷四八有傳，《北史》卷四一有附傳。

　　[2]吕忠肅：中華本校勘記云：“殿本《考證》云：‘《南史》

無 “忠” 字，亦不載陸倫。’今按：《南史》無‘忠’字，蓋改複名爲單名。《隋書・楊素傳》‘忠’作‘仲’，則避隋文帝父楊忠諱改。”

[3]馬頭：縣名。治所在今安徽懷遠縣南。

[4]蔣山：即鍾山。在今江蘇南京市中山門外。

[5]臺城：京師建康宮城。因爲臺省所在，故稱。

[6]秦王：楊俊。字阿祇，隋文帝楊堅第三子。開皇元年（581）立爲秦王。《隋書》卷四五、《北史》卷七一有傳。

[7]湘州：州名。治所在今湖南長沙市。按，《南史》卷六五《陳慧紀傳》對陳慧紀與隋軍交戰有詳細記録，可參看。

史臣曰：《詩》云“宗子維城，無俾城壞”。又曰“綿綿瓜瓞，葛藟縈之”。[1]西京皆豐沛故人，[2]東都亦南陽多顯，[3]有以哉。

[1]綿綿瓜瓞，葛藟縈之：出自《詩・大雅・綿》。喻指子孫綿延不絶。

[2]西京皆豐沛故人：漢高祖劉邦爲沛豐邑中陽里人。沛，縣名。治所在今江蘇沛縣。豐，鄉名。後以豐沛借指帝王故鄉。西京，即長安，劉邦定都於此。詳見《史記》卷八《高祖本紀》、《漢書》卷一《高帝紀》。

[3]東都亦南陽多顯：漢光武帝劉秀，南陽蔡陽（今湖北棗陽市西南）人。復興漢室，建立東漢，定都洛陽，史稱東都。詳見《後漢書》卷一《光武帝紀上》。

陳書　卷一六

列傳第十

趙知禮　蔡景歷　劉師知　謝岐

　　趙知禮字齊旦，天水隴西人也。[1]父孝穆，梁候
官令。[2]

　　[1]天水：郡名。治所在今甘肅天水市。　　隴西：縣名。治所
在今甘肅隴西縣。
　　[2]候官：縣名。治所在今福建福州市。

　　知禮涉獵文史，善隸書。[1]高祖之討元景仲也，[2]或
薦之，引爲記室參軍。[3]知禮爲文贍速，[4]每占授軍書，
下筆便就，率皆稱旨。由是恒侍左右，深被委任，當時
計畫，[5]莫不預焉。[6]知禮亦多所獻替。高祖平侯景，[7]
軍至白茅灣，[8]上表於梁元帝及與王僧辯論述軍事，[9]其
文竝知禮所製。

[1]善隸書：《南史》卷六八《趙知禮傳》作“善書翰”。

[2]高祖：南朝陳武帝陳霸先廟號。陳霸先，字興國，吳興長城（今浙江長興縣東）人。本書卷一、卷二，《南史》卷九有紀。

元景仲：北魏宗室。梁普通中隨父兄歸降。侯景叛亂，邀其一同起兵。後被陳霸先擊敗，自縊而死。《梁書》卷三九有附傳。

[3]記室參軍：官名。南朝時，皇弟皇子府、嗣王蕃王府、公府、持節都督府皆置，掌府内文書之事。

[4]贍速：謂語匯豐富，文思敏捷。

[5]計畫：計策，謀劃。

[6]莫不預焉：“焉”字底本原無，中華本校勘記云：“據北監本、汲本、殿本及《南史》補。”今從補。

[7]高祖平侯景：林礽乾《陳書異文考證》云：“按高祖軍至白茅灣時，侯景未平。明此作‘平侯景’者，當從《南史》及《册府》七一八‘征侯景’爲是。”（文史哲出版社1979年版，第146頁）侯景，字萬景。原爲東魏大將，後叛至南朝梁，在梁發動叛亂，史稱“侯景之亂”。《梁書》卷五六、《南史》卷八〇有傳。

[8]白茅灣：地名。在今江西九江市東北。

[9]梁元帝：南朝梁皇帝蕭繹。字世誠，小字七符，梁武帝蕭衍第七子。《梁書》卷五、《南史》卷八有紀。　王僧辯：字君才，太原祁（今山西祁縣）人。初爲北魏將領，梁初隨父南渡，任湘東王蕭繹府中司馬等職。與陳霸先收復建康。蕭繹即位後，爲太尉。梁元帝被殺，僧辯又立北齊扶持的蕭淵明爲帝。後被陳霸先所害。《梁書》卷四五有傳，《南史》卷六三有附傳。

　　侯景平，授中書侍郎，[1]封始平縣子，[2]邑三百户。高祖爲司空，[3]以爲從事中郎。[4]高祖入輔，遷給事黄門侍郎，[5]兼衛尉卿。[6]高祖受命，遷通直散騎常侍，[7]直殿省。[8]尋遷散騎常侍，[9]守太府卿，權知領軍事。天嘉元年，^[10]進爵爲伯，增邑通前七百户。王琳平，^[11]授持節、督吴州諸軍事、明威將軍、吴州刺史。^[12]

[1]中書侍郎：官名。爲諸王起家官。梁九班。陳第四品，秩千石。

[2]始平縣子：封爵名。始平，縣名。治所在今四川劍閣縣北。縣子，爵名。爲開國縣子省稱。食邑爲縣。在梁位視二千石，班次之。陳爲九等爵之第五等，第五品，秩視二千石。

[3]司空：官名。與太尉、司徒並爲三公。魏晋南北朝爲名譽宰相，多爲大臣加官，無實際職掌。梁十八班。陳第一品，秩萬石。

[4]從事中郎：官名。王公府屬官，職參謀議。梁皇弟、皇子公府從事中郎九班，嗣王、庶姓公府從事中郎八班。陳皇弟、皇子公府從事中郎第五品，嗣王府、庶姓公府從事中郎第六品，秩六百石。

[5]給事黄門侍郎：官名。門下省次官。與侍中俱掌門下衆事，侍從左右，顧問應對，出入禁中，職任顯要。梁十班。陳第四品，秩二千石。

[6]衛尉卿：官名。梁、陳位列十二卿，掌宫門宿衛屯兵，巡行宫外，糾察不法，管理武庫，領武庫、公車司馬令。梁十二班。陳第三品，秩中二千石。

[7]通直散騎常侍：官名。西晋武帝時，使員外散騎常侍二人與散騎常侍通員當值，故名。南朝屬集書省，多以衰老之士擔任，地位漸低。梁武帝曾欲提高其地位，以比御史中丞，但終不被人所重，常爲加官。梁十一班。陳第四品，秩二千石。

[8]直殿省：直，同“值”，指當班、輪值。殿省指皇宫諸官署，如尚書、中書等。

[9]散騎常侍：官名。集書省長官。職掌侍從皇帝左右，應對

顧問，獻納得失。梁十二班。陳第三品，秩中二千石。

[10]天嘉：南朝陳文帝陳蒨年號（560—566）。

[11]王琳：字子珩，會稽山陰（今浙江紹興市）人。曾隨王僧辯破侯景，拜湘州刺史。西魏攻江陵，元帝徵琳赴援，除湘州刺史。琳率師至長沙，江陵已陷，元帝被殺，遂割據一方，求援北齊，立梁永嘉王蕭莊爲帝，與陳霸先抗衡。後爲陳軍所敗，與蕭莊奔齊。後陳將吳明徹攻北齊，琳戰敗，被擒殺。《北齊書》卷三二、《南史》卷六四有傳。

[12]持節：古代大臣奉皇帝之命出行，持符節以爲憑證並示威重，謂之假節。魏晉以後以爲官名，有假節、持節、使持節之分，權力亦有小大之別，多爲都督諸州軍事及刺史總軍戎者。持節即可殺無官位之人，在軍事行動中享有誅殺二千石以下官員的權力。吳州：州名。治所在今江蘇蘇州市。　明威將軍：官名。梁十三班。陳擬五品，比秩千石。另梁、陳十明將軍中亦有此號。陳擬六品，比秩千石。

　　知禮沈靜有謀謨，每軍國大事，世祖輒令璽書問之。[1]秩滿，爲明威將軍、太子右衛率。[2]遷右衛將軍，[3]領前軍將軍。[4]六年卒，時年四十七。詔贈侍中，[5]謚曰忠。子允恭嗣。[6]

[1]世祖：南朝陳文帝陳蒨廟號。陳蒨，字子華，陳武帝兄子。本書卷三、《南史》卷九有紀。

[2]太子右衛率：官名。宿衛東宮，亦任征伐，地位頗重。梁十一班。陳第四品，秩二千石。

[3]右衛將軍：官名。禁衛軍主要統帥之一。南朝後期，此職亦統兵出征。梁十二班。陳第三品，秩二千石。

[4]前軍將軍：官名。與左軍、右軍、後軍合稱四軍將軍，掌

宮廷宿衛。陳第五品，秩千石。

［5］侍中：官名。門下省官員，掌機要，儼如宰輔。陳第三品，秩中二千石。

［6］允恭：《南史》卷六八《趙知禮傳》作“元恭”。

蔡景歷字茂世，濟陽考城人也。[1]祖點，梁尚書左民侍郎。父大同，輕車岳陽王記室參軍，[2]掌京邑行選。

［1］濟陽：郡名。治所在今河南蘭考縣東北。　考城：縣名。治所在今河南民權縣東北。

［2］岳陽王：蕭詧。字理孫，梁昭明太子蕭統之子。江陵城破，他被西魏立爲梁主，居於江陵東城，成爲西魏附庸，史稱西梁、後梁。《周書》卷四八、《北史》卷九三有傳。　記室參軍：官名。南朝時，皇弟皇子府、嗣王蕃王府、公府、持節都督府皆置，掌府内文書之事。

景歷少俊爽，有孝行。家貧好學，善尺牘，工草隸。解褐諸王府佐，[1]出爲海陽令，[2]爲政有能名。侯景亂，梁簡文帝爲景所幽，[3]景歷與南康嗣王蕭會理謀，[4]欲挾簡文出奔，事泄見執，賊黨王偉保護之，[5]獲免。因客游京口。[6]侯景平，高祖鎮朱方，[7]素聞其名，以書要之。景歷對使人答書，筆不停綴，[8]文不重改。曰：

［1］解褐：脱去平民所穿的衣服，換上官服，擔任官職，指入仕。

［2］海陽：縣名。治所在今廣東潮州市東北。

［3］梁簡文帝：蕭綱。字世纘，小字六通，梁武帝第三子。

《梁書》卷四、《南史》卷八有紀。

[4]南康嗣王蕭會理：蕭會理，字長才，南康簡王蕭績之子，梁武帝之孫。侯景之亂時，圖謀起兵平定侯景，事泄被殺。《梁書》卷二九、《南史》卷五三有附傳。

[5]王偉：南朝梁人，陳留（今河南開封市）人。少有才學，後隨侯景叛亂，爲謀主，侯景文檄皆其所草。及侯景攻陷建康，累遷至尚書左僕射。侯景兵敗，被囚送江陵，烹於市。

[6]京口：地名。在今江蘇鎮江市。

[7]朱方：地名。南朝時爲京口或南保州之別稱，在今江蘇鎮江市。

[8]筆不停綴：一氣呵成。停綴，《南史》卷六八《蔡景歷傳》作“停輟”。林劭乾《陳書異文考證》云：“按輟，止也。綴，連屬也。‘筆不停輟’，作‘輟’與‘綴’，義並可通。唯《文選》禰衡《鸚鵡賦序》：‘衡因爲賦，筆不停綴，文不加點。’爲斯語所本，其‘停綴’字作‘綴’。較汲古本、殿本早出之宋浙本、南監本，及《册府》七二七、八五〇亦與《文選》並同作‘綴’。疑古本《陳書》此字原作‘綴’，至汲古本與殿本，始因‘輟’‘綴’形近而訛作‘輟’，則此當據早出之宋明刻本及《册府》七二七、八五〇回改作‘綴’爲是。”（第147—148頁）

　　蒙降札書，曲垂引逮，伏覽循回，載深欣暢。[1]竊以世求名駿，行地能致千里，時愛奇寶，照車遂有徑寸。[2]但《雲》《咸》斯奏，[3]自輟《巴渝》，[4]杞梓方雕，豈盼樗櫟。

[1]“蒙降札書”至“載深欣暢”：意思是承蒙寄來書信，屈意垂愛引進，伏案反復閱讀，深感欣慰。

[2]時愛奇寶，照車遂有徑寸：典出《史記》卷四六《田敬仲

完世家》。此喻指人才的重要性。

[3]《雲》《咸》：古樂《雲門》與《咸池》的並稱。相傳黃帝樂有《雲門》。二者連舉，泛指古樂。

[4]《巴渝》：古曲調名。《漢書》卷五七上《司馬相如傳上》顏師古注"巴俞"曰："巴俞之人剛勇好舞，初高祖用之，克平三秦，美其功力，後使樂府習之，因名《巴俞舞》也。"

仰惟明將軍使君侯節下，英才挺茂，雄姿秀拔，運屬時艱，志匡多難，振衡岳而綏五嶺，[1]滌瀟源而澄九派，[2]帶甲十萬，彊弩數千，誓勤王之師，總義夫之力，鯨鯢式剪，役不踰時，氛霧廓清，士無血刃。雖漢誅禄、産，[3]舉朝寔賴絳侯，[4]晉討約、峻，[5]中外一資陶牧，[6]比事論功，彼奚足筭。[7]加以抗威兗服，[8]冠蓋通於北門，[9]整旆徐方，詠歌溢於東道，能使邊亭臥鼓，行旅露宿，巷不拾遺，市無異價，洋洋乎功德政化，曠古未儔，諒非膚淺所能殫述。是以天下之人，向風慕義，接踵披衿，雜遝而至矣。或帝室英賢，貴游令望，齊、楚秀異，[10]荆、吳岐嶷。[11]武夫則猛氣紛紜，雄心四據，陸拔山岳，水斷蚪龍，六鈞之弓，左右馳射，萬人之劍，短兵交接，攻壘若文鴦，[12]焚艦如黄蓋，[13]百戰百勝，貔貅爲群。文人則通儒博識，英才偉器，雕麗暉焕，摛掞絢藻，子雲不能抗其筆，[14]元瑜無以高其記，尺翰馳而聊城下，[15]清談奮而嬴軍却。[16]復有三河辯客，改哀樂於須臾；[17]六奇謀士，斷變反於倏忽。[18]治民如子賤，踐境有成；[19]折獄如仲由，片辭從理。[20]直言如毛遂，能屬主威；[21]銜使若相如，不辱君命。[22]懷忠抱義，感恩徇己，誠斷黃金，精貫白日，海內雄賢，牢籠斯備。明將軍徹鞍下馬，推案止食，申爵以榮之，築館以安之，輕財重氣，卑躬厚士，盛矣哉！盛矣哉！

[1]衡岳：南岳衡山。　五嶺：亦作“五領”。大庾嶺、越城嶺、騎田嶺、萌渚嶺、都龐嶺的總稱，位於今江西、湖南、廣東、廣西四省之間，是長江與珠江流域的分水嶺。

[2]九派：長江在湖北、江西一帶有九條支流，因以九派指這一帶的長江，後亦泛指長江。

[3]禄、産：即呂禄與呂産，單父（今山東單縣）人，均爲呂后姪子，分別被封爲趙王與梁王，掌控南北軍。呂后去世，二人欲爲亂，被西漢大臣陳平、周勃等聯合誅殺。事見《史記》卷九《呂太后本紀》。

[4]絳侯：周勃。沛（今江蘇沛縣）人。西漢大臣。跟隨劉邦定天下，高祖六年（前201），被封爲絳侯。《史記》卷五七有世家。

[5]約、峻：即祖約與蘇峻。祖約，字士少，范陽遒（今河北淶水縣北）人。祖逖之弟。晋懷帝永嘉末，隨其兄祖逖南渡。東晋成帝咸和二年（327），他與蘇峻以討庾亮爲名反晋，次年攻破建康。不久遂爲温嶠、陶侃所擊敗，奔後趙，終爲石勒所殺。《晋書》卷一○○有傳。蘇峻，字子高，長廣掖（今山東萊州市）人。兵敗被殺。《晋書》卷一○○有傳。

[6]陶牧：陶侃。字士行，成帝咸和二年，蘇峻反。温嶠、庾亮推陶侃爲盟主，遂率軍斬殺蘇峻，收復建康。《晋書》卷六六有傳。

［7］彼奚足筭：他們哪稱得上是君侯一類的人物。

［8］袞服：林礽乾《陳書異文考證》云：“按‘袞服’之‘袞’當從衣作‘袞’。‘袞服’爲上公之禮服，亦以爲三公之稱。‘抗威袞服’之‘袞’（从衣公聲），音‘滾’。各本訛作‘兗州’之‘兗’（音演）。當改正作‘袞’爲是。”（第149頁）

［9］北門：指北方。

［10］齊、楚秀異：指齊國、楚國的優異人才。

［11］荆、吴岐嶷：指荆地、吴地的聰穎少年。

［12］文鴦：西晋末東部鮮卑族人。段匹磾之弟。勇武有力。隨兄與劉琨結盟，共討石勒。後爲段末波及石虎所困，文鴦血戰整日，力竭被執，爲石虎毒死。事見《晋書》卷六三《段匹磾傳》。

［13］黄蓋：字公覆，零陵泉陵（今湖南永州市北）人。東漢末隨孫堅起兵。孫權時隨周瑜與曹軍進行赤壁之戰，因采納他的火攻策略，遂獲得大勝。《三國志》卷五五有傳。

［14］子雲：即揚雄，字子雲。蜀郡成都（今四川成都市）人。西漢官吏、文人。善爲辭賦，以文章名世。《漢書》卷八七有傳。

［15］聊城：縣名。治所在今山東聊城市。

［16］清談奮而嬴軍却：戰國齊人魯仲連憑三寸不爛之舌游説使秦軍退回。

［17］復有三河辯客，改哀樂於須臾：又有三河善辯之客，須臾之間就更定了哀樂。

［18］六奇謀士，斷變反於倏忽：西漢陳平那樣六出奇計，瞬息之間就判斷出謀反之人。事見《史記》卷五六《陳丞相世家》。

［19］治民如子賤，踐境有成：像子賤那樣治理天下百姓，讓老百姓都獲得好收成。宓不齊，字子賤。春秋魯人。事見《史記》卷六七《仲尼弟子列傳》。

［20］折獄如仲由，片辭從理：像子路那樣判案，三言兩語便道出其中内情。

［21］直言如毛遂，能屬主威：像毛遂那樣直言自薦，能宣揚主

人之威德。

[22]銜使若相如，不辱君命：像藺相如那樣奉命出使，做到不辱使命。

抑又聞之，戰國將相，咸推引賓游；中代岳牧，[1]立盛延僚友。濟濟多士，所以成將軍之貴。但量能校實，稱才任使，員行方止，各盡其宜，受委責成，誰不畢力。至如走賤，妄庸人耳。秋冬讀書，終慙專學，刀筆爲吏，竟闕異等。衡門衰素，無所聞達，薄宦輕資，焉能遠大。自陽九遘屯，天步艱阻，同彼貴仕，溺於巨寇，亟隣危殆，備踐薄冰。今王道中興，愍憂啓運，獲存微命，足爲幸甚，方歡飲啄，是謂來蘇。然皇鑾未反，宛、洛蕪曠，四壁固三軍之餘，長夏無半菽之産，遨游故人，聊爲借貸，屬此樂土，洵美忘歸。竊服高義，暫謁門下，明將軍降以顏色，二三士友假其餘論，菅蒯不弃，折簡賜留，欲以雞鶩厠鴛鴻於池沼，將移瓦礫參金碧之聲價。昔折脅游秦，忽逢盼採；[2]檐簦入趙，便致留連。[3]今雖羈旅，方之非匹，樊林之責，何用克堪。但眇眇纖蘿，憑喬松以自聳，蠢蠢輕蚋，託驥尾而遠騖。竊不自涯，願備下走，且爲腹背之毛，脱充鳴吠之數，增榮改觀，爲幸已多。海不厭深，山不讓高，敢布心腹，惟將軍覽焉。

[1]中代岳牧：指漢晋仕宦。

[2]昔折脅游秦，忽逢盼採：從前張儀屈身游説秦國，忽然間就被重用了。

[3]檐簦入趙，便致留連：虞卿以布衣游説趙孝成王，亦被留用。

高祖得書，甚加欽賞。仍更賜書報答，即日板征北府中記室參軍，[1]仍領記室。

[1]板征：即板授。官制用語。指地方軍政長官自行選用官員，未經吏部正式任命，而由州、府的户曹行板文委派。

衡陽獻王昌時爲吳興郡，[1]昌年尚少，吳興，王之鄉里，父老故人，尊卑有數。高祖恐昌年少，接對乖禮，乃遣景歷輔之。承聖中，[2]授通直散騎侍郎，[3]還掌府記室。高祖將討王僧辯，獨與侯安都等數人謀之，[4]景歷弗之知也。部分既畢，召令草檄，景歷援筆立成，辭義感激，事皆稱旨。僧辯誅，高祖輔政，除從事中郎，掌記室如故。紹泰元年，[5]遷給事黃門侍郎，兼掌相府記室。高祖受禪，遷秘書監，[6]中書通事舍人，[7]掌詔誥。永定二年，[8]坐妻弟劉淹詐受周寶安餉馬，[9]爲御史中丞沈炯所劾，[10]降爲中書侍郎，舍人如故。

[1]衡陽獻王昌：底本無“昌”字，中華本校勘記云：“據《元龜》七〇八、七二七補。錢大昕《廿二史考異》云當移‘昌’字於‘衡陽獻王’之下。今按：此特‘衡陽獻王’下脱一‘昌’字耳，下‘昌’字不當移。”今從補。衡陽獻王昌，即陳昌，陳霸先第六子。本書卷一四、《南史》卷六五有傳。

[2]承聖：南朝梁元帝蕭繹年號（552—555）。

[3]通直散騎侍郎：官名。東晉元帝太興元年（318）設，因將員外散騎侍郎二人與散騎侍郎通員值班而得名。不久爲專職。執掌與散騎侍郎同。梁六班。陳第六品，秩千石。

[4]侯安都：字成師，始興曲江（今廣東韶關市南武水西岸）人。本書卷八、《南史》卷六六有傳。

[5]紹泰：南朝梁敬帝蕭方智年號（555—556）。

[6]秘書監：官名。秘書省長官，掌圖書經籍。陳第四品，秩中二千石。

[7]中書通事舍人：官名。中書省屬官。掌入直閣内，呈奏案章。南朝宋以降漸用寒士及皇帝親信擔任此職，奪中書侍郎草擬詔誥之權。至梁代用人殊重，選以才能，不限資地，專掌中書詔誥，權勢顯赫，多以他官兼領。梁四班。陳第八品。

[8]永定：南朝陳武帝陳霸先年號（557—559）。

[9]周寶安：字安民，義興陽羨（今江蘇宜興市）人。周文育之子。本書卷八、《南史》卷六六有附傳。

[10]御史中丞：官名。御史臺長官。掌監察百官，奏劾不法。陳第三品，秩二千石。

三年，高祖崩，時外有彊寇，世祖鎮于南皖，[1]朝無重臣，宣后呼景歷及江大權、杜稜定議，[2]乃秘不發喪，疾召世祖。景歷躬共宦者及内人，密營斂服。時既暑熱，須治梓宫，[3]恐斤斧之聲或聞于外，仍以蠟爲秘器。[4]文書詔誥，依舊宣行。世祖即位，復爲秘書監，舍人如故。以定策功，封新豐縣子，[5]邑四百户。累遷散騎常侍。世祖誅侯安都，景歷勸成其事。天嘉三年，以功遷太子左衛率，[6]進爵爲侯，增邑百户，常侍、舍人如故。六年，坐妻兄劉洽依倚景歷權勢，前後姦訛，并受歐陽武威餉絹百匹，[7]免官。

[1]南皖：即皖口。皖水入長江口，在今安徽懷寧縣東。

[2]宣后：南朝陳高祖宣皇后章要兒。本書卷七、《南史》卷一二有傳。　江大權：字伯謀，濟陽考城（今河南民權縣東北）人。陳武帝卒時，與蔡景歷等定議急召臨川王陳蒨回建康，共立之。《南史》卷六八有附傳。　杜稜：字雄盛，吳郡錢塘（今浙江杭州市）人。本書卷一二、《南史》卷六七有傳。

[3]梓宮：帝王的棺椁。

[4]秘器：葬棺。

[5]新豐：縣名。治所在今湖北竹溪縣東南。

[6]天嘉三年：按，疑“天嘉三年”有誤，侯安都於天嘉四年（563）六月被誘捕賜死。蔡景歷因功遷升應在天嘉四年或五年。參見蔣伯良《〈梁書〉〈陳書〉舛誤辨》，《寧波大學學報》2003年第3期。　太子左衛率：官名。西晉武帝泰始五年（269）分太子衛率而置，領精兵萬人，宿衛東宮，亦任征伐，地位頗重。東晉、南朝皆置。梁十一班。陳第四品，秩二千石。

[7]并受歐陽武威餉絹百匹：中華本校勘記云：“殿本《考證》云《南史》無‘武’字。今按：此亦改複名爲單名，《南史》往往如此。”

廢帝即位，[1]起爲鎮東鄱陽王諮議參軍，[2]兼太舟卿。[3]華皎反，[4]以景歷爲武勝將軍、吳明徹軍司。[5]皎平，明徹於軍中輒戮安成內史楊文通，[6]又受降人馬仗有不分明，[7]景歷又坐不能匡正，被收付治。久之，獲宥，起爲鎮東鄱陽王諮議參軍。

[1]廢帝：南朝陳文帝嫡長子陳伯宗。本書卷四、《南史》卷九有紀。

[2]鎮東鄱陽王：陳文帝天嘉元年（560）封其三子陳伯山爲鄱陽王。天康元年（566），進號鎮北將軍。光大元年（567），徙爲鎮東將軍。鄱陽，郡名。治所在今江西鄱陽縣。　諮議參軍：官名。又稱諮議參軍事。府屬僚佐之一。掌諮詢謀議軍事，其位在諸參軍之上。皇弟皇子府諮議參軍，陳第五品。

[3]太舟卿：中華本校勘記云：“‘太舟卿’南監本、汲本、殿本並作‘太府卿’。殿本《考證》云：‘“府”監本誤“舟”，今改正。’今按：梁天監七年，以都水使者爲太舟卿，爲列卿之最末者，主舟航堤渠，見《隋書·百官志》，殿本妄改。”

[4]華皎：晋陵暨陽（今江蘇江陰市東南）人。本書卷二〇、《南史》卷六八有傳。

[5]武勝將軍：官名。十武將軍之一。南朝梁武帝普通六年（525）置，定爲武職三十四班中的二十一班。陳擬六品，比秩千石。　吴明徹：字通昭，秦郡（今江蘇南京市六合區西北）人。南朝梁、陳官吏、將領。太建九年（577），受命北伐，爲北周所俘，後卒於長安。本書卷九、《南史》卷六六有傳。　軍司：官名。晋避司馬師諱，改稱軍師爲軍司。東晋、南朝、北魏、北齊沿置。爲諸軍府主要僚屬，佐主帥統帶軍隊，負有匡正監察主帥之責，地位很高，常繼任主帥。

[6]安成：郡名。治所在今江西安福縣。　内史：官名。王國行政長官，掌王國民政，職同太守。陳第六品，秩六百石。

[7]馬仗：車馬器仗。

　　高宗即位，[1]遷宣惠豫章王長史，[2]帶會稽郡守，[3]行東揚州府事。[4]秩滿，遷戎昭將軍、宣毅長沙王長史、尋陽太守，[5]行江州府事，[6]以疾辭，遂不行。入爲通直

散騎常侍、中書通事舍人，掌詔誥，仍復封邑。遷太子
左衛率，常侍、舍人如故。

　　[1]高宗：南朝陳宣帝陳頊廟號。陳頊，字紹世。南朝陳第三
任皇帝。本書卷五、《南史》卷一〇有紀。
　　[2]宣惠豫章王：陳叔英。字子烈，高宗第三子。天嘉元年
（560），封建安侯。太建元年（569），改封豫章王，仍爲宣惠將
軍、都督東揚州諸軍事、東揚州刺史。陳亡後，降隋。本書卷二
八、《南史》卷六五有傳。豫章，郡名。治所在今江西南昌市。
長史：官名。秦始置。漢魏以來，三公、將軍、郡守等官署皆置，
往往爲本署事務長官。品秩依府主身份不同而有變化。
　　[3]會稽：郡名。治所在今浙江紹興市。
　　[4]行：代行其職。官缺未補，由他官代理，高級官員兼行其
職，或由低級官員代行其職，皆稱“行”。　東揚州：州名。治所
在今浙江紹興市。
　　[5]戎昭將軍：官名。陳擬八品，比秩六百石。　宣毅長沙王：
中華本校勘記云：“‘宣毅’汲本作‘宣豫’，殿本依北監本作‘宣
義’。按長沙王陳叔堅於太建四年爲宣毅將軍，作‘宣毅’是。”
長沙王，即陳叔堅，字子成，陳宣帝第四子。太建元年封爲長沙
王。本書卷二八、《南史》卷六五有傳。長沙，郡名。治所在今湖
南長沙市。　尋陽：郡名。治所在今江西九江市。
　　[6]江州：州名。治所在今江西九江市。

　　太建五年，[1]都督吳明徹北伐，所向克捷，與周將
梁士彥戰於呂梁，[2]大破之，斬獲萬計，方欲進圖彭
城。[3]是時高宗銳意河南，以爲指麾可定，景歷諫稱師
老將驕，不宜過窮遠略。高宗惡其沮衆，大怒，猶以朝

廷舊臣，不深罪責，出爲宣遠將軍、豫章內史。[4]未行，爲飛章所劾，以在省之日，贓汙狼藉，帝令有司按問，[5]景歷但承其半。於是御史中丞宗元饒奏曰："臣聞士之行己，忠以事上，廉以持身，苟違斯道，刑兹罔赦。謹按宣遠將軍、豫章內史新豐縣開國侯景歷，因藉多幸，豫奉興王，皇運權輿，頗參締構。天嘉之世，贓賄狼藉，聖恩録用，許以更鳴，裂壤崇階，不遠斯復。不能改節自勵，以報曲成，遂乃專擅貪汙，彰於遠近，一則已甚，其可再乎？宜真刑書，以明秋憲。臣等參議，以見事免景歷所居官，下鴻臚削爵土。[6]謹奉白簡以聞。"詔曰"可"。於是徙居會稽。及吳明徹敗，帝思景歷前言，即日追還，復以爲征南鄱陽王諮議參軍。數日，遷員外散騎常侍，兼御史中丞，復本封爵，入守度支尚書。[7]舊式拜官在午後，景歷拜日，適值輿駕幸玄武觀，[8]在位皆侍宴，帝恐景歷不豫，特令早拜，其見重如此。

[1]太建：南朝陳宣帝陳頊年號（569—582）。

[2]吕梁：古城名。在今江蘇徐州市銅山區東南。

[3]彭城：郡名。治所在今江蘇徐州市。

[4]宣遠將軍：官名。梁武帝大通三年（529）以此職代明烈將軍。爲武職三十四班中的二十三班。陳擬五品，比秩千石。

[5]帝令有司按問：帝，底本作"章"，中華本校勘記云："'帝'原訛'章'，今據北監本、汲本、殿本及《南史》、《元龜》五一九改正。"今從改。

[6]鴻臚：官名。即鴻臚卿，掌朝會時贊導禮儀。梁九班。陳

第三品，秩中二千石。

[7]度支尚書：官名。尚書省列曹尚書之一，掌管全國貢稅租賦的統計、調撥、支出等事。梁十三班。陳第三品，秩中二千石。

[8]玄武觀：寺觀名。在今江蘇南京市城區東北。

是歲，以疾卒官，時年六十。贈太常卿，[1]謚曰敬。十三年，改葬，重贈中領軍。禎明元年，[2]配享高祖廟庭。二年，輿駕親幸其宅，重贈景歷侍中、中撫將軍，謚曰忠敬，給鼓吹一部，[3]并於墓所立碑。

[1]太常卿：官名。太常的尊稱。諸卿之一，掌禮樂、祀祠、文教。梁十四班。陳第三品，秩中二千石。

[2]禎明：南朝陳後主陳叔寶年號（587—589）。

[3]鼓吹：本指演奏鼓吹樂的樂隊，用於軍中。後漸變爲皇帝賜予臣下的一種禮遇。魏晉其賜甚輕，南北朝復重，多賜權臣及有功者。

景歷屬文，不尚雕靡，而長於叙事，應機敏速，爲當世所稱。有文集三十卷。

劉師知，沛國相人也。[1]家世素族。祖奚之，齊晋安王諮議參軍，[2]淮南太守，[3]有能政，齊武帝手詔頻褒賞。[4]父景彥，梁尚書左丞、司農卿。[5]

[1]沛國：郡名。治所在今安徽濉溪縣西北。　相：縣名。治所在今安徽濉溪縣西北。

[2]齊晋安王：蕭子懋。字雲昌，南朝齊武帝第七子。初封江

陵公，改封晉安王。延興元年（494），欲於江州起兵，事敗被殺。《南齊書》卷四〇、《南史》卷四四有傳。

〔3〕淮南：郡名。治所在今安徽當塗縣。

〔4〕齊武帝：蕭賾，字宣遠。廟號世祖。《南齊書》卷三、《南史》卷四有紀。

〔5〕尚書左丞：官名。尚書省屬官。與尚書右丞分掌尚書都省事務，糾駁諸司文案。梁九班。陳第四品，秩六百石。　司農卿：官名。南朝梁武帝天監七年（508），改大司農爲司農卿，掌勸農、倉儲、園苑、供應宮廷膳饈等事，十一班。陳第三品，秩中二千石。

師知好學，有當世才。博涉書史，工文筆，善儀體，臺閣故事，[1]多所詳悉。梁世歷王府參軍。紹泰初，高祖入輔，以師知爲中書舍人，[2]掌詔誥。是時兵亂之後，禮儀多闕，高祖爲丞相及加九錫并受禪，[3]其儀注竝師知所定焉。高祖受命，仍爲舍人。性疎簡，與物多忤，雖位宦不遷，而委任甚重，其所獻替，皆有弘益。

〔1〕臺閣故事：朝廷掌故。

〔2〕中書舍人：官名。原名中書通事舍人，梁、陳去“通事”二字，而徑稱“中書舍人”。職掌收納、轉呈章奏事宜。陳第八品。

〔3〕九錫：即一車馬，二衣服，三樂則，四朱戶，五納陛，六虎賁，七弓矢，八鈇鉞，九秬鬯。

及高祖崩，六日成服，朝臣共議大行皇帝靈座俠御人所服衣服吉凶之制，[1]博士沈文阿議，宜服吉服。師知議云：“既稱成服，本備喪禮，靈筵服物，[2]皆悉縞素。今雖無大行俠御官事，按梁昭明太子薨，[3]成服俠侍之官，悉著縗斬，[4]唯著鎧不異，此即可擬。愚謂六日成服，俠靈座須服縗絰。"[5]中書舍人蔡景歷亦云："雖不悉準，按山陵有凶吉羽儀，成服唯凶無吉，文武俠御，不容獨鳴玉珥貂，情禮二三，理宜縗斬。"中書舍人江德藻、謝岐等竝同師知議。文阿重議云："檢晉、宋《山陵儀》：'靈輿梓宮降殿，各侍中奏。'又《成服儀》稱：'靈輿梓宮容俠御官及香橙。'又檢《靈輿梓宮進止儀》稱：'直靈俠御吉服，在吉鹵簿中。'又云：'梓宮俠御縗服，在凶鹵簿中。'是則在殿吉凶兩俠御也。"時以二議不同，乃啓取左丞徐陵決斷。[6]陵云："梓宮祔山陵，靈筵祔宗廟，有此分判，便驗吉凶。按《山陵鹵簿》吉部伍中，[7]公卿以下導引者，爰及武賁、鼓吹、執蓋、奉車，[8]竝是吉服，豈容俠御獨爲縗絰邪？斷可知矣。若言公卿胥吏竝服縗苴，此與梓宮部伍有何差別？若言文物竝吉，司事者凶，豈容衽絰而奉華蓋，[9]縗衣而升玉輅邪？同博士議。"

[1]大行皇帝：指剛死尚未定諡號的皇帝。　俠御：守靈人。

[2]靈筵：供奉亡靈的几筵。

[3]梁昭明太子：蕭統。字德施，梁武帝長子。天監元年（502）立爲皇太子。少習儒、佛經典，善文章詩賦。編有《文選》等。中大通三年（531）病卒，諡昭明。《梁書》卷二八、《南史》卷五三有傳。

[4]縗（cuī）斬：又稱斬衰。縗，通"衰"。古代喪服名。"五服"中最重的一種。其服用最粗的麻布做成，不緝邊，使斷處

外露，以示無飾，故稱"斬衰"。服期三年。凡子及未嫁女爲父、承重孫爲祖父、妻爲夫，皆服之。

[5]絰（dié）：古代喪服中結在頭上或腰間的麻帶。

[6]徐陵：字孝穆，東海郯（今山東郯城縣北）人。本書卷二六有傳，《南史》卷六二有附傳。

[7]伍中：伍，底本作"位"，中華本據北監本、汲本、殿本及《南史》改，今從改。

[8]武賁：即"虎賁"，避唐諱改。

[9]衽：底本作"社"，中華本據北監本、汲本、殿本及《南史》改，今從改。

師知又議曰："左丞引梓宮祔山陵，靈筵祔宗廟，必有吉凶二部，成服不容上凶，博士猶執前斷，終是山陵之禮。若龍駕啓殯，鑾輿兼設，吉凶之儀，由來本備，準之成服，愚有未安。夫喪禮之制，自天子達。按王文憲《喪服明記》云：'官品第三，侍靈人二十。官品第四，下達士禮，侍靈之數，竝有十人。皆白布袴褶，著白絹帽。內喪女侍數如外，而著齊繐。[1]或問內外侍靈是同，何忽繐服有異？答云，若依君臣之禮，則外侍斬，內侍齊。頃世多故，禮隨事省。諸侯以下，臣吏蓋微，至於侍奉，多出義附，君臣之節不全，繐冠之費實闕，所以因其常服，止變帽而已。婦人侍者，皆是卑隸，君妾之道既純，服章所以備矣。'皇朝之典，猶自不然，以此而推，是知服斬。彼有侍靈，則猶俠御，既著白帽，理無彤服。且梁昭明《儀注》，今則見存，二文顯證，差爲成準。且禮出人情，可得消息。凡人有喪，既陳筵机，繐帷靈屏，[2]變其常儀，蘆箔草廬，即其凶禮。堂室之內，親賓具來，齊斬麻緦，差池哭次，玄冠不弔，莫非素服。豈見門生故吏，綃縠間趨，左姬右姜，紅紫相糅？況四海遏密，率土之情是同，三軍縞素，爲服之制斯壹。遂使千門旦啓，非塗堊於彤闈，百僚戻止，變服麤於朱軷，而耀金在列，鳴玉節行，求之懷抱，固爲未愜，準以禮經，彌無前事。豈可成服之儀，譬以山陵之禮？葬既始終已畢，故有吉凶之儀，所謂成服，本成喪禮，百司外內，皆變吉容，俠御獨不，何謂成服？若靈無俠御則已，有則必應繐服。”

[1]齊（zī）縗：古代喪服名。五服之一，次於斬衰。喪服用粗麻布製成，以其緝邊，故稱“齊衰”。服期有一年的，如孫爲祖父母，夫爲妻；也有五月的，如爲曾祖父母；亦有三月的，如爲高祖父母。

[2]繐（suì）帷靈屏：中華本校勘記云：“‘屏’北監本、汲本、殿本作‘房’。張元濟校勘記云：‘“房”爲“宸”之誤，屏宸一物。按下文有“梓宮靈宸”之語，“屏”或原作“宸”。’”

謝岐議曰：“靈筵祔宗廟，梓宮祔山陵，實如左丞議。但山陵鹵簿，備有吉凶，從靈輿者儀服無變，從梓宮者皆服苴縗。[1]爰至士禮，悉同此制，此自是山陵之儀，非關成服。今謂梓宮靈宸，共在西階，稱爲成服，亦無鹵簿，直是爰自胥吏，上至王公，四海之內，必備繐絰。案梁昭明太子薨，略是成例，豈容凡百士庶，悉皆服重，而侍中至於武衛，最是近官，反鳴玉紆青，與平吉不異？左丞既推以山陵事，愚意或謂與成服有殊。若爾日俠御，文武不異，維侍靈之人，主書、宣傳、齊幹、應敕，悉應不改。"蔡景歷又議云："俠御之官，本出五百，爾日備服居廬，仍於本省，引上登殿，豈應變服貂玉？若別攝餘官，以充簪珥，則爾日便有不成服者。山陵自有吉凶二議，成服凶而不吉，猶依前議，同劉舍人。"德藻又議云："愚謂祖葬之辰，始終永畢，達官有追贈，須表恩榮，有吉鹵簿，恐由此義，私家放斆，因以成俗。上服本變吉爲凶，理不應猶襲紈綺。劉舍人引王衛軍《喪儀》及檢梁昭明故事，此明據已審，博士、左丞乃各盡事衷，既未取證，須更詢詳，宜諮八座、詹事、太常、中丞及中庶諸通袁樞、張種、周弘正、弘讓、沈炯、孔奐。"[2]時八座以下，並請："案群議，斟酌舊儀，梁昭明太子《喪成服儀注》，明文見存，足爲準的。成服日，侍官理不容猶從吉禮。其葬禮分吉，自是山陵之時，非關成服之日。愚謂劉舍人議於事爲允。"陵重答云："老病屬纊，不能多説，古人爭議，多成怨府，傅玄見尤於晉代，[3]王商取陷於漢朝，[4]謹自三緘，敬同高命。若萬一不死，猶得展言，庶與朝賢更申揚搉。"文阿猶執所見，衆議不能決，乃具録二議奏聞，從師知議。[5]

[1]苴緦：用麻草織成的喪服。

[2]"宜諮八座"至"孔奐"：及，底本作"孔"，中華本校勘記云："據各本改。按本卷後附舊校，云《劉師知傳》'孔中庶諸通'疑，是曾鞏等所見本亦訛'及'爲'孔'也。"按，"孔中庶

諸通”義不通，各本“孔”改作“及”是。今從改。

[3]傅玄：字休奕，北地泥陽（今甘肅寧縣東南）人。博學善屬文，性剛直。《晉書》卷四七有傳。

[4]王商：字子威，涿郡蠡吾（今河北博野縣西南）人。西漢官吏。因對成帝舅大將軍王鳳專權不滿，被讒免相，嘔血而死。《漢書》卷八二有傳。

[5]案，趙翼《廿二史劄記》卷九《陳書多避諱》云：“劉師知爲陳武帝害梁敬帝，入宮誘帝出，帝覺之，遶牀而走，曰：‘師知賣我。’師知執帝衣，行事者加刃焉（見《南史》）。此則師知弒逆之罪上通於天，何得曲爲之諱。乃《陳書·師知傳》絶無一字及之，但叙其議大行靈前俠御不宜吉服一疏，並載沈文阿、徐陵、謝岐、蔡景歷、劉德藻等各議，共三千餘字，敷演成篇，以見師知議禮之獨精，此豈非曲爲迴護邪?”《陳書》迴護的原因在於“蓋姚察父子本與劉師知及寄兄荔同官於陳”，故“《南史》於《師知傳》明書其事，洵爲直筆”。王鳴盛《十七史商榷》卷六四《劉師知傳增事》亦云：“《劉師知傳》：爲中書舍人，梁敬帝在內殿，師知常侍左右。及將加害，師知詐帝令出，帝覺，遶牀走曰：‘師知賣我，陳霸先反。我本不須作天子，何意見殺。’師知執帝衣，行事者加刃焉。既而報陳武帝曰：‘事已了。’武帝曰：‘卿乃忠於我，後莫復爾。’師知不對。此段《陳書》所無，此《南史》之遠勝本書處。姚察陳臣，故諱之，其子不加益也。”

尋遷鴻臚卿，舍人如故。天嘉元年，坐事免。初，世祖敕師知撰《起居注》，自永定二年秋至天嘉元年冬，爲十卷。起爲中書舍人，復掌詔誥。天康元年，[1]世祖不豫，師知與尚書僕射到仲舉等入侍醫藥。[2]世祖崩，預受顧命。及高宗爲尚書令，入輔，光大元年，[3]師知與仲舉等遣舍人殷不佞矯詔令高宗還東府，[4]事覺，於北獄賜死。

[1]天康：南朝陳文帝陳蒨年號（566）。

[2]尚書僕射：官名。原爲尚書省次官，因梁、陳尚書令常缺，僕射實爲尚書省主官。主持尚書省日常政務。陳第二品，秩中二千石。　到仲舉：字德言，彭城武原（今江蘇邳州市西北）人。本書二〇有傳，《南史》卷二五有附傳。

[3]光大元年：此應爲"天康元年"（參見蔣伯良《〈梁書〉〈陳書〉舛誤辨》）。

[4]東府：東晉、南朝都建康時丞相兼領揚州刺史的治所，在今江蘇南京市通濟門附近。

謝岐，會稽山陰人也。[1]父達，梁太學博士。[2]

[1]山陰：縣名。治所在今浙江紹興市。

[2]太學博士：官名。屬太常卿。國子學教官，參議禮制。梁二班。

岐少機警，好學，見稱於梁世。爲尚書金部郎，[1]山陰令。侯景亂，岐流寓東陽。[2]景平，依于張彪。[3]彪在吳郡及會稽，[4]庶事一以委之。彪每征討，恒留岐監郡，知後事。彪敗，高祖引岐參預機密，以爲兼尚書右丞。[5]時軍旅屢興，糧儲多闕，岐所在幹理，深被知遇。永定元年，爲給事黃門侍郎、中書舍人，兼右丞如故。天嘉二年卒，贈通直散騎常侍。

[1]尚書金部郎：官名。尚書省金部曹長官。掌庫藏、金寶、

貨物、度量衡等。梁侍郎六班，郎中五班。陳第四品，秩六百石。

　　[2]東陽：郡名。治所在今浙江金華市。

　　[3]張彪：襄陽（今湖北襄陽市）人。初爲山賊，後舉義討侯景，因功爲東揚州刺史。終爲陳文帝所圍殺。《南史》卷六四有傳。

　　[4]吳郡：郡名。治所在今江蘇蘇州市。

　　[5]尚書右丞：官名。尚書省屬官，與尚書左丞分掌尚書省事務。梁八班。陳第四品，秩六百石。

　　岐弟嶠，篤學，爲世通儒。

　　史臣曰：高祖開基創業，剗定禍亂，武猛固其立功，文翰亦乃展力。[1]趙知禮、蔡景歷早識攀附，預締構之臣焉。劉師知博涉多通，而闇於機變，雖欲存乎節義，終陷極刑，斯不智矣。

　　[1]文翰：中華本校勘記云："‘翰’北監本、汲本、殿本作‘幹’。"《陳書異文考證》云："按作‘文翰’是。‘文翰亦乃展力’與‘武猛固其立功’正相對爲義。汲古本與殿本‘文翰’訛作‘文幹’，當據宋浙本與南監本改。"（第153頁）

陳書　卷一七

列傳第十一

王沖　王通 弟勱　袁敬 兄子樞

　　王沖字長深，琅邪臨沂人也。[1]祖僧衍，齊侍中。[2]父茂璋，梁給事黃門侍郎。[3]沖母，梁武帝妹新安穆公主，卒於齊世，武帝以沖偏孤，深所鍾愛。年十八，起家梁秘書郎。[4]尋爲永嘉太守。[5]入爲太子舍人，[6]以父憂去職。[7]服闋，除太尉臨川王府外兵參軍、東宮領直。[8]累遷太子洗馬、中舍人。[9]出爲招遠將軍、衡陽内史。[10]遷武威將軍、安成嗣王長史、長沙内史，[11]將軍如故。王薨於湘州，仍以沖監湘州事。[12]入爲太子庶子。[13]遷給事黃門侍郎。大同三年，[14]以帝甥賜爵安東亭侯，[15]邑一百五十户。歷明威將軍、南郡太守、太子中庶子、侍中。[16]出監吳郡，滿歲即真。徵爲通直散騎常侍，[17]兼左民尚書。[18]出爲明威將軍、輕車當陽公府長史、江夏太守，[19]行郢州事。[20]遷平西邵陵王長史。[21]轉驃騎廬陵王長史、南郡太守。[22]王薨，行州府事。梁元帝鎮荊州，[23]爲鎮西長史，[24]將軍、太守如故。沖性和順，事上謹肅，習於法令，政在平理，佐藩莅人，[25]鮮有失德，雖無赫赫之譽，[26]久而見思，由是推重，累居二千石。又曉音樂，習歌舞，善與人交，貴游之中，聲名藉甚。[27]

[1]琅邪：郡名。治所在今山東臨沂市。　臨沂：縣名。治所在今山東臨沂市。

[2]侍中：官名。掌侍從左右，顧問應對。

[3]給事黃門侍郎：官名。魏晉南北朝時期爲侍中省或門下省次官，與侍中俱掌門下衆事，侍以左右。魏、晉時尚係侍從官。齊、梁以後，因執掌詔令，備皇帝顧問，地位逐漸提高。梁十班。

[4]秘書郎：官名。秘書監、丞屬官。兩晉南北朝沿置，多爲貴族子弟起家之官。梁二班。

[5]永嘉：郡名。晉明帝太寧元年（323）分臨海置。治所在今浙江溫州市。

[6]太子舍人：官名。掌文章書記，職比散騎、中書侍郎。梁三班。陳第七品，秩二百石。

[7]父憂：遭逢父親喪事。禮制，父母死後，子女要守喪，三年內不做官，不婚娶，不赴宴，不應考。服喪期滿稱服闋。

[8]太尉：官名。魏晉南北朝位列三公之首，爲名譽宰相。梁十八班。陳第一品。　臨川：臨川國，以郡爲國。治南城縣，在今江西南城縣東南。　外兵參軍：官名。掌畿外之兵，兼備參謀諮詢。品級隨府主而定，高低不等。　東宮領直：官名。東宮宿衛官。領直衛之士，因以名官。梁有宿衛之官有四廂領直。

[9]太子洗馬：官名。東宮屬官。掌授官、藝文圖書事。梁六班。陳第六品，秩六百石。　中舍人：官名。即太子中舍人。東宮屬官。與太子中庶子共掌東宮文翰，侍從規諫太子，糾正違闕。梁

八班。陳第五品，秩六百石。

[10]招遠將軍：官名。南朝梁始置，二班。陳沿置，擬九品，比秩四百石。　衡陽內史：衡陽國內史。衡陽國治所在今湖南衡山縣南。晋太康十年（289）改王國相爲內史，職如太守。南朝梁、陳沿置。

[11]武威將軍：官名。雜號將軍。南朝梁、陳沿置。梁十二班。陳擬六品，比秩千石。　安成：安成國。以安成郡爲王國，南朝梁置，屬定州。治安成縣，在今江西賓陽縣東黎塘鎮。　嗣王：爵名。南朝梁始置。陳制同梁。親王嫡子所封之王，與郡王相當，從一品。與藩王、開國郡公、開國縣公同爲二品，南朝梁、陳開府，置府官。　長沙：以郡爲國。治所在今湖南長沙市。

[12]監湘州事：南朝在某州無刺史時，以其他官員監理該州事務，代行刺史職權，稱監某州或監某州事，簡稱監州。詳見《梁書》卷二四《蕭景傳》。湘州，南朝梁武帝置，治新城縣，在今大悟縣東南新城鎮。

[13]太子庶子：官名。東宫屬官。太子的親近侍從官，獻納規諫，直侍左右。隸太子詹事。梁九班。陳第五品，秩六百石。

[14]大同：南朝梁武帝蕭衍年號（535—546）。

[15]安東亭侯：安東，《南史》卷二一《王弘傳》附《王沖傳》作“東安”。東安縣，治所在今浙江湖州市東。

[16]明威將軍：官名。梁十三班。陳擬五品，比秩千石。另梁、陳十明將軍中亦有此號。陳擬六品，比秩千石。　南郡：郡名。治江陵縣，在今湖北荆州市荆州區。

[17]通直散騎常侍：官名。西晋武帝泰始十年（274）使員外散騎常侍二人與散騎常侍通員當值，故名。職同散騎常侍，參平尚書奏事，並掌諷諫、侍從，位頗重。梁十一班。陳第四品，秩二千石。

[18]左民尚書：官名。尚書省左民曹長官。掌户籍和工官之事。梁十三班。陳第三品，秩中二千石。

[19]輕車：輕車將軍。雜號將軍。梁十四班。陳擬五品，比秩千石。　當陽公：當陽縣公。縣公，爵名，晉代置縣公，南朝梁、陳稱開國縣公。當陽，縣名。治所在今湖北當陽市。　江夏：郡名。南朝宋孝建元年（454）徙治夏口城，在今湖北武漢市武昌城區。

[20]郢州：州名。南朝宋孝建元年分荊、湘、江、豫四州置。治汝南縣，在今湖北武漢市武昌區。

[21]平西：平西將軍。雜號將軍。梁二十班。陳擬三品，比秩中二千石。　邵陵：邵陵國，以郡爲國。邵陵郡，治所在今湖南邵陽市。

[22]驃騎：驃騎將軍。軍府名號，加授大臣、重要州郡長官，無具體職掌。梁二十四班。陳擬一品，比秩中二千石。　廬陵：廬陵國，以郡爲國。治所在今江西吉水縣東北。

[23]梁元帝：南朝梁皇帝蕭繹。字世誠，小字七符，梁武帝第七子，廟號世祖。《梁書》卷五、《南史》卷八有紀。　荊州：州名。南朝陳置，治公安縣，在今湖北公安縣。

[24]鎮西：鎮西將軍。雜號將軍。梁、陳時列爲八鎮將軍之一。梁二十三班。陳擬二品，比秩中二千石。

[25]佐藩：輔佐藩王。　茊人：管理百姓。

[26]赫赫：顯赫盛大貌。

[27]藉甚：盛大，卓著。

　　侯景之亂，[1]梁元帝於荊州承制，[2]沖求解南郡，以讓王僧辯，[3]并獻女妓十人，以助軍賞。元帝授持節、督衡桂成合四州諸軍事、雲麾將軍、衡州刺史。[4]元帝第四子元良爲湘州刺史，[5]仍以沖行州事，領長沙內史。[6]侯景平，授翊左將軍、丹陽尹。[7]

[1]侯景之亂：太清二年（548）侯景勾結臨賀王蕭正德，於壽陽起兵反梁，率軍攻破建康，囚禁梁武帝，廢立蕭綱、蕭棟，動亂歷時四年。梁從此衰敗。侯景，南北朝時懷朔鎮（今内蒙古固陽縣西南）人，一說雁門（今山西代縣）人。《梁書》卷五六、《南史》卷八〇有傳。

[2]承制：稟承皇帝旨意，代行其職權。

[3]王僧辯：南朝梁將領。字君才，太原祁（今山西祁縣）人。《梁書》卷四五有傳，《南史》卷六三有附傳。

[4]持節：使臣奉皇帝之命出行，持節杖以爲憑證並示威重，謂之持節。分爲假節、持節、使持節三個權力大小不同的官名，多授予都督諸州軍事及刺史總軍戎者。持節得專殺無官位之人，在軍事行動中有誅殺二千石以下官吏的權力。　督衡桂成合四州諸軍事：督，都督，地方軍政長官。分使持節、持節、假節三種，職權各有不同。稱都督諸州軍事，領駐在州刺史。衡，州名。南朝梁天監六年（507）置，治含洭縣，在今廣東英德市西北浛洸鎮。南朝陳改爲西衡州。桂，州名。梁天監六年置，治武熙縣，在今廣西柳州市西南。成，州名。南朝梁普通四年（523）析廣州置，治梁信縣，在今廣東封開縣東南賀江口。合，州名。南朝梁普通四年置，治所在今廣東雷州市。　雲麾將軍：官名。南朝梁武帝天監七年（508）置爲將軍名號，與武臣、爪牙、龍騎將軍取代舊置前、後、左、右將軍，十八班。陳沿置，爲二十五號將軍之一。擬四品，比秩中二千石。

[5]元良：蕭元良。原名蕭方矩，追謚愍懷太子。《梁書》卷八、《南史》卷五四有傳。

[6]領：官制用語。初指兼領、暫代，即已有本官本職，又暫行他官他職，而不居其位，不任其官。魏晋南北朝多爲暫攝之意，常有以卑官領高職、以白衣領某職者。

[7]翊左將軍：官名。南朝梁置。梁二十班。陳擬三品，比秩中二千石。　丹陽尹：東晋與南朝宋、齊、梁、陳均建都於建業，

設丹陽尹以治之。陳丹陽尹第五品，秩中二千石。

　　武陵王舉兵至峽口，[1]王琳偏將陸納等據湘州應之，[2]沖爲納所拘。納降，重授侍中、中權將軍，[3]量置佐史，尹如故。

　　[1]武陵王：蕭紀。字世詢，別字大智。南朝梁武帝第八子。《梁書》卷五五、《南史》卷五三有傳。　峽口：地名。西陵峽口。在今湖北宜昌市西。

　　[2]王琳：南朝梁末、北齊時會稽山陰（今浙江紹興市）人，字子珩。《北齊書》卷三二、《南史》卷六四有傳。

　　[3]中權將軍：官名。南朝梁武帝天監六年（507）五月置，專授予在京都任職的官員，與中軍、中衛、中撫將軍合稱四中將軍，地位顯要。或分置左、右。梁二十三班。陳擬二品，比秩中二千石。

　　江陵陷，[1]敬帝爲太宰，[2]承制以沖爲左長史。[3]紹泰中，[4]累遷左光禄大夫、尚書右僕射。[5]遷左僕射、開府儀同三司，[6]侍中、將軍如故。尋復領丹陽尹、南徐州大中正，[7]給扶。[8]

　　[1]江陵陷：梁承聖三年（554），西魏大軍攻江陵。江陵陷，元帝蕭繹被殺。魏驅江陵男女數萬口入長安。詳見《梁書》卷五《元帝紀》。江陵，縣名。治所在今湖北荆州市荆州區。

　　[2]敬帝：蕭方智。字慧相，小字法真，梁元帝第九子。《梁書》卷六、《南史》卷八有紀。　太宰：官名。東晋、南朝用作贈官，多用以安置元老勳舊大臣，名義尊榮，無職掌。梁十八班。陳

第一品，秩萬石。

　　[3]左長史：官名。太宰府左長史。統領諸曹。

　　[4]紹泰：南朝梁敬帝蕭方智年號（555—556）。

　　[5]左光禄大夫：官名。南朝時屬光禄勳。梁十六班。陳第二品，秩中二千石。　尚書右僕射：官名。梁、陳常缺尚書令，僕射實爲尚書省主官，列位宰相。梁十五班。陳第二品，秩中二千石。

　　[6]開府儀同三司：官名。三國魏始置，爲大臣加號，意謂與三司即太尉、司徒、司空禮制、待遇相同，許開設府署，自辟僚屬。兩晋南北朝沿置。梁十七班。陳第一品，秩萬石。

　　[7]南徐州：州名。南朝宋永初二年（421）改徐州置，治京口，在今江蘇鎮江市。　大中正：官名。魏晋南北朝稱州中正爲大中正，由司徒選用現任官而又有聲望者在其本籍所在的州任職。品評本州人物，以備政府選用。

　　[8]給扶：給予扶持之人。古時君主賜給大臣的一種禮遇。

　　高祖受禪，[1]解尹，以本官領左光禄大夫。未拜，改領太子少傅。[2]文帝嗣位，解少傅，加特進、左光禄大夫。[3]尋又以本官領丹陽尹，參撰律令。廢帝即位，[4]給親信十人。

　　[1]高祖：南朝陳武帝陳霸先廟號。陳霸先，字興國，小字法生，吳興長城（今浙江長興縣東）人。南朝陳開國君主，謚武，廟號高祖。本書卷一、卷二，《南史》卷九有紀。

　　[2]太子少傅：官名。南朝沿置，職爲輔導太子，與太子太傅合稱“太子二傅”，多爲安置退免大臣的閑職或用作加官、贈官。陳第二品，秩中二千石。

　　[3]特進：加官，用以安置閑退大臣。陳第二品，秩中二千石。

　　[4]廢帝：陳伯宗。字奉業，小字藥王，陳文帝嫡長子。本書

卷四、《南史》卷九有紀。

初，高祖以沖前代舊臣，特申長幼之敬。文帝即位，[1]益加尊重，嘗從文帝幸司空徐度宅，[2]宴筵之上，賜以几。[3]其見重如此。光大元年薨，[4]時年七十六。贈侍中、司空，諡曰元簡。

[1]文帝：陳蒨。字子華，陳武帝兄子，廟號世祖。本書卷三、《南史》卷九有紀。
[2]徐度：南朝陳安陸（今湖北安陸市）人，字孝節。本書卷一二、《南史》卷六七有傳。
[3]賜以几：《太平御覽》卷七一〇《服用部十二》引本書作"賜之以几"。
[4]光大：南朝陳廢帝陳伯宗年號（567—568）。

沖有子三十人。竝致通官。[1]第十二子瑒，[2]別有傳。

[1]通官：高官，顯官。
[2]瑒：王瑒。本書卷二三有傳，《南史》卷二一有附傳。

王通字公達，琅邪臨沂人也。祖份，梁左光禄大夫。父琳，司徒左長史。[1]琳，齊代娶梁武帝妹義興長公主，[2]有子九人，竝知名。

[1]父琳，司徒左長史：中華本校勘記云："'司徒'，北監本、汲本、殿本作'司空'，按錢大昕《廿二史考異》云此別一王琳。"

林礽乾《陳書異文考證》亦以爲作司徒是（文史哲出版社 1979 年版，第 154—155 頁）。左長史，官名。統領諸曹。陳第四品，秩千石。

　　[2]義興長公主：梁文帝之女，名令嫚，梁太祖獻皇后張氏所生。

　　通，梁世起家國子生，[1]舉明經，爲秘書郎、太子舍人。[2]以帝甥封武陽亭侯。[3]累遷王府主簿、限外記室參軍、司徒主簿、太子中庶子、驃騎廬陵王府給事中郎、中權何敬容府長史、給事黃門侍郎，[4]坐事免。

　　[1]國子生：國子學中的學生。國子學創始於晉武帝，至惠帝時完成，是一種貴胄學校，與太學平列，隸屬於太常。太學是庶族地主子弟的就學之地，國子學作爲貴族子弟肄業之所。南朝宋、齊、梁、陳皆設有國子學。

　　[2]秘書郎：官名。多爲世族起家之官。南朝陳制，尚書令、僕射子起家爲此職。梁二班。陳第七品，秩四百石。

　　[3]武陽：縣名。南朝宋改南武陽縣置，治所在今山東平邑縣。屬東泰山郡。

　　[4]王府主簿：官名。梁始於皇弟皇子府設主簿，五班。陳沿置。第七品。　限外：官制用語。南朝梁、陳對定員以外的官吏稱限外。　記室參軍：官名。又稱記室參軍事。西晉始置，爲記室曹長官，掌文疏表奏。南北朝時，皇弟皇子府、嗣王蕃王府、公府、持節都督府皆置，品級自七品至九品不等。　司徒主簿：官名。典領文書簿籍，經辦事務。三公及位從公者加兵，始置主簿。其品位秩級隨府官長地位高下而異。第七品。　王府給事中郎：職參謀議。梁始於皇弟皇子府置從事中郎，陳沿置。中華本校勘記引張森楷校勘記云：“‘給’疑當作‘從’，官志無給事中郎。”　給事黃

門侍郎：官名。侍中省或門下省次官，與侍中俱掌門下衆事，職掌略同。南齊時知詔令，被稱爲“小門下”。梁十班。陳第四品，秩二千石。

　　侯景之亂，奔于江陵，元帝以爲散騎常侍，遷守太常卿。[1]自侯景亂後，臺内宫室，竝皆焚燼，以通兼起部尚書，[2]歸于京師，專掌繕造。

　　[1]太常卿：官名。南朝宋、齊爲“太常”的尊稱。南朝梁定爲官名，掌宗廟、祭祀、禮樂、賓客、車輿、天文、學校、陵園等事。梁十四班。陳第三品，秩中二千石。
　　[2]起部尚書：官名。掌營造宗廟宫室。不常置，每營造宗廟宫室時則置，事畢則省。梁十三班。陳第三品，秩中二千石。

　　江陵陷，敬帝承制以通爲吏部尚書。[1]紹泰元年，加侍中，尚書如故。尋爲尚書右僕射，吏部如故。高祖受禪，遷左僕射，侍中如故。文帝嗣位，領太子少傅。天康元年，[2]爲翊右將軍、右光禄大夫，[3]量置佐史。廢帝即位，號安右將軍，[4]又領南徐州大中正。太建元年，[5]遷左光禄大夫。六年，加特進，侍中、將軍、光禄、佐史竝如故。未拜卒，時年七十二。詔贈本官，謚曰成，葬日給鼓吹一部。[6]弟質、弟固各有傳。

　　[1]吏部尚書：官名。尚書臺（省）吏部曹長官，位居列曹尚書之上。梁十四班。陳第三品，秩中二千石。
　　[2]天康：南朝陳文帝陳蒨年號（566）。
　　[3]翊右將軍：官名。南朝梁置，爲優禮大臣的虚號，加

“大”者進位一階，優者加同三公。陳沿置，擬三品，比秩中二千石。

[4]安右將軍：官名。南朝梁置，爲八安將軍之一，祇授予在京都任職的官員。陳沿置，擬三品，比秩中二千石。如加爲安右大將軍，則進一階。

[5]太建：南朝陳宣帝陳頊年號（569—582）。

[6]鼓吹：備有鼓鉦簫笳樂器的樂隊，用於大駕出游行軍。古代以賜功臣勳將。

　　勘字公濟，[1]通之弟也。美風儀，博涉書史，恬然清簡，未嘗以利欲干懷。梁世爲國子《周易》生，射策舉高第，[2]除秘書郎、太子舍人、宣惠武陵王主簿、輕車河東王功曹史。[3]王出鎮京口，[4]勘將隨之藩，范陽張纘時典選舉，[5]勘造纘言別，纘嘉其風采，乃曰：“王生才地，豈可游外府乎？”奏爲太子洗馬。遷中舍人，司徒左西屬。[6]出爲南徐州別駕從事史。[7]

[1]公濟：中華本校勘記云：“《南史》、《元龜》卷六七二作‘公齊’。”

[2]射策：選官考試的方法之一。其法是把考題書於簡策，根據試題的難易分爲甲、乙兩科、甲乙丙三科，由參試者自由選擇。依據答卷的優劣，朝廷授予不同級別的官職。

[3]河東：河東國。以郡爲國。治松滋縣，在今湖北松滋市西北。　功曹史：官名。梁始於皇弟皇子府設功曹史，梁六班。陳沿置，第七品。

[4]京口：在今江蘇鎮江市。東晉、南朝時，因城憑山臨江，地當江南運河入江之口，通稱京口城。

[5]范陽：郡名。治涿縣，在今河北涿州市。　張纘：字伯緒，范陽方城（今河南方城縣）人。張緬弟。《梁書》卷三四、《南史》卷五六有附傳。

[6]司徒左西屬：官名。晋朝置，司徒府僚屬，參掌左西曹。南朝沿置。梁八班。陳第六品，秩四百石。

[7]別駕從事史：官名。又名別駕。因從刺史行部，別乘傳車，故謂之別駕。秩輕職重，位居州吏之右，與治中從事史同爲州上綱，事無不統。陳第六品。

　　大同末，梁武帝謁園陵，道出朱方，勷隨例迎候，敕勷令從輦側，所經山川，莫不顧問，勷隨事應對，咸有故實。[1]又從登北顧樓，[2]賦詩，辭義清典，帝甚嘉之。

[1]故實：出處，典故。
[2]北顧樓：原名北固樓，在今江蘇鎮江市北固山上。是六朝時期比較重要的軍事建築。

　　時河東王爲廣州刺史，[1]乃以勷爲冠軍河東王長史、南海太守。[2]王至嶺南，多所侵掠，因懼罪稱疾，委州還朝，[3]勷行廣州府事。越中饒沃，前後守宰例多貪縱，勷獨以清白著聞。入爲給事黄門侍郎。

[1]廣州：州名。治番禺縣，在今廣東廣州市。
[2]冠軍：冠軍將軍。陳擬四品，比秩中二千石。　南海：郡名。治番禺縣，在今廣東廣州市。
[3]委：捨棄，丢棄。

侯景之亂，西奔江陵，元帝承制以爲太子中庶子，掌相府管記。[1]出爲寧遠將軍、晋陵太守。[2]時兵饑之後，郡中凋弊，勤爲政清簡，吏民便安之。徵爲侍中，遷五兵尚書。[3]

[1]相府管記：掌文書。多置於東宫、相府、王府等。常以文學之士擔任，亦有以中書侍郎兼掌者。一說即記室參軍之職。

[2]寧遠將軍：官名。雜號將軍。梁十三班。陳擬五品，比秩千石。　晋陵：郡名。治晋陵縣，在今江蘇常州市。屬南徐州。

[3]五兵尚書：官名。領中兵、外兵、騎兵三曹。梁十三班。陳第三品，秩中二千石。

及西魏寇江陵，[1]元帝徵湘州刺史宜豐侯蕭循入援，[2]以勤監湘州。江陵陷，敬帝承制以爲中書令。[3]紹泰元年加侍中。高祖爲司空，以勤兼司空長史。[4]高祖爲丞相，勤兼丞相長史，[5]侍中、中書令竝如故。時吴中遭亂，民多乏絶，乃以勤監吴興郡。[6]及蕭勃平後，[7]又以勤舊在嶺表，早有政勣，乃授使持節、都督廣州等二十州諸軍事、平南將軍、平越中郎將、廣州刺史。[8]未行，改爲衡州刺史，持節、都督竝如故。王琳據有上流，衡、廣攜貳，勤不得之鎮，留于大庾嶺。[9]天嘉元年，[10]徵爲侍中、都官尚書，[11]未拜，復爲中書令。遷太子詹事，[12]行東宫事，侍中竝如故。加金紫光禄大夫，[13]領度支尚書。[14]廢帝即位，加散騎常侍。太建元年，遷尚書右僕射。時東境大水，百姓饑饉，以勤爲仁武將軍、晋陵太守。[15]在郡甚有威惠，郡人表請立碑，頌勘政績，詔許之。徵爲中書監，重授尚書右僕射，領右軍將軍。[16]四年五月卒，時年六十七。贈侍中、中書監，謚曰溫。

[1]西魏：北朝之一。公元534年北魏孝武帝逃到關中，投靠將領宇文泰。次年，泰殺孝武帝，立元寶炬爲帝，都長安（今陝西西安市西北），史稱西魏。

[2]宜豐：縣名。三國吳析建城縣置，屬豫章郡。治所在今江西宜豐縣北。

[3]中書令：官名。中書省長官之一。南朝中書省掌納奏、擬詔、出令，然權歸中書舍人，監、令名爲長官，品秩升高，多用作重臣加官。梁十三班。陳第三品，秩中二千石。

[4]司空長史：官名。掌司空府諸曹事。

[5]勘：底本作"爲"，中華本據北監本、汲本、殿本改。今從改。

[6]吳興：郡名。治所在今浙江湖州市吳興區。

[7]蕭勃：南朝梁人，祖籍蘭陵（今江蘇常州市西北），蕭景子。《南史》卷五一有附傳。

[8]平南將軍：官名。與平東、平西、平北將軍合稱四平將軍，多持節都督或監某一地區的軍事，有時亦作爲刺史等地方官員兼理軍務的加官。陳擬三品，比秩中二千石。　平越中郎將：官名。主管南越事務。設府置僚佐，治廣州，多兼任廣州刺史。陳擬六品，比秩千石。

[9]大庾嶺：五嶺之一。古名塞上、台嶺、梅嶺等。在今江西大余、廣東南雄二縣交界處。

[10]天嘉：南朝陳文帝陳蒨年號（560—566）。

[11]都官尚書：官名。掌管都官、水部、庫部、功論四曹。陳第三品，秩中二千石。

[12]太子詹事：官名。掌皇后和太子家事。陳第三品，秩中二千石。

[13]金紫光禄大夫：官名。晉初有光禄大夫，授銀章青綬。如加賜金章紫綬，則爲金紫光禄大夫，諸所賜給皆與特進同。陳第三品，秩中二千石。

[14]度支尚書：官名。尚書省度支曹長官，掌管全國貢税租賦的統計、調撥、支出等事。陳第三品，秩中二千石。

[15]仁武將軍：官名。南朝梁置，爲五德將軍之一。陳改爲五武將軍之一。擬四品，比秩中二千石。

[16]右軍將軍：官名。掌宮禁宿衛，是護衛皇帝宮庭的主要禁軍將領之一，與前軍、左軍、後軍將軍合稱四軍將軍。陳第五品，秩千石。

　　袁敬字子恭，陳郡陽夏人也。[1]祖顗，[2]宋侍中、吏部尚書、雍州刺史。[3]父昂，梁侍中、司空，謚穆公。

[1]陳郡：郡名。治項縣，在今河南沈丘縣。　陽夏：縣名。治所在今河南太康縣。
[2]顗：袁顗。《宋書》卷八四有傳，《南史》卷二六有附傳。
[3]雍州：州名。治所在今湖北襄陽市。

　　敬純孝有風格，幼便篤學，老而無倦。釋褐秘書郎，[1]累遷太子舍人、洗馬、中舍人。[2]江陵淪覆，流寓嶺表。[3]高祖受禪，敬在廣州，依歐陽頠。[4]及頠卒，其子紇據州，[5]將有異志，敬累諫紇，爲陳逆順之理，言甚切至，紇終不從。高宗即位，遣章昭達率衆討紇，[6]紇將敗之時，恨不納敬言。朝廷義之，其年徵爲太子中庶子、通直散騎常侍。俄轉司徒左長史。尋遷左民尚書，轉都官尚書，領豫州大中正。[7]累遷太常卿、散騎常侍、金紫光禄大夫，加特進。至德三年卒，[8]時年七十九，贈左光禄大夫，謚曰靖德。子元友嗣。弟泌自有傳。[9]兄子樞。

[1]釋褐：脱去平民衣服，喻始任官職。

[2]洗馬：太子洗馬的簡稱。

[3]嶺表：古地區名。"嶺"一作"領"。即嶺南、嶺海，亦稱嶠南。中原人認爲嶺南地區在五嶺之外，故名嶺表或嶺外。

[4]歐陽頠：陳朝長沙臨湘（今湖南長沙市）人，字靖世。本書卷九、《南史》卷六六有傳。

[5]紇：歐陽紇。字奉聖，歐陽頠子。本書卷九、《南史》卷六六有附傳。

[6]章昭達：字伯通，吴興武康（今浙江德清縣）人。本書卷一一、《南史》卷六六有傳。

[7]豫州：州名。治壽春縣，在今安徽壽縣。南齊永元二年（500）地入北魏，改名揚州。南朝梁普通七年（526）復爲豫州。太清元年（547）地入東魏，又改爲揚州。陳太建五年（573）收復，仍名豫州。

[8]至德：南朝陳後主陳叔寶年號（583—586）。

[9]泌：袁泌。字文洋，陳郡陽夏（今河南太康縣）人。本書卷一八有傳，《南史》卷二六有附傳。

　　樞字踐言，梁吴郡太守君正之子也。[1]美容儀，性沈静，好讀書，手不釋卷。家世顯貴，貲産充積，而樞獨居處率素，傍無交往，端坐一室，非公事未嘗出游，榮利之懷淡如也。起家梁秘書郎，歷太子舍人，輕車河東王主簿，安前邵陵王、中軍宣城王二府功曹史。[2]侯景之亂，樞往吳郡省父，因丁父憂。時四方擾亂，人求苟免，樞居喪以至孝聞。王僧辯平侯景，鎮京城，衣冠爭往造請，樞獨杜門靜居，不求聞達。

[1]吳郡：郡名。治吳縣，在江蘇蘇州市。南朝梁太清三年（549）改爲吳州，大寶初復爲吳郡。　君正：袁君正。袁昂子，袁敬兄。南朝梁人。《梁書》卷三一、《南史》卷二六有附傳。

[2]安前：安前將軍。南朝梁置，爲八安將軍之一。陳沿置，擬三品，比秩中二千石。如加爲安前大將軍，則進一階。　中軍宣城王二府功曹史：中華本校勘記引張森楷校勘記云：“‘成’當作‘城’，梁無宣成王。”並按云：“梁簡文帝長子大器封宣城郡王，見《梁書·哀太子傳》。張說是，今據改。”林礽乾《陳書異文考證》亦認爲作宣城是（第156頁）。今從改。

紹泰元年，徵爲給事黃門侍郎。未拜，除員外散騎常侍，[1]兼侍中。二年，兼吏部尚書。其年出爲吳興太守。永定二年，徵爲左民尚書。未至，改侍中，掌大選事。三年，遷都官尚書，掌選如故。

[1]員外散騎常侍：官名。初爲正員之外添差之散騎常侍，無員數，後爲定員官。屬散騎省，南朝宋以後常用以安置閑退官員、衰老之士，地位漸低。至梁武帝天監六年（507）復重其選，以其職依正員，品視黃門郎，但終不爲人所重。梁十班。陳第四品，秩二千石。

　　樞博聞彊識，明悉舊章。初，高祖長女永世公主先適陳留太守錢蔵，[1]生子㠱，[2]主及㠱竝卒于梁世。高祖受命，唯公主追封。至是將葬，尚書主客請詳議，[3]欲加蔵駙馬都尉，[4]并贈㠱官。樞議曰：“昔王姬下嫁，必適諸侯，同姓爲主，聞於公羊之説，[5]車服不繫，顯於詩人之篇。[6]漢氏初興，列侯尚主，自斯以後，降嬪素族。[7]駙馬都尉置由漢武，[8]或以假諸功臣，或以加於戚屬，是以魏曹植表駙馬、奉車趣爲一號。[9]《齊職儀》曰，[10]凡尚公主必拜駙馬都尉，魏、晋以來，因爲瞻準。[11]蓋以王姬之重，庶姓之輕，若不加其等級，寧可合卺而酳，[12]所以假駙馬之位，乃崇於皇女也。今公主早薨，伉儷已絶，既無禮數致疑，何須駙馬之授？案杜預尚晋宣帝第二女高陵宣公主，[13]晋武踐祚，而主已亡，泰始中追贈公主，元凱無復駙馬之號。梁文帝女新安穆公主早薨，[14]天監初王氏無追拜之事。遠近二例，足以據明。公主所生，既未及成人之禮，無勞此授，今宜追贈亭侯。”時以樞議爲長。

　　[1]陳留：郡名。治石封縣，在今安徽廣德縣。陳永定二年（558）改廣梁郡置，屬南豫州。

　　[2]㠱（jié）：錢㠱。㠱，底本作㠱，中華本校勘記云：“‘㠱’原訛‘㠱’，各本不訛，今改正。下同。”今從改。

　　[3]尚書主客：官名。尚書省主客曹長官。掌接侍賓客和少數民族事務。陳第四品，秩六百石。

　　[4]駙馬都尉：官名。魏、晋時多用作宗室、外戚、功臣子、貴族、親近之臣的加官，或亦加於尚公主者。至梁、陳漸成定制，

專加尚公主者。陳第七品，秩六百石。

［5］“昔王姬下嫁”至“聞於公羊之説”：中華本校勘記云：“‘主’原訛‘王’，今據北監本、汲本、殿本改正。按語本《公羊》莊元年傳。”《春秋公羊傳》莊公元年：“天子嫁女乎諸侯必使諸侯同姓者主之。諸侯嫁女于大夫必使大夫同姓者主之。”

［6］車服不繫，顯於詩人之篇：《毛詩正義》卷一引《毛詩序》：“雖則王姬亦下嫁於諸侯，車服不繫其夫，下王后一等，猶執婦道以成肅雍之德也。”

［7］降嬪：皇室之女下嫁。　素族：猶寒門。與世族豪門相對。

［8］駙馬都尉置由漢武：《漢書·百官公卿表上》：“奉車都尉掌禦乘輿車，駙馬都尉掌駙馬，皆武帝初置，秩比二千石。”由，底本不清，中華本校勘記云：“‘由’字原本漫漶，今據各本補。”今從補。

［9］魏曹植表駙馬、奉車趣爲一號：《三國志》卷一九《魏書·陳思王植傳》：太和五年，復上疏求存問親戚表：“若得辭遠游，戴武弁，解朱組，佩青紱，駙馬、奉車，趣得一號，安宅京室，執鞭珥筆，出從華蓋，入侍輦轂，承答聖問，拾遺左右，乃臣丹誠之至願，不離於夢想者也。”《册府》卷四七一曹植表下有“云”字。林礽乾《陳書異文考證》認爲“曹植表云”之“云”字與下文“《齊職儀》曰”之“曰”字相互對文。故當據《册府》補“云”字（第157頁）。

［10］《齊職儀》：典制類史書，南朝宋王珪奉敕撰集，五十卷。已散佚，《藝文類聚》《初學記》等類書存有若干條目。

［11］瞻準：循例照辦的制度。

［12］合卺（jǐn）：古代婚禮中的一種儀式。剖一瓠爲兩瓢，新婚夫婦各執一瓢，斟酒以飲。後多以“合卺”代指成婚。　酳（yìn）：吃東西後用酒漱口。

［13］杜預尚晉宣帝第二女高陵宣公主：《晉書》卷三四《杜預傳》記載杜預所尚公主爲高陸公主，與此有異。林礽乾《陳書異文

考證》云《册府》卷四七一、《通典》卷二九並作"高陸"，不誤，當據改（第158頁）。

[14]梁文帝女新安穆公主：文，底本作"之"，中華本校勘記據《南史》改，並按云："梁武帝即位後，追尊其父爲文皇帝。《王沖傳》言其母爲梁武帝妹新安穆公主，與此合。作'文'是。"林初乾《陳書異文考證》亦認爲作"文"是，應據《南史》及《册府》等改（第158頁）。今從改。

　　天嘉元年，守吏部尚書。三年，即真。尋領右軍將軍，又領丹陽尹，本官如故。五年，以葬父，拜表自解，[1]詔賜絹布五十匹，錢十萬，令葬訖停宅視郡事，葬服闋，[2]還復本職。其年秩滿，解尹，加散騎常侍，將軍、尚書並如故。是時，僕射到仲舉雖參掌選事，銓衡汲引，[3]並出於樞，其所舉薦，多會上旨。謹慎周密，清白自居，文武職司，鮮有游其門者。廢帝即位，遷尚書左僕射。光大元年卒，時年五十一。贈侍中、左光禄大夫，謚曰簡懿。有集十卷行於世。弟憲自有傳。

　　[1]自：底本不清，今據諸本補。
　　[2]葬服闋：中華本據《南史》删"葬"字。林初乾《陳書異文考證》認爲袁樞並未遵從服闋三年終喪釋服本義，袁樞拜表有自解丹陽尹時，有詔令葬訖停宅視郡事記載，後果葬訖還復本職。這表明"葬服闋"乃"葬訖"之誤（第159頁）。可備一説。
　　[3]銓衡：考核，選拔（人才）。　汲引：引荐，提拔。

　　史臣曰：王沖、王通並以貴游早升清貫，而允蹈禮節，篤誠奉上，斯爲美焉。王勱之襟神夷澹，[1]袁樞之端操沉冥，[2]雖拘放爲異，而勝概一揆，[3]古所謂名士者，蓋在其人乎！

[1]襟神：襟懷與神情。　夷澹：平易恬静。
[2]端操：正直的操守。　沉冥：泯然無迹。
[3]勝概：美景；美好的境界。

陳書　卷一八

列傳第十二

沈衆　袁泌　劉仲威 從弟廣德　陸山才　王質
韋載 族弟翽

　　沈衆字仲師，吴興武康人也。[1]祖約，梁特進。[2]父
旋，梁給事黄門侍郎。[3]

　　[1]吴興：郡名。東晉義熙元年（405）移治今浙江湖州市吴
興區。南朝梁末爲震州治。旋罷震州，改屬吴州。　武康：縣名。
西晉太康元年（280）改永安縣置，屬吴興郡。治所在今浙江德清
縣。以縣有武康山而得名。

　　[2]特進：三國兩晉南北朝時爲正式加官。魏、晉、宋秩二品，
齊時位從公。梁十五班。

　　[3]給事黄門侍郎：官名。魏晉南北朝時期爲侍中省或門下省
次官，與侍中俱掌門下衆事，侍以左右。地位隨皇帝旨意和侍中地
位而上下。梁十班。

　　衆好學，頗有文詞，起家梁鎮衛南平王法曹參軍、

太子舍人。[1]是時，梁武帝制千字詩，衆爲之注解。與陳郡謝景同時召見于文德殿，[2]帝令衆爲竹賦，賦成，奏，帝善之，手敕答曰：[3]“卿文體翩翩，可謂無忝爾祖。”[4]當陽公蕭大心爲郢州刺史，[5]以衆爲限内記室參軍。[6]尋除鎮南湘東王記室參軍。[7]遷太子中舍人，[8]兼散騎常侍。聘魏，還，遷驃騎廬陵王諮議參軍，[9]舍人如故。

[1]鎮衛：鎮衛將軍。南朝梁武帝天監七年（508）復置，在驃騎、車騎將軍之上。梁二十四班。陳沿置，擬一品，比秩中二千石。　法曹參軍：官名。掌檢定法律，審議、判決案件等。公府、將軍府置。　太子舍人：官名。晋朝時職比散騎、中書侍郎，掌文章書記。南朝宋、齊沿置。梁三班。陳第七品，秩二百石。

[2]陳郡：郡名。南朝宋移治項縣，在今河南沈丘縣。魏、晋、南朝宋屬豫州。　文德殿：京師建康宫城内殿省名。又稱文德省。

[3]“賦成”至“手敕答曰”：中華本校勘記云北監本、汲本、殿本及《南史》卷五七《沈約傳》附衆傳並作“賦成奏之，帝手敕答曰”。

[4]無忝：無愧。忝，辱，有愧於，常用作謙辭。

[5]當陽公蕭大心：字仁恕，簡文帝子。《梁書》卷四四、《南史》卷五四有傳。　郢州：州名。南朝宋孝建元年（454）置，治夏口城，在今湖北武漢市武昌區。

[6]限内：官制用語。南朝梁、陳對定員之内的官吏稱謂。記室參軍：官名。又稱記室參軍事。西晋始置，爲記室曹長官，掌文疏表奏。南北朝時，皇弟皇子府、嗣王蕃王府、公府、持節都督府皆置，品級自七品至九品不等。

[7]鎮南：鎮南將軍。魏、晋及南北朝前期權勢很重，後漸輕。南朝梁、陳時列爲八鎮將軍之一。梁二十二班。陳擬二品，比秩中

二千石。　湘東：以郡爲國。湘東郡，治臨烝縣，在今湖南衡陽市。

[8]太子中舍人：官名。東宮屬官。掌詔命、陳奏。梁八班。陳第五品，秩六百石。

[9]驃騎：驃騎將軍。魏、晋南北朝沿置，僅作爲軍府名號，加授大臣、重要州郡長官，無具體職掌。梁二十四班。陳擬一品，比秩中二千石。　諮議參軍：官名。掌顧問諫議。其位甚尊，在列曹參軍上，州所置者常帶大郡太守，且有越次行府州事者。品秩依府主地位而定。

侯景之亂，[1]衆表於梁武，稱家代所隸故義部曲，[2]並在吳興，求還召募以討賊，梁武許之。及景圍臺城，[3]衆率宗族及義附五千餘人，[4]入援京邑，頓于小航，[5]對賊東府置陣，[6]軍容甚整，景深憚之。梁武於城内遥授衆爲太子右衛率。京城陷，衆降於景。

[1]侯景之亂：太清二年（548）侯景勾結臨賀王蕭正德，於壽陽起兵反梁，率軍攻破建康，囚禁梁武帝，廢立蕭綱、蕭棟，動亂歷時四年。梁從此衰敗。侯景，南北朝時懷朔鎮（今内蒙古固陽縣西南）人，一説雁門（今山西代縣）人。《梁書》卷五六、《南史》卷八〇有傳。

[2]故義：故交，舊友。　部曲：豪門大族的私人軍隊，帶有人身依附性質。

[3]及景圍臺城：“圍臺”二字原本墨丁，中華本據各本補。今從補。臺城，六朝時的禁城。

[4]義附：兩晋南北朝時世族豪門的依附者。

[5]小航：建康浮橋名。在今江蘇南京市南秦淮河上。當朱雀門者爲大航，對東府門者爲小航。

[6]東府：又稱東城。故址在建康城東南，今江蘇南京市通濟門附近，南臨秦淮河。爲東晋、南朝宰相兼揚州刺史的府第所在，因在揚州舊城以東得名。

景平，西上荆州，元帝以爲太子中庶子、本州大中正。[1]尋遷司徒左長史。[2]江陵陷，[3]爲西魏所虜，[4]尋而逃還，敬帝承制，授御史中丞。[5]紹泰元年，[6]除侍中，遷左民尚書。[7]高祖受命，遷中書令，[8]中正如故。高祖以衆州里知名，甚敬重之，賞賜優渥，超於時輩。

[1]太子中庶子：官名。東宮屬官。掌東宮奏章，直侍左右。梁十一班。陳第四品，秩二千石。　大中正：官名。掌一州人才之考察，負責評定士族內部品第的官員。以爲選任官吏的依據。多由他官兼領。州設大中正，郡設中正。

[2]司徒左長史：官名。魏晋南北朝置，爲司徒府僚屬之長，位在司徒右長史上，與右長史共同佐司徒掌各曹等府事。陳第四品，秩千石。

[3]江陵陷：梁承聖三年（554），西魏大軍攻江陵。江陵陷，元帝蕭繹被殺。魏驅江陵男女數萬口入長安。詳《梁書》卷五《元帝紀》。江陵，今湖北荆州市荆州區。蕭繹平侯景之亂，都於此。

[4]西魏：北朝之一。公元 534 年北魏孝武帝逃到關中，投靠將領宇文泰。次年，泰殺孝武帝，立元寶炬爲帝，都長安（今陝西西安市西北），史稱西魏。共歷三帝，二十三年。

[5]御史中丞：官名。御史臺長官，掌督察百官，糾劾不法。六朝第一流高門多不居此職。梁十一班。陳第三品，秩二千石。

[6]紹泰：南朝梁敬帝蕭方智年號（555—556）。

[7]左民尚書：官名。三國魏改民曹尚書爲左民尚書，爲尚書

省民曹長官，掌民事及土木工程。南朝梁、陳，左民尚書掌户籍和工官之事。梁十三班。陳第三品，秩中二千石。

[8]中書令：官名。中書省長官之一，與中書監共掌出納帝命。陳第三品，秩中二千石。

　　衆性矣嗇，[1]内治産業，財帛以億計，無所分遺。其自奉養甚薄，[2]每於朝會之中，衣裳破裂，或躬提冠屨。[3]永定二年，[4]兼起部尚書，[5]監起太極殿。[6]恒服布袍芒屬，[7]以麻繩爲帶，又攜乾魚蔬菜飯獨噉之，[8]朝士共誚其所爲。[9]衆性狷急，[10]於是忿恨，遂歷詆公卿，[11]非毁朝廷。高祖大怒，[12]以衆素有令望，不欲顯誅之，[13]後因其休假還武康，遂於吴中賜死，時年五十六。

[1]矣（lìn）嗇：吝嗇。矣，同"吝"。

[2]奉養：指生活待遇。

[3]屨：古代用麻葛製成的一種鞋。

[4]永定：南朝陳武帝陳霸先年號（557—559）。

[5]起部尚書：官名。掌營造宗廟宫室。不常置，每營造宗廟宫室時則置，事畢則省。陳第三品，秩中二千石。

[6]太極殿：宫殿名。魏晋及南朝皆有太極殿，規模龐大，爲皇帝舉行重大禮儀之場所。陳太極殿在都城建康（今江蘇南京市）。

[7]芒屬（juē）：芒鞋，用芒莖外皮編織成的鞋。亦泛指草鞋。屬，草鞋。

[8]噉：吃。同"啖"。

[9]朝士："士"字底本爲墨丁，中華本據各本補。今從補。

[10]狷急：偏急。

[11]詆：毀謗，誣蔑。

[12]高祖：南朝陳武帝陳霸先廟號。陳霸先，本書卷一、卷二，《南史》卷九有紀。

[13]顯誅：公開誅戮。

　　袁泌字文洋，左光禄大夫敬之弟也。[1]清正有幹局，[2]容體魁岸，[3]志行修謹。釋褐員外散騎侍郎，[4]歷諸王府佐。

[1]左光禄大夫：官名。魏、晉、南北朝沿置。南朝時仍屬光禄勳。陳第二品，秩中二千石。

[2]幹局：辦事的才幹器局。

[3]容體：容貌體態；身體。　魁岸：魁梧高大。

[4]釋褐：脱去平民衣服。喻始任官職。　員外散騎侍郎：官名。初爲正員之外添差之散騎侍郎，無員數，後成定員官。陳爲三公之子起家官。第七品，秩四百石。

　　侯景之亂，泌欲求爲將。是時泌兄君正爲吴郡太守，[1]梁簡文板泌爲東宫領直，[2]令往吴中召募士卒。[3]及景圍臺城，泌率所領赴援。京城陷，退保東陽，[4]景使兵追之，乃自會稽東嶺出溢城，[5]依于鄱陽嗣王蕭範。[6]範卒，泌乃降景。

[1]吴郡：郡名。東漢永建四年（129）置，治吴縣，在今江蘇蘇州市。屬揚州。南朝梁太清三年（549）改爲吴州，大寶初復爲吴郡。

[2]東宫領直：官名。南朝梁置，韋粲曾任此職。

［3］吴中：今江蘇蘇州市吴中區一帶。亦泛指吴地。

［4］東陽：治所在今浙江金華市。

［5］會稽：郡名。治山陰縣，在今浙江紹興市。南朝宋屬東揚州。齊屬揚州，梁復屬東揚州。　湓城：又名湓口城、盆城。江州治所，在今江西九江市。

［6］鄱陽：郡名。治鄱陽縣，在今江西鄱陽縣。　蕭範：南朝梁人，字世儀，蕭恢世子。《梁書》卷二二、《南史》卷五二有附傳。

　　景平，王僧辯表泌爲富春太守，[1]兼丹陽尹。[2]貞陽侯僭位，[3]以泌爲侍中，奉使於齊。高祖受禪，王琳據有上流，[4]泌自齊從梁永嘉王蕭莊達琳所，[5]及莊僭立，[6]以泌爲侍中、丞相長史。[7]天嘉二年，[8]泌與琳輔莊至于栅口，[9]琳軍敗，[10]衆皆奔散，唯泌獨乘輕舟送莊達于北境，屬莊於御史中丞劉仲威，[11]令共入齊，然後拜辭而歸，詣闕請罪，文帝深義之。

　　［1］王僧辯：字君才，太原祁（今山西祁縣）人。與陳霸先收復建康，平定侯景。後爲陳霸先所殺。《梁書》卷四五有傳，《南史》卷六三有附傳。　富春：郡名。南朝梁太清三年（549）置，屬吴州。治富陽縣，在今浙江杭州市富陽區。尋廢。

　　［2］丹陽尹：丹陽，在今江蘇南京市。東晉與南朝宋、齊、梁、陳均建都於此，設丹陽尹以治之。陳丹陽尹秩中二千石，第五品。

　　［3］貞陽：以縣爲侯國。貞陽縣，屬始興郡。治所在今廣東英德市東南瀧水北。

　　［4］王琳：南朝梁時人，字孝璋，會稽山陰（今浙江紹興市）人。《北齊書》卷三二、《南史》卷六四有傳。

[5]永嘉：郡名。屬東揚州。治永寧縣，在今浙江温州市。
蕭莊：南朝梁人，蘭陵（今江蘇常州市西北）人，梁元帝孫。陳禪
代梁，王琳於郢州扶其即帝位，改年號天啓，署置百官。後兵敗卒
於鄴。《南史》卷五四有附傳。

[6]僭立：僭越即位。僭，底本原爲墨丁，中華本校勘記云：
“‘僭’字原本墨丁，據各本補。”今從補。

[7]丞相長史：丞，底本原爲墨丁，中華本據各本補。今從補。

[8]天嘉：南朝陳文帝陳蒨年號（560—566）。

[9]栅口：亦稱栅江口。古栅水入江口。在今安徽蕪湖市東北
裕溪口。《水經注・沔水》：“江水自濡須口又東，左會栅口。”

[10]軍敗：底本原爲墨丁，中華本據各本補。今從補。

[11]劉仲威：南朝梁人，祖籍南陽涅陽（今河南鎮平縣南）。
主要事迹見本書本卷，《南史》卷五〇有附傳。

　　尋授寧遠始興王府法曹參軍，[1]轉諮議參軍，除通
直散騎常侍，[2]兼侍中，領豫州大中正。[3]聘于周，使
還，授散騎常侍，御史中丞，其中正如故。高宗入輔，
以泌爲雲旗將軍、司徒左長史。[4]光大元年卒，年五十
八。臨終戒其子蔓華曰：[5]“吾於朝廷素無功績，瞑目
之後，[6]斂手足旋葬，無得輒受贈謚。”其子述泌遺意，
表請之，朝廷不許，贈金紫光禄大夫，謚曰質。

　　[1]寧遠：寧遠將軍。陳擬五品，比秩千石。　始興：郡名。
治曲江縣，在今廣東韶關市南武水西岸。　法曹參軍：官名。掌檢
定法律、審議、判決案件等。西晉末丞相府置。東晉、南朝宋公
府、將軍府沿置。

　　[2]通直散騎常侍：官名。西晉武帝泰始十年（274）使員外

散騎常侍二人與散騎常侍通員當值，故名。南朝屬集書省，多以衰老之士擔任，地位漸低。梁十一班。陳第四品，秩二千石。

[3]豫州：州名。梁大寶元年（550）置豫州於南昌（今江西南昌市），太平二年（557）改爲江州。三年地入東魏，又改揚州；陳太建五年（573）收復，仍爲豫州。

[4]雲旗將軍：官名。南朝梁置，中大通三年（531）定與龍驤將軍同班。陳沿置，常以散騎官遷此職，外出多兼郡守。擬七品，比秩六百石。

[5]蔓華：林礽乾《陳書異文考證》云，《南史》卷二六、《册府》卷五九五、《太平御覽》卷五六二並作“芳華”（文史哲出版社 1979 年版，第 160 頁）。

[6]瞑目：閉上眼睛，意即死亡。

劉仲威南陽涅陽人也。[1]祖虯，齊世以國子博士徵，[2]不就。父之遴，荆州治中從事史。[3]

[1]南陽：郡名。治宛縣，在今河南南陽市。西晉改爲南陽國，轄境縮小。南朝宋復爲南陽郡。　涅陽：縣名。治所在今河南鄧州市東北穰東鎮。

[2]國子博士：官名。南齊高帝建元四年（482）置國學，設二員，位比中書郎。梁國學沿置，位九班。陳第四品，秩千石。

[3]荆州：州名。南朝陳置，治公安縣，在今湖北公安縣。治中從事史：官名。簡稱治中，掌文書案卷等。陳揚州治中第六品，他州高者第六品，低者第九品。

仲威少有志氣，頗涉文史。梁承聖中爲中書侍郎。[1]蕭莊僞署御史中丞，隨莊入齊，終於鄴中。[2]

[1]承聖：南朝梁元帝蕭繹年號（552—555）。　中書侍郎：官名。中書省屬官，舊掌詔誥。梁九班。陳第四品，秩千石。

[2]鄴中：鄴城。北齊首都。

仲威從弟廣德，亦好學，負才任氣。父之亨，梁安西湘東王長史、南郡太守。[1]廣德，承聖中以軍功官至給事黃門侍郎、湘東太守。[2]荆州陷後，依于王琳。琳平，文帝以廣德爲寧遠始興王府限外記室參軍，仍領其舊兵。尋爲太尉侯瑱湘州府司馬，[3]歷樂山、豫章二郡太守，[4]新安内史。[5]光大中，[6]假節、員外散騎常侍、雲旗將軍、河東太守。[7]太建元年卒於郡，[8]時年四十三，贈左衛將軍。[9]

[1]安西：安西將軍。與安東、安南、安北將軍合稱四安將軍。南朝梁、陳時加安前、安後、安左、安右將軍，合稱八安將軍。梁二十一班。陳擬三品，比秩中二千石。　湘東：郡名。治臨烝縣，在今湖南衡陽市。　南郡：郡名。治所在今湖北荆州市荆州區。

[2]給事黃門侍郎：官名。魏晉南北朝置爲侍中省或門下省次官，與侍中俱掌門下衆事，職掌略同，地位隨皇帝旨意或侍中地位而上下。南齊時知詔令，被稱爲“小門下”。梁十班。陳第四品，秩二千石。

[3]府司馬：官名。西晉末年，司隸校尉與諸州並置司馬，掌軍事，與長史同爲州軍府的上佐，其地位略次於長史。第六品。

[4]樂山：郡名。治所在今廣東四會市北。　豫章：郡名。治所在今江西南昌市。

[5]新安：郡名。屬揚州。治始新縣，在今浙江淳安縣西北。

[6]光大：南朝陳廢帝陳伯宗年號（567—568）。

[7]假節：官制用語。指暫授符節給軍事長官，表示奉皇帝之命督軍征伐，有殺犯軍令者之權。　員外散騎常侍：官名。初爲正員之外添差之散騎常侍，無員數，後爲定員官。屬散騎省（東省、集書省）。南朝宋以後常用以安置閑退官員、衰老之士，地位漸低。梁十班。陳第四品，秩二千石。

[8]太建：南朝陳宣帝陳頊年號（569—582）。

[9]左衛將軍：官名。與右衛將軍合稱二衛將軍，是中央禁軍六軍之一。掌宿衛營兵。陳第三品，秩二千石。

　　陸山才字孔章，吳郡吳人也。祖翁寶，梁尚書水部郎。[1]父汎，散騎常侍。

[1]尚書水部郎：官名。魏晋南北朝尚書水部曹長官通稱。亦稱水部郎中，資深者稱侍郎。掌水道工程舟楫橋梁等政令。梁侍郎六班，郎中五班。陳第四品，秩六百石。

　　山才少倜儻，好尚文史，范陽張纘，[1]纘弟縉，竝欽重之。起家王國常侍，[2]遷外兵參軍。[3]尋以父疾，東歸侍養。承聖元年，王僧辯授山才儀同府西曹掾。[4]高祖誅僧辯，山才奔會稽依張彪。彪敗，乃歸高祖。

[1]范陽張纘：纘，底本作“續”，林礽乾《陳書異文考證》云南監本、汲本同作張續（第160頁）。中華本據《南史》改，並按云：“張纘，《梁書》《南史》並有傳。本書《王勱傳》亦有‘范陽張纘’之語。”今從改。

[2]王國常侍：官名。侍從王的左右，備顧問應對。晋與南朝宋、齊分設左右常侍，梁、陳稱常侍官。

[3]外兵參軍：官名。兩晉南北朝諸公、軍府僚屬名。掌本府外兵曹事務，兼備參謀諮詢。其品位隨府主地位高低不等，有以將軍、太守兼領者。

[4]儀同府西曹掾：與軍府西曹掾儀制待遇相同。

　　紹泰中，都督周文育出鎮南豫州，[1]不知書疏，乃以山才爲長史，政事悉以委之。文育南討，剋蕭勃，[2]擒歐陽頠，[3]計畫多出山才。及文育西征王琳，留山才監江州事，仍鎮豫章。文育與侯安都於沌口敗績，[4]余孝頃自新林來寇豫章，山才收合餘衆，依于周迪。[5]擒余孝頃、李孝欽等，[6]遣山才自都陽之樂安嶺東道送于京師。[7]除中書侍郎。復由樂安嶺綏撫南川諸郡。[8]

　　[1]南豫州：州名。治所姑孰，在今安徽當塗縣。
　　[2]蕭勃：南朝梁人，祖籍蘭陵（今江蘇常州市西北），蕭景子。《南史》卷五一有附傳。
　　[3]歐陽頠：字靖世，長沙臨湘（今湖南長沙市）人。陳武帝即位，以其爲廣州刺史，遂平定諸豪，盡占交、廣之地。以功封陽山郡公，進號征南將軍。本書卷九、《南史》卷六六有傳。
　　[4]侯安都：字成師，始興曲江（今廣東韶關市南武水西岸）人。侯景之亂，聚兵三千人，隨陳霸先入援建康。敬帝時遷至南徐州刺史。陳武帝卒，定議立文帝，進爵清遠郡公，遷司空。居功自傲，爲文帝所殺。本書卷八、《南史》卷六六有傳。　沌口：地名。在今湖北武漢市蔡甸區東南沌口鎮。
　　[5]周迪：南朝梁、陳時人，臨川南城（今江西南城縣東南）人。王琳、熊曇朗有功，以官賞不至，謀反，兵敗被殺。本書卷三五、《南史》卷八〇有傳。

　　[6]擒余孝頃、李孝欽：中華本校勘記以爲“擒”字上當補
“周迪”二字，文義方足。

　　[7]都陽：縣名。治所在今廣西都安縣西。

　　[8]南川：南朝都建康（今江蘇南京市），今江西在其南，習
稱南川，猶言南方之川原。

　　文育重鎮豫章金口，[1]山才復爲貞威將軍、鎮南長
史、豫章太守。[2]文育爲熊曇朗所害，[3]曇朗囚山才等，
送于王琳。未至，而侯安都敗琳將常衆愛於宮亭湖，[4]
由是山才獲反，除貞威將軍、新安太守。[5]爲王琳未平，
留鎮富陽，[6]以捍東道。入爲員外散騎常侍，遷宣惠始
興王長史，[7]行東揚州事。[8]

　　[1]金口：地名。在今江西金溪縣西北。爲金溪水注入撫河之
口，因名。

　　[2]貞威將軍：官名。南朝梁置，武帝天監七年（508）定爲
武職二十四班中的八班，大通三年（529）後班階稍降，爲武職三
十四班中的十班。陳擬七品，比秩六百石。　鎮南長史：官名。鎮
南將軍府長史。南朝梁、陳時列爲八鎮將軍之一。梁武帝天監七年
定爲武職二十四班中的二十二班，普通六年（525）定制後，改爲
武職三十四班中的三十二班。陳擬二品，比秩中二千石。

　　[3]熊曇朗：南朝梁、陳時人，豫章南昌（今江西南昌市）
人。本書卷三五、《南史》卷八〇有傳。

　　[4]宮亭湖：湖名。原專指今江西星子縣東南鄱陽湖的一部分，
因湖旁廬山下有宮亭廟得名。後亦泛稱彭蠡湖。

　　[5]新安：郡名。西晉太康元年（280）改新都郡置，治始新
縣，在今浙江淳安縣西北。

　　[6]富陽：縣名。東晉太元十九年（394）改富春縣置，屬吳

郡。治所在今浙江杭州市富陽區。南朝屬錢唐郡。

[7]宣惠：宣惠將軍。南朝梁置，武帝天監七年定爲武職二十四班中的十七班，與鎮兵將軍等代舊四中郎將。陳沿置，擬四品，比秩中二千石。如加爲宣惠大將軍，則進一階。

[8]東揚州：州名。南朝宋孝建元年（454）分揚州置，治會稽郡，在今浙江紹興市。永光元年（465）廢。梁普通五年（524）復置，太平元年（556）又廢。陳天嘉三年（562）再置。

　　侯安都討留異，山才率王府之衆從焉。異平，除明威將軍、東陽太守。[1]入爲鎮東始興王長史，[2]帶會稽郡丞，行東揚州事。未拜，改授散騎常侍，兼度支尚書，[3]滿歲爲真。

[1]明威將軍：官名。魏晉南北朝沿置。南朝梁武帝定爲武職二十四班中的十三班。陳擬五品，比秩千石。另梁、陳十明將軍中亦有此號。陳擬六品，比秩千石。　東陽：郡名。治所在今浙江金華市。

[2]鎮東：鎮東將軍。與鎮西、鎮南、鎮北將軍合稱四鎮將軍，多授持節都督，出鎮方面。梁、陳又與鎮前將軍、鎮後將軍、鎮左將軍、鎮右將軍合稱爲八鎮將軍。陳擬二品，比秩中二千石。

[3]度支尚書：官名。尚書省列曹尚書之一，掌財賦統計、支調。梁十三班。陳第三品，秩中二千石。

　　高宗南征周迪，以山才爲軍司。[1]迪平，復職。余孝頃自海道襲晉安，[2]山才又以本官之會稽，[3]指授方略。還朝，坐侍宴與蔡景歷言語過差，[4]爲有司所奏，免官。尋授散騎常侍，遷雲旗將軍、西陽武昌二郡太守。[5]天康元年卒，時年五十八。贈右衛將軍，諡曰簡子。

[1]軍司：官名。西晉因避諱改軍師置，東晉、南朝、北魏、北齊沿置。爲諸軍府主要僚屬，佐主帥統帶軍隊，負有匡正監察主帥之責，地位很高，常繼任主帥。出征時可給兵。

[2]晉安：郡名。治侯官縣，在今福建福州市。南朝宋泰始四年（468）改爲晉平郡，七年（471）復名晉安郡。南朝梁天監後先後分置梁安郡、南安郡。

[3]會稽：郡名。治山陰縣，在今浙江紹興市。南朝宋屬東揚州。齊屬揚州，梁復屬東揚州。

[4]過差：過失，差錯。

[5]西陽：郡名。東晉改西陽國置，治西陽縣，在今湖北黄岡市東。　武昌：郡名。東晉屬江州。南朝宋屬郢州。治武昌縣，在今湖北鄂州市。

王質字子貞，右光禄大夫通之弟也。[1]少慷慨，涉獵書史。梁世以武帝甥封甲口亭侯，補國子《周易》生，[2]射策高第。起家秘書郎、太子舍人、尚書殿中郎。[3]遭母憂，居喪以孝聞。服闋，[4]除太子洗馬、東宫領直。[5]累遷中舍人、庶子。[6]

[1]右光禄大夫：官名。南朝時仍屬光禄勳。梁十六班。陳第二品，秩中二千石。

[2]國子《周易》生：國子學《周易》科學生。國子學創始於晉武帝，至惠帝時完成，是一種貴胄學校，與太學平列，隸屬於太常。南朝宋、齊、梁、陳皆設有國子學。

[3]太子舍人：官名。晋朝時職比散騎、中書侍郎，掌文章書記。南朝宋、齊沿置。梁三班。陳第七品，秩二百石。　尚書殿中郎：官名。殿中侍衛武官。梁侍郎六班，郎中五班。

[4]服闋：服喪期滿稱服闋。

[5]太子洗馬：官名。東宮屬官。掌授官、藝文圖書事。梁六班。陳第六品，秩六百石。

[6]庶子：太子中庶子。東宮屬官。掌東宮奏章，直侍左右。梁十一班。陳第四品，秩二千石。

太清元年，[1]除假節、寧遠將軍，領東宮兵，從貞陽侯北伐。及貞陽敗績，質脱身逃還。侯景於壽陽構逆，[2]質又領舟師隨衆軍拒之。景軍濟江，質便退走。尋領步騎頓于宣陽門外。[3]景軍至京師，質不戰而潰，乃翦髮爲桑門，[4]潛匿人間。及柳仲禮等會援京邑，[5]軍據南岸，質又收合餘衆從之。

[1]太清：南朝梁武帝蕭衍年號（547—549）。

[2]壽陽：縣名。治所在今安徽壽縣。

[3]宣陽門：三國吳築，爲六朝時都城建康（今江蘇南京市）的南面正門，前臨御道，東晋起稱宣陽門，又稱白門。約當今南京市淮海路一帶。

[4]桑門：僧侶。“沙門”的異譯。

[5]柳仲禮：南朝梁人，河東解縣（今山西臨猗縣西南）人。《梁書》卷四三、《南史》卷三八有附傳。

京城陷後，西奔荆州，元帝承制，以質爲右長史，[1]帶河東太守。俄遷侍中。尋出爲持節、都督吳州諸軍事、寧遠將軍、吳州刺史，[2]領鄱陽内史。

[1]右長史：官名。魏晋南北朝丞相府相國府皆置，無論有無司徒（丞相），而左右長史例置。其餘公府，一般置一長史，加崇者置兩長史。

[2]都督吳州諸軍事：督，都督，地方軍政長官。分使持節、持節、假節三種，職權各有不同。稱都督諸州軍事者，領駐在州刺史。吳州，治吳縣，在今江蘇蘇州市。　寧遠將軍：官名。擬五品，比秩千石。

荆州陷，侯瑱鎮于溢城，與質不協，遣偏將羊亮代質，且以兵臨之，質率所部，度信安嶺，[1]依于留異。文帝鎮會稽，以兵助質，令鎮信安縣。[2]

[1]信安嶺：古山名。即今浙江常山、江山二縣市與江西玉山縣交界處的山嶺。

[2]信安：縣名。屬建平郡。治所在今浙江衢州市。

永定二年，高祖命質率所部踰嶺出豫章，隨都督周文育以討王琳。質與琳素善，或譖云於軍中潛信交通，高祖命周文育殺質，文育啓請救之，獲免。尋授散騎常侍、晋陵太守。[1]

[1]晋陵：郡名。治晋陵縣，在今江蘇常州市。屬南徐州。隋開皇九年（589）改爲常州。

文帝嗣位，徵守五兵尚書。[1]高宗爲揚州刺史，[2]以質爲仁威將軍、驃騎府長史。[3]天嘉二年，除晋安太守。高宗輔政，以爲司徒左長史，將軍如故。坐公事免官。尋爲通直散騎常侍，遷太府卿、都官尚書。[4]太建二年卒，時年六十。贈本官，謚曰安子。

[1]五兵尚書：官名。三國魏置，掌管中兵、外兵、騎兵、別兵、都兵。晋以後中、外兵又各分左右。南朝宋、齊、梁、陳沿用。至隋改名兵部尚書。陳第三品，秩中二千石。

[2]揚州：州名。治所在今江蘇南京市。

[3]仁威將軍：官名。南朝梁置，爲五德將軍之一。陳改爲五威將軍之一。擬四品，比秩中二千石。　驃騎府長史：官名。驃騎將軍府長史。掌府事，下有從事中郎、掾屬等官吏。

[4]太府卿：官名。南朝梁武帝天監七年（508）置，爲十二卿之一，掌管金帛庫藏出納、關市稅收，以供國家、宮廷用度。十三班。陳因之，第三品，秩中二千石。　都官尚書：官名。尚書省都官曹長官。掌管都官、水部、庫部、功論四曹。陳第三品，秩中二千石。

　　韋載字德基，京兆杜陵人也。[1]祖叡，梁開府儀同三司，[2]永昌嚴公。[3]父政，[4]梁黃門侍郎。[5]

[1]京兆：職掌相當于郡太守。因地屬畿輔，故不稱郡，爲三輔之一。宋敏求《長安志》卷二引《三輔決錄注》曰：“京，大也。天子曰兆民。”故稱首都爲京兆，即京師之意。治長安縣，在今陝西西安市西北。　杜陵：縣名。治所在今陝西西安市東南。

[2]開府儀同三司：官名。三國魏始置，爲大臣加號，意謂與三司即太尉、司徒、司空禮制、待遇相同，許開設府署，自辟僚

屬。兩晋南北朝因之。

［3］永昌嚴公：《通鑑》卷一四九《梁紀五》"武帝普通元年"條作"永昌嚴侯"，胡三省注云："《五代志》：零陵郡零陵縣舊分置永昌縣。《諡法》：服敵公莊曰嚴；威而不猛曰嚴。"

［4］政：中華本校勘記云《梁書》《南史》的《韋睿傳》皆作"正"。

［5］黃門侍郎：官名。魏晋南北朝時期爲侍中省或門下省次官，與侍中俱掌門下衆事，侍以左右。地位隨皇帝旨意和侍中地位而上下。梁十班。陳第四品，秩二千石。

載少聰惠，篤志好學。年十二，隨叔父稜見沛國劉顯，［1］顯問《漢書》十事，載隨問應答，曾無疑滯。及長，博涉文史，沉敏有器局。起家梁邵陵王法曹參軍，［2］遷太子舍人、尚書三公郎。［3］

［1］沛國：治相縣，在今安徽濉溪縣西北。

［2］邵陵：本昭陵郡，晋太康中避司馬昭名諱改名，治邵陵縣，在今湖南邵陽市。屬荆州。南朝宋屬湘江。隋開皇九年（589）廢。

法曹參軍：官名。掌檢定法律，審議、判決案件等。西晋末丞相府置。東晋、南朝宋公府、將軍府沿置。

［3］尚書三公郎：官名。尚書省三公曹長官通稱。梁侍郎六班，郎中五班。陳侍郎、郎中並第四品，秩六百石。

侯景之亂，元帝承制以爲中書侍郎。尋爲建威將軍、尋陽太守，［1］隨都督王僧辯東討侯景。［2］是時僧辯軍于湓城，而魯悉達、樊俊等各擁兵保境，［3］觀望成敗。元帝以載爲假節、都督太原高唐新蔡三郡諸軍事、高唐太守。[4]仍銜命喻悉達等令出軍討景。及大軍東下，載率三郡兵自焦湖出柵口，[5]與僧辯會于梁山。[6]景平，除冠軍將軍、琅邪太守。[7]尋奉使往東陽、晋安，招撫留異、陳寶應等。仍授信武將軍、義興太守。[8]

[1]建威將軍：官名。南朝時爲五威將軍之一。魏、晋、宋爲四品。　尋陽：郡名。東晋咸和中移治柴桑縣，在今江西九江市西南。南朝梁太清中移治柴桑縣之湓口城（今江西九江市）。

[2]都督：地方軍政長官。分使持節、持節、假節三種，職權各有不同。稱都督諸州軍事，領駐在州刺史。

[3]魯悉達：字志通，扶風郿縣（今陝西眉縣）人。南朝梁、陳時人。本書卷一三、《南史》卷六七有傳。

[4]太原：郡名。南朝梁武帝僑置，治所在今江西彭澤縣東北。　新蔡：郡名。南朝梁僑置，屬南建州。治新蔡縣，在今河南商城縣南。

[5]焦湖：一作濼湖。即今安徽中部之巢湖。

[6]梁山：亦名西梁山、天門山。在今安徽和縣南長江西岸，與東岸當塗縣博望山（東梁山）相對峙，合稱天門山。歷來爲江防要地。

[7]冠軍將軍：官名。梁武帝天監七年（508）罷，設五武將軍代之，大通三年（529）復置，列武臣將軍班内。陳擬四品，比秩中二千石。　琅邪：郡名。治所在今山東臨沂市。

[8]信武將軍：官名。南朝梁置，爲五德將軍之一，在武職中地位較高，並可爲文職清官兼領。梁十五班。陳爲五武將軍之一，擬四品，比秩中二千石。　義興：郡名。治陽羨縣，在今江蘇宜興市。

高祖誅王僧辯，乃遣周文育輕兵襲載，未至而載先覺，乃嬰城自守。文育攻之甚急，載所屬縣卒竝高祖舊兵，多善用弩，載收得數十人，繫以長鏁，[1]命所親監之，使射文育軍，約曰十發不兩中者則死，每發輒中，所中皆斃。文育軍稍却，因於城外據水立栅，相持數旬。高祖聞文育軍不利，乃自將征之，刴其水栅。仍遣載族弟翽賫書喻載以誅王僧辯意，并奉梁敬帝敕，敕載解兵。[2]載得書，乃以其衆降于高祖。高祖厚加撫慰，即以其族弟翽監義興郡，所部將帥，並隨才任使，引載恒置左右，與之謀議。

[1]鏁（suǒ）：通“鎖”。
[2]敕載解兵：“敕”字底本原無，中華本校勘記據北監本、汲本、殿本及《南史》補。今從補。

徐嗣徽、任約等引齊軍濟江，[1]據石頭城，高祖問計於載，載曰：“齊軍若分兵先據三吳之路，[2]略地東境，則時事去矣。今可急於淮南即侯景故壘築城，以通東道轉輸，別命輕兵絕其糧運，使進無所虜，退無所資，則齊將之首，旬日可致。”高祖從其計。

[1]徐嗣徽：南朝梁人，祖籍高平（今山東金鄉縣）。《南史》卷六三有附傳。　任約：南朝梁武帝時將領，侯景部屬，隨侯景反，爲儀同南道行臺。梁敬帝時與徐嗣輝舉兵反，戰敗奔於江西。
[2]三吳：指吳郡、吳興、會稽三郡。

永定元年，[1]除和戎將軍、通直散騎常侍。[2]二年，進號輕車將軍。^[3]尋加散騎常侍、太子右衛率,^[4]將軍如故。

[1]永定:南朝陳武帝陳霸先年號(557—559)。

[2]和戎將軍:官名。南朝梁置,爲加官、散官性質的將軍。擬七品,比秩六百石。

[3]輕車將軍:官名。南朝梁武帝天監七年(508)定爲武職二十四班中的十四班。陳擬五品,比秩千石。

[4]太子右衛率:官名。西晉武帝泰始五年(269)分太子衛率置,宿衛東宮,亦任征伐,地位頗重。東晉、南朝皆置。陳一員,第四品,秩二千石。

天嘉元年,以疾去官。載有田十餘頃,在江乘縣之白山,^[1]至是遂築室而居,屏絶人事,吉凶慶弔,無所往來,不入籬門者幾十載。^[2]太建中卒於家,^[3]時年五十八。

[1]江乘:縣名。屬太興郡,治所在今江蘇句容市北。　白山:在今江蘇南京市東。

[2]籬門:竹籬的門。常借指隱居的茅舍。

[3]太建:南朝陳宣帝陳項年號(569—582)。

載族弟翽。^[1]翽字子羽,少有志操。祖愛,梁輔國將軍。父乾向,汝陰太守。^[2]翽弱冠喪父,哀毁甚至,養母、撫孤兄弟子,以仁孝著稱。高祖爲南徐州刺史,^[3]召爲征北參軍,^[4]尋監義興郡。永定元年,授貞毅將軍、步兵校尉。^[5]遷驍騎將軍,領朱衣直閤。^[6]驍騎之職，舊領營兵，兼統宿衞。自梁代已來，其任踰重，[7]出則羽儀清道，入則與二衞通直，[8]臨軒則升殿俠侍。[9]翽素有名望，每大事恒令俠侍左右，時人榮之，號曰"俠御將軍"。尋出爲宣城太守。[10]天嘉二年，預平王琳之功，封清源縣侯，邑二百户。太建中卒官，贈明、霍、羅三州刺史。[11]

[1]翽：音 huì。

[2]汝陰：郡名。東晋時僑置，屬南豫州。南朝梁改南汝陰郡置，屬豫州。治汝陰縣，在今安徽合肥市西北。

[3]南徐州：州名。南朝宋永初二年（421）改徐州置，治京口，在今江蘇鎮江市。

[4]征北參軍：官名。征北將軍府參軍。征北將軍，南朝沿置，宋三品，爲持節都督則進爲二品。梁武帝天監七年（508）定爲武職二十四班中的二十三班，普通六年（525）改爲武職三十四班中的三十三班。陳擬二品，比秩中二千石。參軍，參與謀劃軍政事務。

[5]貞毅將軍：官名。南朝梁置，梁武帝天監七年定爲武職二十四班中的十四班，與輕車將軍等同班，代舊輔國將軍，大通三年（529）後爲武職三十四班中的二十四班。陳擬五品，比秩千石。
步兵校尉：官名。皇帝的侍衞武官，不領營兵，仍隸中領軍（領軍將軍），用以安置勳舊武臣。梁七班。陳第六品，秩千石。

[6]朱衣直閤：官名。朱衣直閤將軍省稱。南朝梁武帝天監六年（507）置，負責宮内侍衞，屬中領軍（領軍將軍）。天監七年定爲十班。陳第四品，秩千石。

[7]踰（yú）重：更加重要。踰，通"逾"。

[8]二衞：左、右衞將軍的合稱。

[9]俠侍：在兩側侍奉。俠，通"夾"。

[10]宣城：郡名。西晉太康二年（281）分丹陽郡置，屬揚州。治宛陵縣，在今安徽宣城市宣州區。南齊屬南豫州。

[11]明：州名。南朝梁置，治交穀縣，在今越南河静省河静南。 霍：州名。南朝梁天監六年置，治岳安縣，在今安徽霍山縣。 羅：州名。南朝梁置，治石龍縣，在今廣東化州市。

　　子宏，字德禮，有文學，歷官至永嘉王府諮議參軍。[1]陳亡入隋。

[1]永嘉：郡名。屬東揚州。治永寧縣，在今浙江溫州市。

　　史臣曰：昔鄧禹基於文學，[1]杜預出自儒雅，[2]卒致軍功，名著前代。晉氏喪亂，播遷江左，顧榮、郗鑒之輩，[3]溫嶠、謝玄之倫，[4]莫非巾褐書生，[5]搢紳素譽，[6]抗敵以衛社稷，立勳而升台鼎。[7]自斯以降，代有其人。但梁室沸騰，[8]懦夫立志，既身逢際會，見仗於時主，美矣！

[1]鄧禹：字仲華，兩漢之際南陽新野（今河南新野縣）人。東漢光武帝任命功臣，封高密侯。明帝時拜爲太傅。《後漢書》卷一六有傳。

[2]杜預：字元凱，魏晉之際京兆杜陵（今陝西西安市北）人。曾代羊祜爲鎮南大將軍，鎮荊州。後從荊州發兵平吳，以功封縣侯。曉律歷，擅文章，著有《春秋左氏經傳集解》《春秋長曆》等。太康五年（284）死，諡成。《晉書》卷三四有傳。

[3]顧榮：字彥先，吳國吳縣（今江蘇蘇州市）人。世爲南土顯族。永嘉之際，爲司馬睿軍司，積極輔佐僑寓政權的建立。累官

散騎常侍。《晉書》卷六八有傳。　郗鑒：字道徽，兩晉之際高平金鄉（今山東金鄉縣北）人。與溫嶠等聯兵討平王敦叛亂；又與王導等人受遺詔輔佐成帝。《晉書》卷六七有傳。

［4］溫嶠：字太真，兩晉之際太原祁（今山西祁縣）人。先後平定蘇峻、王敦叛亂，在穩定東晉初年政局中發揮重要作用。《晉書》卷六七有傳。　謝玄：字幼度，謝安兄謝奕子。淝水之戰時，與謝石、桓伊等率八萬北府兵擊敗前秦苻堅八十萬衆。《晉書》卷七九有附傳。

［5］巾褐：頭巾和褐衣，古代平民的服裝。

［6］搢紳：縉，插也，插笏於大帶與革帶之間，舊時官宦的裝束。亦借指士大夫。

［7］台鼎：古稱三公爲台鼎，如星之有三台，鼎之有三足。

［8］沸騰：比喻社會動亂。

今注本二十四史

陳書

唐 姚思廉 撰

李天石 張欣 主持校注

中國社會科學出版社

三 傳【二】

陳書　卷一九

列傳第十三

沈炯　虞荔 弟寄　馬樞

　　沈炯字禮明，[1]吳興武康人也。[2]祖瑀，梁尋陽太守。[3]父續，王府記室參軍。

　　[1]禮明：中華本校勘記云：“《南史》作‘初明’。王鳴盛《十七史商榷》引何焯説，云作‘禮明’是。”
　　[2]吳興：郡名。東晋義熙元年（405）移治今浙江湖州市吳興區。南朝梁末爲震州治。旋罷震州，改屬吳州。　武康：縣名。西晋太康元年（280）改永安縣置，屬吳興郡。治所在今浙江德清縣。以縣有武康山而得名。
　　[3]尋陽：郡名。南朝梁太清中治柴桑縣之湓口城，在今江西九江市。

　　炯少有雋才，爲當時所重。釋褐王國常侍，[1]遷爲尚書左民侍郎，[2]出爲吳令。[3]侯景之難，吳郡太守袁君正入援京師，[4]以炯監郡。京城陷，景將宋子仙據吳興，遣使召炯，委以書記之任。炯固辭以疾，子仙怒，命斬之。炯解衣將就戮，礙於路間桑樹，[5]乃更牽往他所，或遽救之，僅而獲免。子仙愛其才，終逼之令掌書記。及子仙爲王僧辯所敗，僧辯素聞其名，於軍中購得之，[6]酬所獲者鐵錢十萬，[7]自是羽檄軍書皆出於炯。[8]及簡文遇害，四方岳牧皆上表於江陵勸進，[9]僧辯令炯製表，其文甚工，當時莫有逮者。

[1]釋褐：脱去平民衣服。喻始任官職。　王國常侍：侍從王的左右，備顧問應對。南朝宋、齊分設左右常侍，梁、陳稱常侍官。

[2]尚書左民侍郎：官名。左民尚書屬官，掌民事及土木工程。梁六班。陳第四品，秩六百石。

[3]吳令：吳縣縣令。吳縣，治所在今江蘇蘇州市。梁、陳爲吳州治。

[4]吳郡：郡名。南朝梁太清三年（549）改爲吳州。大寶元年（550）復爲吳郡。陳禎明元年（587）改置吳州。治所在今江蘇蘇州市。

[5]礙於路間桑樹：爲路間桑樹所阻礙。

[6]購得：懸賞求得。

[7]鐵錢：古代用鐵鑄成的錢幣。

[8]羽檄：古代軍事文書，插鳥羽以示緊急，必須迅速傳遞。

[9]江陵：縣名。治所在今湖北荆州市荆州區。

高祖南下，[1]與僧辯會于白茅灣，[2]登壇設盟，炯爲其文。及侯景東奔至吳郡，獲炯妻虞氏，子行簡，並殺之，炯弟攜其母逃而獲免。侯景平，梁元帝愍其妻子嬰戮，[3]特封原鄉縣侯，[4]邑五百户。僧辯爲司徒，以炯爲從事中郎。[5]梁元帝徵爲給事黄門侍郎，[6]領尚書左丞。[7]

[1]高祖：南朝陳武帝陳霸先廟號。陳霸先，字興國，小字法生，吴興長城（今浙江長興縣東）人。謚武，廟號高祖。本書卷一、卷二，《南史》卷九有紀。

[2]白茅灣：在今江西九江市東北，東近桑落州。

[3]梁元帝：蕭繹。字世誠，小字七符，梁武帝第七子，廟號世祖。侯景叛亂，遣將王僧辯平定侯景，於江陵建都稱帝。承聖三年（554）被蕭詧所俘殺。好文學，有文集傳世。《梁書》卷五、《南史》卷八有紀。　嬰戮：遭到殺戮。

[4]原鄉縣侯：原鄉，治所在今浙江長興縣南。以縣在山中高原而名。三國吴屬吴興郡。縣侯，食縣之列侯。晋在開國縣男下，三品。南朝宋因之。

[5]從事中郎：官名。職參謀議。齊、梁公府置，梁官自九班至八班不等。陳制同，官第五、六品不等，秩六百石。

[6]給事黄門侍郎：官名。魏晋南北朝時期爲侍中省或門下省次官，與侍中俱掌門下衆事，侍以左右。地位隨皇帝旨意和侍中地位而上下。梁十班。陳第四品，秩二千石。

[7]尚書左丞：官名。尚書省佐官，位次尚書，與右丞共掌尚書都省庶務。梁九班。陳第四品，秩六百石。

荆州陷，爲西魏所虜，[1]魏人甚禮之，授炯儀同三司。[2]炯以母老在東，恒思歸國，恐魏人愛其文才而留之，恒閉門却掃，無所交游。時有文章，隨即弃毁，不令流布。嘗獨行經漢武通天臺，[3]爲表奏之，陳己思歸之意。其辭曰：“臣聞橋山雖掩，[4] 鼎湖之靈可祠，[5] 有魯既荒，大庭之迹無泯。[6] 伏惟陛下降德猗蘭，[7] 纂靈豐谷。[8] 漢道既登，神仙可望，射之罘於海浦，[9] 禮日觀而稱功，[10] 橫中流於汾河，[11] 指柏梁而高宴，[12] 何其樂也，豈不然歟！既而運屬上仙，道窮晏駕，[13] 甲帳珠簾，一朝零落，茂陵玉椀，[14] 宛出人間，陵雲故基，[15] 共原田而膴膴，[16] 別風餘址，[17] 對陵阜而茫茫，羈旅縲臣，[18] 能不落淚。昔承明既厭，[19] 嚴助東歸，[20] 駟馬可乘，長卿西返，[21] 恭聞故實，竊有愚心。黍稷非馨，敢忘徼福。”奏訖，其夜炯夢見有宮禁之所，兵衛甚嚴，炯便以情事陳訴，聞有人言：“甚不惜放卿還，幾時可至。”少日，便與王克等竝獲東歸。紹泰二年至都，[22] 除司農卿，[23] 遷御史中丞。[24]

[1]西魏：北朝之一。公元534年北魏孝武帝逃到關中，投靠宇文泰。次年，泰殺孝武帝，立元寶炬爲帝，都長安（今陝西西安市西北），史稱西魏。

[2]儀同三司：官名。三國魏始置，爲大臣加號，意謂與三司即太尉、司徒、司空禮制、待遇相同。

[3]漢武：漢武帝劉徹。漢景帝子。在其統治期間，漢代達到鼎盛階段，但同時其統治也存在諸多弊政，漢代開始由盛轉衰。《史記》卷一二、《漢書》卷六有紀。　通天臺：西漢武帝時築，在今陝西淳化縣西北甘泉山上。

[4]橋山：橋，底本作“喬”。林礽乾《陳書異文考證》云，《南史》卷六九《沈炯傳》作“橋山”，今本《沈侍中集·經通天臺奏漢武帝表》及《太平御覽》卷八八並作“橋山”，作“橋”是（文史哲出版社1979年版，第162頁）。今從改。橋山，相傳爲黃

帝所葬之地，在今陝西境内。

[5]鼎湖之靈可祠：林礽乾《陳書異文考證》認爲諸本相同，而《南史·沈炯傳》作“鼎湖之寵可祠”爲是，其依據爲《史記》卷一二《武帝本紀》“李少君亦以祠竈、穀道、却老方見上”，“祠竈則致物，致物而丹沙可化爲黄金，黄金成，以爲飲食器則益壽，益壽而海中蓬萊僊者可見，見之以封禪則不死，黄帝是也⋯⋯於是天子始親祠竈”，認爲這些内容爲本文所本（第163頁）。鼎湖，在今陝西大荔縣東南。《史記·封禪書》：“黄帝采首山銅，鑄鼎於荆山下。鼎既成，有龍垂鬍鬚下迎黄帝。⋯⋯故後世因名其處曰鼎湖。”

[6]大庭：大庭氏，古國名。在魯城内，魯於其處作庫。

[7]猗蘭：漢殿名。相傳漢武帝誕生前，父景帝夢赤彘從雲中而下，入崇蘭閣，因改閣名爲猗蘭殿。後武帝生於此殿。

[8]纂靈豐谷：漢高祖起於豐縣，即今江蘇豐縣。

[9]之罘：亦稱芝罘山。即今山東烟臺市北芝罘島。

[10]日觀：峰名。在山東泰安市泰山上，鷄鳴時見日出。

[11]汾河：源出山西管涔山，注於黄河，武帝於此修祠事。

[12]柏梁：臺名。漢武帝元鼎二年（前115）築，以香柏爲梁，在未央宫北闕内。

[13]晏駕：車駕晚出。古代稱帝王死亡的諱辭。

[14]茂陵玉椀：玉椀原爲漢武帝茂陵殉葬品，赤眉掘漢諸陵，遂流入民間。

[15]陵雲：臺名。在今河南洛陽市東魏晋洛陽城内。陸機稱洛陽城有三市九觀，此其一。

[16]原田：高平之田。 膴（wǔ）膴：土地肥沃。

[17]別風餘址：建章宫原有折風闕，一作別風。址，底本作“趾”，中華本據北監本、汲本、殿本改。今從改。

[18]羈旅：寄身外鄉作客。 縲（léi）臣：縲紲之臣，炯自謂也。縲，縲紲，捆綁犯人的繩索。引申爲牢獄。

［19］承明：宮殿名。在石渠閣外。

［20］嚴助東歸：典見《漢書》卷六四上《嚴助傳》：“君厭承明之廬，勞侍從之事，懷故土，出爲郡吏。”

［21］駟馬可乘，長卿西返：《華陽國志》云：“（蜀大城）城北十里有升仙橋，有送客觀也。司馬相如初入長安，題其門云‘不乘赤車駟馬，不過汝下’也。”長卿，司馬相如字。

［22］紹泰：南朝梁敬帝蕭方智年號（555—556）。

［23］司農卿：官名。南朝梁武帝天監七年（508），改大司農爲司農卿，職掌勸農、倉儲、園苑、供應宮廷膳饈，有丞。梁十一班。陳因之，第三品，秩中二千石。

［24］御史中丞：官名。御史臺長官，掌督察百官，糾劾不法。六朝第一流高門多不樂居此職。梁十一班。

高祖受禪，加通直散騎常侍，[1]中丞如故。以母老表請歸養，詔不許。

［1］通直散騎常侍：官名。西晉武帝泰始十年（274）使員外散騎常侍二人與散騎常侍通員當值，故名。職同散騎常侍，參平尚書奏事，並掌諷諫、侍從，位頗重。南朝屬集書省，多以衰老之士擔任，地位漸低。陳第四品，秩二千石。

文帝嗣位，[1]又表曰：“臣嬰生不幸，弱冠而孤，母子零丁，[2]兄弟相長。謹身爲養，仕不擇官，宦成梁朝，命存亂世，冒危履險，百死輕生，[3]妻息誅夷，昆季冥滅，餘臣母子，得逢興運。臣母妾劉，今年八十有一，臣叔母妾丘，七十有五，臣門弟姪故自無人，妾丘兒孫又久亡泯，[4]兩家侍養，餘臣一人。前帝知臣之孤煢，[5]

養臣以州里，不欲使頓居草萊，又復矜臣温清，[6]所以
一年之内，再三休沐。[7]臣之屢披丹款，[8]頻冒宸鑒，[9]
非欲苟違朝廷，遠離畿輦。[10]一者以年將六十，湯火居
心，[11]每跪讀家書，前懼後喜，温枕扇席，無復成童。
二者職居彝憲，[12]邦之司直，若自虧身禮，[13]何問國章？
前德綢繆，始許哀放，内侍近臣，多悉此旨。正以選賢
與能，廣求明哲，趨趄荏苒，[14]未始取才。而上玄降
戾，[15]奄至今日，德音在耳，墳土遽乾，悠悠昊天，哀
此罔極。兼臣私心煎切，[16]彌迫近時，惓惓之祈，[17]轉
忘塵觸。伏惟陛下睿哲聰明，嗣興下武，[18]刑于四海，
弘此孝治。寸管求天，仰歸帷扆，[19]有感必應，實望聖
明。特乞霈然申其私禮，[20]則王者之德，覃及無方，[21]
矧彼翔沈，孰非涵養。”詔答曰：“省表具懷。卿譽馳
咸、雒，[22]情深宛、沛。[23]日者理切倚門，[24]言歸異域，
復牽時役，遂乖侍養。雖周生之思，每欲弃官，《戴禮》
垂文，[25]得遺從政，前朝光宅四海，劬勞萬機，[26]以卿
才爲獨步，[27]職居專席，[28]方深委任，屢屈情禮。朕嗣
奉洪基，思弘景業，顧兹寡薄，兼纏哀疚，[29]實賴賢
哲，同致雍熙，豈便釋簡南闈，[30]解綬東路。[31]當今馮
親入舍，苟母從官，用覿朝榮，不虧家禮。尋敕所
由，[32]相迎尊累，使卿公私得所，並無廢也。”

[1]文帝：陳蒨。字子華，陳武帝兄子，廟號世祖。本書卷三、
《南史》卷九有紀。

[2]零丁：孤獨無依貌。

[3]百：底本作“自”，中華本據南監本及《册府》卷七五四

改。今從改。

　　[4]亡泯：猶言亡歿。

　　[5]孤煢（qióng）：孤獨，無依無靠。煢，孤獨無依的樣子。

　　[6]矜：憐憫，憐惜。　溫凊（qìng）：猶寒暖。借指生活起居。凊，清涼，寒冷。

　　[7]休沐：休息洗沐，猶休假。

　　[8]披：披露；陳述。　丹款：赤誠的心。

　　[9]宸鑒：皇帝審閱，鑒察。

　　[10]畿輦：京城地區。輦，天子的車，借指京城。

　　[11]湯火居心：比喻極端焦慮、急迫的心情。

　　[12]彝憲：指御史中丞。

　　[13]身禮：中華本校勘記云：“‘禮’各本並作‘體’，《元龜》卷七五四同。按此指其自身當守之禮言，作‘禮’是。”林礽乾《陳書異文考證》認爲，下文陳文帝詔答沈炯請歸養表“當今馮親入舍，苟母從官，用覿朝榮，不虧家禮”中“不虧家禮”，正解答沈炯“自虧身禮”之疑慮而來（第163頁）。説是。

　　[14]趑（zī）趄（jū）：躊躇不前。　荏苒：蹉跎。

　　[15]上玄：上天。　降戾：猶降臨。戾，至也。

　　[16]煎切：煎熬，悲傷。

　　[17]僂（lóu）僂：勤懇貌，恭謹貌。

　　[18]下武：謂有聖德能繼先王功業。

　　[19]帷扆：帷幔與屏風。指君主朝群臣之所。

　　[20]霈然：行疾貌。

　　[21]覃及：延及。　無方：沒有方向、處所的限制。謂無所不至。

　　[22]咸：咸陽。　雒：雒（洛）陽。

　　[23]宛：縣名。治所在今河南南陽市。　沛：縣名。治所在今江蘇沛縣。

　　[24]理切倚門：倚門，中華本校勘記云：“北監本、汲本、殿

本作‘倚閭’。按倚門、倚閭皆言望子之切，同見《戰國策·齊策》。”

[25]《戴禮》垂文：焕發文采。

[26]劬（qú）勞：勞累，勞苦。

[27]獨步：謂獨一無二，無與倫比。

[28]專席：獨坐一席。指任御史中丞一職。

[29]兼纏哀疾：爲悲痛所纏繞。

[30]釋簡：放下象簡。指辭官。簡，笏，手板。　南闈：南門。

[31]解綬：解下印綬。指辭官。

[32]所由：林礽乾《陳書異文考證》認爲，三朝本、汲本、《南史》卷六九《沈炯傳》同作“所由”，然而“相迎尊累”之主詞（引者按：即主語）當是“所司”，各本“司”字訛作“由”，當據南監本、《册府》卷七五四改作“所司”（第 164 頁）。

初，高祖嘗稱炯宜居王佐，軍國大政，多預謀謨，文帝又重其才用，欲寵貴之。會王琳入寇大雷，[1]留異擁據東境，帝欲使炯因是立功，乃解中丞，加明威將軍，[2]遣還鄉里，收合徒衆。以疾卒于吳中，時年五十九。文帝聞之，即日舉哀，并遣弔祭，贈侍中，諡曰恭子。有集二十卷行於世。

[1]王琳：南朝梁末、北齊時會稽山陰（今浙江紹興市）人，字子珩。《北齊書》卷三二、《南史》卷六四有傳。　大雷：南朝陳置，屬晉州。治新治縣，在今安徽望江縣。境内有大雷戍或雷池戍。

[2]明威將軍：官名。魏晉南北朝沿置。南朝梁武帝定爲武職二十四班中的十三班。陳擬五品，比秩千石。另梁、陳十明將軍中

亦有此號。陳擬六品，比秩千石。

虞荔字山披，會稽餘姚人也。[1]祖權，梁廷尉卿、永嘉太守。[2]父檢，平北始興王諮議參軍。[3]

[1]會稽：郡名。治山陰縣，在今浙江紹興市。南朝宋屬東揚州。齊屬揚州，梁復屬東揚州。　餘姚：縣名。治所在今浙江餘姚市。

[2]廷尉卿：官名。南朝梁武帝天監七年（508）定爲正式官稱，十一班。陳因之，第三品，秩中二千石。

[3]平北：平北將軍。與平東、平南、平北將軍合稱四平將軍，多持節都督或監某一地區的軍事，有時亦作爲刺史等地方官員兼理軍務的加官。梁二十班。陳擬三品，比秩中二千石。　始興：郡名。治曲江縣，在今廣東韶關市南武水西岸。　諮議參軍：官名。掌顧問諫議。其位甚尊，在列曹參軍上。梁九班至七班。陳自第五品至第七品，皆依府主地位而定。

荔幼聰敏，有志操。年九歲，隨從伯闡候太常陸倕，[1]倕問五經凡有十事，[2]荔隨問輒應，無有遺失，倕甚異之。又嘗詣徵士何胤，[3]時太守衡陽王亦造焉，[4]胤言之於王，王欲見荔，荔辭曰：“未有板刺，[5]無容拜謁。”王以荔有高尚之志，雅相欽重，還郡，即辟爲主簿，[6]荔又辭以年小不就。及長，美風儀，博覽墳籍，善屬文。釋褐梁西中郎行參軍，[7]尋署法曹外兵參軍，[8]兼丹陽詔獄正。[9]梁武帝於城西置士林館，[10]荔乃製碑，奏上，帝命勒之于館，仍用荔爲士林學士。尋爲司文郎，[11]遷通直散騎侍郎，[12]兼中書舍人。[13]時左右之任，多參權軸，[14]内外機務，互有帶掌，[15]唯荔與顧協淡然靖退，[16]居于西省，[17]但以文史見知，當時號爲清白。尋領大著作。[18]

[1]太常：官名。掌宗廟禮儀，太常位尊職閑。梁十四班。陳第三品，秩中二千石。　陸倕：字佐公，齊、梁時期吳郡吳縣（今江蘇蘇州市）人。《梁書》卷二七有傳，《南史》卷四八有附傳。

[2]五經：五部儒家經典，即《詩》《書》《易》《禮》《春秋》。

[3]徵士：指不接受朝廷徵聘的隱士。

[4]衡陽：郡名。治湘西縣，在今湖南株洲市西南。

[5]板刺：猶名片。古時書寫名字於竹木片上，作訪問通名之用。

[6]辟：辟除，除用爲吏。　主簿：官名。掌文書，郡吏中僅次於功曹。

[7]釋褐：脱去平民衣服，喻始任官職。　西中郎：即西中郎將。　行參軍：也稱行參軍事，掌參議軍事或專負責某事。

[8]法曹外兵參軍：官名。法曹參軍與外兵參軍。法曹參軍，法曹長官。外兵參軍掌本府外兵曹事務，兼備參謀諮詢。

[9]丹陽詔獄正：官名。南朝梁置，屬丹陽尹。詔獄，官員犯重罪，皇帝下詔置獄，派專官審訊，稱爲詔獄。

[10]梁武帝：蕭衍。南朝梁開國君主。字叔達，小字練兒，南蘭陵中都里（今江蘇常州市西北）人。《梁書》卷一至卷三，《南史》卷六、卷七有紀。　士林館：南朝梁武帝所立學館名。

[11]司文郎：官名。亦稱司文侍郎。文學侍從之臣。南朝梁置。多選任文學、史學名士。

[12]通直散騎侍郎：官名。簡稱“通直郎”，屬集書省，職同散騎侍郎，參平尚書奏事，兼掌侍從、諷諫，地位較高。梁六班。

[13]中書舍人：官名。原名中書通事舍人，掌草擬、發布詔令；受理文書章奏，漸奪中書侍郎草擬詔令之任，勢傾天下，把持政務中樞。名義上隸屬中書省，實際上直接聽命於皇帝。梁四班。陳第八品。

[14]權軸：權力中樞。指卿相之職。泛指大權。

[15]帶：南北朝時一些中央官員兼任地方郡守、縣令，但不理事，主要是爲取得其禄秩，稱帶，也是皇帝的一種恩賜。

[16]靖退：恭謹謙讓。

[17]西省：禁軍將領直宿之處，亦置學士等文學侍從之臣，掌圖書著作撰史等事。南朝中書省、秘書省亦稱作西省。

[18]大著作：官名。著作郎的別稱。掌國史及起居注的修撰，兼管秘書省所藏典籍。爲清要之官，出任者多爲有名望的文學之士。梁六班。陳第六品，秩六百石。

及侯景之亂，荔率親屬入臺，除鎮西諮議參軍，[1]舍人如故。臺城陷，逃歸鄉里。侯景平，元帝徵爲中書侍郎，[2]貞陽侯，[3]授揚州別駕，[4]並不就。

[1]鎮西：鎮西將軍。八鎮將軍之一。梁二十二班。陳擬二品，比秩中二千石。

[2]中書侍郎：官名。中書省屬官，舊掌詔誥。梁六班。陳第四品，秩千石。

[3]貞陽：以縣爲侯國。貞陽縣，屬始興郡。治所在今廣東英德市東翁水北。

[4]揚州：州名。治所在今江蘇南京市。　別駕：官名。亦稱別駕從事，州刺史佐官。從刺史行部，别乘傳車，故謂之別駕。秩輕職重，與治中從事史同爲州上綱，事無不統。揚州別駕，梁十班。陳第六品，他州高者第六品，低者第九品。

　　張彪之據會稽也，荔時在焉。及文帝平彪，高祖遺荔書曰：「喪亂已來，賢哲凋散，君才用有美，聲聞許、洛，[1]當今朝廷惟新，廣求英雋，豈可栖遲東土，[2]獨善其身？今令兄子將接出都，想必副朝廷虛遲也。」[3]文帝又與書曰：「君東南有美，聲譽洽聞，[4]自應翰飛京許，共康時弊，而削迹丘園，[5]保茲獨善，豈使稱空谷之望邪？必願便爾俶裝，[6]且爲出都之計。唯遲披覿，在於茲日。」迫切之不得已，乃應命至都。高祖崩，文帝嗣位，除太子中庶子，仍侍太子讀書。尋領大著作、東揚揚州二州大中正，[7]庶子如故。

　　[1]許、洛：許昌、洛陽，代指北方中原地區。
　　[2]栖遲：滯留。
　　[3]虛遲：虛位以待。遲，等待。
　　[4]洽聞：多聞博識。
　　[5]削：底本作「刻」，中華本據南監本、北監本、汲本、殿本改。今從改。
　　[6]俶（chù）裝：整理行裝。
　　[7]東揚：州名。天嘉三年（562）重置，治會稽郡，在今浙江紹興市。

　　初，荔母隨荔入臺，[1]卒於臺內，尋而城陷，情禮不申，由是終身蔬食布衣，不聽音樂，雖任遇隆重，而居止儉素，淡然無營。文帝深器之，常引在左右，朝夕顧訪。荔性沉密，少言論，凡所獻替，[2]莫有見其際者，[3]故不列于後焉。

[1]臺：御史臺。

[2]獻替：進獻可行者，廢去不可行者。謂對君主進諫，勸善規過。亦泛指議論國事興革。

[3]際：縫隙，合縫之處。

時荔第二弟寄寓於閩中，[1]依陳寶應，[2]荔每言之輒流涕。文帝哀而謂曰：“我亦有弟在遠，此情甚切，他人豈知。”乃敕寶應求寄，寶應終不遣。荔因以感疾，帝數往臨視。令荔將家口入省，[3]荔以禁中非私居之所，乞停城外，文帝不許，乃令住於蘭臺，[4]乘輿再三臨問，手敕中使，相望於道。又以荔蔬食積久，非羸疾所堪，乃敕曰：“能敦布素，乃當爲高，卿年事已多，氣力稍減，方欲仗委，良須克壯，今給卿魚肉，不得固從所執也。”荔終不從。天嘉二年卒，[5]時年五十九。文帝甚傷惜之，贈侍中，謚曰德子。及喪柩還鄉里，上親出臨送，當時榮之。子世基、世南，[6]並少知名。

[1]閩中：指今福建一帶。

[2]陳寶應：南朝陳晋安侯官（今福建福州市）人。本書卷三五、《南史》卷八〇有傳。

[3]省：設在宮廷中的官署。

[4]蘭臺：指御史臺。

[5]天嘉：南朝陳文帝陳蒨年號（560—566）。

[6]世基：虞世基。字茂世，會稽餘姚（今浙江餘姚市）人。博學工書法，善作詩賦。任陳爲尚書左丞。《隋書》卷六七、《北史》卷八三有傳。　世南：虞世南。字伯施，越州餘姚人。有集三十卷，並纂輯《北堂書鈔》一百七十三卷。《舊唐書》卷七二、

《新唐書》卷一〇二有傳。

　　寄字次安，少聰敏。年數歲，客有造其父者，遇寄於門，因嘲之曰：“郎君姓虞，必當無智。”寄應聲答曰：“文字不辨，豈得非愚？”客大慙。入謂其父曰：“此子非常人，文舉之對不是過也。”

　　及長，好學，善屬文。性冲静，有栖遁之志。[1]弱冠舉秀才，對策高第。起家梁宣城王國左常侍。[2]大同中，[3]嘗驟雨，殿前往往有雜色寶珠，梁武觀之甚有喜色，寄因上瑞雨頌。帝謂寄兄荔曰：“此頌典裁清拔，卿家之士龍也。[4]將如何擢用？”寄聞之，歎曰：“美盛德之形容，以申擊壤之情耳。[5]吾豈買名求仕者乎？”乃閉門稱疾，唯以書籍自娛。岳陽王爲會稽太守，[6]引寄爲行參軍，遷記室參軍，[7]領郡五官掾。[8]又轉中記室，[9]掾如故。在職簡略煩苛，[10]務存大體，曹局之内，終日寂然。

　　[1]栖遁：避世隱居。
　　[2]宣城：郡名。屬南豫州。治宛陵縣，在今安徽宣城市宣州區。　左常侍：官名。掌侍從左右，贊相禮儀，獻替諫諍。
　　[3]大同：南朝梁武帝蕭衍年號（535—546）。
　　[4]士龍：陸雲，字士龍。博學有才氣，善辭賦，與兄陸機齊名，時稱“二陸”。《晉書》卷五四有傳。
　　[5]擊壤：《藝文類聚》卷一一引晉皇甫謐《帝王世紀》：“（帝堯之世）天下大和，百姓無事，有五十老人擊壤於道。”後用來稱頌太平盛世的典故。
　　[6]岳陽：以郡爲國。岳陽郡，南朝梁置，屬羅州。治岳陽縣，

在今湖南汨羅市東。

[7]記室參軍：官名。又稱記室參軍事。西晋始置，爲記室曹長官，掌文疏表奏。南北朝時，皇弟皇子府、嗣王蕃王府、公府、持節都督府皆置，品級隨府主地位而定。

[8]郡五官掾：官名。掌功曹及諸曹事，地位僅次於功曹，祭祀居諸吏之首，無固定職掌，凡功曹及諸曹員吏出缺即代理其職務。

[9]中記室：官名。中記室參軍省稱。諸皇弟皇子府、嗣王蕃王府、庶姓公府、庶姓持節府皆置。品秩依府主地位而定。

[10]在職簡略煩苛：林礽乾《陳書異文考證》認爲各本及《南史》卷六九《虞寄傳》同，而《册府》卷七二二煩苛前有"去"字，《梁書》卷三四《張纘傳》"纘治郡，省煩苛，務清静"亦與本句句法相同，補"去"字語意方足（第164頁）。

侯景之亂，寄隨兄荔入臺，除鎮南湘東王諮議參軍，[1]加貞威將軍。[2]京城陷，遁還鄉里。及張彪往臨川，[3]彊寄俱行，[4]寄與彪將鄭瑋同舟而載，瑋嘗忤彪意，乃劫寄奔于晋安。時陳寶應據有閩中，得寄甚喜。高祖平侯景，寄勸令自結，寶應從之，乃遣使歸誠。承聖元年，[5]除和戎將軍、中書侍郎，[6]寶應愛其才，託以道阻不遣。每欲引寄爲僚屬，委以文翰，寄固辭，獲免。

[1]鎮南：鎮南將軍。與鎮東、鎮西、鎮北將軍合稱四鎮，多爲持節都督，出鎮方面。陳時列爲八鎮將軍之一。梁二十二班。陳擬二品，比秩中二千石。　　湘東：郡名。治臨烝縣，在今湖南衡陽市。

　　[2]貞威將軍：官名。南朝梁置，武帝天監七年（508）定爲武職二十四班中的八班，大通三年（529）後班階稍降，爲武職三十四班中的十班。陳擬七品，比秩六百石。

　　[3]臨川：臨川國，以郡爲國。治南城縣，在今江西南城縣東南。

　　[4]彊（qiáng）：通“强”，硬要，迫使。

　　[5]承聖：南朝梁元帝蕭繹年號（552—555）。

　　[6]和戎將軍：官名。南朝梁置，爲加官、散官性質的將軍。武帝天監七年定爲武職二十四班中的十班，普通六年（525）改爲武職三十四班中的十一班。梁武帝大通三年改爲專施用於境外，地位較高，擬智威將軍等號。陳沿置，擬七品，比秩六百石。　中書侍郎：官名。中書省屬官，舊掌詔誥。梁九班。陳第四品，秩千石。

　　及寶應結婚留異，潛有逆謀，寄微知其意，言説之際，每陳逆順之理，微以諷諫，寶應輒引説他事以拒之。又嘗令左右誦《漢書》，[1]臥而聽之，至蒯通説韓信曰“相君之背，貴不可言”，[2]寶應蹷然起曰“可謂智士”。寄正色曰：“覆酈驕韓，未足稱智；[3]豈若班彪王命，識所歸乎？”[4]

　　[1]《漢書》：中國第一部紀傳體斷代史書。東漢班固著，部分内容爲班固父班彪、妹班昭及馬續寫成。全書一百篇，分一百二十卷，體例大致沿襲《史記》。記録了西漢一代的主要史事，是研究西漢歷史的重要資料。

　　[2]蒯通：本名徹，避武帝劉徹諱改稱蒯通。秦末漢初范陽（今河北定興縣北）人。秦漢之際策士，《漢書》卷四五有傳。韓信：秦末漢初淮陰（今江蘇淮安市淮陰區）人。《史記》卷九

二、《漢書》卷三四有傳。

[3]覆酈驕韓：典出《漢書》卷一〇〇《叙傳》。原指蒯通游説韓信發展自身勢力，烹殺酈生，促使韓信驕傲自大被殺。此處指像蒯通一樣縱橫捭闔之功業。

[4]班彪：字叔皮，兩漢之際扶風安陵（今陝西咸陽市東北）人。作《史記後傳》六十餘篇。二子班固、班超，均顯名於後漢。《後漢書》卷四〇上有傳。　王命：《王命論》。爲班彪依附天水隗囂時所撰。當時，隗囂有問鼎漢室的野心，班彪有感於隗囂的圖謀，撰寫此文，告誡隗囂當今時代與戰國紛争亂世的不同，而劉漢乃天命所授，希望能够感化隗囂，歸順漢室。文見《漢書》卷一〇〇上《叙傳》。

寄知寶應不可諫，慮禍及己，乃爲居士服以拒絶之。常居東山寺，[1]僞稱脚疾，不復起，寶應以爲假託，使燒寄所卧屋，寄安卧不動。親近將扶寄出，寄曰："吾命有所懸，避欲安往？"所縱火者，旋自救之。寶應自此方信。

[1]東山寺：在今福建福州市東。

及留異稱兵，寶應資其部曲，[1]寄乃因書極諫曰：

東山虞寄致書於明將軍使君節下：寄流離世故，飄寓貴鄉，將軍待以上賓之禮，申以國士之眷，意氣所感，何日忘之。而寄沈痼彌留，[2]惕陰將盡，[3]常恐卒填溝壑，涓塵莫報，是以敢布腹心，冒陳丹款，願將軍留須臾之慮，少思察之，則瞑目之日，所懷畢矣。

[1]部曲：古代豪門大族的私人軍隊，帶有人身依附性質。

[2]沈痼：亦作"沈錮"。積久難治的病。

[3]愒（kài）陰：暮年。

　　夫安危之兆，禍福之機，匪獨天時，[1]亦由人事。失之毫釐，差以千里。是以明智之士，據重位而不傾，執大節而不失，豈惑於浮辭哉？將軍文武兼資，英威不世，往因多難，杖劍興師，援旗誓衆，[2]抗威千里，[3]豈不以四郊多壘，共謀王室，匡時報主，寧國庇民乎？此所以五尺童子，皆願荷戟而隨將軍者也。及高祖武皇肇基草昧，初濟艱難，[4]于時天下沸騰，民無定主，豺狼當道，鯨鯢橫擊，[5]海內業業，[6]未知所從。將軍運動微之鑒，[7]折從衡之辯，策名委質，[8]自託宗盟，此將軍妙筭遠圖，發於衷誠者也。及主上繼業，欽明睿聖，選賢與能，群臣輯睦，結將軍以維城之重，崇將軍以裂土之封。豈非宏謨廟略，[9]推赤心於物也？屢申明詔，款篤殷勤，君臣之分定矣，骨肉之恩深矣。不意將軍惑於邪説，遽生異計，寄所以疾首痛心，泣盡繼之以血。[10]萬全之策，竊爲將軍惜之。寄雖疾侵耄及，[11]言無足採，千慮一得，請陳愚筭。願將軍少戢雷霆，[12]賒其晷刻，[13]使得盡狂瞽之説，披肝膽之誠，則雖死之日，由生之年也。[14]

[1]匪：原爲墨丁，中華本據各本補。今從補。

[2]援旗：舉旗。

［３］抗威：揚威。抗，揚，振。

［４］艱：原爲墨丁，中華本據各本補。今從補。

［５］鯨鯢：比喻凶惡的敵人。

［６］業業：危懼貌。

［７］動微之鑒：林礽乾《陳書異文考證》云各本及《南史》卷六九《虞寄傳》同作“動微”，而《册府》卷八三二、《文苑英華》卷六八五並作“洞微”。並按云，作“洞微”是，洞微即洞察細微，又洞鑒爲當時常用詞，而且舉梁簡文帝、顏延年詩作爲證（第165頁）。

［８］策名委質：《左傳》僖公二十三年孔穎達疏：“古之仕者於所臣之人書己名於策，以明繫屬之也。”後用以指因仕宦而獻身於朝廷之事。

［９］宏謨：宏謀。　廟略：朝廷的謀略。

［１０］泣盡繼之以血：中華本校勘記云：“‘盡’字下北監本、汲本、殿本有‘而’字。”

［１１］耄及：昏亂。

［１２］戢：收斂，止息。

［１３］賒其晷刻：寬待片刻。謂時間短暫。

［１４］由生之年：中華本校勘記云：“‘由’南監本作‘猶’。按猶由通。”

　　自天厭梁德，多難荐臻，[1]寰宇分崩，英雄互起，不可勝紀，人人自以爲得之。然夷凶翦亂，拯溺扶危，四海樂推，三靈眷命，[2]揖讓而居南面者，陳氏也。豈非歷數有在，惟天所授，當璧應運？[3]其事甚明，一也。主上承基，[4]明德遠被，天綱再張，地維重紐。夫以王琳之彊，侯瑱之力，進足以搖蕩中原，爭衡天下，退足以屈强江外，[5]雄張偏隅。然或命一旅之師，或資一士之説，琳則瓦解冰泮，[6] 投身異域，瑱則厥角稽顙，[7] 委命闕廷。斯又天假之威，而除其患。其事甚明，二也。今將軍以藩戚之重，東南之衆，盡忠奉上，勠力勤王，豈不勳高竇融，[8] 寵過吳芮，[9] 析珪判野，[10] 南面稱孤？其事甚明，三也。且聖朝弃瑕忘過，寬厚得人，改過自新，咸加叙擢。至於余孝頃、潘純陁、李孝欽、歐陽頠等，悉委以心腹，任以爪牙，胷中豁然，曾無纖芥。況將軍譽非張繡，[11] 罪異畢諶，[12] 當何慮於危亡，何失於富貴？此又其事甚明，四也。方今周、齊隣睦，境外無虞，并兵一向，匪朝伊夕，非劉、項競逐之機，[13] 楚、趙連從之勢，何得雍容高拱，坐論西伯？其事甚明，五也。且留將軍狼顧一隅，[14] 亟經摧衄，聲實虧喪，膽氣衰沮。高瓛、向文政、留瑜、黃子玉，此數人者，將軍所知，首鼠兩端，唯利是視；其餘將帥，亦可見矣。孰能被堅執鋭，長驅深入，繫馬埋輪，[15] 奮不顧命，以先士卒者乎？此又其事甚明，六也。且將軍之彊，孰如侯景？將軍之衆，孰如王琳？武皇滅侯景於前，今上摧王琳於後，此乃天時，非復人力。且兵革已後，民皆厭亂，其孰能弃墳墓，捐妻子，出萬死不顧之計，從將軍於白刃之閒乎？此又其事甚明，七也。歷觀前古，鑒之往事，子陽、季孟，[16] 傾覆相尋，餘善、右渠，[17] 危亡繼及，天命可畏，山川難恃。況將軍欲以數郡之地，當天下之兵，以諸侯之資，拒天子之命，彊弱逆順，可得侔乎？此又其事甚明，八也。且非我族類，其心必異。不愛其親，豈能及物？留將軍身縻國爵，子尚王姬，猶且弃天屬而弗顧，背明君而孤立，危急之日，豈能同憂共患，不背將軍者乎？至於師老力屈，[18]懼誅利賞，必有韓、智晉陽之謀，[19]張、陳井陘之勢。[20]此又其事甚明，九也。且北軍萬里遠鬬，鋒不可當，將軍自戰其地，人多顧後。梁安背向爲心，修昕匹夫之力，衆寡不敵，將帥不侔，師以無名而出，事以無機而動，以此稱兵，未知其利。夫以漢朝吳、楚，[21]晉室穎、顒，[22]連城數十，長戟百萬，拔本塞源，[23]自圖家國，其有成功者乎？此又其事甚明，十也。

[1]荐臻：接連地來到；一再遇到。

[2]三靈：指天神、地祇、人鬼。　眷命：垂愛並賦予重任。

[3]當璧：原指楚共王在選擇諸子繼承王位時，讓諸子先後入室朝拜，墜在事先埋下的玉璧上者即立爲儲君，年幼的平王被抱入朝拜，兩次皆墜鈕。後喻指立爲國君之兆。

[4]承：底本作“入”，中華本校勘記云：“據北監本、汲本、殿本及《南史》、《元龜》八三二改。”今從改。

[5]屈强：同“倔强”，不屈服。

[6]冰泮（pàn）：原指冰融化，此處指潰敗，消滅。泮，溶解，融化。

[7]厥角：以額觸地。　稽顙：古代一種跪拜禮，屈膝下拜，以額觸地，表示極度的虔誠。

[8]竇融：字周公，兩漢之際扶風平陵（今陝西咸陽市）人。

《後漢書》卷二三有傳。

[9]吳芮：秦漢之際人，曾任秦朝番陽縣令，號曰番君。項羽封之爲衡山王。漢朝建立，徙封爲長沙王，都臨湘。《漢書》卷三四有傳。

[10]析珪：泛指封王、封官。“珪”又作“圭”。　判野：裂土分封。

[11]張繡：東漢末武威祖厲（今甘肅會寧縣）人。《三國志》卷八有傳。

[12]畢諶：東漢末東平（今山東東平縣）人。事迹略見《三國志》卷一《魏書·武帝紀》。

[13]劉、項：劉邦、項羽。

[14]狼顧：狼行走時，常轉過頭看，以防襲擊。比喻人有所畏懼。

[15]繫馬埋輪：謂敵人進攻時，繫住馬，埋車輪於地，以示固守不退。語本《孫子·九地》：“是故方馬埋輪，未足恃也。”周一良《魏晉南北朝史札記·〈陳書〉札記》“埋輪”條轉引祝總斌意，以爲此處“埋輪”爲楚語，與《九歌·國殤》描述兩軍交戰時“霾兩輪兮縶四馬，援玉枹兮擊鳴鼓”，車輪陷埋，四馬羈絆，仍援枹擊鼓督戰，奮不顧身，以至於死的意義較爲接近（中華書局2015年補訂本版，第305頁）。

[16]子陽、季孟：公孫述字子陽，隗囂字季孟。公孫述東漢光武帝建武元年（25）自立爲帝，建立政權，建武十二年被東漢大司馬吳漢攻滅。隗囂更始元年（23）割據隴右，建武三年降漢。

[17]右：底本作“石”，中華本據北監本、汲本、殿本改。並按云右渠西漢時朝鮮國王。今從改。

[18]師老：歷時長久。《左傳》僖公三十三年杜預注：“師久爲老。”

[19]韓、智晉陽之謀：公元前455年，晉國實力最强的卿大夫智伯脅迫韓、魏攻趙，圍晉陽城，三年不能拔。公元前453年，決

晋水灌之。趙以脣亡齒寒的道理，成功説服韓、魏倒戈，反攻智伯，殺之，三分其地。

[20]張、陳井陘之勢：指張耳、陳餘。二人皆爲秦末大梁人，爲刎頸交，又同投陳勝起義軍。後因爲利益矛盾，兩人交惡。張耳奔漢，陳餘投趙。公元前204年，劉邦遣韓信與張耳擊趙，於井陘殺陳餘。

[21]吳、楚：吳楚七國之亂。西漢景帝爲了削弱地方割據勢力，采納御史大夫晁錯“削藩”的建議，削奪諸侯王的部分封地，劃歸中央政府直接管轄。“削藩”引起諸侯王的强烈反對。景帝前元三年（前154），吳王劉濞聯合楚、趙、膠東、膠西、濟南、淄川等國以誅晁錯，清君側爲名，發動叛亂。數月内被先後平息。

[22]穎、顒：成都王司馬穎、河間王司馬顒，代指八王之亂。即公元291年至306年西晋宗室諸王爲爭奪皇權，發生接連征戰的事件，對當時社會經濟造成嚴重的破壞，導致了西晋亡國及數百年的動亂。

[23]拔本塞源：比喻背弃根本。“源”亦作“原”。

爲將軍計者，莫若不遠而復，絶親留氏，秦郎、快郎，[1]隨遣入質，釋甲偃兵，一遵詔旨。且朝廷許以鐵券之要，[2]申以白馬之盟，[3]朕弗食言，誓之宗社。寄聞明者鑒未形，智者不再計，此成敗之效，將軍勿疑。吉凶之幾，間不容髮。[4]方今藩維尚少，皇子幼冲，凡預宗枝，皆蒙寵樹。况以將軍之地，將軍之才，將軍之名，將軍之勢，而能克修藩服，北面稱臣，寧與劉澤同年而語其功業哉？[5]豈不身與山河等安，名與金石相敝？願加三思，慮之無忽。

寄氣力綿微，餘陰無幾，感恩懷德，不覺狂
言，鈇鉞之誅，甘之如薺。

[1]秦郎：陳寶應之子扞秦。　快郎：或爲陳寶應另一子。

[2]鐵券之要：鐵券亦作鐵契。鐵契之約定。漢高祖劉邦與功
臣剖符作誓，丹書鐵契，金匱石室，藏之宗廟。

[3]白馬之盟：楚漢戰爭時，劉邦因戰爭需要，先後封立韓信
等六人爲諸侯王，史稱爲“異姓諸侯王”。西漢建立後，劉邦先後
將異姓諸侯王鏟除。與此同時他又先後封劉氏子弟九人爲王，並與
大臣殺白馬歃血爲盟説：“非劉氏而王者，天下共擊之。”

[4]間不容髮：距離十分相近，中間不能容納一絲毫髮。比喻
情勢危急。

[5]劉澤：秦末漢初沛縣（今江蘇沛縣）人。劉邦族弟。吕后
時與策士田生交結，游説吕后寵臣張卿，勸封吕氏爲王，因迎合吕
后，得封爲琅邪王。吕后死，曾參與誅滅諸吕事件，文帝元年（前
179）徙封爲燕王。《漢書》卷三五有傳。

寶應覽書大怒。或謂寶應曰：“虞公病勢漸篤，言
多錯謬。”寶應意乃小釋。亦爲寄有民望，且優容之。
及寶應敗走，夜至蒲田，[1]顧謂其子扞秦曰：“早從虞公
計，不至今日。”扞秦但泣而已。寶應既擒，凡諸賓客
微有交涉者，皆伏誅，唯寄以先識免禍。

[1]蒲田：縣名。治所在今福建莆田市東南。

初，沙門慧摽涉獵有才思，及寶應起兵，作五言詩
以送之，曰：“送馬猶臨水，離旗稍引風，好看今夜月，

當入紫微宮。"[1]寶應得之甚悦。慧摽賫以示寄，寄一覽便止，正色無言。摽退，寄謂所親曰："摽公既以此始，必以此終。"後竟坐是誅。

[1]紫微宮：即紫微垣。星官名，三垣之一。在衆星官中，占有重要地位。紫微垣有星15顆，分兩列，以北極爲中樞，成屏藩狀。

文帝尋敕都督章昭達以理發遣，[1]令寄還朝。及至，即日引見，謂寄曰："管寧無恙。"其慰勞之懷若此。頃之，文帝謂到仲舉曰："衡陽王既出閣，雖未置府僚，然須得一人旦夕游處，兼掌書記，宜求宿士有行業者。"仲舉未知所對，文帝曰："吾自得之。"乃手敕用寄。寄入謝，文帝曰："所以蹔屈卿游藩者，非止以文翰相煩，乃令以師表相事也。"尋兼散騎常侍，[2]聘齊，寄辭老疾，不行，除國子博士。頃之，又表求解職歸鄉里，文帝優旨報答，許其東還。仍除東揚州别駕，寄又以疾辭。高宗即位，徵授揚州治中及尚書左丞，[3]竝不就。乃除東中郎建安王諮議，[4]加戎昭將軍，[5]又辭以疾，不任旦夕陪列。王於是特令停王府公事，其有疑議，就以決之，但朔望牋修而已。太建八年加太中大夫，[6]將軍如故。十一年卒，時年七十。

[1]章昭達：字伯通，南朝梁、陳吳興武康（今浙江德清縣）人。本書卷一一、《南史》卷六六有傳。
[2]散騎常侍：官名。侍從左右，主掌圖書文翰、諫諍拾遺。

陳第三品，秩中二千石。

[3]治中：官名。州治中從事（史）省稱，掌衆曹文書事。陳揚州治中第六品，他州高者第六品，低者第九品。

[4]東中郎：官名。即東中郎將。多兼任刺史，或持節、都督相鄰數州軍事，銀印青綬。南朝宋、齊常以宗室諸王任之。梁或置或罷。 建安：郡名。治建安縣，在今福建建甌市。

[5]戎昭將軍：官名。南朝梁置，陳沿置。擬八品，比秩六百石。

[6]太建：南朝陳宣帝陳頊年號（569—582）。 太中大夫：官名。侍從皇帝左右，掌顧問應對，參謀議政，奉詔出使，多以寵臣貴戚充任。陳第四品，秩千石。

寄少篤行，造次必於仁厚，[1]雖僮竪未嘗加以聲色，至於臨危執節，則辭氣凛然，白刃不憚也。自流寓南土，與兄荔隔絕，因感氣病，每得荔書，氣輒奔劇，[2]危殆者數矣。前後所居官，未嘗至秩滿，纔朞年數月，便自求解退。常曰：“知足不辱，吾知足矣。”及謝病私庭，每諸王爲州將，下車必造門致禮，命釋鞭板，[3]以几杖侍坐。常出游近寺，閭里傳相告語，老幼羅列，望拜道左。或言誓爲約者，但指寄便不欺，其至行所感如此。所製文筆，遭亂多不存。

[1]造次：須臾；片刻。
[2]奔劇：加劇。
[3]鞭板：馬鞭和手板。古代禮制，武將執鞭清道和文官執板侍立，爲見到上官時的禮節。

馬樞字要理，扶風郿人也。[1]祖靈慶，齊竟陵王録事參軍。[2]樞數歲而父母俱喪，[3]爲其姑所養。六歲，能誦《孝經》《論語》《老子》。[4]及長，博極經史，尤善佛經及《周易》《老子義》。[5]

[1]扶風：郡名。治池陽縣，在今陝西興平市東南。　郿：縣名。治所在今陝西眉縣。

[2]竟陵：郡名。以郡爲國。治所在今湖北鍾祥市。　録事參軍：官名。總録衆曹文簿，位在列曹參軍之上。陳第六品至第八品。

[3]數歲：林礽乾《陳書異文考證》云諸本同作"數歲"，而《册府》卷七七四作"四歲"（第166頁）。

[4]《孝經》：儒家經典之一。十八章。作者各説不一，以孔門後學所作一説較爲合理。論述孝道，宣傳宗法思想，漢代列爲七經之一。　《論語》：儒家基本經典之一。爲孔子言行的記録。共二十篇。内容包括孔子談話、答弟子問及弟子之間的相互談論。爲研究孔子思想的主要資料。　《老子》：又名《道德經》或《德道經》，分上下兩篇。是道家哲學思想的重要來源，對傳統哲學、科學、政治、宗教等産生了深刻影響。

[5]《周易》：儒家基本經典之一。内容包括《易經》《易傳》。通過八卦形式（象徵天、地、雷、風、水、火、山、河流八種自然現象），推測自然和社會的變化。含有樸素辯證法的觀點。在中國思想史上産生過深遠影響。

梁邵陵王綸爲南徐州刺史，[1]素聞其名，引爲學士。綸時自講《大品經》，[2]令樞講《維摩》《老子》《周易》，[3]同日發題，[4]道俗聽者二千人。[5]王欲極觀優劣，

乃謂衆曰："與馬學士論義，必使屈伏，不得空立主
客。"於是數家學者各起問端，樞乃依次剖判，[6]開其宗
旨，然後枝分流別，轉變無窮，論者拱默聽受而已。[7]
綸甚嘉之，將引薦於朝廷。尋遇侯景之亂，綸舉兵援
臺，乃留書二萬卷以付樞。樞肆志尋覽，殆將周遍，乃
喟然歎曰："吾聞貴爵位者以巢、由爲桎梏，[8]愛山林者
以伊、吕爲管庫，[9]束名實則蒭芥柱下之言，翫清虚則
糠粃席上之説，稽之篤論，亦各從其好也。然支父有讓
王之介，[10]嚴子有悔帝之規，千載美談，所不廢也。比
求志之士，望塗而息。豈天之不惠高尚，何山林之無聞
甚乎？"乃隱于茅山，[11]有終焉之志。

[1]邵陵：以郡爲國，治邵陵縣，在今湖南邵陽市。　南徐州：
州名。治京口，在今江蘇鎮江市。

[2]《大品經》：林礽乾《陳書異文考證》云，《大品經》爲佛
家《大品般若經》之簡稱（第166頁）。

[3]《維摩》：《維摩詰經》。通行後秦鳩摩羅什譯本。共十
四品。

[4]發題：闡發題意。

[5]道俗：出家之人與世俗之人。

[6]剖判：辨別，判斷。

[7]拱默：亦作"拱嘿"。拱手緘默。

[8]巢、由：巢父和許由的並稱。相傳皆爲堯時隱士，堯讓位
於二人，皆不受。因用以指隱居不仕者。

[9]伊、吕：商伊尹輔商湯，西周吕尚佐周武王，皆有大功，
後因並稱伊吕泛指輔弼重臣。

[10]支父有讓王之介：傳説中遠古堯時人。姓子，名州，字支

父，一字支伯。堯曾以天下讓許由，許由不受。又讓於子州支父，支父自謂能爲天子，但有幽憂之病，未暇治天下。後舜又欲讓位於支父。支父仍以前言爲由，辭而不受。

[11]茅山：山名。在江蘇句容市東南。原名句曲山。相傳有漢茅盈與弟衷固采藥修道於此，因改名茅山。

　　天嘉元年，文帝徵爲度支尚書，[1]辭不應命。時樞親故並居京口，[2]每秋冬之際，時往游焉。及鄱陽王爲南徐州刺史，[3]欽其高尚，鄙不能致，乃卑辭厚意，令使者邀之，前後數反，樞固辭以疾。門人或進曰：“鄱陽王待以師友，非關爵位，市朝之間，何妨靜默。”樞不得已，乃行。王別築室以處之，樞惡其崇麗，乃於竹林間自營茅茨而居焉。[4]每王公餽餉，辭不獲已者，率十分受一。

[1]度支尚書：官名。尚書省列曹尚書之一，掌財賦統計、支調。陳第三品，秩中二千石。
[2]京口：地名。在今江蘇鎮江市。
[3]鄱陽：郡名。治鄱陽縣，在今江西鄱陽縣。
[4]茅茨：亦作“茆茨”。茅草蓋的屋頂。亦指茅屋。

　　樞少屬亂離，[1]每所居之處，盜賊不入，依託者常數百家。目精洞黃，[2]能視闇中物。常有白鳩一雙，巢其庭樹，馴狎欄廡，[3]時集几案，春來秋去，幾三十年。太建十三年卒，時年六十。撰《道覺論》二十卷行於世。

［1］屬（zhǔ）：連續。

［2］目精：眼珠，眼睛。　洞黄：黄而幽深。洞，深，幽深。

［3］馴狎：謂馴順可親近。　檐（yán）廡（wǔ）：檐，通“檐”，檐下的走廊。廡，堂下周圍的走廊、廊屋。

史臣曰：沈炯仕於梁室，年在知命，[1]冀郎署之薄官，[2]止邑宰之卑職，及下筆盟壇，屬辭勸表，激揚旨趣，信文人之偉者歟！虞荔之獻籌沈密，盡其誠款，可謂有益明時矣。

［1］知命：《論語·爲政》：“五十而知天命。”後因以“知命”代稱五十歲。

［2］薄官：官，底本作“宦”，中華本校勘記云：“‘官’原訛‘宦’，各本不訛，今改正。”今從改。

陳書　卷二〇

列傳第十四

到仲舉　韓子高　華皎 戴僧朔

　　到仲舉字德言，彭城武原人也。[1]祖坦，齊中書侍郎。[2]父洽，梁侍中。[3]

　　[1]彭城：郡名。治彭城縣，在今江蘇徐州市。　武原：縣名。治所在今江蘇邳州市西北。
　　[2]中書侍郎：官名。中書省屬官，舊掌詔誥。
　　[3]侍中：官名。掌侍從左右，顧問應對。梁十二班。

　　仲舉無他藝業，[1]而立身耿正。釋褐著作佐郎、太子舍人、王府主簿。[2]出爲長城令，[3]政號廉平。文帝居鄉里，嘗詣仲舉，時天陰雨，仲舉獨坐齋内，聞城外有簫鼓之聲，俄而文帝至，仲舉異之，乃深自結託。文帝又嘗因飲，夜宿仲舉帳中，忽有神光五采照于室内，由是祇承益恭。[4]侯景之亂，[5]仲舉依文帝。及景平，文帝爲吳興郡守,[6]以仲舉爲郡丞,[7]與潁川庾持俱爲文帝賓客。[8]文帝爲宣毅將軍,[9]以仲舉爲長史,[10]尋帶山陰令。[11]文帝嗣位,授侍中,參掌選事。天嘉元年,[12]守都官尚書,[13]封寶安縣侯,[14]邑五百户。三年,除都官尚書。其年,遷尚書右僕射、丹陽尹,[15]參掌竝如故。尋改封建昌縣侯。[16]仲舉既無學術,朝章非所長,選舉引用,皆出自袁樞。性疎簡,不干涉世務,與朝士無所親狎,但聚財酣飲而已。六年,秩滿,解尹。

[1]藝業：技藝，學業。

[2]著作佐郎：官名。屬著作省（局），掌搜集史料，協助著作郎修撰國史及起居注。因其職務清閑，成爲世族高門子弟的起家之官。梁二班。陳第七品，秩四百石。　太子舍人：官名。晋朝時職比散騎、中書侍郎，掌文章書記。南朝宋、齊、梁、陳沿置。梁三班。陳第七品，秩二百石。　王府主簿：官名。總王府文書事。梁始於皇弟皇子府設主簿，陳沿置。

[3]長城：縣名。治箬溪北，在今浙江長興縣東。

[4]祇承：猶祇奉，敬奉。

[5]侯景之亂：太清二年（548）侯景勾結臨賀王蕭正德，於壽陽起兵反梁，率軍攻破建康，囚禁梁武帝，廢立蕭綱、蕭棟，動亂歷時四年。梁從此衰敗。侯景，南北朝時懷朔鎮（今内蒙古固陽縣西南）人，一説雁門（今山西代縣）人。《梁書》卷五六、《南史》卷八〇有傳。

[6]吳興：郡名。治所在今浙江湖州市吳興區。

[7]郡丞：官名。爲郡守（太守）副貳，佐郡守掌衆事。陳制，萬户郡丞第七品，萬户以下郡丞第八品，秩皆六百石。

[8]潁川：郡名。治許昌縣，在今河南許昌市。

[9]宣毅將軍：官名。南朝梁置，十七班。陳沿置，擬四品，比秩中二千石。如加爲宣毅大將軍，則進一階。

[10]長史：官名。將軍府屬官，俸千石，爲事務長官。但也有的領兵，稱將兵長史。

[11]山陰：縣名。會稽郡治。治所在今浙江紹興市。

[12]天嘉：南朝陳文帝陳蒨年號（560—566）。

[13]都官尚書：官名。掌管都官、水部、庫部、功論四曹。陳第三品，秩中二千石。

[14]寶安：縣名。此以寶安縣爲封地。東莞郡治。治所在今廣東深圳市西之南頭鎮。

[15]尚書右僕射：官名。與尚書左僕射分掌選署及文書衆事。陳第二品，秩中二千石。　丹陽尹：官名。東晉與南朝宋、齊、梁、陳均建都於建業，設丹陽尹以治之。陳丹陽尹秩中二千石，第五品。

[16]建昌：縣名。此以建昌縣爲封地。屬豫寧郡，治廢海昏城，在今江西永修縣西北。

　　是時，文帝積年寢疾，不親御萬機，尚書中事，皆使仲舉斷決。天康元年，[1]遷侍中、尚書僕射，[2]參掌如故。文帝疾甚，入侍醫藥。及文帝崩，高宗受遺詔爲尚書令入輔，[3]仲舉與左丞王暹、中書舍人劉師知、殷不佞等，[4]以朝望有歸，乃遣不佞矯宣旨遣高宗還東府。[5]事發，師知下北獄賜死，[6]暹、不佞竝付治，乃以仲舉爲貞毅將軍、金紫光祿大夫。[7]

[1]天康：南朝陳文帝陳蒨年號（566）。

[2]尚書僕射：官名。尚書左僕射、右僕射合稱尚書僕射。梁、

陳常缺尚書令，尚書僕射實爲尚書省主官，列位宰相。陳第二品，秩中二千石。

[3]尚書令：官名。尚書省長官，綜理全國政務，出居外朝，成爲高級政務長官，參議大政，位尊權重，遂常缺，以僕射主省務。陳第一品，秩中二千石。

[4]左丞：官名。尚書左丞。尚書省佐官，位次尚書，與右丞共掌尚書都省庶務。陳第四品，秩六百石。　中書舍人：官名。原名中書通事舍人，掌草擬、發布詔令；總國内機要，而尚書唯聽受而已，勢傾天下，把持政務中樞。名義上隸屬中書省，實際上直接聽命于皇帝。梁四班。陳第八品。

[5]東府：又稱東城。故址在建康城東南，今江蘇南京市通濟門附近，南臨秦淮河。爲東晉、南朝宰相兼揚州刺史的府第所在，因在揚州舊城以東得名。

[6]北獄：監獄名。梁武帝天監五年（506）號廷尉獄爲北獄。陳同梁制。

[7]貞毅將軍：官名。南朝梁置。陳擬五品，比秩千石。凡加大者，通進一階。　金紫光禄大夫：官名。晉初有光禄大夫，授銀章青綬。如加賜金章紫綬，則爲金紫光禄大夫，諸所賜給皆與特進同。其以爲加官者，唯假章綬、禄賜班位，不別給車服吏卒。陳第三品，秩中二千石。

初，仲舉子郁尚文帝妹信義長公主，[1]官至中書侍郎，[2]出爲宣城太守，[3]文帝配以士馬，[4]是年遷爲南康内史，[5]以國哀未之任。[6]仲舉既廢居私宅，與郁皆不自安。時韓子高在都，人馬素盛，郁每乘小輿蒙婦人衣與子高謀。子高軍主告言其事，[7]高宗收子高、仲舉及郁竝付廷尉。[8]詔曰："到仲舉庸劣小才，坐叨顯貴，[9]受任前朝，榮寵隆赫，[10]父參王政，子據大邦，禮盛外姻，勢均戚里。而肆此驕闇，[11] 凌慢百司，遏密之初，[12] 擅行國政，排黜懿親，[13] 欺蔑台袞。[14] 韓子高蕞爾細微，[15] 擢自卑末，入參禁衛，委以腹心，蜂蠆有毒，[16] 敢行反噬。仲舉、子高，共爲表裏，陰構姦謀，密爲異計。安成王朕之叔父，親莫重焉，受命導揚，禀承顧託，以朕冲弱，[17] 屬當保祐。家國安危，事歸宰輔，伊、周之重，物無異議，將相舊臣，咸知宗仰。而率聚凶徒，欲相掩襲，屯據東城，進逼崇禮，規樹仲舉，以執國權，陵斥司徒，[18] 意在專政，潛結黨附，方危社稷。賴祖宗之靈，姦謀顯露。前上虞令陸昉等具告其事，[19] 竝有據驗，并剋今月七日，縱其凶謀。領軍將軍明徹，[20] 左衛將軍、衛尉卿寶安及諸公等，[21] 又竝知其事。二三釁迹，[22] 彰於朝野，反道背德，事駭聞見。今大憝克殲，[23] 罪人斯得，竝可收付廷尉，肅正刑書。罪止仲舉父子及子高三人而已，其餘一從曠蕩，[24] 竝所不問。”仲舉及郁竝於獄賜死，時年五十一。郁諸男女，以帝甥獲免。

[1]信義：屬信義郡。治所在今江蘇昆山市西正儀鎮。　長公主：皇帝之姊妹的封號。

[2]中書侍郎：官名。中書省屬官，舊掌詔誥。陳第四品，秩千石。

[3]宣城：郡名。治宛陵縣，在今安徽宣城市宣州區。

[4]士馬：兵馬。引申指軍隊。

[5]南康：以郡爲國。治所在今江西贛州市西南。

[6]國哀：國喪。

［7］軍主：官名。爲一軍的主將，其下設有軍副。所統兵力無定員，有步軍軍主、馬軍主、水軍主等多種名目。

［8］廷尉：官名。掌平獄事。南朝梁武帝天監七年（508）定名爲廷尉卿。陳沿置，第三品，秩中二千石。

［9］坐叨（tāo）：坐享其成。叨，承受。

［10］隆赫：貴顯。

［11］驕闇（àn）：驕矜昏庸。

［12］遏（è）密：爲皇帝居喪期間。

［13］懿親：至親。特指皇室宗親、外戚。

［14］欺蔑：欺負蔑視。 台袞（gǔn）：猶台輔。袞，古代帝王及上公的禮服。

［15］蕞（zuì）爾：形容小。

［16］蜂蠆（chài）：蜂和蠆。都是有毒刺的螫蟲。比喻惡人或敵人。

［17］冲弱：幼弱。

［18］陵斥：侵淩，侵犯。 司徒：官名。處理全國日常行政事務。南朝齊、陳的司徒不同於作爲贈官的丞相、相國，爲實授，或録尚書事。陳第一品，秩萬石。

［19］上虞：縣名。治所在今浙江上虞市。

［20］領軍將軍：官名。掌禁衛軍及京都諸軍。陳第三品，秩中二千石。

［21］左衛將軍：官名。掌宮禁宿衛，禁衛軍主要統帥之一，權任很重，多由皇帝親信之人擔任。陳第三品，秩二千石。 衛尉卿：官名。掌宮門宿衛屯兵，巡行宮外，糾察不法，管理武器庫藏。陳第三品，秩中二千石。

［22］二三：謂不專一，反覆無定。 釁（xìn）迹：罪行，劣迹。釁，同“釁”，罪過。

［23］大憝（duì）：極爲人所怨惡。憝，壞，惡。 克殲：消滅。

[24]曠蕩：亦作"曠盪"，寬宥，從寬論處。

韓子高，會稽山陰人也。[1]家本微賤。侯景之亂，寓在京都。[2]景平，文帝出守吳興，子高年十六，爲總角，[3]容貌美麗，狀似婦人，於淮渚附部伍寄載欲還鄉，[4]文帝見而問之，曰："能事我乎？"子高許諾。子高本名蠻子，文帝改名之。性恭謹，勤於侍奉，恒執備身刀及傳酒炙。[5]文帝性急，子高恒會意旨。及長，稍習騎射，頗有膽決，願爲將帥，及平杜龕，配以士卒。文帝甚寵愛之，未嘗離於左右。文帝嘗夢見騎馬登山，路危欲墮，子高推捧而升。

[1]會稽：郡名。治山陰縣，在今浙江紹興市。南朝宋屬東揚州。齊屬揚州，梁復屬東揚州。　山陰：縣名。會稽郡治。治所在今浙江紹興市。

[2]京都：都城，指南京。

[3]總角：古時兒童束髮爲兩結，向上分開，形狀如角，故稱總角。借指童年。

[4]淮渚（zhǔ）：淮河邊的小島。　部伍：軍隊的編制單位；部曲行伍。泛指軍隊。　寄載：謂附乘別人的交通工具。

[5]備身刀：護身刀。　酒炙：酒和肉。亦泛指菜肴。

文帝之討張彪也，沈泰等先降，文帝據有州城，周文育鎮北郭香巖寺。[1]張彪自剡縣夜還襲城，[2]文帝自北門出，倉卒闇夕，[3]軍人擾亂，文育亦未測文帝所在，唯子高在側，文帝乃遣子高自亂兵中往見文育，反命酬答，於闇中又往慰勞衆軍。文帝散兵稍集，子高引導入文育營，因共立柵。明日，與彪戰，彪將申縉復降，[4]彪奔松山，浙東平。文帝乃分麾下多配子高，子高亦輕財禮士，歸之者甚衆。

[1]香巖寺：巖，底本作“嚴”，中華本校勘記據本書卷八《周文育傳》及《南史》本傳與卷六四《張彪傳》改。今從改。

[2]剡縣：縣名。治所在今浙江嵊州市。

[3]闇夕：昏暗的夜晚。

[4]申縉：《南史·張彪傳》作“申進”。

文帝嗣位，除右軍將軍。[1]天嘉元年，封文招縣子，邑三百戶。王琳至于柵口，[2]子高宿衛臺内。[3]及琳平，子高所統益多，將士依附之者，子高盡力論進，文帝皆任使焉。二年，遷員外散騎常侍、壯武將軍、成州刺史。[4]及征留異，[5]隨侯安都頓桃支嶺巖下。[6]時子高兵甲精銳，別御一營，單馬入陳，傷項之左，一髻半落。異平，除假節、貞毅將軍、東陽太守。[7]五年，章昭達等自臨川征晉安，[8]子高自安泉嶺會于建安，諸將中人馬最爲彊盛。晉安平，以功遷通直散騎常侍，[9]進爵爲伯，增邑并前四百戶。六年，徵爲右衛將軍，[10]至都，鎮領軍府。[11]文帝不豫，入侍醫藥。廢帝即位，遷散騎常侍，[12]右衛如故，移頓于新安寺。

[1]右軍將軍：官名。掌宮禁宿衛。陳第五品，秩千石。

[2]柵口：亦稱柵江口。古柵水入江口。在今安徽蕪湖市東北

裕溪口。

[3]臺内：指建康宮或宮城。

[4]員外散騎常侍：官名。初爲正員之外添差之散騎常侍，無員數，後爲定員官。屬散騎省（東省、集書省）。陳第四品，秩二千石。　壯武將軍：官名。南朝齊置。陳擬六品，比秩千石。　成州：州名。南朝梁普通四年（523）析廣州置，治梁信縣，在今廣東封開縣。

[5]留異：南朝陳東陽長山（今浙江金華市）人。本書卷三五、《南史》卷八〇有傳。

[6]侯安都：字成師，南朝梁、陳時始興曲江（今廣東韶關市南武水西岸）人。本書卷八、《南史》卷六六有傳。　桃支嶺：一作桃枝嶺。又名桃花嶺、馮公嶺。在今浙江縉雲縣西南。

[7]假節：官制用語。指暫授符節給軍事長官，表示奉皇帝之命督軍征伐，有殺犯軍令者之權。　東陽：郡名。治所在今浙江金華市。

[8]臨川：臨川國，以郡爲國。治所在今江西撫州市臨川區西。　晉安：郡名。治侯官縣，在今福建福州市。

[9]通直散騎常侍：官名。西晉武帝泰始十年（274）使員外散騎常侍二人與散騎常侍通員當值，故名。職同散騎常侍，參平尚書奏事，並掌諷諫、侍從，位頗重。南朝屬集書省。陳第四品，秩二千石。

[10]右衛將軍：官名。與左衛將軍合稱二衛將軍，是中央禁軍六軍之一。掌宿衛營兵。陳第三品，秩二千石。

[11]領軍府：領軍將軍（中領軍）的官府。領軍將軍，統禁軍，護衛皇帝宮禁。

[12]散騎常侍：官名。侍從左右，主掌圖書文翰、諫諍拾遺。陳第三品，秩中二千石。

　　高宗入輔，子高兵權過重，深不自安，好參訪臺閣，又求出爲衡、廣諸鎮。[1]光大元年八月，[2]前上虞縣令陸昉及子高軍主告其謀反，高宗在尚書省，[3]因召文武在位議立皇太子，子高預焉，平旦入省，執之，送廷尉，其夕與到仲舉同賜死，時年三十。父延慶及子弟竝原宥。延慶因子高之寵，官至給事中、山陰令。[4]

　　[1]衡：州名。南朝梁天監六年（507）置，治含洭縣，在今廣東英德市西北浛洸鎮。南朝陳改爲西衡州。　廣：州名。治番禺縣，在今廣東廣州市。

　　[2]光大：南朝陳廢帝陳伯宗年號（567—568）。

　　[3]尚書省：又稱尚書臺。尚書省綜理全國政務，地位頗重。

　　[4]給事中：官名。隸集書省，常侍從皇帝左右，獻納得失，諫諍糾彈，收發傳達諸奏聞文書，雖可封駁，權不甚重。陳第七品，秩六百石。

　　華皎，晋陵暨陽人。[1]世爲小吏。皎，梁代爲尚書比部令史。[2]侯景之亂，事景黨王偉。高祖南下，文帝爲景所囚，皎遇文帝甚厚。景平，文帝爲吳興太守，以皎爲都録事，[3]軍府穀帛，多以委之。皎聰慧，勤於簿領。[4]及文帝平杜龕，仍配以人馬甲仗，猶爲都録事。御下分明，善於撫養。時兵荒之後，百姓饑饉，皎解衣推食，多少必均，因稍擢爲暨陽、山陰二縣令。文帝即位，除開遠將軍，[5]左軍將軍。[6]天嘉元年，封懷仁縣伯，[7]邑四百戶。

　　[1]晉陵：郡名。治晉陵縣，在今江蘇常州市。屬南徐州。隋開皇九年（589）改爲常州。　暨陽：縣名。治所在今江蘇江陰市東南長壽鎮南。屬晉陵郡。

　　[2]比部令史：官名。梁代爲尚書比部令史。“比”字原本墨丁，今據各本補。

　　[3]都録事：官名。南朝梁置，郡屬官，總掌文簿。與太守甚親近，常主管衆務。

　　[4]簿領：官名。官府記事的簿册或文書。

　　[5]開遠將軍：官名。南朝梁置，陳沿置，擬七品，比秩六百石。

　　[6]左軍將軍：官名。與前軍、後軍、右軍將軍合稱四軍。領營兵千人，掌宿衛。陳第五品，秩千石。

　　[7]懷仁：縣名。南朝梁普通中置，爲懷仁郡治。治所在今四川仁壽縣東。

　　王琳東下，皎隨侯瑱拒之。琳平，鎮溢城，[1]知江州事。[2]時南州守宰多鄉里酋豪，不遵朝憲，文帝令皎以法馭之。王琳奔散，將卒多附於皎。三年，除假節、通直散騎常侍、仁武將軍、新州刺史資，[3]監江州。尋詔督尋陽太原高唐南北新蔡五郡諸軍事、尋陽太守，[4]假節、將軍、州資、監如故。周迪謀反，遣其兄子伏甲於船中，僞稱賈人，欲於溢城襲皎。未發，事覺，皎遣人逆擊之，盡獲其船仗。其年，皎隨都督吳明徹征迪，[5]迪平，以功授散騎常侍、平南將軍、臨川太守，[6]進爵爲侯，增封并前五百户。未拜，入朝，仍授使持節、都督湘巴等四州諸軍事、湘州刺史，[7]常侍、將軍如故。

［1］湓城：又名湓口城、盆城。江州治所，在今江西九江市。

［2］江州：州名。治湓口城，在今江西九江市。

［3］仁武將軍：官名。南朝梁置，爲五德將軍之一。陳改爲五武將軍之一。擬四品，比秩中二千石。　新州刺史資：梁、陳之間往往有一刺史資領郡守縣令者，又有以刺史監别州者。參《廿二史考異》卷二七《徐世譜傳》。

［4］尋陽：郡名。南朝梁太清中治柴桑縣之湓口城，在今江西九江市。　太原：郡名。南朝梁武帝僑置，治所在今江西彭澤縣東北。　南北新蔡：南新蔡，東晋孝武帝僑置，屬南豫州。治鄡布舊城，在今湖北黄梅縣西南。南朝宋屬江州。陳廢。北新蔡，南齊改新蔡郡置，屬豫州。治新蔡縣，在今河南固始縣西南。

［5］都督：官名。地方軍政長官。分使持節、持節、假節三種，職權各有不同。稱都督諸州軍事者，領駐在州刺史。　吴明徹：南朝梁、陳時秦郡（今江蘇南京市六合區西北）人。本書卷九、《南史》卷六六有傳。

［6］平南將軍：官名。與平東、平西、平北將軍合稱四平將軍。陳擬三品，比秩中二千石。

［7］使持節：重要軍事長官出征或出鎮時，加使持節，可誅殺二千石以下官員。皇帝派遣大臣出巡或祭吊等事務時，亦使持節，以表示權力和尊崇。　湘：州名。南朝梁武帝置，治新城縣，在今湖北大悟縣東南新城鎮。　巴：州名。南朝梁置，治巴陵縣，在今湖南岳陽市。

皎起自下吏，善營産業，湘川地多所出，所得竝入朝廷，粮運竹木，委輸甚衆；[1]至于油蜜脯菜之屬，[2]莫不營辦。又征伐川洞，多致銅鼓、生口，[3]竝送于京師。廢帝即位，進號安南將軍，[4]改封重安縣侯，[5]食邑一千五百户。文帝以湘州出杉木舟，使皎營造大艦、金翅等二百餘艘,[6]并諸水戰之具，欲以入漢及峽。

[1]委輸：轉運。亦指轉運的物資。

[2]脯：乾肉。

[3]生口：指奴隸。

[4]安南將軍：官名。與安東、安西、安北將軍合稱四安將軍。又加安前、安後、安左、安右將軍，合稱八安將軍。陳擬三品，比秩中二千石。

[5]重安縣侯：侯，《南史》卷六八作“公”。

[6]大艦、金翅：水軍使用的大型攻擊戰艦名。

　　韓子高誅後，皎内不自安，繕甲聚徒，厚禮所部守宰。高宗頻命皎送大艦金翅等，推遷不至。光大元年，密啓求廣州，以觀時主意，高宗僞許之，而詔書未出。皎亦遣使句引周兵,[1]又崇奉蕭巋爲主，士馬甚盛。詔乃以吳明徹爲湘州刺史，實欲以輕兵襲之。是時慮皎先發，乃前遣明徹率衆三萬，乘金翅直趨郢州,[2]又遣撫軍大將軍淳于量率衆五萬,[3]乘大艦以繼之，又令假節、冠武將軍楊文通別從安成步道出茶陵,[4]又令巴山太守黃法㲄別從宜陽出澧陵,[5]往掩襲，出其不意，并與江州刺史章昭達、郢州刺史程靈洗等參謀討賊。

[1]句引：引誘。

[2]郢州：州名。南朝宋孝建元年（454）分荆、湘、江、豫四州置，治汝南縣，在今湖北武漢市武昌區。

[3]撫軍大將軍：林礽乾《陳書異文考證》據《隋書・百官志》認爲，“撫軍大將軍”當作“中撫軍大將軍”（第117、168

頁）。中撫軍大將軍，南朝梁、陳置。亦稱中撫大將軍。

[4]安成：底本作“安城”，中華本據《通鑑》卷一七〇及下文改。林刜乾《陳書異文考證》亦認爲《南史》卷六八《華皎傳》及《通鑑》作“安成”是，並引本書《宣帝紀》及《駱牙傳》爲據，證明作“安成”不誤（第169頁）。今從改。安成縣，治所在今江西安福縣西。　　步道：祇可步行不能通車的小路。　　茶陵：縣名。治所在今湖南茶陵縣東古城營。

[5]巴山：縣名。治所在今江西崇仁縣西南。　　宜陽：縣名。屬安成郡。治所在今江西宜春市。

　　是時蕭巋遣水軍爲皎聲援。周武又遣其弟衛國公宇文直率衆屯魯山，[1]又遣其柱國長胡公拓跋定人馬三萬，[2]攻圍郢州。蕭巋授皎司空，[3]巴州刺史戴僧朔，衡陽内史任蠻奴，[4]巴陵内史潘智虔，[5]岳陽太守章昭裕，[6]桂陽太守曹宣，[7]湘東太守錢明，[8]竝隸於皎。又長沙太守曹慶等本隸皎下，[9]因爲之用。帝恐上流宰守竝爲皎扇惑，乃下詔曰：“賊皎興皂微賤，特逢獎擢，任據藩牧，屬當寵寄，背斯造育，興構姦謀，樹立蕭氏，盟約彰露，鴆毒存心，志危宗社，扇結邊境，驅逼士庶，蟻聚巴、湘，豕突鄂、郢，[10]逆天反地，人神忿嫉。征南將軍量、安南將軍明徹、郢州刺史靈洗，[11]受律專征，備盡心力，撫勞驍雄，舟師俱進，義烈爭奮，凶惡奔殄，獻捷相望，重氛載廓，言念泣罪，思與惟新。可曲赦湘、巴二州：[12]凡厥爲賊所逼制，預在凶黨，悉皆不問；其賊主帥節將，[13]竝許開恩出首，一同曠蕩。”

[1]周武：北周武帝宇文邕。　衛國：以縣爲國。衛國縣，治所在今河南清豐縣東南。北周屬昌樂郡。　宇文直：字豆羅突，宇文邕同母弟。《周書》卷一三、《北史》卷五八有傳。　魯山：一名大別山、翼際山。即今湖北武漢市漢陽城區東北龜山。

[2]柱國：官名。柱國大將軍省稱。

[3]司空：官名。名譽宰相，多爲大臣加官，位居一品（梁十八班），無實際職掌。

[4]衡陽：衡陽國，治所在今湖南衡山縣南。　内史：官名。晋太康十年（289）改王國相爲内史，職如太守。南朝陳沿置。

[5]巴陵：郡名。治巴陵縣，在今湖南岳陽市。

[6]岳陽：郡名。南朝梁置，屬羅州。治岳陽縣，在今湖南汨羅市東。

[7]桂陽：原作杜陽。中華本據《南史》及《通鑑》改。今從改。桂陽郡，治郴縣，在今湖南郴州市。

[8]湘東：郡名。治臨烝縣，在今湖南衡陽市。

[9]長沙：郡名。治所在今湖南長沙市。

[10]豕突：像野猪一樣奔突竄擾。　鄢：古楚國別都。在今湖北宜城市東南。

[11]征南將軍：官名。與征東、征西、征北將軍合稱四征將軍。多授持節都督，出鎮方面，地位一直很顯要。陳擬二品，比秩中二千石。

[12]曲赦：猶特赦。

[13]節將：將，底本作“相”，中華本據《南史》改作節將，並認爲節將是指對持節統轄某一地區的軍事長官的簡稱。今從改。林礽乾《陳書異文考證》認爲節相則專指持節之王國内史，持節國相與持節内史並稱節相，本處之節相似專指任蠻奴、潘智虔等一般持節内史而言，作節相無訛，《南史》卷六八《華皎傳》作節將義亦可通，却所指太廣，不若作節相準確（第169—171頁）。

先是，詔又遣司空徐度與楊文通等自安成步出湘東，[1]以襲皎後。時皎陣于巴州之白螺，[2]列舟艦與王師相持未決。及聞徐度趨湘州，乃率兵自巴、郢因便風下戰。淳于量、吳明徹等募軍中小艦，多賞金銀，令先出當賊大艦，受其拍。[3]賊艦發拍皆盡，然後官軍以大艦拍之，賊艦皆碎，没于中流。賊又以大艦載薪，因風放火，俄而風轉自焚，賊軍大敗。皎乃與戴僧朔單舸走，[4]過巴陵，不敢登城，徑奔江陵。拓跋定等無復船渡，步趨巴陵，巴陵城邑爲官軍所據，乃向湘州。至水口，不得濟，食且盡，詣軍請降。俘獲萬餘人，馬四千餘匹，送于京師。皎黨曹慶、錢明、潘智虔、魯閑、席慧略等四十餘人立誅，唯任蠻奴、章昭裕、曹宣、劉廣業獲免。

[1]徐度：字孝節，安陸（今湖北安陸市）人。本書卷一二、《南史》卷六七有傳。

[2]白螺：山名。在今湖北監利縣東南長江北岸。

[3]受其拍：接受拍竿攻擊。拍，古兵器名。即拍竿。古時戰具名。置於兵車、戰艦上，利用杠杆和滑車，遥擲石塊、釘板、火種等物以打擊敵方。

[4]單舸（gě）：乘駕一條船。

戴僧朔，吳郡錢塘人也。[1]有膂力，[2]勇健善戰，族兄右將軍僧錫甚愛之。僧錫年老，征討恒使僧朔領衆。平王琳有功。僧錫卒，仍代爲南丹陽太守，[3]鎮採石。[4]從征留異，侯安都於巖下出戰，爲賊斫傷，僧朔單刀步援。以功除壯武將軍、北江州刺史,[5]領南陵太守。[6]又從征周迪有功,遷巴州刺史,假節、將軍如故。至是同皎爲逆,伏誅於江陵。

[1]吳郡:郡名。治吳縣,在江蘇蘇州市。 錢塘:縣名。原名錢唐縣,治所在今浙江杭州市。

[2]膂(lǚ)力:體力。

[3]南丹陽:郡名。南朝梁末置,治采石鎮,在今安徽馬鞍市西南。陳天嘉五年(564)廢。

[4]採石:采石戍,在今安徽馬鞍山市西南。

[5]北江州:州名。南朝陳置,治赭圻城,在今安徽繁昌縣西北。

[6]南陵:郡名。南朝梁普通六年(525)置,屬南豫州。治赭圻城,在今安徽繁昌縣西北。以南陵戍爲名。陳於此置北江州。

曹慶本王琳將,蕭莊僞署左衛將軍、吳州刺史,[1]部領亞於潘純陁。琳敗,文帝以配皎,官至長沙太守。錢明,本高祖主帥,[2]後歷湘州諸郡守。潘智虔,純陁之子,少有志氣,年二十爲巴陵內史。魯閑,吳郡錢塘人。席慧略,安定人。[3]閑本張彪主帥,慧略王琳部下,文帝皆配于皎,官至郡守。竝伏誅。

[1]左衛將軍:官名。陳第三品,秩二千石。 吳州:州名。治吳縣,在今江蘇蘇州市。

[2]主帥:官名。南朝時典籤的異稱。

[3]安定:郡名。南齊置,屬寧蠻府。治新化縣,在今湖北南漳縣西北。

章昭裕，昭達之弟；劉廣業，廣德之弟；曹宣，高祖舊臣；任蠻奴嘗有密啓於朝廷；由是竝獲宥。

史臣曰：韓子高、華皎雖復瓶筲小器，[1] 輿臺末品，[2] 文帝鑒往古之得人，救當今之急弊，達聰明目之術，安黎和衆之宜，寄以腹心，不論冑閥。[3] 皎早參近昵，[4] 嘗預艱虞，知其無隱，賞以悉力，有見信之誠，非可疑之地。皎據有上游，忠於文帝。仲舉、子高亦無爽於臣節者矣。[5]

[1] 瓶筲（shāo）小器：喻才微量狹。筲，一種盛飯用的竹筐。瓶與筲皆小器物體。

[2] 輿臺：泛指操賤役者，奴僕。古代十等人中兩個低微等級的名稱。輿爲第六等，臺爲第十等。　末品：謂低下的等次。

[3] 冑閥：家世門第。

[4] 皎早參近昵：中華本校勘記引張森楷校勘記云：“‘皎’似當作‘仲舉’，緣此論不應不及仲舉。”按張說是。下云“皎據有上游，忠於文帝”，始論及華皎也。

[5] 無爽：沒有差失。

陳書　卷二一

列傳第十五

謝哲　蕭乾　謝嘏　張種 弟稜 族子稚才　王固　孔奐
蕭允 弟引

　　謝哲字穎豫，陳郡陽夏人也。[1]祖朏，梁司徒。[2]父
譓，梁右光禄大夫。[3]

　　[1]陳郡：郡名。治項縣，在今河南沈丘縣。　陽夏：縣名。
治所在今河南太康縣。
　　[2]司徒：官名。處理全國日常行政事務。南朝齊、陳係實授
職官，或録尚書事。梁十八班。陳第一品，秩萬石。
　　[3]右光禄大夫：官名。南朝時屬光禄勳。梁十六班。陳第二
品，秩中二千石。

　　哲美風儀，舉止醖藉，[1]而襟情豁然，[2]爲士君子所
重。起家梁秘書郎，[3]累遷廣陵太守。[4]侯景之亂，[5]以
母老因寓居廣陵，高祖自京口渡江應接郭元建，[6]哲乃

委質，深被敬重。高祖爲南徐州刺史，[7]表哲爲長史。[8]荆州陷，高祖使哲奉表於晋安王勸進。[9]敬帝承制徵爲給事黄門侍郎，[10]領步兵校尉，[11]貞陽侯僭位，[12]以哲爲通直散騎常侍，[13]侍東宮。[14]敬帝即位，遷長兼侍中。[15]高祖受命，遷都官尚書、豫州大中正、吏部尚書。[16]出爲明威將軍、晋陵太守，[17]入爲中書令。[18]世祖嗣位，爲太子詹事。[19]出爲明威將軍、衡陽内史，[20]秩中二千石。[21]遷長沙太守，[22]將軍、加秩如故。[23]還除散騎常侍、中書令。[24]廢帝即位，以本官領前將軍，[25]高宗爲録尚書，[26]引爲侍中、仁威將軍、司徒左長史。[27]未拜，光大元年卒，[28]時年五十九。贈侍中、中書監，謚康子。

[1]醖藉：寬和有涵容。

[2]襟情：襟懷，情懷。　豁然：開闊，開朗。

[3]秘書郎：官名。秘書監、丞屬官。多爲貴族子弟起家之官。陳第七品，秩四百石。

[4]廣陵：郡名。治淮陰縣，在今江蘇揚州市西北。

[5]侯景之亂：太清二年（548）侯景勾結臨賀王蕭正德，於壽陽起兵反梁，率軍攻破建康，囚禁梁武帝，廢立蕭綱、蕭棟，勳亂歷時四年。梁從此衰敗。侯景，南北朝時懷朔鎮（今内蒙古固陽縣西南）人，一説雁門（今山西代縣）人。《梁書》卷五六、《南史》卷八〇有傳。

[6]京口：地名。在今江蘇鎮江市。東晋、南朝時，因城憑山臨江，地當江南運河入江之口，通稱京口城。爲長江下游軍事重鎮和東晋南朝通向北方門户。

[7]南徐州刺史：底本無“南”字，中華本校勘記引張森楷校

勘記云："案《高祖紀》，應作'南徐州刺史'。"今據補。南徐州，南朝宋永初二年（421）改徐州置，治京口，在今江蘇鎮江市。

[8]長史：官名。州長史。東晉至南北朝，州的佐屬有軍府佐屬與州佐屬兩系，長史爲軍府佐屬的上綱。

[9]晋安：郡名。治侯官縣，在今福建福州市。南朝宋泰始四年（468）改爲晋平郡，七年（471）復名晋安郡。南朝梁天監後先後分置梁安郡、南安郡。

[10]給事黄門侍郎：官名。爲侍中省或門下省次官，與侍中俱掌門下衆事。執掌詔令，備皇帝顧問。梁十班。陳第四品，秩二千石。

[11]步兵校尉：官名。皇帝的侍衛武官，不領營兵，仍隸中領軍（領軍將軍），用以安置勳舊武臣。梁七班。陳第六品，秩千石。

[12]貞陽：以縣爲侯國。貞陽縣，屬始興郡。治所在今廣東英德市東翁水北。

[13]通直散騎常侍：官名。西晉武帝泰始十年（274）使員外散騎常侍二人與散騎常侍通員當值，故名。職同散騎常侍，參平尚書奏事，並掌諷諫、侍從，位頗重。南朝屬集書省。梁十一班。陳第四品，秩二千石。

[14]東宫：太子所居之宫。亦爲太子代稱。

[15]長兼：官制用語。晋朝、南北朝時期多見。原指長期兼任某職，後發展爲一種任官形式。秩位低於正員，可由此升爲正員，亦可由正員降此。自太尉、侍中、御史中尉至行參軍皆可設。

[16]都官尚書：官名。掌管都官、水部、庫部、功論四曹。陳第三品，秩中二千石。　豫州：州名。治壽春縣，在今安徽壽縣。大中正：官名。魏晋南北朝稱州中正爲大中正，由司徒選用現任官而又有聲望者在其本籍所在的州任職。品評本州人物，以備政府選用。　吏部尚書：官名。尚書臺（省）吏部曹長官，位居列曹尚書之上。陳第三品，秩中二千石。

[17]明威將軍：官名。梁十三班。陳擬五品，比秩千石。另

梁、陳十明將軍中亦有此號。陳擬六品，比秩千石。　晉陵：郡名。治晉陵縣，在今江蘇常州市。屬南徐州。

[18]中書令：官名。中書省長官之一。南朝中書省掌納奏、擬詔、出令，然權歸中書舍人，監、令僅具長官之名，多用作重臣加官。陳第三品，秩中二千石。

[19]太子詹事：官名。掌皇后和太子家事。陳第三品，秩中二千石。

[20]衡陽内史：衡陽國内史。衡陽國，治所在今湖南衡山縣南。

[21]中二千石：官吏秩禄等級，"中"是滿的意思，中二千石即實得二千石。其地位在真二千石、二千石和比二千石之上。

[22]長沙：郡名。治所在今湖南長沙市。

[23]加秩：增加秩禄等級，即前中二千石。

[24]散騎常侍：官名。侍從左右，主掌圖書文翰、諫諍拾遺。陳第三品，秩中二千石。

[25]前將軍：官名。用作加官，常不載官品。

[26]録尚書：官名。魏晉南北朝多以公卿權重者居之，總領尚書省政務，位在三公上。南朝宋省。其後置省無常。南齊始單拜，成爲正式官號，爲尚書省長官。梁、陳以其威權過重，常缺不授。

[27]侍中：官名。掌侍從左右，顧問應對。陳第三品，秩中二千石。　仁威將軍：官名。南朝梁置，爲五德將軍之一。陳改爲五威將軍之一，擬四品，比秩中二千石。　司徒左長史：官名。司徒府僚屬之長。第四品，秩千石。

[28]光大：南朝陳廢帝陳伯宗年號（567—568）。

蕭乾字思惕，蘭陵人也。[1]祖嶷，[2]齊丞相豫章文獻王。[3]父子範，梁秘書監。[4]乾容止雅正，[5]性恬簡，[6]善隷書，得叔父子雲之法。[7]年九歲，召補國子《周易》

生，[8]梁司空袁昂時爲祭酒，[9]深敬重之。十五，舉明經。[10]釋褐東中郎湘東王法曹參軍，[11]遷太子舍人。[12]建安侯蕭正立出鎮南豫州，[13]又板録事參軍。[14]累遷中軍宣城王中録事諮議參軍。[15]侯景平，高祖鎮南徐州，引乾爲貞威將軍、司空從事中郎。[16]遷中書侍郎、太子家令。[17]

[1]蘭陵：郡名。治蘭陵縣，在今江蘇常州市西北。

[2]嶷：蕭嶷。字宣儼，齊高帝蕭道成第二子。《南齊書》卷二二、《南史》卷四二有傳。

[3]丞相：官名。多用以安置權臣，省置無常，或稱大丞相，或分置左、右，皆一品。或亦用作贈官。實際負責政務的宰相多加其他職銜。　豫章：郡名。治南昌縣，在今江西南昌市。

[4]秘書監：官名。秘書省長官，掌圖書經籍，領著作省。梁十一班。陳第四品，秩中二千石。

[5]容止：儀容舉止。

[6]恬簡：恬淡簡易。

[7]子雲：蕭子雲。字景喬，子恪第九弟。《梁書》卷三五、《南史》卷四二有附傳。

[8]國子《周易》生：國子學《周易》科學生。國子學創始於晉武帝，至惠帝時完成，是一種貴冑學校，與太學平列，隸屬於太常。南朝宋、齊、梁、陳皆設有國子學。

[9]司空：官名。名譽宰相，多爲大臣加官，位居一品（梁十八班），無實際職掌。　袁昂：字千里，陳郡陽夏（今河南太康縣）人。《梁書》卷三一、《南史》卷二六有附傳。　祭酒：國子祭酒。掌教授生徒儒學，主管國子學，參議禮制，隸太常。梁十三班。陳第三品，秩中二千石。

[10]明經：察舉的科目之一。

[11]釋褐：脱去平民衣服，喻始任官職。　東中郎：即東中郎將。多兼任刺史，或持節、都督相鄰數州軍事，銀印青綬。　湘東：以郡爲國。湘東郡，治臨烝縣，在今湖南衡陽市。　法曹參軍：官名。掌檢定法律，審議、判決案件等。公府、將軍府皆置。

[12]太子舍人：官名。掌文章書記，職比散騎、中書侍郎。梁三班。陳第七品，秩二百石。

[13]建安：郡名。治建安縣，在今福建建甌市。　蕭正立：字公山，蘭陵（今江蘇常州市西北）人，梁宗室。《南史》卷五一有附傳。　南豫州：州名。治姑孰縣，在今安徽當塗縣。

[14]板：官制用語。南北朝時，王公大臣及地方長官諸府自行選用官員，板文委任，未經吏部正式任命，稱"板"或"板授"。
　錄事參軍：官名。梁始於皇弟皇子府置中錄事參軍與錄事參軍事，陳沿置。

[15]中軍：中軍將軍。與中衛、中撫、中權將軍合稱四中將軍，專授予在京師任職的官員，地位顯要。梁二十三班。陳擬二品，比秩中二千石。　宣城：郡名。治宛陵縣，在今安徽宣城市宣州區。　中錄事：官名。中錄事參軍的簡稱。南朝梁、陳置爲皇弟皇子府、嗣王蕃王府、庶姓公府、庶姓持節府僚屬。品秩隨府主地位而定。　諮議參軍：官名。掌顧問諫議。其位甚尊，在列曹參軍上，州所置者常帶大郡太守，且有越次行府州事者。品秩皆依府主地位而定。

[16]貞威將軍：官名。南朝梁置，八班。陳擬七品，比秩六百石。　司空從事中郎：官名。職掌或主吏，或分掌諸曹，或掌機密，或參謀議，地位較高。

[17]中書侍郎：官名。中書省屬官，舊掌詔誥。梁九班。陳第四品，秩千石。　太子家令：官名。掌東宮刑獄、倉儲、飲食、奴婢。南朝隸太子詹事。梁十班，陳第四品，秩千石。

　　永定元年,[1]除給事黃門侍郎。是時熊曇朗在豫章,[2]周迪在臨川,[3]留異在東陽,[4]陳寶應在建、晉,[5]共相連結，閩中豪帥,[6]往往立砦以自保,[7]高祖甚患之，乃令乾往使，諭以逆順，并觀虛實。將發，高祖謂乾曰："建、晉恃嶮,[8]好爲姦宄,[9]方今天下初定，難便出兵。昔陸賈南征,[10]趙他歸順,[11]隨何奉使,[12]黥布來臣,[13]追想清風，髣髴在目。[14]況卿坐鎮雅俗，才高昔賢，宜勉建功名，不煩更勞師旅。"乾既至，曉以逆順，所在渠帥竝率部衆開壁款附。[15]其年，就除貞威將軍、建安太守。

[1]永定：南朝陳武帝陳霸先年號（557—559）。

[2]熊曇朗：豫章南昌（今江西南昌市）人。本書卷三五、《南史》卷八〇有傳。

[3]臨川：臨川國，以郡爲國。治所在今撫州市臨川區西南。

[4]東陽：郡名。治所在今浙江金華市。

[5]陳寶應：晉安侯官（今福建福州市）人。本書卷三五、《南史》卷八〇有傳。　建、晉：建安、晉安。

[6]閩中：舊時爲福州府別稱。　豪帥：猶首領。舊時多稱武裝反抗者的首領或部落酋長。

[7]砦（zhài）：防守用的柵欄

[8]嶮（xiǎn）：同"險"。

[9]姦宄（guǐ）：違法作亂的事情。

[10]陸賈：秦漢之際楚人。從劉邦起義並擊敗項羽。有辯才，常使諸侯爲説客。漢朝建立後，曾出使南越，説南越王趙佗歸附漢朝。以功任太中大夫。

[11]趙他：他，又作"佗"。秦漢之際真定（今河北正定縣）

人。秦時爲南海郡龍川縣令，後爲南海郡尉。秦末中原動亂，自立爲南粵武王。漢朝建立後歸附漢朝。

[12]隨何：秦末漢初人。劉邦起兵反時爲謁者。楚漢戰争時，曾以利害説布叛楚歸漢。《史記》卷九一有簡略記載。

[13]黥布：原名英布，以坐法改名。秦漢之際六安六縣（今安徽六安市）人。《史記》卷九一有列傳。

[14]髣髴：仿佛。

[15]渠帥：首領。舊時統治階級稱武裝反抗者的首領或部落酋長。　開壁：打開塢壁（營壘）。　款附：誠心歸附。

天嘉二年，[1]留異反，陳寶應將兵助之，又資周迪兵粮，出寇臨川，因逼建安。乾單使臨郡，素無士卒，力不能守，乃弃郡以避寶應。時閩中守宰，並爲寶應迫脅，受其署置，乾獨不爲屈，徙居郊野，屏絶人事。及寶應平，乃出詣都督章昭達，昭達以狀表聞，世祖甚嘉之，超授五兵尚書。[2]光大元年卒，謚曰静子。

[1]天嘉：南朝陳文帝陳蒨年號（560—566）。

[2]超授：升遷。亦指越等授官。　五兵尚書：官名。領中兵、外兵、騎兵三曹。陳第三品，秩中二千石。

謝嘏字含茂，陳郡陽夏人也。祖瀟，齊金紫光禄大夫。[1]父舉，梁中衛將軍、開府儀同三司。[2]

[1]金紫光禄大夫：晋初有光禄大夫，授銀章青綬。如加賜金章紫綬，則爲金紫光禄大夫，諸所賜給皆與特進同。梁十四班。陳第三品，秩中二千石。

[2]中衛將軍：官名。與中軍、中權、中撫將軍合稱四中將軍，地位顯要，專授在京師任職的官員。梁二十三班。陳擬二品，比秩中二千石。　開府儀同三司：官名。三國魏始置，爲大臣加號，意謂與三司即太尉、司徒、司空禮制、待遇相同，許開設府署，自辟僚屬。兩晋南北朝因之。

蝦風神清雅，頗善屬文。起家梁秘書郎，稍遷太子中庶子，[1]掌東宮管記，[2]出爲建安太守。侯景之亂，蝦之廣州依蕭勃，[3]承聖中，[4]元帝徵爲五兵尚書，辭以道阻，轉授智武將軍。[5]蕭勃以爲鎮南長史、南海太守。[6]勃敗，還至臨川，爲周迪所留。久之，又度嶺之晋安依陳寶應，世祖前後頻召之，蝦崎嶇寇虜，不能自拔。及寶應平，蝦方詣闕，爲御史中丞江德藻所舉劾，[7]世祖不加罪責，以爲給事黃門侍郎。尋轉侍中，天康元年，[8]以公事免，尋復本職。光大元年，爲信威將軍、中衛始興王長史。[9]遷中書令、豫州大中正、都官尚書，領羽林監，[10]中正如故。太建元年卒，[11]贈侍中、中書令，謐曰光子。有文集行於世。

[1]太子中庶子：官名。東宮屬官。掌東宮奏章，直侍左右。梁十一班。陳第四品，秩二千石。

[2]東宮管記：官名。掌文書。多置於東宮、相府、王府等。常以文學之士擔任，亦有以中書侍郎兼掌者。一説即記室參軍之職。

[3]廣州：州名。治番禺縣，在今廣東廣州市。　蕭勃：南朝梁人，祖籍蘭陵（今江蘇常州市西北）。蕭景子。《南史》卷五一有附傳。

[4]承聖：南朝梁元帝蕭繹年號（552—555）。

[5]智武將軍：官名。南朝梁置，十五班。陳置爲五武將軍之一。擬四品，比秩中二千石。

[6]鎮南長史：官名。鎮南將軍長史。鎮南將軍，與鎮東、鎮西、鎮北將軍合稱四鎮將軍，多爲持節都督，出鎮方面。南朝梁、陳時列爲八鎮將軍之一。梁二十二班。陳擬二品，比秩中二千石。
　南海：郡名。治番禺縣，在今廣東廣州市。

[7]御史中丞：官名。御史臺長官，掌督察百官，糾劾不法。梁十一班。陳第三品，秩二千石。

[8]天康：南朝陳文帝陳蒨年號（566）。

[9]信威將軍：官名。南朝梁置，稱爲五德將軍之一，十六班。陳沿置，改稱爲五威將軍之一，擬四品，比秩中二千石。如加爲信威大將軍，則進一階。　始興：以郡爲國。始興郡，治曲江縣，在今廣東韶關市南武水西岸。

[10]羽林監：官名。掌宿衛送從。銅印墨綬，武冠，絳朝服。南朝多以文官領此職。陳第七品，秩六百石。

[11]太建：南朝陳宣帝陳頊年號（569—582）。

二子儼、仙。[1]儼官至散騎常侍、侍中、御史中丞、太常卿，[2]出監東揚州。[3]禎明二年卒於會稽，[4]贈中護軍。[5]

[1]仙：底本作“伸”，中華本據《南史》改，並按云，《後主紀》至德三年，以左民尚書謝仙爲吏部尚書，“仙”亦訛“伸”，已據南監本改正。此則南監本亦訛，故據《南史》改。林礽乾《陳書異文考證》亦認爲作“仙”是，並引《通鑑》卷一七六胡三省爲“仙”作音注爲據，表明宋元以前所見本作“仙”（文史哲出版社1979年版，第78—79、173頁）。今從改。

［2］太常卿：官名。南朝宋、齊爲"太常"的尊稱。南朝梁定爲官名，掌宗廟、祭祀、禮樂、賓客等事。陳第三品，秩中二千石。

［3］東揚州：州名。天嘉三年（562）重置，治所會稽郡，在今浙江紹興市。

［4］禎明：南朝陳後主陳叔寶年號（587—589）。　會稽：郡名。治山陰縣，在今浙江紹興市。

［5］中護軍：官名。掌督護京師以外地方諸軍。陳第三品，秩中二千石。

張種字士苗，吳郡人也。[1]祖辯，宋司空右長史、廣州刺史。[2]父略，梁太子中庶子、臨海太守。[3]

［1］吳郡：郡名。治吳縣，在江蘇蘇州市。

［2］司空右長史：司空，名譽宰相，多爲大臣加官，位居一品（梁十八班），無實際職掌。

［3］臨海：郡名。治章安縣，在今浙江台州市椒江區

種少恬靜，居處雅正，不妄交游，傍無造請，[1]時人爲之語曰："宋稱敷、演，[2]梁則卷、充。[3]清虛學尚，種有其風。"仕梁王府法曹，[4]遷外兵參軍，[5]以父憂去職。[6]服闋，爲中軍宣城王府主簿。[7]種時年四十餘，家貧，求爲始豐令，[8]入除中衛西昌侯府西曹掾。[9]時武陵王爲益州刺史，[10]重選府僚，以種爲征西東曹掾，[11]種辭以母老，抗表陳請，[12]爲有司所奏，坐黜免。

［1］造請：登門晉見。

[2]敷、演：張敷、張演。張敷，南朝宋吳郡吳（今江蘇蘇州市）人，字景胤。《宋書》卷六二有傳，《南史》卷三二有附傳。張演，善清談，"辭義清玄"，在"張氏五龍"五兄弟中最爲知名。《南齊書》卷三二有附傳。

[3]卷、充：張卷、張充。張卷，南朝齊吳郡吳人，字令遠。少即知理，能清言。與族兄張充、張融、張稷俱知名，時人目爲"四張"。位都官尚書。張充，南朝梁吳郡人，字延符。《梁書》卷二一有傳，《南史》卷三一有附傳。

[4]王府法曹：官名。王府法曹參軍。掌按訊、決刑。

[5]外兵參軍：官名。亦稱"外兵參軍事"。掌本府外兵曹事務，兼備參謀諮詢。其品位隨府主地位高低不等。

[6]以父憂去職：遭逢父親喪事。禮制，父母死後，子女要守喪，三年內不做官，不婚娶，不赴宴，不應考。服喪期滿稱服闋。

[7]王府主簿：官名。掌覆省書教。梁始於皇弟皇子府設主簿，陳沿置。

[8]始豐：縣名。治所在今浙江天台縣。陳屬章安郡。

[9]西昌：以縣爲侯。西昌縣，屬廬陵郡。治所在今江西泰和縣西。

[10]武陵：郡名。治臨沅縣，在今湖南常德市。　益州：州名。治成都縣，在今四川成都市。

[11]征西：征西將軍。與征東將軍、征北將軍、征南將軍合稱四征將軍。多授持節都督，出鎮方面，地位顯要。梁二十三班。陳擬二品，比秩中二千石。

[12]抗表：向皇帝上奏章。

侯景之亂，種奉其母東奔，久之得達鄉里。俄而母卒，種時年五十，而毀瘠過甚，[1]又迫以凶荒，未獲時葬，服制雖畢，而居處飲食，恒若在喪。及景平，司徒王僧辯以狀奏聞,[2]起爲貞威將軍、治中從事史,[3]并爲具葬禮,葬訖,種方即吉。僧辯又以種年老,傍無胤嗣,[4]賜之以妾,及居處之具。

[1]毀瘠：因居喪過哀而極度瘦弱。

[2]奏聞：奏，底本作"奉"，中華本據《册府》卷四一三、七五四改。今從改。按，《南史》作"以狀奏"，無"聞"字。

[3]治中從事史：官名。簡稱治中，掌文書案卷等，東晋南朝治中、别駕雖地位尊崇。陳揚州治中第六品，他州高者第六品，低者第九品。

[4]胤嗣：後嗣，後代。

貞陽侯僭位,[1]除廷尉卿、太子中庶子。[2]敬帝即位,[3]爲散騎常侍，遷御史中丞，領前軍將軍。高祖受禪，爲太府卿。[4]天嘉元年，除左民尚書。[5]二年，權監吳郡，尋徵復本職。遷侍中，領步兵校尉，以公事免，白衣兼太常卿,[6]俄而即真。廢帝即位,[7]加領右軍將軍,[8]未拜，改領弘善宮衛尉,[9]又領揚、東揚二州大中正。[10]高宗即位,[11]重爲都官尚書，領左驍騎將軍,[12]遷中書令，驍騎、中正並如故。以疾授金紫光禄大夫。

[1]貞陽侯：蕭淵明。字靖通，本名淵明，史籍避諱單稱。梁武帝兄子，封貞陽侯。《南史》卷五一有附傳。貞陽，以縣爲侯國。貞陽縣，屬始興郡。治所在今廣東英德市東翁水北。

[2]廷尉卿：官名。南朝梁武帝天監七年（508）定爲正式官稱，十一班。陳因之，第三品，秩中二千石。

[3]敬帝：梁敬帝蕭方智。字慧相，小字法真。南朝梁元帝第

九子。《梁書》卷六、《南史》卷八有紀。

[4]太府卿：官名。南朝梁武帝天監七年（508）置，掌管金帛庫藏出納、關市稅收。陳第三品，秩中二千石。

[5]左民尚書：官名。三國魏改民曹尚書爲左民尚書，爲尚書省民曹長官。南朝梁、陳掌户籍和工官之事。陳第三品，秩中二千石。

[6]白衣：古代平民服。因即指平民。亦指無功名或無官職的士人。

[7]廢帝：陳廢帝陳伯宗。字奉業，小字藥王，陳文帝嫡長子。本書卷四、《南史》卷九有紀。

[8]右軍將軍：官名。掌宮禁宿衛。陳第五品，秩千石。

[9]弘善宮：宮殿名。在陳都城建康城（今江蘇南京市）内。

[10]揚：州名。治所在今江蘇南京市。　東揚：州名。天嘉三年（562）重置，治會稽郡，在今浙江紹興市。　大中正：官名。魏晋南北朝稱州中正爲大中正，由司徒選用現任官而又有聲望者在其本籍所在的州任職。品評本州人物，以備政府選用。

[11]高宗：南朝陳宣帝陳頊廟號。陳頊，本書卷五、《南史》卷一〇有紀。

[12]左驍騎將軍：官名。南朝梁武帝天監六年（507）四月置，掌管宿衛事務，領朱衣直閣，並給儀從。陳沿置，第四品，秩二千石。

　　種沈深虚静，而識量宏博，時人皆以爲宰相之器。僕射徐陵嘗抗表讓位於種曰：[1]“臣種器懷沈密，文史優裕，[2]東南貴秀，朝庭親賢，克壯其猷，[3]宜居左執。”[4]其爲時所推重如此。太建五年卒，時年七十，贈特進，[5]謚曰元子。

[1]僕射：官名。尚書右僕射。梁、陳尚書令常缺，僕射實爲尚書省主官，列位宰相。陳第二品，秩中二千石。　徐陵：字孝穆，東海郯（今山東郯城縣北）人。本書卷二六有傳，《南史》卷六二有附傳。

[2]優裕：學識淵博。

[3]克壯其猷：壯大功業。

[4]左執：尚書僕射別稱。

[5]特進：三國兩晉南北朝時爲正式加官。陳第二品，秩中二千石。

種仁恕寡欲，雖歷居顯位，而家產屢空，[1]終日晏然，不以爲病。太建初，女爲始興王妃，以居處僻陋，特賜宅一區，[2]又累賜無錫、嘉興縣侯秩。[3]嘗於無錫見有重囚在獄，天寒，呼出曝日，遂失之，世祖大笑，而不深責。有集十四卷。

[1]屢空：經常貧困。謂貧窮無財。

[2]一區：表數量。指一所宅院。

[3]無錫、嘉興縣侯秩：中華本校勘記云，《太平御覽》卷六四二引及《册府》卷二〇九、三〇三皆無“侯”字，《南史》亦無“侯”字，“侯”字疑衍。無錫，縣名。治所在今江蘇無錫市。嘉興，縣名。治所在今浙江嘉興市。

種弟稜，亦清静有識度，官至司徒左長史，太建十一年卒，時年七十，贈光禄大夫。[1]

[1]光禄大夫：官名。或爲職事官，或爲加官。屬光禄勳。陳

第三品，秩中二千石。

　　種族子稚才，齊護軍沖之孫。[1]少孤介特立，[2]仕爲尚書金部郎中。[3]遷右丞，[4]建康令、太舟卿、揚州別駕從事史，[5]兼散騎常侍。使于周，還爲司農、廷尉卿。[6]所歷竝以清白稱。

　　[1]沖之孫：底本作“孫沖之”，中華本校勘記云：“按張沖《南齊書》有傳，稚才爲其孫。‘孫’字應在‘之’字下，各本並誤，今移正。”今從改。

　　[2]孤介：耿直方正，不隨流俗。

　　[3]尚書金部郎中：官名。又稱尚書金部郎。尚書省金部曹長官，掌庫藏、度量等事。陳第四品，秩六百石。

　　[4]右丞：官名。尚書右丞。尚書省佐官，位次尚書，與左丞共掌尚書都省庶務。陳第四品，秩六百石。

　　[5]太舟卿：中華本校勘記云：“南監本、汲本、殿本作‘太府卿’，疑後人妄改。”並參中華本本書卷一六《蔡景歷傳》校勘記。

　　[6]司農：官名。司農卿。南朝梁武帝天監七年（508），改大司農爲司農卿，掌勸農、倉儲等事務。陳因之，第三品，秩中二千石。

　　王固字子堅，左光禄大夫通之弟也。[1]少清正，頗涉文史，以梁武帝甥封莫口亭侯。[2]舉秀才。[3]起家梁秘書郎，遷太子洗馬，[4]掌東宮管記，丁所生母憂去職。服闋，除丹陽尹丞。[5]侯景之亂，奔于荆州，[6]梁元帝承制以爲相國戸曹屬，[7]掌管記。尋聘于西魏，[8]魏人以其梁氏外戚，待之甚厚。承聖元年，遷太子中庶子，尋爲貞威將軍、安南長史、尋陽太守。[9]荆州陷，固之鄱陽，[10]隨兄質度東嶺，居信安縣。[11]紹泰元年，[12]徵爲侍中，不就。永定中，移居吳郡。世祖以固清静，且欲申以婚姻。天嘉二年，至都，拜國子祭酒。[13]三年，遷中書令。四年，又爲散騎常侍、國子祭酒。其年，以固女爲皇太子妃，禮遇甚重。

[1]左光禄大夫：官名。魏、晋、南北朝沿置。南朝時仍屬光禄勳。陳第二品，秩中二千石。

[2]莫口：以縣爲侯國。莫口縣，治所在今甘肅古浪縣南。

[3]秀才：察舉科目之一。州刺史舉秀才。當時秀才之選最爲重要，多以此出任要職。

[4]太子洗馬：官名。東宮屬官。掌授官、藝文圖書事。梁六班。陳第六品，秩六百石。

[5]丹陽尹丞：官名。丹陽尹佐官。東晋與南朝宋、齊、梁、陳均建都於建業，設丹陽尹以治之。陳丹陽尹秩中二千石，第五品。

[6]荆州：州名。南朝陳置，治公安縣，在今湖北公安縣。

[7]梁元帝：蕭繹。字世誠，小字七符，梁武帝第七子，廟號世祖。本書卷五、《南史》卷八有紀。　相國户曹屬：相國户曹的屬吏，次於户曹掾。主民户祠祀農桑事。

[8]西魏：北朝之一。公元 534 年北魏孝武帝逃到關中，投靠將領宇文泰。次年，泰殺孝武帝，立元寶炬爲帝，都長安（今陝西西安市西北），史稱西魏。

[9]安南長史：官名。安南將軍長史。安南將軍，與安東、安西、安北將軍合稱四安將軍。梁二十一班。陳擬三品，比秩中二千石。將軍長史，掌顧問參謀，爲幕僚之長。　尋陽：郡名。南朝梁太清中治柴桑縣之溢口城，在今江西九江市。

[10]鄱陽：郡名。治鄱陽縣，在今江西鄱陽縣。

[11]信安：縣名。屬建平郡。治所在今湖北麻城市東。

[12]紹泰：南朝梁敬帝蕭方智年號（555—556）。

[13]國子祭酒：官名。掌教授生徒儒學，主管國子學，參議禮制，隸太常。陳第三品，秩中二千石。

　　廢帝即位，授侍中、金紫光禄大夫。時高宗輔政，固以廢帝外戚，妳媪恒往來禁中，[1]頗宣密旨，事洩，比將伏誅，[2]高宗以固本無兵權，且居處清潔，止免所居官，禁錮。[3]

[1]妳（nǎi）媪：又作"嬭媪"。乳母。《晋書》卷九九《桓玄傳》："妳媪每抱詣温，輒易人而後至，云其重兼常兒，桓甚愛異之。"

[2]比將伏誅：《南史》卷二三《王固傳》作"比黨皆誅"。

[3]禁錮：禁止做官或參與政治活動。

　　太建二年，隨例爲招遠將軍、宣惠豫章王諮議參軍。[1]遷太中大夫、太常卿、南徐州大中正。[2]七年，卒官，時年六十三。贈金紫光禄大夫。喪事所須，隨由資給。[3]至德二年改葬，謚曰恭子。

[1]招遠將軍：官名。南朝梁始置，陳沿置。擬九品，比秩四百石。　宣惠：宣惠將軍。南朝梁始置，以代舊南中郎將，陳沿置。爲加官、散官性質的將軍。擬四品，比秩中二千石。

[2]太中大夫：官名。侍從皇帝左右，掌顧問應對，參謀議政，奉詔出使，多以寵臣貴戚充任。陳第四品，秩千石。

[3]隨由資給：依據使用（開銷）供給。

固清虛寡欲，居喪以孝聞。又崇信佛法，及丁所生母憂，遂終身蔬食，夜則坐禪，晝誦佛經，兼習成實論義，而於玄言非所長。嘗聘于西魏，因宴饗之際，請停殺一羊，羊於固前跪拜。又宴於昆明池，[1]魏人以南人嗜魚，大設罟網，[2]固以佛法呪之，[3]遂一鱗不獲。

子寬，官至司徒左長史、侍中。

[1]昆明池：古湖名。西漢元狩三年（前120）開鑿，在今陝西西安市西南斗門鎮東南。周圍四十里。一爲解決長安水源不足的困難，一爲訓練水軍以備對昆明國作戰。

[2]罟（gǔ）網：泛指魚網。

[3]呪（zhòu）：通“咒”，詛咒。

孔奐字休文，會稽山陰人也。曾祖琇之，齊左民尚書、吳興太守。[1]祖蒨，太子舍人、尚書三公郎。[2]父稚孫，梁寧遠枝江公主簿、無錫令。[3]

[1]吳興：郡名。治所在今浙江湖州市吳興區。

[2]尚書三公郎：官名。尚書省三公曹長官通稱。三國魏始置，亦稱郎中，資深者可轉侍郎。南朝屬吏部尚書。梁侍郎六班，郎中五班。陳侍郎、郎中並第四品，秩六百石。

[3]寧遠：寧遠將軍。梁十三班。陳擬五品，比秩千石。　枝江：縣名。治所在今湖北枝江市西南百里洲。　主簿：官名。此爲軍府主簿。參與機要，總理府事。

　　奐數歲而孤，爲叔父虔孫所養。好學，善屬文，經史百家，莫不通涉。沛國劉顯時稱學府，[1]每共奐討論，深相歎服，乃執奐手曰："昔伯喈墳素悉與仲宣，[2]吾當希彼蔡君，[3]足下無愧王氏。"[4]所保書籍，尋以相付。

　　[1]沛國：治相縣，在今安徽濉溪縣西北。　學府：學識淵博。
　　[2]伯喈（jiē）墳素悉與仲宣：指蔡邕將藏書悉數交給王粲一事。伯喈，東漢末儒士蔡邕字。仲宣，東漢末名士王粲字。事見《三國志》卷二一《魏書·王粲傳》。
　　[3]希：仰慕，效法。
　　[4]王氏：王粲。

　　州舉秀才，射策高第。[1]起家揚州主簿、宣惠湘東王行參軍，[2]竝不就。又除鎮西湘東王外兵參軍，[3]入爲尚書倉部郎中，[4]遷儀曹侍郎。[5]時左民郎沈烱爲飛書所謗，[6]將陷重辟，事連臺閣，[7]人懷憂懼，奐廷議理之，竟得明白。丹陽尹何敬容以奐剛正，請補功曹史。[8]出爲南昌侯相，[9]值侯景亂，不之官。

　　[1]射策高第：選官考試的方法之一。其法是把考題書於簡策，根據試題的難易分爲甲、乙兩科、甲乙丙三科，由參試者自由選擇，選定後不許更換。主考官評定優劣，根據答卷的優劣，朝廷授予不同級別的官職。射策優者稱高第。
　　[2]行參軍：官名。也稱行參軍事，掌參議軍事或專負責某事。
　　[3]鎮西：鎮西將軍。八鎮將軍之一。梁二十二班。陳擬二品，比秩中二千石。
　　[4]尚書倉部郎中：官名。尚書省倉部曹長官通稱。三國魏始

置，亦稱倉部郎中，資深者可轉侍郎。梁侍郎六班，郎中五班。陳沿置，侍郎、郎中並第四品，秩六百石。

[5]儀曹侍郎：官名。尚書省儀曹長官通稱儀曹郎，亦稱儀曹郎中，資深勤能者可轉侍郎。梁六班。陳第四品，秩六百石。

[6]左民郎：官名。尚書省左民曹長官通稱，亦稱郎中。梁侍郎六班，郎中五班。陳第四品，秩六百石。　飛書：匿名信。

[7]臺閣：尚書臺。亦泛指中央政府機構。

[8]功曹史：官名。丹陽尹軍府功曹史。主選署功勞、職掌吏員賞罰任免事宜。

[9]南昌侯：以縣爲侯國封地。南昌縣，治所在今江西南昌市。

　　京城陷，朝士並被拘縶，或薦夐於賊帥侯子鑒，子鑒命脫桎梏，厚遇之，令掌書記。時景軍士悉恣其凶威，子鑒景之腹心，委任又重，朝士見者，莫不卑俯屈折，夐獨敖然自若，無所下。或諫夐曰：“當今亂世，人思苟免，獯羯無知，[1]豈可抗之以義？”夐曰：“吾性命有在，雖未能死，豈可取媚凶醜，以求全乎？”時賊徒剝掠子女，[2]拘逼士庶，[3]夐每保持之，得全濟者甚衆。

[1]獯（xūn）羯（jié）：泛指北方少數民族。獯即獯鬻，指漢及其後之匈奴；羯爲匈奴之別部。
[2]剝掠：猶劫掠。
[3]拘逼：遭受逼迫。

　　尋遭母憂，哀毀過禮。時天下喪亂，皆不能終三年之喪，唯夐及吳國張種，在寇亂中守持法度，竝以孝聞。

　　及景平，司徒王僧辯先下辟書，[1]引奐爲左西曹掾，[2]又除丹陽尹丞。梁元帝於荆州即位，徵奐及沈炯立令西上，僧辯累表請留之。帝手敕報僧辯曰：“孔、沈二士，今且借公。”其爲朝廷所重如此。仍除太尉從事中郎。[3]僧辯爲揚州刺史，又補揚州治中從事史。時侯景新平，每事草創，憲章故事，無復存者，奐博物彊識，[4]甄明故實，[5]問無不知，儀注體式，[6]牋表書翰，[7]皆出於奐。

　　[1]辟書：公府辟除的文書。辟除爲當時機構負責人自主選用本機構掾史的選吏制度。

　　[2]左西曹掾：官名。主司徒府吏署用之事。

　　[3]太尉從事中郎：官名。職掌或主太尉府吏事，或分掌諸曹，或掌機密，或參謀議，地位較高。

　　[4]博物彊識（zhì）：博聞强識。見聞廣博，記憶力强。

　　[5]甄明：辨明，明察。　故實：有參考或借鑒意義的舊事。

　　[6]儀注體式：禮儀制度的模本、樣式。

　　[7]牋表書翰：奏疏、書信等。

　　高祖作相，除司徒右長史，[1]遷給事黃門侍郎。齊遣東方老、蕭軌等來寇，軍至後湖，都邑搔擾，又四方壅隔，粮運不繼，三軍取給，唯在京師，乃除奐爲貞威將軍、建康令。時累歲兵荒，户口流散，勍敵忽至，[2]徵求無所，高祖尅日決戰，乃令奐多營麥飯，[3]以荷葉裹之，一宿之間，得數萬裹，軍人旦食訖，弃其餘，因而決戰，遂大破賊。

［1］司徒右長史：官名。魏晉南北朝丞相府相國府皆置，無論有無司徒（丞相），而左右長史例置。梁十班。陳第四品，秩千石。右長史，《南史》卷二七《孔奂傳》作"左長史"。
［2］勍敵：勁敵。
［3］麥飯：磨碎的麥煮成的飯。

高祖受禪，遷太子中庶子。永定二年，[1]除晉陵太守。[2]晉陵自宋、齊以來，舊爲大郡，雖經寇擾，猶爲全實，前後二千石多行侵暴，奂清白自守，妻子竝不之官，唯以單舡臨郡，[3]所得秩俸，隨即分贍孤寡，郡中大悅，號曰"神君"。曲阿富人殷綺，見奂居處素儉，乃餉衣一襲，[4]氈被一具。[5]奂曰："太守身居美禄，何爲不能辦此，但民有未周，不容獨享温飽耳。勞卿厚意，幸勿爲煩。"

［1］永定二年：《南史》卷二七《孔奂傳》作永定三年。
［2］晉陵：郡名。治晉陵縣，在今江蘇常州市。屬南徐州。
［3］舡（chuán）：通"船"。
［4］餉（xiǎng）：贈送。
［5］氈（zhān）被：氈制的被子。氈，通"氊"，動物毛皮製品。

初，世祖在吳中，聞奂善政，及踐祚，徵爲御史中丞，領揚州大中正。奂性剛直，善持理，多所糾劾，朝廷甚敬憚之。深達治體，每所敷奏，上未嘗不稱善，百司滯事，皆付奂決之。遷散騎常侍，領步兵校尉，中書舍人，[1]掌詔誥，揚、東揚二州大中正。天嘉四年，重除御史中丞，尋爲五兵尚書，常侍、中正如故。時世祖不豫，[2]臺閣衆事，竝令僕射到仲舉共奂決之。及世祖疾篤，奂與高宗及仲舉并吏部尚書袁樞、中書舍人劉師知等入侍醫藥。世祖嘗謂奂等曰：“今三方鼎峙，生民未乂，[3]四海事重，宜須長君。朕欲近則晉成，[4]遠隆殷法，[5]卿等須遵此意。”奂乃流涕歔欷而對曰：“陛下御膳違和，痊復非久，皇太子春秋鼎盛，聖德日躋，安成王介弟之尊，足爲周旦，[6]阿衡宰輔，若有廢立之心，臣等愚誠，不敢聞詔。”世祖曰：“古之遺直，復見於卿。”天康元年，乃用奂爲太子詹事，二州中正如故。

[1]中書舍人：官名。原名中書通事舍人，掌草擬、發布詔令；受理文書章奏，漸奪中書侍郎草擬詔令之任，勢傾天下，把持政務中樞。名義上隸屬中書省，實際上直接聽命於皇帝。梁四班。陳第八品。

[2]不豫：天子有病的諱稱。

[3]未乂（yì）：不安定。乂，治理，安定。

[4]近則晉成：取法東晉成帝司馬衍臨終前將帝位傳予其弟司馬岳，即後來的晉康帝。

[5]遠隆殷法：效法殷商帝王兄終弟及的做法。意即將傳帝位予陳頊，也即後來的陳宣帝。

[6]周旦：周公旦。在其兄周武王去世後，輔助年幼成王，穩定政治局面，鞏固西周統治。

世祖崩，廢帝即位，除散騎常侍、國子祭酒。光大二年，出爲信武將軍、南中郎康樂侯長史、尋陽太守，[1]行江州事。[2]高宗即位，進號仁威將軍、雲麾始興王長史，[3]餘竝如故。奐在職清儉，多所規正，高宗嘉之，賜米五百斛，并累降敕書殷勤勞問。太建三年，徵爲度支尚書，[4]領右軍將軍。五年，改領太子中庶子，與左僕射徐陵參掌尚書五條事。[5]六年，遷吏部尚書。[6]七年，加散騎常侍。八年，改加侍中。時有事北討，剋復淮、泗，[7]徐、豫酋長，[8]降附相繼，封賞選叙，紛紜重疊，奐應接引進，門無停賓。加以鑒識人物，詳練百氏，[9]凡所甄拔，衣冠縉紳，[10]莫不悦伏。

[1]信武將軍：官名。五武將軍之一，擬四品，比秩中二千石。
南中郎：官名。南中郎將省稱。與東、西、北中郎將並稱四中郎將。多帥師征戰，職權頗重。或兼荆、江、梁等州刺史，或持節，銀印青綬。　康樂：以縣爲侯國。康樂縣，屬豫章郡。治所在今江西萬載縣東北羅城鄉。

[2]行江州事：亦稱行某州或某府事，或行某戍或某州軍事等。指以他官代行某官職權。由於當時多以年幼皇子爲將軍、刺史出鎮諸州，以其長史爲行事，實際負責軍府和州府的軍政事務，權力很大。

[3]仁威將軍：官名。南朝梁置，爲五德將軍之一。陳改爲五威將軍之一，擬四品，比秩中二千石。　雲麾：雲麾將軍。南朝梁武帝天監七年（508）置爲將軍名號，與武臣、爪牙、龍騎將軍取代舊置前、後、左、右將軍。陳沿置，擬四品，比秩中二千石。

[4]度支尚書：官名。尚書省列曹尚書之一，掌財賦統計、支調。梁十三班。陳第三品，秩中二千石。

[5]尚書五條事：南北朝多以公卿權重者居之，總領尚書省政

務，凡重號將軍、刺史，皆得命曹授用，位在三公上。或以二人以上並録，參録，又有録尚書六條、關尚書七條事、五條事等名義。

[6]吏部尚書：官名。尚書臺（省）吏部曹長官，位居列曹尚書之上。陳第三品，秩中二千石。

[7]淮、泗：淮水、泗水流域。

[8]酋長：舊時多稱武裝反抗者的首領。

[9]詳練：精詳熟習。　百氏：百家譜牒。

[10]縉紳：插笏於紳帶間，舊時官宦的裝束。亦借指士大夫。

性耿介，絕請託，雖儲副之尊，公侯之重，溺情相及，終不爲屈。始興王叔陵之在湘州，[1]累諷有司，固求台鉉。[2]奐曰：“袞章之職，[3]本以德舉，未必皇枝。”因抗言於高宗。高宗曰：“始興那忽望公，[4]且朕兒爲公，須在鄱陽王後。”[5]奐曰：“臣之所見，亦如聖旨。”後主時在東宮，欲以江總爲太子詹事，令管記陸瑜言之於奐。奐謂瑜曰：“江有潘、陸之華，[6]而無園、綺之實，[7]輔弼儲宮，竊有所難。”瑜具以白後主，後主深以爲恨，乃自言於高宗。高宗將許之，奐乃奏曰：“江總文華之人，今皇太子文華不少，豈藉於總！如臣愚見，願選敦重之才，以居輔導。”帝曰：“即如卿言，誰當居此？”奐曰：“都官尚書王廓，世有懿德，識性敦敏，可以居之。”後主時亦在側，乃曰：“廓王泰之子，不可居太子詹事。”[8]奐又奏曰：“宋朝范曄即范泰之子，[9]亦爲太子詹事，前代不疑。”後主固爭之，帝卒以總爲詹事，由是忤旨。其梗正如此。

[1]湘州：州名。南朝梁武帝置，治新城縣（今湖北大悟縣東南新城鎮）。

[2]台鉉（xuàn）：猶台鼎。鉉，鼎耳，以代鼎。鼎三足，有三公之象，故以喻宰輔重臣。

[3]袞章：袞衣上的紋樣。借指三公。

[4]那忽：怎麼能、如何能。

[5]鄱陽王：陳伯山，陳文帝第三子，陳宣帝之侄。本書卷二八、《南史》卷六五有傳。

[6]潘、陸：潘岳、陸機。皆爲晉代著名文學家。

[7]園、綺：東園公綺里季，與夏黃公甪里同爲商山四皓。漢高祖劉邦欲廢太子劉盈，呂后用張良計，請四皓輔佐太子，高祖事遂不成。

[8]廓王泰之子，不可居太子詹事：以太子詹事有“太”字，王廓任此職則觸犯父王泰名諱。下范曄、范泰事類似。

[9]范曄：南朝宋順陽（今河南淅川縣）人，字蔚宗。綜合諸家優長而作《後漢書》。《宋書》卷六九有傳，《南史》卷三三有附傳。

初，後主欲官其私寵，以屬奐，奐不從。及右僕射陸繕遷職，高宗欲用奐，已草詔訖，爲後主所抑，遂不行。九年，遷侍中、中書令、領左驍騎將軍、揚東揚豐三州大中正。[1]十一年，轉太常卿，侍中、中正竝如故。十四年，遷散騎常侍、金紫光禄大夫，領前軍將軍，未拜，改領弘範宮衛尉。至德元年卒，[2]時年七十。贈散騎常侍，本官如故。有集十五卷，彈文四卷。[3]

[1]豐：州名。陳光大二年（568）置，治侯官縣，在今福建

福州市。

　　[2]至德：陳後主陳叔寶年號（583—586）。

　　[3]彈文：文體名。彈劾官員過錯的奏疏。

　　子紹薪、紹忠。紹忠字孝揚，亦有才學，官至太子洗馬、儀同鄱陽王東曹掾。[1]

　　[1]儀同：疑爲儀同將軍。

　　蕭允字叔佐，[1]蘭陵人也。曾祖思話，宋征西將軍、開府儀同三司、尚書右僕射，[2]封陽穆公。[3]祖惠蒨，散騎常侍、太府卿、左民尚書。父介。梁侍中、都官尚書。

　　[1]叔佐：叔，底本作“升”，中華本據北監本、汲本、殿本及《南史》改。林礽乾《陳書異文考證》亦認爲當依《南史》作叔佐是（第175—176頁）。今從改。

　　[2]尚書右僕射：中華本校勘記云：“按《宋書·蕭思話傳》云‘徵爲尚書左僕射，固辭不受拜’，是思話未嘗爲尚書右僕射也。”林礽乾《陳書異文考證》亦認爲右僕射當爲左僕射之誤（第176頁）。

　　[3]陽穆公：中華本校勘記云：“按《宋書·蕭思話傳》，思話襲爵封陽縣侯，卒諡穆。‘公’當作‘侯’。”

　　允少知名，風神凝遠，[1]通達有識鑒，容止醞藉，動合規矩。起家邵陵王法曹參軍，轉湘東王主簿，遷太子洗馬。侯景攻陷臺城，百僚奔散，允獨整衣冠坐于宮坊，[2]景軍人敬而弗之逼也。尋出居京口。時寇賊縱橫，百姓波駭，[3]衣冠士族，四出奔散，允獨不行。人問其故，允答曰：“夫性命之道，自有常分，豈可逃而獲免乎？但患難之生，皆生於利，苟不求利，禍從何生？方今百姓爭欲奮臂而論大功，一言而取卿相，亦何事於一書生哉？莊周所謂畏影避迹，[4]吾弗爲也。”乃閉門静處，并日而食，卒免於患。

[1]風神：風采，神態。　凝遠：凝重深遠。

[2]宮坊：指太子的官署。古代稱太子的住所爲青宮或東宮，太子的官屬爲春坊。

[3]波駭：以物擊水，一波動，衆波隨而擾動。比喻受到驚擾震動。

[4]莊周所謂畏影避迹：畏影避迹比喻不明事理，庸人自擾。《莊子·漁父》：“人有畏影惡迹而去之走者，舉足愈數而迹愈多，走愈疾而影不離身。自以爲尚遲，疾走不休，絕力而死。不知處陰以休影，處静以息迹，愚亦甚矣。”莊周即莊子，戰國時宋國蒙人。學祖老子，發展“道法自然”之精微，主張齊物我，一是非，安時處順。著有《莊子》一書。

侯景平後，高祖鎮南徐州，以書召之，允又辭疾。永定中，侯安都爲南徐州刺史，[1]躬造其廬，以申長幼之敬。天嘉三年，徵爲太子庶子。[2]三年，除稜威將軍、丹陽尹丞。[3]五年，兼侍中，聘于周，還拜中書侍郎、大匠卿。[4]

[1]侯安都：字成師，始興曲江（今廣東韶關市南武水西岸）

人。本書卷八、《南史》卷六六有傳。

[2]天嘉三年，徵爲太子庶子：按下又云“三年，除楞威將軍丹陽尹丞”，兩“三年”字必有一譌。林礽乾《陳書異文考證》認爲第二個三年應爲四年之誤（第176頁）。

[3]稜威將軍：官名。南朝梁武帝普通六年（525）始置，陳沿置。擬八品，比秩六百石。

[4]大匠卿：官名。“將作大匠”的別稱。掌管土木工程事務。陳沿置，第三品，秩中二千石。

　　高宗即位，遷黄門侍郎。五年，出爲安前晉安王長史。[1]六年，晉安王爲南豫州，允復爲王長史。時王尚少，未親民務，故委允行府州事。入爲光禄卿。[2]允性敦重，未嘗以榮利干懷。及晉安出鎮湘州，又苦攜允，允少與蔡景歷善，景歷子徵修父黨之敬，聞允將行，乃詣允曰：“公年德竝高，國之元老，從容坐鎮，旦夕自爲列曹，何爲方復辛苦在外！”允答曰：“已許晉安，豈可忘信。”其恬於榮勢如此。

[1]安前：安前將軍。南朝梁置，爲八安將軍之一。陳沿置，擬三品，比秩中二千石。

[2]光禄卿：官名。南朝梁武帝天監七年（508）改光禄勳置，位列十二卿，掌宮殿門户及一部分宮廷供御事務。陳因之，第三品，秩中二千石。

　　至德三年，除中衛豫章王長史，累遷通直散騎常侍、光勝將軍、司徒左長史、安德宮少府。[1]鎮衛鄱陽王出鎮會稽，[2]允又爲長史，帶會稽郡丞。行經延陵季子廟，[3]設蘋藻之薦，[4]託爲異代之交，爲詩以叙意，辭理清典。後主嘗問蔡徵曰："卿世與蕭允相知，此公志操何如？"徵曰："其清虚玄遠，殆不可測，至於文章，可得而言。"因誦允詩以對，後主嗟賞久之。其年拜光禄大夫。

[1]光勝將軍：官名。十光將軍之一。南朝梁武帝普通六年（525）置。陳擬六品，比秩千石。　安德宫：南朝陳宫殿名。故址在今江蘇南京市區偏南（六朝都城宣陽門外）。

[2]鎮衛：鎮衛將軍。南朝梁武帝置爲武職二十四班之首，在驃騎、車騎將軍之上。陳沿置，擬一品，比秩中二千石。

[3]延陵季子：又稱公子札。壽夢少子，諸樊弟。吴王諸樊與餘眛曾多次讓位於他，他推讓不受，爲各國賢士大夫所稱譽。

[4]蘋藻之薦：蘋與藻。皆水草名。古人常采作祭祀之用。用作祭祀的代稱。

及隋師濟江，[1]允遷于關右。是時朝士至長安者，例立授官，唯允與尚書僕射謝伷辭以老疾，隋文帝義之，[2]立厚賜錢帛。尋以疾卒於長安，[3]時年八十四。弟引。

[1]隋師濟江：隋文帝開皇九年（589）正月，隋將韓擒虎、賀若弼分别從采石（今安徽當塗縣北長江東岸）、廣陵（今江蘇揚州市）率軍横渡長江，一路勢如破竹，迅速攻陷陳都城金陵（今江蘇南京市），俘獲陳朝皇帝後主叔寶，陳亡。隋統一全國。

[2]隋文帝：楊堅。弘農華陰（今陝西華陰市東南）人。建立隋朝，推行一系列改革，統治時期被稱作開皇之治。《隋書》卷一、

卷二,《北史》卷一一有紀。

   [3]長安:縣名。治所在今陝西西安市北。

   引字叔休。[1]方正有器局,望之儼然,雖造次之間,必由法度。性聰敏,博學,善屬文。釋褐著作佐郎,轉西昌侯儀同府主簿。[2]侯景之亂,梁元帝爲荆州刺史,朝士多往歸之。引曰:"諸王力争,禍患方始,今日逃難,未是擇君之秋。吾家再世爲始興郡,遺愛在民,正可南行以存家門耳。"於是與弟彤及宗親等百餘人奔嶺表。[3]時始興人歐陽頠爲衡州刺史,[4]引往依焉。頠後遷爲廣州,病死,子紇領其衆。引每疑紇有異,因事規正,由是情禮漸疏。及紇舉兵反,時京都士人岑之敬、公孫挺等竝皆惶駭,唯引恬然,謂之敬等曰:"管幼安、袁曜卿亦但安坐耳。君子正身以明道,直己以行義,亦復何憂懼乎?"及章昭達平番禺,[5]引始北還。高宗召引問嶺表事,引具陳始末,帝甚悦,即日拜金部侍郎。

   [1]叔休:叔,底本作"升",中華本據北監本、汲本、殿本及《南史》改。今從改。

   [2]西昌:縣名。治所在今江西泰和縣西。   儀同府:儀同三司府。

   [3]嶺表:指今廣東、廣西、海南三省區及越南北部地區。

   [4]衡州:州名。南朝梁天監六年(507)置,治含洭縣,在今廣東英德市西北浛洸鎮。南朝陳改爲西衡州。

   [5]番禺:縣名。治所在今廣東廣州市。

引善隸書，爲當時所重。高宗嘗披奏事，[1]指引署名曰：“此字筆勢翩翩，似鳥之欲飛。”引謝曰：“此乃陛下假其羽毛耳。”又謂引曰：“我每有所忿，見卿輒意解，何也？”引曰：“此自陛下不遷怒，臣何預此恩。”太建七年，加戎昭將軍。[2]九年，除中衛始興王諮議參軍，兼金部侍郎。[3]

[1]披：批閱。
[2]戎昭將軍：官名。南朝梁置，陳沿置。擬八品，比秩六百石。
[3]金部侍郎：官名。尚書省金部曹長官通稱，亦稱金部郎中，資深勤能者可轉侍郎。陳第四品，秩六百石。

引性抗直，不事權貴，左右近臣，無所造請，高宗每欲遷用，輒爲用事者所裁。[1]及呂梁覆師，戎儲空匱，[2]乃轉引爲庫部侍郎，[3]掌知營造弓弩稍箭等事。引在職一年，而器械充牣。[4]頻加中書侍郎、貞威將軍、黃門郎。十二年，吏部侍郎缺，[5]所司屢舉王寬、謝燮等，帝並不用，乃中詔用引。[6]

[1]所裁：林礽乾《陳書異文考證》認爲裁字後當從《册府》卷四五九補“抑焉”，如此語義更爲完足（第177頁）。
[2]戎儲空匱：軍事物資匱乏。
[3]庫部侍郎：官名。魏晋南北朝尚書省庫部曹長官通稱。亦稱庫部郎中，資深者可轉侍郎。陳第四品，秩六百石。
[4]充牣：豐足。
[5]吏部侍郎：官名。亦稱郎中，資深者可轉侍郎。協助吏部

尚書，主管官吏選任銓敘調動事務。陳第四品，秩六百石。

　　[6]中詔：宮中直接發出的帝王親筆詔令。

　　時廣州刺史馬靖甚得嶺表人心，而兵甲精練，每年深入俚洞，[1]又數有戰功，朝野頗生異議。高宗以引悉嶺外物情，且遣引觀靖，審其舉措，諷令送質。引奉密旨南行，外託收督賧物。[2]既至番禺，靖即悟旨，盡遣兒弟下都為質。還至灨水，[3]而高宗崩，後主即位，轉引為中庶子，以疾去官。明年，京師多盜，乃復起為貞威將軍、建康令。

　　[1]俚洞：指古代南方黎族聚居的山區。

　　[2]賧（dǎn）物：指南方少數民族向朝廷輸納的貨物。中國古代南方某些少數民族以財物贖罪稱“賧”；一說所輸貨物稱“賧”。

　　[3]灨水：江西省最大河流。灨字得名於章、貢二水匯合而來。

　　時殿內隊主吳璸，[1]及宦官李善度、蔡脫兒等多所請屬，引一皆不許。引族子密時為黃門郎，諫引曰：“李、蔡之勢，在位皆畏憚之，亦宜小為身計。”引曰：“吾之立身，自有本末，亦安能為李、蔡改行。就令不平，不過解職耳。”吳璸竟作飛書，李、蔡證之，坐免官，卒於家，時年五十八。子德言，最知名。

　　[1]隊主：隊，底本作朋，中華本據北監本、汲本、殿本及《南史》改。今從改。

引宗族子弟，多以行義知名。弟彤，以恬静好學，官至太子中庶子、南康王長史。[1]密字士機，幼而聰敏，博學有文詞。祖琛，梁特進。父游，少府卿。密太建八年，兼散騎常侍，聘于齊。歷位黃門侍郎、太子中庶子、散騎常侍。

[1]南康：以郡爲國，治所在今江西贛州市西南。

史臣曰：謝、王、張、蕭，咸以清净爲風，文雅流譽，雖更多難，終克成名。朵謇謣在公，[1]英飈振俗，[2]詳其行事，抑古之遺愛矣。[3]固之蔬菲禪悦，[4]斯乃出俗者焉，猶且致絓於黜免，[5]有懼於傾覆。是知上官、博陸之權勢，閻、鄧、梁、竇之震動，吁可畏哉！

[1]謇謣：亦作“謇鄂”。亦作“謇愕”。正直敢言。
[2]英飈（biāo）：謂英姿風發。
[3]遺愛：中華本校勘記云：“張森楷校勘記云‘遺愛’當作‘遺直’。今按張説是。《孔朵傳》世祖云‘古之遺直，復見於卿’，故史臣引之也。”
[4]禪悦：中華本校勘記云：“各本作‘蟬蜕’。按禪悦乃佛家語。傳稱其崇信佛法，及丁所生母憂，遂終身蔬食，夜則坐禪，晝誦佛經。則作‘禪悦’是。”
[5]絓（guà）：絆住；挂礙。

陳書　卷二二

列傳第十六

陸子隆 弟子才　錢道戢　駱牙

　　陸子隆字興世，吳郡吳人也。[1]祖敞之，梁嘉興令。[2]父悛，封氏令。

　　[1]吳郡：郡名。治所在今江蘇蘇州市。　吳：縣名。治所在今江蘇蘇州市。《南史》卷六七《陸子隆傳》無此“吳”字，《南史校證》云：“按《陳書》本傳‘郡’下有‘吳’字，謂吳縣也，疑《南史》傳寫脫去。”（馬宗霍：《南史校證》，湖南教育出版社2008年版，第1038頁）

　　[2]嘉興：縣名。治所在今浙江嘉興市。

　　子隆少慷慨，有志功名。起家東宮直後。[1]侯景之亂，[2]於鄉里聚徒。是時張彪爲吳郡太守，[3]引爲將帥。彪徙鎮會稽，[4]子隆隨之。及世祖討彪，[5]彪將沈泰、吳寶真、申縉等皆降，[6]而子隆力戰敗績，世祖義之，復使領其部曲，板爲中兵參軍。[7]歷始豐、永興二縣令。[8]

[1]起家：從家中起而爲官，晉以后專指初次得官。　東宮直後：官名。南朝梁置，爲太子侍從武官，直衞後宮。

[2]侯景：字萬景。原爲東魏大將，後叛至南朝梁，在梁發動叛亂，史稱“侯景之亂”。《梁書》卷五六、《南史》卷八〇有傳。

[3]張彪：襄陽（今湖北襄陽市）人。起於會稽若邪山，侯景之亂後依附王僧辯。蕭淵明即位，任東揚州刺史，鎮會稽。公元556年，張彪圍臨海太守王懷振於剡巖，被陳蒨、周文育討滅。《南史》卷六四有傳。按，《梁書》卷五《元帝紀》載，大寶三年（552）四月“以東陽太守張彪爲安東將軍”；又《梁書》卷四五《王僧辯傳》載，承聖二年（553）十一月“徵吳郡太守張彪、吳興太守裴之橫會瑱於關”，可知張彪就任吳郡太守在大寶三年四月至承聖二年十一月間。

[4]會稽：郡名。治所在今浙江紹興市。梁武帝普通五年（524）置東揚州，將會稽自揚州劃歸東揚州，張彪敗亡後東揚州廢置，會稽還屬揚州。

[5]世祖：南朝陳文帝陳蒨廟號。陳蒨，本書卷三、《南史》卷九有紀。

[6]沈泰：時爲張彪司馬。張彪圍王懷振未歸，沈泰向陳蒨獻城投降。後爲定州及南豫州刺史，永定二年（558）二月叛入北齊。
吳寶真：時爲張彪軍主。　申縉：《南史·張彪傳》作“申進”。沈泰降後，張彪還攻州城，復城守，而申縉又叛，彪遂敗逃。

[7]板：地方軍政長官自行選用官員。板官不給印綬，但可食禄。　中兵參軍：官名。王公軍府中兵曹長官，掌本府親兵，可率兵征伐。梁皇弟皇子府中兵參軍，六班。庶姓公府中兵參軍，五班。陳皇弟皇子府中兵參軍，第七品。

[8]始豐：縣名。治所在今浙江天台縣。　永興：縣名。治所

在今浙江杭州市蕭山區。

　　世祖嗣位，子隆領甲仗宿衛。尋隨侯安都拒王琳於柵口。[1]王琳平，授左中郎將。[2]天嘉元年，[3]封益陽縣子，[4]邑三百户。出爲高唐郡太守。[5]二年，除明威將軍、廬陵太守。[6]時周迪據臨川反，[7]東昌縣人脩行師應之，[8]率兵以攻子隆，其鋒甚盛。子隆設伏於外，仍閉門偃甲，示之以弱。及行師至，腹背擊之，行師大敗，因乞降，子隆許之，送于京師。

　　[1]侯安都：字成師，始興曲江（今廣東韶關市南武水西岸）人。本書卷八、《南史》卷六六有傳。　王琳：字子珩，會稽山陰（今浙江紹興市）人。原爲蕭繹大將。江陵陷落後，他盤踞湘、郢諸州，奉蕭繹之孫蕭莊爲梁主。公元557年十月王琳敗陳軍於沌口，對下游陳政權構成巨大威脅。《北齊書》卷二四、《南史》卷六四有傳。　柵口：底本作“沌口”，中華本校勘記云：“‘沌口’當作‘柵口’，今改正。”今從改。按，沌口，古沌水入長江口，在今湖北武漢市蔡甸區東南沌口鎮。柵口，古柵水入長江口，在今安徽蕪湖市東北裕溪口。侯安都兩次出戰王琳，前一次在沌口，後一次在柵口。第一次是公元557年八月，陳霸先以侯安都、周文育出兵征討王琳，結果十月陳軍在沌口兵敗，二人並爲王琳所擒，後逃歸。第二次是公元559年十一月，陳霸先駕崩後不久，王琳率軍東下，至於柵口，侯安都奉詔與侯瑱、徐度一同率軍抵禦。此役王琳慘敗，逃奔北齊。陸子隆“隨侯安都拒王琳”在“世祖嗣位”之後，此處當爲“柵口”。

　　[2]左中郎將：官名。禁衛武官。南朝宋孝武帝大明年間復置左、右中郎將，隸中領軍（領軍將軍），不領營兵。梁八班。陳第

五品，秩千石。

[3]天嘉：南朝陳文帝陳蒨年號（560—566）。

[4]益陽：縣名。治所在今湖南益陽市。　縣子：陳爵制，分王、五等爵、列侯三等，縣子屬五等爵，在縣伯下，縣男上。第五品，秩視二千石。

[5]高唐：郡名。梁置高唐郡（亦作“高塘郡”），治高唐縣，在今安徽來安縣半塔鎮。梁末高唐郡没於北。本卷之高唐似當爲陳後來設立的僑郡，陸子隆“出爲高唐郡太守”，説明其有實土。李浩搏推測，此高唐郡屬北江州，在南陵郡附近（《陳朝政區地理札記二則》，《華中師範大學研究生學報》2020年第2期）。

[6]除：拜官授職，意謂除去舊官，另就新任。　明威將軍：官名。梁以寧遠、明威、振遠、電耀、威耀將軍代舊寧朔將軍。爲雜號將軍。梁武帝天監七年（508）定爲武職二十四班中的十三班，大通三年（529）將軍號移入輕車將軍班，爲武職三十四班中的二十四班。陳擬五品，比秩千石。另梁、陳十明將軍中亦有此號。陳擬六品，比秩千石。　廬陵：郡名。治石陽縣，在今江西吉水縣東北。

[7]周迪：臨川南城（今江西南城縣東南）人。時任江州刺史，割據贛江流域。陳文帝天嘉三年（562），他舉兵攻襲豫章太守周敷和尋陽太守華皎。被陳軍擊潰後，逃往晉安，依附陳寶應，後兵敗被殺。本書卷三五、《南史》卷八〇有傳。　臨川：郡名。治所在今江西撫州市臨川區西。

[8]東昌：縣名。治所在今江西吉安市東南永和鎮。　脩行師：從陳朝討伐陳寶應時所下的尚書符可知，脩行師投降後曾被封爲壯武將軍。

　　四年，周迪引陳寶應復出臨川，[1]子隆隨都督章昭達討迪。[2]迪退走，因隨昭達踰東興嶺，[3]討陳寶應。軍至建安，[4]以子隆監郡。寶應據建安之湖際以拒官軍，子隆與昭達各據一營，昭達先與賊戰，不利，亡其鼓角，子隆聞之，率兵來救，大破賊徒，盡獲昭達所亡羽儀甲仗。晉安平，[5]子隆功最，遷假節、都督武州諸軍事，[6]將軍如故。尋改封朝陽縣伯，[7]邑五百戶。廢帝即位，[8]進號智武將軍，[9]加員外散騎常侍，[10]餘如故。

[1]四年，周迪引陳寶應復出臨川：天嘉四年（563）春正月，周迪兵敗棄城，逃往陳寶應處，九月陳寶應資周迪兵糧還攻臨川，故此處云“周迪引陳寶應復出臨川”。十一月，章昭達率軍大破周迪，迪再次逃走，“散于山谷”。陳寶應，晉安候官（今福建閩侯縣）人。時爲閩州刺史，割據晉安等地。因連結留異、周迪抗陳，被章昭達、余孝頃等率軍討滅，斬於建康。本書卷三五、《南史》卷八〇有傳。

[2]章昭達：字伯通，吳興武康（今浙江德清縣）人。本書卷一一、《南史》卷六六有傳。

[3]東興嶺：在今江西黎川縣東。

[4]建安：郡名。治所在今福建建甌市。

[5]晉安：郡名。治所在今福建福州市。

[6]假節：古代大臣奉皇帝之命出行，持符節以爲憑證並示威重。南北朝軍事長官的職權分爲使持節、持節、假節三等。使持節可誅殺二千石以下官員。持節可殺無官位之人，在軍事中可誅殺二千石以下官員。假節唯軍事中得殺犯軍令者。　武州：州名。治所在今湖南常德市。梁末於郢州武陵郡置武州，後爲王琳所據，陳文帝天嘉元年（560）擊敗王琳後，以荆州之天門、義陽、南平、郢州之武陵四郡重置武州。

[7]縣伯：封爵名，爲開國縣伯有稱。食邑爲縣，南朝宗位祖九卿，班次之。陳爲九等爵第四等，第四品。秩視中二千石。

[8]廢帝：陳廢帝陳伯宗。字奉業，陳文帝嫡長子。光大二年（568）被廢爲臨海王。本書卷四、《南史》卷九有紀。

[9]智武將軍：官名。南朝梁以智武、仁武、勇武、信武、嚴武將軍代舊冠軍將軍，與智威、仁威、勇威、信威、嚴威合爲五德將軍。梁武帝天監七年（508）定爲武職二十四班中的十五班，大通三年（529）改爲武職三十四班中的二十五班。陳置爲五武將軍之一，擬四品，比秩中二千石。

[10]員外散騎常侍：官名。南朝屬集書省。南朝宋以後，多用以安置閑退官員。梁十班。陳第四品，秩二千石。

華皎據湘州反，[1]以子隆居其心腹，皎深患之，頻遣使招誘，子隆不從，皎因遣兵攻之，又不能剋。及皎敗於郢州，[2]子隆出兵以襲其後，因與王師相會。授持節、通直散騎常侍、都督武州諸軍事，[3]進爵爲侯，增邑并前七百户。尋遷都督荆信祐三州諸軍事、宣毅將軍、荆州刺史，[4]持節、常侍如故。是時荆州新置，治于公安，[5]城池未固，子隆修建城郭，綏集夷夏，[6]甚得民和，當時號爲稱職。三年，吏民詣都上表，請立碑頌美功績，詔許之。太建元年，[7]進號雲麾將軍。[8]二年卒，時年四十七。贈散騎常侍，[9]謚曰威。子之武嗣。

[1]華皎：晋陵暨陽（今江蘇江陰市東南）人。時爲湘州刺史。光大元年（567）五月，朝廷詔以吳明徹代華皎爲安南將軍、湘州刺史，華皎遂起兵反。本書卷二〇、《南史》卷六八有傳。湘州：州名。治所在今湖南長沙市。

[2]郢州：州名。治所在今湖北武漢市武昌區。陳廢帝光大元年九月，華皎聯合北周拓跋定等進攻郢州，與陳軍戰於沌口，大

敗，華皎單舸逃往江陵，蕭巋授其爲司空，封江夏郡公。

[3]通直散騎常侍：官名。西晉武帝時，使員外散騎常侍二人與散騎常侍通員當值，故名。南朝屬集書省，多以衰老之士擔任，地位漸低。梁武帝曾欲提高其地位，以比御史中丞，但終不被人所重，常爲加官。梁十一班。陳第四品，秩二千石。

[4]荆：州名。陳廢帝光大二年（568）以南平、天門、義陽三郡置荆州。治所在今湖北公安縣西北。　信：州名。梁末析益州置信州。治所不詳，或云治安蜀城，在今湖北宜昌市西北長江西陵峽口南岸。　祐：州名。臧勵龢《〈補陳疆域志〉校補》認爲，祐州係由陳文帝天嘉二年（561）所置之南荆州改置。轄原荆州之南平、宜都、羅、河東四郡，其中河東郡爲僑郡。治松滋縣，在今湖北松滋市西北長江南岸。　宣毅將軍：官名。南朝梁置。與鎮兵、翊師、宣惠將軍代舊四中郎將。梁武帝天監七年（508）定爲武職二十四班中的十七班，大通三年（529）改爲武職三十四班中的二十七班，與四中郎將並置。陳沿置，擬四品，比秩中二千石。

[5]公安：縣名。治所在今湖北公安縣西北。

[6]綏集：安撫親睦。

[7]太建：南朝陳宣帝陳頊年號（569—582）。

[8]雲麾將軍：官名。梁時與武臣、爪牙、龍騎將軍取代舊前、後、左、右將軍，爲雜號將軍。梁武帝天監七年定爲武職二十四班中的十八班。大通三年改爲武職三十四班中的二十八班。陳擬四品，比秩中二千石。

[9]散騎常侍：官名。集書省長官。職掌侍從皇帝左右，應對顧問，獻納得失。梁十二班。陳第三品，秩中二千石。

之武年十六，領其舊軍，隨吳明徹北伐有功，[1]官至王府主簿、弘農太守，[2]仍隸明徹。明徹於呂梁敗績，[3]之武逃歸，爲人所害，時年二十二。

[1]吳明徹：字通昭，秦郡（今江蘇南京市六合區西北）人。陳宣帝太建九年（577），受命北伐，十年二月，在呂梁敗於北周，與將士三萬餘人被俘。後卒於長安。本書卷九、《南史》卷六六有傳。

[2]王府主簿：官名。王府屬官，掌文書簿籍。　弘農：郡名。治所在今河南陝縣。

[3]呂梁：地名。在今江蘇徐州市銅山區東南。北齊彭城郡有呂縣，城臨泗水，泗水至呂縣積石爲梁，故號呂梁。北齊爲防備陳軍，在呂縣城東二里築三城，一在泗水南，一在水中潬上，一在泗水北。此處水流湍急，爲軍事要地。

　　子隆弟子才，亦有幹略，從子隆征討有功，除南平太守，[1]封始興縣子，[2]邑三百户。從吳明徹北伐，監安州，[3]鎮于宿預。[4]除中衛始興王諮議參軍，[5]遷飆猛將軍、信州刺史。[6]太建十三年卒，時年四十二。贈員外散騎常侍。

[1]南平：郡名。治所在今湖北公安縣西。《南史》卷六七《陸子才傳》作"始平"。

[2]始興：縣名。約在今廣東南雄市附近。中華本校勘記云："'始興'《南史》作'始康'。"

[3]安州：州名。治所在今江蘇宿遷市東南舊黃河東北岸古城。陳宣帝太建七年（575）吳明徹北伐得梁東徐州故地，當年三月改爲安州。

[4]宿預：縣名。治所在今江蘇宿遷市東南舊黃河東北岸古城。

[5]中衛：中衛將軍。梁武帝天監六年（507）置，與中軍、中權、中撫將軍合稱四中將軍。爲重號將軍，是内官專用之軍號。梁武帝天監七年（508）定爲武職二十四班中的二十三班，大通三

年（529）改爲武職三十四班中的三十三班。陳擬二品，比秩中二千石。　始興王：陳宣帝太建元年（569），封其次子陳叔陵爲始興王，奉昭烈王陳道談之祀。始興，郡名。治所在今廣東韶關市南武水西岸。　諮議參軍：官名。南朝王公軍府皆有置者，但無定員，亦不常置，職掌不定。其位甚尊，在長史、司馬之下，列曹參軍之上。梁皇弟皇子府諮議參軍九班。陳皇弟皇子府諮議參軍第五品。

[6]飆猛將軍：官名。梁武帝普通六年（525）置。與飆勇、飆烈、飆鋭、飆奇、飆決、飆起、飆略、飆勝、飆出將軍合爲十飆將軍。爲雜號將軍。大通三年（529）改爲武職三十四班中的十三班。陳擬六品，比秩千石。

錢道戢字子韜，吳興長城人也。[1]父景深，梁漢壽令。[2]

[1]吳興：郡名。治所在今浙江湖州市吳興區。　長城：縣名。治所在今浙江長興縣東。

[2]漢壽：縣名。治所在今湖南漢壽縣東北。

道戢少以孝行著聞，及長，頗有幹略，高祖微時，[1]以從妹妻焉。[2]從平盧子略於廣州，[3]除濱江令。高祖輔政，遣道戢隨世祖平張彪于會稽，以功拜直閤將軍，[4]除員外散騎常侍、假節、東徐州刺史，[5]封永安縣侯，[6]邑五百户。仍領甲卒三千，隨侯安都鎮防梁山，[7]尋領錢塘、餘杭二縣令。[8]永定三年，[9]隨世祖鎮于南皖口。[10]天嘉元年，又領剡令，[11]鎮于縣之南巖，[12]尋爲臨海太守，[13]鎮巖如故。

[1]高祖：南朝陳武帝陳霸先廟號。陳霸先，本書卷一、卷二，《南史》卷九有紀。

[2]以從妹妻焉：錢道戢從妹即吴興錢仲方之女，早卒，陳霸先稱帝後追諡其爲昭皇后。

[3]盧子略：廣州（今廣東廣州市）人，新州刺史盧子雄之弟。梁武帝大同八年（542），盧子雄與高州刺史孫冏討伐李賁，因逗留不進，被梁武帝下令賜死。盧子略遂與杜天合、杜僧明、周文育等起兵反叛，攻廣州刺史蕭映，被時任高要郡守、監西江都護陳霸先擊敗。盧子略反叛，《通鑑》繫於梁武帝大同八年，《建康實録》卷一九、《南史》卷七《梁武帝紀下》繫於大同十年（544）。
廣州：州名。治所在今廣東廣州市。

[4]直閤將軍：官名。禁衛將領。南朝宋置。統殿門及上閤屯兵，監殿内直衛，保護皇帝。梁、陳時亦統兵出征。張金龍推測，梁時當爲九班，陳時當爲第五品（參張金龍《魏晋南北朝禁衛武官制度研究》，中華書局 2004 年版，第 546—632 頁）。自“將軍”以下至“五百户”二十五字汲本並闕。

[5]東徐州：州名。治所在今江蘇宿遷市東南舊黄河東北岸古城。

[6]永安：縣名。治所在今湖北公安縣西南。《南史》卷六七《錢道戢傳》作“永嘉”。

[7]梁山：山名。即今安徽和縣南長江西岸西梁山。與東岸當塗縣博望山（東梁山）隔江對峙，合稱天門山，歷來爲江防要地。本書卷一《高祖紀上》記載，梁敬帝紹泰二年（556）“二月庚申，高祖遣侯安都、周鐵武率舸艦備江州，仍頓梁山起柵”，以防北齊背約南侵。

[8]領：以高官攝卑職。　錢塘：縣名。治所在今浙江杭州市。
餘杭：縣名。治所在今浙江杭州市餘杭區南。

[9]永定：南朝陳武帝陳霸先年號（557—559）。

[10]南皖口：皖水入長江之口，在今安徽懷寧縣東。本書卷二

《高祖紀下》記載，陳武帝永定三年六月"徵臨川王蒨往皖口置城柵，以錢道戢守焉"。

[11]剡：縣名。治所在今浙江嵊州市。

[12]南巖：地名。在今浙江新昌縣西。

[13]臨海：郡名。治所在今浙江台州市椒江區。

　　侯安都之討留異也，[1]道戢帥軍出松陽以斷其後。[2]異平，以功拜持節、通直散騎常侍、輕車將軍、都督東西二衡州諸軍事、衡州刺史，[3]領始興內史。[4]光大元年，增邑并前七百戶。[5]

[1]留異：東陽長山（今浙江金華市）人。時爲縉州刺史，割據東陽。陳文帝天嘉三年（562）春被侯安都擊敗，逃奔陳寶應，後被斬於建康。本書卷三五、《南史》卷八〇有傳。

[2]松陽：縣名。治所在今浙江松陽縣西北。

[3]輕車將軍：官名。梁以輕車、征遠、鎮朔、武旅、貞毅將軍代舊輔國將軍。梁武帝天監七年（508）定爲武職二十四班中的十四班，大通三年（529）改爲武職三十四班中的二十四班。陳擬五品，比秩千石。　東西二衡州：陳文帝天嘉元年（560），改衡州桂陽郡之汝城、晉寧二縣爲盧陽郡，又分衡州之始興、安遠二郡，合三郡置東衡州。治曲江縣，在今廣東韶關市南武水西岸。原衡州改爲西衡州，治所由曲江縣改爲含洭縣，在今廣東英德市西北浛洸鎮。

[4]內史：官名。王國行政長官，掌民政，職如郡太守。陳萬戶以上郡爲第六品，不滿萬戶郡爲第七品。

[5]光大：南朝陳廢帝陳伯宗年號（567—568）。

　　高宗即位，[1]徵歐陽紇入朝，[2]紇疑懼，乃舉兵來攻衡州，道戩與戰，却之。及都督章昭達率兵討紇，以道戩爲步軍都督，由間道斷紇之後。紇平，除左衛將軍。[3]

[1]高宗：南朝陳宣帝陳頊廟號。陳頊，本書卷五、《南史》卷一〇有紀。

[2]歐陽紇：字奉聖，長沙臨湘（今湖南長沙市）人，歐陽頠之子。歐陽頠死後，續任廣州刺史。因在嶺南勢力深厚，引起宣帝猜忌，於太建元年（569）下詔徵其入朝爲左衛將軍，歐陽紇疑懼，舉兵謀反被殺。本書卷九、《南史》卷六六有附傳。

[3]左衛將軍：官名。司馬炎爲晋王時分中衛將軍爲左、右衛將軍。南朝領營兵，負責殿內禁衛，陳時亦統兵出征，多由皇帝親信之人擔任。梁十二班。陳第三品，秩二千石。

太建二年，又隨昭達征蕭巋於江陵，[1]道戩別督衆軍與陸子隆焚青泥舟艦，[2]仍爲昭達前軍，攻安蜀城，[3]降之。以功加散騎常侍、仁武將軍，[4]增邑并前九百户。其年，遷仁威將軍、吳興太守。[5]未行，改授使持節、都督郢巴武三州諸軍事、郢州刺史。[6]王師北討，道戩與儀同黄法氍圍歷陽。[7]歷陽城平，因以道戩鎮之。以功加雲麾將軍，增邑并前一千五百户。其年十一月遘疾卒，[8]時年六十三。贈本官，謚曰肅。子邈嗣。

[1]蕭巋：字仁遠。南朝後梁明帝。後梁宣帝蕭詧之子。《周書》卷四八、《北史》卷九三有附傳。　江陵：後梁都城，在今湖北荆州市荆州區。

[2]青泥：據《北史》卷九三《蕭巋傳》"巋之八年……昭達

又寇竟陵之青泥”，可知青泥在竟陵境内。竟陵郡西鄰江陵，南朝梁時治霄城，在今湖北京山縣東南。梁末竟陵郡爲王琳所據有，王琳敗後，没於北周。本書卷一一《章昭達傳》云：“時蕭巋與周軍大蓄舟艦於青泥中。”《南史》卷六七《盧廣達傳》云：“時周圖江左，大造舟艦於蜀，并運糧青泥。”則青泥爲竟陵境内便於舟艦屯聚之處，亦爲後梁、北周軍隊的屯糧之所。《讀史方輿紀要》卷七九《湖廣五》以爲即襄陽西北之青泥河，非是。

[3]安蜀城：北周軍隊爲抵禦陳軍所築之壘，在今湖北宜昌市西北西陵峽口南岸。

[4]仁武將軍：官名。南朝梁以智武、仁武、勇武、信武、嚴武將軍代舊冠軍將軍，與智威、仁威、勇威、信威、嚴威合爲五德將軍。梁武帝天監七年（508）定爲武職二十四班中的十五班，大通三年（529）改爲武職三十四班中的二十五班。陳置爲五武將軍之一，擬四品，比秩中二千石。

[5]仁威將軍：官名。梁以仁威、智威、勇威、信威、嚴威將軍代舊征虜將軍。爲雜號將軍。梁武帝天監七年定爲武職二十四班中的十六班，大通三年改爲武職三十四班中的二十六班。陳擬四品，比秩中二千石。

[6]巴：州名。治所在今湖南岳陽市。

[7]儀同：即開府儀同三司。大臣加號，意謂與三司即太尉、司徒、司空禮制、待遇相同，許開設府署，自辟僚屬。　黄法𣰰：字仲昭，巴山新建（今江西樂安縣北）人。陳軍伐北齊時，黄法𣰰爲西路軍統帥。陳宣帝太建五年（573）四月，北齊遣兵十萬（一説“五萬”）援歷陽，被黄法𣰰擊破；五月，攻克歷陽。本書卷一一、《南史》卷六六有傳。　歷陽：梁末南豫州有歷陽郡，治歷陽縣，在今安徽和縣。黄法𣰰收復歷陽後，以此爲南豫州治所。

[8]遘疾：患病。

駱牙字旗門，[1]吴興臨安人也。[2]祖秘道，梁安成王
田曹參軍。[3]父裕，鄱陽嗣王中兵參軍事。[4]牙年十二，
宗人有善相者，云“此郎容貌非常，必將遠致”。梁太
清末，[5]世祖嘗避地臨安，牙母陵，[6]覩世祖儀表，知非
常人，賓待甚厚。及世祖爲吴興太守，引牙爲將帥，因
從平杜龕、張彪等，[7]每戰輒先鋒陷陣，[8]勇冠衆軍，以
功授直閤將軍。太平二年，[9]以母憂去職。世祖鎮會稽，
起爲山陰令。[10]永定三年，除安東府中兵參軍，[11]出鎮
冶城。[12]尋從世祖拒王琳於南皖。世祖即位，授假節、
威虜將軍、員外散騎常侍，[13]封常安縣侯，[14]邑五百户。
尋爲臨安令，遷越州刺史，[15]餘竝如故。初，牙母之卒
也，于時飢饉兵荒，至是始葬，詔贈牙母常安國太夫
人，謚曰恭。遷牙爲貞威將軍、晋陵太守。[16]

[1]駱牙：中華本校勘記云：“‘駱牙’《南史》作‘駱文牙’。”
本書卷三《世祖紀》亦作“駱文牙”。

[2]臨安：縣名。治所在今浙江臨安市北。

[3]安成王：梁武帝天監元年（502）封第七子蕭秀爲安成郡
王。普通元年（520），其子蕭機襲封安成郡王。安成，郡名。治所
在今江西安福縣。　田曹參軍：官名。王公軍府田曹長官。爲行參
軍。梁皇弟皇子府田曹參軍，三班。嗣王府田曹參軍，二班。

[4]鄱陽嗣王：蕭範，梁武帝弟蕭恢之子，嗣父爵爲鄱陽王。
《梁書》卷二二、《南史》卷五二有傳。鄱陽，郡名。治所在今江
西鄱陽縣。

[5]太清：南朝梁武帝蕭衍年號（547—549）。

[6]牙母陵：中華本校勘記云：“‘陵’殿本作‘陳’。《考證》
云：‘“陳”各本俱誤“陵”，今從《南史》。’”

　　[7]杜龕：京兆杜陵（今陝西西安市）人。王僧辯部將、女婿。公元555年六月，杜龕爲震州刺史，鎮吳興。王僧辯被殺後，他以吳興舉兵反抗，被殺。《梁書》卷四六、《南史》卷六四有附傳。

　　[8]輒先鋒陷陣：底本無“輒”字，中華本校勘記云：“‘輒’字原本缺，據各本補。”今從補。

　　[9]太平：南朝梁敬帝蕭方智年號（556—557）。

　　[10]山陰：縣名。治所在今浙江紹興市。

　　[11]安東：即安東將軍。梁、陳時安東、安西、安南、安北將軍與安前、安後、安左、安右將軍合稱八安將軍。爲重號將軍，是外官專用之軍號。梁武帝天監七年（508）定爲武職二十四班中的二十一班，大通三年（529）改爲武職三十四班中的三十一班。陳擬三品，比秩中二千石。陳武帝即位後，以陳蒨爲安東將軍。

　　[12]冶城：即冶亭。在今江蘇南京市朝天宮一帶。相傳爲三國吳（一說春秋吳國）冶鑄處。六朝時爲拱衛建康的重要城堡。

　　[13]威虜將軍：官名。梁武帝天監七年定爲武職二十四班中的三班，大通三年改爲武職三十四班中的八班。

　　[14]常安：中華本校勘記云：“按‘常安’當從《南史》作‘臨安’。下‘常安國’亦當從《南史》作‘臨安國’。”

　　[15]越州：州名。治所在今廣西合浦縣東北舊州。

　　[16]貞威將軍：官名。梁武帝天監七年定爲武職二十四班中的八班，大通三年改爲武職三十四班中的十班。陳擬七品，比秩六百石。　晉陵：郡名。治所在今江蘇常州市。

　　三年，以平周迪之功，遷冠軍將軍、臨川内史。[1]太建三年，授安遠將軍、衡陽内史，[2]未拜，徙爲桂陽太守。[3]八年，還朝，遷散騎常侍，入直殿省。十年，授豐州刺史，[4]餘並如故。至德二年卒，[5]時年五十七。

贈安遠將軍、廣州刺史。[6]子義嗣。

[1]冠軍將軍：官名。梁武帝天監七年（508）罷，設五武將軍代之。普通六年（525）復置，與武臣將軍同班。爲武職三十四班中的二十八班。陳擬四品，比秩中二千石。　臨川内史：天嘉四年（563）十二月陳朝廷爲討伐陳寶應所下的尚書符中稱駱牙爲臨川太守，本書卷三《世祖紀》、卷三五《周迪傳》載，天嘉六年（565）駱牙誘斬周迪時的官職亦爲臨川太守。錢大昕已指出，“内史”“太守”二名往往混淆，史家亦互稱之，此即一例。

[2]安遠將軍：官名。梁武帝天監七年定爲專施於外國的將軍號，爲二十四班中的十九班。大通三年（529）以此代貞武將軍，與寧遠將軍同班，爲武職三十四班中的二十三班。陳沿置，擬五品。　衡陽：郡名。治所在今湖南株洲市西南。

[3]桂陽：郡名。治所在今湖南郴州市。

[4]豐州：州名。治所在今福建福州市。

[5]至德：南朝陳後主陳叔寶年號（583—586）。

[6]廣州：州名。治所在今廣東廣州市。

史臣曰：陸子隆、錢道戢，或舉門願從，或舊齒樹勳，有統領之才，充師旅之寄。至於受任藩屏，功績竝著，美矣！駱牙識真有奉，知世祖天授之德，蓋張良之亞歟？[1]牙母智深先覺，符柏谷之禮，[2]君子知鑒識弘遠，其在兹乎！

[1]張良：字子房，城父（今安徽亳州市）人。本爲韓貴族。秦末大亂，張良本欲投奔景駒，及見劉邦，云：“沛公殆天授。”遂從之，爲劉邦奪取天下立下大功。《史記》卷五五、《漢書》卷

四〇有傳。

　[2]柏谷：即今河南靈寶市西南朱陽鎮。《漢武故事》記載，漢武帝一行曾微服至此，被旅店主人誤認爲盜賊，欲率衆擒拿。旅店主人的妻子看出漢武帝並非常人，她灌醉了丈夫和前來擒拿的人，盛情款待漢武帝一行，後來受到漢武帝的賞賜。

陳書　卷二三

列傳第十七

沈君理 <small>叔邁 弟君高</small>　王瑒 <small>弟瑜</small>　陸繕 <small>兄子見賢</small>

　　沈君理字仲倫，吳興人也。[1] 祖僧畟，[2] 梁左民尚書。[3] 父巡，[4] 素與高祖相善，[5] 梁太清中爲東陽太守。[6] 侯景平後，[7] 元帝徵爲少府卿。[8] 荆州陷，[9] 蕭詧署金紫光禄大夫。[10]

[1] 吳興：郡名。治所在今浙江湖州市吳興區。

[2] 僧畟：據《南史》卷三九《劉孝綽傳》，沈僧畟曾任梁太府卿。《梁書》卷三三《劉孝綽傳》作“沈僧杲”。

[3] 左民尚書：官名。尚書省列曹尚書之一，南朝宋、齊領左民、駕部二曹。掌土木工程及户籍等。梁十三班。陳第三品，秩中二千石。《南史》卷六八本傳作“左户尚書”，係避唐太宗李世民諱改。

[4] 巡：沈巡。侯景之亂時，沈巡爲東陽太守，曾率留異等援救京城。

[5] 高祖：南朝陳武帝陳霸先廟號。陳霸先，本書卷一、卷二，

《南史》卷九有紀。

[6]太清：南朝梁武帝蕭衍年號（547—549）。　東陽：郡名。治所在今浙江金華市。

[7]侯景：字萬景。原爲東魏大將，後叛至南朝梁，在梁發動叛亂，史稱"侯景之亂"。《梁書》卷五六、《南史》卷八〇有傳。

[8]元帝：南朝梁皇帝蕭繹諡號。《梁書》卷五、《南史》卷八有紀。　少府卿：官名。梁十二卿之一，職掌宮廷手工業及冶鑄、磚木、庫藏等事務。十一班。陳第三品，秩中二千石。

[9]荆州：州名。治所在今湖北荆州市荆州區。梁元帝承聖三年（554）九月，西魏遣柱國大將軍于謹等率五萬軍隊進犯荆州，十一月，破江陵城，梁元帝被處死。

[10]蕭詧：字理孫，梁昭明太子蕭統之子。江陵城破，他被西魏立爲梁主，居於江陵東城，成爲西魏附庸，史稱西梁、後梁。《周書》卷四八、《北史》卷九三有傳。　署：委任。　金紫光禄大夫：官名。晋初有光禄大夫，授銀章青綬。如加賜金章紫綬，則爲金紫光禄大夫，諸所賜給皆與特進同。其以爲加官者，唯假章綬、禄賜、班位，不別給車服吏卒。梁十四班。陳第三品，秩中二千石。

君理美風儀，博涉經史，有識鑒。起家湘東王法曹參軍。[1]高祖鎮南徐州，[2]巡遣君理自東陽謁于高祖，高祖器之，命尚會稽長公主，[3]辟爲府西曹掾。[4]稍遷中衛豫章王從事中郎，[5]尋加明威將軍，[6]兼尚書吏部侍郎。[7]遷給事黄門侍郎，[8]監吳郡。[9]高祖受禪，拜駙馬都尉，[10]封永安亭侯。[11]出爲吳郡太守。是時兵革未寧，百姓荒弊，軍國之用，咸資東境，君理招集士卒，修治器械，民下悦附，深以幹理見稱。

[1]湘東王：梁武帝天監十三年（514）封蕭繹爲湘東王。湘東，郡名。治所在今湖南衡陽市。　法曹參軍：官名。王公將軍府法曹長官，掌府内刑獄律令。多爲行參軍，是無俸禄的散官。梁皇弟、皇子府法曹參軍，三班；嗣王府法曹參軍，二班。

[2]南徐州：州名。治所在今江蘇鎮江市。公元 552 年四月侯景之亂平定後，陳霸先一直鎮守京口，直至公元 555 年九月襲殺王僧辯，時間長達三年五個月。

[3]尚："當"的假借字。匹配。後成爲娶公主爲妻的專稱。會稽長公主：陳霸先的女兒，生陳後主皇后沈婺華。謚曰穆。會稽，郡名。治所在今浙江紹興市。

[4]辟：公卿州郡府長官聘人爲自己的屬官、幕僚。　西曹掾：官名。公府西曹長官。掌選舉、督課府内官員。

[5]中衛：中衛將軍。梁武帝天監六年（507）置，與中軍、中權、中撫將軍合稱四中將軍。爲重號將軍，是内官專用之軍號。梁武帝天監七年（508）定爲武職二十四班中的二十三班，大通三年（529）改爲武職三十四班中的三十三班。陳擬二品，比秩中二千石。　豫章：郡名。治所在今江西南昌市。　從事中郎：官名。王公軍府屬官，職參謀議。梁皇弟皇子公府從事中郎，九班，嗣王庶姓公府從事中郎，八班。陳皇弟皇子公府從事中郎，第五品，秩六百石；嗣王庶姓公府從事中郎，第六品，秩六百石。

[6]明威將軍：官名。梁以寧遠、明威、振遠、電耀、威耀將軍代舊寧朔將軍。爲雜號將軍。梁武帝天監七年定爲武職二十四班中的十三班，大通三年將軍號移入輕車將軍班，爲武職三十四班中的二十四班。陳擬五品，比秩千石。另梁、陳十明將軍中亦有此號。陳擬六品，比秩千石。

[7]尚書吏部侍郎：官名。尚書省吏部曹長官。屬吏部尚書，掌官吏銓選、任免事宜。位在諸曹郎之上。梁、陳制度，郎中在職勤能滿二歲者，轉侍郎。梁十一班。陳第四品，秩六百石。

[8]給事黄門侍郎：官名。門下省次官。與侍中俱掌門下衆事，

侍從左右，顧問應對，出入禁中，職任顯要。梁十班。陳第四品，秩二千石。

[9]監：以他官監理某地政事。　吳郡：郡名。治所在今江蘇蘇州市。

[10]駙馬都尉：官名。南朝隸集書省，無定員，無實職，尚公主者多加此號。至梁、陳專加尚公主者。陳第七品，秩六百石。

[11]亭侯：封爵名，陳九等爵之第八等，第八品，秩視千石。北監本作"定侯"，誤。

　　世祖嗣位，[1]徵爲侍中，[2]遷守左民尚書，[3]未拜，[4]爲明威將軍、丹陽尹。[5]天嘉三年，[6]重授左民尚書，領步兵校尉，[7]尋改前軍將軍。[8]四年，侯安都徙鎮江州，[9]以本官監南徐州。六年，出爲仁威將軍、東陽太守。[10]天康元年，[11]以父憂去職。君理因自請往荊州迎喪柩，朝議以在位重臣，難令出境，乃遣長兄君嚴往焉。及還，將葬，詔贈巡侍中、領軍將軍，[12]諡曰敬子。[13]其年起君理爲信威將軍、左衛將軍。[14]又起爲持節、都督東衡衡二州諸軍事、仁威將軍、東衡州刺史，[15]領始興內史。[16]又起爲明威將軍、中書令。[17]前後奪情者三，竝不就。

[1]世祖：南朝陳文帝陳蒨廟號。陳蒨，本書卷三、《南史》卷九有紀。

[2]侍中：官名。南朝爲門下省長官。職掌奏事，侍奉皇帝左右，應對顧問等，是中樞重職。梁十二班。陳第三品，秩中二千石。

[3]守：暫攝、代理。

　　[4]拜：通過正式儀式授予官職。古代授官時，受職者要跪拜謝恩，故稱。

　　[5]丹陽尹：官名。京師所在丹陽郡長官。陳第五品，秩中二千石。丹陽，郡名。治所在今江蘇南京市。

　　[6]天嘉：南朝陳文帝陳蒨年號（560—566）。　三年：本書卷三《世祖紀》記載，天嘉二年九月景辰以丹陽尹沈君理爲左民尚書，領步兵校尉，時間與本卷不同。

　　[7]領：於本官之外以高官攝卑職。　步兵校尉：官名。與屯騎、射聲、越騎、長水校尉合爲禁軍五校尉。掌侍衛。南朝不領營兵，隸領軍將軍，多用以安置勳舊。梁七班。陳第六品，秩千石。

　　[8]前軍將軍：官名。與左軍、右軍、後軍合稱四軍將軍，掌宮廷宿衛。陳第五品，秩千石。

　　[9]侯安都：字成師，始興曲江（今廣東韶關市南武水西岸）人。本書卷八、《南史》卷六六有傳。　江州：州名。治所在今江西九江市。按，侯安都原爲南徐州刺史。陳文帝慮其不受制，乃於天嘉四年（563）春，以侯安都爲征南大將軍、江州刺史，從京口召入京師後賜死。

　　[10]仁威將軍：官名。梁以仁威、智威、勇威、信威、嚴威將軍代舊征虜將軍。爲雜號將軍。梁武帝天監七年（508）定爲武職二十四班中的十六班，大通三年（529）改爲武職三十四班中的二十六班。陳擬四品，比秩中二千石。

　　[11]天康：南朝陳文帝陳蒨年號（566）。

　　[12]領軍將軍：官名。禁衛軍最高統帥，掌宮城內的禁衛，不單獨領營兵。梁十五班。陳第三品，秩中二千石。

　　[13]敬子：趙翼《陔餘叢考》卷一六《兩漢六朝諡法》云："漢以來，諡法皆與其官爵并稱，大者則曰某王，次曰某侯，蓋猶春秋戰國之遺法也。其時凡賜諡者，本皆列侯，故皆云某侯而未有稱伯、子、男者。六朝時則又按其官位之大小而分別王、公、侯、伯、子，如王琳諡忠武王，劉秀之諡忠成公……沈君理（今注按：

當爲‘沈巡’）謚敬子，沈君高謚祁子，陸繕謚安子……凡謚皆連爵并稱，非如後世但賜某謚也。”依此，則此處的“子”當爲沈巡的爵位。由前可知，沈君理在陳高祖時便受封永安亭侯，而沈巡長期在後梁任職，未見有獲封子爵的記載，子或是卒後贈爵。

[14]信威將軍：官名。梁以仁威、智威、勇威、信威、嚴威將軍代舊征虜將軍。梁武帝天監七年定爲武職二十四班中的十六班，大通三年改爲武職三十四班中的二十六班。陳擬四品，比秩中二千石。　左衛將軍：官名。司馬炎爲晉王時分中衛將軍爲左、右衛將軍。南朝領營兵，負責殿內禁衛，陳時亦統兵出征，多由皇帝親信之人擔任。梁十二班。陳第三品，秩二千石。

[15]持節：古代大臣奉皇帝之命出行，持符節以爲憑證並示威重。南北朝軍事長官的職權分爲使持節、持節、假節三等。使持節可誅殺二千石以下官員。持節可殺無官位之人，在軍事中可誅殺二千石以下官員。假節唯軍事中得殺犯軍令者。　東衡州：州名。陳文帝天嘉元年（560），改衡州桂陽郡之汝城、晉寧二縣爲盧陽郡，又分衡州之始興、安遠二郡，合三郡置東衡州。治所在今廣東韶關市南武水西岸。　衡州：州名。陳文帝天嘉元年，原衡州析出東衡州後，改爲西衡州，轄陽山、梁樂、桂陽、齊樂、臨賀等郡。治所在今廣東英德市西北洺洸鎮。

[16]始興：郡名。治所在今廣東韶關市南武水西岸。　內史：官名。王國行政長官，掌民政，職如郡太守。陳萬戶以上郡爲第六品，不滿萬戶郡爲第七品。

[17]中書令：官名。中書省長官。南朝中書省掌納奏、擬詔、出令，然權歸中書舍人，監、令多用作重臣加官。中書令位次略低於中書監。梁十三班。陳第三品，秩中二千石。

　　太建元年，[1]服闋，除太子詹事，[2]行東宮事，遷吏部尚書。[3]二年，[4]高宗以君理女爲皇太子妃，[5]賜爵望

蔡縣侯，[6]邑五百户。四年，加侍中。五年，遷尚書右
僕射，[7]領吏部，侍中如故。其年有疾，輿駕親臨視，
九月卒，時年四十九。詔贈侍中、太子少傅。[8]喪事所
須，隨由資給。重贈翊左將軍、開府儀同三司，[9]侍中
如故。謚曰貞憲。君理子遵儉早卒，以弟君高子遵禮
爲嗣。

[1]太建：南朝陳宣帝陳頊年號（569—582）。

[2]除：拜官授職，意謂除去舊官，另就新任。　太子詹事：
官名。總理東宮事務，或參議大政，職位顯重。梁十四班。陳第三
品，秩中二千石。

[3]吏部尚書：官名。尚書省列曹尚書之首。南朝宋、齊領吏
部、删定、三公、比部四曹。梁、陳沿置。掌官吏銓選、任免等，
職任隆重。梁十四班。陳第三品，秩中二千石。

[4]二年：本書卷五《宣帝紀》記載，君理女爲皇太子妃在太
建元年（569）秋七月辛卯，應是。《建康實録》卷二〇、本書卷
七《後主沈皇后傳》云在太建三年，亦訛。

[5]高宗：南朝陳宣帝陳頊廟號。陳頊，本書卷五、《南史》
卷一〇有紀。　君理女：即沈君理與會稽長公主之女沈婺華，後爲
陳後主皇后。本書卷七有傳。　皇太子：即陳頊嫡長子陳叔寶。

[6]望蔡：縣名。屬豫章郡，治所在今江西上高縣。　縣侯：
封爵名。爲開國縣侯之省稱，食邑爲縣。陳置爲九等爵第三等，第
三品，秩視中二千石。

[7]尚書右僕射：官名。尚書令副佐，並與尚書分領諸曹。與
祠部尚書通職，不並置，位在尚書左僕射下。員一人。梁十五班。
陳第二品，秩中二千石。

[8]太子少傅：官名。南朝太子二傅之一，位在太子太傅下，
掌教導、輔翼太子。其時已成榮銜、虛職，多授予兼具民望與朝望

的高門士族。梁十五班。陳第二品，秩中二千石。

　[9]翊左將軍：官名。南朝梁置。與翊右、翊前、翊後將軍合爲四翊將軍。爲重號將軍，是内官專用之軍號。梁武帝天監七年（508）定爲武職二十四班中的二十班，與四平將軍同班。大通三年（529）改爲武職三十四班中的三十班。陳擬三品，比秩中二千石。

　開府儀同三司：大臣加號。意謂與三司即太尉、司徒、司空禮制、待遇相同，許開設府署，自辟僚屬。

　　君理第五叔邁，[1]亦方正有幹局，仕梁爲尚書金部郎。[2]永定中，[3]累遷中書侍郎。[4]天嘉中，歷太僕、廷尉，[5]出爲鎮東始興王長史、會稽郡丞，[6]行東揚州事。[7]光大元年，[8]除尚書吏部郎。太建元年，遷爲通直散騎常侍，[9]侍東宮。二年卒，時年五十二。贈散騎常侍。[10]

　[1]君理第五叔邁：《南史》卷六八作“君理弟叔邁”，中華本《南史》據《陳書》改，校勘記云：“按君理兄君嚴，弟君高、君公，並以君字爲名。君理父名巡，叔名邁，字並從辵。”

　[2]尚書金部郎：官名。尚書省金部曹長官。掌庫藏、金寶、貨物、權衡、度量等事。梁五班。若由郎中轉爲侍郎，則爲六班。陳第四品，秩六百石。

　[3]永定：南朝陳武帝陳霸先年號（557—559）。

　[4]中書侍郎：官名。中書省屬官，掌詔誥。南朝擬詔出令之職仍歸中書省，但事權歸中書舍人，侍郎職閑官清，成爲起家官。如缺監、令，或亦主持中書省務。梁、陳均設四員。梁九班。陳第四品，秩千石。

　[5]太僕：官名。掌皇室車馬及畜牧等事。梁十班。陳第三品，秩中二千石。　廷尉：官名。掌刑獄。屬官有正、監、平等。梁十

一班。陳第三品，秩中二千石。

[6]鎮東：鎮東將軍。與鎮南、鎮西、鎮北將軍合稱四鎮將軍爲重號將軍，是外官專用之軍號。梁武帝天監七年（508）定爲武職二十四班中的二十二班，大通三年（529）改爲武職三十四班中的三十二班。陳擬二品，比秩中二千石。　始興王：陳文帝於永定三年（559）封其子陳伯茂爲始興王。　長史：官名。王公軍府屬官，掌本府官吏。陳皇弟皇子府長史，第五品。　郡丞：官名。郡守副貳，佐郡守掌衆事。梁十班。陳制，萬户郡丞第七品，萬户以下郡丞第八品，秩皆六百石。

[7]行東揚州事：代行東揚州政事。南朝諸王有年少即出鎮開府，常以長史代行政事。東揚州，州名。治所在今浙江紹興市。梁置東揚州，陳初省，陳文帝天嘉三年（562）六月，以會稽、東陽、臨海、永嘉、新安、新寧、晉安、建安八郡置東揚州，以陳伯茂爲東揚州刺史，陳伯茂年幼，故以邁行東揚州事。

[8]光大：南朝陳廢帝陳伯宗年號（567—568）。

[9]通直散騎常侍：官名。西晉武帝時，使員外散騎常侍二人與散騎常侍通員當值，故名。南朝屬集書省，多以衰老之士擔任，地位漸低。梁武帝曾欲提高其地位，以比御史中丞，但終不被人所重，常爲加官。梁十一班。陳第四品，秩二千石。

[10]散騎常侍：官名。集書省長官。職掌侍從皇帝左右，應對顧問，獻納得失。梁十二班。陳第三品，秩中二千石。

君理第六弟君高，字季高，少知名，性剛直，有吏能。以家門外戚，早居清顯，歷太子舍人、洗馬、中舍人、高宗司空府從事中郎、廷尉卿。[1]太建元年，東境大水，百姓飢弊，乃以君高爲貞威將軍、吳令。[2]尋除太子中庶子、尚書吏部郎、衛尉卿。[3]出爲宣遠將軍、平南長沙王長史、南海太守，[4]行廣州事。[5]以女爲王妃，固辭不行，復爲衛尉卿。八年，詔授持節、都督交廣等十八州諸軍事、寧遠將軍、平越中郎將、廣州刺史。[6]嶺南俚、獠世相攻伐，君高本文吏，無武幹，推心撫御，甚得民和。十年，卒于官，時年四十七。贈散騎常侍，謚曰祁子。

[1]太子舍人：官名。晋時爲中書、散騎機構副長官，掌文章書記。梁、陳沿置。員十六人。梁三班。陳第七品，秩二百石。洗馬：太子洗馬。南朝梁、陳時爲典經局長官，隸太子詹事。掌圖籍經書及侍從，員八人。梁六班。陳第六品，秩六百石。　中舍人：官名。晋時爲東宫門下坊副長官，掌文翰及侍從。梁、陳沿置。員四人。梁八班。陳第五品，秩六百石。　司空：官名。與太尉、司徒並爲三公。掌水土事，郊祀掌掃除，陳樂器，大喪掌將校覆土。魏晋南北朝爲名譽宰相，多爲大臣加官，無實際職掌。梁十八班。陳第一品，秩萬石。陳頊於陳文帝天嘉六年（565）四月任司空，於陳廢帝天康元年（566）五月進位司徒。　廷尉卿：官名。梁武帝天監七年（508）置十二卿。以廷尉爲廷尉卿，掌刑獄。梁十一班。陳第三品，秩中二千石。

[2]貞威將軍：官名。梁武帝天監七年定爲武職二十四班中的八班，大通三年（529）改爲武職三十四班中的十班。陳擬七品，比秩六百石。　吳：縣名。治所在今江蘇蘇州市。

[3]太子中庶子：官名。晋時爲東宫門下坊長官，掌侍從太子左右，儐相威儀，盡規獻納，典綜奏事文書等。梁、陳沿置。員四人。梁十一班。陳第四品，秩二千石。　衛尉卿：官名。梁、陳位列十二卿，掌宫門宿衛屯兵，巡行宫外，糾察不法，管理武庫，領武庫、公車司馬令。梁十二班。陳第三品，秩中二千石。

[4]宣遠將軍：官名。梁武帝大通三年以此職代明烈將軍。爲武職三十四班中的二十三班。陳擬五品，比秩千石。　平南：平南

將軍。與平東、平西、平北將軍合爲四平將軍。爲重號將軍，是外官專用之軍號。梁武帝天監七年定爲武職二十四班中的二十班，大通三年改爲武職三十四班中的三十班。陳擬三品，比秩中二千石。

長沙王：陳宣帝太建元年（569）封其四子陳叔堅爲長沙王。長沙，郡名。治所在今湖南長沙市。　南海：郡名。治所在今廣東廣州市。

[5]廣州：州名。治所在今廣東廣州市。

[6]都督交廣等十八州諸軍事：底本“廣”上無“交”字，南監本、北監本、汲本、殿本有，今據補。交州，治所在今越南北寧省仙游縣東。　寧遠將軍：官名。梁以寧遠、明威、振遠、電耀、威耀將軍代舊寧朔將軍。梁武帝天監七年定爲武職二十四班中的十三班，大通三年改爲武職三十四班中的二十三班。陳擬五品，比秩千石。　平越中郎將：官名。西晉武帝置，東晉、南朝沿置。主管南越事務。設府置僚佐，治廣州，多兼任廣州刺史。南朝陳擬六品，比秩千石。

　　王瑒字子瑒，[1]司空沖之第十二子也。[2]沈静有器局，美風儀，舉止醞藉。梁大同中，[3]起家秘書郎，[4]遷太子洗馬。元帝承制，徵爲中書侍郎，直殿省，仍掌相府管記。出爲東宮内史，[5]遷太子中庶子。丁所生母憂，歸于丹陽。江陵陷，梁敬帝承制，[6]除仁威將軍、尚書吏部郎中。貞陽侯僭位，[7]以敬帝爲太子，授瑒散騎常侍，侍東宮。尋遷長兼侍中。[8]

　　[1]王瑒字子瑒：中華本校勘記云：“‘子瑒’《南史》作‘子瑛’。”

　　[2]沖：王沖。字長深，琅邪臨沂（今山東臨沂市）人。卒後

贈侍中、司空。本書卷一七有傳，《南史》卷二一有附傳。

　　[3]大同：南朝梁武帝蕭衍年號（535—546）。

　　[4]秘書郎：官名。秘書省屬官。佐秘書監、丞掌國之典籍圖書。宋、齊以來，爲甲族起家之選。員四人。梁二班。陳第七品，秩四百石。

　　[5]東宮内史：中華本校勘記云：“張森楷校勘記云：‘東宮無内史，“宮”字疑訛。’”

　　[6]梁敬帝：南朝梁皇帝蕭方智諡號。江陵城被西魏攻陷後，王僧辯與陳霸先請梁元帝第九子、晋安王蕭方智以太宰承制，將其迎至建康。《梁書》卷六、《南史》卷八有紀。

　　[7]貞陽侯：即蕭淵明。梁武帝侄子，因北伐失敗而被東魏所俘。西魏攻破江陵後，北齊送蕭淵明至建康，王僧辯等立其爲帝。貞陽，縣名。治所在今廣東英德市東翁水北。

　　[8]長兼侍中：底本作“長史兼侍中”，中華本校勘記云：“張森楷校勘記云：‘“史”字衍，應作“長兼侍中”。’今據刪。按，晋、宋以來，三公、儀同三司及都督軍事者，俱有長史。長史之名雖同，而品秩輕重各別。諸列傳除長史者必繫本府名，未有單稱長史者。長兼之名，自晋已有之。此傳‘長’下多一‘史’字，當由後人轉寫相涉而誤。説詳錢大昕《廿二史考異》卷三六《南史·王儉傳》條。”長兼，未正式授職。

　　高祖入輔，以爲司徒左長史。[1]永定元年，遷守五兵尚書。[2]世祖嗣位，授散騎常侍，領太子庶子，[3]侍東宮。遷領左驍騎將軍、太子中庶子，[4]常侍、侍中如故。瑒爲侍中六載，父沖嘗爲瑒辭領中庶子，世祖顧謂沖曰：“所以久留瑒於承華，[5]政欲使太子微有瑒風法耳。”廢帝嗣位，[6]以侍中領左驍騎將軍。光大元年，以父憂去職。

[1]司徒左長史：官名。司徒府屬官，佐司徒掌官吏事。位在右長史上。梁十二班。陳第四品，秩千石。

[2]五兵尚書：官名。尚書省列曹尚書之一。三國時曹魏置，領中兵、外兵、騎兵、別兵、都兵五郎曹。南朝梁、陳領中兵、外兵、騎兵三曹。梁十三班。陳第三品，秩中二千石。

[3]太子庶子：官名。晋時爲東宫中書、散騎機構長官，掌文書。南齊後其職權漸被内典書通事舍人侵奪。僅侍從左右，獻納得失。員四人。梁九班。陳第五品，秩六百石。

[4]左驍騎將軍：官名。南朝梁武帝天監六年（507）置，掌管宿衛事務，領朱衣直閤，並給儀從。多由侍中、散騎常侍等文職清官兼領。天監七年（508）定爲十一班。陳第四品，秩二千石。

[5]承華：承華門爲西晉時東宫正門或中門，東晉沿西晉制，稱東宫正門爲承華門。南朝相沿以承華代指東宫及太子。

[6]廢帝：南朝陳廢帝陳伯宗。字奉業，陳文帝嫡長子。光大二年（568）被廢爲臨海郡王。本書卷四、《南史》卷九有紀。

高宗即位，太建元年，復除侍中，領左驍騎將軍。遷度支尚書，[1]領羽林監。[2]出爲信威將軍、雲麾始興王長史，[3]行州府事。未行，遷中書令，尋加散騎常侍，除吏部尚書，常侍如故。瑒性寬和，及居選職，務在清静，謹守文案，無所抑揚。尋授尚書右僕射，未拜，加侍中，遷左僕射，[4]參掌選事，侍中如故。瑒兄弟三十餘人，居家篤睦，每歲時饋遺，遍及近親，敦誘諸弟，並稟其規訓。太建八年卒，[5]時年五十四。贈侍中、特進、護軍將軍。喪事隨所資給。[6]謚曰光子。

[1]度支尚書：官名。尚書省列曹尚書之一，掌管全國貢税租

賦的統計、調撥、支出等事。梁十三班。陳第三品，秩中二千石。

[2]羽林監：官名。禁衛軍將領之一，與虎賁中郎將、冗從僕射合稱禁軍三將，掌宿衛送從。梁五班。陳第七品，秩六百石。

[3]雲麾：雲麾將軍。梁時與武臣、爪牙、龍騎將軍取代舊前、後、左、右將軍，爲雜號將軍。梁武帝天監七年（508）定爲武職二十四班中的十八班。大通三年（529）改爲武職三十四班中的二十八班。陳擬四品，比秩中二千石。

[4]左僕射：官名。尚書令副佐，主持尚書省庶務，並領殿中、主客二曹。位在右僕射之上。員一人。梁十五班。陳第二品，秩中二千石。

[5]太建八年卒：八，底本作“六”，中華本校勘記云：“按《宣帝紀》太建八年五月，書‘尚書左僕射王瑒卒’，是知‘六’爲‘八’字之訛，今據改。”今從改。

[6]特進：加官名號。多用以安置閑退大臣或追贈勳戚。梁十五班。陳第二品，秩中二千石，位從三公。 護軍將軍：官名。主掌京城防衛，權任頗重。資輕者爲中護軍，資重者爲護軍將軍。梁十五班。陳第三品，秩中二千石。

　　瑒第十三弟瑜，字子珪，亦知名，美容儀，早歷清顯，年三十，[1]官至侍中。永定元年，使於齊，以陳郡袁憲爲副，[2]齊以王琳之故，[3]執而囚之。齊文宣帝每行，[4]載死囚以從，齊人呼曰“供御囚”，每有他怒，則召殺之，以快其意。瑜及憲竝危殆者數矣，齊僕射楊遵彥憫其無辜，[5]每救護之。天嘉二年還朝，詔復侍中，頃之卒，時年四十。贈本官，諡曰貞子。

　　[1]年三十：三，底本作“五”，中華本校勘記云：“據《南

史》改。按下文言瑜卒時年四十，明‘五’爲‘三’字之訛。”今
從改。

[2]陳郡：郡名。治所在今河南淮陽縣。　袁憲：字德章，陳
郡陽夏（今河南太康縣）人。本書卷二四有傳，《南史》卷二六有
附傳。

[3]王琳：字子珩，會稽山陰（今浙江紹興市）人。原爲梁元
帝大將。江陵陷落後，他盤踞湘、郢諸州，奉梁元帝之孫蕭莊爲梁
主。公元557年十月王琳軍敗陳軍於沌口，對下游陳政權構成巨大
威脅。陳文帝天嘉元年（560）王琳在蕪湖之役中被侯瑱擊敗，逃
奔北齊。《北齊書》卷三二、《南史》卷六四有傳。

[4]齊文宣帝：北齊皇帝高洋諡號。《北齊書》卷四、《北史》
卷七有紀。

[5]僕射：官名。即尚書左僕射。北齊從二品。　楊遵彥：楊
愔，字遵彥，弘農華陰（今陝西華陰市東南）人。北齊文宣帝天保
八年（557）三月，由尚書右僕射轉任尚書左僕射。《北齊書》卷
三四有傳，《北史》卷四一有附傳。

陸繕字士繻，[1]吳郡吳人也。祖惠曉，[2]齊太常
卿。[3]父任，[4]梁御史中丞。[5]

[1]士繻：《南史》卷四八《陸繕傳》作“士儒”。

[2]惠曉：陸惠曉。《南齊書》作“陸慧曉”。字叔明，吳郡吳
（今江蘇蘇州市）人。卒後贈太常。《南齊書》卷四六、《南史》卷
四八有傳。

[3]太常卿：官名。太常的尊稱。諸卿之一，掌禮樂、祀祠、
文教。南齊三品。

[4]任：底本作“倕”，中華本校勘記云：“據北監本、殿本及
《南史》、《元龜》七五四改。《南史》云陸繕爲陸倕兄子，則任乃

俚之兄。"今從改。

[5]御史中丞：官名。御史臺長官，掌督察百官，糾彈不法。員一人。梁武帝天監七年（508）定爲十一班。陳第三品，秩二千石。

　　繕幼有志尚，以雅正知名。起家梁宣惠武陵王法曹參軍。[1]承聖中，[2]授中書侍郎，掌東宮管記。江陵陷，繕微服遁還京師。紹泰元年，[3]除司徒右長史，[4]御史中丞，以父任所終，固辭不就。高祖引繕爲司徒司馬，[5]遷給事黃門侍郎、領步兵校尉、通直散騎常侍，兼侍中。永定元年，遷侍中。時留異擁割東陽，[6]新安人向文政與異連結，[7]因據本郡，朝廷以繕爲貞威將軍、新安太守。

　　[1]宣惠：宣惠將軍。南朝梁置。與鎮兵、翊師、宣毅將軍代舊四中郎將。爲雜號將軍。梁武帝天監七年（508）定爲武職二十四班中的十七班，大通三年（529）改爲武職三十四班中的二十七班，與四中郎將並置。陳沿置，擬四品，比秩中二千石。　武陵王：梁武帝天監十三年（514），封其第八子蕭紀爲武陵郡王。武陵，郡名。治所在今湖南常德市。

　　[2]承聖：南朝梁元帝蕭繹年號（552—555）。

　　[3]紹泰：南朝梁敬帝蕭方智年號（555—556）。

　　[4]司徒右長史：官名。司徒府屬官，佐司徒總理府事。位在司徒左長史下。梁十班。陳第四品，秩千石。

　　[5]司徒司馬：官名。司徒府屬官，掌本府武官。梁十班。陳第六品。

　　[6]留異：東陽長山（今浙江金華市）人。時爲縉州刺史，割

據東陽。陳文帝天嘉三年（562）春被侯安都擊敗，逃奔陳寶應，後被斬於建康。本書卷三五、《南史》卷八〇有傳。　東陽：郡名。治所在今浙江金華市。

　　[7]新安：郡名。治所在今浙江淳安市西北。　向文政：留異黨羽，占據新安。程文季率精甲三百大破其兄子向瓚，向文政乃降。

　　世祖嗣位，徵爲太子中庶子，領步兵校尉，掌東宮管記。繕儀表端麗，進退閑雅，世祖使太子諸王咸取則焉。其趨步蹕履，皆令習繕規矩。除尚書吏部郎中，步兵如故，仍侍東宮。陳寶應平後，[1]出爲貞毅將軍、建安太守。[2]秩滿，爲散騎常侍、御史中丞，猶以父之所終，固辭，不許，乃權換廨宇徙居之。

　　[1]陳寶應：晋安候官（今福建閩侯縣）人。因聯合留異、周迪拒陳，被章昭達討滅，斬於建康。本書卷三五、《南史》卷八〇有傳。

　　[2]貞毅將軍：官名。梁以輕車、征遠、鎮朔、武旅、貞毅將軍代舊輔國將軍。梁武帝天監七年（508）定爲武職二十四班中的十四班，大通三年（529）改爲武職三十四班中的二十四班。陳擬五品，比秩千石。　建安：郡名。治所在今福建建甌市。

　　太建初，遷度支尚書、侍中、太子詹事，行東宮事，領揚州大中正。[1]及太子親莅庶政，解行事，加散騎常侍，改加侍中。遷尚書右僕射，尋遷左僕射，[2]參掌選事，侍中如故。更爲尚書僕射，領前將軍。重授左僕射，領揚州大中正，別敕令與徐陵等七人參議政事。[3]十二年卒，時年六十三。贈侍中、特進、金紫光禄大夫，謐曰安子。太子以繕東宫舊臣，特賜祖奠。[4]

[1]揚州：州名。治所在今江蘇南京市。　大中正：官名。掌品評本州人物，以備政府選用。由司徒選用現任官而又有聲望者在其本籍所在州任職。

[2]遷尚書右僕射，尋遷左僕射：據本書卷五《宣帝紀》，太建七年（575）十二月，以王瑒爲尚書左僕射，以陸繕爲尚書右僕射，八年五月王瑒卒，故陸繕於六月甲寅遷尚書左僕射。

[3]徐陵：字孝穆，東海郯（今山東郯城縣北）人。本書卷二六有傳，《南史》卷六二有附傳。

[4]祖奠：靈車去往墓地前的一種祭名。古人遠行前要祭祀道路神，叫作祖。今靈車將赴墓，猶如生人之遠行，故稱其祭爲祖奠。

繕子辯惠，年數歲，詔引入殿内，辯惠應對進止有父風，高宗因賜名辯惠，字敬仁云。

繕兄子見賢，亦方雅，高宗爲揚州牧，乃以爲治中從事史，[1]深被知遇。歷給事黃門侍郎，長沙、鄱陽二王長史，[2]帶尋陽太守，[3]少府卿。太建十年卒，時年五十。贈廷尉卿，謐曰平子。

[1]治中從事史：官名。州府屬官，掌衆曹文書事。梁揚州治中從事史九班。陳第六品。

[2]鄱陽王：陳文帝天嘉元年（560）封其三子陳伯山爲鄱陽王。鄱陽，郡名。治所在今江西鄱陽縣。

[3]帶：帶其官號、俸禄而不理其事。　尋陽：郡名。治所在

今江西九江市西南。

　　史臣曰：夫衣冠雅道，廊廟嘉猷，諒以操履敦修，局宇詳正。《經》曰"容止可觀"，[1]《詩》言"其儀罔忒"，[2]彼三子者，其有斯風焉。

　　[1]容止可觀：意謂儀容舉止合乎規矩。語出《孝經》"容止可觀，進退可度"。
　　[2]其儀罔忒：意謂言行端正，沒有差錯。語出《詩·曹風·鳲鳩》"淑人君子，其儀不忒"。

陳書　卷二四

列傳第十八

周弘正 弟弘直 弘直子確　袁憲

　　周弘正字思行，汝南安城人，[1]晋光禄大夫顗之九世孫也。[2]祖顒，[3]齊中書侍郎，[4]領著作。父寶始，[5]梁司徒祭酒。[6]

　　[1]汝南安城人：底本“人”後有“也”字，中華本據北監本、汲本、殿本删，今從删。汝南，郡名。治所在今河南上蔡縣西南。安城，縣名。治所在今河南汝南縣東南。

　　[2]光禄大夫：官名。無具體職掌，多授予年老有病的致仕官員，或用作卒後贈官。位在諸卿上。晋三品，秩中二千石。按，據《晋書》卷六九《周顗傳》，周顗卒後追贈左光禄大夫。左光禄大夫位在光禄大夫之上，佩金章紫綬。晋二品。　顗（yǐ）：周顗。字伯仁，汝南安城（今河南汝南縣東南）人。《晋書》卷六九有傳。

　　[3]顒（yóng）：周顒。字彦倫，汝南安城（今河南汝南縣東南）人。《南齊書》卷四一有傳，《南史》卷三四有附傳。

　　[4]中書侍郎：官名。中書省屬官，爲中書監、令的副職。掌

675

草擬詔令。南朝齊員四人。第五品。

[5]寶始：《建康實録》卷二〇作"寶"。

[6]司徒祭酒：官名。司徒府屬官，主閤內諸事。梁三班。

弘正幼孤，及弟弘讓、弘直，俱爲叔父侍中、護軍捨所養。[1]年十歲，通《老子》《周易》，捨每與談論，輒異之，曰："觀汝神情穎晤，清理警發，後世知名，當出吾右。"河東裴子野深相賞納，[2]請以女妻之。十五，召補國子生，仍於國學講《周易》，[3]諸生傳習其義。以季春入學，孟冬應舉，[4]學司以其日淺，弗之許焉。博士到洽議曰：[5]"周郎年未弱冠，便自講一經，雖曰諸生，實堪師表，無俟策試。"起家梁太學博士。[6]晉安王爲丹陽尹，[7]引爲主簿。[8]出爲鄮令，[9]丁母憂去職。服闋，歷曲阿、安吉令。[10]普通中，[11]初置司文義郎，[12]直壽光省，[13]以弘正爲司義侍郎。

[1]叔父：中華本據《南史》卷三四本傳改爲"伯父"，林礽乾《陳書異文考證》云："按《南史》卷三十四《周弘正傳》作'爲伯父捨所養'。同卷《周捨傳》亦謂'弘正爲捨弟之子'。是並謂周捨爲弘正之伯父也。唯本書卷八《周文育傳》：'捨命兄子弘讓教之書計。''兄子弘讓'，則周捨非弘讓之伯父，乃弘讓、弘正兄弟之叔父也。二說未審孰是？"（文史哲出版1979年版，第185頁）存疑，今不改。　侍中：官名。南朝爲門下省長官。職掌奏事，侍奉皇帝左右，應對顧問等，是中樞重職。梁十二班。陳第三品，秩中二千石。　護軍：護軍將軍。主掌京城防衛，權任頗重。資輕者爲中護軍，資重者爲護軍將軍。梁十五班。陳第三品，秩中二千石。　捨：周捨。字昇逸，汝南安城（今河南汝南縣東南）人。卒

後追贈侍中、護軍將軍。《梁書》卷二五有傳，《南史》卷三四有附傳。

[2]河東：郡名。治所在今山西永濟市西南。　裴子野：字幾原，河東聞喜（今山西聞喜縣）人。《梁書》卷三〇有傳，《南史》卷三三有附傳。

[3]國學：即國子學。培養高級官員子弟的中央官學。閻步克《南朝"二學"考》認爲，南朝國子學外無分立之太學（《察舉制度變遷史稿》，遼寧大學出版社1991年版，第220—228頁）。楊恩玉則認爲，梁代國子學與太學各自獨立，二者均開設於梁武帝天監元年（502），國子學面向貴族與上層士族子弟，太學面向下層士族子弟（《蕭梁政治制度考論稿》，中華書局2014年版，第268—300頁）。

[4]應舉：申請參加策試。按規定，入學滿一年方有此資格。周弘正三月入學，到十月尚不滿一年，故"學司以其日淺"。

[5]博士：據《梁書》卷二七《到洽傳》，到洽此時任國子博士。國子博士，官名。國子學教官。掌教授國子生。梁代員二人，九班。陳第四品，秩千石。　到洽：字茂㳂，彭城武原（今江蘇邳州市西北）人。《梁書》卷二七有傳，《南史》卷二五有附傳。

[6]太學博士：官名。掌經典教授，參議禮制。隸國子祭酒，位次於國子博士、五經博士。梁代員八人，二班。是當時常見的起家官。

[7]晉安王：蕭綱。梁武帝與丁貴嬪之子，天監五年（506）封晉安王。晉安，郡名。治所在今福建福州市。　丹陽尹：梁京師建康所在丹陽郡行政長官。丹陽，郡名。治所在今江蘇南京市。梁武帝天監十二年（513），蕭綱任丹陽尹。

[8]主簿：官名。中央各機構及地方州郡皆置，掌文書簿籍。梁皇弟皇子府主簿，五班。

[9]鄞：中華本校勘記云："錢大昕《廿二史考異》云：'梁之鄞縣未審所在。'又引袁廷檮曰：'"鄞"疑是"鄮"字。'"鄞，

縣名。治所在今浙江寧波市鄞州區。

[10]曲阿：縣名。治所在今江蘇丹陽市。　安吉：縣名。治所在今浙江安吉縣西南。

[11]普通：南朝梁武帝蕭衍年號（520—527）。

[12]司文義郎：官名。即司文侍郎和司義侍郎。梁武帝普通年間置，多選任文學之士。

[13]壽光省：即梁建康宮壽光殿。梁武帝曾在此讀書講學、宴會群臣、編纂書籍。

中大通三年，[1]梁昭明太子薨，[2]其嗣華容公不得立，[3]乃以晉安王爲皇太子，弘正乃奏記曰：

[1]中大通三年：底本作“大通二年”，中華本校勘記云：“按梁昭明太子卒於中大通三年，今補‘中’字，‘二’改‘三’。《南史》亦脱‘中’字，‘三’字不譌。”今從改。中大通，南朝梁武帝蕭衍年號（529—534）。

[2]昭明太子：蕭統。梁武帝長子，蕭綱同母兄。梁武帝天監元年（502）十一月立爲太子。死時年三十一歲。昭明爲其謚號。《梁書》卷八、《南史》卷五三有傳。

[3]華容公：蕭統長子蕭歡。蕭統死後，梁武帝没有選擇嫡孫蕭歡，而是立蕭綱爲太子，封蕭歡爲豫章王。華容，縣名。治所在今湖北監利縣北。

竊聞撝謙之象，[1]起於羲、軒爻畫，[2]揖讓之源，生於堯、舜禪受，其來尚矣，可得而詳焉。夫以廟堂、汾水，[3]殊途而同歸，稷、契、巢、許，[4]異名而一貫，出者稱爲元首，處者謂之外臣，莫不內外相資，表裏成治，斯蓋萬代同規，百王不易者也。暨于三王之世，寖以陵夷，各親其親，各子其子。乃至七國爭雄，劉項競逐，皇漢扇其俗，有晉揚其波，謙讓之道廢，多歷年所矣。夫文質遞變，澆淳相革，還樸反古，今也其時。

[1]撝（huī）謙之象：指《易·謙卦》。此卦下艮上坤，象山在地中，古人認爲其寓謙下之德。《謙卦》六四爻辭曰："無不利，撝謙。"撝謙，發揮謙虛之德。撝，本義爲裂，引申爲揮。六四在互卦震中，震爲旗鼓之象，故可言"撝"。

[2]羲：伏羲。　軒：黃帝，名曰軒轅。

[3]汾水：典出《莊子·逍遙游》"堯治天下之民，平海內之政，往見四子藐姑射之山，汾水之陽，窅然喪其天下焉"。此處以汾水喻指高士隱居之所。

[4]稷：后稷。名弃。傳説中周人始祖。堯舜時爲農師，教民稼穡。　契：傳説中殷人始祖。舜時爲司徒。　巢、許：巢父和許由。都是傳説中的上古隱士。《高士傳》載，堯欲讓天下於許由，許由不欲聞之，洗耳於潁水之濱。巢父牽牛犢飲水，指責許由其實仍"欲聞求其名譽"，恐許由的洗耳水汙牛犢之口，故牽犢去上游飲水。汲本作"曹、許"。

伏惟明大王殿下，天挺將聖，聰明神武，百辟冠冕，四海歸仁。是以皇上發德音，下明詔，以大王爲國之儲副，乃天下之本焉。雖復夏啓、周誦，[1]漢儲、魏兩，此數君者，安足爲大王道哉。意者願聞殿下抗目夷上仁之義，[2]執子臧大賢之節，[3]逃玉輿而弗乘，弃萬乘如脱屣，庶改澆競之俗，以大吳國之風。[4]古有其人，今聞其語，能行之者，非殿下而誰？能使無爲之化，復興於遂古，[5]讓王之道，不墜於來葉，豈不盛歟！豈不盛歟！

［1］夏啓：禹之子，夏王朝的建立者。　周誦：即姬誦，周武王太子，後爲周成王。

［2］目夷：姓子，字子魚，春秋時宋桓公庶子。《左傳》僖公八年記載，宋桓公病重，太子玆父請求宋桓公立庶兄目夷，目夷力辭而退。

［3］執子臧大賢之節：《南史》卷三四《周弘正傳》無“大賢”二字。子臧，即公子欣時，春秋時曹宣公庶子。《左傳》成公十三年及十五年載，曹宣公死後，負芻殺太子自立，後諸侯討伐負芻，欲立子臧爲君，子臧辭讓，逃奔宋國。

［4］吳國之風：指兄弟謙讓國家的風氣。相傳周太王欲立季歷，季歷之兄太伯逃奔荆蠻，成爲吳國始祖。春秋時，吳王壽夢卒，欲立四子季札，季札固辭，於是其三個兄長諸樊、餘祭、餘昧皆順次傳位於弟，“必致國於季札而止”。餘昧卒，欲傳位於季札，季札乃逃去。

［5］復興於遂古：遂，中華本據北監本、汲本、殿本改作“邃”。按，“邃”是“遂”的分化字，“遂”有“往”義，“遂古”“來葉”對文，“遂”不誤，今從底本。

弘正陋學書生，義慙稽古，家自汝、潁，[1]世傳忠烈，先人決曹掾燕抗辭九諫，[2]高節萬乘，正色三府，[3]雖盛德之業將絶，而狂直之風未墜。是以敢布腹心，肆其愚瞽。如使芻言野説，[4]少陳於聽覽，縱復委身烹鼎之下，絶命肺石之上，[5]雖死之日，猶生之年。

其抗直守正，皆此類也。

[1]汝、潁：即汝水和潁水，均在今河南南部，自西北向東南注入淮河。

[2]決曹掾：漢官名。郡決曹長官，主罪法事。　燕：周燕。字少卿，汝南安城（今河南汝南縣東南）人。漢宣帝時爲郡決曹掾。他勸阻太守枉殺無辜不成，代太守擔當罪責，絶食而死。事見《後漢書》卷八一《周嘉傳》。

[3]三府：指東漢太尉、司徒、司空三公府。

[4]芻言：芻蕘之言。芻蕘是割草打柴的草野之人。芻言意謂淺陋的言論。

[5]肺石：見《周禮·秋官·大司寇》和《周禮·秋官·朝士》。爲赤色之石，意謂赤心不妄告。樹於庫門外外朝之右。凡窮民有事情欲上告，而地方官吏不上報者，窮民可立於肺石，朝士聽其辭，治地方官吏的罪。

累遷國子博士。時於城西立士林館，[1]弘正居以講授，聽者傾朝野焉。弘正啓梁武帝《周易》疑義五十條，[2]又請釋《乾》、《坤》、二《繫》曰：[3]“臣聞《易》稱立象以盡意，繫辭以盡言，[4]然後知聖人之情，幾可見矣。自非含微體極，盡化窮神，豈能通志成務，[5]探賾致遠。[6]而宣尼比之桎梏，[7]絶韋編於漆字，[8]軒轅之所聽瑩，[9]遺玄珠於赤水。[10]伏惟陛下一日萬機，匪勞神於瞬息，凝心妙本，常自得於天真，聖智無以隱其幾深，明神無以淪其不測。至若爻畫之苞於《六經》，文辭之窮於《兩繫》，名儒劇談以歷載，鴻生抵掌以終年，莫有試游其藩，未嘗一見其涘。自制旨降談，裁成《易》道，析至微於秋毫，煥曾冰於幽谷。臣親承音旨，職司宣授，後進詵詵，不無傳業。但《乾》《坤》之蘊未剖，《繫》表之妙莫詮，使一經深致，尚多所惑。臣不涯庸淺，[11]輕率短陋，謹與受業諸生清河張譏等三百一十二人，[12]於《乾》、《坤》、二《繫》象爻未啓，伏願聽覽之閑，曲垂提訓，得使微臣鑽仰，成其篤習，後昆好事，專門有奉。自惟多幸，懽沐道於堯年，肆業終身，不知老之將至。天尊不聞，而冒陳請，冰谷寘懷，罔識攸厝。”詔答曰：“設卦觀象，事遠文高，作《繫》表言，辭深理奧，東魯絕編之思，西伯幽憂之作，[13]事逾三古，人更七聖，自商瞿稟承，[14]子庸傳授，[15]篇簡湮没，歲月遼遠。田生表菑川之譽，[16]梁丘擅琅邪之學，[17]代郡范生，[18]山陽王氏，[19]人藏荆山之寶，各盡玄言之趣，說或去取，意有詳略。近搢紳之學，咸有稽疑，隨答所問，已具別解。知與張譏等三百一十二人須釋《乾》《坤》《文言》及二《繫》，萬機小暇，試當討論。”

[1]士林館：梁武帝大同七年（541）十二月在建康宮城西立士林館，延集學者在此講學。

[2]弘正啓梁武帝《周易》疑義五十條：《南史》卷三四《周弘正傳》無“梁武帝”三字。馬宗霍《南史校證》云：“按‘周易’上《陳書》本傳有‘梁武帝’三字，是也，此不當省。梁武著有《周易講疏》，弘正親承音旨，職司宣授，遇有疑義，故爲啓

之。"（湖南教育出版社 2008 年版，第 587 頁）

[3]二《繫》：即《易·繫辭》上、下篇，舊傳是孔子所作。

[4]立象以盡意，繫辭以盡言：語出《易·繫辭上》"子曰：'聖人立象以盡意，設卦以盡情僞，繫辭焉以盡其言'"。意謂聖人以卦象、文辭相配合來表情達意。

[5]通志：貫通天下人的心志。語出《易·繫辭上》"是故聖人以通天下之志"。　成務：成就事業。語出《易·繫辭上》"子曰：'夫《易》何爲者也？夫《易》開物成務，冒天下之道，如斯而已者也'"。

[6]探賾致遠：探究並獲取精微、深遠的道理。語出《易·繫辭上》"探賾索隱，鈎深致遠，以定天下之吉凶，成天下之亹亹者，莫大乎蓍龜"。

[7]宣尼：指孔子。西漢平帝元始元年（1）追諡孔子爲襃成宣尼公。

[8]絶韋編於漆字：意謂孔子讀《易》勤奮，以至編連簡策的皮繩被多次翻斷，用漆寫在簡策上的字被多次磨滅。《論語比考讖》云："孔子讀《易》，韋編三絶，鐵摘三折，漆書三滅。"

[9]軒轅之所聽瑩：語本《莊子·齊物論》長梧子對瞿鵲子問曰："是黃帝之所聽熒也，而丘也何足以知之。"聽瑩，即"聽熒"，疑惑。

[10]遺玄珠於赤水：語出《莊子·天地》"黃帝游乎赤水之北，登乎崑崙之丘而南望，還歸，遺其玄珠"。赤水乃虛構的地名。玄珠是道的象徵。

[11]不涯：不揣度，不估量。

[12]清河：郡名。治所在今河北清河縣西北。　張譏：字直言，清河武城（今山東武城縣東北）人。曾受學於周弘正。梁武帝大同年間被召爲國子《正言》生。梁武帝於文德殿釋《乾》《坤》《文言》，張譏"諮審循環，辭令温雅"，深受梁武帝讚賞。本書卷三三、《南史》卷七一有傳。

[13]西伯幽憂之作：西伯，即周文王姬昌。據説他被商紂王囚禁於羑里時，益《易》之八卦爲六十四卦，故而《周易》中有濃重的憂患意識。

[14]商瞿：字子木，春秋時魯國人，孔子弟子。據説曾受《易》於孔子。

[15]子庸：即橋庇（《漢書》卷八八《儒林傳》作"橋庇"，《史記》卷六七《仲尼弟子列傳》作"矯疵"），字子庸。《史記》稱其爲江東人，《漢書》稱其爲魯人。《史記》云其曾受《易》於商瞿弟子馯臂子弘，《漢書》云其曾受《易》於商瞿。

[16]田生：田何。字子裝（《漢書·儒林傳》作"子裝"，《史記·仲尼弟子列傳》作"子莊"，《高士傳》作"壯漢"），淄川（今山東淄博市）人。曾受《易》於子乘，是孔子《易》學的六傳弟子、漢初《易》學大家，王同、周王孫、丁寬、服生等皆出自其門下。　菑川：西漢王國名。都於劇縣，在今山東壽光市。

[17]梁丘：梁丘賀。字長翁，琅邪諸（今山東諸城市西南）人。先後受《易》於京房（此京房乃楊何弟子，非焦延壽弟子之京房）、田王孫。漢宣帝時，《梁丘易》被立於學官，成爲當時顯學。《漢書》卷八八有傳。　琅邪：郡名。治所在今山東臨沂市。

[18]代郡：郡名。治所在今河北蔚縣東北代王城。　范生：范升。字辯卿，代郡（今河北蔚縣東北）人。漢光武帝建武二年（26），以《梁丘易》遷博士。《後漢書》卷三六有傳。

[19]山陽：縣名。治所在今河南焦作市東南。　王氏：即王弼。字輔嗣，山陽（今河南焦作市東南）人，三國魏時爲尚書郎，曾注《老子》《周易》，主張"忘象以求其意"，於《易》學有深遠影響。《三國志》卷二八有傳。

弘正博物知玄象，善占候。大同末，[1]嘗謂弟弘讓曰："國家厄運，數年當有兵起，吾與汝不知何所逃之。"[2]及梁武帝納侯景,[3]弘正謂弘讓曰:"亂階此矣。"京城陷,弘直爲衡陽内史,[4]元帝在江陵,[5]遺弘直書曰:"適有都信,賢兄博士平安。但京師搢紳,無不附逆,王克已爲家臣,[6]陸緬身充卒伍,[7]唯有周生,確乎不拔。言及西軍,潸然掩淚,恒思吾至,如望歲焉,松柏後凋,一人而已。"[8]王僧辯之討侯景也,[9]弘正與弘讓自拔迎軍,僧辯得之甚喜,即日啓元帝,元帝手書與弘正曰:"獯醜逆亂,寒暑亟離,海内相識,零落略盡。韓非之智,[10]不免秦獄,劉歆之學,[11]猶弊亡新,音塵不嗣,每以耿灼。常欲訪山東而尋子雲,[12]問關西而求伯起,[13]遇有今信,力附相聞,遲比來,慰其延佇。"仍遣使迎之,謂朝士曰:"晋氏平吳,喜獲二陸,[14]今我破賊,亦得兩周,今古一時,足爲連類。"及弘正至,禮數甚優,朝臣無與比者。授黃門侍郎,[15]直侍中省。[16]俄遷左民尚書,[17]尋加散騎常侍。[18]

[1]大同:南朝梁武帝蕭衍年號(535—546)。

[2]"國家厄運"至"吾與汝不知何所逃之":《建康實録》卷二〇作"國家厄運,數年當有義兵起,吾與汝何處逃刑",《南史》卷三四《周弘正傳》作"國家阨在數年,當有兵起,吾與汝不知何所逃之"。

[3]侯景:字萬景。原爲東魏大將,後叛至梁,在梁發動叛亂,史稱"侯景之亂"。《梁書》卷五六、《南史》卷八〇有傳。

[4]衡陽:郡名。治所在今湖南株洲市西南。　内史:官名。王國行政長官,掌民政,職如郡太守。南朝宋五品,齊、梁品秩不詳,陳萬户以上郡爲第六品,不滿萬户郡爲第七品。

[5]元帝:梁元帝蕭繹。梁武帝第七子。時爲鎮西將軍、荆州

江陵：縣名。治所在今湖北荆州市荆州區。

[6]王克：琅邪臨沂（今山東臨沂市）人，侯景破臺城前，爲梁尚書僕射。《梁書》謂侯景以王克爲太師。《南史》謂王克"仕侯景，位太宰、侍中、録尚書事"。《南史》卷二三有附傳。

[7]陸緬：吴郡吴（今江蘇蘇州市）人。陸倕之子。

[8]"唯有周生"至"一人而已"：侯景攻陷臺城後，周弘正的行迹見《南史·周弘正傳》："臺城陷，弘正諂附王偉，又與周石珍合族，避景諱，改姓姬氏，拜太常。景將篡之際，使掌禮儀。"馬宗霍《南史校證》云："按《陳書》本傳無此文。《梁書·侯景傳》：'景曰，前世吾不復憶，惟阿爺名標。衆聞咸竊笑之。景黨有知景祖名周者，於是追尊其祖周爲大丞相，父標爲元皇帝。'據此，則《南史》所云避景諱者，避其祖周之名，故弘正改周姓爲姬氏也。但《陳書》本傳載梁元帝在江陵遺弘正弟弘直書曰：'適有都信，賢兄博士平安。但京師搢紳，無不附逆，唯有周生，確乎不拔。言及西軍，潺湲掩淚，恒思吾至，如望歲焉，松柏後凋，一人而已。'若弘正附逆而又改姓，文人無行，至斯而極，元帝似不得稱之若是，此事殊爲可疑。《通鑑》卷一六四謂：'梁人爲景用者，太常周弘正等，景從人望加以尊位，非心腹之任也。'蓋亦不取《南史》之説。"（第587—588頁）

[9]王僧辯：字君才，太原祁（今山西祁縣）人。侯景之亂時，被蕭繹任爲大都督，討破侯景。梁元帝死後，他在北齊壓力下，納貞陽侯蕭淵明爲帝。公元555年九月，被陳霸先襲殺。《梁書》卷四五有傳，《南史》卷六三有附傳。

[10]韓非：戰國時韓國人。著有《孤憤》《五蠹》等，是法家的代表人物。因受李斯、姚賈陷害，死於秦獄。有《韓非子》傳世。《史記》卷六三有列傳。

[11]劉歆：字子駿，後改名秀，字穎叔，沛（今江蘇沛縣）人。劉向之子，經學大家。王莽執政後，任爲國師。後謀誅王莽失

敗而自殺。《漢書》卷三六有附傳。

[12]子雲：即終軍，字子雲，濟南（今山東章丘市龍山北）人。漢武帝時大臣，博學能文。《漢書》卷六四下有傳。

[13]伯起：楊震，字伯起，弘農華陰（今陝西華陰市東南）人。東漢大臣，博覽群經，時稱“關西孔子”。《後漢書》卷五四有傳。

[14]二陸：陸機、陸雲兄弟。陸機字士衡，陸雲字士龍，吳郡吳（今江蘇蘇州市）人，俱有文才。《晋書》卷五四俱有傳。

[15]黄門侍郎：官名。即給事黄門侍郎。門下省次官。與侍中俱掌門下眾事，侍從左右，顧問應對，出入禁中，職任顯要。員四人。梁十班。陳第四品，秩二千石。

[16]侍中省：即門下省。東晋時侍中省與散騎省、西省合爲門下三省。南朝時散騎省與西省獨立出來，侍中省遂專“門下”之稱。掌侍奉皇帝起居，陪侍出入，顧問應對，兼傳達詔令，收納尚書章奏等。其長官爲侍中。

[17]左民尚書：官名。尚書省列曹尚書之一，南朝宋、齊領左民、駕部二曹。掌土木工程及户籍等。梁十三班。陳第三品，秩中二千石。

[18]散騎常侍：官名。集書省長官。職掌侍從皇帝左右，應對顧問，獻納得失。梁十二班。陳第三品，秩中二千石。

元帝嘗著《金樓子》曰：[1]“余於諸僧重招提琰法師，[2]隱士重華陽陶貞白，[3]士大夫重汝南周弘正，其於義理，清轉無窮，亦一時之名士也。”及侯景平，僧辯啟送秘書圖籍，敕弘正讎校。

[1]著：底本作“箸”。按，刻本文字從草與從竹常有混用的情况，今從改之，本卷以下不再出校。 《金樓子》：蕭繹所撰，

《隋書·經籍志》子部雜家類著録《金樓子》十卷。

[2]招提：佛寺，在梁京師建康。　琰法師：慧琰法師，南朝僧人。其與蕭統、蕭綱、蕭繹均有往來。

[3]華陽：指句容縣（今江蘇句容市）之句曲山。陶弘景云句容山洞是第八洞天，名曰金壇華陽之天，故隱居此處，自號華陽隱居。　陶貞白：陶弘景，字通明，丹陽秣陵（今江蘇南京市）人。南朝梁隱士，時號"山中宰相"。謚曰"貞白先生"。《梁書》卷五一、《南史》卷七六有傳。

　　時朝議遷都，朝士家在荆州者，皆不欲遷，[1]唯弘正與僕射王裒言於元帝曰：[2]"若束脩以上諸士大夫微見古今者，知帝王所都本無定處，無所與疑。至如黔首萬姓，若未見輿駕入建鄴，[3]謂是列國諸王，未名天子。今宜赴百姓之心，從四海之望。"時荆陝人士咸云王、周皆是東人，[4]志願東下，恐非良計。[5]弘正面折之曰："若東人勸東，謂爲非計，君等西人欲西，豈成良策？"元帝乃大笑之，竟不還都。

[1]荆州：州名。治所在今湖北荆州市荆州區。按，承聖二年（553）八月，梁元帝下詔欲還都建鄴，當時領軍將軍胡僧祐、吏部尚書宗懍、太府卿黄羅漢、御史中丞劉殼等人皆不欲遷徙，梁元帝亦以爲"建業彫殘，方須修復"，不願離開自己經營多年的江陵。

[2]僕射：王褒時任尚書右僕射。尚書右僕射，官名。尚書令副佐，並與尚書分領諸曹。與祠部尚書通職，不並置，位在尚書左僕射下。員一人。梁十五班。陳第二品，秩中二千石。　王裒：即王褒。字子淵，琅邪臨沂（今山東臨沂市）人。梁元帝商議遷都時，他曾密諫梁元帝還都建鄴，不料次日梁元帝便將王褒密諫的内

容當衆説出，王褒“知其計之不用也，於是止不復言”。《周書》
卷四一、《北史》卷八三有傳，《梁書》卷四一有附傳。

[3]建鄴：即建康。東漢建安十七年（212）孫權以秣陵縣改
名建業，西晉太康三年（282）分秦淮水以北爲建鄴，並改名建鄴。
治所在今江蘇南京市。殿本作“建業”。

[4]時荆陝人士咸云王、周皆是東人：據《南史》卷三四《周
弘正傳》，此處的“荆陝人士”指黄羅漢、宗懍等人。東人，周弘
正、王褒的祖上周顗、王導，自東渡以來世居建康，在荆州以東，
故稱周弘正、王褒爲“東人”。

[5]志願東下，恐非良計：《南史·周弘正傳》作“仰勸東下，
非爲國計”。

　　及江陵陷，[1]弘正遁圍而出，歸於京師，敬帝以爲
大司馬王僧辯長史，[2]行揚州事。[3]太平元年，[4]授侍
中，[5]領國子祭酒，[6]遷太常卿、都官尚書。[7]高祖受
禪，[8]授太子詹事。[9]天嘉元年，[10]遷侍中、國子祭酒，
往長安迎高宗。[11]三年，自周還，詔授金紫光禄大
夫，[12]加金章紫綬，領慈訓太僕。[13]廢帝嗣位，[14]領都
官尚書，總知五禮事。[15]仍授太傅長史，[16]加明威將
軍。[17]高宗即位，遷特進，[18]重領國子祭酒，豫州大中
正，[19]加扶。太建五年，[20]授尚書右僕射，祭酒、中正
如故。尋敕侍東宫講《論語》《孝經》。太子以弘正朝
廷舊臣，[21]德望素重，於是降情屈禮，横經請益，有師
資之敬焉。弘正特善玄言，兼明釋典，雖碩學名僧，莫
不請質疑滯。六年，[22]卒于官，時年七十九。[23]詔曰：
“追遠襃德，抑有恒規。故尚書右僕射、領國子祭酒、
豫州大中正弘正，識宇凝深，藝業通備，辭林義府，國

老民宗，道映庠門，望高禮閣，卒然殂殞，[24]朕用惻然。可贈侍中、中書監，[25]喪事所須，量加資給。"便出臨哭。謚曰簡子。所著《周易講疏》十六卷，[26]《論語疏》十一卷，[27]《莊子疏》八卷，[28]《老子疏》五卷，《孝經疏》兩卷，[29]集二十卷，[30]行于世。子墳，[31]官至吏部郎。[32]

[1]江陵陷：梁元帝承聖三年（554）九月，西魏遣柱國大將軍于謹等率五萬軍隊進犯荊州，十一月，破江陵城，梁元帝被處死。

[2]敬帝：南朝梁敬帝蕭方智。字慧相，小字法真，梁元帝蕭繹第九子。本書卷六、《南史》卷八有紀。　大司馬：官名。東漢時爲三公之一，掌軍政。南朝多用作加官、贈官。　長史：官名。王公軍府屬官，掌本府官吏。梁庶姓公府長史，九班。陳皇弟皇子府長史，第五品，秩千石。

[3]行揚州事：代行揚州政事。揚州，州名。治所在今江蘇南京市。

[4]太平：南朝梁敬帝蕭方智年號（556—557）。

[5]侍中：官名。南朝爲門下省長官。職掌奏事，侍奉皇帝左右，應對顧問等，是中樞重職。梁十二班。陳第三品，秩中二千石。

[6]國子祭酒：官名。國家最高教育長官，掌國子學、太學，隸太常。梁十三班。陳第三品，秩中二千石。

[7]太常卿：官名。梁十二卿之一，掌禮樂、祀祠、文教。梁十四班。陳第三品，秩中二千石。　都官尚書：官名。尚書省列曹尚書之一。南朝宋領都官、水部、庫部、功論四曹。掌刑獄軍事、水利工程及庫藏等。梁十三班。陳第三品，秩中二千石。

[8]高祖：南朝陳武帝陳霸先廟號。梁敬帝太平二年（557）

十月辛未，梁敬帝禪位於陳霸先。本書卷一、卷二，《南史》卷九有紀。

[9]太子詹事：官名。總理東宮事務，或參議大政，職位顯重。員一人。梁十四班。陳第三品，秩中二千石。

[10]天嘉：南朝陳文帝陳蒨年號（560—566）。

[11]長安：北周都城，在今陝西西安市北。　高宗：南朝陳宣帝陳頊廟號。陳頊，本書卷五、《南史》卷一〇有紀。按，梁元帝承聖三年十一月，西魏攻陷江陵，身在江陵的陳頊與陳霸先的兒子陳昌一道被虜入關中。天嘉元年（560）和三年，北周分別遣送陳昌、陳頊回國。

[12]金紫光禄大夫：官名。晋初有光禄大夫，授銀章青綬。如加賜金章紫綬，則爲金紫光禄大夫，諸所賜給皆與特進同。其以爲加官者，唯假章綬、禄賜、班位，不別給車服吏卒。梁十四班。陳第三品，秩中二千石。

[13]慈訓太僕：官名。掌太后車馬。慈訓，即慈訓宮。陳文帝即位後，尊陳武帝皇后章氏爲皇太后，其所住宮殿爲慈訓宮。

[14]廢帝：陳廢帝陳伯宗。字奉業，陳文帝嫡長子。光大二年（568）被廢爲臨海王。本書卷四、《南史》卷九有紀。

[15]五禮：咸熙元年（264）七月，荀凱受司馬昭之命制定新禮，包括嘉禮、賓禮、軍禮、吉禮、凶禮五種。此後，兩晋南北朝皆沿用五禮制度。

[16]太傅：官名。南朝太子二傅之一，位在太子少傅上，掌教導、輔翼太子。其時已成榮銜、虛職，多由權臣皇弟兼任。梁十八班。陳第一品，秩萬石。光大二年（568）正月，陳頊進位太傅。

[17]明威將軍：官名。梁以寧遠、明威、振遠、電耀、威耀將軍代舊寧朔將軍。梁武帝天監七年（508）定爲武職二十四班中的十三班，大通三年（529）將軍號移入輕車將軍班，爲武職三十四班中的二十四班。陳擬五品，比秩千石。另梁、陳十明將軍中亦有此號。陳擬六品，比秩千石。

[18]特進：加官名號。多用以安置閑退大臣或追贈勳戚。梁十五班。陳第二品，秩中二千石，位從三公。據本書卷五《宣帝紀》，周弘正爲特進在陳宣帝太建元年（569）正月。

[19]大中正：官名。南朝中正分州、郡兩級。州大中正，簡稱州中正，掌品評本州人物，以備政府選用。一般由司徒選用有聲望的現任中央官任其本籍所在州大中正。

[20]太建五年：高敏《南北史考索》云："《建康實録》卷二十同人傳'太建五年'作'太建三年'，《通志》卷一百四十五同人傳作'太建二年授尚書右僕射'。"（天津古籍出版社 2010 年版，第 168 頁）按，本書《宣帝紀》記載，陳宣帝太建五年（573）冬十月己亥，以周弘正爲尚書右僕射。太建，南朝陳宣帝陳頊年號（569—582）。

[21]太子：南朝陳後主陳叔寶。本書卷六、《南史》卷一○有紀。

[22]六年：本書卷五《宣帝紀》、《南史》卷一○《陳宣帝紀》及《通鑑》卷一七一《陳紀五》皆云周弘正卒於太建六年（574）六月壬辰，《建康實録》卷二○云周弘正卒於太建六年八月。

[23]卒於官，時年七十九：本書及《南史》並云周弘正卒於太建六年，享年七十九，《建康實録》卷二○所載周弘正卒年同於本書及《南史》，而云其享年六十。按，許福謙《〈陳書〉紀傳疑年録》云：據下文《周弘直傳》，"可知周弘直之卒僅比弘正晚一年，享年已七十六歲；遺疏又自云已活了七十餘年，則周弘正死時決不可能僅六十歲。《陳書》《南史》本傳所載不誤"（《首都師範大學學報》1997 年第 1 期）。

[24]卒然：殿本作"卒聞"。

[25]中書監：官名。中書省長官。南朝中書省掌納奏、擬詔、出令，然權歸中書舍人，監、令多用作重臣加官。中書監位次略高於中書令。梁十五班。陳第二品，秩中二千石。

[26]《周易講疏》十六卷：《隋書·經籍志一》經部《易》類

著録陳尚書左僕射周弘正撰《周易義疏》十六卷。

[27]《論語疏》十一卷：高敏《南北史考索》云："《建康實録》卷二十同人傳作'十卷'。"（第168頁）

[28]《莊子疏》八卷：《隋書·經籍志三》子部道家類著録周弘正撰《莊子內篇講疏》八卷。

[29]《孝經疏》兩卷：《隋書·經籍志一》經部《孝經》類著録周弘正撰《孝經私記》二卷。

[30]集二十卷：《隋書·經籍志四》別集類載陳尚書僕射《周弘正集》二十卷。

[31]墳：據《南史》卷三四《周弘正傳》，周弘正長子爲周豫玄，周墳爲次子。周豫玄"年十四，與俱載入東，乘小船度岸，見藤花，弘正挽之，船覆俱溺，弘正僅免，豫玄遂得心驚疾"。

[32]吏部郎：官名。尚書省吏部曹長官。屬吏部尚書，掌官吏銓選、任免事宜。位在諸曹郎之上。梁、陳制度，郎中在職勤能滿二歲者，轉侍郎。梁十一班。陳第四品，秩六百石。

弘正二弟：[1]弘讓，弘直。弘讓性簡素，博學多通，天嘉初，以白衣領太常卿、光禄大夫，加金章紫綬。

[1]弘正二弟：本書卷三三《張譏傳》云"弘正第四弟弘直"，張譏呼周弘直爲"四公"，是周弘直爲周弘正四弟，周弘正不止弘讓、弘直二弟。

弘直字思方，幼而聰敏。解褐梁太學博士，[1]稍遷西中郎湘東王外兵記室參軍，[2]與東海鮑泉、南陽宗懍、平原劉緩、沛郡劉毅同掌書記。[3]入爲尚書儀曹郎。[4]湘東王出鎮江、荆二州，[5]累除録事諮議參軍，[6]帶柴桑、當陽二縣令。[7]及梁元帝承制,[8]授假節、英果將軍、世子長史。[9]尋除智武將軍、衡陽内史。[10]遷貞毅將軍、平南長史、長沙内史,[11]行湘州府州事,[12]湘濱縣侯,[13]邑六百户。歷邵陵、零陵太守、雲麾將軍、昌州刺史。[14]王琳之舉兵也,[15]弘直在湘州,琳敗,乃還朝。天嘉中,歷國子博士、廬陵王長史、尚書左丞、領羽林監、中散大夫、秘書監,[16]掌國史。遷太常卿、光禄大夫,加金章紫綬。

[1]解褐:脱下布衣,著官服。指初入仕途。

[2]西中郎:官名。即西中郎將。與東、南、北中郎將合爲四中郎將。梁武帝普通六年(525)增置四中郎將入鎮兵將軍班。爲宗王專用之將軍號。大通三年(529)改爲武職三十四班中的二十七班。　湘東王:梁武帝天監十三年(514)封蕭繹爲湘東王。湘東,郡名。治所在今湖南衡陽市。　外兵:即外兵參軍。公府、軍府外兵曹長官,掌軍事。梁皇弟皇子府外兵參軍,四班。　記室參軍:官名。公府、軍府記室曹長官,掌文翰。梁皇弟皇子府記室參軍,六班。

[3]東海:郡名。治所在今山東郯城縣北。　鮑泉:字潤岳,東海(今山東郯城縣北)人。《梁書》卷三〇、《南史》卷六二有傳。　南陽:郡名。治所在今河南南陽市。　宗懍:字元懍,南陽涅陽(今河南鄧州市東北)人。《周書》卷四二、《北史》卷七〇有傳。　平原:郡名。治所在今山東平原縣西南。　劉緩:字含度,平原高唐(今山東禹城市西南)人。《南史》卷七二有附傳。《南史》卷三四《周弘直傳》各本作"劉緩"或"陸緩",當以"劉緩"爲是。　沛郡:郡名。治所在今安徽濉溪縣西北。　劉瑴(jué):即劉瑴。字仲寶,沛郡相(今安徽濉溪縣西北)人。《梁

《書》卷四一、《南史》卷五〇有附傳。

[4]尚書儀曹郎：官名。尚書省儀曹長官，屬祠部尚書或尚書右僕射。掌禮儀。梁五班。若由郎中轉爲侍郎，則爲六班。陳第四品，秩六百石。

[5]江州：州名。治所在今江西九江市。

[6]録事：録事參軍。王公軍府録事曹長官。總録諸曹文案，兼掌糾察，其職甚親要。梁皇弟皇子府録事參軍，六班。 諮議參軍：官名。王公軍府屬官，掌諷議。梁皇弟皇子府諮議參軍，九班。

[7]帶：兼任地方郡守、縣令，但不理事，而取其秩禄。 柴桑：縣名。治所在今江西九江市西南。 當陽：縣名。治所在今湖北當陽市。

[8]承制：秉承皇帝旨意，行使其職權。梁武帝太清三年（549），侯景攻陷京師，四月，蕭韶從建康逃至江陵，宣梁武帝密詔，以蕭繹爲侍中、假黄鉞、大都督中外諸軍事、司徒承制，授權他統領全國軍隊討伐侯景。

[9]假節：古代大臣奉皇帝之命出行，持符節以爲憑證並示威重。南北朝軍事長官的職權分爲使持節、持節、假節三等。使持節可誅殺二千石以下官員。持節可殺無官位之人，在軍事中可誅殺二千石以下官員。假節唯軍事中得殺犯軍令者。 英果將軍：官名。梁武帝普通六年（525）刊正將軍名號時置。爲武職三十四班中的十一班。陳沿置，擬七品，比秩六百石。 世子：蕭繹長子蕭方等。《梁書》卷四四、《南史》卷五四有傳。

[10]智武將軍：官名。南朝梁以智武、仁武、勇武、信武、嚴武將軍代舊冠軍將軍，與智威、仁威、勇威、信威、嚴威合爲五德將軍。梁武帝天監七年（508）定爲武職二十四班中的十五班，大通三年（529）改爲武職三十四班中的二十五班。陳置爲五武將軍之一，擬四品，比秩中二千石。

[11]貞毅將軍：官名。梁以輕車、征遠、鎮朔、武旅、貞毅將

軍代舊輔國將軍。梁武帝天監七年定爲武職二十四班中的十四班，大通三年改爲武職三十四班中的二十四班。陳擬五品，比秩千石。

平南：平南將軍。與平東、平西、平北將軍合爲四平將軍。爲重號將軍，是外官專用之軍號。梁武帝天監七年定爲武職二十四班中的二十班，大通三年改爲武職三十四班中的三十班。陳擬三品，比秩中二千石。　　長沙：郡名。治所在今湖南長沙市。

[12]湘州：州名。治所在今湖南長沙市。

[13]湘濱：縣名。梁置，治所在今湖南汨羅市南。　　縣侯：封爵名。梁爵制，分王、五等爵、列侯三等。縣侯屬五等爵，在公之下、縣伯之上。爲十三級中的第八級。位視卿，班次之。

[14]邵陵：郡名。治所在今湖南邵陽市。　　零陵：郡名。治所在今湖南永州市。　　雲麾將軍：官名。梁時與武臣、爪牙、龍騎將軍取代舊前、後、左、右將軍。梁武帝天監七年定爲武職二十四班中的十八班。大通三年改爲武職三十四班中的二十八班。陳擬四品，比秩中二千石。　　昌州：州名。《隋書·地理志下》“春陵郡”條下云：“後魏置南荆州，西魏改曰昌州。”《周書》卷二《文帝紀》亦云：西魏廢帝三年（554）正月，改“南荆州爲昌州”。然此處云周弘直歷昌州刺史，又《周書》卷一九《楊忠傳》載，楊忠“攻梁齊興郡及昌州，皆克之”，則似乎梁末已有昌州。楊守敬《〈隋書·地理志〉考證》云：“是昌州不始西魏，非以南荆州改，蓋舉魏間南荆州治安昌，昌州治廣昌，二州雙立。”

[15]王琳：字子珩，會稽山陰（今浙江紹興市）人。原爲梁元帝大將。江陵陷落後，他盤踞湘、郢諸州，奉梁元帝之孫蕭莊爲梁主。公元557年十月王琳軍敗陳軍於沌口，對下游陳政權構成巨大威脅。陳文帝天嘉元年（560）王琳在蕪湖之役中被侯瑱擊敗，逃奔北齊。《北齊書》卷三二、《南史》卷六四有傳。

[16]廬陵王：此廬陵王即陳文帝第八子陳伯仁。陳文帝天嘉六年（565），立爲廬陵王。廬陵，郡名。治所在今江西吉水縣東北。　　尚書左丞：官名。尚書省佐官，位次尚書，與右丞共掌尚書省庶

務，率諸都令史監察稽核諸尚書曹、郎曹政務，督録近道文書章奏，監察糾彈尚書令、僕射、尚書等，號稱"監司"，分管宗廟祠祀、朝儀禮制、選授官吏等文書奏事。位在尚書右丞上。梁九班。陳第四品，秩六百石。　羽林監：官名。禁衛軍將領之一，與虎賁中郎將、冗從僕射合稱禁軍三將，掌宿衛送從。梁五班。陳第七品，秩六百石。　中散大夫：官名。南朝梁、陳屬光禄卿。養老疾，無職事。梁十班。陳第四品，秩千石。　秘書監：官名。秘書省長官。掌典籍圖書。梁十一班。陳第四品，秩中二千石。

　　太建七年，遇疾且卒，乃遺疏敕其家曰："吾今年已來，筋力減耗，可謂衰矣，而好生之情，曾不自覺，唯務行樂，不知老之將至。今時制云及，將同朝露，七十餘年，頗經稱足，啓手告全，[1]差無遺恨。氣絶已後，便買市中見材，材必須小形者，使易提挈。斂以時服，古人通制，但下見先人，必須備禮，可著單衣裙衫故履。既應侍養，宜備紛帨，[2]或逢善友，又須香烟，棺内唯安白布手巾、麤香爐而已，其外一無所用。"卒于家，時年七十六。有集二十卷。[3]子確。

　　[1]啓手告全：意謂善終。《論語·泰伯》云："曾子有疾，召門弟子曰：'啓予足！啓予手！'"曾子讓弟子看自己的手腳是否完好無損，以示自己不敢毀傷父母所賜予的身體。啓，即"啓"，看。
　　[2]紛帨（shuì）：拭物的佩巾。
　　[3]有集二十卷：馬宗霍《南史校證》云："按《隋書·經籍志》未見，新舊《唐志》亦無之。"（第590頁）

　　確字士潛，美容儀，寬大有行檢，博涉經史，篤好玄言，世父弘正特所鍾愛。[1] 解褐梁太學博士、司徒祭酒、晋安王主簿。高祖受禪，除尚書殿中郎，[2] 累遷安成王限内記室。[3] 高宗即位，授東宫通事舍人，[4] 丁母憂，去職。及歐陽紇平，[5] 起爲中書舍人，[6] 命於廣州慰勞，服闋，爲太常卿。[7] 歷太子中庶子、尚書左丞、太子家令，[8] 以父憂去職。尋起爲貞威將軍、吳令，[9] 確固辭不之官。至德元年，[10] 授太子左衛率、中書舍人，[11] 遷散騎常侍，加貞威將軍、信州南平王府長史，[12] 行揚州事。爲政平允，稱爲良吏。遷都官尚書。禎明初，[13] 遘疾，卒于官，時年五十九。詔贈散騎常侍、太常卿，官給喪事。

[1] 世父：伯父。

[2] 尚書殿中郎：官名。尚書省殿中曹長官。屬尚書左僕射。掌擬詔書，多用文學之士。梁侍郎六班，郎中五班。陳第四品，秩六百石。

[3] 安成王：陳宣帝陳頊。陳頊於永定元年（557）被遥封爲始興王。永定三年（559）八月，改封安成王。安成，郡名。治所在今江西安福縣。　限内：梁、陳稱定員之内的官吏爲限内。

[4] 東宫通事舍人：官名。南朝梁置，屬太子中庶子、庶子，掌宣傳皇太子令旨、東宫内外啓奏。員二人，一班。陳第九品。

[5] 歐陽紇：字奉聖，長沙臨湘（今湖南長沙市）人，歐陽頠之子。歐陽頠死後，續任廣州刺史。因在嶺南勢力深厚，引起宣帝猜忌，下詔徵其爲左衛將軍，歐陽紇疑懼，舉兵謀反被殺。本書卷九、《南史》卷六六有附傳。

[6] 中書舍人：官名。中書省屬官。本名中書通事舍人，梁、陳去"通事"二字，徑稱"中書舍人"。職掌起草詔誥、轉呈章奏

等。梁四班。陳第八品。

[7]太常卿：林礽乾《陳書異文考證》云：“《册府》七五四、八六二並作‘太府卿’。”（第186頁）

[8]太子中庶子：官名。東宮門下坊的長官，掌侍從太子左右，儐相威儀，盡規獻納，典綜奏事文書等。員四人。梁十一班。陳第四品，秩二千石。　太子家令：官名。與太子率更令、太子僕合爲東宮三卿。掌東宮庶務，齊、梁後亦多掌文教之事。自宋、齊已來，出任此職多爲次門士族，梁武帝天監六年（507）以太子家令視通直常侍。梁十班。陳第四品，秩千石。

[9]貞威將軍：官名。梁武帝天監七年（508）定爲武職二十四班中的八班，大通三年（529）改爲武職三十四班中的十班。陳擬七品，比秩六百石。　吳：縣名。治所在今江蘇蘇州市。

[10]至德：南朝陳後主陳叔寶年號（583—586）。

[11]太子左衛率：官名。晋武帝泰始年間分太子中衛率爲左、右衛率。與太子右衛率各領一軍，掌東宮護衛。梁十一班。陳第四品，秩二千石。

[12]信州南平王府長史：中華本校勘記云：“南平王時爲揚州刺史，確以長史行揚州事，何來一‘信州’？按《南平王嶷傳》，嶷於至德元年除信武將軍，‘信州’疑爲‘信武’之訛。”梁末析益州置信州。治所不詳，或云治安蜀城，在今湖北宜昌市西北長江西陵峽口南岸。信武，即信武將軍。南朝梁以智武、仁武、勇武、信武、嚴武將軍代舊冠軍將軍，與智威、仁威、勇威、信威、嚴威合爲五德將軍。梁武帝天監七年定爲武職二十四班中的十五班，大通三年改爲武職三十四班中的二十五班。陳置爲五武將軍之一，擬四品，比秩中二千石。南平王，此南平王即陳後主第二子陳嶷。至德元年（583），立爲南平王。南平，郡名。治所在今湖北公安縣西。

[13]禎明：南朝陳後主陳叔寶年號（587—589）。本書及《南史》均未明言周確卒於禎明何年，許福謙《〈陳書〉紀傳疑年録》

據《陳書》《南史》之《徐孝克傳》推斷，"徐孝克於禎明元年（587年）入爲都官尚書，所代者即周確也。由此可知周確之死必在禎明元年矣；享年五十九歲，則其出生當在梁中大通元年（529年）"。

袁憲字德章，尚書左僕射樞之弟也。[1]幼聰敏，好學，有雅量。梁武帝修建庠序，別開五館，[2]其一館在憲宅西，憲常招引諸生，與之談論，每有新議，出人意表，同輩咸嗟服焉。

[1]尚書左僕射：官名。尚書令副佐，主持尚書省庶務，並領殿中、主客二曹。位在右僕射之上。員一人。梁十五班。陳第二品，秩中二千石。　　樞：袁樞。字踐言，陳郡陽夏（今河南太康縣）人。陳廢帝即位後，任尚書左僕射。光大元年（567）卒，謚曰簡懿。本書卷一七、《南史》卷二六有附傳。

[2]五館：梁武帝天監四年（505）開設五館，主要面向寒門子弟。以平原明山賓、吳郡陸璉、吳興沈峻、建平嚴植之、會稽賀瑒爲五經博士，各主一館。有學生數百人，皆給其餼廩，其射策通明經者，即除爲吏。

大同八年，武帝撰《孔子正言章句》，[1]詔下國學，宣制旨義。憲時年十四，被召爲國子《正言》生，[2]謁祭酒到溉，[3]溉目而送之，愛其神彩。在學一歲，國子博士周弘正謂憲父君正曰：[4]"賢子今茲欲策試不？"君正曰："經義猶淺，未敢令試。"居數日，君正遣門下客岑文豪與憲候弘正，會弘正將登講坐，弟子畢集，乃延憲入室，授以麈尾，[5]令憲樹義。時謝岐、何妥在坐，[6]

弘正謂曰：“二賢雖窮奧賾，得無憚此後生耶！”何、謝於是遞起義端，深極理致，憲與往復數番，酬對閑敏。弘正謂妥曰：“恣卿所問，勿以童稚相期。”時學衆滿堂，觀者重沓，而憲神色自若，辯論有餘。弘正請起數難，[7]終不能屈，因告文豪曰：“卿還咨袁吳郡，此郎已堪見代爲博士矣。”時生徒對策，多行賄賂，文豪請具束脩，君正曰：“我豈能用錢爲兒買第耶？”學司銜之。及憲試，爭起劇難，憲隨問抗答，剖析如流。到溉顧憲曰：“袁君正其有後矣。”及君正將之吳郡，溉祖道於征虜亭，[8]謂君正曰：“昨策生蕭敏孫、徐孝克，[9]非不解義，至於風神器局，去賢子遠矣。”尋舉高第。以貴公子選尚南沙公主，[10]即梁簡文之女也。[11]

[1]《孔子正言章句》：《隋書·經籍志一》經部著録梁武帝撰《孔子正言》二十卷。

[2]國子《正言》生：據《南史》卷二五《到溉傳》，到溉任國子祭酒時，表求列梁武帝所撰《正言》於學，並置《正言》助教二人，學生二十人。袁憲即其中之一。

[3]到溉：字茂灌，彭城武原（今江蘇邳州市西北）人，《梁書》卷四〇有傳，《南史》卷二五有附傳。

[4]君正：袁君正。字世忠，陳郡陽夏（今河南太康縣）人。曾任吳郡太守。《梁書》卷三一、《南史》卷二六有附傳。

[5]麈（zhǔ）尾：即拂塵，古人清談好持此物。

[6]謝岐：會稽山陰（今浙江紹興市）人。梁太學博士謝達之子。本書卷一六、《南史》卷六八有傳。　何妥：字栖鳳，西城（今陝西安康市西北）人。《隋書》卷七五、《北史》卷八二有傳。

[7]弘正請起數難：林礽乾《陳書異文考證》云：“按《南史》

與《册府》七七四（'請起'）作'亦起'，遙與上文'於是何、謝遞起義端，深極理致'之'遞起'相呼應，下句'終不能屈'之'終'字，亦與'亦起'之'亦'字緊相承接，各本作'請起'，義不及作'亦起'佳。"（第187頁）

[8]祖道：餞別。祖，遠行時祭祀道路神的儀式。　征虜亭：東晋太元年間征虜將軍謝石所建，原位於石頭城内，在今江蘇南京市鼓樓區。

[9]徐孝克：字法整，東海郯（今山東郯城縣北）人。徐摛之子，少爲《周易》生，梁太清初起家爲太學博士。本書卷二六、《南史》卷六二有附傳。

[10]南沙公主：《建康實録》卷二〇作"南海公主"。

[11]梁簡文：南朝梁皇帝蕭綱。簡文爲其謚號。《梁書》卷四、《南史》卷八有紀。

　　大同元年，[1]釋褐秘書郎。[2]太清二年，[3]遷太子舍人。[4]侯景寇逆，憲東之吳郡，[5]尋丁父憂，哀毁過禮。敬帝承制，徵授尚書殿中郎。高祖作相，除司徒户曹。[6]永定元年，[7]授中書侍郎，[8]兼散騎常侍。與黄門侍郎王瑜使齊，[9]數年不遣，天嘉初乃還。四年，詔復中書侍郎，直侍中省。太建元年，除給事黄門侍郎，仍知太常事。二年，轉尚書吏部侍郎，尋除散騎常侍，侍東宫。三年，遷御史中丞，[10]領羽林監。時豫章王叔英不奉法度，[11]逼取人馬，憲依事劾奏，叔英由是坐免黜，自是朝野皆嚴憚焉。憲詳練朝章，尤明聽斷，至有獄情未盡而有司具法者，即伺閑暇，常爲上言之，其所申理者甚衆。嘗陪醼承香閣，賓退之後，高宗留憲與衛尉樊俊徙席山亭，[12]談宴終日。高宗目憲而謂俊曰"袁家故爲有人”，其見重如此。

[1]大同元年：羅新本云：“此處之‘大同元年’有誤。應爲‘中大同元年’。袁憲於大同八年（542 年）時爲十四歲（以卒年證之，此處所記大同八年爲十四歲不誤），則大同元年（535 年）爲七歲（實爲六周歲）。七歲孩童即尚公主，並釋褐秘書郎，於理不合。又：以行文順序窺之，叙大同元年事於大同八年之後，且袁憲先釋褐而後爲國子生，大悖常規。故此處之‘大同元年’應爲‘中大同元年’，即公元 546 年，憲時年十八歲。”（羅新本：《〈魏書〉〈陳書〉勘誤二則》，《西南民族學院學報》2000 年第 4 期）

[2]秘書郎：官名。秘書省屬官。佐秘書監、丞掌國之典籍圖書。宋、齊以來，爲甲族起家之選。員四人。梁二班。陳第七品，秩四百石。

[3]太清：南朝梁武帝蕭衍年號（547—549）。

[4]太子舍人：官名。晋時爲中書、散騎機構副長官，南朝沿置。掌文章書記。員十六人。梁三班。陳第七品，秩二百石。

[5]吳郡：郡名。治所在今江蘇蘇州市。

[6]司徒户曹：官名。即司徒户曹參軍。司徒府僚佐，掌民户。梁三班。按，梁敬帝太平元年（556）七月，陳霸先由司空進位司徒。

[7]永定：南朝陳武帝陳霸先年號（557—559）。

[8]中書侍郎：官名。中書省屬官，掌詔誥。南朝擬詔出令之職仍歸中書省，但事權歸中書舍人，侍郎職閑官清，成爲起家官。如缺監、令，或亦主持中書省務。梁、陳均設四員。梁九班。陳第四品，秩千石。

[9]王瑜：字子珪，琅邪臨沂（今山東臨沂市）人。永定元年（557）他與副使袁憲出使北齊，因王琳之故一同被扣留，“並危殆者數矣”，幸賴楊愔多次救護而得免，於天嘉二年（561）返回南

朝。本書卷二三、《南史》卷二一有附傳。

[10]御史中丞：官名。御史臺長官，掌督察百官，糾彈不法。員一人。梁十一班。陳第三品，秩二千石。

[11]豫章王叔英：陳宣帝太建元年（569）封第三子陳叔英爲豫章王。陳叔英，字子烈。本書卷二八、《南史》卷六五有傳。豫章，郡名。治所在今江西南昌市。

[12]衛尉：官名。梁、陳位列十二卿，掌宮門宿衛屯兵，巡行宮外，糾察不法，管理武庫，領武庫、公車司馬令。梁十二班。陳第三品，秩中二千石。　樊俊：南陽湖陽（今河南唐河縣南）人，樊毅兄，梁時曾任梁興太守。

五年，入爲侍中。六年，除吳郡太守，以父任固辭不拜，改授明威將軍、南康内史。[1]九年，秩滿，除散騎常侍，兼吏部尚書，[2]尋而爲真。[3]憲以久居清顯，累表自求解任。高宗曰：“諸人在職，屢有謗書。卿處事已多，可謂清白，別相甄録，且勿致辭。”十三年，遷右僕射，參掌選事。先是憲長兄簡懿子爲左僕射，至是憲爲右僕射，臺省内目簡懿爲大僕射，憲爲小僕射，朝廷榮之。

[1]南康：郡名。治所在今江西贛州市西南。

[2]吏部尚書：官名。尚書省列曹尚書之首。南朝宋、齊領吏部、删定、三公、比部四曹。梁、陳沿置。掌官吏銓選、任免等，職任隆重。梁十四班。陳第三品，秩中二千石。

[3]尋而爲真：按常例，官員試守，滿歲即真。據本書卷六《宣帝紀》，袁憲於太建十年七月乙巳由“兼吏部尚書”轉爲“吏部尚書”。

及高宗不豫，[1]憲與吏部尚書毛喜俱受顧命。[2]始興
王叔陵之肆逆也，[3]憲指麾部分，預有力焉。後主被瘡
病篤，執憲手曰：“我兒尚幼，後事委卿。”憲曰：“群
情顒顒，冀聖躬康復，後事之旨，[4]未敢奉詔。”以功封
建安縣伯，[5]邑四百户，領太子中庶子，餘並如故。尋
除侍中、信威將軍、太子詹事。[6]

[1]不豫：天子有疾的諱稱。

[2]毛喜：字伯武，滎陽陽武（今河南原陽縣東南）人。本書
卷二九、《南史》卷六八有傳。

[3]始興王叔陵：陳宣帝太建元年（569）封第二子陳叔陵爲
始興王。陳叔陵，陳宣帝駕崩後，他發動叛亂，以剉藥刀斫傷陳後
主，後兵敗被殺。本書卷三六、《南史》卷六五有傳。始興，郡名，
治所在今廣東韶關市南武水西岸。

[4]後事之旨：《南史》卷二六《袁憲傳》作“後事之委”。

[5]建安：縣名。治所在今福建建甌市。　縣伯：封爵名。爲
開國縣伯省稱，食邑爲縣。陳爲九等爵第四等，第四品，秩視中二
千石。

[6]信威將軍：官名。南朝梁以智武、仁武、勇武、信武、嚴
武將軍代舊冠軍將軍，與智威、仁威、勇威、信威、嚴威合爲五德
將軍。梁武帝天監七年（508）定爲武職二十四班中的十六班，大
通三年（529）改爲武職三十四班中的二十六班。陳置爲五武將軍
之一，擬四品，比秩中二千石。

至德元年，太子加元服，[1]二年，行釋奠之禮，[2]憲
於是表請解職，後主不許，給扶二人，進號雲麾將軍，
置佐史。皇太子頗不率典訓，憲手表陳諫凡十條，皆援

引古今，言辭切直，太子雖外示容納，而心無悛改。後主欲立寵姬張貴妃子始安王爲嗣，[3]嘗從容言之，吏部尚書蔡徵順旨稱賞，[4]憲厲色折之曰：“皇太子國家儲嗣，[5]億兆宅心。卿是何人，輕言廢立！”夏，竟廢太子爲吳興王。[6]後主知憲有規諫之事，歎曰“袁德章實骨鯁之臣”，即日詔爲尚書僕射。[7]

[1]太子：陳胤。字承業，陳後主長子，母孫姬因産卒，爲沈皇后所養。陳後主即位後立爲皇太子，禎明二年（588）被廢爲吳興王。本書卷二八、《南史》卷六五有傳。　加元服：行冠禮，以示成人。冠爲首之所著，故稱元服。

[2]行釋奠之禮：釋奠，在學校置酒食以祭祀先聖先師的儀式。中華本校勘記云：“按《後主紀》，太子加元服在至德二年七月，行釋奠禮在三年十二月。”

[3]張貴妃：張麗華。本書卷七、《南史》卷一二有傳。　始安王：陳深。字承源，後主第四子。陳後主至德元年（583）封始安王。本書卷二八、《南史》卷六五有傳。始安，郡名。治所在今廣西桂林市。

[4]蔡徵：本名覽，後更名徵，字希祥，濟陽考城（今河南民權縣東北）人。本書卷二九有傳，《南史》卷六八有附傳。

[5]儲嗣：《南史》卷二六《袁憲傳》作“儲副”。

[6]吳興王：陳胤。吳興，郡名。治所在今浙江湖州市吳興區。

[7]尚書僕射：官名。尚書令副佐，不常置。若左、右僕射並缺，則置以掌左僕射事。梁十五班。陳第二品，秩中二千石。

禎明三年，[1]隋軍來伐，隋將賀若弼進燒宮城北掖門，[2]宮衛皆散走，朝士稍各引去，惟憲衛侍左右。後主謂憲曰：“我從來待卿不先餘人，今日見卿，可謂歲寒知松柏後凋也。”[3]後主遑遽將避匿，憲正色曰：“北兵之入，必無所犯，大事如此，陛下安之？臣願陛下正衣冠，御前殿，依梁武見侯景故事。”[4]後主不從，因下榻馳去，憲從後堂景陽殿入，[5]後主投下井中，憲拜哭而出。京城陷，入于隋，隋授使持節、昌州諸軍事、開府儀同三司、昌州刺史。[6]開皇十四年，[7]詔授晉王府長史。[8]十八年，卒，時年七十。贈大將軍，[9]安城郡公，[10]謚曰簡。長子承家，仕隋至秘書丞、國子司業。[11]

[1]禎明三年：三，底本作“元”，中華本校勘記云：“按賀若弼渡江至建業，爲禎明三年，‘元’爲‘三’字之訛，今改。”今從改。

[2]賀若弼：字輔伯，河南洛陽（今河南洛陽市東北）人。鮮卑族。隋軍伐陳時，他任行軍總管，從廣陵渡江攻克京口，在蔣山大敗陳軍，爲平陳立下大功。《隋書》卷五二有傳，《北史》卷六八有附傳。　北掖門：建康宮臺城外城北門。本名承明門，齊高帝時避其父蕭承之諱改爲北掖門。

[3]“我從來待卿”至“松柏後凋也”：《南史》卷二六《袁憲傳》載陳後主之言，此下尚有“非唯由我無德，亦是江東衣冠道盡”一句。《通鑑》卷一七七《隋紀一》“文帝開皇九年”條記此句作：“我從來接遇卿不勝餘人，今日但以追愧。非唯朕無德，亦是江東衣冠道盡。”

[4]梁武見侯景故事：《南史》卷八〇《侯景傳》記載，侯景攻陷臺城，攜甲士五百人帶劍升殿，梁武帝神色不變，從容問話。侯景出謂王僧貴曰：“吾常據鞍對敵，矢刃交下，而意了無怖。今

見蕭公，使人自懾，豈非天威難犯。吾不可以再見之。"

[5]憲從後堂景陽殿入：《南史·袁憲傳》作"憲從出後堂景陽殿"，《建康實錄》卷二〇作"憲從出後堂至景陽殿"。本書卷六《後主紀》及《通鑑》卷一七七《隋紀一》"文帝開皇九年"條皆云後主"從宮人十餘出後堂景陽殿"，相比較而言，《南史》所述似更清晰，《建康實錄》所述不確。

[6]開府儀同三司：大臣加號，意謂與三司即太尉、司徒、司空禮制、待遇相同，許開設府署，自辟僚屬。

[7]開皇：隋文帝楊堅年號（581—600）。

[8]晋王：楊廣。隋文帝開皇元年（581）封第二子楊廣爲晋王。《隋書》卷三、卷四，《北史》卷一一有紀。

[9]大將軍：官名。隋文帝采北周之制，置十一等散實官，以酬勤勞，大將軍爲第四等。正三品。

[10]安城：《南史·袁憲傳》及《建康實錄》作"安成"。郡公：隋爵制，分王、五等爵二等，包括國王、郡王、國公、郡公、縣公、侯、伯、子、男郡公共九級，郡公爲第四級，屬五等爵，在國公之下，縣公之上，從一品。

[11]秘書丞：官名。秘書省副官，佐秘書監校勘、整理圖書典籍。隋煬帝時在秘書監下增置秘書少監，秘書丞在秘書少監之下。五品。　國子司業：官名。即國子監司業。隋煬帝大業三年（607）於國子監置，輔佐國子祭酒。一員，從四品。

史臣曰：梁元帝稱士大夫中重汝南周弘正，信哉斯言也！觀其雅量標舉，尤善玄言，亦一代之國師矣。袁憲風格整峻，徇義履道。韓子稱爲人臣委質，心無有二。[1]憲弗渝終始，良可嘉焉。

[1]人臣委質，心無有二：語出《韓非子·有度》"賢者之爲人

臣，北面委質，無有二心"。委質，向君主獻禮，表示獻身。臣向君獻禮不親授，而是置之於庭，故曰委質。委，置。質，贄，禮物。

陳書　卷二五

列傳第十九

裴忌　孫瑒

　　裴忌字無畏，河東聞喜人也。[1]祖髦，梁中散大夫。[2]父之平，[3]倜儻有志略，召補文德主帥。[4]梁普通中衆軍北伐，[5]之平隨都督夏侯亶克定渦、潼，[6]以功封費縣侯。[7]會衡州部民相聚寇抄，[8]詔以之平爲假節、超武將軍、都督衡州五郡征討諸軍事。[9]及之平至，即皆平殄，梁武帝甚嘉賞之。[10]元帝承聖中，[11]累遷散騎常侍、右衛將軍、晋陵太守。[12]世祖即位，[13]除光禄大夫，[14]慈訓宮衛尉，[15]竝不就，乃築山穿池，植以卉木，居處其中，有終焉之志。天康元年卒，[16]贈仁威將軍、光禄大夫，[17]謚曰僖子。

　　[1]河東：郡名。治所在今山西永濟市西南。　聞喜：縣名。治所在今山西聞喜縣。
　　[2]中散大夫：官名。南朝梁、陳屬光禄卿。養老疾，無職事。

梁十班。陳第四品，秩千石。

[3]之平：即裴之平。字如原，河東聞喜（今山西聞喜縣）人。《梁書》卷二八、《南史》卷五八有附傳。按，本書所載裴之平的生平與《梁書》出入頗大，裴忌之父究竟是否是裴之平，王懋竑《讀書記疑》卷八曾提出懷疑：“《裴之平傳》《梁書》附《裴邃》後：‘以軍功封都亭侯，歷武陵王常侍、扶風宏農二郡太守，不行，除譙州長史、陽平太守，又遷散騎常侍、右衛將軍、太子詹事。’……《梁》《陳》二書並姚思廉撰，而之平一人其不同有如此者。《南史》從《陳書》而又兼載《梁書》太子詹事一官，亦莫識其何説也。……之平兄弟最多見於《梁書》者僅四人，之高子幾、之横子鳳寶，獨之平不言子忌，是忌未必爲之平之子，而《忌傳》之平，‘平’字當爲誤文。忌父必之平兄弟行，思廉以載於《忌傳》，故《梁書·裴邃傳》不復附及，而《陳書》字誤，忌父名遂不可考。《南史》以忌爲之平子，蓋亦未審《陳書》之誤耳。”

[4]文德主帥：官名。即文德殿直殿主帥，歸直閣將軍所領，掌文德殿内宿衛。文德殿，梁建康宫内朝宫殿，梁武帝曾於此藏書。

[5]普通：南朝梁武帝蕭衍年號（520—527）。

[6]夏侯亶：字世龍，譙郡譙（今安徽亳州市）人。南朝梁武帝普通六年（525）五月，夏侯亶取代卒於軍中的裴邃都督衆軍北伐。七年夏，夏侯亶從南道攻壽陽，當年十一月，攻克壽陽，以功爲豫、南豫二州刺史。《梁書》卷二八有傳，《南史》卷五五有附傳。　渦：即渦陽。縣名。魏於此地置東豫州，亦稱渦州。梁武帝大通元年（527）從東魏手中收復渦陽，於其地置西徐州，治所在今安徽蒙城縣。　潼：即臨潼。郡名。梁武帝大通元年（527）五月，成景雋攻克臨潼，於其地置潼州，治所在今安徽靈璧縣東北。

[7]費：縣名。治所在今山東費縣。東晉元帝時僑置琅邪郡，下領費縣。南朝梁之費縣屬南琅邪郡，僑寄於建康，在今江蘇南京市。　縣侯：封爵名。梁爵制，分王、五等爵、列侯三等。縣侯屬

五等爵，在公之下、縣伯之上。爲十三級中的第八級。位視卿，班次之。

[8]衡州：州名。治所在今廣東英德市西北浛洸鎮。

[9]假節：古代大臣奉皇帝之命出行，持符節以爲憑證並示威重。南北朝軍事長官的職權分爲使持節、持節、假節三等。使持節可誅殺二千石以下官員。持節可殺無官位之人，在軍事中可誅殺二千石以下官員。假節唯軍事中得殺犯軍令者。　超武將軍：官名。南朝梁武帝普通六年刊正將軍名號時置。爲雜號將軍。爲武職三十四班中的九班。陳沿置，擬八品，比秩六百石。

[10]梁武帝：南朝梁皇帝蕭衍謚號。《梁書》卷一至卷三，《南史》卷六、七有紀。

[11]元帝：南朝梁皇帝蕭繹謚號。《梁書》卷五、《南史》卷八有紀。　承聖：南朝梁元帝蕭繹年號（552—555）。

[12]散騎常侍：官名。集書省長官。職掌侍從皇帝左右，應對顧問，獻納得失。梁十二班，陳第三品，秩中二千石。　右衛將軍：官名。司馬炎即晉王後，分中衛將軍爲左、右衛將軍。領宿衛營兵，侍直殿內。梁十二班。陳第三品，秩二千石。　晉陵：郡名。治所在今江蘇常州市。

[13]世祖：南朝陳文帝陳蒨廟號。陳蒨，本書卷三、《南史》卷九有紀。

[14]光禄大夫：官名。屬光禄勳。養老疾，無職事。多用於贈官或加官。梁十三班。陳第三品，秩中二千石。

[15]慈訓宮：陳文帝即位後，尊陳武帝皇后章氏爲皇太后，其所住宮殿爲慈訓宮。　衛尉：官名。南朝宋孝武帝復置衛尉。梁以衛尉爲衛尉卿，爲十二卿之一。掌宮門宿衛屯兵，巡行宮城，糾察不法。亦設於太后宮。十二班。陳第三品，秩中二千石。

[16]天康：南朝陳文帝陳蒨年號（566）。

[17]仁威將軍：官名。梁以仁威、智威、勇威、信威、嚴威將軍代舊征虜將軍。梁武帝天監七年（508）定爲武職二十四班中的

十六班，大通三年（529）改爲武職三十四班中的二十六班。陳擬四品，比秩中二千石。

　　忌少聰敏，有識量，頗涉史傳，爲當時所稱。解褐梁豫章王法曹參軍。[1]侯景之亂，[2]忌招集勇力，隨高祖征討，[3]累功爲寧遠將軍。[4]及高祖誅王僧辯，[5]僧辯弟僧智舉兵據吳郡，[6]高祖遣黃他率衆攻之，僧智出兵於西昌門拒戰，他與相持，不能克。高祖謂忌曰："三吳奧壤，[7]舊稱饒沃，雖凶荒之餘，猶爲殷盛，而今賊徒扇聚，天下搖心，非公無以定之，宜善思其策。"忌乃勒部下精兵，輕行倍道，自錢塘直趣吳郡，[8]夜至城下，鼓譟薄之。僧智疑大軍至，輕舟奔杜龕，[9]忌入據其郡。高祖嘉之，表授吳郡太守。

　　[1]解褐：脱下布衣，著官服。指初入仕途。　豫章王：中大通三年（531），梁武帝封嫡孫蕭歡爲豫章王，邑二千户。蕭歡死後，其子蕭棟嗣封。豫章，郡名。治所在今江西南昌市。　法曹參軍：官名。王公將軍府法曹長官，掌府内刑獄律令。多爲行參軍，是無俸禄的散官。梁皇弟、皇子府法曹參軍，三班；嗣王府法曹參軍，二班。

　　[2]侯景：字萬景。原爲東魏大將，後叛至南朝梁，在梁發動叛亂，史稱"侯景之亂"。《梁書》卷五六、《南史》卷八〇有傳。

　　[3]高祖：南朝陳武帝陳霸先廟號。陳霸先，本書卷一、卷二，《南史》卷九有紀。

　　[4]寧遠將軍：官名。梁武帝天監七年（508）定爲武職二十四班中的十三班，普通六年（525）改爲武職三十四班中的二十三班。陳擬五品，比秩千石。

　　[5]王僧辯：字君才，太原祁（今山西祁縣）人。侯景之亂時，被蕭繹任爲大都督，討破侯景。梁元帝死後，他在北齊壓力下，納貞陽侯蕭淵明爲帝。公元555年九月，被陳霸先襲殺。《梁書》卷四五有傳，《南史》卷六三有附傳。

　　[6]僧智：王僧智，王僧辯之弟。王僧辯被殺後，他據吳郡起兵失敗。《南史》卷六三記載，"僧辯既之，弟僧智得就任約。約敗走，僧智肥不能行，又遇害"。　吳郡：郡名。治所在今江蘇蘇州市。

　　[7]奧壤：富厚的沃壤。

　　[8]自錢塘直趣吳郡：錢塘，縣名。治所在今浙江杭州市。中華本校勘記云："按《通鑑》梁敬帝紹泰元年胡注云：'按陳霸先自義興還建康，遣裴忌助黃他攻吳郡，自錢塘直趣吳郡，非路也。"錢塘"必誤。'"張金龍云："關於裴忌攻占吳郡的時間，《資治通鑑》卷一六六《梁紀二二》繫於敬帝紹泰元年（555）十月丁丑（三十，11. 29）'霸先卷甲還建康'後……事實上，遣裴忌攻吳郡不應在陳霸先自義興還建康之後，而是在陳霸先自建康征義興之時或之前。不過從上文所引《陳書・裴忌傳》載出征前陳霸先就攻伐戰略的談話來看，出征前裴忌似乎是在陳霸先身邊，'自錢塘直趣吳郡'的確是有疑問的路綫。如果說裴忌原本是在錢塘戍守，在黃他進攻吳郡失利後再令其征討，則本傳所載陳霸先對裴忌之言是以書信而非對話方式發出，或許更符合實情。"（張金龍：《治亂興亡：軍權與南朝政權演進》，商務印書館2016年版，第589頁）趣，南監本、汲本作"趨"。

　　[9]杜龕：京兆杜陵（今陝西西安市）人。王僧辯部將、女婿。公元555年六月，杜龕爲震州刺史，鎮吳興。王僧辯被殺後，他以吳興舉兵反抗，被殺。《梁書》卷四六、《南史》卷六四有附傳。

　　高祖受禪，徵爲左衛將軍。[1]天嘉初，[2]出爲持節、南康内史。[3]時義安太守張紹賓據郡反，[4]世祖以忌爲持節、都督嶺北諸軍事，率衆討平之。還除散騎常侍、司徒左長史。[5]五年，授雲麾將軍、衛尉卿，[6]封東興縣侯，[7]邑六百户。

　　[1]左衛將軍：官名。司馬炎即晉王後，分中衛將軍爲左、右衛將軍。領宿衛營兵，侍直殿内。梁十二班。陳第三品，秩二千石。

　　[2]天嘉：南朝陳文帝陳蒨年號（560—566）。

　　[3]南康：郡名。治所在今江西贛州市西南。永定元年（557）十月，陳武帝追封其弟陳休先爲南康郡王，十一月以休先之子陳曇朗襲封。　内史：官名。王國行政長官，掌民政，職如郡太守。陳萬户以上郡爲第六品，不滿萬户郡爲第七品。

　　[4]義安：郡名。治所在今廣東潮州市東北。

　　[5]司徒左長史：官名。司徒府屬官，佐司徒掌官吏事。位在右長史上。梁十二班。陳第四品，秩千石。

　　[6]雲麾將軍：官名。梁時與武臣、爪牙、龍騎將軍取代舊前、後、左、右將軍，爲雜號將軍。梁武帝天監七年（508）定爲武職二十四班中的十八班。大通三年（529）改爲武職三十四班中的二十八班。陳擬四品，比秩中二千石。

　　[7]東興：縣名。治所在今江西黎川縣東北。　縣侯：封爵名。爲開國縣侯之省稱。食邑爲縣，陳置爲九等爵第三等。第三品，視中二千石。

　　及華皎稱兵上流，[1]高宗時爲録尚書輔政，[2]盡命衆軍出討，委忌總知中外城防諸軍事。[3]及皎平，高宗即位，[4]太建元年，[5]授東陽太守，[6]改封樂安縣侯，[7]邑一千戶。四年，入爲太府卿。[8]五年，轉都官尚書。[9]

[1]華皎：晉陵暨陽（今江蘇江陰市東南）人。時爲湘州刺史，割據一方。光大元年（567）五月，朝廷詔以吳明徹代華皎爲安南將軍、湘州刺史，華皎遂起兵反，兵敗逃奔江陵。本書卷二〇、《南史》卷六八有傳。

[2]高宗：南朝陳宣帝陳頊廟號。陳頊，本書卷五、《南史》卷一〇有紀。　録尚書：官名。即録尚書事。總領尚書省政務。南朝時多以權臣居之，權力很大。

[3]總知中外城防諸軍事：總管京師宮城内外的城防軍隊。

[4]高宗：北監本、汲本、殿本作“高祖”，誤。

[5]太建：南朝陳宣帝陳頊年號（569—582）。

[6]東陽：郡名。治所在今浙江金華市。

[7]樂安：縣名。治所在今浙江仙居縣。《通志》卷一四四作“安樂”。

[8]太府卿：官名。梁十二卿之一，掌金帛庫藏出納、關市税收等。梁十三班。陳第三品，秩中二千石。

[9]都官尚書：官名。尚書省列曹尚書之一。南朝宋領都官、水部、庫部、功論四曹。掌刑獄軍事、水利工程及庫藏等。梁十三班。陳第三品，秩中二千石。

吳明徹督衆軍北伐，[1]詔忌以本官監明徹軍。淮南平，授軍師將軍、豫州刺史。[2]忌善於綏撫，甚得民和。改授使持節、都督譙州諸軍事、譙州刺史。[3]未及之官，會明徹受詔進討彭、汴，[4]以忌爲都督，[5]與明徹掎角俱進。吕梁軍敗，陷于周，周授上開府。[6]隋開皇十四年卒於長安，[7]時年七十三。

[1]吳明徹：字通昭，秦郡（今江蘇南京市六合區西北）人。陳宣帝太建五年（573），率軍伐北齊，一度收復淮南江北之地。太建十年二月，在呂梁敗於北周，與將士三萬餘人被俘。本書卷九、《南史》卷六六有傳。

[2]軍師將軍：官名。梁武帝天監七年（508）置，與忠武將軍同班。天監七年定爲武職二十四班中的十九班，大通三年（529）改爲武職三十四班中的二十九班。陳擬四品，比秩中二千石。　豫州：州名。寄治壽陽，在今安徽壽縣。梁末豫州没於北。據《本書》卷五《宣帝紀》太建五年十月，吳明徹攻克壽陽城，陳宣帝下詔以其地重置豫州。

[3]譙州：州名。陳太建五年北伐得梁南譙州故地，復置南譙州，又稱譙州。太建七年三月移治新昌郡之頓丘，在今安徽滁州市。

[4]彭：即彭城。縣名。治所在今江蘇徐州市。　汴：即汴水。彭城位於汴水與泗水的交匯處，故連言。

[5]以忌爲都督：《通志》卷一四四此句作“以明徹爲都督”，當誤。

[6]上開府：上開府儀同大將軍的省稱。北周建德四年（575）改開府儀同三司爲開府儀同大將軍，又置上開府儀同大將軍。主要授予有軍勳的功臣及降官，可開府置官屬，無具體職掌。爲十一等勳官的第五等。九命。

[7]開皇：隋文帝楊堅年號（581—600）。　長安：隋都城，在今陝西西安市北。

　　孫瑒字德璉，吳郡吳人也。[1]祖文惠，齊越騎校尉、清遠太守。[2]父循道，[3]梁中散大夫，以雅素知名。

[1]吴：縣名。治所在今江蘇蘇州市。

[2]越騎校尉：官名。與屯騎、射聲、步兵、長水校尉合爲禁軍五校尉。掌侍衛。南朝不領營兵，隸領軍將軍，多用以安置勳舊。南朝宋四品。　清遠：郡名。南齊無清遠郡。梁武帝時以漢中宿縣地置清遠郡，屬衡州，陳移治於翁源，治所在今廣東翁源縣西北。

[3]循道：中華本校勘記云：“‘循’《南史》作‘修’。”《建康實録》卷二〇亦作“修”。

　　瑒少倜儻，好謀略，博涉經史，尤便書翰。起家梁輕車臨川嗣王行參軍，[1]累遷爲安西邵陵王水曹中兵參軍事。[2]王出鎮郢州，[3]瑒盡室隨府，甚被賞遇。太清之難，[4]授假節、宣猛將軍、軍主。[5]王僧辯之討侯景也，王琳爲前軍，[6]琳與瑒同門，[7]乃表薦爲戎昭將軍、宜都太守，[8]仍從僧辯救徐文盛於武昌。[9]會郢州陷，乃留軍鎮巴陵，[10]修戰守之備。俄而侯景兵至，日夜攻圍，瑒督所部兵悉力拒戰，賊衆奔退。瑒從大軍沿流而下，及克姑熟，[11]瑒力戰有功，除員外散騎常侍，[12]封富陽縣侯，[13]邑一千户。尋授假節、雄信將軍、衡陽内史，[14]未及之官，仍遷衡州平南府司馬。[15]破黄洞蠻賊有功，[16]除東莞太守，[17]行廣州刺史。[18]尋除智武將軍，[19]監湘州事。[20]敬帝嗣位，[21]授持節、仁威將軍、巴州刺史。[22]

　　[1]輕車：輕車將軍。梁以輕車、征遠、鎮朔、武旅、貞毅將軍代舊輔國將軍。梁武帝天監七年（508）定爲武職二十四班中的十四班，大通三年（529）改爲武職三十四班中的二十四班。陳擬

五品，比秩千石。　　臨川嗣王：蕭正義。梁武帝天監元年（502）封其六弟蕭宏爲臨川郡王，邑二千户。梁武帝普通七年（526）四月蕭宏死後，蕭宏次子蕭正義嗣封臨川王。臨川，郡名。治所在今江西南城縣東南。　　行參軍：官名。王公軍府屬官，參掌府曹事，位在參軍之下。多由府主自行板授，是無俸禄的散官，士人常以此作爲進身之階。梁皇弟皇子府行參軍，三班；嗣王府、庶姓公府行參軍，二班。

[2]安西：即安西將軍。梁、陳時安東、安西、安南、安北將軍與安前、安後、安左、安右將軍合稱八安將軍。爲重號將軍，是外官專用之軍號。梁武帝天監七年定爲武職二十四班中的二十一班，大通三年改爲武職三十四班中的三十一班。陳擬三品，比秩中二千石。　　邵陵王：蕭綸。梁武帝天監十三年（514）七月，封其第六子蕭綸爲邵陵郡王。邵陵，郡名。治所在今湖南邵陽市。　　水曹：王公軍府官署。掌河渠水利。南朝多由行參軍主曹事。　　中兵參軍事：官名。王公軍府中兵曹長官，掌本府親兵，可率兵征伐。梁皇子府中兵參軍事，六班。

[3]郢州：州名。治所在今湖北武漢市武昌區。梁武帝大同六年（540）二月，以江州刺史、邵陵王蕭綸爲平西將軍、郢州刺史。

[4]太清之難：指侯景之亂。太清，南朝梁武帝蕭衍年號（547—549）。梁武帝太清二年（548），侯景於壽陽發動叛亂，次年三月攻克建康臺城。他擅行廢立，禍亂蕭梁達四年之久，蕭衍、蕭正德、蕭綱三位皇帝均死於其手。

[5]宣猛將軍：官名。南朝梁置。爲雜號將軍。梁武帝天監七年定爲武職二十四班中的六班，大通三年改爲武職三十四班中的九班。　　軍主：官名。一軍之統帥，其下設軍副。所統兵力多少不一。

[6]王琳：字子珩，會稽山陰（今浙江紹興市）人。原爲蕭繹部將，隨王僧辯破侯景。江陵陷落後，他盤踞湘、郢諸州，依附北齊，擁立梁元帝之孫蕭莊，對陳政權構成巨大威脅。陳文帝天嘉元

年（560），王琳在蕪湖之役中被侯瑱擊敗，逃奔北齊。《北齊書》卷三二、《南史》卷六四有傳。

[7]同門：《南史》卷六七《孫瑒傳》作"親婭"。

[8]戎昭將軍：官名。梁班階不詳。陳擬八品，比秩六百石。宜都：郡名。治所在今湖北枝江市。

[9]徐文盛：字道茂，彭城（今江蘇徐州市）人。蕭繹部將。公元 550 年九月，侯景部將任約進逼郢州之西陽、武昌，蕭繹遣左衛將軍徐文盛率衆軍東下援救，至郢州與任約相持。公元 551 年三月，侯景親率軍援助任約，於四月襲取郢州，俘郢州刺史蕭方諸等，徐文盛軍潰，逃歸江陵。《梁書》卷四六、《南史》卷六四有傳。　武昌：郡名。治所在今湖北鄂州市。

[10]巴陵：郡名。治所在今湖南岳陽市。徐文盛與侯景相持之際，蕭繹命王僧辯爲大都督，率淳于量、杜龕、王琳等援助郢州，未及抵達而郢州已陷，王僧辯軍遂據守巴陵。

[11]姑熟：城名。在今安徽當塗縣。公元 552 年三月，王僧辯等破侯景部將侯子鑒於姑孰。

[12]除：拜官授職，意謂除去舊官，另就新任。　員外散騎常侍：官名。南朝屬集書省。南朝宋以後，多用以安置閑退官員。梁十班。陳第四品，秩二千石。

[13]富陽：縣名。治所在今浙江杭州市富陽區。

[14]雄信將軍：官名。南朝梁置。梁武帝天監七年定爲武職二十四班中的九班，普通六年（525）與雄猛、雄威、雄明、雄烈、雄武、雄勇、雄毅、雄壯、雄健合爲十雄將軍，大通三年改爲武職三十四班中的十七班。陳擬六品，比秩千石。　衡陽：郡名。治所在今湖南株洲市西南。

[15]衡州：州名。治所在今廣東英德市西北浛洸鎮。　平南：平南將軍。與平東、平西、平北將軍合爲四平將軍。爲重號將軍，是外官專用之軍號。梁武帝天監七年定爲武職二十四班中的二十班，大通三年改爲武職三十四班中的三十班。陳擬三品，比秩中二

千石。　司馬：官名。王公軍府屬官，掌軍務。平時位在長史之下，有軍事時則其職較長史爲重。

[16]黃洞：又作"黃峒"，在今廣西扶綏縣西。

[17]東莞：即東官。郡名。治所在今廣東中山市南頭鎮。

[18]行廣州刺史：林礽乾《陳書異文考證》云："'行某某刺史事'或'州府事'，爲南朝特有之制。蓋南朝諸帝恒以皇子出鎮方岳。苟遇子幼未能親政，則時主勢必簡派可靠之人爲該王子府之長史或司馬（最高幕僚長），以代府主行州府事，是即所謂'行某某州府事'也。"（文史哲出版社1979年版，第189頁）故"行廣州刺史"下，當依此例補一"事"字。廣州，州名。治所在今廣東廣州市。按，梁元帝承聖三年（554）九月，梁元帝以王琳取代蕭勃爲廣州刺史。王琳軍到達小桂嶺，蕭勃率部下避至始興，王琳乃使孫瑒先行進據番禺。關於此事，《通鑑》卷一六五《梁紀二十一》"元帝承聖三年"條云："王琳使副將孫瑒先行據番禺。"依此，則孫瑒是王琳副將。而本書卷九及《南史》卷六六《歐陽頠傳》云："勃遣其將孫瑒監州。"《通鑑》卷一六七《陳紀一》"武帝永定元年"條亦云："勃遣其將孫瑒監廣州。"依此，則孫瑒是蕭勃部將，疑文有訛誤。

[19]智武將軍：官名。南朝梁以智武、仁武、勇武、信武、嚴武將軍代舊冠軍將軍，與智威、仁威、勇威、信威、嚴威合爲五德將軍。梁武帝天監七年定爲武職二十四班中的十五班，大通三年改爲武職三十四班中的二十五班。陳置爲五武將軍之一，擬四品，比秩中二千石。

[20]湘州：州名。治所在今湖南長沙市。

[21]敬帝：南朝梁皇帝蕭方智謚號。《梁書》卷六、《南史》卷八有紀。

[22]巴州：州名。治所在今湖南岳陽市。

高祖受禪，王琳立梁永嘉王蕭莊於郢州，[1]徵瑒爲太府卿，[2]加通直散騎常侍。[3]及王琳入寇，以瑒爲使持節、散騎常侍、都督郢荆巴武湘五州諸軍事、安西將軍、郢州刺史，[4]總留府之任。周遣大將史寧率衆四萬，[5]乘虚奄至，瑒助防張世貴舉外城以應之，[6]所失軍民男女三千餘口。周軍又起土山高梯，日夜攻逼，因風縱火，燒其內城南面五十餘樓。時瑒兵不滿千人，乘城拒守，瑒親自撫巡，行酒賦食，[7]士卒皆爲之用命。周人苦攻不能克，乃矯授瑒柱國、郢州刺史，[8]封萬户郡公。[9]瑒僞許以緩之，而潛修戰具，樓雉器械，[10]一朝嚴設，周人甚憚焉。及聞大軍敗王琳，乘勝而進，[11]周兵乃解。瑒於是盡有中流之地，集其將士而謂之曰："吾與王公陳力協義，同獎梁室，[12]亦已勤矣。[13]今時事如此，天可違乎！"[14]遂遣使奉表詣闕。

[1]永嘉王：梁元帝承聖元年（552）十一月，封蕭莊爲永嘉王。永嘉，郡名。治所在今浙江溫州市。　蕭莊：蕭繹長子蕭方等的長子。梁敬帝即位後出質於北齊。陳霸先受禪後，王琳將其從北齊迎回，立爲皇帝。《南史》卷五四有附傳。　郢州：州名。治所在今湖北武漢市武昌區。

[2]太府卿：官名。南朝梁武帝天監七年（508）置，爲十二卿之一，掌管金帛庫藏出納、關市稅收。十三班。陳第三品，秩中二千石。中華本校勘記云："'太府卿'《南史》作'少府卿'，《通鑑》陳武帝永定三年同。"

[3]通直散騎常侍：官名。西晉武帝時，使員外散騎常侍二人與散騎常侍通員當值，故名。南朝屬集書省，多以衰老之士擔任，地位漸低。梁武帝曾欲提高其地位，以比御史中丞，但終不被人所

重，常爲加官。梁十一班。陳第四品，秩二千石。

[4]荆：州名。治所在今湖北荆州市荆州區。承聖三年（554）十一月，江陵城被西魏攻陷，荆州江北之地陷没，王琳所據當是荆州江南地。　武：州名。治所在今湖南常德市。

[5]史寧：字永和，建康表氏（今甘肅高臺縣）人。北周孝閔帝即位後，他出任荆襄淅郢等五十二州及江陵鎮防諸軍事、荆州刺史。陳文帝天嘉元年（560），他趁王琳東下與陳軍交戰之際，攻襲郢州。《周書》卷二八、《北史》卷六一有傳。

[6]助防：官名。助城主防守的將領。　張世貴：底本作“張世責”，中華本據《通鑑》卷一六八《陳紀二》“文帝天嘉元年”條及《元龜》卷三九九改，今從改。

[7]賦食：散發食物。

[8]柱國：官名。即柱國大將軍。北周勳官號。上柱國大將軍爲勳官之首，柱國大將軍次之。正九命。

[9]郡公：北周武帝建德三年（574）之前無王爵，郡公爲五等爵第一等，在國公下、縣公上。正九命。按，北周郡公的食邑高不過八千户，食邑萬户已達到國公的水平，乃特殊優待。

[10]樓雉：城墙。

[11]而進：《册府》卷三九九作“西進”。

[12]奬：扶助。

[13]亦已勤矣：《通鑑》卷一六八《陳紀二》“文帝天嘉元年”條作“勤亦至矣”。

[14]天可違乎：《通鑑》卷一六八《陳紀二》“文帝天嘉元年”條作“豈非天乎”。

天嘉元年，授使持節、散騎常侍、安南將軍、湘州刺史，[1]封定襄縣侯，[2]邑一千户。瑒懷不自安，乃固請入朝，徵爲散騎常侍、中領軍。[3]未拜，而世祖從容謂

瑒曰：“昔朱買臣願爲本郡，[4]卿豈有意乎？”[5]仍改授持
節、安東將軍、吴郡太守，[6]給鼓吹一部。[7]及將之鎮，
乘輿幸近畿餞送，[8]鄉里榮之。秩滿，[9]徵拜散騎常侍、
中護軍，[10]鼓吹如故。留異之反東陽，[11]詔瑒督舟師進
討。異平，遷鎮右將軍，[12]常侍、鼓吹竝如故。頃之，
出爲使持節、安東將軍、建安太守。[13]光大中，[14]以公
事免，尋起爲通直散騎常侍。

[1]安南將軍：官名。梁、陳時安東、安西、安南、安北將軍
與安前、安後、安左、安右將軍合稱八安將軍。爲重號將軍，是外
官專用之軍號。梁武帝天監七年（508）定爲武職二十四班中的二
十一班，大通三年（529）改爲武職三十四班中的三十一班。陳擬
三品，比秩中二千石。按，據本書卷三《文帝紀》，孫瑒舉州歸順
陳廷在天嘉元年三月，同月甲子即被任爲安南將軍、湘州刺史。

[2]定襄：縣名。東晋時僑立新興郡，治安興（今湖北江陵縣
東），下僑立定襄縣。南朝梁、陳時，新興郡下有定襄縣和廣牧縣。

[3]徵爲散騎常侍、中領軍：中華本校勘記云：“《南史》作
‘徵爲侍中、領軍將軍’。”中領軍，官名。禁衛軍最高統帥，掌宫
城内的禁衛，不單獨領營兵。資輕者爲中領軍，資重者爲領軍將
軍。梁十四班。陳第三品，秩中二千石。

[4]朱買臣：字翁子，吴人。早年貧賤。爲官後，漢武帝曾命
其回故鄉會稽任太守。《漢書》卷六四有傳。

[5]卿豈有意乎：《南史》卷六七作“卿豈有意授乎”。

[6]安東將軍：官名。梁、陳時安東、安西、安南、安北將軍
與安前、安後、安左、安右將軍合稱八安將軍。爲重號將軍，是外
官專用之軍號。梁武帝天監七年定爲武職二十四班中的二十一班，
大通三年改爲武職三十四班中的三十一班。陳擬三品，比秩中二
千石。

［7］鼓吹：本指演奏鼓吹樂的樂隊，用於軍中。後成爲皇帝賜予臣下的一種禮遇。

［8］乘輿：皇帝乘坐的車子，此處代指皇帝。　近畿：京城近郊。

［9］秩滿：任職期滿。

［10］中護軍：官名。主掌京城防衛，權任頗重。資輕者爲中護軍，資重者爲護軍將軍。梁十四班。陳第三品，秩中二千石。按，本書《文帝紀》記載，天嘉二年十二月辛巳，以孫瑒爲中護軍。

［11］留異：東陽長山（今浙江金華市）人。爲當地土豪。陳文帝天嘉二年（561）詔侯安都討伐留異，他敗逃陳寶應處，後被送京師斬殺。本書卷三五、《南史》卷八〇有傳。　東陽：郡名。治所在今浙江金華市。

［12］鎮右將軍：官名。梁、陳時鎮前、鎮後、鎮左、鎮右將軍與鎮東、鎮西、鎮南、鎮北將軍合稱八鎮將軍。爲重號將軍，是内官專用之軍號。梁武帝天監七年定爲武職二十四班中的二十二班，大通三年改爲武職三十四班中的三十二班。陳擬二品，比秩中二千石。按，本書《文帝紀》記載，天嘉四年春正月壬辰，以孫瑒爲鎮右將軍。

［13］建安：郡名。治所在今福建建甌市。

［14］光大：南朝陳廢帝陳伯宗年號（567—568）。

高宗即位，以瑒功名素著，深委任焉。太建四年，授都督荆信二州諸軍事、安西將軍、荆州刺史，[1]出鎮公安。[2]瑒增修城池，懷服邊遠，爲鄰境所憚。居職六年，又以事免，更爲通直散騎常侍。及吳明徹軍敗吕梁，[3]授使持節、督緣江水陸諸軍事、鎮西將軍，[4]給鼓吹一部。尋授散騎常侍、都督荆郢巴武湘五州諸軍事、郢州刺史，[5]持節、將軍、鼓吹竝如故。十二年，坐壇場交通抵罪。[6]

[1]荆：州名。陳文帝天嘉元年（560）得到後梁部分土地。陳廢帝光大二年（568）以其中南平、天門、義陽三郡置荆州，治所在今湖北公安縣西北。 信：州名。梁末析益州置信州。治所不詳，或云治安蜀城，在今湖北宜昌市西北長江西陵峽口南岸。

[2]公安：縣名。治所在今湖北公安縣西北。

[3]呂梁：地名。在今江蘇徐州市銅山區東南。北齊彭城郡有呂縣，城臨泗水，泗水至呂縣積石爲梁，故號呂梁。北齊爲防備陳軍，在呂縣城東二里築三城，一在泗水南，一在水中潬上，一在泗水北。此處水流湍急，爲軍事要地。

[4]督緣江水陸諸軍事：據本書卷五《宣帝紀》記載，太建十年二月，吳明徹北伐軍覆滅於呂梁，三月景子陳宣帝下詔“分命衆軍以備周”，以孫瑒都督荆、郢水陸諸軍事，進號鎮西將軍。 鎮西將軍：官名。梁、陳時鎮東、鎮西、鎮南、鎮北將軍與鎮前、鎮後、鎮左、鎮右將軍合稱八鎮將軍。爲重號將軍，是外官專用之軍號。梁武帝天監七年（508）定爲武職二十四班中的二十二班，大通三年（529）改爲武職三十四班中的三十二班。陳擬二品，比秩中二千石。

[5]武：州名。治所在今湖南常德市。

[6]壃場：邊境。

後主嗣位，復除通直散騎常侍，兼起部尚書。[1]尋除中護軍，復爵邑，[2]入爲度支尚書，[3]領步兵校尉。[4]俄加散騎常侍，遷侍中、祠部尚書。[5]後主頻幸其第，及著詩賦述勳德之美，展君臣之意焉。又爲五兵尚書，[6]領右軍將軍，[7]侍中如故。以年老累乞骸骨，優詔不許。禎明元年，[8]卒官，時年七十二。後主臨哭盡哀，贈護軍將軍，侍中如故，給鼓吹一部，朝服一具，衣一襲，喪事量加資給，謚曰桓子。[9]

[1]起部尚書：官名。尚書省列曹尚書之一，掌土木修建及軍國器械。不常置，事畢即省。梁十三班。陳第三品，秩中二千石。

[2]復爵邑：底本作“復辭邑”，今據汲本、殿本、南監本、北監本改。

[3]度支尚書：官名。尚書省列曹尚書之一，掌管全國貢稅租賦的統計、調撥、支出等事。梁十三班。陳第三品，秩中二千石。

[4]步兵校尉：官名。與屯騎、射聲、越騎、長水校尉合爲禁軍五校尉。掌侍衛。南朝隸領軍將軍，不領營兵，多用以安置勳舊。梁七班。陳第六品，秩千石。

[5]侍中：官名。南朝爲門下省長官。職掌奏事，侍奉皇帝左右，應對顧問等，是中樞重職。梁十二班。陳第三品，秩中二千石。　祠部尚書：官名。尚書省列曹尚書之一，領祠部、儀曹二曹，掌宗廟禮儀。與尚書右僕射通職，不並置。梁十三班。陳第三品，秩中二千石。

[6]五兵尚書：官名。尚書省列曹尚書之一，掌軍事行政。三國時曹魏置，領中兵、外兵、騎兵、別兵、都兵五郎曹。南朝梁、陳領中兵、外兵、騎兵三曹。梁十三班。陳第三品，秩中二千石。

[7]右軍將軍：官名。與左軍、前軍、後軍合稱四軍將軍，掌宮廷宿衛。不領營兵。梁九班。陳第五品，秩千石。中華本校勘記云：“‘右’《南史》作‘左’。”

[8]禎明：南朝陳後主陳叔寶年號（587—589）。

[9]謚曰桓子：中華本校勘記云：“張森楷校勘記云‘子’字衍。今按：瑒初封定襄縣侯，太建十二年坐疆場交通抵罪免，後主嗣位，又復侯爵，此作‘子’不合，張說是。”

瑒事親以孝聞，於諸弟甚篤睦。性通泰，有財物散之親友。其自居處，頗失於奢豪，庭院穿築，極林泉之致，[1]歌鍾舞女，當世罕儔，賓客填門，軒蓋不絕。及出鎮郢州，乃合十餘船爲大舫，於中立亭池，植荷芰，每良辰美景，賓僚竝集，泛長江而置酒，亦一時之勝賞焉。常於山齋設講肆，集玄儒之士，冬夏資奉，爲學者所稱。而處己率易，不以名位驕物。時興皇寺朗法師該通釋典，[2]瑒每造講筵，時有抗論，法侶莫不傾心。又巧思過人，爲起部尚書，軍國器械，多所創立。有鑒識，男女婚姻，皆擇素貴。及卒，尚書令江總爲其誌銘，[3]後主又題銘後四十字，遣左民尚書蔡徵宣敕就宅鐫之。[4]其詞曰：“秋風動竹，煙水驚波。幾人樵徑，何處山阿？今時日月，[5]宿昔綺羅。天長路遠，地久雲多。[6]功臣未勒，[7]此意如何？”時論以爲榮。

[1]庭院穿築，極林泉之致：《南史》卷六七《孫瑒傳》“庭院”作“家庭”。據《建康實錄》，孫瑒建康城中的宅邸“在青溪東大路北，西臨青溪，溪西即江總宅”，青溪是當時京師鼎族聚居之地，江總宅更是“尤占勝地”，可知相鄰的孫宅地理位置也相當優越。

[2]興皇寺：位於建康城建陽門外。南朝宋明帝泰始初年建成。朗法師：南朝梁、陳僧人。曾受學於僧旻，尤擅《成實論》，《續高僧傳》云其“居貧好學，博達多通，久當師匠，巧於傳述”。中華本校勘記云：“‘朗法師’《元龜》八二一作‘慧朗法師’。”本書卷三〇《陸緈傳》作“惠朗法師”。

[3]尚書令：官名。梁、陳時尚書省長官，爲最高政務長官，位尊權重。梁十六班。陳第一品，秩中二千石。　江總：字總持，

濟陽考城（今河南民權縣東北）人。本書卷二七、《南史》卷三六有傳。

　　[4]左民尚書：官名。尚書省列曹尚書之一，南朝宋、齊領左民、駕部二曹。掌土木工程及户籍等。梁十三班。陳第三品，秩中二千石。　蔡徵：字希祥，濟陽考城（今河南民權縣東北）人。本書卷二九有傳，《南史》卷六八有附傳。

　　[5]時：《建康實録》卷二〇作“朝”。

　　[6]雲多：北監本、汲本、殿本、《南史》卷六七《孫瑒傳》、《建康實録》卷二〇作“靈多”。

　　[7]功臣未勒：臣，《建康實録》卷二〇作“名”。沈濤《銅熨斗齋隨筆》云：“‘臣’疑當作‘成’。”

　　瑒二十一子，咸有父風。世子讓，早卒。第二子訓，頗知名，歷臨湘令，[1]直閤將軍、高唐太守。[2]陳亡入隋。

　　[1]臨湘：縣名。治所在今湖南長沙市。

　　[2]直閤將軍：官名。禁衛將領。南朝宋置。統殿門及上閤屯兵，監殿内直衛，保護皇帝。梁、陳時亦統兵出征。張金龍推測，梁時當爲九班，陳時當爲五品（參見張金龍《魏晉南北朝禁衛武官制度研究》，中華書局2004年版，第546—632頁）。　高唐：郡名。太建五年（573）五月，陳軍北伐收復梁故高唐郡（亦作“高塘郡”），治高唐城，在今安徽來安縣半塔鎮。另本書卷五《宣帝紀》記載，陳宣帝太建六年詔書中提到敕“江州之齊昌、新蔡、高唐”士民，太建八年十一月“分江州晉熙、高唐、新蔡三郡爲晉州”，似乎江州亦有高唐。

　　史臣曰：在梁之季，寇賊寔繁，高祖建義杖旗，將寧區夏，[1]裴忌早識攀附，每預戎麾，摧鋒却敵，[2]立功者數矣。孫瑒有文武幹略，見知時主，及行軍用兵，師司馬之法，[3]至於戰勝攻取，屢著勳庸，加以好施接物，士咸慕向。然性不循恒，頻以罪免，蓋亦陳湯之徒焉。[4]

[1]區夏：華夏地區。

[2]摧鋒却敵：底本、南監本作“推鋒却敵”，中華本據北監本、汲本、殿本改，今從改。

[3]司馬：即穰苴，田氏。戰國時齊國將領，被齊景公任爲大司馬。相傳他善於拊循士卒，與將士同甘共苦，以致作戰時“病者皆求行，爭奮出爲之赴戰”。有兵法流傳。《史記》卷六四有列傳。

[4]陳湯：字子公，山陽瑕丘（今山東兗州市東北）人。他斬殺郅支單于，平定西域，功勳卓著。然性貪財，多次獲罪免官。《漢書》卷七〇有傳。

陳書　卷二六

列傳第二十

徐陵　子儉　份　儀　弟孝克

　　徐陵字孝穆，東海郯人也。[1]祖超之，[2]齊鬱林太守，[3]梁員外散騎常侍。[4]父摛，[5]梁戎昭將軍、太子左衛率，[6]贈侍中、太子詹事，[7]謚貞子。母臧氏，[8]嘗夢五色雲化而爲鳳，集左肩上，已而誕陵焉。時寶誌上人者，[9]世稱其有道，陵年數歲，家人攜以候之，寶誌手摩其頂，[10]曰：“天上石麒麟也。”光宅惠雲法師每嗟陵早成就，[11]謂之顏回。[12]八歲，能屬文。十二，[13]通《莊》《老》義。既長，博涉史籍，縱橫有口辯。

　　[1]東海：郡名。治所在今山東郯城縣北。　　郯：縣名。治所在今山東郯城縣北。

　　[2]超之：即徐超之。東海郯（今山東郯城縣北）人。徐逸之孫。梁天監初官至員外散騎常侍。

　　[3]鬱林：郡名。治布山縣，在今廣西桂平市西南古城。

[4]員外散騎常侍：官名。南朝屬集書省。南朝宋以後，多用以安置閑退官員。梁十班。陳第四品，秩二千石。

[5]摛：即徐摛。字士秀，一字士繢，東海郯（今山東郯城縣北）人。《梁書》卷三〇、《南史》卷六二有傳。

[6]戎昭將軍：官名。梁班階不詳。陳擬八品，比秩六百石。　　太子左衛率：官名。晉武帝泰始年間分太子中衛率爲左、右衛率。各領一軍，掌東宮護衛。梁十一班。陳第四品，秩二千石。

[7]侍中：官名。南朝爲門下省長官。職掌奏事，侍奉皇帝左右，應對顧問等，是中樞重職。梁十二班。陳第三品，秩中二千石。　　太子詹事：官名。總理東宮事務，或參議大政，職位顯重。梁十四班。陳第三品，秩中二千石。

[8]臧氏：《南史》卷六二《徐陵傳》亦作“臧氏”，《建康實錄》卷二〇作“王氏”。《建康實錄》張忱石校勘記云：“《南史·徐摛傳》有‘時臨城公納夫人王氏，即簡文妃姪女’之語，或爲許嵩誤以陵母爲王氏也。”

[9]寶誌上人：南朝僧人。《高僧傳》云其本姓朱，金城（今甘肅蘭州市）人。俗呼爲誌公。好爲讖記，人稱“誌公符”。梁武帝天監十三年（514）卒。《高僧傳》作“釋保誌”。《南史》卷七六有附傳。

[10]頂：南監本作“項”。

[11]光宅：即光宅寺。在秣陵縣同夏里三橋宅（秣陵縣治所在今江蘇南京市中華門外故報恩寺附近，同夏里在秣陵縣城東）。三橋宅是梁武帝出生地，梁武帝天監六年（507）閏十月在此建成光宅寺。　　惠雲法師：《南史·徐陵傳》作“慧雲法師”。　　成就：《南史·徐陵傳》及《建康實錄》卷二〇作“就”。《爾雅·釋詁》云：“就，終也。”郝懿行《爾雅義疏》認爲，“成就”與“就”義皆爲“終”。惠雲法師感慨徐陵不壽，故比之爲顏回。

[12]顏回：字子淵，春秋時魯國人。小孔子三十歲，深受孔子讚賞。早卒，去世時年僅二十九歲（一說三十二歲）。事見《史

記》卷六七《仲尼弟子列傳》。

[13]十二：《南史·徐陵傳》、《建康實録》卷二〇作“十三”。

梁普通二年，[1]晋安王爲平西將軍、寧蠻校尉，[2]父
摛爲王諮議，[3]王又引陵參寧蠻府軍事。中大通三年，[4]
王立爲皇太子，東宮置學士，[5]陵充其選。稍遷尚書度
支郎。[6]出爲上虞令，[7]御史中丞劉孝儀與陵先有隙，[8]
風聞劾陵在縣贓汙，因坐免。久之，起爲南平王府行參
軍，[9]遷通直散騎侍郎。[10]梁簡文在東宮撰《長春殿義
記》，[11]使陵爲序。又令於少傅府述所製《莊子義》。[12]
尋遷鎮西湘東王中記室參軍。[13]

[1]梁普通二年：中華本校勘記云：“按《梁書·簡文帝紀》，
晋安王蕭綱爲平西將軍、寧蠻校尉在梁武帝普通四年。”按，《梁
書》卷四《簡文帝紀》云：蕭綱於普通“四年，徙爲使持節、都
督雍梁南北秦四州郢州之竟陵司州之隨郡諸軍事、平西將軍、寧蠻
校尉、雍州刺史”。普通，南朝梁武帝蕭衍年號（520—527）。

[2]晋安王：即梁簡文帝蕭綱。梁武帝與丁貴嬪之子，梁武帝
天監五年（506）封晋安王。《梁書》卷四、《南史》卷八有紀。晋
安，郡名。治所在今福建福州市。　平西將軍：官名。與平東、平
南、平北將軍合爲四平將軍。爲重號將軍，是外官專用之軍號。梁
武帝天監七年（508）定爲武職二十四班中的二十班，大通三年
（529）改爲武職三十四班中的三十班。陳擬三品，比秩中二千石。

寧蠻校尉：官名。東晋安帝時置，南朝沿置。掌管雍州地區蠻族
事務。領兵，設府於襄陽（今湖北襄陽市），有長史、司馬等屬官。
常由雍州刺史兼任。齊、梁時寧蠻府轄有郡縣。宋四品。陳擬
五品。

[3]諮議：官名。即諮議參軍。南朝王公軍府皆有置者，但無定員，亦不常置，職掌不定。其位甚尊，在長史、司馬之下，列曹參軍之上。梁皇弟皇子府諮議參軍，九班。陳皇弟皇子府諮議參軍，第五品，秩八百石。按，自梁武帝天監八年（509），以徐摛爲蕭綱侍讀，徐摛便一直追隨蕭綱。徐摛任晉安王諮議參軍之前，蕭綱以南徐州刺史鎮京口，徐摛隨其至京口任中録事參軍，帶郯令。梁武帝普通四年（523），蕭綱徙爲平西將軍、寧蠻校尉、雍州刺史，鎮襄陽，徐摛又固求隨府西上，任晉安王諮議參軍。是年徐陵十七歲。

[4]中大通三年：底本作“大通二年”，中華本據《梁書》卷三《武帝紀下》補改爲“中大通三年”，今從改。中大通，南朝梁武帝蕭衍年號（529—534）。

[5]學士：《梁書》卷四九《庾肩吾傳》記載，蕭綱立爲皇太子後，開文德省，置學士，徐陵、庾信、張長公、傅弘、鮑至等人皆充其選。《周書》卷四一《庾信傳》云：“摛子陵及信，並爲鈔撰學士。”徐陵、庾信同任東宮鈔撰學士，而文並綺艷，世號爲徐庾體。

[6]尚書度支郎：官名。尚書省度支曹長官。隸度支尚書，掌財賦收支。梁侍郎六班，郎中五班。陳第四品，秩六百石。

[7]上虞：縣名。屬會稽郡，治所在今浙江上虞市。

[8]御史中丞：官名。御史臺長官，掌督察百官，糾彈不法。員一人。梁十一班。陳第三品，秩二千石。　劉孝儀：即劉潛，字孝儀，彭城（今江蘇徐州市）人。《梁書》卷四一有傳，《南史》卷三九有附傳。

[9]南平王：即蕭偉。梁武帝與陳太妃之子，梁武帝天監十七年（518）封南平王。南平，郡名。治孱陵縣，在今湖北公安縣西。
行參軍：官名。王公軍府屬官，參掌府曹事，位在參軍之下。多由府主自行板授，是無俸禄的散官，士人常以此作爲進身之階。梁皇弟皇子府行參軍，三班。按，蕭偉卒於梁武帝中大通五年（533）

三月，徐陵任南平王府行參軍當在此之前。

[10] 通直散騎侍郎：官名。東晉元帝時使員外散騎侍郎二人與散騎侍郎通員當值，故謂之通直散騎侍郎，簡稱通直郎。南朝屬集書省，掌文學侍從，諫諍糾劾，收納章奏。梁員四人，六班。陳第六品，秩千石。

[11] 梁簡文：南朝梁簡文帝蕭綱。簡文爲其謚號。　《長春殿義記》：梁武帝中大通三年（531），蕭綱召諸儒參録《長春殿義記》，許懋、沈文阿等人皆參與其中。《隋書·經籍志一》經部五經總義類著録梁簡文帝撰《長春義記》一百卷。

[12] 少傅：官名。即太子少傅。南朝與太子太傅並爲太子二傅，掌教導、輔翼太子。其時已成榮銜、虛職，多授予兼具民望與朝望的高門士族。梁十五班。陳第二品，秩中二千石。　《莊子義》：《隋書·經籍志三》子部道家類著録梁簡文帝撰《莊子講疏》十卷，並注：“本二十卷，今闕。”

[13] 鎮西：即鎮西將軍。與鎮東、鎮南、鎮北將軍合稱四鎮將軍。爲重號將軍，是外官專用之軍號。梁武帝天監七年定爲武職二十四班中的二十二班，大通三年改爲武職三十四班中的三十二班。陳擬二品，比秩中二千石。　湘東王：梁武帝天監十三年（514）封蕭繹爲湘東王。湘東，郡名。治臨蒸縣，在今湖南衡陽市。　中記室參軍：官名。公府、軍府記室曹長官，掌文翰。位在記室參軍之上。陳皇弟皇子府中記室參軍，第六品。

太清二年，[1]兼通直散騎常侍。[2]使魏，[3]魏人授館宴賓。是日甚熱，其主客魏收嘲陵曰：[4]“今日之熱，當由徐常侍來。”[5]陵即答曰：“昔王肅至此，[6]爲魏始制禮儀；今我來聘，[7]使卿復知寒暑。”收大慙。

[1] 太清：南朝梁武帝蕭衍年號（547—549）。

[2]兼通直散騎常侍：徐陵出使時的官職，《梁書》卷三八《朱異傳》記爲“通直郎”，《魏書》卷九八《蕭衍傳》記爲“通直常侍”，其實爲一，均爲通直散騎常侍的省稱。此處之“兼”意謂假職未真授，而非一人兼兩職。南北朝時，使臣常以“兼散騎常侍”“兼通直散騎常侍”之類的官職出使別國。

[3]使魏：梁武帝太清元年（547）十一月和二年正月，蕭淵明和侯景分別被東魏慕容紹宗部擊潰，梁武帝遂接受高澄的提議，與東魏通好。太清二年二月，梁遣使羊珍孫吊唁高歡，並於七月遣謝珽、徐陵出使東魏。按，徐陵等人出使的時間，《南史》卷七《梁武帝紀下》中繫於太清二年“秋七月”，《梁書》及《南史》之《朱異傳》繫於六月，《通鑑》繫於五月。《魏書》卷一二《孝静帝紀》云：武定六年“九月乙酉，蕭衍遣使朝貢”。而《北史》卷五《東魏孝静帝紀》亦云：武定六年“九月乙酉，梁人來聘”。“九月乙酉”或是使團到達的時間。

[4]主客：官名。掌接待賓客。魏收於武定二年（544）除正常侍，領兼中書侍郎，於武定四年兼著作郎。《北齊書》卷三七《魏收傳》云：高澄“又敕（魏收）兼主客郎接梁使謝珽、徐陵”。可知此處魏收任主客並非其本官，而是臨時代理的兼職。　魏收：字伯起，小字佛助，鉅鹿下曲陽（今河北晋州市西）人。《北齊書》卷三七、《北史》卷五六有傳。

[5]當由徐常侍來：《建康實録》卷二〇作“當由徐公”。

[6]王肅：字恭懿，琅邪臨沂（今山東臨沂市）人。初仕南齊，北魏孝文帝太和十七年（493）因父兄被殺逃奔北魏。王肅博識舊事，一時間北魏“朝儀國典，咸自肅出”。《魏書》卷六三、《北史》卷四二有傳。

[7]今我來聘：殿本作“今來我聘”。

　　及侯景寇京師，[1]陵父擿先在圍城之内，陵不奉家信，便蔬食布衣，若居憂恤。會齊受魏禪，[2]梁元帝承制於江陵，[3]復通使於齊。陵累求復命，終拘留不遣，陵乃致書於僕射楊遵彥曰：[4]

[1]侯景：字萬景，懷朔鎮（今內蒙古固陽縣南）人。原爲東魏大將，後叛至梁，在梁發動叛亂，史稱"侯景之亂"。《梁書》卷五六、《南史》卷八〇有傳。

[2]齊受魏禪：武定八年（550）五月，東魏孝靜帝元善見禪位於高洋，東魏被北齊所取代。

[3]梁元帝：南朝梁皇帝蕭繹。元爲其謚號。《梁書》卷五、《南史》卷八有紀。　承制：秉承皇帝旨意，行使其職權。梁武帝太清三年（549）三月，侯景攻陷臺城，四月，蕭韶從建康逃至江陵，宣梁武帝密詔，以蕭繹爲侍中、假黃鉞、大都督中外諸軍事、司徒承制，授權他統領全國軍隊討伐侯景。　江陵：縣名。治所在今湖北荆州市荆州區。

[4]僕射：官名。即尚書右僕射。尚書令副佐，與尚書分領諸曹。與祠部尚書通職，不並置，位在尚書左僕射下。員一人。北齊從二品。梁十五班。陳第二品，秩中二千石。按，《北齊書》卷四《文宣帝紀》記載，北齊文宣帝天保三年（552）四月，楊愔由吏部尚書任尚書右僕射。據本傳及本書卷六《後主紀》，徐陵卒於至德元年（583）冬十月戊戌，時年七十七，下文書中又云"吾今年四十有四，介已知命"，由此計算，徐陵寫作此文在梁簡文帝大寶二年（551），是時楊愔還未遷任僕射。而許逸民《徐陵集校箋》認爲，此處楊愔官銜不誤，徐陵寫作此文的時間應在大寶三年夏秋之間，如此"雖不同於'四十有四'，但更近乎'知命'之義"（中華書局2013年版，第410頁）。　楊遵彥：即楊愔，字遵彥。弘農華陰（今陝西華陰市東南）人。《北齊書》卷三四有傳，《北史》卷四一有附傳。

夫一言所感，凝暉照於魯陽，[1]一志冥通，飛泉涌於疏勒，[2]況復元首康哉，股肱良哉，[3]隣國相聞，風教相期者也？天道窮剥，[4]鍾亂本朝，情計馳惶，公私哽懼，[5]而骸骨之請徒淹歲寒，顛沛之祈空盈卷軸，[6]是所不圖也，非所仰望也。

[1]魯陽：即魯陽公。春秋時楚平王之孫，司馬子期之子，封於魯陽。《淮南子·覽冥》記載他有次激戰正酣時恰逢日暮，於是"援戈而撝之，日爲之反三舍"。魯陽，楚縣，在今河南魯山縣。

[2]疏勒：即疏勒城，在今新疆奇臺縣石城子。《後漢書》卷一九《耿恭傳》記載，東漢時耿恭據守疏勒城，被匈奴軍截斷水源，耿恭嘆曰："聞昔貳師將軍拔佩刀刺山，飛泉涌出，今漢德神明，豈有窮哉。"拜井而水出。

[3]元首康哉，股肱良哉：頌美北齊君王安康，股肱之臣賢良。此二句摹仿《尚書·益稷》中帝舜與皋陶的對歌："股肱喜哉，元首起哉……元首明哉，股肱良哉。"

[4]窮剥：《易·剥卦》上九孤陽在上，有窮極之象，然《易》道，《剥》盡於上則《復》生於下。故"窮剥"意謂窮困至極，但也暗示梁的命運將有轉機。

[5]公私：私，《文苑英華》卷六九一作"孫"，並注："一作'私'。" 哽懼：《文苑英華》卷六九一作"鯁懼"。

[6]顛沛之祈：祈，《册府》卷六六三作"期"。

執事不聞之乎！[1]昔分竈命扈之世，[2]觀河拜洛之年，[3]則有日烏流灾，[4]風禽騁暴，[5]天傾西北，[6]地鈌東南，[7]盛旱坼三川，[8]長波含五嶽。我大梁應金圖而有亢，[9]纂玉鏡而猶屯。[10]何則？聖人不能爲時，斯固窮通之恒理也。至如荆州刺史湘東王，[11]機神之本，[12]無寄名言，[13]陶鑄之餘，猶爲堯、舜，[14]雖復六代之舞，[15]陳於總章，[16]九州之歌，[17]登於司樂，虞夔拊石，[18]晋曠調鍾，[19]未足頌此英聲，[20]無以宣其盛德者也。若使郊禋楚翼，[21]寧非祀夏之君，[22]戡定艱難，[23]便是匡周之霸，[24]豈徒幽王徙雍，[25]彗月爲都，姚帝遷河，[26]周年成邑。方今越常藐藐，[27]馴雉北飛，肅眘茫茫，[28]風牛南偃，吾君之子，[29]含識知歸，[30]而答旨云何所投身，[31]斯其未喻一也。[32]

[1]執事：對對方的敬稱，意謂不敢直指對方，而向對方手下的辦事人員説話。

[2]分鼇（áo）：相傳遠古之時，天地傾覆，女媧乃斷鼇足以立四極。鼇，大龜。　命鳸（hù）：《左傳》昭公十七年記載，郯子云其遠祖少皞以鳥名官，以九扈爲九農正。九扈，即九雇，是傳説中防止百姓錯過農時的鳥，蔡邕《獨斷》云九扈爲春扈氏、夏扈氏、秋扈氏、冬扈氏、棘扈氏、行扈氏、宵扈氏、桑扈氏、老扈氏。“鳸”是“雇”的或體，《册府》卷六六三作“鳳”。

[3]觀河：相傳舜觀黄河，有龍獻上《河圖》。　拜洛：相傳禹時，神龜從洛水中獻上《洛書》。

[4]日烏流災：日烏，底本作“日鳥”，中華本校勘記云：“據《徐孝穆集》及嚴可均輯《全陳文》改。按相傳日中有烏，見《淮南子·精神》。又傳堯時十日並出，草木焦枯，堯命羿仰射十日，中其九，烏皆死，墮羽翼，見《北堂書鈔》一四九、《藝文類聚》一、《御覽》三引《淮南子》。爲此語所本。”按，《文苑英華》卷六九一亦作“日烏”，而《册府》卷六六三作“白鳥”，應是形近

而訛，今從中華本改。

[5]風禽：即風伯飛廉，《淮南子·本經》稱其爲"大風"。傳說他是一種神禽，能興起大風壞人屋舍，堯命羿"繳大風於青丘之澤"。

[6]天傾西北：北，《文苑英華》卷六九一作"柱"，並注："一作'北'。"

[7]地軼東南：《列子·湯問》云共工與顓頊争爲帝，怒而觸不周山，使"天傾西北，地不滿東南"。南，北監本、殿本作"西"，《文苑英華》卷六九一作"門"，並注："一作'南'。"

[8]三川：一説指河、洛、伊，一説指涇、渭、洛。《太平御覽》卷八三《皇王部·殷帝成湯門》引《帝王世紀》云："湯自伐桀後，大旱七年，洛川竭。"《文苑英華》卷六九一作"三州"。

[9]應金圖而有亢：意謂梁朝上應天命，祇是久居最高處，極盛而衰。應，《文苑英華》卷六九一作"膺"。金圖，帝王受命的圖讖。亢，極高。

[10]纂玉鏡而猶屯：意謂梁朝承續清明治道，祇是現在暫時陷於困境。玉鏡，喻清明治道，《太平御覽》卷八二引《尚書帝命驗》曰："桀失其玉鏡，用其噬虎。"屯，難。

[11]至如：北監本、汲本作"至於"。　荆州：州名。治江陵縣，在今湖北荆州市荆州區。

[12]機神：語本《易·繫辭上》："唯幾也，故能成天下之務；唯神也，故不疾而速，不行而至。"機，吳兆宜《徐孝穆集箋注》、《文苑英華》卷六九一作"幾"，《文苑英華》注："一作'機'。"

[13]無寄名言：《文苑英華》卷六九一作"元寄名言"，並注："一作'無寄名言'。"

[14]陶鑄之餘，猶爲堯、舜：《莊子·逍遥游》稱讚"旁礴萬物以爲一"的神人："是其塵垢粃糠，將猶陶鑄堯舜者也，孰肯以物爲事！"此處用以頌揚蕭繹。

[15]六代之舞：《周禮·春官·大司樂》記載國子所學的六代

樂舞，即黄帝之樂《雲門》《大卷》、堯樂《咸池》、舜樂《大韶》、禹樂《大夏》、湯樂《大濩》、武王樂《大武》。

[16]總章：即明堂，是帝王祭祀、朝見諸侯、宣明政教的場所。《藝文類聚》卷三八引《尸子》云：“有虞曰總章……周人曰明堂。”

[17]九州之歌：歌，《文苑英華》卷六九一作“音”，並注：“一作‘歌’。”

[18]虞夔拊石：語本《尚書·舜典》：“夔曰：‘於！予擊石拊石，百獸率舞。’”夔，相傳爲舜的樂正。拊，擊。石，即磬。

[19]晋曠調鍾：晋曠，即師曠，字子野，春秋時晋國樂師。《吕氏春秋》卷一一記載晋平公鑄大鐘，衆樂工皆以爲樂調調和，獨師曠知其不調，“欲善調鐘，以爲後世之知音者也”。

[20]英聲：聲，《文苑英華》卷六九一作“華”，並注：“一作‘聲’。”

[21]郊禋：帝王於郊外祭天。禋，祭天典禮。燒柴生煙，加牲體、玉帛於其上，使煙氣上達於天以致精誠。　楚翼：指楚地，爲翼、軫之分野，故稱。

[22]祀夏之君：指夏朝國君少康，史載他實現復國、中興夏朝。《左傳》哀公元年稱其“祀夏配天，不失舊物”。

[23]戡定艱難：《文苑英華》卷六九一作“龕定京師”，並注：“一作‘戡定艱難’。”戡，戰勝。

[24]便是匡周之霸：這是將蕭繹比爲春秋時匡扶周室的霸主齊桓公、晋文公等。便，《文苑英華》卷六九一作“即”，並注：“一作‘便’。”匡，《册府》卷六六三作“翊”。

[25]豳王：指周人先王古公亶父，相傳他率周人離開豳地，遷於岐山下的周原，“居三月成城郭，一年成邑，二年成都”。　雍：即古雍州，在西河以西的黄土高原，周原在雍州境内。

[26]姚帝：即舜，姚姓。《史記》卷一《五帝本紀》云舜曾於黄河邊製作陶器，“一年而所居成聚，二年成邑，三年成都”。

［27］越常：中華本校勘記云：“‘越常’各本作‘越裳’。按，‘常’‘裳’古今字。”越裳，即越裳國，交趾之南的遥遠古國，相傳周公時天下太平，越裳國“以三象重譯而獻白雉”。

［28］肅眘：即肅慎。北方遥遠古國。相傳周武王克商，肅慎貢楛矢石砮。

［29］吾君之子：語本《孟子·萬章上》：禹死後，“朝覲訟獄者不之益而之啓，曰：‘吾君之子也。’謳歌者不謳歌益而謳歌啓，曰：‘吾君之子也。’”此處意謂蕭繹像夏啓那樣賢明，爲衆望所歸。

［30］含識：《大乘章義》卷三：“識者，乃是神知之别名也。”泛指衆生。

［31］何所投身：《文苑英華》卷六九一、張燮輯《徐僕射集》、張溥輯《徐僕射集》作“何所不投身”。

［32］斯其未喻一也：其，《册府》卷六六三、《文苑英華》卷六九一作“所”，《文苑英華》注云：“一作‘其’。”

　　又晋熙等郡，[1]皆入貴朝，去我尋陽，[2]經塗何幾。至於鐺鐺曉漏，的的宵烽，[3]隔淑浦而相聞，臨高臺而可望。泉流寶盌，[4]遥憶溢城，[5]峯號香鑪，依然廬嶽。日者鄱陽嗣王治兵匯派，[6]屯戍淪波，[7]朝夕牋書，春秋方物，[8]吾無從以躡屬，[9]彼何路而齊鑣。[10]豈其然乎？斯不然矣。又近者邵陵王通和此國，[11]郢中上客，[12]雲聚魏都，鄴下名卿，[13]風馳江浦，豈盧龍之徑於彼新開，[14]銅駝之街於我長閉？[15]何彼途甚易，非勞於五丁，[16]我路爲難，如登於九折？[17]地不私載，[18]何其爽歟？而答旨云還路無從，斯所未喻二也。

［1］又：《文苑英華》卷六九一下有"聞"字，並注："一無此字。" 晉熙：郡名。治懷寧縣，在今安徽潛山縣。《北齊書》卷四《文宣帝紀》載武定八年（550）孝靜帝禪位詔書云："晉熙之所，險薄江雷，迴隔聲教，迷方未改，命將鞠旅，覆其巢穴，威略風騰，傾懾南海，此又王之功也。"徐陵此處又説"晉熙等郡，皆入貴朝"，似乎晉熙當時已爲北齊所有。然大寶三年（552）二月蕭繹討侯景檄中講到"晉熙附義"，又《北齊書·文宣帝紀》記載，天保六年（555）四月丁卯，"儀同蕭軌克梁晉熙城，以爲江州"，似乎直到公元555年四月，梁仍據有晉熙。據《梁書》，大寶元年（550），蕭範應蕭大心之邀屯兵溢城後，以晉熙爲晉州，命子蕭嗣爲刺史。其年七月，侯景大將任約、盧暉略攻晉熙，蕭嗣陣亡，晉熙遂落入侯景手中。大寶二年（551）八月，晉熙人王僧振、鄭寵起兵襲郡城，趕走侯景任命的晉州刺史夏侯威生、儀同任延，此即蕭繹所謂"晉熙附義"。可知，晉熙在大寶元年七月至大寶二年八月間一度處於侯景治下。李浩博推測："附齊之晉熙當爲侯景治下之晉熙，在侯景巴陵兵敗勢力衰退後該郡又回歸梁朝，此時晉熙對北齊並未有太高戰略價值，且與梁爲盟友，故梁人順利奪回晉熙。"（《陳朝政區地理札記二則》，《華中師範大學研究生學報》2020年第2期）若此推測成立，則徐陵此文似應繫於大寶二年。

［2］尋陽：郡名。治柴桑縣，梁太清二年（548）後曾一度移治溢城，二地相隔不遠，在今江西九江市一帶。

［3］的的：即"旳旳"，明亮的樣子。

［4］泉流寶盌：盌，《文苑英華》卷六九一作"蓋"，並注："一作'蓋'。"中華本校勘記云："'盌'吳兆宜《徐孝穆集箋注》本作'盎'，注引《藝林伐山》，云寶盎泉出江州。"

［5］溢城：或作"盆城"。即溢口城，建於溢水與長江的交匯處，在今江西九江市西。或以爲溢城與溢口爲二地，溢城故址在今江西瑞昌市橫港鎮清溢街（參見吳聖林《溢城故址的考證與調查》，《南方文物》1993年第4期）。

　　[6]鄱陽嗣王：即蕭範。梁武帝弟蕭恢之子，嗣父爵爲鄱陽王。侯景叛亂前，蕭範爲合州刺史，鎮合肥。侯景攻陷京師，蕭範納質獻地求援於東魏，東魏進據合肥却不出兵相援，蕭範進退無計，乃於梁簡文帝大寶元年應尋陽王蕭大心之邀，率數萬兵溯流西上，屯於溢城。當年五月病故。《梁書》卷二二、《南史》卷五二有附傳。鄱陽，郡名。治鄱陽縣，在今江西鄱陽縣。《文苑英華》卷六九一“王”下有“範”字。　匯派：郭璞《江賦》云：“流九派乎潯陽。”派，河流的分汊、支流。此處以“匯派”指尋陽郡。

　　[7]淪波：郭璞《江賦》云：“淪餘波乎柴桑。”此處以“淪波”指柴桑。柴桑，縣名。屬尋陽郡，在今江西九江市西南。南朝時“柴桑”“尋陽”常互指。

　　[8]朝夕牋書，春秋方物：早晚寫來書信，春秋進獻土產，形容蕭範與北齊往來之頻繁。按，蕭範屯駐溢城後與北齊聯絡似乎依然密切，《通鑑》卷一六三《梁紀十九》“簡文帝大寶元年”條記載，任約進攻晉熙前，東魏曾遣儀同武威牒云洛等欲迎蕭範子蕭嗣鎮皖城，可爲一證。

　　[9]躢：踩踏，引申爲足加於物，穿著。　屩（juē）：草鞋。《文苑英華》卷六九一作“屐”，並注：“一作‘屩’。”

　　[10]彼何路而齊鑣：何，《文苑英華》卷六九一作“有”。齊鑣，駕馬並排而行。鑣，馬銜兩端露於馬嘴外側的部分。

　　[11]又近者：《文苑英華》卷六九一作“不謂”，並注：“二字一作‘又近者’。”　邵陵王：即蕭綸。梁武帝與丁充華之子，梁武帝天監十三年（514）封邵陵郡王。梁簡文帝大寶元年七月，蕭綸被王僧辯擊敗，逃離郢州，駐屯於齊昌（今湖北蘄春縣西南）。爲求自保，遣使請和於北齊，北齊遂以蕭綸爲梁主。《梁書》卷二九、《南史》卷五三有傳。邵陵，郡名。治邵陵縣，在今湖南邵陽市。《文苑英華》卷六九一“王”下有“綸”字。

　　[12]郢：州名。治夏口城，在今湖北武漢市武昌區。

　　[13]鄴下：指東魏、北齊的都城鄴城，在今河北臨漳縣西南。

名卿：《文苑英華》卷六九一作“公卿”。

[14]盧龍之徑：指盧龍塞，在今河北遷安市西北喜峰口附近，是燕山山脈東段隘口，連接華北與東北的交通要道，以險峻著稱。

[15]銅馳之街：指位於洛陽宮城南的銅駝街。漢時鑄銅駝兩枚，夾道相對，因以爲名。爲京城繁華之地。

[16]五丁：傳說秦王欲伐蜀，苦於道路不通，乃刻五石牛，置金於其後。蜀王貪圖石牛、金子，乃派五丁力士拖牛成道，至於成都，秦遂得伐蜀。

[17]九折：即邛崍山九折坂，在今四川滎經縣西大相嶺泥巴山，其道以險峻聞名。

[18]地不私載：語本《禮記·孔子閒居》：“孔子曰：‘天無私覆，地無私載，日月無私照。奉斯三者以勞天下，此之謂三無私。’”

晉熙、廬江，[1]義陽、安陸，[2]皆云款附，非復危邦，計彼中途，便當靜晏。自斯以北，枹鼓不鳴，[3]自此以南，封疆未壹。[4]如其境外，脫殞輕軀，[5]幸非邊吏之羞，何在匹夫之命。又此賓游，[6]通無貨殖，忝非韓起聘鄭，[7]私買玉環，吳札過徐，[8]躬要寶劍。[9]由來宴錫，凡厥囊裝，行役淹留，皆已虛罄，散有限之微財，供無期之久客，斯可知矣。且據圖刎首，愚者不爲，[10]運斧全身，[11]庸流所鑒。何則？生輕一髮，自重千鈞，[12]不以賈盜明矣。[13]骨肉不任充鼎俎，皮毛不足入貨財，盜有道焉，吾無憂矣。又公家遣使，脫有資須，本朝非隆平之時，游客豈皇華之勢。[14]輕裝獨宿，非勞聚槼之儀，[15]微騎閒行，寧望軺軒之禮。[16]歸人將從，私具驢騾，緣道亭郵，唯希蔬粟。若曰留之無煩於執事，遣之有費於官司，或以顚沛爲言，或云資裝可懼，固非通論，皆是外篇。[17]斯所未喻三也。

[1]晋熙：《文苑英華》卷六九一“晋熙”上有“又”字，並注：“一無此字。”　廬江：郡名。治廬江縣，在今安徽舒城縣。

[2]義陽：郡名。治所在今湖北武漢市黄陂區北。　安陸：郡名。治安陸縣，在今湖北安陸市。

[3]桴（fú）鼓不鳴：意謂盗賊絶迹。桴鼓，警鼓。桴，即枹，鼓槌。《文苑英華》卷六九一此下有“鄰憶所通”四字，並注：“一無此句。”高步瀛注：“蓋即‘桴鼓不鳴’四字之異文。校者仍注‘桴鼓’句於旁，轉寫者誤入正文，此處遂多一句，不可通矣。”

[4]封疆未壹：《文苑英華》卷六九一作“王靈未輯”，並注：“一作‘封疆未壹’。”

[5]脱：假脱，假使。

[6]又此賓游：中華本校勘記云：“‘此’字下《元龜》六六三及《徐孝穆集箋注》本並有‘段’字。”按，“此段”猶言此次，爲當時習語。張爕輯《徐僕射集》、張溥輯《徐僕射集》亦有“段”字。

[7]韓起：即韓宣子。春秋時晋國大臣，韓厥之子。《左傳》昭公十六年記載，韓宣子有玉環，其中一片在鄭商手中，他借出使鄭國之機，欲向鄭商買之，被子産勸阻。

[8]吳札：即季札。春秋時吳王夢壽第四子。相傳他出使時路過徐國，徐君喜愛季札的寶劍却不敢明言。季札心知之，待返回時路過徐國，徐君已死，季札將劍繫之徐君冢樹而去。

[9]躬要寶劍：要，《册府》卷六六三作“掛”。

[10]據圖刖首，愚者不爲：語本《淮南子·精神》：“尊勢厚

利，人之所貪也。使之左據天下圖，而右手刎其喉，愚夫不爲。"
意謂人們都珍惜自己的生命勝過一切。

〔11〕運斧全身：《莊子·徐無鬼》云匠石能用斧子輕鬆削掉郢
人鼻子上的泥點："匠石運斤成風，聽而斲之，盡堊而鼻不傷，郢
人立不失容。"此處形容以身犯險。

〔12〕自重千鈞：自重，《册府》卷六六三作"死重"。《陳書異
文考證》云："按《册府》作'死重'是。'死重千鈞'與上句
'生輕一髮'相對爲文。各本'死重'訛作'自重'，當據《册府》
六六三改。"（文史哲出版社 1979 年版，第 196 頁）

〔13〕賈盜：即《荀子·榮辱》中所謂"爲事利，争貨財"的
"賈盜之勇"。

〔14〕皇華之勢：《詩·小雅·皇皇者華》描繪的使臣出使的威
儀。皇，即"煌"，光華燦爛的樣子。華，花。

〔15〕非勞：勞，《文苑英華》卷六九一作"榮"，並注："一作
'勞'。" 聚柝（tuò）之儀：《周禮·秋官》有野盧氏，他的一項
職責是護衛來往賓客。賓客路過時，命沿途居民聚集起來擊柝守
衛。若發現有對賓客心懷不軌者，則誅之。柝，警戒守備時用的梆
子。柝，《文苑英華》卷六九一作"橐"，並注："一作'柝'。"

〔16〕輶軒：古代使臣出行時乘坐的輕車。

〔17〕外篇：《莊子》《抱朴子》等子書中有《外篇》，此處借此
名目意謂題外之文、節外之枝，即支吾拉扯之託詞藉口（詳參錢鍾
書《管錐編》，生活·讀書·新知三聯書店 2001 年版，第 1476
頁）。

又若以吾徒應還侯景，侯景凶逆，殲我國家，
天下含靈，人懷憤厲，既不獲投身社稷，衛難乘
輿，〔1〕四冢磔蚩尤，〔2〕千刀剸王莽，〔3〕安所謂俛首頓
膝，〔4〕歸奉寇讎，珮弭腰鞬，〔5〕爲其皂隸？日者通

和，[6]方敦矕睦，凶人狙詐，遂駭狼心，頗疑宋萬之誅，[7]彌懼荀縈之請，[8]所以奔蹄勁角，專恣憑陵，凡我行人，[9]偏膺讎憾。[10]政復菹菹醢骨，[11]抽舌探肝，於彼凶情，猶當未雪，海內之所知也，君侯之所具焉。[12]又聞本朝公主，[13]都人士女，[14]風行雨散，東播西流，京邑丘墟，[15]姦蓬蕭瑟，[16]偃師還望，[17]咸爲草萊，霸陵回首，[18]俱沾霜露，[19]此又君之所知也。彼以何義，爭免寇讎？我以何親，[20]爭歸委質？[21]昔鉅平貴將，[22]懸重於陸公，[23]叔向名流，[24]深知於羈篾。[25]吾雖不敏，常慕前修，不圖明庶有懷，[26]翻其以此量物。昔魏氏將亡，群凶挺爭，諸賢戮力，想得其朋。[27]爲葛榮之黨邪？[28]爲邢杲之徒邪？[29]如曰不然，斯所未喻四也。

[1]乘輿：皇帝乘坐的車子，此處代指皇帝。

[2]四冢磔蚩尤：中華本校勘記云：“‘四’當作‘三’。相傳堯磔蚩尤，身首異處，分葬三處，其首冢在壽陽，其肩髀冢在山陽，其髀冢在鉅鹿，見《雲笈七籤》引《軒轅本紀》，爲此語所本。《梁書·元帝紀》載徐陵《勸進表》，亦有‘蚩尤三冢，寧謂嚴誅’之語。”吳兆宜《徐孝穆集箋注》作“三”。

[3]千刀剚王莽：刀剚，《文苑英華》卷六九一作“臠割”，並注：“一作‘刀剚’。”王莽，字巨君，東平陵（今山東濟南市東）人。他代漢自立，建立新朝，最終覆滅。相傳他死後，屍體被斬首肢解，分爲千段。《漢書》卷九九有傳。

[4]俛首：《文苑英華》卷六九一作“俛眉”。

[5]弭（mǐ）：末端無裝飾的弓，此處泛指弓。　　韔：盛弓

之物。

[6]日者通和:《文苑英華》卷六九一"日"上有"又"字,並注:"一無'又'字。"

[7]宋萬:即南宮萬。字長,春秋時宋國大夫。《左傳》莊公十二年記載,他弒殺宋閔公後逃到陳國,陳人應宋人之請,將他灌醉後用犀革裹住送回了宋國,被剁成肉醬。此處以宋萬喻指侯景,侯景係東魏叛將,故梁武帝與東魏修好令他極爲疑懼,擔心被作爲和談籌碼送還東魏,這成爲其叛亂的導火綫。

[8]荀罃:字子羽,春秋時晉國大臣。因其父句首采食於智邑,故又氏智。荀罃在邲之戰中被楚國俘虜,後晉國用楚公子穀臣與連尹襄老的尸體換回荀罃。此處以荀罃喻指梁武帝的侄子、貞陽侯蕭淵明。在東魏與梁寒山之戰中,蕭淵明被慕容紹宗俘虜。據《南史》卷八〇《侯景傳》記載,渦陽之戰後,蕭淵明向梁武帝寫信,提出祇要與東魏通好,便可被放回。侯景懷疑梁武帝會拿自己交換蕭淵明,乃僞造東魏書信求以蕭淵明換侯景,來試探梁武帝,梁武帝答應了這一請求,復書曰:"貞陽旦至,侯景夕返。"侯景見信大怒,遂決意謀反。或以爲此處以宋萬喻朱异,以荀罃喻侯景,似非是。

[9]行人:使臣。

[10]膺:《文苑英華》卷六九一作"鍾",並注:"一作'膺'。"

[11]政復:《文苑英華》卷六九一作"正當",《册府》卷六六三作"正從"。

[12]君侯:楊愔曾被封爲華陰縣侯,故稱。 所具:《册府》卷六六三作"所見"。林礽乾《陳書異文考證》云:"按《册府》六六三作'所見'甚是。'所見'與上句之'所知'正相對爲義。"(第197頁)

[13]本朝公主:中華本校勘記云:"'公主'《徐孝穆集》及嚴輯《全陳文》並作'王公',疑作'王公'是。"按,《文苑英華》

卷六九一亦作"王公",《文苑英華》注:"一作'公主'。"

[14]都人:都,《文苑英華》卷六九一作"居",並注:"一作'都'。"

[15]京邑:《文苑英華》卷六九一作"城闕",並注:"一作'京邑'。"

[16]姦蓬:南監本、北監本、汲本、殿本作"蕘蓬"。

[17]偃師:縣名。治所在今河南偃師市。

[18]霸陵:漢文帝的陵墓,在今陝西西安市灞橋區白鹿原北坡,東臨灞水。王粲《七哀詩》云:"南登霸陵岸,迴首望長安。"

[19]俱沾霜露:指亡國後宮室變成廢墟。《史記》卷一一八《淮南衡山列傳》記載,淮南王劉安欲謀反,伍被認爲這將招致亡國之禍,説:"今臣亦見宮中生荆棘,露霑衣也。"俱,《文苑英華》卷六九一作"皆",並注:"一作'俱'。"

[20]我以何親:《文苑英華》卷六九一作"我有何勳",並於"勳"下注:"一作'親'。"

[21]委質:向君主獻禮,表示願意獻身。委,置。質,贄,禮物。古禮,臣向君獻禮不親授,而是置之於庭,故曰委質。

[22]鉅平:即羊祜。字叔子,泰山南城(今山東費縣西南)人。司馬師妻弟,被封爲鉅平侯。泰始五年(269),晋武帝以羊祜爲都督荆州諸軍事,與東吳陸抗對峙。《晋書》卷三四有傳。鉅平,縣名。治所在今山東泰安市西南。

[23]陸公:即陸抗。字幼節,吳郡(今江蘇蘇州市)人。陸遜之子。他率軍對抗羊祜,然對羊祜極爲敬重。他"稱祜之德量,雖樂毅、諸葛孔明不能過也",對羊祜贈藥,也服之無疑心。《三國志》卷五八有附傳。

[24]叔向:即羊舌肸,字叔向。春秋時晋國大夫。《左傳》昭公二十八年載,魏獻子云,叔向出使鄭國,相貌醜陋的鄭國大夫鬷蔑立於堂下,一言而善,叔向聞之曰:"必鬷明也。"下執其手以上。

[25]叢篾：字然明，又稱叢明。春秋時鄭國大夫，醜陋而有賢名。

[26]明庶：語本《孟子·離婁》："舜明於庶物，察於人倫。"意謂明達事理，通乎人情。　有懷：有，《文苑英華》卷六九一作"爲"，並注："一作'有'。"

[27]朋：《册府》卷六六三作"名"。

[28]葛榮：懷朔鎮（今内蒙古固陽縣西南）人。北魏末河北起義軍首領。他在鮮于修禮被殺後接管起義軍，於孝昌二年（526）九月稱帝，一度據有河北數州。後被爾朱榮俘獲，送往洛陽處死。

邪：《文苑英華》卷六九一作"也"，並注："一作'邪'。"

[29]邢杲：河間（今河北河間市南）人。北魏末青州起義軍首領。他於北魏孝莊帝建義元年（528）六月率河北流民十餘萬户反於青州北海，自稱漢王。後被元天穆擊敗，送往洛陽處死。

　　假使吾徒還爲凶黨，侯景生於趙、代，家自幽、恒，居則台司，[1]行爲連率，[2]山川形勢，軍國彝章，[3]不勞請箸爲籌，[4]便當屈指能籌。景以逋逃小醜，[5]羊豕同群，身寓江皋，家留河朔，春春井井，[6]如鬼如神。其不然乎？抑又君之所知也。且夫宮闈秘事，迕若雲霄，[7]英俊訏謨，[8]寧非帷幄，或陽驚以定策，[9]或焚藁而奏書，[10]朝廷之士，猶難參預，羈旅之人，何階耳目。至於禮樂沿革，刑政寬猛，則謳歌已遠，[11]萬舞成風，[12]不知手之舞之足之蹈之也。安在搖其牙齒，爲閒諜者哉？若謂復命西朝，[13]終奔東虜，雖齊、梁有隔，尉候奚殊？[14]豈以河曲之難浮，[15]而曰江關之可濟？[16]河橋馬度，寧非宋典之姦？[17]關路雞鳴，皆曰田文之客。[18]何其通蔽,[19]乃爾相妨？斯所未喻五也。

[1]居：《文苑英華》卷六九一作“在”。 台司：三公。東魏、北齊以太尉、司徒、司空爲三公。侯景於東魏孝靜帝武定元年（543）四月任司空，武定三年（545）十二月任司徒，位在三公。

[2]連率：即連帥。《禮記·王制》以十諸侯國爲一連，舉其中一諸侯爲長曰連帥。東魏孝靜帝興和四年（542）八月，侯景被任爲河南道大行臺，擁兵十萬，專制河南，形同諸侯之長。故稱“連帥”。

[3]彝章：經國之常法。

[4]請箸爲籌：借用筷子代替算籌來籌劃。語本《史記》卷五五《留侯世家》，張良勸止劉邦復立六國後裔，云：“臣請藉前箸爲大王籌之。”

[5]景：張燮輯《徐僕射集》、張溥輯《徐僕射集》、吳兆宜《徐孝穆集箋注》作“重”。 小醜：小人之屬。

[6]春春井井：中華本校勘記云：“嚴輯《全陳文》作‘鄉井鄉邑’。”高步瀛《南北朝文舉要》云：“‘春’當如《禮記·曲禮上》及《檀弓》‘春不相’之‘春’，‘井’當如《孟子·滕文公篇》‘八家同井’之‘井’。某春某井，皆景所能到，如鬼如神，不可測也。《文苑英華》作‘鄉井鄉邑’，意同。蓋謂北朝之事，景所熟知，無待他人與謀。”

[7]竝：《文苑英華》卷六九一作“皆”，並注：“一作‘並’。”

[8]訏謨：重大的謀劃。訏，汲本作“許”，係形近而訛。

[9]陽驚以定策：《漢書》卷五九《張安世傳》記載，張安世雖職典樞機，然爲官小心謹慎，每次參與決策，大政已定便稱病退出。等皇帝頒布詔令，再佯裝吃驚派人到丞相府詢問。故外人不知其參與了決策。陽，《文苑英華》卷六九一作“佯”，二字通。

[10]焚藁而奏書：《晉書》卷三四《羊祜傳》記載，羊祜“其

嘉謀讜議，皆焚其草，故世莫聞”。

[11]則：《文苑英華》卷六九一無此字。

[12]萬舞：一種大型舞樂。包括文舞和武舞兩部分。武舞以干戈爲道具，用來演習武事。文舞的道具以羽毛爲飾。

[13]西朝：指蕭繹的江陵政權，因其在建康以西，故名。

[14]尉候：漢代於邊境險要之地設障、塞，由障尉、塞尉管理，又設有烽燧臺，由候官管理。此處以“尉候”泛指守衛邊境的將士。

[15]河曲：即今山西芮城縣風陵渡，河水自此東折，爲黃河要津。此處以“河曲”指北齊。

[16]江關：在今湖北宜都縣荆門山與宜昌市虎牙山之間，兩山相對，極爲險峻。此處以“江關”指梁。　可：《文苑英華》卷六九一作“有”，並注：“一作‘可’。”　濟：北監本作“齊”。

[17]寧：《文苑英華》卷六九一作“曾”，並注：“一作‘寧’。”　宋典：晋元帝司馬睿的隨從。司馬睿討伐司馬穎失敗後出逃，在河陽渡口被攔截，宋典從後面趕來用馬鞭抽司馬睿的馬，笑曰：“舍長！官禁貴人，汝亦被拘邪！”守衛官兵以爲司馬睿祇是小官，遂放他通過。汲本作“宋興”。

[18]曰：《文苑英華》卷六九一作“是”，並注：“一作‘曰’。”　田文：戰國時齊國田嬰之子，襲父位代立於薛，世稱孟嘗君。他廣致賓客，禮賢下士。後孟嘗君入秦被囚，依靠賓客中的雞鳴狗盜之徒逃出秦國。《史記》卷七五有傳。

[19]通蔽：通達與蔽塞。蔽，阻塞不通。或釋爲“通人之蔽”，似不允當。

又兵交使在，[1]雖著前經，儻同徇僕之尤，[2]追肆寒山之怒，[3]則凡諸元帥，竝釋纍囚，爰及偏裨，同無窮轗。[4]乃至鍾儀見赦，[5]朋笑遵途，[6]襄老蒙歸,[7]虞哥引路。[8]吾等張罏拭玉,[9]修好尋盟,[10]涉泗之與浮河,郊勞至于贈賄,[11]公恩既被,賓敬無違,今者何慼,翻蒙貶責？若以此爲言,斯所未喻六也。

[1]兵交使在：語本《左傳》成公九年："兵交,使在其間可也。"意謂兩國交兵,但使者仍可來往兩國之間。

[2]徇僕之尤：語本《左傳》文公十年："宋公違命,無畏抶其僕以徇。"宋昭公與楚穆王獵於孟渚,宋公違背命令,楚國大夫文之無畏笞打宋公的僕人並在全軍示衆,由此得罪宋國。後楚莊王使文之無畏出使齊國,路過宋國而不借道,宋華元乃殺無畏,引起楚國報復。此處以"徇僕之尤"指代兩國之前的仇恨,並暗示北齊思復前仇並非明智之舉。徇,汲本、張燮輯《徐僕射集》、張溥輯《徐僕射集》、屠隆本《徐孝穆集》作"狥"。

[3]寒山：在今江蘇徐州市銅山區東南。是梁與東魏交戰的重要戰場。梁武帝於太清元年（547）八月下詔北伐東魏,九月命蕭淵明在寒山堰塞泗水以灌彭城。十一月,東魏慕容紹宗在寒山大敗梁軍,生擒梁軍主將蕭淵明等。

[4]同無翦馘（guó）：《文苑英華》卷六九一作"同加恩禮",並注："一作'同無翦馘'。"翦馘,割掉耳朵,古代軍中規定割下被殺者的左耳作爲斬首的證明。

[5]鍾儀：春秋時楚國鄖公。公元前584年,在與鄭人的戰爭被俘,獻於晉人,藏諸軍府。後晉景公與鍾儀交談後,以他爲君子,對其禮遇有加,放回楚國。

[6]朋笑：《冊府》卷六六三作"朋發"。　遵途：循路而行。

[7]襄老：春秋時楚國連尹。公元前597年,在晉、楚邲之戰中被荀首射殺。後晉國爲了換回荀罃,將襄老的屍體送還楚國。

[8]虞哥：即《虞殯》,送葬的挽歌。中華本校勘記云："'哥'

各本作‘歌’。按哥即古歌字。”

[9]張旜拭玉：皆爲使者出行的禮節。《儀禮·聘禮》規定，使者一行來到對方邊境和國都近郊時要張起旜旗；進入對方國境後，要由賈人擦拭圭玉。旜，綪與斿同色之旗，以其色純而尊。

[10]尋盟：重溫過去的盟約。

[11]郊勞至于贈賄：謂完成整個出使的流程。語本《左傳》僖公三十三年：“齊國莊子來聘，自郊勞至于贈賄，禮成而加之以敏。”郊勞，使臣到達對方國都近郊，對方國君派卿身穿朝服，用束錦慰勞他們，此爲聘禮之始。贈賄，使者將要啓程返回，住宿於對方國都近郊，國君派卿贈予他們禮物，此爲聘禮之終。

　　　若曰袄氛永久，[1]喪亂悠然，哀我奔波，[2]存其形魄，固已銘兹厚德，戴此洪恩，譬渤澥而俱深，方嵩華而猶重。但山梁飲啄，[3]非有意於籠樊，[4]江海飛浮，本無情於鍾鼓。[5]況吾等營魂已謝，餘息空留，悲默爲生，何能支久，是則雖蒙養護，更夭天年。若以此爲言，斯所未喻七也。

[1]袄氛永久：永，《文苑英華》卷六九一作“未”。高步瀛注：“‘未’字亦有意旨，言妖氛初起，禍亂方長也。義亦通。”“氛”爲表現各種徵兆之氣，“袄氛”爲表凶祥之氣，妖氣。

[2]哀我奔波：我，《文苑英華》卷六九一作“悼”，並注：“一作‘我’。”

[3]山梁：指山梁上的野雞。本於《論語·鄉黨》中“山梁雌雉”語。

[4]籠樊：《册府》卷六六三作“樊籠”。

[5]江海飛浮，本無情於鍾鼓：典出《莊子·至樂》：海鳥止於魯郊，魯公爲它準備了《九韶》、太牢，而海鳥眩視憂悲、不飲

不食，三日而死。

　　若云逆豎殲夷，當聽反命，高軒繼路，飛蓋相隨，未解其言，何能善謔？[1]夫屯亨治亂，豈有意於前期。謝常侍今年五十有一，[2]吾今年四十有四，介已知命，[3]賓又杖鄉，[4]計彼侯生，[5]肩隨而已。[6]豈銀臺之要，[7]彼未從師，金竈之方，[8]吾知其決，[9]政恐南陽菊水，[10]竟不延齡，東海桑田，無由可望。[11]若以此爲言，斯所未喻八也。

[1]善謔：好開玩笑。語本《詩・衛風・淇奥》：“善戲謔兮，不爲虐兮。”

[2]謝常侍：即謝珽。出使東魏時任建康令、散騎常侍。

[3]介：使者副手，指徐陵自己。

[4]賓：使者，指謝珽。《文苑英華》卷六九一作“儐”，並注：“一作‘賓’。” 杖鄉：指六十歲。《禮記・王制》云：“六十杖於鄉。”

[5]侯生：即侯嬴。戰國時魏國隱士。他七十歲時，爲魏都大梁夷門的守門人，受到魏公子信陵君的禮遇。事見《史記》卷七七《魏公子列傳》。張燮輯《徐僕射集》作“后生”。

[6]肩隨：與之並肩行走時，自己依禮要稍靠後一些，意謂年齡小不了多少。《禮記・曲禮上》云：“五年以長，則肩隨之。”

[7]銀臺之要：成仙的要訣。銀臺，傳說中西王母的居所。

[8]金竈之方：指延年益壽之方。《史記・封禪書》載李少君言：“祠竈則致物，致物而丹沙可化爲黃金，黃金成以爲飲食器則益壽。”

[9]吾知其決：中華本校勘記云：“‘決’當作‘訣’。今本

《徐孝穆集》及嚴輯《全陳文》並作‘訣’。"按，《文苑英華》卷六九一亦作"訣"。訣，要訣。

　　[10]政：《册府》卷六六三、《文苑英華》卷六九一作"正"。

　　南陽：郡名。治所在今河南南陽市。　菊水：《風俗通義》云，南陽酈縣甘谷，山上有大菊花，水從山上流下，得到菊花的滋液，谷中人飲此水而長壽："上壽者百二三十，中者百餘歲，七八十者，名之爲夭，菊華輕身益氣，令人堅强故也。"

　　[11]無由可望：可，吳兆宜《徐孝穆集箋注》、張燮輯《徐僕射集》、張溥輯《徐僕射集》、《文苑英華》卷六九一作"佇"，《文苑英華》注："一作‘可’。"

　　　　足下清襟勝託，[1]書囷文林，凡自洪荒，[2]終乎幽、厲，[3]如吾今日，寧有其人，爰至《春秋》，微宜商略。夫宗姬殄墜，霸道昏凶，或執政之多門，[4]或陪臣之涼德，[5]故臧孫有禮，[6]翻囚與國之賓，[7]周伯無愆，[8]空怒天王之使，遷箕卿於兩館，[9]縶驥子於三年。[10]斯匪貪亂之風邪？寧當今之高例也？[11]至於雙崤且帝，[12]四海爭雄，或構趙而侵燕，或連韓而謀魏，身求盟於楚殿，[13]躬奪璧於秦庭，輸寶鼎以託齊王，[14]馳安車而誘梁客。[15]其外膏脣販舌，[16]分路揚鑣，無罪無辜，[17]如兄如弟。[18]逮乎中陽受命，[19]天下同規，巡省諸華，無聞幽辱。及三方之霸也，孫甘言以娬媚，[20]曹屈詐以羈縻，旂軫歲到於句吳，冠蓋年馳於庸蜀，[21]則客嘲殊險，[22]賓戲已深，[23]共盡游談，誰云猜忤。[24]若使搜求故實，脱有前蹤，恐是叔世之姦謀，[25]而非爲邦之勝略也。

[1]清襟：高潔的胸懷。襟爲衣領，交於胸前，故喻指胸懷。
勝託：美好的情志、寄託。

[2]凡自洪荒：自，《文苑英華》卷六九一作“曰”，並注：
“一作‘自’。”

[3]幽：即周幽王姬宫涅。幽爲其謚號。　厲：即周厲王姬胡。
厲爲其謚號。

[4]執政之多門：語本《左傳》昭公十三年子産云：“晉政多
門。”意謂政不出一家，政令不一。

[5]陪臣：《禮記・曲禮下》云列國大夫對天子自稱陪臣，意
謂二重之臣。　凉德：薄德。《左傳》莊公三十二年載，史嚚曾感
歎“虢多凉德”。

[6]臧孫：即臧孫辰。臧僖伯之孫伯氏瓶次子，謚文，故又稱
臧文仲。春秋時魯卿。《列女傳》云其出使齊國被拘留。

[7]囚：張溥輯《徐僕射集》作“因”。　與國：友好同盟
之國。

[8]周伯：春秋時凡國的凡伯，是周公後裔，故稱周伯。《左
傳》隱公七年記載，周天子命凡伯出使魯國，凡伯返回時在楚丘被
戎俘虜。屠隆本《徐孝穆集》作“鄭伯”。

[9]箕卿：即叔孫婼。叔孫豹之子，春秋時魯國大夫。他與子
服回出使晉國，晉國爲替邾人問罪，將他們分別囚禁。叔孫婼被囚
禁於箕，故稱“箕卿”。箕，在今山西蒲縣東北。

[10]驥子：指駿馬。《左傳》定公三年記載，唐成公有兩匹駿
馬，名曰肅爽，楚令尹子常想要得到它，唐成公不給，於是被子常
扣押在楚國三年。驥，《文苑英華》卷六九一作“樂”，並注：“一
作‘驥’。”

[11]寧當今之高例也：《文苑英華》卷六九一作“寧比當今之

高烈也", 並於"烈"下注: "一作'例'。"

[12]雙崤: 指戰國時的秦國。崤, 崤山。在今河南洛寧縣西北, 有南北二陵。秦國在崤山以西, 故稱雙崤。

[13]身求盟於楚殿:《史記》卷七六《平原君虞卿列傳》記載, 平原君門客毛遂, 在楚國大殿上按劍陳辭, 説服楚王達成了合縱的盟約。身,《文苑英華》卷六九一作"自"。

[14]輸寶鼎以託齊王:《戰國策·東周策》記載, 秦欲奪周之九鼎, 顏率遂假意將鼎獻給齊王, 解秦兵之圍後, 又勸説齊王放棄九鼎。

[15]馳安車而誘梁客:《史記》卷七九《范雎蔡澤列傳》記載, 魏國的范雎因被懷疑叛國而遭笞擊, 險些死去, 秦謁者王稽將范雎置於車中, 躲過了穰侯的盤查進入咸陽, 使其改換名姓謁見秦王。梁客, 指范雎, 因其爲魏國人, 魏國國都大梁, 故稱梁客。馳,《文苑英華》卷六九一作"憑"。

[16]其外:《文苑英華》卷六九一無"外"字。 販舌:《文苑英華》卷六九一作"敗舌", 係"販舌"之訛。中華本校勘記云: "'販舌'《徐孝穆集箋注》本改'拭舌', 注引《後漢書·宦者吕强傳》'群邪項領, 膏脣拭舌'。"

[17]無罪無辜: 化用《詩·小雅·巧言》: "無罪無辜, 亂如此幠。"

[18]如兄如弟: 化用《詩·邶風·谷風》: "宴爾新昏, 如兄如弟。"

[19]中陽: 指漢高祖劉邦。劉邦是沛豐邑中陽里人, 故稱。

[20]孫甘言以斌媚: 孫, 即三國時吳國君主孫權。鍾繇在給曹丕的信中説: "顧念孫權, 了更嫵媚。"以斌媚,《文苑英華》卷六九一作"於娥眉"。

[21]庸蜀: 指三國時蜀國。蜀之漢中爲戰國時庸國故地, 故稱庸蜀。

[22]客嘲: 漢代揚雄有賦曰《解嘲》。

[23]賓戲：東漢班固有賦曰《答賓戲》。

[24]誰云：汲本作"雅云"。

[25]恐是：汲本作"恐有"。　叔世：衰亂之世。

　　抑又聞之，雲師火帝，[1]澆淳乃異其風，[2]龍躍麟驚，[3]王霸雖殊其道，莫不崇君親以銘物，[4]敦敬養以治民，預有邦司，[5]曾無隆替。[6]吾奉違溫清，[7]仍屬亂離，[8]寇虜猖狂，公私播越。[9]蕭軒靡御，[10]王舫誰持？[11]瞻望鄉關，何心天地？自非生憑廩竹，源出空桑，[12]行路含情，猶其相愍。常謂擇官而仕，[13]非曰孝家，擇事而趨，非云忠國。況乎欽承有道，駿駕前王，[14]郎吏明經，鷗鳶知禮，[15]巡省方化，[16]咸問高年，東序西膠，[17]皆尊耆耋。吾以圭璋玉帛，通聘來朝，屬世道之屯期，鍾生民之否運，兼年累載，無申元直之祈，[18]銜泣吞聲，長對公閭之怒，[19]情禮之訴，將同逆鱗，[20]忠孝之言，皆應齰舌，[21]是所不圖也，非所仰望也。

[1]雲師火帝：即黃帝和炎帝。《左傳》昭公十七年記載郯子之言曰："昔者黃帝氏以雲紀，故爲雲師而雲名。炎帝氏以火紀，故爲火師而火名。"

[2]澆淳：風氣澆薄與淳厚。

[3]麟驚：指魯哀公十四年西狩獲麟之事。麒麟是王道的象徵，《公羊傳》云："麟者仁獸也，有王者則至，無王者則不至。"而此次麒麟出非其時，且被人折斷前足，預示著王道理想的崩塌。

[4]崇：殿本、汲本、《册府》卷六六三作"從"。　銘物：中

華本校勘記：“‘銘’今本《徐孝穆集》及嚴輯《全陳文》並作‘詔’。”《文苑英華》卷六九一亦作“詔”，並注：“一作‘銘’。”

[5]預有邦司：司，《文苑英華》卷六九一作“家”，並注：“一作‘司’。”

[6]隆替：盛衰，興廢。隆，興盛。替，廢。

[7]温清（qìng）：冬天讓父母温暖，夏天讓父母凉爽，意謂孝養父母。《禮記·曲禮上》云：“凡爲人子之禮，冬温而夏清，昏定而晨省。”

[8]仍屬亂離：仍，《册府》作“身”。離，《文苑英華》卷六九一作“罹”，並注：“一作‘離’。”

[9]播越：流亡。

[10]蕭軒：蕭育之軒。蕭，即蕭育。字次君，東海蘭陵（今山東蘭陵縣）人。漢哀帝時南郡江中多盜賊，漢哀帝用三公使車載蕭育入殿受策。蕭育到官，盜賊絶迹。《漢書》卷七八有附傳。軒，四周有屏蔽的坐乘的車，乘者往往身份高貴。

[11]王舫：王廙之舫。王，即王廙。字世將，琅邪臨沂（今山東臨沂市）人。西晉王導從弟。他曾從尋陽順江而下，一個白天便到達建康，途中他“倚舫樓長嘯，神氣甚逸”。《晋書》卷七六有傳。舫，並聯的船，平穩寬敞。

[12]自非生憑廩竹，源出空桑：此二句説自己並非無父無母，無有牽掛。生憑廩竹，《華陽國志》記載，夜郎國始祖包藏於遯水上漂流的大竹中，被浣洗女子發現並養大，遂以竹爲姓。源出空桑，《吕氏春秋·本味》言伊尹生於空心的桑樹中。源，《文苑英華》作“身”，並注：“一作‘源’。”

[13]常：北監本作“堂”，當係形近而訛。　謂：《文苑英華》卷六九一作“以”。

[14]驂駕前王：可與先代聖王並駕齊驅。

[15]鴟鳶：鴟鳥，喻指冥頑凶惡的人。

[16]巡省方化：林礽乾《陳書異文考證》云：“《文苑英華》

六九一、《徐孝穆集》、嚴輯《全陳文》並作‘巡方省化’。按作‘巡方省化’是。‘巡方省化’與下句之‘東序西膠’相對成文。各本‘方’與‘省’顛倒，當據《文苑英華》及《徐孝穆集》改。”（第200頁）

[17]東序西膠：中華本校勘記云：“按《徐孝穆集箋注》本改爲‘西序東膠’，注引《禮·王制》‘夏后氏養庶老於西序，周人養國老於東膠’。”

[18]元直：即徐庶，字元直。本爲劉備謀士，曹操俘獲了他的母親，他於是請求劉備讓他轉投曹操處侍養老母。事見《三國志》卷三五《蜀書·諸葛亮傳》。

[19]公閭：即賈充，字公閭，平陽襄陵（今山西臨汾市）人。《晋書》卷四〇有傳。他曾在宴會上與庾純爭吵，指責後者“父老不歸供養”，事後怒而辭職，庾純亦上表自劾，求歸養其父。父親年老，而庾純仍在外做官，此事是否符合禮典，引發了晋廷一番大討論。事見《晋書》卷五〇《庾純傳》。

[20]將同逆鱗：將，《文苑英華》卷六九一作“翻”，並注：“一作‘將’。”

[21]齚舌：又作“齰舌”。咬斷舌頭。意謂慚愧難當。《文苑英華》卷六九一、《册府》卷六六三作“封舌”。

且天倫之愛，何得忘懷？妻子之情，誰能無累？夫以清河公主之貴，[1]餘姚書佐之家，[2]莫限高卑，皆被驅略。自東南醜虜，抄販饑民，[3]臺署郎官，俱餧墻壁，[4]況吾生離死別，多歷暄寒，[5]媚室嬰兒，何可言念。如得身還鄉土，[6]躬自推求，猶冀提攜，俱免凶虐。

[1]清河公主：西晋惠帝與賈皇后之女，封爲清河公主。西晋

滅亡後，被轉賣給吳興錢溫家爲奴，飽受虐待。後被晋元帝封爲臨海公主。事見《晋書》卷三一《惠賈皇后傳》。清河，郡名。治清河縣，在今山東臨清市東北。

[2]餘姚書佐：即黃昌。字聖真，會稽餘姚（今浙江餘姚市）人。他爲書佐時，妻子歸寧時被盗賊所擄，賣到蜀地爲他人妻。後黃昌任蜀郡太守，與妻子意外相認，遂“相持悲泣，還爲夫婦”。《後漢書》卷七七有傳。餘姚，縣名。治所在今浙江餘姚市。

[3]抄販饑民：販饑，《文苑英華》卷六九一作“敗饑”，並注：“一作‘販饑’。”

[4]俱餧墙壁：餓死於墙壁之間。《後漢書》卷九《獻帝紀》記載，李傕、郭汜之亂時，“尚書郎以下自出採稆，或飢死墙壁間，或爲兵士所殺”。

[5]暄寒：夏暖冬冷，寒暑更替，意指歲月。

[6]土：《文苑英華》卷六九一作“壤”，並注：“一作‘土’。”

夫四聰不達，[1]華陽君所謂亂臣，[2]百姓無冤，孫叔敖稱爲良相。[3]足下高才重譽，參贊經綸，非豹非貔，[4]聞《詩》聞《禮》，而中朝大議，[5]曾未矜論，清禁嘉謀，[6]安能相及，諤諤非周舍，[7]容容類胡廣，[8]何其無諍臣哉？歲月如流，平生何幾，[9]晨看旅鴈，心赴江淮，昏望牽牛，[10]情馳揚越，[11]朝千悲而掩泣，[12]夜萬緒而回腸，[13]不自知其爲生，不自知其爲死也。足下素挺詞鋒，[14]兼長理窟，[15]匡丞相解頤之説，[16]樂令君清耳之談，[17]向所諮疑，[18]誰能曉喻。若鄙言爲謬，[19]來旨必通，分請灰釘，[20]甘從斧鑊，何但規規默默，齰舌低頭而已哉。若一理存焉，猶希矜眷，何必期令我等必死齊都，[21]足趙魏之黃塵，加幽并之片骨，遂使東平拱樹，[22]長懷向漢之悲，[23]西洛孤墳，[24]恒表思粵之夢。干祈以屢，哽慟增深。[25]

[1]四聰不達：語本《尚書·舜典》："舜格于文祖，詢于四岳，闢四門，明四目，達四聰。"意謂不能廣視聽於四方，而失之壅閉。

[2]華陽君：即羋戎，戰國時秦昭王母宣太后的同父異母弟。初封爲華陽君。與穰侯、涇陽君、高陵君合稱"四貴"，執掌秦國朝政。華陽，在今河南密縣東南。高步瀛《南北朝文舉要》云："華陽事與上'四聰不達'未甚洽，疑是奉陽君之訛。"

[3]孫叔敖：羋姓，蒍氏，名敖，字孫叔。春秋時楚國令尹，令"上下和合，世俗盛美"。《史記》卷一一九有傳。

[4]非豹非貔：中華本校勘記云："'豹'《徐孝穆集箋注》本及嚴輯《全陳文》並作'虎'。按語本《書·牧誓》'尚桓桓，如虎如貔'。《梁書·元帝紀》載陵《勸進表》亦有'非虎非貔'語。此作'豹'，乃避唐諱改。"張溥輯《徐僕射集》亦作"非虎非貔"。

[5]議：《文苑英華》卷六九一作"義"，並注："一作'議'。"

[6]清禁：宮廷。 嘉謀：謀，《文苑英華》卷六九一作"謨"，並注："一作'謀'。"

[7]諤諤：亦作"鄂鄂"。爭辯的聲音。 周舍：春秋末晉國趙簡子家臣。好直諫。他死後，趙簡子聽朝常不悅，云："不聞周舍之鄂鄂，是以憂也。"

[8]容容：即"庸庸"。 胡廣：字伯始，南郡華容（今湖北潛江市西南）人。東漢大臣。歷仕六朝，曾任司空、司徒、太尉、太傅。然生性謹慎，無謇直之風。《後漢書》卷四四有傳。

[9]平生：平，《文苑英華》卷六九一作"人"，並注："一作'平'。"張燮輯《徐僕射集》作"半生"。

［10］牽牛：《漢書・地理志下》云，越地爲牽牛之分野。

［11］揚越：亦作“揚粵”。或以爲揚越爲越族的一支，如張晏釋爲“揚州之南越也”；或以爲“揚”“越”係同義連言。此處以“揚越”代指揚州一帶，是梁都城建康的所在地。

［12］朝千悲而掩泣：掩，《文苑英華》卷六九一作“下”，並注：“一作‘掩’。”

［13］夜萬緒而回腸：夜，《文苑英華》卷六九一作“夕”，並注：“一作‘暮’。”

［14］素挺詞鋒：史載楊愔善辯，《北齊書》卷三四《楊愔傳》云：“愔辭氣温辯，神儀秀發，百僚觀聽，莫不悚動。”鋒，吳兆宜《徐孝穆集箋注》、《文苑英華》卷六九一作“峰”，《文苑英華》注：“一作‘鋒’。”

［15］理窟：義理之淵藪。意謂富於才學義理。

［16］匡丞相：即匡衡。字稚圭，東海承（今山東郯城縣北）人。漢元帝時任丞相。《漢書》卷八一有傳。　解頤：使人笑不能止。相傳匡衡善講《詩經》，諸儒爲之語曰：“無説詩，匡鼎來；匡説詩，解人頤。”頤，下巴。

［17］樂令君：即樂廣。字彦輔，南陽淯陽（今河南南陽市宛城區）人。西晉時曾任中書侍郎、尚書令等職。善談論，爲人所稱美。《晉書》卷四三有傳。

［18］譖疑：譖，《文苑英華》卷六九一作“未”。

［19］鄙言爲謬：謬，北監本、殿本、張爕輯《徐僕射集》、吳兆宜《徐孝穆集箋注》作“戮”。

［20］請灰釘：意謂認罪服刑。灰釘，棺釘。周一良《魏晉南北朝史札記》謂：“或由古人棺外鋪填白堊，因而有灰釘之稱。”（中華書局1985年版，第292頁）

［21］何必：必，《文苑英華》卷六九一作“故”，並注：“一作‘必’。”

［22］東平：即劉宇。漢宣帝與公孫倢伃之子。甘露二年（前

52）立爲東平王。傳説他在東方封國思歸京師，死後冢上松柏皆指向西面。《漢書》卷八〇有傳。東平，漢王國名。治無鹽縣，在今山東東平市東。

[23]長懷向漢之悲：《徐孝穆集箋注》作"常懷向闕之悲"。

[24]西洛孤墳：《後漢書》卷八一《溫序傳》載，漢光武帝時護羌校尉溫序在巡視襄武時被逼自殺。漢光武帝令葬溫序於洛陽城下。後溫序托夢給長子溫壽曰："久客思鄉里。"漢光武帝遂許其歸葬故鄉。

[25]增深：增，《文苑英華》卷六九一作"良"，並注："一作'增'。"

遵彦竟不報書。及江陵陷，齊送貞陽侯蕭淵明爲梁嗣，[1]乃遣陵隨還。太尉王僧辯初拒境不納，[2]淵明往復致書，皆陵詞也。及淵明之入，僧辯得陵大喜，接待饋遺，其禮甚優。以陵爲尚書吏部郎，[3]掌詔誥。其年高祖率兵誅僧辯，[4]仍進討韋載。[5]時任約、徐嗣徽乘虛襲石頭，[6]陵感僧辯舊恩，乃往赴約。及約等平，高祖釋陵不問。尋以爲貞威將軍、尚書左丞。[7]

[1]貞陽侯：即貞陽縣侯。貞陽，縣名。屬始興郡，治所在今廣東英德市東南滃江北。 蕭淵明：字靖通。梁武帝侄子。梁武帝太清元年（547）在寒山之戰中被東魏所俘。西魏攻破江陵後，北齊以武力送他回國。途中他"前後頻與僧辯書，論還國繼統之意"。公元555年七月被王僧辯等立爲帝。王僧辯死後，被黜爲建安王。《南史》卷五一有傳。

[2]太尉：官名。南朝時位三公之首，爲名譽宰相，多爲大臣加官，無實際職掌。梁十八班。陳第一品，秩萬石。 王僧辯：字

君才，太原祁（今山西祁縣）人。侯景之亂時，被蕭繹任爲大都督，討破侯景。梁元帝承聖三年（554）三月，任太尉。梁元帝死後，他在北齊壓力下，納貞陽侯蕭淵明爲帝。公元555年九月，被陳霸先襲殺。《梁書》卷四五有傳，《南史》卷六三有附傳。

[3]尚書吏部郎：官名。尚書省吏部曹長官。屬吏部尚書，掌官吏銓選、任免事宜。位在諸曹郎之上。梁、陳制度，郎中在職勤能滿二歲者，轉侍郎。梁十一班。陳第四品，秩六百石。

[4]高祖：南朝陳武帝陳霸先廟號。陳霸先，本書卷一、卷二，《南史》卷九有紀。

[5]韋載：字德基，京兆杜陵（今陝西西安市長安區）人。王僧辯部將。王僧辯死時，任義興太守。梁敬帝紹泰元年（555）十月，陳霸先遣周文育攻襲韋載不利，遂親征，韋載乃降。本書卷一八有傳，《南史》卷五八有附傳。

[6]任約：原爲侯景部將，在巴陵之戰中被王僧辯擒獲。王僧辯死時，爲南豫州刺史。梁敬帝紹泰元年十月，他與徐嗣徽趁陳霸先出討韋載，引北齊軍隊渡江，攻陷建康石頭城。後遭陳霸先回師還擊，隨齊軍撤回北齊。　徐嗣徽：高平（今山東鄒城市西南）人。王僧辯死時爲譙、秦二州刺史。梁敬帝紹泰元年十月，他與任約趁陳霸先出討韋載，引北齊軍隊渡江，攻陷建康石頭城。後遭陳霸先回師還擊，隨齊軍撤回北齊。《南史》卷六三有附傳。　石頭：即石頭城。在今江蘇南京市清涼山。爲京師建康的門户要塞。

[7]貞威將軍：官名。雜號將軍。梁武帝天監七年（508）定爲武職二十四班中的八班，大通三年（529）改爲武職三十四班中的十班。陳擬七品，比秩六百石。　尚書左丞：官名。佐尚書令、僕射知省事，臺内分職儀、禁令、報人章，督録近道文書章表奏事，糾諸不法。員一人。梁九班。陳第四品，秩六百石。

紹泰二年，[1]又使于齊，還除給事黃門侍郎、秘書監。[2]高祖受禪，加散騎常侍，[3]左丞如故。天嘉初，[4]除太府卿。[5]四年，遷五兵尚書，[6]領大著作。[7]六年，除散騎常侍、御史中丞。時安成王頊爲司空，[8]以帝弟之尊，勢傾朝野。直兵鮑僧叡假王威權，[9]抑塞辭訟，大臣莫敢言者。陵聞之，乃爲奏彈，導從南臺官屬，[10]引奏案而入。世祖見陵服章嚴肅，若不可犯，爲斂容正坐。陵進讀奏版時，[11]安成王殿上侍立，仰視世祖，流汗失色。陵遣殿中御史引王下殿，[12]遂劾免侍中、中書監。[13]自此朝廷肅然。

[1]紹泰：南朝梁敬帝蕭方智年號（555—556）。

[2]給事黃門侍郎：官名。門下省次官。與侍中俱掌門下衆事，侍從左右，顧問應對，出入禁中，職任顯要。員四人。梁十班。陳第四品，秩二千石。　秘書監：官名。秘書省長官。掌典籍圖書。梁十一班。陳第四品，秩中二千石。

[3]散騎常侍：官名。集書省長官。職掌侍從皇帝左右，應對顧問，獻納得失。梁十二班。陳第三品，秩中二千石。

[4]天嘉：南朝陳文帝陳蒨年號（560—566）。

[5]太府卿：官名。南朝梁武帝天監七年（508）置，爲十二卿之一，掌管金帛庫藏出納、關市稅收。十三班。陳第三品，秩中二千石。

[6]五兵尚書：官名。尚書省列曹尚書之一。三國時曹魏置，領中兵、外兵、騎兵、別兵、都兵五郎曹。南朝梁、陳領中兵、外兵、騎兵三曹，掌軍事行政。梁十三班。陳第三品，秩中二千石。

[7]大著作：官名。即著作郎。著作省長官，隸秘書省，掌編纂國史。梁六班。陳第六品，秩六百石。

[8]安成王：永定元年（557）十一月，陳武帝遥封陳頊爲始

興嗣王。永定三年（559）八月，陳文帝徙封陳頊爲安成王。安成，郡名。治平都縣，在今江西安福縣。　頊：底本、南監本作“諱”。中華本校勘記云：“‘頊’原作‘諱’，思廉原文如此，今據北監本、汲本、殿本改。”今從改。頊，即陳頊。字紹世，陳道譚次子，陳文帝的弟弟。後爲陳宣帝。本書卷五、《南史》卷一〇有紀。　司空：官名。與太尉、司徒並爲三公。掌水土事，郊祀掌掃除，陳樂器，大喪掌將校覆土。魏晋南北朝爲名譽宰相，多爲大臣加官，無實際職掌。梁十八班。陳第一品，秩萬石。

[9]直兵：官名。即中直兵參軍。公府中直兵曹長官，掌親兵衛隊。陳皇弟皇子府中直兵參軍，第六品。　鮑僧叡：中華本校勘記云：“‘鮑僧叡’北監本、汲本、殿本作‘鮑叔叡’。”

[10]南臺：即御史臺，在尚書臺之南，故稱。

[11]奏版：寫在版牘上的奏章。

[12]殿中御史：官名。即殿中侍御史。御史臺屬官，掌殿中禁衛，糾察非法。南朝梁置四人，爲流外七班。陳制同。

[13]中書監：官名。中書省長官。南朝中書省掌納奏、擬詔、出令，然權歸中書舍人，監、令多用作重臣加官。中書監位次略高於中書令。梁十五班。陳第二品，秩中二千石。

　　天康元年，[1]遷吏部尚書，[2]領大著作。陵以梁末以來，選授多失其所，於是提舉綱維，[3]綜覈名實。時有冒進求官，諠競不已者，陵乃爲書宣示曰：“自古吏部尚書者，品藻人倫，[4]簡其才能，[5]尋其門胄，逐其大小，[6]量其官爵。梁元帝承侯景之凶荒，王太尉接荆州之禍敗，爾時喪亂，無復典章，故使官方，窮此紛雜。永定之時，[7]聖朝草創，干戈未息，[8]亦無條序。[9]府庫空虛，賞賜懸乏，白銀難得，[10]黄札易營，[11]權以官階，[12]代於錢絹，義存撫接，[13]無計多少，致令員外、常侍，[14]路上比肩，諮議、參軍，市中無數，豈是朝章，應其如此？今衣冠禮樂，日富年華，何可猶作舊意，非理望也。[15]所見諸君，多踰本分，猶言大屈，[16]未喻高懷。若問梁朝朱領軍异亦爲卿相，[17]此不踰其本分邪？此是天子所拔，非關選序。梁武帝云‘世間人言有目色，[18]我特不目色范悌’。宋文帝亦云‘人世豈無運命，每有好官缺，輒憶羊玄保’。[19]此則清階顯職，不由選也。秦有車府令趙高直至丞相，[20]漢有高廟令田千秋亦爲丞相，[21]此復可爲例邪？既忝衡流，[22]應須粉墨。[23]所望諸賢，深明鄙意。”自是衆咸服焉，時論比之毛玠。[24]

[1]天康：南朝陳文帝陳蒨年號（566）。

[2]吏部尚書：官名。尚書省列曹尚書之首。南朝宋、齊領吏部、删定、三公、比部四曹。梁、陳沿置。掌官吏銓選、任免等，職任隆重。梁十四班。陳第三品，秩中二千石。按，據本書卷四《廢帝紀》，徐陵遷吏部尚書在天康元年（566）五月陳廢帝嗣位後。

[3]綱維：喻指法度。綱，掛網的粗繩，維，從四邊拴住車蓋，使不傾斜的繩索。

[4]品藻：品評，鑒定。

[5]簡：檢查，檢驗。

[6]大小：《文苑英華》卷六七七作“少多”，並注：“一作‘大小’。”

[7]永定之時：《文苑英華》卷六七七作“自紹泰、太平及永定中”，並注：“一作‘永定之時’。”永定，南朝陳武帝陳霸先年號

（557—559）。

[8]干戈未息：《文苑英華》卷六七七作“天下干戈”，並注：“一作‘干戈未息’。”

[9]亦無條序：《文苑英華》卷六七七作“尚無條序”。

[10]白銀難得：《文苑英華》卷六七七作“白銀之寶難得”。

[11]黃札易營：《文苑英華》卷六七七作“黃紙之板易營”。黃札，即任用官員的黃紙。據《隋書·百官志》，陳代任用官員，吏部先用白牒上奏幾十人的候選名單給皇帝，皇帝奏准，交付吏部選定官職時，則用黃紙録名，由八座大臣共同署名，奏准後交付典名官，貼在鶴頭板上送到得官者家中。

[12]權以官階：《文苑英華》卷六七七作“假以官榮”，並注：“一作‘權以官階’。”

[13]存：《文苑英華》卷六七七作“在”，並注：“一作‘存’。” 撫接：安撫結納。

[14]致令：《文苑英華》卷六七七作“故”，並注：“一作‘致令’。”

[15]何可猶作舊意，非理望也：《文苑英華》卷六七七作“何可猶作亂世意而覓非分之官耶”，並注：“一作‘何可猶作舊意，非理望也’。”

[16]大屈：北監本、汲本、殿本作“太屈”。

[17]若問梁朝朱領軍異亦爲卿相：異，《文苑英華》卷六七七作“等”，並注：“一作‘異’。”亦，作“並”，並注：“一作‘亦’。”領軍，即中領軍。禁衛軍最高統帥，掌宮城内的禁衛，不單獨領營兵。資輕者爲中領軍，資重者爲領軍將軍。梁十四班。陳第三品，秩中二千石。朱异，字彦和，吴郡錢唐（今浙江杭州市）人。受梁武帝寵信，居權要三十餘年。《梁書》卷三八、《南史》卷六二有傳。

[18]梁武帝：即南朝梁皇帝蕭衍謚號。《梁書》卷一至卷三，《南史》卷六、卷七有紀。 目色：即青眼，與“白眼”相對，意

謂青睞。

[19]宋文帝：即南朝宋皇帝劉義隆謚號。《宋書》卷五、《南史》卷二有紀。　羊玄保：太山南城（今山東平邑縣）人。善弈棋，受宋文帝寵信。《宋書》卷五四、《南史》卷三六有傳。

[20]車府令：官名。即中車府令，太僕屬官，掌皇帝車輿。趙高：本趙國人，其母爲官婢。秦始皇時爲中車府令。秦二世即位後，擔任丞相。　至：《文苑英華》卷六七八作“爲”，並注：“一作‘至’。”

[21]高廟令：官名。漢代守衛漢高祖寢廟的郎官，掌案行掃除。秩六百石。　田千秋：其先從齊國徙居長陵（今陝西咸陽市東）。原爲高寢郎，因替戾太子劉據鳴冤，受漢武帝賞識，先拜爲大鴻臚，後拜爲丞相，封富民侯。《漢書》卷六六有傳。

[22]衡流：銓衡士人流品。

[23]粉墨：黑白，引申爲分辨黑白，意謂銓衡、衡量。

[24]毛玠：字孝先，陳留平丘（今河南封丘縣東）人。曹操爲司空、丞相時，曾任東曹掾。史稱他不受請謁，舉用清正之士，一時間天下士人莫不以廉節自勵。《三國志》卷一二有傳。

廢帝即位，[1]高宗入輔，[2]謀黜異志者，引陵預其議。高宗纂曆，[3]封建昌縣侯，[4]邑五百户。太建元年，[5]除尚書右僕射。[6]三年，[7]遷尚書左僕射，[8]陵抗表推周弘正、王勱等，[9]高宗召陵入内殿，曰：“卿何爲固辭此職而舉人乎？”陵曰：“周弘正從陛下西還，舊藩長史，[10]王勱太平相府長史，[11]張種帝鄉賢戚，[12]若選賢與舊，臣宜居後。”固辭累日，高宗苦屬之，[13]陵乃奉詔。

[1]廢帝：南朝陳皇帝陳伯宗。本書卷四、《南史》卷九有紀。

[2]高宗：南朝陳宣帝陳頊廟號。陳頊，本書卷五、《南史》卷一〇有紀。

[3]纂曆：嗣位。

[4]建昌：縣名。屬豫寧郡，治所在今江西永修縣西北。　縣侯：封爵名。爲開國縣侯之省稱，陳置爲九等爵第三等，第三品，視中二千石。

[5]太建：南朝陳宣帝陳頊年號（569—582）。

[6]尚書右僕射：官名。尚書令副佐，與尚書分領諸曹。與祠部尚書通職，不並置，位在尚書左僕射下。梁十五班。陳第二品，秩中二千石。

[7]三年：中華本校勘記云：“‘三年’各本並訛‘二年’。按《宣帝紀》，三年春正月癸丑，以尚書右僕射領大著作徐陵爲尚書僕射，四年春正月丙午，以尚書僕射領大著作徐陵爲尚書左僕射，與此異。”

[8]尚書左僕射：官名。尚書令副佐，主持尚書省庶務，並領殿中、主客二曹。位在右僕射之上。梁十五班。陳第二品，秩中二千石。

[9]抗表：上奏。　周弘正：字思行，汝南安城（今河南汝南縣東南）人。他於天嘉元年（560）出使北周，迎回陳頊。陳廢帝時，陳頊爲太傅，周弘正爲太傅長史。本書卷二四有傳，《南史》卷三四有附傳。　王勱：字公濟，琅邪臨沂（今山東臨沂市）人。梁敬帝時，陳霸先先後爲司空、丞相，王勱兼任其長史。本書卷一七、《南史》卷二三有附傳。

[10]長史：官名。王公軍府屬官，爲府佐之首，掌本府官吏。梁皇弟皇子長史，十班；庶姓公府長史，九班。陳皇弟皇子府長史，第五品，秩千石。

[11]太平：南朝梁敬帝蕭方智年號（556—557）。《陳書異文考證》云：“‘太平’爲梁敬帝年號。王勱於敬帝太平中爲司空陳霸

先丞相府長史（見卷十七本傳）。此處《南史》及《册府》四六四、四六八‘太平’下有一‘中’字，義較分明。”（第202頁）

　　[12]張種：字士苗，吳郡（今江蘇蘇州市）人。陳宣帝時爲都官尚書，領左驍騎將軍，後遷中書令。本書卷二一有傳，《南史》卷三一有附傳。

　　[13]屬：勸。

　　及朝議北伐，高宗曰：“朕意已決，卿可舉元帥。”衆議咸以中權將軍淳于量位重，[1]共署推之。陵獨曰：“不然。吳明徹家在淮左，[2]悉彼風俗，將略人才，當今亦無過者。”於是爭論累日不能決。都官尚書裴忌曰：[3]“臣同徐僕射。”陵應聲曰：“非但明徹良將，裴忌即良副也。”是日，詔明徹爲大都督，令忌監軍事，遂克淮南數十州之地。高宗因置酒，舉杯屬陵曰：“賞卿知人。”陵避席對曰：[4]“定策出自聖衷，非臣之力也。”其年加侍中，餘竝如故。七年，[5]領國子祭酒、南徐州大中正。[6]以公事免侍中、僕射。尋加侍中，給扶，又除領軍將軍。八年，加翊右將軍、太子詹事，[7]置佐史。俄遷右光禄大夫，[8]餘竝如故。十年，重爲領軍將軍。尋遷安右將軍、丹陽尹。[9]十三年，[10]爲中書監，領太子詹事，給鼓吹一部，[11]侍中、將軍、右光禄、中正如故。陵以年老累表求致仕，高宗亦優禮之，[12]乃詔將作爲造大齋，[13]令陵就第攝事。

　　[1]中權將軍：官名。梁武帝天監六年（507）置，與中軍、中衛、中撫將軍合爲四中將軍。爲重號將軍，是内官專用之軍號。

梁武帝天監七年（508）定爲武職二十四班中的二十三班，大通三年（529）改爲武職三十四班中的三十三班。陳擬二品，比秩中二千石。林礽乾《陳書異文考證》云："'中權將軍'，卷五《宣帝紀》作'中權大將軍'。卷十一《淳于量傳》作'中護大將軍'。"（第202頁）　淳于量：字思明，其先濟北（今山東肥城市）人。世居建康（今江蘇南京市）。本書卷一一、《南史》卷六六有傳。

［2］吴明徹：字通昭，秦郡（今江蘇南京市六合區西北）人。陳宣帝太建五年（573），率軍伐北齊，一度收復淮南江北之地。太建十年（578）二月，在吕梁敗於北周，與將士三萬餘人被俘。本書卷九、《南史》卷六六有傳。　淮左：淮河以東地區。淮河在今安徽壽縣附近自南向北流，所以習稱今安徽淮河南岸一帶爲淮東、淮左。

［3］都官尚書：官名。尚書省列曹尚書之一。南朝宋領都官、水部、庫部、功論四曹。掌刑獄軍事、水利工程及庫藏等。梁十三班。陳第三品，秩中二千石。　裴忌：字無畏，河東聞喜（今山西聞喜縣）人。吴明徹北伐時以都官尚書監軍。吴明徹吕梁兵敗後，被北周所俘。本書卷二五有傳，《南史》卷五八有附傳。

［4］避席：離席起立，以示敬意。

［5］七年：南監本作"十年"，應係形近而訛。

［6］國子祭酒：官名。最高教育長官，掌國子學、太學，隸太常。梁十三班。陳第三品，秩中二千石。　南徐州：州名。僑寄京口，在今江蘇鎮江市。東海僑郡屬南徐州。　大中正：官名。掌品評本州人物，以備政府選用。由司徒選用現任官而又有聲望者在其本籍所在州任職。

［7］翊右將軍：官名。南朝梁置。與翊左、翊前、翊後將軍合爲四翊將軍。爲重號將軍，是内官專用之軍號。梁武帝天監七年定爲武職二十四班中的二十班，與四平將軍同班。大通三年改爲武職三十四班中的三十班。陳擬三品，比秩中二千石。

［8］右光禄大夫：官名。南朝屬光禄勳。養老疾，無職事。多

用於贈官或加官。梁十六班，位金紫光禄大夫上，加開府儀同三司者，升爲十七班。陳第二品，秩中二千石。

[9]安右將軍：官名。安前、安後、安左、安右將軍與安東、安西、安南、安北將軍合爲八安將軍。爲重號將軍，是内官專用之軍號。梁武帝天監七年定爲武職二十四班中的二十一班，大通三年改爲武職三十四班中的三十一班。陳擬三品，比秩中二千石。　丹陽尹：官名。京師所在丹陽郡長官。陳第五品，秩中二千石。丹陽，郡名。治建康縣，在今江蘇南京市。

[10]十三年：《南史》卷六二《徐陵傳》作“十二年”，誤。

[11]鼓吹：本指演奏鼓吹樂的樂隊，用於軍中。後成爲皇帝賜予臣下的一種禮遇。

[12]高宗亦優禮之：底本無“禮”字，中華本據《南史·徐陵傳》補，今從補。

[13]將作：官署名。掌土木工程。梁、陳又稱將作寺，主官爲大匠卿。　大齋：大房舍，含莊敬整潔之意。

　　後主即位，[1]遷左光禄大夫、太子少傅，[2]餘如故。至德元年卒，[3]時年七十七。詔曰：“慎終有典，抑乃舊章，令德可甄，[4]諒宜追遠。侍中、安右將軍、左光禄大夫、太子少傅、南徐州大中正建昌縣開國侯陵，[5]弱齡學尚，[6]登朝秀穎，業高名輩，文曰詞宗。朕近歲承華，[7]特相引狎，雖多臥疾，方期克壯，[8]奄然殞逝，震悼於懷。可贈鎮右將軍、特進，[9]其侍中、左光禄、鼓吹、侯如故，并出舉哀，喪事所須，量加資給。謚曰章。”[10]

　　[1]後主：即南朝陳皇帝陳叔寶。本書卷六、《南史》卷一○

有紀。

[2]左光禄大夫：官名。南朝屬光禄勳。養老疾，無職事。多用於贈官或加官。梁十六班，位金紫光禄大夫上，加開府儀同三司者，升爲十七班。陳第二品，秩中二千石。　太子少傅：官名。南朝太子二傅之一，位在太子太傅下，掌教導、輔翼太子。其時已成榮銜、虛職，多授予兼具民望與朝望的高門士族。梁十五班。陳第二品，秩中二千石。

[3]至德：南朝陳後主陳叔寶年號（583—586）。

[4]甄：彰顯。

[5]建昌縣開國侯：“開國”的意思是“開建封國”，東晉南朝將“開國”二字嵌入封爵名稱當中，意謂有實際的封國與食邑收入。

[6]學尚：學識深厚。

[7]承華：承華門爲西晉時東宮正門或中門，東晉沿西晉制，稱東宮正門爲承華門。南朝相沿以承華代指東宮及太子。

[8]克壯：語本《詩·小雅·采芑》：“方叔元老，克壯其猶。”意謂年邁老臣，大展智謀。

[9]鎮右將軍：官名。梁、陳時鎮前、鎮後、鎮左、鎮右將軍與鎮東、鎮西、鎮南、鎮北將軍合稱八鎮將軍。爲重號將軍，是內官專用之軍號。梁武帝天監七年（508）定爲武職二十四班中的二十二班，大通三年（529）改爲武職三十四班中的三十二班。陳擬二品，比秩中二千石。　特進：加官名號。多用以安置閑退大臣或追贈勳戚。梁十五班。陳第二品，秩中二千石，位從三公。

[10]謚曰章：《南史》卷六二《徐陵傳》云徐陵“謚曰章偽侯”，錢大昕《廿二史考異》云：“按《陳書》謚曰章，無‘偽’字。《周書·謚法篇》亦無以‘偽’爲謚者，恐未足信。”

　　陵器局深遠，容止可觀，性又清簡，無所營樹，[1]

禄俸與親族共之。太建中，食建昌邑，邑户送米至于水次，陵親戚有貧匱者，皆令取之，數日便盡，陵家尋致乏絕。府僚怪而問其故。陵云：“我有車牛衣裳可賣，餘家有可賣不？”其周給如此。[2]少而崇信釋教，經論多所精解。[3]後主在東宫，令陵講《大品經》，[4]義學名僧自遠雲集，[5]每講筵商較，四座莫能與抗。目有青睛，時人以爲聰惠之相也。自有陳創業，文檄軍書及禪授詔策，皆陵所製，而《九錫》尤美。[6]爲一代文宗，亦不以此矜物，[7]未嘗詆訶作者。其於後進之徒，接引無倦。世祖、高宗之世，國家有大手筆，[8]皆陵草之。其文頗變舊體，緝裁巧密，多有新意。每一文出手，好事者已傳寫成誦，遂被之華夷，家藏其本。後逢喪亂，多散失，存者三十卷。[9]有四子：儉，份，儀，傅。

[1]營樹：經營家資。

[2]周給：周濟，接濟。

[3]經論：佛教經典以經、律、論爲三藏，經爲佛所説，是根本教義，論爲經義的解釋。此以“經論”代指佛教經典。

[4]《大品經》：即《大品般若經》，大乘佛教的重要經典。當時有三個漢語譯本，分别是西晋竺法護譯《光贊般若經》、無羅叉與竺叔蘭譯《放光般若經》、十六國後秦時鳩摩羅什譯《摩訶般若波羅蜜經》。

[5]義學：詮解佛教經義之學。

[6]《九錫》：九錫爲天子賜予有德諸侯的特殊禮遇，包括車馬、衣服、樂器、朱户、納陛、虎賁、弓矢、鈇鉞、秬鬯。九錫文爲天子賜權勳九錫時所下的詔書，趙翼《廿二史劄記》卷七《九錫文》言“其文皆鋪張典麗，爲一時大著作”。梁敬帝太平二年

（557）九月辛丑，下詔進陳霸先爲相國，封陳公，備九錫之禮，此詔即徐陵所擬，全文見本書卷一《高祖紀上》。

[7]矜物：恃才傲物。物，指同輩之人。

[8]大手筆：國家重要的詔令文書。

[9]存者三十卷：《隋書·經籍志四》集部別集類著録"陳尚書左僕射《徐陵集》三十卷"。

儉一名衆。[1]幼而修立，勤學有志操，汝南周弘正重其爲人，[2]妻以女。[3]梁太清初，起家豫章王府行參軍。[4]侯景亂，陵使魏未反，儉時年二十一，攜老幼避于江陵，梁元帝聞其名，召爲尚書金部郎中。[5]嘗侍宴賦詩，元帝歎賞曰"徐氏之子，復有文矣"。江陵陷，復還於京師。永定初，爲太子洗馬，[6]遷鎮東從事中郎。[7]天嘉三年，遷中書侍郎。[8]

[1]儉一名衆：中華本校勘記云："殿本《考證》云：'"衆"《南史》作"報"。'"

[2]汝南：郡名。治所在今河南上蔡縣西南。　周弘正：《南史》卷六二《徐儉傳》作"周弘直"。

[3]妻以女：林礽乾《陳書異文考證》云："《南史》及《册府》八五三'妻'字下有'之'字，語意較完足。"（第203頁）

[4]起家：從家中被征召，出任的第一個官職。　豫章王：梁武帝中大通三年（531），封嫡孫蕭歡爲豫章王，邑二千户。蕭歡死後，其子蕭棟嗣封。豫章，郡名。治南昌縣，在今江西南昌市。行參軍：官名。王公軍府屬官，參掌府曹事，位在參軍之下。多由府主自行板授，是無俸禄的散官，士人常以此作爲進身之階。梁皇弟、皇子府行參軍，三班；嗣王、庶姓公府行參軍，二班。

[5]尚書金部郎中：官名。尚書省金部曹長官。掌庫藏、金寶、貨物、權衡、度量等事。梁五班。若由郎中轉爲侍郎，則爲六班。陳第四品，秩六百石。

[6]太子洗馬：官名。南朝梁、陳時爲典經局長官，隸太子詹事。掌圖籍經書及侍從。梁六班。陳第六品，秩六百石。

[7]鎮東：即鎮東將軍。梁、陳時鎮東、鎮西、鎮南、鎮北將軍與鎮前、鎮後、鎮左、鎮右將軍合稱八鎮將軍。爲重號將軍，是外官專用之軍號。梁武帝天監七年（508）定爲武職二十四班中的二十二班，大通三年（529）改爲武職三十四班中的三十二班。陳擬二品，比秩中二千石。　從事中郎：官名。王公軍府屬官，職參謀議。梁皇弟皇子公府從事中郎，九班，嗣王庶姓公府從事中郎，八班。陳皇弟皇子公府從事中郎，第五品，秩六百石；嗣王庶姓公府從事中郎，第六品，秩六百石。

[8]中書侍郎：官名。中書省屬官，掌詔誥。南朝擬詔出令之職仍歸中書省，但事權歸中書舍人，侍郎職閑官清，成爲起家官。如缺監、令，或亦主持中書省務。梁、陳均設四員。梁九班。陳第四品，秩千石。

太建初，廣州刺史歐陽紇舉兵反，[1]高宗令儉持節喻旨。[2]紇初見儉，盛列仗衛，言辭不恭，儉曰：“呂嘉之事，[3]誠當已遠，將軍獨不見周迪、陳寶應乎？[4]轉禍爲福，未爲晚也。”紇默然不答，懼儉沮其衆，不許入城，置儉於孤園寺，遣人守衛，累旬不得還。紇嘗出見儉，儉謂之曰：“將軍業已舉事，儉須還報天子，儉之性命雖在將軍，將軍成敗不在於儉，幸不見留。”紇於是乃遣儉從閒道馳還。高宗乃命章昭達率衆討紇，[5]仍以儉悉其形勢，敕儉監昭達軍。紇平，高宗嘉之，賜奴婢十人，米五百斛，除鎮北鄱陽王諮議參軍，[6]兼中書舍人。[7]累遷國子博士、大匠卿，[8]餘竝如故。尋遷黃門侍郎，[9]轉太子中庶子，[10]加通直散騎常侍，[11]兼尚書左丞，[12]以公事免。尋起爲中衛始興王限外諮議參軍，[13]兼中書舍人。又爲太子中庶子，遷貞威將軍、太子左衛率，[14]舍人如故。

[1]廣州：州名。治番禺縣，在今廣東廣州市。 歐陽紇：字奉聖，長沙臨湘（今湖南長沙市）人，歐陽頠之子。歐陽頠死後，續任廣州刺史。因在嶺南勢力深厚，引起宣帝猜忌，下詔徵其爲左衛將軍，歐陽紇疑懼，舉兵謀反被殺。本書卷九、《南史》卷六六有附傳。

[2]持節：古代大臣奉皇帝之命出行，持符節以爲憑證並示威重。 喻旨：宣喻旨意。

[3]吕嘉：漢武帝時南越國丞相。他殺死南越王趙興，襲擊漢軍，被漢武帝出兵討滅。

[4]周迪：臨川南城（今江西南城縣東南）人。陳文帝時任江州刺史，割據贛江流域。天嘉三年（562），他舉兵攻襲豫章太守周敷和尋陽太守華皎。被陳軍擊敗後，逃往晉安，依附陳寶應，後被殺。本書卷三五、《南史》卷八〇有傳。 陳寶應：晉安候官（今福建閩侯縣）人。陳文帝時爲閩州刺史，割據一方。因聯合留異、周迪抗陳，被余孝頃、章昭達討滅，斬於建康。本書卷三五、《南史》卷八〇有傳。

[5]章昭達：字伯通，吳興武康（今浙江德清縣）人。本書卷一一、《南史》卷六六有傳。

[6]鎮北：即鎮北將軍。梁、陳時鎮東、鎮西、鎮南、鎮北將軍與鎮前、鎮後、鎮左、鎮右將軍合稱八鎮將軍。爲重號將軍，是外官專用之軍號。梁武帝天監七年（508）定爲武職二十四班中的

二十二班，大通三年（529）改爲武職三十四班中的三十二班。陳擬二品，比秩中二千石。　鄱陽王：陳文帝天嘉元年（560）封其三子陳伯山爲鄱陽王。鄱陽，郡名。治鄱陽縣，在今江西鄱陽縣。

[7]中書舍人：官名。中書省屬官。本名中書通事舍人，梁、陳去“通事”二字，徑稱“中書舍人”。職掌起草詔誥、轉呈章奏等。梁四班。陳第八品。

[8]國子博士：官名。國子學教官，隸國子祭酒，掌教授生徒。梁、陳員二人。梁九班。陳第四品，秩千石。　大匠卿：官名。梁武帝天監七年改將作寺長官將作大匠爲大匠卿，爲十二卿之一，位視太僕，掌土木工程。梁十班。陳第三品，秩中二千石。

[9]黃門侍郎：官名。即給事黃門侍郎。門下省次官。與侍中俱掌門下衆事，侍從左右，顧問應對，出入禁中，職任顯要。員四人。梁十班。陳第四品，秩二千石。

[10]太子中庶子：官名。東宮門下坊的長官，掌侍從太子左右，儐相威儀，盡規獻納，典綜奏事文書等。梁十一班。陳第四品，秩二千石。

[11]通直散騎常侍：官名。晉武帝時，使員外散騎常侍二人與散騎常侍通員當值，故名。南朝屬集書省，多以衰老之士擔任，地位漸低。梁武帝曾欲提高其地位，以比御史中丞，但終不被人所重，常爲加官。梁十一班。陳第四品，秩二千石。

[12]尚書左丞：官名。尚書省佐官，位次尚書，與右丞共掌尚書省庶務，率諸都令史監察稽核諸尚書曹、郎曹政務，督錄近道文書章奏，監察糾彈尚書令、僕射、尚書等，號稱“監司”，分管宗廟祠祀、朝儀禮制、選授官吏等文書奏事。位在尚書右丞上。梁九班。陳第四品，秩六百石。

[13]中衛：即中衛將軍。梁武帝天監六年（507）置，與中軍、中權、中撫將軍合稱四中將軍。爲重號將軍，是內官專用之軍號。梁武帝天監七年定爲武職二十四班中的二十三班，大通三年改爲武職三十四班中的三十三班。陳擬二品，比秩中二千石。　始興

王：陳宣帝太建元年（569），封其次子陳叔陵爲始興王，奉昭烈王陳道談之祀。始興，郡名。治曲江縣，在今廣東韶關市南武水西岸。　限外：梁、陳時稱定員以外的官員爲限外。

[14]太子左衛率：官名。晋武帝泰始年間分太子中衛率爲左、右衛率。與太子右衛率各領一軍，掌東宫護衛。梁十一班。陳第四品，秩二千石。

　　後主立，授和戎將軍、宣惠晋熙王長史，[1]行丹陽郡國事。俄以父憂去職。尋起爲和戎將軍，累遷尋陽内史，爲政嚴明，盜賊静息。遷散騎常侍，襲封建昌侯，入爲御史中丞。儉性公平，無所阿附，尚書令江總望重一時，[2]亦爲儉所糾劾，後主深委任焉。又領右軍。[3]禎明二年卒。[4]

[1]和戎將軍：官名。南朝梁置。爲雜號將軍。梁武帝天監七年（508）定爲武職二十四班中的十班，大通三年（529）改爲武職三十四班中的十一班。陳擬七品，比秩六百石。　宣惠：即宣惠將軍。南朝梁武帝天監七年與鎮兵、翊師、宣毅將軍代舊四中郎將，爲武職二十四班中的十七班。大通三年與四中郎將並置，爲武職三十四班中的二十七班。陳擬四品，比秩中二千石。陳後主至德元年（583）正月，以其弟陳叔文爲宣惠將軍、丹陽尹。　晋熙王：陳宣帝太建七年（575）十月，立十二子陳叔文爲晋熙王。晋熙，郡名。治所在今安徽潜山縣。

[2]尚書令：官名。梁、陳時尚書省長官，爲最高政務長官，位尊權重。梁十六班。陳第一品，秩中二千石。　江總：字總持，濟陽考城（今河南民權縣東北）人。本書卷二七有傳，《南史》卷三六有附傳。

[3]右軍：即右軍將軍。與左軍、前軍、後軍將軍合稱四軍將

軍，掌宫廷宿衛。不領營兵。梁九班。陳第五品，秩千石。

[4]禎明：南朝陳後主陳叔寶年號（587—589）。

份少有父風，年九歲，爲《夢賦》，陵見之，謂所親曰"吾幼屬文，亦不加此"。解褐爲秘書郎，[1]轉太子舍人。[2]累遷豫章王主簿、太子洗馬。[3]出爲海鹽令，[4]甚有治績。秩滿，入爲太子洗馬。

[1]解褐：脱下布衣，著官服。指初入仕途。 秘書郎：官名。秘書省屬官。佐秘書監、丞掌國之典籍圖書。宋、齊以來，爲甲族起家之選。梁二班。陳第七品，秩四百石。

[2]太子舍人：官名。晉時爲中書、散騎機構副長官，南朝沿置。掌文章書記。梁三班。陳第七品，秩二百石。

[3]主簿：官名。王府屬官，掌文書簿籍。梁皇弟皇子府主簿五班，嗣王府主簿四班，皇弟皇子之庶子府、蕃王府曹主簿三班。陳皇弟皇子府主簿第七品，嗣王府、皇弟皇子之庶子府主簿第八品，蕃王府主簿第九品。

[4]海鹽：縣名。治所在今浙江海鹽縣。

份性孝悌，陵嘗遇疾，甚篤，份燒香泣涕，跪誦《孝經》，晝夜不息，如此者三日，陵疾豁然而愈，親戚皆謂份孝感所致。太建二年卒，時年二十二。

儀少聰警，以《周易》生舉高第爲秘書郎，[1]出爲烏傷令。[2]禎明初，遷尚書殿中郎，[3]尋兼東宮學士。陳亡入隋。開皇九年，[4]隱于錢塘之赭山，[5]煬帝召爲學士，[6]尋除著作郎。大業四年卒。[7]

[1]高第：即“甲科”。策試成績的第一等級。

[2]烏傷：縣名。屬東陽郡，治所在今浙江義烏市。

[3]尚書殿中郎：官名。尚書省殿中曹長官。屬尚書左僕射。掌擬詔書，多用文學之士。梁侍郎六班，郎中五班。陳第四品，秩六百石。

[4]開皇：隋文帝楊堅年號（581—600）。

[5]錢塘：縣名。治所在今浙江杭州市。　赭山：在今浙江杭州市蕭山區。因山石呈赭色，故名。原與龕山（今坎山）隔錢塘江南北對峙，爲江海門户。後江流改道，乃同在江南。

[6]煬帝：即隋朝皇帝楊廣謚號。《隋書》卷三、卷四，《北史》卷一二有傳。

[7]大業：隋煬帝楊廣年號（605—618）。

孝克，陵之第三弟也。少爲《周易》生，有口辯，能談玄理。既長，遍通五經，博覽史籍，亦善屬文，而文不逮義。梁太清初，起家爲太學博士。[1]

[1]太學博士：官名。南朝梁隸國子祭酒，位次於國子博士、五經博士。二班。陳第八品，秩六百石。

性至孝，遭父憂，殆不勝喪，事所生母陳氏，盡就養之道。梁末，侯景寇亂，京邑大飢，餓死者十八九。孝克養母，饘粥不能給，妻東莞臧氏，領軍將軍臧盾之女也，[1]甚有容色，孝克乃謂之曰：“今飢荒如此，供養交闕，欲嫁卿與富人，望彼此俱濟，於卿意如何？”臧氏弗之許也。時有孔景行者，爲侯景將，富於財，孝克密因媒者陳意，景行多從左右，逼而迎之，臧涕泣而去，所得穀帛，悉以供養。孝克又剃髮爲沙門，[2]改名法整，兼乞食以充給焉。臧氏亦深念舊恩，數私致饋餉，故不乏絕。後景行戰死，臧伺孝克於途中，累日乃見，謂孝克曰：“往日之事，非爲相負，今既得脫，當歸供養。”孝克默然無答。於是歸俗，更爲夫妻。後東游，居于錢塘之佳義里，與諸僧討論釋典，遂通三論。[3]每日二時講，旦講佛經，晚講禮傳，道俗受業者數百人。天嘉中，除剡令，[4]非其好也，尋復去職。太建四年，徵爲秘書丞，[5]不就，乃蔬食長齋，[6]持菩薩戒，[7]晝夜講誦《法華經》，[8]高宗甚嘉其操行。

[1]臧盾：字宣卿，東莞莒（今山東莒縣）人。《梁書》卷四二有傳。《陳書異文考證》云：“南監本、汲古本竝作‘臧質’。按臧質、臧盾同爲東莞莒人。唯一爲宋文帝元嘉年間人（《宋書》卷七十四有傳），一爲梁朝人。前者仕宋未嘗爲領軍將軍，後者於梁武帝大同七年爲領軍將軍（見《梁書》卷三《武帝紀下》），明此爲領軍將軍者，殿本、宋浙本及《南史》作‘臧盾’不誤。”（第203頁）按，北監本亦作“臧盾”。

[2]沙門：吐火羅文 sāmasm 的音譯。梵文作 śramana，又譯桑門、沙門那等。意譯“息心”或“勤息”。在古代印度本指非婆羅門教的各種教派的出家修行者，後佛教專指依照戒律出家修行之人。中國用來指出家的佛教僧人。

[3]三論：指古印度龍樹的《中論》《十二門論》和提婆的《百論》，是印度大乘佛教中觀學派的綱領性著作。

[4]剡：縣名。治所在今浙江嵊州市。南監本、北監本、汲本、殿本訛作“鄃”，《陳書異文考證》云：“鄃在山東，非陳所有。剡在浙江，屬陳東揚州會稽郡。”（第204頁）

[5]秘書丞：官名。秘書省次官，在秘書監之下。掌典籍圖書的校勘、整理，爲清要之官。梁員一人，八班。陳第五品，秩六百石。

[6]長齋：佛教戒律稱遵守過午不食戒者爲持齋，長時如此則謂之持長齋。民間多稱終年素食者爲吃長齋。

[7]菩薩戒：指修行菩薩道者所持守的戒律，内容包括攝律儀戒、攝善法戒、饒益有情戒三種。盛行於南朝時期，梁武帝、梁簡文帝、陳文帝、陳宣帝都曾自稱"菩薩戒弟子"。

[8]《法華經》：即《妙法蓮華經》，爲大乘佛教的重要經典。當時有兩個漢語譯本，分別是西晉竺法護譯《正法華經》和十六國後秦時鳩摩羅什譯《妙法蓮華經》。

六年，除國子博士，遷通直散騎常侍，兼國子祭酒，尋爲真。孝克每侍宴，無所食噉，至席散，當其前膳羞損減，高宗密記以問中書舍人管斌，斌不能對。自是斌以意伺之，見孝克取珍果内紳帶中，[1]斌當時莫識其意，後更尋訪，方知還以遺母。斌以實啓，高宗嗟歎良久，乃敕所司，自今宴享，孝克前饌，竝遣將還，以餉其母，時論美之。至德中，皇太子入學釋奠，[2]百司陪列，孝克發《孝經》題，後主詔皇太子北面致敬。

[1]紳帶：又名鞶帶、大帶。用絲織物製成的束腰帶。在革帶之外。

[2]皇太子：即陳胤。字承業，陳叔寶長子。陳叔寶即位後立爲皇太子。本書卷二八、《南史》卷六五有傳。　釋奠：在學校置酒食以祭祀先聖先師的儀式。南朝時，皇太子學通一經後，即行釋奠之禮。在釋奠之前，有講經的活動。

禎明元年，入爲都官尚書。自晋以來，尚書官僚皆攜家屬居省。省在臺城内下舍門，[1]中有閣道，東西跨路，通于朝堂。[2]其第一即都官之省，西抵閣道，年代久遠，多有鬼怪，每昏夜之際，無故有聲光，或見人著衣冠從井中出，須臾復没，或門閣自然開閉。居省者多死亡，尚書周確卒於此省，[3]孝克代確，便即居之，經涉兩載，妖變皆息，時人咸以爲貞正所致。

[1]臺城：即東晋、南朝的建康宮城，因尚書臺在其中而得名。東晋遷都建康，名義上仍以洛陽爲正式宮城所在，而以建康宮爲臨時宮，故自貶宮城爲臺城。　下舍門：即尚書下舍的建禮門。尚書下舍位於臺城内城東墻外，本爲官員值宿時的休沐之處，其門爲建禮門。南朝分尚書省爲上省和下省，上省包括朝堂及附屬辦事機構，在臺城内城；尚書省諸曹的辦公處則從内城移至原尚書下舍處，稱尚書下省，或徑稱尚書省。尚書下省在上省之東，二者被内城宮墻與墻外道路隔開，通過架空的閣道相互連接。

[2]朝堂：又稱尚書朝堂、都坐、尚書都堂。爲尚書上省理政之處，尚書八座、丞、郎等在此議政，相互朝見，故曰朝堂，其門爲崇禮門。位於太極殿庭南太陽門外的庭院東側。

[3]周確：字士潛，汝南安城（今河南汝南縣東南）人。周弘直之子。本書卷二四、《南史》卷三四有附傳。

孝克性清素而好施惠，故不免飢寒，後主敕以石頭津税給之，[1]孝克悉用設齋寫經，隨得隨盡。二年，爲散騎常侍，侍東宮。陳亡，隨例入關。家道壁立，所生母患，欲粳米爲粥，不能常辦。母亡之後，孝克遂常噉麥，有遺粳米者，孝克對而悲泣，終身不復食之焉。

[1]石頭津：建康城西石頭城外的重要渡口。在今江蘇南京市清涼山下，南臨秦淮河口。據《隋書·食貨志》，石頭津置津主一人、賊曹一人、直水五人，負責檢查違禁品與亡叛者，並對過往貨物按百分之十征收關津稅。

開皇十年，長安疾疫，隋文帝聞其名行，[1]召令於尚書都堂講《金剛般若經》。[2]尋授國子博士。後侍東宮講禮傳。

[1]隋文帝：隋朝皇帝楊堅。文爲其諡號。
[2]《金剛般若經》：即《金剛般若波羅蜜經》，是釋迦牟尼在捨衛國説經的記録，爲大乘佛教的重要經典。當時有三種漢語譯本，分別是十六國時後秦鳩摩羅什、北魏天竺三藏菩提流支、南朝陳天竺三藏真諦譯。

十九年以疾卒，時年七十三。臨終，正坐念佛，室內有非常異香氣，隣里皆驚異之。子萬載，仕至晋安王功曹史、太子洗馬。[1]

[1]晋安王：陳文帝天嘉六年（565）八月，封第六子陳伯恭爲晋安王。　功曹史：官名。南朝諸王府置功曹史，掌府中人事，並參政務。位在主簿上。陳皇弟皇子府功曹史，第七品。

史臣曰：徐孝穆挺五行之秀，稟天地之靈，聰明特達，籠罩今古。及締構興王，遭逢泰運，位隆朝宰，獻替謀猷，[1]蓋亮直存矣。孝克砥身屬行，養親逾禮，亦參、閔之志歟。[2]

[1]獻替：語本《左傳》昭公二十年："君所謂可而有否焉，臣獻其否以成其可。君所謂否而有可焉，臣獻其可以去其否。"意謂向君主進言，勸善規過。

[2]參：即曾參。字子輿，春秋時魯國人。孔子弟子。相傳他能通孝道，作《孝經》。　閔：即閔損。字子騫，春秋時魯國人。孔子弟子。相傳他受繼母虐待，而能盡孝道。受到孔子讚揚。

陳書　卷二七

列傳第二十一

江總　子溢　姚察

　　江總字總持，濟陽考城人也，[1]晋散騎常侍統之十世孫。[2]五世祖湛，[3]宋左光禄大夫、開府儀同三司，[4]忠簡公。祖蒨，[5]梁光禄大夫，[6]有名當代。父紑，[7]本州迎主簿，[8]少居父憂，以毀卒，在《梁書·孝行傳》。

　　[1]濟陽：郡名。治所在今河南蘭考縣東北。　考城：縣名。治所在今河南民權縣東北。

　　[2]散騎常侍：官名。晋時爲散騎省長官。掌侍從皇帝左右，獻納得失，省諸奏聞文書，意異者，隨事爲駁。晋第三品。　統：江統。字應元，陳留圉（今河南杞縣西南）人。西晋末，官至散騎常侍。《晋書》卷五六有傳。

　　[3]湛：江湛。字徽淵，濟陽考城人。歷任左衛將軍、吏部尚書，爲劉劭所殺。《宋書》卷七一有傳，《南史》卷三六有附傳。

　　[4]左光禄大夫：官名。作爲在朝顯職的加官，以示優崇，無職掌。位在金紫光禄大夫上，南朝宋秩比二千石。　開府儀同三

司：官名。大臣加號，意謂與三司即太尉、司徒、司空禮制、待遇相同，許開設府署，自辟僚屬。

[5]蒨：江蒨。字彦標。南齊末官至建安内史，後因抵抗梁武帝起兵，建康城平，被禁錮，後起爲臨川王外兵參軍，官至光禄大夫。《梁書》卷二一有傳，《南史》卷三六有附傳。

[6]光禄大夫：官名。屬光禄卿，養老疾，無職事。梁十三班。

[7]紑（fóu）：江紑。字含潔。有孝行。《梁書》卷四七有傳，《南史》卷三六有附傳。

[8]迎主簿：六朝時，地方官吏上任或離任，官府要以財禮迎送，謂之迎新、送故。主持迎新的主簿稱爲迎主簿。迎主簿由一州門第、德行、才學優異者擔任，是一種入仕之資格。

總七歲而孤，依于外氏。[1]幼聰敏，有至性。舅吳平光侯蕭勱，[2]名重當時，特所鍾愛，嘗謂總曰："爾操行殊異，神采英拔，後之知名，當出吾右。"及長，篤學有辭采，家傳賜書數千卷，總晝夜尋讀，未嘗輟手。年十八，解褐宣惠武陵王府法曹參軍。[3]中權將軍、丹陽尹何敬容開府，[4]置佐史，[5]並以貴冑充之，仍除敬容府主簿。[6]遷尚書殿中郎。[7]梁武帝撰《正言》始畢，[8]製《述懷詩》，總預同此作，帝覽總詩，深降嗟賞。仍轉侍郎。[9]尚書僕射范陽張纘，[10]度支尚書琅邪王筠，[11]都官尚書南陽劉之遴，[12]並高才碩學，總時年少有名，纘等雅相推重，爲忘年友會。之遴嘗酬總詩，其略曰："上位居崇禮，寺署鄰栖息。忌聞曉驪唱，每畏晨光鮆。[13]高談意未窮，晤對賞無極。探賾共遨游，休沐忘退食。曷用銷鄙吝，枉趾覯顏色。下上數千載，揚搉吐胸臆。"其爲通人所欽挹如此。[14]遷太子洗馬，[15]又出爲臨安令，[16]還爲中軍宣城王府限内録事參軍，[17]轉太子中舍人。[18]

［1］外氏：指外祖父母家。

［2］吴平光侯蕭勘：吴平，縣名。治所在今江西樟樹市西。蕭勘，襲父吴平侯景爵，爲吴平侯。《南史》卷五一有附傳。中華本校勘記云：“‘勘’《梁書·蕭景傳》《南史·吴平侯景傳》並作‘勵’，《南史·江總傳》又作‘勘’。按桂馥《説文解字義證》云‘勘’字或作‘勵’。”林礽乾《陳書異文考證》云：“作‘勘’爲‘勵’之正字。《説文·力部》：‘勵，勉也，從刀萬聲。《周書》曰：“用勘相我邦家。”讀與厲同。’雷浚《説文外篇》：‘此勘之古讀，爲勉勵之正字。’”（文史哲出版社 1979 年版，第 205 頁）

［3］解褐：脱去平民所穿的衣服，換上官服，擔任官職，指入仕。　宣惠：宣惠將軍。南朝梁置，爲加官、散官性質的將軍，位十七班。　武陵王：爵名。梁武帝子蕭紀的封爵武陵王。蕭紀，字世詢。侯景之亂時，不援建康，武帝死後於成都自立爲帝，後爲梁元帝所殺。《梁書》卷五五、《南史》卷五三有傳。武陵，郡名。治所在今湖南常德市。　法曹參軍：官名。王公軍府屬官，掌郵驛事務。皇弟皇子之庶子府法曹參軍，梁四班。

［4］中權將軍：官名。南朝梁置，與中衛、中軍、中撫合稱四中將軍。地位顯要，祇授予在京師任職的官員。爲一百二十五號將軍之一，二十三班。　丹陽尹：官名。京師所在丹陽郡長官，掌民政。宋第三品，梁初不詳。丹陽，治所在今江蘇南京市。　何敬容：梁武帝大同年間官任侍中、尚書令，身居宰相顯位。《梁書》卷三七有傳，《南史》卷三〇有附傳。　開府：建立府屬，選置僚屬。

［5］佐史：吏職名。此指古代地方官員的僚屬，州、縣均設一定員數，供驅使，並掌管文書簿籍等事。

　　[6]主簿：官名。中央各機構及地方州郡官府皆置。典領文書簿籍，經辦事務。

　　[7]尚書殿中郎：官名。尚書省諸曹郎之一，屬尚書左僕射。掌擬詔書，多用文學之士。梁侍郎六班，郎中五班。

　　[8]梁武帝：南朝梁皇帝蕭衍。字叔達，南蘭陵中都里（今江蘇常州市西北）人。曾仕宋、齊。《梁書》卷一至卷三，《南史》卷六、卷七有紀。

　　[9]轉：遷職。

　　[10]尚書僕射：官名。尚書令副佐，並與尚書分領諸曹。不常置，若左右僕射並缺，則置以總左右事。梁十五班。　范陽：郡名。治所在今河北涿州市。　張纘：字伯緒。梁武帝大同年間官任尚書僕射，博聞多識。《梁書》卷三四、《南史》卷五六有附傳。

　　[11]度支尚書：官名。尚書省列曹尚書之一，掌財賦統計、支調。梁十三班。　琅邪：郡名。治所在今山東臨沂市。　王筠：字元禮，一字德柔。梁武帝大同年間官任度支尚書，博學通經，著述甚多。《梁書》卷三三有傳，《南史》卷二二有附傳。

　　[12]都官尚書：官名。尚書省列曹尚書之一，掌法律刑獄及水利、庫藏等。梁十三班。　南陽：郡名。治所在今河南南陽市。劉之遴：字思貞。梁武帝大同年間官任都官尚書，博學善文，明曉朝儀。《梁書》卷四〇有傳，《南史》卷五〇有附傳。

　　[13]赩（xì）：赤色，火紅色。

　　[14]通人：學識淵博通曉事理的人。　欽挹：欽佩推崇。

　　[15]太子洗馬：官名。東宮屬官，掌侍從及文翰，爲清簡之職。梁六班。

　　[16]臨安：縣名。治所在今浙江臨安市北。

　　[17]中軍：中軍將軍。南朝梁代與中權、中衛、中撫將軍合稱四中將軍。祇授予在京師任職者，地位頗重。爲一百二十五號將軍之一，二十三班。　宣城王：爵名。梁簡文帝嫡長子蕭大器之初封爵號。蕭大器，字仁宗。初封宣城王，簡文帝即位立爲皇太子，後

爲侯景所殺，追謚爲哀太子。《梁書》卷八、《南史》卷五四有傳。
宣城，郡名。治所在今安徽宣城市宣州區。　限内：官制用語。南
朝梁、陳指定員之内的官吏。　錄事參軍：官名。王公軍府屬官，
掌總録衆署文書，舉彈善惡。梁七班至三班。

[18]太子中舍人：官名。東宮屬官，與太子中庶子掌侍從及文
翰，侍從規諫太子，綜典奏事文書等。梁八班。

　　及魏國通好，[1]敕以總及徐陵攝官報聘，[2]總以疾不
行，侯景寇京都，[3]詔以總權兼太常卿，[4]守小廟。[5]臺
城陷，[6]總避難崎嶇，累年至會稽郡，[7]憩於龍華寺，乃
製《修心賦》，略序時事。其辭曰：

[1]魏國：此指西魏。

[2]徐陵：字孝穆，東海郯（今山東郯城縣北）人。南朝梁、
陳時文學名家，善詩賦騈文，作品綺艷輕靡，與庾信並爲當時宮廷
文學的代表，時號“徐庾體”。南朝陳時歷任顯官要職。本書卷二
六有傳，《南史》卷六二有附傳。　報聘：爲答謝鄰國來訪，而派
遣使臣回訪。

[3]侯景：字萬景。原爲東魏大將，後叛至南朝梁，在梁發動
叛亂，史稱“侯景之亂”。《梁書》卷五六、《南史》卷八〇有傳。
京都：指梁朝國都建康，在今江蘇南京市。

[4]太常卿：官名。南朝梁十二卿之一。掌禮樂、郊廟、社稷
等事。梁十四班。

[5]小廟：古代帝王死後，升祀太廟，始祖稱“大廟”，高祖
以下稱“小廟”。

[6]臺城：指禁城。南朝時稱朝廷禁省爲臺，禁城爲臺城。舊
址在今江蘇南京城北。

[7]會稽：郡名。治所在今浙江紹興市。

太清四年秋七月，[1]避地于會稽龍華寺。此伽藍者，[2]余六世祖宋尚書右僕射州陵侯元嘉二十四年之所構也。[3]侯之王父晉護軍將軍彪，[4]昔莅此邦，卜居山陰都陽里，[5]貽厥子孫，[6]有終焉之志。寺域則宅之舊基，左江右湖，面山背壑，東西連跨，南北紆縈，[7]聊與苦節名僧，同銷日用，[8]曉修經戒，夕覽圖書，寝處風雲，憑棲水月。不意華戎莫辨，朝市傾淪，以此傷情，情可知矣。啜泣濡翰，[9]豈攄鬱結，庶後生君子，憫余此槃焉。

[1]太清：南朝梁武帝蕭衍年號（547—549）。

[2]伽藍：寺院、佛寺。梵語僧伽藍摩譯音的略稱，意爲僧院。

[3]尚書右僕射：官名。尚書省次官，位在左僕射下，與左僕射聯署主持尚書省工作。宋第三品。　州陵侯：此指江總六世祖江夷。州陵，縣名。治所在今湖北洪湖市東北。　元嘉：南朝宋文帝劉義隆年號（424—453）。

[4]護軍將軍彪（bīn）：彪，底本作“彪”。中華本校勘記云：“按江彪《晉書》有傳，爲江統之子，曾官護軍將軍，今據改。”今從改。護軍將軍，官名。東漢建安十二年（207）曹操改丞相府護軍爲中護軍，資重者可遷護軍將軍，典武官選舉，與中領軍同掌禁軍。西晉時不典選舉，不隸領軍，自領禁衛營兵。第五品。彪，江彪，字思玄，官至護軍將軍。《晉書》卷五六有傳。

[5]山陰：縣名。治所在今浙江紹興市。

[6]貽厥：留傳、遺留。

[7]紆縈：山水回環旋繞。

[8]同銷日用：林礽乾《陳書異文考證》云：“‘日用’，《文苑英華》九七、《江令君集·修心賦序》竝作‘日月’。疑作‘同銷

日月'是。"（第206頁）按，"日用"本通。日用即日常，同銷日
用謂共同消磨時光之意。

　　[9]濡翰：蘸筆書寫或繪畫。

　　　　嘉南斗之分次，[1]肇東越之靈秘，表《檜風》
於韓什，[2]著鎮山於周記，[3]蘊大禹之金書，鐫暴秦
之石字，[4]太史來而探穴，鍾離去而開笥，信竹箭
之爲珍，何珷玞之罕值。[5]奉盛德之鴻祀，寓安禪
之古寺，寔豫章之舊圃，[6]成黃金之勝地。遂寂默
之幽心，若鏡中而遠尋，面曾阜之超忽，邇平湖之
迴深。山條偃蹇，[7]水葉侵淫，挂猿朝落，飢鼯夜
吟。[8]果叢藥苑，桃蹊橘林，梢雲拂日，結暗生陰。
保自然之雅趣，鄙人閒之荒雜，望島嶼之遒回，面
江源之重沓，泛流月之夜迴，曳光煙之曉匝。風引
蜩而嘶謀，雨鳴林而脩颯，[9]鳥稍狎而知來，雲無
情而自合。

　　[1]南斗：星名。即斗宿，在北斗星以南，形似斗，故稱。此
也借指南方。　　分次：星辰運行的度次。

　　[2]《檜風》：《詩經》十五國風之一。

　　[3]著：底本作"箸"。按，刻本文字從草與從竹常有混用的
情況。今徑改之，本卷以下不再出校。

　　[4]鐫暴秦之石字：石，底本作"在"。中華本校勘記云："殿
本《考證》云'在'字疑誤。按此用秦始皇上會稽山，立石刻頌
秦德事，'在'當作'石'，形近而訛。《文苑英華》九七正作
'石'，金陵局本已改爲'石'，今從之。"今從改。

　　[5]珷（wǔ）玞：似玉的美石。

[6]豫章：郡名。治所在今江西南昌市。

[7]偃蹇（jiǎn）：高聳的樣子。

[8]鼯（wú）：鼯鼠。外形似松鼠，前後肢間有寬大的皮膜，可滑翔於樹林間，故又被稱爲“飛鼠”。

[9]雨鳴林而脩颯：中華本校勘記云：“‘脩’字疑訛，傅增湘校《文苑英華》，據宋本改作‘翛’。”林礽乾《陳書異文考證》云：“‘翛’音蕭，‘翛颯’者，風雨聲也。歐陽子《秋聲賦》：‘初淅瀝以蕭颯。’‘蕭颯’即‘翛颯’。……當據《文苑英華》九七及《江令君集》改。”（第206頁）按，“翛颯”係雙聲連綿詞，從聲得義，本無一定之字型，故又作“蕭颯”。脩、翛，中古音並屬心紐，前者平聲尤部，後者平聲蕭部，二者音近可通，是“翛颯”亦可寫作“脩颯”。

爾迺野開靈塔，地築禪居，喜園迢遰，[1]樂樹扶疏。[2]經行籍草，宴坐臨渠，持戒振錫，[3]度影甘蔬，堅固之林可喻，寂滅之場暨如。異曲終而悲起，非木落而悲始，豈降志而辱身，不露才而揚己。鍾風雨之如晦，倦雞鳴之聒耳，幸避地而高棲，[4]憑調御之遺旨。折四辯之微言，悟三乘之妙理，[5]遣十纏之繫縛，祛五惑之塵滓，[6]久遺榮於勢利，庶忘累於妻子，感意氣於疇日，寄知音於來祀，何遠客之可悲，知自憐其何已。

[1]迢遰（dì）：同“迢遞”，遙遠的樣子。

[2]扶疏：枝葉繁茂分布的樣子。

[3]持戒：遵行戒律。　振錫：手持錫杖出行。

[4]高棲：隱居。

[5]三乘：指小乘（聲聞乘）、中乘（緣覺乘）、大乘（菩薩乘）三種能使人獲得證悟，息滅煩惱的途徑。

　　[6]塵滓：此喻世間煩瑣的事務。

　　總第九舅蕭勃先據廣州，[1]總又自會稽往依焉。梁元帝平侯景，[2]徵總爲明威將軍、始興内史，[3]以郡秩米八百斛給總行裝。會江陵陷，[4]遂不行，總自此流寓嶺南積歲。[5]天嘉四年，[6]以中書侍郎徵還朝，[7]直侍中省。累遷司徒右長史，[8]掌東宮管記，給事黄門侍郎，[9]領南徐州大中正。[10]授太子中庶子、通直散騎常侍，[11]東宮、中正如故。遷左民尚書，[12]轉太子詹事，[13]中正如故。以與太子爲長夜之飲，養良娣陳氏爲女，太子微行總舍，上怒免之。尋爲侍中，[14]領左驍騎將軍。[15]復爲左民尚書，領左軍將軍，[16]未拜，又以公事免。尋起爲散騎常侍、明烈將軍、司徒左長史，[17]遷太常卿。

　　[1]蕭勃：南朝梁武帝蕭衍之姪，封曲江鄉侯，太寶初年任廣州刺史。《南史》卷五一有附傳。　　廣州：州名。治所在今廣東廣州市。

　　[2]梁元帝：南朝梁世祖蕭繹。字世誠，梁武帝蕭衍第七子。封湘東王，授荆州刺史。大寶二年（551）四月，派大都督王僧辯追擊侯景，十一月在江陵稱帝，改元承聖。《梁書》卷五、《南史》卷八有紀。

　　[3]明威將軍：官名。梁時與寧遠、振遠等將軍代舊寧朔將軍。爲一百二十五號將軍之一，十三班。陳擬五品，比秩千石。另梁、陳十明將軍中亦有此號。陳擬六品，比秩千石。　　始興：郡名。治所在今廣東韶關市南武水西岸。　　内史：官名。王國行政長官，掌

王國民政，職同太守。宋第五品，梁不詳。

[4]江陵：縣名。治所在今湖北荆州市荆州區。

[5]嶺南：地區名。一作嶺外、嶺表。泛指五嶺以南地區，相當於今廣東、廣西兩省及越南北部一帶。

[6]天嘉：南朝陳文帝陳蒨年號（560—566）。

[7]中書侍郎：官名。中書省屬官。南朝時職閑官清，爲諸王起家官。如缺監、令，或亦主持中書省務。陳第四品，秩千石。

[8]司徒右長史：司徒府置左右長史，總理府事。陳第四品，秩千石。

[9]給事黃門侍郎：官名。門下省的次官，協助長官侍中掌侍從贊相，獻納諫正，糾駁制敕。陳第四品，秩二千石。

[10]領：官制用語。即以較高官兼理較低官之職事。　南徐州大中正：州大中正，掌一州人物之品第，以爲吏部銓選之根據，並有委任州主簿及從事之權。南徐，州名。治所在今江蘇鎮江市。

[11]太子中庶子：官名。東宮門下坊的長官，掌侍從太子左右，規諫諷議，獻納得失等。陳第四品，秩二千石。　通直散騎常侍：官名。集書省屬官，南朝時多以衰老之士擔任，多爲加官。陳第四品，秩二千石。

[12]左民尚書：官名。尚書左民曹長官，掌户籍與工官之事。陳第三品，秩中二千石。

[13]太子詹事：官名。掌東宮一切事務。陳第三品，秩中二千石。

[14]侍中：官名。南朝梁、陳時爲門下省長官。職掌奏事，侍奉皇帝左右、應對顧問等，是中樞要職。陳第三品，秩中二千石。

[15]左驍騎將軍：官名。南朝梁置，掌管宿衛事務，領朱衣直閣。多由侍中、散騎常侍等職兼領。陳第四品，秩二千石。

[16]左軍將軍：官名。南朝宋以後多以軍功得官，成爲侍衛武職。陳第五品，秩千石。

[17]明烈將軍：官名。南朝梁、陳十明將軍之一。陳擬六品，

比秩千石。

後主即位，[1]除祠部尚書，[2]又領左驍騎將軍，參掌
選事。轉散騎常侍、吏部尚書。[3]尋遷尚書僕射，參掌
如故。至德四年，[4]加宣惠將軍，[5]量置佐史。尋授尚書
令，[6]給鼓吹一部，[7]加扶，[8]餘並如故。策曰：“於戲，
夫文昌政本，司會治經，韋彪謂之樞機，[9]李固方之斗
極。[10]況其五曹斯綜，[11]百揆是諧，同冢宰之司，[12]專
臺閣之任。[13]惟爾道業標峻，[14]寓量弘深，勝範清規，
風流以爲准的，辭宗學府，衣冠以爲領袖。故能師長六
官，[15]具瞻允塞，明府八座，[16]儀形載遠，其端朝握揆，
朕所望焉。往欽哉，懋建爾徽猷，亮采我邦國，可不慎
歟！”禎明二年，[17]進號中權將軍。京城陷，入隋，爲
上開府。[18]開皇十四年，[19]卒於江都，[20]時年七十六。

[1]後主：陳後主陳叔寶。字元秀，吳興（今浙江湖州市吳興
區）人。太建元年（569）立爲皇太子，十四年即皇帝位。禎明三
年（589）春，後主爲隋軍所獲，入於長安。隋仁壽四年（604），
崩於洛陽，謚曰煬。本書卷六、《南史》卷一〇有紀。

[2]祠部尚書：官名。尚書省祠部曹長官，領祠部、儀曹二曹
郎，掌宗廟禮儀。陳第三品，秩中二千石。

[3]吏部尚書：官名。尚書省吏部曹長官，位居列曹尚書之上，
掌官吏銓選考課。陳第三品，秩中二千石。

[4]至德：南朝陳後主陳叔寶年號（583—586）。

[5]宣惠將軍：官名。南朝梁置，爲加官、散官性質的將軍。
陳擬四品，比秩中二千石。

[6]尚書令：官名。尚書省長官，陳時政令機要在中書、門下，

尚書令但聽命受事而已。陳第一品，秩中二千石。

[7]鼓吹：演奏樂曲的樂隊，是對權臣的一種特殊優待。

[8]加扶：給予扶掖的人，是對權臣的一種特殊優待。

[9]韋彪：字孟達，扶風平陵（今陝西咸陽市）人，被稱爲儒宗，漢章帝時官至大鴻臚。《後漢書》卷二六有傳。　樞機：喻指事物的關鍵部分。

[10]李固：字子堅，漢中南鄭（陝西漢中市）人。漢沖帝時官至太尉。《後漢書》卷六三有傳。

[11]五曹：指尚書省下轄的五個官署。

[12]冢宰：周官六卿之首。天子立冢宰使掌邦治，所以總御眾官，使不失職。冢，大也；宰，官也。

[13]臺閣：此指尚書省。

[14]標峻：崇高，特出。

[15]六官：六卿之官，即天官冢宰、地官司徒、春官宗伯、夏官司馬、秋官司寇、冬官司空。

[16]八座：亦作“八坐”。古代中央政府的八種高級官員。歷朝制度不一，所指不同。此指南朝梁、陳八座，即尚書令、尚書二僕射及五曹尚書。

[17]禎明：南朝陳後主陳叔寶年號（587—589）。

[18]上開府：官名。全稱爲上開府儀同三司。隋文帝因改北周之制，置十一等散實官，以酬勤勞，上開府爲第五等。從三品。

[19]開皇：隋文帝楊堅年號（581—600）。

[20]江都：郡名。隋大業初以揚州改置，治所在今江蘇揚州市。

　　總嘗自叙其略曰：
　　　　歷升清顯，[1]備位朝列，[2]不邀世利，不涉權幸。嘗撫躬仰天太息曰，莊青翟位至丞相，[3]無迹可紀；趙元叔爲上計吏，[4]光乎列傳。官陳以來，未嘗逢迎一物，干預一事。悠悠風塵，流俗之士，頗致怨憎，榮枯寵辱，不以介意。太建之世，[5]權移群小，諂嫉作威，屢被摧黜，奈何命也。後主昔在東朝，[6]留意文藝，夙荷昭晉，恩紀契闊。嗣位之日，時寄謬隆，儀形天府，釐正庶績，八法六典，[7]無所不統。昔晉武帝策荀公曾曰"周之冢宰，今之尚書令也"。[8]況復才未半古，尸素若茲。[9]晉太尉陸玩云"以我爲三公，知天下無人矣"。[10]軒冕儻來之一物，[11]豈是預要乎？

[1]清顯：清要顯達的官職。

[2]備位：自謙之詞，謂愧居其位。

[3]莊青翟：西漢人。漢武帝時官至丞相，後因與張湯相互構陷，牽連至死。事見《漢書》卷五九《張湯傳》。

[4]趙元叔：趙壹，字元叔。漢陽西縣（今甘肅天水市西南）人。博學、善辭賦。《後漢書》卷八〇下有傳。　上計：戰國秦漢時地方官於年終將境內戶口、賦稅、盜賊、獄訟等項編造計簿，遣吏逐級上報，奏呈朝廷，借資考績，謂之上計。

[5]太建：南朝陳宣帝陳頊年號（569—582）。

[6]東朝：東宮。此指陳後主爲太子之時。

[7]八法：周代治理官府的八種方法。《周禮·天官·大宰》："以八法治官府：一曰官屬，以舉邦治；二曰官職，以辨邦治；三曰官聯，以會官治；四曰官常，以聽官治；五曰官成，以經邦治；六曰官法，以正邦治；七曰官刑，以糾邦治；八曰宮計，以弊邦治。"　六典：周代治理邦國的六種法典。即治典、禮典、教典、政典、刑典、事典。《周禮·天官·大宰》："大宰之職，掌建邦之

六典，以佐王治邦國：一曰治典，以經邦國，以治官府，以紀萬民；二曰教典，以安邦國，以教官府，以擾萬民；三曰禮典，以和邦國，以統百官，以諧萬民；四曰政典，以平邦國，以正百官，以均萬民；五曰刑典，以詰邦國，以刑百官，以糾萬民；六曰事典，以富邦國，以任百官；以生萬民。"

[8]晋武帝：西晋武帝司馬炎。字世安。三國魏咸熙二年（265）廢曹奐，自立爲帝，建立西晋。《晋書》卷三有紀。　荀公曾：荀勖，字公曾。潁川潁陰（今河南許昌市）人。早年仕魏，晋時拜中書監，又領秘書監。與中書令張華依劉向《別録》整理典籍，受詔撰次汲冢中古文竹書。因《中經簿》作《中經新簿》，首以甲乙丙丁四部部次典籍。《晋書》卷三九有傳。

[9]尸素：自謙之詞，謂居位食禄而不盡職。

[10]陸玩：字士瑶，吳郡吳縣（今江蘇蘇州市）人。《晋書》卷七七有附傳。

[11]儻來：偶然得到，意外而來。

　　弱歲歸心釋教，年二十餘，入鍾山就靈曜寺則法師受菩薩戒。[1]暮齒官陳，與攝山布上人游款，[2]深悟苦空，更復練戒，運善於心，行慈於物，頗知自勵，而不能蔬菲，尚染塵勞，以此負愧平生耳。

[1]鍾山：山名。又稱紫金山，在今江蘇南京市東北。

[2]攝山：山名。即今江蘇南京市東北棲霞山。　上人：南朝宋以後，多爲和尚的尊稱。

　　總之自叙，時人謂之實録。
　　總篤行義，寬和温裕。好學，能屬文，於五言七言尤善；然傷於浮艷，[1]故爲後主所愛幸。多有側篇，[2]好事者相傳諷翫，于今不絕。後主之世，總當權宰，不持政務，但日與後主游宴後庭，共陳暄、孔範、王瑳等十餘人，[3]當時謂之狎客。[4]由是國政日頹，綱紀不立，有言之者，輒以罪斥之，君臣昏亂，以至于滅。有文集三十卷，竝行於世焉。

[1]浮艷：華美艷麗之色。

[2]側篇：側辭艷曲。

[3]陳暄：陳慶之子。有文才，嗜酒。爲後主寵信。《南史》卷六一有附傳。　孔範：字法言，會稽山陰（今浙江紹興市）人。後主時拜都官尚書，與江總等並爲後主狎客，深受寵信。後降隋，被隋文帝流之遠裔。《南史》卷七七有傳。　王瑳：瑳，底本作"瑗"。中華本校勘記云："據《南史》及《通鑑》陳長城公至德二年改。"今從改。王瑳，後主時爲通直散騎常侍，後降隋，被隋文帝流之遠裔。《南史》卷七七有附傳。

[4]狎客：陪伴權貴游樂的人。

長子溢，字深源，頗有文辭。性傲誕，恃勢驕物，雖近屬故友，不免詆欺。[1]歷官著作佐郎、太子舍人、洗馬、中書黃門侍郎、太子中庶子。[2]入隋，爲秦王文學。[3]

[1]詆欺：毀謗醜化。

[2]著作佐郎：官名。秘書省屬官。主要負責搜集史料，供著作郎撰史。南朝江左多以貴游子弟爲之。陳第七品，秩四百石。太子舍人：官名。太子東宮屬官，掌文記。陳第七品，秩二百石。

中書黃門侍郎：此是“中書侍郎”和“黃門侍郎”兩個官名的並稱。參見前注。

[3]秦王：隋文帝第三子楊俊，開皇元年（581）被立爲秦王。《隋書》卷四五、《北史》卷七一有傳。　文學：官名。隋諸公王府置文學二人，掌校讎典籍，侍從文章。親王府文學爲從六品上。

第七子灌，駙馬都尉、秘書郎、隋給事郎，[1]直秘書省學士。[2]

[1]駙馬都尉：官名。集書省屬官，尚公主者加此號。　秘書郎：官名。秘書省屬官，多以貴游子弟爲之。南朝陳品秩不詳。給事郎：官名。隋文帝開皇六年（586）於尚書省吏部置給事郎，無具體職掌。正八品上。隋煬帝大業三年（607）罷吏部給事郎，而取其名於門下省另置給事郎四人，位在黃門侍郎之下，掌省讀奏案。從五品。

[2]秘書省：官署名。掌管全國圖籍，領著作、太史二曹，長官爲監，又置丞、郎、校書郎、正字、録事等官。

姚察字伯審，吳興武康人也。[1]九世祖信，[2]吳太常卿，有名江左。

[1]吳興：郡名。治所在今浙江湖州市吳興區。　武康：縣名。治所在今浙江德清縣。

[2]信：姚信。字元直，一作字德祐。三國吳孫皓時官至太常卿，曾注《周易》，著有《士緯》十卷。

察幼有至性，事親以孝聞。六歲，誦書萬餘言。弱不好弄，[1]博弈雜戲，初不經心。勤苦屬精，以夜繼日。年十二，便能屬文。父上開府僧垣，[2]知名梁武代，二宮禮遇優厚，[3]每得供賜，皆回給察兄弟，爲游學之資，察竝用聚蓄圖書，由是聞見日博。年十三，梁簡文帝時在東宮，[4]盛修文義，即引於宣猷堂聽講論難，爲儒者所稱。及簡文嗣位，尤加禮接。起家南海王國左常侍，[5]兼司文侍郎。[6]除南郡王行參軍，[7]兼尚書駕部郎。[8]

[1]好弄：愛好游戲。

[2]僧垣：垣，底本作“坦”。中華本校勘記云：“按姚僧垣《周書》有傳，坦與垣形近而訛，今據改。下同。”今從改。本卷下文例同此，不再出校。姚僧垣，字法衛。仕梁，爲太醫正。入周，遷上開府儀同大將軍。隋開皇初，進爵北絳郡公。精通醫學，撰《集驗方》等，行於世。《周書》卷四七、《北史》卷九〇有傳。

[3]二宮：指皇帝與太子。

[4]梁簡文帝：蕭綱。字世纘，小字六通，梁武帝第三子。《梁書》卷四、《南史》卷八有紀。

[5]南海王：爵名。蕭大臨封爵南海王。蕭大臨，字仁宣，梁簡文帝子。《梁書》卷四四、《南史》卷五四有傳。南海，郡名。治所在今廣東廣州市。　左常侍：官名。王公國屬官，隨侍國主，掌諫諍、司儀。梁二班至一班。

[6]司文侍郎：官名。梁置，掌侍從文學。

[7]南郡王：爵名。蕭大連封爵南郡王。蕭大連，字仁靖，梁簡文帝子。《梁書》卷四四、《南史》卷五四有傳。南郡，郡名。治所在今湖北荆州市荆州區。　行參軍：官名。王公軍府屬官，參掌府曹事，位在正參軍之下。

[8]尚書駕部郎：官名。尚書省諸曹之一，屬左民尚書。掌車駕、畜牧之政。梁侍郎六班，郎中五班。

值梁室喪亂，於金陵隨二親還鄉里。[1]時東土兵荒，人飢相食，告糴無處，[2]察家口既多，並採野蔬自給。察每崎嶇艱阻，求請供養之資，糧粒恒得相繼。又常以己分減推諸弟妹，乃至故舊乏絶者皆相分卹，自甘唯藜藿而已。[3]在亂離之閒，篤學不廢。

[1]金陵：梁都城建康，在今江蘇南京市。
[2]告糴：請求買糧。
[3]藜藿：藜與藿兩種野菜，亦泛指粗劣的飯菜。

元帝於荆州即位，[1]父隨朝士例往赴西臺，[2]元帝授察原鄉令。[3]時邑境蕭條，流亡不反，察輕其賦役，勸以耕種，於是戶口殷盛，民至今稱焉。

[1]荆州：州名。治所在今湖北荆州市荆州區。
[2]西臺：官署名。中書省的別稱。
[3]原鄉：縣名。治所在今浙江長興縣南。

中書侍郎領著作杜之偉與察深相眷遇，[1]表用察佐著作，[2]仍撰史。永定初，[3]拜始興王府功曹參軍，[4]尋補嘉德殿學士，[5]轉中衛、儀同始興王府記室參軍。[6]吏部尚書徐陵時領著作，復引爲史佐，[7]及陵讓官致仕等表，並請察製焉，陵見歎曰"吾弗逮也"。太建初，補

宣明殿學士，[8]除散騎侍郎、左通直。[9]尋兼通直散騎常
侍，報聘于周。江左者舊先在關右者，咸相傾慕。沛國
劉臻竊於公館訪《漢書》疑事十餘條，[10]竝爲剖析，皆
有經據。臻謂所親曰“名下定無虛士”。著《西聘道里
記》，所敘事甚詳。

[1]領：官制術語。已有實授主職，又兼任較低職務而不居其
位。　著作：官名。即著作郎，秘書省屬官。掌國史，集注起居。
梁六班。　杜之偉：字子大，吳郡錢塘（今浙江杭州市）人。梁中
大同初，起補東宮學士。侯景亂，逃至山澤。陳高祖受禪，轉大匠
卿，遷中大夫。本書卷三四、《南史》卷七二有傳。

[2]佐著作：官名。即著作佐郎，秘書省屬官。佐著作郎撰國
史，集注起居。梁二班。

[3]永定：南朝陳武帝陳霸先年號（557—559）。

[4]始興王：爵名。陳伯茂封爵始興王，陳十二等爵的第一等。
陳伯茂，字鬱之，陳文帝第二子。本書卷二八、《南史》卷六五有
傳。　功曹參軍：官名。南朝梁、陳時於皇弟皇子府置功曹史，掌
文官簿書、考課。

[5]嘉德殿學士：官名。南朝陳置爲文學侍從。

[6]中衛：中衛將軍。與中軍、中權、中撫將軍並稱四中將軍，
地位顯要。陳擬二品，比秩中二千石。　記室參軍：官名。南朝
時，皇弟皇子府、嗣王蕃王府、公府、持節都督府皆置，掌府內文
書之事。

[7]史佐：指著作佐郎。

[8]宣明殿學士：官名。南朝陳置爲文學侍從。

[9]散騎侍郎：官名。集書省屬官，掌文學侍從、收納章奏。
陳第五品，秩千石。

[10]沛國：郡名。治所在今安徽濉溪縣西北。　劉臻：字宣

摯。精於兩《漢書》。《隋書》卷七六、《北史》卷八三有傳。

使還，補東宮學士。[1]于時濟陽江總、吳國顧野王、陸瓊、從弟瑜、河南褚玠、北地傅縡等，[2]皆以才學之美，晨夕娛侍。察每言論製述，咸爲諸人宗重。儲君深加禮異，[3]情越群僚，宮内所須方幅手筆，[4]皆付察立草。又數令共野王遞相策問，恒蒙賞激。

[1]東宮學士：官名。東宮文學侍從，任者皆爲有學之士。

[2]顧野王：字希馮，吳郡吳（今江蘇蘇州市）人。陳時，領大著作，掌國史。又遷黃門侍郎、光禄卿。著述頗豐，有《玉篇》《輿地志》等。本書卷三〇、《南史》卷六九有傳。　陸瓊：字伯玉，吳郡吳（今江蘇蘇州市）人。太建中，累遷太子中庶子，領大著作，撰國史。遷吏部尚書。本書卷三〇有傳，《南史》卷四八有附傳。　從弟瑜：陸瓊從弟陸瑜。字幹玉，吳郡吳（今江蘇蘇州市）人。少篤學，美詞藻。本書卷三四、《南史》四八有附傳。河南：郡名。治所在今河南洛陽市東北。　褚玠：字溫理，河南陽翟（今河南禹州市）人。陳時官至御史中丞。所撰章奏雜文二百餘篇，皆切事理，由是見重於時。本書卷三四有傳，《南史》卷二八有附傳。　北地：郡名。治所在今陝西銅川市耀州區。　傅縡：陳後主時任秘書監、右衞將軍兼中書通事舍人。博學多才，尤善詩賦。本書卷三〇、《南史》卷六九有傳。

[3]儲君：此指陳後主。

[4]方幅手筆：指正式文字（參見周一良《魏晋南北朝史札記·方幅手筆》，中華書局1985年版，第299—301頁）。

遷尚書祠部侍郎。[1]此曹職司郊廟，昔魏王肅奏祀天地，[2]設宮縣之樂，[3]八佾之舞，[4]爾後因循不革。梁武帝以爲事人禮縟，事神禮簡，古無宮縣之文。陳初承用，莫有損益。高宗欲設備樂，[5]付有司立議，以梁武帝爲非。時碩學名儒、朝端在位者，咸希上旨，竝即注同。察乃博引經籍，獨違群議，據梁樂爲是，當時驚駭，莫不懾服，僕射徐陵因改同察議。其不順時隨俗，皆此類也。

[1]尚書祠部侍郎：官名。尚書祠部曹長官，南北朝時祠部郎資深勤能者可轉侍郎。陳第四品，秩六百石。

[2]王肅：字子雍，東海（今山東郯城縣北）人。三國魏經學家、箋注家。初爲散騎黃門郎，後以常侍領秘書監，兼崇文館祭酒，官至中領軍，加散騎常侍。《三國志》卷一三有附傳。

[3]宮縣：亦作“宮懸”。古時鐘磬等樂器懸掛於架上，懸掛的形式根據身份地位不同而異，帝王懸掛四面，象徵宮室四面的牆壁，故名宮懸。《周禮·春官·小胥》：“正樂縣之位，王宮縣。”

[4]八佾：天子舞隊八行八列，共爲六十四人，故稱八佾。佾，舞隊的行列。

[5]高宗：南朝陳宣帝陳頊廟號。陳頊，本書卷五、《南史》卷一〇有紀。

拜宣惠宜都王中錄事參軍，[1]帶東宮學士。歷仁威淮南王、平南建安王二府諮議參軍，[2]丁內憂去職。俄起爲戎昭將軍，[3]知撰梁史事，固辭不免。後主纂業、敕兼東宮通事舍人，[4]將軍、知撰史如故。又敕專知優册謚議等文筆。至德元年，除中書侍郎，轉太子僕，[5]餘竝如故。

[1]宜都王：爵名。陳叔明封爵宜都王。陳叔明，字子昭，陳宣帝第六子。本書卷二八、《南史》卷六五有傳。宜都，郡名。治所在今湖北枝江市。　中録事參軍：官名。南朝梁、陳置爲皇弟皇子府、嗣王蕃王府、庶姓公府、庶姓持節府僚屬。姚察所任爲皇弟皇子府中録事參軍，陳第六品。

[2]淮南王：爵名。陳叔彪封爵淮南王。陳叔彪，字子華，陳宣帝第十三子。本書卷二八、《南史》卷六五有傳。淮南，郡名。治所在今安徽當塗縣。　建安王：爵名。陳叔卿封爵建安王。陳叔卿，字子弼，陳宣帝第五子。本書卷二八、《南史》卷六五有傳。建安，郡名。治所在今福建建甌市。　諮議參軍：官名。又稱諮議參軍事。府屬僚佐之一。掌諮詢謀議軍事，其位在諸參軍之上。皇弟皇子府諮議參軍，陳第五品。

[3]戎昭將軍：官名。南朝梁置。陳擬八品，比秩六百石。

[4]東宮通事舍人：官名。南朝梁置，東宮屬官，掌宣傳皇太子令旨，東宮内外啓奏。陳第九品。

[5]太子僕：官名。太子詹事屬官，主車馬及親族。陳第四品，秩千石。

初，梁季淪没，父僧垣入于長安，[1]察蔬食布衣，不聽音樂，至是凶問因聘使到江南。[2]時察母韋氏喪制適除，後主以察羸瘠，[3]慮加毀頓，[4]乃密遣中書舍人司馬申就宅發哀，[5]仍敕申專加譬抑。[6]爾後又遣申宣旨誡喻曰：“知比哀毀過禮，甚用爲憂。卿迥然一身，宗奠是寄，毀而滅性，聖教所不許。宜微自遣割，以存禮制。憂懷既深，故有此及。”

[1]長安：縣名。治所在今陝西西安市北。

[2]凶問因聘使到江南：姚察父親去世的噩耗隨使者傳到江南。

[3]羸瘠：瘦弱。

[4]毀頓：因居喪過哀而精神委頓。

[5]中書舍人：官名。原名中書通事舍人，梁、陳去"通事"二字，而逕稱"中書舍人"。職掌收納、轉呈章奏事宜。陳第八品。

司馬申：字季和，河內溫縣（今河南溫縣）人。本書卷二九、《南史》卷七七有傳。

[6]譬抑：勸止。

　　尋以忠毅將軍起兼東宮通事舍人。[1]察志在終喪，[2]頻有陳讓，詔抑而不許。又推表其略曰："臣私門釁禍，[3]併罹殃罰，偷生晷漏，冀申情禮，而尪疹相仍，[4]苴枲穢質，非復人流，將畢苫壤。[5]豈期朝恩曲覃，被之纓紱，[6]尋斯寵服，[7]彌見慙靦。且宮闈秘奧，趨奏便繁，寧可以茲荒毀所宜叨預。伏願至德孝治，矜其理奪，使殘魂喘息，以遂餘生。"詔答曰："省表具懷。卿行業淳深，聲譽素顯，理徇情禮，未膺刀筆。但參務承華，[8]良所期寄，允茲抑奪，不得致辭也。"俄敕知著作郎事，服闋，[9]除給事黃門侍郎，領著作。

[1]忠毅將軍：官名。梁十忠將軍之一，陳沿置，擬六品，比秩千石。

[2]終喪：服滿父母去世後三年之喪。

[3]釁（xìn）：罪過、過失。

[4]尪（wāng）疹：此指體弱多病。

[5]將畢苫壤：苫，底本作"苦"。中華本據南監本、殿本改，今從改。林初乾《陳書異文考證》云："居父母喪，以乾草爲薦，

以土塊爲枕曰'苫塊'。"（第 209 頁）

　　[6]纓綬：冠帶和印綬，借指官位。

　　[7]寵服：喻指晋升官職。

　　[8]承華：太子宫門名。

　　[9]服闋：守喪期滿除服。

　　察既累居憂服，[1]兼齋素日久，自免憂後，因加氣疾。後主嘗別召見，見察柴瘠過甚，爲之動容，乃謂察曰："朝廷惜卿，卿宜自惜，既蔬菲歲久，可停持長齋。"[2]又遣度支尚書王瑗宣旨，[3]重加慰喻，令從晚食。手敕曰："卿羸瘠如此，齋菲累年，不宜一飯，有乖將攝，若從所示，甚爲佳也。"察雖奉此敕，而猶敦宿誓。

　　[1]累居憂服：此指姚察多年來一直爲父母服喪。

　　[2]長齋：多指長期素食。

　　[3]度支尚書：官名。尚書省度支曹長官，掌管全國貢税租賦的統計、調撥等事務。陳第三品，秩中二千石。

　　又詔授秘書監，[1]領著作如故，乃累進讓，並優荅不許。察在秘書省大加删正，又奏撰中書表集。拜散騎常侍，尋授度支尚書，旬月遷吏部尚書，領著作並如故。察既博極墳素，[2]尤善人物，至於姓氏所起，枝葉所分，官職姻娶，興衰高下，舉而論之，無所遺失。且澄鑒之職，時人久以梓匠相許，[3]及遷選部，[4]雅允朝望。初，吏部尚書蔡徵移中書令，[5]後主方擇其人，尚書令江總等咸共薦察，敕答曰："姚察非唯學藝優博，

亦是操行清修，典選難才，今得之矣。"乃神筆草詔,[6]
讀以示察，察辭讓甚切。

[1]秘書監：官名。秘書省長官，掌圖書經籍。陳第四品，秩
中二千石。

[2]墳素：指古代典籍。

[3]梓匠：喻指干才。

[4]選部：官署名。掌官吏選舉等事務。

[5]蔡徵：字希祥。陳時官至中書令、權知中領軍，後降隋。
本書卷二九有傳，《南史》卷六八有附傳。　中書令：官名。掌撰
詔命，記會時事，典作文書。陳第三品，秩中二千石。

[6]神筆：指帝王親筆書寫的文字。中華本校勘記云："殿本
《考證》云'神'疑'伸'字之誤。張森楷校勘記云：'古有伸紙，
未聞伸筆，"神"字是。'今按《文學傳》序有'神筆賞激'語，
《何之元傳》亦有'神筆詔書'語，《考證》作者竟孰視無睹，淺
妄甚矣。"

別日召入論選事，察垂涕拜請曰："臣東皋賤族,[1]
身才庸近,[2]情忘遠致，念絕修途。頃來忝竊,[3]久知逾
分，特以東朝攀奉,[4]恩紀謬加。今日叨濫,[5]非由才
舉，縱陛下特升庸薄，其如朝序何？臣九世祖信，名高
往代，當時纔居選部，自後罕有繼蹤。臣遭逢成擢，沐
浴恩造,[6]累致非據，每切妨賢。臣雖無識，頗知審己，
言行所踐，無期榮貴，豈意銓衡之重，妄委非才。[7]且
皇明御歷，事高昔代，羽儀世胄，帷幄名臣，若授受得
宜，方爲稱職。臣夙陶教義，必知不可。"後主曰："選
衆之舉，僉議所歸，昔毛玠雅量清恪,[8]盧毓心平體

正,^[9]王蘊銓量得地,^[10]山濤舉不失才,^[11]就卿而求,必兼此矣。且我與卿雖君臣禮隔,情分殊常,藻鏡人倫,^[12]良所期寄,亦以無愧則愁也。”

[1]察垂涕拜請曰臣東皋賤族:曰臣,底本作墨丁。中華本校勘記云:“‘曰臣’二字原本墨丁,據各本補。”今據補。

[2]庸近:見識短淺。

[3]忝竊:自謙之詞,對自己擁有某種名利或地位感到難以勝任,辱居其位。

[4]攀奉:陪奉。

[5]叨濫:自謙之詞,濫充之意。

[6]恩造:帝王的栽培。

[7]非才:自謙之詞,不才,才不堪任。

[8]毛玠:字孝先,陳留平丘(今河南封丘縣東)人。仕曹魏爲吏部尚書,典選舉。毛玠所舉用皆清正之士,務以儉率人,由是天下之士皆以廉潔自勵,雖貴寵之臣,輿服不敢過度,深爲魏武帝嘆賞。《三國志》卷一二有傳。

[9]盧毓:字子家,涿郡涿(今河北涿州市)人,曹魏國時曾任吏部郎中、吏部尚書等職。《三國志》卷二二有傳。

[10]王蘊:字叔仁。晋孝武帝皇后父,王濛子。東晋時曾任尚書吏部郎,能以賢薦人。《晋書》卷九三有傳。

[11]山濤:字巨源,河內懷縣(今河南武陟縣西)人,魏晋之際人。“竹林七賢”之一。曾任尚書吏部郎,主持選務。《晋書》卷四三有傳。

[12]藻鏡:考核、評鑑人才的職位。

察自居顯要,甚勵清潔,且廩錫以外,^[1]一不交通。嘗有私門生不敢厚餉,止送南布一端,花練一匹。^[2]察謂之曰："吾所衣著，止是麻布蒲練，此物於吾無用。既欲相款接，幸不煩爾。"此人遜請，猶冀受納，察勵色驅出，[3]因此伏事者莫敢饋遺。[4]

[1]廩錫：廩賜。

[2]花練（shū）：中華本校勘記云："'練'各本作'練'。按下文云'吾所衣著，止是麻布蒲練'，蒲練對花練而言，作'練'是，《南史》正作'練'。"練，粗麻織物。

[3]察勵色驅出：中華本校勘記云："'勵'北監本、汲本、殿本作'厲'。按勵厲通。"

[4]伏事者：指在朝廷或官員屬下任職。

陳滅入隋，開皇九年，詔授秘書丞，[1]別敕成梁、陳二代史。又敕於朱華閣長參。[2]文帝知察蔬菲，[3]別日乃獨召入内殿，賜菓菜，乃指察謂朝臣曰"聞姚察學行當今無比，我平陳唯得此一人"。十三年，襲封北絳郡公。[4]察往歲之聘周也，因得與父僧垣相見，將別之際，絶而復蘇，至是承襲，愈更悲感，見者莫不爲之歔欷。

[1]秘書丞：官名。隋初爲秘書省的次官，協助長官秘書監掌圖書典籍之事，總判本省日常事務。正五品上。隋煬帝大業三年（607）增置秘書少監一人爲本省次官，秘書丞遂退爲本省屬官。

[2]朱華閣：樓閣名。在隋都城長安，今陝西西安市。

[3]文帝：隋文帝楊堅。小名那羅延，弘農華陰（今陝西華陰市東南）人。《隋書》卷一、卷二，《北史》卷一一有紀。

[4]北絳郡公：封爵名。隋初九等爵的第四等。從一品。北絳，郡名。治所在今山西翼城縣東南。

　　察幼年嘗就鍾山明慶寺尚禪師受菩薩戒，及官陳，禄俸皆捨寺起造，并追爲禪師樹碑，文甚遒麗。及是，遇見梁國子祭酒蕭子雲書此寺禪齋詩，[1]覽之愴然，乃用蕭韻述懷爲詠，詞又哀切，法俗益以此稱之。丁後母杜氏喪，解職。在服制之中，[2]有白鳩巢于户上。[3]

[1]國子祭酒：官名。梁屬太常卿，掌國子學。十三班。　蕭子雲：字景喬，蘭陵（今江蘇常州市西北）人。太清元年（547），爲侍中、國子祭酒。著有《晋書》《東宮新記》。《梁書》卷三五、《南史》卷四二有附傳。

[2]服制：此指服喪。

[3]白鳩：鳥名。古代以爲瑞物。

　　仁壽二年，[1]詔曰：“前秘書丞北絳郡開國公姚察，彊學待問，博極群典，修身立德，白首不渝，雖在哀疚，宜奪情禮，可員外散騎常侍，[2]封如故。”又敕侍晋王昭讀。[3]煬帝初在東宮，[4]數被召見，訪以文籍。即位之始，詔授太子内舍人，[5]餘並如故。車駕巡幸，恒侍從焉。及改易衣冠，删正朝式，[6]切問近對，察一人而已。

[1]仁壽：隋文帝楊堅年號（601—604）。

[2]員外散騎常侍：官名。隋門下省屬官，掌值朝陪從。正五品上。

[3]晋王昭：隋煬帝的長子楊昭。《隋書》卷五九、《北史》卷七一有傳。

[4]煬帝：楊廣諡號。《隋書》卷三、卷四，《北史》卷一一

有紀。

[5]太子內舍人：官名。爲東宮門下坊的次官，協助長官左庶子掌侍從贊相，駁正啓奏，並通判本坊事。隋初正五品上，煬帝正五品。

[6]朝式：朝儀。

年七十四，大業二年，終于東都，[1]遺命薄葬，務從率儉。其略曰："吾家世素士，自有常法。吾意斂以法服，竝宜用布，土周於身。又恐汝等不忍行此，必不爾，須松板薄棺，纔可周身，土周於棺而已。葬日，止麤車，[2]即送厝舊塋北。[3]吾在梁世，當時年十四，就鍾山明慶寺尚禪師受菩薩戒，自爾深悟苦空，頗知回向矣。嘗得留連山寺，一去忘歸。及仕陳代，諸名流遂許與聲價，兼時主恩遇，宦途遂至通顯。自入朝來，又蒙恩渥。既牽纏人世，素志弗從。且吾習蔬菲五十餘年，既歷歲時，循而不失。瞑目之後，不須立靈，置一小牀，每日設清水，六齋日設齋食菓菜，[4]任家有無，不須別經營也。"初，察願讀一藏經，竝已究竟，將終，曾無痛惱，但西向坐，正念，云"一切空寂"。其後身體柔軟，顏色如恒。兩宮悼惜，賵賻甚厚。[5]

[1]東都：此指洛陽，在今河南洛陽市東北。

[2]麤：同"粗"。

[3]厝（cuò）：停柩，把棺材停放待葬。

[4]六齋日：陰曆每月的八日、十四日、十五日、二十三日、二十九日、三十日。佛教認爲此六日是"惡日"，應持齋修福。

[5]賵賻：贈以財物用來助辦喪事。

　　察性至孝，有人倫鑒識。冲虛謙遜，不以所長矜人。[1]終日恬静，唯以書記爲樂，於墳籍無所不覩。每有制述，多用新奇，人所未見，咸重富博。且專志著書，白首不倦，手自抄撰，無時蹔輟。尤好研覈古今，[2]諟正文字，[3]精采流贍，雖老不衰。兼諳識内典，所撰寺塔及衆僧文章，特爲綺密。在位多所稱引，一善可録，無不賞薦。若非分相干，咸以理遣。盡心事上，知無不爲。侍奉機密，未嘗洩漏。且任遇已隆，衣冠攸屬，深懷退静，避於聲勢。清潔自處，貲産每虛，或有勸營生計，笑而不答。穆於親屬，篤於舊故，所得禄賜，咸充周卹。[4]

　　[1]矜人：向人誇耀。
　　[2]研覈：研究考核。
　　[3]諟（shì）正：訂正。
　　[4]周卹：周濟、接濟、幫助。

　　後主所製文筆，卷軸甚多，乃別寫一本付察，有疑悉令刊定，察亦推心奉上，事在無隱。後主嘗從容謂朝士曰：“姚察達學洽聞，手筆典裁，求之於古，[1]猶難輩匹，在於今世，足爲師範。且訪對甚詳明，[2]聽之使人忘倦。”察每製文筆，敕便索本，上曰：“我于姚察文章，[3]非唯翫味無已，故是一宗匠。”[4]

　　[1]求之於古：求之於，底本作墨丁。中華本校勘記云：“‘求之於’三字原本墨丁，據《元龜》一九二補。按‘求之於古’與

下文‘在於今世’適相配合，各本作‘精當自古’，恐非。”今從補。

[2]且訪對甚詳明：甚詳明，底本作墨丁。中華本據各本補，今從補。林礽乾《陳書異文考證》云：“按‘甚詳明’三字，宋浙本墨丁空格。三朝本、南監本、汲古本、殿本填以‘甚詳明’三字，不知何據？《冊府》一九二、二〇六並作‘不休’，與各本異。”（第211頁）

[3]上曰我于姚察文章：上、于，底本作墨丁。中華本據各本補，今從補。

[4]宗匠：林礽乾《陳書異文考證》云：“按‘宗匠’，《冊府》一九二、二〇六並作‘哲匠’。”（第212頁）

徐陵名高一代，每見察製述，尤所推重。嘗謂子儉曰：[1]“姚學士德學無前，汝可師之也。”尚書令江總與察尤篤厚善，每有製作，必先以簡察，然後施用。總爲詹事時，[2]嘗製登宮城五百字詩，當時副君及徐陵以下諸名賢並同此作。徐公後謂江曰：“我所和弟五十韻，寄弟集內。”及江編次文章，無復察所和本，述徐此意，謂察曰：“高才碩學，庶光拙文，今須公所和五百字，用偶徐侯章也。”察謙遜未付，江曰：“若不得公此製，僕詩亦須弃本，復乖徐公所寄，豈得見令兩失。”察不獲已，乃寫本付之。爲通人推挹，[3]例皆如此。

[1]儉：徐儉。本書卷二六有附傳。
[2]詹事：即太子詹事。
[3]推挹：推重尊崇。挹，通“揖”。

所著《漢書訓纂》三十卷，[1]《説林》十卷，[2]《西聘》《玉璽》《建康三鍾》等記各一卷，[3]悉窮該博，并《文集》二十卷，竝行於世。察所撰梁、陳史雖未畢功，隋文帝開皇之時，遣内史舍人虞世基索本，[4]且進上，今在内殿。[5]梁、陳二史本多是察之所撰，其中序論及紀、傳有所闕者，臨亡之時，仍以體例誡約子思廉，[6]博訪撰續，思廉泣涕奉行。思廉在陳爲衡陽王府法曹參軍，[7]轉會稽王主簿。[8]入隋，補漢王府行參軍，[9]掌記室，[10]尋除河間郡司法。[11]大業初，内史侍郎虞世基奏思廉踵成梁、陳二代史，[12]自爾以來，稍就補續。

[1]《漢書訓纂》：書名。《舊唐書·經籍志》《新唐書·藝文志》並有著録，《宋史·藝文志》無載，亡佚。

[2]《説林》：書名。已佚。

[3]《西聘》：即前所言《西聘道里記》。

[4]内史舍人：官名。爲内史省的屬官，掌參議表章，草擬詔敕。隋初正六品上，開皇三年（583）升爲從五品。大業末改内史省爲内書省，内史舍人遂改稱内書舍人。　虞世基：字茂世，會稽餘姚（今浙江餘姚市）人。善書法、詩賦，隋時官至内史舍人。《隋書》卷六七、《北史》卷八三有傳。

[5]且進上，今在内殿：林礽乾《陳書異文考證》云：“且進上，宋浙本、三朝本、南監本、汲古本同。《南史·姚察傳》‘且進’下無‘上’字，《册府》五五作‘具進’。按作‘具進’是。‘且進’爲將進呈而未進程之辭，‘具進’則是將所完成者悉數進獻之辭。審其下句‘今在内殿’之意，是當時姚察已將所完成者，具已進上，故今存於内殿也。各本‘具進’訛作‘且進’，當據

《册府》五五五改。"（第212頁）按，林説有理。然諸本此處無異文，故不改字。

[6]思廉：姚思廉。字簡之。唐時任著作郎、弘文館學士。承父姚廉之業，撰成《梁書》五十卷、《陳書》三十卷。《舊唐書》卷七三、《新唐書》卷一〇二有傳。

[7]衡陽王：爵名。陳伯信封爵衡陽王。陳伯信，字孚之，陳文帝陳蒨第七子。本書卷二七有傳，《南史》卷六五有附傳。衡陽，郡名。治所在今湖南株洲市西南。

[8]會稽王：爵名。陳莊封爵會稽王。陳莊，字承肅，陳後主第八子。本書卷二七、《南史》卷六五有傳。

[9]漢王：隋文帝楊堅第五子楊諒，開皇元年（581）封漢王。《隋書》卷四五、《北史》卷七一有傳。

[10]記室：官名。王府屬官。掌書記。

[11]河間：郡名。治所在今河北河間市。　司法：官名。即司法書佐。隋煬帝改州諸曹參軍事爲郡書佐，司法書佐即州司法參軍事，掌一郡司法事務。視從八品至視從九品。

[12]内史侍郎：官名。隋内史省副長官，佐宰相之職的本省長官内史監、令處理政務。隋初正四品下，大業三年（607）減爲二員，正四品。

史臣曰：江總持清標簡貴，加潤以辭采，及師長六官，雅允朝望。史臣先臣禀兹令德，[1]光斯百行，可以厲風俗，可以厚人倫。至於九流、《七略》之書，[2]名山石室之記，汲郡、孔堂之書，[3]玉箱金板之文，莫不窮研旨奧，遍探坎井，故道冠人師，搢紳以爲準的。既歷職貴顯，國典朝章，古今疑議，後主皆取先臣斷決焉。

[1]先臣：臣，底本作墨丁。中華本據各本補，今從補。

　　[2]九流：先秦的九個學術流派。包括儒家、道家、陰陽家、法家、名家、墨家、縱橫家、雜家、農家。　　《七略》：書名。西漢劉歆編撰的一部圖書分類目録著作。包括輯略、六藝略、諸子略、詩賦略、兵書略、術數略、方技略七略，故名。

　　[3]汲郡：郡名。治所在今河北浚縣西南。晋武帝時，汲郡人不準盗發戰國時魏襄王墓（或説是魏安釐王冢），得竹書數十車，獻藏於秘府，後世稱爲“汲冢書”。

陳書　卷二八

列傳第二十二

世祖九王　高宗二十九王　後主諸子

　　世祖十三男：[1]沈皇后生廢帝、始興王伯茂，[2]嚴淑媛生鄱陽王伯山、晋安王伯恭，[3]潘容華生新安王伯固，[4]劉昭華生衡陽王伯信，[5]王充華生廬陵王伯仁，[6]張修容生江夏王伯義，[7]韓修華生武陵王伯禮，[8]江貴妃生永陽王伯智，[9]孔貴妃生桂陽王伯謀。[10]其伯固犯逆别有傳。[11]二男早卒，本書無名。

　　[1]世祖：南朝陳文帝陳蒨廟號。陳蒨，字子華，陳武帝兄子。本書卷三、《南史》卷九有紀。
　　[2]沈皇后：陳文帝皇后沈妙容。吴興武康（今浙江德清縣）人。本書卷七、《南史》卷一二有傳。　廢帝：陳廢帝陳伯宗。陳伯宗，字奉業，小字藥王，陳文帝嫡長子。性仁弱，文帝死後即位，光大二年（568）被廢爲臨海郡王。本書卷四、《南史》卷九有紀。　始興：郡名。治所在今廣東韶關市南武水西岸。
　　[3]鄱陽：郡名。治所在今江西鄱陽縣。　晋安：郡名。治所

在今福建福州市。

[4]新安：郡名。治所在今浙江淳安縣西北。

[5]衡陽：郡名。治所在今湖南株洲市西南。

[6]廬陵：郡名。治所在今江西吉水縣東北。

[7]江夏：郡名。治所在今湖北武漢市武昌區。

[8]武陵：郡名。治所在今湖南常德市。

[9]永陽：郡名。治所在今湖南道縣西北。

[10]桂陽：郡名。治所在今湖南郴州市。

[11]伯固：陳伯固。字牢之，陳文帝第五子。封爵爲新安郡王。本書卷三六、《南史》卷六五有傳。

始興王伯茂字鬱之，世祖第二子也。初，高祖兄始興昭烈王道談仕於梁世，[1]爲東宮直閤將軍，[2]侯景之亂，[3]領弩手二千援臺，於城中中流矢卒。太平二年，追贈侍中、使持節、都督南兗州諸軍事、南兗州刺史，封長城縣公，[4]謚曰昭烈。高祖受禪，重贈驃騎大將軍、太傅、揚州牧，[5]改封始興郡王，邑二千户。王生世祖及高宗。高宗以梁承聖末遷于關右，[6]至是高祖遥以高宗襲封始興嗣王，以奉昭烈王祀。永定三年六月，[7]高祖崩，是月世祖入纂帝位。時高宗在周未還，世祖以本宗乏饗，[8]其年十月下詔曰：“日者皇基肇建，封樹枝戚，[9]朕親地攸在，特啓大邦。弟頊嗣承門祀，[10]雖土宇開建，薦饗莫由。重以遭家不造，閔凶夙遘，儲貳遐隔，轊車未返。[11]猥以眇身，膺兹景命，[12]式循龜鼎，冰谷載懷。今既入奉大宗，事絶藩裸，始興國廟蒸嘗無主，[13]蒸嘗瞻言霜露，感尋慟絶。其徙封嗣王頊爲安成王，[14]封第二子伯茂爲始興王，以奉昭烈王祀。賜天下爲父後者爵一級。庶申罔極之情，永保山河之祚。”

[1]高祖：廟號。陳武帝陳霸先廟號高祖。陳霸先，字興國，小字法生。本書卷一、卷二，《南史》卷九有紀。　始興昭烈王道談：陳道談。南朝陳武帝之兄，陳文帝之父。事亦見本書卷一《高祖紀上》、卷二八《始興王伯茂傳》。

[2]東宮直閣將軍：官名。梁置，掌領東宮禁衛兵。品秩不詳。

[3]侯景：字萬景。曾任北魏官吏，北魏末年叛至南朝梁，後又起兵反梁。其間困死梁武帝，又廢簡文帝，自立爲帝。後爲梁元帝部將王僧辯、陳霸先擊敗，北逃途中爲部將所殺。《梁書》卷五六、《南史》卷八〇有傳。

[4]“太平二年”至“封長城縣公”：太平，底本作“紹泰”。長城縣公，底本作“義興郡公”。中華本校勘記云：“錢大昕《廿二史考異》云：‘按《高祖紀》，梁太平二年，詔贈高祖兄道談散騎常侍、使持節、平北將軍、南兗州刺史、長城縣公，與此互異。敬帝以紹泰二年改元太平，始進封陳霸先義興郡公，則道談贈官必在太平以後；且紀于永定元年書追贈皇兄長城縣公道談太尉，封始興郡王，似無追封義興郡公之事。’按錢氏所疑甚是，此傳文之訛，今據《高祖紀》改。”今從改。追贈侍中，林礽乾《陳書異文考證》云：“按‘侍中’，卷一《高祖紀上》、卷二《高祖紀下》竝作‘散騎常侍’，疑從《高祖紀》是。”（文史哲出版社1979年版，第213頁）存疑。太平，南朝梁敬帝蕭方智年號（556—557）。侍中，官名。南朝梁、陳時爲門下省長官。職掌奏事、侍奉皇帝左右，應對顧問等，是中樞要職。梁十二班。使持節，古代大臣奉天子之命出行，持節以爲憑證。魏晉以下以爲官名。有假節、持節、使持節之分，權力亦有小大之別，多爲都督諸州軍事及刺史總軍戎者。軍事長官使持節出鎮或出征，有誅殺二千石以下官員的權力。南兗州，

州名。治所在今江蘇揚州市西北蜀岡。長城，縣名。治所在今浙江長興縣東。

[5]驃騎大將軍：官名。重號將軍。位僅次於大將軍。多用之加賜元老重臣，以示尊崇。陳擬一品。　太傅：官名。三公之一。南朝時用作贈官，無職掌，多用以安置元老勳舊大臣。陳第一品，秩萬石。本書卷二《高祖紀下》作"太尉"，並無下"揚州牧"三字。林劭乾《陳書異文考證》謂"沈炯《太尉始興昭烈王碑》與《高祖紀》同"（第214頁）。　揚州：州名。治所在今江蘇南京市。

[6]高宗以梁承聖末遷于關右：梁元帝時，西魏軍攻破江陵，陳高宗陳頊被擄至關中。高宗，陳宣帝陳頊廟號高宗。本書卷五、《南史》卷一〇有紀。承聖，南朝梁元帝蕭繹年號（552—555）。關右，地區名。主要指故函谷關（今河南靈寶市東北）或潼關（今陝西潼關縣北）以西地區。

[7]永定：南朝陳武帝陳霸先年號（557—559）。

[8]本宗乏饗：指本宗缺少祭祀。

[9]封樹枝戚：分封宗族旁支。封樹，堆土植樹以鞏固疆界。

[10]頊：陳宣帝陳頊。

[11]轊（wèi）車：運載靈柩的車。

[12]景命：大命，授予帝王之位的天命。

[13]蒸嘗：原指秋冬二祭，後泛指祭祀。

[14]安成：郡名。治所在今江西安福縣。

舊制諸王受封，未加戎號者，不置佐史，[1]於是尚書八座奏曰：[2]"夫增崇徽號，飾表車服，所以闡彰厥德，下變民望。第二皇子新除始興王伯茂，體自尊極，神姿明穎，玉暎觿辰，蘭芬綺歲，[3]清暉美譽，日茂月升，道鬱平、河，聲超袞、植。皇情追感，聖性天深，以本宗闕緒，纂承藩嗣，[4]雖珪社是膺，[5]而戎章未襲，[6]豈所以光崇睿哲，寵樹皇枝。[7]臣等參議，宜加寧遠將軍，[8]置佐史。"詔曰"可"。尋除使持節、都督南琅邪彭城二郡諸軍事、彭城太守。[9]天嘉二年，[10]進號宣惠將軍、揚州刺史。[11]

[1]佐史：吏職名。此指古代地方官員的僚屬，州、縣均設一定員數，供驅使，並掌管文書簿籍等事。

[2]尚書八座：古代中央政府的八種高級官員。歷朝制度不一，所指不同。陳時八座即尚書令、尚書二僕射（左、右僕射）及五曹尚書（吏部、祠部、度支、左民、五兵）。

[3]蘭芬綺歲：蘭花芬芳之嘉歲。綺歲，青春，少年。

[4]纂承：繼承。

[5]珪社：此指官爵和封地。

[6]戎章：兵書，此引申爲兵權。

[7]寵樹：加恩扶植。 皇枝：指皇帝的庶子或宗族。

[8]寧遠將軍：官名。五遠將軍之一。屬加官或散官。陳擬五品，比秩千石。

[9]都督南琅邪彭城二郡諸軍事：都督諸軍事，南朝陳時爲某一軍政轄區的最高長官，可領一州或數州刺史，多帶將軍名號，統轄範圍可達數州至數十州。其品階不定，分使持節、持節、假節三種，各有不同職權。南琅邪，郡名。治所在今江蘇南京市北金川門外、幕府山南麓。彭城，郡名。治所在今江蘇徐州市。

[10]天嘉：南朝陳文帝陳蒨年號（560—566）。

[11]宣惠將軍：官名。南朝梁置，爲加官、散官性質的將軍。陳擬四品，比秩中二千石。

伯茂性聰敏，好學，謙恭下士，又以太子母弟，[1]

大獲晉右將軍王羲之書及諸名賢遺迹。[3]事覺，其書竝
没縣官，藏于秘府，世祖以伯茂好古，多以賜之，由是
伯茂大工草隸，甚得右軍之法。三年，除鎮東將軍、開
府儀同三司、東揚州刺史。[4]

[1]太子：此指陳廢帝陳伯宗。
[2]丹徒：縣名。治所在今江蘇鎮江市丹徒區。　郗曇：字重
熙，高平金鄉（今山東金鄉縣）人。《晉書》卷六七有附傳。
[3]王羲之：字逸少，琅邪臨沂（今山東臨沂市）人。東晉書
法家，官至右軍將軍。《晉書》卷八〇有傳。
[4]鎮東將軍：官名。南朝梁、陳八鎮將軍之一。陳擬二品，
比秩中二千石。　開府儀同三司：官名。大臣加號，意謂與三司即
太尉、司徒、司空禮制、待遇相同，許開設府署，自辟僚屬。陳第
一品，秩萬石。　東揚州：州名。治所在今浙江紹興市。

廢帝即位，時伯茂在都，[1]劉師知等矯詔出高宗
也，[2]伯茂勸成之。師知等誅後，高宗恐伯茂扇動朝廷，
光大元年，[3]乃進號中衛將軍，[4]令入居禁中，專與廢帝
游處。是時四海之望，咸歸高宗，伯茂深不平，日夕憤
怨，數肆惡言，高宗以其無能，不以爲意。及建安人蔣
裕與韓子高等謀反，[5]伯茂竝陰豫其事。[6]二年十一月，
皇太后令黜廢帝爲臨海王，[7]其日又下令曰：“伯茂輕
薄，爰自弱齡，辜負嚴訓，彌肆凶狡。常以次居介弟，
宜秉國權，不涯年德，逾逞狂躁，圖爲禍亂，扇動宫
闈，要招麤險，覦望臺閣，[8]嗣君喪道，由此亂階，是

諸凶德，咸作謀主。允宜罄彼司甸，刑斯劇人。言念皇支，尚懷悲懣，可特降爲溫麻侯，[9]宜加禁止，別遣就第。不意如此，言增泫歎。”時六門之外有別館，以爲諸王冠婚之所，名爲婚第，至是命伯茂出居之。於路遇盜，殂于車中，[10]時年十八。

[1]都：陳都城建康。在今江蘇南京市。

[2]劉師知：沛國相縣（今安徽濉溪縣西北）人。陳時任中書舍人，掌制誥。本書卷一六、《南史》卷六八有傳。

[3]光大：南朝陳廢帝陳伯宗年號（567—568）。

[4]中衛將軍：官名。與中軍、中權、中撫將軍並稱四中將軍，地位顯要。陳擬二品，比秩中二千石。

[5]建安：郡名。治所在今福建建甌市。　韓子高：會稽山陰（今浙江紹興市）人。出身貧寒，受文帝寵愛，官至右衛將軍。本書卷二〇、《南史》卷六八有傳。

[6]陰豫：暗地參預。

[7]臨海：郡名。治所在今浙江台州市椒江區。

[8]觖望：因不滿而心生怨望。

[9]溫麻侯：爵名。溫麻縣侯之省稱。陳開國縣侯，第三品。溫麻，縣名。治所在今福建霞浦縣南古縣。

[10]於路遇盜，殂于車中：據《南史》卷六五《始興王伯茂傳》載始興王伯茂之死，乃“宣帝遣盜殂之於車中”。明確指出是陳宣帝陳頊派人殺害了陳伯茂。本書稱“於路遇盜”，而不明言遣盜者爲何人，蓋爲陳宣帝諱。參見高敏《南北史考索》，中華書局2010年版，第290頁。

鄱陽王伯山字靜之，世祖第三子也。偉容儀，舉止閑雅，喜愠不形於色，世祖深器之。初高祖時，天下草創，諸王受封儀注多闕，[1]及伯山受封，世祖欲重其事，天嘉元年七月丙辰，尚書八座奏曰："臣聞本枝惟允，[2]宗周之業以弘，盤石既建，[3]皇漢之基斯遠，故能協宣五運，規範百王，式固靈根，克隆卜世。[4]第三皇子伯山，發睿德於齠年，[5]表歧姿於丱日，[6]光昭丹掖，[7]暉暎青闈，而玉圭未秉，金錫靡駕，豈所以敦序維翰，建樹藩戚。[8]臣等參議，宜封鄱陽郡王。"詔曰"可"。乃遣散騎常侍、度支尚書蕭睿持節兼太宰告于太廟；[9]又遣五兵尚書王質持節兼太宰告于太社。[10]其年十月，上臨軒策命之曰：[11]"於戲！夫建樹藩屏，翼獎王室，欽若前典，咸必由之。惟爾夙挺珪璋，生知孝敬，[12]令德茂親，僉譽所集，啓建大邦，寔惟倫序，是用敬遵民瞻，錫此圭瑞。往欽哉！其勉樹聲業，永保宗社，可不慎歟！"策訖，敕令王公已下竝醮於王第。[13]仍授東中郎將、吳郡太守。[14]六年，爲緣江都督、平北將軍、南徐州刺史。[15]天康元年，[16]進號鎮北將軍。[17]

[1]儀注：儀節，制度。

[2]本枝：亦作"本支"，指嫡系子孫與旁系子孫。　惟允：真大成《中古史書校證》云："'允'，《册府》卷二六四作'久'。按，'允'於文意不合，當從《册府》作'久'是；'久''允'連筆草體形甚近，故易致訛。'本枝惟久，宗周之業以弘'句實從《詩·大雅·文王》'文王孫子，本支百世，凡周之士，不顯亦世'化出。久者，長也，正與'百世'相應。《晉書》卷四八《段灼傳》載灼上表'本枝百世，長保榮祚。'《漢魏南北朝墓誌彙編·

北魏・魏直閣將軍輔國將軍長樂馮邕之妻元氏墓誌》：‘本枝聯緜，接於辰緒。’又《北魏・大魏元宗正夫人司馬氏志銘》：‘本枝弈世，瑶華金秀。’其意與《陳書》‘本枝惟久’合。又《梁書》卷五六《侯景傳》載王偉上表：‘享年長久，本枝盤石。’亦可與《陳書》例參比。《初學記》卷一〇‘久’引作‘茂’，所據或爲別本，或爲引者所改。”（中華書局 2013 年版，第 172 頁）按，真説有理。然諸本此處無異文，故不改字。

[3]盤石：指封藩宗室。盤，通“磐”。

[4]克隆卜世：國運昌盛。

[5]韶年：童年。

[6]丱日：亦指童年。

[7]丹掖：宮殿。

[8]藩戚：天子親戚中封爲侯王或出任一方重臣之人。

[9]散騎常侍：官名。集書省長官。職掌侍從皇帝左右，應對顧問，獻納得失。陳第三品，秩中二千石。　度支尚書：官名。尚書省度支曹長官，掌管全國貢税租賦的統計、調撥等事務。陳第三品，秩中二千石。　持節：官名。漢代官員奉皇帝之命出行，以持節作爲一種憑證並宣示威嚴。魏晋以後，持節演變爲加官銜。持節有使持節、持節和假節三種情況。軍事長官持節出行，可殺無官位者；在軍事行動中，可誅殺二千石以下官員。　太宰：官名。南朝多用作贈官，用以安置元老勳舊大臣。陳第一品，秩萬石。

[10]五兵尚書：官名。尚書省屬官，掌軍事樞務，梁、陳時領中兵、外兵、騎兵三曹。陳第三品，秩中二千石。　王質：字子貞。官至太府卿、都官尚書。本書卷一八有傳，《南史》卷二三有附傳。　太社：祭祀土神、穀神的場所。

[11]臨軒：天子御臨正殿前面的平臺，即天子不坐正殿而御前殿。

[12]生知孝敬：中華本校勘記云：“‘生’各本作‘坐’。”

[13]醼：同“宴”。

[14]東中郎將：官名。南朝時多以宗室諸王任之。陳擬四品，比秩中二千石。　吳郡：郡名。治所在今江蘇蘇州市。

[15]緣江都督：官名。具體職掌、品秩不詳。　平北將軍：官名。平東、平南、平西、平北四平將軍之一。多授予持節都督或監某一地區的軍事，或作爲刺史監理軍務的加官。陳擬三品，比秩中二千石。　南徐州：州名。治所在今江蘇鎮江市。

[16]天康：南朝陳文帝陳蒨年號（566）。

[17]鎮北將軍：官名。南朝八鎮將軍之一。陳擬二品，比秩中二千石。

　　高宗輔政，不欲令伯山處邊，光大元年，徙爲鎮東將軍、東揚州刺史。太建元年，[1]徵爲中衛將軍、中領軍。[2]六年，又爲征北將軍、南徐州刺史。[3]尋爲征南將軍、江州刺史。[4]十一年，入爲護軍將軍，加開府儀同三司，[5]仍給鼓吹并扶。[6]後主即位，[7]進號中權大將軍。[8]至德四年，[9]出爲持節、都督東揚豐二州諸軍事、東揚州刺史，[10]加侍中，餘並如故。禎明元年，[11]丁所生母憂，去職。明年，起爲鎮衛大將軍、開府儀同三司，[12]給班劍十人。[13]三年正月薨，時年四十。

[1]太建：南朝陳宣帝陳頊年號（569—582）。

[2]中領軍：官名。職掌京師的禁軍與駐軍。資輕於領軍將軍，而職掌同。陳第三品，秩中二千石。

[3]征北將軍：官名。四征將軍之一，多出鎮地方，地位顯要。陳擬二品，比秩中二千石。

[4]征南將軍：官名。四征將軍之一，多出鎮地方，地位顯要。陳擬二品，比秩中二千石。　江州：州名。治所在今江西九江市。

[5]十一年，入爲護軍將軍，加開府儀同三司：中華本校勘記云："按《宣帝紀》，伯山加儀同三司在太建十三年正月。"護軍將軍，官名。職掌都護京師以外諸軍，權任頗重。陳第三品，秩中二千石。

[6]鼓吹：演奏樂曲的樂隊，是對權臣的一種特殊優待。

[7]後主：陳後主陳叔寶。字元秀，陳宣帝嫡長子。太建元年（569）立爲皇太子，十四年（582），即皇帝位。禎明三年（589）春，後主爲隋軍所獲，入於長安。隋仁壽四年（604），崩於洛陽，謚曰煬。本書卷六、《南史》卷一〇有紀。

[8]中權大將軍：官名。中權將軍加"大"者，位進一階。中權將軍與中衛、中軍、中撫合稱四中將軍。地位顯要，祇授予在京師任職的官員。陳擬二品，比秩中二千石。

[9]至德：南朝陳後主陳叔寶年號（583—586）。

[10]豐：州名。治所在今福建福州市。

[11]禎明：南朝陳後主陳叔寶年號（587—589）。

[12]明年，起爲鎮衛大將軍：中華本校勘記云："按《後主紀》，禎明元年十二月丙辰，以前鎮衛將軍開府儀同三司東揚州刺史伯山爲鎮衛大將軍。是伯山之起爲鎮衛大將軍即在其丁所生母憂去職之年，'明年'二字疑衍。"鎮衛大將軍，官名。鎮衛將軍，梁、陳時爲位號最高的將軍，加"大"者進位一階。陳擬一品，比秩中二千石。

[13]班劍：本指飾有花紋的劍。漢制，朝服帶劍。晉朝代之以木，謂之班劍。因其爲虎賁所持，故晉以後成爲隨從侍衛之代稱且爲皇帝對功臣之恩賜，可隨身進入宮殿。亦作爲喪禮時的儀仗。

伯山性寬厚，美風儀，又於諸王最長，後主深敬重之，每朝廷有冠婚饗醮之事，恒使伯山爲主。及丁所生母憂，居喪以孝聞。後主嘗幸吏部尚書蔡徵宅，[1]因往弔之，伯山號慟殆絶，因起爲鎮衛將軍，[2]仍謂群臣曰：
"鄱陽王至性可嘉，又是西第之長，豫章已兼司空，[3]其
亦須遷太尉。"[4]未及發詔而伯山薨，尋值陳亡，遂無
贈諡。

[1]吏部尚書：官名。尚書省吏部曹長官，位居列曹尚書之上，
掌官吏銓選考課。陳第三品，秩中二千石。　蔡徵：本名覽，後更
名徵，字希祥。陳時官至中書令、權知中領軍，後降隋。本書卷二
九有傳，《南史》卷六八有附傳。

[2]鎮衛將軍：林礽乾《陳書異文考證》云："鎮衛將軍，宋浙
本、三朝本、南監本、汲古本、《南史》卷六十五《鄱陽王伯山
傳》同。按上文及卷六《後主紀》俱言伯山起爲'鎮衛大將軍'，
明此'鎮衛'下，各本竝脱一'大'字。"（第216頁）鎮衛將軍，
官名。詳見前鎮衛大將軍條。

[3]豫章：郡名。治所在今江西南昌市。　司空：官名。三公
之一。魏晉南北朝時期作爲名譽宰相，多爲大臣加官，無實際執
掌。陳第一品，秩萬石。

[4]太尉：官名。位三公之首，爲名譽宰相，多爲大臣加官，
無實際職掌。陳第一品，秩萬石。

長子君範，太建中拜鄱陽國世子，尋爲貞威將軍、
晉陵太守，[1]未襲爵而隋師至。[2]是時宗室王侯在都者百
餘人，後主恐其爲變，乃竝召入，令屯朝堂，使豫章王
叔英總督之，而又陰爲之備。及六軍敗績，相率出降，
因從後主入關。至長安，[3]隋文帝竝配于隴右及河西諸
州，[4]各給田業以處之。初，君範與尚書僕射江總友
善，[5]至是總贈君範書五言詩，以叙他鄉離別之意，辭

甚酸切，當世文士咸諷誦之。大業二年，[6]隋煬帝以後
主第六女女婿爲貴人，[7]絶愛幸，因召陳氏子弟盡還京
師，隨才叙用，由是竝爲守宰，[8]遍於天下。其年君範
爲温令。[9]

[1]貞威將軍：官名。雜號將軍。爲加官、散官性質的將軍。
陳擬七品，比秩六百石。　晋陵：縣名。治所在今江蘇常州市。

[2]隋師：指隋朝的軍隊。

[3]長安：縣名。治所在今陝西西安市北。

[4]隋文帝：楊堅。小名那羅延，弘農華陰（今陝西華陰市東
南）人。《隋書》卷一、卷二，《北史》卷一一有紀。　隴右：地
域名。泛指隴山以西地區，約當今甘肅隴山、六盤山以西，黄河以
東一帶。　河西：地區名。指今甘肅、青海二省黄河以西，即河西
走廊與湟水流域一帶。

[5]尚書僕射：官名。原爲尚書省次官，因梁、陳尚書令常缺，
僕射實爲尚書省主官。主持尚書省日常政務。陳第二品，秩中二千
石。　江總：字總持，濟陽考城（今河南民權縣東北）人。本書卷
二七有傳，《南史》卷三六有附傳。

[6]大業：隋煬帝楊廣年號（605—618）。

[7]隋煬帝：楊廣。一名英，小字阿麼，隋文帝第二子。《隋
書》卷三、卷四，《北史》卷一二有紀。

[8]守宰：指地方長官。

[9]温：縣名。治所在今河南温縣。

晋安王伯恭字肅之，世祖第六子也。天嘉六年，立
爲晋安王。尋爲平東將軍、吳郡太守，[1]置佐史。時伯
恭年十餘歲，便留心政事，官曹治理。太建元年，入爲

安前將軍、中護軍,[2]遷中領軍。尋爲中衛將軍、揚州刺史,以公事免。四年,起爲安左將軍,[3]尋爲鎮右將軍、特進,[4]給扶。六年,出爲安南將軍、南豫州刺史。[5]九年,入爲安前將軍、祠部尚書。[6]十一年,進號軍師將軍、尚書右僕射。[7]十二年,遷僕射。十三年,遷左僕射,[8]十四年,出爲安南將軍、湘州刺史,[9]未拜。至德元年,爲侍中、中衛將軍、光禄大夫,[10]丁所生母憂,去職。禎明元年,起爲中衛將軍、右光禄大夫,置佐史、扶立如故。三年入關。隋大業初,爲成州刺史、太常卿。[11]

[1]平東將軍:官名。平東、平南、平西、平北四平將軍之一。多授予持節都督或監某一地區的軍事,或作爲刺史監理軍務的加官。陳擬三品,比秩中二千石。

[2]安前將軍:官名。南朝梁、陳八安將軍之一,祇授予在京都任職的官員。陳擬三品,比秩中二千石。 中護軍:官名。職掌都護京師以外的地方軍隊。陳第三品,秩中二千石。

[3]安左將軍:官名。南朝梁、陳八安將軍之一,祇授予在京都任職的官員。陳擬三品,比秩中二千石。

[4]鎮右將軍:官名。南朝梁、陳八鎮將軍之一。陳擬二品,比秩中二千石。 特進:原爲對大臣的一種優待,後成爲正式加官名號,以安置閑退大臣。陳第二品,秩中二千石。

[5]安南將軍:官名。南朝梁、陳八安將軍之一,祇授予在京都任職的官員。陳擬三品,比秩中二千石。 南豫州:州名。治所在今安徽當塗縣。

[6]祠部尚書:官名。尚書省祠部曹長官,領祠部、儀曹二曹郎,掌宗廟禮儀。陳第三品,秩中二千石。

　　[7]軍師將軍：官名。陳擬四品，比秩中二千石。　　尚書右僕射：官名。尚書省次官，位在左僕射下，與左僕射聯署主持尚書省工作。輔佐尚書令執行政務，參議大政，諫諍得失。南朝尚書令位尊權重，不親庶務，尚書省日常政務由僕射主持。梁、陳時尚書令常缺，僕射實爲尚書省主官。陳第二品，秩中二千石。

　　[8]左僕射：官名。即尚書左僕射。尚書省次官。位右僕射上。輔佐尚書令執行政務，參議大政，諫諍得失。南朝尚書令位尊權重，不親庶務，尚書省日常政務由僕射主持。梁、陳時尚書令常缺，僕射實爲尚書省主官。陳第二品，秩中二千石。

　　[9]湘州：州名。治所在今湖南長沙市。

　　[10]光祿大夫：官名。屬光祿卿。養老疾，無職事。陳第三品，秩中二千石。

　　[11]成州：州名。治所在今甘肅西和縣西南。　　太常卿：官名。爲太常寺長官。掌宗廟郊社禮樂等，總判所屬各署事。隋正三品。《南史》卷六五《晉安王伯恭傳》作“太常少卿”。

　　衡陽王伯信字孚之，世祖第七子也。天嘉元年，衡陽獻王昌自周還朝，[1]於道薨，其年世祖立伯信爲衡陽王，奉獻王祀。尋爲宣惠將軍、丹陽尹，[2]置佐史。太建四年，爲中護軍。六年，爲宣毅將軍、揚州刺史。[3]尋加侍中、散騎常侍。十一年，進號鎮前將軍，[4]太子詹事，[5]餘並如故。禎明元年，出爲鎮南將軍、西衡州刺史。[6]三年，隋軍濟江，與臨汝侯方慶並爲東衡州刺史王勇所害，[7]事在《方慶傳》。

　　[1]衡陽獻王昌：陳昌封爵爲衡陽獻王。陳昌，字敬業，陳武帝第六子。本書卷一四、《南史》卷六五有傳。

〔2〕丹陽尹：官名。南朝梁京師所在丹陽郡行政長官，掌治民。梁品秩不詳。丹陽，郡名。治所在今江蘇南京市。

〔3〕宣毅將軍：官名。南朝梁置。陳擬四品，比秩中二千石。

〔4〕十一年，進號鎮前將軍：中華本校勘記云：“按本紀，伯信進號鎮前將軍在後主禎明元年，不在宣帝太建十一年。”鎮前將軍，官名。南朝梁、陳八鎮將軍之一。陳擬二品，比秩中二千石。

〔5〕太子詹事：官名。掌東宮一切事務。陳第三品，秩中二千石。

〔6〕鎮南將軍：官名。南朝梁、陳八鎮將軍之一。陳擬二品，比秩中二千石。　西衡州：州名。治所在今廣東英德市西北浛洸鎮。

〔7〕臨汝侯方慶竝爲東衡州刺史王勇所害：東，底本作墨丁。中華本校勘記云：“‘東’字原本墨丁，各本並作‘西’，按《方慶傳》，王勇爲東衡州刺史，今補一‘東’字。”今從補。臨汝侯方慶，陳方慶封爵臨汝縣侯。陳方慶，南康愍王陳曇朗之子。本書卷一四、《南史》卷六五有附傳。臨汝，縣名。治所在今江西撫州市臨川區西。東衡州，州名。治所在今廣東韶關市南武水西岸。王勇，曾隨臨汝侯陳方慶奔襲廣州刺史馬靖，後降隋。本書卷一四有附傳。

　　廬陵王伯仁字壽之，世祖第八子也。天嘉六年，立爲廬陵王。太建初，爲輕車將軍，[1]置佐史。七年，遷冠軍將軍、中領軍。[2]尋爲平北將軍、南徐州刺史。十二年，爲翊左將軍、中領軍。[3]禎明元年，加侍中、國子祭酒，[4]領太子中庶子。[5]三年入關，卒于長安。

〔1〕輕車將軍：官名。雜號將軍。陳擬五品，比秩千石。

〔2〕七年，遷冠軍將軍、中領軍：中華本校勘記云：“按《宣帝

紀》，伯仁爲中領軍在太建八年十一月。”冠軍將軍，官名。陳擬四品，比秩中二千石。

[3]翊左將軍：官名。爲優禮大臣的虛號。陳擬三品，比秩中二千石。

[4]侍中：本書卷六《後主紀》作“特進”。

[5]太子中庶子：官名。東宮門下坊的長官，掌侍從太子左右，規諫諷議，獻納得失等。陳第四品，秩二千石。

　　長子番，先封湘濱侯，[1]隋大業中，爲資陽令。[2]

[1]湘濱侯：爵名。湘濱縣侯之省稱。陳第三品。湘濱，縣名。治所在今湖南汨羅市南。

[2]資陽：縣名。治所在今四川資陽市。

　　江夏王伯義字堅之，世祖第九子也。天嘉六年，立爲江夏王。太建初，爲宣惠將軍、東揚州刺史，置佐史。尋爲宣毅將軍、持節、散騎常侍、都督合霍二州諸軍事、合州刺史。[1]十四年，徵爲侍中、忠武將軍、金紫光禄大夫。[2]禎明三年入關，遷于瓜州，[3]於道卒。

[1]“太建初”至“合州刺史”：中華本校勘記云：“按《宣帝紀》，伯義於太建九年七月以輕車將軍、丹陽尹爲合州刺史，十年九月以宣惠將軍爲東揚州刺史，均不在太建初，官職遷轉，亦不盡合。”合，州名。治所在今安徽合肥市。霍，州名。治所在今安徽霍山縣。

[2]忠武將軍：官名。是諸名號將軍中地位較高者，僅次於重號將軍。陳擬四品，比秩中二千石。　金紫光禄大夫：官名。指光

禄大夫加金印紫綬者，多爲加官。陳第三品，秩中二千石。

[3]瓜州：州名。治所在今甘肅敦煌市。

長子元基，先封湘潭侯，[1]隋大業中爲穀熟縣令。[2]

[1]湘潭侯：爵名。湘潭縣侯之省稱。陳第三品。湘潭，縣名。治所在今湖南衡山縣東。

[2]穀熟：縣名。治所在今河南虞城縣西南穀熟鎮。

武陵王伯禮字用之，世祖第十子也。天嘉六年，立爲武陵王。太建初，爲雲旗將軍、持節、都督吳興諸軍事、吳興太守。[1]在郡恣行暴掠，驅録民下，逼奪財貨，前後委積，百姓患之。太建九年，爲有司所劾，上曰："王年少，未達治道，皆由佐史不能匡弼所致，[2]特降軍號，後若更犯，必致之以法，有司不言與同罪。"十一年春，被代徵還，伯禮遂遷延不發。[3]其年十月，散騎常侍、御史中丞徐君敷奏曰：[4]"臣聞車屢不俟，君命之通規，夙夜匪懈，臣子之恒節。謹案雲旗將軍、持節、都督吳興諸軍事、吳興太守武陵王伯禮，早擅英猷，[5]久馳令問，惟良寄重，枌鄉是屬。聖上愛育黔黎，[6]留情政本，共化求瘼，早赴皇心，遂復稽緩歸驂，取移涼燠，遲回去鶂，[7]空淹載路，淑慎未彰，違惰斯在，繩愆檢迹，以爲懲誡。臣等參議以見事免伯禮所居官，以王還第，謹以白簡奏聞。"詔曰"可"。禎明三年入關，隋大業中爲散騎侍郎、臨洮太守。[8]

［1］雲旗將軍：官名。雜號將軍。陳擬七品，比秩六百石。吳興：郡名。治所在今浙江湖州市吳興區。

［2］匡弼：匡正輔佐。

［3］遷延：拖延。

［4］御史中丞徐君敳奏曰：《南史》卷六五《武陵王伯禮傳》作“徐君整”。御史中丞，官名。御史臺長官。掌督司百僚，奏劾不法。陳第三品，秩二千石。

［5］早擅英猷：中華本校勘記云：“‘早’南監本作‘夙’，北監本、汲本、殿本作‘昔’。”

［6］黔黎：黔首、黎民的合稱。指百姓。

［7］鷁（yì）：古代一種水鳥的名字，能高飛。

［8］散騎侍郎：官名。集書省屬官，掌文學侍從、收納章奏。陳第五品，秩千石。　臨洮：郡名。治所在今甘肅臨潭縣。

永陽王伯智字策之，世祖第十二子也。少敦厚，有器局，博涉經史。太建中，立爲永陽王。[1]尋爲侍中，加明威將軍，[2]置佐史。尋加散騎常侍，累遷尚書左僕射，[3]出爲使持節、都督東揚豐二州諸軍事、平東將軍，[4]領會稽內史。[5]至德二年，入爲侍中、翊左將軍，加特進。禎明三年入關。隋大業中，爲岐州司馬，[6]遷國子司業。[7]

［1］太建中，立爲永陽王：中華本校勘記云：“按帝紀，立伯智爲永陽王在廢帝光大二年，不在太建中。”

［2］明威將軍：官名。梁十三班。陳擬五品，比秩千石。另梁、陳十明將軍中亦有此號。陳擬六品，比秩千石。

［3］累遷尚書左僕射：中華本校勘記云：“按《後主紀》，伯智

於後主即位之年三月爲尚書僕射，至德二年五月，又以尚書僕射爲平東將軍、東揚州刺史，兩言僕射，均無‘左’字。”

〔4〕都督東揚豐二州諸軍事：豐，底本作“曹”。中華本校勘記云：“‘豐’原訛‘曹’，各本不訛，今改正。按廢帝光大二年四月，割東揚州晉安郡爲豐州。”今從改。

〔5〕會稽：郡名。治所在今浙江紹興市。　內史：官名。王國行政長官，掌王國民政，職同太守。

〔6〕岐州：州名。治所在今陝西鳳翔縣。　司馬：官名。州郡佐官，位次於長史。掌統理府僚，紀綱職務。隋上州司馬正五品下，中州從五品下，下州正六品下。

〔7〕國子司業：官名。即國子監司業。隋煬帝大業三年（607）於國子監置，爲貳官，一員，佐長官掌邦國儒學訓導之政令。從四品。

　　桂陽王伯謀，字深之，世祖第十三子也。太建中，立爲桂陽王。[1]七年，爲明威將軍，置佐史。尋爲信威將軍、丹陽尹。[2]十年，加侍中。出爲持節、都督吳興諸軍事、東中郎將、吳興太守。十一年，加散騎常侍。至德元年薨。

　　〔1〕太建中，立爲桂陽王：中華本校勘記云：“按帝紀，立伯茂爲桂陽王在廢帝光大二年七月，不在太建中。”

　　〔2〕信威將軍：官名。南朝陳五威將軍之一。擬四品，比秩中二千石。

　　子酆嗣，大業中，爲番禾令。[1]

［1］番禾：縣名。治所在今甘肅永昌縣西。

　　高宗四十二男：柳皇后生後主，[1]彭貴人生始興王
叔陵，[2]曹淑華生豫章王叔英，[3]何淑儀生長沙王叔堅、
宜都王叔明，[4]魏昭容生建安王叔卿，[5]錢貴妃生河東王
叔獻，[6]劉昭儀生新蔡王叔齊，[7]袁昭容生晉熙王叔文、
義陽王叔達、新會王叔坦，[8]王姬生淮南王叔彪、巴山
王叔雄，[9]吳姬生始興王叔重，徐姬生尋陽王叔儼，[10]
淳于姬生岳陽王叔慎，[11]王修華生武昌王叔虞，[12]韋修
容生湘東王叔平，[13]施姬生臨賀王叔敖、沅陵王叔
興，[14]曾姬生陽山王叔宣，[15]楊姬生西陽王叔穆，[16]申
婕妤生南安王叔儉、南郡王叔澄、岳山王叔韶、太原王
叔匡，[17]袁姬生新興王叔純，[18]吳姬生巴東王叔謨，[19]
劉姬生臨江王叔顯，[20]秦姬生新寧王叔隆、新昌王叔
榮。[21]其皇子叔叡、叔忠、叔弘、叔毅、叔訓、叔武、
叔處、叔封等八人，[22]立未及封。叔陵犯逆，別有傳。
三子早卒，本書無名。

　　［1］柳皇后：陳宣帝皇后柳敬言。河東解（今山西臨猗縣西
南）人。本書卷七、《南史》卷一二有傳。
　　［2］始興王叔陵：陳叔陵封爵爲始興王。陳叔陵，字子嵩。陳
宣帝駕崩時，趁亂行刺陳後主，逃出後聚兵謀反，兵敗被殺。本書
卷三六、《南史》卷六五有傳。
　　［3］豫章：郡名。治所在今江西南昌市。
　　［4］長沙：郡名。治所在今湖南長沙市。　宜都：郡名。治所
在今湖北枝江市。

[5]魏昭容生建安王叔卿：魏昭容，《南史》卷六五作"魏昭華"。

[6]河東：郡名。治所在今湖北松滋市西北。

[7]新蔡：郡名。治所在今河南商城縣南。

[8]晉熙：郡名。治所在今安徽潛山縣。　義陽：郡名。治所在今湖北武漢市黃陂區北。　新會：郡名。治所在今廣東江門市新會區北。

[9]淮南：郡名。治所在今安徽當塗縣。　巴山：郡名。治所在今江西崇仁縣西南。　叔雄：本書卷六《後主紀》作"叔熊"。

[10]尋陽：郡名。治所在今江西九江市。

[11]岳陽：郡名。治所在今湖南汨羅市東。

[12]武昌：郡名。治所在今湖北鄂州市。

[13]湘東：郡名。治所在今湖南衡陽市。

[14]臨賀：郡名。治所在今廣西賀州市東南。　沅陵：郡名。治所在今湖南沅陵縣西南。

[15]陽山：郡名。治所在今廣東英德市西北浛洸鎮。

[16]西陽：郡名。治所在今湖北黃岡市東。

[17]南安：郡名。治所在今福建南安市東豐州鎮。　南郡：郡名。治所在今湖北荊州市荊州區。　岳山：郡名。治所在今湖北孝感市北。　太原：郡名。治所在今江西彭澤縣東北。

[18]新興：郡名。治所在今湖北江陵縣。

[19]巴東：郡名。治所在今重慶市奉節縣。

[20]劉姬生臨江王叔顯：中華本校勘記云："'臨江王'北監本、汲本、殿本作'臨海王'，《南史》同。按《後主紀》，至德四年二月丙申，立皇弟叔顯爲臨江王，各本及《南史》並同，無作'臨海王'者，當以作'臨江王'爲是。"林礽乾《陳書異文考證》："臨江郡治烏傷，屬南豫州。是時江北已失，臨江郡改屬周、隋，疑此當作'臨海'爲是。臨海郡治華章，屬陳之東揚州。"（第219頁）存疑。臨江，郡名。治所在今重慶市忠縣。

[21]新寧：郡名。治所在今廣東新興縣。　新昌：郡名。治所在今安徽滁州市。

[22]叔弘：弘，底本作“引”。中華本校勘記云：“據北監本、汲本、殿本改。按宋刻本因避諱，‘弘’字皆缺筆，往往訛作‘引’。然此‘弘’字疑當依《南史》作‘泓’，因豫章王叔英之長子名弘，不當犯其叔父之名諱也。”今從改。

豫章王叔英字子烈，高宗第三子也。少寬厚仁愛。天嘉元年，封建安侯。太建元年，改封豫章王，仍爲宣惠將軍、都督東揚州諸軍事、東揚州刺史。五年，進號平北將軍、南豫州刺史。[1]十一年，爲鎮前將軍、江州刺史。[2]後主即位，進號征南將軍，尋加開府儀同三司、中衛大將軍，[3]餘並如故。四年，進號驃騎大將軍。[4]禎明元年，給鼓吹一部，班劍十人。其年，遷司空。[5]三年，隋師濟江，叔英知石頭軍戍事。[6]尋令入屯朝堂。及六軍敗績，降于隋將韓擒虎。[7]其年入關。隋大業中爲涪陵太守。[8]

[1]五年，進號平北將軍、南豫州刺史：中華本校勘記云：“‘南豫州’《宣帝紀》作‘南徐州’。似當從紀文。”林祁乾《陳書異文考證》云：“按宣帝太建四年四月至五年十月間，爲南豫州刺史者，乃征南大將軍黃法㒟，而非豫章王叔英。叔英於太建五年春正月，爲南徐州刺史，進號平北將軍（見卷五《宣帝紀》）。明此各本作‘南豫州刺史’者，‘南豫州’乃‘南徐州’之誤也。”（第219頁）

[2]十一年，爲鎮前將軍、江州刺史：中華本校勘記云：“‘鎮前將軍’當依《宣帝紀》作‘鎮南將軍’。按‘鎮前’之號用於

内，不應冠江州刺史之上。"

[3]中衛大將軍：官名。中衛將軍加"大"者進位一階。中衛將軍，地位顯要，專授在京師任職的官員。陳擬二品，比秩中二千石。

[4]四年，進號驃騎大將軍：中華本校勘記云："按此'大'字疑衍。"

[5]其年，遷司空：司空，本書卷六《後主紀》作"司徒"。林祁乾《陳書異文考證》云："按卷六《後主紀》云：'禎明元年冬十月丁亥，以驃騎大將軍、開府儀同三司、豫章王叔英兼司徒。三年春正月，後主遣驃騎大將軍、司徒、豫章王叔英屯朝堂。'前後兩言叔英爲司徒而非司空。明此'其年遷司空'之'司空'，乃'司徒'之誤也。"（第220頁）按，林説有理。然諸本此處無異文，故不改字。

[6]石頭軍戌事：官名。主要負責石頭城戌守事務。石頭，城名。在今江蘇南京市清涼山上。

[7]韓擒虎：字子通，河南東垣（今河南新安縣）人。《隋書》卷五二有傳，《北史》卷六八有附傳

[8]涪陵：郡名。治所在今重慶市涪陵區東南。

長子弘，至德元年，拜豫章國世子。

長沙王叔堅字子成，高宗第四子也。母本吳中酒家隸，高宗微時，嘗往飲，遂與通，及貴，召拜淑儀。[1]叔堅少傑黠，凶虐使酒，尤好數術、卜筮、祝禁，鎔金琢玉，竝究其妙。天嘉中，封豐城侯。[2]太建元年，立爲長沙王，仍爲東中郎將、吳郡太守。四年，爲宣毅將軍、江州刺史，置佐史。七年，進號雲麾將軍、郢州刺

史，[3]未拜，轉爲平越中郎將、廣州刺史。[4]尋爲平北將軍、合州刺史。[5]八年，復爲平西將軍、郢州刺史。[6]十一年，入爲翊左將軍、丹陽尹。[7]

[1]淑儀：女官名。九嬪之一，位視九卿。

[2]豐城侯：爵號。豐城縣侯之省稱，陳第三品。豐城，縣名。治所在今江西豐城市南。

[3]雲麾將軍：官名。陳擬四品，比秩中二千石。 郢州：州名。治所在今湖北武漢市武昌區。

[4]平越中郎將：官名。主管越南事務，開府置僚佐，治廣州，多兼廣州刺史。陳擬六品，比秩千石。 廣州：州名。治所在今廣東廣州市。

[5]尋爲平北將軍、合州刺史：中華本校勘記云：“按《宣帝紀》，叔堅爲合州刺史，進號平北將軍，在太建八年六月。”

[6]平西將軍：官名。平東、平南、平西、平北四平將軍之一。多授予持節都督或監某一地區的軍事，或作爲刺史監理軍務的加官。陳擬三品，比秩中二千石。

[7]入爲翊左將軍、丹陽尹：中華本校勘記云：“按《後主紀》，後主即位，以侍中、翊前將軍、丹陽尹長沙王叔堅爲驃騎將軍、開府儀同三司、揚州刺史。‘翊左’作‘翊前’。”

初，叔堅與始興王叔陵竝招聚賓客，各爭權寵，甚不平。每朝會鹵簿，[1]不肯爲先後，必分道而趨，左右或爭道而鬭，至有死者。及高宗弗豫，叔堅、叔陵等竝從後主侍疾。叔陵陰有異志，乃命典藥吏曰：[2]“切藥刀甚鈍，可礪之。”[3]及高宗崩，倉卒之際，又命其左右於外取劍，左右弗悟，乃取朝服所佩木劍以進，叔陵怒。叔堅在側聞之，疑有變，伺其所爲。及翌日小斂，[4]叔陵袖剉藥刀趨進，斫後主，中項，後主悶絕于地，皇太后與後主乳母樂安君吳氏俱以身捍之，獲免。叔堅自後扼叔陵，擒之，并奪其刀，將殺之，問後主曰：“即盡之，爲待也。”後主不能應。叔陵舊多力，須臾，自奮得脱，出雲龍門，[5]入于東府城，召左右斷青溪橋道，[6]放東城囚以充戰士。又遣人往新林，[7]追其所部兵馬，仍自被甲，著白布帽，[8]登城西門，招募百姓。是時衆軍竝緣江防守，臺内空虚，叔堅乃白太后使太子舍人司馬申以後主命召蕭摩訶，[9]令討之。即日擒其將戴温、譚騏驎等，[10]送臺，斬于尚書閣下，持其首徇于東城。叔陵惶擾不知所爲，乃盡殺其妻妾，率左右數百人走趨新林，摩訶追之，斬于丹陽郡，餘黨悉擒。其年，以功進號驃騎將軍、開府儀同三司、揚州刺史。尋遷司空，將軍、刺史如故。

[1]鹵簿：古代皇帝出行時的儀仗和警衛。後亦用於后妃、太子、王公大臣。

[2]典藥吏：官名。應爲掌管藥物的小吏。

[3]礪：磨，磨治。

[4]小斂：喪禮儀式之一。給死者沐浴、穿衣。

[5]雲龍門：陳宫門之一。在今江蘇南京市雞鳴山南。

[6]青溪橋：此應是清溪上的一座橋。清溪，在今江蘇南京市東。

[7]新林：浦名。又名新林浦、新林港。在今江蘇南京市西南。

[8]著：底本作“箸”。按，刻本文字從草與從竹常有混用的情況。今徑改之，本卷以下不再出校。

[9]太子舍人：官名。太子東宮屬官，掌文記。陳第七品，秩
二百石。　司馬申：字季和，河内温縣（今河南温縣）人。本書卷
二九、《南史》卷七七有傳。　蕭摩訶：字元胤，蘭陵（今江蘇常
州市西北）人。南朝陳大將，輔佐陳後主登基有功，加爲侍中、驃
騎大將軍、綏建郡公。後降隋。本書卷三一、《南史》卷六七有傳。

[10]即日擒其將戴温、譚騏驎等：温，底本作“汕”。中華本
校勘記云：“據南監本改。按《通鑑》陳宣帝太建十四年亦作‘戴
温’。”今從改。

是時後主患創，不能視事，政無小大，悉委叔堅決
之，於是勢傾朝廷。叔堅因肆驕縱，事多不法，後主由
是疏而忌之。孔範、管斌、施文慶之徒，[1]竝東宮舊臣，
日夜陰持其短。至德元年，乃詔令即本號用三司之儀，
出爲江州刺史。未發，尋有詔又以爲驃騎將軍，重爲司
空，實欲去其權勢。叔堅不自安，稍怨望，乃爲左道厭
魅以求福助，[2]刻木爲偶人，衣以道士之服，施機關，
能拜跪，晝夜於日月下醮之，祝詛於上。[3]其年冬，有
人上書告其事，案驗竝實，後主召叔堅囚于西省，[4]將
殺之。其夜，令近侍宣敕，數之以罪，叔堅對曰：“臣
之本心，非有他故，但欲求親媚耳。臣既犯天憲，罪當
萬死，臣死之日，必見叔陵，願宣明詔，責於九泉之
下。”後主感其前功，乃赦之，特免所居官，以王還第。
尋起爲侍中、鎮左將軍。[5]二年，又給鼓吹、油幢車。[6]
三年，出爲征西將軍、荆州刺史。[7]四年，進號中軍大
將軍、開府儀同三司。[8]禎明二年，秩滿還都。

　　[1]孔範：字法言，會稽山陰（今浙江紹興市）人。後主時拜都官尚書，與江總等並爲後主狎客，深受寵信。後降隋，被隋文帝流之遠裔。《南史》卷七七有傳。　施文慶：吳興烏程（今浙江湖州市吳興區）人。《南史》卷七七有傳。

　　[2]厭魅：用迷信的方法祈禱鬼神迷惑或傷害他人。

　　[3]祝詛於上：祝告鬼神，使加禍於後主。

　　[4]西省：中書省的別稱。

　　[5]尋起爲侍中、鎮左將軍：中華本校勘記云：“按《後主紀》，叔堅爲侍中、鎮左將軍在至德二年七月。”鎮左將軍，官名。與鎮東、鎮南、鎮西、鎮北、鎮右、鎮前、鎮後將軍合稱八鎮將軍。陳擬二品，比秩中二千石。

　　[6]油幢車：古時有油布帷幕的車子。

　　[7]征西將軍：官名。平東、平南、平西、平北四征將軍之一。陳擬二品，比秩中二千石。　荆州：州名。治所在今湖北公安縣。

　　[8]中軍大將軍：官名。南朝梁、陳四中將軍之一。中軍將軍加“大”者進位一階。

　　三年入關，遷于瓜州，更名叔賢。叔賢素貴，[1]不知家人生産，至是與妃沈氏酤酒，以備保爲事。隋大業中，爲遂寧郡太守。[2]

　　[1]叔賢素貴：叔，底本闕。中華本校勘記云：“據北監本、汲本、殿本補。按叔堅更名叔賢，避隋文帝楊堅諱。”今從補。

　　[2]遂寧：郡名。治所在今四川遂寧市。

　　建安王叔卿字子弼，高宗第五子也。性質直有材器，容貌甚偉。太建四年，立爲建安王，授東中郎將、東揚州刺史。七年，爲雲麾將軍、郢州刺史，置佐史。九年，進號平南將軍、湘州刺史。後主即位，進號安南將軍。又爲侍中、鎮右將軍、中書令。[1]遷中書監。[2]禎明三年入關，隋大業中，爲都官郎、上黨通守。[3]

[1]中書令：官名。中書省長官之一。掌撰詔命，記會時事，典作文書。南朝中書省復掌納奏、擬詔、出令，然權歸中書舍人，監、令名爲長官，品秩升高，多用作重臣加官。陳第三品，秩中二千石。

[2]中書監：官名。中書省長官之一。掌撰詔命，記會時事，典作文書。與中書令多不並置。陳第二品，秩中二千石。

[3]都官郎：官名。尚書省都官曹長官。掌非違得失事。隋初爲正六品上，開皇三年（583）職掌改爲簿錄没官同奴俾、俘囚等事，加爲從五品。　上黨：縣名。治所在今山西長治市。　通守：官名。隋煬帝時始於諸郡置，位次太守，協助處理本郡政務。

宜都王叔明字子昭，高宗第六子也。儀容美麗，舉止和弱，狀似婦人。太建五年，立爲宜都王，尋授宣惠將軍，置佐史。七年，授東中郎將、東揚州刺史，尋爲輕車將軍、衛尉卿。[1]十三年，出爲使持節、雲麾將軍、南徐州刺史。又爲侍中、翊右將軍。[2]至德四年，進號安右將軍。[3]禎明三年入關，隋大業中爲鴻臚少卿。[4]

[1]衛尉卿：官名。十二卿之一。掌宮門宿衛屯兵，糾察不法，管理武器庫藏，令武庫、公車司馬令。陳第三品，秩中二千石。

[2]翊右將軍：官名。爲優禮大臣的虛號。陳擬三品，比秩中二千石。

[3] 安右將軍：官名。雜號將軍。南朝梁、陳八安將軍之一。祇授予在京都任職的官員。陳擬三品，比秩中二千石。

[4] 鴻臚少卿：官名。鴻臚寺副長官，佐鴻臚卿掌册封諸藩、接待外使及凶儀等事。開皇三年（583）曾廢鴻臚寺，將其職能歸入太常寺；開皇十二年（592）又恢復。卿置一員，隋初正四品上，煬帝降爲從四品。

河東王叔獻字子恭，高宗第九子也。性恭謹，聰敏好學。太建五年，立爲河東王。七年，授宣毅將軍，置佐史。尋爲散騎常侍、軍師將軍、都督南徐州諸軍事、南徐州刺史。[1] 十二年薨，年十三。贈侍中、中撫將軍、司空，[2] 諡曰康簡。子孝寬嗣。孝寬以至德元年，襲爵河東王。禎明三年入關，隋大業中爲汶城令。[3]

[1] “尋爲散騎常侍”至“南徐州刺史”：中華本校勘記云：“按《宣帝紀》，叔獻爲南徐州刺史在太建十二年四月。”

[2] 中撫將軍：官名。與中衛、中軍、中權合稱四中將軍。地位顯要，祇授予在京師任職的官員。陳擬二品，比秩中二千石。

[3] 汶城：縣名。確址不詳。

新蔡王叔齊字子肅，高宗第十一子也。風彩明贍，博涉經史，善屬文。太建七年，立爲新蔡王，尋爲智武將軍，[1] 置佐史。出爲東中郎將、東揚州刺史。至德二年，入爲侍中，將軍、佐史如故。禎明元年，除國子祭酒，[2] 侍中、將軍、佐史如故。三年入關。隋大業中爲尚書主客郎。[3]

　　[1]智武將軍：官名。與仁武、勇武、信武、嚴武將軍並稱五武將軍。陳擬四品，比秩中二千石。

　　[2]國子祭酒：官名。太常卿屬官。領國子學、太學。陳第三品，秩中二千石。

　　[3]尚書主客郎：官名。隋初於禮部四曹之一主客曹置主客侍郎。爲該曹長官，正六品。開皇三年（583）加爲從五品。煬帝大業三年諸曹侍郎並改稱“郎”，主客侍郎改名主客郎，後又改名司蕃郎。掌二王後及諸蕃朝聘之事。

　　晋熙王叔文字子才，高宗第十二子也。性輕險，好虛譽，頗涉書史。太建七年，立爲晋熙王。尋爲侍中、散騎常侍、宣惠將軍，置佐史。進號輕車將軍、揚州刺史。[1]至德元年，授持節、都督江州諸軍事、江州刺史。二年，遷信威將軍、督湘衡武桂四州諸軍事、湘州刺史。[2]禎明二年，秩滿，徵爲侍中、宣毅將軍，佐史如故。未還，而隋軍濟江，破臺城，隋漢東道行軍元帥秦王至于漢口。[3]時叔文自湘州還朝，至巴州，[4]乃率巴州刺史畢寶等請降，致書於秦王曰：“竊以天無二日，晦明之序不差，土無二王，尊卑之位乃別。今車書混壹，文軌大同，敢披丹款，申其屈膝。”秦王得書，因遣行軍吏部柳莊與元帥府僚屬等往巴州迎勞叔文。[5]叔文於是與畢寶、荆州刺史陳紀及文武將吏赴于漢口，[6]秦王竝厚待之，置于賓館。隋開皇九年三月，[7]衆軍凱旋，文帝親幸溫湯勞之，叔文與陳紀、周羅睺、荀法尚等并諸降人，[8]見于路次。數日，叔文從後主及諸王侯將相并乘輿、服御、天文圖籍等，竝以次行列，仍以鐵騎圍之，隨晉王、秦王等獻凱而入，[9]列于廟庭。明日，隋文帝坐于廣陽門觀，叔文又從後主至朝堂南，文帝使内史令李德林宣旨，[10]責其君臣不能相弼，以致喪亡。後主與其群臣竝惵懼拜伏，莫能仰視，叔文獨欣然而有自得之志。旬有六日，乃上表曰："昔在巴州，已先送款，乞知此情，望異常例。"文帝雖嫌其不忠，而方欲懷柔江表，乃授開府，拜宜州刺史。[11]

　　[1]進號輕車將軍、揚州刺史：中華本校勘記云："按《後主紀》，叔文爲揚州刺史在至德元年正月。"

　　[2]衡：州名。治所在今廣東英德市西北洸洸鎮。　武：州名。治所在今湖南常德市。　桂：州名。治所在今廣西桂林市。

　　[3]行軍元帥：官名。隋沿北周而置，爲臨時設置的最高統兵官，統一道或數道行軍總管，兵停則罷，多以親王或重臣爲之。秦王：隋文帝第三子楊俊。《隋書》卷四五、《北史》卷七一有傳。　漢口：地名。一名沔口。即今湖北漢水入長江之口。

　　[4]巴州：州名。治所在今湖南岳陽市。

　　[5]柳莊：陳宣帝柳皇后從祖弟。事見本書卷七《高宗柳皇后傳》。

　　[6]陳紀：陳慧紀。陳高祖陳霸先之從孫。本書卷一五、《南史》卷六五有傳。

　　[7]開皇：隋文帝楊堅年號（581—600）。

　　[8]周羅睺：又作"周羅䐏"。字公布，九江潯陽（今江西九江市）人。南朝陳將。《隋書》卷六五、《北史》卷七六有傳。荀法尚：南朝陳將。陳末官任郢州刺史、都督郢巴武三州諸軍事，隋開皇九年（589）伐陳時降於秦王楊俊，入隋後歷官邵觀綿豐四州刺史及巴東、敦煌二郡太守。本書卷一三、《南史》卷六七有附傳。

[9]晋王：楊廣開皇元年（581）封爵爲晋王。

[10]李德林：字公輔，博陵安平（今河北安平縣）人。善屬文，詞覈而理暢。《隋書》卷四二、《北史》卷七二有傳。

[11]宜州：州名。治所在今陝西銅川市耀州區。

淮南王叔彪字子華，高宗第十三子也。少聰惠，善屬文。太建八年，立爲淮南王。尋位侍中、仁威將軍，[1]置佐史。禎明三年入關，卒于長安。

[1]仁威將軍：官名。與智威、勇威、信威、嚴威並稱五威將軍。陳擬四品，比秩中二千石。

始興王叔重字子厚，高宗第十四子也。性質朴，無伎藝。高宗崩，始興王叔陵爲逆，誅死，其年立叔重爲始興王，以奉昭烈王後。至德元年，爲仁威將軍、揚州刺史，置佐史。二年，加使持節、都督江州諸軍事、江州刺史。禎明三年入關。隋大業中爲太府少卿，[1]卒。

[1]太府少卿：官名。太府寺副長官，協助長官太府卿掌管倉儲出納及所轄各署事。隋初正四品上，煬帝改從四品。

尋陽王叔儼字子思，高宗第十五子也。[1]性凝重，舉止方正。後主即位，立爲尋陽王。至德元年，爲侍中、仁武將軍，[2]置佐史。禎明三年入關，尋卒。

[1]十五子：底本作“十三子”，據前後文叔儼應爲高宗第十

五子，非十三子，《南史》卷六五亦作"十五子"。今據改。

[2]仁武將軍：官名。與智武、勇武、信武、嚴武將軍並稱五德將軍。陳擬四品，比秩中二千石。

岳陽王叔慎字子敬，高宗第十六子也。少聰敏，十歲能屬文。太建十四年，立爲岳陽王，時年十一。至德四年，拜侍中、智武將軍、丹陽尹。是時，後主尤愛文章，叔慎與衡陽王伯信、新蔡王叔齊等日夕陪侍，每應詔賦詩，恒被嗟賞。[1]禎明元年，出爲使持節、都督湘衡桂武四州諸軍事、智武將軍、湘州刺史。

[1]嗟賞：贊賞，歎賞。

三年，隋師濟江，破臺城，前刺史晉熙王叔文還至巴州，與巴州刺史畢寶、荆州刺史陳紀竝降。隋行軍元帥清河公楊素兵下荆門，[1]別遣其將龐暉將兵略地，南至湘州，城内將士，莫有固志，克日請降。叔慎乃置酒會文武僚吏，酒酣，叔慎歎曰："君臣之義，盡於此乎！"長史謝基伏而流涕，湘州助防遂興侯正理在坐，[2]乃起曰："主辱臣死，諸君獨非陳國之臣乎？今天下有難，實是致命之秋也。縱其無成，猶見臣節，青門之外，有死不能。今日之機，不可猶豫，後應者斬。"衆咸許諾，乃刑牲結盟。仍遣人詐奉降書於龐暉，暉信之，克期而入，叔慎伏甲待之。暉令數百人屯于城門，自將左右數十人入于廳事，俄而伏兵發，縛暉以徇，盡擒其黨，皆斬之。叔慎坐于射堂，招合士衆，數日之中，兵至五千人。衡陽太守樊通、武州刺史鄔居業，皆請赴難。未至，隋遣中牟公薛冑爲湘州刺史，[3]聞龐暉死，乃益請兵，隋又遣行軍總管劉仁恩救之。[4]未至，薛冑兵次鵝羊山，[5]叔慎遣正理及樊通等拒之，因大合戰，自旦至于日昃，隋軍迭息迭戰，而正理兵少不敵，於是大敗。冑乘勝入城，生擒叔慎。是時，鄔居業率其衆自武州來赴，出橫橋江，聞叔慎敗績，乃頓于新康口。[6]隋總管劉仁恩兵亦至橫橋，[7]據水置營，相持信宿，因合戰，居業又敗。仁恩虜叔慎、正理、居業及其黨與十餘人，秦王斬之于漢口。叔慎時年十八。

[1]清河公：爵名。全稱清河郡公。爲隋九等爵的第四等。從一品。清河，郡名。治所在今河北清河縣西北。　楊素：字處道，弘農華陰（今陝西華陰市東南）人。《隋書》卷四八有傳，《北史》卷四一有附傳。　荆門：山名。在今湖北宜昌市東南長江南岸。

[2]遂興侯正理：陳正理。陳詳之子，襲父爵遂興縣侯。事見本書卷一五《陳詳傳》、《南史》卷六五《遂興侯詳傳》。遂興，縣名。治所在今江西萬安縣西。縣侯，爵名。開國縣侯之省稱。陳第三品。

[3]中牟：縣名。治所在今河南鄭州市。　薛冑：字紹玄，河東汾陰（今山西萬榮縣西南）人。《隋書》卷五六有傳，《北史》卷三六有附傳。

[4]劉仁恩：北周、隋時人。以行軍總管從楊素伐陳。事見本書卷四六、《北史》卷七五《張奫傳》。

[5]鵝羊山：山名。在今湖南長沙市望城區東南。

[6]新康：地名。在今湖南長沙市望城區北。

[7]橫橋：亦稱橫龍橋，在今湖南沅江市西。

義陽王叔達字子聰，高宗第十七子也。太建十四年，立爲義陽王，尋拜仁武將軍，置佐史。禎明元年，除丹陽尹。三年入關。隋大業中爲内史，[1]至絳郡通守。[2]

[1]内史：《南史》卷六五《義陽王叔達傳》"内史"下有"舍人"二字。林礽乾《陳書異文考證》云："按隋高祖之父名忠，隋代避諱兼避'中'字，凡中字皆改爲内，故中書省改爲内史省。'内史舍人'，即陳之'中書舍人'。各本'内史'下脱'舍人'二字，文義不足，當據《南史》補。"（第 221 頁）按，"内史"謂内史省官員省稱，《南史》作"内史舍人"可參，然此處未必脱字。

[2]絳郡：郡名。治所在今山西新絳縣。

巴山王叔雄字子猛，高宗第十八子也。太建十四年，立爲巴山王。禎明三年入關，卒于長安。

武昌王叔虞字子安，高宗第十九子也。太建十四年，立爲武昌王，尋爲壯武將軍，[1]置佐史。禎明三年入關。隋大業中爲高苑令。[2]

[1]壯武將軍：官名。南朝梁、陳十壯將軍之一。陳擬六品，比秩千石。

[2]高苑：縣名。治所在今山東高青縣東南高城鎮。

湘東王叔平字子康，高宗第二十子也。至德元年，立爲湘東王。禎明三年入關。隋大業中爲湖蘇令。[1]

　[1]湖蘇：縣名。治所在今山東寧津縣西北保店鎮。《隋書·地理志中》作“胡蘇”。林礽乾《陳書異文考證》引《太平寰宇記》“臨津縣，本漢東光縣地。《漢書·地理志》云：‘東光有胡蘇亭。’隋開皇十六年，於此置胡蘇縣，因胡蘇亭爲名”，認爲“湖”當作“胡”（第222頁）。

　臨賀王叔敖字子仁，高宗第二十一子也。至德元年，立爲臨賀王，尋爲仁武將軍，置佐史。禎明三年入關。隋大業初拜儀同三司。[1]

　[1]儀同三司：官名。爲隋十一等勳官的第八等。正五品上。煬帝大業三年（607）罷。

　陽山王叔宣字子通，高宗第二十二子也。至德元年，立爲陽山王。禎明三年入關。隋大業中爲涇城令。[1]

　[1]涇城：縣名。治所在今河北威縣北經鎮。《隋書·地理志中》作“經城”。

　西陽王叔穆字子和，高宗第二十三子也。至德元年，立爲西陽王。禎明三年入關，卒于長安。

　南安王叔儉字子約，高宗第二十四子也。至德元年，立爲南安王。禎明三年入關，卒于長安。

南郡王叔澄字子泉，高宗第二十五子也。至德元年，立爲南郡王。禎明二年入關。隋大業中爲靈武令。[1]

[1]靈武：郡名。治所在今寧夏靈武市西南。

沅陵王叔興字子推，高宗第二十六子也。至德元年，立爲沅陵王。禎明三年入關。隋大業中爲給事郎。[1]

[1]給事郎：官名。隋文帝開皇六年（586）於尚書省吏部置，爲“八郎”之一，正八品上。爲散官番直，常出使監察。煬帝大業三年（607）罷，並取其名置於門下省，位黃門侍郎下。掌省讀奏案。從五品。

岳山王叔韶字子欽，高宗第二十七子也。至德元年，立爲岳山王，尋爲智武將軍，置佐史。四年，除丹陽尹。禎明三年入關，卒于長安。

新興王叔純字子共，[1]高宗第二十八子也。至德元年，立爲新興王。禎明三年入關。隋大業中爲河北令。[2]

[1]新興王叔純字子共：子共，《南史》卷六五本傳作“子洪”。
[2]河北：縣名。治所在今山西平陸縣西南。

巴東王叔謨字子軌，[1]高宗第二十九子也。至德四年，立爲巴東王。禎明三年入關。隋大業中爲岍陽令。[2]

[1]巴東王叔謨字子軌：中華本校勘記云：“張森楷校勘記云：‘“謨”疑當作“模”，與其字子軌相稱。’”

[2]岍陽：縣名。治所在今陝西千陽縣西北。《隋書·地理志上》作“汧陽”。林礽乾《陳書異文考證》認爲“岍陽”與“汧陽”同，一者因汧山（即岍山）而得名，一者因汧水而得名（第222頁）。

臨江王叔顯字子明，[1]高宗第三十子也。至德四年，立爲臨江王。禎明三年入關。隋大業中爲鶉觚令。[2]

[1]臨江王叔顯字子明：子明，《南史》卷六五本傳作“子亮”。

[2]鶉觚：縣名。治所在今甘肅靈臺縣東。

新會王叔坦字子開，高宗第三十一子也。至德四年，立爲新會王。禎明三年入關。隋大業中爲涉令。[1]

[1]涉：縣名。治所在今河北涉縣西北。

新寧王叔隆字子遠，高宗第三十二子也。至德四年，立爲新寧王。禎明三年入關，卒于長安。

新昌王叔榮字子徹，高宗第三十三子也。禎明二年，立爲新昌王。三年入關。隋大業中爲内黃令。[1]

[1]内黃：縣名。治所在今河南内黃縣西。

太原王叔匡字子佐，高宗第三十四子也。禎明二年，立爲太原王。三年入關。隋大業中爲壽光令。[1]

[1]壽光：縣名。治所在今山東壽光市。

後主二十二男：張貴妃生皇太子深、會稽王莊，[1]孫姬生吳興王胤，高昭儀生南平王嶷，[2]呂淑媛生永嘉王彥、邵陵王兢，[3]龔貴嬪生南海王虔、錢塘王恬，[4]張淑華生信義王祗，[5]徐淑儀生東陽王恮，[6]孔貴人生吳郡王蕃。[7]其皇子總、觀、明、綱、統、沖、洽、綯、綽、威、辯十一人，竝未及封。

[1]張貴妃：後主貴妃張麗華。本書卷七、《北史》卷一二有傳。
[2]南平：郡名。治所在今湖北公安縣西。
[3]永嘉：郡名。治所在今浙江温州市。　邵陵：郡名。治所在今湖南邵陽市。
[4]南海：郡名。治所在今廣東廣州市。　錢塘：郡名。治所在今浙江杭州市。
[5]信義：郡名。治所在今江蘇常州市西北。
[6]東陽：郡名。治所在今浙江金華市。
[7]吳郡王蕃：《南史》卷六五作“吳郡王藩”。

皇太子深字承源，後主第四子也。少聰惠，有志操，容止儼然，雖左右近侍，未嘗見其喜慍。以母張貴妃故，特爲後主所愛。至德元年，封始安王，[1]邑二千户。尋爲軍師將軍、揚州刺史，置佐史。禎明二年，皇太子胤廢，[2]後主乃立深爲皇太子。三年，隋師濟江，六軍敗績，隋將韓擒虎自南掖門入，百僚逃散。深時年十餘歲，閉閤而坐，舍人孔伯魚侍焉，隋軍排閤而入，深使宣令勞之曰：“軍旅在途，不乃勞也？”軍人咸敬焉。其年入關。隋大業中爲枹罕太守。[3]

[1]始安：郡名。治所在今廣西桂林市。
[2]皇太子胤：陳胤，即下文吳興王胤。
[3]枹罕：郡名。治所在今甘肅臨夏市。

吳興王胤字承業，後主長子也。太建五年二月乙丑生于東宫，母孫姬因産卒，沈皇后哀而養之，以爲己子。時後主年長，未有胤嗣，高宗因命以爲嫡孫，其日下詔曰：“皇孫初誕，國祚方熙，思與群臣，共同斯慶，内外文武賜帛各有差，爲父後者賜爵一級。”十年，封爲永康公。[1]後主即位，立爲皇太子。胤性聰敏，好學，執經肄業，[2]終日不倦，博通大義，兼善屬文。至德三年，躬出太學講《孝經》，講畢，又釋奠於先聖先師。其日設金石之樂於太學，[3]王公卿士及太學生並預宴。是時張貴妃、孔貴嬪並愛幸，沈皇后無寵，而近侍左右數於東宫往來，太子亦數使人至后所，後主疑其怨望，甚惡之。而張、孔二貴妃又日夜構成后及太子之短，孔

867

範之徒又於外合成其事，禎明二年，廢爲吴興王，仍加侍中、中衛將軍。三年入關，卒于長安。

[1]永康公：爵名。永康縣公之省稱。陳第二品。永康，縣名。治所在今浙江永康市。

[2]肄業：修習學業。古人書所學之文字於方版謂之業，師授生曰授業，生受之於師曰受業，習之曰肄業。

[3]金石：指鐘磬一類樂器。

南平王嶷字承嶽，後主第二子也。方正有器局，年數歲，風采舉動，有若成人。至德元年，立爲南平王。尋除信武將軍、南琅邪彭城二郡太守，[1]置佐史。遷揚州刺史，進號鎮南將軍。尋爲使持節、都督郢荆湘三州諸軍事、征西將軍、郢州刺史。未行而隋軍濟江。禎明三年入關，卒于長安。

[1]信武將軍：官名。與仁武、勇武、智武、嚴武將軍並稱五武將軍。陳擬四品，比秩中二千石。　南琅邪：郡名。治所在今江蘇南京市北金川門外、幕府山南麓。

永嘉王彦字承懿，後主第三子也。至德元年，立爲永嘉王。尋爲忠武將軍，南徐州刺史，進號安南將軍。[1]授散騎常侍、使持節、都督江巴東衡三州諸軍事、平南將軍、江州刺史。[2]未行，隋師濟江。禎明三年入關。隋大業中爲襄武令。[3]

[1]進號安南將軍：安南將軍，本書卷六《後主紀》作"安北將軍"。

[2]平南將軍：本書《後主紀》作"安南將軍"。

[3]襄武：縣名。治所在今甘肅隴西縣東南。

南海王虔字承恪，後主第五子也。至德元年，立爲南海王。尋爲武毅將軍，置佐史，進號軍師將軍。禎明二年，出爲平北將軍、南徐州刺史。[1]三年入關。隋大業中爲涿令。[2]

[1]平北將軍：本書卷六《後主紀》作"安北將軍"。

[2]涿：縣名。治所在今河北涿州市。

信義王祗字承敬，後主第六子也。至德元年，立爲信義王。尋爲壯武將軍，置佐史。授使持節、都督、智武將軍、琅邪彭城二郡太守。禎明三年入關。隋大業中爲通議郎。[1]

[1]通議郎：官名。隋文帝開皇六年（586）吏部別置散官八郎之一，從六品上。

邵陵王兢字承檢，後主第七子也。禎明元年，立爲邵陵王，邑一千户。尋爲仁武將軍，置佐史。三年入關。隋大業中爲國子監丞。[1]

[1]國子監丞：官名。亦稱國子丞。隋煬帝大業三年（607）

於國子監置三員，掌判國子監事。從六品。

會稽王莊字承肅，後主第八子也。容貌蔑陋，[1]性嚴酷，數歲，左右有不如意，輒剟刺其面，或加燒爇。以母張貴妃有寵，後主甚愛之。至德四年，立爲會稽王。尋爲翊前將軍，置佐史。除使持節、都督揚州諸軍事、揚州刺史。禎明三年入關。隋大業中爲昌隆令。[2]

[1]蔑陋：醜陋。
[2]隋大業中爲昌隆令：昌隆，底本作“會昌”。中華本校勘記云：“據《南史》改。按《隋志》無會昌縣。”今從改。昌隆，縣名。西魏改漢昌縣置。治所在今四川江油市南彰明鎮。

東陽王恮字承厚，後主第九子也。禎明二年，立爲東陽王，邑一千户。未拜，三年入關。隋大業中爲通議郎。

吴郡王蕃字承廣，後主第十子也。禎明二年，封吴郡王。三年入關。隋大業中爲涪城令。[1]

[1]涪城：《南史》卷六五作“任城”。林礽乾《陳書異文考證》云：“按隋金山郡有涪城縣，魯郡有任城縣（見《隋書・地理志》）。涪城故城在今四川三臺縣西北，任城故治即今山東濟寧縣治。隋大業末，各本云吴郡王藩‘爲涪城令’，《南史》則謂‘爲任城令’，二者未審孰是？”（第225—226頁）涪城，縣名。治所在今四川三臺縣西北花園鎮。

錢塘王恬字承恢，後主第十一子也。禎明二年，立爲錢塘王，邑一千户。三年入關，卒于長安。

江左自西晋相承，諸王開國，竝以户數相差爲大小三品。大國置上、中、下三將軍，又置司馬一人；次國置中、下二將軍；小國置將軍一人。餘官亦准此爲差。高祖受命，自永定訖于禎明，唯衡陽王昌特加殊寵，至五千户。自餘大國不過二千户，小國即千户。而舊史殘缺，不能别知其國户數，故綴其遺事附于此。

史臣曰：世祖、高宗、後主竝建藩屏，以樹懿親，[1]固乃本根，隆斯盤石。鄱陽王伯山有風采德器，亦一代令藩矣。岳陽王叔慎屬社稷傾危，情哀家國，竭誠赴敵，志不圖生。嗚呼！古之忠烈致命，斯之謂也。

[1]懿親：指皇室宗親、外戚。

今注本二十四史

陳書

唐 姚思廉 撰

李天石 張欣 主持校注

中國社會科學出版社

四

傳〔三〕

陳書　卷二九

列傳第二十三

宗元饒　司馬申　毛喜　蔡徵

　　宗元饒，南郡江陵人也。[1]少好學，以孝敬聞。仕梁世，解褐本州主簿，[2]遷征南府行參軍，[3]仍轉外兵參軍。[4]及司徒王僧辯幕府初建，[5]元饒與沛國劉師知同爲主簿。[6]高祖受禪，[7]除晋陵令。[8]入爲尚書功論郎。[9]使齊還，爲廷尉正。[10]遷大僕卿，[11]領本邑大中正，[12]中書通事舍人。[13]尋轉廷尉卿，[14]加通直散騎常侍，[15]兼尚書左丞。[16]時高宗初即位，[17]軍國務廣，事無巨細，一以咨之，臺省號爲稱職。

　　[1]南郡：郡名。治所在今湖北荆州市荆州區。　江陵：縣名。治所在今湖北荆州市荆州區。
　　[2]解褐：脫去平民所穿的衣服，換上官服，擔任官職，指入仕。　主簿：官名。中央各機構及地方州郡官府皆置。典領文書簿籍，經辦事務。

[3]征南府：征南將軍府。征南將軍，官名。征東、征南、征西、征北四征將軍之一。陳擬二品，比秩中二千石。　行參軍：官名。王公軍府屬官，參掌府曹事，位在正參軍之下。

[4]外兵參軍：官名。諸公軍府屬官，掌本府軍隊政令。品秩隨府主地位而定。

[5]司徒：官名。三公之一。魏晉南北朝多爲大臣加官。梁十八班。　王僧辯：字君才，太原祁（今山西祁縣）人。南朝梁將領。《梁書》卷四五有傳，《南史》卷六三有附傳。

[6]劉師知：沛國相縣（今安徽濉溪縣西北）人。陳時任中書舍人，掌制誥。本書卷一六、《南史》卷六八有傳。

[7]高祖：陳開國皇帝陳武帝陳霸先廟號。陳霸先，字興國，小字法生。本書卷一、卷二，《南史》卷九有紀。

[8]晉陵：郡名。治所在今江蘇常州市。

[9]尚書功論郎：官名。南朝宋始置。尚書省功論曹長官，職掌官吏考功等事。陳第四品，秩六百石。

[10]廷尉正：官名。廷尉卿屬官。掌審理判決疑難案件，可代表廷尉參加詔獄會審。陳第七品，秩六百石。

[11]大僕卿：官名。十二卿之一，太僕寺長官。掌國家廄牧、車輿等事務。陳第三品，秩中二千石。

[12]領：官制用語。即以較高官兼理較低官之職事。　大中正：官名。負責士族品第評定。

[13]中書通事舍人：官名。中書省屬官。掌收納、轉呈文書章奏，入直禁中。陳第八品。

[14]轉：遷職。　廷尉卿：官名。廷尉卿屬官。掌審獄定刑名，決疑案。陳第三品，秩中二千石。

[15]通直散騎常侍：官名。集書省屬官，南朝時多以衰老之士擔任，多爲加官。陳第四品，秩二千石。

[16]尚書左丞：官名。尚書省屬官。與尚書右丞分掌尚書都省事務，糾駁諸司文案。陳第四品，秩六百石。

[17]高宗：南朝陳宣帝陳頊廟號。陳頊，本書卷五、《南史》卷一○有紀。

　　遷御史中丞，[1]知五禮事。[2]時合州刺史陳裒贓汙狼藉，[3]遣使就渚斂魚，又於六郡乞米，百姓甚苦之。元饒劾奏曰：“臣聞建旟求瘼，[4]實寄廉平，褰帷恤隱，[5]本資仁恕。如或貪汙是肆，徵賦無猒，天網雖疏，茲焉弗漏。謹案鍾陵縣開國侯、合州刺史臣裒，[6]因藉多幸，預逢抽擢，[7]爵由恩被，官以私加，無德無功，坐尸榮貴。[8]譙、肥之地，久淪非所，皇威剋復，物仰仁風。新邦用輕，彌俟寬惠，應斯作牧，[9]其寄尤重。爰降曲恩，祖行宣室，親承規誨，事等言提。雖廉潔之懷，誠無素蓄，而稟茲嚴訓，可以厲精。遂乃擅行賦斂，專肆貪取，求粟不猒，愧王沉之出賑，[10]徵魚無限，異羊續之懸枯，[11]寘以嚴科，實惟明憲。臣等參議，請依旨免裒所應復除官，其應禁錮及後選左降本資，悉依免官之法。”遂可其奏。吳興太守武陵王伯禮，[12]豫章內史南康嗣王方泰，[13]竝驕蹇放橫，元饒案奏之，皆見削黜。

　　[1]御史中丞：官名。御史臺長官。掌督司百僚，奏劾不法。陳第三品，秩二千石。

　　[2]五禮：古代的五種禮制。即吉禮、凶禮、軍禮、賓禮、嘉禮。

　　[3]合州：州名。治所在今安徽合肥市。

　　[4]建旟（yú）求瘼（mò）：大將出鎮要訪求民間疾苦。

　　[5]褰帷：意謂官吏接近百姓，實施廉政之典。《後漢書》卷

三一《賈琮傳》："以琮爲冀州刺史。舊典，傳車驂駕，垂赤帷裳，迎於州界。及琮之部，升車言曰：'刺史當遠視廣聽，糾察美惡，何有反垂帷裳以自掩塞乎？'"

[6]鍾陵：縣名。治所在今江西進賢縣西北。　開國侯：爵名。即開國縣侯。陳第三品。

[7]抽擢：提拔。

[8]坐尸：坐享。

[9]作牧：擔任州郡地方長官。

[10]王沉之出賑：晋時王沈鎮豫州，提出用懸賞粟穀的辦法來獎勵進言者，主簿陳廞、褚㫤提出反對，認爲這樣會使拘謹之士，因怕負責而緘口；貪得之人，爲獲利而妄言。後用此喻指不重德行單憑獎勵而誘發貪慾。詳見《晋書》卷三九《王沈傳》。

[11]羊續之懸枯：《後漢書》卷三一《羊續傳》："府丞嘗獻其生魚，續受而懸於庭；丞後又進之，續乃出前所懸者以杜其意。"懸枯，即懸漁，後以此喻指爲官清廉。

[12]吳興：郡名。治所在今浙江湖州市吳興區。　武陵王伯禮：陳伯禮封爵武陵郡王。陳伯禮，字用之，陳文帝陳蒨第十子。本書卷二八、《南史》卷六五有傳。武陵，郡名。治所在今湖南常德市。

[13]豫章：郡名。治所在今江西南昌市。　内史：官名。王國行政長官，掌王國民政，職同太守。　南康嗣王方泰：陳方泰襲爵爲南康王。嗣王，爵名。陳第二品。陳方泰，南康王陳曇朗長子。本書卷一四、《南史》卷六五有附傳。南康，郡名。治所在今江西贛州市西南。

元饒性公平，善持法，諳曉故事，明練治體，吏有犯法、政不便民及於名教不足者，隨事糾正，多所裨益。遷貞威將軍、南康内史，[1]以秩米三千餘斛助民租課，存問高年，拯救乏絶，百姓甚賴焉。以課最入朝，詔加散騎常侍、荊雍湘巴武五州大中正。[2]尋以本官重領尚書左丞。又爲御史中丞。歷左民尚書、右衛將軍、領前將軍，[3]遷吏部尚書。[4]太建十三年卒，[5]時年六十四。詔贈侍中、金紫光禄大夫，[6]官給喪事。

[1]貞威將軍：官名。爲加官、散官性質的將軍。陳擬七品，比秩六百石。

[2]散騎常侍：官名。集書省長官。職掌侍從皇帝左右，應對顧問，獻納得失。陳第三品，秩中二千石。 荊：州名。治所在今湖北荊州市荊州區。 雍：州名。治所在今湖北襄陽市。 湘：州名。治所在今湖南長沙市。 巴：州名。治所在今湖南岳陽市。 武：州名。治所在今湖南常德市。

[3]左民尚書：官名。尚書左民曹長官，掌户籍與工官之事。陳第三品，秩中二千石。 右衛將軍：官名。禁衛軍的主要統帥之一，職權較大，多由皇帝親信擔任。南朝後期，其職亦可統兵出征。陳第三品，秩二千石。 前將軍：官名。多爲加官，無具體執掌。

[4]吏部尚書：官名。尚書省吏部曹長官，位居列曹尚書之上，掌官吏銓選考課。陳第三品，秩中二千石。

[5]太建：南朝陳宣帝陳頊年號（569—582）。

[6]侍中：官名。南朝梁、陳時爲門下省長官。職掌奏事，侍奉皇帝左右，應對顧問等，是中樞要職。陳第三品，秩中二千石。

金紫光禄大夫：官名。指光禄大夫加金印紫綬者。多爲加官。陳第三品，秩中二千石。

司馬申字季和，河内温人也。[1]祖慧遠，梁都水使者。[2]父玄通，梁尚書左民郎。[3]申早有風槩，十四便善弈棊，嘗隨父候吏部尚書到溉，[4]時梁州刺史陰子春、領軍朱异在焉。[5]子春素知申，即於坐所呼與爲對，[6]申每有妙思，异觀而奇之，因引申游處。梁邵陵王爲丹陽尹，[7]以申爲主簿。屬太清之難，[8]父母俱没，因此自誓，菜食終身。

[1]河内：郡名。治所在今河南沁陽市。　温：縣名。治所在今河南温縣。

[2]都水使者：官名。掌舟航堤渠。梁天監七年（508）改爲大舟卿，爲十二卿之一。品秩梁初不詳，改太舟卿後位九班。

[3]尚書左民郎：官名。尚書省左民曹長官，屬左民尚書。掌財賦、户籍。梁侍郎六班，郎中五班。

[4]嘗隨父候吏部尚書到溉：溉，底本作“仲舉”。中華本校勘記云：“據《南史》改。按到仲舉爲到洽之子，見《梁書·到洽傳》，未嘗爲吏部。《梁書·到溉傳》云溉以建安内史遷中書郎兼吏部。又云梁武帝每與對棋，從夕達旦。是‘到仲舉’明爲‘到溉’之訛。”今從改。到溉，字茂灌，彭城武原（今江蘇邳州市西北）人。有才學，官至國子祭酒。《梁書》卷四〇有傳，《南史》卷二五有附傳。

[5]梁州：州名。治所在今陝西漢中市。　陰子春：字幼文，武威姑臧（今甘肅武威市）人。《梁書》卷四六、《南史》卷六四有傳。　領軍：官名。即領軍將軍。爲禁衞軍最高統帥，管全國兵要。梁十五班。　朱异：字彦和，吳郡錢唐（今浙江杭州市）人。博通經史文章，兼通書算棋藝。《梁書》卷三八、《南史》卷六二有傳。

[6]即於坐所呼與爲對：《南史》卷七七《司馬申傳》作“即於坐所呼與棊”。中華本校勘記云：“‘爲對’北監本、汲本、殿本

作‘對弈’。"

[7]邵陵王：爵名。蕭綸封爵爲邵陵郡王。蕭綸，字世調，梁武帝第六子。《梁書》卷二九、《南史》卷五三有傳。邵陵，郡名。治所在今湖南邵陽市。　丹陽尹：官名。梁京師所在丹陽郡行政長官，掌治民。梁品秩不詳。丹陽，郡名。治所在今江蘇南京市。

[8]太清之難：指侯景之亂。因發生在太清年間，故又稱太清之難。太清二年（548）侯景勾結臨賀王蕭正德，於壽陽起兵反梁，率軍攻破建康，囚禁梁武帝，廢立蕭綱、蕭棟，動亂歷時四年。梁從此衰敗。

梁元帝承制，[1]起爲開遠將軍，[2]遷鎮西外兵記室參軍。[3]及侯景寇郢州，[4]申隨都督王僧辯據巴陵，[5]每進籌策，皆見行用。僧辯歎曰："此生要鞭汗馬，或非所長，若使撫衆守城，必有奇績。"僧辯之討陸納也，申在軍中，于時賊衆奄至，左右披靡，申躬蔽僧辯，蒙楯而前，會裴之橫救至，[6]賊乃退，僧辯顧申而笑曰："仁者必有勇，豈虛言哉！"除散騎侍郎。[7]紹泰初，[8]遷儀同侯安都從事中郎。[9]

[1]梁元帝：南朝梁世祖蕭繹。字世誠，梁武帝蕭衍第七子。封湘東王，授荆州刺史。大寶二年（551）四月，派大都督王僧辯追擊侯景，十一月在江陵稱帝，改元承聖。《梁書》卷五、《南史》卷八有紀。

[2]開遠將軍：官名。梁置，爲加官、散官性質的將軍。梁位武職二十四班中的八班。

[3]鎮西：鎮西將軍。與鎮東、鎮南、鎮北將軍合稱四鎮將軍，多爲持節將軍，出鎮方面，權勢頗重。梁二十二班。　外兵記室參

軍：官名。王公軍府屬官，掌本府軍事政令。梁四班至二班。

[4]侯景：字萬景。原爲東魏大將，後叛至南朝梁，在梁發動叛亂，史稱“侯景之亂”。《梁書》卷五六、《南史》卷八〇有傳。

郢州：州名。治所在今湖北武漢市武昌區。

[5]巴陵：郡名。治所在今湖南岳陽市。

[6]裴之橫：字如岳，曾隨王僧辯征伐侯景。《梁書》卷二八、《南史》卷五八有附傳。

[7]散騎侍郎：官名。集書省屬官，掌侍從左右，獻納諫諍。梁八班。

[8]紹泰：南朝梁敬帝蕭方智年號（555—556）。

[9]儀同：官名。開府儀同三司之省稱。大臣加號，意謂與三司即太尉、司徒、司空禮制、待遇相同，許開設府署，自辟僚屬。

侯安都：字成師，始興曲江（今廣東韶關市南武水西岸）人。曾輔佐陳霸先建立陳朝。陳武帝駕崩，安都力主定議立陳文帝，進爵清遠郡公，遷司空，恃功驕縱不法。本書卷八、《南史》卷六六有傳。　從事中郎：官名。王府、諸公府屬官，與長史共掌本府官吏。梁九班至八班。

　　高祖受禪，除安東臨川王諮議參軍。[1]天嘉三年，[2]遷征北諮議參軍，兼廷尉監。[3]五年，除鎮東諮議參軍，兼起部郎。[4]出爲戎昭將軍、江乘令，[5]甚有治績。入爲尚書金部郎。[6]遷左民郎，以公事免。太建初，起爲貞威將軍、征南鄱陽王諮議參軍。[7]九年，除秣陵令，[8]在職以清能見紀，有白雀巢于縣庭。秩滿，頃之，預東宮賓客，尋兼東宮通事舍人。[9]遷員外散騎常侍，[10]舍人如故。

[1]安東臨川王：此指陳文帝陳蒨。陳武帝陳霸先即位後封陳蒨爲臨川郡王，邑二千户，拜侍中、安東將軍。本書卷三、《南史》卷九有紀。安東，即安東將軍。南朝梁、陳八安將軍之一。臨川，郡名。治所在今江西撫州市臨川區西。　諮議參軍：官名。又稱諮議參軍事。府屬僚佐之一。掌諮詢謀議軍事，其位在諸參軍之上。皇弟皇子府諮議參軍，陳第五品。

[2]天嘉：南朝陳文帝陳蒨年號（560—566）。

[3]廷尉監：官名。廷尉卿屬官，與正、平通署公牘，互相監督。陳第七品，秩六百石。

[4]起部郎：官名。即尚書起部郎，尚書起部曹長官。掌工程建築。陳第四品，秩六百石。

[5]戎昭將軍：官名。梁置，陳擬八品，比秩六百石。　江乘：縣名。治所在今江蘇句容市北。

[6]尚書金部郎：官名。尚書省金部曹長官。掌庫藏、金寶、貨物、度量衡等。陳第四品，秩六百石。

[7]貞威將軍：官名。陳擬七品，比秩六百石。　征南：即征南將軍。南朝梁、陳四征將軍之一。陳擬二品，比秩中二千石。鄱陽王：爵名。陳伯山封爵爲鄱陽郡王。陳伯山，字靜之，陳文帝第三子。本書卷二八、《南史》卷六五有傳。鄱陽，郡名。治所在今江西鄱陽縣。

[8]秣陵：縣名。治所在今江蘇南京市。

[9]東宫通事舍人：官名。南朝梁置，東宫屬官，掌宣傳皇太子令旨，東宫内外啓奏。陳第九品。

[10]員外散騎常侍：官名。集書省屬官，正員之外添差之散騎常侍，多以公族、宗室擔任。陳第四品，秩二千石。

及叔陵之肆逆也，[1]事既不捷，出據東府，申馳召右衛蕭摩訶帥兵先至，[2]追斬之，因入城中，收其府庫，後主深嘉之。[3]以功除太子左衛率，[4]封文招縣伯，[5]邑四百戶，兼中書通事舍人。[6]尋遷右衛將軍，加通直散騎常侍。以疾還第，就加散騎常侍，右衛、舍人如故。

[1]叔陵：陳叔陵。陳宣帝陳頊第二子，封爵始興王。陳宣帝駕崩時，趁亂行刺陳後主，逃出後聚兵謀反，兵敗被殺。本書卷三六、《南史》卷六五有傳。

[2]右衛：即右衛將軍。是禁衛軍的主要統帥之一，職權較大，多由皇帝親信擔任。南朝後期，其職亦可統兵出征。陳第三品，秩二千石。　蕭摩訶：字元胤，蘭陵（今江蘇常州市西北）人。南朝陳大將，輔佐陳後主登基有功，加爲侍中、驃騎大將軍、綏建郡公。後降隋。本書卷三一、《南史》卷六七有傳。

[3]後主：南朝陳後主陳叔寶。字元秀，吳興（今浙江湖州市吳興區）人。太建元年（569）立爲皇太子，十四年（582）即皇帝位。禎明三年（589）春，後主爲隋軍所獲，入於長安。隋仁壽四年（604），崩於洛陽，諡曰煬。本書卷六、《南史》卷一〇有紀。

[4]太子左衛率：官名。掌東宮宿衛，地位頗重。陳第四品，秩二千石。

[5]封文招縣伯：招，底本作“始”。中華本校勘記云：“據百衲本《南史》本傳改。殿本《南史》亦作‘始’。張元濟校勘記云作‘招’是。《南齊書·州郡志》文招縣屬廣州晉康郡。”今從改。下段“文招”例同此，不出校。文招，縣名。治所在今廣東德慶縣東北。

[6]中書通事舍人：官名。中書省屬官，職掌收納、轉呈章奏事宜。陳第八品。

至德四年卒，[1]後主嗟悼久之，下詔曰：“慎終追遠，欽若舊則，闔棺定諡，抑乃前典。故散騎常侍、右衛將軍、文招縣開國伯申，忠肅在公，清正立己，治繁處約，投軀殉義。朕任寄情深，方康庶績，奄然化往，傷惻于懷。可贈侍中、護軍將軍，[2]進爵爲侯，增邑爲五百戶，謚曰忠。給朝服一具，衣一襲，剋日舉哀，喪事所須，隨由資給。”及葬，後主自製誌銘，辭情傷切。卒章曰：“嗟乎！天不與善，殲我良臣。”其見幸如此。

[1]至德：南朝陳後主陳叔寶年號（583—586）。

[2]護軍將軍：官名。職掌都護京師以外諸軍，權任頗重。陳第三品，秩中二千石。

申歷事三帝，內掌機密，至於倉卒之間，軍國大事，指麾斷決，無有滯留。子琇嗣，官至太子舍人。[1]

[1]太子舍人：官名。太子東宮屬官，掌文記。陳第七品，秩二百石。

毛喜字伯武，滎陽陽武人也。[1]祖稱，梁散騎侍郎。父棲忠，梁尚書比部侍郎、中權司馬。[2]

[1]滎陽：郡名。治所在今河南滎陽市。　陽武：縣名。治所在今河南原陽縣東南。

[2]尚書比部侍郎：官名。尚書省比部曹長官。掌擬定、修訂法律。梁六班。　中權：中權將軍。與中衛、中軍、中撫合稱四中將軍。地位顯要，祇授予在京師任職的官員。梁爲一百二十五號將軍之一，二十三班。　司馬：官名。王公軍府屬官，掌本府武官。梁十班至六班。

喜少好學，善草隸。起家梁中衛西昌侯行參軍，[1]尋遷記室參軍。高祖素知於喜，及鎮京口，[2]命喜與高宗俱往江陵，[3]仍敕高宗曰："汝至西朝，可諮稟毛喜。"喜與高宗同謁梁元帝，即以高宗爲領直，喜爲尚書功論侍郎。[4]及江陵陷，喜及高宗俱遷關右。[5]世祖即位，[6]喜自周還，進和好之策，朝廷乃遣周弘正等通聘。[7]及高宗反國，喜於郢州奉迎。又遣喜入關，以家屬爲請。周冢宰宇文護執喜手曰：[8]"能結二國之好者，卿也。"仍迎柳皇后及後主還。[9]天嘉三年至京師，高宗時爲驃騎將軍，[10]仍以喜爲府諮議參軍，領中記室。[11]府朝文翰，皆喜詞也。

[1]中衛：中衛將軍。南朝梁、陳四中將軍之一。梁爲一百二十五號將軍之一，二十三班。　西昌侯：爵名。蕭淵藻封爵爲西昌縣侯。蕭淵藻，梁武帝兄蕭懿之子。《梁書》卷二三、《南史》卷五一有附傳。西昌，縣名。治所在今江西泰和縣西。

[2]京口：地名。在今江蘇鎮江市。

[3]江陵：縣名。治所在今湖北荆州市荆州區。

[4]尚書功論侍郎：官名。尚書省諸曹郎之一，屬都官尚書。掌官吏考核。梁六班。

[5]關右：地區名。主要指故函谷關（今河南靈寶市東北）或潼關（今陝西潼關縣北）以西地區。

[6]世祖：南朝陳文帝陳蒨廟號。陳蒨，字子華，陳武帝兄子。本書卷三、《南史》卷九有紀。

[7]周弘正：字思行，汝南安成（今河南汝南縣東南）人。陳時任尚書右僕射、祭酒。著《周易講疏》《論語疏》等，並行於世。本書卷二四有傳，《南史》卷三四有附傳。

[8]宇文護：字薩保，西魏權臣宇文泰之侄。北周建立，宇文護專政。《周書》卷一一有傳，《北史》卷五七有附傳。

[9]柳皇后：陳宣帝皇后柳敬言。河東解（今山西臨猗縣西南）人。本書卷七、《南史》卷一二有傳。

[10]驃騎將軍：官名。魏、晋居諸名號將軍之首，僅作爲軍府名號，加授大臣、重要州郡長官，無具體職掌。陳擬一品，比秩中二千石。

[11]中記室：官名。中記室參軍省稱。公府僚屬。品秩依府主地位而定，陳第六品至第九品。

世祖嘗謂高宗曰："我諸子皆以'伯'爲名，汝諸兒宜用'叔'爲稱。"高宗以訪于喜，喜即條牒自古名賢杜叔英、虞叔卿等二十餘人以啓世祖，世祖稱善。

世祖崩，廢帝冲昧，[1]高宗録尚書輔政，[2]僕射到仲舉等知朝望有歸，[3]乃矯太后令遣高宗還東府，當時疑懼，無敢措言。喜即馳入，謂高宗曰："陳有天下日淺，海内未夷，兼國禍併鍾，萬邦危懼。皇太后深惟社稷至計，令王入省，方當共康庶績，比德伊、周。[4]今日之言，必非太后之意。宗社之重，願加三思。以喜之愚，須更聞奏，無使奸賊得肆其謀。"竟如其策。

[1]廢帝：南朝陳廢帝陳伯宗。字奉業，小字藥王，陳文帝嫡長子。性仁弱，文帝死後即位，光大二年（568）被廢爲臨海郡王。本書卷四、《南史》卷九有紀。　冲昧：年幼愚昧。

[2]録尚書：官名。即録尚書事。多以公卿權重者居之，總領尚書省事務。梁、陳因其威權過重，常缺不授。

[3]僕射：官名。即尚書僕射。原爲尚書省次官，因梁、陳尚

書令常缺，僕射實爲尚書省主官。主持尚書省日常政務。陳第二品，秩中二千石。　到仲舉：字德言，彭城武原（今江蘇邳州市西北）人。本書二〇有傳，《南史》卷二五有附傳。

[4]伊、周：伊尹、周公。伊尹，商初名臣，輔助商湯滅夏。周公，即周公旦，輔佐周成王。

　　右衛將軍韓子高始與仲舉通謀，[1]其事未發，喜請高宗曰："宜簡選人馬，配與子高，并賜鐵炭，[2]使修器甲。"高宗驚曰："子高謀反，即欲收執，何爲更如是邪？"喜答曰："山陵始畢，邊寇尚多，而子高受委前朝，名爲杖順，然甚輕狷，恐不時授首，脱其稽誅，[3]或愆王度。宜推心安誘，使不自疑，圖之一壯士之力耳。"高宗深然之，卒行其計。

[1]右衛將軍：官名。禁衛軍主要統帥之一，多由皇帝親信擔任。亦可統兵出征。陳第三品，秩二千石。　韓子高：會稽山陰（今浙江紹興市）人。出身貧寒，受文帝寵愛，官至右衛將軍。本書卷二〇、《南史》卷六八有傳。
[2]鐵炭：一種用於冶鍛的煤。
[3]稽誅：稽延討伐。

　　高宗即位，除給事黃門侍郎，[1]兼中書舍人，[2]典軍國機密。高宗將議北伐，敕喜撰軍制，凡十三條，詔頒天下，文多不載。尋遷太子右衛率、右衛將軍。[3]以定策功，封東昌縣侯，[4]邑五百户。又以本官行江夏、武陵、桂陽三王府國事。[5]太建三年，丁母憂去職，詔追贈喜母庾氏東昌國太夫人，賜布五百匹，錢三十萬，官給喪事。又遣員外散騎常侍杜緬圖其墓田，高宗親與緬案圖指畫，其見重如此。尋起爲明威將軍，[6]右衛、舍人如故。改授宣遠將軍、義興太守。[7]尋以本號入爲御史中丞。服闋，[8]加散騎常侍、五兵尚書，[9]參掌選事。

[1]給事黃門侍郎：官名。門下省的次官，協助長官侍中掌侍從贊相，獻納諫正，糾駮制敕。陳第四品，秩二千石。

[2]中書舍人：官名。原名中書通事舍人，梁、陳去“通事”二字，而徑稱“中書舍人”。職掌收納、轉呈章奏事宜。陳第八品。

[3]太子右衛率：官名。掌東宮宿衛，地位頗重。陳第四品，秩二千石。

[4]東昌：縣名。治所在今江西吉安市東南永和鎮。

[5]江夏：郡名。治所在今湖北武漢市武昌區。 武陵：郡名。治所在今湖南常德市。 桂陽：郡名。治所在今湖南郴州市。

[6]明威將軍：官名。梁十三班。陳擬五品，比秩千石。另梁、陳十明將軍中亦有此號。陳擬六品，比秩千石。

[7]宣遠將軍：官名。南朝梁、陳五遠將軍之一。屬加官或散官。陳擬五品，比秩千石。 義興：郡名。治所在今江蘇宜興市。

[8]服闋：守喪期滿除服。

[9]五兵尚書：官名。尚書省屬官，掌軍事樞務，梁、陳時領中兵、外兵、騎兵三曹。陳第三品，秩中二千石。

及衆軍北伐，得淮南地，[1]喜陳安邊之術，高宗納之，即日施行。又問喜曰：“我欲進兵彭、汴，[2]於卿意如何？”喜對曰：“臣實才非智者，安敢預兆未然。竊以淮左新平，邊氓未乂，周氏始吞齊國，難與爭鋒，豈以弊卒疲兵，復加深入。且棄舟楫之工，踐車騎之地，去長就短，非吳人所便。臣愚以爲不若安民保境，寢兵復約，然後廣募英奇，順時而動，斯久長之術也。"高宗不從。後吳明徹陷周，[3]高宗謂喜曰："卿之所言，驗於今矣。"

[1]淮南：地區名。指今淮河以南地區。

[2]彭、汴：彭城、汴渠。汴渠自滎陽接黃河至彭城北入泗水。彭、汴用以泛指這一地區。

[3]吳明徹：字通炤，秦郡（今江蘇南京市六合區西北）人。曾多次率陳軍在江漢地區與北周軍交戰。本書卷九、《南史》卷六六有傳。

十二年，加侍中。十三年，授散騎常侍、丹陽尹。遷吏部尚書，常侍如故。及高宗崩，叔陵構逆，敕中庶子陸瓊宣旨，[1]令南北諸軍，皆取喜處分。賊平，又加侍中，增封并前九百户。至德元年，授信威將軍、永嘉内史，[2]加秩中二千石。

[1]陸瓊：字伯玉，吳郡吳（今江蘇蘇州市）人。太建中，累遷太子中庶子，領大著作，撰國史。本書卷三〇有傳，《南史》卷四八有附傳。

[2]信威將軍：官名。南朝陳五威將軍之一。擬四品，比秩中二千石。　永嘉：郡名。治所在今浙江温州市。

初，高宗委政於喜，喜亦勤心納忠，多所匡益，數有諫諍，事並見從，由是十餘年間，江東狹小，遂稱全盛。唯略地淮北，不納喜謀，而吳明徹竟敗，高宗深悔之，謂袁憲曰：[1]“不用毛喜計，遂令至此，朕之過也。”喜既益親，乃言無回避，而皇太子好酒德，[2]每共幸人爲長夜之宴，喜嘗爲言，高宗以誠太子，太子陰患之，至是稍見疏遠。

[1]袁憲：字德章，陳郡陽夏（今河南太康縣）人。陳時官至吏部尚書、尚書右僕射。本書卷二四有傳，《南史》卷二六有附傳。

[2]皇太子：此指陳後主陳叔寶，時爲太子。

初，後主爲始興王所傷，[1]及瘡愈而自慶，置酒於後殿，引江總以下，[2]展樂賦詩，醉而命喜。于時山陵初畢，未及踰年，喜見之不懌，欲諫而後主已醉，喜升階，陽爲心疾，仆于階下，移出省中。後主醒，乃疑之，謂江總曰：“我悔召毛喜，知其無疾，但欲阻我懽宴，非我所爲，故姦詐耳。”乃與司馬申謀曰：“此人負氣，吾欲將乞鄱陽兄弟聽其報讎，[3]可乎？”對曰：“終不爲官用，願如聖旨。”傅緯爭之曰：[4]“不然。若許報讎，欲置先皇何地？”後主曰：“當乞一小郡，勿令見人事耳。”乃以喜爲永嘉内史。

[1]始興王：此指陳叔陵。

[2]江總：字總持，濟陽考城（今河南民權縣東北）人。本書卷二七有傳，《南史》卷三六有附傳。

[3]鄱陽兄弟：此指鄱陽王陳伯山。

[4]傅緯：字宜事，北地靈州（今寧夏吳忠市北）人。博學多才，尤善詩賦。陳後主時任秘書監、右衛將軍兼中書通事舍人。本

書卷三〇、《南史》卷六九有傳。

喜至郡，不受俸秩，政弘清静，民吏便之。遇豐州刺史章大寶舉兵反，[1]郡與豐州相接，而素無備禦，喜乃修治城隍，嚴飾器械。又遣所部松陽令周磻領千兵援建安。[2]賊平，授南安内史。[3]禎明元年，[4]徵爲光禄大夫，[5]領左驍騎將軍。[6]喜在郡有惠政，乃徵入朝，道路追送者數百里。其年道病卒，時年七十二。有集十卷。子處冲嗣，官至儀同從事中郎、中書侍郎。[7]

[1]豐州：州名。治所在今福建福州市。　章大寶：章昭達子，吳興武康（今浙江德清縣）人。爲豐州刺史時起兵反，兵敗被殺。本書卷一一、《南史》卷六六有附傳

[2]松陽：縣名。治所在今浙江松陽縣西北。　建安：郡名。治所在今福建建甌市。

[3]南安：郡名。治所在今福建南安市東豐州鎮。

[4]禎明：南朝陳後主陳叔寶年號（587—589）。

[5]光禄大夫：官名。屬光禄勳。多作爲加官，或致仕、卒後的封贈官，無實際職掌。陳第三品，秩中二千石。

[6]左驍騎將軍：官名。南朝梁置，掌管宿衛事務，領朱衣直閤。多由侍中、散騎常侍等職兼領。陳第四品，秩二千石。

[7]從事中郎：官名。南朝公府屬官。陳皇弟皇子公府從事中郎，第五品；嗣王府庶姓公府從事中郎，第六品，並秩六百石。中書侍郎：官名。中書省屬官，南朝時職閑官清，爲諸王起家官。如缺監、令，或亦主持中書省務。陳第四品，秩千石。

蔡徵字希祥，侍中、中撫軍將軍景歷子也。幼聰

敏，精識彊記。年六歲，詣梁吏部尚書河南褚翔，[2]翔
嗟其穎悟。[3]七歲，丁母憂，居喪如成人禮。繼母劉氏
性悍忌，視之不以道，徵供侍益謹，初無怨色。徵本名
覽，景歷以爲有王祥之性，[4]更名徵，字希祥。

[1]中撫軍將軍：官名。亦稱中撫將軍。陳擬二品，比秩中二
千石。　景歷：蔡景歷。字茂世，蔡徵父。本書卷一六、《南史》
卷六八有傳。

[2]河南：郡名。治所在今河南洛陽市東北。　褚翔：字世舉，
河南陽翟（今河南禹州市）人。官至吏部尚書。《梁書》卷四一有
傳，《南史》卷二八有附傳。

[3]翔嗟其穎悟：“翔”下底本原有“字仲舉”三字。中華本
校勘記云：“‘字仲舉’三字疑衍文。按褚翔《梁書》有傳，其字爲
‘世舉’，非‘仲舉’。”林礽乾《陳書異文考證》：“按本書記某某
見某某，或謁某某”，“其下皆不書某字某某”；“《册府》七七四因
此作‘詣吏部尚書褚翔，翔嗟其穎悟’，‘翔’下正無‘字仲舉’
三字，甚是，當據删”（第229—230頁）。按，中華本校勘記及林
說甚是，今據删。

[4]王祥：字休徵，琅邪臨沂（今山東臨沂市）人。性至孝，
母病欲食魚，天寒冰凍，王祥解衣臥冰得鯉，後世列爲二十四孝之
一。《晋書》卷三三有傳。

梁承聖初，[1]高祖爲南徐州刺史，[2]召補迎主簿，尋
授太學博士。[3]天嘉初，遷始興王府法曹行參軍，[4]歷外
兵參軍事、尚書主客郎，[5]所居以幹理稱。太建初，遷
太子少傅丞、新安王主簿、通直散騎侍郎、晋安王功曹
史、太子中舍人，[6]兼東宮領直，[7]中舍人如故。丁父憂

去職，服闋，襲封新豐縣侯，[8]授戎昭將軍、鎮右新安王諮議參軍。[9]

[1]承聖：南朝梁元帝蕭繹年號（552—555）。

[2]南徐州：州名。治所在今江蘇鎮江市。

[3]太學博士：官名。屬太常卿。國子學教官，參議禮制。梁二班。

[4]法曹行參軍：官名。諸公府屬官，掌郵驛事務。陳第八品至第九品。

[5]外兵參軍事：官名。諸公軍府僚屬，掌本府曹事務。品位隨府主而定。　尚書主客郎：官名。尚書省主客曹長官，掌接待賓客和少數民族事務。陳第四品，秩六百石。

[6]太子少傅丞：官名。太子少傅屬官。陳第七品，秩六百石。　新安王：爵名。陳伯固封爵爲新安郡王。陳伯固，字牢之，陳文帝第五子。本書卷三六、《南史》卷六五有傳。新安，郡名。治所在今浙江淳安縣西北。　晋安王：爵名。陳伯恭封爵爲晋安郡王。陳伯恭，字肅之，陳文帝第六子。本書卷二八、《南史》卷六五有傳。晋安，郡名。治所在今福建福州市。　功曹史：官名。皇弟皇子府、嗣王府均置。陳第七品至第九品。　太子中舍人：官名。東宮屬官，與太子中庶子掌侍從及文翰，侍從規諫太子，綜典奏事文書等。陳第五品，秩六百石。

[7]東宮領直：官名。東宮屬官。

[8]新豐：縣名。治所在今廣東新豐縣東北。　縣侯：爵名。開國縣侯省稱。陳第三品。

[9]戎昭將軍：官名。南朝梁置。陳擬八品，比秩六百石。

　　至德二年，遷廷尉卿，尋爲吏部郎。[1]遷太子中庶子、中書舍人，[2]掌詔誥。尋授左民尚書，與僕射江總知撰五禮事。尋加寧遠將軍。[3]後主器其材幹，任寄日重，遷吏部尚書、安右將軍，[4]每十日一往東宮，於太子前論述古今得喪及當時政務。又敕以廷尉寺獄，事無大小，取徵議決。俄有敕遣徵收募兵士，自爲部曲，徵善撫卹，得物情，旬月之閒，衆近一萬。徵位望既重，兼聲勢熏灼，物議咸忌憚之。尋徙爲中書令，[5]將軍如故。中令清簡無事，或云徵有怨言，事聞後主，後主大怒，收奪人馬，將誅之，有固諫者獲免。

[1]吏部郎：官名。尚書吏部曹長官，掌官吏選任、調動等事務。陳第四品，秩六百石。

[2]太子中庶子：官名。東宮門下坊的長官，掌侍從太子左右，規諫諷議，獻納得失等。陳第四品，秩二千石。

[3]寧遠將軍：官名。南朝陳五遠將軍之一。屬加官或散官。擬五品，比秩千石。

[4]安右將軍：官名。南朝梁、陳八安將軍之一。祇授予在京都任職的官員。陳擬三品，比秩中二千石。

[5]中書令：官名。中書省長官之一。掌撰詔命，記會時事，典作文書。南朝中書省復掌納奏、擬詔、出令，然權歸中書舍人，監、令名爲長官，品秩升高，多用作重臣加官。陳第三品，秩中二千石。

禎明三年，隋軍濟江，後主以徵有幹用，權知中領軍。[1]徵日夜勤苦，備盡心力，後主嘉焉，謂曰“事寧有以相報”。及決戰於鍾山南崗，[2]敕徵守宮城西北大營，尋令督衆軍戰事。城陷，隨例入關。

　　[1]中領軍：官名。職掌京師的禁軍與駐軍。陳第三品，秩中二千石。

　　[2]鍾山：山名。又稱紫金山，在今江蘇南京市東北。

　　徵美容儀，有口辯，多所詳究。至於士流官宦，皇家戚屬，及當朝制度，憲章儀軌，戶口風俗，山川土地，問無不對。然性頗便佞進取，不能以退素自業。初拜吏部尚書，啓後主借鼓吹，[1]後主謂所司曰：“鼓吹軍樂，有功乃授，蔡徵不自量揆，紊我朝章，然其父景歷既有締構之功，宜且如所啓，拜訖即追還。”徵不修廉隅，皆此類也。隋文帝聞其敏贍，[2]召見顧問，言輒會旨，然累年不調，久之，除太常丞。[3]歷尚書民部儀曹郎，[4]轉給事郎，[5]卒，時年六十七。子翼，治《尚書》，官至司徒屬、德教學士。[6]入隋，爲東宮學士。[7]

　　[1]鼓吹：演奏樂曲的樂隊，是對權臣的一種特殊優待。

　　[2]隋文帝：楊堅，小名那羅延，弘農華陰（今陝西華陰市東南）人。《隋書》卷一、卷二，《北史》卷一一有紀。

　　[3]太常丞：官名。隋太常寺副官，設二人，掌判本寺日常公務。隋初爲從六品下，煬帝大業五年（609）升爲從五品。

　　[4]尚書民部儀曹郎：官名。尚書省儀曹長官，掌吉凶禮制。隋從五品。

　　[5]給事郎：郎，底本無。中華本校勘記云：“據《南史》補。按隋開皇六年詔吏部置給事郎，見《通典·職官典》三。”今從補。給事郎，官名。隋初尚書吏部置給事郎，爲散官番直。隋初品秩不祥，大業三年（607）移於門下省，置四員，從五品。

　　[6]德教學士：官名。陳置，爲文學侍從。

[7]東宮學士：官名。亦稱太子學士。是隋太子楊勇徵召文學優長之朝士兼任的一種職官。其職掌是整理東宮經籍圖書，侍從太子左右解析經史疑義。屬臨時差遣任命之職，無固定員額和品階。

史臣曰：宗元饒夙夜匪懈，濟務益時。司馬申清恪在朝，攻苦立行，加之以忠節，美矣。毛喜深達事機，匡贊時主。蔡徵聰敏才贍，而擅權自躓，惜哉。

陳書　卷三○

列傳第二十四

蕭濟　陸瓊 子從典　顧野王　傅縡 章華

　　蕭濟字孝康，[1]東海蘭陵人也。[2]少好學，博通經史，詻梁武帝《左氏》疑義三十餘條，[3]尚書僕射范陽張纘、太常卿南陽劉之遴竝與濟討論，[4]纘等莫能抗對。解褐梁秘書郎，[5]遷太子舍人。[6]預平侯景之功，[7]封松陽縣侯，[8]邑五百戶。

　　[1]蕭濟：《南史》卷六九亦有傳。
　　[2]東海：郡名。治所在今山東郯城縣北。　蘭陵：縣名。治所在今山東蒼山縣西南蘭陵鎮。
　　[3]梁武帝：南朝梁皇帝蕭衍。字叔達，南蘭陵中都里（今江蘇常州市西北）人。曾仕宋、齊。《梁書》卷一至卷三，《南史》卷六、卷七有紀。
　　[4]尚書僕射：官名。尚書令副佐，竝與尚書分領諸曹。不常置，若左右僕射竝缺，則置以總左右事。梁十五班。　范陽：郡名。治所在今河北涿州市。　張纘：字伯緒，梁武帝大同年間官任

尚書僕射，博聞多識。《梁書》卷三四、《南史》卷五六有附傳。

太常卿：官名。南朝梁十二卿之一。掌禮樂、郊廟、社稷等事。梁十四班。　南陽：郡名。治所在今河南南陽市。　劉之遴：字思貞。梁武帝大同年間官任都官尚書，博學善文，明曉朝儀。《梁書》卷四〇有傳，《南史》卷五〇有附傳。

[5]解褐：脱去平民所穿的衣服，换上官服，擔任官職，指入仕。　秘書郎：官名。秘書省屬官，多以貴游子弟爲之。梁武帝天監七年（508）定爲二班。

[6]太子舍人：官名。太子東宫屬官，掌文章書記。梁三班。

[7]侯景：字萬景。曾任北魏官吏，北魏末年叛至南朝梁，後又起兵反梁。困死梁武帝，又廢簡文帝，自立爲帝。後爲梁元帝部將王僧辯、陳霸先擊敗，北逃途中爲部將所殺。《梁書》卷五六、《南史》卷八〇有傳。

[8]松陽：縣名。治所在今浙江松陽縣西北。　縣侯：封爵名。爲開國縣侯之省稱。食邑爲縣，爵前常冠以所封縣名。南朝梁開國縣侯，位視孤卿、重號將軍、光禄大夫，班次之。

及高祖作鎮徐方，[1]以濟爲明威將軍、征北長史。[2]承聖二年，[3]徵爲中書侍郎，[4]轉通直散騎常侍。[5]世祖爲會稽太守，[6]又以濟爲宣毅府長史，[7]遷司徒左長史。[8]世祖即位，授侍中。[9]尋遷太府卿，[10]丁所生母憂，不拜。濟毗佐二主，恩遇甚篤，賞賜加於凡等。歷守蘭陵、陽羨、臨津、臨安等郡，所在皆著聲績。[11]

[1]高祖：南朝陳武帝陳霸先廟號。陳霸先，南朝陳開國君主。吴興長城（今浙江長興縣東）人，字興國，小字法生，謚武。本書卷一、卷二，《南史》卷九有紀。

[2]明威將軍：官名。梁時與寧遠、振遠等將軍代舊寧朔將軍。

爲一百二十五號將軍之一，十三班。陳擬五品，比秩千石。另梁、陳十明將軍中亦有此號。陳擬六品，比秩千石。　征北長史：官名。即征北將軍府長史。征北將軍，南朝梁、陳四征將軍之一，多出鎮地方，地位顯要。長史，王公軍府屬官，掌本府官吏。

[3]承聖：南朝梁元帝蕭繹年號（552—555）。

[4]中書侍郎：官名。中書省屬官。舊掌詔誥。南朝宋、齊擬詔出令之職仍歸中書省，但事權歸中書舍人，侍郎職閑官清，成爲諸王起家官。如缺監、令，或亦主持中書省務。梁九班。

[5]通直散騎常侍：官名。集書省屬官，南朝時多以衰老之士擔任，地位漸低。梁武帝曾欲提高其地位，以比御史中丞，但終不被人所重，常爲加官。梁十一班。

[6]世祖：南朝陳文帝陳蒨廟號。陳蒨，字子華，陳武帝兄子。本書卷三、《南史》卷九有紀。　會稽：郡名。治所在今浙江紹興市。

[7]宣毅：宣毅將軍。南朝梁置，武帝天監七年（508）定爲武職二十四班中的十七班，普通六年（525）改爲武職三十四班中的二十七班。

[8]司徒左長史：官名。司徒府置左右長史，總理府事。梁十二班。

[9]侍中：官名。南朝梁、陳時爲門下省長官。職掌奏事，侍奉皇帝左右，應對顧問等，是中樞要職。陳第三品，秩中二千石。

[10]太府卿：官名。南朝梁、陳十二卿之一。掌金帛庫藏出納、關市稅收，以供國家、宮廷用度。陳第三品，秩中二千石。

[11]著：底本作“箸”。按，刻本文字從草與從竹常有混用的情況。今徑改之，本卷以下不再出校。

　　太建初，[1]入爲五兵尚書，[2]與左僕射徐陵、特進周弘正、度支尚書王瑒、散騎常侍袁憲俱侍東宮。[3]復爲司徒長史。[4]尋授度支尚書，領羽林監。[5]遷國子祭酒，[6]領羽林如故。加金紫光禄大夫，[7]兼安德宮衞尉。[8]尋遷仁威將軍、揚州長史。[9]高宗嘗敕取揚州曹事，[10]躬自省覽，見濟條理詳悉，文無滯害，乃顧謂左右曰："我本期蕭長史長於經傳，不言精練繁劇，[11]乃至於此。"遷祠部尚書，[12]加給事中，[13]復爲金紫光禄大夫。未拜而卒，時年六十六。詔贈本官，官給喪事。

[1]太建：南朝陳宣帝陳頊年號（569—582）。

[2]五兵尚書：官名。尚書省屬官，掌軍事樞務，梁、陳時領中兵、外兵、騎兵三曹。陳第三品，秩中二千石。

[3]左僕射：官名。即尚書左僕射。尚書省次官。位右僕射上。輔佐尚書令執行政務，參議大政，諫諍得失。南朝尚書令位尊權重，不親庶務，尚書省日常政務由僕射主持。梁、陳時尚書令常缺，僕射實爲尚書省主官。陳第二品，秩中二千石。　徐陵：字孝穆，東海郯（今山東郯城縣北）人。南朝梁、陳時文學名家，善詩賦駢文，作品綺艷輕靡，與庾信並爲當時宮廷文學的代表，時號"徐庾體"。南朝陳時歷任顯官要職。本書卷二六有傳，《南史》卷六二有附傳。　特進：原爲對大臣的一種優待，後成爲正式加官名號，以安置閑退大臣。陳第二品，秩中二千石。　周弘正：字思行。通《老子》《周易》。梁時爲太學博士，陳官至尚書右僕射。本書卷二四有傳，《南史》卷三四有附傳。　度支尚書：官名。尚書省度支曹長官，掌管全國貢稅租賦的統計、調撥等事務。陳第三品，秩中二千石。　王瑒：瑒，底本原爲墨丁，中華本據各本補，今從補。王瑒，字子璵。本書卷二三有傳，《南史》卷二一有附傳。

散騎常侍：官名。集書省長官。掌侍從皇帝左右，獻納得失，省諸奏聞文書，意異者，隨事爲駁。常侍高功者一人爲祭酒，掌糾劾禁令。陳第三品，秩中二千石。　袁憲：字德章，陳郡陽夏（今河南太康縣）人。本書卷二四有傳，《南史》卷二六有附傳。

[4]司徒長史：官名。司徒府長史。爲司徒府僚屬之長，佐司徒總管府內諸曹。

[5]領：官制用語。即以較高官兼理較低官之職事。　羽林監：官名。掌宿衛送從。南朝多以文官任此職。陳第七品，秩六百石。

[6]國子祭酒：官名。太常卿屬官。掌教授生徒儒學，主管國子學，參議禮制。陳第三品，秩中二千石。

[7]金紫光祿大夫：官名。指光祿大夫加金印紫綬者。多爲加官。陳第三品，秩中二千石。

[8]安德宮衛尉：官名。掌安德宮防衛。安德宮，陳宮殿名。故址在今江蘇南京市區偏南。

[9]仁威將軍：官名。與智威、勇威、信威、嚴威並稱五威將軍。陳擬四品，比秩中二千石。　揚州：州名。治所在今江蘇南京市。

[10]高宗：南朝陳宣帝陳頊廟號。陳頊，本書卷五、《南史》卷一〇有紀。

[11]不言：不料，沒有想到。

[12]祠部尚書：官名。尚書省祠部曹長官，領祠部、儀曹二曹郎，掌宗廟禮儀。陳第三品，秩中二千石。

[13]給事中：官名。南朝隸集書省，地位較前代較低。常侍從皇帝左右，獻納得失。陳第七品，秩六百石。

　　陸瓊字伯玉，[1]吳郡吳人也。[2]祖完，[3]梁琅邪、彭城二郡丞。[4]父雲公，[5]梁給事黃門侍郎，[6]掌著作。

[1]陸瓊：《南史》卷四八有附傳。
[2]吳郡：郡名。治所在今江蘇蘇州市。　吳：縣名。治所在今江蘇蘇州市。

［3］完：陸完。梁時官至寧遠長史、琅邪彭城二郡丞。

［4］琅邪、彭城：郡名。此當爲南琅邪、南彭城二郡。南琅邪，治所在今江蘇南京市北金川門外、幕府山南麓；南彭城，虛置，無實土。　郡丞：官名。秦漢始置，是太守的副手。

［5］雲公：陸雲公。字子龍，善弈棋，官至中書黄門郎。《南史》卷四八有附傳。

［6］給事黄門侍郎：官名。魏晋南北朝時期爲侍中省或門下省次官，與侍中俱掌門下衆事，侍以左右。地位隨皇帝旨意和侍中地位而上下。梁十班。

　　瓊幼聰惠有思理，六歲爲五言詩，頗有詞采。大同末，[1]雲公受梁武帝詔校定《棊品》，到溉、朱异以下竝集。[2]瓊時年八歲，於客前覆局，由是京師號曰神童。异言之武帝，有敕召見，瓊風神警亮，進退詳審，帝甚異之。十一，丁父憂，毀瘠有至性，[3]從祖襄歎曰"此兒必荷門基，所謂一不爲少"。[4]及侯景作逆，攜母避地于縣之西鄉，[5]勤苦讀書，晝夜無怠，遂博學，善屬文。

［1］大同：南朝梁武帝蕭衍年號（535—546）。

［2］到溉：字茂灌，彭城武原（今江蘇邳州市西北）人。有才學，官至國子祭酒。《梁書》卷四〇有傳，《南史》卷二五有附傳。

朱异：字彦和，吴郡錢唐（今浙江杭州市）人。博通經史文章，兼通書算棋藝。《梁書》卷三八、《南史》卷六二有傳。

［3］毀瘠：因居喪過於哀傷而極度瘦弱。

［4］從祖襄：陸襄。字師卿，梁時官至度支尚書，侯景之亂逃還吴，憂憤而卒。《南史》卷四八有附傳。

［5］攜母避地于縣之西鄉：《册府》卷七九八作"避地于吴縣

之北鄉"。

永定中,[1] 州舉秀才。天嘉元年,[2] 爲寧遠始興王府法曹行參軍。[3] 尋以本官兼尚書外兵郎,[4] 以文學轉兼殿中郎,[5] 滿歲爲眞。瓊素有令名,深爲世祖所賞。及討周迪、陳寶應等,[6] 都官符及諸大手筆,竝中敕付瓊。遷新安王文學,[7] 掌東宮管記。[8]

[1] 永定：南朝陳武帝陳霸先年號（557—559）。

[2] 天嘉：南朝陳文帝陳蒨年號（560—566）。

[3] 寧遠：寧遠將軍。五遠將軍之一。屬加官或散官。陳擬五品，比秩千石。　始興王：爵名。陳伯茂封爵始興王。陳伯茂，字鬱之，陳文帝第二子。本書卷二八、《南史》卷六五有傳。　法曹行參軍：官名。諸公府屬官，掌郵驛事務。陳第八品至第九品。

[4] 尚書外兵郎：官名。尚書省外兵曹長官，屬五兵尚書。陳第四品，秩六百石。

[5] 殿中郎：官名。即尚書殿中郎。尚書省諸曹郎之一，屬尚書左僕射。掌擬詔書，多用文學之士。

[6] 周迪：臨川南城（今江西南城縣東南）人。與留異相結謀反，兵敗被殺。本書卷三五、《南史》卷八〇有傳。　陳寶應：晉安候官（今福建福州市）人。娶留異女，侯安都討留異時，出兵助留異，又資助周迪兵糧，兵敗被殺。本書卷三五、《南史》卷八〇有傳。

[7] 新安王：爵名。陳伯固封爵爲新安郡王。陳伯固，字牢之，陳文帝第五子。本書卷三六、《南史》卷六五有傳。新安，郡名。治所在今浙江淳安縣西北。　文學：官名。諸王府置。陳皇弟皇子府文學，第七品。

[8] 東宮管記：官名。掌文書，多以文學之士擔任。

及高宗爲司徒，[1]妙簡僚佐，吏部尚書徐陵薦瓊於高宗曰：[2]“新安王文學陸瓊，見識優敏，文史足用，進居郎署，歲月過淹，[3]左西掾缺，允膺兹選，階次小踰，其屈滯已積。”乃除司徒左西掾。[4]尋兼通直散騎常侍，聘齊。

[1]司徒：官名。三公之一。魏晋南北朝多爲大臣加官。陳第一品，秩萬石。

[2]吏部尚書：官名。尚書省吏部曹長官，位居列曹尚書之上，掌官吏銓選考課。陳第三品，秩中二千石。

[3]淹：久。

[4]司徒左西掾：官名。司徒府屬官，掌左西曹。多以文史之士任之。陳第六品，秩四百石。

太建元年，重以本官掌東宮管記。除太子庶子，[1]兼通事舍人。[2]轉中書侍郎、太子家令。[3]長沙王爲江州刺史，[4]不循法度，高宗以王年少，授瓊長史，行江州府國事，帶尋陽太守。[5]瓊以母老，不欲遠出，太子亦固請留之，遂不行。累遷給事黄門侍郎，領羽林監。轉太子中庶子，[6]領步兵校尉。[7]又領大著作，[8]撰國史。

[1]太子庶子：官名。東宮屬官，隸太子詹事，爲太子的親近侍從。陳第五品，秩六百石。

[2]通事舍人：官名。即東宮通事舍人。南朝梁置，東宮屬官，掌宣傳皇太子令旨，東宮內外啓奏。陳第九品。

[3]太子家令：官名。東宮屬官，隸太子詹事，掌東宮倉儲、飲食等事。陳第四品，秩千石。

　　[4]長沙王：爵名。陳叔堅封爵爲長沙王。陳叔堅，字子成，
陳宣帝第四子。本書卷二八、《南史》卷六五有傳。長沙，郡名。
治所在今湖南長沙市。　　江州：州名。治所在今江西九江市。

　　[5]尋陽：郡名。治所在今江西九江市。

　　[6]太子中庶子：官名。東宮門下坊的長官，掌侍從太子左右，
規諫諷議，獻納得失等。陳第四品，秩二千石。

　　[7]步兵校尉：官名。即太子步兵校尉。太子三校之一，東宮
侍從武官，掌步兵。陳第六品，秩千石。

　　[8]大著作：官名。即著作郎。秘書省屬官，掌國史，集注起
居。陳第六品，秩六百石。

　　後主即位，[1]直中書省，[2]掌詔誥。俄授散騎常侍，
兼度支尚書，領揚州大中正。[3]至德元年，[4]除度支尚
書，參掌詔誥，[5]并判廷尉、建康二獄事。[6]初，瓊父雲
公奉梁武帝敕撰《嘉瑞記》，瓊述其旨而續焉，自永定
訖于至德，勒成一家之言。遷吏部尚書，著作如故。瓊
詳練譜諜，[7]雅鑒人倫，先是，吏部尚書宗元饒卒，[8]右
僕射袁憲舉瓊，[9]高宗未之用也，至是居之，號爲稱職，
後主甚委任焉。

　　[1]後主：南朝陳後主陳叔寶。字元秀，陳宣帝陳頊嫡長子。
南朝陳最後一任皇帝。本書卷六、《南史》卷一〇有紀。

　　[2]直中書省：即在中書省當值充任，署理本省之職事。屬臨
時差遣之職。中書省是掌撰皇帝詔敕、參議政令制定的權要機構。

　　[3]州大中正：官名。掌一州人物之品第，以爲吏部銓選之根
據，並有委任州主簿及從事之權。

　　[4]至德：南朝陳後主陳叔寶年號（583—586）。

[5]參掌詔誥：《南史》卷四八《陸瓊傳》、《册府》卷二〇〇並作"參選事，掌詔誥"。

[6]廷尉、建康二獄：此爲陳時兩處刑獄。《歷代刑法考》云："陳代一用梁法，廷尉寺爲北獄，建康縣爲南獄，並置正監評。"

[7]譜諜：亦作"譜牒"。記述宗族世系的書籍。

[8]宗元饒：南郡江陵（今湖北荆州市荆州區）人。本書卷二九、《南史》卷六八有傳。

[9]右僕射：官名。即尚書右僕射。尚書省次官，位在左僕射下，與左僕射聯署主持尚書省工作。陳第二品，秩中二千石。

瓊性謙儉，不自封植，[1]雖位望日隆，而執志愈下。園池室宇，無所改作，車馬衣服，不尚鮮華，四時禄俸，皆散之宗族，家無餘財。暮年深懷止足，思避權要，恒謝病不視事。俄丁母憂，去職。初，瓊之侍東宮也，母隨在官舍，後主賞賜優厚。及喪柩還鄉，詔加賵贈，[2]并遣謁者黄長貴持册奠祭，[3]後主又自製誌銘，朝野榮之。瓊哀慕過毁，以至德四年卒，時年五十。詔贈領軍將軍，[4]官給喪事。有集二十卷行於世。長子從宜，仕至武昌王文學。[5]

[1]封植：亦作"封殖""封埴"，聚斂財物。

[2]賵贈：贈送財物幫助喪家。

[3]謁者：官名。謁者臺屬官，掌賓禮司儀、奉命出使等事。梁、陳爲流外官。

[4]領軍將軍：官名。禁軍的最高統帥，管全國兵要。陳第三品，秩中二千石。

[5]武昌王：爵名。陳叔虞封爵爲武昌王。陳叔虞，字子安，

陳宣帝第十九子。本書卷二八、《南史》卷六五有傳。武昌，郡名。治所在今湖北鄂州市。

第三子從典，[1]字由儀。幼而聰敏。八歲，讀沈約集，[2]見回文研銘，[3]從典援筆擬之，便有佳致。年十三，[4]作《柳賦》，其詞甚美。瓊時爲東宮管記，宮僚竝一時俊偉，瓊示以此賦，咸奇其異才。從父瑜特所賞愛，及瑜將終，家中墳籍皆付從典，從典乃集瑜文爲十卷，仍製集序，其文甚工。

[1]從典：陸從典。《南史》卷四八有附傳。

[2]沈約：字休文，吳興武康（今浙江德清縣）人。南朝文學家，歷士宋、齊、梁三代，官至尚書令，撰有《宋書》。《梁書》卷一三、《南史》卷五七有傳。

[3]回文研銘：用回文修辭所寫刻在硯台上的銘文。回文，一種修辭方法，即某些詩文詞句，來回顛倒著閱讀均能成句。研，通"硯"。

[4]年十三：《南史》卷四八《陸從典傳》作"年十二"。

從典篤好學業，博涉群書，於班史尤所屬意。[1]年十五，本州舉秀才。解褐著作佐郎，[2]轉太子舍人。時後主賜僕射江總并其父瓊詩，[3]總命從典爲謝啓，俄頃便就，文華理暢，總甚異焉。尋授信義王文學，[4]轉太子洗馬。[5]又遷司徒左西掾，兼東宮學士。[6]丁父憂去職。尋起爲德教學士，[7]固辭不就，後主敕留一員，以待從典。俄屬金陵淪没，[8]隨例遷關右。[9]仕隋爲給事

郎，^[10]兼東宮學士。又除著作佐郎。右僕射楊素奏從典
續司馬遷史記迄于隋，^[11]其書未就。值隋末喪亂，寓居
南陽郡，^[12]以疾卒，時年五十七。

[1]班史：指《漢書》，因其爲班固所作，故稱。

[2]著作佐郎：官名。秘書省屬官。主要負責搜集史料，供著
作郎撰史。南朝江左多以貴游子弟爲之。陳第七品，秩四百石。

[3]江總：字總持，濟陽考城（今河南民權縣東北）人。本書
卷二七有傳，《南史》卷三六有附傳。

[4]信義王：爵名。陳祇封爵爲信義王。陳祇，字承敬，陳後
主第六子。本書卷二八、《南史》卷六五有傳。信義，郡名。治所
在今江蘇常州市西北。

[5]太子洗馬：官名。東宮屬官，掌太子書籍、經書，太子出
行則爲前導。陳第六品，秩六百石。

[6]東宮學士：官名。東宮文學侍從，任者皆爲有學之士。

[7]德教學士：官名。陳置，爲文學侍從。

[8]金陵：陳都城建康，在今江蘇南京市。

[9]關右：地區名。主要指故函谷關（今河南靈寶市東北）或
潼關（今陝西潼關縣北）以西地區。

[10]給事郎：官名。隋文帝開皇六年（586）於尚書省吏部置
給事郎，爲散官番直，無具體職掌。正八品上。隋煬帝大業三年
（607）罷吏部給事郎，而取其名於門下省另置給事郎四人，位在黃
門侍郎之下，掌省讀奏案。從五品。

[11]楊素：字處道，弘農華陰（今陝西華陰市東南）人。《隋
書》卷四八有傳，《北史》卷四一有附傳。

[12]南陽：郡名。治所在今河南鄧州市。

顧野王字希馮，^[1]吳郡吳人也。祖子喬，梁東中郎

武陵王府參軍事。[2]父烜，信威臨賀王記室，[3]兼本郡五
官掾，[4]以儒術知名。

[1]顧野王：《南史》卷六五亦有傳。

[2]東中郎：官名。即東中郎將。東、西、南、北中郎將之一。
或統兵出征，或鎮守某一地區爲方面大員，南朝多以宗室任之。梁
天監七年（508）罷，普通六年（525）又爲所置百號將軍之一，
與一百二十五號將軍中十七班同班。　武陵王：爵名。蕭紀封爵爲
武陵王。蕭紀，字世詢。侯景之亂時，不援建康，武帝死後於成都
自立爲帝，後爲梁元帝所殺。《梁書》卷五五、《南史》卷五三有
傳。武陵，郡名。治所在今湖南常德市。　參軍事：官名。王公軍
府屬官，參掌府曹事。梁皇子府參軍，四班。

[3]信威：信威將軍。梁置，與智威、仁威、勇威、嚴威將軍
代舊征虜將軍。爲一百二十五號將軍之一，十六班。　臨賀王：爵
名。蕭正德封爵爲臨賀王。蕭正德，梁武帝侄。《梁書》卷五五有
傳，《南史》卷五一有附傳。臨賀，郡名。治所在今廣西賀州市東
南。　記室：官名。即記室參軍。南朝時，皇弟皇子府、嗣王蕃王
府、公府、持節都督府皆置，掌府內文書之事。

[4]五官掾：官名。郡國及中央部分機構置，主祭祀。

野王幼好學。七歲，讀五經，[1]略知大旨。九歲能
屬文，嘗製《日賦》，領軍朱异見而奇之。[2]年十二，隨
父之建安，[3]撰《建安地記》二篇。長而遍觀經史，精
記嘿識，[4]天文地理、蓍龜占候、蟲篆奇字，[5]無所不
通。梁大同四年，除太學博士。[6]遷中領軍臨賀王府記
室參軍。[7]宣城王爲揚州刺史，[8]野王及琅邪王褒竝爲賓
客，[9]王甚愛其才。野王又好丹青，善圖寫，王於東府

起齋，乃令野王畫古賢，命王褒書贊，時人稱爲二絶。

[1]五經：《詩》《書》《禮》《易》《春秋》五部儒家經典。

[2]領軍：官名。即領軍將軍。　朱异：字彦和，吳郡錢唐（今浙江杭州市）人。博通經史文章，兼通書算棋藝。《梁書》卷三八、《南史》卷六二有傳。

[3]建安：郡名。治所在今福建建甌市。

[4]嘿識：默默地記住。

[5]蓍龜：用蓍草、龜甲來占卜吉凶。　占候：根據天象變化來附會人事，預言吉凶。　蟲篆：猶蟲書。秦書八體之一。

[6]太學博士：官名。屬太常卿。國子學教官，參議禮制。梁二班。

[7]中領軍：官名。資輕於領軍將軍，而職掌同。掌京師禁衛軍。權任隆重。梁十四班。

[8]宣城王爲揚州刺史：城，底本作“成”。中華本據北監本、汲本、殿本改作“城”。今從改。宣城王，爵名。梁簡文帝嫡長子蕭大器之初封爵號。蕭大器，字仁宗，初封宣城王，簡文帝即位立爲皇太子，後爲侯景所殺，追謚爲哀太子。《梁書》卷八、《南史》卷五四有傳。宣城，郡名。治所在今安徽宣城市宣州區。

[9]王褒：字子淵，琅邪臨沂（今山東臨沂市）人。襲南昌縣侯，事梁武帝、梁元帝。入周，爲車騎大將軍、儀同三司，封石泉縣子，出爲宜州刺史，卒官。《周書》卷四一、《北史》卷八三有傳，《梁書》卷四一有附傳。

　　及侯景之亂，野王丁父憂，歸本郡，乃召募鄉黨數百人，隨義軍援京邑。[1]野王體素清羸，裁長六尺，又居喪過毀，殆不勝衣，及杖戈被甲，陳君臣之義，逆順之理，抗辭作色，見者莫不壯之。京城陷，野王逃會稽，尋往東陽，[2]與劉歸義合軍據城拒賊。侯景平，太尉王僧辯深嘉之，[3]使監海鹽縣。[4]

[1]京邑：指梁都城建康。

[2]東陽：郡名。治所在今浙江金華市。

[3]太尉：官名。與司徒、司空並爲三公。多作加官，無實際執掌。梁十八班。　王僧辯：字君才，太原祁（今山西祁縣）人。初爲北魏將領，梁初隨父南渡，任湘東王蕭繹府中司馬等職。後與陳霸先收復建業。蕭繹即位後，爲太尉。梁元帝被殺，僧辯又立北齊扶持的蕭淵明爲帝。後被陳霸先所害。《梁書》卷四五有傳，《南史》卷六三有附傳。

[4]海鹽：縣名。治所在今浙江海鹽縣。

高祖作宰，爲金威將軍、安東臨川王府記室參軍，[1]尋轉府諮議參軍。[2]天嘉元年，敕補撰史學士，[3]尋加招遠將軍。[4]光大元年，[5]除鎮東鄱陽王諮議參軍。[6]太建二年，遷國子博士。後主在東宮，野王兼東宮管記，本官如故。六年，除太子率更令，[7]尋領大著作，掌國史，知梁史事，兼東宮通事舍人。時宮僚有濟陽江總，[8]吳國陸瓊，北地傅緯，[9]吳興姚察，[10]並以才學顯著，論者推重焉。遷黃門侍郎，[11]光祿卿，[12]知五禮事，[13]餘官並如故。十三年卒，時年六十三。詔贈秘書監。[14]至德二年，又贈右衛將軍。[15]

[1]金威將軍：官名。梁置，爲加官、散官性質的。天監七年（508）爲武職二十四班中的第二班，普通六年（525）改爲武職三十四班中的七班。陳擬九品，比秩四百石。　安東臨川王：此指陳

文帝陳蒨。陳武帝陳霸先即位後封陳蒨爲臨川郡王，邑二千户，拜侍中、安東將軍。本書卷三、《南史》卷九有紀。安東，安東將軍。八安將軍之一。臨川，郡名。治所在今江西撫州市臨川區西。

[2]諮議參軍：官名。又稱諮議參軍事。府屬僚佐之一。掌諮詢謀議軍事，其位在諸參軍之上。皇弟皇子府諮議參軍，陳第五品。

[3]撰史學士：官名。秘書省屬官，參預修撰國史。

[4]招遠將軍：官名。南朝梁置，爲加官、散官性質的將軍。陳擬九品，比秩四百石。

[5]光大：南朝陳廢帝陳伯宗年號（567—568）。

[6]鎮東：鎮東將軍。南朝梁、陳八鎮將軍之一。陳擬二品，比秩中二千石。　鄱陽王：爵名。陳伯山封爵爲鄱陽郡王。陳伯山，字静之，陳文帝第三子。本書卷二八、《南史》卷六五有傳。鄱陽，郡名。治所在今江西鄱陽縣。

[7]率更令：官名。即太子率更令。東宫屬官，隸太子詹事。掌太子宫衛及賞罰等事。陳第四品，秩千石。

[8]濟陽：郡名。治所在今河南蘭考縣東北。

[9]北地：郡名。治所在今陝西銅川市耀州區。　傅縡：陳後主時任秘書監、右衛將軍兼中書通事舍人。博學多才，尤善詩賦。本書本卷、《南史》卷六九有傳。

[10]吳興：郡名。治所在今浙江湖州市吳興區。　姚察：字伯審，吳興武康（今浙江德清縣）人。陳時，累遷吏部尚書，領著作。入隋，詔授秘書監，別敕成梁、陳二史。所著《漢書訓纂》及《説林》文集等並行於世。梁、陳二史雖未竟，生前以體例誡約子思廉，最終得以完成。本書卷二七、《南史》卷六九有傳。

[11]黄門侍郎：官名。即給事黄門侍郎。門下省的次官，協助長官侍中掌侍從贊相，獻納諫正，糾駁制敕。陳第四品，秩二千石。

[12]光禄卿：官名。南朝梁武帝天監七年（508）改光禄勳

置，十二卿之一。掌宮殿門户及部分宮廷供御事務。陳第三品，秩中二千石。

[13]五禮：古代的五種禮制。即吉禮、凶禮、軍禮、賓禮、嘉禮。

[14]秘書監：官名。秘書省長官，掌圖書經籍。陳第四品，秩中二千石。

[15]右衛將軍：官名。是禁衛軍的主要統帥之一，職權較大，多由皇帝親信擔任。南朝後期，其職亦可統兵出征。陳第三品，秩二千石。

野王少以篤學至性知名，在物無過辭失色，[1]觀其容貌，似不能言，及其勵精力行，皆人所莫及。第三弟充國早卒，野王撫養孤幼，恩義甚厚。其所撰著《玉篇》三十卷，[2]《輿地志》三十卷，[3]《符瑞圖》十卷，[4]《顧氏譜傳》十卷，[5]《分野樞要》一卷，[6]《續洞冥紀》一卷，[7]《玄象表》一卷，[8]並行於世。又撰《通史要略》一百卷，《國史紀傳》二百卷，未就而卒。有文集二十卷。[9]

[1]在物：指應對自身以外的外部環境事物。

[2]《玉篇》三十卷：《隋書·經籍志》著録《玉篇》三十一卷。《四庫全書總目》卷四一著録《重修玉篇》三十卷，稱顧野王撰，宋大中祥符六年陳彭年、吳鋭、邱雍等重修。朱彝尊《玉篇重刊本序》稱，《玉篇》已非顧氏舊矣。《重修玉篇》又名《大廣益會玉篇》，有宋刊本、明内府刻本、曹寅刻本、張士俊刻本等。

[3]《輿地志》三十卷：《隋書·經籍志》有載，《舊唐書·經籍志》《新唐書·藝文志》亦有著録，《宋志》無載，亡佚。清王

謨、王仁俊有輯本。

[4]《符瑞圖》十卷：《隋書·經籍志》有載，《舊唐書·經籍志》《新唐書·藝文志》亦有著録，《宋志》無載，亡佚。

[5]《顧氏譜傳》十卷：《隋書·經籍志》無載，亡佚。

[6]《分野樞要》一卷：《隋書·經籍志》無載，亡佚。

[7]《續洞冥紀》一卷：《隋書·經籍志》無載，亡佚。

[8]《玄象表》一卷：《隋書·經籍志》無載，亡佚。

[9]文集二十卷：《隋書·經籍志》著録十九卷。此云“二十卷”，當有序一卷。《舊唐書·經籍志》《新唐書·藝文志》無載是集，亡佚。

傅縡字宜事，[1]北地靈州人也。[2]父彝，梁臨沂令。[3]

[1]傅縡：《南史》卷六九亦有傳。
[2]靈州：州名。治所在今寧夏吳忠市北。
[3]臨沂：縣名。治所在今江蘇南京市東北棲霞山西。

縡幼聰敏，七歲誦古詩賦至十餘萬言。長好學，能屬文。梁太清末，[1]攜母南奔避難，俄丁母憂，在兵亂之中，居喪盡禮，哀毁骨立，士友以此稱之。後依湘州刺史蕭循，[2]循頗好士，廣集墳籍，縡肆志尋閲，因博通群書。王琳聞其名，[3]引爲府記室。琳敗，隨琳將孫瑒還都。[4]時世祖使顔晃賜瑒雜物，[5]瑒託縡啓謝，詞理優洽，文無加點，晃還言之世祖，尋召爲撰史學士。除司空府記室參軍，[6]遷驃騎安成王中記室，[7]撰史如故。

[1]太清：南朝梁武帝蕭衍年號（547—549）。

[2]湘州：州名。治所在今湖南長沙市。 蕭循：循，《南史》本傳及《北史》卷九《周本紀》作“脩”。按，《周書》卷二九《楊紹傳》“時梁宜豐侯蕭循”，中華本校勘記云：“‘脩’‘循’二字古籍每多混淆，本書和《梁書》都作蕭循，《南史》本傳作‘脩’，但《南》《北史》都‘循’‘脩’（或修）互見。《漢魏南北朝墓誌集釋·蕭巋墓誌》（圖版五〇五）稱巋爲‘太保公宜豐王循第四子’，循未嘗封王，但可證其封邑是‘宜豐’，其名爲‘循’。”則當以“循”爲是。梁武帝弟鄱陽王蕭恢之子。《南史》卷五二有傳。

[3]王琳：字子珩，會稽山陰（今浙江紹興市）人。曾隨王僧辯破侯景，拜湘州刺史。西魏攻江陵，元帝征琳赴援，除湘州刺史。琳率師至長沙，江陵已陷，元帝被殺，遂割據一方，求援北齊，立梁永嘉王蕭莊爲帝，與陳霸先抗衡。後爲陳軍所敗，與蕭莊奔齊。後陳將吳明徹攻北齊，琳戰敗，被擒殺。《北齊書》卷三二、《南史》卷六四有傳。

[4]孫瑒：字德璉，吳郡吳（今江蘇蘇州市）人。曾隨王僧辯討侯景，以功封富陽縣侯。王琳立蕭莊爲帝，授其爲太府卿、郢州刺史。兵敗後降陳，官至五兵尚書。本書卷二五、《南史》卷六七有傳。

[5]顔晃：字元明，琅邪臨沂（今山東臨沂市）人。好學有文采，官至中書舍人。本書卷三四、《南史》卷七二有傳。

[6]司空：官名。三公之一。魏晋南北朝時期作爲名譽宰相，多爲大臣加官，無實際執掌。陳第一品，秩萬石。

[7]驃騎：驃騎將軍。魏、晋居諸名號將軍之首，僅作爲軍府名號，加授大臣、重要州郡長官，無具體職掌。陳擬一品，比秩中二千石。 安成王：爵名。陳宣帝陳頊即位前曾封安成王。安成，郡名。治所在今江西安福縣。 中記室：官名。中記室參軍省稱。公府僚屬。品秩依府主地位而定，陳第六品至第九品。

緯篤信佛教，從興皇惠朗法師受《三論》，[1]盡通其學。時有大心暠法師著《無諍論》以詆之，[2]緯乃爲《明道論》，用釋其難。其略曰：

[1]從興皇惠朗法師受《三論》：中華本校勘記云：“‘興皇’下北監本、汲本、殿本有‘寺’字。”興皇寺，佛寺名。應在今江蘇南京市。惠朗法師，釋法朗，俗姓周氏，徐州沛郡沛（今江蘇沛縣）人。南北朝三論宗大師，因在興皇寺説法，又被稱爲興皇法朗。事見《續高僧傳》卷七。《三論》，佛教三論宗經典，即《中論》《百論》《十二門論》。

[2]大心暠法師：林礽乾《陳書異文考證》云：“按《御覽》六五四引此作‘大心寺曇法師’，‘大心’下有一‘寺’字。”（文史哲出版社 1979 年版，第 233 頁）

《無諍論》言：比有弘《三論》者，雷同訶詆，恣言罪狀，歷毀諸師，非斥衆學，論中道而執偏心，語忘懷而競獨勝，方學數論，更爲讎敵，讎敵既搆，諍鬪大生，以此之心，而成罪業，罪業不止，豈不重增生死，大苦聚集？答曰：《三論》之興，爲日久矣。龍樹創其源，[1]除内學之偏見；提婆揚其旨，[2]蕩外道之邪執。欲使大化流而不擁，玄風闡而無墜。其言曠，其意遠，其道博，其流深。斯固龍象之騰驤，鯤鵬之搏運。蹇乘決羽，[3]豈能觖望其間哉？頃代澆薄，[4]時無曠士，苟習小學，以化蒙心，漸染成俗，遂迷正路，唯競穿鑿，各肆營造，枝葉徒繁，本源日翳，一師解釋，復異一師，更改舊宗，各立新意，同學之中，取寤復別，如是展轉，添粫倍多。總而用之，心無的准；擇而行之，何者爲正？豈不渾沌傷竅，[5]嘉樹弊牙？[6]雖復人説非馬，[7]家握靈虵，[8]以無當之卮，同畫地之餅矣。其於失道，不亦宜乎？攝山之學，[9]則不如是。守一遵本，無改作之過；約文申意，杜臆斷之情。言無預説，理非宿構。覿緣爾乃應，見敵然後動。縱橫絡驛，忽怳杳冥。或彌綸而不窮，或消散而無所。焕乎有文章，蹤朕不可得；[10]深乎不可量，即事而非遠。凡相酬對，隨理詳覈。[11]有何嫉詐，干犯諸師？且諸師所説，爲是可毁？爲不可毁？若可毁者，毁故爲衰；若不可毁，毁自不及。法師何獨蔽護不聽毁乎？且教有大小，備在聖誥，大乘之文，[12]則指斥小道。今弘大法，寧得不言大乘之意耶？斯則褒貶之事，從弘放學；與奪之辭，依經議論。何得見佛説而信順，在我語而忤逆？無静平等心如是耶？且忿恚煩惱，[13]凡夫恒性，失理之徒，率皆有此。豈可以三修未愜，[14]六師懷恨，[15]而藴涅槃妙法，[16]永不宣揚？但冀其忿憤之心既極，恬淡之寤自成耳。人面不同，其心亦異，或有辭意相反，或有心口相符。豈得必謂他人説中道而心偏執，己行無静，外不違而内平等？讎敵鬥訟，豈我事焉；罪業聚集，鬥諍者所畏耳。

[1]龍樹：古代印度高僧。三論宗、真言宗始祖。有《中論》傳世。

[2]提婆：龍樹弟子。斯里蘭卡人，以智辨著稱。有《百論》傳世。

[3]蹇乘決羽：蹇，底本作"謇"。中華本校勘記云："據殿本改。按《文苑英華》七四七亦作'蹇'。"今從改。

[4]澆薄：指社會風氣浮薄。

[5]渾沌傷竅：比如自然淳樸的狀態因刻意追求聰明和有用的學識，反而受到損害。典出《莊子·應帝王》，謂古有中央之帝名"渾沌"，南海之帝儵與北海之帝忽爲報渾沌之德，曰："人皆有七竅以視聽食息。此獨無有，嘗試鑿之。"渾沌日鑿一竅，七日鑿成而渾沌死。

[6]嘉樹弊牙：指富於道理的學說因爲吸收攝入不當，而反遭損害。嘉樹，典出《吕氏春秋·本味》"餘瞀之南，南極之崖，有菜，其名曰嘉樹，其色若碧"，是一種美味的蔬菜，人食之而靈。弊牙，損害牙齒。

[7]人說非馬：指人人馳騁辯論的樣子。非馬，典出《公孫龍子·白馬》，公孫龍子提出"白馬非馬"的命題與人辯論，認爲"白馬"兼指色形，故其所指與"馬"不同。

[8]家握靈虵：形容各家皆有焕然亮麗的文章表達自己的觀點。靈虵，即靈蛇之珠。虵，同"蛇"。《淮南子·覽冥》高誘注："隋侯見大蛇傷斷，以藥敷之，後蛇於江中含大珠以報之，因曰隋侯之珠，蓋明月珠也。"靈蛇之珠後用來比喻美好的文才或文章。

[9]攝山之學：指佛教《三論》之學。攝山，即棲霞山，在今江蘇南京市東北。南齊初隱士明僧紹開始在山中招引僧侣，講經說法。後僧朗在此宣講《三論》之學，促成《三論》學在江南的復興，攝山也因此被視爲三論宗的祖庭。

[10]朕：迹象，徵兆。

[11]覈（hé）：檢查，核驗。

[12]大乘：佛教語。公元一世紀逐漸形成的佛教派別，主張利他，普度衆生。

[13]忿恚：怨恨。

[14]三修：佛教術語。有二説，一説謂無常、非樂、無我三修，一説謂常修、樂修、我修三者。此處即泛指佛法修爲。

[15]六師：佛教術語。佛陀時代印度佛教以外之其他學派的六位代表人物，分別是富蘭那迦葉、末伽黎拘賒黎、删闍夜毗羅胝、阿耆多翅舍欽婆羅、迦羅鳩馱旃延、尼犍陀若提子。此處泛指佛教之外的學説代表人物。

[16]涅槃：佛教術語。梵語的音譯，意譯爲“圓寂”“滅度”等。指滅切貪嗔癡的境界。因爲所有的煩惱已經滅絶，所以永不再輪回生死。

《無諍論》言：攝山大師誘進化導，則不如此，即習行於無諍者也。導悟之德既往，淳一之風已澆，[1]競勝之心，呵毀之曲，盛於兹矣。吾願息諍以通道，讓勝以忘德。何必排拂異家，生其恚怒者乎？若以中道之心行於《成實》，[2]亦能不諍；若以偏著之心説於《中論》，[3]亦得有諍。固知諍與不諍，偏在一法。答曰：攝山大師實無諍矣，但法師所賞，未衷其節。彼靜守幽谷，寂爾無爲，凡有訓勉，莫匪同志，從容語嘿，物無閒然，故其意雖深，其言甚約。今之敷暢，地勢不然。處王城之隅，居聚落之内，呼吸顧望之客，脣吻縱横之士，奮鋒穎，勵羽翼，明目張膽，被堅執鋭，騁異家，衒別解，[4]窺伺閒隙，邀冀長短，與相酬對，捔其輕重，[5]豈得默默無言，唯唯應命？必須掎摭同異，發擿玼瑕，忘身而弘道，忤俗而通教，以此爲病，益知未達。若令大師當此之地，亦何必默己，而爲法師所貴耶？法師又言：“吾願息諍以通道，讓勝以忘德。”道德之事，不止在諍與不諍，讓與不讓也。此語直是人間所重，法師慕而言之，竟未知勝若爲可讓也。若他人道高，則自勝不勞讓矣；他人道劣，則雖讓而無益矣。欲讓之辭，將非虚設？中道之心，無處不可。《成實》《三論》，何事致乖？但須息守株之解，除膠柱之意，[6]是事皆中也。來旨言“諍與不諍，偏在一法”。何爲獨褒無諍耶？詎非矛楯？

[1]淳一：淳樸統一。

[2]《成實》：佛教典籍。即《成實論》。古印度訶梨跋摩著，鳩摩羅什譯。成實即成就四諦（苦、集、滅、道）之意，提倡“人法二空”。

[3]《中論》：佛教典籍。龍樹著，鳩摩羅什譯。三論宗立宗《三論》之一。

[4]衒（xuàn）：炫耀，賣弄。

[5]捔（jué）：較量、角逐。

[6]膠柱：此喻指固執僵化、不知變通。

　　《無諍論》言：邪正得失，勝負是非，必生於心矣，非謂所說之法，而有定相論勝劣也。若異論是非，以偏著爲失言，無是無非，消彼得失，以此論爲勝妙者，他論所不及，此亦爲失也。何者？凡心所破，豈無心於能破，則勝負之心不忘，寧不存勝者乎？斯則矜我爲得，弃他之失，即有取捨，大生是非，便是增諍。答曰：言爲心使，心受言詮；[1]和合根塵，鼓動風氣，故成語也。事必由心，實如來説。至於心造僞以使口，口行詐以應心，外和而内險，言隨而意逆，求利養，引聲名，入道之人，在家之士，斯輩非一。聖人所以曲陳教誡，深致防杜，説見在之殃咎，[2]叙將來之患害，此文明著，甚於日月，猶有忘愛軀，冒峻制，蹈湯炭，甘薑粉，[3]必行而不顧也。豈能悦無諍之作，而回首革音耶？若弘道之人，宣化之士，[4]心知勝也，口言勝也，心知劣也，口言劣也，亦無所苞藏，亦無所忌憚，但直心而行之耳。他道雖劣，聖人之教也；己德雖優，亦聖人之教也。我勝則聖人勝，他劣則聖人劣。聖人之優劣，蓋根緣所宜爾。於彼於此，何所厚薄哉？雖復終日按劍，極夜擊柝，[5]瞋目以争得失，作氣以求勝負，在誰處乎？有心之與無心，徒欲分别虚空耳。何意不許我論説，而使我謙退？此謂鷦鷯已翔於寥廓，[6]而虞者猶窺藪澤而求之。[7]嗟乎！丈夫當弘斯道矣。

[1]言詮：用言語來解説。

[2]殃咎：灾禍。

[3]薑（jī）粉：碎成粉屑，喻指粉身碎骨。

[4]宣化：傳布教化。

[5]擊柝：巡夜時敲打梆子以警戒。

[6]鷦鷯已翔於寥廓：鷯，底本作“鵬”。中華本校勘記云：“張森楷校勘記云‘鵬’當作‘鷯’。按焦明，鳥名，後增鳥旁，張説是，今據改。”今從改。

[7]虞者：古代掌管山澤園囿的官員。《左傳》昭公二十年“十二月，齊侯田于沛，招虞人以弓，不進”，杜預注：“虞人，掌山澤之官。”

《無諍論》言：無諍之道，通於内外。子所言須諍者，此用末而救本，失本而營末者也。今爲子言之。何則？若依外典，尋書契之前，至淳之世，朴質其心，行不言之教，當于此時，民至老死不相往來，而各得其所，復有何諍乎？固知本末不諍，[1]是物之真矣。答曰：諍與無諍，不可偏執。本之與末，又安可知？由來不諍，寧知非末？於今而諍，何驗非本？夫居後而望前，則爲前；居前而望後，則爲後。而前後之事猶如彼此，彼呼此爲彼，此呼彼爲彼，彼此之名，的居誰處？以此言之，萬事可知矣。本末前後，是非善惡，可恒守邪？何得自信聰明，廢他耳目？夫水泡生滅，火輪旋轉，入牢穽，受羈紲，[2]生憂畏，起煩惱，其失何哉？不與道相應，而起諸見故也。相應者則不然，無爲也，無不爲也。善惡不能偕，而未曾離善惡，生死不能至，亦終然在生死，故得永離而任放焉。是以聖人念繞桎之不脱，愍黏膠之難離，故殷勤教示，備諸便巧。希向之徒，[3]涉求有類，雖驎角難成，象形易失，寧得不髴彿遐路，[4]勉勵短晨？

且當念己身之善惡，莫揣他物，而欲分別，而言我聰明，我知見，我計校，我思惟，以此而言，亦爲疏矣。他人者實難測，或可是凡夫真爾，亦可是聖人俯同，時俗所宜見，果報所應覩。安得肆胸衿，盡情性，而生譏誚乎？正應虛己而游乎世，俛仰於電露之閒耳。[5]明月在天，衆水咸見，清風至林，群籟畢響。吾豈逆物哉？不入鮑魚，[6]不甘腐鼠。[7]吾豈同物哉？誰能知我，共行斯路。浩浩乎！堂堂乎！豈復見有諍爲非，無諍爲是？此則諍者自諍，無諍者自無諍，吾俱取而用之。寧勞法師費功夫，點筆紙，但申於無諍；弟子疲脣舌，消晷漏，唯對於明道？戲論哉！糟粕哉！必欲且考真僞，蹔觀得失，[8]無過依賢聖之言，檢行藏之理，始終研究，表裏綜覈，使浮辭無所用，詐道自然消。請待後筵，以觀其妙矣。

[1]知本末不諍：末，底本作"來"。中華本校勘記云："據《文苑英華》四七四改。按此承上文'用末而救本，失本而營末'言，作'末'是。"今從改。

[2]羈絏：拘禁，束縛。

[3]希向：向慕。

[4]髣彿：好比，類似。　邇路：長路，遠途。

[5]俛仰：俯視和仰望。

[6]不入鮑魚：不入鮑魚之肆，比喻不同流合污。

[7]不甘腐鼠：不以腐敗的鼠肉爲美味，同樣比喻自身不同流合污。

[8]蹔：同"暫"。

　　尋以本官兼通直散騎侍郎使齊，[1]還除散騎侍郎、鎮南始興王諮議參軍，[2]兼東宮管記。歷太子庶子、僕，兼管記如故。後主即位，遷秘書監、右衛將軍，兼中書通事舍人，[3]掌詔誥。緯爲文典麗，性又敏速，雖軍國大事，下筆輒成，未嘗起草，沉思者亦無以加焉，甚爲後主所重。然性木彊，不持檢操，負才使氣，陵侮人物，朝士多銜之。[4]會施文慶、沈客卿以便佞親幸，[5]專制衡軸，[6]而緯益疏。文慶等因共譖緯受高驪使金，[7]後主收緯下獄。緯素剛，因憤恚，乃於獄中上書曰：“夫君人者，恭事上帝，子愛下民，省嗜慾，遠諂佞，未明求衣，日旰忘食，[8]是以澤被區宇，[9]慶流子孫。[10]陛下頃來酒色過度，不虔郊廟之神，專媚淫昏之鬼；小人在側，宦竪弄權，惡忠直若仇讎，視生民如草芥；後宮曳綺繡，厩馬餘菽粟，百姓流離，殭尸蔽野；貨賄公行，帑藏損耗，神怒民怨，衆叛親離。恐東南王氣，自斯而盡。”書奏，後主大怒。頃之，意稍解，遣使謂緯曰：“我欲赦卿，卿能改過不？”緯對曰：“臣心如面，臣面可改，則臣心可改。”後主於是益怒，令宦者李善慶窮治其事，[11]遂賜死獄中，時年五十五。有集十卷行於世。

　　[1]齊：此指北齊。

　　[2]鎮南：鎮南將軍。鎮東、鎮南、鎮西、鎮北、鎮前、鎮後、鎮左、鎮右八鎮將軍之一。多授予持節都督。陳擬二品，比秩中二千石。　始興王：爵名。陳叔陵封爵爲始興王。陳叔陵，字子嵩。陳宣帝駕崩時，趁亂行刺陳後主，逃出後聚兵謀反，兵敗被殺。本

書卷三六、《南史》卷六五有傳。

[3]中書通事舍人：官名。中書省屬官。掌收納、轉呈文書章奏，入直禁中。陳第八品。

[4]銜：懷恨。

[5]施文慶：吳興烏程（今浙江湖州市吳興區）人。《南史》卷七七有傳，本書卷三一有附傳。　沈客卿：吳興武康（今浙江德清縣）人。《南史》卷七七有傳，本書卷三一有附傳。

[6]衡軸：喻指中樞要職。

[7]高驪：亦作“高麗”。朝鮮歷史上的王朝。《周書》卷四九、《隋書》卷八一、《北史》卷九四有傳。

[8]旰（gàn）：晚，天色晚。

[9]區宇：天下，疆土。

[10]慶：福澤。

[11]李善慶：《南史》卷六九作“李善度”。

　　時有吳興章華，[1]字仲宗，家世農夫，至華獨好學，與士君子游處，頗覽經史，善屬文。侯景之亂，乃游嶺南，[2]居羅浮山寺，[3]專精習業。歐陽頠爲廣州刺史，[4]署爲南海太守。[5]及歐陽紇敗，乃還京師。太建中，高宗使吏部侍郎蕭引喻廣州刺史馬靖，[6]令入子爲質，引奏華與俱行。使還，而高宗崩。後主即位，朝臣以華素無伐閱，[7]競排詆之，乃除大市令，[8]既雅非所好，乃辭以疾，鬱鬱不得志。禎明初，[9]上書極諫，其大略曰：“昔高祖南平百越，[10]北誅逆虜；世祖東定吳會，[11]西破王琳；高宗克復淮南，[12]辟地千里：三祖之功，亦至勤矣。陛下即位，于今五年，不思先帝之艱難，不知天命之可畏，溺於嬖寵，惑於酒色，祠七廟而不出，拜妃嬪而臨軒，老臣宿將，棄之草莽，諂佞讒邪，昇之朝廷。今疆埸日蹙，隋軍壓境，陛下如不改絃易張，臣見麋鹿復游於姑蘇臺矣。"[13] 書奏，後主大怒，即日命斬之。

[1]章華：《南史》卷六九有附傳。

[2]嶺南：地區名。一作嶺外、嶺表。泛指五嶺以南地區，相當於今廣東、廣西兩省及越南北部一帶。

[3]羅浮山：山名。在今廣西欽州市西北。

[4]歐陽頠：字靖世，長沙臨湘（今湖南長沙市）人。以言行篤信著聞於嶺表。陳霸先稱帝，使其鎮守嶺南。以功官至都督廣交等十九州諸軍事、廣州刺史。陳文帝即位，進號征南將軍，封陽山郡公。本書卷九、《南史》卷六六有傳。 廣州：州名。治所在今廣東廣州市。

[5]南海：郡名。治所在今廣東廣州市。

[6]吏部侍郎：官名。尚書省吏部曹長官。主管官吏選任銓敘調動等事務。陳第四品，秩六百石。 蕭引：字叔休，蕭允弟。博學能文。官至建康令。本書卷二一、《南史》卷一八有附傳。

[7]伐閱：資歷、功績。

[8]大市令：官名。又做"太市令"。梁置，太府卿屬官，掌百族交易之事。

[9]禎明：南朝陳後主陳叔寶年號（587—589）。

[10]百越：中國古代南方越人的總稱。分布在今浙、閩、粵、桂等地，因部落衆多，故總稱百越。

[11]吳會：南北朝時吳郡（今江蘇蘇州市）和會稽郡（今浙江紹興市）的合稱。亦常用以泛指江南地區。

[12]淮南：地區名。泛指淮河以南地區。

[13]姑蘇臺：地名。又名"胥臺"，在今江蘇蘇州市西南姑蘇

山上。

史臣曰：蕭濟、陸瓊，俱以才學顯著，顧野王博極群典，傅縡聰警特達，立一代之英靈矣。然縡不能循道進退，遂寘極網，[1]悲夫！

[1]寘（zhì）：同“置”。

陳書　卷三一

列傳第二十五

蕭摩訶 子世廉 陳智深 陳禹　任忠 沈客卿 施文慶
樊毅 弟猛　魯廣達

　　蕭摩訶字元胤，[1]蘭陵人也。[2]祖靚，梁右將軍。[3]
父諒，梁始興郡丞。[4]摩訶隨父之郡，年數歲而父卒，
其姑夫蔡路養時在南康，[5]乃收養之。稍長，果毅有勇
力。侯景之亂，[6]高祖赴援京師，[7]路養起兵拒高祖，摩
訶時年十三，單騎出戰，軍中莫有當者。及路養敗，摩
訶歸于侯安都，[8]安都遇之甚厚，自此常隸安都征討。
及任約、徐嗣徽引齊兵爲寇，[9]高祖遣安都北拒齊軍於
鍾山龍尾及北郊壇。[10]安都謂摩訶曰：“卿驍勇有名，千
聞不如一見。”摩訶對曰：“今日令公見矣。”及戰，安
都墜馬被圍，摩訶獨騎大呼，直衝齊軍，齊軍披靡，因
稍解去，安都乃免。天嘉初，[11]除本縣令，以平留異、
歐陽紇之功，[12]累遷巴山太守。[13]

[1]蕭摩訶：《南史》卷六七亦有傳。

[2]蘭陵：郡名。治所在今江蘇常州市西北。

[3]右將軍：官名。漢朝設前、後、左、右將軍，位次上卿。時凡將軍，皆掌征伐。東晉南朝沿置，成爲軍府名號，用作加官。隋朝廢置。

[4]始興：郡名。治所在今廣東韶關市南武水西岸。　郡丞：官名。秦漢始置，是太守的副手。陳制，萬户郡丞第七品，萬户以下郡丞第八品，秩皆六百石。

[5]其姑夫蔡路養時在南康：中華本校勘記云：“殿本《考證》云‘姑’《南史》作‘姊’。按《元龜》八四七亦作‘姊’。”南康，郡名。治所在今江西贛州市西南。

[6]侯景：字萬景。原爲東魏大將，後叛至南朝梁，在梁發動叛亂，史稱“侯景之亂”。《梁書》卷五六、《南史》卷八〇有傳。

[7]高祖：陳武帝陳霸先廟號。陳霸先，字興國，吳興長城（今浙江長興縣東）人。南朝陳開國皇帝。本書卷一、卷二，《南史》卷九有紀。　京師：指梁都城建康，在今江蘇南京市。

[8]侯安都：字成師，始興曲江（今廣東韶關市南武水西岸）人。本書卷八、《南史》卷六六有傳。

[9]徐嗣徽：梁高平（今山東金鄉縣）人。《南史》卷六三有附傳。　齊：北齊（550—577）。東魏權臣高歡之子高洋所建北方政權。

[10]鍾山：即古金陵山，又稱紫金山，在今江蘇南京市。　北郊壇：國都北郊祭地的場所。

[11]天嘉：南朝陳文帝陳蒨年號（560—566）。

[12]留異：東陽長山（今浙江金華市）人。東陽當地土豪。陳文帝天嘉二年（561）詔侯安都討伐留異，兵敗逃至陳寶應處，後被送京師斬殺。本書卷三五、《南史》卷八〇有傳。　歐陽紇：字奉聖，長沙臨湘（今湖南長沙市）人。歐陽頠之子。本書卷九、《南史》卷六六有附傳。

[13]巴山：郡名。治所在今江西崇仁縣西南。

太建五年，[1]衆軍北伐，摩訶隨都督吳明徹濟江攻秦郡。[2]時齊遣大將尉破胡等率衆十萬來援，其前隊有“蒼頭”“犀角”“大力”之號，[3]皆身長八尺，膂力絶倫，其鋒甚鋭。又有西域胡，妙於弓矢，弦無虚發，衆軍尤憚之。及將戰，明徹謂摩訶曰：“若殪此胡，[4]則彼軍奪氣，君有關、張之名，[5]可斬顔良矣。”[6]摩訶曰：“願示其形狀，當爲公取之。”明徹乃召降人有識胡者，云胡著絳衣，[7]樺皮裝弓，兩端骨弭。[8]明徹遣人覘伺，[9]知胡在陣，乃自酌酒以飲摩訶。摩訶飲訖，馳馬衝齊軍，胡挺身出陣前十餘步，彀弓未發，[10]摩訶遥擲銑鋧，[11]正中其額，應手而仆。齊軍“大力”十餘人出戰，摩訶又斬之，於是齊軍退走。以功授明毅將軍、員外散騎常侍，[12]封廉平縣伯，[13]邑五百户。尋進爵爲侯，轉太僕卿，[14]餘如故。七年，又隨明徹進圍宿預，[15]擊走齊將王康德，[16]以功除晋熙太守。[17]九年，明徹進軍吕梁，[18]與齊人大戰，摩訶率七騎先入，手奪齊軍大旗，齊衆大潰。以功授持節、武毅將軍、譙州刺史。[19]

[1]太建：南朝陳宣帝陳頊年號（569—582）。

[2]都督：官名。都督諸州軍事的省稱。魏晋以來，都督諸州軍事多兼任駐地州刺史，爲地方軍政長官。無固定品級，多帶將軍名號。　吳明徹：字通昭，秦郡（今江蘇南京市六合區西北）人。本書卷九、《南史》卷六六有傳。

[3]“蒼頭”“犀角”“大力”之號：軍中營號。成員皆爲孔武

有力的精銳士卒。

　　[4]殪（yì）：殺死。

　　[5]關、張：關羽、張飛。

　　[6]顏良：東漢末年袁紹部將。

　　[7]著：底本作“箸”。按，刻本文字從草與從竹常有混用的情況。今徑改之，本卷以下不再出校。

　　[8]骨弭：弓兩端的骨制裝飾品。弭，弓末彎曲處。

　　[9]覘（chān）伺：偵查窺探。

　　[10]彀（gòu）弓：拉弓使之張滿。

　　[11]銑（xǐ）鋧（xiàn）：小矛。

　　[12]明毅將軍：官名。爲十明將軍之一。梁武帝時置，陳擬六品，比秩千石。　員外散騎常侍：官名。三國魏末置，初爲散騎常侍之員外的添差，無員數，後發展爲定員官。多用以安置閑散官員，地位較低。陳第四品，秩二千石。

　　[13]廉平：縣名。治所在今廣東清新縣西北。　縣伯：爵名。開國縣伯的省稱。食邑爲縣，陳置爲九等爵之第四等，第四品，秩視中二千石。

　　[14]太僕卿：官名。起先爲“太僕”的尊稱。至梁始定爲正式官名，位列十二卿。管理皇室車馬及畜牧事。十班。陳第三品，秩中二千石。

　　[15]宿預：郡名。治所在今江蘇宿遷市東南舊黃河東北岸古城。

　　[16]王康德：代（今河北蔚縣東北）人，仕北齊，封新蔡郡王。《北齊書》卷一九有附傳。

　　[17]晋熙：郡名。治所在今安徽潜山縣。

　　[18]吕梁：古城名。在今江蘇銅山縣東南。

　　[19]持節：官名。漢代官員奉皇帝之命出行，以持節作爲一種憑證並宣示威嚴。魏晋以後，持節演變爲加官銜。持節有使持節、持節和假節三種情況。軍事長官持節出行，可殺無官位者；在軍事

行動中，可誅殺二千石以下官員。　武毅將軍：官名。陳擬六品，比秩千石。　譙州：州名。治所在今安徽滁州市。

　　及周武帝滅齊，[1]遣其將宇文忻率衆爭呂梁，[2]戰於龍晦。時忻有精騎數千，摩訶領十二騎深入周軍，縱橫奮擊，斬馘甚衆。[3]及周遣大將軍王軌來赴，[4]結長圍連鏁於呂梁下流，斷大軍還路。摩訶謂明徹曰：「聞王軌始鏁下流，其兩頭築城，今尚未立，公若見遣擊之，彼必不敢相拒。水路未斷，賊勢不堅，彼城若立，則吾屬且爲虜矣。」明徹乃奮髯曰：「搴旗陷陣，將軍事也；長筭遠略，老夫事也。」摩訶失色而退。一旬之間，[5]周兵益至，摩訶又請於明徹曰：「今求戰不得，進退無路，若潛軍突圍，未足爲恥。願公率步卒，乘馬譽徐行，[6]摩訶領鐵騎數千，驅馳前後，必當使公安達京邑。」明徹曰：「弟之此計，乃良圖也。然老夫受脈專征，[7]不能戰勝攻取，今被圍逼蹙，慙實無地。[8]且步軍既多，吾爲總督，[9]必須身居其後，相率兼行。弟馬軍宜須在前，不可遲緩。」摩訶因率馬軍夜發。先是，周軍長圍既合，又於要路下伏數重，摩訶選精騎八十，率先衝突，自後衆騎繼焉，比旦達淮南。[10]高宗詔徵還，[11]授右衛將軍。[12]十一年，周兵寇壽陽，[13]摩訶與樊毅等衆軍赴援，無功而還。

　　[1]周武帝：北周皇帝宇文邕，廟號高祖，北朝北周第三任皇帝。《周書》卷五、卷六，《北史》卷一〇有紀。

　　[2]宇文忻：字仲樂，北周大司空宇文貴之子。《北史》卷

六〇有附傳。

[3]斬馘（guó）：古代戰爭時割下所殺敵人或俘虜的左耳用來按數記功。

[4]大將軍：勳官名。爲北周十一等勳官之第四等，無實際職掌。正九命。　王軌：太原祁（今山西祁縣）人。《周書》卷四〇、《北史》卷六二有傳。

[5]一旬之間：林礽乾《陳書異文考證》謂《南史》卷六七《蕭摩訶傳》、《通鑑》卷一七三“一旬之間”下有“水路遂斷”四字，與上文“水路未斷”相承，今本書各本無“水路遂斷”四字，疑是後世傳刻所訛奪（文史哲出版社 1979 年版，第 238 頁）。按，本書各本無“水路遂斷”四字，未必是傳刻有脫訛，史書叙述異辭耳。然可兩相存參。

[6]馬轝（yú）：馬車。轝，古同“輿”。

[7]受脤（shèn）：古代出兵征戰前需舉行祭祀。祭祀完畢，把祭肉頒賜衆人，謂之受脤。脤，祭祀所用的肉。

[8]寘（zhì）：同“置”。

[9]總督：南北朝時期統兵將領之通稱。

[10]淮南：郡名。治所在今安徽當塗縣。

[11]高宗：陳宣帝陳頊廟號。陳頊，字紹世。南朝陳第三任皇帝。本書卷五、《南史》卷一〇有紀。

[12]右衛將軍：官名。是禁衛軍的主要統帥之一，職權較大，多由皇帝親信擔任。南朝後期，其職亦可統兵出征。陳第三品，秩二千石。

[13]壽陽：縣名。治所在今安徽壽縣。

十四年，高宗崩，始興王叔陵於殿內手刃後主，[1]傷而不死，叔陵奔東府城。[2]時衆心猶預，莫有討賊者，東宮舍人司馬申啓後主，[3]馳召摩訶，入見受救，乃率馬步數百，先趣東府城西門屯軍。叔陵惶遽，自城南門而出，摩訶勒兵追斬之。以功授散騎常侍、車騎大將軍，[4]封綏建郡公，[5]邑三千户。叔陵素所蓄聚金帛累巨萬，後主悉以賜之。尋改授侍中、驃騎大將軍，[6]加左光禄大夫。[7]舊制三公黄閣聽事置鴟尾，[8]後主特賜摩訶開黄閣，門施行馬，聽事寢堂竝置鴟尾。仍以其女爲皇太子妃。

[1]始興王叔陵：陳叔陵。字子嵩，陳宣帝陳頊次子，封始興郡王。本書卷三六、《南史》卷六五有傳。　後主：南朝陳後主陳叔寶。字元秀，陳宣帝陳頊嫡長子。南朝陳最後一任皇帝。本書卷六、《南史》卷一〇有紀。

[2]東府城：古城名。在今江蘇南京市通濟門附近，南臨秦淮河。

[3]東宮舍人：據本書卷二九《司馬申傳》，“東宮舍人”當爲“東宮通事舍人”的省稱。東宮通事舍人，官名。職掌皇太子令旨的宣傳和東宮內外啓奏事宜。陳第九品。　司馬申：字季和，河內溫縣（今河南溫縣）人。本書卷二九、《南史》卷七七有傳。

[4]以功授散騎常侍、車騎大將軍：本書卷六《後主紀》作“車騎將軍”。散騎常侍，官名。集書省長官。職掌侍從皇帝左右，應對顧問，獻納得失。陳第三品，秩中二千石。車騎大將軍，官名。多用之加賜元老重臣，以示尊崇。陳擬一品，比秩中二千石。

[5]封綏建郡公：建，底本作“遠”。中華本校勘記云：“據《南史》改。按南朝宋置綏建郡，《隋志》南海郡四會縣下小注云‘舊置綏建郡’。”今從改。綏建，郡名。治所在今廣東廣寧縣南。郡公，爵名。開國郡公的省稱。在陳爲九等爵之第二等，第二品，秩視中二千石。

[6]尋改授侍中、驃騎大將軍：中華本校勘記云：“按《後主

紀》作‘驃騎將軍’。”林礽乾《陳書異文考證》云：“按各本作‘驃騎大將軍’有誤。據卷六《後主紀》，禎明元年八月丁未，蕭摩訶由車騎將軍進爲驃騎將軍。九月乙亥，豫章王叔英由驃騎將軍進號驃騎大將軍。同年十月丁亥，叔英以驃騎大將軍兼司徒，自是終陳之亡，豫章王叔英皆爲驃騎大將軍。是時豫章王叔英既爲驃騎大將軍，則蕭摩訶不得同時爲驃騎大將軍可知。且驃騎大將軍爲宰執之加銜，陳多以皇弟皇子爲司徒者乃加焉，如廢帝即位，安成王頊拜司徒，進號驃騎大將軍、録尚書、都督中外諸軍事（見卷五《宣帝紀》）及後主禎明元年十一月丁亥，驃騎大將軍豫章王叔英兼司徒即是。蕭摩訶特陳之虎將耳，雖頻戰建功，得授爲驃騎將軍，然位非司徒，未得爲驃騎大將軍。明此各本作‘驃騎大將軍’者有誤，當從《後主紀》作‘驃騎將軍’爲是。”（第239頁）說是，當從。侍中，官名。原以侍奉禁中得名。南朝齊、梁以來，爲門下省長官。職掌奏事，侍奉皇帝左右，應對顧問等，是中樞重職。陳第三品，秩中二千石。驃騎大將軍，官名。位僅次於大將軍。多用之加賜元老重臣，以示尊崇。陳擬一品。驃騎將軍，官名。魏、晉居諸名號將軍之首，僅作爲軍府名號，加授大臣、重要州郡長官，無具體職掌。

[7]左光禄大夫：官名。屬光禄勳。多作爲加官，或致仕、卒後的封贈官。無實際職掌。陳第二品，秩中二千石。

[8]黄閣：漢代承相、太尉以及後世的三公官署爲有别於天子制度，避用朱門，而代之以黄漆著色，故稱。　鴟（chī）尾：中國古代宮殿屋脊兩端的裝飾性構件。

會隋總管賀若弼鎮廣陵，[1]窺覦江左，[2]後主委摩訶備禦之任，授南徐州刺史，[3]餘竝如故。禎明三年正月元會，[4]徵摩訶還朝，賀若弼乘虛濟江，襲京口，[5]摩訶請兵逆戰，後主不許。及弼進軍鍾山，[6]摩訶又請曰

“賀若弼懸軍深入，聲援猶遠，且其壘壍未堅，人情惶懼，出兵掩襲，必大克之”，後主又不許。及隋軍大至，將出戰，後主謂摩訶曰：“公可爲我一決。”摩訶曰：“從來行陣，爲國爲身，今日之事，兼爲妻子。”後主多出金帛，頒賞諸軍，令中領軍魯廣達陳兵白土崗，[7]居衆軍之南偏，鎮東大將軍任忠次之，[8]護軍將軍樊毅、都官尚書孔範次之，[9]摩訶軍最居北，衆軍南北亘二十里，首尾進退，各不相知。賀若弼初謂未戰，將輕騎，登山觀望形勢，及見衆軍，因馳下置陣。廣達首率所部進薄，弼軍屢却，俄而復振，更分軍趣北突諸將，孔範出戰，兵交而走，諸將支離，陣猶未合，騎卒潰散，駐之弗止，摩訶無所用力焉，爲隋軍所執。[10]

[1]總管：官名。北周明帝時由“都督諸州軍事”改名而來，管理轄區軍政民生，爲當地的最高軍事行政長官。至隋因之。其品秩分爲三等：上總管爲從二品，中總管爲正三品，下總管爲從三品。　賀若弼：字輔伯，河南洛陽（今河南洛陽市東北）人，賀若敦子。《隋書》卷五二有傳，《北史》卷六八有附傳。　廣陵：郡名。治所在今江蘇揚州市西北。

[2]江左：即江東。古人在地理上以西爲右，以東爲左。其地本指今安徽蕪湖市、江蘇南京市長江河段以東的地區。但因爲陳定都建康（今江蘇南京市），故此處以江左代指陳。

[3]南徐州：州名。治所在今江蘇鎮江市。

[4]禎明：南朝陳後主陳叔寶年號（587—589）。　元會：皇帝於元旦朝見群臣。

[5]京口：地名。在今江蘇鎮江市。

[6]及弼進軍鍾山：弼，底本原作“若弼”。中華本校勘記云：

"按賀若複姓，弼姓賀若，此當單舉其名，明衍'若'字，今删。"今從删。

[7]中領軍：官名。職掌京師的禁軍與駐軍。陳第二品，秩中二千石。

[8]鎮東大將軍：官名。較鎮東將軍進一階。鎮東將軍，八鎮將軍之一。陳擬二品，比秩中二千石。

[9]護軍將軍：官名。職掌都護京師以外諸軍，權任頗重。陳第三品，秩中二千石。　都官尚書：官名。尚書省都官曹長官。陳第三品，秩中二千石。　孔範：字法言，會稽山陰（今浙江紹興市）人。《南史》卷七七有傳。

[10]摩訶無所用力焉，爲隋軍所執：據《南史》卷六七《蕭摩訶傳》記載："後主通於摩訶之妻，故摩訶雖領勁兵八千，初無戰意，唯魯廣達、田端以其徒力戰。"本書所記缺，蓋爲陳後主及蕭摩訶避諱。

及京城陷，賀若弼置後主於德教殿，令兵衛守，摩訶請弼曰："今爲囚虜，命在斯須，願得一見舊主，死無所恨。"弼哀而許之。摩訶入見後主，俯伏號泣，仍於舊厨取食而進之，辭訣而出，守衛者皆不能仰視。其年入隋，授開府儀同三司。[1]尋從漢王諒詣并州，[2]同諒作逆，伏誅，時年七十三。

[1]開府儀同三司：官名。三國魏始置，爲大臣加號，意謂與太尉、司徒、司空"三司"的禮制、待遇相同，允許開府設署，自置僚屬。在隋爲散官名號，初爲正四品上；煬帝大業三年（607）改爲從一品。

[2]漢王諒：楊諒。字德章，又名傑。隋文帝楊堅第五子，封漢王。文帝死後，起兵謀反，事敗投降，被廢爲庶人。《北史》卷

七一、《隋書》卷四五有傳。　并州：州名。治所在今四川宣漢縣東北，一説在今四川萬源縣南。

　　摩訶訥於語言，恂恂長者，[1]至於臨戎對寇，志氣奮發，所向無前。年未弱冠，[2]隨侯安都在京口，性好射獵，無日不畋游。及安都東征西伐，戰勝攻取，摩訶功寔居多。

　　[1]恂恂：温和恭謹的樣子。
　　[2]弱冠：指男子二十歲。古時男子於二十歲行冠禮，以爲此時身體猶未長成壯碩，故稱“弱冠”。

　　子世廉，[1]少警俊，敢勇有父風。性至孝，及摩訶凶終，服闋後，[2]追慕彌切。其父時賓故脱有所言及，世廉對之，哀慟不自勝，言者爲之歔欷。終身不執刀斧，時人嘉焉。

　　[1]世廉：《南史》卷六七亦有附傳。
　　[2]服闋：指守喪期滿除服。

　　摩訶有騎士陳智深者，[1]勇力過人，以平叔陵之功，爲巴陵内史。[2]摩訶之戮也，其妻子先已籍没，智深收摩訶屍，手自殯斂，哀感行路，君子義之。

　　[1]陳智深：《南史》卷六七亦有附傳。
　　[2]巴陵：郡名。治所在今湖南岳陽市。　内史：官名。職掌

地方民政，如郡太守。在陳萬户以上郡爲第六品，不滿萬户郡爲第七品。

　　潁川陳禹，[1]亦隨摩訶征討，聰敏有識量，涉獵經史，解風角、兵書，頗能屬文，[2]便騎射，官至王府諮議。[3]

　　[1]潁川：郡名。治所在今河南許昌市。　陳禹：《南史》卷六七亦有附傳。

　　[2]風角：古代占卜的一種方式，利用五音卜占四方之風以預測吉凶禍福。

　　[3]諮議：官名。“諮議參軍事”的省稱。在此爲王公府屬官，職掌謀劃左右，參議庶事。隋正五品上。

　　任忠字奉誠，[1]小名蠻奴，汝陰人也。[2]少孤微，不爲鄉黨所齒。及長，譎詭多計略，膂力過人，尤善騎射，州里少年皆附之。梁鄱陽王蕭範爲合州刺史，[3]聞其名，引置左右。侯景之亂，忠率鄉黨數百人，隨晉熙太守梅伯龍討景將王貴顯於壽春，[4]每戰却敵。會土人胡通聚衆寇抄，[5]範命忠與主帥梅思立并軍討平之。仍隨範世子嗣率衆入援，[6]會京城陷，旋戍晉熙。侯景平，授蕩寇將軍。[7]

　　[1]任忠：《南史》卷六七亦有傳。
　　[2]汝陰：郡名。治所在今安徽阜陽市。
　　[3]蕭範：字世儀，梁鄱陽忠烈王蕭恢世子，嗣爵爲王。《梁書》卷二二、《南史》卷五二有附傳。　合州：州名。治所在今安

徽合肥市。

　　[4]隨晉熙太守梅伯龍討景將王貴顯於壽春：中華本校勘記云：
"按‘王貴顯’《梁書·侯景傳》及《通鑑》梁武帝太清二年、三
年並作‘王顯貴’。"壽春，縣名。治所在今安徽壽縣。

　　[5]寇抄：劫掠。

　　[6]世子嗣：蕭嗣，字長胤。《梁書》卷二二、《南史》卷五二
有附傳。

　　[7]蕩寇將軍：官名。陳擬九品，比秩四百石。

　　王琳立蕭莊，[1]署忠爲巴陵太守。琳敗還朝，遷明
毅將軍、安湘太守，[2]仍隨侯瑱進討巴、湘。[3]累遷豫寧
太守、衡陽內史。[4]華皎之舉兵也，[5]忠預其謀。及皎
平，高宗以忠先有密啓於朝廷，釋而不問。太建初，隨
章昭達討歐陽紇於廣州，[6]以功授直閤將軍。[7]遷武毅將
軍、廬陵內史，[8]秩滿，入爲右軍將軍。[9]

　　[1]王琳：字子珩，會稽山陰（今浙江紹興市）人。《北齊書》
卷三二、《南史》卷六四有傳。　蕭莊：梁元帝蕭繹孫，武烈太子
蕭方等子。初封永嘉王，後爲王琳扶立，於郢州即帝位，改元天
啓。王琳兵敗，逃入北齊，受封梁王。《南史》卷五四有附傳。

　　[2]明毅將軍：官名。爲十明將軍之一。梁武帝時置。陳擬六
品，比秩千石。　安湘：郡名。即南安湘郡，治所在今湖南華容
縣東。

　　[3]侯瑱：字伯玉，巴西充國（今四川閬中市）人，侯弘遠
子。本書卷九、《南史》卷六六有傳。　巴：州名。治所在今湖南
岳陽市。　湘：州名。治所在今湖南長沙市。

　　[4]豫寧：郡名。治所在今江西武寧縣西。　衡陽：郡名。治
所在今湖南株洲市西南。

[5]華皎：晋陵暨陽（今江蘇江陰市東南）人。本書卷二〇、《南史》卷六八有傳。

[6]章昭達：字伯通，吳興武康（今浙江德清縣）人。本書卷一一、《南史》卷六六有傳。　廣州：地名，治所在今廣東廣州市。

[7]直閣將軍：官名。爲皇帝左右侍衛之官，職務顯要。命品不詳。

[8]廬陵：郡名。治所在今江西吉水縣東北。

[9]右軍將軍：官名。與前、左、右軍將軍合稱四軍將軍，各領營兵，職掌皇宮宿衛。陳第五品，秩千石。

　　五年，衆軍北伐，忠將兵出西道，擊走齊歷陽王高景安於大峴，[1]逐北至東關，[2]仍克其東西二城。進軍蘄、譙，[3]並拔之。徑襲合肥，[4]入其郛。[5]進克霍州。[6]以功授員外散騎常侍，封安復縣侯，[7]邑五百户。吕梁之喪師也，忠全軍而還。尋詔忠都督壽陽、新蔡、霍州緣淮衆軍，[8]進號寧遠將軍、霍州刺史。[9]入爲左衛將軍。[10]十一年，加北討前軍事，進號平北將軍，[11]率衆步騎趣秦郡。十二年，遷使持節、散騎常侍、都督南豫州諸軍事、平南將軍、南豫州刺史，[12]增邑并前一千五百户。仍率步騎趣歷陽。周遣王延貴率衆爲援，忠大破之，生擒延貴。後主嗣位，進號鎮南將軍，[13]給鼓吹一部。[14]入爲領軍將軍，[15]加侍中，改封梁信郡公，[16]邑三千户。出爲吳興内史，[17]加秩中二千石。

[1]歷陽：郡名。治所在今安徽和縣。　大峴（xiàn）：古城名。在今安徽含山縣東北大峴山上。

[2]東關：古城名。在今安徽含山縣西南東關鎮西北。

〔3〕進軍蘄、譙：蘄，底本作"斬"。中華本校勘記云："'蘄'原訛'斬'，據北監本、汲本、殿本改正。按南監本'蘄'作'舒'，訛。"今從改。蘄（qí），州名。治所在今湖北蘄春縣西北。譙，譙州。

〔4〕合肥：縣名。治所在今安徽合肥市西。

〔5〕郛（fú）：古城的外圍城牆。

〔6〕霍州：州名。治所在今安徽霍山縣。

〔7〕安復：縣名。治所在今江西安福縣西。　縣侯：爵名。開國縣侯的省稱。南朝陳置爲九等爵第三等，第三品。

〔8〕新蔡：縣名。南朝梁僑置，治所在今安徽霍山縣東北。

〔9〕寧遠將軍：官名。五遠將軍之一。屬加官或散官。陳擬五品，比秩千石。

〔10〕左衛將軍：官名。禁衛軍主要統帥之一，多由皇帝親信擔任，責權很重。陳第三品，秩二千石。

〔11〕平北將軍：官名。平東、平南、平西、平北四平將軍之一。多授予持節都督或監某一地區的軍事，或作爲刺史監理軍務的加官。陳擬三品，比秩中二千石。

〔12〕使持節：官名。漢代官員奉皇帝之命出行，以持節作爲一種憑證並宣示威嚴。魏晉以後，持節演變爲加官銜。持節有使持節、持節和假節三種情況。使持節可以誅殺二千石以下官員。　都督南豫州諸軍事：官名。即都督諸州軍事，簡稱都督。魏晉以來，都督諸州軍事多兼任駐地州刺史，爲地方軍政長官。無固定品級，多帶將軍名號。南豫州，州名。治所在今安徽當塗縣。　平南將軍：官名。平東、平南、平西、平北四平將軍之一。多授予持節都督或監某一地區的軍事，或作爲刺史監理軍務的加官。陳擬三品，比秩中二千石。

〔13〕鎮南將軍：官名。鎮東、鎮南、鎮西、鎮北四鎮將軍之一。多授予持節都督。陳擬二品，比秩中二千石。

〔14〕鼓吹：演奏鼓吹樂的樂隊。本用於軍中，後發展成爲一種

儀仗形式，作爲朝廷的禮遇，用來頒賜有功大臣。

[15]領軍將軍：官名。禁軍的最高統帥。陳第三品，秩中二千石。

[16]改封梁信郡公：梁信，底本作“梁信都”。中華本據《南史》删，今從删。梁信，郡名。治所在今廣東封開縣。

[17]吴興：郡名。治所在今浙江湖州市吴興區。

　　及隋兵濟江，忠自吴興入赴，屯軍朱雀門。[1]後主召蕭摩訶以下於内殿定議，忠執議曰：“兵家稱客主異勢，客貴速戰，主貴持重。宜且益兵堅守宫城，遣水軍分向南豫州及京口道，斷寇糧運。待春水長，上江周羅睺等衆軍，必沿流赴援，此良計矣。”[2]衆議不同，因遂出戰。及敗，忠馳入臺見後主，言敗狀，啓云：“陛下唯當具舟楫，就上流衆軍，臣以死奉衛。”後主信之，敕忠出部分，忠辭云：“臣處分訖，即當奉迎。”後主令宫人裝束以待忠，久望不至。隋將韓擒虎自新林進軍，[3]忠乃率數騎往石子崗降之，[4]仍引擒虎軍共入南掖門。臺城陷，[5]其年入長安，[6]隋授開府儀同三司。卒，時年七十七。子幼武，官至儀同三司。[7]

[1]朱雀門：又名大航門。在今江蘇南京市中華門内的秦淮河北岸。

[2]“兵家稱客主異勢”至“此良計矣”：《南史》卷六七《任忠傳》載任忠所言與此不同，《南史》所載爲：“兵法客貴速戰，主貴持重。今國家足食足兵，宜固守臺城，緣淮立栅。北軍雖來，勿與交戰，分兵斷江路，無令彼信得通。給臣精兵一萬，金翅三百艘，下江徑掩六合。彼大軍必言其度江將士已被獲，自然挫氣。淮

南土人，與臣舊相知悉，今聞臣往，必皆景從。臣復揚聲欲往徐州，斷彼歸路，則諸軍不擊而自去。待春水長，上江周羅睺等衆軍，必沿流赴援，此良計矣。”可補本書所記史實之缺。周羅睺，又作“周羅睺”。字公布，九江潯陽（今江西九江市）人。陳朝名將。《北史》卷七六、《隋書》卷六五有傳。

[3]韓擒虎：字子通，河南東垣（今河南新安縣）人。《隋書》卷五二有傳。　新林：古水道。又名新林浦、新林港。在今江蘇南京市西南。

[4]石子崗：即石子岡。又稱聚寶山。在今江蘇南京市南，聚寶門外。

[5]臺城：在今江蘇南京市雞鳴山南。

[6]長安：縣名。治所在今陝西西安市北。

[7]儀同三司：官名。三國魏始置，爲大臣加號，意謂與太尉、司徒、司空“三司”的儀制待遇相同。原爲皇帝恩賜三司以下官員的一種特殊榮寵，後來因授予範圍不斷擴大，逐漸成爲散官號。

　　時有沈客卿者，[1]吳興武康人，[2]性便佞忍酷，[3]爲中書舍人，[4]每立異端，唯以刻削百姓爲事，由是自進。有施文慶者，[5]吳興烏程人，[6]起自微賤，有吏用，後主拔爲主書，[7]遷中書舍人，俄擢爲湘州刺史。未及之官，會隋軍來伐，四方州鎮，相繼以聞。文慶、客卿俱掌機密，外有表啓，皆由其呈奏。文慶心悦湘州重鎮，冀欲早行，遂與客卿共爲表裏，抑而不言，後主弗之知也，遂以無備，至乎敗國，寔二人之罪。隋軍既入，竝戮之於前闕。

　　[1]沈客卿：《南史》卷七七亦有傳。

　　[2]武康：縣名。治所在今浙江德清縣。

　　[3]便佞：形容人阿諛逢迎，巧言善辯。

　　[4]中書舍人：官名。原名中書通事舍人，梁、陳去“通事”二字，而徑稱“中書舍人”。職掌收納、轉呈章奏事宜。陳第八品。

　　[5]施文慶：《南史》卷七七有傳。

　　[6]烏程：縣名。治所在今浙江湖州市吳興區。

　　[7]主書：官名。職掌文書檔案。在陳品秩不詳。

　　樊毅字智烈，[1]南陽湖陽人也。[2]祖方興，梁散騎常侍、仁威將軍、司州刺史、[3]魚復縣侯。[4]父文熾，梁散騎常侍、信武將軍、益州刺史、新蔡縣侯。[5]毅累葉將門，[6]少習武善射。侯景之亂，毅率部曲隨叔父文皎援臺。文皎於青溪戰歿，[7]毅將宗族子弟赴江陵，仍隸王僧辯，[8]討河東王蕭譽，[9]以功除假節、威戎將軍、右中郎將。[10]代兄俊爲梁興太守，[11]領三州游軍，隨宜豐侯蕭循討陸納於湘州。[12]軍次巴陵，營頓未立，納潛軍夜至，薄營大譟，[13]營中將士皆驚擾，毅獨與左右數十人，當營門力戰，斬十餘級，擊鼓申命，衆乃定焉。以功授持節、通直散騎常侍、貞威將軍，[14]封夷道縣伯，[15]食邑三百户。尋除天門太守，[16]進爵爲侯，增邑并前一千户。及西魏圍江陵，[17]毅率兵赴援，會江陵陷，爲岳陽王所執，[18]久之遁歸。

　　[1]樊毅：《南史》卷六七亦有傳。

　　[2]南陽：郡名。治所在今河南南陽市。　　湖陽：縣名。治所在今河南唐河縣西南。

　　[3]仁威將軍：官名。南朝陳五威將軍之一。擬四品，比秩中

二千石。　司州：州名。治所在今湖北孝感市北。

　　[4]魚復：縣名。治所在今重慶市奉節縣東。

　　[5]信武將軍：官名。南朝陳五武將軍之一。擬四品，比秩中二千石。　益州：州名。治所在今四川成都市。

　　[6]累葉：累世。

　　[7]青溪：亦作清溪，在今江蘇南京市東。

　　[8]王僧辯：字君才，太原祁（今山西祁縣）人。《梁書》卷四五有傳，《南史》卷六三有附傳。

　　[9]河東：郡名。治所在今湖北松滋市西北。　蕭譽：字重孫。梁昭明太子蕭統次子。受封河東郡王。《梁書》卷五五有傳，《南史》卷五三有附傳。

　　[10]**假節：官名。漢代官員奉皇帝之命出行，以持節作爲一種憑證並宣示威嚴。魏晉以後，持節演變爲加官銜。持節有使持節、持節和假節三種情況。軍事長官假節，可誅殺犯軍令之人。**　威戎將軍：官名。**陳擬八品，比秩六百石。**　右中郎將：官名。**與左中郎將一起，職掌侍衛左右，是皇帝的近衛侍從武官。陳第五品，秩千石。**

　　[11]梁興：郡名。治所在今安徽臨泉縣南。

　　[12]宜豐：縣名。治所在今江西宜豐縣北。

　　[13]薄：迫近。

　　[14]貞威將軍：官名。陳擬七品，比秩六百石。

　　[15]夷道：縣名。治所在今湖北枝江市西北。

　　[16]天門：郡名。治所在今湖南石門縣。

　　[17]西魏：公元535年，宇文泰擁立孝文帝孫元寶炬爲帝，都長安（今陝西西安市西北），其政權史稱西魏。

　　[18]岳陽王：即蕭詧。字理孫，梁昭明太子蕭統第三子。受封岳陽王。後被西魏立爲梁主。《周書》卷四八、《北史》卷九三有傳。岳陽，郡名。治所在今湖南汨羅市東。

　　高祖受禪，毅與弟猛舉兵應王琳，琳敗奔齊，太尉侯瑱遣使招毅，毅率子弟部曲還朝。天嘉二年，授通直散騎常侍，仍隨侯瑱進討巴、湘。累遷武州刺史。[1] 太建初，轉豐州刺史，[2] 封高昌縣侯，[3] 邑一千戶。入爲左衛將軍。五年，衆軍北伐，毅率衆攻廣陵楚子城，[4] 拔之，擊走齊軍於潁口，[5] 齊援滄陵，[6] 又破之，七年，進克潼州、下邳、高柵等六城。[7] 及呂梁喪師，詔以毅爲大都督，進號平北將軍，率衆渡淮，對清口築城，[8] 與周人相抗，霖雨城壞，毅全軍自拔。尋遷中領軍。十一年，周將梁士彥將兵圍壽陽，[9] 詔以毅爲都督北討前軍事，[10] 率水軍入焦湖。[11] 尋授鎮西將軍、都督荊郢巴武四州水陸諸軍事。[12] 十二年，進督沔、漢諸軍事，以公事免。十三年，徵授中護軍。[13] 尋遷護軍將軍、荊州刺史。

　　[1]武州：州名。治所在今湖南常德市。

　　[2]豐州：州名。治所在今福建福州市。

　　[3]高昌：縣名。治所在今江西泰和縣西北。

　　[4]楚子城：古城名。在今湖北隨州市東。

　　[5]潁口：古地名。潁水入淮口。在今安徽潁上縣東南。

　　[6]滄陵：縣名。治所在今河南淅川縣西南。

　　[7]潼州：州名。治所在今安徽靈璧縣東北。　　下邳：縣名。治所在今江蘇睢寧縣西北。　　高柵：古城名。地名無考。

　　[8]清口：即泗口、淮泗口。古泗水入淮口。在今江蘇淮安市淮陰區西南。

　　[9]梁士彥：字相如，安定烏氏（今甘肅涇川縣東北）人。《周書》卷三一、《北史》卷七三、《隋書》卷四〇有傳。

[10]詔以毅爲都督北討前軍事：中華本校勘記云：“按《宣帝紀》，毅於是年爲督都北討諸軍事，《通鑑》同，爲都督北討前軍事者乃任忠，非樊毅。此‘前’字，當作‘諸’。”

[11]焦湖：即巢湖。

[12]鎮西將軍：官名。鎮東、鎮南、鎮西、鎮北四鎮將軍之一。多授予持節都督。陳擬二品，比秩中二千石。　荊：州名。治所在今湖北公安縣。　郢（yǐng）：州名。治所在今湖北武漢市武昌區。

[13]中護軍：官名。職掌都護京師以外的地方軍隊。陳第三品，秩中二千石。

　　後主即位，進號征西將軍，[1]改封逍遥郡公，[2]邑三千户，餘竝如故。入爲侍中、護軍將軍。及隋兵濟江，毅謂僕射袁憲曰：[3]“京口、採石，[4]俱是要所，各須鋭卒數千，金翅二百，[5]都下江中，上下防捍。如其不然，大事去矣。”諸將咸從其議。會施文慶等寢隋兵消息，毅計不行。京城陷，隨例入關，頃之卒。

[1]征西將軍：官名。征東、征南、征西、征北四征將軍之一。陳擬二品，比秩中二千石。

[2]逍遥：郡名。治所在今廣西昭平縣南。

[3]僕射：官名。尚書僕射的省稱。尚書僕射在南朝是尚書省的副官，負責主持尚書省的日常事務。陳第二品，秩中二千石。袁憲：字德章，陳郡陽夏（今河南太康縣）人。本書卷二四有傳，《南史》卷二六有附傳。

[4]採石：采石磯，又名牛渚磯。在今安徽馬鞍山市西南。

[5]金翅：一種古代戰艦。

猛字智武，毅之弟也。幼俶儻，[1]有幹略。既壯，便弓馬，膽氣過人。青溪之戰，猛自旦訖暮，與虜短兵接，殺傷甚衆。臺城陷，隨兄毅西上京，累戰功爲威戎將軍。梁南安侯蕭方矩爲湘州刺史，[2]以猛爲司馬。[3]會武陵王蕭紀舉兵自漢江東下，[4]方矩遣猛率湘、郢之卒，隨都督陸法和進軍以拒之。[5]時紀已下，樓船戰艦據巴江，爭峽口，相持久之，不能決。法和揣紀師老卒憚，因令猛率驍勇三千，輕舸百餘乘，衝流直上，出其不意，鼓譟薄之。紀衆倉卒驚駭，不及整列，皆弃艦登岸，赴水死者以千數。時紀心膂數百人，[6]猶在左右，猛將部曲三十餘人，蒙楯橫戈，直登紀舟，瞋目大呼，紀侍衛皆披靡，相枕藉不敢動。猛手擒紀父子三人，斬於膈中，[7]盡收其船艦器械。以功授游騎將軍，[8]封安山縣伯，[9]邑一千户。仍進軍撫定梁、益，[10]蜀境悉平。軍還，遷持節、散騎常侍、輕車將軍、司州刺史，[11]進爵爲侯，增邑并前二千户。

[1]俶儻：卓爾不群。

[2]梁南安侯蕭方矩爲湘州刺史：南安，底本作“安南”。中華本校勘記云：“據《南史》改。按《梁書·愍懷太子方矩傳》亦作‘南安’。”今從改。南安，縣名。治所在今湖北武漢市新洲區。蕭方矩，字德規，梁元帝蕭繹第四子。初封南安縣侯，承聖元年（552）立爲皇太子。西魏破江陵，與元帝一同被殺。敬帝追謚爲愍懷太子。《梁書》卷八、《南史》卷五四有傳。

[3]司馬：官名。兩晋南北朝時的王國、王府屬官，爲高級幕僚，品秩隨其王地位而定。

　　[4]武陵：郡名。治所在今湖南常德市。　　蕭紀：字世詢，梁武帝蕭衍第八子。侯景之亂，武帝餓死建康城中。蕭紀於蜀稱帝，改年號爲天正。後爲梁元帝擊敗，被殺。《梁書》卷五五、《南史》卷四三有傳。

　　[5]陸法和：北齊人，通佛道術數。初隱居於江陵百花洲。侯景之亂，率弟子助梁軍作戰。《北齊書》卷三二、《北史》卷八九有傳。

　　[6]心膂（lǚ）：指心腹之人。膂，脊骨。

　　[7]艑（tà）：大船。

　　[8]游騎將軍：官名。梁始置，分司禁衛，隨侍皇帝左右。陳第四品，秩千石。

　　[9]安山：縣名。治所在今河南淅川縣南。

　　[10]梁：州名。治所在今河南開封市。

　　[11]輕車將軍：官名。陳擬五品，比秩千石。

　　永定元年，[1]周文育等敗於沌口，[2]爲王琳所獲。琳乘勝將略南中諸郡，[3]遣猛與李孝欽等將兵攻豫章，[4]進逼周迪，[5]軍敗，爲迪所執。尋遁歸王琳。王琳敗，還朝。天嘉二年，授通直散騎常侍、永陽太守。[6]遷安成王府司馬。[7]光大元年，[8]授壯武將軍、廬陵内史。[9]太建初，遷武毅將軍、始興平南府長史，[10]領長沙内史。[11]尋隸章昭達西討江陵，潛軍入峽，焚周軍船艦，以功封富川縣侯，[12]邑五百户。歷散騎常侍，遷使持節、都督荆信二州諸軍事、宣遠將軍、荆州刺史。[13]入爲左衛將軍。

　　[1]永定：南朝陳武帝陳霸先年號（557—559）。

[2]周文育：字景德，宜興陽羨（今江蘇宜興市）人。本書卷八、《南史》卷六六有傳。　沌口：地名。古沌水入長江口。在今湖北武漢市蔡甸區東南沌口鎮。

[3]南中：泛指長江以南的地區。

[4]豫章：郡名。治所在今江西南昌市。

[5]周迪：臨川南城（今江西南城縣東南）人。本書卷三五、《南史》卷八〇有傳。

[6]永陽：郡名。治所在今湖南道縣西北。

[7]安成王：陳宣帝陳頊即位前曾封安成王。安成，郡名。治所在今江西安福縣。

[8]光大：南朝陳廢帝陳伯宗年號（567—568）。

[9]壯武將軍：官名。南朝梁、陳十壯將軍之一。陳擬六品，比秩千石。

[10]始興平南府：始興王陳叔陵加號平南將軍，故其府邸稱“始興平南府”。

[11]長沙：郡名。治所在今湖南長沙市。

[12]富川：縣名。治所在今廣西鍾山縣。

[13]信：州名。治所在今重慶市奉節縣東。　宣遠將軍：官名。五遠將軍之一。屬加官或散官。陳擬五品，比秩千石。

後主即位，增邑并前一千户，餘竝如故。至德四年，[1]授使持節、都督南豫州諸軍事、忠武將軍、南豫州刺史。[2]隋將韓擒虎之濟江也，猛在京師，第六子巡攝行州事，擒虎進軍攻陷之，巡及家口竝見執。時猛與左衛將軍蔣元遜領青龍八十艘爲水軍，[3]於白下游弈，[4]以禦隋六合兵，[5]後主知猛妻子在隋軍，懼其有異志，欲使任忠代之，又重傷其意，乃止。禎明三年入于隋。

[1]至德：南朝陳後主陳叔寶年號（583—586）。

[2]忠武將軍：官名。是諸名號將軍中地位較高者，僅次於重號將軍。陳擬四品，比秩中二千石。

[3]青龍：指戰艦。

[4]白下：古城名。即白石壘，故址在今江蘇南京市金川門外。

[5]六合：郡名。治所在今江蘇南京市六合區。

　　魯廣達字遍覽，[1]吳州刺史悉達之弟也。[2]少慷慨，志立功名，虛心愛士，賓客或自遠而至。時江表將帥，[3]各領部曲，動以千數，而魯氏尤多。釋褐梁邵陵王國右常侍，[4]遷平南當陽公府中兵參軍。[5]侯景之亂，與兄悉達聚眾保新蔡。梁元帝承制，[6]授假節、壯武將軍、晉州刺史。[7]王僧辯之討侯景也，廣達出境候接，資奉軍儲，僧辯謂沈炯曰：[8]“魯晉州亦是王師東道主人。”仍率眾隨僧辯。景平，加員外散騎常侍，餘如故。

[1]魯廣達：《南史》卷六七有附傳。

[2]吳州：州名。治所在今江蘇蘇州市。　悉達：魯悉達。字志通，扶風眉縣（今陝西眉縣）人。本書卷一三、《南史》卷六七有傳。

[3]江表：泛指南朝陳統治的區域。

[4]釋褐：比喻開始任官。褐，平民穿的粗布衣服。　邵陵：郡名。治所在今湖南邵陽市。　王國右常侍：官名。王、公國屬官。職掌侍從左右，贊相禮儀，獻替諫諍。

[5]平南當陽公：指蕭大心。蕭大心，字仁恕。梁簡文帝蕭繹子。中大通四年（532），以皇孫封當陽公。《梁書》卷四四、《南史》卷五四有傳。　中兵參軍：官名。兩晉南北朝諸公、軍府僚

屬。職掌本府中兵曹事務，兼備參謀諮詢。其品位隨府主地位高低不等。

　　[6]梁元帝：梁世祖蕭繹。字世誠，梁武帝蕭衍第七子。《梁書》卷五、《南史》卷八有紀。

　　[7]晋州：州名。治所在今安徽潛山縣。

　　[8]沈炯：字禮明，吳興武康（今浙江德清縣）人。本書卷一九、《南史》卷六九有傳。

　　高祖受禪，授征遠將軍、東海太守。[1]尋徙爲桂陽太守，[2]固辭不拜，入爲員外散騎常侍。除假節、信武將軍、北新蔡太守。[3]隨吳明徹討周迪於臨川，[4]每戰功居最。仍代兄悉達爲吳州刺史，封中宿縣侯，[5]邑五百户。

　　[1]征遠將軍：官名。屬加官或散官。陳擬五品，比秩千石。東海：郡名。治所在今江蘇漣水縣北。

　　[2]桂陽：郡名。治所在今湖南郴州市。

　　[3]北新蔡：郡名。治所在今河南固始縣南。

　　[4]臨川：郡名。治所在今江西撫州市臨川區西。

　　[5]中宿：縣名。治所在今廣東清遠市西北。

　　光大元年，[1]授通直散騎常侍、都督南豫州諸軍事、南豫州刺史。華皎稱兵上流，詔司空淳于量率衆軍進討。[2]軍至夏口，[3]皎舟師彊盛，莫敢進者，廣達首率驍勇，直衝賊軍。戰艦既交，廣達憤怒大呼，登艦樓，獎勵士卒，風急艦轉，樓搖動，廣達足跌墮水，沈溺久之，因救獲免。皎平，授持節、智武將軍、都督巴州諸軍事、巴州刺史。[4]

[1]光大元年：光大，底本作“光禄大夫”。中華本校勘記云：
“據《南史》删。按《元龜》三八〇作‘少帝光大元年’。”今
從删。

[2]司空：官名。三公之一。魏晋南北朝時期作爲名譽宰相，
多爲大臣加官，無實際執掌。陳第一品，秩萬石。　淳于量：字思
明，濟北（今山東東阿縣）人。本書卷一一、《南史》卷六六
有傳。

[3]夏口：又稱沔口、漢口。夏水（漢水）入長江口。在今湖
北武漢市。

[4]智武將軍：官名。南朝陳五武將軍之一。擬四品，比秩中
二千石。

太建初，與儀同章昭達入峽口，拓定安蜀等諸州
鎮。時周氏將圖江左，大造舟艦於蜀，并運糧青泥，[1]
廣達與錢道戢等將兵掩襲，[2]縱火焚之。以功增封并前
二千户，仍還本鎮。廣達爲政簡要，推誠任下，吏民便
之。及秩滿，皆詣闕表請，[3]於是詔留二年。五年，衆
軍北伐，略淮南舊地，廣達與齊軍會於大峴，大破之，
斬其敷城王張元範，[4]虜獲不可勝數。進克北徐州，[5]乃
授都督北徐州諸軍事、北徐州刺史。[6]尋加散騎常侍，
入爲右衛將軍。八年，出爲北兖州刺史，[7]遷晋州刺史。
十年，授使持節、都督合霍二州諸軍事，進號仁威將
軍、合州刺史。十一年，周將梁士彦將兵圍壽春，詔遣
中領軍樊毅、左衛將軍任忠等分部趣陽平、秦郡，[8]廣
達率衆入淮，爲掎角以擊之。周軍攻陷豫、霍二州，南

北兗、晋等各自拔,[9]諸將並無功,盡失淮南之地,廣達因免官,以侯還第。十二年,與豫州刺史樊毅率衆北討,[10]克郭默城。[11]尋授使持節、平西將軍、都督郢州以上十州諸軍事,[12]率舟師四萬,治江夏。[13]周安州總管元景將兵寇江外,[14]廣達命偏師擊走之。

[1]青泥:地名。在今湖北鍾祥市東。

[2]錢道戢:字子韜,吴興長城（今浙江長興縣東）人。本書卷二二、《南史》卷六七有傳。

[3]詣闕:指赴朝廷。

[4]斬其敷城王張元範:中華本校勘記云:"按'王'各本及《南史》並作'主'。據《魏書·地形志》,晋州有敷城郡及敷城縣,肆州秀容郡有敷城縣,皆在今山西省境。大峴在合肥之南,歷陽之北,其地附近郡縣無名敷城者,疑作'王'是。北齊季世,王封甚濫,張保洛齊世封敷城郡王,時已卒,元範或即保洛子嗣封者。"敷城,郡名。治所在今山西臨汾市。

[5]北徐州:州名。治所在今安徽鳳陽縣東北。

[6]北徐州刺史:北,底本無。中華本據《南史》補,今從補。

[7]北兗州:州名。治所在今江蘇淮安市淮陰區西南甘羅城。

[8]陽平:郡名。治所在今江蘇寶應縣西南。

[9]南北兗、晋等各自拔:自,底本無。中華本據北監本、汲本、殿本及《南史》補,今從補。

[10]與豫州刺史樊毅率衆北討:中華本校勘記云:"'豫州'《南史》作'南豫州'。按《樊毅傳》,毅於此時無爲豫州或南豫州刺史事。張森楷校勘記疑'樊毅'爲'樊猛'之訛。然按《樊猛傳》,猛爲南豫州刺史在後主至德四年,與此不合。或疑'樊毅'爲'任忠'之訛,以忠於太建十二年遷南豫州刺史也。"

[11]郭默城：古城名。在今安徽壽縣西。

[12]平西將軍、都督郢州以上十州諸軍事：中華本校勘記云：“‘十州’《南史》作‘七州’。”平西將軍，官名。平東、平南、平西、平北四平將軍之一。多授予持節都督或監某一地區的軍事，或作爲刺史監理軍務的加官。陳擬三品，比秩中二千石。

[13]江夏：郡名。治所在今湖北武漢市武昌區。

[14]周安州總管元景將兵寇江外：中華本校勘記云：“按元景《隋書》有傳，作‘元景山’。”林祁乾《陳書異文考證》謂“元景山”，《隋書》卷三九有傳；《通鑑》卷一七四《陳紀八》、卷一七五《陳紀九》並同作“元景山”，本書各本脱“山”字，當據《隋書》及《通鑑》補（第244頁）。按，《周書》稱“元景”，此雙名單稱之例，無版本證據，以《隋書》《通鑑》存參即可，不需補字。安州，州名。治所在今湖北安陸市。

後主即位，入爲安左將軍。[1]尋授平南將軍、南豫州刺史。至德二年，授安南將軍，[2]徵拜侍中，又爲安左將軍，改封綏越郡公，[3]封邑如前。尋爲中領軍。及賀若弼進軍鍾山，廣達率衆於白土崗南置陣，與弼旗鼓相對。廣達躬擐甲冑，手執桴鼓，率勵敢死，冒刃而前，隋軍退走，廣達逐北至營，殺傷甚衆，如是者數四焉。及弼攻敗諸將，乘勝至宮城，燒北掖門，廣達猶督餘兵，苦戰不息，斬獲數十百人。會日暮，乃解甲，面臺再拜慟哭，謂衆曰：“我身不能救國，負罪深矣。”士卒皆涕泣歔欷，於是乃就執。禎明三年，依例入隋。

[1]安左將軍：官名。南朝梁、陳八安將軍之一，祇授予在京都任職的官員。陳擬三品，比秩中二千石。

[2]安南將軍：官名。南朝梁、陳八安將軍之一，祗授予在京都任職的官員。陳擬三品，比秩中二千石。

[3]綏越：郡名。治所在今廣西富川瑶族自治縣南。

廣達愴本朝淪覆，邁疾不治，尋以憤慨卒，時年五十九。尚書令江總撫樞慟哭，[1]乃命筆題其棺頭，爲詩曰："黃泉雖抱恨，白日自流名，悲君感義死，不作負恩生。"總又製廣達墓銘，其略曰："灾流淮海，險失金湯，時屯運極，代革天亡。爪牙背義，介胄無良，獨標忠勇，率禦有方。誠貫皎日，氣勵嚴霜，懷恩感報，撫事何忘。"

[1]尚書令：官名。尚書省長官。職掌參議大政，綜理政務，是百官之長。陳第一品，秩中二千石。 江總：字總持，濟陽考城（今河南民權縣東北）人。本書卷二七有傳，《南史》卷三六有附傳。

初，隋將韓擒虎之濟江也，廣達長子世真在新蔡，乃與其弟世雄及所部奔擒虎，擒虎遣使致書，[1]以招廣達，廣達時屯兵京師，[2]乃自劾廷尉請罪。[3]後主謂之曰："世真雖異路中大夫，[4]公國之重臣，吾所恃賴，豈得自同嫌疑之間乎？"加賜黃金，即日還營。

[1]擒虎遣使致書：擒虎，底本原闕。中華本校勘記云："據北監本、汲本、殿本及《南史》補。"今從補。
[2]廣達時屯兵京師：廣達，底本原闕。中華本校勘記云："據北監本、汲本、殿本及《南史》補。"今從補。

［3］廷尉：官名。南朝梁、陳稱“廷尉卿”。職掌國家刑獄事。陳第三品，秩中二千石。

［4］異路：指敵方。　中大夫：官名。王國屬官，職掌奉使京城及諸國之事。

廣達有隊主楊孝辯，[1]時從廣達在軍中，力戰陷陣，其子亦隨孝辯，揮刃殺隋兵十餘人，力窮，父子俱死。

［1］楊孝辯：《南史》卷六七亦有附傳。

史臣曰：蕭摩訶氣冠三軍，當時良將，雖無智略，亦一代匹夫之勇矣；然口訥心勁，恂恂李廣之徒歟。[1]任忠雖勇決彊斷，而心懷反覆，誣紿君上，自躓其惡，鄙矣！至於魯廣達全忠守道，殉義忘身，蓋亦陳代之良臣也。

［1］李廣：隴西成紀（今甘肅秦安縣）人。漢代名將。《史記》卷一〇九、《漢書》卷五四有傳。

陳書 卷三二

列傳第二十六

孝行

殷不害 弟不佞　謝貞　司馬暠 子延義　張昭

　　孔子曰："夫聖人之德，何以加於孝乎！"[1]孝者百行之本，人倫之至極也。凡在性靈，孰不由此。若乃奉生盡養，送終盡哀，或泣血三年，[2]絶漿七日，[3]思《蓼莪》之慕切，[4]追顧復之恩深，[5]或德感乾坤，誠貫幽顯，在於歷代，蓋有人矣。陳承梁室喪亂，風漓化薄，及迹隱閭閻，[6]無聞視聽，今之採綴，以備闕云。

　　[1]夫聖人之德，何以加於孝乎：語出《孝經·聖治章》。意思是孝是聖人最大的品德。
　　[2]泣血三年：指爲父母服大喪三年。
　　[3]絶漿七日：指父母初喪，爲人子女者因爲哀慟而不吃食物。

[4]《蓼莪》:《詩·小雅》的一篇。主旨是表達子女對雙親撫育之恩的思慕。

[5]顧復:典出《詩·小雅·蓼莪》"父兮生我,母兮鞠我。拊我畜我,長我育我,顧我復我,出入腹我"。後以"顧復"代指父母對子女的撫養。

[6]閭閻:原是指里巷内外的門,後即以此借稱里巷。

殷不害字長卿,[1]陳郡長平人也。[2]祖任,[3]齊豫章王行參軍。[4]父高明,梁尚書中兵郎。[5]不害性至孝,居父憂過禮,由是少知名。家世儉約,居甚貧窶,有弟五人,皆幼弱,不害事老母,養小弟,勤劇無所不至,士大夫以篤行稱之。

[1]殷不害:《南史》卷七四亦有傳。

[2]陳郡:郡名。治所在今河南淮陽縣。 長平:縣名。治所在今河南西華縣南。

[3]祖任:《南史》卷七四《殷不害傳》作"祖汪"。

[4]齊豫章王:爵名。蕭嶷爵號爲豫章王。蕭嶷,字宣儼,齊高帝蕭道成次子,齊武帝蕭賾同母弟。《南齊書》卷二二、《南史》卷四二有傳。 行參軍:官名。王公軍府屬官,參掌府曹事,位在正參軍之下。

[5]尚書中兵郎:官名。尚書省諸曹郎之一,屬五兵尚書。掌都城軍隊政令。梁侍郎六班,郎中五班。

年十七,仕梁廷尉平。[1]不害長於政事,兼飾以儒術,名法有輕重不便者,輒上書言之,多見納用。大同五年,[2]遷鎮西府記室參軍,[3]尋以本官兼東宮通事舍人。[4]是時朝廷政事多委東宮，不害與舍人庾肩吾直日奏事，[5]梁武帝嘗謂肩吾曰：[6]"卿是文學之士，吏事非卿所長，何不使殷不害來邪？"其見知如此。簡文又以不害善事親，賜其母蔡氏錦裙襦、氈席、被褥，[7]單複畢備。七年，除東宮步兵校尉。[8]太清初，[9]遷平北府諮議參軍，[10]舍人如故。

[1]廷尉平：官名。與廷尉正、廷尉監合稱廷尉三官，位次於廷尉正、監。梁六班。

[2]大同：南朝梁武帝蕭衍年號（535—546）。

[3]鎮西：鎮西將軍。南朝梁、陳時列爲八鎮將軍之一。梁武帝天監七年（508）定爲武職二十四班中的二十二班，普通六年（525）改爲武職三十四班中的三十二班。　記室參軍：官名。南朝時，皇弟皇子府、嗣王蕃王府、公府、持節都督府皆置，掌府內文書之事。

[4]東宮通事舍人：官名。職掌皇太子令旨的宣傳和東宮內外啓奏事宜。梁一班。

[5]庾肩吾：字子慎，新野（今河南新野縣）人。《梁書》卷四九、《南史》卷五〇有附傳。　直日：值日，當班。

[6]梁武帝：南朝梁皇帝蕭衍。字叔達，南蘭陵中都里（今江蘇常州市西北）人。曾仕宋、齊。《梁書》卷一至卷三，《南史》卷六、卷七有紀。

[7]氈席：氈製的墊子。

[8]東宮步兵校尉：官名。即太子步兵校尉。太子三校之一，東宮侍從武官，掌步兵。梁七班。

[9]太清：南朝梁武帝蕭衍年號（547—549）。

[10]平北：平北將軍。與平南、平東、平西將軍合稱四平將軍。梁武帝天監七年（508）改爲武職二十四班中的二十班，普通

六年（525）定位武職三十四班中的三十班。　諮議參軍：官名。又稱諮議參軍事。府屬僚佐之一。掌諮詢謀議軍事，其位在諸參軍之上。梁自九班至六班。

　　侯景之亂，[1]不害從簡文入臺。[2]及臺城陷，簡文在中書省，[3]景帶甲將兵入朝陛見，過謁簡文。景兵士皆羌、胡雜種，[4]衝突左右，甚不遜，侍衛者不驚恐辟易，唯不害與中庶子徐摛侍側不動。[5]及簡文爲景所幽，遣人請不害與居處，景許之，不害供侍益謹。簡文夜夢吞一塊土，意甚不悅，以告不害，不害曰：“昔晉文公出奔，[6]野人遺之塊，[7]卒反晉國，陛下此夢，事符是乎?”簡文曰：“若天有徵，冀斯言不妄。”

　　[1]侯景：字萬景。原爲東魏大將，後叛至南朝梁，在梁發動叛亂，史稱“侯景之亂”。《梁書》卷五六、《南史》卷八〇有傳。

　　[2]簡文：梁簡文帝蕭綱。字世纘，小字六通，梁武帝第三子。《梁書》卷四、《南史》卷八有紀。

　　[3]中書省：機構名。掌撰皇帝詔敕、參議政令制定的權要機構。

　　[4]羌：古族名。主要分布在今青海、甘肅、四川西北部一帶。秦漢時部落衆多，總稱西羌。其後逐漸與西北地區的漢族及其他民族融合。　胡：古族名。此指稽胡，亦稱步落稽。或説是匈奴別種，乃十六國時劉淵所統五部匈奴之苗裔；或説是山戎赤狄之後。北朝至隋時主要分布在今山西西部、陝西北部及甘肅東部一帶山區。《周書》卷四九、《北史》卷九六有傳。

　　[5]中庶子：官名。即太子中庶子。東宮門下坊的長官，掌侍從太子左右，規諫諷議，獻納得失等。梁十一班。　徐摛：字士

秀，東海郯（今山東郯城縣北）人。侯景之亂時獨自護衛時爲太子的簡文帝，簡文帝即位後被幽閉，徐摛不獲朝謁，因感氣疾而卒。《梁書》卷三〇、《南史》卷六二有傳。

[6]晉文公：春秋時晉國諸侯，名重耳，春秋五霸之一。詳見《史記》卷三九《晉世家》。

[7]野人遺之塊：晉文公在成爲國君之前，曾出逃列國。途徑衛國五鹿，乞食於鄉野之人，而對方以土塊給之。子犯認爲土塊是社稷的象徵，文公遂拜而受之。

梁元帝立，[1]以不害爲中書郎，[2]兼廷尉卿，[3]因將家屬西上。江陵之陷也，[4]不害先於別所督戰，失母所在。于時甚寒，冰雪交下，老弱凍死者填滿溝壑。不害行哭道路，遠近尋求，無所不至，遇見死人溝水中，即投身而下，扶捧閱視，舉體凍濕，水漿不入口，號泣不輟聲，如是者七日，始得母屍。不害憑屍而哭，每舉音輒氣絕，行路無不爲之流涕。即於江陵權殯，與王褒、庾信俱入長安，[5]自是蔬食布衣，枯槁骨立，見者莫不哀之。

[1]梁元帝：梁世祖蕭繹。字世誠，梁武帝蕭衍第七子。《梁書》卷五、《南史》卷八有紀。

[2]中書郎：官名。即中書侍郎，南朝梁中書省設四人，佐監、令掌出內帝命，功高者一人，主省內事。梁九班。

[3]廷尉卿：官名。職掌國家刑獄事。梁十一班。

[4]江陵：縣名。治所在今湖北荊州市荊州區。

[5]王褒：字子淵，琅邪臨沂（今山東臨沂市）人。《周書》卷四一、《北史》卷八三有傳，《梁書》卷四一有附傳。　庾信：

字子山，南陽新野（今河南新野縣）人。《周書》卷四一、《北史》卷八三有傳。　長安：縣名。治所在今陝西西安市北。

太建七年，[1]自周還朝，[2]其年詔除司農卿，[3]尋遷光禄大夫。[4]八年，加明威將軍、晋陵太守。[5]在郡感疾，詔以光禄大夫徵還養疾。後主即位，[6]加給事中。[7]初，不害之還也，周留其長子僧首，因居關中。[8]禎明三年，[9]京城陷，僧首來迎，不害道病卒，時年八十五。

[1]太建：南朝陳宣帝陳頊年號（569—582）。

[2]周：此指北周。

[3]司農卿：官名。掌勸農、倉儲、園苑、供應宮廷膳饈等事。陳第三品，秩中二千石。

[4]光禄大夫：官名。屬光禄勳。多作爲加官，或致仕、卒後的封贈官。無實際職掌。陳第三品，秩中二千石。

[5]明威將軍：官名。梁十三班。陳擬五品，比秩千石。另梁、陳十明將軍中亦有此號。陳擬六品，比秩千石。　晋陵：郡名。治所在今江蘇常州市。

[6]後主：南朝陳後主陳叔寶，字元秀，陳宣帝陳頊嫡長子。南朝陳最後一任皇帝。本書卷六、《南史》卷一〇有紀。

[7]給事中：官名。南朝隸集書省，地位較前代較低。常侍從皇帝左右，獻納得失。陳第七品，秩六百石。

[8]關中：地區名。所指地區不一，大約相當於今河南靈寶市及其以西陝西關中盆地和丹江流域，並包括今甘肅隴山以東、寧夏固原市以南地區。

[9]禎明：南朝陳後主陳叔寶年號（587—589）。

　　不佞字季卿，[1]不害弟也。少立名節，居父喪以至孝稱。好讀書，尤長史術，仕梁起家爲尚書中兵郎，[2]甚有能稱。梁元帝承制，授戎昭將軍、武陵王諮議參軍。[3]承聖初，[4]遷武康令。[5]時兵荒飢饉，百姓流移，不佞巡撫招集，繦負而至者以千數。會江陵陷，而母卒，道路隔絶，久不得奔赴，四載之中，晝夜號泣，居處飲食，常爲居喪之禮。高祖受禪，[6]起爲戎昭將軍，除婁令。[7]至是，第四兄不齊始之江陵，迎母喪柩歸葬。不佞居處之節，如始聞問，若此者又三年。身自負土，手植松柏，每歲時伏臘，[8]必三日不食。

　　[1]不佞：殷不佞。《南史》卷七四有附傳。
　　[2]起家：官制用語。從家中徵召出來，始授以官職。
　　[3]戎昭將軍：官名。梁置，梁時班階不詳。　武陵王：爵名。蕭紀封爵爲武陵王。蕭紀，字世詢，梁武帝蕭衍第八子。侯景之亂，武帝餓死建康城中。蕭紀於蜀稱帝，改年號爲天正。後爲梁元帝擊敗，被殺。《梁書》卷五五、《南史》卷四三有傳。武陵，郡名。治所在今湖南常德市。
　　[4]承聖：南朝梁元帝蕭繹年號（552—555）。
　　[5]武康：縣名。治所在今浙江德清縣。
　　[6]高祖：南朝陳武帝陳霸先廟號。陳霸先，字興國，吳興長城（今浙江長興縣東）人。南朝陳開國皇帝。本書卷一、卷二，《南史》卷九有紀。
　　[7]婁：縣名。治所在今江蘇昆山市。
　　[8]伏臘：指伏祭和臘祭之日。

　　世祖即位，[1]除尚書左民郎，[2]不就，後爲始興王諮議參軍,[3]兼尚書右丞,[4]遷東宮通事舍人。及世祖崩,廢帝嗣立,[5]高宗爲太傅,[6]録尚書輔政,[7]甚爲朝望所歸。不佞素以名節自立,又受委東宮,乃與僕射到仲舉、中書舍人劉師知、尚書右丞王暹等,[8]謀矯詔出高宗。衆人猶豫,未敢先發,不佞乃馳詣相府,面宣敕,令相王還第。及事發,仲舉等皆伏誅,高宗雅重不佞,特赦之,免其官而已。

[1]世祖:南朝陳文帝陳蒨廟號。陳蒨,字子華,陳武帝兄子。本書卷三、《南史》卷九有紀。

[2]尚書左民郎:官名。尚書省左民曹長官,屬左民尚書。掌財賦、户籍。陳第四品,秩六百石。

[3]始興王:指陳叔陵。字子嵩,陳宣帝陳頊次子,封始興郡王。本書卷三六、《南史》卷六五有傳。

[4]尚書右丞:官名。尚書省屬官,與尚書左丞分掌尚書省事務。陳第四品,秩六百石。

[5]廢帝:南朝陳廢帝陳伯宗。陳伯宗,字奉業,小字藥王,陳文帝嫡長子。性仁弱,文帝死後即位,光大二年（568）被廢爲臨海郡王。本書卷四、《南史》卷九有紀。

[6]高宗:南朝陳宣帝陳頊廟號。陳頊,字紹世。南朝陳第三任皇帝。本書卷五、《南史》卷一〇有紀。　太傅:官名。與太保、太師並稱三師。南朝時多用作贈官,名義尊崇而實無職事,多用以安置元老勳臣。陳第一品,秩萬石。

[7]録尚書:官名。即録尚書事。多以公卿權重者居之,總領尚書省事務。梁、陳因其威權過重,常缺不授。

[8]僕射:官名。尚書僕射的省稱。尚書僕射在南朝是尚書省的副官,負責主持尚書省的日常事務。陳第二品,秩中二千石。到仲舉:字德言,彭城武原（今江蘇邳州市西北）人。本書二〇有

傳,《南史》卷二五有附傳。　中書舍人：官名。原名中書通事舍人，梁、陳去"通事"二字，而徑稱"中書舍人"。職掌收納、轉呈章奏事宜。陳第八品。　劉師知：沛國相縣（今安徽濉溪縣西北）人。陳時任中書舍人，掌制誥。本書卷一六、《南史》卷六八有傳。　尚書右丞王暹：林礽乾《陳書異文考證》云："尚書右丞，宋浙本、三朝本、汲古本同。《南史》卷七四《孝義·殷不佞傳》作'尚書左丞'。按《南史》作'尚書左丞'是。是時殷不佞兼尚書右丞，則王暹當爲'左丞'，而不當與殷不佞同時爲'右丞'可知，本書卷二十《到仲舉傳》正作'左丞王暹'，可證。此處各本'左丞'訛作'右丞'，當據《南史》改。"（文史哲出版社 1979 年版，第 246—247 頁）按，林說有理。然諸本此處無異文，故不改字。

　　高宗即位，以爲軍師始興王諮議參軍，[1]加招遠將軍。[2]尋除大匠卿，[3]未拜，加員外散騎常侍，[4]又兼尚書右丞。俄遷通直散騎常侍，[5]右丞如故。太建五年卒，時年五十六。詔贈秘書監。[6]

　　[1]軍師：軍師將軍。陳擬四品，比秩中二千石。　始興王：爵名。陳叔陵封爵爲始興王。陳叔陵，字子嵩。陳宣帝駕崩時，趁亂行刺陳後主，逃出後聚兵謀反，兵敗被殺。本書卷三六、《南史》卷六五有傳。始興，郡名。治所在今廣東韶關市南武水西岸。

　　[2]招遠將軍：官名。五遠將軍之一。屬加官或散官。陳擬五品，比秩千石。

　　[3]大匠卿：官名。南朝梁、陳十二卿之一，掌土木工程等事務。陳第三品，秩中二千石。

　　[4]員外散騎常侍：官名。三國魏末置，初爲散騎常侍之員外的添差，無員數，後發展爲定員官。多用以安置閑散官員，地位較

低。陳第四品，秩二千石。

　　[5]通直散騎常侍：官名。集書省屬官，南朝時多以衰老之士擔任，多爲加官。陳第四品，秩二千石。

　　[6]秘書監：官名。秘書省長官，掌圖書經籍。陳第四品，秩中二千石。

　　第三兄不疑，次不占，次不齊，竝早亡。不佞最小，事第二寡嫂張氏甚謹，所得禄俸，不入私室。長子梵童，官至尚書金部郎。[1]

　　[1]尚書金部郎：官名。尚書省金部曹長官。掌庫藏、金寶、貨物、度量衡等。陳第四品，秩六百石。

　　謝貞字元正，[1]陳郡陽夏人，[2]晋太傅安九世孫也。[3]祖綏，[4]梁著作佐郎、太子舍人。[5]父藺，[6]正員外郎，兼散騎常侍。[7]

　　[1]謝貞：《南史》卷七四亦有附傳。

　　[2]陽夏：縣名。治所在今河南太康縣。

　　[3]晋太傅安：此指謝安。謝安，字安石，陳國陽夏（今河南太康縣）人。時苻堅强盛，多次犯邊，謝安率謝石、謝玄等應機征討，所到克捷。拜衛將軍、開府儀同三司，封建昌縣公。《晋書》卷七九有傳。

　　[4]祖綏：中華本校勘記云：“‘綏’《梁書》《南史·謝藺傳》並作‘經’。”

　　[5]著作佐郎：官名。秘書省屬官，佐著作郎撰國史，集注起居。梁二班。　太子舍人：官名。職比散騎、中書侍郎，掌文章書

記。梁三班。

　　[6]藺：謝藺。《南史》卷七四有傳。

　　[7]散騎常侍：官名。集書省長官。職掌侍從皇帝左右，應對顧問，獻納得失。陳第三品，秩中二千石。

　　貞幼聰敏，有至性。祖母阮氏先苦風眩，每發便一二日不能飲食，貞時年七歲，祖母不食，貞亦不食，往往如是，親族莫不奇之。母王氏，授貞《論語》《孝經》，讀訖便誦。八歲，嘗爲《春日閑居》五言詩，從舅尚書王筠奇其有佳致，[1]謂所親曰："此兒方可大成，至如'風定花猶落'，乃追步惠連矣。"[2]由是名輩知之。年十三，略通五經大旨，尤善《左氏傳》，工草隸蟲篆。[3]十四，丁父艱，號頓於地，絶而復蘇者數矣。初，父藺居母阮氏憂，不食泣血而卒，家人賓客懼貞復然，從父洽、族兄暠乃共往華嚴寺，請長爪禪師爲貞説法，仍謂貞曰："孝子既無兄弟，極須自愛，若憂毀滅性，誰養母邪？"自後少進饘粥。

　　[1]尚書：此爲度支尚書。度支尚書，官名。尚書省列曹尚書之一，掌財賦統計、支調。梁十三班。　王筠：字元禮，一字德柔。梁武帝大同年間官任度支尚書。博學通經，著述甚多。《梁書》卷三三有傳，《南史》卷二二有附傳。

　　[2]惠連：謝惠連。陳郡陽夏（今河南太康縣）人。所作《雪賦》，以高麗見奇。有文章傳世。《宋書》卷五三、《南史》卷一九有附傳。

　　[3]蟲篆：猶蟲書。秦書八體之一。

　　太清之亂，親屬散亡，貞於江陵陷没，喜逃難番禺，[1]貞母出家於宣明寺。及高祖受禪，喜還鄉里，供養貞母，將二十年。太建五年，貞乃還朝，除智武府外兵參軍事。[2]俄遷尚書駕部郎中，[3]尋遷侍郎。[4]及始興王叔陵爲揚州刺史，[5]引祠部侍郎阮卓爲記室，[6]辟貞爲主薄，貞不得已乃行。尋遷府録事參軍，[7]領丹陽丞。[8]貞度叔陵將有異志，因與卓自疏於王，每有宴游，輒辭以疾，未嘗參預，叔陵雅欽重之，弗之罪也。俄而高宗崩，叔陵肆逆，府僚多相連逮，唯貞與卓獨不坐。

[1]番禺：縣名。治所在今廣東廣州市。

[2]智武：智武將軍。南朝陳五武將軍之一。擬四品，比秩中二千石。　外兵參軍事：官名。諸公軍府屬官，掌本府軍隊政令。品秩隨府主地位而定。

[3]尚書駕部郎中：官名。尚書省諸曹之一，屬左民尚書。掌車駕、畜牧之政。陳第四品，秩六百石。

[4]侍郎：官名。即尚書駕部侍郎。南北朝尚書駕部郎之資深勤能者可轉爲侍郎。陳第四品，秩六百石。

[5]揚州：州名。治所在今江蘇南京市。

[6]祠部侍郎：官名。尚書祠部曹長官，南北朝時祠部郎資深勤能者可轉侍郎。陳第四品，秩六百石。　阮卓：陳留尉氏（今河南尉氏縣）人。篤志經籍，善談論，尤工五言詩。本書卷三四、《南史》卷七二有傳。　記室：即記室參軍。

[7]録事參軍：官名。王公軍府屬官，掌總録衆署文書，舉彈善惡。

[8]丹陽：縣名。治所在今安徽當塗縣東北。

　　後主仍詔貞入掌中宮管記，[1]遷南平王友，[2]加招遠將軍，[3]掌記室事。府長史汝南周確新除都官尚書，[4]請貞爲讓表，後主覽而奇之。嘗因宴席問確曰：“卿表自製邪？”確對曰：“臣表謝貞所作。”後主因敕舍人施文慶曰：[5]“謝貞在王處，未有禄秩，可賜米百石。”至德三年，[6]以母憂去職。頃之，敕起還府，仍加招遠將軍，掌記室。貞累啓固辭，敕報曰：“省啓具懷，雖知哀煢在疢，[7]而官俟得才，禮有權奪，[8]可便力疾還府也。”貞哀毀羸瘠，終不能之官舍。時尚書右丞徐祚、尚書左丞沈客卿俱來候貞，[9]見其形體骨立，祚等愴然歎息，徐喻之曰：“弟年事已衰，禮有恒制，小宜引割自全。”[10]貞因更感慟，氣絶良久，二人涕泣，不能自勝，憫默而出。[11]祚謂客卿曰：“信哉，孝門有孝子。”客卿曰：“謝公家傳至孝，士大夫誰不仰止，此恐不能起，如何？”吏部尚書吳興姚察與貞友善，[12]及貞病篤，察往省之，問以後事，貞曰：“孤子釁禍所集，[13]將隨灰壤。族子凱等粗自成立，已有疏付之，此固不足仰塵厚德。即日迷喘，時不可移，便爲永訣。弱兒年甫六歲，名靖，字依仁，情累所不能忘，敢以爲託耳。”是夜卒，敕賵米一百斛，布三十匹。後主問察曰：“謝貞有何親屬？”察因啓曰：“貞有一子年六歲。”即有敕長給衣糧。

　　[1]管記：官名。常以文學之士擔任，掌文書。

　　[2]南平王：爵名。陳嶷封爵爲南平王。陳嶷，字承嶽，陳後主第二子。本書卷二八、《南史》卷六五有傳。南平，郡名。治所在今湖北公安縣西。　友：官名。掌陪侍、輔助規諷。南朝王或皇

弟、皇子皆設。

[3]招遠將軍：官名。五遠將軍之一。屬加官或散官。陳擬五品，比秩千石。

[4]汝南：郡名。治所在今河南汝南縣。 周確：字士潛，周弘直子。本書卷二四、《南史》卷三四有附傳。 都官尚書：官名。尚書省都官曹長官。陳第三品，秩中二千石。

[5]後主因敕舍人施文慶曰：慶，底本原作“憂”。中華本校勘記云：“‘慶’原本訛‘憂’，各本不訛，今改正。”今從改。施文慶，吳興烏程（今浙江湖州市吳興區）人。《南史》卷七七有傳，本書卷三一有附傳。

[6]至德：南朝陳後主陳叔寶年號（583—586）。

[7]哀煢（qióng）：憂傷孤獨。

[8]禮有權奪：指禮儀在運用時，可以根據實際情況進行增加或減損的調整。

[9]尚書左丞：官名。尚書省屬官。與尚書右丞分掌尚書都省事務，糾駁諸司文案。陳第四品，秩六百石。 沈客卿：吳興武康（今浙江德清縣）人。《南史》卷七七有傳，本書卷三一有附傳。

[10]引割自全：減損服喪禮儀以自我保全。

[11]“貞因更感慟”至“憫默而出”：林礽乾《陳書異文考證》云：“宋浙本、三朝本、南監本、汲古本同此。《册府》七五四‘涕泣不能自勝’上無‘二人’二字，‘憫默而出’上有‘祚等’二字。按審其上下文義，‘涕泣不能自勝’，這仍是孝子謝貞，而非尚書右丞徐祚及左丞沈客卿二人。下句‘憫默而出’者，乃是‘祚等’二人。此處應從《册府》七五四作‘貞因更感慟，其絕良久，涕泣不能自勝。祚等憫默而出’爲是。各本‘涕泣不能自勝’上衍‘二人’二字，‘憫默而出’上脫‘祚等’二字，當據《册府》七五四補正。”（第248頁）按，林說有理。然諸本此處無異文，故不改字。

[12]吏部尚書：官名。尚書省吏部曹長官，位居列曹尚書之

上，掌官吏銓選考課。陳第三品，秩中二千石。　吳興：郡名。治所在今浙江湖州市吳興區。　姚察：字伯審，吳興武康（今浙江德清縣）人。本書卷二七、《南史》卷六九有傳。

[13]釁（xìn）：罪過、過錯。

初，貞之病亟也，遺疏告族子凱曰："吾少罹酷罰，十四傾外蔭，十六鍾太清之禍，[1]流離絶國，二十餘載。號天踊地，遂同有感，得還侍奉，守先人墳墓，於吾之分足矣。不悟朝廷採拾空薄，累致清階，縱其殞絶，無所酬報。今在憂棘，晷漏將盡，[2]斂手而歸，何所多念。氣絶之後，若直弃之草野，依僧家尸陁林法，[3]是吾所願，正恐過爲獨異耳。可用薄板周身，載以靈車，覆以葦席，坎山而埋之。又吾終尠兄弟，[4]無他子孫，靖年幼少，未閑人事，但可三月施小牀，設香水，盡卿兄弟相厚之情，即除之，無益之事，勿爲也。"

[1]鍾：遭逢。　太清之禍：指侯景之亂。因發生在太清年間，故稱。太清二年（548）侯景勾結臨賀王蕭正德，於壽陽起兵反梁，率軍攻破建康，囚禁梁武帝，廢立蕭綱、蕭棟，動亂歷時四年。梁從此衰敗。

[2]晷漏將盡：喻指自己的生命即將結束。

[3]尸陁林法：梵語的音譯，指僧人棄尸之處。

[4]尠：同"鮮"，稀少。

初，貞在周嘗侍趙王讀，[1]王即周武帝之愛弟也，[2]厚相禮遇。王嘗聞左右説貞每獨處必晝夜涕泣，因私使訪問，知貞母年老，遠在江南，乃謂貞曰："寡人若出居藩，當遣侍讀還家供養。”後數年，王果出，因辭見，面奏曰：“謝貞至孝而母老，臣願放還。”帝奇王仁愛而遣之，因隨聘使杜子暉還國。[3] 所有文集，值兵亂多不存。

[1]趙王：即宇文招。字豆盧突，周文帝子。武成初，進封趙國公。建德三年（574），進爲王。大象二年（580），隋文帝輔政，將遷周鼎，趙王招等欲圖之，事覺，陷以謀反，被誅。《周書》卷一三、《北史》卷五八有傳。

[2]周武帝：北周皇帝宇文邕，廟號高祖。《周書》卷五、卷六，《北史》卷一〇有紀。

[3]杜子暉：曾與鮑宏同聘於陳。

司馬暠字文昇，[1]河內溫人也。[2]高祖晋侍中、光祿勳柔之，[3]以南頓王孫紹齊文獻王攸之後。[4]父子產，梁尚書水部侍郎、岳陽太守，[5]即梁武帝之外兄也。

[1]司馬暠：《南史》卷七四亦有傳。

[2]河內：郡名。治所在今河南沁陽市。 溫：縣名。治所在今河南溫縣。

[3]侍中：官名。原以侍奉禁中得名。西晋置爲門下侍中省長官，常侍皇帝左右，管理門下省事務，侍奉皇帝起居。晋第三品。

光祿勳：官名。九卿之一。魏晋南北朝掌宮殿門户名籍。晋第三品。 柔之：司馬柔之。晋南頓王司馬宗孫，後紹司馬攸之祀，襲爵齊王。

[4]南頓王：爵名。司馬宗封爵爲南頓王。司馬宗，字延祚，司馬亮子。《晋書》卷五九有附傳。 紹：承繼。 齊文獻王攸：

司馬攸封爵爲齊文獻王。司馬攸，字大猷，晋文帝司馬昭子。《晋書》卷三八有傳。

[5]尚書水部侍郎：官名。尚書諸曹郎之一。屬都官尚書。掌水道工程州船橋梁漕運等事務。梁侍郎六班，郎中五班。　岳陽：郡名。治所在今湖南汨羅市東。

　　嵩幼聰警，有至性。年十二，丁內艱，孺慕過禮，水漿不入口，殆經一旬。每至號慟，必致悶絕，內外親戚，皆懼其不勝喪。父子產每曉喻之，逼進饘粥，然毀瘠骨立。服闋，[1]以姻戚子弟，預入問訊，梁武帝見嵩贏瘦，歎息良久，謂其父子產曰：“昨見羅兒面顔頸頷，使人惻然，便是不墜家風，爲有子矣。”羅兒，即嵩小字也。釋褐太學博士，[2]累遷正員郎。[3]丁父艱，哀毀逾甚，廬于墓側，一日之內，唯進薄麥粥一升。墓在新林，[4]連接山阜，舊多猛獸，嵩結廬數載，豺狼絕迹。常有兩鳩棲宿廬所，馴狎異常，新林至今猶傳之。

[1]服闋：指守喪期滿除服。
[2]釋褐：比喻開始任官。褐，平民穿的粗布衣服。　太學博士：官名。屬太常卿。國子學教官，參議禮制。梁二班。
[3]正員郎：官名。即指編制以内的散騎侍郎，與員外散騎侍郎相對而言。散騎侍郎，集書省屬官，掌文學侍從，收納章奏等。
[4]新林：古水道。又名新林浦、新林港。在今江蘇南京市西南。

　　承聖中，除太子庶子。[1]江陵陷，隨例入關，[2]而梁室屠戮太子，瘞殯失所，嵩以宫臣，乃抗表周朝，求還江陵改葬，辭甚酸切。周朝優詔答曰：“昔主父從戮，孔車有長者之風，[3]彭越就誅，欒布得陪臣之禮。[4]庶子鄉國已改，猶懷送往之情，始驗忠貞，方知臣道，即敕荆州，[5]以禮安厝。”[6]

[1]太子庶子：官名。東宮屬官，隸太子詹事，爲太子的親近侍從。梁九班。

[2]入關：入關中。

[3]昔主父從戮，孔車有長者之風：西漢武帝時主父偃權傾一時，門客數千。及其被殺，惟有孔車收葬其尸。武帝聞之，以爲長者。詳見《史記》卷一一二《平津侯主父列傳》。

[4]彭越就誅，欒布得陪臣之禮：彭越、欒布二人其先交好。彭越爲梁王，聞欒布兵敗被虜，贖布以爲梁大夫。後劉邦殺彭越，欒布奏事彭越頭下，祠而哭之。

[5]荆州：州名。治所在今湖北荆州市荆州區。

[6]安厝：安葬。

太建八年，自周還朝，高宗特降殊禮，賞錫有加。除宜都王諮議參軍事，[1]徙安德宮長秋卿、通直散騎常侍、太中大夫、司州大中正，[2]卒于官。有集十卷。

[1]宜都王：爵名。陳叔明封爵宜都王。陳叔明，字子昭，陳宣帝第六子。本書卷二八、《南史》卷六五有傳。宜都，郡名。治所在今湖北枝江市。

[2]太中大夫：官名。南朝梁、陳多用以安置老疾退免的九卿等大臣，無職事。陳第四品，秩千石。　司州大中正：州大中正，掌一州人物之品第，以爲吏部銓選之根據，並有委任州主簿及從事

之權。司州，治所在今湖北孝感市北。

子延義，[1]字希忠，少沈敏好學。江陵之陷，隨父入關。丁母憂，喪過于禮。及屬還都，延義乃躬負靈櫬，[2]晝伏宵行，冒履冰霜，手足皆皸瘃。[3]及至都，以中風冷，遂致攣廢，數年方愈。稍遷鄱陽王錄事參軍、沅陵王友、司徒從事中郎。[4]

[1]延義：《南史》卷七四亦有附傳。

[2]靈櫬：靈柩。

[3]皸（jūn）瘃（zhú）：受凍坼裂，生凍瘡。

[4]鄱陽王：爵名。陳伯山封爵爲鄱陽郡王。陳伯山，字靜之，陳文帝第三子。本書卷二八、《南史》卷六五有傳。鄱陽，郡名。治所在今江西鄱陽縣。　沅陵王：爵名。陳叔興封爵爲沅陵王。陳叔興，字子推，陳宣帝第二十六子。本書卷二八、《南史》卷六五有傳。沅陵，郡名。治所在今湖南沅陵縣西南。　司徒從事中郎：官名。即司徒府從事中郎。從事中郎，公府屬官。

張昭字德明，[1]吳郡吳人也。[2]幼有孝性，色養甚謹，禮無違者。父歒，常患消渴，嗜鮮魚，昭乃身自結網捕魚，以供朝夕。弟乾，[3]字玄明，聰敏博學，亦有至性。及父卒，兄弟竝不衣綿帛，不食鹽醋，日唯食一升麥屑粥而已。每一感慟，必致嘔血，鄰里聞其哭聲，皆爲之涕泣。父服未終，[4]母陸氏又亡，兄弟遂六年哀毀，形容骨立，親友見者莫識焉。家貧，未得大葬，遂布衣蔬食，十有餘年，杜門不出，屛絕人事。時衡陽王伯信臨郡，[5]舉乾孝廉，[6]固辭不就。兄弟竝因毀成疾，昭失一眼，乾亦中冷苦癖，年竝未五十終于家，子胤俱絶。

[1]張昭：《南史》卷七四亦有傳。

[2]吳郡：郡名。治所在今江蘇蘇州市。　吳：縣名。治所在今江蘇蘇州市。

[3]乾：張乾。《南史》卷七四有附傳。

[4]父服未終：爲父親服喪還没結束。

[5]衡陽王伯信：陳伯信封爵衡陽王。陳伯信，字孚之，陳文帝陳蒨第七子。本書卷二七有傳，《南史》卷六五有附傳。衡陽，郡名。治所在今湖南株洲市西南。

[6]孝廉：孝子和廉潔之士，爲古代統治者選拔人才的科目。亦指被推選的士人。

高宗世有太原王知玄者，[1]僑居于會稽剡縣，[2]居家以孝聞。及丁父憂，哀毀而卒，高宗嘉之，詔改其所居清苦里爲“孝家里”云。

[1]太原：郡名。治所在今山西太原市。　王知玄：《南史》卷七四有附傳。

[2]僑居：寄居異地。　會稽：郡名。治所在今浙江紹興市。剡縣：縣名。治所在今浙江嵊州市西南。

史臣曰：人倫之德，莫大於孝，是以報本反始，盡性窮神，孝乎惟孝，[1]不可不勗矣。[2]故《記》云“塞乎天地”，[3]盛哉！

[1]孝乎惟孝：暗引孔子的話以贊美孝道。典出《論語·爲政》：“子曰：‘《書》云：“孝乎惟孝，友于兄弟，施於有政。”是亦爲政，奚其爲爲政？’”

[2]勗（xù）：勉勵。

[3]《記》云“塞乎天地”：暗引曾子的話以贊美孝道。《禮記·祭義》：“曾子曰：‘夫孝，置之而塞乎天地。’”

陳書　卷三三

列傳第二十七

儒林

沈文阿　沈洙　戚衮　鄭灼 張崖 陸詡 沈德威 賀德基
全緩　張譏　顧越　沈不害　王元規 陸慶

　　蓋今儒者，本因古之六學，[1] 斯則王教之典籍，先聖所以明天道，[2] 正人倫，致治之成法也。秦始皇焚書坑儒，六學自此缺矣。漢武帝立五經博士，[3] 置弟子員，[4] 設科射策，勸以官祿，其傳業者甚衆焉。自兩漢登賢，咸資經術。魏、晉浮蕩，[5] 儒教淪歇，公卿士庶，罕通經業矣。宋、齊之間，[6] 國學時復開置。[7] 梁武帝開五館，[8] 建國學，總以五經教授，經各置助教云。[9] 武帝或紆鑾駕，[10] 臨幸庠序，釋奠先師，[11] 躬親試冑，申之醆酪，[12] 勞之束帛，[13] 濟濟焉斯蓋一代之盛矣。高祖創業開基，[14] 承前代離亂，衣冠殄盡，寇賊未寧，既日不

暇給，弗遑勸課。世祖以降，稍置學官，雖博延生徒，
成業蓋寡。今之採綴，蓋亦梁之遺儒云。

[1]六學：指六經，即《詩》《書》《禮》《易》《樂》《春秋》。

[2]斯則王教之典籍，先聖所以明天道：中華本校勘記云：“北
監本、殿本作‘以教之典籍，斯則先聖所以明天道’。”

[3]五經博士：官名。西漢始置。掌議政、制禮、藏書、顧問
應對，策試官吏等事，並於太學中教授《詩》《書》《禮》《易》
《春秋》五經之學。

[4]置弟子員：置，底本作“開”。中華本據北監本、汲本、
殿本改作“置”，今從改。

[5]浮蕩：指思想虛浮不實。

[6]宋、齊：指南朝宋與南齊政權。

[7]國學：國家所設立的學校。

[8]梁武帝：南朝梁皇帝蕭衍。字叔達，南蘭陵中都里（今江
蘇常州市西北）人。曾仕宋、齊。《梁書》卷一至卷三，《南史》
卷六、卷七有紀。　五館：機構名。南朝梁武帝設立的修制五禮的
機構。五禮，即吉禮、凶禮、軍禮、賓禮、嘉禮。

[9]經各置助教云：此句前，底本原有“唯國學乃經”五字。
中華本校勘記云：“據北監本、殿本刪。按《南史·儒林傳》序亦
無此五字。”今從刪。

[10]鑾駕：指天子的車駕。

[11]釋奠：古代在學校設置酒食以祭奠先聖先師的一種禮儀。

[12]醼語：宴請時的交談。醼，同“宴”。

[13]束帛：帛五匹爲一束，此指捆成一束的布帛，古代是爲餽
贈的禮物。

[14]高祖：南朝陳武帝陳霸先廟號。陳霸先，字興國，吳興長
城（今浙江長興縣東）人。南朝陳開國皇帝。本書卷一、卷二，

《南史》卷九有紀。

沈文阿字國衛，[1]吳興武康人也。[2]父峻，[3]以儒學聞於梁世，授桂州刺史，[4]不行。

[1]沈文阿：《梁書》卷四八、《南史》卷七一亦有附傳。

[2]吳興：郡名。治所在今浙江湖州市吳興區。　武康：縣名。治所在今浙江德清縣。

[3]峻：沈峻。字士嵩。博通五經，尤長三《禮》，梁時曾任五經博士。《梁書》卷四八、《南史》卷七一有傳。

[4]桂州：州名。治所在今廣西桂林市。

文阿性剛彊，有膂力，少習父業，研精章句。祖舅太史叔明、舅王慧興竝通經術，[1]而文阿頗傳之。又博採先儒異同，自爲義疏。治三《禮》、三《傳》。[2]察孝廉，[3]爲梁臨川王國侍郎，[4]累遷兼國子助教、五經博士。[5]

[1]太史叔明：吳興烏程（今浙江湖州市吳興區）人。善《老》《莊》，兼治《孝經》《禮記》，梁時曾任國子助教。《梁書》卷四八、《南史》卷七一有附傳。

[2]三《禮》：指《周禮》《儀禮》《禮記》三部儒家經典。三《傳》：指闡釋《春秋》的《左傳》《公羊傳》《穀梁傳》。

[3]孝廉：孝子和廉潔之士，爲古代統治者選拔人才的科目。亦指被推選的士人。

[4]臨川王國侍郎：官名。爲王國屬官，掌侍從左右。陳皇弟皇子國侍郎，第九品。臨川王，爵名。蕭宏封爵爲臨川王。蕭宏，

梁武帝蕭衍之弟。《梁書》卷二二、《南史》卷五一有傳。臨川，郡名。治所在今江西南城縣東南。

[5]國子助教：官名。協助博士教授國子學生。陳第八品，秩六百石。

　　梁簡文在東宮，[1]引爲學士，深相禮遇，及撰《長春義記》，[2]多使文阿撮異聞以廣之。及侯景寇逆，[3]簡文別遣文阿招募士卒，入援京師。[4]城陷，與張嵊共保吳興，[5]嵊敗，文阿竄于山野。景素聞其名，求之甚急，文阿窮迫不知所出，登樹自縊，遇有所親救之，便自投而下，折其左臂。及景平，高祖以文阿州里，表爲原鄉令，監江陰郡。[6]

　　[1]梁簡文：南朝梁皇帝蕭綱。字世纘，小字六通，梁武帝第三子。《梁書》卷四、《南史》卷八有紀。

　　[2]《長春義記》：梁簡文帝撰，一百卷。《舊唐書·經籍志》《新唐書·藝文志》有著録，《宋史·藝文志》無載，亡佚。

　　[3]侯景：字萬景。曾任北魏官吏，北魏末年叛至南朝梁，後又起兵反梁。困死梁武帝，又廢簡文帝，自立爲帝。後爲梁元帝部將王僧辯、陳霸先擊敗，北逃途中爲部將所殺。《梁書》卷五六、《南史》卷八〇有傳。

　　[4]京師：此指梁都城建康，在今江蘇南京市。

　　[5]張嵊：字四山，吳郡（今江蘇蘇州市）人。侯景之亂時任吳興太守，建康城陷後，據守吳興，兵敗被殺。《梁書》卷四三有傳，《南史》卷三一有附傳。

　　[6]江陰：郡名。治所在今江蘇江陰市。

紹泰元年，[1]入爲國子博士，尋領步兵校尉，[2]兼掌儀禮。自太清之亂，[3]臺閣故事，[4]無有存者，文阿父峻，梁武世嘗掌朝儀，頗有遺藁，於是斟酌裁撰，禮度皆自之出。及高祖受禪，文阿輒弃官還武康，高祖大怒，發使往誅之。時文阿宗人沈恪爲郡，[5]請使者寬其死，即面縛鎖頸致於高祖，高祖視而笑曰："腐儒復何爲者?"遂赦之。

[1]紹泰：南朝梁敬帝蕭方智年號（555—556）。

[2]領：官制用語。即以較高官兼理較低官之職事。　步兵校尉：官名。禁軍五校尉之一，掌宿衛士。梁七班。

[3]太清：南朝梁武帝蕭衍年號（547—549）。

[4]臺閣：泛指中央機構。

[5]沈恪：字子恭，吳興武康（今浙江德清縣）人。陳時任吳興、會稽太守，後遷廣州刺史，官至金紫光禄大夫。本書卷一二、《南史》卷六七有傳。

高祖崩，文阿與尚書左丞徐陵、中書舍人劉師知等議大行皇帝靈座俠御衣服之制，[1]語在《師知傳》。及世祖即皇帝位，[2]剋日謁廟，尚書右丞庾持奉詔遣博士議其禮。[3]文阿議曰：

[1]尚書左丞：官名。尚書省屬官。與尚書右丞分掌尚書省事務，糾駁諸司文案。陳第四品，秩六百石。　徐陵：字孝穆，東海郯（今山東郯城縣北）人。南朝梁、陳時文學名家，善詩賦駢文，作品綺艷輕靡，與庾信並爲當時宮廷文學的代表，時號"徐庾體"。南朝陳時歷任顯官要職。本書卷二六有傳，《南史》卷六二有附傳。

中書舍人：官名。原名中書通事舍人，梁、陳去“通事”二字，而徑稱“中書舍人”。職掌收納、轉呈章奏事宜。陳第八品。　劉師知：沛國相縣（今安徽濉溪縣西北）人。陳時任中書舍人，掌制誥。本書卷一六、《南史》卷六八有傳。　大行皇帝：指剛死尚未定謚號的皇帝。

[2]世祖：南朝陳文帝陳蒨廟號。陳蒨，字子華，陳武帝兄子。本書卷三、《南史》卷九有紀。

[3]尚書右丞庾持奉詔遣博士議其禮：中華本校勘記云：“‘尚書右丞’《南史》作‘尚書左丞’。按《庾持傳》，持於天嘉初遷尚書左丞。”存疑。尚書右丞，官名。尚書省屬官，與尚書左丞分掌尚書省事務。陳第四品，秩六百石。庾持，陳武帝末年官任尚書左丞，嘗奏議大行皇帝儀注事。本書卷三四有傳，《南史》卷七三有附傳。

民物推移，質文殊軌，聖賢因機而立教，王公隨時以適宜。夫千人無君，不散則亂，萬乘無主，不危則亡。當隆周之日，公旦叔父，[1]呂、召爪牙，[2]成王在喪，[3]禍幾覆國。是以既葬便有公冠之儀，[4]始殯受麻冕之策。[5]斯蓋示天下以有主，慮社稷之艱難。逮乎末葉縱橫，漢承其弊，雖文、景刑厝，[6]而七國連兵。或踰月即尊，或崩日稱詔，此皆有爲而爲之，非無心於禮制也。今國諱之日，[7]雖抑哀於璽紱之重，猶未序於君臣之儀。古禮，朝廟退坐正寢，聽群臣之政，今皇帝拜廟還，宜御太極殿，以正南面之尊，此即周康在朝一二臣衛者也。[8]

[1]公旦叔父：此指周公旦。西周初期著名政治家。後世多作爲聖賢的典範。詳見《史記》卷三三《魯周公世家》。

[2]呂、召：此指呂尚、召公奭。呂尚，又名姜尚。周文王、武王時的元勳大臣，以功封於齊國。詳見《史記》卷三二《齊太公世家》。召公奭，周成王時召公奭擔任太保，輔佐成王、康王成就“成康之治”。詳見《史記》卷三四《燕召公世家》。

[3]成王：周成王。詳見《史記》卷四《周本紀》。

[4]公冠之儀：指行加冠之禮。古人男子一般二十歲行冠禮，以示成人。而天子、諸侯爲及時執政，亦可提前。成王冠辭見《大戴禮記·公符》。

[5]始殯受麻冕之策：謂在宗廟受策命爲天子。麻冕，周人宗廟之冠。據《尚書·顧命》，周成王殯後，康王在柩前麻冕受策，成爲天子。

[6]文、景刑厝：指景帝殺晁錯。晁錯，西漢文、景二朝之大臣。因建議削蕃，損害了諸侯利益，吳王劉濞等七國諸侯以“請誅晁錯，以清君側”爲名，起兵叛亂。景帝聽從袁盎之計，腰斬晁錯。文帝實際未加刑於晁錯，此處提及文帝，當是修辭。厝，通“錯”。

[7]國諱：國喪。

[8]周康：周康王。周成王之子，姓姬名釗。在位期間，施行簡政，百姓安寧，與其父的統治並稱“成康之治”。

　　其壤奠之節，[1]周禮以玉作贄，[2]公侯以珪，[3]子男執璧，此瑞玉也。奠贄既竟，又復致享，[4]天子以璧，王后用琮。[5]秦燒經典，威儀散滅，叔孫通定禮，[6]尤失前憲，奠贄不珪，致享無帛，公王同璧，鴻臚奏賀。[7]若此數事，未聞於古，後相沿襲，至梁行之。夫稱觴奉壽，[8]家國大慶，四厢雅樂，歌奏懽欣。今君臣吞哀，万民抑割，[9]豈同於惟新之禮乎？且周康賓稱奉珪，無萬壽之獻，此則前準明矣。三宿三咤，[10]上宗曰饗，斯蓋祭儐受福，寧謂賀酒邪！愚以今坐正殿，止行薦璧之儀，[11]無賀酒之禮。謹撰謁廟還升正寢、群臣陪薦儀注如別。

[1]壤奠：本土所産的貢物。

[2]贊：手執。

[3]珪：玉圭，瑞玉。

[4]致享：諸侯向天子進獻禮物的一種禮儀。

[5]琮：古代用於祭祀的玉器。方柱形，中有圓孔。

[6]叔孫通：漢薛（今山東棗莊市西）人。秦時爲待詔博士，後佐漢高祖，任奉常、太子太傅等職，參與制定漢諸儀法。《史記》卷九九、《漢書》卷四三有傳。

[7]鴻臚：此指鴻臚寺的官員。鴻臚寺，掌朝會時贊導禮儀。

[8]稱觴：舉杯敬酒。

[9]抑割：抑制。

[10]三宿：進爵三次。　三咤：奠爵三次。進爵之後，將空酒杯放置在托盤上，稱爲奠爵。奠，放置。

[11]薦璧：進獻璧玉。用於王侯宗室、群臣朝覲或天子封禪祭祀。

詔可施行。尋遷通直散騎常侍，[1]兼國子博士，領羽林監，[2]仍令於東宮講《孝經》《論語》。天嘉四年卒，[3]時年六十一。詔贈廷尉卿。[4]

　　[1]通直散騎常侍：官名。集書省屬官，南朝時多以衰老之士擔任，多爲加官。陳第四品，秩二千石。

　　[2]羽林監：官名。掌宿衛送從。南朝多以文官任此職。陳第七品，秩六百石。

　　[3]天嘉：南朝陳文帝陳蒨年號（560—566）。

　　[4]廷尉卿：官名。廷尉卿屬官。掌審獄定刑名，決疑案。陳第三品，秩中二千石。

　　文阿所撰《儀禮》八十餘卷，《經典大義》十八卷，[1]並行於世，諸儒多傳其學。

　　[1]《經典大義》十八卷：《隋書·經籍志》著録《經典大義》十二卷，《經典玄儒大義叙録》二卷。按，姚振宗《隋書經籍志考證》卷八謂此二者原是《經典大義》一書，至隋存十四卷而分爲二書。《舊唐書·經籍志》著録《經典大義》十卷，《新唐書·藝文志》著録《經典玄儒大義叙録》十卷。《宋史·藝文志》無載，亡佚。

　　沈洙字弘道，[1]吳興武康人也。祖休稚，[2]梁餘杭令。[3]父山卿，梁國子博士、中散大夫。[4]

　　[1]沈洙：《南史》卷七一亦有傳。

　　[2]祖休稚：中華本校勘記云：“‘休稚’《南史》作‘休季’。金陵局本作‘休雅’，殆稚雅形近而譌。”

　　[3]餘杭：縣名。治所在今浙江杭州市餘杭區南。

　　[4]中散大夫：官名。光禄卿屬官。養老疾，無職掌。梁十班。

　　洙少方雅好學，不妄交游。治三《禮》、《春秋左氏傳》。精識彊記，五經章句，諸子史書，問無不答。解巾梁湘東王國左常侍，[1]轉中軍宣城王限内參軍，[2]板仁威臨賀王記室參軍，[3]遷尚書祠部郎中，[4]時年蓋二十餘。大同中，[5]學者多涉獵文史，不爲章句，而洙獨積思經術，吳郡朱异、會稽賀琛甚嘉之。[6]及异、琛於士林館講制旨義，常使洙爲都講。[7]侯景之亂，洙竄於臨安，[8]時世祖在焉，親就習業。及高祖入輔，除國子博士，與沈文阿同掌儀禮。

　　[1]解巾：解去頭巾，指出仕。　梁湘東王：爵名。梁元帝蕭繹曾封爵爲湘東王。蕭繹，字世誠，梁武帝蕭衍第七子。《梁書》卷五、《南史》卷八有紀。湘東，郡名。治所在今湖南衡陽市。左常侍：官名。南北朝王、公等國置爲屬官，掌侍從左右，贊相禮儀，獻替諫諍。梁爲二班至一班。

　　[2]中軍：中軍將軍。梁代與中權、中衛、中撫將軍合稱四中將軍。祇授予在京師任職者，地位頗重。爲一百二十五號將軍之一，二十三班。　宣城王：爵名。梁簡文帝嫡長子蕭大器之初封爵號。蕭大器，字仁宗，初封宣城王，簡文帝即位立爲皇太子，後爲侯景所殺，追謚爲哀太子。《梁書》卷八、《南史》卷五四有傳。宣城，郡名。治所在今安徽宣城市宣州區。　限内：官制用語。南朝梁、陳指定員之内的官吏。

　　[3]板：指皇帝委任的下屬官員。　仁威：仁威將軍。梁置，與智威、信威、勇威、嚴威將軍代舊征虜將軍。爲一百二十五號將軍之一，十六班。　臨賀王：爵名。蕭正德封爵爲臨賀王。蕭正德，梁武帝侄。《梁書》卷五五有傳，《南史》卷五一有附傳。臨賀，郡名。治所在今廣西賀州市東南。　記室參軍：官名。南朝

時，皇弟皇子府、嗣王蕃王府、公府、持節都督府皆置，掌府內文書之事。

［4］尚書祠部郎中：官名。屬尚書右僕射或祠部尚書。尚書省諸曹郎之一，掌祭享禮儀等。梁五班。

［5］大同：南朝梁武帝蕭衍年號（535—546）。

［6］吳郡：郡名。治所在今江蘇蘇州市。　朱异：字彥和，吳郡錢唐（今浙江杭州市）人。博通經史文章，兼通書算棋藝。《梁書》卷三八、《南史》卷六二有傳。　會稽：郡名。治所在今浙江紹興市。　賀琛：字國寶，會稽山陰（今浙江紹興市）人。官至金紫光禄大夫。撰有《三禮講疏》《五經滯義》等，凡百餘篇。《梁書》卷三八、《南史》卷六二有傳。

［7］都講：古代在學舍中主講的人。

［8］臨安：縣名。治所在今浙江臨安市北。

　　高祖受禪，加員外散騎常侍，[1]歷揚州別駕從事史、大匠卿。[2]有司奏前寧遠將軍、建康令沈孝軌門生陳三兒牒稱主人翁靈柩在周，[3]主人奉使關內，[4]因欲迎喪，久而未返。此月晦即是再周，[5]主人弟息見在此者，[6]爲至月末除靈，内外即吉？[7]爲待主人還情禮申竟？以事諮左丞江德藻，[8]德藻議：“王衛軍云：‘久喪不葬，唯主人不變，其餘親各終月數而除。’此蓋引禮文論在家内有事故未得葬者耳。孝軌既在異域，雖已迎喪，還期無指，諸弟若遂不除，永絕婚嫁，此於人情，或爲未允。中原淪陷已後，理有事例，宜諮沈常侍詳議。”洙議曰：“禮有變正，又有從宜。《禮·小記》云：‘久而不葬者，唯主喪者不除，[9]其餘以麻終月數者除喪則已。’注云：‘其餘謂傍親。’如鄭所解，衆子皆應不除，王衛軍所引，此蓋禮之正也。[10]但魏氏東關之役，[11]既失亡屍柩，葬禮無期，議以爲禮無終身之喪，故制使除服。[12]晋氏喪亂，或死於虜庭，[13]無由迎殯，江左故復申明其制。[14]李胤之祖，王華之父，竝存亡不測，其子制服依時釋縗，[15]此竝變禮之宜也。孝軌雖因奉使便欲迎喪，而戎狄難親，還期未剋。愚謂宜依東關故事，在此國内者，竝應釋除縗麻，毀靈附祭，若喪柩得還，別行改葬之禮。自天下寇亂，西朝傾覆，[16]流播絶域，情禮莫申，若此之徒，諒非一二，寧可喪期無數，而弗除衰服，朝庭自應爲之限制，以義斷恩，通訪博識，折之禮衷。"德藻依洙議，奏可。

[1]員外散騎常侍：官名。三國魏末置，初爲散騎常侍之員外的添差，無員數，後發展爲定員官。多用以安置閑散官員，地位較低。陳第四品，秩二千石。

[2]揚州：州名。治所在今江蘇南京市。　別駕從事史：官名。即別駕。因從刺史行部，別乘一乘傳車，故謂之別駕。秩輕職重，位居州吏之右，與治中從事史同爲州上綱，事無不統。陳揚州別駕第六品。　大匠卿：官名。梁、陳十二卿之一，掌土木工程等事務。陳第三品，秩中二千石。

[3]寧遠將軍：官名。五遠將軍之一。屬加官或散官。陳擬五品，比秩千石。　建康：陳國都，在今江蘇南京市。　主人翁：對主人的尊稱。

[4]關内：地區名。指今故函谷關（今河南靈寶市東北）或今潼關以西地區。

[5]月晦：月終。指農曆每月最後一日。

[6]弟息：弟弟與兒子。

[7]即吉：指居喪期滿，除去喪服。

[8]左丞：官名。即尚書左丞。尚書省屬官。與尚書右丞分掌尚書都省事務，糾駁諸司文案。陳第四品，秩六百石。　江德藻：濟陽考城（今河南民權縣東北）人。起家梁南中郎武陵王行參軍。高祖受禪，授秘書監，兼尚書左丞。後通直散騎常侍。天嘉四年（563），使齊，著《北征道理記》三卷。本書卷三四有傳，《南史》卷六〇有附傳。

[9]唯主喪者不除：喪，底本作“祭”。中華本校勘記云：“據《禮記・喪服小記》原文改。”今從改。

[10]此蓋禮之正也：正，底本作“主”。中華本校勘記云：“‘正’原本訛‘主’，各本不訛，今改正。”今從改。

[11]魏氏東關之役：三國曹魏與孫吳間的一場戰役，亦稱“東興之役”。吳將諸葛恪在東興築大堤以防魏軍，魏軍作浮橋於堤上，吳軍援軍相繼到達，魏軍驚散，爭渡浮橋，橋斷，落水死傷者數萬。

[12]除服：脱去喪服。

[13]虜庭：古代對少數民族政權的貶稱。

[14]江左：地區名。亦稱江東。指長江下游以東地區。此處代指東晋。

[15]釋縗（cuī）：指服喪完畢，脱去喪服。縗，古代粗麻布做成的衣服，多爲喪服。

[16]西朝：此應指北周。

　　世祖即位，遷通直散騎常侍，侍東宮讀。[1]尋兼尚書左丞，領揚州大中正，[2]遷光禄卿，[3]侍讀如故。廢帝嗣位，[4]重爲通直散騎常侍，兼尚書左丞。遷戎昭將軍、輕車衡陽王長史，[5]行府國事，帶琅邪、彭城二郡丞。[6]梁代舊律，測囚之法，[7]日一上，起自晡鼓，[8]盡于二更。[9]及比部郎范泉删定律令,[10]以舊法測立時久,非人所堪,分其刻數,日再上。廷尉以爲新制過輕,請集八座丞郎并祭酒孔奐、行事沈洙五舍人會尚書省詳議。[11]時高宗録尚書,[12]集衆議之,都官尚書周弘正曰:[13]"未知獄所測人,有幾人款?[14]幾人不款?須前責取人名及數并其罪目,然後更集。"得廷尉監沈仲由列稱,[15]別制已後,有壽羽兒一人坐殺壽慧,劉磊渴等八人坐偷馬仗家口渡北,[16]依法測之,限訖不款。劉道朔坐犯七改偷,依法測立,首尾二日而款。陳法滿坐被使封藏、阿法受錢,未及上而款。弘正議曰:"凡小大之獄,必應以情,正言依準五聽,[17]驗其虛實,豈可全恣考掠,以判刑罪。且測人時節,本非古制,近代已來,方有此法。起自晡鼓,迄于二更,豈是常人所能堪忍?所以重械之下,危憧之上,無人不服,誣枉者多。朝晚二時,同等刻數,進退而求,於事爲衷。若謂小促前期,致實罪不伏,如復時節延長,則無愆妄款。且人之所堪,既有彊弱,人之立意,固亦多途。至如貫高榜笞刺爇,身無完者,[18]戴就熏針竝極,困篤不移,豈關時刻長短,掠測優劣?夫與殺不辜,寧失不經,罪疑惟輕,功疑惟重,斯則古之聖王,垂此明法。愚謂依范泉著制,[19]於事爲允。"舍人盛權議曰:"比部范泉新制,尚書周弘正明議,咸允《虞書》惟輕之旨,[20]《殷頌》敷正之言。[21]竊尋廷尉監沈仲由等列新制以後,凡有獄十一人,其所測者十人,款者唯一。愚謂染罪之囚,獄官宜明加辯析,窮考事理。若罪有可疑,自宜啓審分判，幸無濫測；若罪有實驗，乃可啓審測立；此則枉直有分，刑宥斯理。范泉今牒述《漢律》，云'死罪及除名，罪證明白，考掠已至，而抵隱不服者，處當列上'。杜預注云'處當，證驗明白之狀，列其抵隱之意'。[22]竊尋舊制深峻，百中不款者一，新制寬優，十中不款者九，參會兩文，寬猛寔異，[23]處當列上，未見釐革。愚謂宜付典法，更詳'處當列上'之文。"洙議曰："夜中測立，緩急易欺，兼用晝漏，[24]於事爲允。但漏刻賒促，今古不同，《漢書·律曆》，何承天、祖沖之、晅之父子《漏經》，[25]並自關鼓至下鼓，[26]自晡鼓至關鼓，皆十三刻，冬夏四時不異。若其日有長短，分在中時前後。今用梁末改漏，下鼓之後，分其短長，夏至之日，各十七刻，冬至之日，各十二刻。伏承命旨，刻同勒令，檢一日之刻乃同，而四時之用不等，廷尉今牒，以時刻短促，致罪人不款。[27]愚意願去夜測之昧，從晝漏之明，斟酌今古之間，參會二漏之義，捨秋冬之少刻，從夏日之長晷，[28]不問寒暑，並依今之夏至，朝夕上測，各十七刻。比之古漏，則一上多昔四刻，[29]即用今漏，則冬至多五刻。雖冬至之時，數刻侵夜，正是少日，[30]於事非疑。庶罪人不以漏短而爲捍，獄囚無以在夜而致誣，[31]求之鄙意，竊謂允合。"衆議以爲宜依范泉前制，高宗曰："沈長史議得中，宜更博議。"左丞宗元饒議曰：[32]"竊尋沈議非頓異范，正是欲使四時均其刻數，兼斟酌其佳，以會優劇。即同牒請寫還刪定曹詳改前制。"高宗依事施行。

[1]侍東宮讀：侍奉東宮太子讀書。

[2]州大中正：官名。掌一州人物之品第，以爲吏部銓選之根據，並有委任州主簿及從事之權。

[3]光禄卿：官名。梁武帝天監七年（508）改光禄勳置，十二卿之一。掌宮殿門户及部分宮廷供御事務。陳第三品，秩中二千石。

[4]廢帝：陳廢帝陳伯宗。字奉業，小字藥王，陳文帝嫡長子。性仁弱，文帝死後即位，光大二年（568）被廢爲臨海郡王。本書卷四、《南史》卷九有紀。

[5]戎昭將軍：官名。梁置。陳擬八品，比秩六百石。 輕車：輕車將軍。雜號將軍。陳擬五品，比秩千石。 衡陽王：爵名。陳伯信封爵衡陽王。陳伯信，字孚之，陳文帝陳蒨第七子。本書卷二七有傳，《南史》卷六五有附傳。衡陽，郡名。治所在今湖南株洲市西南。

[6]帶：兼任。 琅邪：郡名。此應指南琅邪。治所在今江蘇南京市北金川門外、幕府山南麓。 彭城：郡名。此處應爲南彭城。屬南徐州。治所在今江蘇鎮江市、丹陽市、常州市一帶。

[7]測囚：刑訊囚犯。測，古代的一種刑罰。《隋書·刑法志》：“其有贓驗顯然而不款，則上測立。立測者，以土爲垛，高一尺，上圓，劣容囚兩足立。鞭二十，笞三十訖，著兩械及杻，上垛。”

[8]晡鼓：晡時擊鼓，指晡時，午後三點至五點。

[9]二更：晚上九時至十一時。

[10]范泉删定律令：范泉，南朝陳時任尚書比部郎。《隋書·刑法志》載，陳令尚書删定郎范泉參定律令，又敕沈欽、徐陵參知其事，制《律》三十卷。《隋書·經籍志二》：“《陳律》九卷，范泉撰。”《舊唐書·經籍志上》：“《陳令》三十卷，范泉等撰。”

[11]八座：古代中央政府的八種高級官員。歷朝制度不一，所指不同。陳時八座即尚書令、尚書二僕射（左、右僕射）及五曹尚書（吏部、祠部、度支、左民、五兵）。 丞郎：尚書左右丞及六

部侍郎、郎中的通稱。　祭酒：官名。即國子祭酒。太常卿屬官。領國子學、太學。陳第三品，秩中二千石。　孔奐：字休文，會稽山陰（今浙江紹興市）人。官至金紫光禄大夫。本書卷二一有傳，《南史》卷二七有附傳。　行事：以他官代行某官職權，南朝多以較低官階代行較高官職。　尚書省：官署名。爲中央最高政令執行機關。

［12］高宗：南朝陳宣帝陳頊廟號。陳頊，本書卷五、《南史》卷一〇有紀。

［13］都官尚書：官名。尚書省都官曹長官，掌法律刑獄及水利、庫藏等。陳第三品，秩中二千石。　周弘正：字思行，汝南安成（今河南汝南縣東南）人。陳時任尚書右僕射、祭酒。著《周易講疏》《論語疏》等，並行於世。本書二四有傳，《南史》卷三四有附傳。

［14］款：招供，招認。

［15］廷尉監：官名。廷尉卿屬官，與正、平通署公牘，互相監督。陳第七品，秩六百石。

［16］馬仗：車馬器仗。

［17］五聽：審察案情的五種方法。《周禮·秋官·小司寇》：“以五聲聽獄訟，求民情。一曰辭聽，二曰色聽，三曰氣聽，四曰耳聽，五曰目聽。”

［18］身無完者：中華本校勘記云：“‘者’南、北監本及汲本並作‘膚’。按《漢書·張耳陳餘傳》正作‘身無完者’，‘者’作‘膚’，乃後人臆改。”

［19］著：底本作“箸”。按，刻本文字從草與從竹常有混用的情況。今徑改之，本卷以下不再出校。

［20］《虞書》惟輕之旨：《尚書·堯典》裏皋陶説的話，其中有“罪疑惟輕，功疑惟重”二句。

［21］《殷頌》敷正之言：《詩·殷頌·長發》：“敷政優優，百禄是遒。”意思是施政和洽，則福禄聚集而來。正，通“政”。

［22］杜預：字元凱，京兆杜陵（今陝西西安市東南）人。撰《春秋左傳集解》《春秋長曆》等，成一家之學。《晉書》卷三四有傳。

［23］寔：同"實"。

［24］晝漏：古代用於白天計時的漏壺。亦指白天的時間。

［25］何承天：南朝宋天文學家，造《元嘉曆》。《宋書》卷六四、《南史》卷三三有傳。 祖沖之：字文遠，范陽薊（今天津市）人。南朝宋、齊時期的天文學家、數學家。注《九章》，造《綴述》數十篇。《南齊書》卷五二、《南史》卷七二有傳。 暅（xuǎn）：祖暅。梁代天文學家，祖沖之之子。曾撰《漏經》和《天文錄》三十卷，今佚。《南史》卷七二有附傳。

［26］關鼓：報夜晚開始的鼓聲。 下鼓：夜鼓結束。

［27］致罪人不款：致，底本作"到"。中華本校勘記云："據北監本、汲本、殿本及《南史》、《元龜》六一五改。"今從改。

［28］長晷：夏天白天時長，故稱"長晷"。晷，古代根據日影計算時間的儀器。

［29］則一上多昔四刻：一，底本無。中華本校勘記云："據《南史》及《元龜》六一五補。按'一上'謂行測刑一次。"今從補。

［30］正是少日：正，底本原作"五"。中華本校勘記云："'正'原本訛'五'，各本不訛，今改正。"今從改。

［31］獄囚無以在夜而致誣：而，底本作"之"。中華本據各本及《南史》改。今從改。

［32］宗元饒：南郡江陵（今湖北荆州市荆州區）人。本書卷二九、《南史》卷六八有傳。

洙以太建元年卒，[1]時年五十二。

[1]太建：南朝陳宣帝陳頊年號（569—582）。

戚袞字公文，[1]吳郡鹽官人也。[2]祖顯，齊給事中。[3]父霸，梁臨賀王府中兵參軍。[4]

[1]戚袞：《南史》卷七一亦有傳。

[2]鹽官：縣名。治所在今浙江海寧市鹽官鎮南。

[3]給事中：官名。集書省屬官，在通直散騎侍郎下、員外散騎侍郎上。常侍從皇帝左右，亦管圖書文翰、修史等事。

[4]中兵參軍：官名。兩晋南北朝諸公、軍府僚屬。職掌本府中兵曹事務，兼備參謀諮詢。其品位隨府主地位高低不等。

袞少聰慧，游學京都，受三《禮》於國子助教劉文紹，一二年中，大義略備。年十九，梁武帝敕策《孔子正言》并《周禮》《禮記義》，[1]袞對高第。[2]仍除揚州祭酒從事史。[3]

[1]《孔子正言》：書名。梁武帝撰。《隋書·經籍志》著録二十卷，《舊唐書·經籍志》《新唐書·藝文志》亦有著録，《宋史·藝文志》無載，亡佚。

[2]高第：成績優秀，名列前茅。

[3]揚州祭酒從事史：官名。祭酒從事史，州府主要僚屬之一。掌州兵、賊、倉、户、水、鎧諸曹事。梁揚州祭酒從事，位一班。

就國子博士宋懷方質儀禮義，懷方北人，自魏攜《儀禮》《禮記疏》，秘惜不傳，及將亡，謂家人曰"吾死後，戚生若赴，便以《儀禮》《禮記義本》付之，若其不來，即宜隨屍而殯"。其爲儒者推許如此。尋兼太學博士。

　梁簡文在東宮，召袞講論。又嘗置宴集玄儒之士，先命道學互相質難，次令中庶子徐摛馳騁大義，[1]間以劇談。摛辭辯縱橫，難以答抗，諸人懾氣，皆失次序。袞時騁義，[2]摛與往復，袞精采自若，對答如流，簡文深加歎賞。尋除員外散騎侍郎，[3]又遷員外散騎常侍。敬帝承制，出爲江州長史，[4]仍隨沈泰鎮南豫州。[5]泰之奔齊也，逼袞俱行，後自鄴下遁還。[6]又隨程文季北伐，呂梁軍敗，[7]袞没于周，久之得歸。仍兼國子助教，除中衛始興王府録事參軍。[8]太建十三年卒，時年六十三。

[1]中庶子：官名。東宮門下坊的長官，掌侍從太子左右，規諫諷議，獻納得失等。梁十一班。　徐摛：字士秀，東海郯（今山東郯城縣北）人。侯景之亂時獨自護衛時爲太子的簡文帝，簡文帝即位後被幽閉，徐摛不獲朝謁，因感氣疾而卒。《梁書》卷三〇、《南史》卷六二有傳。

[2]袞時騁義：中華本校勘記云："北監本、殿本作'袞時説朝聘義'，《南史》作'時袞説朝聘義'。"

[3]員外散騎侍郎：官名。集書省屬官，多以公族、功臣子充任。梁三班。

[4]江州：州名。治所在今江西九江市。

[5]南豫州：州名。治所在今安徽當塗縣。

[6]鄴下：指北齊都城鄴城。在今河北臨漳縣西南鄴鎮。

[7]呂梁：古城名。在今江蘇銅山縣東南。

[8]中衛：中衛將軍。與中軍、中權、中撫將軍並稱四中將軍，地位顯要。陳擬二品，比秩中二千石。　始興王：爵名。陳叔陵封

爵爲始興王。陳叔陵，字子嵩。陳宣帝駕崩時，趁亂行刺陳後主，逃出後聚兵謀反，兵敗被殺。本書卷三六、《南史》卷六五有傳。

　　録事參軍：官名。王公軍府屬官，掌總録衆署文書，舉彈善惡。

　　衷於梁代撰《三禮義記》，值亂亡失，《禮記義》四十卷行於世。

　　鄭灼字茂昭，[1]東陽信安人也。[2]祖惠，梁衡陽太守。[3]父季徽，通直散騎侍郎、建安令。[4]

　　[1]鄭灼：《南史》卷七一亦有傳。

　　[2]東陽：郡名。治所在今浙江金華市。　信安：縣名。治所在今浙江衢州市。

　　[3]衡陽：郡名。治所在今湖南株洲市西南。

　　[4]通直散騎侍郎：官名。集書省屬官，掌侍從左右。南朝宋以後，多爲加官。梁六班。　建安：郡名。治所在今福建建甌市。

　　灼幼而聰敏，勵志儒學，少受業于皇侃。[1]梁中大通五年，[2]釋褐奉朝請。[3]累遷員外散騎侍郎、給事中、安東臨川王府記室參軍，[4]轉平西邵陵王府記室。[5]簡文在東宮，雅愛經術，引灼爲西省義學士。[6]承聖中，[7]除通直散騎侍郎，兼國子博士。尋爲威戎將軍，[8]兼中書通事舍人。[9]高祖、世祖之世，歷安東臨川、鎮北鄱陽二王府諮議參軍，[10]累遷中散大夫，以本職兼國子博士。未拜，太建十三年卒，時年六十八。

[1]皇侃：吴郡（今江蘇蘇州市）人。師事賀瑒，尤明三《禮》、《論語》。《梁書》卷四八、《南史》卷七一有傳。

[2]中大通：南朝梁武帝蕭衍年號（529—534）。

[3]釋褐：脱去平民衣服。喻始任官職。 奉朝請：官名。原指兩漢達官顯貴定期朝見皇帝的一種政治優待。東晋獨立爲官，亦作加官。南朝列爲集書省屬官，掌侍從諫諍。梁二班。

[4]安東：安東將軍。八安將軍之一。梁二十一班。 臨川王：爵名。蕭宏封爵爲臨川王。蕭宏，梁武帝弟。《梁書》卷二二、《南史》卷五一有傳。臨川，郡名。治所在今江西南城縣東南。

[5]平西：平西將軍。梁武帝天監七年（508）定爲武職二十四班中的二十班。 邵陵王：爵名。蕭綸封爵爲邵陵郡王。蕭綸，字世調，梁武帝第六子。《梁書》卷二九、《南史》卷五三有傳。邵陵，郡名。治所在今湖南邵陽市。

[6]西省義學士：官名。南朝梁置。爲文學侍從。

[7]承聖：南朝梁元帝蕭繹年號（552—555）。

[8]威戎將軍：官名。梁武帝天監七年定爲武職二十四班中的五班。

[9]中書通事舍人：官名。中書省屬官。掌入直閣内，呈奏案章。南朝宋以降漸用寒士及皇帝親信擔任此職，奪中書侍郎草擬詔誥之權。至梁代用人殊重，選以才能，不限資地，專掌中書詔誥，權勢顯赫，多以他官兼領。梁四班。

[10]安東臨川：此指陳文帝陳蒨。陳武帝陳霸先即位後封陳蒨爲臨川郡王，邑二千户，拜侍中、安東將軍。本書卷三、《南史》卷九有紀。安東，安東將軍。陳擬三品，比秩中二千石。 鎮北鄱陽：此指鄱陽王陳伯山。陳伯山，字静之，陳文帝第三子。本書卷二八、《南史》卷六五有傳。鎮北，鎮北將軍。南朝八鎮將軍之一。陳擬二品，比秩中二千石。鄱陽，郡名。治所在今江西鄱陽縣。諮議參軍：官名。又稱諮議參軍事。府屬僚佐之一。掌諮詢謀議軍事，其位在諸參軍之上。皇弟皇子府諮議參軍，陳第五品。

灼性精勤，尤明三《禮》。少時嘗夢與皇侃遇於途，侃謂灼曰"鄭郎開口"，侃因唾灼口中，自後義理逾進。灼家貧，抄義疏以日繼夜，[1]筆毫盡，每削用之。灼常蔬食，講授多苦心熱，若瓜時，輒偃臥以瓜鎮心，起便誦讀，其篤志如此。

[1]義疏：本指解釋佛教經典。後泛指闡釋經義的書。

時有晉陵張崖、吳郡陸詡、吳興沈德威、會稽賀德基，[1]俱以禮學自命。

[1]晉陵：郡名。治所在今江蘇常州市。

張崖傳三《禮》於同郡劉文紹，仕梁歷王府中記室。[1]天嘉元年，爲尚書儀曹郎，[2]廣沈文阿《儀注》，撰《五禮》。出爲丹陽令、王府諮議參軍。[3]御史中丞宗元饒表薦爲國子博士。[4]

[1]中記室：官名。中記室參軍省稱。公府僚屬。品秩依府主地位而定。

[2]尚書儀曹郎：官名。尚書省儀曹長官，掌吉凶禮制。陳第四品，秩六百石。

[3]丹陽：縣名。治所在今安徽當塗縣東北。

[4]御史中丞：官名。御史臺長官。掌督司百僚，奏劾不法。陳第三品，秩二千石。

陸詡少習崔靈恩《三禮義宗》，[1]梁世百濟國表求講禮博士，[2]詔令詡行。還除給事中、定陽令。[3]天嘉初，侍始興王伯茂讀，[4]遷尚書祠部郎中。

[1]崔靈恩：清河東武城（今河北清河縣東北）人。少篤學，遍習五經，尤精三《禮》、三《傳》。《梁書》卷四八、《南史》卷七一有傳。　《三禮義宗》：一部解析三《禮》經義的著作。《梁書》本傳載《三禮義宗》四十七卷，《南史》本傳載《三禮義宗》三十卷，《隋書·經籍志》《舊唐書·經籍志》《新唐書·藝文志》《宋史·藝文志》著錄同《南史》本傳。後亡佚。清王謨、黃奭、馬國翰有輯本。

[2]百濟國：古國名。故地在今朝鮮半島西南部。《隋書》卷八一、《北史》卷九四有傳。

[3]定陽：縣名。治所在今湖北隨州市西北。

[4]始興王伯茂：陳伯茂封爵始興王。陳伯茂，字鬱之，陳文帝第二子。本書卷二八、《南史》卷六五有傳。始興，郡名。治所在今廣東韶關市南武水西岸。

沈德威字懷遠，少有操行。梁太清末，遁於天目山，[1]築室以居，雖處亂離，而篤學無倦，遂治經業。天嘉元年，徵出都，侍太子講《禮傳》。尋授太學博士，轉國子助教。每自學還私室以講授，道俗受業者數十百人，率常如此。遷太常丞，[2]兼五禮學士，[3]尋爲尚書儀曹郎，後爲祠部郎。[4]俄丁母憂去職。禎明三年入隋，[5]官至秦王府主簿。[6]年五十五卒。

[1]天目山：舊名浮玉山。在今浙江西北部，爲長江與錢塘江

水系的分水嶺。

[2]太常丞：官名。太常寺屬官，爲太常卿佐官。掌宗廟祭祀禮儀。陳第八品，秩六百石。

[3]五禮學士：官名。爲文學侍從，掌修撰吉凶賓軍嘉五禮。

[4]祠部郎：官名。又稱尚書祠部郎。尚書祠部曹長官，南北朝時祠部郎資深勤能者可轉侍郎。陳第四品，秩六百石。

[5]禎明：南朝陳後主陳叔寶年號（587—589）。

[6]秦王：隋文帝第三子楊俊，開皇元年（581）被立爲秦王。《隋書》卷四五、《北史》卷七一有傳。　主簿：官名。中央各機構及地方州郡官府皆置。典領文書簿籍，經辦事務。

賀德基字承業，世傳禮學。祖文發，父淹，仕梁俱爲祠部郎，並有名當世。德基少游學于京邑，積年不歸，衣資罄乏，又恥服故弊，盛冬止衣裌襦袴。[1]嘗於白馬寺前逢一婦人，[2]容服甚盛，呼德基入寺門，脫白綸巾以贈之。[3]仍謂德基曰：“君方爲重器，不久貧寒，故以此相遺耳。”德基問嫗姓名，不答而去。德基於《禮記》稱爲精明，居以傳授，累遷尚書祠部郎。德基雖不至大官，而三世儒學，俱爲祠部，時論美其不墜焉。

[1]裌（jiá）襦袴：有夾層的衣褲。裌，夾層。襦，有裏子短上衣。袴，沒有褲襠的套褲。

[2]白馬寺：佛寺名。在今河南洛陽市東北漢魏故城西。

[3]白綸巾：白頭巾。

全緩字弘立，[1]吳郡錢塘人也。[2]幼受《易》于博士褚仲都，[3]篤志研翫，得其精微。梁太清初，歷王國侍郎、奉朝請，[4]俄轉國子助教，兼司義郎，[5]專講《詩》《易》。紹泰元年，除尚書水部郎。[6]太建中，累遷鎮南始興王府諮議參軍，[7]隨府詣湘州，以疾卒，時年七十四。緩治《周易》《老》《莊》，時人言玄者咸推之。

[1]全緩：《南史》卷七一亦有傳。

[2]錢塘：郡名。治所在今浙江杭州市。

[3]褚仲都：吳郡錢唐（今浙江杭州市）人。善《周易》，爲當時之最。天監中，歷官五經博士。事見《梁書》卷四七《褚脩傳》。

[4]王國侍郎：官名。王國屬官，掌隨侍國主，贊拜諫諍。梁一班。

[5]司義郎：官名。梁置，爲皇帝的經學侍臣。

[6]尚書水部郎：官名。尚書諸曹郎之一。屬都官尚書。掌水道工程州船橋梁漕運等事務。梁侍郎六班，郎中五班。

[7]累遷鎮南始興王府諮議參軍：鎮，底本無。中華本校勘記云："按《始興王叔陵傳》，叔陵於太建四年遷鎮南將軍，明'南'上脱一'鎮'字，《南史》有，今據補。"今從補。鎮南，即鎮南將軍。鎮東、鎮南、鎮西、鎮北四鎮將軍之一。多授予持節都督。陳擬二品，比秩中二千石。始興王，陳叔陵封爵爲始興王。陳叔陵，陳宣帝陳頊第二子。陳宣帝駕崩時，趁亂行刺陳後主，逃出後聚兵謀反，兵敗被殺。本書卷三六、《南史》卷六五有傳。

張譏字直言，[1]清河武城人也。[2]祖僧寶，梁散騎侍郎、太子洗馬。[3]父仲悦，梁廬陵王府録事參軍、尚書祠部郎中。[4]

[1]張譏：《南史》卷七一亦有傳。

[2]清河：郡名。治所在今河北清河縣西北。　武城：縣名。治所在今河北清河縣西北。

[3]散騎侍郎：官名。集書省屬官，掌侍從左右，獻納諫諍。梁八班。　太子洗馬：官名。東宮屬官，掌侍從及文翰，爲清簡之職。梁六班。

[4]廬陵王：爵名。蕭續封爵爲廬陵王。蕭續，字世訢，梁武帝第五子。《梁書》卷二九、《南史》卷五三有傳。廬陵，郡名。治所在今江西吉水縣東北。

　　譏幼聰俊，有思理，年十四，通《孝經》《論語》。篤好玄言，[1]受學于汝南周弘正，[2]每有新意，爲先輩推伏。梁大同中，召補國子《正言》生。[3]梁武帝嘗於文德殿釋《乾》《坤文言》，[4]譏與陳郡袁憲等預焉，[5]敕令論譏，諸儒莫敢先出，譏乃整容而進，諮審循環，辭令溫雅。梁武帝甚異之，賜裙襦絹等，仍云“表卿稽古之力”。

[1]玄言：指老莊之書。

[2]汝南：郡名。治所在今河南汝南縣。

[3]《正言》：此指梁武帝傳《孔子正言》二十卷。《隋書·經籍志》《舊唐書·經籍志》《新唐書·藝文志》皆有著録。《宋史·藝文志》無載，亡佚。

[4]《乾》《坤文言》：《周易》在乾卦和坤卦的象辭之後，各有一段文字，專門對乾、坤二卦進行解釋。這兩段文字稱爲《文

言》，是《易傳》"十翼"之一。

　　[5]陳郡：郡名。治所在今河南淮陽縣。　　袁憲：字德章，陳郡陽夏（今河南太康縣）人。陳時官至吏部尚書、尚書右僕射。本書卷二四有傳，《南史》卷二六有附傳。

　　憲幼喪母，有錯綵經帕，即母之遺製，及有所識，家人具以告之，每歲時輒對帕哽噎，不能自勝。及丁父憂，居喪過禮。服闋，[1]召補湘東王國左常侍，[2]轉田曹參軍，[3]遷士林館學士。[4]

　　[1]服闋：守喪期滿除服。

　　[2]湘東王：指梁元帝蕭繹。　　左常侍：官名。王公國屬官，隨侍國主，掌諫諍、司儀。梁二班至一班。

　　[3]田曹參軍：官名。王公府屬官，掌農政。

　　[4]士林館學士：官名。梁武帝大同七年（541）在宮城西置士林館，延學者在館內講授、議論經義。

　　簡文在東宮，出士林館發《孝經》題，憲論議往復，甚見嗟賞，自是每有講集，必遣使召憲。及侯景寇逆，於圍城之中，猶侍哀太子於武德後殿講《老》《莊》。[1]梁臺陷，[2]憲崎嶇避難，卒不事景。景平，歷臨安令。

　　[1]哀太子：梁簡文帝嫡長子蕭大器謚號。蕭大器，字仁宗。初封宣城王，簡文帝即位立爲皇太子，後爲侯景所殺，追謚爲哀太子。《梁書》卷八、《南史》卷五四有傳。

　　[2]梁臺：指南朝梁的禁城。

　　高祖受禪，除太常丞，轉始興王府刑獄參軍。[1]天嘉中，遷國子助教。是時周弘正在國學，發《周易》題，弘正第四弟弘直亦在講席。[2]譏與弘正論議，弘正乃屈，弘直危坐厲聲，助其申理。譏乃正色謂弘直曰：“今日義集，辯正名理，雖知兄弟急難，四公不得有助。”弘直曰：“僕助君師，何爲不可？”舉座以爲笑樂。弘正嘗謂人曰：“吾每登座，見張譏在席，使人憻然。”高宗世，歷建安王府記室參軍，[3]兼東宮學士，[4]轉武陵王限內記室，[5]學士如故。

　　[1]刑獄參軍：官名。即公府刑獄賊曹參軍。公府諸曹之一，主刑獄。

　　[2]弘直：周弘直。字思方，周弘正弟。陳時曾任國子博士，官至太常卿、光祿大夫。本書卷二四、《南史》卷三四有附傳。

　　[3]建安王：爵名。陳叔卿爵封建安王。陳叔卿，字子弼，陳宣帝第五子。本書卷二八、《南史》卷六五有傳。建安，郡名。治所在今福建建甌市。

　　[4]東宮學士：官名。東宮文學侍從，任者皆爲有學之士。

　　[5]武陵王：爵名。陳伯禮封爵爲武陵王。陳伯禮，字用之，陳文帝第十子。本書卷二八、《南史》卷六五有傳。武陵，郡名。治所在今湖南常德市。

　　後主在東宮，[1]集官僚置宴，時造玉柄麈尾新成，後主親執之，曰：“當今雖復多士如林，至於堪捉此者，獨張譏耳。”即手授譏。仍令於溫文殿講《莊》《老》，高宗幸宮臨聽，賜御所服衣一襲。後主嗣位，領南平王府諮議參軍、東宮學士。[2]尋遷國子博士，學士如故。

後主嘗幸鍾山開善寺召從臣坐於寺西南松林下，[3]敕召瑒豎義。時索麈尾未至，後主敕取松枝，手以屬瑒，曰"可代麈尾"。顧謂群臣曰"此即是張瑒後事"。禎明三年入隋，終於長安，[4]時年七十六。

[1]後主：陳後主陳叔寶。字元秀，吳興（今浙江湖州市吳興區）人。太建元年（569）立爲皇太子，十四年（582）即皇帝位。禎明三年（589）春，後主爲隋軍所獲，入於長安。隋仁壽四年（604），崩於洛陽，謚曰煬。本書卷六、《南史》卷一〇有紀。

[2]南平王：爵名。陳嶷封爵爲南平王。陳嶷，字承嶽，陳後主第二子。本書卷二八、《南史》卷六五有傳。南平，郡名。治所在今湖北公安縣西。

[3]鍾山：山名。又稱紫金山，在今江蘇南京市東北。　開善寺：佛寺名。南朝梁建，在今江蘇南京市紫金山西南。

[4]長安：縣名。治所在今陝西西安市北。

瑒性恬静，不求榮利，常慕閑逸，所居宅營山池，植花果，講《周易》《老》《莊》而教授焉。吳郡陸元朗、朱孟博、一乘寺沙門法才、法雲寺沙門慧休、至真觀道士姚綏，[1]皆傳其業。瑒所撰《周易義》三十卷、《尚書義》十五卷、《毛詩義》二十卷、《孝經義》八卷、《論語義》二十卷、《老子義》十一卷、《莊子内篇義》十二卷、《外篇義》二十卷、《雜篇義》十卷、《玄部通義》十二卷，[2]又撰《游玄桂林》二十四卷，[3]後主嘗敕人就其家寫入秘閣。[4]

[1]法雲寺沙門慧休：中華本校勘記云："殿本《考證》云

'休'《南史》作'拔'。"

[2]"《周易義》三十卷"至"《玄部通義》十二卷":《隋書·經籍志》著録《周易講疏》三十卷,陳諮議參軍張譏撰;又《莊子講疏》二卷,張譏撰,亡。以上未載者,皆早已散亡。

[3]《游玄桂林》二十四卷:《隋書·經籍志一》經部著録張譏《游玄桂林》九卷,《隋書·經籍志三》子部"道家類"著録張譏《游玄桂林》二十一卷、《目》一卷,《舊唐書·經籍志》《新唐書·藝文志》著録此書二十卷。姚振宗《隋書經籍志考證》謂經部九卷者,"或節録其中之關涉五經者"是也。此書《宋史·藝文志》以下無載,亡佚。

[4]秘閣:此指南朝陳秘書省所轄的國家藏書處。

子孝則,官至始安王記室參軍。[1]

[1]始安王:爵名。後主皇太子陳深曾封爵爲始安王。陳深,字承源,後主第四子。禎明二年(588),皇太子胤廢,立深爲皇太子,陳亡後入隋。本書卷二八、《南史》卷六五有傳。始安,郡名。治所在今廣西桂林市。

顧越字思南,[1]吳郡鹽官人也。所居新坡黃岡,世有鄉校,由是顧氏多儒學焉。

[1]顧越字思南:中華本校勘記云:"殿本《考證》云'思'《南史》作'允'。"顧越,《南史》卷七一亦有傳。

越少孤,以勤苦自立,聰慧有口辯,説《毛氏詩》,[1]傍通異義,[2]梁太子詹事周捨甚賞之。[3]解褐揚州議曹史，[4]兼太子左率丞。越於義理精明，尤善持論，與會稽賀文發俱爲梁南平王偉所重，[5]引爲賓客。尋補五經博士。紹泰元年，遷國子博士。世祖即位，除始興王諮議參軍，[6]侍東宮讀。世祖以越篤老，厚遇之，除給事黃門侍郎，[7]又領國子博士，侍讀如故。廢帝嗣立，除通直散騎常侍、中書舍人。華皎之構逆也，[8]越在東陽，或譖之於高宗，言其有異志，詔下獄，因坐免。太建元年卒於家，時年七十八。[9]

[1]《毛氏詩》：漢代《詩經》傳授出於古文的一派，由魯國經師毛亨、毛萇傳授，故稱《毛詩》。《毛詩》經鄭玄箋注，成爲《詩經》流傳後世的惟一傳本。

[2]傍通異義：異，底本作墨丁。中華本校勘記云：“‘異’字原本墨丁，據各本補。”今從補。

[3]太子詹事：官名。東宮屬官，總領東宮官署、庶務。梁十四班。　周捨：字昇逸，汝南安城（今河南汝南縣東南）人。博學多通，起家太學博士。梁禮儀損益，多出自周捨。官歷中護將軍、太子詹事。《梁書》卷二五有傳，《南史》卷三四有附傳。

[4]議曹史：官名。即議曹從事史。州府屬官，職參謀議。梁揚州議曹從事史位一班。

[5]南平王偉：蕭偉。字文達，梁文帝第八子。少好學，趨賢重士。封爵爲南平郡王。《梁書》卷二二、《南史》卷五二有傳。

[6]除始興王諮議參軍：中華本校勘記云：“《南史》作‘除東中郎鄱陽王府諮議參軍’。張森楷校勘記云：‘按《鄱陽王伯山傳》，伯山曾爲東中郎，“始興王”應依《南史》作“鄱陽王”。’”說是，存疑。

[7]給事黃門侍郎：官名。門下省的次官，協助長官侍中掌侍

從贊相，獻納諫正，糾駁制敕。陳第四品，秩二千石。

[8]華皎：晋陵暨陽（今江蘇江陰市東南）人。本書卷二〇、《南史》卷六八有傳。　構逆：發動叛亂。

[9]七十八：《南史》卷七一作“七十七”。

　　時有東陽龔孟舒者，[1]亦治《毛氏詩》，善談名理。梁武世，仕至尋陽郡丞，[2]元帝在江州，[3]遇之甚重，躬師事焉。承聖中，兼中書舍人。天嘉初，除員外散騎常侍，兼國子助教、太中大夫。[4]太建中卒。

[1]龔孟舒：《南史》卷七一有附傳。

[2]尋陽：郡名。治所在今江西九江市。

[3]元帝：梁元帝蕭繹。字世誠，梁武帝蕭衍第七子。封湘東王，授荆州刺史。大寶二年（551）四月，派大都督王僧辯追擊侯景，十一月在江陵稱帝，改元承聖。承聖元年（552）四月，侯景兵敗北逃，爲部將所殺。《梁書》卷五、《南史》卷八有紀。

[4]太中大夫：官名。南朝梁、陳多用以安置老疾退免的九卿等大臣，無職事。陳第四品，秩千石。

　　沈不害字孝和，[1]吳興武康人也。祖總，齊尚書祠部郎。父懿，梁邵陵王參軍。[2]

[1]沈不害：《南史》卷七一亦有傳。

[2]邵陵王：爵名。蕭綸封爵爲邵陵郡王。蕭綸，字世調，梁武帝第六子。《梁書》卷二九、《南史》卷五三有傳。邵陵，郡名。治所在今湖南邵陽市。

不害幼孤，而修立好學。十四，召補國子生，[1]舉明經。累遷梁太學博士，轉廬陵王府刑獄參軍，長沙王府諮議，[2]帶汝南令。天嘉初，除衡陽王府中記室參軍，[3]兼嘉德殿學士。自梁季喪亂，至是國學未立，不害上書曰：

[1]國子生：國子學中的學生。
[2]諮議：官名。即諮議參軍。
[3]中記室參軍：官名。公府僚屬。品秩依府主地位而定，陳第六品至第九品。

臣聞立人建國，莫尚於尊儒，成俗化民，必崇於教學。故東膠西序，[1]事隆乎三代，環林璧水，業盛於兩京。[2]自淳源既遠，澆波已扇，[3]物之感人無窮，人之逐欲無節，是以設訓垂範，啟導心靈，譬彼染藍，類諸琢玉，然後人倫以睦，卑高有序，忠孝之理既明，君臣之道攸固。執禮自基，魯公所以難侮，歌樂已細，鄭伯於是前亡，干戚舞而有苗至，[4]泮宮成而淮夷服，[5]長想洙、泗之風，[6]載懷淹、稷之盛，[7]有國有家，莫不尚已。

[1]東膠西序：東膠，周代的大學。西序，夏代的小學。後泛指指興教化、養耆老的場所。
[2]兩京：指長安與洛陽。長安是西漢的首都，而洛陽是東漢的首都，故稱“兩京”。
[3]澆波已扇：浮薄的社會風氣已經散播開來。

　　[4]干戚舞而有苗至：謂以禮樂風化夷狄。典出《淮南子·繆稱》"禹執干戚，舞於兩階之間，而三苗服"，高誘注："三苗畔禹，禹風以禮樂而服之也。"干，盾牌。戚，斧子。有苗，又稱"三苗"，上古南方的一個部族。

　　[5]泮宮成而淮夷服：指用禮樂風化夷狄。典出《詩·魯頌·泮水》，這首詩本是描寫魯僖公在泮宮出席獻俘儀式，從而歌頌魯公平定淮夷的功績。不過泮宮本是諸侯的學宮，所以這裏用典在原文之上有所發揮，意思是修文德可以服夷狄。

　　[6]洙、泗之風：指儒學之風。洙水和泗水兩條河流在春秋時期流經魯國地界。孔子在此之間聚徒講學，故以"洙、泗之風"代指儒風。

　　[7]淹、稷之盛：指學術之盛。淹指淹中，魯國巷里之名，漢代在此發現過《禮古經》。稷指稷下，戰國時期齊威王、齊宣王曾在稷下建學宮，招攬當時的名學者在此講學。後世以淹中和稷下作爲學術興盛的象徵。

　　　　梁太清季年，數鍾否剥，[1]戎狄外侵，姦回内鬨，[2]朝聞鼓鼙，夕炤烽火。洪儒碩學，解散甚於坑夷，《五典》《九丘》，[3]湮滅逾乎帷蓋。成均自斯墜業，瞽宗於是不修，褒成之祠弗陳祼享，[4]釋菜之禮無稱俎豆，[5]頌聲寂莫，遂踰一紀。後生敦悦，不見函杖之儀，[6]晚學鑽仰，徒深倚席之歎。

　　[1]數鍾否剥：指國家時運不濟，多灾多難。鍾，遭受。否剥，是《周易》的兩個卦名。否卦爲天地不交，剥卦爲陰盛陽衰。後多以二卦連稱，代指時運乖舛。

　　[2]姦回内鬨（bì）：壞人壞事引起内怒。回，邪僻。鬨，發怒。

[3]《五典》《九丘》：都是傳説中典籍的名稱，具體不詳。在此代指經典著作。

[4]褒成之祠：指對孔子的祭祀。褒成，孔子的謚號。漢代追謚孔子爲褒成宣尼公。 裸享：古代宗廟祭祀時，灌香酒於地以求神降臨的一種儀式。

[5]釋菜：又作“釋采”，是古代入學時祭祀先聖先師的一種禮儀。 俎豆：古代祭祀、宴饗時盛食物用的兩種禮器，後用它們代指各種禮器。

[6]函杖：原意是説講學者與聽衆之間的坐席相隔一丈，後以此代指講學的坐席。《禮記·曲禮上》“若非飲食之客，則布席，席間函丈”，鄭玄注：“謂講問之客也。函，猶容也，講問宜相對容丈，足以指畫也。”

陛下繼曆升統，握鏡臨寓，道洽寰中，威加無外，濁流已清，重氛載廓，含生熙皐，[1]品庶咸亨。宜其弘振禮樂，建立庠序，式稽古典，[2]紆迹儒宫，選公卿門子，皆入于學，助教博士，朝夕講肆，使擔簦負笈，[3]鏘鏘接袵，方領矩步，濟濟成林。如切如磋，聞《詩》聞《禮》，一年可以功倍，三冬於是足用。故能擢秀雄州，揚庭觀國，入仕登朝，資優學以自輔，莅官從政，有經業以治身，輶駕列庭，青紫拾地。[4]

[1]熙皐：萬物興盛的樣子。

[2]式稽古典：考察古代的經典以爲範式。式，效仿，以爲範式。稽，稽考，考察。

[3]擔簦：指奔走跋涉。簦，古代的一種長柄笠，功用類同今

天的雨傘。

　　[4]青紫拾地：喻指求學是做官的捷徑。典出《漢書》卷七五《夏侯勝傳》中夏侯勝云："士病不明經術，經術苟明，其取青紫如俛拾地芥耳。"青紫，指標顯官秩品級的綬帶。據《漢書·百官公卿表》，丞相（相國）、太尉，金印紫綬；餘者凡秩比二千石以上，皆銀印青綬，光禄大夫無。

　　　古者王世子之貴，[1]猶與國子齒，降及漢儲，兹禮不墜，暨乎兩晉，斯事彌隆，所以見師嚴而道尊者也。皇太子天縱生知，無待審喻，猶宜晦迹俯同，專經請業，奠爵前師，[2]蕭若舊典。昔闕里之堂，[3]莫萊自闢，舊宅之内，絲竹流音，前聖遺烈，深以炯戒。況復江表無虞，[4]海外有截，豈得不開闡大猷，恢弘至道？寧可使玄教儒風，弗興聖世，盛德大業，遂蘊堯年？臣末學小生，詞無足筭，輕獻瞽言，伏增悚惕。

　　[1]世子：帝王和諸侯的嫡長子。
　　[2]奠爵：進爵之後，將空酒杯放置在托盤上，稱爲奠爵。奠，放置。
　　[3]闕里：指孔子故里，在今山東曲阜市。
　　[4]江表：古地區名。指長江以南地區。

　　詔答曰："省表聞之。自舊章弛廢，微言將絶，朕嗣膺寶業，念在緝熙，[1]而兵革未息，軍國草創，常恐前王令典，一朝泯滅。卿才思優洽，文理可求，弘惜大體，殷勤名教，付外詳議，依事施行。"又表改定樂章，詔使製三朝樂歌八首，合二十八曲，行之樂府。[2]

[1]緝熙：光明，光輝。
[2]樂府：本爲漢代主管音樂、兼采民歌配樂的官署，後泛指歷代音樂機構。

五年，除灨令。[1]入爲尚書儀曹郎，遷國子博士，領羽林監，敕治五禮，掌策文謚議。[2]太建中，除仁武南康嗣王府長史，[3]行丹陽郡事。[4]轉員外散騎常侍、光祿卿。尋爲戎昭將軍、明威武陵王長史，[5]行吳興郡事。俄入爲通直散騎常侍，兼尚書左丞。十二年卒，時年六十三。

[1]灨：縣名。治所在今江西贛州市東北。
[2]策文：策命文書。 謚議：古代帝王、貴族、大臣等死後，下禮官評議其生平事迹，並擬定謚號，奏請欽定，稱爲“謚議”。
[3]仁武：仁武將軍。與智武、勇武、信武、嚴武將軍並稱五武將軍。陳擬四品，比秩中二千石。 南康嗣王：陳方泰襲爵爲南康王。嗣王，爵名。陳第二品。陳方泰，南康王陳曇朗長子。本書卷一四、《南史》卷六五有附傳。南康，郡名。治所在今江西贛州市西南。
[4]丹陽：郡名。治所在今江蘇南京市。
[5]明威：明威將軍。陳擬五品，比秩千石。另梁、陳十明將軍中亦有此號。陳擬六品，比秩千石。

不害治經術，善屬文，雖博綜墳典，而家無卷軸。每製文，操筆立成，曾無尋檢。僕射汝南周弘正常稱之曰："沈生可謂意聖人乎！"著治《五禮儀》一百卷，文集十四卷。

　　子志道，字崇基，少知名。解褐揚州主簿，尋兼文林著士，[1]歷安東新蔡王記室參軍。[2]禎明三年入隋。

　　[1]文林著士：官名。南朝陳置。錢大昕《廿二史考異》云："陳時學士之外，又有著士。張正見、阮卓皆爲撰史著士。據此傳，則文林館亦有著士矣。"
　　[2]安東：安東將軍。八安將軍之一。陳擬三品，比秩中二千石。　新蔡王：爵名。陳叔齊封爵爲新蔡王。叔齊字子肅，陳宣帝第十一子。本書卷二八、《南史》卷六五有傳。

　　王元規字正範，[1]太原晉陽人也。[2]祖道寶，[3]齊員外散騎常侍、晉安郡守。[4]父瑋，梁武陵王府中記室參軍。[5]

　　[1]王元規：《南史》卷七一亦有傳。
　　[2]太原：郡名。治所在今山西太原市。　晉陽：縣名。治所在今山西太原市西南。
　　[3]祖道寶：中華本校勘記云："殿本《考證》云'寶'《南史》作'寶'。"
　　[4]晉安：郡名。治所在今福建福州市。
　　[5]梁武陵王：爵名。蕭紀封爵爲武陵王。蕭紀，字世詢。侯景之亂時，不援建康，武帝死後於成都自立爲帝，後爲梁元帝所殺。《梁書》卷五五、《南史》卷五三有傳。武陵，郡名。治所在今湖南常德市。

元規八歲而孤，兄弟三人，隨母依舅氏往臨海郡，[1]時年十二。郡土豪劉瑱者，資財巨萬，以女妻之。元規母以其兄弟幼弱，欲結彊援，元規泣請曰：“姻不失親，[2]古人所重。豈得苟安異壤，輒婚非類！”母感其言而止。

[1]臨海：郡名。治所在今浙江台州市椒江區。
[2]姻不失親：中華本校勘記云：“按語本《論語》‘因不失其親’，此以因作婚姻解，故改‘因’爲‘姻’。詳錢大昕《廿二史考異》。”錢大昕《廿二史考異》卷二七云：“此以‘因’作婚姻解，與《論語》孔安國義異。”

元規性孝，事母甚謹，晨昏未嘗離左右。梁時山陰縣有暴水，[1]流漂居宅，元規唯有一小船，倉卒引其母妹并孤姪入船，[2]元規自執楫棹而去，留其男女三人，閣於樹杪，及水退獲全，時人皆稱其至行。

[1]山陰：縣名。治所在今浙江紹興市。
[2]倉卒引其母妹并孤姪入船：中華本校勘記云：“殿本《考證》云‘孤’《南史》作‘姑’。”

元規少好學，從吳興沈文阿受業，十八，通《春秋左氏》《孝經》《論語》《喪服》。[1]梁中大通元年，詔策《春秋》，舉高第，時名儒咸稱賞之。起家湘東王國左常侍，轉員外散騎侍郎。簡文之在東宮，引爲賓客，每令講論，甚見優禮。除中軍宣城王府記室參軍。及侯景寇亂，攜家屬還會稽。天嘉中，除始興王府功曹參軍，[2]領國子助教，轉鎮東鄱陽王府記室參軍，領助教如故。

[1]《喪服》：指《儀禮・喪服》。

[2]功曹參軍：官名。南朝梁、陳時於皇弟皇子府置功曹史，掌文官簿書、考課。陳第七品。

後主在東宮，引爲學士，親受《禮記》《左傳》《喪服》等義，賞賜優厚。遷國子祭酒。新安王伯固嘗因入宮適會元規將講，[1]乃啓請執經，時論以爲榮。俄除尚書祠部郎。自梁代諸儒相傳爲《左氏》學者，皆以賈逵、服虔之義難駁杜預，[2]凡一百八十條，元規引證通析，無復疑滯。每國家議吉凶大禮，常參預焉。丁母憂去職，服闋，除鄱陽王府中録事參軍，[3]俄轉散騎侍郎，遷南平王府限内參軍。王爲江州，元規隨府之鎮，四方學徒，不遠千里來請道者，常數十百人。禎明三年入隋，爲秦王府東閣祭酒。[4]年七十四，卒於廣陵。[5]

[1]新安王伯固：陳伯固封爵爲新安郡王。陳伯固，字牢之，陳文帝第五子。本書卷三六、《南史》卷六五有傳。新安，郡名。治所在今浙江淳安縣西北。

[2]賈逵：字景伯，扶風平陵（今陝西咸陽市）人。東漢經學家，在天文學上也頗多貢獻。《後漢書》卷三六有傳。　服虔：初名重，又名祇，後改爲虔，字子慎，河南滎陽（今河南滎陽市）人。在太學受業，作《春秋左氏傳解》。《後漢書》卷七九下有傳。

[3]中録事參軍：官名。南朝梁、陳置爲皇弟皇子府、嗣王蕃王府、庶姓公府、庶姓持節府僚屬。皇弟皇子府中録事參軍，陳第

六品。

[4]東閤祭酒：官名。隋置於親王府。從七品上。

[5]廣陵：郡名。治所在今江蘇揚州市西北。

元規著《春秋發題辭》及《義記》十一卷，[1]《續經典大義》十四卷，[2]《孝經義記》兩卷，《左傳音》三卷，《禮記音》兩卷。[3]

[1]元規著《春秋發題辭》及《義記》十一卷：中華本校勘記云：“按：《經典釋文叙錄》言沈文阿撰《春秋義略》未竟，王元規續成之。《隋書‧經籍志》有王元規續沈文阿《春秋左氏傳義略》十卷。此‘義記’當爲‘義略’之訛。”説是。

[2]《續經典大義》十四卷：《隋書‧經籍志》著錄《經典大義》十二卷，沈文阿撰。王元規此書當爲其續作。

[3]“《孝經義記》兩卷”至“《禮記音》兩卷”：《隋書‧經籍志》皆未見著錄，當早已亡佚。

子大業，聰敏知名。

時有吳郡陸慶，[1]少好學，遍知五經，尤明《春秋左氏傳》，節操甚高。釋褐梁武陵王國右常侍，[2]歷征西府墨曹行參軍，[3]除婁令。[4]值梁季喪亂，乃覃心釋典，經論靡不該究。天嘉初，徵爲通直散騎侍郎，不就。永陽王爲吳郡太守，聞其名，欲與相見，慶固辭以疾。時宗人陸榮爲郡五官掾，[5]慶嘗詣焉，王乃微服往榮第，穿壁以觀之。王謂榮曰：“觀陸慶風神凝峻，殆不可測，嚴君平、鄭子真何以尚兹。”[6]鄱陽、晉安王俱以記室徵，[7]竝不就。乃築室屏居，以禪誦爲事，由是傳經受業者蓋鮮焉。

[1]陸慶：《南史》卷七一有附傳。

[2]王國右常侍：官名。王、公國屬官。職掌侍從左右，贊相禮儀，獻替諫諍。

[3]征西府：征西將軍府。　墨曹行參軍：官名。南朝公府、將軍府僚屬。墨曹長官，掌文翰。梁自三班至流外四班。

[4]婁：縣名。治所在今江蘇昆山市。

[5]五官掾：官名。郡國及中央部分機構置，主祭祀。

[6]嚴君平：一名莊君平，西漢末年人，好黃老之學，嘗隱居於成都，以卜筮爲業。事見《漢書》卷七二《王貢兩龔鮑傳》。鄭子真：名樸，字子真。隱逸民間，修身自保。大將軍王鳳禮聘之而不應。事見《漢書》卷七二《王貢兩龔鮑傳》。

[7]晉安王：爵名。陳伯恭封爵爲晉安王。陳伯恭，字肅之，陳文帝第六子。本書卷二八、《南史》卷六五有傳。晉安，郡名。治所在今福建福州市。

史臣曰：夫砥身勵行，必先經術，樹國崇家，率由茲道，故王政因之而至治，人倫得之而攸序。若沈文阿之徒，各專經授業，亦一代之鴻儒焉。文阿加復草創禮儀，蓋叔孫通之流亞矣。[1]

[1]流亞：同一類人。

陳書　卷三四

列傳第二十八

文學

杜之偉　顏晃　江德藻　庾持　許亨　褚玠　岑之敬
陸琰 弟瑜 從兄玠 從弟琛　何之元　徐伯陽　張正見
蔡凝　阮卓 陰鏗

　　《易》曰"觀乎人文以化成天下"，孔子曰"煥乎
其有文章"也。自楚、漢以降，辭人世出，洛汭、江
左，[1]其流彌暢。莫不思侔造化，明竝日月，大則憲章
典謨，[2]裨贊王道，小則文理清正，申紓性靈。至於經
禮樂，綜人倫，通古今，述美惡，莫尚乎此。後主嗣
業，[3]雅尚文詞，傍求學藝，煥乎俱集。每臣下表疏及
獻上賦頌者，躬自省覽，其有辭工，則神筆賞激，加其
爵位，是以搢紳之徒，[4]咸知自勵矣。若名位文學晃著
者，[5]別以功迹論。今綴杜之偉等學既兼文，備于此篇

云爾。

[1]洛汭、江左：此處代指魏晋。洛汭，古洛水入黄河之處，距洛陽較近。魏、西晋都洛陽。江左，本指長江下游以東地區。東晋建都於建康，地屬江左，故用以指稱東晋。

[2]憲章：典章制度。　典謨：經典著作。

[3]後主：南朝陳最後一位皇帝陳叔寶。字元秀，小字黄奴，宣帝嫡長子。本書卷六、《南史》卷一〇有紀。

[4]搢紳：也作"縉紳"。古時官吏插笏於紳帶間，故稱仕宦爲搢紳。《晋書・輿服志》："所謂搢紳之士者，搢笏而垂紳帶也。"搢，插。紳，古代仕宦者圍於腰際的大帶。

[5]晃著：顯著。

　　杜之偉字子大，吴郡錢塘人也。[1]家世儒學，以三《禮》專門。[2]父規，梁奉朝請，[3]與光禄大夫濟陽江革、都官尚書會稽孔休源友善。[4]

[1]吴郡：郡名。治所在今江蘇蘇州市。　錢塘：縣名。治所在今浙江杭州市。

[2]三《禮》：《周禮》《儀禮》《禮記》的合稱。

[3]奉朝請：本指大臣定期參加朝會，朝見皇帝，晋以後以爲官名，用以安置閑散官員。梁屬集書省，掌獻納諫諍，二班。

[4]光禄大夫：官名。屬光禄勳。養老疾，無職事。多用於贈官或加官。梁十三班。陳第三品，秩中二千石。　濟陽：郡名。治所在今河南蘭考縣東北。　江革：字休映，濟陽考城（今河南民權縣東北）人。《梁書》卷三六、《南史》卷六〇有傳。　都官尚書：官名。尚書省列曹尚書之一。南朝宋領都官、水部、庫部、功論四曹。掌刑獄軍事、水利工程及庫藏等。梁十三班。陳第三品，秩中

二千石。　會稽：郡名。治所在今浙江紹興市。　孔休源：字慶緒，會稽山陰（今浙江紹興市）人。《梁書》卷三六、《南史》卷六〇有傳。

之偉幼精敏，有逸才。七歲，受《尚書》，稍習《詩》《禮》，略通其學。十五，遍觀文史及儀禮故事，時輩稱其早成。僕射徐勉嘗見其文，[1]重其有筆力。中大通元年，梁武帝幸同泰寺捨身，[2]敕勉撰定儀註，勉以臺閣先無此禮，[3]召之偉草具其儀。乃啓補東宮學士，[4]與學士劉陟等鈔撰群書，各爲題目。所撰《富教》《政道》二篇，皆之偉爲序。及湘陰侯蕭昂爲江州刺史，[5]以之偉掌記室。[6]昂卒，廬陵王續代之，[7]又手教招引，[8]之偉固辭不應命，乃送昂喪柩還京。仍侍臨城公讀。[9]尋除揚州議曹從事、南康嗣王墨曹參軍，[10]兼太學限內博士。[11]七年，[12]梁皇太子釋奠於國學，[13]時樂府無孔子、顏子登哥詞，[14]尚書參議令之偉製其文，伶人傳習，[15]以爲故事。轉補安前邵陵王田曹參軍，[16]又轉刑獄參軍。[17]之偉年位甚卑，特以彊識俊才，頗有名當世，吏部尚書張纘深知之，[18]以爲廊廟器也。[19]

[1]僕射：官名。尚書僕射之省稱，尚書令副佐，與尚書分領諸曹。梁代制度，尚書僕射不常置。若尚書左右僕射並缺，則置尚書僕射以掌左僕射事。十五班。　徐勉：字脩仁，東海郯（今山東郯城縣北）人。《梁書》卷二五、《南史》卷六〇有傳。

[2]中大通元年，梁武帝幸同泰寺捨身：中大通，底本作“中大同”，中華本校勘記云：“按徐勉卒於大同元年，中大同在大同之

後。查《梁書·武帝紀》，梁武帝於中大通元年九月幸同泰寺捨身，明‘中大同’爲‘中大通’訛，今據改。”今從中華本改。中大通，南朝梁武帝蕭衍年號（529—534）。同泰寺，梁武帝大通元年（527）建，在今江蘇南京市雞鳴山南古臺城後苑中。捨身，佛教徒爲宣揚佛法，或爲布施寺院，而自作苦行，稱爲捨身。南朝時此風盛行。《梁書》卷三《武帝紀下》云：太清元年“三月庚子，高祖幸同泰寺，設無遮大會，捨身，公卿等以錢一億萬奉贖”。梁武帝三次捨身寺院，其中兩次均由公卿花費大量金錢贖回。

　　[3]臺閣：漢時指尚書臺。後亦泛指中央政府機構。

　　[4]東宮學士：官名。東宮文學侍從，任者皆爲有學之士。

　　[5]湘陰侯：封爵名。湘陰，縣名。治所在今湖南湘陰縣西北。蕭昂：字子明，蕭景之子。梁宗室。《梁書》卷二四、《南史》卷五一有附傳。　江州：州名。治所在今江西九江市。

　　[6]以之偉掌記室：底本無“偉”字，爲一空格，汲古閣十七史本、南監本、殿本有，今據補。記室，記室參軍的省稱，王公軍府屬官，掌書記。梁六班至二班。

　　[7]廬陵王：封爵名。廬陵：郡名。治所在今江西吉水縣東北。續：蕭續。字世訢，梁武帝第五子。《梁書》卷二九、《南史》卷五三有傳。

　　[8]手教：即手書。對來信的敬稱。

　　[9]仍侍臨城公讀：臨城公，底本作“臨成公”，中華本校勘記云：“據《梁書·南郡王大連傳》改。按孫吳赤烏中，析陵陽、石城二縣地置臨城縣，梁屬南陵郡。”今據改。臨城，縣名。治所在今安徽青陽縣南。

　　[10]揚州：州名。治所在今江蘇南京市。　議曹從事：官名。亦稱議曹從事史。州府屬官，職參謀議。地位隨州之大小，有一班、流外七、六、五、四班之不同。梁揚、南徐州議曹從事史爲一班。陳揚州、南徐州議曹從事史第九品。　南康嗣王：梁武帝孫蕭會理，嗣父蕭績爵爲南康王。《梁書》卷二九、《南史》卷五三有

附傳。嗣王，南朝梁始置。嗣位爲郡王者稱嗣王。與藩王、開國郡公、開國縣公同爲二品。陳沿置，第二品。　墨曹參軍：官名。王公府佐吏。掌刑獄。

[11]太學限内博士：官名。屬太常卿。國子學教官，參議禮制。梁二班。限内，官制用語。南朝梁、陳對定員之内的官吏稱限内。

[12]七年：汲古閣十七史本、南監本、殿本同，《南史》卷七二《杜之偉傳》作“大同七年”。當據補。大同爲南朝梁武帝蕭衍年號（535—546）。

[13]梁皇太子：即後來的梁簡文帝蕭綱。字世纉，小字六通，梁武帝第三子。《梁書》卷四、《南史》卷八有紀。　釋奠：古代在學校設置酒食以祭奠先聖先師的一種禮儀。　國學：國子學之省稱，爲國立儒學最高學府。

[14]時樂府無孔子、顔子登哥詞：此時樂府没有祭奠孔子、顔回時演奏的歌曲。樂府，朝廷掌管音樂的官署。登哥詞，指古代舉行祭典、大朝會時，樂師登堂所奏的歌。哥，古同“歌”，汲古閣十七史本、南監本、殿本作“歌”，《南史》卷七二《杜之偉傳》亦作“歌”。

[15]伶人：古代樂人之稱。

[16]安前：安前將軍的省稱。梁置，八安將軍之一，與安左、安右、安後將軍祗授予在京師任職者。爲一百二十五號將軍之一，二十一班。　邵陵王：即蕭綸。字世調，梁武帝第六子。《梁書》卷二九、《南史》卷五三有傳。邵陵，郡名。治所在今湖南邵陽市。田曹參軍：官名。王公府屬官，掌農政。梁流内三班至流外。

[17]刑獄參軍：官名。王公軍府屬官，掌刑法訟獄。梁四班至流外。

[18]吏部尚書：官名。尚書省吏部曹長官，爲列曹尚書之首。多僑姓高門、世胄顯貴擔任。掌官吏銓選、任免，職任甚重。員一人。梁十四班。　張纉：字伯緒，范陽方城（今河北固安縣西南）

人。南朝梁官吏。《梁書》卷三四、《南史》卷五六有附傳。

　　[19]廊廟器：比喻能肩負朝廷重任的人才。

　　侯景反，[1]之偉逃竄山澤。及高祖爲丞相，[2]素聞其名，召補記室參軍。遷中書侍郎，[3]領大著作。[4]高祖受禪，除鴻臚卿，[5]餘並如故。之偉啓求解著作，曰：“臣以紹泰元年，[6]忝中書侍郎，掌國史，于今四載。臣本庸賤，謬蒙盼識，思報恩獎，不敢廢官。皇曆惟新，驅馭軒、昊，[7]記言記事，未易其人，著作之材，更宜選衆。御史中丞沈炯、尚書左丞徐陵、梁前兼大著作虞荔、梁前黃門侍郎孔奐，[8]或清文贍筆，或彊識稽古，遷、董之任，[9]允屬群才，臣無容遽變市朝，[10]再妨賢路。堯朝皆讓，[11]誠不可追，陳力就列，[12]庶幾知免。”優敕不許。尋轉大匠卿，[13]遷太中大夫，[14]仍敕撰梁史。永定三年卒，[15]時年五十二。高祖甚悼惜之，詔贈通直散騎常侍，[16]賻錢五萬，[17]布五十匹，棺一具，剋日舉哀。

　　之偉爲文，不尚浮華，而溫雅博贍。所製多遺失，存者十七卷。[18]

　　[1]侯景：字萬景，懷朔鎮（今内蒙古固陽縣西南）人，一説雁門（今山西代縣）人。初爲北魏邊鎮戍兵，東魏時，位至司徒、南道行臺。梁武帝太清元年（547）附梁，受封河南王。太清二年於壽陽起兵反梁，攻破建康，困死梁武帝，又廢簡文帝，自立爲帝。後爲梁元帝部將王僧辯、陳霸先擊敗，北逃途中爲部將所殺。《梁書》卷五六、《南史》卷八〇有傳。

　　［2］高祖：陳武帝陳霸先。高祖爲其廟號。本書卷一、卷二，《南史》卷九有紀。

　　［3］中書侍郎：官名，中書省屬官，舊掌詔誥。南朝宋、齊擬詔出令之職仍歸中書省，但事權歸中書舍人，侍郎職閑官清，成爲諸王起家官。如缺監、令，或亦主持中書省務。梁九班。陳第四品，秩千石。

　　［4］大著作：官名。即著作郎。秘書省屬官，掌國史，集注起居。爲清簡之職，多甲族貴游起家之選。梁六班。陳第六品，秩六百石。

　　［5］鴻臚卿：官名。掌朝會時贊導禮儀。陳第三品，秩中二千石。

　　［6］紹泰：南朝梁敬帝蕭方智年號（555—556）。

　　［7］軒：軒轅。即黃帝。黃帝居於軒轅之丘，故名曰軒轅。昊：少昊氏。傳説中古代東夷集團首領。

　　［8］御史中丞：官名。御史臺長官。掌監察百官，奏劾不法。六朝第一流高門多不居此職。陳第三品，秩二千石。　沈炯：字禮明，吳興武康（今浙江德清縣）人。本書卷一九、《南史》卷六九有傳。　尚書左丞：官名。尚書省屬官。與尚書右丞分掌尚書都省事務，糾駁諸司文案。梁九班。陳第四品，秩六百石。　徐陵：字孝穆，東海郯（今山東郯城縣北）人。本書卷二六有傳，《南史》卷六二有附傳。　虞荔：字山披，會稽餘姚（今浙江餘姚市）人。本書卷一九、《南史》卷六九有傳。　黃門侍郎：官名。門下省次官。與侍中俱掌門下衆事，侍從左右，顧問應對，出入禁中，職任顯要。員四人。梁十班。陳第四品，秩二千石。　孔奐：字休文，會稽山陰（今浙江紹興市）人。本書卷二一有傳，《南史》卷二七有附傳。

　　［9］遷、董：司馬遷、董狐。司馬遷著《史記》，《漢書》卷六二有傳。董狐，春秋時晉國史官，因秉筆直書“趙盾弑君”事，孔子稱其爲古之良史。

[10]遽變:《册府》卷四六四作"遽戀"。林㭎乾《陳書異文考證》言"疑作'戀'字是"（文史哲出版社1979版,第262頁）。

[11]堯:爲傳説中五帝之一。名放勳,後禪位於舜。

[12]陳力就列:根據自己的能力擔任相應的職務。典出《論語·季氏》:"陳力就列,不能者止。"

[13]大匠卿:官名。梁武帝天監七年（508）改將作大匠爲大匠卿,位視太僕,掌土木工程等事務。爲十二卿之一。陳沿置,第三品,秩中二千石。

[14]太中大夫:官名。南朝梁、陳多用以安置老疾退免的九卿等大臣,無職事。陳第四品,秩千石。

[15]永定:南朝陳武帝陳霸先年號（557—559）。

[16]通直散騎常侍:官名。集書省屬官,南朝時多以衰老之士擔任,地位漸低。梁武帝曾欲提高其地位,以比御史中丞,但終不被人所重,常爲加官。陳第四品,秩二千石。

[17]賻（fù）錢:送給喪家助辦喪事的錢財。

[18]存者十七卷:《隋書·經籍志四》有"陳大匠卿《杜之偉集》十二卷"。

顔晃字元明,琅邪臨沂人也。[1]少孤貧,好學,有辭采。解褐梁邵陵王兼記室參軍。[2]時東宮學士庾信嘗使于府中,[3]王使晃接對,信輕其尚少,曰"此府兼記室幾人"?晃答曰"猶當少於宮中學士"。當時以爲善對。

[1]琅邪:郡名。治所在今山東臨沂市。 臨沂:縣名。治所在今山東臨沂市。

[2]解褐:脱去平民所穿的衣服,换上官服,擔任官職。指初

入仕途。　兼：官制用語。假職未真授之稱。

　　[3]庾信：字子山，南陽新野（今河南新野縣）人。《周書》
卷四一、《北史》卷八三有傳。

　　侯景之亂，西奔荊州。[1]承聖初，[2]除中書侍郎。時
杜龕爲吳興太守，[3]專好勇力，其所部多輕險少年，元
帝患之，[4]乃使晃管其書翰。仍敕龕曰：“卿年時尚少，
習讀未晚，顏晃文學之士，使相毗佐，造次之閒，必宜
諮禀。”及龕誅，晃歸世祖，[5]世祖委以書記，親遇甚
篤。除宣毅府中錄事，[6]兼記室參軍。

　　[1]荊州：州名。治所在今湖北荊州市荊州區。
　　[2]承聖：南朝梁元帝蕭繹年號（552—555）。
　　[3]杜龕：京兆杜陵（今陝西西安市）人。南朝梁將領。後爲
陳霸先所殺。《梁書》卷四六、《南史》卷六四有附傳。　吳興：
郡名。治所在今浙江湖州市吳興區。
　　[4]元帝：即梁元帝蕭繹。字世誠，梁武帝蕭衍第七子。封湘
東王，授荊州刺史。侯景叛亂，遣將王僧辯平定侯景，於江陵建都
稱帝。承聖三年（554）西魏軍攻破江陵被俘遇害。《梁書》卷五、
《南史》卷八有紀。
　　[5]世祖：南朝陳文帝陳蒨廟號。陳蒨，本書卷三、《南史》
卷九有紀。
　　[6]宣毅：宣毅將軍的省稱。南朝梁置，十七班。陳擬四品，
比秩中二千石。　中錄事：官名。即中錄事參軍。王公軍府屬官，
掌總錄衆署文書，舉彈善惡。《通鑑》卷一六〇《梁紀十六》“武
帝太清元年”條胡三省注云：“中錄事參軍，蓋使之錄閣中事，在
左右親近者也。”梁七班至三班。陳自第六品至第九品。皆依府主
地位而定。

　　永定二年，高祖幸大莊嚴寺，[1]其夜甘露降，晃獻《甘露頌》，詞義該典，[2]高祖甚奇之。天嘉初，[3]遷員外散騎常侍，[4]兼中書舍人，[5]掌詔誥。三年卒，時年五十三。詔贈司農卿，[6]諡曰貞子，并賜墓地。晃家世單門，傍無戚援，而介然脩立，爲當世所知。其表奏詔誥，下筆立成，便得事理，而雅有氣質。有集二十卷。

　　[1]大莊嚴寺：在今江蘇南京市西南。《通鑑》卷一六二《梁紀十八》“武帝太清三年”條胡三省注云：“莊嚴寺，近建康南郊壇。”

　　[2]該典：完備典雅。

　　[3]天嘉：南朝陳文帝陳蒨年號（560—566）。

　　[4]員外散騎常侍：官名。初爲正員之外添差之散騎常侍，無員數，後爲定員官。屬散騎省（東省、集書省）。初多授公族、宗室，雖是閑職，仍爲顯官，南朝宋以後常用以安置閑退官員、衰老之士，地位漸低。至梁武帝天監六年（507）復重其選，以其職依正員，品視黃門郎，但終不爲人所重。陳第四品，秩二千石。

　　[5]中書舍人：官名。本名中書通事舍人，至梁、陳去“通事”二字，徑稱“中書舍人”，間或簡稱“舍人”。陳第八品。南朝諸帝皆非出身高門，遂引用沒有聲望、社會地位的寒士、細人等親信爲之，入直禁中，於收納、轉呈文書章奏之本職外，漸奪中書侍郎草擬詔令之任。《隋書·百官志上》載陳時官制云：“國之政事，並由中書省。有中書舍人五人，領主事十人，書吏二百人。書吏不足，并取助書。分掌二十一局事，各當尚書諸曹，並爲上司，總國內機要，而尚書唯聽受而已。”

　　[6]司農卿：官名。南朝梁武帝天監七年（508），改大司農爲司農卿，掌勸農、倉儲、園苑、供應宮廷膳饈等事。陳第三品，秩中二千石。

江德藻字德藻，[1]濟陽考城人也。[2]祖柔之，齊尚書倉部郎中。[3]父革，[4]梁度支尚書、光禄大夫。[5]

[1]江德藻字德藻：底本作“江德操字德藻”，汲古閣十七史本、南監本同。北監本、殿本作“江德藻字德藻”，《南史》卷六○《江德藻傳》同。洪頤煊《諸史考異》云：“案《南史》亦作‘德藻字德藻’，汲古閣本作‘德操字德藻’，是淺人所改。”中華本校勘記云：“據北監本、殿本及《南史》改。按本書總目、子目均作‘德藻’，本傳後文亦同，洪頤煊《諸史考異》及張森楷校勘記並以作‘德操’爲誤。”顧炎武《日知録》卷二三《字同其名》云：“名字相同起於晋宋之間，史之所載，晋安帝諱德宗字德宗，恭帝諱德文字德文，會稽王道子字道子，殷仲文字仲文，宋蔡興宗字興宗，齊顏見遠字見遠，梁王僧孺字僧孺，劉孝綽字孝綽，庚仲容字仲容，江德藻字德藻，任孝恭字孝恭，師覺授字覺授，北齊慕容紹宗字紹宗，魏蘭根字蘭根，後周王思政字思政，辛慶之字慶之，崔彦穆字彦穆之類。至唐時尤多，《藩鎮傳》田緒字緒，劉濟字濟。此起家軍伍未曾立字，如李載義‘辭未有字’之比爾。史家例以爲字，非也，且其文不可省乎。”今據諸説改。

[2]考城：縣名。治所在今河南民權縣東北。

[3]尚書倉部郎中：官名。尚書省諸曹郎之一，屬度支尚書。掌糧食倉储。齊第六品。

[4]革：江革。《梁書》卷三六、《南史》卷六○有傳。

[5]度支尚書：官名。尚書省列曹尚書之一，掌財賦統計、支調。梁十三班。

德藻好學，善屬文。美風儀，身長七尺四寸。性至孝，事親盡禮。與異産昆弟居，恩惠甚篤。起家梁南中郎武陵王行參軍。[1]大司馬南平王蕭偉聞其才，[2]召爲東閣祭酒。[3]遷安西湘東王府外兵參軍,[4]尋除尚書比部郎,[5]以父憂去職。[6]服闋之後,[7]容貌毀瘠,如居喪時。除安西武陵王記室,不就。久之,授盧陵王記室參軍。除廷尉正,[8]尋出爲南兗州治中。[9]及高祖爲司空、征北將軍,[10]引德藻爲府諮議。[11]轉中書侍郎,遷雲麾臨海王長史。[12]陳臺建,[13]拜尚書吏部侍郎。[14]

[1]起家:官制用語。從家中徵召出來,授以官職。　南中郎:官名。南中郎將的省稱。與東中郎、西中郎、北中郎將合稱四中郎將。統兵出征,或鎮守某一地區爲方面大員,地位高於一般將軍。南朝多以宗室諸王擔任。梁武帝天監七年（508）罷,以鎮兵、翊師、宣惠、宣毅將軍代四中郎將,爲武職二十四班中的十七班。大通三年（529）復置,與鎮兵、翊師、宣惠、宣毅將軍同班。　武陵王:即蕭紀。字世詢,梁武帝第八子,《梁書》卷五五、《南史》卷五三有傳。武陵,郡名。治所在今湖南常德市。　行參軍:官名。王公府屬官,參掌府曹事。皇子府行參軍,梁三班。

[2]大司馬:官名。掌軍事。南朝不常授,多爲贈官。梁十八班。　南平王:封爵名。南平,郡名。治所在今湖北公安縣西。蕭偉:字文達,梁文帝第八子,梁武帝之弟。《梁書》卷二二、《南史》卷五二有傳。　聞其才:“才”字後《册府》卷七二七有“名”字。

[3]召爲:《册府》卷七二七作“請爲”。　東閣祭酒:官名。王公軍府屬官。晉初凡位從公以上,其府各置西閣、東閣祭酒。《宋書·百官志上》云:“主簿、祭酒、舍人主閣内事。”皇弟皇子公府祭酒,梁三班。

[4]安西:安西將軍的省稱。與安左、安右、安前、安後、安東、安南、安北將軍合稱八安將軍。爲出鎮方面的軍事長官,或作爲刺史兼理軍事的加官,權任頗重。梁爲一百二十五號將軍之一,

二十一班。陳擬三品，比秩中二千石。　湘東王：指梁元帝蕭繹，初封爲湘東王。湘東，郡名。治所在今湖南衡陽市。　外兵參軍：官名。王公軍府屬官，掌本府外兵曹事務，兼備參謀咨詢。品秩隨府主地位而定。

[5]尚書比部郎：官名。即尚書比部郎中。尚書省比部曹長官。掌法制。梁尚書比部郎中爲五班。

[6]父憂：父喪。

[7]服闋：服喪期滿。

[8]廷尉正：官名。與廷尉監、廷尉平合稱廷尉三官，佐廷尉卿掌刑辟。梁六班。

[9]南兗州：州名。治所在今江蘇揚州市西北蜀岡。　治中：官名。即治中從事史。州府屬官，掌衆曹文書事。其官班隨所署長官地位高下而異。梁荆、江、雍、郢、南兗五州州治中從事爲五班。

[10]司空：官名。與太尉、司徒並爲三公。魏晉南北朝爲名譽宰相，多爲大臣加官，無實際職掌。梁十八班。　征北將軍：官名。與征東、征西、征南將軍合稱四征將軍，多爲持節都督，出鎮方面，地位顯要。梁爲一百二十五號將軍之一，二十三班。

[11]諮議：官名。諮議參軍的省稱。王公軍府屬官，掌諷議。梁九班至六班，依府主地位而定。

[12]雲麾：雲麾將軍的省稱。梁武帝天監七年置，與武臣、爪牙、龍騎將軍取代舊前、後、左、右將軍，爲武職二十四班中的十八班。　臨海王：指陳廢帝陳伯宗。字奉業，小字藥王，陳文帝嫡長子。性仁弱，文帝死後即位，光大二年（568）被廢爲臨海郡王。本書卷四、《南史》卷九有紀。臨海，郡名。治所在今浙江台州市椒江區。　長史：官名。王公軍府屬官，掌本府官吏。梁十班至六班，皆依府主地位而定。

[13]陳臺建：指陳霸先受封爲陳公，建立政權機構。朝廷中央政府稱爲臺，陳霸先爲陳公，置百司，實際掌握國家政權，故稱

陳臺。

　　[14]尚書吏部侍郎：官名。尚書省吏部曹長官。屬吏部尚書，掌官吏銓選、任免事宜。位在諸曹郎之上。梁、陳制度，郎中在職勤能滿二歲者，轉侍郎。梁十一班。陳第四品，秩六百石。

　　高祖受禪，授秘書監，[1]兼尚書左丞。[2]尋以本官兼中書舍人。天嘉四年，[3]兼散騎常侍，[4]與中書郎劉師知使齊，[5]著《北征道理記》三卷。[6]還拜太子中庶子，[7]領步兵校尉。[8]頃之遷御史中丞，坐公事免。尋拜振遠將軍、通直散騎常侍。[9]自求宰縣，出補新喻令，[10]政尚恩惠，頗有異績。六年，卒於官，時年五十七。世祖甚悼惜之，詔贈散騎常侍。所著文筆十五卷。[11]子椿，亦善屬文，歷太子庶子、尚書左丞。[12]

　　[1]秘書監：官名。秘書省長官。掌國之典籍圖書。陳第四品，秩中二千石。

　　[2]尚書左丞：官名。尚書省佐官，與尚書右丞分掌尚書省事務，糾駁諸司文案。陳第四品，秩六百石。

　　[3]天嘉四年：中華本校勘記云：“按《南康愍王曇朗傳》，江德藻與劉師知奉使至齊迎曇朗喪柩，以天嘉三年春還都，則德藻等使齊當在天嘉三年前，‘四年’疑‘二年’之誤。”

　　[4]散騎常侍：官名。集書省長官。掌侍從皇帝左右，獻納得失，省諸奏聞文書，意異者，隨事爲駁。常侍高功者一人爲祭酒，掌糾劾禁令。陳第三品，秩中二千石。

　　[5]劉師知：沛國相縣（今安徽濉溪縣西北）人。本書卷一六、《南史》卷六八有傳。

　　[6]《北征道理記》：《隋書·經籍志二》載：“《聘北道里記》

三卷，江德藻撰。"與此書名相似，卷次相同，疑即此書。

[7]太子中庶子：官名。太子東宮屬官。梁時以功高者一人爲祭酒。行則負璽，前後部護駕。梁十一班。陳沿置，第四品，秩二千石。

[8]步兵校尉：官名。與屯騎、射聲、越騎、長水校尉合稱禁軍五校尉。掌侍衛。南朝不領營兵，隸領軍將軍，多用以安置勳舊。陳第六品，秩千石。又有太子步兵、翊軍、屯騎三校尉，亦第六品，秩千石。

[9]振遠將軍：官名。梁武帝天監七年（508）革選，與振遠、明威等將軍代舊寧朔將軍。陳時與寧遠、安遠、征遠、宣遠合稱五遠將軍，擬五品，比秩千石。

[10]新喻：縣名。亦作"新渝"。治所在今江西新餘市南。《南史》卷六○《江革傳》附德藻傳作"新渝"。《元和郡縣圖志》卷二八《江南道四》云："新喻縣，本漢宜春縣地，吳孫晧分置新渝縣，因渝水爲名。天寶後相承作'喻'，因聲變也。"

[11]文筆十五卷：《隋書·經籍志》未見。

[12]太子庶子：官名。東宮屬官，掌侍從左右，獻納得失。陳第五品，秩六百石。　尚書左丞：汲古閣十七史本、南監本、殿本同。《南史》卷六○《江革傳》附德藻傳作"尚書右丞"。

庾持字允德，[1]潁川鄢陵人也。[2]祖佩玉，[3]宋長沙內史。[4]父沙彌，[5]梁長城令。[6]

[1]允德：汲古閣十七史本、南監本、殿本與底本同，《册府》卷七五四亦作"允德"。《南史》卷七三《庾持傳》作"元德"。

[2]潁川：郡名。治所在今河南許昌市。　鄢陵：縣名。治所在今河南鄢陵縣西北。

[3]佩玉：庾佩玉。南朝宋官吏。爲湘州刺史王藴寧朔府長史、

長沙内史。王藴去職，行府州事。與中兵參軍韓幼宗不和，借事害韓。後佩玉爲輔國將軍任候伯所殺。《宋書》卷八三《黃回傳》略附其事。

[4]長沙：王國名。治所在今湖南長沙市。　内史：官名。王國行政長官，掌王國民政，職同郡守。宋第五品。陳萬戶以上郡爲第六品，不滿萬戶郡爲第七品。

[5]沙彌：庾沙彌。南朝梁官吏。《梁書》卷四七有傳，《南史》卷七三有附傳。底本、南監本無“沙”字，中華本校勘記云：“據北監本、汲本、殿本補。按庾沙彌《梁書》有傳。”今從補。

[6]長城：縣名。治所在今浙江長興縣東。

持少孤，性至孝，居父憂過禮。篤志好學，尤善書記，以才藝聞。解褐梁南平王國左常侍、輕車河東王府行參軍，[1]兼尚書郎，[2]尋而爲眞。[3]出爲安吉令，[4]遷鎮東邵陵王府限外記室，[5]兼建康令。[6]天監初，世祖與持有舊，[7]及世祖爲吳興太守，以持爲郡丞，[8]兼掌書翰，自是常依文帝。文帝剋張彪，[9]鎮會稽，又令持監臨海郡。[10]以貪縱失民和，爲山盜所劫，幽執十旬，世祖遣劉澄討平之，持乃獲免。高祖受禪，授安東臨川王府諮議參軍。[11]天嘉初，遷尚書左丞。以預長城之功，封崇德縣子，[12]邑三百戶。拜封之日，請令史爲客，[13]受其餉遺，世祖怒之，因坐免。尋爲宣惠始興王府諮議參軍。[14]除臨安令，[15]坐杖殺縣民免封。[16]還爲給事黃門侍郎。[17]除稜威將軍、鹽官令。[18]光大元年，[19]遷秘書監，知國史事。又爲少府卿，[20]領羽林監。[21]遷太中大夫，領步兵校尉。太建元年卒，[22]時年六十二。詔贈光

禄大夫。善字書，每屬辭，好爲奇字，文士亦以此譏
之。有集十卷。

[1]左常侍：官名。王公國屬官。掌侍從左右，贊相禮儀，獻
替諫諍，員額依國之大小不等。　輕車：輕車將軍的省稱。南朝梁
武帝天監七年（508），以輕車、征遠、鎮朔、武旅、貞毅將軍代舊
輔國將軍，定爲武職二十四班中的十四班。陳擬五品，比秩千石。
河東王：指蕭譽。字重孫，梁昭明太子蕭統之子。《梁書》卷五
五有傳，《南史》卷五三有附傳。河東，郡名。治所在今湖北松滋
市西北。

[2]尚書郎：官名。尚書省郎官。梁制，尚書郎中在職勤能，
滿二歲轉爲侍郎。郎中，梁五班；侍郎，梁六班。《南史》卷七三
《庾持傳》作“尚書左户郎”。

[3]爲真：由假職而真授。

[4]安吉：縣名。治所在今浙江安吉縣西南。

[5]鎮東：鎮東將軍的省稱。與鎮西、鎮南、鎮北、鎮左、鎮
右、鎮前、鎮後將軍合稱爲八鎮將軍。多爲持節都督，出鎮方面，
權勢頗重。梁武帝天監七年，定爲二十四班中的二十二班。陳擬二
品，比秩中二千石。　限外：官制用語。南朝一些官職，有定員，
有員外。定員爲限內，員外爲限外。

[6]建康令：《南史·庾持傳》作“建康監”。建康，縣名。治
所在今江蘇南京市。

[7]天監初，世祖與持有舊：中華本校勘記云：“張森楷校勘記
云：‘高祖以天監二年生，世祖安得於天監初與持有舊？此必誤
也。’今按：以傳文叙事之次第推之，‘天監’疑爲‘太清’之
誤。”林礽乾《陳書異文考證》云：“以上文‘持出爲安吉令，遷鎮
東邵陵王府限外記室’之語考之，梁邵陵王綸由安前將軍、丹陽尹
出爲鎮東將軍、南徐州刺史，時在梁武帝中大同元年（見《梁書·

武帝紀》及《邵陵王綸傳》），中大同元年後，即爲太清元年。太清二年，侯景反。本書卷二十《到仲舉傳》云：‘侯景之亂，仲舉依文帝（世祖）。及景平，文帝爲吳興郡守，以仲舉爲郡丞，與潁川庾持俱爲文帝賓客。’則世祖之與持有舊，當在太清初侯景之亂時可知，明此作‘天監初’者，乃‘太清初’之誤也。”（第265頁）天監，南朝梁武帝蕭衍年號（502—519）。

[8]郡丞：官名。郡守之副貳，佐郡守掌本郡庶務。梁班品不詳，《隋書·百官志上》：“郡守及丞，各爲十班。”陳制，萬户郡丞第七品，萬户以下郡丞第八品，秩皆六百石。

[9]張彪：自云家本襄陽（今湖北襄陽市）。初，亡命會稽若邪山爲盜，繼爲蕭大連屬下。侯景之亂時，復入若邪山聚義軍。貞陽侯蕭淵明即帝位，授以東揚州刺史。後爲陳文帝遣兵圍殺。《南史》卷六四有傳。

[10]監：以他官監理某地政事。

[11]安東：安東將軍的省稱。與安左、安右、安前、安後、安南、安北、安西將軍合稱八安將軍。爲出鎮方面的軍事長官，或作爲刺史兼理軍事的加官，權任頗重。梁爲一百二十五號將軍之一，二十一班。陳擬三品，比秩中二千石。　臨川王：指陳文帝陳蒨。陳武帝永定元年（557）十一月，封爲臨川郡王，食邑二千户。臨川，郡名。治所在今江西撫州市臨川區西。

[12]崇德：縣名。治所在今廣東高要市東南。　縣子：封爵名。爲開國縣子的省稱。食邑爲縣。陳爲九等爵之第五等，第五品，秩視二千石。

[13]令史：官名。晋以來，除尚書臺、蘭臺置令史外，諸公及開府位從公者，府署諸曹亦置。所主除文書，又有主圖、主譜令史等。實已成爲各機關皆設的一種低級辦事員吏。然尚書諸曹之令史頗有實權。梁、陳沿之。

[14]宣惠：宣惠將軍的省稱。南朝梁置。陳擬四品，比秩中二千石。　始興王：指陳伯茂。字鬱之，陳文帝第二子。本書卷二

八、《南史》卷六五有傳。始興，郡名。治所在今廣東韶關市南武水西岸。

[15]臨安：縣名。治所在今浙江臨安市北。

[16]坐杖殺縣民免封：中華本校勘記云："《南史》無'封'字。按上文言'世祖怒之，因坐免'，當是免去其尚書左丞，至此始免其封爵，'封'字非衍文。"

[17]還爲給事黃門侍郎：還，底本、汲古閣十七史本、南監本、殿本作"遷"，中華本校勘記云："據《南史》改。按此言持免臨安令後，還都爲給事黃門侍郎也。'遷'與'還'形近而訛。"今從改。

[18]稜威將軍：官名。陳擬八品，比秩六百石。　鹽官：縣名。治所在今浙江海寧市鹽官鎮南。

[19]光大：南朝陳廢帝陳伯宗年號（567—568）。

[20]少府卿：官名。職掌宮廷手工業及冶鑄、磚木、庫藏等事務。梁十一班。陳第三品，秩中二千石。

[21]羽林監：官名。禁衛軍將領之一，與虎賁中郎將、冗從僕射合稱禁軍三將，掌宿衛送從。南朝多以文官任此職。陳第七品，秩六百石。

[22]太建：南朝陳宣帝陳頊年號（569—582）。

許亨字亨道，高陽新城人，[1]晋徵士詢之六世孫也。[2]曾祖珪，歷給事中，[3]委桂陽太守，[4]高尚其志，居永興之究山，[5]即詢之所隱也。祖勇慧，齊太子家令、冗從僕射。[6]父懋，[7]梁始平天門二郡守、太子中庶子、散騎常侍，[8]以學藝聞，撰《毛詩風雅比興義類》十五卷，《述行記》四卷。

[1]高陽：郡名。治所在今河北高陽縣東舊城。　新城：縣名。

治所在今河北高碑店市東南新城。

[2]徵士：不接受朝廷徵聘的隱士。　詢：許詢。字玄度。寓居會稽。好黄老，尚虚談，善屬文，作玄言詩與孫綽齊名。徵辟不就，與謝安、支遁游處。隱於永興西山，後舍宅爲寺。晋簡文帝稱其五言詩妙絶時人。參見《建康實録》卷八。

[3]給事中：官名。南朝隸集書省，地位漸低，在通直散騎侍郎下、員外散騎侍郎上，選輕用卑，常侍從皇帝左右，獻納得失，諫諍糾彈，收發傳達諸奏聞文書，雖可封駁，權不甚重。亦司圖書文翰、修史等事。宋五品。梁四班。陳第七品，秩六百石。

[4]委：捨棄。　桂陽：郡名。治所在今湖南郴州市。

[5]永興：縣名。治所在今浙江杭州市蕭山區。　究山：山名。又名幽究山，即蕭山。在永興縣境。

[6]太子家令：官名。屬太子詹事。與太子率更令、太子僕合稱太子三卿，掌東宮刑獄、錢穀、倉庫等庶務。自宋、齊已來，清流者不爲之，梁始重其選。宋、齊第五品。梁十班。陳第四品，秩千石。　冗從僕射：官名。禁衛軍將領之一。與虎賁中郎將、羽林監合稱三將，掌侍衛送從。宋第五品，齊不詳。梁五班。陳第七品，秩六百石。

[7]懋：許懋。字昭哲。南朝梁官吏。《梁書》卷四〇、《南史》卷六〇有傳。

[8]始平：郡名。治所在今四川三臺縣西北。　天門：郡名。治所在今湖南石門縣。

[9]《毛詩風雅比興義類》：《梁書》卷四〇《許懋傳》作"《風雅比興義》"，《南史》卷六〇《許懋傳》、《册府》卷六〇六同。

亨少傳家業，孤介有節行。博通群書，多識前代舊事，名輩皆推許之，甚爲南陽劉之遴所重，[1]每相稱述。

解褐梁安東王行參軍，[2]兼太學博士，尋除平西府記室參軍。[3]太清初，[4]爲征西中記室，[5]兼太常丞。[6]

[1]南陽：郡名。治所在今河南南陽市。 劉之遴：字思貞，南陽涅陽（今河南鄧州市東北）人。《梁書》卷四〇有傳，《南史》卷五〇有附傳。

[2]梁安東王：中華本校勘記云："張森楷校勘記云：'梁無安東王，安東是將軍號，疑此"東"字下有脫文。'" 林礽乾《陳書異文考證》云："疑此'安東'下，當脫'某某'王二字。查《梁書·武帝紀》，大同十年三月丁未，仁威將軍、南徐州刺史臨川王正義進號安東將軍，不知許亨是否即爲此安東臨川王府之行參軍？"（第266頁）

[3]平西：平西將軍的省稱。與平東、平南、平北將軍合稱四平將軍。多持節都督或監某一地區軍事，亦可作爲刺史兼理軍務的加官。梁二十班。陳擬三品，比秩中二千石。

[4]太清：南朝梁武帝蕭衍年號（547—549）。

[5]征西中記室：《南史》卷六〇《許懋傳》附子亨傳作"西中郎記室"。征西，征西將軍的簡稱。與征東、征南、征北將軍合稱四征將軍，多授統兵出鎮在外、都督數州諸軍事者。南朝梁武帝天監七年（508）定爲武職二十四班中的二十三班。陳擬二品，比秩中二千石。中記室，官名。中記室參軍的省稱。王公府屬官。梁七班至三班。陳第六品至第九品。皆依府主地位而定。

[6]太常丞：官名。太常卿佐官，掌宗廟祭祀禮儀。梁五班。陳第八品，秩六百石。

侯景之亂，避地郢州，[1]會梁邵陵王自東道至，引爲諮議參軍。王僧辯之襲郢州也，[2]素聞其名，召爲儀同從事中郎，[3]遷太尉從事中郎，[4]與吳興沈炯對掌書記，府朝政務，[5]一以委焉。晋安王承制，[6]授給事黄門侍郎，亨奉牋辭府，僧辯答曰："省告，承有朝授，良爲德舉。卿操尚惇深，文藝該洽，學優而官，自致青紫。[7]況久羈駿足，將成頓轡，匡輔虚闈，期寄實深。既欣游處，用忘勞屈，而枳棘栖鸞，[8]常以增歎。夕郎之選，[9]雖爲清顯，位以才升，差自無愧。且卿始云知命，方騁康衢，[10]未有執戟之疲，便深夜行之慨，循復來翰，[11]殊用憮然。古人相思，千里命駕，素心不昧，寧限城闉，[12]存顧之深，荒懅無已。"

[1]郢州：州名。治所在今湖北武漢市武昌區。

[2]王僧辯：字君才，太原祁（今山西祁縣）人。南朝梁將領。《梁書》卷四五有傳，《南史》卷六三有附傳。

[3]儀同從事中郎：官名。儀同三司府從事中郎。儀同，儀同三司的省稱。三國魏始置，爲大臣加號，意謂與三司即太尉、司徒、司空禮制、待遇相同，許開設府署，自辟僚屬。兩晋南北朝因之。梁制，諸將軍開府儀同三司、左右光禄開府儀同三司，爲十七班。陳制，開府儀同三司爲第一品。從事中郎，王公府屬官，職參謀議。梁皇弟、皇子公府從事中郎九班，嗣王、庶姓公府從事中郎八班。陳皇弟、皇子公府從事中郎第五品，嗣王府、庶姓公府從事中郎第六品，並秩六百石。

[4]太尉：官名。位三公之首，爲名譽宰相，多爲大臣加官，無實際職掌。梁十八班。陳第一品，秩萬石。

[5]府朝政務：《册府》卷七一六同，《南史》卷六〇《許懋傳》附子亨傳作"府政朝務"。

[6]晋安王：梁簡文帝蕭綱。梁武帝天監五年（506），封晋安王。昭明太子蕭統死，繼立爲皇太子。太清末，侯景攻破建康，武

帝死，即位。後爲侯景所殺。《梁書》卷四、《南史》卷八有紀。晋安，郡名。治所在今福建福州市。

[7]青紫：本爲古時公卿綬帶之色，因借指高官顯爵。

[8]枳棘：枳木與棘木。因其多刺而稱惡木。比喻艱難險惡的環境。　鵷（yuān）：傳說中鳳凰一類的鳥。

[9]夕郎：亦稱“夕拜”。黃門侍郎的別稱。

[10]康衢：喻指顯要的地位。猶言要路。

[11]翰：借指書信。

[12]城闉（yīn）：城內重門。亦泛指城郭。

　　高祖受禪，授中散大夫，[1]領羽林監。遷太中大夫，領大著作，知梁史事。初，僧辯之誅也，所司收僧辯及其子頠屍，[2]於方山同坎埋瘞，[3]至是無敢言者。亨以故吏，抗表請葬之，[4]乃與故義徐陵、張種、孔奐等，[5]相率以家財營葬，[6]凡七柩皆改窆焉。[7]

[1]中散大夫：官名。本掌顧問應對，南朝時漸成安置老邁養病官員的閑職。梁十班。陳第四品，秩千石。

[2]所司收僧辯及其子頠屍：底本無“屍”字，中華本校勘記云：“據北監本、殿本及《南史》補。”今從補。

[3]方山：即今江蘇南京市江寧區東南方山。《太平寰宇記》卷九〇《江南道二》上元縣云：“方山，在縣東南五十里。周迴二十里，高一百一十六丈。其山四面等方孤絶。《輿地志》云：‘湖熟西北有方山，頂方正，上有池水。齊武帝於此築苑。吳大帝爲仙者葛玄立觀焉。’山謙之《丹陽記》：‘秦始皇鑿金陵，此山是其斷者。山形整聳，故名方山。’”

[4]抗表：向皇帝上奏章。

[5]張種：字士苗，吳郡（今江蘇蘇州市）人。本書卷二一有

傳,《南史》卷三一有附傳。

[6]相率以家財營葬:底本"葬"後有"具"字,中華本校勘記云:"據北監本、汲本、殿本及《南史》刪。"今從刪。

[7]窆(biǎn):墓穴、墳塋。

光大初,高宗入輔,[1]以亨貞正有古人之風,甚相欽重,常以師禮事之。及到仲舉之謀出高宗也,[2]毛喜知其詐,[3]高宗問亨,亨勸勿奉詔。高宗即位,拜衛尉卿。[4]太建二年卒,時年五十四。

[1]高宗:南朝陳宣帝陳頊廟號。陳頊,本書卷五、《南史》卷一〇有紀。

[2]仲舉:到仲舉。字德言,彭城武原(今江蘇邳州市西北)人。陳文帝死,陳頊受遺詔輔政,仲舉與左丞王暹、中書舍人劉師知等,謀奪其權,矯令遣陳頊還東府,事發被廢。尋以其子到郁有異謀,下獄死。本書卷二〇有傳,《南史》卷二五有附傳。

[3]毛喜:字伯武,滎陽陽武(今河南原陽縣東南)人。本書卷二九、《南史》卷六八有傳。

[4]衛尉卿:官名。掌宮門宿衛屯兵,糾察不法,管理武器庫藏,領武庫、公車司馬令。梁十二班。陳第三品,秩中二千石。

初撰《齊書》并《志》五十卷,遇亂失亡。後撰《梁史》,[1]成者五十八卷。梁太清之後所製文筆六卷。

子善心,[2]早知名,官至尚書度支侍郎。[3]

[1]《梁史》:《隋書·經籍志二》云:"《梁史》五十三卷,陳領軍、大著作郎許亨撰。"與此卷次不同。

[2]善心：許善心。字務本。初仕陳，後仕隋。《隋書》卷五
八、《北史》卷八三有傳。

[3]尚書度支侍郎：官名。兩晋南北朝尚書度支郎之資深勤能
者可轉侍郎。隋初置爲度支司長官，掌稅收、租賦、統計等事。初
隸度支尚書，文帝開皇三年（583）後隸民部尚書，從五品。煬帝
大業三年（607）改名度支郎。

　　褚玠字溫理，河南陽翟人也。[1]曾祖炫，[2]宋昇明初
與謝朓、江斆、劉俁入侍殿中，[3]謂之四友。官至侍中、
吏部尚書，[4]謚貞子。祖湮，[5]梁御史中丞。父蒙，太子
舍人。[6]

[1]河南：郡名。治所在今河南洛陽市東北。　陽翟：縣名。
治所在今河南禹州市。

[2]炫：褚炫。字彥緒。南朝宋、齊官吏。《南齊書》卷三二
有傳，《南史》卷二八有附傳。

[3]昇明：南朝宋順帝劉準年號（477—479）。　謝朓：字敬
沖，陳郡陽夏（今河南太康縣）人。《梁書》卷一五有傳，《南史》
卷二〇有附傳。　江斆：字叔文，濟陽考城（今河南民權縣東北）
人。《南齊書》卷四三有傳，《南史》卷三六有附傳。　劉俁
（yǔ）：南朝宋宗室。劉秉之子，有文才。劉秉參與反蕭道成事敗，
俁與弟陔剃髮被法服向京口，於客舍爲人所識，執送建康獄，
被殺。

[4]侍中：官名。三國魏、西晋置爲門下之侍中省長官，東晋、
南朝宋沿置，齊、梁、陳爲門下省長官。職掌奏事，侍奉皇帝左
右，應對顧問等，是中樞重職。宋第三品。梁十二班。陳第三品，
秩中二千石。

[5]湮：褚湮。字士洋。南朝梁官吏。《南史》卷二八有附傳。

[6]太子舍人：官名。太子東宮屬官，掌文章書記。梁三班。陳第七品，秩二百石。

珪九歲而孤，爲叔父驃騎從事中郎隨所養。[1]早有令譽，先達多以才器許之。[2]及長，美風儀，善占對，博學能屬文，詞義典實，不好豔靡。[3]起家王府法曹，[4]歷轉外兵記室。[5]天嘉中，兼通直散騎常侍，聘齊，還爲桂陽王友。[6]遷太子庶子、中書侍郎。

[1]驃騎：驃騎將軍的省稱。僅作爲軍府名號，加授大臣、重要州郡長官，無具體職掌。梁武帝天監七年（508）定爲武秩二十四班。陳擬第一品，比秩中二千石。

[2]先達：有德行學問的前輩。

[3]不好豔靡：《南史》卷二八《褚裕之傳》附珪傳作“不尚淫靡”。

[4]王府法曹：官名。王公將軍府法曹長官，掌府內刑獄律令。多爲行參軍，是無俸祿的散官。梁皇弟、皇子府法曹參軍，三班；嗣王府法曹參軍，二班。

[5]外兵記室：即外兵參軍、記室參軍。

[6]桂陽王：指陳伯謀。字深之，陳文帝第十三子。本書卷二八、《南史》卷六五有傳。　友：官名。皇弟皇子府屬官，掌陪侍、輔助規諷。南朝王或皇弟、皇子皆設。梁八班。陳第六品。

太建中，山陰縣多豪猾，[1]前後令皆以贓汙免，高宗患之，謂中書舍人蔡景歷曰：[2]“稽陰大邑，久無良宰，卿文士之內，試思其人。”景歷進曰：“褚玠廉儉有幹用，未審堪其選不？”高宗曰：“甚善，卿言與朕意同。"乃除戎昭將軍、山陰令。[3]縣民張次的、王休達等與諸猾吏賄賂通姦,全丁大戶,[4]類多隱没。玠乃鎖次的等,具狀啓臺,高宗手敕慰勞,并遣使助玠搜括,所出軍民八百餘户。

[1]山陰:縣名。治所在今浙江紹興市。
[2]蔡景歷:字茂世,濟陽考城(今河南民權縣東北)人。本書卷一六、《南史》卷六八有傳。
[3]戎昭將軍:官名。陳擬八品,比秩六百石。
[4]全丁:對國家有完納賦税、承擔徭役義務的成年男子。

時舍人曹義達爲高宗所寵,縣民陳信家富於財,諂事義達,信父顯文恃勢横暴。玠乃遣使執顯文,鞭之一百,於是吏民股慄,莫敢犯者。信後因義達譖玠,竟坐免官。玠在任歲餘,守禄俸而已,去官之日,不堪自致,因留縣境,種蔬菜以自給。或嗤玠以非百里之才,[1]玠答曰:"吾委輸課最,[2]不後列城,除殘去暴,姦吏局蹐。[3]若謂其不能自潤脂膏,則如來命。以爲不達從政,吾未服也。"時人以爲信然。皇太子知玠無還裝,[4]手書賜粟米二百斛,於是還都。太子愛玠文辭,令入直殿省。十年,除電威將軍、仁威淮南王長史,[5]頃之,以本官掌東宫管記。[6]十二年,遷御史中丞,卒于官,時年五十二。

[1]百里之才:指能治理一縣方圓百里的人才。
[2]委輸:轉運。 課最:古時朝廷對官吏定期考核,檢查政

績，政績最好者稱"課最"。

[3]局蹐：局促不安。

[4]皇太子：即後主陳叔寶。字元秀，小字黃奴，宣帝嫡長子。太建元年（569），立爲皇太子。本書卷六、《南史》卷一〇有紀。

[5]電威將軍：官名。南朝梁始置，武帝天監七年（508）定爲武職二十四班中的十一班。陳沿置，擬七品，比秩六百石。　仁威：仁威將軍。與智威、勇威、信威、嚴威並稱五威將軍。梁十六班。陳擬四品，比秩中二千石。　淮南王：指陳叔彪。字子華，陳宣帝第十三子。本書卷二八、《南史》卷六五有傳。淮南，郡名。治所在今安徽當塗縣。

[6]東宮管記：官名。南朝梁、陳置。置於東宮，掌文書。常以文學之士擔任。

玠剛毅有膽決，兼善騎射。嘗從司空侯安都於徐州出獵，[1]遇有猛獸，[2]玠引弓射之，再發皆中口入腹，俄而獸斃。及爲御史中丞，甚有直繩之稱。[3]自梁末喪亂，朝章廢弛，司憲因循，守而勿革，玠方欲改張，大爲條例，綱維略舉，而編次未訖，故不列于後焉。及卒，太子親製誌銘，以表惟舊。至德二年，[4]追贈秘書監。所製章奏雜文二百餘篇，[5]皆切事理，由是見重於時。

子亮，有才學，官至尚書殿中侍郎。[6]

[1]侯安都：字成師，始興曲江（今廣東韶關市南武水西岸）人。本書卷八、《南史》卷六六有傳。

[2]猛獸：中華本校勘記云："'獸'北監本、汲本、殿本作'虎'，下同。按《南史》亦作'獸'，蓋避唐諱。作'虎'乃後人回改。"

[3]直繩：正直如繩墨。

[4]至德：南朝陳後主陳叔寶年號（583—586）。

[5]所製章奏雜文二百餘篇：《隋書·經籍志四》有“陳御史中丞《褚玠集》十卷”。

[6]尚書殿中侍郎：官名。尚書省諸曹郎之一，屬尚書左僕射。掌殿中曹，常擬詔書，多用文學之士。梁六班。陳第四品，秩六百石。

岑之敬字思禮，南陽棘陽人也。[1]父善紆，梁世以經學聞，官至吳寧令、司義郎。[2]

[1]棘陽：縣名。治所在今河南南陽市南。

[2]吳寧：縣名。治所在今浙江東陽市東。　司義郎：官名。梁置，爲皇帝的經學侍臣。

之敬年五歲，讀《孝經》，每燒香正坐，親戚咸加歎異。年十六，策《春秋左氏》、制旨《孝經》義，[1]擢爲高第。[2]御史奏曰：[3]“皇朝多士，例止明經，若顏、閔之流，[4]乃應高第。”梁武帝省其策曰：[5]“何妨我復有顏、閔邪？”因召入面試，令之敬昇講座，敕中書舍人朱异執《孝經》，[6]唱《士章》，[7]武帝親自論難。之敬剖釋縱橫，應對如響，左右莫不嗟服。乃除童子奉車郎，[8]賞賜優厚。十八，預重雲殿法會，[9]時武帝親行香，熟視之敬曰：“未幾見兮，突而弁兮！”即日除太學限内博士。尋爲壽光學士、司義郎，又除武陵王安西府刑獄參軍事。[10]太清元年，表請試吏，除南沙令。[11]

[1]策：察舉考試的一種文體。

[2]高第：成績優秀，名列前茅。

[3]御史：官名。三國兩晋南北朝時爲侍御史、治書侍御史、督軍糧侍御史、殿中侍御史、監國侍御史等的總稱。

[4]顔、閔：顔回、閔子騫。均爲孔子弟子。顔回，字子淵，春秋末魯國人。貧而好學，居陋巷，簞食瓢飲，而不改其樂。列德行科。孔子稱其"不遷怒，不貳過"。早死。後世尊爲"復聖"。閔子騫，春秋時魯國人。性至孝，以德行與顔淵並稱。魯季氏請其任費邑長官，辭不就。

[5]梁武帝：蕭衍。字叔達，小字練兒。《梁書》卷一至卷三，《南史》卷六、卷七有紀。

[6]朱异：字彦和，吴郡錢唐（今浙江杭州市）人。《梁書》卷三八、《南史》卷六二有傳。

[7]《士章》：南監本、《册府》卷七七四同底本作"士章"。汲古閣十七史本、殿本作"士孝章"，《南史》卷七二《岑之敬傳》同。《孝經》第五章即《士章》，作"士章"是。

[8]童子奉車郎：官名。選年少優異者爲之，班品不詳。

[9]重雲殿：殿名。在京師建康宫城華林園内。

[10]刑獄參軍事：官名。王公府屬官，掌刑獄。梁四班至二班。陳第八品至第九品。

[11]南沙：縣名。治所在今江蘇常熟市北。

　　侯景之亂，之敬率領所部，赴援京師。至郡境，聞臺城陷，[1]乃與衆辭訣，歸鄉里。承聖二年，[2]除晋安王宣惠府中記室參軍。是時蕭勃據嶺表，[3]敕之敬宣旨慰喻，會江陵陷，[4]仍留廣州。[5]太建初，還朝，授東宫義省學士，[6]太子素聞其名，尤降賞接。累遷鄱陽王中衛府記室、鎮北府中録事參軍、南臺治書侍御史、征南府諮議參軍。[7]

[1]臺城：京師建康宮城。因爲臺省所在，故稱。

[2]承聖：南朝梁元帝蕭繹年號（552—555）。

[3]蕭勃：南朝梁宗室。《南史》卷五一有附傳。　嶺表：即嶺南。

[4]江陵：縣名。荆州刺史治所，在今湖北荆州市荆州區。梁元帝即位，都於此。

[5]廣州：州名。治所在今廣東廣州市。

[6]東宮義省學士：官名。南朝陳置，爲東宮文學侍從之官。

[7]中衛：中衛將軍的省稱。與中軍、中權、中撫將軍並稱四中將軍，專授在京師任職的官員，地位顯要。梁二十三班。陳擬二品，比秩中二千石。　鎮北：鎮北將軍的省稱。與鎮東、鎮西、鎮南、鎮左、鎮右、鎮前、鎮後將軍合稱爲八鎮將軍。多爲持節都督，出鎮方面，權勢頗重。梁武帝天監七年（508）革選，爲二十二班。陳擬二品，比秩中二千石。　南臺治書侍御史：官名。御史臺屬官，掌舉劾六品以下，分統侍御史。梁六班。陳第七品，秩六百石。　征南：征南將軍的簡稱。

之敬始以經業進，而博涉文史，雅有詞筆，不爲醇儒。[1]性謙謹，未嘗以才學矜物，接引後進，恂恂如也。[2]每忌日營齋，[3]必躬自洒掃，涕泣終日，士君子以篤行稱之。十一年卒，時年六十一。太子嗟惜，賻贈甚厚。有集十卷行於世。[4]

子德潤，有父風，官至中軍吳興王記室。[5]

[1]醇儒：學識精粹純正的儒者。

[2]恂恂：温順恭謹貌。

[3]每忌日營齋：《南史》卷七二《岑之敬傳》作“每母忌日營齋”。

[4]有集十卷：《隋書·經籍志》未見。

[5]中軍：中軍將軍的省稱。　吳興王：指陳胤。字承業，陳後主長子。本書卷二八、《南史》卷六五有傳。

陸琰字温玉，吏部尚書瓊之從父弟也。[1]父令公，梁中軍宣城王記室參軍。[2]

[1]瓊：陸瓊。字伯玉，吳郡吳（今江蘇蘇州市）人。本書卷三〇、《南史》卷四八有傳。

[2]宣城王：指蕭大器。字仁宗，梁簡文帝嫡長子。《梁書》卷八、《南史》卷五四有傳。宣城，郡名。治所在今安徽宣城市宣州區。

琰幼孤、好學，有志操。州舉秀才。解褐宣惠始興王行參軍，累遷法曹外兵參軍，直嘉德殿學士。[1]世祖聽覽餘暇，頗留心史籍，以琰博學，善占誦，引置左右。嘗使製《刀銘》，琰援筆即成，無所點竄，世祖嗟賞久之，賜衣一襲。俄兼通直散騎常侍，副琅邪王厚聘齊，及至鄴下而厚病卒，[2]琰自爲使主。時年二十餘，風神韶亮，占對閑敏，齊士大夫甚傾心焉。還爲雲麾新安王主簿，[3]遷安成王長史，[4]寧遠府記室參軍。[5]太建初，爲武陵王明威府功曹史，[6]兼東宮管記。丁母憂去官。五年卒，時年三十四。太子甚傷悼之，手令舉哀，[7]加其賻贈，又自製誌銘。至德二年，追贈司農卿。[8]

[1]嘉德殿學士：官名。南朝陳置爲文學侍從。

[2]鄴下：指北齊都城鄴城。在今河北臨漳縣西南鄴鎮。

[3]新安王：指陳伯固。字牢之，陳文帝第五子。本書卷三六、《南史》卷六五有傳。　主簿：官名。南北朝時地方州郡、統兵開府大臣幕府皆置，掌文書簿籍，參與機要，爲掾史之首。其官職隨所署長官地位高下而異。

[4]安成王長史：“長史”底本訛爲“長子”，汲古閣十七史本、南監本、殿本作“長史”，今據改。林礽乾《陳書異文考證》認爲作“長子”是，與下連讀爲“遷安成王長子寧遠府記室參軍”（第267—268頁）。安成王，即陳宣帝陳頊。初襲封始興郡王。陳文帝嗣位，改封安成王。安成，郡名。治所在今江西安福縣。

[5]寧遠：寧遠將軍的省稱。與振遠、安遠、征遠、宣遠合稱五遠將軍。梁十三班。陳擬五品，比秩千石。

[6]武陵王：指陳伯禮。字用之，陳文帝第十子。本書卷二八、《南史》卷六五有傳。武陵，郡名。治所在今湖南常德市。　明威：明威將軍的省稱。梁十三班。陳擬五品，比秩千石。另梁、陳十明威將軍中亦有此號。陳擬六品，比秩千石。　功曹史：官名。南朝梁、陳皇弟皇子府、嗣王均置，職掌吏員賞罰任免事宜，並參政務。陳皇弟、皇子府功曹史第七品。

[7]手令：親手所下的告諭、指令等。

[8]司農卿：官名。掌勸農、倉儲、園苑、供應宮廷膳饈等事。梁十一班。陳第三品，秩中二千石。

琰寡嗜慾，鮮矜競，游心經籍，晏如也。[1]其所製文筆多不存本，後主求其遺文，撰成二卷。[2]有弟瑜。

[1]晏如：安定、安寧，恬適。

[2]其遺文，撰成二卷：《隋書·經籍志四》有"陳司農卿《陸琰集》二卷"。

瑜字幹玉。少篤學，美詞藻。州舉秀才。解褐驃騎安成王行參軍，轉軍師晉安王外兵參軍、東宮學士。[1]兄琰時爲管記，瑜以才學娛侍左右，時人比之二應。[2]太建二年，太子釋奠于太學，[3]宮臣並賦詩，命瑜爲序，文甚贍麗。遷尚書祠部郎中，[4]丁母憂去職。服闋，爲桂陽王明威將軍功曹史，兼東宮管記。累遷永陽王文學、太子洗馬、中舍人。[5]

[1]軍師：軍師將軍的省稱。梁十九班。陳擬四品，比秩中二千石。　晉安王：指陳伯恭。字肅之，陳文帝第六子。本書卷二八、《南史》卷六五有傳。晉安，郡名。治所在今福建福州市。

[2]二應：指應瑒、應璩兄弟。均以文章才學見稱。應瑒，字德璉，三國魏汝南南頓（今河南項城市）人。"建安七子"之一。應璩，字休璉。官至侍中。二人《三國志》卷二一均有附傳。

[3]太學：設於京城的最高學府。

[4]尚書祠部郎中：官名。魏晉南北朝時與"祠部郎"互稱，屬尚書右僕射或祠部尚書。尚書省諸曹郎之一，掌祭享禮儀等。陳第四品，秩六百石。

[5]永陽王：指陳伯智。字策之，陳文帝第十二子。本書卷二八、《南史》卷六五有傳。永陽，郡名。治所在今湖南道縣西北。文學：官名。皇弟皇子府屬官，掌侍從文章及封國教育。陳皇子皇弟文學第七品。　太子洗（xiǎn）馬：官名。東宮屬官，掌侍從及文翰，爲清簡之職。陳第六品，秩六百石。　中舍人：官名。即

太子中舍人。東宮屬官。選舍人中才學俱佳者爲之，與太子中庶子共掌東宮文翰，侍從規諫太子，綜典奏事文書等，位在太子中庶子下、洗馬上。陳第五品，秩六百石。

　　瑜幼長讀書，晝夜不廢，聰敏彊記，一覽無復遺失。嘗受《莊》《老》於汝南周弘正，[1]學《成實論》於僧滔法師，[2]竝通大旨。時皇太子好學，欲博覽群書，以子集繁多，命瑜鈔撰，未就而卒，時年四十四。太子爲之流涕，手令舉哀，官給喪事，并親製祭文，遣使者弔祭。[3]仍與詹事江總書曰：[4]“管記陸瑜，奄然殂化，悲傷悼惜，此情何已。吾生平愛好，卿等所悉，自以學涉儒雅，不逮古人，欽賢慕士，是情尤篤。梁室亂離，天下糜沸，書史殘缺，禮樂崩淪，晚生後學，匪無墻面，[5]卓爾出群，斯人而已。吾識覽雖局，未曾以言議假人，至於片善小才，特用嗟賞。況復洪識奇士，此故忘言之地。論其博綜子史，諳究儒墨，經耳無遺，觸目成誦，一襃一貶，一激一揚，語玄析理，披文摘句，未嘗不聞者心伏，聽者解頤，[6]會意相得，自以爲布衣之賞。吾監撫之暇，事隙之辰，頗用譚笑娛情，琴樽閒作，雅篇豔什，[7]迭互鋒起。每清風朗月，美景良辰，對群山之參差，望巨波之滉瀁，或翫新花，時觀落葉，既聽春鳥，又聆秋鴈，未嘗不促膝舉觴，連情發藻，[8]且代琢磨，閒以嘲謔，俱怡耳目，竝留情致。自謂百年爲速，朝露可傷，豈謂玉折蘭摧，遽從短運，爲悲爲恨，當復何言。遺迹餘文，觸目增泫，絕絃投筆，恒有酸恨。[9]以卿同志，聊復叙懷，涕之無從，言不寫意。”

其見重如此。至德二年，追贈光禄卿。[10]有集十卷。[11]
瑜有從父兄玠，從父弟琰。

[1]汝南：郡名。治所在今河南汝南縣。　周弘正：字思行，
汝南安成（今河南汝南縣東南）人。本書卷二四有傳，《南史》卷
三四有附傳。

[2]《成實論》：佛經。古印度訶梨跋摩著，後秦時鳩摩羅
什譯。

[3]并親製祭文，遣使者弔祭：中華本校勘記云："北監本、汲
本、殿本'文'上無'祭'字，'使'下無'者'字。"

[4]詹事：官名。太子詹事。總管東宮事務。陳第三品，秩中
二千石。　江總：字總持，濟陽考城（今河南民權縣東北）人。本
書卷二七有傳，《南史》卷三六有附傳。

[5]墻面：謂面對墻壁，目無所見。比喻不學無術或一無所知。

[6]解頤：謂開顏歡笑。

[7]雅篇：優美的篇章。　豔什：艷美的詩篇。

[8]發藻：顯示文采。

[9]酸恨：悲痛遺憾。中華本校勘記云："'恨'北監本、汲本、
殿本作'梗'。"《册府》卷二六〇作"酸恨"。

[10]光禄卿：官名。梁武帝天監七年（508）改光禄勳置，爲
十二卿之一。掌宮殿門户及部分宮廷供御事務。梁十一班。陳第三
品，秩中二千石。

[11]有集十卷：《隋書·經籍志四》有"陳光禄卿《陸瑜集》
十一卷"。注云："并録。"

　　玠字潤玉，梁大匠卿晏子之子。[1]弘雅有識度，好
學，能屬文。舉秀才，對策高第。吏部尚書袁樞薦之於
世祖，[2]超授衡陽王文學，[3]直天保殿學士。[4]太建初，

遷長沙王友，[5]領記室。後主在東宮，聞其名，徵爲管記。仍除中舍人，管記如故，甚見親待。尋以疾失明，將還鄉里，太子解衣贈玠，爲之流涕。八年卒，時年三十七。有令舉哀，并加賵贈。[6]至德二年，追贈少府卿。有集十卷。[7]

[1]大匠卿晏子之子：底本、汲古閣十七史本、南監本、殿本“晏”下無“子”字，《南史》卷四八《陸玠傳》有。前文云陸琰爲陸瓊從父弟，陸瓊父爲陸雲公，《梁書》卷五〇有《陸雲公傳》載其有兄名晏子。中華本校勘記云：“按《梁書·陸雲公傳》，雲公有兄名晏子，即此晏子也。”今從補。

[2]袁樞：字踐言，陳郡陽夏（今河南太康縣）人。本書卷一七、《南史》卷二六有附傳。

[3]超授：官制用語。升遷。亦指越等授官。　衡陽王：指陳伯信。字孚之，陳文帝第七子。本書卷二七有傳，《南史》卷六五有附傳。衡陽，郡名。治所在今湖南株洲市西南。

[4]天保殿學士：官名。南朝陳置爲文學侍從。

[5]長沙王：指陳叔堅。字子成，陳宣帝第四子。本書卷二八、《南史》卷六五有傳。長沙，郡名。治所在今湖南長沙市。

[6]賵贈：因助辦喪事而贈送財物。

[7]有集十卷：《隋書·經籍志四》有“陳少府卿《陸玠集》十卷”。

　　琛字潔玉，宣毅臨川王長史丘公之子。少警俊，事後母以孝聞。世祖爲會稽太守，琛年十八，上《善政頌》，甚有詞采，由此知名，舉秀才。起家爲衡陽王主簿，兼東宮管記。歷豫章王文學，[1]領記室，司徒主簿，[2]直宣明殿學士。[3]尋遷尚書三公侍郎，[4]兼通直散騎常侍，聘齊，還爲司徒左西掾。[5]又掌東宮管記，太子愛琛才辯，深禮遇之。後主嗣位，遷給事黄門侍郎、中書舍人，參掌機密。琛性頗疎，坐漏洩禁中語，[6]詔賜死，時年四十二。

[1]豫章王：指陳叔英。字子烈，陳宣帝第三子。本書卷二八、《南史》卷六五有傳。豫章，郡名。治所在今江西南昌市。

[2]司徒主簿：官名。司徒府屬官，與祭酒、舍人主閣内事。梁六班。陳第七品。

[3]宣明殿學士：官名。南朝陳置爲文學侍從。

[4]尚書三公侍郎：官名。尚書省三公曹長官通稱。南朝屬吏部尚書。陳侍郎、郎中並第四品，秩六百石。

[5]司徒左西掾：官名。司徒府僚屬。佐司徒，掌府吏署用事。多以文史之士充任。梁八班。陳第六品，秩四百石。

[6]禁中：指帝王所居宮内。

何之元盧江灊人也。[1]祖僧達，齊南臺治書侍御史。父法勝，以行業聞。

[1]盧江：郡名。治所在今安徽舒城縣。 灊：縣名。治所在今安徽潛山縣西北。

之元幼好學，有才思，居喪過禮，爲梁司空袁昂所重。[1]天監末，昂表薦之，因得召見。解褐梁太尉臨川王揚州議曹從事史，[2]尋轉主簿。及昂爲丹陽尹，[3]辟爲丹陽五官掾，[4]總户曹事。[5]尋除信義令。[6]之元宗人敬

容者，[7]勢位隆重，頻相顧訪，之元終不造焉。或問其
故，之元曰：“昔楚人得寵於觀起，有馬者皆亡。[8]夫德
薄任隆，必近覆敗，吾恐不獲其利而招其禍。”識者以
是稱之。

[1]袁昂：字千里，陳郡陽夏（今河南太康縣）人。《梁書》
卷三一有傳，《南史》卷二六有附傳。

[2]臨川王：指蕭宏。字宣達，梁文帝第六子，武帝之弟。
《梁書》卷二二、《南史》卷五一有傳。

[3]丹陽尹：官名。京師所在丹陽郡行政長官，掌民政。梁班
品不詳。陳第五品，秩中二千石。丹陽，郡名。治所在今江蘇南
京市。

[4]五官掾：官名。郡守屬吏，掌郡府管諸曹事及祠祀等，常
爲郡守佐史之首。南朝時多以他官兼領，亦有知郡事者。

[5]户曹：地方州縣官府諸曹之一。掌民户、祠祀、農桑事。

[6]信義：縣名。治所在今江蘇昆山市西正儀鎮。

[7]敬容：何敬容。字國禮，仕梁爲尚書令、侍中等官。《梁
書》卷三七有傳，《南史》卷三〇有附傳。

[8]昔楚人得寵於觀起，有馬者皆亡：典出《左傳》襄公二十
二年：“楚觀起有寵於令尹子南，未益禄而有馬數十乘。楚人患之，
王將討焉。……王遂殺子南於朝，轘觀起於四竟。”

　　會安西武陵王爲益州刺史，[1]以之元爲安西刑獄參
軍。侯景之亂，武陵王以太尉承制，授南梁州長史、北
巴西太守。[2]武陵王自成都舉兵東下，之元與蜀中民庶
抗表請無行，王以爲沮衆，囚之元于艦中。及武陵兵
敗，之元從邵陵太守劉恭之郡。[3]俄而江陵陷，劉恭卒，

王琳召爲記室參軍。[4]梁敬帝册琳爲司空,[5]之元除司空府諮議參軍, 領記室。

[1]益州: 州名。治所在今四川成都市。

[2]授南梁州長史: 中華本據《南史》卷七二《何之元傳》改 "長史"作"刺史",以爲"州無長史"。按,《梁書》卷一一《庾 域傳》有"梁州長史夏侯道遷舉州叛降魏南梁州",《梁書》卷一 七《張齊傳》有"督南梁州長史席宗範諸軍迎令宗",本書亦有 "寧州長史""揚州長史""江州長史"的記載,"長史"應不誤。 東晉至南北朝時,州的佐屬有軍府佐屬與州佐屬兩系,長史爲軍府 佐屬的上綱,別駕爲州吏的上佐。南梁州,梁置,治所在今四川劍 閣縣。 北巴西: 郡名。東晉末置,治所在今四川閬中市。

[3]之元從邵陵太守劉恭之郡: 中華本校勘記云: "'劉恭' 《南史》作'劉菜'。《通鑑》梁敬帝紹泰元年'邵陵太守劉菜將兵 援江陵',亦作'劉菜'。下同。"林礽乾《陳書異文考證》云: "《梁書》卷五十五《武陵王紀傳》:'紀帥軍東下,次于西陵,梁 元帝遣宣猛將軍劉菜西赴。'《通鑑》一六六《梁紀二十二》'邵陵 太守劉菜將兵援江陵'。兩見'劉菜',與《南史·何之元傳》同, 疑此作'劉菜'是,各本作'劉恭','恭'字蓋與'菜'字形近 而訛。"(第270頁)當是。

[4]王琳: 字子珩,會稽山陰(今浙江紹興市)人。江陵陷落 後,他盤踞於湘、郢諸州,依附北齊,擁立梁元帝之孫蕭莊,對陳 政權構成巨大威脅。陳文帝天嘉元年(560),王琳在蕪湖之役中被 侯瑱擊敗,逃奔北齊。《北齊書》卷三二、《南史》卷六四有傳。

[5]梁敬帝: 蕭方智。字慧相,小字法真,梁元帝第九子。元 帝爲西魏所殺,梁將王僧辯立蕭淵明爲帝,以其爲皇太子。陳霸先 殺王僧辯,廢蕭淵明,立其爲帝。太平二年(557),陳霸先代梁稱 帝,被廢爲江陰王,旋又被殺。《梁書》卷六、《南史》卷八有紀。

　　王琳之立蕭莊也，[1]署爲中書侍郎。會齊文宣帝
薨，[2]令之元赴弔，還至壽春，[3]而王琳敗，齊主以爲揚
州別駕，[4]所治即壽春也。及衆軍北伐，得淮南地，湘
州刺史始興王叔陵遣功曹史柳咸齎書召之元。[5]之元始
與朝庭有隙，及書至，大惶恐，讀書至"孔璋無罪，左
車見用"，[6]之元仰而歎曰："辭旨若此，豈欺我哉？"遂
隨咸至湘州。太建八年，除中衛府功曹參軍事，[7]尋遷
諮議參軍。

　　[1]蕭莊：梁元帝蕭繹孫，武烈太子蕭方等子。初封永嘉王，
後爲王琳扶立，於郢州即帝位，改元天啓。王琳兵敗，逃入北齊，
受封梁王。《南史》卷五四有附傳。

　　[2]齊文宣帝：北齊皇帝高洋。文宣爲其謚號。字子進，齊神
武帝高歡第二子。《北齊書》卷四、《北史》卷七有紀。

　　[3]壽春：縣名。治所在今安徽壽縣。

　　[4]別駕：官名。因從刺史行部，別乘傳車，故謂之別駕。秩
輕職重，位居州史之右，與治中從事史同爲州上綱，事無不統。南
朝梁揚州別駕十班。陳第六品，他州高者第六品，低者第九品。北
朝北魏、北齊亦置。北齊司州別駕從四品上，上州正六品上，中州
從六品上，下州正七品上。

　　[5]湘州：州名。治所在今湖南長沙市。　始興王叔陵：陳叔
陵。字子嵩，陳宣帝第二子。本書卷三六、《南史》六五有傳。

　　[6]孔璋：指陳琳，字孔璋，東漢末廣陵（今江蘇揚州市）
人。建安時期著名文學家，"建安七子"之一。初事何進，爲主簿，
曾諫阻何進招外兵入京師。後事袁紹，典掌文書，曾移檄聲討曹
操。紹敗，歸附曹操後仍受到任用，文書多出其手。《三國志》卷
二一有傳。　左車：指李左車。西漢人。初仕趙王歇，封廣武君。

漢使韓信、張耳率兵擊趙，左車説趙王深溝高壘勿與戰，而出奇兵絕其糧道，未被采納。韓信遂斬陳餘，擒趙王。招募能生得左車的人給予千金。左車被俘，韓信師事之，用其策下燕諸城。

[7]功曹參軍事：官名。南朝時，公府、軍府多置，掌糾駁獻替。

及叔陵誅，之元乃屏絕人事，鋭精著述。以爲梁氏肇自武皇，終于敬帝，其興亡之運，盛衰之跡，足以垂鑒戒，定褒貶。究其始終，起齊永元元年，[1]迄于王琳遇獲，七十五年行事，草創爲三十卷，號曰《梁典》。[2]其序曰：

[1]永元：南朝齊東昏侯蕭寶卷年號（499—501）。
[2]《梁典》：《隋書·經籍志二》載："《梁典》三十卷，陳始興王諮議何之元撰。"

記事之史，其流不一，繼年之作，[1]無若《春秋》，則魯史之書，非帝皇之籍也。案三皇之簡爲《三墳》，[2]五帝之策爲《五典》，[3]此典義所由生也。至乃《尚書》述唐帝爲《堯典》，[4]虞帝爲《舜典》，[5]斯又經文明據。是以典之爲義久矣哉。若夫馬《史》、班《漢》，[6]述帝稱紀，自兹厥後，因相祖習。及陳壽所撰，[7]名之曰志，總其三國，分路揚鑣。唯何法盛《晋書》變帝紀爲帝典，[8]既云師古，在理爲優。故今之所作，稱爲《梁典》。

[1]繼年：汲古閣十七史本、南監本、殿本、中華本皆作“編年”，中華本校勘記云：“‘編’原本訛‘繼’，各本不訛，今改正。”真大成《中古史書校證》認爲：“底本作‘繼’不誤，南監本以下作‘編’者皆不明通借而逞臆妄改。……中古史書‘繼’‘繫’通借實爲常例，‘繼年’之‘繼’當讀爲‘繫’，‘繫年’者，綴連年時也。蕭統《文選序》：‘至於記事之史，繫年之書，所以褒貶是非，紀別異同，方之篇翰，亦已不同。’‘記事之史’‘繫年之書’並舉，正可證《陳書》本例‘繼年’亦即‘繫年’。檢《册府》卷五五五，殘宋本正作‘繼’，明本乃作‘編’，當據《陳書》南監本改。”（中華書局 2013 年版，第 175 頁）

[2]三皇：傳説中上古三帝王。所指有多種説法：有以伏犧、神農、黄帝爲三皇，有以天皇、地皇、人皇爲三皇等等。 《三墳》：傳説中中國最早的書籍，三皇之書。也有認爲係指天、地、人三禮，或天、地、人三氣。

[3]五帝：傳説中的五位帝王。所指有多種説法：《史記》卷一《五帝本紀》以黄帝、顓頊、帝嚳、唐堯、虞舜爲五帝。皇甫謐《帝王世紀》以少昊、顓頊、高辛、唐、虞爲五帝。 《五典》：傳説中的上古典籍。

[4]《堯典》：《尚書》篇名。記唐堯時的言論與人事。

[5]《舜典》：《尚書》篇名。記虞舜時的言論與人事。

[6]馬《史》：指司馬遷《史記》。 班《漢》：指班固《漢書》。

[7]陳壽：字承祚，巴西安漢（今四川南充市北）人。歷仕三國蜀、晋。撰《三國志》。《晋書》卷八二有傳。

[8]何法盛：南朝宋官史。著《晋中興書》，記東晋一代事迹。據《南史》卷三三《郗紹傳》載，《晋中興書》爲郗紹傳，而被何法盛竊取。

梁有天下，自中大同以前，區寓寧晏，太清以後，寇盜交侵，首尾而言，未爲盡美，故開此一書，分爲六意。以高祖創基，囚乎齊末，尋宗討本，起自永元，今以前如干卷爲《追述》。高祖生自布衣，長於弊俗，知風教之臧否，識民黎之情僞。爰逮君臨，弘斯政術，四紀之內，寔云殷阜。今以如干卷爲《太平》。世不常夷，時無恒治，非自我後，仍屬橫流，今以如干卷爲《叙亂》。洎高祖晏駕之年，[1]太宗幽辱之歲，謳歌獄訟，向西陝不向東都。不庭之民，流逸之士，征伐禮樂，歸世祖不歸太宗。撥亂反正，厥庸斯在，治定功成，其勳有屬。今以如干卷爲《世祖》。至於四海困窮，五德升替，[2]則敬皇紹立，仍以禪陳，今以如干卷爲《敬帝》。驃騎王琳，崇立後嗣，雖不達天命，然是其忠節，今以如干卷爲《後嗣主》。至在太宗，雖加美謚，而大寶之號，[3]世所不遵，蓋以拘於賊景故也。承聖紀歷，自接太清，神筆詔書，非宜輒改，詳之後論，蓋有理焉。

[1]晏駕：車駕晚出。古代帝王死亡的諱辭。
[2]五德升替：《册府》卷五五五作"五德舛替"。
[3]大寶：南朝梁簡文帝蕭綱年號（550—551）。

夫事有始終，人有業行，本末之間，頗宜詮叙。案臧榮緒稱史無裁斷，[1]猶起居注耳，[2]由此而言，寔資詳悉。

[1]臧榮緒：東莞莒（今山東莒縣）人。純篤好學，隱居京口教授。自號“被褐先生”。撰《晋史》，合東、西晋爲一書，紀、録、志、傳百一十卷。《南齊書》卷五四、《南史》卷七六有傳。

[2]起居注：皇帝的言行録。

又編年而舉其歲次者，蓋取分明而易尋也。若夫獫狁孔熾，[1]鯁我中原，始自一君，終爲二主，事有相涉，言成混漫。今以未分之前爲北魏，[2]既分之後高氏所輔爲東魏，[3]宇文所挾爲西魏，[4]所以相分别也。重以蓋彰殊體，繁省異文，其間損益，頗有凡例。

[1]獫狁：古代北方少數民族名。夏商時稱獯鬻，周時稱獫狁，秦漢時稱匈奴。 孔熾：很猖獗，很囂張。

[2]北魏：指鮮卑族拓跋氏建立的北方政權。

[3]高氏：指高歡。字賀六渾，渤海蓨（今河北景縣）人。北魏末立孝武帝，自爲大丞相。及孝武帝謀奪其權，西奔長安，另立孝静帝，遷都鄴城，史稱東魏。自是魏分東西，高氏職掌東魏政權十六年。死後，其子高洋代東魏建北齊，追尊爲神武帝。《北齊書》卷一、卷二，《北史》卷六有紀。

[4]宇文：指宇文泰。字黑獺，代郡武川（今内蒙古武川縣西）人，鮮卑族。北魏孝武帝西奔長安後，總攬大權，擁帝拒高歡，後又廢殺孝武帝，立南陽王元寶炬，建立西魏。職掌西魏政權二十餘年。死後，其子宇文覺代西魏建北周，追尊爲文帝。《周書》卷一、卷二，《北史》卷九有紀。

禎明三年，[1]京城陷，乃移居常州之晋陵縣。[2]隋開皇十三年，[3]卒于家。

[1]禎明：南朝陳後主陳叔寶年號（587—589）。
[2]常州：州名。隋文帝開皇九年（589）改晉陵郡置，治常
熟縣，在今江蘇常熟市西北。　晉陵：縣名。治所在今江蘇常
州市。
[3]開皇：隋文帝楊堅年號（581—600）。

徐伯陽字隱忍，東海人也。[1]祖度之，齊南徐州議
曹從事史。[2]父僧權，梁東宮通事舍人，[3]領秘
書，以善書知名。

[1]東海：郡名。治所在今山東郯城縣北。
[2]南徐州：州名。治所在今江蘇鎮江市。
[3]東宮通事舍人：官名。南朝梁置，東宮屬官，掌宣傳皇太
子令旨，東宮內外啓奏。梁一班。陳第九品。

伯陽敏而好學，善色養，[1]進止有節。年十五，以
文筆稱。學《春秋左氏》。家有史書，所讀者近三千餘
卷。試策高第，尚書板補梁河東王國右常侍、東宮學
士、臨川嗣王府墨曹參軍。[2]大同中，出爲候官令，[3]甚
得民和。侯景之亂，伯陽浮海南至廣州，依於蕭勃。勃
平還朝，仍將家屬之吳郡。

[1]色養：稱人子和顔悦色奉養父母或承順父母顔色爲“色
養”。
[2]板：官制用語。六朝時，地方長官可臨時授官。因其書授

官之詞於板，故稱板授，亦稱板。板官不給印綬，但可食禄。　右常侍：官名。王國屬官，與左常侍共掌諫諍、司儀。梁皇弟、皇子國常侍二班。陳皇弟皇子國常侍、嗣王國常侍第九品。

　　[3]候官：縣名。治所在今福建福州市。

　　天嘉二年，詔侍晋安王讀。尋除司空侯安都府記室參軍事，安都素聞其名，見之，降席爲禮。甘露降樂游苑，[1]詔賜安都，令伯陽爲謝表，世祖覽而奇之。太建初，中記室李爽、記室張正見、左民郎賀徹、學士阮卓、黄門郎蕭詮、三公郎王由禮、處士馬樞、記室祖孫登、比部賀循、長史劉删等爲文會之友，[2]後有蔡凝、劉助、陳暄、孔範亦預焉，[3]皆一時之士也。游宴賦詩，勒成卷軸，伯陽爲其集序，盛傳於世。

　　[1]樂游苑：晋時在江寧府覆舟山之南，稱芍樂園，宋文帝元嘉中，辟爲北苑。後造樓臺館閣，改名爲樂游苑。
　　[2]左民郎：官名。尚書省左民曹長官，屬左民尚書。掌財賦、户籍。陳第四品，秩六百石。　　處士：本指有才德而隱居不仕的人，後亦泛指未做過官的士人。　　馬樞：字要理，扶風郿（今陝西眉縣）人。本書卷一九、《南史》卷七六有傳。　　比部：比部郎的省稱。尚書省比部曹長官，亦稱比部郎中，資深者可稱比部侍郎。陳第四品，秩六百石。
　　[3]陳暄：義興國山（今江蘇宜興市西）人。《南史》卷六一有附傳。　　孔範：字法言，會稽山陰（今浙江紹興市）人。《南史》卷七七有傳。

　　及新安王爲南徐州刺史，除鎮北新安王府中記室參軍，兼南徐州別駕，帶東海郡丞。[1]鄱陽王爲江州刺史，伯陽嘗奉使造焉，王率府僚與伯陽登匡嶺，[2]置宴，酒酣，命筆賦劇韻二十，[3]伯陽與祖孫登前成，王賜以奴婢雜物。及新安王還京，除臨海嗣王府限外諮議參軍。[4]十一年春，皇太子幸太學，詔新安王於辟雍發《論語》題，[5]仍命伯陽爲《辟雍頌》，甚見佳賞。[6]除鎮右新安王府諮議參軍事。十三年，聞姊喪，[7]發疾而卒，時年六十六。

[1]東海：郡名。治所在今江蘇漣水縣北。

[2]匡嶺：山名。即今江西廬山。

[3]劇韻：險韻。險僻難押的詩韻。　二十：《南史》卷七二《徐伯陽傳》作“三十”。

[4]臨海嗣王：指陳至澤。陳廢帝之子。廢帝光大元年（567）立爲皇太子。陳宣帝太建元年（569），襲封臨海嗣王。陳亡入長安。

[5]辟雍：亦作“辟廱”。本爲西周天子所設大學，校址圓形，圍以水池。東漢以後，歷代皆有辟雍，爲行鄉飲、大射或祭祀之禮的地方。辟，通“璧”。

[6]佳賞：南監本同，汲古閣十七史本、殿本作“嘉賞”。《册府》卷七一一作“嗟賞”。　鎮右：鎮右將軍的省稱。與鎮東、鎮西、鎮南、鎮北、鎮左、鎮前、鎮後將軍合稱爲八鎮將軍。梁二十二班。陳擬二品，比秩中二千石。

[7]姊：《册府》卷八五一作“妹”。

張正見字見賾，清河東武城人也。[1]祖蓋之，[2]魏散騎常侍、勃海長樂二郡太守。[3]父脩禮，魏散騎侍郎，[4]

歸梁，仍拜本職，遷懷方太守。

[1]清河：郡名。治所在今山東臨清市東北。　東武城：縣名。治所在今河北清河縣東北。

[2]蓋之：《南史》卷七二《張正見傳》作"善之"。

[3]散騎常侍：官名。北朝時兼領修史，實際地位略高於南朝，但仍爲閑散之職。唯北魏初一度掌出令，位在中書令之上。北魏孝文帝太和十七年（493）定爲第二品下，二十三年（499）改從三品。　勃海：郡名。治所在今河北南皮縣。　長樂：郡名。治所在今河北冀州市。

[4]散騎侍郎：官名。與散騎常侍等共平尚書奏事。南朝時屬集書省，掌文學侍從，收納章奏，勸諫糾劾。北朝兼修國史。

正見幼好學，有清才。梁簡文在東宫，正見年十三，獻頌，簡文深贊賞之。簡文雅尚學業，每自昇座説經，正見嘗預講筵，請決疑義，吐納和順，進退詳雅，四座咸屬目焉。太清初，射策高第，[1]除邵陵王國左常侍。

[1]射策：漢代考試取士方法之一。亦泛指應試。

梁元帝立，拜通直散騎侍郎，[1]遷彭澤令。[2]屬梁季喪亂，避地於匡俗山，[3]時焦僧度擁衆自保，[4]遣使請交，正見懼之，遜辭延納，然以禮法自持，僧度亦雅相敬憚。

[1]通直散騎侍郎：官名。東晉元帝時使員外散騎侍郎二人與

散騎侍郎通員當值，故名。後增至四人，屬散騎省。職同散騎侍郎，參平尚書奏事，兼掌侍從、諷諫，地位較高。南朝屬集書省，宋以後地位漸低，常授衰老之士，多爲加官，不被人重。梁六班。陳第六品，秩千石。

[2]彭澤：縣名。治所在今江西湖口縣。

[3]匡俗山：今江西廬山的別名。

[4]焦僧度：本爲侯瑱部將，後降陳霸先。據本書卷三五《周迪傳》，仕陳爲雲麾將軍、合州刺史，封南固縣侯。

　　高祖受禪，詔正見還都，除鎮東鄱陽王府墨曹行參軍，兼衡陽王府長史。歷宜都王限外記室、撰史著士，[1]帶尋陽郡丞。[2]累遷尚書度支郎、通直散騎侍郎，[3]著士如故。太建中卒，時年四十九。有集十四卷，[4]其五言詩尤善，大行於世。

[1]宜都王：指陳叔明。字子昭，陳宣帝第六子。本書卷二八、《南史》卷六五有傳。宜都，郡名。治所在今湖北枝江市。　撰史著士：官名。南朝陳置，參預史事的修撰，多以他官兼領。

[2]尋陽：郡名。治所在今江西九江市。

[3]尚書度支郎：官名。尚書省度支曹長官的通稱。亦稱度支郎中，資深勤能者可轉侍郎。隸度支尚書。掌貢稅租賦的統計、調撥、支出等。陳第四品，秩六百石。

[4]有集十四卷：《隋書·經籍志四》有“陳尚書度支郎《張正見集》十四卷”。

　　蔡凝字子居，濟陽考城人也。祖撙，[1]梁吏部尚書、金紫光禄大夫。[2]父彦高，梁給事黄門侍郎。

[1]搏：蔡搏。字景節。《梁書》卷二一有傳，《南史》卷二九有附傳。

[2]金紫光禄大夫：官名。晋初有光禄大夫，授銀章青綬。如加賜金章紫綬，則爲金紫光禄大夫。諸所賜給皆與特進同。其以爲加官者，唯假章綬、禄賜、班位，不别給車服、吏卒。梁十四班。陳第三品，秩中二千石。

凝幼聰晤，美容止。既長，博涉經傳，有文辭，尤工草隸。天嘉四年，釋褐受秘書郎，[1]轉廬陵王文學。[2]光大元年，除太子洗馬、司徒主簿。太建元年，遷太子中舍人。以名公子選尚信義公主，[3]拜駙馬都尉、中書侍郎。[4]遷晋陵太守。[5]及將之郡，更令左右緝治中書廨宇，謂賓友曰：“庶來者無勞，不亦可乎？”尋授寧遠將軍、尚書吏部侍郎。

[1]受：汲古閣十七史本、南監本、殿本同，中華本作“授”。
秘書郎：官名。秘書省屬官。佐秘書監、丞掌國之典籍圖書。宋、齊以來，多爲世族起家之官。梁二班。陳制，尚書令、僕射子起家爲此職。第七品，秩四百石。

[2]廬陵王：指陳伯仁。字壽之，陳文帝第八子。本書卷二八、《南史》卷六五有傳。

[3]信義：郡名。治所在今江蘇常熟市西北。

[4]駙馬都尉：官名。南朝隸集書省，無定員，無實職，尚公主者多加此號。至梁、陳專加尚公主者。梁無班秩。陳第七品，秩六百石。

[5]晋陵：郡名。治所在今江蘇常州市。

凝年位未高，而才地爲時所重，常端坐西齋，[1]自非素貴名流，罕所交接，趣時者多譏焉。高宗常謂凝曰：「我欲用義興主壻錢肅爲黃門郎，[2]卿意何如？」凝正色對曰：「帝鄉舊戚，恩由聖旨，則無所復問。若格以僉議，[3]黃散之職，[4]故須人門兼美，惟陛下裁之。」高宗默然而止。肅聞而有憾，[5]令義興主日譖之於高宗，[6]尋免官，遷交阯。[7]頃之，追還。

[1]西齋：指文人的書齋。

[2]義興：郡名。治所在今江蘇宜興市。　黃門郎：《南史》卷二九《蔡凝傳》作「黃門侍郎」。

[3]僉議：衆人的意見。多用於群臣百官。

[4]黃散之職：指黃門侍郎與散騎常侍。兩者同爲門下省官員，晉以後，共掌尚書奏事，故合稱黃散。

[5]有憾：《南史·蔡凝傳》作「不平」。

[6]義興主：《南史·蔡凝傳》作「義興公主」。

[7]交阯：郡名。治所在今越南北寧省仙游縣東。

後主嗣位，授晉安王諮議參軍，轉給事黃門侍郎。後主嘗置酒會，群臣歡甚，將移醼於弘範宮，[1]衆人咸從，唯凝與袁憲不行。[2]後主曰：「卿何爲者？」凝對曰：「長樂尊嚴，[3]非酒後所過，臣不敢奉詔。」衆人失色。後主曰：「卿醉矣。」即令引出。他日，後主謂吏部尚書蔡徵曰：[4]「蔡凝負地矜才，無所用也。」尋遷信威晉熙王府長史，[5]鬱鬱不得志，乃喟然歎曰：「天道有廢興，夫子云『樂天知命』，斯理庶幾可達。」因製《小室賦》

以見志，甚有辭理。陳亡入隋，道病卒，時年四十七。君知頗知名。

[1]弘範宫：陳後主母高宗柳皇后所居之宫名。後主即位，尊其母爲皇太后，宫名弘範。

[2]袁憲：字德章，陳郡陽夏（今河南太康縣）人。本書卷二四有傳，《南史》卷二六有附傳。

[3]長樂：漢宫名。漢高祖劉邦在位時居於此宫，漢高祖之後爲太后居所。此處借指柳太后所居弘範宫。

[4]蔡徵：本名覽，後更名徵，字希祥，濟陽考城（今河南民權縣東北）人。本書卷二九有傳，《南史》卷六八有附傳。

[5]信威：信威將軍的省稱。與仁威、智威、勇威、嚴威並稱五威將軍。梁十六班。陳擬四品，比秩中二千石。　晋熙王：指陳叔文。字子才，陳宣帝第十二子。本書卷二八、《南史》卷六五有傳。晋熙，郡名。治所在今安徽潜山縣。

阮卓，陳留尉氏人。[1]祖詮，梁散騎侍郎。父問道，梁寧遠岳陽王府記室參軍。[2]

[1]陳留：郡名。治所在今河南開封市。　尉氏：縣名。治所在今河南尉氏縣。此阮氏祖籍。

[2]岳陽王：指蕭詧。字理孫，梁武帝之孫，昭明太子統第三子。侯景亂起，詧與蕭繹有隙，故引兵襲之，後附西魏。西魏立爲梁主。《周書》卷四八、《北史》卷九三有傳。岳陽，郡名。治所在今湖南汨羅市東。

卓幼而聰敏，篤志經籍，善談論，尤工五言詩。性至孝，其父隨岳陽王出鎮江州，遇疾而卒，卓時年十五，自都奔赴，水漿不入口者累日。屬侯景之亂，道路阻絶，卓冒履險艱，載喪柩還都。在路遇賊，卓形容毀瘁，號哭自陳，賊哀而不殺之，仍護送出境。及渡彭蠡湖，[1]中流忽遇疾風，船幾没者數四，卓仰天悲號，俄而風息，人皆以爲孝感之至焉。

[1]彭蠡湖：今江西鄱陽湖。

世祖即位，除輕車鄱陽王府外兵參軍。[1]天康元年，[2]轉雲麾新安王府記室參軍，仍隨府轉翊右記室，[3]帶撰史著士。遷鄱陽王中衛府録事，[4]轉晉安王府記室，著士如故。及平歐陽紇，[5]交阯夷獠往往相聚爲寇抄，[6]卓奉使招慰。交阯通日南、象郡，[7]多金翠珠貝珍怪之產，前後使者皆致之，唯卓挺身而還，衣裝無他，時論咸伏其廉。遷衡陽王府中録事參軍。入爲尚書祠部郎。遷始興王中衛府記室參軍。

[1]鄱陽王：指陳伯山。字靜之，陳文帝第三子。本書卷二八、《南史》卷六五有傳。鄱陽，郡名。治所在今江西鄱陽縣。

[2]天康：南朝陳文帝陳蒨年號（566）。

[3]翊右：翊右將軍的省稱。南朝梁置，爲優禮大臣的虛號，加“大”者進位一階，優者加同三公。梁二十班，與四平將軍同班。陳擬三品，比秩中二千石。

[4]録事：録事參軍的省稱。王公軍府屬官，掌總録衆署文書，舉彈善惡。陳皇弟、皇子府録事參軍第七品。

　　[5]歐陽紇：字奉聖，長沙臨湘（今湖南長沙市）人。本書卷
九、《南史》卷六六有附傳。

　　[6]夷獠：古時對西南少數民族的蔑稱。

　　[7]日南：郡名。治所在今越南廣平省。　象郡：郡名。治所
在今廣西鹿寨縣西南。

　　叔陵之誅也，後主謂朝臣曰：“阮卓素不同逆，宜
加旌異。”至德元年，入爲德教殿學士。尋兼通直散騎
常侍，副王話聘隋。隋主夙聞卓名，乃遣河東薛道衡、
琅邪顔之推等，[1]與卓談讌賦詩，賜遺加禮。還除招遠
將軍、南海王府諮議參軍。[2]以目疾不之官，退居里舍，
改構亭宇，脩山池卉木，招致賓友，以文酒自娛。禎明
三年入于隋，行至江州，追感其父所終，因遘疾而卒，
時年五十九。

　　[1]河東：郡名。治所在今山西永濟市西南。　薛道衡：字玄
卿，河東汾陰（今山西萬榮縣西南）人。歷仕北齊、北周、隋。
《隋書》卷五七有傳，《北史》卷三六有附傳。　顔之推：字介，
琅邪臨沂（今山東臨沂市）人。歷仕南朝梁、北齊、北周、隋。
《北齊書》卷四五、《北史》卷八三有傳。

　　[2]招遠將軍：官名。陳擬九品，比秩四百石。　南海王：指
陳虔。字承恪，陳後主第五子。本書卷二八、《南史》卷六五有傳。
南海，郡名。治所在今廣東廣州市。

　　時有武威陰鏗，[1]字子堅，梁左衛將軍子春之子。[2]
幼聰慧，五歲能誦詩賦，日千言。及長，博涉史傳，尤
善五言詩，爲當時所重。釋褐梁湘東王法曹參軍。[3]天

寒，鏗嘗與賓友宴飲，見行觴者，[4]因回酒炙以授之，
衆坐皆笑，鏗曰：“吾儕終日酣飲，[5]而執爵者不知其
味，非人情也。”及侯景之亂，鏗嘗爲賊所擒，或救之
獲免，鏗問其故，乃前所行觴者。天嘉中，爲始興王府
中録事參軍。[6]世祖嘗醼群臣賦詩，徐陵言之於世祖，
即日召鏗預醼，[7]使賦新成安樂宮，鏗援筆便就，世祖
甚歎賞之。累遷招遠將軍、晋陵太守、員外散騎常侍，
頃之卒。有集三卷行於世。[8]

[1]武威：郡名。治所在今甘肅武威市。

[2]左衛將軍：官名。禁衛軍統帥之一。與右衛將軍合稱二衛
將軍，掌宮廷宿衛營兵，多由近臣擔任。梁十二班。陳第三品，秩
二千石。　　子春：陰子春。字幼文，武威姑臧（今甘肅武威市。）
人。《梁書》卷四六、《南史》卷六四有傳。

[3]法曹參軍：《南史》卷六四《陰鏗傳》作“法曹行參軍”。
當時官制，朝廷除拜爲參軍，王府板授爲行參軍。

[4]行觴：猶行酒，依次斟酒。

[5]吾儕：我輩。

[6]始興王：指陳伯茂。

[7]醼：同“宴”。

[8]有集三卷行於世：《隋書·經籍志四》有“陳鎮南府司馬
《陰鏗集》一卷”。

史臣曰：夫文學者，蓋人倫之所基歟？是以君子異
乎衆庶。昔仲尼之論四科，[1]始乎德行，終於文學，斯
則聖人亦所貴也。至如杜之偉之徒，值於休運，[2]各展
才用，之偉尤著美焉。

　　〔1〕仲尼之論四科：《論語·先進》載孔子曰："德行：顏淵、閔子騫、冉伯牛、仲弓。言語：宰我、子貢。政事：冉有、季路。文學：子游、子夏。"邢昺疏曰："夫子門徒三千，達者七十有二，而此四科唯舉十人者，但言其翹楚者耳。"．

　　〔2〕休運：猶言盛世。

　　"江德操字德藻"或本"江德藻字德藻"，疑。[1]

　　〔1〕此句爲宋人曾鞏等校語。

陳書　卷三五

列傳第二十九

熊曇朗　周迪　留異　陳寶應

　　熊曇朗，豫章南昌人也，[1]世爲郡著姓。曇朗跅弛不羈，[2]有膂力，容貌甚偉。侯景之亂，[3]稍聚少年，據豐城縣爲柵，[4]桀黠劫盜多附之。梁元帝以爲巴山太守。[5]荆州陷，[6]曇朗兵力稍彊，劫掠隣縣，縛賣居民，山谷之中，最爲巨患。

　　[1]豫章：郡名。治所在今江西南昌市。　　南昌：縣名。治所在今江西南昌市。

　　[2]跅（tuò）弛：行爲放蕩不羈。

　　[3]侯景之亂：梁武帝太清二年（548），侯景勾結臨賀王蕭正德，於壽陽起兵反梁，率軍攻破建康，囚禁梁武帝，廢立蕭綱、蕭棟，動亂歷時四年。梁從此衰敗。侯景，字萬景，懷朔鎮（今内蒙古固陽縣西南）人，一說雁門（今山西代縣）人。本魏將，梁武帝太清元年（547）附梁。《梁書》卷五六、《南史》卷八〇有傳。

　　[4]豐城：縣名。治所在今江西豐城市南。

　　[5]梁元帝：梁世祖蕭繹。字世誠，梁武帝蕭衍第七子。《梁書》卷五、《南史》卷八有紀。　巴山：郡名。治所在今江西崇仁縣西南。

　　[6]荆州：州名。治所在今湖北荆州市荆州區。

　　及侯瑱鎮豫章，[1]曇朗外示服從，陰欲圖瑱。侯方兒之反瑱也，[2]曇朗爲之謀主，瑱敗，曇朗獲瑱馬仗子女甚多。[3]及蕭勃踰嶺，[4]歐陽頠爲前軍，[5]曇朗紿頠共往巴山襲黄法氍，[6]又報法氍期共破頠，約曰“事捷與我馬仗”。及出軍，與頠掎角而進，又紿頠曰“余孝頃欲相掩襲，須分留奇兵，甲仗既少，恐不能濟”。頠乃送甲三百領助之。[7]及至城下，將戰，曇朗僞北，[8]法氍乘之，頠失援，狼狽退衂，[9]曇朗取其馬仗而歸。時巴山陳定亦擁兵立寨，曇朗僞以女妻定子。又謂定曰“周迪、余孝頃竝不願此婚，必須以彊兵來迎”。定乃遣精甲三百并土豪二十人往迎，既至，曇朗執之，收其馬仗，竝論價責贖。

　　[1]侯瑱：字伯玉，巴西充國（今四川閬中市）人。侯弘遠子。本書卷九、《南史》卷六六有傳。

　　[2]侯方兒：殿本同，汲古閣十七史本、南監本作“侯方見”。

　　[3]馬仗：車馬器仗。

　　[4]蕭勃：南朝梁宗室。梁末仕至定州刺史，封曲江鄉侯。廣州刺史元景仲舉兵應侯景，爲陳霸先所殺。勃遂鎮嶺南，爲廣州刺史。梁敬帝時，累進位太尉、太保。敬帝太平二年（557），因不滿陳霸先總覽朝政，舉兵反，兵敗被殺。《南史》卷五一有附傳。

　　[5]歐陽頠：字靖世，長沙臨湘（今湖南長沙市）人。本書卷

九、《南史》卷六六有傳。

[6]黃法氍：字仲昭，巴山新建（今江西樂安縣北）人。本書卷一一、《南史》卷六六有傳。

[7]三百：《南史》卷八〇《熊曇朗傳》作"二百"。

[8]偽北：假裝戰敗逃走。

[9]退衄（nǜ）：挫敗，退縮。衄，同"衄"。挫折，失敗；退縮。

紹泰二年，[1]曇朗以南川豪帥，[2]隨例除游騎將軍，[3]尋爲持節、飆猛將軍、桂州刺史資，領豐城令，[4]歷宜新、豫章二郡太守。王琳遣李孝欽等隨余孝頃於臨川攻周迪，[5]曇朗率所領赴援。其年，以功除持節、通直散騎常侍、寧遠將軍，[6]封永化縣侯，[7]邑一千户，給鼓吹一部。[8]又以抗禦王琳之功，授平西將軍、開府儀同三司，[9]餘竝如故。及周文育攻余孝勱於豫章，[10]曇朗出軍會之，文育失利，曇朗乃害文育，以應王琳，事見《文育傳》。於是盡執文育所部諸將，據新淦縣，[11]帶江爲城。

[1]紹泰：南朝梁敬帝蕭方智年號（555—556）。

[2]南川：地區名。南朝都建康（今江蘇南京市），今江西在其南，習稱南川，猶言南方之川原。

[3]游騎將軍：官名。南朝梁天監六年（507）改游擊將軍置，禁衛軍六軍之一。掌宮禁宿衛。梁十班。陳沿置，第四品，秩千石。

[4]持節：古代大臣奉皇帝之命出行，持符節以爲憑證並示威重，謂之假節。魏晉以後以爲官名，有假節、持節、使持節之分，

權力亦有小大之別，多爲都督諸州軍事及刺史總軍戎者。持節即可殺無官位之人，在軍事行動中享有誅殺二千石以下官員的權力。

飆猛將軍：官名。南朝梁置，爲武帝大通三年（529）所定二百四十二號將軍之一，班品不詳。陳沿置，爲十飆將軍之一。擬六品，比秩千石。　桂州刺史資，領豐城令："資"爲官制用語，即官吏的任職資歷。南朝梁、陳之間，常見以刺史資領郡守、縣令或監別州者。《廿二史考異》卷二七云："梁、陳之間，往往有以刺史資領郡守、縣令者。程靈洗以譙州刺史資領新安太守，徐世譜以衡州刺史資領河東太守，陳詳以青州刺史資領廣梁太守，熊曇朗以桂州刺史資領豐城縣令，黃法氍以交州刺史領新淦縣令，錢道戢以東徐州刺史領錢塘、餘杭二縣令，章昭達先除定州刺史，而後爲長山縣令，亦是以刺史資領縣令也。又有以刺史資監別州者。陳擬以雍州刺史資監南徐，華皎以新州刺史資監江州是也。"同書卷三七又云："梁末增置之州多，而刺史資亦輕，又遙授，非實土，故有以刺史資而領郡者。程靈洗以譙州刺史資領新安太守，徐世譜以衡州刺史資領河東太守是也。法氍以刺史資領縣令，又異數矣。"桂州，治所在今廣西桂林市。

［5］王琳：字子珩，會稽山陰（今浙江紹興市）人。《北齊書》卷三二、《南史》卷六四有傳。　臨川：郡名。治所在今江西撫州市臨川區西。

［6］通直散騎常侍：官名。集書省屬官，南朝時多以衰老之士擔任，地位漸低。梁武帝曾欲提高其地位，以比御史中丞，但終不被人所重，常爲加官。梁十一班。陳第四品，秩二千石。　寧遠將軍：官名。與振遠、明威等將軍代舊寧朔將軍。梁武帝天監七年（508）革選，釐定爲一百二十五號將軍之一，十三班。普通六年（525）改爲武職三十四班中的二十三班。陳擬五品，比秩千石。

［7］縣侯：封爵名。爲開國縣侯之省稱。食邑爲縣，爵前常冠以所封縣名。南朝梁開國縣侯，位視孤卿、重號將軍、光禄大夫，班次之。在陳爲九等爵第三等，第三品。

[8]鼓吹：演奏鼓吹樂的樂隊。本用於軍中，後發展成爲一種儀仗形式，作爲朝廷的禮遇，用來頒賜有功大臣。魏晉其賜甚輕，南北朝復重，多賜權臣及有功者。

[9]平西將軍：官名。與平東、平南、平北將軍合稱四平將軍。多持節都督或監某一地區軍事，亦可作爲刺史兼理軍務的加官。梁一百二十五號將軍之一，二十班。陳擬三品，比秩中二千石。　開府儀同三司：官名。大臣加號，意謂與三司即太尉、司徒、司空禮制、待遇相同，許開設府署，自辟僚屬。梁諸將軍開府儀同三司爲十七班。陳第一品，秩萬石。

[10]周文育：字景德，宜興陽羨（今江蘇宜興市）人。本書卷八、《南史》卷六六有傳。

[11]新淦：縣名。治所在今江西樟樹市。

　　王琳東下，世祖徵南川兵，[1]江州刺史周迪、高州刺史黄法𣰰欲沿流應赴，[2]曇朗乃據城列艦斷遏，迪等與法𣰰因帥南中兵築城圍之，絶其與琳信使。及王琳敗走，曇朗黨援離心，迪攻陷其城，虜其男女萬餘口。曇朗走入村中，村民斬之，傳首京師，懸于朱雀觀。[3]於是盡收其宗族，無少長皆弃市。[4]

[1]世祖：南朝陳文帝陳蒨廟號。陳蒨，本書卷三、《南史》卷九有紀。

[2]江州：州名。治所在今江西九江市。　高州：州名。南朝梁敬帝太平元年（556），割江州四郡置高州，治巴山縣，在今江西崇仁縣西南。陳文帝天嘉四年（563）廢。本書卷一一《黄法𣰰傳》：“太平元年，割江州四郡置高州，以法𣰰爲使持節、散騎常侍、都督高州諸軍事、信武將軍、高州刺史，鎮于巴山。”

[3]朱雀觀：京城建康朱雀門樓觀名。《建康實録》卷九云：

晋孝武帝太元三年（378）"又起朱雀門重樓，皆繡栭藻井，門開三道，上重名朱雀觀。觀下門上有兩銅雀，懸楣上刻木爲龍虎左右對"。中華本校勘記云："殿本《考證》云'觀'《南史》作'航'。"

[4]弃市：本指受刑罰的人皆在市頭示衆，民衆共同鄙棄之，後專指死刑。

周迪，臨川南城人也。[1]少居山谷，有膂力，能挽彊弩，以弋獵爲事。侯景之亂，迪宗人周續起兵於臨川，梁始興王蕭毅以郡讓續，[2]迪召募鄉人從之，[3]每戰必勇冠衆軍。續所部渠帥，[4]皆郡中豪族，稍驕橫，續頗禁之，渠帥等竝怨望，乃相率殺續，推迪爲主，迪乃據有臨川之地，築城于工塘。[5]梁元帝授迪持節、通直散騎常侍、壯武將軍、高州刺史，[6]封臨汝縣侯，[7]邑五百户。

[1]南城：縣名。治所在今江西南城縣東南。

[2]始興：郡名。治所在今廣東韶關市南武水西岸。　王蕭毅：中華本本書卷一三《周敷傳》校勘記云："錢大昕《廿二史考異》云：'按《梁書》及《南史》，始興王憺薨，世子亮嗣，無名"毅"者。'張森楷校勘記亦云：'始興王憺嗣子亮于時尚存，不云名毅，未知毅爲憺何人也。'錢、張以'始興王'聯讀，誤。王毅見《通鑑》一六三，爲始興人。此'藩''蕭'兩字當後人擅加耳。"《通鑑》卷一六六《梁紀二十二》"敬帝太平元年"條云："初，侯景之亂，臨川民周續起兵郡中，始興王毅以郡讓之而去。"據此，"蕭"字疑爲衍文。

[3]召募：《南史》卷八〇《周迪傳》作"占募"。《文選》鮑

明遠《東武吟》"占募到河源"句李善注云："占謂自隱度而應募
爲占募也。《吳志》曰：中郎將周祇乞於鄱陽占募。"

[4]渠帥：首領。一般稱武裝反抗者的首領或部落酋長。

[5]工塘：在今江西撫州市臨川區東南。

[6]壯武將軍：官名。南齊置。梁一百二十五號將軍之一，十
二班。陳擬六品，比秩千石。　　高州：州名。南朝梁武帝大同中
置，治高涼縣，在今廣東陽江市西。

[7]臨汝：縣名。治所在今江西撫州市臨川區西。

紹泰二年，除臨川内史。[1]尋授使持節、散騎常侍、
信威將軍、衡州刺史，[2]領臨川内史。周文育之討蕭勃
也，迪按甲保境，[3]以觀成敗。文育使長史陸山才説
迪，[4]迪乃大出糧餉，以資文育。勃平，以功加振遠將
軍，[5]遷江州刺史。

[1]内史：官名。王國行政長官。掌王國民政，職同太守。梁
品秩不詳。陳萬户以上郡爲第六品，不滿萬户郡爲第七品。

[2]使持節：魏、晉以後，凡重要軍事長官出征或出鎮時，加
使持節，可誅殺二千石以下官員。皇帝派遣大臣出巡或祭吊等事
時，也使持節，以表示權力和尊崇。　　散騎常侍：官名。集書省長
官。掌侍從皇帝左右，獻納得失，省諸奏聞文書，意異者，隨事爲
駁。常侍高功者一人爲祭酒，掌糾劾禁令。梁十二班。陳第三品，
秩中二千石。　　信威將軍：官名。梁置，與智威、仁威、勇威、嚴
威將軍代舊征虜將軍。爲一百二十五號將軍之一，十六班。陳擬四
品，比秩中二千石。　　衡州：州名。南朝梁武帝天監六年（507）
置，治含洭縣，在今廣東英德市西北浛洸鎮。南朝陳改爲西衡州。

[3]按甲：底本作"桉甲"，汲古閣十七史本、南監本、殿本
作"按甲"，今據改。下文"按甲"同。

　　[4]長史：官名。王公軍府屬官，掌本府官吏。梁十班至六班。陳自第五品至第八品，皆依府主地位而定。　　陸山才：字孔章，吳郡吳（今江蘇蘇州市）人。本書卷一八、《南史》卷六八有傳。

　　[5]振遠將軍：官名。梁置，爲一百二十五號將軍之一，十三班。陳擬五品，比秩千石。

　　高祖受禪，[1]王琳東下，迪欲自據南川，乃總召所部八郡守宰結盟，[2]聲言入赴，朝廷恐其爲變，因厚慰撫之。琳至溢城，[3]新吳洞主余孝頃舉兵應琳。[4]琳以爲南川諸郡可傳檄而定，乃遣其將李孝欽、樊猛等南徵糧餉。[5]猛等與余孝頃相合，衆且二萬，來趨工塘，連八城以逼迪。迪使周敷率衆頓臨川故郡，[6]截斷江口，因出與戰，大敗之，屠其八城，生擒李孝欽、樊猛、余孝頃送于京師，收其軍實，[7]器械山積，并虜其人馬，迪竝自納之。永定二年，[8]以功加平南將軍、開府儀同三司，[9]增邑一千五百户，給鼓吹一部。

　　[1]高祖：南朝陳武帝陳霸先廟號。陳霸先，本書卷一、《南史》卷九有紀。

　　[2]八郡：《通鑑》卷一六七《陳紀一》“武帝永定二年”條胡三省注：“迪所部八郡，南康、宜春、安成、廬陵、臨川、巴山、豫章、豫寧也。”南康在今江西贛州市西南。宜春在今江西宜春市。安成在今江西安福縣。廬陵在今江西吉水縣東北。臨川在今江西南城縣東南。巴山在今江西崇仁縣西南。豫章在今江西南昌市。豫寧在今江西武寧縣西。

　　[3]溢城：城名。一名溢口城，在今江西九江市。

　　[4]新吳：縣名。治所在今江西奉新縣西。　　洞主：古代南方

少數民族部落首領。

　　[5]樊猛：字智武，南陽湖陽（今河南唐河縣南）人。本書卷三一有附傳。

　　[6]周敷：字仲遠，臨川（今江西南城縣東南）人。本書卷一三、《南史》卷六七有傳。

　　[7]軍實：軍用器械和糧餉。

　　[8]永定：南朝陳武帝陳霸先年號（557—559）。

　　[9]平南將軍：官名。與平東、平西、平北將軍合稱四平將軍，多持節都督或監某一地區的軍事，亦可作爲刺史兼理軍務的加官。陳擬三品，比秩中二千石。

　　世祖嗣位，進號安南將軍。[1]熊曇朗之反也，迪與周敷、黃法𣋒等率兵共圍曇朗，屠之，盡有其衆。王琳敗後，世祖徵迪出鎮湓城，又徵其子入朝，迪趑趄顧望，[2]竝不至。豫章太守周敷本屬於迪，至是與黃法𣋒率其所部詣闕，世祖録其破熊曇朗之功，竝加官賞，迪聞之，甚不平，乃陰與留異相結。及王師討異，迪疑懼不自安，乃使其弟方興率兵襲周敷，敷與戰，破之。又別使兵襲華皎於湓城，[3]事覺，盡爲皎所擒。天嘉三年春，[4]世祖乃下詔赦南川士民爲迪所誑誤者，[5]使江州刺史吳明徹都督衆軍，[6]與高州刺史黃法𣋒、豫章太守周敷討迪。於是尚書下符曰：[7]

　　[1]安南將軍：官名。與安左、安右、安前、安後、安東、安西、安北將軍合稱八安將軍。陳擬三品，比秩中二千石。中華本校勘記云：“《世祖紀》作‘鎮南將軍’。”本書卷三《世祖紀》云：“開府儀同三司周迪進號鎮南將軍。”

〔2〕趑（zī）趄（jū）：想前進又不敢前進。形容疑懼不決，猶豫觀望。

〔3〕華晈：晉陵暨陽（今江蘇江陰市東南）人。本書卷二〇、《南史》卷六八有傳。

〔4〕天嘉：南朝陳文帝陳蒨年號（560—566）。原無此二字，中華本校勘記云：“‘天嘉’二字各本並脱，今據《南史》補。”今據補。

〔5〕詿（guà）誤：因受蒙蔽而犯了過失。

〔6〕吳明徹：字通昭，秦郡（今江蘇南京市六合區西北）人。本書卷九、《南史》卷六六有傳。

〔7〕尚書：魏晉南北朝時納奏出令諫諍之權轉歸中書、門下省，尚書出爲朝官，分掌尚書省諸曹，品秩提高，但不再直接向皇帝奏事，承受詔命，成爲行政官員。魏、晉時尚可對詔書提出駁議，南北朝駁權移歸門下。魏、晉、南朝宋三品；梁吏部十四班，列曹十三班；陳第三品，秩中二千石。

　　告臨川郡士庶：昔西京爲盛，[1]信、越背誕；[2]東都中興，[3]萌、寵違戾。[4]是以鷹鸇競逐，[5]葅醢極誅，[6]自古有之，其來尚矣。

〔1〕西京：指長安。在今陝西西安市。

〔2〕信：韓信。淮陰（今江蘇淮安市淮陰區）人。西漢開國將領。西漢立，封爲楚王。後有人告他謀反，被貶爲淮陰侯。高祖十年（前197），陳豨反，與信暗通聲氣。其舍人舉報信謀發兵襲吕后、太子。被吕后與相國蕭何用計誘入長樂宮斬殺。《史記》卷九二、《漢書》卷三四有傳。　越：彭越。字仲，昌邑（今山東金鄉縣西北）人。西漢開國將領。助劉邦滅項羽，封爲梁王。西漢立後，梁太僕告他與部將謀反，爲劉邦所殺。《史記》卷九〇、《漢

書》卷三四有傳。

[3]東都：指洛陽。在今河南洛陽市東北。

[4]萌：龐萌。山陽（今山東金鄉縣）人。初參加下江起義
軍，劉玄立，附玄，爲冀州牧。後降劉秀，東漢立，爲侍中，深得
寵愛，拜平狄將軍。光武帝建武四年（28）與蓋延共擊董憲，以詔
書獨下延而未及萌，萌疑怨，叛漢。被殺。《後漢書》卷一二有傳。

　　寵：彭寵。南陽宛（今河南南陽市）人，字伯通。少爲郡吏，劉
玄更始時爲漁陽太守，後歸劉秀。助劉秀擊王郎，轉運糧食，積珍
寶，自負其功。及光武即位，寵以功高賞薄，心懷怨望，又與幽州
牧朱浮不和，建武二年（26），遂發兵反。次年連結匈奴，自立爲
燕王。後爲其蒼頭所殺。《後漢書》卷一二有傳。

[5]鷹鸇（zhān）：鷹與鸇，比喻凶殘的人。

[6]菹（jū）醢（hǎi）：一種酷刑。將人剁成肉醬。

　　　逆賊周迪，本出輿臺，[1]有梁喪亂，暴掠山谷。
我高祖躬率百越，[2]師次九川，濯其泥沙，假以毛
羽，裁解豚佩，仍剖獸符，[3]卵翼之恩，方斯莫喻。
皇運肇基，頗布誠款，國步艱阻，竟微効力。龍節
繡衣，[4]藉王爵而御下，熊旗組甲，[5]因地險而陵
上。日者王琳始貳，蕭勃未夷，西結三湘，[6]南通
五嶺，[7]衡、廣戡定，[8]既安反側，江、郢紛梗，[9]
復生攜背，擁據一郡，苟且百心，志貌常違，言迹
不副。特以新吳未靜，地遠兵彊，互相兼并，成其
形勢。收獲器械，俘虜士民，立曰私財，曾無獻
捷。[10]時遣一介，[11]終持兩端。朝廷光大含弘，引
納崇遇，遂乃位等三槐，[12]任均四嶽，[13]富貴隆赫，
超絕功臣。加以出師逾嶺，遠相響援，按甲斷江，

翻然猜拒。故司空愍公，[14]敦以宗盟，情同骨肉，城池連接，勢猶脣齒，彭亡之禍，[15]坐觀難作，階此釁故，結其黨與。于時北寇侵軼，西賊憑陵，扉屨餱糧，[16]悉以資寇，爵號軍容，一遵偽黨。及王師凱振，大定區中，[17]天網恢弘，弃之度外，璽書綸誥，[18]撫慰綢繆，冠蓋縉紳，[19]敦授重疊。至於熊曇朗勦滅，豐城克定，蓋由儀同法氉之元功，安西周敷之効力，[20]司勳有典，[21]懋賞斯舊，惡直醜正，自爲仇讐，悖禮姦謀，因此滋甚。徵出溢城，歷年不就，求遣侍子，[22]累載未朝。外誘逋亡，招集不逞，中調京輦，[23]規冀非常。擅斂征賦，罕歸九府，[24]擁遏二賈，害及四民。潛結賊異，共爲表裏，同惡相求，密加應援。謂我六軍薄伐，[25]三越未寧，[26]屠破述城，虜縛妻息，分襲溢鎮，稱兵蠡邦，[27]拘逼酋豪，攻圍城邑，幸國有備，應時刜殄。

[1]輿臺：古代十等人中兩個低微等級的名稱。輿爲第六等，臺爲第十等。泛指操賤役者，奴僕。

[2]百越：中國古代南方越人的總稱。分布在今浙、閩、粵、桂等地，因部落衆多，故總稱百越。

[3]仍剖獸符：中華本校勘記云：“‘獸’北監本、汲本、殿本作‘虎’。按此避唐諱改，作‘虎’乃後人回改也。”獸符，古代帝王授予臣下兵權和調發軍隊的信物，爲虎形。初時以玉爲之，後改用銅。背有銘文，剖爲兩半，右半留中央，左半給予地方官吏或統兵的將帥。調發軍隊時，朝廷使臣須持符驗對，符合，始能

發兵。

[4]龍節：龍形符節。泛指奉王命出使者所持之節。　繡衣：彩繡的絲綢衣服。古代貴者所服。

[5]熊旗：以熊虎爲徽識的旗。　組甲：用絲繩帶聯綴皮革或金屬的甲片。借指士兵、軍隊。

[6]三湘：一般以今湖南湘鄉爲下湘，湘潭爲中湘，湘陰爲上湘，合稱三湘。

[7]五嶺：即越城、都龐、萌渚、騎田、大庾五嶺的總稱。在今湘、贛與桂、粵等省交界處。

[8]廣：州名。治所在今廣東廣州市。

[9]郢：州名。治所在今湖北武漢市武昌區。

[10]獻捷：戰勝後進獻所獲的戰果。

[11]一介：使者。

[12]三槐：相傳周代宮廷外種有三棵槐樹，諸君朝見天子時，三公面向三槐而立。《周禮·秋官·朝士》：“面三槐，三公位焉。”故此處以三槐指三公。

[13]四嶽：相傳爲唐堯之臣，分管四方諸侯，故稱。《尚書·堯典》：“帝曰：咨，四岳，朕在位七十載，汝能庸命巽朕位。”

[14]司空愍公：指周文育。卒贈侍中、司空，謚忠愍。本書卷八、《南史》卷六六有傳。司空，官名。三公之一。魏晋南北朝時期作爲名譽宰相，多爲大臣加官，無實際職掌。陳第一品，秩萬石。

[15]彭亡之禍：典出《後漢書》卷一七《岑彭傳》。東漢光武帝建武十一年（35），征南大將軍岑彭攻公孫述至武陽，宿營於彭亡，被公孫述派刺客殺死。《岑彭傳》云：“彭所營地名彭亡，聞而惡之，欲徙，會日暮，蜀刺客詐爲亡奴降，夜刺殺彭。”彭亡，山名。在今四川眉山市彭山區東。

[16]扉屨：草鞋。常泛指行旅用品。　糇糧：乾糧。

[17]區中：指人世間，宇內。

[18]璽書綸誥：璽書、綸誥均指皇帝的詔書。

[19]縉紳：古時官吏插笏於紳帶間，故稱仕宦爲"縉紳"。

[20]安西：安西將軍。與安左、安右、安前、安後、安東、安南、安北將軍合稱八安將軍。陳擬三品，比秩中二千石。

[21]司勳：古代掌功賞之官。

[22]侍子：古代屬國之王或諸侯遣子入朝陪侍天子，所遣之子稱侍子。

[23]京輦：京城。皇帝乘坐之車稱"輦"，故京城稱"京輦"。

[24]九府：周代掌管財幣的機構。後泛指國庫。

[25]薄伐：征伐。

[26]三越：指吳越、閩越、南越。約當今東南沿海地區。

[27]蠡：即彭蠡，古湖澤名。在今江西鄱陽湖北部。

假節、通直散騎常侍、仁武將軍、尋陽太守懷仁縣伯華皎，[1]明威將軍、廬陵太守益陽縣子陸子隆，[2]竝破賊徒，剗全郡境。持節、散騎常侍、安西將軍、定州刺史、領豫章太守西豐縣侯周敷，[3]躬扞溝壘，身當矢石，率茲義勇，以寡摧衆，斬馘萬計，[4]俘虜千群。迪方收餘燼，還固墉堞。[5]使持節、安南將軍、開府儀同三司、高州刺史新建縣侯法氉，[6]雄績早宣，忠誠夙著，未奉王命，前率義旅，既援敷等，又全子隆，裹糧擐甲，[7]仍躡飛走，批罷之旅，[8]驅馳越電，振武之衆，叱咤移山，以此追奔，理無遺類。

[1]仁武將軍：官名。與智武、勇武、信武、嚴武將軍並稱五武將軍。陳擬四品，比秩中二千石。 尋陽：郡名。治所在今江西

九江市。　懷仁：縣名。治所在今四川仁壽縣東。　縣伯：封爵名。開國縣伯的省稱。南朝梁開國縣伯位視九卿，班次之。陳爲九等爵之第四等，第四品，秩視中二千石。

[2]明威將軍：官名。梁十三班。陳擬五品，比秩千石。另梁、陳十明將軍中亦有此號。陳擬六品，比秩千石。　益陽：縣名。治所在今湖南益陽市。　縣子：封爵名。開國縣子的省稱。食邑爲縣。南朝梁開國諸子位視二千石，班次之。陳爲九等爵之第五等，第五品，秩視二千石。　陸子隆：字興世，吳郡吳（今江蘇蘇州市）人也。本書卷二二、《南史》卷六七有傳。

[3]定州刺史：中華本校勘記云：“《周敷傳》作‘寧州刺史’。”定州，治所在今湖北麻城市東北。　西豐：縣名。治所在今江西撫州市臨川區南。

[4]馘（guó）：古代戰爭中割取敵人的左耳以計數獻功。

[5]堞堞：城墻上的矮墻。亦泛指城墻。

[6]新建：縣名。治所在今江西樂安縣北。

[7]裹糧：帶著乾糧。　擐甲：穿上甲胄。

[8]批罷：徒手擊羆。形容勇猛。

雖復朽株將拔，非待尋斧，落葉就殞，無勞烈風；但去草絕根，在於未蔓，撲火止燎，貴乎速滅，分命將帥，寔資英果。今遣鎮南儀同司馬、湘東公相劉廣德，[1]兼平西司馬孫曉，北新蔡太守魯廣達，[2]持節、安南將軍、吳州刺史彭澤縣侯魯悉達，[3]甲士萬人，步出興口。又遣前吳興太守胡鑠，[4]樹功將軍、前宣城太守錢法成，[5]天門、義陽二郡太守樊毅，[6]雲麾將軍、合州刺史南固縣侯焦僧度，[7]嚴武將軍、建州刺史辰縣子張智達，[8]持節、都督江吴二州諸軍事、安南將軍、江州刺史安吴縣侯吴明徹，[9]樓艦馬步，直指臨川。前安成内史劉士京，[10]巴山太守蔡僧貴，[11]南康内史劉峯，[12]廬陵太守陸子隆，安成内史闕慎，竝受儀同法氍節度，同會故郡。又命尋陽太守華皎，光烈將軍、巴州刺史潘純陁，[13]平西將軍、郢州刺史欣樂縣侯章昭達，[14]竝率貔豹，[15]逕造賊城。使持節、散騎常侍、鎮南將軍、開府儀同三司、湘州刺史湘東郡公度，[16]分遣偏裨，相繼上道，戈船蔽水，轂騎彌山。[17]又詔鎮南將軍、開府儀同三司歐陽頠，[18]率其子弟交州刺史盛、新除太子右率邃、衡州刺史侯曉等，[19]以勁越之兵，踰嶺北邁。千里同期，百道俱集，如脫稽誅，[20]更淹旬晦，[21]司空、大都督安都已平賊異，[22]凱歸非久，飲至禮畢，[23]乘勝長驅，勦撲凶醜，如燎毛髮。已有明詔，罪唯迪身，黎民何辜，一皆原宥。其有因機立功，賞如別格；[24]執迷不改，刑兹罔赦。

[1]鎮南儀同司馬：官名。鎮南將軍、儀同三司府司馬。司馬爲魏晋南北朝時王公、軍府屬官，爲高級幕僚。掌參贊軍務，位僅次於長史。品秩隨其府主地位而定。鎮南，鎮南將軍。與鎮東、鎮西、鎮北將軍合稱爲四鎮將軍。多持節都督，出鎮方面，權勢頗重。陳擬二品，比秩中二千石。　湘東公：指徐度。字孝節，安陸（今湖北安陸市）人。本書卷一二、《南史》卷六七有傳。湘東，郡名。治所在今湖南衡陽市。　相：官名。公國行政長官，掌民政，職同郡守。　劉廣德：南陽涅陽（今河南鄧州市東北）人。本

書卷一八、《南史》卷五○有附傳。

[2]北新蔡：郡名。治所在今河南固始縣南。　魯廣達：字遍覽，扶風郿（今陝西眉縣）人。本書卷三一有傳，《南史》卷六七有附傳。

[3]吳州：南朝梁元帝承聖二年（553）置，治鄱陽郡，在今江西鄱陽縣。陳廢帝光大元年（567）廢。　彭澤：縣名。治所在今江西湖口縣。　魯悉達：字志通，扶風郿（今陝西眉縣）人。本書卷一三、《南史》卷六七有傳。

[4]吳興：郡名。治所在今浙江湖州市吳興區。　胡鑠：吳興東遷（今浙江湖州市東）人。本書卷一二有附傳。

[5]樹功將軍：官名。陳擬八品，比秩六百石。　宣城：郡名。治所在今安徽宣城市宣州區。

[6]天門：郡名。治所在今湖南石門縣。　義陽：郡名。治所在今湖南安鄉縣。　樊毅：字智烈，南陽湖陽（今河南唐河縣南）人。本書卷三一、《南史》卷六七有傳。

[7]雲麾將軍：官名。陳擬四品，比秩中二千石。　合州：南朝梁武帝太清元年（547）置，治汝陰縣，在今安徽合肥市。

[8]嚴武將軍：官名。與仁武、勇武、信武、智武將軍並稱五武將軍。陳擬四品，比秩中二千石。　建州：州名。治安遂縣，在今廣東鬱南縣東南連灘鎮。

[9]安吳：縣名。治所在今安徽涇縣西南。

[10]安成：郡名。治所在今江西安福縣。

[11]巴山：郡名。治所在今江西崇仁縣西南。

[12]南康：郡名。治所在今江西贛州市西南。

[13]光烈將軍：官名。與光明、光英、光遠、光勝、光銳、光命、光勇、光戎、光野合稱十光將軍。陳擬六品，比秩千石。　巴州：州名。治巴陵縣，在今湖南岳陽市。

[14]欣樂：縣名。治所在今廣東惠州市惠陽區東北。　章昭達：字伯通，吳興武康（今浙江德清縣）人。本書卷一一、《南

史》卷六六有傳。

　　[15]貔豹：貔和豹。比喻勇猛的將士。

　　[16]湘州：州名。治臨湘縣，在今湖南長沙市。　郡公：封爵名。開國郡公的省稱。食邑爲郡，故爵前常冠以所封郡名。陳爲九等爵第二等，第二品，秩視中二千石。　度：即徐度。

　　[17]觳騎：持弓弩的騎兵。

　　[18]鎮南將軍：林礽乾《陳書異文考證》云：“上文已有‘鎮南將軍、開府儀同三司、湘東郡公度’，此又云‘歐陽頠爲鎮南將軍’，同一卷内同時出現兩‘鎮南將軍’，此中必有一誤。考卷九《歐陽頠傳》，頠於世祖嗣位，由鎮南將軍進號征南將軍。卷三《世祖紀》謂頠於天嘉四年由征南將軍進號征北大將軍，是頠於世祖嗣位迄天嘉四年，俱爲征南將軍。則前此天嘉三年春，世祖詔頠率勁越之卒，踰嶺討迪時，其戎號仍是‘征南將軍’，而非‘鎮南將軍’可知。明此各本作‘鎮南將軍、開府儀同三司歐陽頠’者，‘鎮南’乃‘征南’之誤也。”（文史哲出版社1979年版，第275—276頁）按，據本書卷三《世祖紀》，天嘉四年“二月戊戌，征南將軍、開府儀同三司、廣州刺史歐陽頠進號征南大將軍”。非由征南將軍進號征北大將軍。　歐陽頠：字靖世，長沙臨湘（今湖南長沙市）人。本書卷九、《南史》卷六六有傳。

　　[19]交州：州名。治龍編縣，在今越南北寧省仙游縣東。除：官制用語。拜官授職。　太子右率：官名。太子右衛率的省稱，與太子左衛率合稱太子二率。掌東宮宿衛，亦統兵出征，職位頗重。陳第四品，秩二千石。　衡州：中華本校勘記云：“‘衡州’《侯安都傳》附曉事蹟作‘東衡州’。”東衡州，治曲江縣，在今廣東韶關市南武水西岸。　侯曉：始興曲江（今廣東韶關市南武水西岸）人。本書卷八有附傳。

　　[20]稽誅：稽延討伐。

　　[21]淹：滯留，久留。　旬晦：時日。

　　[22]安都：侯安都。字成師，始興曲江（今廣東韶關市南武

水西岸）人。本書卷八、《南史》卷六六有傳。

[23]飲至：指出征奏凱，至宗廟祭祀宴飲慶功之禮。

[24]別格：不同於常尋的規定。

吳明徹至臨川，令衆軍作連城攻迪，相拒不能剋，世祖乃遣高宗總督討之，[1]迪衆潰，妻子悉擒，乃脱身踰嶺之晋安，[2]依于陳寶應。寶應以兵資迪，留異又遣第二子忠臣隨之。

[1]高宗：南朝陳宣帝陳頊廟號。陳頊，本書卷五、《南史》卷一〇有紀。

[2]晋安：郡名。治所在今福建福州市。

明年秋，復越東興嶺，[1]東興、南城、永成縣民，[2]皆迪故人，復共應之。世祖遣都督章昭達征迪，迪又散于山谷。初，侯景之亂也，百姓皆弃本業，群聚爲盜，唯迪所部，獨不侵擾，竝分給田疇，督其耕作，民下肆業，各有贏儲，政教嚴明，徵斂必至，餘郡乏絶者，皆仰以取給。迪性質朴，不事威儀，冬則短身布袍，夏則紫紗袜腹，居常徒跣，雖外列兵衛，内有女伎，接繩破篾，傍若無人。然輕財好施，凡所周贍，毫釐必鈞，[3]訥於言語，而襟懷信實，臨川人皆德之。至是竝共藏匿，雖加誅戮，無肯言者。昭達仍度嶺，頓于建安，[4]與陳寶應相抗，迪復收合出東興。時宣城太守錢肅鎮東興，以城降迪。吳州刺史陳詳，[5]率師攻迪，詳兵大敗，虔化侯陳訬、陳留太守張遂竝戰死，[6]於是迪衆復振。

世祖遣都督程靈洗擊破之，[7]迪又與十餘人竄于山穴中，日月轉久，相隨者亦稍苦之。後遣人潛出臨川郡市魚鮭，足痛，舍於邑子，邑子告臨川太守駱牙，[8]牙執之，令取迪自効。因使腹心勇士隨入山中，誘迪出獵，伏兵於道傍，斬之，傳首京都，梟于朱雀觀三日。

[1]東興嶺：山名。在今江西黎川縣東與福建光澤縣之間。

[2]東興：縣名。治所在今江西黎川縣東北。　南城：縣名。治所在今江西南城縣東南。　永成：陳無永成縣，本書卷一二《杜稜傳》有"永城縣侯"，疑此應作"永城"。永城，治所在今江西黎川縣北。

[3]鈞：《南史》卷八〇《周迪傳》作"均"。二字通。

[4]建安：郡名。治所在今福建建甌市。

[5]陳詳：字文幾。本書卷一五、《南史》卷六五有傳。

[6]虔化：縣名。治所在今江西寧都縣西。　陳留：郡名。治所在今安徽廣德縣。

[7]程靈洗：字玄滌，新安海寧（今安徽休寧縣東）人。本書卷一〇、《南史》卷六七有傳。

[8]駱牙：字旗門，吳興臨安（今浙江臨安市北）人。本書卷二二、《南史》卷六七有傳。本書卷三《世祖紀》、《南史》卷六七作"駱文牙"。

　　留異，東陽長山人也。[1]世爲郡著姓。異善自居處，言語醖藉，[2]爲鄉里雄豪。多聚惡少，陵侮貧賤，守宰皆患之。梁代爲蟹浦戍主，[3]歷晉安、安固二縣令。[4]侯景之亂，還鄉里，召募士卒，[5]東陽郡丞與異有隙，引兵誅之，及其妻子。太守沈巡援臺，讓郡於異，異使兄子超監知郡事，率兵隨巡出都。

[1]東陽：郡名。治所在今浙江金華市。　長山：縣名。治所在今浙江金華市。

[2]醖藉：寬和有涵容。

[3]蟹浦：今浙江寧波市北澥浦鎮。　戍主：官名。南北朝置，爲戍的主將，掌守防捍禦之事，除管理軍政外，還干預民政和財政。多以郡太守、縣令、州參軍及雜號將軍等官兼領。

[4]晋安：縣名。治所在今福建南安市東豐州鎮。　安固：縣名。治所在今浙江瑞安市。

[5]召募：《南史》卷八〇《留異傳》作“占募”。

及京城陷，[1]異隨臨城公蕭大連，[2]大連板爲司馬，[3]委以軍事。異性殘暴，無遠略，督責大連軍主及以左右私樹威福，[4]衆竝患之。會景將軍宋子仙濟浙江，[5]異奔還鄉里，尋以其衆降于子仙。是時大連亦趣東陽之信安嶺，[6]欲之鄱陽，[7]異乃爲子仙鄉導，令執大連。侯景署異爲東陽太守，收其妻子爲質。景行臺劉神茂建義拒景，[8]異外同神茂，而密契於景。及神茂敗績，爲景所誅，異獨獲免。

[1]京城：南朝梁京城，在今江蘇南京市。

[2]臨城公：封爵名。臨城，縣名。治所在今安徽青陽縣南。蕭大連：字仁靖，梁簡文帝第五子。《梁書》卷四四、《南史》卷五四有傳。

[3]板：六朝時，地方長官書授官之辭於板以臨時授官，稱爲板授或板。板官不給印綬，但可食禄。

　　[4]軍主：一軍之主帥。其下設軍副，所統兵力自數百人至萬人以上不等。

　　[5]宋子仙：侯景部將。事見《梁書》卷五六《侯景傳》。浙江：水名。即今錢塘江。亦名漸江水、漸水、之江。位於今浙江西北部。源出安徽休寧縣西南六股尖，向東北流至浙江海鹽縣澉浦鎮至餘姚市西三閘連綫處入杭州灣。

　　[6]信安嶺：山名。即今浙江常山、江山二縣市與江西玉山縣交界處的山嶺。或説爲今浙江常山縣東之常山。《梁書》卷四四《南郡王大連傳》作“信安”，《南史》卷五四《南郡王大連傳》作“信安縣”。

　　[7]鄱陽：郡名。治所在今江西鄱陽縣。

　　[8]行臺：官名。在地方設置代表朝廷行尚書省事的機構稱行臺，其長官亦以此稱之。此處爲侯景自立政權所授。

　　侯景平後，王僧辯使異慰勞東陽，[1]仍糾合鄉閭，保據巖阻，其徒甚盛，州郡憚焉。元帝以爲信安令。[2]荆州陷，王僧辯以異爲東陽太守。世祖平定會稽，[3]異雖轉輸糧饋，而擁擅一郡，威福在己。紹泰二年，以應接之功，除持節、通直散騎常侍、信武將軍、縉州刺史，[4]領東陽太守，封永興縣侯，[5]邑五百户。其年遷散騎常侍、信威將軍，增邑三百户，餘並如故。又以世祖長女豐安公主配異第三子貞臣。[6]永定二年，徵異爲使持節、散騎常侍、都督南徐州諸軍事、平北將軍、南徐州刺史，[7]異遷延不就。

　　[1]王僧辯：字君才，太原祁（今山西祁縣）人。南朝梁將領。《梁書》卷四五有傳，《南史》卷六三有附傳。

　　[2]信安：縣名。治所在今浙江衢州市。

　　[3]會稽：郡名。治所在今浙江紹興市。

　　[4]信武將軍：官名。與仁武、勇武、智武、嚴武將軍並稱五武將軍。陳擬四品，比秩中二千石。　　縉州：州名。治東陽郡長山縣，在今浙江金華市。

　　[5]永興：縣名。治所在今浙江杭州市蕭山區。《南史》卷八〇《留異傳》作“永嘉”。

　　[6]豐安：縣名。治所在今浙江浦江縣西南。

　　[7]南徐州：州名。寄治京口，在今江蘇鎮江市。　　平北將軍：官名。與平東、平西、平南將軍合稱四平將軍。多持節都督或監某一地區軍事，亦可作爲刺史兼理軍務的加官。陳擬三品，比秩中二千石。

　　世祖即位，改授都督縉州諸軍事、安南將軍、縉州刺史，領東陽太守。異頻遣其長史王漸爲使入朝，漸每言朝廷虛弱，異信之，雖外示臣節，恒懷兩端，與王琳自鄱陽信安嶺潛通信使。王琳又遣使往東陽，署守宰。[1]及琳敗，世祖遣左衛將軍沈恪代異爲郡，[2]實以兵襲之。異出下淮抗禦，[3]恪與戰，敗績，退還錢塘，[4]異乃表啓遜謝。是時衆軍方事湘、郢，乃降詔書慰喻，且羈縻之，[5]異亦知朝廷終討於己，乃使兵戍下淮及建德，[6]以備江路。湘州平，世祖乃下詔曰：

　　[1]署：官制用語。與攝相近，是暫時署理的一種委任。

　　[2]左衛將軍：禁衛軍統帥之一。與右衛將軍合稱二衛將軍，掌宮廷宿衛營兵，多由近臣擔任。陳第三品，秩二千石。　　沈恪：字子恭，吳興武康（今浙江德清縣）人。本書卷一二、《南史》卷

六七有傳。

　　[3]下淮：地名。在今浙江建德市東下涯鎮。

　　[4]錢塘：郡名。治所在今浙江杭州市。

　　[5]羈縻：籠絡，牽制。

　　[6]建德：縣名。治所在今浙江建德市。

　　　昔四罪難弘，[1]大嬀之所無赦，[2]九黎亂德，[3]少昊之所必誅。[4]自古皇王，不貪征伐，苟爲時蠹，事非獲已。

　　[1]四罪：指共工、歡兜、三苗、鯀。傳説讙兜爲渾沌、共工爲窮奇、鯀爲檮杌、三苗爲饕餮，四者皆古人心目中極凶惡之野獸。

　　[2]大嬀：指舜。傳説中的上古帝王。《史記》卷三六《陳杞世家》曰：“昔舜爲庶人時，堯妻之二女，居于嬀汭，其後因爲氏姓，姓嬀氏。”

　　[3]九黎：遠古時居於中國南方的少數民族。

　　[4]少昊：傳説中古代東夷集團首領。

　　　逆賊留異，數應亡滅，繕甲完聚，由來積年。進謝群龍，自躍於千里，退懷首鼠，[1]恒持於百心。中歲密契番禺，[2]既弘天網，賜以名爵，敦以國姻，儻望懷音，猶能革面。王琳竊據中流，翻相應接，別引南川之嶺路，專爲東道之主人，結附凶渠，唯欣禍亂。既袄氛盪定，氣沮心孤，類傷鳥之驚弦，等窮獸之謀觸。雖復遣家入質，子陽之態轉遒；[3]侍子還朝，隗囂之心方熾。[4]

[1]首鼠：窺伺觀望，進退無定。

[2]番禺：縣名。治所在今廣東廣州市。

[3]子陽：即公孫述。字子陽，扶風茂陵（今陝西興平市東北）人。東漢初割據者。新莽時，爲導江卒正（蜀郡太守）。後起兵，據益州稱帝，號成家。東漢光武帝建武十二年（36），爲漢軍所破，被殺。《後漢書》卷一三有傳。

[4]隗囂（xiāo）：字季孟，天水成紀（今甘肅秦安縣北）人。東漢初割據者。王莽末據隴西。初屬更始，建武二年（26）歸附劉秀，然内心圖謀割據。後又叛附公孫述。光武帝西征，建武九年（33），敗奔西域，恚憤而死。《後漢書》卷一三有傳。

朕志相成養，不計疵慝，[1]披襟解帶，[2]敦喻殷勤。蜂目彌彰，[3]梟聲無改，遂置軍江口，嚴戍下淮，顯然反叛，非可容匿。且緝邦膏腴，[4]稽南殷曠，[5]永割王賦，長壅國民，竹箭良材，[6]絶望京輦，蓲蒲小盜，[7]共肆貪殘，念彼餘甿，兼其慨息。西戎屈膝，自款重關，秦國依風，立輪侵地，三邊已乂，四表咸寧，唯此微妖，所宜清殄。可遣使持節、都督南徐州諸軍事、征北將軍、司空、南徐州刺史桂陽郡開國公安都指往擒戮，[8]罪止異身，餘無所問。

[1]疵慝：錯失、過惡。

[2]披襟解帶：比喻敞開胸懷，心地坦白。

[3]蜂目：眼睛像胡蜂。形容相貌凶悍。

[4]緝：指緝州。

[5]稽：指會稽。

[6]竹箭：即篠。細竹。《爾雅·釋地》："東南之美者，有會稽之竹箭焉。"

[7]萑（huán）蒲：兩種蘆類植物。因盜賊常聚集於萑蒲所生之地，故亦用以指盜賊出没之處。一説爲澤名。真大成《中古史書校證》云："'萑（萑）蒲'即萑苻，《左傳·昭公二十年》：'鄭國多盜，取人於萑苻之澤。'杜預注：'萑苻，澤名。於澤中劫人。'上揭《陳書》例'萑（萑）蒲小盜'即取意於此。"（中華書局2013年版，第176頁）汲古閣十七史本、南監本、殿本作"萑蒲"。《册府》卷二一六作"萑苻"。

[8]征北將軍：官名。與征東、征西、征南將軍合稱四征將軍，多出鎮地方，地位顯要。陳擬二品，比秩中二千石。　司空：官名。三公之一。魏晉南北朝時期作爲名譽宰相，多爲大臣加官，無實際執掌。陳第一品，秩萬石。　桂陽郡開國公：封爵名。桂陽，郡名。治所在今湖南郴州市。開國公，封爵名。在陳爲九等爵之第二等，第二品，秩視中二千石。

　　異本謂官軍自錢塘江而上，安都乃由會稽、諸暨步道襲之。[1]異聞兵至，大恐，弃郡奔于桃支嶺，[2]於嶺口立栅自固。明年春，安都大破其栅，異與第二子忠臣奔于陳寶應，於是虜其餘黨男女數千人。天嘉五年，陳寶應平，并擒異送都，斬于建康市，[3]子姪及同黨無少長皆伏誅，唯第三子貞臣以尚主獲免。

[1]諸暨：縣名。治所在今浙江諸暨市。

[2]桃支嶺：又名桃花嶺、馮公嶺。在今浙江縉雲縣西南。本書卷八《侯安都傳》作"桃枝嶺"。

[3]建康：在今江蘇南京市。

陳寶應，晉安候官人也。^[1]世爲閩中四姓。^[2]父羽，有材幹，爲郡雄豪。寶應性反覆，多變詐。梁代晉安數反，累殺郡將，羽初立扇惑合成其事，後復爲官軍鄉導破之，由是一郡兵權皆自己出。

[1]候官：縣名。治所在今福建福州市。

[2]四姓：南北朝世族，以郡望或官位分爲甲、乙、丙、丁四等，謂之四姓。《新唐書》卷一九九《柳沖傳》載柳芳論氏族云："'郡姓'者，以中國士人差第閥閱爲之制，凡三世有三公者曰'膏粱'，有令、僕者曰'華腴'，尚書、領、護而上者爲'甲姓'，九卿若方伯者爲'乙姓'，散騎常侍、太中大夫者爲'丙姓'，吏部正員郎爲'丁姓'。凡得入者，謂之'四姓'。"汲古閣十七史本、殿本同，南監本作"著姓"。

侯景之亂，晉安太守、賓化侯蕭雲以郡讓羽，^[1]羽年老，但治郡事，令寶應典兵。是時東境饑饉，會稽尤甚，死者十七八，平民男女，竝皆自賣，而晉安獨豐沃。寶應自海道寇臨安、永嘉及會稽、餘姚、諸暨，^[2]又載米粟與之貿易，多致玉帛子女，其有能致舟乘者，亦竝奔歸之，由是大致貲産，士衆彊盛。侯景平，元帝因以羽爲晉安太守。

[1]賓化：縣名。治所在今廣東羅定市。

[2]寶應自海道寇臨安、永嘉及會稽、餘姚、諸暨：中華本校勘記云："洪頤煊《諸史考異》云：'"臨安"當作"臨海"。'按臨海與永嘉、會稽、餘姚、諸暨並在浙東，若臨安則在浙西矣。寶應自海道來，自當先至臨海也，洪說是。"臨海在今浙江台州市椒江

區。臨安，治所在今浙江臨安市北。永嘉，治所在今浙江溫州市。餘姚，治所在今浙江餘姚市。

　　高祖輔政，羽請歸老，求傳郡于寶應，高祖許之。紹泰元年，授壯武將軍、晉安太守，尋加員外散騎常侍。[1]二年，封候官縣侯，邑五百户。時東西嶺路，寇賊擁隔，寶應自海道趨于會稽貢獻。高祖受禪，授持節、散騎常侍、信武將軍、閩州刺史，[2]領會稽太守。世祖嗣位，進號宣毅將軍，[3]又加其父光禄大夫，[4]仍命宗正録其本系，[5]編爲宗室，并遣使條其子女，無大小竝加封爵。

　　[1]員外散騎常侍：官名。初爲正員之外添差之散騎常侍，無員數，後爲定員官。屬散騎省（東省、集書省）。初多授公族、宗室，雖是閑職，仍爲顯官，南朝宋以後常用以安置閑退官員、衰老之士，地位漸低。至梁武帝天監六年（507）復重其選，以其職依正員，品視黄門郎，但終不爲人所重。梁十班。陳第四品，秩二千石。

　　[2]閩州：州名。南朝陳武帝永定初置，治侯官縣，在今福建福州市。陳文帝天嘉五年（564）廢。

　　[3]宣毅將軍：官名。陳擬四品，比秩中二千石。

　　[4]光禄大夫：官名。屬光禄卿。養老疾，無職事。陳第三品，秩中二千石。

　　[5]宗正：宗正卿。南朝梁、陳爲正式官稱，位列十二卿，掌皇族外戚屬籍，由宗室充任。梁十三班。陳第三品，秩中二千石。

　　寶應娶留異女爲妻，侯安都之討異也，寶應遣兵助之，又資周迪兵糧，出寇臨川。及都督章昭達於東興、南城破迪，世祖因命昭達都督衆軍，由建安南道渡嶺，又命益州刺史領信義太守余孝頃都督會稽、東陽、臨海、永嘉諸軍自東道會之，[1]以討寶應，并詔宗正絕其屬籍。於是尚書下符曰：

[1]益州：州名。治成都縣，在今四川成都市。　信義：郡名。治所在今江蘇常熟市西北。　臨海：郡名。治所在今浙江台州市椒江區。

　　告晉安士庶：昔隴西旅拒，漢不稽誅，遼東叛換，魏申宏略。若夫無諸漢之策勳，[1]有扈夏之同姓，[2]至於納吳濞之子，致橫海之師，[3]違姒啓之命，[4]有《甘誓》之討。[5]況洒族不繫於宗盟，名無紀於庸器，[6]而顯成三叛，[7]釁深四罪者乎？

[1]無諸：漢時閩粵王名。漢王五年（前202），立爲閩粵王。建國於秦閩中郡，約在今福建。事見《漢書》卷九五《閩粵傳》。

[2]有扈：古國名。夏啓立，有扈不服，啓滅之，其子孫以國爲姓。

[3]納吳濞之子，致橫海之師：西漢景帝三年（前154），吳楚七國之亂。吳王劉濞兵敗，被東甌刺殺。其子子駒亡走閩粵，怨東甌殺其父，勸閩粵擊東甌。建元三年（前138），閩粵發兵圍東甌。東甌向漢求救，武帝派嚴助發會稽兵浮海救東甌，閩粵退兵。吳濞，漢高祖兄劉仲之子，初封沛侯，漢高祖十二年（前195），立爲吳王。都於廣陵，在今江蘇揚州。景帝時，用晁錯議削諸侯封地。景帝三年，他以誅晁錯爲名，聯合楚、趙、膠東、膠西、菑

川、濟南等國舉兵叛亂。不久失敗，逃至東越被殺。《史記》卷一〇六、《漢書》卷三五有傳。

[4]姒啓：禹之子，姓姒。夏開國君主。

[5]《甘誓》：《尚書》篇名。夏啓與有扈大戰於甘之前所作的誓師詞。

[6]庸器：古代銘功的銅器，如鼎彝之類。

[7]三叛：周武王死，成王嗣位，周公攝政。武王弟管叔、蔡叔及紂子武庚反叛，周公平之。事見《史記》卷四《周本紀》。

案閩寇陳寶應父子，卉服支孽，[1]本迷愛敬。梁季喪亂，閩隅阻絕，父既豪俠，扇動蠻陬，[2]椎髻箕坐，[3]自爲渠帥，無聞訓義，所資姦諂，爰肆蜂豺，俄而解印。炎行方謝，網漏吞舟，日月居諸，弃之度外。自東南王氣，寔表聖基，斗牛聚星，[4]允符王迹，梯山航海，雖若款誠，擅割瓌珍，竟微職貢。朝廷遵養含弘，寵靈隆赫，起家臨郡，兼晝繡之榮，[5]裂地置州，假藩麾之盛。即封户牖，仍邑櫟陽，[6]乘華轂者十人，保弊廬而萬石。又以盛漢君臨，推恩婁敬，[7]隆周朝會，迺長滕侯，[8]由是紫泥青紙，[9]遠賁恩澤，鄉亭龜組，[10]頒及嬰孩。

[1]卉服：用絺葛做的衣服。借指邊遠地區少數民族或島居之人。

[2]蠻陬（zōu）：泛指南方邊遠地區人民聚居處。

[3]椎髻箕坐：髻如椎，坐如箕。古代南越一帶人的風俗。椎髻，一撮之髻，其形如椎。箕坐，猶箕踞。兩腿張開坐着，形如簸箕。

[4]斗牛：二十八宿中的斗宿和牛宿。

[5]晝繡：意同"晝錦"。《漢書》卷三一《項籍傳》載：項羽入關後，思歸故鄉，曰："富貴不歸故鄉，如衣錦夜行。"後遂稱富貴還鄉爲"衣錦晝行"，省作"晝錦"。

[6]櫟陽：縣名。治所在今陝西西安市臨潼區北渭水北岸。

[7]婁敬：即劉敬。齊（今山東淄博市臨淄區）人。因獻西都關中之策有功，賜姓劉。《史記》卷九九、《漢書》卷四三有傳。

[8]滕侯：西周時滕國君主。據《左傳》隱公十一年載：滕侯、薛侯朝見魯侯而爭行禮先後，魯侯使人對薛侯説："周之宗盟，異姓爲後。"最終滕侯爲先。

[9]紫泥青紙：此處代指詔書。紫泥，古人以泥封書信，泥上蓋印。皇帝詔書則用紫泥。青紙，晋制，皇帝詔書用青紙紫泥。後因以借指詔書。

[10]鄉亭龜組：此處代指官爵。鄉亭，爵名。漢制列侯大者食縣，小者食鄉、亭。龜組，即龜綬。龜紐印綬。亦借指官爵。

　　自谷遷喬，[1]孰復爲擬，而苞藏鴆毒，敢行狼戾。[2]連結留異，表裏周迪，盟歃婚姻，自爲脣齒，屈彊山谷，推移歲時。及我穀騎防山，定秦望之西部，[3]戈船下瀨，克匯澤之南川，[4]遂敢舉斧，竝助凶孽，莫不應弦摧衂，盡殫醜徒。每以罪在酋渠，憫兹驅逼，所收俘馘，竝勒矜放。仍遣中使，爰降詔書，天網恢弘，猶許改思。異既走險，迪又逃刑，誑侮王人，爲之川藪，遂使袁熙請席，[5]遠歕頭行，馬援觀蛙，[6]猶安井底。至如遏絕九賦，剽掠四民，闔境資財，盡室封奪，凡厥蒼頭，皆略黔首。蠻賊相扇，叶契連蹤，[7]乃復踰超瀛溟，寇擾浹口，[8]侵軼嶺嶠，[9]掩襲述城，縛掠吏民，焚燒官寺，此而可縱，孰不可容？

[1]遷喬：語出《詩·小雅·伐木》"出自幽谷，遷於喬木"。謂鳥從低處遷往高處。比喻人的地位上升。

[2]狼戾：凶狠，暴戾。

[3]秦望：即秦望山。在今浙江紹興市東南。相傳秦始皇南巡至此，登之以望南海。一說在今浙江杭州市。

[4]匯澤：即匯水。或作"洭水""湟水"。在今廣東連州市東南連江。《史記》卷一一三《南越列傳》云：元鼎五年（前112）秋，"衛尉路博德爲伏波將軍，出桂陽，下匯水"。《集解》徐廣曰："一作'湟'。"《漢書·地理志上》桂陽郡桂陽縣條云："匯水南至四會入鬱，過郡二，行九百里。"《水經注·洭水》：洭水"出桂陽縣西北上驛山盧溪，爲盧溪水，東南流徑桂陽縣故城，謂之洭水"。

[5]袁熙請席：據《三國志》卷六《魏書·袁尚傳》裴松之注引《典略》載：袁尚、袁熙被公孫康捉住後，坐在地上，袁尚嫌地上寒冷，向公孫康索要坐席，袁熙曰："頭顱方行萬里，何席之爲！"遂被斬首。袁熙，東漢汝南汝陽（今河南商水縣西北）人，字顯雍，袁紹中子。爲幽州刺史。弟袁尚爲曹操所敗，熙與尚同奔遼東太守公孫康，爲康所殺。

[6]馬援觀蛙：公孫述稱帝於蜀，隗囂使馬援往觀之。援歸謂囂曰："子陽井底蛙耳，而妄自尊大，不如專意東方。"馬援，字文淵，扶風茂陵（今陝西興平市東北）人。東漢名將。《後漢書》卷二四有傳。

[7]叶契：猶協和，配合。

[8]浹口：地名。在今浙江寧波市鎮海區東南甬江河口。

[9]嶺嶠：地區名。泛指五嶺地區。

　　今遣沙州刺史俞文冏，[1]明威將軍程文季，[2]假節、宣猛將軍、成州刺史甘他，[3]假節、雲旗將軍譚瑱，[4]假節、宣猛將軍、前監臨海郡陳思慶，前軍將軍徐智遠，[5]明毅將軍宜黃縣開國侯慧紀，[6]開遠將軍、新除晉安太守趙象，[7]持節、通直散騎常侍、壯武將軍、定州刺史康樂縣開國侯林馮，[8]假節、信威將軍、都督東討諸軍事、益州刺史余孝頃，率羽林二萬，[9]蒙衝蓋海，乘跨滄波，掃蕩巢窟。此皆明恥教戰，濡須鞠旅，[10]累從楊僕，[11]亟走孫恩，[12]斬蛟中流，命馮夷而鳴鼓，[13]黿鼉爲駕，[14]轢方壺而建旗。[15]

[1]沙州：州名。治所在今四川青川縣東北。

[2]程文季：字少卿，新安海寧（今安徽休寧縣東）人。本書卷一〇、《南史》卷六七有附傳。

[3]假節：官名。漢代官員奉皇帝之命出行，以持節作爲一種憑證並宣示威嚴。魏晉以後，持節演變爲加官銜。持節有使持節、持節和假節三種情況。軍事長官假節，可誅殺犯軍令之人。　宣猛將軍：官名。陳擬八品，比秩六百石。　成州：州名。治所在今廣東封開縣東南賀江口。

[4]雲旗將軍：官名。陳擬七品，比秩六百石。

[5]前軍將軍：官名。與左軍、右軍、後軍合稱四軍將軍，掌宮廷宿衛。陳第五品，秩千石。

[6]明毅將軍：官名。與明智、明略、明遠、明勇、明烈、明銳、明威、明勝、明進等合稱十明將軍。陳擬六品，比秩千石。宜黃縣開國侯：封爵名。宜黃，治所在今江西宜黃縣東。開國侯，陳九等爵的第三等，第三品，秩視中二千石。　慧紀：即陳慧紀。

字元方，陳武帝從孫。本書卷一五、《南史》卷六五有傳。

[7]開遠將軍：官名。陳擬七品，比秩六百石。

[8]康樂：縣名。治所在今江西萬載縣東。

[9]羽林：禁衛軍。

[10]此皆明恥教戰，濡須鞠旅：中華本校勘記云："篇末附曾鞏等舊校，云'恐有誤'。按此引用三國吳孫權治兵濡須以拒曹軍故事，不誤。"濡須，亦稱濡須口，爲古濡須水入長江之口。在今安徽無爲縣東南。

[11]楊僕：弘農宜陽（今河南宜陽縣西）人。漢武帝時以千夫爲吏，河南守舉爲御史。使督關東"盜賊"，以嚴酷著稱。後以樓船將軍征南越，有功，封將梁侯。復與王温舒俱破東越。武帝元封二年（前109），將兵五萬與左將軍荀彘俱擊朝鮮。以失亡多，當誅，贖爲庶人。病死。《漢書》卷九〇有傳。

[12]孫恩：字靈秀，東晉琅邪（今山東臨沂市）人，世奉五斗米道。東晉末起義領袖。《晉書》卷一〇〇有傳。

[13]馮夷：河神，亦稱河伯。《後漢書》卷五九《張衡傳》李賢注引《聖賢冢墓記》曰："馮夷者，弘農華陰潼鄉隄首里人，服八石，得水仙，爲河伯。"

[14]黿（yuán）：大鱉。　鼉（tuó）：爬行動物，穴居江河岸邊，皮可以蒙鼓。亦稱"揚子鰐""鼉龍""豬婆龍"。

[15]方壺：傳說中的神山。《後漢書·張衡傳》李賢注引《列子》曰："勃海之東有大壑焉，其中有五山，一曰岱輿，二曰員嶠，三曰方壺，四曰瀛洲，五曰蓬萊。隨波上下往還，不得暫峙。仙聖訴於帝，使巨黿十五舉首而戴之，迭爲三番，六萬歲一交焉，五山始不動。"

　　義安太守張紹賓，[1]忠誠款到，累使求軍，南康內史裴忌，[2]新除輕車將軍劉峯，[3]東衡州刺史錢道戩，[4]立即遣人仗，與紹賓同行。

[1]義安：郡名。治所在今廣東潮州市東北。

[2]裴忌：字無畏，河東聞喜（今山西聞喜縣）人。本書卷二五有傳，《南史》卷五八有附傳。

[3]輕車將軍：官名。陳擬五品，比秩千石。

[4]東衡州：州名。陳文帝天嘉元年（560），改桂陽之汝城縣爲盧陽郡，分衡州之始興、安遠二郡，合三郡置東衡州。治所在今廣東韶關市南武水西岸。　錢道戩：字子韜，吳興長城（今浙江長興縣東）人。本書卷二二、《南史》卷六七有傳。

　　故司空歐陽公，[1]昔有表奏，請宣薄伐，遥途意合，若伏波之論兵，長逝遺誠，同子顏之勿赦。[2]征南薨謝，上策無忘，周南餘恨，嗣子弗忝。廣州刺史歐陽紇，克符家聲，聿遵廣略，舟師步卒，二萬分趨，水扼長鯨，[3]陸掣封豨，[4]董率衡、廣之師，會我六軍。

[1]歐陽公：指歐陽頠。

[2]子顏：即吳漢，字子顏，南陽宛（今河南南陽市）人。東漢名將。初爲本縣亭長，後販馬爲業。更始時任爲安樂令，歸附劉秀後從平河北，官拜大司馬。建武十一年（35）率軍征蜀，次年滅蜀，盡殺公孫述宗族。《後漢書》卷一八有傳。

[3]長鯨：大鯨。喻巨寇。

[4]封豨：大豬。喻殘暴者。

　　潼州刺史李膺，[1]明州刺史戴晃，[2]新州刺史區白獸，[3]壯武將軍修行師，陳留太守張遂，前安成內史闕慎，前廬陵太守陸子隆，前豫寧太守任蠻奴，[4]巴山太守黃法慈，戎昭將軍、湘東公世子徐敬成，[5]吳州刺史魯廣達，前吳州刺史遂興縣開國侯詳，[6]使持節、都督征討諸軍事、散騎常侍、護軍將軍昭達，[7]率緹騎五千，[8]組甲二萬，[9]直渡邵武，[10]仍頓晉安。按轡揚旌，[11]夷山堙谷，指期掎角，以制飛走。

[1]潼州：州名。治所在今安徽靈璧縣東北。

[2]明州：州名。治所在今越南河靜省河靜市南。

[3]新州：州名。治所在今廣東新興縣。　區白獸：中華本校勘記云：“‘獸’各本同，疑當作‘虎’，亦以避唐諱改。”

[4]豫寧：郡名。治所在今江西武寧縣西。中華本校勘記云：“各本並作‘豫章’。今按《元龜》二一六作‘豫寧’，《任忠傳》亦作‘豫寧’，且下另有豫章太守劉廣德，明作‘豫章’者訛。”今據改。　任蠻奴：即任忠。字奉誠，小名蠻奴，汝陰（今安徽阜陽市）人。本書卷三一、《南史》卷六七有傳。

[5]戎昭將軍：官名。陳擬八品，比秩六百石。　徐敬成：安陸（今湖北安陸市）人。本書卷一二、《南史》卷六七有附傳。

[6]遂興：縣名。治所在今江西萬安縣西。　詳：即陳詳。

[7]護軍將軍：官名。掌督護京師以外諸軍，權任頗重。梁十五班。陳第三品，秩中二千石。

[8]緹騎：穿紅色軍服的騎士。泛稱貴官的隨從衛隊。

[9]組甲：甲兵、軍隊。

[10]邵武：縣名。治所在今福建邵武市。

[11]按：底本作“桉”，汲古閣十七史本、南監本、殿本作

"按"。今從改。

前宣城太守錢肅,[1]臨川太守駱牙,太子左衛率孫詡,[2]尋陽太守莫景隆,豫章太守劉廣德,竝隨機鎮遏,絡驛在路。

[1]宣城太守:底本作"宣威太守",中華本校勘記云:"《周迪傳》作'宣城',今據改。"林礽乾《陳書異文考證》云:"按陳州郡無名'宣威'者,則此作'宣威太守'者,有誤。考上文《周迪傳》有'宣城太守錢肅鎮東興'之語,知此'宣威太守'乃'宣城太守'之誤,當據《周迪傳》改。"(第279頁)今據改。

[2]太子左衛率:官名。與太子右衛率合稱太子二率。掌東宮宿衛,亦統兵出征,職位頗重。陳第四品,秩二千石。

使持節、散騎常侍、鎮南將軍、開府儀同三司、江州刺史新建縣開國侯法甿,戒嚴中流,以爲後殿。

斧鉞所臨,[1]罪唯元惡及留異父子。其黨主帥,雖有請泥函谷,[2]相背淮陰,若能翻然改圖,因機立効,非止肆眚,[3]仍加賞擢。[4]其建、晉士民,久被驅迫者,大軍明加撫慰,各安樂業,流寓失鄉,即還本土。其餘立功立事,已具賞格。若執迷不改,同惡趦趄,斧鉞一臨,罔知所赦。

[1]斧鉞:斧與鉞。泛指刑罰、殺戮。
[2]請泥函谷:據《後漢書》卷一三《隗囂傳》載,東漢初,隗囂割據隴右,光武帝建武五年(29),派人説服隗囂遣子入侍。

隗囂雖遣子，但仍懷二心。其將王元認爲天下成敗並未可知，獻策云：“今天水完富，士馬最強，北收西河、上郡，東收三輔之地，案秦舊迹，表裏河山。元請以一丸泥爲大王東封函谷關，此萬世一時也。若計不及此，且畜養士馬，據隘自守，曠日持久，以待四方之變，圖王不成，其弊猶足以霸。要之，魚不可脱於淵，神龍失執，即還與蚯蚓同。”隗囂亦然其計。

[3]肆眚：寬赦罪人。

[4]仍加賞擢：仍，底本作“乃”，汲古閣十七史、南監本、殿本作“仍”，今據各本改。

昭達既剋周迪，踰東興嶺，頓于建安，余孝頃又自臨海道襲于晋安，寶應據建安之湖際，逆拒王師，水陸爲柵。昭達深溝高壘，不與戰，但命軍士伐木爲簰。[1]俄而水盛，乘流放之，突其水栅，仍水步薄之，[2]寶應衆潰，身奔山草間，窘而就執，并其子弟二十人送都，斬于建康市。

[1]簰（pái）：木筏。
[2]薄：迫近。

史臣曰：梁末之灾沴，群凶競起，郡邑巖穴之長，村屯鄔壁之豪，[1]資剽掠以致彊，恣陵侮而爲大。高祖應期撥亂，戡定安輯，熊曇朗、周迪、留異、陳寶應雖身逢興運，猶志在亂常。曇朗姦慝翻覆，夷滅斯爲幸矣。寶應及異，世祖或敦以婚姻，或處其類族，豈有不能威制，蓋以德懷也。遂乃背恩負義，各立異圖，地匪淮南，有爲帝之志，[2]勢非庸、蜀，啓自王之心。[3]嗚呼，既其迷暗所致，五宗屠勦，宜哉！

[1]鄔壁：防禦用的土堡，土障。

[2]地匪淮南，有爲帝之志：此指西漢淮南王劉安陰謀謀反，有爲帝之心。《漢書》卷四四《淮南厲王劉長傳》載淮南王劉安語云：“上無太子，宮車即晏駕，大臣必徵膠東王，不即常山王，諸侯並爭，吾可以無備乎！且吾高帝孫，親行仁義，陛下遇我厚，吾能忍之；萬世之後，吾寧能北面事豎子乎！”淮南，諸侯國名。漢高祖五年（前202）以九江、衡山、廬江、豫章四郡置，治六縣（今安徽六安市北），旋徙壽春縣（今安徽壽縣）。轄境相當今安徽霍邱、六安、舒城、廬江、樅陽等市縣地以東，鳳陽、定遠、來安等縣以西，淮河以南，長江以北；河南固始、潢川兩縣和淮濱縣淮河以南及江蘇南京市浦口區地。文帝後轄境縮小。武帝元狩元年（前122）國除爲九江郡。

[3]勢非庸、蜀，啓自王之心：此指南朝梁武帝之子武陵王蕭紀於成都稱帝，與梁元帝爭奪帝位事。《梁書》卷五《元帝紀》史臣曰：“太清之寇，蕭紀據庸、蜀之資，遂不勤王赴難，申臣子之節。”庸、蜀，皆周代封國名。庸，故地在今湖北竹山縣西南；蜀，以今四川成都市爲中心的地區。蕭紀爲益州刺史，鎮成都，庸蜀之地在其治內。

《陳寶應傳》“此皆明恥教戰，濡須鞠旅”，恐有誤。
潼州刺史李眎，或本作“季臘”，或本作“李睠”，疑。[1]

[1]以上二行文字爲宋人曾鞏等校語。

陳書　卷三六

列傳第三十

始興王叔陵　新安王伯固

始興王叔陵字子嵩，[1]高宗之第二子也。[2]梁承聖中，[3]高宗在江陵爲直閤將軍，[4]而叔陵生焉。江陵陷，高宗遷關右，[5]叔陵留于穰城。[6]高宗之還也，以後主及叔陵爲質。[7]天嘉三年，[8]隨後主還朝，封康樂侯，[9]邑五百户。

[1]始興王：封爵名。始興，郡名。治所在今廣東韶關市南武水西岸。

[2]高宗：南朝陳宣帝陳頊廟號。陳頊，本書卷五、《南史》卷一○有紀。

[3]承聖：南朝梁元帝蕭繹年號（552—555）。

[4]江陵：縣名。荆州刺史治所，在今湖北荆州市荆州區。梁元帝即位，都於此。　直閤將軍：官名。領禁衛兵，掌宮廷正殿、便殿閤及諸門上下的安全保衛，地位顯要，有時領兵出征（參張金龍《南朝直閤將軍制度考》，《中國史研究》2002 年第 2 期）。

　　[5]江陵陷，高宗遷關右：梁元帝承聖三年（554），西魏攻陷江陵，梁元帝被害，朝中官員被俘入關。陳高宗亦於此時入關，陳文帝天嘉三年（562），纔從北周返回。《南史》卷一〇《陳宣帝紀》云：“魏平江陵，遷于長安。”關右，地區名。古人以西爲右，亦稱關西。泛指函谷關或潼關以西地區。此處代指西魏。西魏都於長安。

　　[6]穰城：縣名。治所在今河南鄧州市。北魏孝文帝時於穰城置荆州。《魏書·地形志下》：“荆州，後漢治漢壽，魏、晋治江陵，太延中治上洛，太和中治穰城。”《讀史方輿紀要》卷五一《河南·鄧州》云：“後魏盛時亦置荆州於穰縣，以控臨沔北。其後宇文泰欲經略江、漢，使楊忠都督三荆，鎮穰城，而沔口以西遂拱手取之矣。”

　　[7]高宗之遷也，以後主及叔陵爲質：據本書卷五《宣帝紀》，高宗於陳文帝天嘉三年自周返陳，後主及叔陵亦於天嘉三年返陳。《通鑑》卷一六八《陳紀二》“文帝天嘉三年”條叙此事較詳，云“（正月）丁未，周以安成王頊爲柱國大將軍，遣杜杲送之南歸。……二月，丙子，安成王頊至建康，詔以爲中書監、中衛將軍。……頊妃柳氏及子叔寶猶在穰城，上復遣毛喜如周請之，周人皆歸之”。據此，知高宗與後主及叔陵雖均是天嘉三年返陳，但非同時返回。後主，南朝陳最後一位皇帝陳叔寶。

　　[8]天嘉：南朝陳文帝陳蒨年號（560—566）。

　　[9]康樂侯：封爵名。康樂，縣名。治所在今江西萬載縣東。

　　叔陵少機辯，徇聲名，彊梁無所推屈。[1]光大元年，[2]除中書侍郎。[3]二年，出爲持節、都督江州諸軍事、南中郎將、江州刺史。[4]太建元年，[5]封始興郡王，[6]奉昭烈王祀。[7]進授使持節、都督江郢晋三州諸軍事、軍師將軍，刺史如故。[8]叔陵時年十六，政自己出，僚佐莫預焉。性嚴刻，部下懾憚。諸公子姪及罷縣令長，皆逼令事己。豫章内史錢法成詣府進謁，[9]即配其子季卿將領馬仗，[10]季卿慙恥，不時至，叔陵大怒，侵辱法成，法成憤怨自縊而死。州縣非其部内，亦徵攝案治之，朝貴及下吏有乖忤者，輒誣奏其罪，陷以重辟。尋進號雲麾將軍，[11]加散騎常侍。[12]三年，加侍中。[13]四年，遷都督湘衡桂武四州諸軍事、平南將軍、湘州刺史，[14]侍中、使持節如故。諸州鎮聞其至，皆震恐股慄。叔陵日益暴橫，征伐夷獠，[15]所得皆入己，絲毫不以賞賜。徵求役使，無有紀極。夜常不卧，燒燭達曉，[16]呼召賓客，説民閒細事，戲謔無所不爲。性不飲酒，唯多置餚羞，[17]晝夜食噉而已。[18]自旦至中，方始寢寐。其曹局文案，[19]非呼不得輒自呈。[20]笞罪者皆繫獄，動數年不省視。瀟、湘以南，[21]皆逼爲左右，壃里殆無遺者。[22]其中脱有逃竄，輒殺其妻子。州縣無敢上言，高宗弗之知也。尋進號鎮南將軍，[23]給鼓吹一部，[24]遷中衛將軍。[25]九年，除使持節、都督揚徐東揚南豫四州諸軍事、揚州刺史，[26]侍中、將軍、鼓吹如故。

[1]推屈：《南史》卷六五《始興王叔陵傳》亦作“推屈”，《建康實録》卷二〇《通志》卷八三作“摧屈”。

[2]光大：南朝陳廢帝陳伯宗年號（567—568）。

[3]中書侍郎：官名。中書省屬官，舊掌詔誥。南朝宋、齊擬詔出令之職仍歸中書省，但事權歸中書舍人，侍郎職閑官清，成爲諸王起家官。如缺監、令，或亦主持中書省務。陳第四品，秩

千石。

[4]持節：古代大臣奉皇帝之命出行，持符節以爲憑證並示威重，謂之假節。魏晉以後以爲官名，有假節、持節、使持節之分，權力亦有小大之別，多爲都督諸州軍事及刺史總軍戎者。持節即可殺無官位之人，在軍事行動中享有誅殺二千石以下官員的權力。都督：官名。地方軍政長官，亦稱都督諸州軍事，領駐在州刺史，兼理民政，無固定品級，多帶將軍名號，分使持節、持節、假節三種，職權各有不同。　江州：州名。治溢口城，在今江西九江市。　南中郎將：官名。魏晉南北朝時多率師征戰，職權頗重。或兼荆、江、梁等州刺史，或持節，銀印青綬。南朝宋、齊多用宗室諸王。梁時一度罷其職，後復置。陳擬四品，比秩中二千石。

[5]太建：南朝陳宣帝陳頊年號（569—582）。

[6]郡王：封爵名。西晉以來，封王以郡爲國。南朝梁始有郡王之稱，所封諸王子均稱郡王。始封郡王爲正王，被封者唯皇帝之弟或子。嗣位爲郡王者，則稱嗣王。陳沿置。

[7]昭烈王：陳道談。陳武帝之兄，陳文帝之父。事見本書卷一《高祖紀上》、卷二八《始興王伯茂傳》。

[8]使持節：魏、晉以後，凡重要軍事長官出征或出鎮時，加使持節，可誅殺二千石以下官員。皇帝派遣大臣出巡或祭吊等事時，也使持節，以表示權力和尊崇。　郢：州名。治所在今湖北武漢市武昌區。　晋：州名。南朝梁簡文帝大寶元年（550）改豫州置，治所在今安徽潜山縣。北齊文宣帝天保六年（555）改爲江州。南朝陳宣帝太建五年（573）復爲晋州。　軍師將軍：官名。陳擬四品，比秩中二千石。

[9]豫章：郡名。治所在今江西南昌市。　内史：官名。王國行政長官，掌王國民政，職同郡守。陳萬户以上郡爲第六品，不滿萬户郡爲第七品。

[10]馬仗：車馬器仗。

[11]雲麾將軍：官名。陳擬四品，比秩中二千石。

［12］散騎常侍：官名。集書省長官。掌侍從皇帝左右，獻納得失，省諸奏聞文書，意異者，隨事爲駁。常侍高功者一人爲祭酒，掌糾劾禁令。陳第三品，秩中二千石。

［13］侍中：官名。南朝陳時爲門下省長官，侍奉皇帝生活起居，侍從左右，有顧問應對，諫諍糾察之職能，同時兼掌出納、璽封詔奏，有封駁權，參預機密政務，上親皇帝，下接百官，官顯職重。多選美姿容、有文才、與皇帝親近者任之。並爲親王之起家官，員四人。第三品，秩中二千石。

［14］湘：州名。治所在今湖南長沙市。　衡：州名。治所在今廣東英德市西北浛洸鎮。　桂：州名。治所在今廣西桂林市。武：州名。南朝梁武帝分荆州置，治武陵郡，在今湖南常德市。後廢。陳文帝天嘉元年（560）復置。　平南將軍：官名。與平東、平南、平北將軍合稱四平將軍，多持節都督或監某一地區的軍事，亦可作爲刺史兼理軍務的加官。陳擬三品，比秩中二千石。

［15］夷獠：古時對西南少數民族之蔑稱。

［16］燒燭達曉：《南史》卷六五《始興王叔陵傳》、《通志》卷八三作“執燭達曉”。

［17］鮒鮓（zì）：魚肉等比較豐盛的菜餚。鮓，大塊的肉。

［18］啗（dàn）：同“啖”。吃。

［19］曹局：官署。

［20］自呈：《南史·始興王叔陵傳》作“自白”。

［21］瀟：水名。即今湖南瀟水。　湘：水名。即今湖南湘江。

［22］壥（chán）里：古代城市中住宅的通稱。《周禮·地官·載師》云：“以廛里任國中之地。”孫詒讓《正義》云：“通言之，廛里皆居宅之稱；析言之，則庶人農工商等所居謂之廛……士大夫等所居謂之里。”壥，同“廛”。

［23］鎮南將軍：官名。與鎮東、鎮西、鎮北、鎮左、鎮右、鎮前、鎮後將軍合稱爲八鎮將軍。多持節都督，出鎮方面，權勢頗重。陳擬二品，比秩中二千石。

[24]鼓吹：演奏鼓吹樂的樂隊。本用於軍中，後發展成爲一種儀仗形式，作爲朝廷的禮遇，用來頒賜有功大臣。魏晉其賜甚輕，南北朝復重，多賜權臣及有功者。

[25]中衛將軍：官名。與中軍、中權、中撫將軍並稱四中將軍，地位顯要。陳擬二品，比秩中二千石。加“大”者進位一階，優者加同三公。

[26]揚：州名。治所在今江蘇南京市。　徐：州名。治所在今江蘇徐州市。此處應指南徐州，治所在今江蘇鎮江市。　東揚：州名。南朝宋孝建元年（454）分揚州置，治會稽郡，在今浙江紹興市。南朝宋廢帝永光元年（465）廢。梁武帝普通五年（524）復置，敬帝太平元年（556）又廢。陳文帝天嘉三年（562）再置。

南豫：州名。南朝宋武帝永初二年（421）分豫州淮河以南地置，治歷陽縣，在今安徽和縣。其後屢經廢復，治所、轄境一再遷改。至梁侯景亂後，定治姑孰，在今安徽當塗縣。

十年，至都，[1]加扶，[2]給油幢車。[3]叔陵治在東府，[4]事務多關治省閣，[5]執事之司，承意順旨，即諷上進用之，微致違忤，必抵以大罪，重者至殊死，[6]道路籍籍，[7]皆言其有非常志。叔陵修飾虛名，每入朝，常於車中馬上執卷讀書，高聲長誦，陽陽自若。[8]歸坐齋中，或自執斧斤爲沐猴百戲。[9]又好游冢墓閒，遇有塋表主名可知者，輒令左右發掘，取其石誌古器，并骸骨肘脛，持爲翫弄，藏之庫中。府內民閒少妻處女，微有色貌者，竝即逼納。十一年，丁所生母彭氏憂去職。[10]頃之，起爲中衛將軍，使持節、都督、刺史如故。晉世王公貴人，多葬梅嶺，[11]及彭卒，[12]叔陵啓求於梅嶺葬之，乃發故太傅謝安舊墓，[13]弃去安柩，以葬其母。初喪之日，僞爲哀毀，自稱刺血寫《涅槃經》，未及十日，[14]乃令庖厨擊鮮，[15]日進甘膳。又私召左右妻女，與之姦合，所作尤不軌，侵淫上聞。[16]高宗譴責御史中丞王政，[17]以不舉奏免政官，又黜其典籤、親事，[18]仍加鞭捶。高宗素愛叔陵，不繩之以法，但責讓而已。服闋，[19]又爲侍中、中軍大將軍。[20]

[1]都：陳都城建康，在今江蘇南京市。

[2]加扶：對有功大臣的一種禮遇。即給予扶掖的人。

[3]油幢車：設有油布帷幕的車子。《晉書·輿服志》云：“油幢車，駕牛，形制如皂輪，但不漆轂耳。王公大臣有勳德者特給之。”

[4]東府：東晉、南朝都建康時丞相兼領揚州刺史的治所，在今江蘇南京市通濟門附近。

[5]關治：殿本、汲古閣十七史本作“關涉”，《南史》卷六五《始興王叔陵傳》、《通鑑》卷一七五《陳紀九》亦作“關涉”。省闈：《通鑑》卷一七五《陳紀九》“宣帝太建十三年”條胡三省注云：“省闈，謂中書、尚書二省。”

[6]殊死：斬首之刑。《漢書》卷一下《高帝紀下》顏師古注曰：“韋昭曰：‘殊死，斬刑也。’師古曰：‘殊，絶也，異也，言其身首離絶而異處也。’”

[7]籍籍：衆口喧騰貌。

[8]陽陽自若：鎮静自如，毫不拘束；一如既往，依然如故。

[9]沐猴：獼猴。　百戲：泛指各種雜技的表演。

[10]丁所生母彭氏憂去職：因生母彭氏喪事而辭去職務。舊制，父母死後，子女要守喪，三年内不做官，不婚娶，不赴宴，不應考。

[11]梅嶺：又稱梅嶺崗、梅崗。在今江蘇南京市。《元和郡縣

圖志》卷二五《江南道・上元縣》：“謝安墓，在縣東南十里石子岡北。”《興地紀勝》卷一七云：“謝安墓在上元縣東十里石子岡北。”《景定建康志》卷四三《諸墓》云：“謝安墓在城南九里梅嶺岡。”《南唐書》：“梅頤岡相接處，即謝安墓。”上元縣在今江蘇南京市。

[12]及彭卒：《南史・始興王叔陵傳》作“及彭氏卒”。

[13]太傅：官名。與太保、太師並稱三師。南朝時多用作贈官，名義尊崇而實無職事，多用以安置元老勳臣。晉第一品。 謝安：字安石，陳郡陽夏（今河南太康縣）人。卒後贈太傅，謚文靖。《晉書》卷七九有傳。謝安墓本在建康（今江蘇南京市），後徙葬長興縣（今浙江長興縣東）。《太平寰宇記》卷九四《江南東道六》長興縣：“三鵶岡，在縣南六十五里。上有晉太傅謝安墓。”錢泳《履園叢話》卷一九云：“謝太傅安墓在長興縣西南六十里，地名三鵶岡。今尚有子孫守墓者。……叔陵乃發謝墓以葬其生母彭氏，時文靖裔孫夷吾適爲長城令，徙葬於此。”

[14]十日：《南史・始興王叔陵傳》作“十旬”。

[15]擊鮮：宰殺活的牲畜禽魚，充作美食。

[16]侵淫：漸漸。

[17]御史中丞：官名。御史臺長官。掌監察百官，奏劾不法。六朝第一流高門多不居此職。陳第三品，秩二千石。

[18]典籤：官名。南北朝置，亦稱典籤帥或籤帥、主帥。本爲州、府掌管文書的佐吏，因南朝宋時多以年幼的皇子出鎮，皇帝委派親信擔任此職協助處理政事，故品階雖不高，實權在長史之上。出任者多爲寒人，每州、府員數人，一歲中輪番還都，匯報當地情況，成爲皇帝升黜地方長官的主要依據。歷宋末以至齊，其權益重。齊時凡王府均置典籤，諸王出鎮州、郡，均置典籤。齊明帝之害諸王，均假典籤之手。梁中葉以後，典籤權勢逐漸衰微。 親事：官名。掌守衛陪從，或被差用。

[19]服闋：喪服期滿。

[20]中軍大將軍：官名。中軍將軍與中衛、中撫、中權合稱四

中將軍，地位顯要。陳擬二品，比秩中二千石。中軍將軍加"大"者，進位一階。

　　及高宗不豫，[1]太子諸王竝入侍疾。[2]高宗崩于宣福殿，翌日旦，後主哀頓俯伏，叔陵以剉藥刀斫後主，[3]中項。太后馳來救焉，[4]叔陵又斫太后數下。後主乳媼吳氏，時在太后側，自後掣其肘，後主因得起。叔陵仍持後主衣，後主自奮得免。長沙王叔堅手搤叔陵，[5]奪去其刀，仍牽就柱，以其褶袖縛之。時吳媼已扶後主避賊，叔堅求後主所在，將受命焉。叔陵因奮袖得脫，突走出雲龍門，[6]馳車還東府，呼其甲士，散金銀以賞賜，外召諸王將帥，莫有應者，唯新安王伯固聞而赴之。

　　[1]不豫：皇帝有病的諱稱。

　　[2]太子：即後主陳叔寶。陳宣帝太建元年（569）立爲太子。

　　[3]剉藥刀：切藥的刀。

　　[4]太后：此指後主生母高宗柳皇后。名敬言，河東解（今山西臨猗縣西南）人。本書卷七、《南史》卷一二有傳。《南史》亦作"太后"，本書卷二八《長沙王叔堅傳》云"皇太后"。《通鑑》卷一七五《陳紀九》"宣帝太建十四年"條記始興王叔陵謀殺後主事云："上不豫，太子與始興王叔陵、長沙王叔堅並入侍疾。叔陵陰有異志，命典藥吏曰：'切藥刀甚鈍，可礪之！'甲寅，上殂。倉猝之際，叔陵命左右於外取劍。左右弗悟，取朝服木劍以進，叔陵怒。叔堅在側，聞之，疑有變，伺其所爲。乙卯，小斂。太子哀哭俯伏。叔陵抽剉藥刀斫太子，中項，太子悶絶于地；母柳皇后走來救之，又斫后數下。"本書卷六《後主紀》云："十四年正月甲寅，高宗崩。乙卯，始興王叔陵作逆，伏誅。丁巳，太子即皇帝位于太

極前殿。"後主此時尚未即位,《通鑑》稱其"太子"、稱其母"柳皇后"更爲恰當。

[5]長沙王:封爵名。長沙,郡名。治所在今湖南長沙市。叔堅:陳叔堅。字子成,陳宣帝第四子。本書卷二八、《南史》卷六五有傳。

[6]雲龍門:建康宮城正殿東門。

　　叔陵聚兵僅千人,初欲據城保守,俄而右衛將軍蕭摩訶將兵至府西門,[1]叔陵事急惶恐,乃遣記室韋諒送其鼓吹與摩訶,[2]仍謂之曰:"如其事捷,必以公爲台鼎。"[3]摩訶紿報之,曰"須王心膂節將自來,[4]方敢從命"。叔陵即遣戴温、譚騏驎二人詣摩訶所,[5]摩訶執以送臺,[6]斬於閣道下。[7]叔陵自知不濟,遂入内沈其妃張氏及寵妾七人于井中。叔陵有部下兵先在新林,[8]於是率人馬數百,自小航渡,[9]欲趨新林,以舟艦入北。行至白楊路,[10]爲臺軍所邀,[11]伯固見兵至,旋避入巷,叔陵馳騎拔刃追之,[12]伯固復還。叔陵部下,多弃甲潰散,摩訶馬容陳智深迎刺叔陵,[13]僵斃于地,閹竪王飛禽抽刀斫之十數下,馬容陳仲華就斬其首,送于臺。自寅至巳乃定。

[1]右衛將軍:官名。禁衛軍統帥之一。與左衛將軍合稱二衛將軍,掌宮廷宿衛營兵,多由近臣擔任。陳第三品,秩二千石。蕭摩訶:字元胤,蘭陵(今江蘇常州市西北)人。本書卷三一、《南史》卷六七有傳。

[2]記室:官名。記室參軍的省稱。王公軍府屬官,掌府内文書。陳自七品至九品,皆依府主地位而定。皇弟皇子府記室參軍第

七品。

　　[3]台鼎：三公、宰相的尊稱。

　　[4]心膂：本義爲心與脊骨。喻指親信得力之人。　節將：魏、晉、南朝對持節統轄某一地區的軍事長官的簡稱。

　　[5]戴温：本書卷二八《長沙王叔堅傳》作“戴泅”，中華本據南監本改。《南史》卷六五《始興王叔陵傳》作“戴泅”。

　　[6]臺：此處應指朝廷。

　　[7]斬於閣道下：本書《長沙王叔堅傳》作“斬于尚書閣下”。卷二六《徐孝克傳》云：“禎明元年，入爲都官尚書。自晋以來，尚書官僚皆攜家屬居省。省在臺城内下舍門，中有閣道，東西跨路，通于朝堂。其第一即都官之省，西抵閣道。”

　　[8]新林：又名新林浦、新林港。在今江蘇南京市西南。其地濱臨大江，爲六朝軍事、交通要地。

　　[9]小航：亦名驃騎航。在今江蘇南京市南秦淮河上。《通鑑》卷一七五《陳紀九》“宣帝太建十四年”條胡三省注云：“六朝都建業，航秦淮而渡者非一處，當朱雀門者爲大航，當東府門者爲小航。”

　　[10]白楊路：《至大金陵新志》卷四下《道路》云：白楊路“在城南十里石崗之横道。陳始興王叔陵反部麾下度小航將趨新林，蕭摩訶追擒於白楊路”。

　　[11]臺軍：朝廷的軍隊。

　　[12]拔刃：汲古閣十七史本、殿本作“拔刀”。

　　[13]馬容：行軍時乘馬居前以壯軍容的軍官。底本作“馬客”，《南史》卷六五《始興王叔陵傳》作“馬容”，中華本校勘記云：“據《南史》改，下同。”今據改。《通鑑》卷一七五《陳紀九》“宣帝太建十四年”條亦作“馬容”，胡三省注云：“軍行，擇便於鞍馬、軀幹壯偉者，乘馬居前，以壯軍容，謂之馬容。”　陳智深：事見本書卷三一、《南史》卷六七《蕭摩訶傳》。

　　尚書八座奏曰：[1]“逆賊故侍中、中軍大將軍、始興王叔陵，幼而很戾，[2]長肆貪虐。出撫湘南，及鎮九水，[3]兩藩甿庶，掃地無遺。蜂目犲聲，[4]狎近輕薄，不孝不仁，阻兵安忍，無禮無義，唯戮是聞。及居偏憂，[5]婬樂自恣，産子就館，日月相接。晝伏夜游，恒習姦詭，抄掠居民，歷發丘墓。謝太傅晉朝佐命，草創江左，斲棺露骸，事驚聽視。自大行皇帝寢疾，[6]翌日未瘳，叔陵以貴介之地，參侍醫藥，外無戚容，内懷逆弒。大漸之後，[7]聖躬號擗，[8]遂因匍匐，手犯乘輿。皇太后奉臨，又加鋒刃，窮凶極逆，曠古未儔。[9]賴長沙王叔堅誠孝懇至，英果奮發，手加挫拉，身蔽聖躬。叔陵仍奔東城，[10]招集凶黨，餘毒方熾，自害妻孥。雖應時梟懸，猶未攄憤怨，[11]臣等參議，請依宋代故事，[12]流尸中江，汙潴其室，[13]并毀其所生彭氏墳廟，還謝氏之塋。”制曰：“凶逆梟鏡，[14]反噬宮闈，賴宗廟之靈，時從仆滅。[15]撫情語事，酸憤兼懷，朝議有章，宜從所奏也。”

　　[1]尚書八座：古代中央政府的八種高級官員。歷朝制度不一，所指不同。陳時尚書省一令（尚書令）、二僕射（左、右僕射）、五尚書（吏部、祠部、度支、左民、五兵）謂之八座。

　　[2]很戾：凶暴乖戾。很，同“狠”。汲古閣十七史本、殿本作“狼”。

　　[3]九水：即今江西九江市。

　　[4]蜂目犲聲：亦作“蜂目豺聲”，形容人極爲凶悍。犲，同“豺”。生性貪食，殘暴。

［5］偏憂：爲母親去世而居喪。

［6］大行皇帝：皇帝死而停棺未葬之稱。

［7］大漸：病危。

［8］號擗（pǐ）：悲傷痛哭，捶胸頓足。擗，捶胸。

［9］儔（chóu）：匹敵，相比。

［10］東城：即東府。

［11］攄（shū）：抒發。

［12］宋代故事：《宋書》卷八四《袁顗傳》：“太宗忿顗違叛，流尸於江。”故事，先例，舊日的典章制度。

［13］汙瀦（zhū）：謂平毀罪犯第宅、祖墳，掘成水池。《晋書·刑法志》云：“至於謀反大逆，臨時捕之，或汙瀦，或梟菹，夷其三族，不在律令，所以嚴絶惡迹也。”《通鑑》卷一二七《宋紀九》“文帝元嘉三十年”條：“汙瀦劭所居齋。”胡三省注云：“古者，臣弑君，子弑父，殺無赦；壞其室，汙其宫而瀦焉。鄭玄曰：瀦，都也。南方人謂都爲瀦，釋停水曰瀦。”

［14］梟鏡：亦作“梟獍”。舊説梟爲惡鳥，生而食母；獍爲惡獸，生而食父。比喻忘恩負義之徒或狠毒的人。鏡，通“獍”。汲古閣十七史本、南監本、殿本作“獍”。

［15］時從仆滅：中華本校勘記云：“‘仆’南監本作‘釋’，北監本、殿本作‘殄’。汲本亦作‘殄’，下有小注云一作‘釋’。”

　　叔陵諸子，即日竝賜死。前衡陽内史彭暠、諮議參軍兼記室鄭信、中録事參軍兼記室韋諒、典籤俞公喜，[1]竝伏誅。暠，叔陵舅也，初隨高宗在關中，頗有勤効，因藉叔陵將領歷陽、衡陽二郡。[2]信以便書記，有寵，謀謨皆預焉。諒，京兆人，[3]梁侍中、護軍將軍粲之子也，[4]以學業爲叔陵所引。陳智深以誅叔陵之功爲巴陵内史，[5]封游安縣子。[6]陳仲華爲下雟太守，[7]封新夷縣子。[8]王飛禽除伏波將軍。[9]賜金各有差。

[1]衡陽：郡名。治所在今湖南株洲市西南。　諮議參軍：官名。王公軍府屬官，掌咨詢謀議軍事，位在諸參軍之上。陳自第五品至第七品，皆依府主地位而定。皇弟皇子府板諮議參軍第五品。　中錄事參軍：官名。王公軍府屬官，掌總錄衆署文書，舉彈善惡。陳自第六品至第九品，皆依府主地位而定。皇弟皇子府中錄事參軍第六品。

[2]歷陽：郡名。治所在今安徽和縣。

[3]京兆：西漢三輔之一。爲韋氏祖籍。治所在今陝西西安市西北。

[4]護軍將軍：官名。掌督護京師以外諸軍，權任頗重。梁十五班。陳第三品，秩中二千石。　粲：即韋粲。字長蒨，京兆杜陵（今陝西西安市長安區）人。《梁書》卷四三有傳，《南史》卷五八有附傳。

[5]巴陵：郡名。治所在今湖南岳陽市。

[6]游安：縣名。治所在今廣東懷集縣西北。　縣子：爵名。爲開國縣子省稱。食邑爲縣。陳爲九等爵之第五等，第五品，秩視二千石。

[7]下雋（xī）太守：陳無下雋郡，此處記載應有誤。《讀史方輿紀要》卷七六《湖廣二》崇陽縣云：“府南四百二十五里。西至通城縣百二十里。漢長沙郡下雋縣地，蕭梁置上雋郡，陳置雋州。”《太平寰宇記》卷一一二《江南西道十》崇陽縣云：“梁大同五年於下雋縣置上雋郡，乃分爲樂化縣。至承聖三年改爲雋州。陳天嘉四年州廢。”

[8]新夷：縣名。治所在今廣東新會市西。

[9]伏波將軍：官名。陳擬八品，比秩六百石。

　　新安王伯固字牢之,[1]世祖之第五子也。[2]生而龜胸，目通精揚白,[3]形狀眇小，而俊辯善言論。天嘉六年，立爲新安郡王，邑二千户。廢帝嗣立,[4]爲使持節、都督南琅邪彭城東海三郡諸軍事、雲麾將軍、彭城琅邪二郡太守。[5]尋入爲丹陽尹,[6]將軍如故。

　　[1]新安王：封爵名。新安，郡名。治所在今浙江淳安縣西北。
　　[2]世祖：南朝陳文帝陳蒨廟號。陳蒨，本書卷三、《南史》卷九有紀。
　　[3]通精揚白：眼睛斜視露白。《南史》卷六五《新安王伯固傳》作“通睛揚白”。
　　[4]廢帝：陳伯宗。陳文帝嫡長子。本書卷四、《南史》卷九有紀。
　　[5]南琅邪：郡名。治所在今江蘇南京市北金川門外、幕府山南麓。陳宣帝太建十年（578）廢。　彭城：郡名。此處應爲南彭城。屬南徐州。治所在今江蘇鎮江市、丹陽市、常州市一帶。　東海：郡名。此處應爲南東海，治所在今江蘇鎮江市。　雲麾將軍：官名。陳擬四品，比秩中二千石。
　　[6]丹陽尹：京師所在丹陽郡長官，掌民政。陳第五品，秩中二千石。丹陽，郡名。治所在今江蘇南京市。

　　太建元年，進號智武將軍,[1]尹如故。秩滿,[2]進號翊右將軍。[3]尋授使持節、都督吳興諸軍事、平東將軍、吳興太守。[4]四年，入爲侍中、翊前將軍,[5]遷安前將軍、中領軍。[6]七年，出爲使持節、散騎常侍、都督南徐南豫南北兗四州諸軍事、鎮北將軍、南徐州刺史。[7]伯固性嗜酒，而不好積聚，所得禄俸，用度無節，酗醉以後，多所乞丐，於諸王之中，最爲貧窶，高宗每矜之，特加賞賜。伯固雅性輕率，好行鞭捶，在州不知政事，日出田獵，或乘眠輦至於草閒，[8]輒呼民下從游，動至旬日，所捕麞鹿，多使生致，高宗頗知之，遣使責讓者數矣。十年，入朝，又爲侍中、鎮右將軍，[9]尋除護軍將軍。其年，爲國子祭酒，[10]領左驍騎將軍，[11]侍中、鎮右並如故。伯固頗知玄理，而墮業無所通，至於擿句問難，[12]往往有奇意。爲政嚴苛，國學有墮游不修習者，[13]重加榎楚，[14]生徒懼焉，由是學業頗進。

[1]智武將軍：官名。與仁武、勇武、信武、嚴武將軍合稱五武將軍。陳擬四品，比秩中二千石。

[2]秩滿：官員任期屆滿。

[3]翊右將軍：官名。與左翊、前翊、後翊將軍合稱四翊將軍。陳擬三品，比秩中二千石。

[4]吳興：郡名。治所在今浙江湖州市吳興區。　平東將軍：官名。與平南、平北、平西將軍合稱四平將軍。多授予持節都督或監某一地區的軍事，或作爲刺史監理軍務的加官。陳擬三品，比秩中二千石。

[5]翊前將軍：官名。四翊將軍之一。陳擬三品，比秩中二千石。

[6]安前將軍：官名。與安左、安右、安後、安東、安南、安西、安北將軍合稱八安將軍。陳擬三品，比秩中二千石。按，據本書卷五《宣帝紀》，新安王伯固遷安前將軍在宣帝太建六年（574）正月。　中領軍：官名。資輕於領軍將軍，而職掌同。掌京師禁衛軍，權任隆重。陳第三品，秩中二千石。

[7]南北兗：二州名。即南兗州、北兗州。南兗州治所在今江

蘇揚州市西北蜀岡。北兗州治所在今江蘇淮安市淮陰區西南甘羅城。　鎮北將軍：官名。與鎮東、鎮南、鎮西、鎮左、鎮右、鎮前、鎮後將軍合稱八鎮將軍。陳擬二品，比秩中二千石。

[8]眠輦：供臥息的轎子。

[9]鎮右將軍：官名。八鎮將軍之一。陳擬二品，比秩中二千石。

[10]國子祭酒：官名。隸太常卿。掌教授生徒儒學，主管國子學，參議禮制。陳第三品，秩中二千石。

[11]左驍騎將軍：官名。南朝梁武帝天監六年（507）置，掌管宿衛事務，領朱衣直閣，並給儀從。多由侍中、散騎常侍等文職清官所兼領，天監七年定爲十一班。陳沿置，第四品，秩二千石。本書卷一八《韋翽傳》云：“遷驍騎將軍，領朱衣直閣。驍騎之職，舊領營兵，兼統宿衛。自梁代已來，其任踰重，出則羽儀清道，入則與二衛通直，臨軒則升殿俠侍。”

[12]摛（tī）句：摘取章句。　問難：辯論詰問。

[13]國學：國子學之省稱，爲國立儒學最高學府。

[14]檟（jiǎ）楚：用檟木荆條製成的刑具，用以笞打。

十二年，領宗正卿。[1]十三年，爲使持節、都督揚南徐東揚南豫四州諸軍事、揚州刺史，侍中、將軍如故。

[1]宗正卿：官名。南朝梁、陳爲正式官稱，位列十二卿，掌皇族外戚屬籍，由宗室充任。梁十三班。陳第三品，秩中二千石。

後主初在東宮，與伯固甚相親狎，伯固又善謿謔，[1]高宗每宴集，多引之。叔陵在江州，心害其寵，陰求疵瑕，將中之以法。[2]及叔陵入朝，伯固懼罪，諂求其意，乃共訕毀朝賢，歷詆文武，雖耆年高位，皆面折之，無所畏忌。伯固性好射雉，叔陵又好開發冢墓，出游野外，必與偕行，於是情好大叶，[3]遂謀不軌。伯固侍禁中，[4]每有密語，必報叔陵。及叔陵出奔東府，遣使告之，伯固單馬馳赴，助叔陵指揮。知事不捷，便欲遁走，會四門已閉不得出，因同趣白楊道。臺馬容至，爲亂兵所殺，尸於東昌館門，時年二十八。詔曰："伯固同兹悖逆，殞身途路。今依外議，意猶弗忍，可特許以庶人禮葬。"又詔曰："伯固隨同巨逆，自絕于天，俾無遺育，抑有恒典。但童孺靡識，兼預葭莩，[5]寘之甸人，[6]良以惻憫，及伯固所生王氏，[7]可竝特宥爲庶人。"國除。

[1]謿：同"嘲"。汲古閣十七史本、南監本、殿本作"嘲"。

[2]中（zhòng）：猶合也。符合。

[3]叶（xié）：和洽，相合。

[4]禁中：指帝王所居宮内。因不許人隨便出入，故稱。

[5]葭莩：本義爲蘆葦裏的薄膜。常用來比喻宗室親族。

[6]甸人：古官名。掌田野之事及公族死刑。《禮記·文王世子》云："公族其有死罪，則磬于甸人。"鄭玄注云："不於市朝者，隱之也。甸人，掌郊野之官。縣縊殺之曰磬。"

[7]及伯固所生王氏：本書卷二八《世祖九王傳》云伯固生母爲潘容華。中華本校勘記云："按《世祖九王傳》序云'潘容華生新安王伯固'，與此異。"《南史》卷六五《新安王伯固傳》云："詔特許以庶人禮葬。子及所生王氏，並特宥爲庶人，國除。"

史臣曰：孔子稱"富與貴，是人之所欲，非其道得之，不處也"。[1]上自帝王，至于黎獻，[2]莫不嫡庶有差，長幼攸序。叔陵險躁奔競，[3]遂行悖逆，轘磔形骸，[4]未臻其罪，汙潴居處，不足彰過，悲哉。

[1]富與貴，是人之所欲，非其道得之，不處也：出自《論語·里仁》"子曰：'富與貴，是人之所欲也；不以其道得之，不處也。貧與賤，是人之所惡也；不以其道得之，不去也'"。字句略異。

[2]黎獻：民衆中的賢人。

[3]險躁：輕薄浮躁。 奔競：奔走爭逐。多指急於求取名利。

[4]轘磔：一種酷刑。將人的肢體分綁在幾輛車上，而後以快馬拉車將其撕裂。始興王叔陵並未受此刑，此應指其被人斬首。

《始興王傳》"王飛禽除伏波將軍"，或本作"仗後將軍"，疑。[1]

[1]此句爲宋人曾鞏等校語。

曾鞏陳書目録序

　　《陳書》六本紀，三十列傳，凡三十六篇，唐散騎常侍姚思廉譔。始思廉父察，梁、陳之史官也。録二代之事，未就而陳亡。隋文帝見察甚重之，每就察訪梁陳故事，察因以所論載每一篇成輒奏之，而文帝亦遣虞世基就察求其書，又未就而察死。察之將死，屬思廉以繼其業。唐興，武德五年，高祖以自魏以來，二百餘歲，世統數更，史事放逸，乃詔撰次。而思廉遂受詔爲《陳書》。久之，猶不就。貞觀三年，遂詔論譔於秘書内省。十年正月壬子，始上之。

　　觀察等之爲此書，歷三世，傳父子，更數十歲而後乃成，蓋其難如此。然及其既成，與宋、魏、梁、齊等書，世亦傳之者少，故學者於其行事之迹，亦罕得而詳也。而其書亦以罕傳，則自秘府所藏，往往脱誤。嘉祐六年八月，始詔校讎，使可鏤板行之天下。而臣等言：“梁、陳等書缺，獨館閣所藏，恐不足以定箸。願詔京師及州縣藏書之家，使悉上之。”先皇帝爲下其事。至七年冬，稍稍始集，臣等以相校。至八年七月，《陳書》三十六篇者始校定，可傳之學者。其疑者亦不敢損益，特各書疏于篇末。其書舊無目，列傳名氏多闕謬，因別爲目録一篇，使覽者得詳焉。

夫陳之爲陳，蓋偷爲一切之計，非有先王經紀禮義風化之美，制治之法，可章示後世。然而兼權尚計，明於任使，恭儉愛人，則其始之所以興；惑於邪臣，溺於嬖妾，忘患縱欲，則其終之所以亡。興亡之端，莫非自己致者。至於有所因造，以爲號令威刑職官州郡之制，雖其事已淺，然亦各施於一時，皆學者之所不可不考也。而當時之士，自爭奪詐僞，苟得偷合之徒，尚不得不列以爲世戒；而况於壞亂之中，蒼皇之際，士之安貧樂義，取舍去就不爲患禍勢利動其心者，亦不絶於其間。若此人者，可謂篤於善焉。蓋古人之所思見而不可得，《風雨》之詩所爲作者也，安可使之泯泯不少概見於天下哉！則陳之史，其可廢乎？

蓋此書成之既難，其後又久不顯。及宋興已百年，古文遺事，靡不畢講，而始得盛行於天下，列於學者，其傳之之難又如此，豈非遭遇固自有時也哉！

臣恂、臣穆、臣藻、臣覺、臣彦若、臣洙、臣鞏謹叙目録昧死上。